Über die Herausgeber

Axel Görlitz, geb. 1935 in Dresden. Studium der Rechtswissenschaft (Promotion) und Politikwissenschaft (Habilitation) in Frankfurt/Main; Ferienstudien an den Universitäten Lille und Lausanne. O. Professor für Politikwissenschaft am Institut für Politikwissenschaft der Universität Stuttgart. Mitherausgeber der Jahresschrift für Rechtspolitologie; Co-Sprecher des Arbeitskreises «Regulative Politik» der Deutschen Vereinigung für Politische Wissenschaft.

Wichtigste Buchveröffentlichungen
Demokratie im Wandel. Opladen 1969/(Hg. und Mitautor) Handlexikon zur Politikwissenschaft. München 1970, 2. Aufl. 1972, Taschenbuchausgabe Reinbek 1973 (versch. Aufl.)/Verwaltungsgerichtsbarkeit in Deutschland. Neuwied 1970/(Hg. und Mitautor) Handlexikon zur Rechtswissenschaft. München 1972, Taschenbuchausgabe Reinbek 1974 (versch. Aufl.)/Politikwissenschaftliche Propädeutik. Reinbek 1972, Neuausgabe Leverkusen 1983/Politische Funktionen des Rechts. Wiesbaden 1976/Politische Sozialisationsforschung. Stuttgart 1977/Politikwissenschaftliche Theorien. Stuttgart 1980/(zus. mit Rüdiger Voigt) Rechtspolitologie. Opladen 1985. – Zahlreiche Beiträge in Periodika und Sammelwerken.

Rainer Prätorius, Dr. phil., geb. 1952 in Biedenkopf/Lahn. Studium der Politikwissenschaft, Germanistik und Philosophie in Marburg. Promotion 1976; seither Wissenschaftlicher Assistent, ab 1984 Akademischer Rat am Institut für Politikwissenschaft der Universität Stuttgart.

Buchveröffentlichungen u.a.:
Folgen der Planung. Lollar (Lahn) 1977/Ein mühsamer Dialog (hg. mit Martin Greiffenhagen). Köln/Frankfurt/Main 1979/Sozialstaat und Sozialpolitik – Krise und Perspektiven (mit M. Greven und Th. Schiller). Neuwied/Darmstadt 1980/Handwörterbuch zur politischen Kultur der Bundesrepublik Deutschland (hg. mit M. und S. Greiffenhagen). Opladen 1981/Soziologie der politischen Institutionen – Eine Einführung. Darmstadt 1984. – Zahlreiche Aufsätze, insbesondere zur Verwaltungsforschung und Sozialpolitik.

Axel Görlitz/
Rainer Prätorius (Hg.)

Handbuch Politikwissenschaft

Grundlagen – Forschungsstand – Perspektiven

rowohlts enzyklopädie

rowohlts enzyklopädie
Herausgegeben von Burghard König

Originalausgabe
Veröffentlicht im Rowohlt Taschenbuch Verlag GmbH,
Reinbek bei Hamburg, September 1987

Umschlaggestaltung Werner Rebhuhn
Satz Times (Linotron 202)
Gesamtherstellung Clausen & Bosse, Leck
Printed in Germany
2980-ISBN 3 499 55432 1

Inhalt

Lesehinweise

Ziel des Handbuchs ist die Vermittlung aktuellen politikwissenschaftlichen Wissens. Dabei geht es zum einen um Wissensvermittlung in der politikwissenschaftlichen Disziplin, zum anderen um Wissensvermittlung zwischen dieser Disziplin und anderen wissenschaftlichen Disziplinen und, nicht zuletzt, um Wissensvermittlung zwischen Politikwissenschaft und Öffentlichkeit. Das Handbuch wendet sich folglich an Leser, die lehren, lernen oder sich informieren wollen.

Nutzung des Handbuchs meint Abrufbarkeit aktuellen politikwissenschaftlichen Wissens auf der Höhe dieser Disziplin, im Rahmen interdisziplinärer Verständigungsweisen und mit Gebrauchswert für Alltagspraxis. Solche Nutzungsvielfalt setzt eine Wissensaufbereitung voraus, die pragmatische Zugriffsmöglichkeiten eröffnet; deshalb stehen sowohl das Gesamtwerk als auch die einzelnen Beiträge unter gemeinsamen Strukturprinzipien, die das jeweilige Benutzerinteresse realisierbar machen. Dabei geht es vorzugsweise um dreierlei Benutzerinteressen.

Nachschlagwerk ist das Handbuch wegen seines weitestgehend durchgängigen Gliederungsprinzips, das die Einzelbeiträge kennzeichnet und sich als Baukastenprinzip umschreiben läßt. Am Anfang stehen die (1) *Begriffsverwendungen*, also die wissenschaftlichen Konventionen, die den jeweiligen politikwissenschaftlichen Begriff verschieden ausfüllen. Es folgen die (2) *Verwendungszusammenhänge*, d. h. die theoretischen Konstrukte, in die jene unterschiedlichen Begriffsbestimmungen eingebettet sind. Daran schließt sich eine (3) *Begriffspräzisierung* an, die begründet, welcher Konvention und welchem Konstrukt im Beitrag der Vorzug gegeben wird. Schließlich geht es um den (4) *Forschungsstand*, mithin um den Erklärungswert und die empirische Abstützung des Konstrukts. Am Ende steht die (5) *Forschungsperspektive*, die einen Ausblick auf die aktuellen und potentiellen Forschungsdesigns eröffnet. Dieses Baukastenprinzip bedient eingeschliffene wie neuartige Nachschlagegewohnheiten.

Begriffsinformation erfolgt im Durchgriff auf den Bauplan, der Lernschritte festlegt; so wird zunächst ein (1) Vorverständnis vermittelt, dann ein (2) Verständnishorizont entfaltet oder weiter ein (3) Sachverständnis erarbeitet. Die eingeschliffene Nachschlagegewohnheit, Begriffsinformationen zu suchen, wird mit Hilfe dieser Informationsstrategie vermutlich rascher fündig.

Detailinformation leisten die Bausteine, die Lernelemente sind; so mag einmal nur eine (1) (2) Begriffserklärung gefragt sein, ein andermal ein (3) theoretischer Hintergrund, gelegentlich bloß der (4) Stand der

Wissenschaft oder die (5) Tendenz im Wissenschaftsbetrieb. Die teils eingeschliffene, teils neuartige Nachschlagegewohnheit, bloß noch ausschnitthaft zu lesen, wird durch diese Elementarisierung begünstigt.

Querinformation verlangt Ausbau, schafft also eine Lernbeziehung; so appelliert (1) im Beitrag «Staat» an Wissen über (2) im Beitrag «Steuerung» oder dieser Abschnitt an Wissen über (3) im Beitrag «Implementation». Die neuartige Nachschlagegewohnheit, ein wissenschaftliches Feld zu erkunden, wird durch solche Ausbauoptionen gefördert. Anders gesagt, die letztgenannte Nachschlagegewohnheit ist nicht den – selbstverständlich auch hier ausgebrachten – Begriffsverweisungen ausgeliefert, sondern kann andere plausible Begriffsbezüge herstellen.

Lehrbuch ist das Handbuch wegen seines durchgängigen Verknüpfungsprinzips, welches das Gesamtwerk charakterisiert und sich als Netzwerkprinzip bezeichnen läßt. Dieses politikwissenschaftliche Netz soll drei Dimensionen von Politik einfangen, zum einen *Polity*, also die konstitutiven und institutionalisierten Formen von Politik, zum anderen *Politics*, d. h. die prozessualen und konfligierenden Abläufe von Politik, und schließlich *Policy* im Sinne materialer Regelungsinhalte von Politik. Der einzelne Beitrag wie das Gesamtwerk demonstrieren die Verschränkung solcher analytischer Dimensionen. Ein derartiges Netzwerk läßt sich mannigfach aufdröseln.

Basisinformation will Netzwerktechnik abrufen, zielt also auf das Lernen des Lernens. Die Knüpfweisen, die das politikwissenschaftliche Netzwerk markieren, fallen in Beiträgen wie «Politik», «Politikwissenschaft», «Theorie» oder «Methoden» an. Auch die Wissenschaft ist eine Wissenschaft für sich, und hier finden sich die Bedingungen der Möglichkeit von Politikwissenschaft, d. h., es geht um den Wissenschaftszusammenhang.

Bereichsinformation trachtet nach horizontalen Netzwerken, fördert mithin so etwas wie akquirierendes Lernen. Solche horizontalen Netzwerke spiegeln sich in Wissenschaftssystematiken, die nicht zuletzt die Lernorganisation dominieren und als mehr oder weniger geschlossene Lerneinheiten erworben sein wollen. Dabei orientiert sich die gängige Bereichsinformation am traditionellen Fächerkanon der Politikwissenschaft und verfertigt etwa aus Beiträgen wie «Regierung», «Verfassung», «Institution» oder «Regierungssystem» das Fach ‹Regierungslehre›. Die neuere Bereichsinformation orientiert sich an politikwissenschaftlichen Forschungsaspekten von Politik und erarbeitet etwa aus Beiträgen wie «Konflikt», «Interesse», «Macht» oder «Konsens» die Dimension «Politics». Auch in der Politikwissenschaft wird immer mehr von immer weniger gewußt, und diese Wissenschaftsspezialisierung ist nur dann hinreichend erwerbbar, wenn sich von Fall zu Fall ein politikwissenschaftlicher Gegenstandszusammenhang herstellen läßt.

Durchgriffsinformation ist auf vertikale Netzwerke aus, bewirkt folglich verknüpfendes Lernen. Derartige vertikale Netzwerke werden insbesondere durch Alltagsprobleme aktualisiert, die der Politikwissenschaft zur Lösung aufgegeben sind, und die Lösungssuche besteht häufig in der innovativen Verknüpfung routinehafter Lösungsansätze. Da die Lösungssuche weder an Fächergrenzen noch an ausdifferenzierten politischen Dimensionen haltmachen kann, finden Durchgriffe statt, wenn etwa die Beiträge «Entscheidung», «Legitimität», «Partizipation» oder «Soziale Kontrolle» in einen Problemzusammenhang gebracht werden.

Repetitorium ist das Handbuch wegen seines durchgängigen Ankoppelungsprinzips, das die selektive Kombination von Beitragspassagen, von Beiträgen oder von Beitragsverbindungen ermöglicht. Baukasten- und Netzwerkteile appellieren nachgerade an Kombinationsgabe, die repetitiv oder gar kreativ Koppelungen vornimmt; so mögen Beiträge wie «Verstädterung», «Modernisierung», «Systemvergleich» oder «Dritte Welt» zu einem Verstehenszusammenhang verquickt werden.

Inhalt des Handbuchs ist also keine bloß additive, sondern eine interpretative Begriffesammlung, eben ein mannigfach verflochtener politikwissenschaftlicher Erklärungszusammenhang. Abgesehen von dem erwähnten Konsens über die analytischen Dimensionen des Politikbegriffs, der die Zuordnung und die Aufbereitung der lexikalischen Begriffe leitet, bleibt die Diskussion darüber, was Politikwissenschaft soll oder tut, offen; diese Diskussion findet in und zwischen den Beiträgen unter der Prämisse statt, daß konkurrierende Positionen redlich abgehandelt werden. Im Interesse einer theoriegeleiteten Reflexion sind die Begriffe relativ weit dimensioniert und umreißen damit eher Politikfelder als Fachtermini. Im Mittelpunkt steht folglich der politikwissenschaftliche Zugriff auf politische Probleme.

Axel Görlitz *Rainer Prätorius*

Anarchismus

Begriffsverwendungen

Der Begriff A. ist sehr facettenreich und infolgedessen inhaltlich schwer zu fassen; er bezeichnet eine politische und soziale Bewegung ebenso wie eine Gesellschaftsform (‹Anarchie›). Eine erste hilfreiche, wissenschaftliche Verortung des A.-Begriffs liefert P. Lösche; er macht ihn an «vier immanenten Kriterien» fest, aufgrund deren er sich von anderen ideologischen und sozialen Strömungen unterscheidet.

Da ist zunächst die strikte Organisationsfeindlichkeit des A. zu nennen. Sie wird begründet mit der These, daß von →Organisationen jedweder Art – staatlichen, ökonomischen, religiösen →Institutionen – →Zwang ausgeübt und somit der →Freiheitsspielraum des einzelnen Menschen mehr oder weniger stark eingeengt wird. So ist es nur folgerichtig, daß der A. alle Träger politischer und gesellschaftlicher →Macht (bürokratische Apparate, →Parteien, →Parlamente, →Verbände, Kirchen) ablehnt.

Aber der A. bekämpft nicht nur den →Staat und dessen Einrichtungen; er bekämpft in gleichem Maße die mit staatlichen, gesellschaftlichen, kulturellen, kirchlichen Institutionen untrennbar verbundenen →Ideologien, Weltanschauungen und Normen. Jedwede theoretische Konzeption von →Herrschaft legitimiert Macht, begründet Autorität und damit menschliche Unfreiheit. Ideologiekritik ist eine zentrale Komponente anarchistischen Denkens; und konsequenterweise lehnen die Anarchisten es ab, ihre Kritik an der Gesellschaft, am Staat, an der Kirche wissenschaftlich-systematisch zu entfalten, wie auch ihre eigenen gesellschaftspolitischen Vorstellungen und Zielperspektiven wissenschaftlich-stringent zu reflektieren.

Aus der Ablehnung aller überkommenen Formen von Herrschaft resultiert folgerichtig als Zielperspektive die Anarchie, die herrschaftslose oder -freie Gesellschaft. Die im alltagssprachlichen Gebrauch verwendete Assoziation von ‹Anarchie› und ‹Chaos› entspricht in keiner Weise den konzeptionellen Vorstellungen einer ‹anarchischen› Gesellschaftsordnung. Nach anarchistischem Verständnis läßt sich die angestrebte Gesellschaft der ‹Freien› und ‹Gleichen› am besten auf dem Wege einer föderalistisch strukturierten Ordnung errichten (→Föderalismus).

Charakteristisch für anarchistische Denkmuster ist viertens der ‹voluntaristische Revolutionsbegriff›. Danach kommt es in erster Linie auf den Willen zu gesellschaftlicher Veränderung an und nicht, wie im →Marxismus, auf die Frage, ob auch die objektiven Voraussetzungen für gesellschaftliche und politische Transformationsprozesse gegeben sind. Unterschiedlich wird im A. die Frage beantwortet, wie die Veränderung bestehender bürgerlich-liberaler und privatkapitalistisch organisierter Herrschaftsstrukturen erfolgen soll – ob gewaltfrei (‹beispielhaftes Vorleben in der anarchistischen Kommune›) oder mit Mitteln der →Gewalt (‹Propaganda der Tat›).

Verwendungszusammenhänge
Eine umfassende, präzise Bestimmung des A.-Begriffs existiert nicht. In der wissenschaftlichen Diskussion sind immer wieder verschiedene Erklärungsansätze vorgelegt worden: Die etymologische Herleitung des Begriffs Anarchie aus der griechischen Sprache (‹Führer- oder Herrschaftslosigkeit›) führt in unserem Zusammenhang zu keinem Erkenntnisgewinn. Wissenschaftlich fruchtbarer ist dagegen der begriffsgeschichtliche Ansatz, wie er in jüngerer Zeit von P. Ch. Ludz und Ch. Meier vorgetragen wurde. Ob diese Bewertung für die verschiedenen immanenten Interpretationsansätze zutrifft, deren Geschichte immerhin schon mehr als neunzig Jahre zurückreicht, muß indessen bezweifelt werden. In diesen Erklärungsmodellen werden Autoren, von denen angenommen wird, sie seien Anarchisten, daraufhin befragt, ob und wie weit ihre Herrschafts- und Gesellschaftskritik wie auch ihre gesellschaftspolitischen Zielperspektiven übereinstimmende Positionen erkennen lassen. Auf diese Weise wird dann die Konstruktion eines Kriterienkatalogs möglich, der den Begriffen des A. bzw. der Anarchie unterlegt wird: Danach bestimmt sich die Anarchie als «vollständige, unbeschränkte Selbstherrschaft des Individuums und sonach die Abwesenheit jeglicher Fremdherrschaft» (E. V. Zenker). Die Charakterisierung des A. mit Begriffen wie «Ablehnung jeder Autorität» und «volle Entfaltung der menschlichen Potentialitäten» bedeutet nichts anderes als eine Reduzierung dieser →sozialen Bewegung auf eine Leerformel, auf einen «abstrakt-idealistischen Terminus» (Lösche). Das Defizit dieser frühen wissenschaftlichen Bestimmungsversuche zeigt sich darin, daß sie von allen historischen und politisch-gesellschaftlichen Bezügen abstrahieren.

Dieser geistesgeschichtlich-deskriptive Ansatz in Verbindung mit einem →Typologisierungsschema begründete eine Tradition, die bis in die Gegenwart anhält. Forschungsstrategisch relevanter als die zeitliche Unterscheidung zwischen einem ‹älteren› und einem ‹neueren› A. ist die ebenfalls von E. V. Zenker schon vor der Jahrhundertwende getroffene Typologisierung in einen «individualistischen A.» (P. J. Proudhon, M. Stirner, Moses Hess u. a.) und einen «kommunistischen A.»/«anarchistischen Communismus» (Bakunin, Kropotkin u. a.). Die wissenschaftliche Aussagekraft dieser Gliederungsversuche kann hier nicht näher untersucht werden; es ist jedoch eine Tatsache, daß die Ausdifferenzierung unterschiedlicher Typen des A. im Schrifttum immer weiter getrieben wurde. Ein extremes Beispiel liefert G. Bartsch, der allein für den deutschen A. fünf Strömungen ausmacht: (1) den Individual-Anarchismus (M. Stirner, J. Mackay); (2) den Sozial-Anarchismus (G. Landauer); (3) den Anarcho-Kommunismus (J. Most, E. Mühsam, R. Oestreich); (4) den Anarcho-Syndikalismus (R. Rocker, A. Souchy) und (5) den Anarcho-Liberalismus (S. Gesell, W. Beckmann, W. Zimmermann). Im Blick auf den internationalen A. kann Bartsch einmal sogar acht Schulen und drei Strömungen, an anderer Stelle ‹nur› drei Strömungen unterscheiden; aber dieses außergewöhnlich breit gefächerte Gliederungsschema hatte keine inhaltliche Präzisierung des A.-Begriffs zur Folge, da weder die Unterscheidungskriterien klar ausgewiesen noch Bezüge der einzelnen A.-Typen zur historisch-gesellschaftlichen Realität hergestellt werden. Mit Recht warnt Lösche, sich mit einer ‹immanenten› A.-Definition zufriedenzugeben; sie vermag allenfalls erste Hinweise auf die Entstehungsbedingungen und damit eine zeitlich-historische Eingrenzung des A. zu liefern. Um eine wissenschaftlich taugliche Begrifflichkeit zu erhalten, muß ein anderer Ansatz gewählt werden: «Es wäre auszugehen von konkreten historischen Erscheinungsformen des A., von dort zu abstrahieren und zu vergleichen, um jenseits einer Deskription zu einer analytisch brauchbaren Begrifflichkeit zu gelangen» (Lösche 1977, S. 57f.).

Begriffspräzisierung

Die etymologische Verortung des A.-Begriffs verweist auf einen mehr als zweitausendjährigen Bekanntheitsgrad; dabei ist allerdings in Rechnung zu stellen, daß der Sinngehalt von ‹anarchia› oder ‹Anarchie› in der Antike ein spezifischer war. Anarchie wurde vornehmlich als militärtechnische und politische Kategorie (‹Zustand ohne Kommandeur oder ohne Magistrate›) und weniger als verfassungstheoretischer Begriff (Charakterisierung eines Zustandes im Sinne von ‹Ungebundenheit› und ‹Zügellosigkeit›) verstanden.

Das Mittelalter – erinnert sei an die Staatslehren Th. von Aquins, M. v. Paduas und M. Luthers – kannte die Anarchie als Herrschaftsform nicht; auch die zahlreichen Sekten des Mittelalters (Waldenser, Katharer, Albigenser) können allenfalls als Vorformen des A. bezeichnet werden.

Der A. als Ideologiebegriff wie auch als soziale Bewegung gewinnt seinen Stellenwert erst im Kontext mit dem französischen Frühsozialismus (P. J. Proudhon) und dem Entstehen des «wissenschaftlichen →Sozialismus» (K. Marx, F. Engels), auch wenn erste Ansätze anarchistischen Denkens schon bei W. Godwin am Ausgang des 18. Jahrhunderts vorhanden sind. Bei Proudhon, dem Frühsozialisten und Anarchisten («je suis anarchiste»), finden sich bereits alle wesentlichen anarchistischen Denkstrukturen ausgeprägt: so seine Kampfansage an jegliche Form von Herrschaft, sei sie konkret faßbar im Staat, in der Religion oder im Privateigentum. An die Stelle des Staates treten ‹Föderationen›, d.h. ein System föderalistisch aufgebauter wirtschaftlicher Organisationen (Produktions- und Verbrauchergruppen) wie auch politischer Einheiten (Städte, Kantone, Provinzen). Innerhalb dieser Föderationen soll ein Vertragsrecht auf der Basis des «Prinzips der Gegenseitigkeit» («mutualisme») Platz greifen, oder anders formuliert: Grundnorm allen politischen Handelns in der zukünftigen Gesellschaftsordnung ist das «Prinzip der gegenseitigen Hilfe». Als Weg zur Errichtung dieser Ordnung favorisiert Proudhon →Reformen, auch wenn er die Revolution nicht prinzipiell ablehnt.

Hier ist nicht die Aufgabe, das Proudhonsche Werk im einzelnen zu reflektieren. Wichtig für unsere Überlegungen ist der Hinweis auf den engen inhaltlichen und begrifflichen Zusammenhang von – französischem – Frühsozialismus und A. Zu bedenken ist dabei die Tatsache der direkten Beeinflussung deutscher Frühsozialisten und Anarchisten wie K. Grün und Moses Hess und des jungen M. Bakunin in Rußland.

Aber auch zwischen dem Frühsozialismus, A. und dem →Marxismus besteht von Beginn an ein kaum trennbarer Reflexionszusammenhang. Er wird sichtbar in der Kritik an den geschichtsphilosophischen Positionen des Anarchisten K. Stirner und in den Auseinandersetzungen Marx' mit dem Geschichts- und Eigentumsbegriff Proudhons.

Der Diskussionszusammenhang zwischen Frühsozialismus, A. und Marxismus wurde schließlich erweitert um eine politisch-organisatorische Dimension, als in den 60er Jahren des 19. Jahrhunderts erste Ansätze eines internationalen Zusammenschlusses der Arbeiterbewegung sichtbar wurden. Die Geschichte der «Internationalen Arbeiterassoziation» (I. Internationale 1864–1872) wurde geprägt nicht von Konsens in zentralen gesellschaftstheoretischen und -politischen Fragen, sondern von heftigen ideologischen Fraktionskämpfen zwischen Marx und Engels sowie ihren Anhängern und den Proudhonisten und weiteren Gruppierungen (Lassalleaner, Blanquisten); nach 1869 traten an die Stelle der Proudhonisten die Bakunisten als geistige Widersacher von Marx und Engels. In den Diskussionen zwischen den Marxisten und Anarchisten spiegelten sich die konträren Positionen wider: so, wenn die Marxisten für die nachrevolutionäre Gesellschaft eine zentralistisch organisierte →Diktatur des Proletariats und die Verstaatlichung der Produktionsmittel favorisierten sowie eine begrenzte Mitarbeit in Gestalt der →Gewerkschaften auf dem Boden der bürgerlich-kapitalistischen Gesellschaft empfahlen, die Anarchisten dagegen eine solche Kooperation ablehnten und für die postrevolutionäre Phase eine locker strukturierte Föderation lokaler und regionaler Verbände auf der Basis genossenschaftlichen Eigentums befürworteten.

In den nachfolgenden Jahrzehnten vollzog sich die Ausprägung anarchistischer Profile mehr und mehr im Wirkungszusammenhang nationaler Staatsgesellschaften, und zwar weil «die Entwicklung anarchistischer Bewegungen von den sozialen, ökonomischen, politischen und ideologischen Bedingungen in je konkreten nationalen (oder auch vielvölkerstaatlichen) Gesellschaften so sehr abhing, daß diese in ihnen selbstreproduziert worden sind» (Lösche). Die Tatsache, daß die Konstitutionsbedingungen für den A. (eine relativ starke Arbeiterbewegung, eine verspätete politische Emanzipation des Bürgertums, das Fortbestehen feudalistischer Gesellschaftsstrukturen) in den sich entwickelnden industriekapitalistischen Gesellschaften unterschiedlich ausgeprägt waren, erklärt, warum zwar auch in Deutschland (im Kaiserreich wie in der Weimarer Republik) anarchistische Strömungen (z. T. auch in der frühen Sozialdemokratie) existierten, aber im Verhältnis beispielsweise zur russischen, italienischen und vor allem spanischen anarchistischen Bewegung nur eine untergeordnete Rolle spielten.

Nach 1945 wurden im Westen Deutschlands anarchistische Zirkel wiederbegründet; ihnen kam aber keine nennenswerte politische Relevanz zu. Ob die aus der antiautoritären Studentenbewegung Ende der 60er Jahre hervorgegangenen linksterroristischen Gruppen als anarchistisch nicht nur in bezug auf die Kampfform, sondern auch im Blick auf ihre konzeptuelle Ausrichtung einzustufen sind, muß wohl bezweifelt werden. Die Rote-Armee-Fraktion (RAF) beispielsweise, die zwar das Mittel der Gewalt eindeutig bejaht und auch praktiziert, trägt in ihrer politisch-ideologischen Orientierung doch eher marxistisch-leninistische Züge. Demgegenüber wird das Profil eines gewaltfreien Kampfes gegen Defizite in der Gesellschaftspolitik (etwa auf den Feldern der Wohnungspolitik, der Stadtplanung, der Bildungspolitik u. a.) seit Jahren sichtbar bei britischen Anarchisten, die sich um die Zeitschrift «Anarchy» versammeln.

Forschungsstand

Die internationale A.-Forschung befindet sich seit Jahrzehnten mehr oder weniger in einem Stadium der Stagnation. Das soll nicht heißen, daß seit den vor mehr als achtzig Jahren erschienenen Publikationen von E. Diehl, P. Eltzbacher, R. Stammler und E. V. Zenker keine Untersuchungen zum A.-Problem mehr vorgelegt worden wären. Bei den in neuerer Zeit veröffentlichten Arbeiten lassen sich Untersuchungen ausmachen, die die A.-Forschung nicht oder nur sehr begrenzt vorangetrieben, und andere, die den wissenschaftlichen Erkenntnisstand durchaus erweitert haben. Zur erstgenannten Gruppe gehören vor allem Publikationen, die in der Tradition von Marx, Engels und Lenin den A. begreifen – so die Autoren R. Kirchhoff und M. Klein im «Marxistisch-leninistischen Wörterbuch der Philosophie» – als eine «utopisch-kleinbürgerliche, pseudorevolutionäre Ideologie und Bewegung, die im Gegensatz zum wissenschaftlichen Sozialismus den organisierten politischen Klassenkampf wie überhaupt jede politische Organisation, Disziplin und Autorität ablehnt und die Realisierung der ‹absoluten Freiheit›, der Gerechtigkeit, →Gleichheit und Brüderlichkeit in der Gesellschaft von der Abschaffung aller staatlichen Machtorgane und Zwangsmittel erwartet». Schon weniger dogmatisch argumentiert der DDR-Philosoph W. Harich gegen den A. Er sieht in der Geschichte dieser sozialen Bewegung einen ansteigenden «Trend zur Übernahme marxistischen Gedankenguts». Davon unberührt bleiben zwei Hauptkritikpunkte bestehen. Der erste Kritikvorwurf spricht von der «revolutionären Ungeduld». Sie zeige sich darin, daß ohne Rücksicht darauf, ob die objektiven Voraussetzungen gegeben seien, der politische Umsturz, die Revolution angestrebt werde und die Errichtung einer staats-, d. h. repressionsfreien Gesellschaft in Angriff genommen werden solle (Ablehnung der Diktatur des Proletariats). Der zweite Kritikpunkt zielt auf die nach Harich bestehende enge Verbindung des A. mit dem Reformismus, soweit die Perspektive des proletarischen Befreiungskampfes zur Diskussion steht. Diese beiden sozialen Bewegungen leugneten die Notwendigkeit, die Arbeiterklasse langfristig auf den revolutionären Kampf geistig und organisatorisch vorzubereiten.

In die Gruppe von Arbeiten, die die A.-Diskussion wissenschaftlich weiterführen, aber dennoch nicht voll befriedigen, fallen auch Untersuchungen, die den A. typologisch zu fassen suchen, ohne jedoch die sozialgeschichtlichen Konstitutionsbedingungen in Rechnung zu stellen. Die von G. Bartsch vorgelegte ausdifferenzierte →Typologie greift wissenschaftlich zu kurz, weil sie beispielsweise keine Antwort auf die Frage zu geben vermag, warum der A. «in bestimmten historischen Situationen und auf Grund welcher Ursachen in einigen Ländern als soziale Bewegung entstanden ist» (Lösche 1974, S. 57). Auch die geistesgeschichtlich orientierten Analysen, die sich Persönlichkeiten zuwenden, welche gemeinhin als Anarchisten gelten (vgl. die Publikationen von Joll und Cattepoel), können auf diese zentralen Fragen keine befriedigenden Antworten geben.

Arbeiten, die dagegen die Diskussion zum Thema A. wesentlich vorangetrieben haben und noch immer den gegenwärtigen Forschungsstand repräsentieren, haben ausschließlich ‹historische Erscheinungsformen des A.› zum Untersuchungsgegenstand. Dabei lassen sich zwei Typen herausarbeiten: Den ersten Typ bildet der Handwerkeranarchismus in der Westschweiz sowie der Agraranarchismus in Spanien, Italien und in der Ukraine im 19. und 20. Jahrhundert. Der Syndikalismus konstituiert den zweiten A.-Typ. Trotz vorhandener Unterschiede in den beiden Varianten des erstgenannten Typs (resultierend aus den Folgen des unterschiedlichen Industrialisierungsgrades) dominieren die gemeinsamen Merkmale. Das soziale Rekrutierungsfeld dieses «rückwärtsgewandten A.» setzt sich zusammen aus «Landarbeitern, Kleinbauern und Handwerkern», die sich in ihrer beruflichen Existenz «durch →Kapitalismus, Industrialisierung und politische →Zentralisation zumindest partiell» bedroht fühlen; aber nicht nur sozioökonomische Ursachen haben zur Genese des Handwerker- und Agraranarchismus beigetragen, sondern auch «historische und politische Faktoren wie genossenschaftliche und föderalistische Traditionen, geringe Integrationskraft des Regierungssystems gegenüber deklassierten gesellschaftlichen Gruppen...» (Lösche 1974, S. 62).

Der zweite A.-Typ, der Syndikalismus, läßt sich exemplarisch in Frankreich und auch in Deutschland aufweisen. Er ist verortet in der entwickelten kapitalistischen Gesellschaft. Auslösende Faktoren für die Entstehung dieser ‹modernen Form des A.› sind zum einen zunehmende Repressions- und Ausbeutungsformen in den Betrieben vornehmlich der Schwerindustrie (in Deutschland beispielsweise seit Beginn des 1. Weltkriegs), zum andern Enttäuschungshaltungen «von Teilen der Arbeiterschaft über die Politik der etablierten →Organisationen der Arbeiterbewegung, →Gewerkschaften wie sozialistischer →Parteien» (Lösche). Aufgrund der primär ökonomischen Ausrichtung des Syndikalismus ist es nicht verwunderlich, daß seine Repräsentanten in rein wirtschaftlichen Kampfformen (Massendemonstration, Streik, Generalstreik), in der ‹direkten Aktion›, die zentralen Instrumentarien erblicken, um bestehende gesellschaftliche Machtstrukturen zu verändern.

Diese zwei Arten des A. bezeichnen ‹idealtypisch die beiden Pole des A.›. Alle historisch auffindbaren Phänomene des A. stellen Mischformen dar. Und dennoch treffen die im Abschnitt «Begriffsbestimmung» aufgestellten allgemeinen Charakteristika auch auf beide A.-Typen zu.

Forschungsperspektive

Drei Anmerkungen sind hier zu machen:

1. Wichtige, quellengesättigte historische Untersuchungen beispielsweise zum A. im Deutschen Kaiserreich (so von A. R. Carlson und U. Linse) liegen vor; aber auch diese Arbeiten liefern auf zentrale Forschungsfragen bisher keine oder nur Teilantworten, etwa die auf die Fragen nach den Voraussetzungen für eine Revolution im anarchistischen Sinn («Propaganda der Tat») oder nach der sozialen Schichtung des A. sowie nach den Ursachen für sein Scheitern im kaiserlichen Deutschland.

2. Forschungsperspektiven eröffnen sich ferner im Blick auf die Frage nach den geistesgeschichtlichen Wurzeln des A. P. Lösche hat darauf auf-

merksam gemacht, daß beispielsweise die Zusammenhänge zwischen dem A. und dem Frühsozialismus noch eingehender Untersuchungen bedürfen; so zeigten die Schriften deutscher Frühsozialisten (K. Grün, Moses Hess, W. Weitling) mit denen des französischen Anarchisten und Frühsozialisten P. J. Proudhon strukturelle Gemeinsamkeiten bzw. Ähnlichkeiten. Sie werden sichtbar in der Frage des Revolutionsbegriffs (voluntaristischer Ansatz), in der Bestimmung der zeitlichen Konstituierung von A. und Frühsozialismus (Übergang vom Feudalismus zum Kapitalismus), der organisierten Kampfform (Geheimbünde).

Eine weitere wesentliche Forschungsperspektive resultiert aus der Frage nach den Beziehungen zwischen A. und Rätetheorie bzw. -bewegung. Es ist bemerkenswert festzustellen, daß zwar im Zusammenhang mit zahlreichen neueren Publikationen zur deutschen Revolution 1918/1919 den Räten als sozialer Bewegung und der Rätedemokratie als →Theorieproblem eine zunehmende Aufmerksamkeit geschenkt wird; aber die Frage nach strukturellen Affinitäten zwischen Rätebewegung und A. stellt bisher noch weitgehend ein Forschungsdefizit dar, wenn wir von der Arbeit O. Anweilers («Die Rätebewegung in Rußland 1905–1921») einmal absehen. P. Lösche verweist auf wichtige Übereinstimmungen, so auf den Antietatismus, die Forderung nach einer direkten →Demokratie, die Absage an das →Parteiensystem. Daneben aber sind auch deutliche Unterschiede zu konstatieren, etwa die von den Rätetheoretikern beibehaltene marxistische Fundierung ihrer Gesellschaftsentwürfe.

Kirchhoff, R./Klein, M.: Artikel «Anarchismus». In: Marxistisch-leninistisches Wörterbuch der Philosophie. Bd. 1. Hg. von G. Klaus und M. Buhr. Neubearb. und erw. Ausgabe. Reinbek bei Hamburg 1976, S. 72.
Lösche, P.: Anarchismus – Versuch einer Definition und historischen Typologie. In: PVS. Opladen 1974, S. 53.

Weiterführende Literatur
Bartsch, G.: Anarchismus in Deutschland. 2 Bde. Hannover 1972/73.
–: Der deutsche Anarchismus seit dem Ende des Zweiten Weltkrieges. In: PVS. Opladen 1972, S. 335.
Cattepoel, J.: Der Anarchismus. Gestalten, Geschichte, Probleme. 3. überarb. u. erw. Aufl. München 1979.
Joll, J.: Die Anarchisten. Frankfurt/Berlin 1969.
Linse, U.: Organisierter Anarchismus im Deutschen Kaiserreich von 1871. Berlin 1969.
Lösche, P.: Anarchismus. Darmstadt 1977.
–: Artikel «Anarchismus». In: Pipers Wörterbuch zur Politik. Bd. 1: Politikwissenschaft. Hg. von D. Nohlen und R.-O. Schultze. München/Zürich 1985, S. 21.
Ludz, P. Chr./Meier, Ch.: Artikel «Anarchie, Anarchismus, Anarchist». In: Ge-

schichtliche Grundbegriffe. Historisches Lexikon zur politisch-sozialen Sprache in Deutschland. Bd. 1. Hg. von O. Brunner/W. Conze/R. Koselleck. Stuttgart 1972, S. 49.

Horst Dähn

Arbeitsbeziehungen

Begriffsverwendungen

Die A., auch industrielle Beziehungen (industrial relations) genannt, sind in den verschiedenen Gesellschaften deswegen wichtige Gegenstände für →Politik und Wissenschaft, weil sie einerseits ein Produkt von dahinter stehenden sozialen Verhältnissen sind und damit ein brauchbarer Indikator für diese und weil sie andererseits eine der maßgebenden politischen Grundlagen für die Alltagsexistenz des einzelnen Menschen sind.

A. sind die sozialen Rollenbeziehungen zwischen Arbeitgebern und Arbeitnehmern sowie zwischen deren Organisationen. Längere Definitionen (vgl. Müller-Jentsch 1986, S. 17: «Arbeits- oder industrielle Beziehungen bezeichnen jene eigentümliche Zwischensphäre im Verhältnis von Management und Belegschaft, von Arbeitgeberverbänden und →Gewerkschaften, deren eigentlicher Gegenstand friedliche oder konfliktorische Interaktionen zwischen Personen, Gruppen und →Organisationen sind, sowie die aus solchen Interaktionen resultierenden Normen, Verträge und Institutionen») fügen dem nichts Wesentliches hinzu (ausführlich zum Begriff Schienstock 1982, S. 13–17).

Verwendungszusammenhänge

A. als Teil der Industriesoziologie und der Innen- und Wirtschaftspolitik standen Pate bei der Begründung von Soziologie und →Politikwissenschaft; auch andere Wissenschaften, insbesondere Volkswirtschaftslehre und Jurisprudenz, befaßten sich intensiv damit. Entsprechend reich ist das Reservoir an Forschungsergebnissen, wenngleich es an theoretischer Systematisierung noch etwas mangelt. Einige wichtigere Verwendungszusammenhänge sind die folgenden.

● *Grundlagen:* Für die Organisierung der A. gibt es drei Grundmodelle (Fürstenberg, in Endruweit u. a. 1985, S. 3/4): (1) Das Vertragsmodell, in dem sich die Parteien quasi-zivilrechtlich gegenüberstehen wie Käufer und Verkäufer und das z. B. Grundlage der Arbeitsvertragsfreiheit und der Tarifvertragsautonomie ist; (2) das Mitwirkungsmodell, bei dem eine Partei – empirisch wohl ausnahmslos die Arbeitnehmer gegenüber den Arbeitgebern – im ursprünglich zur anderen Partei gehörenden Handlungsbereich zumeist aufgrund von Gesetzen, seltener auf Vertragsgrundlage, Informations-, Mitberatungs- oder Mitbestimmungsrechte haben, wozu die meisten Befugnisse des deutschen Betriebsrates nach dem Betriebsverfassungsgesetz vom 15.1.1972 und dem Mitbestimmungsgesetz vom 4.5.1976 gehören; (3) das Regelungsmodell, das den Parteien nur aufgrund staatlicher Rechtsetzung Zuständigkeiten gibt und zumeist auch Kontrollen und Eingriffe durch den →Staat vorsieht und das man in manchen Staaten in Vorschriften über Zwangsschlichtung wiedererkennen kann sowie insbesondere in vielen Funktionen von Gewerkschaften in Staatswirtschaftssystemen (dazu Gramatzki/Lemân 1977).

Zumeist sind die A. real eine Mischung aus diesen Modellen. Der quantitative Anteil der einzelnen Modelle kann dabei Rückschlüsse auf die Natur des gesamten politischen →Systems erlauben.

• *Beteiligte:* Schon vom Begriff her gibt es zwei Arten von A., nämlich individuelle, bei denen sich Arbeitgeber und Arbeitnehmer quasi als Einzelpersonen gegenüberstehen, und kollektive, in denen beide Seiten durch ihre Organisationen vertreten sind. Das Arbeitsrecht der BRD versucht dieser Konstellation u. a. dadurch gerecht zu werden, daß es einerseits von allen Arbeitnehmern gewählte Betriebsräte institutionalisiert (§ 7 BetrVerfG), die auf Unternehmensebene viele Mitwirkungsrechte haben, andererseits die Tarifverhandlungen nur den Gewerkschaften auf Arbeitnehmerseite, auf Arbeitgeberseite deren Organisationen (→Verbände) oder auch einzelnen Arbeitgebern überläßt (§ 2 TarifVertG vom 25.8.1969). Nicht zuletzt wegen dieses dualen Systems gilt diese Lösung international als vorbildlich (Brandt, in Tokunaga/Bergmann 1984, S. 5), und die Betriebsräte werden als besonders effizientes Mittel der Arbeitnehmerinteressenvertretung eingeschätzt (Crouch, in Matthes 1979, S. 173), obwohl in den Gewerkschaften der Dualismus gelegentlich als Nachteil beurteilt wird (Adamy/Steffen 1985, S. 166–169).

In Großbritannien z. B. sind die Gewerkschaften auf über- wie innerbetrieblicher Ebene die Verhandlungspartner (Prigge, in Endruweit u. a. 1985, S. 410), so daß sich allein daraus eine andere Konstellation ergibt. Das mag ein wichtiger Grund für den höheren Organisationsgrad der Arbeitnehmer in Großbritannien (Adamy/Steffen 1985, S. 22; Müller-Jentsch 1986, S. 86) sein, aber auch für die anderen Schwergewichte der Gewerkschaftsarbeit in der BRD (Brandt, in Tokunaga/Bergmann 1984, S. 6).

Ein besonderes Problem entsteht durch die zunehmend gewichtiger werdende (Groser/Keller, in Matthes 1979, S. 227f. u. 231–234) Rolle des Staates in den A. Er tritt dabei nicht nur als Arbeitgeber des öffentlichen Dienstes auf, sondern interveniert mit vielerlei Maßnahmen von Rahmengesetzgebung bis hin zum Militäreinsatz gegen Streikende (vgl. Beyme und Bauer, in Endruweit u. a. 1985, S. 109–117 bzw. 164–167). Möglicherweise ist die Zunahme staatlichen Einflusses auf die A. in dem

Maße unvermeidbar, in dem die Verantwortung des Staates für die Konjunktur steigt (→Sozialstaat; →Staatsausgaben). Nicht nur unter diesem Gesichtspunkt ist die konkrete Ausgestaltung der A. ein wichtiger Aspekt der →politischen Kultur einer Gesellschaft.

• *Organisationsformen der Parteien:* Die Geschichte der Gewerkschaften und der Arbeitgeberverbände (dazu Adamy/Steffen 1985, S. 11–34; Müller-Jentsch 1986, S. 68–78 bzw. 137–140) zeigt, daß die Wahl ihrer Organisationsform einerseits ein Ergebnis historischer Bedingungen in der jeweiligen Gesellschaft ist, andererseits eine wichtige Vorentscheidung für das Funktionieren der A. und damit u. a. für die Art der Regulierung sozialer →Konflikte. Die Gewerkschaften z. B. können sich als Staatsgewerkschaft, weltanschauliche/politische Richtungsgewerkschaft, Berufsgewerkschaft mit ständischen Prinzipien, Betriebsgewerkschaft nach syndikalistischen Grundsätzen oder als Einheitsgewerkschaft verstehen. So hat die Organisierung der DGB-Verbände als Einheitsgewerkschaften (Streeck, in Matthes 1979, S. 206) andere Konsequenzen als die Formung der japanischen Gewerkschaften als Unternehmensgewerkschaften (Tokunaga, in Tokunaga/Bergmann, S. 33).

• *Politische Hintergründe der Praxis:* Eine wichtige Grundlage für die Realität der A. sind die vorherrschenden →Ideologien oder realen Interessen in den Beziehungen zwischen Arbeitnehmern und Arbeitgebern. Diese drücken sich u. a. auch darin aus, daß mehrere Gewerkschaftsverbände mit unterschiedlichen Grundhaltungen bestehen (vgl. Adamy/Steffen 1985, S. 17–22; Mitgliederentwicklung bei Müller-Jentsch 1986, S. 91).

Grundsätzlicher kommen Ideologien jedoch bei der Einschätzung der A. insgesamt durch. In den meisten westlichen Industriegesellschaften wurden von Gewerkschaften, Arbeitgeberverbänden und Staaten kooperative Konfliktregelungen den harten Auseinandersetzungen durch Streiks u. a. vorgezogen (Deutschmann, in Tokunaga/Bergmann 1984, S. 73). Das lag hauptsächlich daran, daß Ideen, die sich etwa im Schlagwort von der Sozialpartnerschaft ausdrückten, und auch die Praxis der Sozialproduktsverteilung dieses Verhalten nahelegten. Radikalisierungen traten meist nur bei Arbeitsplatzgefährdungen oder bei abweichendem Verhalten der anderen Seite auf. Vertreter marxistischer Richtungen (Überblicke bei Hyman, in Matthes 1979, S. 247–270, und Schienstock 1982, S. 112–122) haben dagegen für die kapitalistischen Wirtschaftssysteme die A. stets als Schauplatz des Klassenkampfes angesehen; sogar der Begriff der A. erscheint ihnen als «geheiligter Euphemismus für den ewigen Konflikt... zwischen Kapital und Arbeit» (Ralph Miliband, zit. nach Hyman, in Matthes 1979, S. 251). In sozialistischen Wirtschaftssystemen dagegen ist die Rolle der Gewerkschaften mancher Funktion westdeutscher Kammern (Erledigung von Staatsaufgaben in Selbstverwaltung) nicht unähnlich, nur kooperativer (→Marxismus; →Systemvergleich).

Begriffspräzisierung

A. sind als soziale Prozesse das, was oben beschrieben wurde. Staatliche Gesetzgebung oder sonstige Intervention wie auch tarifvertragliche Normen brauchen nicht in die Definition aufgenommen zu werden, weil sie zwar die A. beeinflussen, aber nicht Teil von ihnen sind.

Forschungsstand

Gerade in der BRD bilden die A. ein so komplexes Regelungssystem, daß sie nicht nur geeignet sind zu einer nahezu optimalen Anpassung an wechselnde Umweltbedingungen (Brandt, in Tokunaga/Bergmann 1984, S. 12), sondern daß sie ein geradezu ideales Terrain für die Untersuchung eines kybernetischen Systems wären. Es gibt auch eine große Anzahl von oft methodologisch hervorragenden Untersuchungen; ihnen fehlt aber ein irgendwie gemeinsames theoretisches Gerüst und damit ein Beitrag zur Erkenntnis über den Einzelfall hinaus (vgl. auch Schienstock 1982, S. 131–161). Angesichts der Interessengebundenheit der wichtigsten Auftraggeber, aber auch mancher Forscher und der damit gegebenen relativen Unselbständigkeit der Wissenschaft wird sich daran sobald nichts ändern.

Forschungsperspektive

Die Forschung wird auch in Zukunft mit der Klärung einzelner Fragen zu tun haben. A. sind ein Exerzierfeld des sozialen Wandels, und daher bietet auch die Erforschung von Teilaspekten Aufschluß über allgemeinere Züge des Wandels der Sozialstruktur. Wichtige Themen werden voraussichtlich sein: die Funktion des Staates in Gestalt von Legislative, Exekutive und insbesondere Judikative (Gewaltenteilung) in den A. angesichts der Zunahme von weltweiter Verflechtung der Wirtschaftsentwicklung und von Verrechtlichung der A.; der Wandel der Ideologien in den A. unter dem Einfluß sich ändernder Arbeitsmarktbedingungen; die Funktion der Organisationen von Arbeitnehmern und Arbeitgebern zwischen Interessenvertretung und gesamtgesellschaftlichen Aufgaben sowie deren Funktion im Hinblick auf Minderheiten in ihrer Mitgliedschaft (Frauen, Ungelernte, Ausländer u. a. bei den Gewerkschaften; Krisenbranchen, Randlagenbetriebe, extrem exportabhängige Unternehmungen u. ä. bei den Arbeitgeberverbänden); Einfluß des technisch-ökonomischen Wandels auf die A.; Internationalisierung der Arbeitgeber durch ‹multi-nationale› Unternehmungen (→Internationale Wirtschaftsbeziehungen) und weiterhin nationale Organisierung der Gewerkschaften; Einfluß der regional und sektoral zunehmend verschiedenen Wirtschaftsentwicklung auf die bisher mehr großflächig und gesamtwirtschaftlich angelegte Gestaltung der Arbeitsbeziehungen u. v. a. m. (→Wirtschaft).

Adamy, W. / Steffen, J.: Handbuch der Arbeitsbeziehungen. Opladen 1985.

Endruweit, G. / Gaugler, E. / Staehle, W. H. / Wilpert, B. (Hg.): Handbuch der Arbeitsbeziehungen. Berlin 1985.

Gramatzki, H.-E. / Lemân, G.: Arbeiterselbstverwaltung und Mitbestimmung in den Staaten Osteuropas. Hannover 1977.

Matthes, J. (Hg.): Sozialer Wandel in Westeuropa. Frankfurt / New York 1979.

Müller-Jentsch, W.: Soziologie der industriellen Beziehungen. Frankfurt / New York 1986.

Schienstock, G.: Industrielle Arbeitsbeziehungen. Opladen 1982.

Tokunaga, S. / Bergmann, J. (eds.): Industrial Relations in Transition, Tokyo / Frankfurt 1984.

Günter Endruweit

Autoritarismus

Begriffsverwendungen

In der deutschen Alltagssprache gibt es zwar den Begriff ‹autoritär›, nicht jedoch A. Unter ‹autoritär› versteht der Duden (16. Aufl. 1967): «in (illegitimer) Autoritätsanmaßung handelnd, regierend; diktatorisch» (→Diktatur); der Brockhaus: «mit überlegener Macht ausgestattet; aus eigener Machtvollkommenheit». Der Begriff wird also mit →‹Macht› und ‹Autorität› zusammen gesehen, dabei aber negativ eingefärbt. Besonders deutlich wird diese Verwendungsweise in der Zusammensetzung ‹autoritäre Führung›, wenn sie gegen eine ‹sozialintegrative› oder ‹demokratische Führung› abgegrenzt wird. ‹Autoritär› heißt hier soviel wie kommandierend, befehlend, drohend statt überzeugend, ungeduldig statt helfend. Der neueste Duden (19. Aufl. 1986) faßt diese Verwendung nun wie folgt zusammen: «unbedingten Gehorsam fordernd, diktatorisch». A. als Substantiv scheint bislang der wissenschaftlichen Terminologie vorbehalten zu sein. Im Alltags- wie im Wissenschaftsgebrauch wird autoritär (bzw. A.) zur Kennzeichnung verschiedener sozialer Analyseebenen eingesetzt: So spricht man z. B. von autoritären Einstellungen, Handlungen, Beziehungen, Persönlichkeiten, Gruppen, →Staaten oder Gesellschaften. Eine kurze, einigermaßen präzise Begriffsumschreibung von A., die auch noch alle genannten Ebenen hinreichend berücksichtigt, dürfte kaum gelingen. Zu unterschiedlich sind die Ebenen und zu vielfältig die Normen, die üblicherweise mit dem Begriff in Verbindung gebracht werden. Ohne hier ins einzelne gehen zu können, sei auf einen der vielleicht gebräuchlichsten Gegenbegriffe verwiesen, für den dieselbe Normen- und Ebenenvielfalt gilt, nämlich ‹demokratisch› bzw. →‹Demokratie›.

Verwendungszusammenhänge

Aufbauend auf der Unterscheidung verschiedener Analyseebenen sollen drei Verwendungszusammenhänge für A. herausgearbeitet werden: (1) die politische Systemebene, (2) die Individual- oder Persönlichkeitsebene, (3) die Ebene der gesellschaftlichen Gruppierungen (gesellschaftliche Makroebene; vgl. Gessenharter 1983). Sontheimer (1962, S. 253) weist darauf hin, daß «die Formel vom autoritären Staat... erst in den letzten Jahren der Weimarer Republik» auftaucht. Geprägt wird sie von jenen, zumeist konservativen Rechten, die den Staat als Garanten eines den gesellschaftlichen Interessen vermeintlich vorgängigen Gemeinwohls sehen (→Konservativismus). Dieses Gemeinwohl zu erkennen, sei nur «den Besten» vorbehalten; das gemeine Volk sei damit überfordert. Die somit notwendige hierarchische Gliederung des politischen Systems, die letztlich im Führerprinzip gipfelt, ist gegen jeglichen →Parlamentarismus gerichtet und damit auch gegen die Politisierung des Volkes. «Es handelt sich also um ein System, in welchem sich eine →Elite inklusive ihres Führers die Autorität anmaßt, zu Nutz und Frommen der Volksgemeinschaft zu regieren, ohne daß dieser Gemeinschaft Möglichkeiten zu einer wirksamen Kontrolle ihrer autoritären Regierung gegeben wären» (a.a.O., S. 258). Die Herstellung eines einheitlichen politischen Willens und seine effiziente Durchsetzung durch den Staat dulden weder liberale Freiheits- und Kritikrechte noch →Opposition (→Freiheit; →Liberalismus); Vorbild für den autoritären Staat ist der nach militärischem Muster, d. h. durch Hierarchie, Disziplin, Befehl und Gehorsam organisierte Staat (→Herrschaft; →Macht). War in der Diskussion Ende der Weimarer Republik die Idee des autoritären Staates eine Mittelposition zwischen der Idee des Ständestaates und der des totalen Staates (a.a.O., S. 262), so weist man seit dem Ende des 2. Weltkriegs dem autoritären Staat meist eine mittlere Position zwischen Demokratie und →Totalitarismus zu, manchmal sogar in der Form eines Übergangsstadiums von dem einen Pol zum andern. Hier ist vor allem auf die Forschungen von Linz (1975) zu verweisen.

Der autoritäre Staat benötigt für seine Effizienz den autoritär eingestellten Bürger und/oder den den autoritären Staat akzeptierenden ‹Untertan› (→Legitimität). Wie diese «autoritäre Persönlichkeit» in ihrem Charakter strukturiert ist, war die Hauptfrage, die Adorno und seine Mitarbeiter 1950 in ihrer klassischen Studie «The Authoritarian Personality» beantworten wollten. Auf psychoanalytischer Grundlage wird hier mit den Mitteln der empirischen Sozialforschung versucht, jenes Denkmuster als «Ausdruck verborgener Züge der individuellen Charakterstruktur» ausfindig zu machen, das ein Individuum «für antidemokratische Propaganda anfällig macht» (Adorno 1973, S. 1 u. 46). Das autoritäre Syndrom wird von Adorno über neun Variablen definiert (a. a. O., S. 45). Dabei entsteht das Bild einer Persönlichkeit, die, in mittelständischen Konventionen verfangen, sich Autoritäten der Eigengruppe fraglos unterwirft, Menschen mit anderen Ansichten jedoch scharf ablehnt; das Denken erfolgt in rigiden Kategorien, z. B. in Führer-Gefolgschaft-Dichotomien. Eine unsensible, mißtrauische, menschenverachtende Weltsicht schließt das Bild eines prinzipiell ich-schwachen, sich ausgesetzt fühlenden und deshalb starke Bindungen suchenden Charakters ab. Die über die neun Variablen gebildete F-Skala (F für →Faschismus) sollte das Instrument sein, mit dem solche antidemokratischen, autoritären Persönlichkeiten identifiziert und gemessen werden könnten. – An dieser F-Skala ist viel Kritik geübt worden, sowohl in methodischer als auch in theoretischer Hinsicht. Insbesondere hat Anstoß erregt, daß die F-Skala und auch spätere Versionen, etwa die v. Freyholds, nur die politisch im rechten/rechtsextremen Lager angesiedelte autoritäre Persönlichkeit identifizieren. Eysenck hat zwei Faktoren auseinandergezogen, die er «tendermindedness-toughmindedness» bzw. «radicalism-conservatism» benannte. Auf dem zweiten, ideologischen Faktor unterscheiden sich danach Linke («radicalism») und Rechte («conservatism»), nicht jedoch in ihrer «toughmindedness». Von ideologischen Inhalten ganz abstrahieren will die von Rokeach entwickelte Dogmatismus-Skala, die nur noch die kognitiven Strukturen autoritärer i. S. von intoleranten, dogmatischen Personen analysieren will (Lederer 1983).

Die dritte wichtige Analyseebene, für die der Begriff A. Verwendung findet, ist die gesellschaftliche Makroebene. Hier wird auf Art und Intensität von Abhängigkeitsverhältnissen des einzelnen zu Familie, Gruppen und der Gesellschaft im Ganzen abgehoben. Autoritärer «Gehorsam richtet sich weder nach dem eigenen Denken noch nach den Überlegungen anderer, er nimmt einfach die anonymen gesellschaftlichen Ansprüche zur Kenntnis, wie wenn es sich um Naturgewalten handeln würde» (Hartfiel 1972, S. 14). Individuelle wie kollektive Bedürfnisse nach Einheit und Harmonie sind in der autoritären Gesellschaft höher bewertet als die nach Freiheit, Gleichheit, Selbstverwirklichung.

Begriffspräzisierung

Wichtigste Bedingung für eine eindeutige Verwendung des Begriffs A. ist die Benennung der jeweiligen Analyseebene(n). Auf der Individualebene hat sich in Auseinandersetzung mit Adornos «Authoritarian Personality» eine Umschreibung von ‹autoritär› durchgesetzt, die man etwa dahingehend zusammenfassen kann, daß autoritäre Personen in ihren kognitiven Strukturen unbeweglich und stereotyp sind; sie sehen die Welt dichotomisch, Unklarheiten halten sie nicht gerne aus; im Wissen um ihre eigene Schwäche unterwerfen sie sich fraglos Autoritäten der Eigengruppe, sind aber gleichzeitig «toughminded», d. h. unverträglich, kompromißlos und aggressiv gegen Andersdenkende und Mitglieder von Fremdgruppen. Wie dieses Syndrom empirisch im einzelnen operationalisiert werden kann, ist in der Forschung bisher nicht abschließend geklärt. Auf der politischen Systemebene kann man im Anschluß an Linz autoritäre Systeme als →Systeme charakterisieren, die einen begrenzten →Pluralismus einräumen, über keine allgemein verpflichtende Staatsideologie verfügen, folglich auf Massenmobilisierung verzichten und die Bevölkerung in politischer Apathie halten. A. auf der gesellschaftlichen Makroebene ist gekennzeichnet durch kollektive Verschleierungstendenzen gesellschaftlicher Konflikte; die zentralen gesellschaftlichen Normen sind eher auf das gesellschaftliche Ganze, auf dessen Einheit und Harmonie gerichtet als auf die einzelnen in dieser Gesellschaft, auf ihre Freiheits-, Gleichheits- und Selbstverwirklichungschancen.

Forschungsstand und -perspektive

Der aktuelle Forschungsstand auf der Ebene politischer Systeme ist gekennzeichnet durch die Diskussion um die Abgrenzung autoritärer Systeme von demokratischen bzw. totalitären Systemen (s. die Literaturübersicht von Backes/Jesse 1985). Dabei scheint der Vorschlag von J. J. Linz immer mehr akzeptiert zu werden, autoritäre Systeme nicht als bloße «Mischform totalitärer Systeme und demokratischer Regierungen, sondern als einen Systemtypus sui generis» (Linz 1985, S. 62) aufzufassen, der deutlich von beiden anderen Formen unterschieden werden kann. Drei Kriterien werden idealtypisch zur Unterscheidung herangezogen: (1) Autoritäre Systeme lassen einen begrenzten Pluralismus in den sozialen, ökonomischen und politischen Strukturen zu, während totalitäre Systeme einheitlichen Zentralismus vorsehen, Demokratien hingegen auf große Vielfalt (Gewaltenteilung; →Parlamentarismus; →Partizipation; →Rechtsstaat) angelegt sind. (2) Autoritäre Systeme verzichten im Gegensatz zur totalitären Staatsdoktrin auf eine alle Bürger verpflichtende →Ideologie; sie favorisieren hingegen Einstellungsmuster, ‹Mentalitäten›, die auf Obrigkeitshörigkeit, Ruhe und Ordnung abzielen. (3) Im Gegensatz zu den in Demokratien vielfältigen Partizipationsmöglichkeiten bzw. entgegen den in totalitären Systemen erzwungenen Mobilisierungskampagnen sehen autoritäre Systeme nur geringe Beteiligungsmöglichkeiten, oft noch in staatlich kanalisierter Form, vor, wenn sie nicht ohnehin stärker auf politische Apathie der Bevölkerung hinarbeiten.

Um die historische und gegenwärtige Vielfalt so definierter autoritärer Systeme noch besser beschreiben zu können, hat Linz diese drei Kriterien jüngst weiter ausdifferenziert (a. a. O., S. 63f.). Unter den sieben Typen autoritärer Systeme sind besonders interessant: (1) die «bürokratisch-militärischen», die vor allem die südamerikanischen Militärregime der 60er und 70er Jahre umfassen; (2) die «Rassen- und ethnischen ‹Demokratien›», die, wie in Südafrika, bestimmten Minoritäten Partizipation zugestehen, gleichzeitig den Dissidenten aus diesen Minoritäten und der Majorität gegenüber harten Druck ausüben, wenn diese das Regime insgesamt ändern wollen; (3) die «posttotalitären autoritären Regime», zu denen er allein die UdSSR und die osteuropäischen Staaten in der Nach-Stalin-Ära zählt. Autoritäre politische Systeme können unter gegebenen Umständen zu totalitären werden, wie auch andererseits (Re-)Demokratisierungsprozesse stattfinden können; diese Pendelbewegungen sind vor allem in Lateinamerika zu beobachten. Die genannten Kriterien scheinen geeignet, aufgrund einschneidender Verfassungsänderungen (z. B. Zulassung allgemeiner, gleicher und freier →Wahlen o. ä.) Zuweisungen politischer Systeme zu A., Totalitarismus oder Demokratie vornehmen zu können. Die Kriterien müßten jedoch quantifiziert werden, wollte man langsame Veränderungen politischer Systeme in die eine oder andere Richtung überprüfbar dokumentieren. Wenn die Vermutung Linz' richtig sein sollte, daß immer mehr politische Systeme dazu tendierten, autoritär zu werden, weil sie damit einerseits ihren Bürgern weniger partizipatorische Ansprüche abverlangten als Demokratien, andererseits ihnen mehr Freiheit einräumten als totalitäre Systeme (Linz 1975, S. 356), dann wäre es gerade auch für Demokratien wünschenswert, über klare Beobachtungskriterien zu verfügen, um ihre eigene Aushöhlung zu verhindern.

Der Forschungsstand über A. auf der Individualebene ist immer noch dem grundlegenden Werk «The Authoritarian Personality» von Adorno u. a. stark verpflichtet, auch wenn die Kritik schon früh einsetzte und mit besonders strengen Maßstäben arbeitete. Wie schon erwähnt, läßt sich aus dem Gesamtsyndrom A. eine Dimension herausschälen, die auf Dogmatismus, rigides Denken, Kompromißlosigkeit und Intoleranz abzielt und die nicht nur auf politisch rechts-, sondern auch linksgerichtetes Denken zutreffen kann. Nimmt man jedoch das gesamte Syndrom, dann spielen die Dimensionen ‹Fremdgruppenvorurteil› (Ethnozentrismus, wobei Antisemitismus als ein Unterfall gelten kann) und ‹Orientierung an konventionellen Werten› eine wichtige Rolle, die aber beide auf ‹rechte› Ideologie verweisen. Es verwundert deshalb nicht, daß immer wieder nachgewiesen wurde, daß beispielsweise Konservatismus und A. zusammenhängen. Daß beide Variablen sehr stark mit rechtsextremen Einstellungen verbunden sind (jedoch nicht in der Weise, daß alle Konservativen auch rechtsextrem sind), ist vielfältig nachgewiesen. Wenn allerdings die SINUS-Studie von 1981 (über rechtsextremistische Einstellungen bei den

Deutschen) mit ihrer «Autoritären Einstellungsskala (AES)» 50 Prozent der bundesrepublikanischen Wahlbevölkerung als autoritär eingestellt deklariert, dann ist dies ein Ergebnis, das bislang weder theoretisch noch methodisch, noch normativ schlüssig begründet werden konnte. Besondere Beachtung wegen ihrer methodischen Versiertheit und ihrer Ergebnisse verdient die vergleichende Studie zum autoritären Einstellungswandel Jugendlicher in der Bundesrepublik Deutschland und den USA von Lederer (1983): Während deutsche Jugendliche in den 40er Jahren wesentlich stärker autoritär eingestellt waren als amerikanische, haben sich die Jugendlichen beider Staaten Ende der 70er Jahre auf einem wesentlich niedrigeren Niveau von A. nicht nur angenähert, sondern die deutschen Jugendlichen sind sogar noch weniger autoritär eingestellt als ihre US-Altersgenossen. Da im Autoritarismussyndrom von Lederer auch Ethnozentrismus eingeschlossen ist, dürfte es sich weitgehend um einen rechten A. handeln. Lederer interpretiert die Abnahme von A. als gleichzeitige Zunahme demokratischer Einstellungen.

Bleibt man bei dieser empirisch orientierten Begrifflichkeit, kann man anderen Studien entnehmen (z. B. Infratest 1980), daß linksorientierte Jugendliche (i. S. linken Protestpotentials) in ihren Werten hochdemokratisch eingestellt sind, jedoch die Spielregeln der Demokratie in der Konfliktaustragung gering achten (→Extremismus). Mit diesen Befunden – jetzt bereits auf der gesellschaftlichen Makroebene – decken sich auch die Befunde von Inglehart, denen zufolge sich in den westlichen Industrienationen ein Wandel von materiellen zu sog. postmateriellen Bedürfnissen vollzogen habe. Postmaterielle Bedürfnisse sind solche nach Emanzipation, Mitbestimmung, Selbstverwirklichung, also Bedürfnisse, die sich frontal gegen die o. g. Zielvorstellungen einer autoritären Gesellschaft richten. Gegen diese demokratieoptimistische Sichtweise lassen sich jedoch auch Entwicklungen gesellschaftlicher und staatlicher Art ins Feld führen, die auf wachsenden A. schließen lassen: Zunehmende Bürokratisierungstendenzen (→Bürokratie), die individuelle Handlungsspielräume einengen; zunehmende Anonymisierung des Menschen bei gleichzeitiger Verstärkung seiner datenmäßigen Verfügbarmachung; Anwachsen autoritärer Denkweisen über die sog. Neue Rechte (s. dazu Fetscher 1983), die in den USA und Frankreich, aber auch in der BRD tief in den Neokonservatismus hineinwirkt: Einerseits Freiheitsräume im Wirtschaftsleben schaffend, also in diesem Sinne liberal, andererseits kulturelle und politische Freiräume beschneidend, also autoritär, wird auf einen Menschentyp, eine Gesellschaft und einen Staat abgezielt, in denen die Freiheit und Vielfalt des Konsums alles andere dominiert, insbesondere die ‹störenden› Individualitäten der jeweils lebenden Menschen, die als größtes Sicherheitsrisiko für den Staat zu gelten beginnen (→Politische Kultur; →Zwang).

Adorno, T. W.: Studien zum autoritären Charakter. Frankfurt/M. 1973.
Backes, U./Jesse, E.: Totalitarismus, Extremismus, Terrorismus. Opladen ^{2}1985.
Fetscher, I. (Hg.): Neokonservative und ‹Neue Rechte›. München 1983.
Gessenharter, W.: Art. «Autoritarismus». In: Lippert, E./Wakenhut, R. (Hg.): Handwörterbuch der politischen Psychologie. Opladen 1983, S. 39–48.
Hartfiel, G. (Hg.): Die autoritäre Gesellschaft. Opladen ^{3}1972.
Infratest Wirtschaftsforschung: Politischer Protest in der Bundesrepublik Deutschland. Stuttgart 1980.
Lederer, G.: Jugend und Autorität. Opladen 1983.
Linz, J. J.: Totalitarian and Authoritarian Regimes. In: Handbook of Political Science. Vol. 3. Reading (Mass.) 1975, S. 175–411.
–: Art. «Autoritäre Regime». In: Pipers Wörterbuch zur Politik. Hg. von D. Nohlen. Bd. 1, 1. Halbband. Politikwissenschaft: Theorien – Methoden – Begriffe. München 1985, S. 62–65.
Sontheimer, K.: Antidemokratisches Denken in der Weimarer Republik. München ^{4}1962.

Wolfgang Gessenharter

Bildung

Begriffsverwendungen

Der Begriff B. kennzeichnet den Vorgang der Entfaltung der Individualität eines Menschen und seiner geistigen Formung in Auseinandersetzung mit den Gegenständen der Kultur und Umwelt (Prozeßbegriff: bildnerischer Vorgang; Persönlichkeitsentwicklung) und die Ergebnisse dieses Vorgangs (Statusbegriff: B.-Gut; B.-Besitz). B., Erziehung und Ausbildung werden teils synonym verwendet, teils wird B. als Oberbegriff verstanden oder Allgemeinbildung von der (Berufs-)Ausbildung abgegrenzt (→Politische B.). Bei begrifflicher Differenzierung bezeichnet B. jene Komponente des pädagogischen Prozesses, in der sich die Aneignung des in Lehrplänen festgelegten allgemeinen B.-Gutes unter dem Gesichtspunkt von Kenntnissen und Fähigkeiten vollzieht; Ausbildung akzentuiert die ökonomische Verwertungsdimension dieses Prozesses; Erziehung bezieht sich auf die Entwicklung weltanschaulicher, ethischer und ästhetischer Einstellungen von Verhaltensdispositionen.

Die mit B. – seit der Aufklärung Leitbegriff der Pädagogik in Deutschland – verbundenen Fragen nach den Zielen und Inhalten und ihrer Rechtfertigung werden seit der antiken Erziehungsphilosophie mit dem Begriff der *paideia*, der Formung des Menschen nach der Idee seiner selbst, diskutiert. Selbsterkenntnis, Selbstverwirklichung und Mündigkeit kennzeichnen seit der Aufklärung das zentrale Element jedes B.-Begriffs, dem geschichtlichen Wandel sind seine normativen, funktiolen und instrumentellen Elemente unterworfen. In der B.-Begriffsgeschichte kondensieren insofern unterschiedlichste theologische, philosophische und anthropologische Deutungsmuster vom Individuum in und gegenüber seiner Umwelt. Materiale B.-Theorien betonen die inhaltliche Dimension von Prozeß und Status: Erwerb und Besitz bestimmter Inhalte definieren die Qualität eines Menschen, diese rechtfertigt seinen sozialen Status (Schichtung); die Bestimmung der B.-Güter ist das Resultat einer vermeintlich autonomen und allgemeingültigen pädagogischen Werthierarchie, die sich durch die Ideale des klassisch-unvergänglichen Wissens, des enzyklopädischen Wissens oder des wissenschaftsvermittelten Wissens zu legitimieren sucht. Im historischen Wandel der B.-Güter wird der verdeckte Legitimationszusammenhang zwischen den jeweiligen gesellschaftlichen Ansprüchen und ihrer pädagogischen Bestimmung sichtbar. Formale B.-Theorien betonen die instrumentelle Dimension und setzen in humanistischer B.-Tradition an der Entwicklung der individuellen Faktoren des B.-Subjekts an. Explizit weisen sie gesellschaftliche Ansprüche an B. zurück und wählen die grundsätzlich austauschbaren Inhalte nach ihrem formalen Wert in psychologisch-pädagogischer Autonomie. Sie unterliegen demselben kritischen Einwand: Kritikfähigkeit z. B. kann am literarischen Text wie sozialen →Konflikt geschult werden, funktionslos ist die stoffliche Seite indes nicht. Generell ist der B.-Status Aggregat sowohl instrumenteller als auch materieller Elemente; B.-Wert kommt daher stets jenen Inhalten zu, die mit den gesellschaftlichen Anforderungen korrespondieren. Die von materialen wie formalen →Theorien unterschlagene gesellschaftliche Funktion individueller B.-Prozesse, die den Zusammenhang von B. und →Herrschaft vermittelt, spiegelt sich im Gegensatz von (zweckfreier) Allgemein- und (verwendungsorientierter) Berufsbildung; erstere erhebt sich über die sozio-ökonomisch-technischen Verwertungsinteressen und entzieht diese dem eigenen kritischen Anspruch, letztere unterwirft sich jenen Interessen, für beide bleiben sie nicht hinterfragt.

Durch ihre öffentliche Institutionalisierung im Zuge der Entwicklung des modernen →Staates und die Identifizierung ihrer politischen und sozialstrukturellen Funktionen ist B. aus ihrem pädagogischen Deutungskontext herausgelöst und zum Gegenstand gesellschaftstheoretischer Interpretation und sozialwissenschaftlicher Analyse gemacht worden (→Elite). Eine theoretisch gehaltvolle mehrdimensionale Neubestimmung des B.-Begriffs ist allerdings unterblieben; vielmehr wird der weitgehend theorieentleerte Begriff seit etwa 25 Jahren auf alle mit dem System institutionalisierter B. verbundenen externen und internen Faktoren bezogen: Das Feld der B.-Komposita umfaßt empirische und theoretische Phänomene, wissenschaftliche Subdisziplinen sowie alle drei Dimensionen des Politikbegriffs (→Politik).

Verwendungszusammenhänge
Systematisch betrachtet ist wissenschaftliche Aufklärung über das System institutionalisierter B. möglich in Richtung auf den historischen Prozeß seiner Hervorbringung (die zunehmende Differenzierung, Professionalisierung und Verrechtlichung), in Richtung auf die Systemumwelt (→System) (die politischen, ökonomischen und gesellschaftlichen Rahmenbedingungen) und in Richtung auf seine Binnenstrukturen (die Sozialisations-, Kommunikations- und Arbeitsorganisationsprozesse). Die erstgenannte Richtung ist Arbeitsfeld der Sozialgeschichte und der Historischen Erziehungswissenschaft. Zur Erforschung der Rahmenbedingungen und der internen Handlungsbedingungen institutionalisierter B. tragen neben der Erziehungswissenschaft seit Ende der 50er Jahre →Politikwissenschaft (B.-Politik, B.-Planung, B.-Verwaltung), Rechtswissenschaft (B.-Recht), Soziologie (→Politische Sozialisation) (Sozialisationsforschung, Organisationssoziologie), Wirtschaftswissenschaft (B.-Ökonomie, B.-Statistik, B.-Betriebslehre), Sozialgeographie (B.-Ökologie) und Psychologie (Pädagogische Psychologie, Kommunikationsforschung) bei. B.-Forschung ist die durch den gemeinsamen Gegenstandsbereich verbundene, in ihren →Methoden und Fragestellungen differenzierte funktionelle Einheit von Sozialwissenschaften: Ihre erziehungswissenschaftlich-psychologische Perspektive betrifft die Vorbedingungen und Prozesse der Ausstattung der Individuen für die Bewältigung der Lebenssituation (Individualisierung, Mündigkeit); die soziologische Perspektive ist auf Klärung der für die Konstituierung, Reproduktion und Veränderung einer Gesellschaft relevanten Bedingungsfaktoren der Sozialisation und Enkulturation gerichtet; Gegenstand der politikwissenschaftlichen Perspektive sind die für die Konstituierung, Aufrechterhaltung und Entwicklung des politischen Systems erheblichen Funktionen des B.-Systems (Legitimation und Integration, →Partizipation und Chancengleichheit); die ökonomische Perspektive versucht, den Funktionszusammenhang zwischen B. und Beschäftigung aufzuhellen (→Gleichheit) (Qualifikation, Selektion) und das Input-Output-Verhältnis zu optimieren; die sozialökologische Perspektive schließlich dient der Untersuchung der sozialräumlichen Bedingungen und Wirkungen von B.-Prozessen.

B.-Forschung findet weitgehend in staatlich vermittelten →Institutionen statt, einerseits inneruniversitär, andererseits in allgemeinen B.-Forschungseinrichtungen wie im Max-Planck-Institut für Bildungsforschung (Berlin) und im Deutschen Institut für Internationale Pädagogische Forschung (Frankfurt), ressortorientiert im Bundesinstitut für Berufsbildungsforschung (Berlin), im Institut für Arbeitsmarkt- und Berufsforschung (Nürnberg) und beim Hochschulinformationssystem (Hannover) und schließlich in den der Kulturverwaltung nachgeordneten Staatsinstituten der Bundesländer. B.-Politik ist Teil der staatlichen Gesamtpolitik, die sich auf alle institutionalisierten Formen des Lehrens, Lernens und Forschens bezieht, die hierzu allgemeine Ziele und verbindliche Regelungen festlegt sowie Entscheidungen über institutionelle, inhaltliche, personelle und finanzielle Fragen trifft. B.-Politik ist gesellschaftstheoriegestützte B.-Planung und operationalisierende B.-Verwaltung; ihre Elemente sind die Analyse der Ausgangsbedingungen und Entwicklungstendenzen, die Prognose der Einflußfaktoren, die Klärung des Handlungsspielraums und der Steuerungsinstrumente (→Steuerung), die Verknüpfung von Zielen, Handlungsprogrammen und Ressourcen, die Sicherung von Konsens bei den Betroffenen, die horizontale und vertikale Programmkoordination, →Implementation und Evaluation. Innerhalb des staatlichen Handlungs- und Kontrollrahmens können auch nichtstaatliche Akteure eigene Ziele setzen und Träger von B.-Maßnahmen sein (→Gewerkschaften).

Begriffspräzisierung

Trotz seines Theoriedefizits ist der B.-Begriff von Erziehungs- und Sozialwissenschaften nicht durch präzisere Subbegriffe abgelöst worden; vielmehr gibt es Ansätze zur Rekonstruktion des klassisch-humanistischen B.-Begriffs, die seine gesellschaftskritisch-evolutionäre Dimension hervorheben. Die Idee der freien vernünftigen Selbstbestimmung als Prämisse allgemeiner Menschenbildung reflektiert insofern nicht nur die jeweiligen gesellschaftlichen Interessen und Strukturen, sondern stellt zugleich die emanzipationsverkürzenden politisch-gesellschaftlichen Umweltbedingungen in Frage. Bis zur gesellschaftstheoretischen Neubestimmung dürfte Konsens über eine eher deskriptiv-funktionale Fassung des B.-Begriffs zu erreichen sein; danach ließe sich B. präzisieren als Summe institutionalisierter (kognitiver, affektiver, ästhetischer und instrumenteller) Lehr-Lernprozesse innerhalb eines komplexen und spannungsreichen Wirkungszusammenhangs politischer, gesellschaftlicher, ökonomischer und individueller Funktionen, die ihren Fokus in der gesellschaftlichen und wissenschaftlichen Auseinandersetzung um die jeweiligen Schlüsselprobleme sozialer und individueller Existenz besitzen.

Forschungsstand

Gegenstand politikwissenschaftlicher B.-Forschung sind die B.-Systemstrukturen, das Politikfeld B. und die B.-Politikprozesse. Die B.-Systemstrukturen werden durch inhaltliche, strukturelle, organisatorische, kompetenzielle und finanzielle Bedingungen des Rechtssystems und des politischen Systems vermittelt. Hierzu gehören die bundes- und landesverfassungsrechtlichen Regulative (→Föderalismus) über B.-Ziele und B.-Institutionen, die föderative Politikverflechtung in bezug auf B.-Planung, B.-Verwaltung, B.-Finanzierung, die →Pluralität staatlicher, zwischenstaatlicher und nichtstaatlicher Akteure, die neokorporative Politikverflechtung insbesondere im Berufsaus- und -weiterbildungssystem, schließlich die bildungsrechtlichen Festlegungen der Institutionen und Programme, ihrer Finanzierung, Selbstverwaltung und Kontrolle, des Personals und der Zertifikate. Auf dem Hintergrund widersprüchlicher gesellschaftstheoretischer Prämissen (z. B. individuelle Begabung vs. Chancengleichheit) hat die Forschung Alternativen zum traditionellen weitgehend vertikalen B.-System entworfen (horizontales, rollierendes System); die Analyse insbesondere der Politikverflechtung hat dabei nachgewiesen, daß sich B.-Politik und B.-System – konsensempfindlicher als andere Politikbereiche – eher zögernd und inflexibel als dynamisch und zielbestimmt entwickeln. Das Politikfeld wird durch die spezifischen Akteure, Handlungsinstrumente und Interessen bestimmt; im staatlichen Bereich sind es insbesondere Kultus- und Wissenschafts-, Wirtschafts- und Finanzministerien sowie Parlamentsausschüsse; sonstige Bundes-, Landes- und Kommunalbehörden sowie Gerichte; hinzu kommen überstaatliche Akteure wie UNESCO, ILO, OECD (CERI), Europarat und EG; schließlich die Akteure im gesellschaftlichen Bereich wie →Parteien, Wirtschaftsverbände (→Verbände), →Gewerkschaften, Kirchen und Klientelorganisationen. Typisch für das Politikfeld B. sind intermediäre Akteure wie KMK, BLK, Wissenschaftsrat, Bildungsrat (1965–1975) und Hochschulbauförderungsausschuß, die trotz der grundsätzlichen B.-Kompetenzzuweisung an die Länder umfangreiche Beratungs-, Planungs- und Koordinierungsaufgaben wahrnehmen. Die politikfeldrelevanten Interessen sind weitgehend identisch mit den allgemeinen Zielen moderner Gesellschaften, zu denen u. a. Gleichberechtigung, freie Persönlichkeitsentfaltung, soziale Gerechtigkeit, Arbeit, Wirtschaftswachstum und Einheitlichkeit der Lebensverhältnisse gehören; weltanschaulich differenziert, sind sie inkorporiert in B.-Programmen von Organisationen und Parteien, in Rahmenprogrammen (z. B. B.-Gesamtplan), KMK-Beschlüssen und Regierungsabkommen (z. B. Hamburger Abk.) und B.-Gesetzen. In instrumenteller Sicht ist B.-Politik wesentlich distributive und regulative →Politik; direkte redistributive Instrumente haben sich nicht durchsetzen lassen (z. B. Ausbildungsplatzabgabe). Der Expansion der B.-Ausgaben (→Staatsausgaben) entspricht die Ausdehung des B.-Rechts; bildungsökonomische Analysen haben versucht, die Effekte des Kapitaleinsatzes zu messen und neue Finanzierungsmodelle zu entwickeln (z. B. Fonds, Solidarmodelle); politikwissenschaftliche Studien haben die ambivalenten Effekte extensiver Normproduktion (Verrechtlichung) und die Gegenstrategien bis hin zur Verlagerung bildungspolitischer Entscheidungsprozesse von der parlamentarischen auf die verfassungsrechtliche Ebene untersucht sowie allgemeine Theoreme zur Erläuterung der staatlichen Handlungskapazität im Reproduktionssektor (z. B. relative Handlungsautonomie vs. ökonomische Determination) zu formulieren versucht.

Die Politikprozesse im westdeutschen B.-System lassen sich historisch-chronologisch in drei Phasen strukturieren: Restauration und Vereinheitlichung (1945–1960); Expansion und →Reform (1961–1973); Stagnation (1974 bis heute). Die 1. Phase ist durch Überwindung materieller Notstände, das Scheitern alliierter Reformansätze, die Wiederherstellung traditioneller Strukturen, die Koordination der Länderpolitiken und schrittweise Entkonfessionalisierung geprägt. Die 2. Phase wird durch bildungsökonomische und sozialstaatliche Kritik bestimmt und löst – demographisch verstärkt – die Expansion weiterführender B.-Teilhabe aus; mit dem Bedeutungsverlust des Wirtschaftsbedarfsarguments zerbricht der Konsens über den chancengleichheitsbegründeten Reformbedarf. Die 3. Phase ist durch widersprüchliche, z. T. polarisierende Tendenzen innerhalb des B.- und zwischen B.- und Beschäftigungssystem gekennzeichnet. Systematisch betrachtet geht es um folgende Zielkonflikte (→Konflikt): Individualisierung beschreibt den Anspruch auf optimale Entfaltung individueller Interessen und Fähigkeiten. Qualifikation und Selektion verstärken diese Differenz, indem sie auf Ungleichheiten nicht nur in Begabung und Leistung, sondern auch in Berufsanforderung und Bedarf abstellen; nicht mehr optimale Entfaltung aller Möglichkeiten, sondern Entwicklung der nachgefragten produktiven Fähigkeiten ist ihr Ziel; die hierauf bezogene Selektion beeinflußt den sozialen Rang. Chancengleichheit widerspricht nicht dem meritokratischen Ansatz, kritisiert aber die Verzerrung des Qualifikationsprozesses durch unterschiedliche Sozialisationsbedingungen und führt zur Forderung nach B.-Chancenausgleich. Sozialisation und Integration befähigen zur gesellschaftlich-politischen Teilhabe. Drei Beispiele verdeutlichen die Zielkonflikte: Soll die Schulpflicht zur Abschwächung Ungleichheit produzierender Sozialisation früher beginnen? Wie lange rechtfertigt das Chancengleichheitspostulat leistungsundifferenzierte B.-Programme? Inwieweit ist es legitim, B. über staatlich vermittelte gesellschaftliche Ziele zu reglementieren?

Forschungsperspektive

Aufgabe politikwissenschaftlicher B.-Forschung ist es, die Bedingungen der Entstehung, Entwicklung und Veränderung von B.-Institutionen zu erklären (historisch-genetische Perspektive) und in Synthetisierung legitimer gesellschaftlicher →Interessen und individueller Bedürfnisse politische Handlungsmöglichkeiten aufzuzeigen (analytisch-prognostische Perspektive). Zentrale Bedeutung in der Genese institutionalisierter B. hat die Frage nach der jeweiligen Ausbalancierung der Reproduktionsfunktionen des B.-Systems. Während ideologiekritische Analysen über diese Funktionen verfügbar sind, fehlen gesellschaftstheoretische Ansätze, B. inhaltlich etwa von der Frage nach verallgemeinerungsfähigen individuellen und gesellschaftlichen Bedürfnissen her zu definieren. Unbeschadet bildungspolitischer Konjunkturzyklen fokussieren gesellschaftliche Kontroverse und wissenschaftliches Forschungsinteresse dauerhaft in der Diskussion um die Inhalte institutionalisierter B. (in den 80er Jahren z. B. ‹computer literacy›; Friedenserziehung) und um die Strukturen institutionalisierter B. (z. B. integrierte Sek.-Stufe II). Erst rudimentär sind sozialwissenschaftliche Studien zur interkulturellen Dimension der B. als Folge der westeuropäischen Integration und der internationalen Migration oder zur ökologischen Dimension der B. als Folge des möglichen Übergangs von der wachstumsorientierten industriellen zur ökologieorientierten postindustriellen Gesellschaft verfügbar (→Umweltpolitik). Unzulänglich ist das Wissen um die politisch-gesellschaftlichen und individuellen Folgen der bildungsbedingten Adoleszenzphasenverlängerung. Sozialwissenschaftlicher Forschungsbedarf besteht schließlich bei der Bewältigung der aus den B.-Systemzyklen zwischen Expansion und Schrumpfung resultierenden (z. B. personell-infrastrukturellen) Asymmetrien und zur antizipativen Bewältigung von Folgezyklen (z. B. Personalmangel).

Arnold, R. / Marz, F.: Einführung in die Bildungspolitik. Grundlagen, Entwicklungen, Probleme. Stuttgart / Berlin / Köln / Mainz 1979.

Baethge, M. / Nevermann, K. (Hg.): Organisation, Recht und Ökonomie des Bildungswesens (Enzyklopädie Erziehungswissenschaft Bd. 5). Stuttgart 1984.

Brinkmann, G. et al.: Bildungsökonomik und Hochschulplanung. Darmstadt 1976.

Büchner, P.: Einführung in die Soziologie der Erziehung und des Bildungswesens. Darmstadt 1985.

Derbolav, J. (Hg.): Grundlagen und Probleme der Bildungspolitik. München 1977.

Hüfner, K. / Naumann, J.: Konjunkturen der Bildungspolitik in der Bundesrepublik Deutschland. Bd. 1: Der Aufschwung (1960–1967). Stuttgart 1977.

Max-Planck-Institut für Bildungsforschung, Projektgruppe Bildungsbericht (Hg.): Bildung in der Bundesrepublik Deutschland. Daten und Analysen. Bd. 1: Entwicklungen seit 1950. Bd. 2: Gegenwärtige Probleme. Reinbek bei Hamburg 1980.

Preuß, U. K.: Bildung und Herrschaft. Beiträge zur politischen Theorie des Bildungswesens. Frankfurt / M. 1975.

Reuter, L.-R. / Muszynski, B.: Bildungspolitik. Parteien- und Verbandsprogrammatik in Dokumentation und Analyse. Opladen 1980.

Roth, H. / Friedrich, D. (Hg.): Bildungsforschung. Probleme, Perspektiven, Prioritäten (Deutscher Bildungsrat, Gutachten und Studien der Bildungskommission Bd. 50 u. 51). Stuttgart 1975.

Lutz-Rainer Reuter

Bürokratie

Begriffsverwendungen

Beim Wort B. sind, mehr als vielleicht bei anderen Termini, umgangssprachlicher und wissenschaftlicher Gebrauch zu unterscheiden, wenngleich beide genetisch und systematisch einander bedingen, da sie die Staats- und Verwaltungsentwicklung sowie die gesellschaftliche Reaktion hierauf seit dem Absolutismus reflektieren (→Staat; →Verwaltung). Seit seiner Schöpfung im 18. Jahrhundert hat das Wort mit den Derivationen Bürokrat, bürokratisch oder Bürokratismus eine pejorative Bedeutung, mit der Systemeigenschaften wie auch Merkmale von in der B. wirkenden Menschen bezeichnet werden, z. B. hierarchische Entscheidungsstruktur und (blinder) Gehorsam, ‹Papierkrieg› und Formalismus, Regelgebundenheit und Unpersönlichkeit der Behandlung. ‹Unbürokratisch› bedeutet entsprechend nicht selten: unter Nichtbeachtung bestehender Vorschriften (z. B. des Haushaltsrechts bei Hilfen in Notfällen), Entbürokratisierung: Durchforstung von Vorschriften. Hiermit ist schon impliziert, daß B. vornehmlich auf den öffentlichen Bereich bezogen wird, u. zw. (auch noch bei Max Weber) in doppelter Bedeutung: zur Bezeichnung der (Staats-)Verwaltungsorganisation und der Beamtenschaft.

Die Prägung des Wortes B. wird dem französischen Ökonom Vincent de Gournay zugeschrieben, der damit im Rahmen der physiokratischen Kreislaufanalyse den ‹unproduktiven› Beamtenstand des *Ancien régime* bezeichnete, mit dessen Aufkommen er zudem eine Herrschaftsform etabliert sah, die von der aristotelischen →Typologie abwich. Seine Versachlichung und Präzisierung erfuhr der Begriff von Max Weber, der damit einen Typus der Herrschaftsorganisation (→Herrschaft) bezeichnete, der eine Reihe von in ihrer Kombination seltenen Merkmalen aufweist. Dabei wird B. nicht auf die öffentliche Verwaltung beschränkt, sondern bürokratisch können auch Unternehmen, →Parteien oder →Verbände sein. Je nach Merkmalshäufung und -ausprägung kann eine →Organisation unterschiedlich stark bürokratisiert sein.

Verwendungszusammenhänge

Da B.-Theorie und B.-Kritik meist eng verbunden sind, variieren mit dem Erkenntnisinteresse in der Regel auch die normativen Bezüge, in deren Lichte Sachverhalte bewertet werden.

- *Gesamtgesellschaftliche Analyse:* Mit unterschiedlich starker historischer und/oder komparativer Ausrichtung steht im Mittelpunkt des Interesses die Entwicklung und Expansion primär der Staatsverwaltung westeuropäischen Typs seit dem 18. Jahrhundert, ferner die Ausbreitung bürokratischer Organisation in anderen gesellschaftlichen Sektoren (z. B.

Bürokratisierung freiwilliger Assoziationen wie Vereine) oder Weltregionen (Entwicklungsländer; →Dritte Welt). Da ein zentrales Merkmal bürokratischer Organisation die Hauptamtlichkeit und professionelle Schulung des Personals ist, leitet sich aus der «Bürokratisierung der Welt» die soziologische Frage nach Charakteristika und Einfluß der Beamten- oder Angestelltenschaft als neuer sozialer Schicht ab. Juristisches Interesse findet das mit der Bürokratisierung verbundene Vordringen des Staates in vormals private Sphären und selbstregulative Bereiche, finanzwissenschaftlich relevant sind Kosten und Verteilungswirkungen der Staatstätigkeit (→Regulation). Normativer Bezug ist durchgängig die Bewahrung individueller politischer und ökonomischer Autonomie; daher auch immer wieder Postulierung eines Kanons von Staatsaufgaben, einer Staatsquote oder die Forderung nach Herrschaftsabbau schlechthin. Entsprechend lassen sich aktuelle Reformversuche einordnen: Entstaatlichung und Privatisierung von öffentlichen Aufgaben, Deregulierung oder schließlich die Diskussion um Entprofessionalisierung einzelner öffentlicher personaler sozialer Dienste (Selbsthilfe, Laienmedizin).

● *Individuum und bürokratische Organisation:* Verwaltungswissenschaftlich wird seit einigen Jahren die Beziehung der Bürger zur öffentlichen Verwaltung unter dem Gesichtspunkt der Anliegensgerechtigkeit und Responsivität der B. analysiert. Regelgebundenheit (Rechtsstaatlichkeit), Schriftlichkeit und Unpersönlichkeit (d. h. ursprünglich: ohne Ansehen des Standes) als Merkmale von B. werden als dysfunktional, soziale Distanz erzeugend und inadäquat für die Lösung individueller Probleme empfunden. Entsprechende Bemühungen um mehr ‹Bürgernähe› resultieren in sprachlichen (Amtsdeutsch) und Formularverbesserungen, Personalschulung, Behördenwegweisern oder Institutionalisierung einer Beratungspflicht. Geht es hier um die Stellung des Individuums gegenüber der B., stellt die Organisationssoziologie die Position des Mitarbeiters in der B. insbesondere in ihrer betriebssoziologischen Variante in den Mittelpunkt. Die Merkmale Hierarchie, Arbeitsteiligkeit, Zentralisierung der Betriebsmittel in der Hand der Organisationsleitung, Geldentlohnung und Trennung von Amt und Person produzieren Entfremdungssymptome und werden unter Maximen der Selbstverwirklichung, Humanisierung oder Mitbestimmung zu reformieren versucht.

● *Organisationstheorie:* Darüber hinaus geht es unter der Maxime der Effizienzsteigerung um die zweckmäßige Strukturierung (organizational design) staatlicher und privatwirtschaftlicher Organisationen, sei es, daß Managementmodelle oder alternative Führungsstile zum Ausgleich der Schwächen hierarchisch-monokratischen Aufbaus, sei es, daß Alternativen zur traditionellen Aufgabengliederung (Spezialisierung) entwickelt werden. Betriebswirtschaftlicher wie organisationssoziologischer Organisationstheorie ist gemeinsam die Ausrichtung an Webers Effizienzthese, die einer Überprüfung daraufhin unterzogen wird, in welchen Kombinationen unter welchen Bedingungen die Merkmale des Typus B. auftreten, wie effizient oder pathologisch derartige Systems sind.

- *Herrschaftssoziologie:* Damit ist einerseits eine ahistorische Perspektive verbunden, werden doch typischerweise die Merkmale Hauptamtlichkeit, Geldentlohnung und Zentralisierung der Betriebsmittel, die Weber als Charakteristika von B. historisch-genetisch ableitete, unterschlagen. Erst in Verbindung hiermit und im Kontext der Herrschaftssoziologie wird seine Effizienzthese verständlich: Im Vergleich zur traditionalen (feudalen und patrimonialen) oder charismatischen →Herrschaft ist Herrschaft mittels eines bürokratischen Verwaltungsstabes ‹rein technisch› die ‹formal rationalste› Form der Herrschaftsausübung. Gemessen an den Normen von →Legitimität und Repräsentativität ist bürokratische Herrschaft jedoch nicht unproblematisch: Hauptamtlichkeit und Fachgeschultheit geben den (Staats-, Partei- oder Verbands-)Beamten einen Informationsvorsprung an Fach- und an Dienstwissen gegenüber dem prinzipiell ‹dilettantischen› (Berufs-)Politiker und begründen die Gefahr der politischen Verselbständigung des Beamtentums (der →Verwaltung) gegenüber dem ‹politischen Herrn› (Parlament, Parteibasis). Diesem klassisch formulierten Problem lassen sich praktische Versuche zuordnen, direkte →Partizipation in politischen Verbänden oder die parlamentarische Mitwirkung an exekutiven Planungen zu steigern. Besonders in der politischen Soziologie wird ferner der (Repräsentativität der) Rekrutierung von Berufspolitikern und -beamten Augenmerk geschenkt, seit die vermeintliche Neutralität und Überparteilichkeit der Beamtenschaft als ‹Lebenslüge des Obrigkeitsstaates› entlarvt worden ist; neuere Kritiken lassen sich unter den Schlagworten ‹Politisierung der B.› und ‹Bürokratisierung (Verbeamtung) der Parlamente› fassen.

Begriffspräzisierung

Je nach Verwendungszusammenhang werden (unter häufig nicht explizitem Bezug auf Weber) unterschiedliche Merkmalskombinationen des von ihm entwickelten Typus der B. betont. Es empfiehlt sich daher, die breite Merkmalsliste Webers auch heute noch zugrunde zu legen: (a) Trennung von Privat- und Betriebsmitteln (Appropriation der Betriebsmittel, z. B. Waffen, in der Hand des Herrn), damit zusammenhängend die räumliche Trennung von Haushalt und Büro, die rechtliche Trennung von Amt und Person (im Gegensatz etwa zu Selbstequipierung, Kauf von Ämtern); (b) Hauptamtlichkeit; (c) Fachschulung und (d) Geldentlohnung des Personals (im Gegensatz zu ehrenamtlicher Laienverwaltung und Naturalentlohnung); (e) Ernennung (anstatt →Wahl) und (f) laufbahnmäßiges Avancieren nach dem Leistungsprinzip (anstatt nach Herkunft); (g) monokratisch-hierarchischer Organisationsaufbau (vs. Kollegien); (h) fachliche (vs. territoriale) Gliederung der Kompetenzen und damit Spezialisierung des Personals; (i) Regelgebundenheit (Gesetzesbindung) und damit Unpersönlichkeit (d. h. ohne Ansehen der Person) der Entscheidungen (→Rechtsstaat) (z. B. vs. Kadi-Justiz); (j) Schriftlichkeit und Aktenkundigkeit der internen und externen Kommunikation. Die heuristische Fruchtbarkeit dieser Typisierung erweist sich nicht nur bei historischen Vergleichen von Herrschaftstypen oder in der Anwendung auf formale Organisationen im politischen wie im sozio-ökonomischen Sektor, sondern z. B. auch im Kontrast zum Rätemodell: Wahl der Beamten vs. Ernennung; Rotation vs. Spezialisierung; Laufbahn vs. Abwählbarkeit; Regelgebundenheit vs. imperatives Mandat und Aufhebung der Gewaltenteilung.

Forschungsstand

Es gibt keine die disziplinären Erkenntnisse integrierende B.-Theorie.

• Makrosoziologische Analysen, die über die Staats-, Behörden- und Beamtenhistoriographie der Jahrhundertwende hinausgingen, sind rar und explizieren i.d.R. den von Weber dargelegten komplexen Bedingungszusammenhang von Monopolisierung physischer Gewalt (mittels stehender Heere), Beamtentum (sitzendes Heer), Geldwirtschaft, →Kapitalismus und rechtsstaatlicher (berechenbarer, legal-rationaler) Bindung der Staatsgewalt seit dem Absolutismus. Analysen der Staatsbildung oder einzelner Herrschaftssysteme werden neuerdings ergänzt von Analysen des Staatsdenkens. Soziologische Staatsferne z. B. der Differenzierungstheorie und Dominanz der Staatsrechtslehre erschweren eine Integration. Einbinden in diese Forschungsperspektive ließen sich problemorientierte Beiträge, die nach Regierbarkeit, Steuerungsfunktion von →Recht und Geld oder in Anknüpfung an Webers These universeller formaler Rationalisierung nach Zivilisierungsphänomenen als Reflex der staatlichen Gewaltmonopolisierung oder staatsinduzierten Standardisierungsprozessen (Sprache, Zeit, Bildung, techn. Normierung) fragen.

• Die Beziehung zwischen Bürger und Verwaltung ist empirisch recht gut, wenngleich primär auf subjektiver Ebene, untersucht worden. So lassen sich die Einstellungen des Bürgers zwischen ‹unsicheren Frustrierten› und ‹identifizierten Bürokraten› nach Kompetenz im Umgang mit und grundsätzlicher Einstellung zu Behörden typisieren. Alters- und bildungsbedingt, relativ unabhängig von tatsächlichen Erfahrungen, von in der kindlichen Sozialisation (→Politische Sozialisation) fixierten Stereotypen gesteuert, variieren die Einstellungen. Überwiegend passive Institutionalisierung, Regelbindung und Schriftlichkeit sind strukturelle Ursachen für das ‹bürokratische Dilemma› von Berechenbarkeit und Problemangemessenheit.

• Die Organisationstheorie hat eine Reihe von Pathologien bürokratischer →Organisation (Zielverschiebung, Rigidität, Filterwirkung der Hierarchie für Feedbacks aus der Umwelt u.a.m.), andererseits aber kaum eindeutige Beziehungen zwischen Merkmalen bürokratischer Organisation und Effizienz nachweisen können. Tendenziell wird der Typus der B. heute als situationsbedingt oder kontingent angesehen: Bei relativer Konstanz der Umwelt, gut strukturierten Aufgaben, die sich routinemäßig erfüllen lassen, und extrinsischer Motivation der Mitarbeiter ist B. leistungsfähig; bei turbulenter Umwelt, Innovationsdruck und intrinsisch motiviertem Personal sind teamartige Interaktionen, Entscheidungsdezentralisierung und mitarbeiterorientierter Führungsstil hierarchisch-zentralistischen Strukturen und autoritärer Führung überlegen (→Autoritarismus). Aussagen dieser Art belegen zugleich, wie reduziert in der Organisationstheorie die Liste der Merkmale bürokratischer Organisation behandelt wird.

• Politikwissenschaftlich ist B. im Anschluß an Michels parteiensoziologisch, von der Verselbständigungsgefahr ausgehend in der Regierungslehre (→Regierung), prinzipiell auch parlamentstheoretisch, kaum aber elitetheoretisch thematisiert worden (→Elite). Hier kann nur etwas zum letzten Aspekt angedeutet werden. Ob sich Partei- und Verbandsoligarchien, in sozialistischen Gesellschaften eine neue Klasse der über die verstaatlichten Produktionsmittel disponierenden Funktionäre (Djilas, Bahro) gebildet haben oder ob die Ministerialbürokratie bei der Gesetzesvorbereitung dominiert, grundsätzlich liegt das politische Kontroll- und Steuerungsproblem im Informationsvorsprung des hauptamtlichen und fachgeschulten permanenten Beamtentums begründet.

Um ‹Effizienz und →Demokratie› zu harmonisieren, hat immer und überall die Rekrutierung der Beamtenschaft auch unter dem Gesichtspunkt der Loyalitätssicherung (→Loyalität) gestanden, ist entsprechend sozial selektiv und diskriminierend ausgefallen. Trotz Bemühung um Repräsentativität hinsichtlich zugeschriebener Merkmale (Rasse, Religion, Region, soziale Herkunft, neuerdings: Geschlecht) stehen auch demokratische Systeme heute vor dem Problem, daß Selbstselektion (Berufsvererbung) einerseits und Leistungsprinzip andererseits zu einer Überrepräsentation der Mittelschicht führen. Als weiteres erworbenes Merkmal wird bei Regimewechsel nach langjähriger →Opposition der neuen Regierungspartei vermeintlich die Parteizugehörigkeit zu einem weiteren Rekrutierungs- und Beförderungsmerkmal. In der Tat scheint mit steigendem Rang die Häufigkeit der Parteibindung zuzunehmen, wie auch besonders nach Regierungswechseln die Wahrscheinlichkeit der

Versetzung politischer Beamter in den einstweiligen Ruhestand bei Staatssekretären am größten ist. Unter dem Gesichtspunkt der Steuerbarkeit der Ministerialverwaltung hat ferner interessiert, wie kompatibel das Rollenverständnis von Politikern und Spitzenbeamten ist; zumindest für die frühen 70er Jahre zeichnet sich in der BRD dabei ein Nebeneinander von «klassischen und politischen Bürokraten» (Aberbach u. a.) ab, wobei die Übergänge im Rollenverständnis zwischen Bürokraten und Politikern fließend sind und sich beide Gruppen um so näher kommen, je ähnlicher ihre Rekrutierungswege sind.

Forschungsperspektive

Weber sah B. als Produkt und Motor des abendländischen gesamtgesellschaftlichen Rationalisierungsprozesses u. a. in den Sektoren des Rechts, der →Wirtschaft, der Wissenschaft und der politischen Herrschaft. Die Sozialwissenschaften haben erst jüngst begonnen, unter diesem Gesichtspunkt das Webersche Werk einer Exegese zu unterziehen. Die (empirische) B.-Forschung folgt heute jedoch weder dem Weberschen Leitmotiv noch einem Forschungsprogramm, sondern produziert, im Weberschen Sinne selbst bürokratisiert, hochspezialisierte Einzelergebnisse in (rivalisierenden) Disziplinen. Die Perspektive eines solchen Forschungsprogramms würde erfordern: Interdisziplinarität i. S. der Einheit der Staatswissenschaften, historische Orientierung, intersektorale und internationale Komparativität sowie eine Verbindung von gesamtgesellschaftlicher, Organisations- und Individualperspektive.

Aberbach, J. D./Putnam, R. D./Rockman, B. A.: Bureaucrats and Politicians in Western Democracies. Cambridge (Mass.) 1981.
Ahlberg, R.: Die sozialistische Bürokratie. Marxistische Kritik am etablierten Sozialismus. Stuttgart 1976.
Albrow, M.: Bürokratie. München 1972.
Derlien, H.-U.: Verwaltungssoziologie. In: Mutius, A. von (Hg.): Handbuch für die öffentliche Verwaltung Bd. 1. Neuwied 1984, S. 793–869.
Mayntz, R. (Hg.): Bürokratische Organisation. Berlin/Köln 1968.
Schluchter, W.: Aspekte bürokratischer Herrschaft. München 1972.
Weber, M.: Staatssoziologie. Hg. von J. Winkelmann. Berlin 1956.

Hans-Ulrich Derlien

Demokratie

Begriffsverwendungen und Verwendungszusammenhänge

Der Begriff D. ist in der politischen wie in der wissenschaftlichen Diskussion umstritten. Dies ist unvermeidlich, da er sowohl normativ als Legitimation für eine Form politischer Herrschaft als auch in seiner empirischen Anwendung zur Beschreibung existierender politischer →Systeme gebraucht wird. Die Kontroverse um den Begriff ist um so schärfer geworden, je mehr D. seit der Französischen →Revolution andere Formen traditioneller Herrschaft als Legitimationsbasis verdrängt hat.

In der klassischen politischen →Theorie Platons und Aristoteles' wurde D. – in Unterscheidung zu Monarchie und Aristokratie – als Herrschaft der Vielen oder der Mehrheit definiert. Herrschaft der Mehrheit bedeutete bei Aristoteles Herrschaft der Besitzlosen über die Besitzenden, also eine Form der Klassenherrschaft.

D. behielt den Charakter eines Kampfbegriffs, gerichtet gegen privilegierte Ungleichheit, bis ins 19. Jahrhundert und wurde noch von Karl Marx im Sinne der Aristotelischen Definition – allerdings mit umgekehrten normativen Vorzeichen – verwendet und mit der «Diktatur des Proletariats» gleichgesetzt (→Marxismus).

Jean-Jacques Rousseau versuchte in seiner Schrift vom Contrat Social die Frage zu beantworten, unter welchen Bedingungen D. nicht Klassenherrschaft, sondern «Herrschaft des Volkes über sich selbst» herstellen könnte. Seine Antwort, ebenso einfach wie unrealistisch, war das Postulat der Homogenität der Gesellschaft, in der das Volk «seinen Willen» als Souverän in Form von allgemeinen Gesetzen ausdrückte.

Einem D.-Begriff, der vom ‹Volk› als homogene Einheit mit einem gemeinsamen Willen ausgeht, steht die ‹liberale› Konzeption gegenüber, die eigenständige, vernunftbegabte Individuen als Bausteine der Gesellschaft versteht (→Liberalismus). Eng mit dem Aufstieg und Kampf des (englischen) Bürgertums gegen monarchische Absolutheitsansprüche verbunden, konzentriert sich die auf dieser Konzeption beruhende Theorie auf die Verteidigung als ‹natürlich› postulierter Individualrechte – Leben, →Freiheit und Eigentum – gegen Herrschaftsmißbrauch und fordert ein institutionelles Gefüge, das diese sichern soll: →Rechtsstaatlichkeit, einen Grundrechtskatalog, Gewaltenteilung und eine vom ‹Volk› gewählte Legislative. Die Legitimationsbasis ist auch hier ‹das souveräne Volk›, doch Volk verstanden als Aggregat von einzelnen, die (ursprünglich) nur als Besitzende über →Partizipationsrechte (Zensuswahlrecht) verfügten. Diese vordemokratische, liberale Komponente vereinigt sich im Laufe der historischen Entwicklung zu einem liberal-demokratischen Begriff der D. Das in der Volkssouveränität angesprochene Volk wird als alle (großjährigen) Bürger umfassend verstanden. Volkssouveränität findet im allgemeinen und gleichen Wahlrecht seinen Ausdruck. In diesem Begriff sind individuelle Freiheitsrechte (‹Abwehrrechte›) und kollektive (mehrheitliche) →Entscheidungskompetenzen miteinander verbunden.

Da auch die Konzeption der D. als «Herrschaft des Volkes über sich selbst» Willensbildung unter Bedingungen der Freiheit und →Gleichheit impliziert, erscheint die Garantie von zumindest jenen Freiheitsrechten, die die Voraussetzung dafür bilden, unverzichtbarer Teil jeder D; D. impliziert also begrifflich gewisse individuelle Freiheitsrechte und Rechtssicherheit (als Bedingung freier Willensbildung) sowie (zumindest formale) Gleichheit (→Rechtsstaat). Der Terminus ‹Volksdemokratie› zur Beschreibung eines Herrschaftssystems ohne diese Freiheitsgarantien stellt eine begriffliche Verschleierung von Herrschaft einer →(Partei-) Elite im Namen des Volkes dar.

Begriffspräzisierung

● *Direkte Demokratie:* Die erste praktizierte D. war die Athens im 5. Jahrhundert v. Chr. Sie war charakterisiert durch die *polis* als politische Einheit, die beschränkte Zahl der teilnahmeberechtigten Bürger, die Volksversammlung aller Bürger als Gesetzgeber und ein Minimum an Delegation von →Verwaltungs- und Führungsaufgaben. Sie bildet die Vorlage für das Modell der identitären, direkten, partizipatorischen D., wenn auch die historische Realität dem normativen Ideal nicht entsprach.

● *Repräsentative Demokratie:* Die moderne D. entwickelt sich im Rahmen des großflächigen Nationalstaates als repräsentative. Die Größe des Raums macht Versammlungsdemokratie unmöglich; die aus der Feudalperiode ererbte Privilegien- und Klassenschichtung macht universelle Teilnahme zunächst undenkbar. Aufgabe der (von einer ‹qualifizierten Wählerschaft› gewählten) Repräsentanten ist es, gemäß dem in sie gesetzten Vertrauen, das ‹Gemeinwohl› in rationaler Diskussion und abwägender Verhandlung zu realisieren, unabhängig von den partikularen Interessen der sie entsendenden Wahlkreise. Heterogenität der Gesellschaft und individuelle →Interessenverfolgung werden im repräsentativen System akzeptiert; doch basiert diese Akzeptanz auf der Überzeugung eines Grundkonsenses, der konfliktbeschränkend und systemstabilisierend wirkt. Dies erlaubt auch die Herausbildung einer legitimen →Opposition, da Kontroverse und →Konfliktaustragung im Rahmen des bestehenden Konsenses als systemstabilisierend verstanden werden. Die Universalisierung des Wahlrechts hatte die Herausbildung von Massenparteien zur Folge, die für sich in Anspruch nahmen, durch Mehrheiten legitimiert, die Zustimmung und den Auftrag zur Durchsetzung eines den Wählern vorgelegten Programmes erhalten zu haben. Diese Mandatstheorie der D. beruht auf der Annahme, daß in der Massendemokratie nur über Parteien der ‹Volkswillen› zum Ausdruck kommen könne, der demokratische →Staat also ‹Parteienstaat› sein müsse – als «Surrogat der direkten D. im modernen Flächenstaat» (Leibholz). Die damit verbundene plebiszitäre Konzeption der D. steht jedoch überall in einem Spannungsverhältnis zu der mit ihr historisch verbundenen repräsentativen.

• *Pluralistische Demokratie:* Um die Jahrhundertwende wurde das auf dem einzelnen Bürger als Rechtsperson und Willensträger beruhende individualistische Modell der repräsentativen D. ergänzt – in normativer Theorie gelegentlich ersetzt – durch ein pluralistisches. Normativ wie empirisch wurde eine Gesellschaftskonzeption, die von der Annahme von Individuen als politische Monaden ausging, als realitätsfern und defizitär erkannt. Der politische Entscheidungsprozeß wurde nun gesehen als Resultante eines Konfliktfeldes, in dem nicht isolierte Individuen, sondern ‹Gruppen› (Klassen, Interessenverbände, Kirchen, ethnische und rassische Gruppierungen) die einflußreichsten Akteure waren. Die Überlebensfähigkeit der pluralistischen D. basierte ebenfalls auf der Existenz eines Grundkonsenses und relativen Kräftegleichgewichts, die entweder – so von liberal-konservativen Theoretikern – unterstellt wurden oder – so von sozialistischen Theoretikern (Laski, Cole) – durch Überwindung der Klassenstruktur hergestellt werden mußten. Die radikalste Form der pluralistischen D. stellt die Rätedemokratie dar, in der funktionale Gruppen, vor allem im Produktionsprozeß angesiedelt, die Basis des Entscheidungsprozesses bilden, an deren Aufträge die gewählten Vertreter durch imperatives Mandat gebunden sein sollen.

Eine besondere Variante (liberaler) pluralistischer D. bildet die Konkordanz- oder Proporzdemokratie (Lehmbruch). Sie stellt den Versuch dar, in Gesellschaften, die durch tiefe dauerhafte gruppenspezifische Interessenkonflikte in sich gespalten sind – sog. fragmentierte Gesellschaften –, in denen demnach Minderheiten nicht bereit sind, Mehrheitsentscheidungen als legitim anzuerkennen, staatliche Einheit zu erhalten und mit dem Maximum an liberal-demokratischen Freiheitsrechten zu verbinden. Wo die Minderheiten territorial kompakt sind, bietet der →Föderalismus eine Lösungsmöglichkeit (z. B. Kanada, Schweiz). Wo die konfligierenden Interessen eine ‹Gemengelage› bilden, kann eine Form der Machtteilhabe (‹power-sharing›) durch proportionale Vertretung – oft gepaart mit gegenseitigem Vetorecht – oder durch Autonomisierung – ‹Versäulung› – gesellschaftlicher Teilbereiche (‹consociational democracy›) hergestellt werden.

In den bestehenden liberal-demokratischen Systemen verbinden sich individualistische, pluralistische, parteienstaatliche, plebiszitäre und repräsentative Elemente in unterschiedlicher – historisch bedingter – Weise miteinander.

Forschungsstand und -perspektive

• *Normative und empirische Analyse:* Die wissenschaftliche Beschäftigung mit D. ist unvermeidlich explizit oder implizit normativ geleitet. Explizit, wenn sie die Realität sich als ‹demokratisch› definierender Systeme mit einem der normativen Modelle vergleicht; implizit, wenn sie durch institutionelle, empirie-gesättigte oder modellhaft-abstrahierende Analysen existierende Systeme als gegeben nimmt und so die existierende Realität (unkritisch oder apologetisch) bestätigt.

• *Bedingungen demokratischer Systemstabilität:* Die relativ kleine Zahl stabiler liberal-demokratischer Systeme (weniger als 30) und der Zusammenbruch der D. in einigen prominenten Fällen läßt diese Systeme als Produkte einer seltenen Kombination von Faktoren erscheinen: →Modernisierungs- und Säkularisierungsprozesse, die traditionelle religiöse, ethnische und kulturelle Barrieren reduzieren; die Fähigkeit, Privilegien- und Klassenstrukturen friedlich abzubauen; ein in der →politischen Kultur entwickeltes Legitimationsmuster, das durch Pragmatik und Realitätsnähe charakterisiert ist; die Angleichung von Aufstiegschancen und sozialem Status im Prozeß der Industrialisierung. Die empirisch festgestellte Apathie oder Passivität eines Teils der Wählerschaft wird hierbei nicht als Defizienz, sondern als Positivum interpretiert, da das System dadurch vor Überforderung geschützt wird. Die normative Kritik richtet sich dementsprechend auf die Bereitschaft, Systemstabilität auf Kosten anderer demokratischer Werte zu maximieren, sich mit einem ‹reduzierten D.-Modell› abzufinden.

• *Elitentheoretische Ansätze:* Auf der empirisch fundierten Feststellung, daß für einen Großteil der Bevölkerung in liberal-demokratischen Systemen die Privatsphäre Vorrang vor der politischen, die Verfolgung privater Interessen vor politischer Aktivität hat, sowie die Annahme, daß die Komplexität notwendiger Entscheidungen intensive Beschäftigung mit ihrer Thematik und Expertenwissen erfordert, gründen sich demokratische Elitentheorien. Politische Entscheidungen bleiben einer aktiven Minderheit vorbehalten, die allerdings – das unterscheidet demokratische von nicht-demokratischen Elitentheorien – ‹dem Volk› politisch verantwortlich sind. Gegenstand empirischer Untersuchungen – und normativer Differenzen – ist das Maß, in dem liberal-demokratische →Institutionen, das sind vor allem →Wahlen, Parteien und →Parlamente, diese Verantwortlichkeit sichern.

Im Eliten-Konkurrenzmodell der D. (Schumpeter) beruht die Verantwortung auf der Konkurrenz pluraler Eliten um Stimmen von Wählern, auf deren Bedürfnisse sie gezwungen sind einzugehen. Eine wissenschaftliche Weiterentwicklung dieses Ansatzes bildet die «ökonomische Theorie der D.» (Downs). Diese analogisiert die politische Arena mit dem freien Markt, den Wähler mit dem nutzenmaximierenden Konsumenten von Waren. Modelle werden entwickelt, in denen rationales, individuelle Vorteile kalkulierendes Verhalten sowohl seitens der Wähler wie der Eliten postuliert und unter variierenden formalen Rahmenbedingungen (Wahlsystem) durchgespielt wird.

- *Systemtheoretische Ansätze:* Die Vernachlässigung normativer demokratietheoretischer Fragestellungen wird besonders deutlich in jenem Ansatz, der von der Perspektive des funktionierenden Systems ausgeht. Individuen und Gruppen, deren Interessen und Aktivitäten werden als Träger von Rollen und ‹Funktionen› eines Systems interpretiert, die zu dessen Stabilisierung, Veränderung oder Destabilisierung beitragen. Normative D.-Postulate treten nur insofern ins Blickfeld, soweit sie die ‹Lernfähigkeit› – und damit die Innovationsfähigkeit – des Systems fördern, durch Dezentralisierung es vom Entscheidungsdruck entlasten. Die ‹Funktion› von Wahlen ist nicht, wie in der normativen D.-Theorie, die verbindliche Vermittlung von Präferenzen, sondern die der ‹Legitimationsbeschaffung› (→Legitimität), die für die Wahrnehmung von Problemlösungsaufgaben seitens der Führungseliten unerläßlich ist.
- *Pluralismustheorien und ihre Kritik:* Pluralistische Theorien basieren auf der empirisch verifizierbaren Feststellung, daß in der modernen Gesellschaft eine Vielfalt von organisierten und unorganisierten Interessen besteht, die in der politischen Arena konfliktreich die Durchsetzung ihrer Interessen betreiben. Die Analyse des politischen Entscheidungsprozesses als ‹Gruppenprozeß› wird von ihren Protagonisten normativ erweitert durch das Postulat eines gemeinsamen Wertkodex (Grundkonsens) und der positiven Bewertung pluralistischer Konkurrenz als Ausdruck und Garant einer freiheitlichen Ordnung. Die normative Kritik an der →Pluralismustheorie richtet sich zum einen auf die zentrifugalen, gruppenegoistischen Konsequenzen, die die ideelle wie organisatorische Einheit des politischen Systems potentiell zerstören, Problemlösungen (Allgemeinwohl) bestenfalls als ‹kleinsten gemeinsamen Nenner› eines Kompromißprozesses ermöglichen und daher den Anforderungen planerischer, konzeptionell konsequenter Politikgestaltung nicht gewachsen sind. Aus egalitärer, radikal-demokratischer Sicht reflektiert das pluralistische System zum einen die bestehenden Konstellationen von gesellschaftlicher Machtungleichheit, da Interessen nicht in gleicher Weise «organisationsfähig» und «konfliktfähig» (Offe) sind; zum anderen wirkt es dadurch veränderungs- und innovationshemmend; es ist konservativ, indem es bestehende Strukturen der Ungleichheit gegen (mehrheitlich legitimierte) Versuche zur Umstrukturierung abschirmt.
- *Kapitalismus und Demokratie:* Obwohl die historische Verbindung zwischen D. und dem Aufstieg des Bürgertums und der kapitalistischen Wirtschaftsordnung nicht geleugnet werden kann, ist der Konnex im voll entwickelten →Kapitalismus Gegenstand heftiger wissenschaftlicher und

politischer Kontroversen. Positiv bewertet werden demokratietheoretisch die Dezentralisierung von Entscheidungen durch den Markt, die einer Machtkonzentration in Händen des Staates sowie exzessiver →Bürokratisierung entgegenwirkt; die ‹Entlastung› politischer Entscheidungszentren, damit die ‹Entpolitisierung› weiter Lebensbereiche, die als ‹private› nicht politischer Autorität unterworfen sind; und die durch den Erwerb und Schutz von Privateigentum geförderte Eigenständigkeit und Bewegungsfreiheit des Individuums. Die Kritik an der bürgerlichen, kapitalistischen D., die in der sozialistischen Theorie zum Postulat führt, daß erst nach Abschaffung privater Verfügungsgewalt über die Produktionsmittel D. zu verwirklichen ist, konzentriert sich hauptsächlich auf folgende Punkte: die Spaltung der Gesellschaft in Kapitaleigentümer und Lohnabhängige, die eine mit dem demokratischen Gleichheitspostulat nicht zu vereinbarende Ungleichheit in →Macht und Lebenschancen hervorbringt; die ‹Privilegierung› der kapitalistischen Wirtschaftseliten, die durch ihre Entscheidungen den Rahmen abstecken, innerhalb dessen die demokratisch legitimierte Führung politische Aufgaben wahrnehmen kann; die durch die Trennung von Staat und Wirtschaft bedingte Ausgrenzung von Entscheidungen mit weitreichenden Konsequenzen für die Gesellschaft von demokratischer Kontrolle, also die vorgegebene einschränkende Definition «des Politischen» (Lindblom); und die Reduktion des Individuums auf die Rolle eines egoistischen, private Interessen verfolgenden Konsumenten, die dem normativen Anspruch des mündigen, am Gemeinwohl orientierten Bürgers nicht entspricht. Die empirisch feststellbaren pluralistischen Konflikte bleiben – so die sozialistische Kritik – auf die Ebene des «Verteilungskampfes» beschränkt, wogegen die grundsätzlichen Entscheidungen der Produktionssphäre im Kapitalismus nicht zur Disposition der Wähler stehen (C. W. Mills; Kirchheimer).

Da es im durch oligopolistische Konzentration strukturierten Markt erforderlich wird, zum Schutze der Allgemeinheit Entscheidungen nicht dem offenen Machtkampf der organisierten Interessen zu überlassen, wird in kapitalistischen D.n vielfach versucht, diese Entscheidungen – meist unter Beteiligung von Vertretern des Staates – zu ‹konzertieren›. Dieser Prozeß, wissenschaftlich unter dem Begriff Neo-Korporatismus abgehandelt, bedeutet eine Verlagerung zentraler Entscheidungskompetenzen aus der demokratisch kontrollierbaren parlamentarischen Arena in den geschlossenen Raum der Absprachen zwischen Spitzenfunktionären der größten Wirtschaftsverbände. Er stellt somit eine elitäre Form eines ‹gebändigten Pluralismus› mit dem Ziel der Systemstabilisierung dar, der jedoch die Funktion der gewählten Volksvertretung wie die des Wahlvolkes weitgehend auf die Ratifizierung von bereits ohne ihre Mitwirkung getroffenen Entscheidungen reduziert.

- *Komplexe Demokratietheorien:* Der Versuch, die normativen Implikate von D. – maximale Selbstbestimmung durch Partizipation an Entscheidungen der durch sie ‹Betroffenen› – mit Effizienz in Problemlösungen unter Bedingungen hochentwickelter Industrie zu verbinden, führt zur Entwicklung komplexer D.-Theorien (Steffani; Scharpf; Dahl). Anstelle eines eindimensionalen Maximierungsmodells werden multidimensionale Zielmodelle entworfen, bei denen mehrere Zielvariablen in Relation zueinander gebracht werden. Empirische sowie struktur-funktionale Analysen werden verwendet, um die Möglichkeit der Optimierung von Partizipation und Selbstbestimmung unter Bedingungen wachsender Komplexität und Interdependenz zu untersuchen. Die Erweiterung der Analyse auf nicht-kapitalistische Systeme (z. B. Jugoslawien) erlaubt es, die Probleme von Bürokratisierung, Dezentralisierung und demokratischer Planung abgehoben von den spezifisch kapitalistischen Impedimenten zu untersuchen. Im Vordergrund der wissenschaftlichen Analyse und Diskussion stehen derzeit Fragen nach möglicher Überwindung der in Komplexität und Interdependenz gründenden Barrieren gegen Selbstbestimmung, Partizipation und effektiver Kontrolle seitens der Bürger. Es liegt in der Natur der Materie, daß wissenschaftlich ‹Fortschritte›, wenn überhaupt, von der zunehmenden Bereitschaft, normative und empirische Dimensionen zu verzahnen, zu erwarten sind.

Dahl, R. A.: Dilemmas of Pluralist Democracy; Autonomy vs. Control. New Haven/London 1982.
Fraenkel, E.: «Die repräsentative und die plebiszitäre Komponente im demokratischen Verfassungsstaat». In: ders., Deutschland und die westlichen Demokratien. Stuttgart 1964, S. 71.
Guggenberger, B./Offe, C. (Hg.): An den Grenzen der Mehrheitsdemokratie. Opladen 1984.
Leibholz, G.: «Repräsentativer Parlamentarismus und parteienstaatliche Demokratie». In: Parlamentarismus. Hg. von K. Kluxen. Königstein/Taunus [5]1980, S. 349.
Lindblom, C. E.: Jenseits von Markt und Staat. Frankfurt/M. u. a. 1980.
Narr, W.-D./Naschold, F.: Theorie der Demokratie. Stuttgart u. a. 1971.
Scharpf, F. W.: Demokratietheorie zwischen Utopie und Anpassung. Konstanz 1970.
Shell, K. L.: Liberal-demokratische Systeme; eine politisch-soziologische Analyse. Stuttgart u. a. 1981.
Steffani, W. (Hg.): Parlamentarismus ohne Transparenz. Opladen 1971.
Wiesendahl, E.: Moderne Demokratietheorie. Frankfurt/M. 1981.

Kurt L. Shell

Differenzierung

Begriffsverwendungen

Spätestens seit Adam Smith' «Wohlstand der Nationen» (1776) wird D. im Sinne gesellschaftlicher Arbeitsteilung zum Leitthema staatswissenschaftlicher, wirtschaftswissenschaftlicher und soziologischer →Theoriebildung. Adam Smith' berühmtes Stecknadelbeispiel kennzeichnet den Strang, der Arbeitsteilung als Bedingung der Möglichkeit von sozialem Fortschritt und Evolution sieht.

Marx dagegen hebt die negativen Aspekte der Arbeitsteilungsprozesse für die Arbeiter hervor: zunehmende Machtlosigkeit, Entfremdung, Hierarchisierung entlang einer Stufenleiter von Löhnen, wachsende Differenz von Stadt und Land. Im Gegensatz zu Smith trennt *Marx* aber scharf zwischen Arbeitsteilung innerhalb einer Werkstatt und Arbeitsteilung als →Organisationsprinzip der Gesellschaft (→Marxismus; →Liberalismus). Die D. zwischen Kapital und Arbeit und die darauf fußende Klassenstruktur der Gesellschaft sind für *Marx* nicht durch integrative Einrichtungen zu überwinden, sondern nur durch eine die antagonistischen Widersprüche aufhebende neue Systemqualität. Vertritt Marx ein →Revolutionskonzept der Transformation von D.en, so sein Zeitgenosse Spencer ein Evolutionskonzept. Spencer überträgt Darwins Denkmodell biologischer Evolution auf Gesellschaften und spricht von funktionaler Interdependenz der Teile. Die bestehenden, immer komplexer werdenden Interdependenzen müßten durch koordinative Tätigkeiten geregelt werden, welche sowohl Ungleichheiten ausbalancieren, als auch die «Permanenz der Relationen» aufrechterhalten. D. und Ordnungsbildung sind nach Spencer einander bedingende, komplementäre Prozesse, die den Aufbau komplexer →Systeme ermöglichen (vgl. Kiss 1974, S. 245–254).

Wiederum am Prozeß der sozialen Arbeitsteilung entwickelt Durkheim eine implizite Differenzierungs- und Integrationstheorie, die in erstaunlicher Weise moderne Problemstellungen vorwegnimmt. Während segmentierte (‹primitive›) Gesellschaften durch einen allgemeinen Wertekonsens und überwiegend repressives →Recht normativ geordnet sind, erzeugt die hochgradige Arbeitsteilung organisierter (‹moderner›) Gesellschaften funktionale Interdependenzen und eine neue Form von ‹conscience collective› aufgrund der Einsicht in gegenseitige Abhängigkeiten. Durkheim geht aber über die funktionale Integration Spencers insoweit hinaus, als er erkennt, daß Austauschbeziehungen allein Konstituierung und Dauer des Gesamtsystems nicht leisten können. Neben den rein utilitaristischen vertraglichen Beziehungen sind ‹non-contractual elements› erforderlich, welche einen strukturellen Rahmen zur Einbindung der Beliebigkeit vertraglicher Abmachungen bilden.

Es fällt auf, daß die genannten Klassiker – die mühelos ergänzt werden könnten mit Simmel, Weber und Parsons – durchgehend auf genau die Besonderheit der Formation entwickelter Gesellschaften reagieren, welche die Moderne von archaischen und feudalistischen Gesellschaften abhebt: *den Primat funktionaler D.* Es ist dieser die Neuzeit charakterisierende Primat, welcher im historischen Rückblick andere Formen der gesellschaftlichen D. in ihrer jeweiligen Eigenart erst deutlich werden läßt.

Verwendungszusammenhänge

Luhmann greift die traditionelle Unterscheidung zwischen segmentärer und funktionaler D. auf und betrachtet sie unter dem Aspekt der jeweiligen Kapazität für Komplexitätsverarbeitung: Segmentäre D. eines Systems in ähnliche Einheiten ist die angemessene Struktur gegenüber einer nicht wesentlich beeinflußbaren Umwelt, der gegenüber das System sich in der Defensive befindet; denn eine solche Struktur eignet sich besonders zur Abwehr externer Störungen. Funktional differenzierte Systeme dagegen sind einerseits störempfindlicher, weil Störungen nicht absorbiert, sondern mit potenzierendem Effekt weitergeleitet werden; andererseits sind sie leistungsfähiger, weil sie die Vorteile der Spezialisierung ausnutzen (Luhmann 1971, S. 123ff.).

Später führt Luhmann als dritten D.-Typ die schichtungsmäßige D. ein, die durch rangmäßige →Gleichheit im System und Ungleichheit in bezug auf die Umwelt charakterisiert ist; und er ordnet dann primäre D.-Typen und Komplexitätspotential von Gesellschaftstypen zu: «Archaische Gesellschaften sind in ihrer Primärstruktur segmentär ausdifferenziert, Hochkulturen schichtungsmäßig differenziert, die moderne Gesellschaft dagegen funktional differenziert.» (Luhmann 1971, S. 197f.).

Alle in diesem knappen Überblick genannten Theoretiker gesellschaftlicher D. stehen in einer Denktradition, die von der Klassik über die Scholastik bis in die Gegenwart hineinreicht und die gesellschaftliche Ordnung als ein Problem des *Verhältnisses von Teil und Ganzem* begreift. Dieses außerordentlich wirksame Paradigma prägt auch die D.-Theorie bis in dieses Jahrhundert. Erst durch die Pionierarbeit von Parsons, unterstützt durch Entwicklungen in der Allgemeinen Systemtheorie und schließlich ausgearbeitet im umfassenden theoretischen Werk von Luhmann, bricht sich ein zweites Paradigma Bahn: das Paradigma der *Differenz von System und Umwelt.* In diesem neuen Paradigma stellt sich sowohl die Ordnung wie auch die interne Struktur von Systemen in einer anderen Sichtweise dar, so daß es notwendig wird, die D.-Theorie auf die nun erkenntnisleitende Differenz von System und Umwelt hin umzuschreiben. Doch damit nicht genug. Seit einigen Jahren kündigt sich in der entwickelten Systemtheorie ein weiterer Paradigmenwechsel an. Er kann umschrieben werden durch den Übergang von der Leitdifferenz System – Umwelt auf die neue Leitdifferenz von *Selbstreferenz und Fremdreferenz.* Beide Paradigmenwechsel sollen knapp erläutert werden.

Innerhalb des Rahmens der Leitdifferenz von Teil und Ganzem gilt heute nahezu unangefochten die Vorstellung, daß Evolution erklärbar sei und sich ausdrücke in einer Abfolge des Primats von D.-Prinzipien: von segmentärer über hierarchische zu funktionaler D. (dazu Willke 1978). Interessant daran ist zweierlei: Zum einen spiegelt die zunehmende Raffinesse der Differenzbildung – Differenz von (gleichen) Teilen, Differenz von (hierarchischen) Ebenen, Differenz von (interdependenten) Funktionen – ein evolutionär problematischer werdendes Verhältnis von Komplexität und Ordnung. Zum anderen taucht im Prinzip der funktionalen D. erstmals Reflexivität der Differenzbildung insofern auf, als die systemkonstituierende Differenz von Teil und Ganzem nun als Binnendifferenzierung in beliebiger Tiefe in das System hinein gestaffelt werden kann, indem die Teile ihrerseits – nach einem Wechsel der Referenzebene – begriffen werden als aus weiteren Teilen zusammengesetzte Ganze.

Es ist keineswegs so, daß dieses auf der Leitdifferenz von Teil und Ganzem aufbauende Paradigma inzwischen bedeutungslos wäre. Eher kann man sagen, daß es überholt und überformt worden ist durch ein Paradigma, welches auf der *Leitdifferenz von System und Umwelt* aufbaut. Zwar wird damit nicht überhaupt erst eine Theorie der Systemdifferenzierung begründet; aber die D.-Theorie wird auf eine neue Grundlage – auf eine neue Form der D. oder eine neue Leitdifferenz – umgestellt. Dies allerdings mit weitreichenden theoretischen Konsequenzen.

Ein besonderer Vorteil des Paradigmas von System und Umwelt liegt darin, Systemdifferenzierung als Wiederholung der Differenz von System und Umwelt innerhalb von Systemen zu begreifen und somit den Aufbau und die Regulierung interner Systemkomplexität in Verbindung bringen zu können mit Besonderheiten in der Struktur von Umweltkomplexität. Unter dem Leitbegriff der «requisite variety» (Ashby) hat dies etwa Kybernetik, Evolutionstheorie und Organisationssoziologie stark beeinflußt und zur Dominanz des Konzepts offener, adaptiver Systeme in der Systemtheorie geführt. Die Binnendifferenzierung von Systemen wurde begriffen als Reflex auf die Komplexität der Umwelt des Systems.

Luhmann hat sehr früh gegenüber dem Leitbegriff der «requisite variety» die theoretisch raffiniertere Differenz von Umweltkomplexität und (geringerer) Systemkomplexität ins Spiel gebracht. Dies erlaubt ihm, einerseits die Einheit der Differenz von System und Umwelt im Problem der Komplexität, andererseits die Funktion der Differenz von System und Umwelt in der Selektivität und im Aufbau reduktiver Ordnungen zu sehen. Noch stärker wird diese Umgewichtung bei der Betrachtung von *Selbstreferentialität.* Wenn ein System aus Elementen bestehend gedacht wird, welche nicht vollständig und schon gar nicht linear verkoppelt sind, sondern eben selektiv nach Vernetzungsmustern, die von der Art der Ordnung der Eigenkomplexität des Systems bestimmt sind, dann sind auch Ordnungen denkbar, die sich von der Trivialität einfacher Input-Output-Schematik gelöst haben. Insbesondere wird denkbar und dann beobachtbar, daß Ereignisse im System sich nicht mehr notwendigerweise auf Ereignisse außerhalb des Systems beziehen oder von ihnen abhängen, sondern von anderen Ereignissen innerhalb des Systems. Der Grundgedanke ist natürlich nicht neu.

Spätestens seit Kant bleibt der Verdacht virulent, daß es nicht Umwelten sind, die Systeme nach ihren Bedingungen formen, sondern daß Systeme nach eingebauten Aprioris ihre Umwelten konstruieren. Es ist die Radikalisierung dieses Gedankens zu einer Theorie selbstreferentieller, autopoietischer Systeme, welche die Grundlage bildet für ein neues Paradigma auch in der Systemtheorie: das der *selbstreferentieller autopoietischer Systeme.*

Die groben Unterschiede der D.-Formen in den drei wichtigsten Paradigmen der Systemtheorie lassen sich zusammenfassen:

(1) Leitdifferenz Teil – Ganzes: Systeme werden gesehen als das Zusammenspiel von Teilen zu einem Ganzen. Die innere Ordnung dieses Zusammenspiels wird durch evolutionär variable D.-Prinzipien (segmentär, hierarchisch, funktional) bestimmt.

(2) Leitdifferenz System – Umwelt: Systeme konstituieren sich in Abgrenzung von ihrer Umwelt. Die Ordnung des Zusammenspiels von System und Umwelt wird durch evolutionär variable Muster der Selektivität bestimmt. Der Grad der Koppelung zwischen System und Umwelt reicht von sehr eng und direkt (z. B. in der Kontingenztheorie der Organisation) über lose (‹loosely coupled systems›) bis zu einer generativen Wechselseitigkeit (z. B. in der Interorganisations- und Evolutionstheorie der Organisation).

(3) Leitdifferenz Selbstreferenz – Fremdreferenz: Systeme konstituieren sich durch die Beobachtung von Differenzen und den intern regulierten Bezug auf die so gewonnenen Informationen. Die Ordnung des Zusammenhangs von Selbstreferenz und Fremdreferenz ist nicht mehr als Identität, sondern nur noch ihrerseits als Differenz zu begreifen. Sie kann nur beobachtet oder erschlossen werden und ist deshalb notwendig systemrelativ und ohne äußeren Bezugspunkt. Die Ordnung eines Systems folgt nicht mehr aus einer höheren, umfassenderen Ordnung, sondern bildet sich in der Auseinandersetzung mit Störungen aus der Umwelt: ‹order from noise›. Die Binnendifferenzierung eines Systems in segmentär, hierarchisch und funktional unterschiedliche Teile erklärt dann zwar die Ordnung eines Systems gegenüber seiner Umwelt, nicht aber im Hinblick auf sich selbst. Die Beobachtung des selbstreferentiellen Operierens komplexer Systeme (grundlegend Luhmann 1984, bes. S. 57ff. und

593 ff.) macht aber die Frage unabweisbar, welcher inneren Ordnung die Ordnung eines Systems folgt, worin die Spezifität und Autonomie eines Systems sich ausdrückt.

Begriffspräzisierung
Der Begriff der Systemdifferenzierung rückt auch aufgrund dieser weitgehend ungeklärten Frage in eine theoretisch zentrale Stelle ein. Denn so zwingend der Schluß wird, daß Unterschied und Abfolge segmentärer, hierarchischer und funktionaler D.-Muster nur Sinn machen innerhalb eines Paradigmas von Teil und Ganzem; und so sehr sich aufdrängt, daß die Relationierungsmuster zwischen Systemen auch als D.-Muster eines Gesamtsystems (in der Organisationsforschung etwa eines Organisations-Sets) betrachtet werden können, so problematisch und ungeklärt ist bislang die Frage, wie über alle D.-Formen hinweg die interne Organisation der Ordnung eines Systems im Sinne operativer Autonomie und Geschlossenheit erhalten und *zugleich* eine adäquate Responsivität des Systems gegenüber seiner Umwelt gesichert werden kann.

Forschungsstand
Einsichten in die D. der D. ergeben sich aus grundlegenden epistemologischen Überlegungen zur Bedeutung von Differenzen als Bedingung der Möglichkeit von Beobachtung. Jede Beobachtung – und jede Erkenntnis – eines (selbstreferentiellen) Systems setzt voraus, daß das beobachtende System für sich selbst Unterscheidungen trifft und damit Differenzen benennt (oder: Beobachtungsschemata wählt), nach denen es seine Welt organisiert. Zusätzliche Plausibilität gewinnen diese Überlegungen aus zwei Richtungen. Zum einen hat Gregory Bateson gezeigt, daß ‹mentale Systeme› Informationen nur dadurch gewinnen können, daß sie vergleichen, d. h. auf Unterschiede reagieren. Grundlage jeder Informationsverarbeitung und damit jeder Kommunikation und jedes Verstehens ist nach Bateson das Prozessieren von Differenzen (1983, S. 412).

Zum anderen hat neben Bateson auch Heinz von Foerster auf die grundlegende Bedeutung von Differenzen hingewiesen. Er schlägt vor, die Prozesse des Erkennens als unbegrenzte rekursive Errechnungsprozesse (also: das rekursive Errechnen von Errechnungen von...) aufzufassen. Damit untermauert er seine zentrale Idee der Möglichkeit einer ‹Ordnung aus Chaos›.

Betrachtet man so einerseits Beobachtung als eine basale Operation der Handhabung von Unterscheidungen (Luhmann 1984, S. 63 m.w.N.) und sieht man andererseits die Prozessierung von Differenzen als Form der Gewinnung von Informationen, dann rückt Differenzbildung oder D. an einen archimedischen Punkt der Theoriearchitektur. Man macht die Operation der Diskriminierung und Bezeichnung (oder der Unterscheidung und Benennung; oder der Differenzbildung und -prozessierung) zum Angelpunkt des Prozesses, durch den Ordnung in die Welt kommt.

D. erscheint mithin als eine spezielle Ausprägung der grundlegenden Operation der Differenzbildung. Das Prozessieren von Differenzen und das selbstreferentielle Reagieren auf selbstgesetzte Differenzen bezeichnet den Kern der operativen Autonomie komplexer Systeme. Für die D.-Theorie (wie natürlich für die Systemtheorie insgesamt) folgt daraus die Notwendigkeit, die Analyse selbstreferentieller Systeme als Problem der *Dekomposition* zumindest in zwei Richtungen zu verfolgen: zum einen die Dekomposition eines Systems in Teilsysteme, d. h. die Wiederholung der Systembildung im System und die Staffelung von System-Umwelt-Beziehungen in das System hinein; und zum anderen die Dekomposition eines Systems in Elemente, wobei Element die letzte, nicht reduzierbare operative Einheit eines Systems bezeichnet (dazu bereits Luhmann 1984, S. 41f).

Wesentlich ist, daß *beide* Formen der Dekomposition jeweils in Probleme der Systemdifferenzierung und der Systemkomplexität führen, die weitgehend ungelöst sind. Für beide Formen der Differenzbildung sind Relationen wesentlich (zum einen die Relationen zwischen Subsystemen, zum anderen die Relationen zwischen Elementen); beide Formen tragen also bei zum Problem der Selektivität von Relationen und mithin zum Problem der Organisation der Komplexität des Systems. Dies macht deutlich, daß die D.-Theorie in ihrer generalisierten Form als Theorie der Differenzbildung geeignet sein könnte, den Zusammenhang (und den Unterschied) von elementarer Dekomposition und subsystemischer Komposition eines Systems zu klären: sei dies als Innenperspektive/Außenperspektive interner Ordnung, als doppelt selektives Raster der Transformation von Umweltkomplexität in Systemkomplexität oder als ‹Matrix-Organisation› der Verknüpfung von Selbstreferenz und Fremdreferenz.

Forschungsperspektive

All dies ist noch ungeklärt und erfordert zunächst präzise Begriffsarbeit. Klar ist indessen, daß die D.-Theorie gegenwärtig durch die rapide Entwicklung der Theorie selbstreferentieller, autopoietischer Systeme an der Schwelle einer wissenschaftlichen Renaissance steht.

Bateson, G.: Steps to an Ecology of Mind. New York 1972.
Kiss, G.: Einführung in die soziologischen Theorien, Bd. I. Opladen 1974.
Luhmann, N.: Soziologische Aufklärung I. 2. Aufl. Opladen 1971.

Luhmann, N.: Soziale Systeme. Grundriß einer allgemeinen Theorie. Frankfurt/M. 1984.
Willke, H.: Zum Problem der Integration komplexer Sozialsysteme: ein theoretisches Konzept. In: KZfSS 30 (1978), S. 228ff.

Helmut Willke

Diktatur

Begriffsverwendungen

Der Begriff D. wird heute meist in einem sehr breiten Sinne verwendet, der unterschiedliche Formen autoritärer und totalitärer Regime einschließt (→Autoritarismus, →Totalitarismus). Die konkreten historischen Erscheinungsformen sind jedoch vielfältig und reichen weit in die Antike zurück. «Von den griechischen Tyrannen bis Cäsar, von Cäsar bis Savonarola, von Savonarola bis Kalvin, von Kalvin bis Cromwell, von Cromwell bis Robespierre, von Robespierre zu den beiden Napoleon bis Mussolini, Hitler und Stalin begleitet die D. die Entwicklungsphasen der Menschheit» (Duverger 1961, S. 14/15). Der gemeinsame Kern der Begriffsverwendungen bezieht sich auf die Ausübung politischer →Herrschaft durch einzelne oder wenige, die diese auf Zeit oder auf Dauer weitgehend unbeschränkt, meist in einem stark zentralistisch aufgebauten Staatsgebilde (→Staat) wahrnehmen. Dieser Inhalt geht auch aus dem ursprünglichen Wortsinn von lat. *dictare*, d. h. eine für andere verbindliche Aussage zu machen, seinen Willen anderen ‹diktieren› zu können, hervor. Die Rechtfertigungen derartiger D.en weisen jedoch eine große Schwankungsbreite auf und stehen in einem problematischen Verhältnis zur →Legitimität der jeweiligen Regime.

Verwendungszusammenhänge

In der römischen Republik stellte die D. ursprünglich einen verfassungsgemäßen Ausnahmezustand dar. Der Diktator wurde auf Ersuchen des Senats vom Konsul ernannt und hatte die Aufgabe, eine unmittelbare Gefahr zu beseitigen, nämlich Krieg zu führen oder einen Aufruhr im Inneren niederzuschlagen (→Krise). Seine Amtszeit war auf maximal sechs Monate begrenzt. In dieser Zeit war er nicht an Gesetze gebunden und hatte unumschränkte Gewalt über Leben und Tod. An diesen Tatbestand knüpfte die Staatsrechtlehre den Begriff der ‹kommissarischen› D. und wendete ihn analog auch auf Ausnahme- und Notstandsregelungen in modernen Republiken, z. B. bei der Interpretation des Artikel 48 der Weimarer →Verfassung, an (→Rechtsstaat).

Bereits unter Sulla, der 82 v. Chr. zum Diktator auf unbestimmte Zeit ernannt worden war, und Cäsar, dessen Amtszeit auf Lebenszeit ausgedehnt wurde, wurde diese ‹kommissarische›, aber noch verfassungsgemäße Form durchbrochen. Dies gilt auch für spätere Diktatoren wie Cromwell oder Napoleon, die jeweils aus einer revolutionären Umbruchsituation (→Revolution) heraus zur Alleinherrschaft gelangten. Carl Schmitt (1921) spricht in diesem Zusammenhang von einer «souveränen D.». Wie bei der kommissarischen besteht die Rechtfertigung in dem Zweck, den sie herbeiführen will. Sie beruft sich dabei nicht auf eine bestehende, sondern auf eine herbeizuführende Verfassung. Demgegenüber ist für Schmitt «D., die sich nicht abhängig macht von dem einer normativen Vorstellung entsprechenden, aber konkret herbeizuführenden Erfolg, die demnach nicht den Zweck hat, sich selbst überflüssig zu machen, ... ein beliebiger Despotismus» (XVI).

Dieser Sprachgebrauch ist auch in Einklang zu bringen mit dem marxistischen Begriff der «D. des Proletariats» (→Kommunismus, →Marxismus), der die Übergangsphase bei der Überwindung der kapitalistischen Gesellschaftsordnung bis hin zur Errichtung des →Sozialismus und dem dann erfolgenden Absterben des Staates bezeichnet. Eine D. in diesem Sinne kann durchaus auch eine «D. der Mehrheit» (Lukács) sein. In der Parteitheorie Lenins wurde die Vorstellung einer «Erziehungsdiktatur» als Übergangsphase mit der konkreten Machtausübung (→Macht) durch eine →Elite von Berufsrevolutionären als Avantgarde des Proletariats verknüpft. In der Realität haben die ‹souveränen D.en› aber sowohl im Nationalsozialismus als auch in der Sowjetunion unter Stalin zu menschenverachtenden Formen totalitärer Gewaltherrschaft geführt.

Die Berufung auf ‹Erziehungs-› und ›Entwicklungsziele› steht auch bei den meisten zeitgenössischen D.en, wie sie in unterschiedlichen Formen autoritärer →Herrschaft, vor allem als Militärregime, in Staaten der →Dritten Welt vorherrschen, im Vordergrund. Einige Autoren sehen, in einem allerdings sehr generalisierenden Sprachgebrauch, in der D. das «Staatsmodell» für die Dritte Welt (vgl. z. B. Illy et al. 1980).

Auch hier tritt allerdings die Herrschaftspraxis hinter dem erhobenen Anspruch meist zurück. Nur wenige der Entwicklungsdiktaturen oder «Erziehungsdemokratien» (Shils) erfüllten tatsächlich zumindest Teile ihres ursprünglichen Programms und damit ihre eigentliche Zweckbestimmung. Das Regime Kemal Atatürks in der Türkei mag hierfür als Beispiel dienen. Meist jedoch überwogen, angesichts fehlender Kontrollmechanismen, Korrumpierungs- und ‹Selbstprivilegierungs›-Tendenzen der Herrschenden (vgl. z. B. Rüland/Werz 1985). Sie lieferten so – wie in einer langen Reihe militärischer ‹Caudillos› in einer Vielzahl lateinamerikanischer Staaten – häufig den Vorwand für das Eingreifen des nächsten selbsternannten Machthabers.

Begriffspräzisierung

D., auch im ‹klassischen› Sinne, beinhaltet immer die Möglichkeit des Überschreitens oder Außerkraftsetzens formaler Legalität und Rechtsstaatlichkeit. Durch (1) die Monopolisierung der Staatsgewalt und Abschaffung horizontaler und vertikaler Aspekte der Gewaltenteilung, (2) die Abschaffung legaler →Opposition und Aufhebung des gesellschaftlichen →Pluralismus einschließlich unabhängiger Medien und (3) die Aufhebung rechtsstaatlicher Verfahrensweisen auch hinsichtlich der Unantastbarkeit bestimmter Grundrechte stehen moderne D.en daher in diametralem Gegensatz zum «liberalen Verfassungsstaat der Neuzeit» (C. J. Friedrich).

Der →Legitimitätsaspekt ist allerdings weniger eindeutig zu fassen. Wie bereits angemerkt, scheinen D.en in bestimmten historischen Entwicklungsphasen ‹epidemisch› aufzutreten. Dies ist charakteristischerweise dann der Fall, wenn bestimmte hergebrachte Legitimitätsformen brüchig geworden sind oder neue noch nicht im Sinne einer breiten sozialen Verankerung Platz ergriffen haben. So wurde der Verfall ‹traditionaler› (meist in Form monarchischer) Legitimität in der Antike und zum Ausgang des Mittelalters zur Blütezeit von Diktatoren neuen Stils. In der Gegenwart ist es vor allem die Form ‹rational-legaler› demokratischer Legitimität (→Demokratie), die diktatorischen Praktiken entgegensteht. Wo diese aber bislang, auch durch Besonderheiten der historischen Genese wie in vielen Staaten der →Dritten Welt, relativ gering entwickelt ist, sind erneut zahlreiche Spielarten von D.en anzutreffen. Mit unterschiedlichen geschichtsphilosophischen Begründungen beanspruchen diese zum Teil eine ‹neue› Form von Legitimität. Zumindest dort, wo jegliche Grenzen universaler ethischer Grundsätze in totalitärer Weise überschritten werden, verliert aber auch diese Art des Legitimitätsarguments seine Gültigkeit. Franz Neumann (1967) fügt daher den bereits genannten Gesichtspunkten (4) das Vorhandensein einer monopolistischen Staatspartei, (5) den Übergang zur totalitären Kontrolle mit den in Industriestaaten gegebenen technischen Möglichkeiten und (6) die permanente Androhung oder Ausübung von willkürlichem unkontrolliertem Terror als Merkmale einer ‹totalitären D.› hinzu.

Von diesem Extremfall abgesehen, für dessen Konzipierung, bei allerdings wesentlichen Unterschieden dieser Regime in anderer Hinsicht, vor allem die Herrschaftspraxis der Nationalsozialisten und in der Sowjetunion unter Stalin Pate gestanden hat, sind heute die Erscheinungsformen von D.en sehr vielfältig. In einem breiteren Sinne, der über die spezifischen staatsrechtlichen Definitionen hinausgeht, werden unter D.en heute alle Regime verstanden, die sich angesichts mangelnder oder brüchiger Legitimität in erster Linie auf ihren repressiven Apparat stützen. Unterschiedliche Erscheinungsformen sind hierbei jedoch zu differenzieren und auch in ihrem konkreten historischen, regionalen, kulturellen usw. Kontext näher zu untersuchen.

Forschungsstand

Eine Reihe von Studien gibt umfassendere Überblicke über Erscheinungsformen von D. in Geschichte und Gegenwart (vgl. z. B. Deutsch 1963; Duverger 1961; Hallgarten 1966). Ihre Vorgehensweise bleibt aber im wesentlichen deskriptiv. Insofern auch aktuellere Aspekte behandelt werden, konzentrieren sie sich vorwiegend auf die Zwischenkriegsperiode (z. B. Deutsch) oder auf akute Gefahren in Frankreich zu Beginn der V. Republik (Duverger). Ansonsten überwiegen eine Fülle von konkreten Einzelfallstudien zu allen Regionen und Epochen der Geschichte. Systematisch-komparativ angelegte Studien mit einem anspruchsvolleren theoretischen Erklärungsniveau sind nach wie vor nur in geringer Zahl anzutreffen.

Wegweisend in dieser Hinsicht bleibt die Untersuchung von Barrington Moore über «Soziale Ursprünge von Diktatur und Demokratie» (1969). Dort zeichnet er anhand vergleichend angelegter historischer Fallstudien drei Wege des Übergangs vom Feudalismus zur modernen Industriegesellschaft auf: den demokratischen (in England, USA und Frankreich), den faschistischen (Deutschland und Japan) und den kommunistischen (in Rußland und China). Als ausschlaggebend für diese Entwicklungen sieht er dabei die jeweils dominierenden Klassenallianzen an. Auf dem zur Demokratie führenden Weg setzt sich das Bürgertum der Städte, zum Teil auf revolutionäre Weise und unter späterer Einbeziehung auch der unabhängigen Bauern und der Arbeiterschaft, gegenüber Großgrundbesitzern und Krone durch. Im autoritären, später zum →Faschismus führenden Muster kommt es zu einer Allianz zwischen Feudalherren und Bourgeoisie zu Lasten der Unterschichten. Beim kommunistischen Weg gewinnen Bauern und Arbeiter im Zuge einer ‹proletarischen Revolution› gegenüber den Feudalherrschern und dem Bürgertum die Oberhand. Diese im historischen Detail nicht ganz unumstrittene Deutung bleibt im wesentlichen auf Entwicklungsmuster des europäischen und zum Teil asiatischen Feudalismus konzentriert. Spezifischere regionale Entwicklungen in anderen Weltgegenden und aktuelle Bedingungen der Dritten Welt sind dabei weitgehend ausgeklammert.

Eine spezifischere Ergänzung, die sich vor allem mit dem Sonderfall der ‹asiatischen Produktionsweise› in ‹hydraulischen› Gesellschaften befaßt, stellt die Arbeit von Wittfogel (1962) über den ‹orientalischen Despotismus› dar. Wittfogel sieht die Form der großräumigen Bewässerungswirtschaft, wie sie u. a. im Niltal, in Mesopotamien, in Teilen Chinas und anderswo zu finden war, als Grundlage des in diesen Regionen historisch anzutreffenden Despotismus an. Auch ohne Privateigentum an

Grund und Boden erforderte diese Bewirtschaftungsweise ein zentralistisches, bürokratisch organisiertes Staatswesen (→Bürokratie), in dem die Bauern bloße Subjekte blieben. Eine Verallgemeinerung einer derartigen Produktionsweise und Herrschaftsform auf andere Gebiete des ‹Orients› oder eine Gleichsetzung mit den kommunistischen Regimen heute in China oder der Sowjetunion bleibt allerdings fragwürdig.

Einen umfassenderen Versuch, zu einer →Typologie zeitgenössischer autoritärer Regime unter Einfluß von Erscheinungsformen der Dritten Welt zu kommen, unternahm Juan Linz (1975). Er versteht hierunter politische →Systeme, die (in Abgrenzung zu Demokratien) nur begrenzte Formen von Pluralismus und politischer →Partizipation aufweisen, aber auch (in Abgrenzung zu totalitären Systemen) nicht durch eine völlige Gleichschaltung der gesellschaftlichen Kräfte und eine explizite politische →Ideologie gekennzeichnet sind. Entstehungsfaktoren für solche Regime sieht er in dem Übergang von traditionaler Herrschaft, der Instabilität nach der Dekolonisierung, den Konflikten multi-ethnischer Gesellschaften, dem Zusammenbruch «schwacher» Demokratien und der «Veralltäglichung» totalitärer Staaten. – Er unterscheidet insgesamt sieben Formen solcher Regime:

1. Autoritär-kooperative Regime, die eine Einbindung der wichtigsten sozialen Interessen und eine zwangsmäßige Begrenzung der →Konflikte zwischen ihnen durch eine zentrale zivile Autorität vornehmen. Ein Beispiel stellt der «Estado Novo» Salazars in Portugal dar.

2. Bürokratisch-militärische Regime, in denen das →Militär insgesamt und nicht ein einzelner Militärführer in Zusammenarbeit mit den ökonomisch dominanten Kräften, z. B. in Brasilien nach 1964, regiert.

3. Mobilisierende Regime, die auf populistischer Basis und mit affektiven Bindungen an bestimmte Führer begrenzten sozialen und ökonomischen Wandel in Gang setzen. Als Beispiel dient der Peronismus in Argentinien.

4. Nachkoloniale Regime, die auf der Basis einer Einheitspartei künstliche Grenzziehungen und ökonomische Probleme überwinden wollen. Beispiele hierfür sind vor allem in Schwarzafrika anzutreffen.

5. Rassen-«Demokratien», die als Minderheitsregime größere Bevölkerungsteile aufgrund rassischer oder ethnischer Kriterien von der politischen Mitwirkung ausschließen. Hervorstechendes Beispiel hierfür ist die Republik Südafrika.

6. Prätotalitäre Regime, die Schritte zur Etablierung eines totalitären Systems noch nicht vollständig vollzogen haben, wie in Spanien in der Phase nach dem Bürgerkrieg.

7. Posttotalitäre Staaten, die sich längerfristig auf einer neuen sozialen Basis stabilisiert haben und im wesentlichen ohne Elemente offenen Terrors auskommen. Linz zählt hierzu die entstalinisierten Regime Ost-

europas. Über diese allgemeineren Regimetypen hinaus sind aber auch Formen rein persönlicher Herrschaft individueller Despoten, die häufig durch einen Militärputsch an die Macht gekommen sind, zu beobachten.

Eine noch stärker differenzierte und systematisch aufgebaute Typologie politischer Systeme der Dritten Welt, die unterschiedliche zeitgenössische Erscheinungsformen von D. umfaßt, hat auch Berg-Schlosser (1986) vorgelegt.

Forschungsperspektive

Desiderate verbleiben weiterhin in systematisch-komparativer Sicht, die auch zu den Ursachen von D. hinsichtlich sozialstruktureller, →politisch-kultureller usw. Faktoren Aussagen zu treffen in der Lage ist. Dies gilt verstärkt für Langzeitbetrachtungen und die systematische Erfassung unterschiedlicher ‹Entwicklungswege› sowie die Interaktionen zwischen ihnen in allen Regionen der Erde. Eine solche Forschung muß auch die jeweils vorgebrachten Rechtfertigungen von D. einer kritischen Überprüfung unterziehen. Dies gilt sowohl in normativer, politisch-philosophischer Hinsicht als auch in bezug auf die konkrete Herrschaftspraxis. Diese wird zunehmend auch hinsichtlich konkreter ‹Entwicklungs›-Leistungen sowie im Hinblick auf die Respektierung grundlegender individueller und sozialer Menschenrechte empirisch untersucht und international dokumentiert. Darüber hinaus spielt nicht zuletzt die Analyse internationaler Interaktionen für die Aufrechterhaltung bzw. Beseitigung solcher Herrschaftsformen eine Rolle.

Berg-Schlosser, D.: «Politische Systeme». In: Hofmeier, R. et al. (Hg.): Politisches Lexikon Dritte Welt. München 1986.
Deutsch, J.: Wesen und Wandlung der Diktaturen. München 1963.
Duverger, M.: Über die Diktatur. Wien 1961.
Hallgarten, G. W.: Dämonen oder Retter? Eine kurze Geschichte der Diktatur seit 600 v. Chr. München 1966.
Illy, H. F. et al.: Diktatur-Staatsmodell für die Dritte Welt? Freiburg 1980.
Linz, J.: «Totalitarian and Authoritarian Regimes». In: Greenstein, F. u. N. W. Polsby (Hg.): Handbook of Political Science. Bd. 3. Reading 1975, S. 175–411.
Moore, B.: Soziale Ursprünge von Diktatur und Demokratie. Frankfurt/M. 1969.
Neumann, F.: Demokratischer und autoritärer Staat. Frankfurt/M. 1967.
Rüland, J./Werz, N.: «Von der ‹Entwicklungsdiktatur› zu den Diktaturen ohne Entwicklung». In: Nuscheler, F. (Hg.): Dritte-Welt-Forschung. PVS-Sonderheft 16. Opladen 1985, S. 211–232.
Schmitt, C.: Die Diktatur. Berlin 1921.
Wittfogel, K. A.: Die orientalische Despotie. Köln 1962.

Dirk Berg-Schlosser

Dritte Welt

Begriffsverwendungen

Gebrauch und beigemessene Bedeutungen des Begriffs D.W. sind sehr heterogen. Er taucht in den Jahren nach dem 2. Weltkrieg erst im französischsprachigen Raum (‹tiers monde›) auf und wird dort als politischer Kampfbegriff für die gerade dekolonisierten oder im Dekolonisierungsprozeß befindlichen Staaten in Analogie zum ‹tiers état› der französischen Revolution verwendet. Zu seiner Verbreitung in diesem Sinne hat dann wesentlich das Hauptwerk von Frantz Fanon «Les Damnés de la Terre» (1961) beigetragen. Als Gegenpole zur Dritten werden hierbei die industrialisiert-kapitalistische ‹Erste› und die industrialisiert-sozialistische ‹Zweite Welt›, auch im Sinne des sich in dieser Epoche herausbildenden Ost-West-Gegensatzes, angesehen.

Konkretere Gestalt gewann der Begriff durch den Zusammenschluß unabhängig gewordener afro-asiatischer Staaten, die sich 1955 in der «Bandung-Konferenz» organisierten und einen ‹Dritten Weg› der Blockfreiheit zwischen den Supermächten proklamierten. Ausgeweitet wurde diese Bedeutung durch den Zusammenschluß der armen Länder der ersten UNCTAD-Konferenz (1964) zur «Gruppe der 77» (die heute etwas mehr als 120 Staaten umfaßt). In den Vordergrund traten hierbei also Kriterien des ‹Entwicklungs›-Standes, die für seine heutige Verwendung, aber auch notwendige Differenzierungen nach wie vor eine erhebliche Rolle spielen.

Ein ‹Dritter Weg› wurde schließlich auch von einigen Theoretikern proklamiert, die neue Formen der Wirtschaftsorganisation und -entwicklung zwischen →Kapitalismus und zentralwirtschaftlichem →Sozialismus sahen (so z. B. Nyerere). Die D.W. könnte hierbei eigene Organisationsformen (mixed economies) und Entwicklungswege auch in einem ‹nicht-kapitalistischen›, z. B. im ‹afrikanisch-sozialistischen› Sinne, verfolgen.

Eine spezifischere Bedeutung erhielt der Begriff schließlich im Rahmen von Maos «Theorie der Dörfer und Städte im Weltmaßstab», in der Erfahrungen der chinesischen →Revolution auf die globale Ebene übertragen und die D.W. als revolutionäres Element gegenüber den etablierten Metropolen verstanden wurde (vgl. z. B. Nohlen/Nuscheler 1982, S. 11ff.).

Der artifizielle Charakter der Begriffsbildung in Form einer bloßen Aufzählung bei durchaus unterschiedlichen objektiven und subjektiven, ökonomischen und politischen etc. Inhalten wurde spätestens deutlich, als verschiedene Autoren diese Reihe fortsetzten. So bezeichneten einige die im Gefolge der Krisen der 70er Jahre zu Wohlstand gelangten erdölexportierenden Staaten als D.W. Andere rechneten zu dieser Kategorie auch die «industriellen Schwellenländer» («newly industrializing countries», NICs) hinzu. Demgegenüber wurden die armen Staaten, die zum Teil zu den durch die Wirtschaftskrise am stärksten betroffenen Ländern («most seriously affected countries», MSACs) zählten, zur nunmehr ‹Vierten› Welt gerechnet. Die Reihe wurde schließlich in einer weiteren Differenzierung dahin fortgesetzt, daß die ärmsten Staaten («least developed countries», LLDCs in der UN-Terminologie), die auch das geringste Entwicklungspotential aufweisen, von einigen zur ‹Fünften› Welt gerechnet werden (vgl. z. B. Braun 1985, S. 50ff.).

Verwendungszusammenhänge

Die Verwendung dieser Begriffe steht, wie bereits angedeutet, in einem unterschiedlichen praktisch-politischen, aber auch theoretisch-sozialwissenschaftlichen Kontext. Die Problematik der ‹neuen› Staaten wurde zunächst unter Aspekten einer weitgehend geradlinig verlaufenden «nachholenden» Entwicklung gesehen (→Modernisierung). Dies gilt sowohl für sogenannte ‹modernisierungstheoretische› Ansätze à la Rostow, Lerner u. a. als auch für ‹klassische› marxistische (→Marxismus) Varianten («Das industriell entwickeltere Land zeigt den minderentwickelten nur das Bild der eigenen Zukunft»; MEW 23, 12). Entsprechend verwendete man vorzugsweise Ausdrücke wie ‹Entwicklungsländer›, ‹developing countries›, ‹pays en voie de développement› u. ä.

Der Euphemismus und jeweils unterschiedliche →Ideologiegehalt einer solchen Begriffsbildung wurden aber bald deutlich. So begannen einige ‹bürgerliche› Theoretiker nicht nur von Entwicklung, sondern auch von ‹Verfall› zu sprechen und hoben die Krisenhaftigkeit der zu beobachtenden Phänomene stärker hervor (vgl. z. B. Binder et al. 1971) (→Krise). Stärker ‹imperialismus-theoretisch› orientierte Marxisten betonten dagegen die koloniale Genese der Staaten der D. W. und die weiter wirksamen weltwirtschaftlichen und weltpolitischen ‹neokolonialen› Mechanismen, die statt zu breiterer Entwicklung zu dauerhaften Deformationen und anhaltenden Prozessen der ‹Unterentwicklung› geführt hätten (vgl. z. B. stellvertretend für viele Arbeiten Frank 1967). Kennzeichnendes Merkmal der peripher-kapitalistischen Ökonomien sei demnach ihre ‹strukturelle Heterogenität› (zur Diskussion dieses Begriffs vgl. z. B. Nohlen/Sturm, in Nohlen/Nuscheler 1982, S. 92ff.). Eine speziellere Fortführung dieser ‹dependenztheoretischen› Betrachtungsweisen stellt auch der ‹Weltsystem›-Ansatz dar, der von einer einheitlichen, durch bestimmte Gesetzmäßigkeiten gekennzeichneten weltweiten kapitalistischen Entwicklung ausgeht und der D. W. hierbei den Status der ‹Peripherie› (im Verhältnis zu den Metropolen der westlichen Industriestaaten und der ‹Semi-Peripherie›, zu der teilweise auch die sozialistischen Staaten gerechnet werden) zuweist (vgl. Wallerstein 1974).

Neuere Entwicklungen verdeutlichen die jeweiligen Unzulänglichkeiten derartiger Erklärungsversuche. Die Komplexität der Zusammenhänge und die Heterogenität der unter derartigen Begriffen zu fassenden sozialen Realität machen theoretische Neuorientierungen erforderlich, ohne daß diese bislang ihrerseits zu einer einheitlichen Begriffsbildung geführt hätten (vgl. Boeckh 1986).

Begriffspräzisierung und Forschungsstand

Wie bereits deutlich wurde, umfaßt der Begriff unterschiedliche ökonomische, soziale und politische Dimensionen. Im beschreibenden Sinne sind die ökonomischen Aspekte dabei relativ am konkretesten zu fassen, wenn auch in bezug auf ihren jeweiligen analytischen Stellenwert die Auffassungen nach wie vor auseinandergehen. Verschiedene Gruppen von Autoren haben hierfür Indikatorenkataloge entwickelt, die unterschiedliche Aspekte ökonomischer Entwicklung und Unterentwicklung zu messen versuchen (vgl. z. B. Nohlen/Nuscheler 1982, S. 451 ff.).

Derartige Indikatoren liegen z. B. den Kategorien zugrunde, die die Weltbank in ihren «Weltentwicklungsberichten» verwendet. Wichtigstes Merkmal bleibt hierbei das Pro-Kopf-Einkommen. Im Jahresbericht 1985 gruppiert sie auf diese Weise von den Ländern mit über einer Million Einwohnern 35 Staaten als Niedrig-Einkommensländer mit einem Pro-Kopf-Einkommen von weniger als U.S. $ 400 im Jahre 1983. Eine zweite Gruppe umfaßt 59 Entwicklungsländer mit einem ‹mittleren› Einkommen von mehr als U.S. $ 400. Diesen Kategorien stellt sie fünf ölexportierende Staaten mit hohem Einkommen, 19 marktwirtschaftliche und acht planwirtschaftliche Industriestaaten gegenüber. Da mit einer Einstufung als Niedrigeinkommensländer günstigere Konditionen z. B. der Weltbanktochter IDA und anderer multilateraler oder bilateraler Geberorganisationen verbunden sind, ist eine solche Einteilung auch entwicklungspolitisch von konkreter Bedeutung (→Internationale Wirtschaftsbeziehungen; Weltmarkt).

Die Verwendung des Pro-Kopf-Einkommens als Indikator, der z. B. Subsistenzeinkommen nur unzureichend erfassen kann, Verteilungsungleichheiten (→Verteilung), soziale Kosten, Probleme internationaler Kaufkraftparitäten usw. nicht berücksichtigt, stellt aber nur eine grobe Annäherung für eine Beschreibung der tatsächlichen Lebensverhältnisse dar. Elementare Aspekte der Befriedigung bestimmter Grundbedürfnisse erfaßt dagegen, auch in ihrer Verteilung, der «Physical Quality of Life Index», der Indikatoren für Säuglingssterblichkeit, der durchschnittlichen Lebenserwartung und der Alphabetisierung zusammenfaßt. Darüber hinaus werden von verschiedenen Forschungsinstituten, z. B. dem United Nations Research Institute for Social Development (UNRISD), zum Teil mehr als 100 unterschiedliche Meßdaten auf international vergleichender Basis zu erfassen versucht.

Über bloße deskriptive Aspekte hinaus sind die Erfassung bestimmter aufeinander bezogener Strukturmerkmale, z. B. Diskrepanzen inter- und intrasektoraler Arbeitsproduktivität zur Erfassung der ‹Heterogenität› von Ökonomien, und spezifische abhängige Formen der Weltmarktintegration, z. B. hinsichtlich der Konzentration auf Rohstoffexporte, des Anteils ausländischer Unternehmen am Industrie-, Finanz- und Handelskapital, u. ä. Faktoren von Bedeutung. Ein einheitliches Raster derartiger Merkmale, das unter Bezugnahme auf explizite entwicklungstheoretische Positionen eine differenzierende Kategorisierung von D.W.-Staaten auch hinsichtlich der zwischen ihnen zu beobachtenden Unterschiede vornimmt, gibt es bislang nicht. – Einen partiellen Versuch, die Kategorie der ‹Schwellenländer› auf komplexe Weise näher zu operationalisieren, haben z. B. Menzel und Senghaas (in Nuscheler 1985, S. 75ff.) unternommen.

Derartige ökonomische Strukturmerkmale sind mit weitreichenden sozialen Strukturen, z. B. den Eigentumsverhältnissen im Agrarsektor und den sich hieraus ergebenden Klassenkonstellationen, eng verknüpft. Eine besondere Kategorie in dieser Hinsicht, an der die Situation von ‹Unterentwicklung› im existentiellen Sinne besonders deutlich wird, stellt die Gruppe der ‹Marginalisierten› dar, die in Slumgebieten vieler Großstädte der D.W. ein elendes Dasein fristen. Im Gegensatz hierzu gibt es Formen ‹alter› und ‹neuer› Oberklassen, die in einer meist parasitären Ausprägung ebenfalls für weite Gebiete der D.W. charakteristisch sind (→Diktatur). Die Kategorienbildung in dieser Hinsicht ist aber nicht einheitlich. Daten über Eigentums- und Einkommensverteilungen wie entsprechende GINI-Indizes stellen hierfür gewisse Näherungswerte dar.

Auf der politischen Ebene sind ebenfalls eine Fülle von Erscheinungsformen zu beobachten, die zum Teil für die D.W. spezifischen Charakter haben. Diese reichen von traditionellen →Legitimitätsformen wie in einigen Staaten des Nahen Ostens über ‹alte› und ‹neue› Arten von Oligarchiebildungen bis hin zu unterschiedlichen Formen von Militärregimen, aber auch Ansätzen zu stärker partizipatorischen (→Partizipation) Herrschaftsstrukturen (vgl. z. B. Berg-Schlosser 1986).

Die Rolle des Staates im Entwicklungsprozeß insgesamt und die Funktion der jeweiligen ‹Staatsklassen› (vgl. z. B. Elsenhans, in Nuscheler 1985, S. 135ff.) sind ebenfalls von besonderer Bedeutung. Über lockere regionale u. ä. Zusammenschlüsse oder spezifische Kartellbildungen für bestimmte Produkte hinaus kann allerdings auf der internationalen Ebene von besonderen Solidaritätsformen in politischer Hinsicht bislang kaum die Rede sein. Dafür sind die jeweiligen historischen und regionalen Bedingungen und der konkrete Systemcharakter doch zu unterschiedlich.

Insofern kann weder von stringenten, allseits akzeptierten theoretischen Kriterien zur Klassifizierung der D.W. und ihrer unterschiedlichen Kategorien noch von einer weitgehend identischen solidarischen politischen Handlungsebene die Rede sein. Dennoch ist der Begriff der D.W. heute im allgemeinen, auch internationalen Sprachgebrauch am gängigsten. Er weist insgesamt die geringsten von den Betroffenen als negativ empfundenen Konnotationen auf. Interpretationen, die ihm auch den Beigeschmack von ‹drittrangig› zumessen, sind in der Minderzahl geblieben. Ein Verständnis von ‹einer› Welt im Sinne eines umfassenden kapitalistischen Weltsystems oder in bezug auf ein weltweites humanitäres, ökologisches usw. Engagement, das in Wendungen wie ‹Weltinnenpolitik›, ‹Raumschiff Erde› u. ä. zum Ausdruck kommt, steht einer Verwendung in deskriptiver Hinsicht nicht entgegen.

Unabhängig von weiterreichenden theoretischen und politischen Interpretationen wird der Begriff heute meist in einem pragmatischen geographisch-räumlichen Sinne verwendet, der Gemeinsamkeiten der historischen Genese und des Standes der heutigen ‹Entwicklung› bzw. ‹Unterentwicklung› der jeweiligen Regionen umschließt. Als gebräuchlichste grobe Unterteilung, wie sie auch in den meisten gängigen Handbüchern verwendet wird, faßt man hierunter die vier Regionen Lateinamerika (einschließlich Karibik und zum Teil auch nicht ‹lateinisch› bzw. ‹iberisch› geprägter Territorien), den ‹Nahen› bzw. ‹Mittleren› Osten (der den Vorderen Orient und die islamisch-arabisch geprägten Gebiete Nordafrikas umfaßt), ‹Schwarzafrika› bzw. ‹Afrika südlich der Sahara› (einschließlich einiger vorgelagerter Inseln) und ‹Asien›, wobei man die asiatischen Gebiete der Sowjetunion und Japan als ‹entwickelten› Sonderfall ausklammert. Darüber hinaus sind sub-regionale Einteilungen bezüglich Süd-, Südost- und Ostasien, der polynesischen Inselwelt usw. von Bedeutung.

Die so getroffenen Abgrenzungen, z. B. zwischen Nordafrika und anderen islamisch beeinflußten Gebieten Afrikas (wie Sudan oder Somalia), oder zwischen ‹Vorderem Orient› und ‹Südasien›, sind nicht immer ganz trennscharf. Dies gilt z. B. für die Zuordnung der Türkei, die kulturell und in bezug auf ihren ‹Entwicklungsstand› eher dem Nahen Osten, politisch und in bezug auf ihre konkreten Wirtschaftsverflechtungen (NATO- und angestrebte EG-Mitgliedschaft) aber eher Südeuropa zuzurechnen ist. ‹Sonderfälle› sind weiterhin der neu entstandene, durch Einwanderung geprägte Staat Israel und die von europäischstämmigen Minderheiten beherrschten Gebiete des südlichen Afrika, die, jedenfalls für die dominanten Gruppen, von ihrem Entwicklungsstand her nicht zur D.W. gerechnet werden. Für kategoriale Differenzierungen zwischen den Staaten dieser Regionen hat sich, bei allen Unzulänglichkeiten, die UN- bzw. Weltbankterminologie (z. B. hinsichtlich der «least developed countries», LLDCs, usw.) weitgehend durchgesetzt. Fortsetzungen der Numerierung wie ‹Vierte›, ‹Fünfte› Welt u. ä. sind demgegenüber uneinheitlich und in der Minderzahl geblieben.

Forschungsperspektive

Die Befassung mit Fragen der D.W. hat sozial- und politikwissenschaftlich viele Anstöße gegeben. Konzepte des sozialen Wandels, von Entwicklung und Unterentwicklung wurden zum ersten Mal im globalen Kontext gesehen. Wenn auch universelle Erklärungsversuche bislang vergeblich geblieben und vielleicht auch nicht unbedingt anzustreben sind, so wurde im Detail doch eine Fülle von Erkenntnissen gewonnen. Der Wissensstand über sehr vielfältige soziale und politische Erscheinungsformen in allen Regionen hat enorm zugenommen und wird ständig wachsen. Durch Dialoge mit Betroffenen, einschließlich Sozialwissenschaftlern, aus diesen Gebieten selbst konnten auch gewisse ethnozentrische Betrachtungsweisen relativiert und zum Teil zurückgewiesen werden.

Im systematischen Sinne bietet die D.W. das größte ‹Laboratorium› für vergleichend angelegte Untersuchungen. Dies gilt für makro-quantitative Analysen wie für gezieltere Fallstudien. Aus diesen ergeben sich auch im historischen Längsschnitt Erkenntnisse über besondere und differenziertere ‹Entwicklungswege› und konkretere Zusammenhänge des ‹Weltsystems›. Auf der internationalen Ebene haben ‹Nord-Süd-Fragen› im Rahmen der →Konflikt- und →Friedensforschung eine den Ost-West-Problemen vergleichbare Bedeutung gewonnen. Im Sinne der globalen Zukunftsforschung im Hinblick auf zentrale Fragen des Überlebens menschlicher Existenz und Zivilisation kommt der D.W. allein schon quantitativ (ca. ¾ der Weltbevölkerung) die entscheidende Rolle zu.

Berg-Schlosser, D.: «Politische Systeme». In: Hofmeier, R. et al.: Politisches Lexikon Dritte Welt. München 1986.
Binder, L. et al.: Crises and Sequences in Political Development. Princeton 1971.
Boeckh, A.: «Vergleichende Analyse peripherer Gesellschaften oder: Die Auflösung der Peripherie». In: Berg-Schlosser, D./Müller-Rommel, F. (Hg.): Vergleichende Politikwissenschaft. Opladen 1986.
Braun, G.: Nord-Süd-Konflikt und Entwicklungspolitik. Opladen 1985.
Frank, A. G.: Capitalism and Underdevelopment in Latin America. New York 1967.
Nohlen, D./Nuscheler, F. (Hg.): Handbuch der Dritten Welt. Bd. I. Hamburg 1982.
Nuscheler, F. (Hg.): Dritte-Welt-Forschung. PVS Sonderheft Nr. 16 (1985).
– (Hg.): Politikwissenschaftliche Entwicklungsländerforschung. Darmstadt 1986.
Wallerstein, I.: The Modern World System. New York 1974.
Weltbank: Weltentwicklungsbericht. Washington D. C. 1978ff.

Dirk Berg-Schlosser

Eliten

Begriffsverwendungen

Die Etymologie des Wortes Elite (für aus*ge*- und aus*er*wählt, griech./lat./franz.) verweist in ihrer Doppelbedeutung auf die unterschiedlichen Verwendungszusammenhänge, die das Wort als Begriff in der Geschichte wie in der politischen →Theorie erfahren hat. Während Elite (aber auch leader) im angelsächsischen Sprachraum völlig unbelastet von geschichtlichen Erinnerungen verwendet wird, klingen im Deutschen immer noch negative Konnotationen mit, denen man heute in der Wissenschaft durch Rückgriff auf neutralere Ausdrücke wie ‹Führungsgruppen› zu entkommen glaubt. Dagegen versuchen neuerdings bestimmte politische Kräfte die Idee der E.(-Bildung) als positiv wertgeladenen Leitbegriff wieder in die politische Debatte einzuführen.

Verwendungszusammenhänge

Nicht zufällig wurde E.(-Herrschaft) erst um die Jahrhundertwende zum Gegenstand der Forschung und politischer Diskussion (der Begriff selbst taucht zum erstenmal 1916 bei Pareto auf). In dieser Zeit des gesellschaftlichen Umbruchs, als sich das Bürgertum von der wachsenden Arbeiterbewegung bedroht fühlte, werden Theorien entwickelt, die – dem Anspruch nach wissenschaftlich, in der Wirkung gleichwohl normativ politisch – die Universalität von E. als Trägern gesellschaftlicher Herrschaft nachzuweisen trachten. «In allen Gesellschaften gibt es zwei Klassen ... eine, die herrscht und eine, die beherrscht wird. Die erste ist immer die weniger zahlreiche, sie versieht alle politischen Funktionen, monopolisiert die Macht und genießt deren Vorteile, während die zweite, die zahlreichere, von der ersten befehligt und geleitet wird.» So lautet das berühmte Diktum von Mosca (1950, S. 51).

Eindeutig war dies gegen den Sozialismus und gegen Marx' Theorie der *einen* ökonomisch und dadurch politisch herrschenden Klasse gerichtet, gegen die Möglichkeit einer auf Demokratisierung gerichteten Praxis der Arbeiterbewegung und der →Utopie einer klassenlosen Gesellschaft. Dem Begriff der E. (= politische Klasse bei Mosca; regierende und nichtregierende Elite bei Pareto) steht die Vorstellung einer zur Herrschaft und Partizipation unfähigen ‹Masse› gegenüber (Le Bon, Nietzsche; später auch Ortega y Gasset, Gehlen, Röpke). Die psychologisch (Pareto), organisatorisch (Michels), resp. qualitativ (Mosca) überlegenen Eigenschaften der E. bewahrten durch Zirkulation und Ausbalancierung der verschiedenen sozialen Kräfte das gesellschaftliche Gleichgewicht. Dieses würde, so Mosca im 1. Band der «Elementi», durch das allgemeine Wahlrecht zerstört. Stabile Herrschaft würde von machtgierigen, an partikularen Interessen orientierten Berufspolitikern, von einer Einparteienvorherrschaft (der Sozialisten) bedroht werden, da diese den Reichtum verteilen und damit das Ende der finanziell unabhängigen Individuen herbeiführen, die allein fähig seien, im Interesse des Gemeinwohls zu regieren.

Der Wertgeladenheit des klassischen Elitebegriffs wurden nach dem Mißbrauch im Dritten Reich Versuche zu seiner ideologischen Entschlakkung entgegengesetzt, indem (insbes. von Stammer 1951 und Dreitzel 1962) E. nunmehr unter dem Gesichtspunkt vermeintlich wertfreier Funktionalität für das Gemeinwesen interpretiert wurden. Dieses Funktionselitenverständnis formulierte sich ausdrücklich als ‹mit Demokratie vereinbar›: Wert und Bedeutung der E. lägen in ihrer Führungsfunktion für die Gesellschaft. Stammer betont dabei die von den jeweiligen Muttergruppen ausgehenden restriktiven Bedingungen ihrer Handlungsfreiheit und Dreitzel sieht den demokratischen Charakter der E. darin, daß sie sich durch Leistung legitimieren müssen. Beide unterwerfen E. normativen Ansprüchen hinsichtlich ihrer Rechtfertigung und demokratischen Verantwortlichkeit; dennoch ist nicht zu verkennen, daß aus diesen Vorstellungen Wertladungen entspringen: die Herrschaft des Leistungswissens bedeutet die Bestimmung des kollektiven Verhaltens im Sinne der Durchsetzung produktiver Leistungsnormen in Organisationen und Institutionen, wobei diese Normen selbst als Maßstab zur Kontrolle und Auslese von E. fungieren.

Weniger belastet als in Deutschland und vielleicht deshalb in größerer Nähe zu den Klassikern fand der Elitebegriff Eingang in die amerikanische →Demokratiediskussion. Er war der wesentliche theoretische Hebel zur Reduktion der Idee von ‹Demokratie als gleicher Teilhabe› zur – die ‹Massen› und die gewählten Repräsentanten dichotomisierenden – Idee von ‹Demokratie als Herrschaft konkurrierender E.› (M. Weber; Lasswell; Schumpeter u. a.). Diese Theorie geht von einer relativ autonomen (Steuerungs-)Macht der Regierungseliten aus und kommt damit Moscas Begriff der «politischen Klasse» und Paretos «regierenden E.» nahe, auch ohne dabei eine wie auch immer geartete demokratische Responsivität anzunehmen.

Nach einer zwischenzeitlichen Phase theoretischen Stillstands, während deren sich die Forschung auf empirische Untersuchungen zum Wandel und Bewußtseinsstand von Parteiführungen, Bürokraten und gesellschaftlichen Führungskräften konzentrierte, findet gegenwärtig eine erneute Besinnung auf den gedanklichen Gehalt und die Rolle der E. statt (Endruweit 1986).

Einerseits: In dem Bemühen der Theoretiker, endgültig mit der Wertgeladenheit des E.-Begriffs zu brechen, säuberlich Wert- und Wunschvorstellungen von den beobachtbaren Tatsachen zu trennen und den Ruch «undemokratischer Normativität» zu meiden, beginnt sich ein Funktionselitenbegriff durchzusetzen, der gänzlich pragmatisch nur noch beschreiben bzw. empirisch überprüfbare Aussagen über E. zulassen will. Im neuesten Kompendium über den Stand der E.-Forschung heißt es bei Endruweit (1986, S. 30): Funktionseliten heißen Individuen, Gruppen, Schichten, die «selbst oder durch Repräsentanten sozial handeln können, d. h. für das Sozialsystem charakteristische Prozesse beeinflussen und dadurch den anderen Mitgliedern des sozialen Systems überlegen sind».

Andererseits: In der politisch/publizistischen Debatte wie in der Wissenschaft wird eine erneute Aufladung des Begriffs Elite mit positiven Werten erkennbar. Hier wie dort werden ‹Unregierbarkeit›, ‹Überlastung der Demokratie› und die Notwendigkeit von neuen Führungseliten zu Argumenten, liberal-elitäre Positionen zu postulieren (Field/Higley 1983) – was seine aktuell politische Entsprechung in dem Ruf nach privaten Elitehochschulen und Führungsakademien findet.

Begriffspräzisierung

Wenngleich die heutige E.-Forschung mehr Brüche als Verbindungen mit den Klassikern aufzuweisen behauptet (Herzog 1975), so hat der Begriff der E. im Zusammenhang allgemeiner Herrschafts- und Demokratietheorien seine konzeptionelle Präzisierung erfahren. Die umstrittene Kategorie der ‹politischen Klasse› kann auch heute noch sinnvoll angewendet werden, wenn man (a) revolutionäre oder usurpatorische E.-Wechsel, (b) die Parteieliten in den sozialistischen Ländern (Ludz 1970) und (c) die analytische Bedeutung des Phänomens hervorheben will, daß in demokratischen Systemen Oberschicht und ökonomisch herrschende Klasse ideologisch und personell mit der herrschenden politischen Klasse nicht überlappen müssen. Ansonsten geht die Tendenz notwendigerweise dahin, die politischen (Funktions-)Eliten relativ weit zu fassen, da die Formunterschiede zwischen ‹öffentlich-politischen› und ‹privat-ökonomischen› E. zurücktreten gegenüber der Tatsache, daß beide an Entscheidungsprozessen beteiligt sind, die gesamtgesellschaftliche Werte beeinflussen und prägen (Bachrach 1970). Für eine nicht bloß empirisch-soziologische, sondern politologische E.-Forschung erscheint es aber tunlich, auf Dahrendorfs Präzisierung des Begriffs Elite zurückzugreifen. Er insistiert auf M. Webers Unterscheidung von politisch legitimierter →Herrschaft und sozialer →Macht und verortet daher die politisch herrschende Klasse allein bei den genau bestimmbaren, demokratisch legitimierten Trägern (=Inhabern) politischer Herrschaftspositionen. Gewiß ist diese Definition ein Derivat aus Dahrendorfs allgemeiner Herrschaftstheorie, der zufolge z. B. jeder Industriebetrieb einen Herrschaftsverband darstellt, wobei dessen ‹herrschende Klasse› neben den Inhabern ‹sozialer Macht› (legitimiert durch Eigentum an Kapital) auch alle mit nur delegierter Dispositionsmacht versehenen Mitarbeiter umfaßt. – Man muß nicht Dahrendorfs gesamter Theorie folgen, um den Kern seiner Argumentation nachvollziehen zu können, die für die politischen E. feststellt: Sie unterscheiden sich von allen anderen, mächtigeren (und dadurch z. T. sogar politisch einflußreicheren) Führungsgruppen dadurch, daß ihre Träger über zeitlich begrenzte, politisch legitimierte, also von politischen Willensbildungsprozessen abgeleitete Macht verfügen. Mit anderen Worten: Die Quasi-Gruppe der Minister, der politischen Staatssekretäre, der Abgeordneten der Regierungsfraktion stellt die herrschende politische Klasse, und die Oppositionsparteien eine politische Klasse im Wartestand dar. (Auch die Bürokratie verfügt prinzipiell nur über abgeleitete Macht.)

Nicht alle Probleme, die sich etwa aus föderalistischer Gesetzgebungskompetenz, aus Koalitionen, aus der Rolle der außerparlamentarischen →Partei (Kontroll- und Reserveeliten) ergeben, auch nicht normative oder funktionalistische Annahmen über einen moralischen Konsens oder gar eine Kohäsion/Homogenität der politischen Klassen, können mit diesem Begriff der politischen Elite gelöst werden. Seine Fruchtbarkeit besteht vor allem darin, die historische Einzigartigkeit, daß Stimmenmehrheiten eine politische Machtressource darstellen, zum Ausgangspunkt der politischen E.-Forschung zu nehmen. Das macht eine apriorische Funktionsbestimmung ‹Systemerhaltung› verzichtbar, und man ist nicht *prima facie* auf eine personalistische Psychologik, z. B. die der nur am Eigeninteresse orientierten, machtgierigen Psychopathen oder die der tugendhaften, wertelitären Eigenschaften der Politiker angewiesen. Eine differenzierte Analyse der Handlungsmöglichkeiten politischer E. ist also heute nur dann sinnvoll, wenn man deren ideologisch intendierte Handlungen (oder Unterlassungen) auf die je nach Machtarena zu unterscheidenden Handlungsspielräume rückbezieht und die weiteren restriktiven Bedingungen einbezieht, die den politischen E. durch Abhängigkeiten von sozioökonomischen Machtfaktoren, von den nicht-politischen ‹herrschenden Klassen›, durch Mittel- und Subeliten und durch die «Muttergruppen» (Stammer), d. h. durch die Nicht-Eliten gesetzt werden.

Forschungsstand

Kennzeichen der heutigen Eliteforschung ist, daß sie die Begrenzungen des Elitehandelns trotz einer Fülle von empirischem Material stark vernachlässigt hat. Nach Herzog (1975) läßt sie sich in drei Felder einteilen: (a) die *historisch-typologisierende Forschung* über die Entstehung, Entwicklung, Umschichtung und Amalgamierung von E. im Zuge der Modernisierung und Universalisierung der industriellen Produktion, der neuen Arbeitsteilung, Rationalisierung und der damit einhergehenden privaten und staatlichen Bürokratisierung, die zu einer Pluralisierung der

E., Ausdifferenzierung der Berufsgruppen und zum Auftauchen neuer E. (Manager, Professionals, Intellektuelle etc.) geführt habe. Hierzu zählen auch die Kontinuitätsstudien von Dahrendorf (1957) und Zapf (1965) über die deutschen Oberschichten und deren destabilisierende Rolle in der Weimarer Republik.

Sehr interessant ist ein neuerer Versuch von Field und Higley (1983). Anhand von vier historisch aufeinanderfolgenden Konfigurationen, in denen das jeweilige Verhältnis zwischen allgemeinem gesellschaftlichem Entwicklungsniveau auf der einen Seite und der Stellung «egalitärer» und «antiegalitärer» E. zu den Nicht-Eliten auf der anderen Seite beschrieben wird, prognostizieren diese für die Zukunft ein Scheitern aller egalitären (Arbeiterparteien-)Eliten.

(b) Die sehr stark vertretene *E.-Rekrutierungsforschung* hebt vor allem ab auf Mobilitäts-, Karriere- und Selektionsmuster (Herzog 1975), auf die sozialen ‹Background›-Daten und die psychologischen Anpassungsmechanismen. Der ‹soziale Hintergrund› hat sich allerdings als wenig aussagekräftig zur Erklärung politischer Einstellungen und Verhaltensweisen erwiesen, genauso wie die (historisch widerlegte) Behauptung, daß die E. als «Hüter der Demokratie» gegenüber den «undemokratischen» Nicht-Eliten fungierten. Auch hier muß nach parteipolitischen Interessenkonstellationen und Traditionen differenziert, sprich, die «soziopolitischen Kontextbedingungen» müssen mehr berücksichtigt werden (Herzog).

(c) Die *Eliteforschung als Zugang zur Machtstrukturanalyse* als wohl wichtigster Ansatz leidet an der nur schwer zu operationalisierenden ‹amorphen› Kategorie der Macht. Dennoch sind immer wieder Untersuchungen gestartet worden, die sich als (methodologisch) fruchtbar für die (empirische) Forschung erwiesen haben. Da ist an die berühmte ‹Power-Elite› von C. W. Mills (1956) zu erinnern, der glaubte, in dem Dreieck der Spitzen von (Regierungs-)Bürokratie, Wirtschaft und Militär ein geeintes Machtelitenmonopol orten zu können. In etlichen ‹Community-Power›-Studien, also auf der nicht-nationalen Ebene, wurden dessen Thesen überprüft. Diese Studien stützen eher die These von der Pluralisierung der Machteliten; ein Teil von ihnen gelangt aber auch zu dem bedeutsamen weiteren Ergebnis, daß Machtstrukturen nicht nur positiv, d. h. in vollzogenen Entscheidungsprozessen, sondern auch in offensichtlichen ‹Nicht-Entscheidungen› präsent sind. Immerhin verdanken wir den Kontroversen um die Lokalisierung der Macht eine Reihe von Versuchen, die (Gruppen der) Mächtigen empirisch zu bestimmen. Dabei hat sich als der praktikabelste der sog. Positionselitenansatz erwiesen, der davon ausgeht, daß Macht normalerweise mit der Einnahme von Spitzenpositionen der zentralen gesellschaftlichen Organisationen und politischen Institutionen verbunden ist. Aber auch hier gilt, was schon für die formell höchsten politischen Positionen gesagt wurde: Position und Macht (jemanden auch gegen seinen Willen zu beeinflussen) decken sich nicht unbedingt miteinander. Außerdem erfaßt dieser Ansatz nicht die Interaktionen in sozialen Prozessen, die ja auf durchaus unterschiedlichen spezifischen Machterzeugungsmöglichkeiten der Machtgruppierungen beruhen. Des weiteren berücksichtigt er nicht die innerorganisatorische Eigendynamik, die die Attitüden der Befragten durch den Willen der ‹mittleren E.› (z. B. in Parteien) beeinflussen können.

Daß diese Einwände den Positionselitenansatz dennoch nicht wertlos machen, zeigen insbesondere die Mannheimer E.-Studien von 1968, 1972 und 1981, die – einzigartig in der Welt – Längs- und Querschnittsvergleiche der politischen Werthaltungen der E. von 20 Funktionsbereichen ermöglichen. Nicht ohne Brisanz z. B. ist die in ihnen erbrachte empirische Bestätigung, daß die grundlegenden politischen Konfliktlinien zwischen den beiden stabilen Koalitionen von SPD und Gewerkschaftsführung einerseits und der CDU/CSU (jetzt auch wieder FDP) mit den Wirtschaftseliten andererseits verlaufen. Oder daß nur 1/10 der befragten E. aus der Arbeiterschicht stammt und sich dieser allein bei SPD und Gewerkschaften Aufstiegsmöglichkeiten bieten.

Zu Recht weist U. Hoffmann-Lange (1980) darauf hin, daß solche E.-Studien von besonderer Bedeutung für vergleichende Systemforschung sein können, wenn man von den sehr ähnlichen Sozialstrukturen, Funktionsbereichen und Problemhaushalten entwickelter Länder ausgeht. Dann können z. B. unterschiedliche Wertpräferenzen, Einstellungen zu Demokratie, Freiheit und Gleichheit, etwa der Ministerialbürokraten, geradezu als Indikatoren für mehr oder weniger erfolgreiche Implementationen sozialdemokratischer Reformpolicies dienen (vgl. Aberbach u. a. 1981).

Forschungsperspektive

Der Begriff von Funktionseliten im heute vorherrschenden Verständnis etwa von Endruweits Definition (1986) ermöglicht einen pragmatischen Zugriff zur Erforschung von E. Für einen politologischen Ansatz hat dieser allerdings den Nachteil, die griffige Pragmatik seiner zentralen Fragestellung – ‹Wodurch kommen Menschen in die Lage, charakteristische soziale Prozesse zu beeinflussen?› – zu erkaufen mit der Bescheidenheit des Erkenntnisinteresses: Die Ursachen wie die Folgen der Tatsache, daß zur Funktionselite zählende Menschen, Gruppen und Schichten ‹anderen überlegen› sind, wird aus dem Forschungshorizont ausgeblendet.

Schon bei der Erörterung der politischen Klassen war festzustellen, daß die formal höchsten Herrschaftspositionen (auch in der Perzeption der E. selbst) keineswegs mit den gesellschaftlichen Machteliten kongruent sind. Das Verhältnis von gesellschaftlichen Machtstrukturen (einschließlich von deren Akteuren) und politischen (Funktions-)Eliten ist komplizierter. Die

Gesellschaft produziert und reproduziert sich quasi endogen auf den verschiedenen Ebenen (Familie, Schule, Beruf etc.) in sozialer Ungleichheit, die dem politischen Prinzip demokratischer (Staatsbürger-)Gleichheit gegenübersteht. Der demokratische Prozeß – der Legitimierung von ‹politischen Klassen› – läßt die reale Ungleichheit nicht verschwinden; mehr noch, ein Teil der politischen Klasse verleiht in fast allen westlichen Demokratien im Rahmen ihrer jeweiligen Funktionen (Aufgaben) dieser strukturellen Ungleichheit zumindest symbolischen Ausdruck oder befördert sie offensiv als politisches Programm. Die Theorie politischer E. muß sich also fragen, aus welchen gesellschaftlichen Strukturen die anderen als die politischen E. ihre Wirkungsmacht beziehen.

Wenn E.-Forschung sich legitimerweise bei den dialektischen Beziehungen von gesellschaftlichen Strukturen und Akteuren eher für das dynamisch-variable Element interessiert, so muß sie doch wenigstens ansatzweise das Ineinandergreifen von «E.-Klassen-Status-Schicht, von sozial-politischem Konflikt und sozialem Wandel» (Jaeggi) thematisieren. Die Analyse z. B. der ‹Muttergruppen› hat von den grundlegenden, Ungleichheit reproduzierenden Strukturierungsfaktoren der Gesellschaft sowie ihren normativen (leistungsgesellschaftlichen) Legitimationsgrundlagen und deren normativer Signifikanz (Cicourel) auszugehen, die notwendig bestimmten Schichten und Führungsgruppen eine dominierende (meist auch privilegierende) Position und Macht verschaffen. Die in Industrie und Bürokratie stattfindenden Zuweisungen funktionaler, aber ungleich bewerteter hierarchischer Arbeitsplatzpositionen haben für die Strukturierung der typischen Lebenschancen gesellschaftlicher Gruppierungen zentrale Bedeutung, zumal fast alle Sozialisationskontexte eine ‹ökonomische Konditionierung› (also die Orientierung an Konkurrenz, Hierarchie, Prestige, Konsum und Geld) und damit Vereinzelung begünstigen.

Wenn also die Mannheimer E.-Studie als «Indikator für gesellschaftliche Machtpositionen die Organisationsfähigkeit bzw. Institutionalisierung und die Konfliktfähigkeit von Führungsgruppen und ihrer Interessen» heranzieht (Hoffmann-Lange u. a. 1980, S. 15), dann scheint damit ein akzeptables Machtkriterium gefunden. Sieht man sich jedoch die einzelnen Führungsgruppen näher an, so zeigt sich, daß die Machtressourcen von sehr unterschiedlicher Qualität und Quantität sind. Die potentielle Macht der politischen Klasse beruht auf Stimmen; die Macht der Bürokratie, auch wenn sie politischen Weisungen unterliegt, auf Expertentum, selektiven Zugangsbarrieren und in einer in zahlreichen Fragen zutage tretenden Affinität zwischen bürokratischem und wirtschaftlichem Denken; die Macht der Justiz auf ihrer – strukturell konservativen – ‹Unabhängigkeit›; der Einfluß der Medien auf deren Definitions- und Interpretationsmacht. Die Macht der →Wirtschaft, Banken und Versicherungen liegt bei ihrer Verfügungskraft über den Einsatz oder Entzug von Kapital. Darüber hinaus verfügen diese über die Dispositionsmacht, das Arbeitsteilungssystem in loyalitätsbindende Arbeit mit eigener Dispositionsmacht und machtlose ausführende Arbeit zu strukturieren. Ihre Macht unterscheidet sich von der ihrer Widersacher, den →Gewerkschaften, durch ihre Unsichtbarkeit, die dafür sorgt, daß die Gewerkschaften regelmäßig bei Umfragen als mächtiger als die Wirtschaft und ihre Verbände perzipiert werden. Daß davon keine Rede sein kann, zeigt nicht nur die weltweite Defensivposition, in der sich die Gewerkschaften bei hoher Arbeitslosigkeit befinden, sondern daß selbst die Fähigkeit zum →Konflikt von zwei unterschiedlichen «Logiken kollektiven Handelns» bestimmt werden. Einzelne Individuen müssen mit hohem ‹dialogischem› Aufwand überzeugt und organisiert werden im Gegensatz zur «monologischen» Handlungslogik der Arbeitgeber (Offe/Wiesenthal).

Die Notwendigkeit, Funktionseliten zu analysieren, erweist sich als unbestreitbar; die Notwendigkeit, die Strukturen gesellschaftlicher Macht, die Verlaufsformen ihrer Konflikte, die Interaktionsmuster ihrer Akteure dabei mitzubedenken, scheint ebenso unbestreitbar. In einem rein pragmatischen Funktionselitenbegriff nämlich scheinen die realen Machtdifferenzen nicht mehr auf.

Aberbach, J. u. a.: Bureaucrats and Politicians in Western Democracies. Cambridge (Mass.) 1981.
Bachrach, P.: Die Theorie demokratischer Elitenherrschaft. Frankfurt/M. 1970.
Dahrendorf, R.: Soziale Klassen und Klassenkonflikt. Stuttgart 1957.
Dreitzel, H. P.: Elitebegriff und Sozialstruktur. Stuttgart 1962.
Endruweit, G.: Eliten und Entwicklung. Frankfurt/M. u. a. 1986.
Field, G. L./Higley, J.: Eliten und Liberalismus. Opladen 1983.
Herzog, D.: Politische Karrieren. Selektion und Professionalisierung politischer Führungsgruppen. Opladen 1975.
Hoffmann-Lange, U. u. a.: Konsens und Konflikt zwischen Führungsgruppen in der Bundesrepublik Deutschland. Frankfurt/M. u. a. 1980.
Jaeggi, U.: Die gesellschaftliche Elite. Bern/Stuttgart 1960.
Ludz, P. C.: Parteielite im Wandel. Köln/Opladen 1970.
Mills, C. W.: The Power Elite. New York 1956.
Mosca, G.: Die herrschende Klasse. München 1950 (zuerst 1895).
Offe, C./Wissenthal, H.: Zwei Logiken Kollektiven Handelns. Ms. Univ. Bielefeld 1979.
Putnam, R. D.: The Comparative Study of Political Elite. Englewood Cliffs 1976.
Stammer, O.: Das Elitenproblem in der Demokratie. In: Schmollers Jb. 71, 1951.
Zapf, W.: Wandlungen der deutschen Elite. München 1965.

Christian Fenner

Entscheidung

Begriffsverwendungen

E.-Handeln ist von zentraler Bedeutung für die Bewältigung der Alltagsprobleme ebenso wie für die Gestaltung des politischen Zusammenlebens innerhalb und zwischen Nationalstaaten (→Nation). E. als Untersuchungsgegenstand der →Politikwissenschaft soll hier als gesellschaftlicher Prozeß aufgefaßt werden, der ein konkretes Problem zur Auswahl zwischen Alternativen zuspitzt, von denen dann schließlich eine Alternative in der tatsächlichen E.-Findung ausgewählt wird. Diese an die Begriffe ‹policy-making› bzw. ‹policy-analysis› angelehnte Definition setzt politische E.-Prozesse nahezu identisch mit dem Begriff der →Politik, ohne diesen natürlich – ebensowenig wie der zentrale Begriff →Macht – voll auflösen zu können.

Die Besonderheit politischer E.-Prozesse liegt vor allem in ihrer Komplexität, Reichweite, jeweiligen institutionellen Einbindung und dem potentiellen normativen Gehalt. Anders als ‹wohl-strukturierte› E.-Probleme mit einfach kalkulierbaren Mittel-Zweck-Relationen sind politische E.en komplexer. In der Regel müssen ‹schlecht-strukturierte› E.en getroffen werden mit ungewissen Mittel-Ziel-Relationen und mit häufig nur unklar definierbaren Zielen, die außerdem noch miteinander in Konflikt stehen können. Die über den persönlichen Bereich hinausgehende Reichweite politischer E.en ist offensichtlich. Sie ist aber nicht nur eine Frage des geographischen bzw. territorialen Einzugsbereichs, sondern auch abhängig von überzeugender Argumentation sowie ökonomischen und politischen Sanktionsmöglichkeiten. Diese Einflußfaktoren stehen auf den Ebenen etwa von →Kommunen, Bundesländern, Nationalstaaten sowie dem ‹anarchischen› internationalen Staatensystem in sehr unterschiedlichen Mischungsverhältnissen zur Verfügung. Nimmt die soeben angedeutete Ausdifferenziertheit politischer →Institutionen (einschließlich der Gewaltenteilung) ab, wie in vielen Entwicklungsländern, so bedeutet eine derartige institutionelle Einbindung politischer E.-Prozesse zugleich tendenziell einen abnehmenden Grad von Säkularität und Rationalität, wie die Entwicklungsländerforschung nachweisen konnte (→Dritte Welt). Schließlich sind insbesondere seit dem 2. Weltkrieg vermehrt Instrumente zur E.-Verbesserung eingesetzt worden, u. a. Delphi, Scenario und PPBS (Planning Programming Budgeting Systems), die helfen sollen, auch politische E.en besser zu optimieren. Von noch weiter reichender Bedeutung jedoch ist ein zweites normatives Element politischer E.-Prozesse. Mittel-Ziel-Festlegungen implizieren Werteallokationen und sind daher zentraler Bestandteil politischer Moral und Ethik.

Die Werte-Orientierung für politische E.-Prozesse ist in den vielen, sich zum Teil überlappenden politikwissenschaftlichen Denkströmungen (Paradigma) sehr unterschiedlich konzipiert worden. Die Normativisten betonen das Gemeinwohl, das Naturrecht, den Gemeinschaftsvertrag innerhalb und außerhalb nationaler Grenzen, die Idee der internationalen Gesellschaft. Dabei haben politische E.-Träger Prinzipien einzuhalten, die von der Nichtintervention über die Selbstbestimmung, *pacta sunt servanda*, balance of power, das Selbstverteidigungsrecht, *jus ad bellum*, jus en bello bis hin zur Rawlsschen Verteilungsgerechtigkeit reichen können. Die historisch-dialektische Schule postuliert – unter Verwendung ‹essentialistischer› und ‹heuristischer› Denkmuster – politische Veränderungen vom Feudalismus, →Kapitalismus zum →Sozialismus/→Kommunismus durch die Abschaffung privaten Eigentums an den Produktionsmitteln. Der Strukturalismus hat eine Reihe berechtigter Kritikpunkte der Marxschen Analyse aufgegriffen und sucht darüber hinaus im Rahmen der Dependencia-, Zentrum-Peripherie- und Weltsystem-Analyse nach Postulaten zur Überwindung des Nord-Süd-Gegensatzes. Für die realistische Schule ist der E.-Prozeß eines jeden Nationalstaates auf die möglichst effiziente Verfolgung staatlicher →Interessen ausgerichtet. Der Pluralismus, Behaviorismus bzw. empirisch-analytische Ansatz trug weniger zur Werte-Orientierung als vielmehr zur Proklamierung eines offenen Forschungsprogramms zur empirischen Analyse politischer E.-Programme bei.

Verwendungszusammenhänge

Wenn wir auf wichtige Beiträge zur Entwicklung einer sozialwissenschaftlichen E.-Theorie zurückblicken – auf Bernoulli (Risikotheorie, 1738), Harald D. Lasswell (Psychopathologie und Politik, 1930), John von Neumann und Oskar Morgenstern (Spieltheorie, 1944) oder Herbert A. Simon (Theorie der begrenzten Rationalität, 1947) –, so hatten die genannten Autoren eine mehr oder minder präzise Vorstellung, was unter einer rationalen E. zu verstehen sei. Es blieb der Nationalökonomie vorbehalten, mit Hilfe der fiktiven Handlungsfigur des ‹homo oeconomicus› eine konzise und kohärente Definition einer Theorie der rationalen Wahl (rational choice) bereitzustellen.

Eine rationale E. setzt sich danach aus fünf Elementen zusammen: (a) Der E.-Träger verfügt über einen vollständigen (synoptischen) Überblick über jedes E.-Problem; (b) er benötigt keine Zeit zur Problemanalyse ($t = 0$); (c) die Alternativen sind als eindeutige Mittel-Ziel-Relationen ebenso bekannt wie (d) sämtliche aus der E. resultierenden Handlungskonsequenzen (c + d →Information = 100 %); (e) schließlich bedient sich der rationale E.-Träger des Optimierungs- bzw. Maximierungsprinzips zur Auswahl der Alternative mit dem für ihn höchsten Nutzen. Dieses Modell ‹größtmöglicher Komplexitätsreduktion› unserer Vorstellung eines rationalen E.-Prozesses hat das doppelte Verdienst, Bezugspunkt wie auch ‹Absprungbrett› weiterer Analysen zu sein.

Für die Entwicklung einer politikwissenschaftlich ausgerichteten E.-Theorie mußte dieses ‹geschlossene› rationale E.-Modell in mehrfacher Richtung ‹geöffnet› werden. Ein Blick auf die Analyseebene der E.-Träger zeigt, daß in der Politik Mehrpersonenentscheidungen die Regel sind in Kabinetten, Parlamenten, Interessengruppen, Internationalen Organisationen etc. Interdisziplinäre Forschung hat empirisch gezeigt, daß die Umwelt des politischen E.-Trägers für ihn in vielen Fällen nicht voll transparent ist. Die Psychologie weist Irrtümer im menschlichen Urteil nach (Fehlperzeptionen, kognitive Dissonanz) sowie hin auf gruppendynamische Prozesse bei der E.-Findung. Die Organisationsforschung dokumentiert, wie Routine, Sozialisation und Machtkämpfe in →Organisationen politische E.-Prozesse prägen können. Die Informationsforschung behandelt entscheidungsrelevante Informationen als äußerst knappe Ressource, zu deren gesichertem Transfer an andere sowie zu deren vermehrter Beschaffung es einer geschickten eigenen Informationspolitik bedarf. Verschiedene Phasenmodelle politischer E.-Prozesse (u. a. Lasswell, Welsh) haben die Schwierigkeiten der E.-Durchführung und sogar die Notwendigkeit gelegentlicher E.-Revision thematisiert. →Implementations- und Wirkungsforschung untersuchen die nur begrenzt vorhersehbaren Handlungskonsequenzen politischer E.en. Vergleichende Studien zu E.-Prozessen in Ländern der Ersten, Zweiten und →Dritten Welt verweisen auf den Einfluß der «Tiefenstruktur» von Gesellschaft und →Ideologie bei der E.-Findung. Der äußerst komplexe Interaktionszusammenhang des internationalen Staatensystems ist Untersuchungsgegenstand der Verhandlungs-, →Konflikt- und →Krisenforschung, die politisches E.-Verhalten in den Dienst der Krisendeeskalation stellen und damit zu einem Instrument des erfolgreichen Krisenmanagements machen. Wie die genannten Zusammenhänge zeigen, ist politikwissenschaftlich ausgerichtete E.-Theorie längst zu einem offenen mehrdimensionalen Forschungsprogramm geworden.

Begriffspräzisierung
Trotz der Unübersichtlichkeit politischer E.-Phänomene läßt sich ein roter Faden erkennen entlang einer paradigmatischen Debatte zur Verfeinerung der politikwissenschaftlichen E.-Analyse. Kriterium wissenschaftlichen Fortschritts soll dabei die Ergänzung oder die Ablösung «heroischer» durch realitätsnähere Annahmen sein. Eine solche wissenschaftliche Debatte hat sowohl in der allgemeinen Politikwissenschaft wie auch – mit besonderer Intensität – in der Teildisziplin Internationale Politik (→Internationale Handlungssysteme) stattgefunden; daher werden E.-Konzepte aus beiden Bereichen herangezogen.

Die politikwissenschaftliche Systemtheorie (→System) hat als Sammelbecken unterschiedlicher Forschungsstrategien, u. a. biologischen und nachrichtentechnischen Ursprungs, eine Theorie der →Steuerung und Regelung (→Regulation) sowie Selbstregulierung politischer Systeme entworfen. Um Überleben und Erhalt der Autonomie zu gewährleisten, steht nach Karl Deutsch («Nerves of Government») jedes politische E.-Zentrum vor einer wichtigen Aufgabe. Die drei Informationsarten, Primärinformation (Umweltinformation), Sekundärinformation (Bewußtsein) sowie Tertiärinformation (Gedächtnis), müssen bei politischen E.en berücksichtigt werden, um Abkapselung bzw. vollständige Außensteuerung unter Verlust der eigenen politischen Autonomie zu vermeiden. Für die Entwicklung der E.-Analyse heuristisch wertvoll war ferner die Vorstellung einer in Analogie zur Fliehkraftregelung der Wattschen Dampfmaschine aufrechtzuerhaltenden Stabilität des politischen Systems durch kybernetische Rückkopplung.

Die Rationalanalyse ist bei aller fundamentalen Kritik am E.-Modell des *homo oeconomicus* eine immer wieder benutzte Methode zur Analyse politischer E.-Prozesse geworden. In für die Politikwissenschaft zugeschnittenen Konzepten erklärt Allison (rational policy model) Regierungshandeln als E. im Hinblick auf Zwecke. Steinbruner (analytic paradigm) schränkt die vollständige Informationsannahme des bereits definierten *homo oeconomicus* auf die Bewältigung des (a) Bewertungsproblems und des (b) Unsicherheitsproblems ein: (a) Alle für E.en relevanten Bewertungen sollen einbezogen und als gegeneinander aufrechenbar gedacht werden; (b) alle möglichen Zustände der Welt sollen vollständig und schwach transitiv geordnet werden. Allison und Steinbruner seien dabei nur stellvertretend angeführt für die große Schar von Analytikern, die mit Hilfe der ‹Blaupause› der E.-Logik des rational-analytischen Modells der rationalen Orientierung menschlichen Denkens auch in komplexen politischen E.-Prozessen auf der Spur sind. Eine Vielzahl politikwissenschaftlicher Fragestellungen sind vor diesem methodischen Hintergrund erfolgreich bearbeitet worden: Welches sind die durch Informationsabschottung uns unbekannten Zwecke von geschlossenen politischen Systemen, etwa der Sowjetunion in der Kuba-Raketenkrise von 1962 oder im Falle der Afghanistan-Intervention von 1979? Was ist der Unterschied zwischen lateralem (low-level optimization) und horizontalem (high-level value integration) Lernen in der Militärstrategie der Alliierten im 2. Weltkrieg? Was bedeutet rationales Verhandeln? Wie gering ist die Anzahl deduktiver Widersprüche oder Zirkelschlüsse empirisch untersuchter kognitiver Strukturen (cognitive maps) politischer E.-Träger? Wie lassen sich mit Hilfe der politikwissenschaftlich revidierten Spieltheorie Fragen der Strategie und Taktik bei der Durchsetzung nationaler →Interessen beantworten? Wie unentbehrlich schließlich ist die Rationalanalyse bei synthetischen, mehrere Ansätze miteinander konkurrierenden Erklärungsversuchen politischer E.-Prozesse?

Für weitgehend entbehrlich gehalten wird die Rationalanalyse im Gegenmodell des Inkrementalismus, des sich schrittweisen Durchwurstelns (muddling through), von Braybrook und Lindblom. In einer für den deutschen Leser übersetzten Studie («Die Entscheidung zur Teilung Deutschlands») weist John Baker nach, daß dieses Gegenmodell seine Berechtigung hat insbesondere bei jahrelang andauernden, viele Akteure einbeziehenden E.-Prozessen, dessen Resultat außerdem das Nebenprodukt militärstrategischer bzw. weltpolitischer Kräftekonstellationen war. Empirische Nachweise für eine Politik der kleinen Schritte in anderen Politikfeldern sind natürlich längst Legion.

Eine besonders innovative, auf bisherigen Wissensstufen aufbauende Weiterentwicklung der politikwissenschaftlichen E.-Theorie ergab die Einführung folgender Konzepte: Begrenzte Rationalität (bounded rationality), der kybernetische Ansatz, kognitive und sozialpsychologische Dimensionen sowie der aus der Konflikt- und Krisentheorie entwickelte Konfrontations-/Kompromiß-Ansatz. Bei empirischen Untersuchungen zu E.-Prozessen in →Organisationen, für die Herbert Simon 1978 den Nobelpreis erhielt, war aufgefallen, daß E.-Träger sich keineswegs immer vom Prinzip der Maximierung bei der Auswahl von Alternativen leiten lassen. ‹Satisficing› genügt, d. h., Alternativen werden in der Regel bereits dann akzeptiert, wenn bestimmte Erwartungsniveaus (levels of aspiration bzw. acceptability) erfüllt werden. Ohne auf die Fülle konkreter Beispiele hier eingehen zu können, soll nur betont werden, daß die Höhe der jeweiligen Akzeptanz von Erwartungsniveaus häufig ein Politikum innen- wie außenpolitischer Auseinandersetzung ist.

Systemtheorie, Organisationsforschung und der Ansatz ‹begrenzte Rationalität› haben Beiträge zum Konzept politischer Kybernetik geleistet. Hingewiesen wurde bereits auf Servomechanismen mit Regel- und Kontrollfunktionen (feedback), Routineprogramme sowie kritische Variablen etwa in Form von Erwartungsniveaus bei der Auswahl von Alternativen. Der kybernetische Ansatz greift zu einer anderen Problembewältigung als die Rationalanalyse. E.en werden nicht als ein Dauerprozeß begriffen, in dem auf ständig neu eingehende Informationen durch Bewältigung von Bewertungs- und Unsicherheitsproblemen reagiert werden muß. E.en werden vielmehr in Bestandteile zerlegt (decomposition of decisions). Entsprechend der Vielfalt öffentlicher →Institutionen gibt es eine Vielzahl von Akteuren, die spezielle Interessenwahrnehmung durchaus arbeitsteilig verfolgen, wobei das Spektrum etwa moderner Ministerialbürokratien bereits beachtlich ist. Bei vielen E.-Prozessen in Organisationen kommen Routineprogramme (standard operation programs) zur Anwendung, oder es werden für außergewöhnliche Fälle Eventualpläne aus den Schubladen geholt. Neu entschieden wird gemäß dem kybernetischen Ansatz erst, wenn kritische Variablen ‹aus dem Ruder laufen›: im Falle der Wirtschaftspolitik z. B., wenn Arbeitslosigkeit, Inflation, Wachstum und Außenbeitrag kritische Werte über- bzw. unterschreiten. Die E.-Dekomposition ist also dreiteilig: Vielzahl der Akteure, Arbeitsteilung in der Politik sowie Trennung von Routine- und E.-Verhalten. Das Verhalten der Akteure ist dabei nicht selten irrational, wie Allison (1971) u. a. nachweisen konnten.

Die politische Psychologie, im weitesten Sinne mit politischen Phänomenen befaßt, zählt auch den kognitiven E.-Ansatz und die Perzeptionsforschung zu ihrem Gegenstandsbereich. Fallstudien haben gezeigt, daß politische E.-Träger, mit einem Problem konfrontiert, keineswegs wie vor einer *tabula rasa* standen, sondern über ein kognitives Orientierungsmuster (belief system) verfügen, das eine Lageeinschätzung ‹aus dem Stand› gestattet. Mit großem empirischen Forschungsaufwand ist wiederholt die Repräsentation kognitiver Strukturen (cognitive maps) politischer E.-Träger gelungen – unter Berücksichtigung von Konzeptvariablen, Kausalbeziehungen sowie einer Maximierung des erwarteten Nutzens. Offensichtlich kann das menschliche Gehirn auch komplexe politische Partialprobleme klar strukturieren, deduktive Widersprüche oder Zirkelschlüsse vermeiden und die Alternative mit dem größtmöglichen Nutzen auswählen. Die Perzeptionsforschung liefert indessen eine erdrückende Fülle von historischen Beispielen für ‹kognitive Verzerrungen› und daraus resultierende Misperzeptionen. Untersucht werden u. a. die Abhängigkeit von Prädispositionen, die Neigung zu ‹kognitiv-affektiver› Balance, die Bildung von Selbst- und Feindbildern sowie das Lernen anhand von historischen Schlüsselereignissen, die ganze Generationen einer Nation im Zeitablauf unterschiedlich prägen können. Die internationale Konflikttheorie hat daraus die Konsequenz gezogen, die hier möglichst kohärent in ihrem bisherigen Entwicklungsverlauf dargestellten Erkenntnisse über die Dynamik politischer E.-Prozesse zu einem Modell des Konfliktmanagements bereitzustellen, das zum Ziel des Überlebens der Spezies *homo sapiens* eingesetzt werden kann.

Forschungsstand

Die politikwissenschaftliche E.-Forschung hat wesentliche Impulse durch empirisch angelegte Einzelfallstudien und konzeptionell durch disziplinübergreifende Zusammenarbeit von Systemtheorie, Ökonomie, Psychologie, Organisationsforschung, Informations- und Verhandlungstheorie, Perzeptionsforschung und Konflikttheorie bezogen. Ohne die heute immer obsoletere Trennung zwischen Innenpolitik und internationaler Politik überbetonen zu wollen, sind Befunde der E.-Forschung im ersteren Bereich aufgrund sehr disparater Politik- bzw. Ressortfelder und stark divergierender nationaler politischer Kulturen in ihrer Grundgesamtheit kaum vergleich- und damit nur schwer resümierbar. In der internationalen Politik sind außenpolitische E.-Eliten (→Eliten) zwar in ihren jeweiligen nationalen Kontext eingebunden, in der ständigen internationalen Interaktion aber vor halbwegs vergleichbare Probleme gestellt. Die vergleichende Konflikt- und Krisenforschung mit einer großen Anzahl vergleichbarer Fallstudien ist bisher eine der wenigen ‹theoretischen Inseln›, auf denen sich eine Vielzahl entscheidungstheoretischer Konzepte synthetisieren, d. h. aufeinander beziehen und nach ihrem jeweiligen Erklärungswert befragen lassen. Allison hat dies mit seinen drei Modellen ebenso deutlich gemacht wie Steinbruner, Jervis, Stein und Tanter («Rational Decision-Making»), Snyder und Diesing u. a. Die dort gezogenen entscheidungstheoretischen Register sind eindrucksvoll; u. a. werden Fragen der Rationalanalyse, der begrenzten Rationalität, der Organisationsroutine, des bürokratischen Infights, der kognitiven Strukturen von E.-Trägern, der Perzeptions- und Informationsverzerrungen, der Informations- und Verhandlungspolitik, der spieltheoretisch analysierten Strategie und Taktik sowie der Stabilitätsbedingungen eines bi- oder multipolaren internationalen Staatensystems aufeinander bezogen. Es bleibt jedoch natürlich noch vieles zu klären; mit besonderer Priorität das für alle synthetischen Erklärungsversuche wichtige Problem, warum, ob und wie im Einzelfall die entscheidungstheoretischen Konzepte in einem erkennbaren Erklärungszusammenhang (z. B. kompetitiv oder additiv) zueinander stehen.

Forschungsperspektive

Die E.-Analyse gehört zweifellos zu den dynamischen Teilbereichen gegenwärtiger Politikwissenschaft. Wie gezeigt, hat sie sich als offenes mehrdimensionales Forschungsprogramm etabliert, inzwischen eine inhärente Theorieentwicklung durchlaufen und der Aufsplitterung in disparate Einzelforschung entgegengewirkt durch vermehrtes Aufzeigen von Querverbindungen und einer zunehmenden Synthetisierung vorhandener Konzepte. Weitere potentielle Fortschritte können hier nur angedeutet werden. Auch nicht-angelsächsische Analytiker sollten vermehrt im Umgang mit der E.-Analyse geschult werden; die Bundesrepublik in der NATO, in der EG, in der UNO, als Promotor der Ostpolitik und Akteur in der Deutschlandpolitik etc. sind nur einige noch weitgehend offene Felder für die E.-Analyse deutscher Politikwissenschaft. Dem Übergewicht der Untersuchung von E.-Verhalten in internationalen Krisen ließe sich durch vermehrte vergleichende Studien von E.-Prozessen in der Ersten, Zweiten und Dritten Welt begegnen – mit entsprechendem Ausbau von Methoden und einem Anwachsen entscheidungsrelevanter ‹Daten›. Bei den diffizilen Rüstungskontrollverhandlungen etwa gilt heute mehr denn je die Vermutung, daß die Ausbildung politischer Praktiker in E.-Theorie die Befähigung zu ‹rationaler Verhandlungsführung› steigert (→Rüstungspolitik). Schließlich erscheint der Beitrag der E.-Analyse zu dem ebenfalls noch weitgehend offenen Bereich der politischen Moral und Ethik keineswegs ausgelotet.

Allison, G. T.: Essence of Decision. Boston 1971.
Axelrod, R. (ed.): The Structure of Decision. Princeton 1976.
Behrens, H.: Politische Entscheidungsprozesse. Opladen 1980.
Braybrook, D. & C. T. Lindblom: The Strategy of Decision. London 1970.
Jervis, R.: Perception and Misperception in International Politics. Princeton 1976.
Light, M. & A. J. R. Groom (eds.): International Relations. A Handbook of Current Theory. Colorado 1985.
McGrew, A. G. & M. J. Wilson (eds.): Decision Making: Approaches and Analyses. Manchester 1982.
Simon, H. A.: Administrative Behavior. New York 1976.
Snyder, G. H. & P. Diesing: Conflict among Nations. Princeton 1977.
Steinbruner, J. D.: The Cybernetic Theory of Decision. Princeton 1976.

Henning Behrens

Extremismus

Begriffsverwendungen

In pluralistischen →Demokratien ist der Kampf um die Bestimmung der politischen ‹Mitte› und deren parteipolitische Einvernahme eine ebensolche Selbstverständlichkeit wie die politische Auseinandersetzung um die Ränder des politischen Spektrums. Letztere Diskussionen dürften aber desto intensiver sein, je stärker historische Erfahrungen eine ‹streitbare Demokratie› gegen ihre Feinde notwendig erscheinen lassen. Die Bundesrepublik Deutschland soll hier als Beispiel dienen. Ihre Geschichte ist durchzogen von dieser Auseinandersetzung: Parteienverbote der rechtsextremen Sozialistischen Reichspartei (SRP) (1952) und der linksextremen Kommunistischen Partei Deutschlands (KPD) (1956); Diskussion um die Notstandsgesetze in den 60er Jahren; Anwachsen der NPD auf dem rechten und Studentenunruhen auf dem linken Spektrum bis Ende der 60er Jahre; die Diskussionen um ‹Verfassungsfeinde im Öffentlichen Dienst› während der 70er Jahre (→Verfassung); gleichzeitig das Entstehen eines linken und rechten (z. T. internationalen) Terrorismus; Aufkommen der sog. Neuen sozialen Bewegungen bis hin zur Etablierung der Grünen in Landtagen und Bundestag und die ständigen Versuche, ihnen extreme Positionen zuzuweisen; und immer gehörte es auch zum Ritual der großen →Parteien, sich gegenseitig vorzuwerfen, an den Rändern bereits auf extremem Boden zu stehen. Bei einer derartigen Gemengelage wundert es nicht, daß eine Vielzahl von Begriffen zu ihrer Beschreibung und Bewertung eingesetzt wird: E., Radikalismus, →Totalitarismus, →Autoritarismus, →Faschismus, Terrorismus, Neue Rechte, Neue Linke, Neonazismus (Nationalismus), Verfassungsgegner bzw. -feinde usw. Nicht immer werden diese Begriffe eindeutig definiert, vor allem dann nicht,wenn sie als politische Kampfbegriffe eingesetzt werden: Polemik benötigt eher die unscharfe Assoziation.

Verwendungszusammenhänge

Ergänzend zum politischen Sprachgebrauch sind zwei weitere Diskussionszusammenhänge erwähnenswert, in denen das Problem der Ränder des politischen Spektrums erörtert wird: der juristische und der sozial-/politikwissenschaftliche (→Politische Sozialisation). Wenn man nicht ganz spezifische Varianten benennen will, dann hat sich in den letzten Jahren in beiden Bereichen E. als umfassender Begriff herausgeschält; der früher häufiger gebrauchte Begriff ‹Radikalismus› ist z. B. seit 1974 in den Verfassungsschutzberichten und auch in den Sozialwissenschaften in den Hintergrund getreten. Im Gegensatz zu dem mit historischen Konnotationen ziemlich unbelasteten Begriff E. wird Radikalismus oft mit dem bedingungslosen Eintreten für bürgerliche →Freiheitsrechte verbunden (Backes/Jesse 1985, S. 17ff.). Beschäftigung mit E. im juristischen Verwendungszusammenhang bezieht sich auf Nachweis und (mögliche) Ahndung verfassungsfeindlicher Bestrebungen von politischen Parteien (Art. 21 GG), Vereinigungen (Art. 9 GG), Gruppen oder einzelner (Art. 18 GG). Verfassungsfeindlich (→Verfassung) sind dabei jene Bestrebungen, die sich gegen die ‹freiheitliche demokratische Grundordnung› (→Rechtsstaat) als den ‹Kernbestand unserer Staatsverfassung›, also nicht gegen den Gesamtbestand bzw. irgendwelche Einzelbestimmungen des GG, richten (Maihofer, in Funke 1978, S. 331). Im SRP-Urteil hat das Bundesverfassungsgericht schon 1952 die grundlegende Umschreibung dieser Grundordnung geliefert (BVerfGE 2,1 [12f]). Die Definition von E. in den Verfassungsschutzberichten ist diesem Verwendungszusammenhang verpflichtet (vgl. z. B. Verfassungsschutzbericht 1978, S. 6).

Wenngleich sich im sozial-/politikwissenschaftlichen Verwendungszusammenhang der Begriff E. immer mehr als der umfassende herauszustellen beginnt, ist man dort noch weit von einer einheitlichen Begriffsverwendung entfernt. So kann mit E. der äußerste Rand eines politischen Spektrums gemeint sein, der Begriff kann als ‹gegen Demokratie gerichtet› definiert sein; er kann, in Anlehnung an den juristischen Sprachgebrauch, als Verletzung der «freiheitlichen demokratischen Grundordnung» verstanden werden; mit E. können aber auch bestimmte →Ideologien, z. B. Neonazismus oder →Marxismus/Leninismus, gemeint sein.

Begriffspräzisierung

Allen Verwendungszusammenhängen gemeinsam ist das Problem der Grenzziehung: Wo wird der Bereich gesellschaftlich-politischer ‹Normalität› verlassen, wo beginnt eine extreme Position? Selbst wenn man Wissenschaft eine relativ geringe soziale Wirkungskraft ihrer diesbezüglichen Ergebnisse unterstellt, wäre es verfehlt, diese Frage der Grenzziehung für normativ belanglos zu halten. Wenn wissenschaftliche E.-Analysen keinerlei Begründungsschritte für ihre forschungsleitenden Normen vorweisen und damit keinerlei Ansatz für eine rationale Normendiskussion und -kritik bieten (s. dazu Gessenharter u. a. 1978), dienen solche Forschungen bestenfalls als Munition für parteipolitischen Schlagabtausch, nicht jedoch als Anstoß und Vorlage zu dem in offenen Gesellschaften notwendigen gesellschaftlichen Selbstreflexions- und Normendefinitionsprozeß.

Die Forderung nach normativer Erörterung ist dann um so gebotener, wenn Einstellungen (Attitüden) als Analyseeinheit dienen und nicht Individual- oder Organisationshandeln analysiert und an juristischen Normen gemessen werden. Als E. kann man also definieren Handlungen und/oder Einstellungen von Individuen, Handlungen, Symbole und/oder Strukturen von Gruppen und →Institutionen, insoweit diese Handlungen (usw.) außerhalb angegebener Grenzen (Normen, Gesetze, Verfassung) liegen, durch die der Konsenskern einer Gesellschaft als markiert gilt. Diese eher formale Definition verzichtet bewußt auf inhaltliche, ideologische Bestimmungen (→Ideologie); werden diese vorgenommen, gerät gleichzeitig die Links-rechts-Dimension des politischen Feldes in den Blick. Da diese, zumindest für die Bundesrepublik Deutschland, nach wie vor von zentraler Bedeutung zu sein scheint, andererseits die umstrittene Frage, ob in den extremen Bereichen links gleich rechts sei, in einer Definition nicht vorentschieden werden soll, werden Links- und Rechtsextremismus gesondert umschrieben:

Zum Rechtsextremismus werden folgende Gedankenströmungen gezählt, die in verschiedenen Kombinationen und Gewichtungen auftreten können: →Autoritarismus, Antipluralismus (→Pluralismus), Antiparlamentarismus, (→Parlamentarismus), Zivilisationskritik, →Nationalismus (Rassismus, Ausländerfeindlichkeit), Dogmatismus. Die zentralen Spannungslinien zum Verfassungskern des GG liegen also in der Ablehnung demokratischer, auf Kompromiß gerichteter →Entscheidungsstrukturen, des Mehrheitsprinzips sowie des Minderheitenschutzes, der Grundrechte, insbesondere auf →Freiheit und →Gleichheit, der Gewaltenteilung und des Mehrparteienprinzips (→Parteiensystem).

Die Spannungslinien linksextremen Denkens zum GG sind, auf der

Oberfläche gesehen, nicht grundsätzlich verschieden von denen des Rechtsextremismus, unterscheiden sich jedoch stark in Begründung und Ziel. Die o. g. Willensbildungs- und Entscheidungsstrukturen werden nicht, wie beim Rechtsextremismus, aufgrund einer prinzipiellen Hierarchiefixiertheit abgelehnt, sondern deshalb, weil die sog. bürgerliche Demokratie, auf halbem Wege zur ‹Volldemokratie› stehengeblieben bzw. tendenziell sich antidemokratisch rückentwickelnd, radikalisiert und insoweit zerschlagen, ‹aufgehoben› werden müsse. Der grundlegende Marxsche Ansatz, dem zufolge sich die Menschheit bislang noch in ihrer «Vorgeschichte» befinde, in der die falschen Bedürfnisse gegenüber der Einsicht in die wahren Bedürfnisse dominieren, und sich die eigentliche Geschichte der Menschheit erst einstellen werde, wenn die ‹Vorgeschichte› durch Radikalisierung und →Revolutionierung beendigt sei (→Marxismus), dürfte trotz vielfältiger intellektueller Spielarten im linken Spektrum zu dessen Kernbestand gehören. Je stärker die Fixierung auf diesen Kernbestand, desto stärker wird die Gegnerschaft zu der im GG angestrebten offenen, pluralistischen Gesellschaft.

Forschungsstand und -perspektive
Die Frage nach Gegnerschaft bzw. Ähnlichkeit zwischen Links- und Rechtsextremismus ist nach wie vor zentral sowohl im politischen als auch politikwissenschaftlichen Raum. Betrachtet man diese Frage (a) nur aus dem normativen Blickwinkel der ‹streitbaren Demokratie›, also als deren Gefährdung durch Extremismen, werden Differenzen fast bedeutungslos. Fragt man jedoch (b) nach empirisch feststellbaren E.-Potentialen, werden teilweise beträchtliche Unterschiede deutlich. Jegliche Gemeinsamkeiten werden schließlich (c) in jener Literatur geleugnet, für die die Beschäftigung mit dem Links- oder Rechtsextremismus Ausdruck eines ‹antikommunistischen› (→Kommunismus) oder ‹antifaschistischen› Kampfes ist. Ein zweites in der einschlägigen Literatur teilweise kontroverses Problem ist das des heutigen und zukünftigen Gefährdungspotentials des E. Vertreter der ‹streitbaren Demokratie› (a) sehen gegenwärtig keine unmittelbare Bedrohung durch den E., betonen jedoch die Notwendigkeit ständiger Wachsamkeit und fordern Präventiv- und Gegenmaßnahmen (z. B. Beobachtung durch Verfassungsschutzbehörden, Organisationsverbote, Entfernung von Extremisten aus dem Öffentlichen Dienst, Angebote zur →politischen Bildung). Speziell in der Verbindung von E. mit Terrorismus wird von ihnen eine schwer prognostizierbare, dennoch hochexplosive Gefahrenquelle gesehen.

In der empirischen E.-Forschung (b) dagegen werden Terrorismus und E. weitgehend getrennt; für die allgemeine Gefahreneinschätzung dürfte hier nach wie vor Scheuchs Bewertung des E. als «‹normaler› Pathologie von freiheitlichen Industriegesellschaften» akzeptiert sein, die dieser freilich nur auf den Rechtsextremismus bezogen hatte (Scheuch 1967, S. 13).

In der dritten o. g. Literaturgattung (c) wird teils nüchtern abwägend, teils dramatisch überzeichnend auf die jeweils ins Visier genommenen extremistischen Gefahren verwiesen, wobei die Gefahren oft gar nicht so sehr aus den extremistischen Gruppierungen selbst als vielmehr aus ihren (tatsächlich vorhandenen oder vermuteten) Verbindungen zu etablierten Politikern bzw. Parteien heraus gesehen werden (→Partei).

Wie diese knappen Bemerkungen zu zwei zentralen Problembereichen zeigen, ist die bisherige E.-Forschung völlig heterogen. Das spiegelt auch der Literaturführer von Backes und Jesse (1985) wider, der eine verdienstvolle Übersicht über das umfangreiche Schrifttum gibt. Das Werk von Dudek und Jaschke (1984) stellt einen wichtigen ersten Ansatz dar, durch Einbindung der →Organisations- und Ideologiebildung rechtsextremer Gruppierungen in den Rahmen der Entwicklung der →politischen Kultur in der Bundesrepublik Deutschland historische, empirisch-theoretische und normative Aspekte zu integrieren. Ähnliches liegt für den Linksextremismus bislang leider nicht vor. Wenn man an Vergleichen zwischen Rechts- und Linksextremismus interessiert ist, wird man, was den aktuellen Organisations-, Mitglieder- und Ideologiestand angeht, nur auf die Verfassungsschutzberichte zurückgreifen können, auch wenn diese immer wieder wegen ihrer undeutlichen Beurteilungskriterien (etwa im Falle der vom Bundesinnenminister angeordneten Herausnahme der bis dahin als rechtsextrem geltenden HIAG, Hilfsgemeinschaft auf Gegenseitigkeit der Soldaten der ehemaligen Waffen-SS, aus dem Bericht) kritisiert werden.

Der organisierte Links- wie Rechtsextremismus spielt zahlenmäßig in der Bundesrepublik Deutschland keine große Rolle: Ca. 116000 Mitglieder in etwa 160 linksextremen Organisationen stehen ca. 22000 in etwa 90 rechtsextremen Organisationen gegenüber, wobei in beiden Lagern jeweils mehr als vier Fünftel den jeweiligen Großorganisationen (DKP; Nationaldemokratische und «national-freiheitliche» Organisationen) angehören. Linksextreme Parteien haben in der Bundesrepublik Deutschland nie Resonanz gefunden (DKP ca. 0,3% bei Bundestagswahlen 1972–1983); nach ihrer Hochblüte 1969 (4,3% bei der Bundestagswahl) sind die Ergebnisse der rechtsextremen NPD später ebenfalls auf unter ein Prozent gerutscht.

Nicht in diesen Zahlen, wohl aber in der wachsenden →Gewaltbereitschaft bis hin zu Terrorakten insbesondere bei den jüngeren Links- wie Rechtsextremisten liegt das eine, für eine freiheitliche Demokratie nicht zu unterschätzende Gefahrenpotential; das andere liegt in der möglichen Resonanzbereitschaft für links- bzw. rechtsextremes Gedankengut in der Bevölkerung (→Legitimität). Dieses Resonanzpotential läßt sich nicht mehr mit den Mitteln des Verfassungsschutzes, sondern nur noch über empirische Forschung ermitteln. Dabei greift man weitgehend auf Einstellungs-(Attitüden-)Forschung zurück. Das Verhältnis zwischen Attitüden und Handlungsweisen ist kompliziert: Schon gar nicht sind Einstellungen identisch mit Handlungen; wohl aber können bestimmte Einstellungen bestimmte Verhaltensweisen wahrscheinlicher machen. Attitüden sind nicht direkt beobachtbar; üblicherweise werden sie in Interviews erfragt; also wird die theoretische und normative Fundierung solcher Fragen und ihre Umsetzung in alltagssprachlichen Wortlaut eine entscheidende Rolle für die Datenerhebung spielen. Insofern ist auch nicht verwunderlich, daß unterschiedliche theoretische Konzeptualisierungen und normative Begründungen verschiedene Ergebnisse zur Folge haben. Die o. a. Begriffspräzisierungen von ‹Rechts-› und ‹Linksextremismus› versuchten die bisherige Vielfalt solcher Ansätze aufzuzeigen. Einstellungsuntersuchungen auf dem rechtsextremen Sektor in der Bundesrepublik Deutschland errechnen z. B. Potentiale von 1,5 Prozent bis etwa der Hälfte der Bevölkerung: Infratest (1980) bezieht sich bei den 1,5 Prozent auf rechtes Protestpotential; inwieweit dieses Potential als harter Kern des Rechtsextremismus angesehen werden kann, wie dies die Sinus-Studie (1981) nahelegt, der zufolge etwa die Hälfte des Rechtsextremismuspotentials von 13 Prozent rechtsextremistische Gewalt akzeptieren, muß offenbleiben. Sinus sieht bei weiteren ca. 37 Prozent der Bevölkerung «Brücken nach rechts» angelegt – eine wegen der fehlenden theoretischen und normativen Begründung umstrittene These. Zwei jüngere Studien widmen sich Rechts- und Linksextremismus gleicherweise: Infratest sieht in der Bundesrepublik Deutschland 4,4 Prozent linkes Protestpotential; Noelle-Neumann und Ring (1984) kommen bei 16- bis 25jährigen auf 12,4 Prozent Links- gegenüber 6,2 Prozent Rechtsextremisten. Konzeptualisierung wie auch Ergebnisse dieser Studie zeigen, daß beim linken Potential weit in den Bereich ‹grüner› Einstellungen gegriffen wird, ohne daß theoretisch wie normativ ein Links‹extremismus› begründet würde. Es ist überhaupt, spätestens seit Aufkommen der Neuen sozialen Bewegung und differenzierter Forschungsdesigns, die Frage, ob der gesellschaftlich-politische Raum nur nach einer Links-rechts-Dimension vermessen werden sollte. Wenn man, wie z. B. Kaase (1984) vorschlägt, zu dieser Werte-/Zieldimension noch die Einstellung zur Gewalt als politischem Mittel und die Dimension ‹ideologischer Pluralismus versus Monismus› hinzunimmt, werden einerseits Ähnlichkeiten und Unterschiede zwischen Rechts- und Linksextremismus deutlicher (vgl. Klingemann/Pappi 1972), andererseits würden auch neue Erscheinungen wie Ökologen, Spontis, Neue Rechte usw. differenzierter eingeordnet werden können. Eine solchermaßen orientierte politische Auseinandersetzung hätte es möglicherweise leichter, mit Randgruppen umzugehen, von ihnen Anregungen zu übernehmen, aber auch die nötigen Abgrenzungen vorzunehmen.

Backes, U. / Jesse, E.: Totalitarismus, Extremismus, Terrorismus. Opladen ²1985.
Dudek, P. / Jaschke, H.-G.: Entstehung und Entwicklung des Rechtsextremismus in der Bundesrepublik. 2 Bde. Opladen 1984.
Funke, M. (Hg.): Extremismus im demokratischen Rechtsstaat. Düsseldorf 1978.
Gessenharter, W. / Fröchling, H. / Krupp, B.: Rechtsextremismus als normativpraktisches Forschungsproblem. Weinheim / Basel 1978.
Infratest Wirtschaftsforschung: Politischer Protest in der Bundesrepublik Deutschland. Stuttgart 1980.
Kaase, M.: Zu den extremistischen Potentialen in der Bundesrepublik Deutschland. In: Extremismus und Schule. Daten, Analysen und Arbeitshilfen zum politischen Rechts- und Linksextremismus. Bonn 1984.
Klingemann, H. D. / Pappi, F. U.: Politischer Radikalismus. München 1972.
Noelle-Neumann, E. / Ring, E.: Das Extremismus-Potential unter jungen Leuten in der Bundesrepublik Deutschland 1984. Allensbach 1984.
Scheuch, E. K.: Theorie des Rechtsradikalismus in westlichen Industriegesellschaften. In: Hamburger Jahrbuch für Wirtschafts- und Gesellschaftspolitik 12 (1967), S. 11.
5 Millionen Deutsche: «Wir sollten wieder einen Führer haben...» Die Sinus-Studie über rechtsextremistische Einstellungen bei den Deutschen. Reinbek bei Hamburg 1981.

Wolfgang Gessenharter

Faschismus

Begriffsverwendungen

Der Begriff F. ist abgeleitet von ‹fascio›, was soviel bedeutet wie Verein, Bund, Bündel. Bezeichnet wurden damit in Italien zunächst Arbeiterorganisationen, später außer- bzw. antiparlamentarische Vereinigungen mit revolutionärem oder anarchistischem Charakter. – Die am 23. 3. 1919 von Benito Mussolini gegründete «Fasci di combattimento» verkörperte, dieser Tradition entsprechend, zu Beginn den *linken* Flügel der nationalen Demokratie. Sehr bald kam es zu einer Rechtsentwicklung, in deren Mittelpunkt antislawische, antisozialistische und allgemein rassistische Elemente standen. Daneben wird der konservativ-revolutionäre Charakter der Bewegung betont und gegen Ende 1927 auch die Beschränkung auf Italien aufgehoben.

Ideologisch eng verbunden mit dem F. fühlten sich die Nationalsozialisten. Hitler betonte die innere Verwandtschaft der italienischen und deutschen Prägung der neuen Staatsidee. Für die Gegner Mussolinis war der F. das Resultat eines unterentwickelten Italien, einer niedrigen Kultur.

Im Gegensatz dazu wurde der F. von seiten der Kommunistischen Internationale bereits 1922 als ein universales Phänomen angesehen. Karl Radek sieht im F. die größte Niederlage für den Sozialismus und Kommunismus seit Beginn der Weltrevolution. Die weiteste Definition findet sich beim XIII. Plenum der Komintern 1933, nach der der F. die offene terroristische →Diktatur der reaktionären, chauvinistischen und imperialistischen Elemente des Finanzkapitals ist.

Mit dem Aufstieg des Nationalsozialismus und seiner ideologischen Nähe zum F. ließ sich die kommunistische Interpretation vom F. als einer Erscheinungsform der bürgerlichen Demokratie nicht mehr halten. 1935 wurde auf dem VII. Weltkongreß der Komintern eine allgemeine antifaschistische Konzeption formuliert, die allerdings angesichts des zunehmenden Gewichts des Nationalsozialismus zusammenbrach. Die Unmöglichkeit einer Identifizierung von F. und Nationalsozialismus führte in der Sowjetunion zum Rückgriff auf den alten F.-Begriff, der diesen mit der bürgerlichen Demokratie verband.

Auch auf westlicher Seite kam es nicht zu einer umfassenden antifaschistischen Konzeption, weil die englische und die französische Regierung aus machtpolitischen Gründen gezwungen waren, mit Italien einen Ausgleich anzustreben. Das Beispiel des stalinistischen Rußlands führte vielmehr zu einer Vorstellung, nach der Kommunismus und Nationalsozialismus Formen des →Totalitarismus waren und der F. demgegenüber nur die Vorstufe zum Totalitarismus darstellte.

Verwendungszusammenhänge

Was genau mit F. gemeint ist, darüber liegen aus faschistischer Perspektive nur allgemeine Aussagen vor. Theorien des F. entstammen im wesentlichen einer antifaschistischen Sichtweise.

• *F. in faschistischer Sicht:* Das faschistische Selbstverständnis richtete sich zu Beginn gegen den bürgerlichen Kapitalismus und gegen die bürgerliche Demokratie. Im Jahre 1925 verfaßte Benedetto Croce das ‹Manifest der faschistischen Intellektuellen an die Intellektuellen aller Nationen›, in dem der eigenständige geistige Charakter des F. formuliert wird. F. ist danach ein neuer politischer Glaube, in dessen Mittelpunkt die Idee des Vaterlandes und seine Selbstbehauptung steht.

Ebenfalls 1925 hielt Alfredo Rocco eine Rede über die politischen Doktrinen des F., die u. a. von Mussolini zur Grundlage des F. erklärt wurde. In ihr wurden in erster Linie die Feinde des F. bestimmt, Liberalismus, Sozialismus und Demokratie, mit ihrer individualistischen Sichtweise, welche den Staat dem einzelnen unterordnet. Demgegenüber verlangt der F. die Vorrangstellung des Staates, und das Individuum hat seine Pflichten am Staat zu erfüllen. In der «Doktrin des Faschismus» von 1932 erhebt Mussolini den Anspruch, mit dem F. ein neues Ordnungsprinzip eingeführt zu haben, in dem eine Partei einen Staat totalitär beherrscht. Inneres Motiv des F. ist dabei der «Wille zum Imperium», Imperialismus verknüpft mit einer auf Vermehrung abgestellten Bevölkerungspolitik.

Die Nationalsozialisten fühlten sich dem italienischen F. eng verbunden; dies wird deutlich in Alfred Rosenbergs «Das Wesensgefüge des Nationalsozialismus» (1932). Die wichtigste Gemeinsamkeit ist die Bekämpfung des Bolschewismus; von der Tendenz gleich sind auch der Imperialismus und die Bevölkerungspolitik, wenn auch diese beiden Aspekte bei den Nationalsozialisten radikaler sind und noch kombiniert werden mit Antisemitismus und Rassenpolitik.

Starke Identifikation zwischen F. und Nationalsozialismus findet sich in Goebbels' Schrift «Der Faschismus und seine praktischen Ergebnisse» (1934). Betont wird der gemeinsame Kampf gegen Bolschewismus, Liberalismus und Demokratie sowie die gelungene totalitäre Durchdringung aller gesellschaftlichen Bereiche mit der faschistischen →Ideologie. Diese Interpretation wird auch von Hitler aufgegriffen und noch erweitert: Im Vorwort zu V. Melettis «Wesen, Wollen, Wirken des Faschismus» (1935) wird zusätzlich auf den Kriegsaspekt verwiesen: Die neue Staatsidee ist stark, kämpferisch und darauf ausgerichtet, die eigene Nation am Leben zu erhalten und auszudehnen; der Krieg ist dazu das geeignete Mittel.

Zusammenfassend läßt sich das Selbstverständnis der Faschisten und Nationalsozialisten wie folgt beschreiben: F. ist antiindividualistisch, antidemokratisch, antimarxistisch, totalitär im Sinne einer vollständigen Durchdringung aller Lebensbereiche, imperialistisch, nationalistisch, sozialistisch im Sinne von Aufhebung aller Klassen; schließlich steht er dem Krieg als Mittel zur Durchsetzung aller nationalen Interessen positiv gegenüber.

• *F. aus sozialistischer Sicht:* Die italienischen Sozialisten waren die ersten, die sich kritisch zum F. äußerten. G. Zibordi sah 1922 im F. die Reaktion des Bürgertums auf den Bolschewismus und eine Revolution des Militärs gegen den Ehrverlust, bedingt durch den 1. Weltkrieg. A. Labriola modifizierte diese Ansicht; für ihn ist F. der Ausdruck «archaischer militaristischer Tendenzen» (1925). In einem Aufsatz zum F. sieht F. Turati 1928 erstmals die Möglichkeit, daß sich der F. in ganz Europa ausbreiten kann; er definiert ihn als antidemokratisch, antibolschewistisch und weist auf den Zusammenhang mit dem 1. Weltkrieg hin, also Faktoren, die sich in ganz Europa auffinden lassen. Turati ist auch der erste, der die zukünftige Entwicklung des F. analysiert. Er hält einen permanenten Kriegszustand zwischen den Völkern und den Rassen für denkbar. Entsprechend sieht er, wie Labriola, im F. eine Gefahr für die Zivilisation.

Die Zeit von 1933 bis 1939 führte zu einer Linkswendung im europäischen Sozialismus; die Kritik am F. griff also verstärkt auf den Marxismus zurück, der im Kapitalismus die Wurzel des F. sieht. So findet sich etwa bei M. Horkheimer (1939) die These vom F. als der ‹Wahrheit› der kapitalistischen Gesellschaft. Im Gegensatz zur Vorstellung Labriolas sieht Horkheimer im F. die modernste Form des Monopolkapitalismus mit unbegrenzter Lebensdauer. Nach dem 2. Weltkrieg führte insbesondere die Erfahrung des deutschen Nationalsozialismus zu einer Neuorientierung innerhalb des Sozialismus. F. wird beispielsweise von R. Löwenthal als «nihilistische Revolte» gegen Europa begriffen. A. Tosca interpretiert F. als allgemeinen Ausdruck für Gewalt und Diktatur.

Zusammenfassend wird der F. aus sozialistischer Sicht wie folgt charakterisiert: militaristisch, antibolschewistisch, antizivilisatorisch, diktatorisch; außerdem wird ein Zusammenhang zwischen F. und Kapitalismus postuliert, wobei der F. entweder als Urform oder als Konsequenz des Kapitalismus gesehen wird.

● *F. aus marxistischer Sicht:* Der Marxismus interpretierte den F. immer im Zusammenhang mit Kapitalismus, mit Konterrevolution gegen den Kommunismus. K. Radek spricht 1922 auf dem IV. Weltkongreß der Internationalen von «der größten Niederlage, die der Sozialismus und der Kommunismus seit Beginn der Periode der Weltrevolution erlitten haben». Ursache sei das kurzsichtige Verhalten der Arbeiterklasse.

Enttäuschung über das Versagen des Sozialismus sieht 1923 C. Zetkin als Ursache für den F. Dennoch wird der F. insgesamt nicht als Zeichen einer Krise begriffen, sondern als notwendiges Resultat «des Zerfalls der kapitalistischen Wirtschaft». A. Thalheimer definiert 1933 den F. auf der Grundlage der marxistischen Bonapartismustheorie als «offene Diktatur des Kapitals». Demgegenüber spricht F. Borkenau vom F. als Entwicklungsdiktatur, welche den Kapitalismus fördern soll.

1933 setzt sich eine dogmatisch verschärfte Interpretation durch: F. ist die «offene, terroristische Diktatur der am meisten reaktionären, am meisten chauvinistischen, am meisten imperialistischen Elemente des Finanzkapitals» (13. Plenum des EKKJ). Dazu kam mit der nationalsozialistischen Machtergreifung in Deutschland die Erkenntnis, daß der Marxismus die ‹Massen› falsch eingeschätzt hatte. Am deutlichsten wird dies in der sexualökonomischen Interpretation des F. durch W. Reich und in der Anklage Trotzkis gegen die «europäischen Massen».

Auch nach dem 2. Weltkrieg blieb die marxistische Grundauffassung vom generischen Charakter des F. – F. als Resultat oder Modifikation des Kapitalismus – erhalten; sie kann daher als Kern der marxistischen F.-Interpretation betrachtet werden.

• *F. aus bürgerlicher Sicht:* In der bürgerlichen Vorstellung zum F. fließen liberale, konservative und christliche, insbesondere katholische Vorstellungen zusammen. Bereits 1925 findet sich bei dem konservativen Liberalen B. Croce der Aufruf, dem F. Widerstand zu leisten, weil dieser eine neue Form absolutistischer Herrschaft darstelle. Explizit formuliert erstmals Don Sturzo den F. als Erscheinungsform des Totalitarismus. Ähnlich argumentiert auch E. v. Beckerath: F. ist eine Diktatur, die strukturell mit dem Absolutismus und dem Bolschewismus identisch ist. Als weiterer Aspekt der bürgerlichen F.-Interpretation findet sich 1937 bei E. Alexander der Glaubenscharakter von F. und Nationalsozialismus: F. als Ersatzreligion, als totale Weltanschauung, geprägt durch Fanatismus und Hysterie.

Auch nach dem 2. Weltkrieg bleibt dieser Grundansatz der bürgerlichen F.-Vorstellung erhalten – F. als ein Element des Totalitarismus, neben dem Bolschewismus –, was insbesondere in den Schriften Gentiles oder Lipsets deutlich wird.

Begriffspräzisierung

Der F. hat eine Fülle von jeweils wieder weltanschaulich geprägten Interpretationen erfahren. Verständlicherweise werden dabei jeweils die Punkte des F. in den Mittelpunkt gestellt, die gerade die interpretierende Weltanschauung am meisten tangieren. Faßt man die verschiedenen Aussagen zusammen – wobei die folgende Liste keinen Anspruch auf Vollständigkeit erhebt –, dann finden sich Interpretationselemente wie: militaristisch, antibolschewistisch, antizivilisatorisch, totalitär, antiindividualistisch, imperialistisch, nationalistisch, diktatorisch, fanatisch, Urform, Kern oder Resultat des Kapitalismus.

Im folgenden soll versucht werden, den F.-Begriff systematisch zu erläutern. F. ist zweifellos eine Ideologie, ein in sich geschlossenes Denkgebäude über Politik. Dieses soll mit den Elementen Menschenbild, politische Normen und Staat entwickelt werden.

Das faschistische Menschenbild geht nicht von dem Dualismus Individuum – Gesellschaft aus, sondern der Mensch zählt nur als Element der Gemeinschaft. Diese ist also dem einzelnen übergeordnet; die Gemeinschaft, die Nation ist alles, der einzelne und eben auch andere Völker sind nichts. In diesem Sinne ist der F. antiindividualistisch, nationalistisch und als übernationale Ideologie widersprüchlich.

Die politischen Werte des F. orientieren sich an dieser Grundeinstellung zum Menschen. Der Dienst an der Gemeinschaft ist Pflicht, der Staat ist das Überindividuum, dem sich der einzelne bedingungslos unterzuordnen hat. Die autoritär-totalitären Normen nach innen korrespondieren mit den Normen der Außenbeziehungen. Der eigene Staat steht über allen anderen Staaten; Krieg ist deshalb ein legitimes Mittel, die Macht des eigenen Staates zu erweitern. Die eigene Rasse ist ebenfalls dominant; eine entsprechende Rassenpolitik ist daher legitim und notwendig.

Analog zum Menschenbild und politischen Normen ist das Staatsverständnis. Der Staat als Überindividuum muß zentralistisch, hierarchisch und nach dem Führerprinzip organisiert sein: ein Volk – ein Führer. Er muß stark nach innen und außen sein, also militaristisch, um seine Interessen durchsetzen zu können.

Nach diesem Muster waren im Prinzip die klassischen Beispiele faschistischer Systeme, Italien und Deutschland zwischen den beiden Weltkriegen, aufgebaut. Der einzelne war (zwangsweise) eingegliedert in die Gesellschaft; diese war ideologisch ‹gleichgeschaltet›, und der Staat war zunehmend zentralistisch, straff hierarchisch und nach dem Führerprinzip organisiert.

Forschungsstand

Unter dem Einfluß E. Noltes kam es in der Bundesrepublik Deutschland zu einer intensiveren F.-Diskussion. Nolte versuchte die verschiedenen F.-Theorien einem Kategorienschema zuzuordnen, welches von autonomistischen (F. gilt als autonome Ideologie), singularisierenden (F. wird auf die speziellen Bedingungen eines Landes zurückgeführt), generischen (F. kann im Prinzip überall entstehen), heteronomistischen (F. gilt nicht als eigenständige Ideologie, sondern ist mit anderen Ideologien eng verbunden), identifizierenden (F. wird mit anderen Ideologien gleichgesetzt), koalierenden (die Gemeinsamkeiten zwischen dem F. und anderen Ideologien werden betont) und schließlich separierenden Theorien (es wird verstärkt auf Gegensätze zwischen F. und anderen Weltanschauungen verwiesen) ausgeht.

Bisher kaum aufgegriffen wurde jedoch sein Vorschlag, die verschiedenen Faschismen systematisch zu vergleichen, um die Frage ‹des› F. überhaupt sinnvoll stellen zu können. Gerade innerhalb der marxistischen F.-Diskussion ist nämlich eine großzügige Verwendung des Begriffs zu verzeichnen, wobei besonders Historiker wie K. D. Bracher darauf verweisen, daß die Unterschiede zwischen F. und Nationalsozialismus beträchtlich sind und die Gemeinsamkeiten demgegenüber nur peripher. Dies kann aber nicht so verstanden werden, daß auf F.-Theorien verzichtet werden sollte zugunsten beispielsweise einer rein empirischen Erforschung der Phänomene; außerdem ist theoriefreie empirische Forschung nicht möglich. Die verschiedenen F.-Theorien sind also zumindest von heuristischem Wert.

Forschungsperspektive

Die F.-Forschung muß auf der Grundlage der verschiedenen Theorien dazu übergehen, zu einer methodenpluralen, die verschiedenen Ausprägungen des F. vergleichenden Forschung weiterentwickelt zu werden. Dazu wäre es allerdings notwendig, zuvor den F.-Begriff zu präzisieren und die Frage zu klären, ob man von ‹dem› F. überhaupt reden kann, d. h., ob eine allgemeine F.-Theorie überhaupt sinnvoll ist.

Grebing, H.: Aktuelle Theorien über Faschismus und Konservatismus. Stuttgart 1974.
Kühnl, R.: Faschismustheorien. Reinbek bei Hamburg 1979.
Nolte, E.: Der Faschismus in seiner Epoche. München 1963.
–: Theorien über den Faschismus. Köln 1967.
Saage, R.: Faschismustheorien: Eine Einführung. München 1976.
Wippermann, W.: Faschismustheorien. Darmstadt 1972.
–: Zur Analyse des Faschismus. Frankfurt/M. 1981.

Ulrich Druwe

Föderalismus

Begriffsverwendungen

In der Politikwissenschaft wird der Begriff des F. in der Regel zur Bezeichnung eines →Systems verwendet, in dem selbständige staatliche →Entscheidungs- und Handlungskompetenzen auf mehr als eine Ebene mit jeweils eigenen verfassungsrechtlich geschützten und politisch legitimierten →Institutionen verteilt sind. Konkret wird ein →Staat als föderalistisch bezeichnet, wenn Entscheidungs- und Handlungskompetenzen teilweise auf autonome oder teilautonome Gliedstaaten und/oder Gebietskörperschaften übertragen sind. In diesem Sinne ist F. durch zwei wesentliche Merkmale gekennzeichnet: (1) eine Dezentralisation staatlicher Entscheidungs- und Handlungskompetenzen und (2) die verfassungsrechtliche Sicherung des Bestandes, der institutionellen Eigenständigkeit und der autonomen Kompetenzen der Subsysteme.

Verwendungszusammenhänge und Begriffspräzisierung

Diese Definition gibt zwar den in der Politikwissenschaft üblichen Sinn des Begriffs F. wieder, nicht jedoch eine allgemein anerkannte und verwendete sprachliche und inhaltliche Formulierung. In der Literatur wird der F.-Begriff in unterschiedlichen Varianten verwendet, die zum Teil stärker auf institutionelle Strukturelemente (z. B. die verfassungsrechtliche Existenz bestimmter Institutionen) abheben, zum Teil eher die Wahrnehmung und Aufteilung staatlicher Aufgaben betonen. Zudem wird der Begriff F. gelegentlich im generellen Zusammenhang mit Systemen verwendet, die durch Kompetenzteilung und Autonomie bzw. Teilautonomie von Subsystemen gekennzeichnet sind (z. B. bestimmte →Verbände und Dachverbände).

In allen üblichen Varianten des F.-Begriffs kommt es jedoch wesentlich darauf an, daß nicht nur eine Dezentralisation in Form einer Zuweisung selbständiger Entscheidungs- und Handlungskompetenzen an Subsysteme vorliegt, sondern daß darüber hinaus der Bestand, die institutionellen Strukturen und die Kompetenzen verfassungsrechtlich abgesichert sind und nicht durch einseitige Entscheidungen der übergeordneten Ebene beliebig verändert oder beseitigt werden können. Das zweite Merkmal grenzt föderalistische Staaten von anderen Staaten mit mehr oder weniger ausgeprägten Elementen von Dezentralisierung ab. In Großbritannien gibt es beispielsweise ein ‹local government› mit erheblichen selbständigen Handlungs- und Entscheidungskompetenzen; die institutionelle Struktur des und die Kompetenzzuweisung an das ‹local government› liegen jedoch in der Entscheidungskompetenz der Zentralregierung. In der Bundesrepublik Deutschland sind dagegen der Bestand, die demokratische Struktur und die Kompetenzen der Länder verfassungsrechtlich geregelt und können nicht einseitig durch den Bund verändert oder beseitigt werden (→Verfassung).

F. beruht normativ auf dem Subsidiaritätsprinzip, d. h. auf dem Prinzip, daß die Erfüllung staatlicher Aufgaben einem möglichst niedrig angesiedelten Subsystem (z. B. Gemeinde) zugewiesen wird und übergeordnete Subsysteme oder die Zentralregierung Aufgaben nur übernehmen sollen, wenn nachgeordnete Subsysteme diese nicht selbständig erfüllen können. Hinter diesem Prinzip steht die Vorstellung einer möglichst breiten Streuung und damit Beschränkung staatlicher →Macht. Die vertikale Gewaltenteilung zwischen Zentralregierung, Gliedstaaten und Gebietskörperschaften soll die horizontale Gewaltenteilung zwischen Exekutive, Legislative und Judikative ergänzen, um eine Konzentration staatlicher Macht zu verhindern.

Diese normative Konzeption hat vor allem die amerikanische Verfassungsentwicklung entscheidend bestimmt. Sie liegt jedoch in der einen oder anderen Form allen föderalistischen Verfassungen zugrunde. Dabei sind jedoch beträchtliche Unterschiede in der realen Ausgestaltung des F. zu beobachten. In den Vereinigten Staaten von Amerika wurde der F. als System von ‹concurrent government› etabliert. Zwischen Bund und Gliedstaaten gibt es, von bestimmten Bereichen abgesehen, keine strikte Aufgabenteilung. Die Verfassung gibt dem Bund bestimmte Kompetenzen, ohne ihm damit die ausschließliche Regelung der entsprechenden

Sachverhalte zu überlassen. Die Einzelstaaten können in der Regel auch in Bereichen, für die der Bund Regelungskompetenzen besitzt, selber regelnd tätig werden, solange ihre Regelungen nicht im Widerspruch zum Bundesrecht stehen. In der Bundesrepublik Deutschland und anderen Ländern gibt es, wiederum von bestimmten Ausnahmen abgesehen, eine strikte Aufgabenteilung – Kompetenzen liegen entweder beim Bund oder den Gliedstaaten.

In den meisten föderalistischen Ländern wird jedoch die verfassungsrechtlich vorgesehene Kompetenz- und Aufgabenteilung durch unterschiedliche Formen der Politikverflechtung durchbrochen. Dabei handelt es sich um die Mitfinanzierung von und die Mitwirkung des Bundes an Aufgaben der Gliedstaaten und der Gebietskörperschaften. Im Zusammenhang mit der Politikverflechtung wird häufig auch von kooperativem F. gesprochen. Durch das Auftreten von mehr oder weniger starken Elementen von Politikverflechtung und kooperativem F. hat die normative Konzeption von F. als eine dem Subsidiaritätsprinzip unterliegende politische Ordnung mit dezentraler Politikgestaltung und Autonomie bzw. Teilautonomie der Gliedstaaten und Gebietskörperschaften eine neue Aktualität gewonnen. Dennoch wird heute die Diskussion der Organisations- und Aufgabenstrukturen föderalistischer Systeme eher durch funktionale als durch normative Konzeptionen bestimmt.

Funktionale Konzeptionen betrachten F. primär unter Gesichtspunkten der Effektivität und Effizienz staatlichen Handelns. F. wird diskutiert als eine Strategie der Reduktion der Komplexität und der Verbesserung der Effektivität und Effizienz staatlichen Handelns. Dabei wird argumentiert, daß unter den heute für alle westlichen →Demokratien gültigen Bedingungen einer pluralistischen Interessendifferenzierung einerseits (→Pluralismus) und einer großen Aufgabenbreite von Politik andererseits eine dezentralisierte Politikgestaltung häufig effektiver und effizienter ist als eine zentralisierte. Die Dezentralisierung der Politikgestaltung im Rahmen föderalistischer Systeme schafft jedoch wegen einer gesamtstaatlichen oder gar supranationalen Verflechtung von sozio-ökonomischen Problemen und entsprechenden Interdependenzen zwischen dezentralisierten Politiken gleichzeitig beträchtliche Koordinationsprobleme. Damit ergibt sich in der Sicht funktionaler F.-Konzeptionen für föderalistische Systeme ein Optimierungsproblem – gesucht wird eine föderalistische Organisations- und Aufgabenstruktur, die auf der einen Seite ein möglichst hohes Maß an Dezentralisierung zuläßt, auf der anderen Seite eine übergreifende Koordination und →Steuerung der Politikgestaltung ermöglicht. In dieser Sicht ist F. weniger ein normativ begründetes Ordnungsmodell als ein unter Effektivitäts- und Effizienzgesichtspunkten zu bewertendes →Organisationsmodell.

Die unterschiedlichen Sichtweisen der normativen und der funktionalen F.-Konzeption sind zwar mit unterschiedlichen Erkenntnisinteressen und Fragestellungen verbunden, markieren aber keineswegs konkurrierende Begriffe von F. Sie setzen innerhalb eines breit akzeptierten, wenn auch nicht in allgemein anerkannter Form systematisierten F.-Verständnisses unterschiedliche Akzente für die F.-Forschung.

Forschungsstand

In den letzten Jahren und Jahrzehnten hat sich die reale Struktur der föderalistischen Systeme erheblich verändert. Trotz unterschiedlicher konstitutioneller Rahmenbedingungen haben sich in allen relevanten Ländern neue Formen der Interaktion von Zentralregierung und Gliedstaaten entwickelt, die insbesondere durch eine Verschränkung der Kompetenzbereiche der einzelnen Ebenen und die Herausbildung kooperativer Entscheidungsprozesse gekennzeichnet sind.

Spitzenreiter in dieser Entwicklung sind Australien und Österreich. In beiden Ländern sind die faktischen Planungs- und Entscheidungskompetenzen beim Bund angesiedelt, während die nachgeordneten Ebenen weitgehend auf Vollzugsaufgaben beschränkt sind. In Österreich ist der bloße Vollzugsföderalismus verfassungsrechtlich vorgezeichnet – von der Verfassungsstruktur her ein Grenzfall eines föderalistischen Systems. Australien ist insofern interessant, als es im verfassungsrechtlichen Grundsatz eine dezentralisierte Aufgabenerfüllung verbindet mit einem zentralisierten Finanzsystem. Das entspricht einem in der ökonomischen F.-Theorie postulierten Prinzip, dem zufolge der Zentralisierungsgrad von föderalistischen Systemen im Interesse einer effizienten Steuererhebung und eines effektiven Finanzausgleichs auf der Einnahmenseite größer als auf der Ausgabenseite sein solle. In Australien besitzt der Bund die alleinige Steuerkompetenz, während die materiellen Kompetenzen auf Bund und Staaten verteilt sind. Die einzelnen Bundesstaaten verfügen insbesondere über Kompetenzen im →Bildungsbereich, im Gesundheitswesen, bei der regionalen →Wirtschaftsförderung, der Landwirtschaft und der regionalen Verkehrspolitik. Sie werden vom Bund über allgemeine und zweckgebundene Beiträge und über Darlehen finanziert. Diese Finanzierung hat der Bund in der Vergangenheit für vielfältige Interventionen benutzt, die zu einer weitgehenden Zentralisierung von →Planungs- und Entscheidungsfunktionen geführt haben. Seit kurzem wird allerdings versucht, diese Funktionen wieder stärker zu dezentralisieren und die Kompetenzen des Bundes vermehrt auf Rahmenregelungen zu beschränken.

Einen erheblich geringeren Zentralisierungsgrad weisen nach wie vor die Vereinigten Staaten von Amerika auf. Ihre föderative Struktur basiert verfassungsrechtlich auf dem Prinzip des ‹concurrent government›, d. h. auf einer Trennung der Aufgabenerfüllung und Finanzierung von Bund,

Staaten und Gemeinden. Die Aufgabenverteilung zwischen Bund und den Staaten ist in der Verfassung so festgelegt, daß die Bundeskompetenzen einzeln aufgelistet sind und alle anderen Kompetenzen pauschal den Staaten zugewiesen werden. Diese an und für sich exklusive Aufgabenteilung schließt Überlappungen und konkurrierende Aktivitäten von Bund und Einzelstaaten nicht aus. Aus unterschiedlichen Kompetenzen von Bund und Staaten werden des öfteren ähnliche Maßnahmen abgeleitet – sei es wegen konkurrierender Zuständigkeiten, sei es aus finanziellen Gründen. Konkurrierende Zuständigkeiten sind vor allem dann gegeben, wenn die Aufgabenerfüllung des Bundes in seinem Bereich Eingriffe in die Aufgabenerfüllung der Staaten erfordert (implizierte Befugnisse). – Ein typisches Beispiel dafür sind die bundesstaatlichen Eingriffe in die Schulpolitik der Einzelstaaten im Rahmen der Durchsetzung der rassischen Gleichberechtigung. Seit dem 2. Weltkrieg wird das Trennsystem von Bund und Staaten vor allem durch das Aufkommen einer Mischfinanzierung von Bund und Staaten zunehmend durchbrochen. Unter extensiver Auslegung seiner Kompetenzen, insbesondere der ‹implizierten Befugnisse›, hat der Bund regulierend und finanzierend verstärkt in die Aufgabenbereiche der Einzelstaaten (und der Gemeinden) interveniert. Auch in den Vereinigten Staaten von Amerika gibt es jedoch Ansätze zu einer Umkehrung dieser Entwicklung.

Eine ähnliche Entwicklung kann man auch in der Schweiz feststellen. Die gegenwärtig gültige schweizerische Bundesverfassung regelt die Aufgabenteilung von Bund und Kantonen im Prinzip sehr einfach: Alle Aufgaben, die nicht ausdrücklich an den Bund delegiert werden, stehen den Kantonen zu. Die Delegation an den Bund unterliegt dem sogenannten Subsidiaritätsprinzip, dem zufolge staatliche Aufgaben grundsätzlich auf der kleinstmöglichen Organisationsebene erfüllt und nur dann an übergeordnete Instanzen übertragen werden, wenn die untergeordneten sie nicht mehr allein sinnvoll bewältigen können.

Dem Subsidiaritätsprinzip folgend war die ursprüngliche Aufgabenteilung in der modernen Schweiz gekennzeichnet durch eine klare Kompetenzabgrenzung mit einem Schwergewicht der Aufgabenzuweisung bei Kantonen und Gemeinden. Mit der Zunahme der öffentlichen Aufgaben nach dem 2. Weltkrieg wurde die ursprüngliche Aufgabenteilung durch eine Reihe von Einzelentscheidungen sukzessiv, aber nachhaltig verändert, ohne daß es zu einer grundsätzlichen verfassungsrechtlichen Neuregelung kam. Die Veränderungen erfolgten nur teilweise durch Änderungen der Bundesverfassung und beruhen überwiegend auf Bundesgesetzen und -erlassen. Heute besteht die Wirklichkeit des schweizerischen F. aus einer komplizierten und unübersichtlichen Verflechtung der Aufgabenerfüllung zwischen Bund, Kantonen und Gemeinden. Dabei ist der Einfluß des Bundes stark ausgeweitet worden.

Auch in der Bundesrepublik Deutschland hat sich seit dem 2. Weltkrieg eine starke Politikverflechtung entwickelt, die 1969 im Rahmen der Finanzreform auch verfassungsrechtlich abgesichert wurde. Die neu in das Grundgesetz eingefügten Artikel 91a und 91b definieren in mehreren Bereichen (z. B. Hochschulbau, regionale Wirtschaftsförderung und Agrarstruktur) Gemeinschaftsaufgaben von Bund und Ländern. Diese Aufgaben werden von Bund und Ländern gemeinsam geplant, entschieden und finanziert und von den Ländern vollzogen. Bei der Planung und Entscheidung der Gemeinschaftsaufgaben, die im Rahmen eines komplizierten Verhandlungssystems erfolgt, dominiert der Bund vor allem wegen seines finanziellen Übergewichts. Neben den Gemeinschaftsaufgaben gibt es ein durch Artikel 104a des GG geregeltes System von zweckgebundenen Bundesbeiträgen (sogenannte Finanzhilfen), die in Form von gemeinsam finanzierten Leistungsprogrammen institutionalisiert sind. Auch bei der Bestimmung dieser Programme hat der Bund eine dominierende Stellung. Insgesamt hat er durch seine Mitfinanzierung die Möglichkeit erhalten, in beträchtlichem Maße in die Kompetenzen, die Planung und die Etathoheit der Länder einzugreifen.

Für all diese Länder kann man zusammenfassend eine – trotz unterschiedlicher sozio-ökonomischer und politischer Bedingungen – ähnliche Entwicklung hin zu einem kooperativen F. oder gar zu einem Vollzugsföderalismus feststellen. Diese hat vielfältige und neuartige Strukturprobleme aufgeworfen – Probleme, die sich nicht nur auf Fragen der Effizienz und Effektivität sowie der Kontrolle staatlichen Handelns und der Rationalität der →Verwaltung beziehen, sondern auch auf die ordnungspolitische Frage nach den Möglichkeiten und Grenzen einer föderalistischen Ordnung und auf die normativen Grundlagen einer solchen Ordnung. Die Auseinandersetzung mit diesen Problemen hat die neuere F.-Forschung dominiert. Diskutiert wurden und werden diese Probleme unter normativen wie unter funktionalen Gesichtspunkten.

Unter normativen Gesichtspunkten geht es vor allem um Fragen der Autonomie von Gliedstaaten und der Bewertung von Unitarisierungstendenzen. Der kooperative F. ist zwar nicht mit einer Verlagerung verfassungsrechtlicher Kompetenzen vom Bund zu den Gliedstaaten verbunden, bindet letztere aber in ein Verhandlungssystem von Bund und Gliedstaaten ein. Dadurch verlieren die Gliedstaaten an Spielräumen für eine selbständige Gestaltung ihrer →Politik. Insofern berührt die Politikverflechtung die Grundlagen des F., indem sie anstelle dezentraler Politikgestaltung durch die Gliedstaaten eine Politikgestaltung im Rahmen eines unitarisierenden Verhandlungssystems von Bund und Gliedstaaten setzt. Allerdings impliziert das nicht zwangsläufig eine Verletzung des Subsidiaritätsprinzips.

Gemäß dem Subsidiaritätsprinzip sollen staatliche Aufgaben nur dann auf übergeordnete Ebenen verlagert werden, wenn nachgeordnete Ebenen diese nicht mehr selbständig erfüllen können. Will man dieses Kriterium für die Bewertung der Politikverflechtung anwenden, muß man sich die Frage stellen, ob denn die Aufgaben, die in die Politikverflechtung einbezogen werden, von den Gliedstaaten auch selbständig erfüllt werden können oder nicht. Bejaht man diese Frage, dann stellt die Politikverflechtung eine Verletzung des Subsidiaritätsprinzips und damit der Grundlagen des F. dar. Im anderen Fall dagegen stellt die Politikverflechtung eine Verstärkung des F. dar, weil Aufgaben, die von den Gliedstaaten nicht mehr selbständig erfüllt werden können, nicht einfach dem Bund übertragen und damit zentralisiert, sondern in ein Verhandlungssystem von Bund und Gliedstaaten verlagert werden, das eine effektive Mitwirkung der Gliedstaaten sichert.

Eine systematische Beantwortung dieser Frage setzt operationale Kriterien zum Subsidiaritätsprinzip voraus. Solche Kriterien liegen jedoch aus der normativen Föderalismusforschung nicht vor. Deshalb ist die normative Bewertung des kooperativen F. umstritten. Das macht deutlich, daß die normative F.-Forschung erhebliche Defizite hinsichtlich der Präzisierung und Operationalisierung der von ihr postulierten F.-Prinzipien aufweist.

Im Rahmen der funktionalen F.-Forschung dagegen wurde von Scharpf und anderen versucht, eine systematische →Theorie der Politikverflechtung zu entwickeln. Diese Theorie verweist im wesentlichen auf Problemzusammenhänge, die in den Bereich einzelner Gliedstaaten übergreifen, und auf die sich daraus ergebenden Interdependenzen zwischen den Politiken einzelner Gliedstaaten. Diese Interdependenzen verlangen eine übergreifende Koordination der Politiken der einzelnen Gliedstaaten. Die Politikverflechtung kann zumindest im Prinzip diese Koordination leisten und vermeidet gleichzeitig eine völlige Zentralisierung der relevanten Politiken.

Solche Argumentation stößt allerdings auf erhebliche Kritik. Diese bezieht sich insbesondere auf eine durch Konsenszwänge bedingte geringe Effektivität und Effizienz der durch das Verhandlungssystem der Politikverflechtung gestalteten Politiken. Darüber hinaus wird darauf verwiesen, daß die Politikverflechtung eine →Bürokratisierung der Politikgestaltung fördert und eine politische Kontrolle der Politikgestaltung durch die Parlamente der Gliedstaaten weitgehend verhindert. Auch in der funktionalen F.-Forschung ist die Politikverflechtung nach wie vor umstritten.

Forschungsperspektive

Die F.-Forschung ist ein sehr heterogenes Forschungsgebiet. Es fehlt nicht nur an breit akzeptierten theoretischen Grundlagen, sondern auch an klaren und anerkannten Erkenntnisinteressen und Fragestellungen. Deshalb ist es schwierig, klare Perspektiven aufzuzeigen. Es gibt zwar vieles an Forschungen zu F.-Problemen, aber keine konsistente F.-Forschung. Zu den vielen Problemen, mit denen sich eine heterogene F.-Forschung beschäftigt, gehören neben traditionellen Fragen nach der Organisations- und Aufgabenstruktur föderalistischer Systeme immer stärker Fragen nach der Effektivität und Effizienz dezentraler Politikgestaltung und ihrer Koordination. Dabei spielen Fragen nach der Politikgestaltung in bestimmten Politikbereichen (z. B. regionale Wirtschaftspolitik) zumeist eine wichtigere Rolle als grundsätzliche ordnungspolitische.

Boldt, H.: «Modernisierung durch Zentrierung?». In: Zapf, W. (Hg.): Probleme der Modernisierungspolitik. Meisenheim 1976.

Broadnax, W. D.: «The New Federalism: Hazards for State and Local Government?» In: Policy Studies Review 1 (1981).

Elazar, D.: «The New Federalism». Public Interest, 1974.

Frey, R.: Zwischen Föderalismus und Zentralismus. Bern/Frankfurt 1977.

Lehmbruch, G.: Parteienwettbewerb im Bundesstaat. Stuttgart 1976.

Lehner, F.: «Politikverflechtung: Institutionelle Eigendynamik und politische Kontrolle». In: Matthes, J. (Hg.): Sozialer Wandel in Westeuropa. Frankfurt/M. 1979.

–: «Staatsinterventionismus im Spannungsfeld von Zentralisation und Dezentralisation: Das Beispiel der regionalen Wirtschaftspolitik». In: Hesse, J. J. et al. (Hg.): Staat und Gemeinden zwischen Konflikt und Kooperation. Baden-Baden 1983.

Reagan, M. D./Sanzone, J. G.: The New Federalism. New York/Oxford 1981.

Riker, W.: «Federalism». In: Greenstein, F. I./Polsby, N. W. (eds.): Handbook of Political Science. Vol. 5. Reading 1975.

Scharpf, F. W. et al.: Politikverflechtung. Kronberg 1976.

Weber, K.: Kriterien des Bundesstaates. Wien 1980.

Franz Lehner

Freiheit

Begriffsverwendungen

Jede Zeit macht sich ihren eigenen Begriff von F. Die Vergangenheit des F.-Gedankens ist daher wechselvoll und seine Zukunft offen. Der griechischen Polis war eine bestimmte Vorstellung so geläufig wie dem Römischen Reich; es gibt den germanischen Wortsinn und das christliche Verständnis; ständisches Denken steht neben revolutionärem; mit naturrechtlichen Konzepten wetteifern utopische; am kapitalistischen Ideal nagt die sozialistische Illusion.

Dieses zeitlich, sachlich, sozial weitläufige Spektrum ist auf keinen ‹freiheitlichen› Nenner zu bringen. Gleichwohl zieht sich ein roter Faden durch das begriffliche Labyrinth – zwei Themenkreise, deren Behandlung über den F.-Gebrauch Auskunft gibt: (1) die Beziehung zwischen ‹frei› und ‹unfrei› – Herren und Knechten, Freunden und Fremden, Menschen und Untermenschen (→Herrschaftsaspekt); (2) die Beziehung zwischen ‹frei› und ‹friedlich› – zwischen dem Recht auf freie Entfaltung und den Gesetzen des friedlichen Zusammenlebens (Ordnungsaspekt).

Verwendungszusammenhänge

F.-Vorstellungen sind eingebettet in Welt- und Menschenbilder, die ihrerseits mit gesellschaftlichen – ökonomischen, politischen – Praktiken eine relativ kompakte Einheit bilden. Deshalb gibt es F. nicht an sich, sondern immer nur für diese oder jene ‹Ära›, dieses oder jenes ‹Reich›, diese oder jene ‹Klasse›. Immerhin scheinen gewisse Denkmuster hervorzutreten, die Epochen ‹machen› und in ein Verhältnis bringen. Danach folgen aufeinander:

1. ein vormodernes Bewußtsein, dem anhaftet, daß es die F. doppelt einschränkt: Man hält Unfreiheit (bei anderen) für einen natürlichen Zustand, der Ausbeutungsrechte wie Vernichtungspflichten konstituiert, und setzt Ordnung über Entfaltung insofern, als das Individuum organischer Teil einer ‹totalen› Gemeinschaft ist.

2. ein modernes, d. h. «bürgerliches» Bewußtsein, darauf pochend, daß «der Mensch an sich zur höchsten Freiheit bestimmt ist» (Hegel), was impliziert: Unfrei geordnete und gespaltene, kurz: unmenschliche Verhältnisse sind abzuschaffen bzw. müssen aufwendig legitimiert oder scharfsinnig eskamotiert werden.

3. ein nachmodernes Bewußtsein, dahin strebend, seine zwiespältigen Vergangenheiten konstruktiv aufzuheben: Die (bürgerlich) ‹entfesselte› Freiheit soll ihre doppelte Moral und stille Destruktivität dadurch verlieren, daß sie, ohne dabei Substanz einzubüßen, in eine (vorbürgerlich) begrenzende (‹solidarische›) Ordnung zurückgeführt wird.

Diese Varianten stehen nicht einfach zur freien Wahl. Die herrschende Meinung ist verbindlich – Maß der Dinge auch für jene Positionen, die ihr vorauseilen oder hinter sie zurückgehen wollen. Dem ‹modernen›, also bürgerlichen F.-Verständnis gilt deshalb (noch) das meiste Interesse.

Begriffspräzisierung

«Freiheit! Schmeichelndes, doch vieldeutiges Wort, gehaßt von den Tyrannen und Despoten, den Knechten unverständlich, von Thoren vielfach mißverstanden, von Fanatikern schrecklich mißbraucht, und dennoch die Losung aller Guten; ein begeisternder, die herrlichsten Großthaten erzeugender Zauberton, ein Haupttriebrad der Weltgeschichte, ein fortwährend von allen Denkenden und menschlich Fühlenden erstrebtes, doch schwer zu erreichendes und noch schwerer zu behauptendes Ziel» (Rotteck/Welcker, VI, S. 60).

Enthusiastisch preist der Bürger seine F. und wird ihrer doch nicht recht froh: Bekämpft, unverstanden, mißbraucht muß die Idee sich mühsam eine Gasse bahnen – damals wie heute. Am Begriff selbst kann es nicht liegen; er ist, «allen Denkenden und menschlich Fühlenden» jedenfalls, sonnenklar: F. – das «Recht des Menschen, alles zu tun, was keinem anderen schadet» (Französische Verfassung von 1793). Der (innerliche, darum ins individuelle Belieben gestellte) freie Wille soll nach außen wirken, d. h., sich als Eigentum vergegenständlichen können. Dies ist sein Freiraum in einer Gesellschaft von lauter freien Räumen (‹privaten› Sphären), parzelliert durch staatlich gesetztes, neutrales→Recht, das garantiert, daß «die Grenze zweier Felder» (Marx) nur einverständlich überschritten wird: soziales Handeln als Vertragsschluß.

Ihre F. erlebt die bourgeoise Seele also hauptsächlich negativ. ‹Monaden› gleich agiert sie im privaten Haushalt wie auf dem freien Markt, um eigentumserwerbend, -nutzend, -veräußernd alles egoistisch zu ver-handeln, was nachgefragt und angeboten wird, einschließlich des eigenen Körpers. Eine ‹positive›, mit anderen gemeinsam erlebte Selbstverwirklichung ist ihr zwar ebenfalls geläufig – citoyenbekannte Freiheiten der Meinung, Rede, Vereinigung, Versammlung usw. als wesentliche Elemente einer «bürgerlichen Öffentlichkeit» (Jürgen Habermas). Aber gewiß bleibt, daß auf diese «politische F.» den «Bürgern weder ein so allgemeiner noch so unbedingter Anspruch zusteht, als auf die rein menschliche und bürgerliche»; und daß er zuvörderst deswegen besteht, weil «in Bezug auf alles Recht im Staate keine andere befriedigende Garantie denkbar ist, als eine dem wahren Gesamtwillen ein lebenskräftiges Organ verleihende Verfassung» (Rotteck/Welcker, VI, S. 70; VII, S. 73). Soll heißen: Das öffentliche Interesse des Bürgers ist die Sicherung seines privaten Wohls – Politik behandelt, behütet, ‹befreit› den Kommerz.

Daß diese Praxis nicht ideal gelingt, macht ihre Theorie sich zum Problem, kritisch oder besorgt, je nach Konjunktur und Standpunkt.

Forschungsstand

Gleichgültig, was seine Dynamik erzeugt – ein materieller ‹Heißhunger› für manche, für andere der ideelle ‹Imperialismus› –, fest steht, daß jener bürgerliche F.-Drang dazu tendiert, solche Barrieren niederzureißen, die sich ihm entgegenstellen. Traditions-los, staats-frei, inter-national: So sieht das Terrain des ‹reinen Liberalismus› aus.

Fest steht aber auch, daß die Reinheit der F. und die F. der Bürgerlichkeit miteinander in Konflikt geraten.

● *Freiheit und Tradition:* «Die Bourgeoisie, wo sie zur Herrschaft gekommen, hat alle feudalen, patriarchalischen, idyllischen Verhältnisse zerstört.» So resümiert Karl Marx den Einbruch der modernen F.-Klasse in das Terrain des alten Regimes. «Sie hat die buntscheckigen Feudalbande, die den Menschen an seinen natürlichen Vorgesetzten knüpfen, unbarmherzig zerrissen und kein anderes Band zwischen Mensch und Mensch übriggelassen, als das nackte Interesse, als die gefühllose ‹bare Zahlung›» (Marx, S. 527f.).

Die Ausnüchterung der traditionalen Gesellschaft durch eine bürgerliche Moderne wird als fait accompli präsentiert – was weder stimmt noch stimmen darf, wenn das ‹System› funktionieren soll. Denn museale Relikte könnten nicht besorgen, was vitale Überlieferungen offerieren müssen: einen Motivationshaushalt, der den Bürger stimuliert, an seinem Platz sich rollendeckend zu verhalten. Ob frustrierter Arbeiter oder animierter Unternehmer, ob «Schwangerschaft, Erziehung und Hausarbeit» (H. M. Enzensberger) oder «Do-it-yourself, Freiwilligenarbeit, Ehrenamt» (Joseph Huber) – jeder dieser Umstände ist bürgerliche Pflichterfüllung, keiner ist Selbstverständlichkeit.

Für eine Moral, die, falls überhaupt, sich erst in langen Fristen ‹rentiert›, sorgt aus Tradition das Reservoir der «protestantischen Ethik» (Max Weber); seine stetige Entleerung bereitet dem Zeitgeist deshalb besondere Sorge. So haben Religionsdebatten Konjunktur, und ihre akademischen Rituale verhüllen kaum den strategisch gemeinten Zweck (schon eher dessen schwierige Lage).

● *Freiheit und Intervention:* Der bürgerliche F.-Begriff erblickt «die höchste Tugend des Staates in seiner Nicht-Existenz». Das ist ihr so offensichtlich, daß es keiner Belege bedarf. Nach dieser Idee soll der →Staat sich selbst unbemerkt machen, soll wahrhaft negativ sein. Negativ heißt allerdings nicht schwach. «Der liberale Staat war immer so stark, wie die politische und soziale Situation und die bürgerlichen Interessen es erforderten» (Neumann 1937, S. 542). ‹Negativer› Staat – dies kann für eine liberale Bourgeoisie nur heißen: Der Leviathan soll keine anderen Zwecke haben neben ihren. Wäre seine Selbstbescheidung gesichert, bestünde wenig Anlaß, ihn an die Kandare zu nehmen. Genau danach wird aber permanent gerufen.

Das tiefsitzende Mißtrauen speist sich aus schmerzhafter Erfahrung. Die unaufhaltsame (wenigstens unaufgehaltene) Demokratisierungswelle hat jene ‹politische F.› des sein Eigentum «öffentlich» beredenden Bürgers verwandelt in ein politisches Instrument der Infiltration ‹privat› genutzter Sphären. Es wurde früh eingesetzt von hungernden Menschen ohne ‹Noblesse›, um durch staatlich oktroyierte Einkommenstransfers ihre materielle Lage zu verbessern; und sehr viel später von saturierten Leuten ohne ‹Sachverstand›, deren postmateriell motivierter Sinn nach ökologisch bewußten Produktionseingriffen steht.

Entsprechend harsche Reaktionen lassen sich registrieren: Massive Einwände gegen die «Überregulierung» münden ins Postulat eines ‹Minimalstaats›, um schließlich bei der ‹libertären› Radikalkritik jeder ‹kollektivistischen› Regung zu landen. Allerdings, je prinzipieller das gegenoffensive F.-Dogma seine Staatsfeindschaft artikuliert, desto schwerer lastet auf ihm «die der Idee eines selbstregulierenden Marktsystems innewohnende Absurdität» (Karl Polanyi) – an beliebig vielen Beispielen systematischen ‹Marktversagens› beliebig gut belegbar.

• *Freiheit und Nation:* «Freierer Handel bedeutet: mehr Gelegenheiten zu wechselseitig vorteilhaften Tauschbeziehungen; ein weiteres Feld für Wettbewerb und Spezialisierung; mehr Kommunikation und hilfreiche Information.» Globale F. meint in diesem Verständnis einen weltweiten Pakt, dem globalen Kommerz die nationalen Grenzen offenzuhalten; für den «Handel von heute ist er das, was im Mittelalter der Schutz vor Piraten gewesen ist» (Giersch 1985, S. 423). Das nächste Dilemma der freiheitlichen Intelligenz zeichnet sich hier ab: ein nationaler «Protektionismus, der die Welt der Segnungen freier Märkte beraubt» (Karl Polanyi). Organisiert wird er von regierenden «Piraten», die – sensibel für den konkreten Druck provinzieller Interessen – dem abstrakten Geist des universellen Fortschritts bedenkenlos zuwiderhandeln.

Die liberale Theorie – längst schon dazu übergegangen, Nationen nur noch als frei disponible ‹Standorte› multinationaler Konzerne zu führen – steht hilflos vor den illiberalen Praktiken ihrer mächtigen Adressaten (und auch der machtlosen, sofern sie, politisch außer Kontrolle geraten, das filigrane Geflecht des weltweiten Wirtschaftsverkehrs durcheinanderwirbeln).

Was den Standpunkt der F. vollends untergräbt, ist die modische Häresie im eigenen Lager: ‹freie› Unternehmer, womöglich im Verein mit dem gewerkschaftlichen Gegner, agieren als Propagandisten eines militanten ‹Wirtschaftsnationalismus›, sobald sie am eigenen Leibe spüren, wie riskant das freiheitliche Risiko sein kann.

Forschungsperspektive

Die ‹moderne› Bürgerfreiheit kämpft mit ihren eigenen Widersprüchen und muß sich gegen nachmoderne Konkurrenz behaupten. Traditionelle Tugenden, staatliche Korrekturen und protektionistische Schutzmaßnahmen sind mit dem ‹reinen› F.-Prinzip in einen bürgernahen Kompromiß zu bringen, der darüber hinaus die gewandelten Wertvorstellungen wirksam absorbiert. Diese ‹neue Sicht der Dinge› wird bereits zurechtgezimmert, und das Modell einer ‹Versöhnungsgesellschaft› kristallisiert sich heraus, deren Witz genau darin bestehen soll, daß sie jene Widersprüche allesamt versöhnt (auch mit den Menschen).

Die spätmoderne Synthese der ‹freiheitlichen› Zwänge baut auf: eine staatliche Betreuung des ‹freien›, weltmarktexponierten Wirtschaftssektors; einen staatlichen Rückzug aus ‹geschützten› Lebenswelten, um den ‹freien› Bürger zu ‹revitalisieren›; eine staatliche Verwertung subsidiärer Solidarität (in Familie, Nachbarschaft, Gemeinde, Betrieb) zur emotionalen Stützung aufoktroyierter F.-Kämpfe voll ungewohnter Härte.

Das neue System produziert «initiative und intelligente, agile und alerte Menschen» (Joseph Huber) – und nennt seine geglückten Produkte ‹frei›. Die Fehlangepaßten wird ein perfektionierter Überwachungsapparat rechtzeitig dingfest machen.

Was man davon zu halten habe: Das ‹Gespräch› darüber ist gerade erst eröffnet. Sein Zentrum scheint der «gemeine Mann» (Helmut Schelsky) zu werden, dessen «minimales Selbst» (Christopher Lasch) hier steht und nicht anders kann, auch wenn ringsherum die Welt Stück für Stück in Stücke fällt.

Giersch, H.: Perspectives on the World Economy. In: Weltwirtschaftliches Archiv. Tübingen 1985, S. 409 ff.

Marx, K.: Das Kommunistische Manifest. In: ders.: Die Frühschriften. Hg. von S. Landshut. Stuttgart 1971, S. 525 ff (Orig. 1847).

Neumann, F.: Der Funktionswandel des Gesetzes im Recht der bürgerlichen Gesellschaft. In: Zeitschrift für Sozialforschung. Paris 1937, S. 542 ff.

Rotteck, C. v./Welcker, C. (Hg.): Staats-Lexikon. Bde. VI, VII. Altona 1838/39.

Wolfgang Fach

Frieden

Begriffsverwendungen

Friede bedeutete ursprünglich Schonung und Freundschaft. Im germanischen und deutschen Recht bezeichnete F. den Zustand einer ungebrochenen Rechtsordnung als Grundlage des Gemeinschaftswesens, der entweder für das ganze Land (Land- und Königsfrieden) oder für einen bestimmten Bezirk (Burg- oder Marktfrieden) galt. Im Mittelalter verstand man unter F. auch einen Waffenstillstand, während sich die heutige Bedeutung eines völkerrechtlich vereinbarten F. (F.-Vertrag) vom lat. pax (Friede) bzw. pacisci (übereinkommen) ableitet. F. wird heute allgemein verstanden als der Zustand einer ungestörten Rechtsordnung, der Gewaltlosigkeit bis hin zu einer ausgeglichenen Harmonie. F. als Zustandsbeschreibung für eine Regelung der inner- und zwischenstaatlichen Verhältnisse durch Rechtsprinzipien wurde maßgeblich von I. Kant entwickelt. In der Literatur muß man zwischen einem religiösen (F. des einzelnen in Gott, Seelenfrieden), einem rechtlichen (Zustand des Gewaltverbots und der Selbsthilfe in einer Gemeinschaft), einem völkerrechtlichen (Zustand der nichtkriegerischen Beziehungen zwischen Staaten) und einem politischen F.-Begriff unterscheiden.

Der politische F.-Begriff der Neuzeit mit dem Ziel einer rechtlich verfaßten F.-Ordnung, in der der →Krieg als naturwidrig verworfen und zwischenstaatliche Garantieerklärungen und Schiedsgerichte gefordert wurden, geht auf die Renaissance (Erasmus) zurück. Durch die Aufklärung wurde der F.-Gedanke gefördert und in Arbeiten von Saint-Pierre (Traité de la paix perpétuelle, 1713) mit dem Vorschlag einer Föderation europäischer Staaten, J.-J. Rousseau und I. Kant (Zum ewigen Frieden, 1795), der die Bedingungen einer umfassenden Rechtsordnung als F.-Ordnung umriß, weiterentwickelt. Hieran anknüpfend forderte die F.-Bewegung des späten 19. und frühen 20. Jahrhunderts das Verbot des Angriffskriegs und die Stärkung des Völkerrechts durch die Gründung internationaler Organisationen (Völkerbund/Vereinte Nationen) (→Internationale Handlungssysteme). Die moderne F.-Forschung als Pendant zur Militärwissenschaft knüpfte an diese Tradition nach dem 1. Weltkrieg in den USA und Großbritannien, seit Ende der 50er Jahre in Skandinavien und seit Ende der 60er Jahre in der Bundesrepublik Deutschland an. In der Politikwissenschaft, in der Teildisziplin Internationale Beziehungen und in der F.-Forschung gibt es keinen allgemein akzeptierten F.-Begriff.

Verwendungszusammenhänge

• Der F.-Begriff wird benutzt zur Beschreibung eines Zustands des Individuums (Seelenfrieden), einer Gemeinschaft (sozialer F.), eines Staates (innerer F.) und der Völkergemeinschaft (äußerer, zwischenstaatlicher, internationaler F.) von begrenzter (F.-Periode) oder unbegrenzter (ewiger F.) Dauer. Im Bereich der Internationalen Politik (Beziehungen) wird F. als ein Auftrag verstanden, einen Zustand zu bewahren (F.-Erhaltung, F.-Bewahrung), mit vornehmlich diplomatischen Mitteln zu schaffen (F.-Gestaltung) oder mit militärischen Mitteln zu sichern (F.-Sicherung). Der F. wurde in der Wissenschaft als Wert, Ziel und Objekt (F.-Forschung, F.- und Konfliktforschung, F.-Wissenschaft, Polemologie) begriffen mit einem doppelten Praxisbezug in der F.-Pädagogik und F.-Erziehung sowie im Hinblick auf soziale Bewegungen wie auch mit Bezug auf die Politik. Zentrale Fragestellungen der F.-Forschung sind Probleme der F.-

Sicherung und der F.-Gestaltung mit militärischen und nichtmilitärischen (diplomatischen, pädagogischen) Mitteln.

In der Politikwissenschaft wird der F.-Begriff je nach der Zugehörigkeit des Autors zu bestimmten Forschungsprogrammen und Schulen unterschiedlich benutzt. Exemplarisch für die Definition des F.-Begriffs seien hier zwei Beispiele angeführt.

- *Eine Begriffsdefinition aus der Sicht der ‹realistischen Schule›:* Nach Kernig (1968) sind fast alle modernen Definitionen des F.-Begriffs negativ: «F. als Nichtvorhandensein von Krieg, Aufruhr und Gewalt... Der Begriff ‹Frieden› bezeichnet positiv einen schwer herstellbaren, in sich sehr komplizierten und in vielfältiger Hinsicht labilen gesellschaftlichen Zustand, der sich nur einstellt, wenn Macht, Recht und Frieden in einer bestimmten, von der Gesellschaft langfristig akzeptierten oder erstrebten Relation zueinander stehen» (S. 712ff). Aus der Sichtweise des politischen Realismus definiert Kernig die drei konstitutiven Elemente des Friedens: →Macht, →Recht und →Freiheit: «‹Macht› heißt in diesem Zusammenhang das Vermögen, den F. brechen und gleichzeitig den gebrochenen Friedenszustand wiederherstellen zu können. ‹Freiheit› heißt kontextgemäß das Vermögen, Macht einsetzen und einschränken zu können, d. h. Befehlsgewalt einerseits stiften und andererseits ihren Befehl verweigern zu können. ‹Recht› ist in diesem Zusammenhang die Gesamtheit der Regeln, durch welche Machtansprüche und -ausübungen mit allen Freiheitsansprüchen und -verwirklichungen versöhnt werden» (S. 714).
- *Friedensbegriffe des Forschungsprogramms ‹Friedensforschung›:* Eine allgemein anerkannte Definition des F. und damit der F.-Forschung gibt es nicht. Die wissenschaftliche Diskussion in dem Forschungsprogramm F.-Forschung wurde in der Bundesrepublik seit Ende der 60er Jahre u. a. durch die Definitionsversuche von Galtung, Senghaas, Kaiser und Czempiel geprägt. Johan Galtungs Unterscheidung zwischen einem negativen F. (Nicht-Krieg, Abwesenheit von direkter Gewalt) und einem positiven F. (Abwesenheit von struktureller Gewalt bzw. die Realisierung von sozialer Gerechtigkeit, →Gleichheit, politischer und persönlicher Freiheit sowie die Entfaltung der menschlichen Fähigkeit und Selbstverwirklichung) hat die Grundsatzdiskussion in der F.-Forschung geprägt und teilweise auch die wissenschaftliche und die innenpolitische Diskussion (strukturelle Gewalt) polarisiert. Dieter Senghaas prägte den Begriff der organisierten Friedlosigkeit für die analytische Erfassung des Gesamtkomplexes zwischenstaatlicher Strukturen und Beziehungen und von gesellschaftlichen Strategien und Motivationen, dem er in seiner Untersuchung zur Abschreckungskonzeption inhaltliche Konturen gab.

Als Ausweg aus dem Dilemma der Zieldefinition des F. schlug Karl Kaiser 1970 unter Verzicht auf eine Definition des F.-Begriffes vor, unter

F.-Forschung jene Wissenschaft zu verstehen: «die sich (a) durch ein Engagement zum Frieden [Wertbindung], (b) eine gesamtsystemare Ansatzhöhe der Analyse, (c) eine inter- und multidisziplinäre Arbeitsweise, (d) eine Orientierung auf die Wirklichkeitsveränderung, (e) durch die Unabhängigkeit ihrer Forschung sowie (f) ihre inter- und multinationale Arbeitsweise auszeichnet» (1970, S. 37). Kaiser unterschied weiter zwischen mittelfristiger (am negativen F.-Begriff) und langfristiger (am positiven F.-Begriff) orientierter F.-Forschung. «Die mittelfristige F.-Forschung untersucht Ursachen und mögliche Konflikte von sicherheitspolitischen Krisen und militärischen Konflikten in der Gegenwart und nahen Zukunft und erarbeitet eine Praxeologie zu ihrer Dämpfung, Verhinderung und Regulierung [z. B. Rüstungskontrolle, Abrüstung, friedliche Streitschlichtung, präventive Diplomatie und Vermittlungsrolle von Internationalen Organisationen]. Die langfristige F.-Forschung untersucht stattdessen die tieferliegenden gesellschaftlichen, psychischen und technologischen Bedingungen der Friedlosigkeit und die Voraussetzungen für die Schaffung einer friedlichen Welt [Friedenserziehung, alternative friedliche Gesellschaften der Zukunft]» (1970, S. 42f.).

Ernst-Otto Czempiel untersuchte (1972) F. als Ordnungsbegriff, als Fortschrittsordnung und als Strategie der gewinnfreien Werbung, der risikofreien Induktion und der gewaltmindernden Krisenstabilisierung. In seiner Einführung in die Internationale Politik (1981) definierte er Friede als «ein Prozeßmuster des internationalen Systems, das gekennzeichnet ist durch abnehmende Gewalt und durch zunehmende Gerechtigkeit. Angewandt auf das Gittermodell der internationalen Politik bedeutet das, daß alle Handlungszusammenhänge daraufhin zu untersuchen sind, ob in ihnen und durch sie Gewalt vermindert und Gerechtigkeit vermehrt wird» (1981, S. 33).

Begriffspräzisierung

• *Entstehung der Friedensforschung:* Mit dem Entstehen der Internationalen Beziehungen als Teildisziplin der Staats- und Sozialwissenschaften während und im Anschluß an die F.-Vertragsverhandlungen von Versailles (1919) entstand zunächst in den USA und in Großbritannien die wissenschaftliche Beschäftigung mit Krieg und F., mit Bürgerkriegen, →internationalen Konflikten, Fragen der Abrüstung, der Streitbeilegung mit den Bedingungen eines dauerhaften F. (Krieg, Kriegsursachenforschung, Rüstung). Drei Etappen der F.-Forschung lassen sich unterscheiden: (1) die Gründungsphase (bis 1958) mit den Forschungsschwerpunkten: Kriegsursachen (Q. Wright), Rüstungswettläufen (L. F. Richardson) und internationalen Organisationen; (2) die Phase der internationalen Institutionalisierung (1958–1967), die zur Gründung von F.-Forschungsinstituten in Oslo (International Peace Research Institute Oslo – PRIO)

Anfang der 60er Jahre, in Stockholm (Stockholm International Peace Research Institute – SIPRI) im Jahre 1966 und des F.-Forschungsinstituts in Tampere (Finnland, TAPRI) im Jahr 1970, zur Schaffung eines weltweiten Dachverbandes der International Peace Research Association (IPRA) im Jahre 1965 und zur Herausgabe der ersten wissenschaftlichen Zeitschriften führte (1964: Journal of Peace Research, 1970: Bulletin of Peace Proposals [beide PRIO], und 1970: Instant Research on Peace and Violence [TAPRI]), und (3) die Phase der Etablierung der F.-Forschung in der Bundesrepublik Deutschland (seit 1968). Wissenschaftlich wurde die 2. Phase durch die zunehmende Kritik an der realistischen Schule in den USA und durch den Einzug neuer wissenschaftlicher Ansätze (behavioral revolution) und Forschungstechniken (Benutzung makrosoziologischer Modelle und quantifizierender Forschungstechniken) und politisch durch die wachsende Kritik an der Kalten-Kriegs-Ideologie geprägt. Die 3. Phase vollzog sich auf dem Hintergrund des weltweiten Studentenprotests, der durch das amerikanische Engagement in Vietnam mit ausgelöst wurde, einer zunehmenden Kritik an behavioristischen Ansätzen und einer Renaissance politökonomischer und marxistischer Interpretationen.

• *Institutionalisierung der Friedensforschung in der Bundesrepublik:* Im Juni 1968 wurde mit der Arbeitsgemeinschaft für Friedens- und Konfliktforschung (AFK) eine Organisation von Wissenschaftlern geschaffen, im Herbst 1970 wurde mit der Deutschen Gesellschaft für Friedens- und Konfliktforschung (DGFK) auf Anregung des damaligen Bundespräsidenten G. Heinemann eine aus öffentlichen Mitteln finanzierte Forschungsförderungsorganisation gegründet, die im Oktober 1971 durch eine private Stiftung, die Berghofstiftung für Konfliktforschung ergänzt wurde. Diesen beiden Förderungsorganisationen folgten Anfang der 70er Jahre die Einrichtung des Instituts für Friedensforschung und Sicherheitspolitik an der Universität Hamburg (ISFH), der Hessischen Stiftung Friedens- und Konfliktforschung (HSFK) und das Max-Planck-Institut zur Erforschung der Lebensbedingungen der wissenschaftlich-technischen Welt. Das MPI in Starnberg wurde mit der Emeritierung von C. F. v. Weizsäcker (1978) aufgelöst, ebenso die DGFK Ende 1983 nach dem Regierungswechsel.

• *Friedensforschung in der Bundesrepublik im Jahre 1987:* Nach der Gründerphase in den frühen 70er Jahren war das Interesse an Fragen der F.-Forschung in der Politikwissenschaft als Ergebnis der verschlechterten Rahmenbedingungen rückläufig, während das Interesse in gesellschaftlichen Gruppen und Organisationen (neue F.-Bewegung der 80er Jahre) an den Forschungsergebnissen stieg. Neben den beiden verbliebenen Forschungsinstituten, dem ISFH in Hamburg und der HSFK in Frankfurt, haben sich eine Reihe von Arbeitsgruppen gebildet: (1) AG Friedensforschung (gegr. 1968, Tübingen); (2) Berliner Projektverbund der

Berghofstiftung für Konfliktforschung (gegr. 1973, Freie Univ.); (3) Forschungsstätte der Ev. Studiengemeinschaft (gegr. 1957, Heidelberg); (4) Int. Institut für Vergleichende Gesellschaftsforschung (gegr. 1976, Wissenschaftszentrum Berlin); (5) AG Afheldt in der Max-Planck-Gesellschaft (gegr. 1978); (6) AG Friedensforschung und Europäische Sicherheitspolitik (AFES) (gegr. 1983, Stuttgart); (7) AG Kriegsursachenforschung (Hamburg); (8) Studiengruppe Alternative Sicherheitspolitik (SAS, Bonn); (9) Forschungsinstitut für Friedenspolitik in Starnberg. Probleme der F.-Forschung werden an zahlreichen Lehrstühlen für Internationale Politik und des Völkerrechts bearbeitet.

• *Forschungsfelder der Friedensforschung:* Eberwein/Reichel (1976) unterschieden zwischen dem Mikrobereich der F.-Forschung mit den sozialpsychologischen und pädagogischen Problemfeldern der Vorurteilsforschung, der Aggressionsforschung und der F.-Pädagogik und dem Makrobereich mit den politologischen Problemfeldern: Konflikt (Analyse und Lösungsmöglichkeiten), Krise (Krisenforschung), Krieg (Kriegsverhütung und Kriegsursachen) und Integration (mittels internationaler Organisationen). Bei den wissenschaftlichen Bemühungen zur F.-Sicherung und -Gestaltung lassen sich u. a. folgende inhaltliche Schwerpunkte unterscheiden: (1) F. durch Weltrecht (vor allem völkerrechtliche Arbeiten zu den Regeln der Internationalen Beziehungen); (2) F. durch Assoziation und Integration (politische, ökonomische, militärische, kulturelle durch intergouvernementale und supranationale Organisationen); (3) F. durch kollektive Sicherheit (der Regelfall der UNO-Charta); (4) F. durch Militärbündnisse (die zur Regel gewordene Ausnahme); (5) F. durch Entspannung und Zusammenarbeit (der KSZE-Prozeß); (6) F. durch Rüstungskontrolle und Abrüstung und (7) F. durch Überwindung der wirtschaftlichen Unterentwicklung. Für das 5. und 6. Forschungsfeld soll für die obigen zehn Institutionen der F.-Forschung in der Bundesrepublik ein Überblick zu Forschungsschwerpunkten und zum Forschungsstand versucht werden.

Forschungsstand

(zu Fragen der Rüstungsdynamik/Rüstungskontrolle sowie zu Fragen der Sicherheit und Zusammenarbeit in Europa in der Bundesrepublik)

Im Mittelpunkt der wissenschaftlichen F.-Forschung stehen in der Bundesrepublik Deutschland Fragen der Sicherheit und Zusammenarbeit in Europa und der Ost-West-Beziehungen generell (etwa 50% der HSFK und 50% des ISFH) und der Rüstungsdynamik und Rüstungskontrolle (ca. 25% der HSFK und 50% des ISFH), während Fragen der empirischen Kriegsursachenforschung an den beiden Forschungsinstituten nicht vertreten sind. 1986 wurden die folgenden Problembereiche in den 10 F.-Forschungsinstitutionen erforscht:

(1) ISFH (Hamburg): kooperative Rüstungssteuerung (Rüstungskontrolle), Entspannung, Gemeinsame Sicherheit, Ost-West-Wirtschaftsbeziehungen, Rüstungsexporte und Unterentwicklung, Rüstungskonversion und alternative Sicherheit; (2) HSFK (Frankfurt): Theorie und Praxis der Rüstungskontrolle, Rüstungserfassung, Weltraumrüstung, Probleme der KSZE und der VBM, Kriegsverhütung in Mitteleuropa, amerikanische und sowjetische Außen- und Sicherheitspolitik; (3) AGFF (Tübingen): alternative Sicherheitspolitik in Europa, Atomwaffenfreiheit, Kriegsursachen; (4) Berghof-Projektverbund (Berlin): Rüstungstechnologie, sowjetische Rüstungspolitik; (5) FEST (Heidelberg): Militärstrategie, Militärregime, sicherheitspolitische Alternativen; (6) Wissenschaftszentrum (Berlin): GLOBUS-Projekt: quantitative Kriegsursachenforschung, Elitenbefragung zur Sicherheitspolitik; (7) AG Afheldt (Starnberg): Alternative Wehrstrukturen für die Bundeswehr, Militärstrategie und Rüstungskontrolle; (8) AFES (Stuttgart): ABC-Waffen, Weltraumwaffen und Weltraumkrieg, Rüstungstechnologie und strategische Stabilität, KSZE und VBM, Theorie der Rüstungsdynamik, Theorie und Praxis der Rüstungskontrolle; (9) AG Kriegsursachenforschung (Hamburg): Erfassung und Analyse von Kriegen seit 1945; (10) Studiengruppe Alternative Sicherheitspolitik: alternative Wehrstrukturen für die Bundesrepublik, Streitkräftevergleich. – Das Forschungsinstitut für Friedenspolitik in Starnberg bemüht sich vor allem um die Umsetzung von Forschungsergebnissen und um die Kommunikation mit Gruppen der F.-Bewegung. Diese Fragestellungen werden auch von zahlreichen anderen Forschungsinstituten: dem Bundesinstitut für Ostwissenschaftliche Studien in Köln, der Stiftung Wissenschaft und Politik in Ebenhausen, der Deutschen Gesellschaft für Auswärtige Politik sowie an zahlreichen politikwissenschaftlichen und völkerrechtlichen Lehrstühlen bearbeitet, von denen sich die meisten jedoch nicht dem Forschungsprogramm der F.-Forschung verbunden fühlen. Wichtige Zeitschriften für Fragen zur F.-Forschung sind in der Bundesrepublik: Friedensanalysen (HSFK, AFK), S + F (ISFH), Friedens-Warte.

Forschungsperspektive
Nach der Grundsatzdiskussion während der Gründungsphase über die Wertorientierung (Wertfreiheitsdebatte), die Zielrichtung der F.-Forschung (negativer vs. positiver F.), die grundlegenden Konzepte (F., Krieg, Rüstungsdynamik), die Forschungsmethoden und Ansätze Anfang der 70er Jahre folgte ein Jahrzehnt empirischer und teilweise praxeologischer Forschung.

Ein zentrales Desiderat der F.-Forschung ist eine systematische Bestandsaufnahme der bisherigen Forschungsergebnisse nach analytischen Gesichtspunkten, eine Überprüfung und Präzisierung wissenschaftlicher

Theoreme (z. B. zur Rüstungsdynamik) und eine Präzisierung zentraler Kategorien des sicherheitspolitischen Diskurses (strategische Stabilität). Als positives Beispiel einer selbstkritischen Überprüfung von theoretischen Ansätzen der 70er Jahre sei auf eine Studie von D. Senghaas «Die Zukunft Europas – Probleme der Friedensgestaltung» und zu einem gelungenen Dialog von F.-Forschung und Praktikern in der Diplomatie und im Militär seien zwei Bände (hg. von Erhard Forndran) zu «Kernwaffen und Rüstungskontrolle» sowie zu «konventionellen Waffen und Rüstungskontrolle» genannt. Um eine Bestandsaufnahme im Bereich der Theorie der Rüstungsdynamik bemüht sich im internationalen Rahmen die Studiengruppe Waffentechnologie und Abrüstung der International Peace Research Association (IPRA).

Brauch, H. G.: Entwicklungen und Ergebnisse der Friedensforschung (1969–1978). Eine Zwischenbilanz und konkrete Vorschläge für das zweite Jahrzehnt. Frankfurt/M. 1979.
Czempiel, E.-O.: Schwerpunkte und Ziele der Friedensforschung. München/Mainz 1972.
–: Internationale Politik. Ein Konfliktmodell. Paderborn/München/Wien/Zürich 1981.
Eberwein, W.-D./Reichel P.: Friedens- und Konfliktforschung. Eine Einführung. München 1976.
Forndran, E./Krell, G. (Hg.): Kernwaffen im Ost-West-Vergleich. Zur Beurteilung militärischer Potentiale und Fähigkeiten. Baden-Baden 1984.
Galtung, J.: Essays in Peace Research. 5 Bde. Kopenhagen 1977–1980.
Kaiser, K.: Friedensforschung in der Bundesrepublik. Göttingen 1970.
Kernig, C. D.: «Frieden». In: Sowjetsystem und demokratische Gesellschaft. Bd. 2. Freiburg 1968, S. 711–740.
Senghaas, D.: Abschreckung und Frieden. Studien zur Kritik organisierter Friedlosigkeit. Frankfurt/M. 1969.
–: Die Zukunft Europas. Probleme der Friedensgestaltung. Frankfurt/M. 1986.

Hans Günter Brauch

Gewalt

Begriffliche Abgrenzungen

Unter G. kann die Ausübung von physischem oder psychischem Zwang mit dem Ziel verstanden werden, Personen oder Sachen zu schädigen. Dabei wird im allgemeinen von «politischer» G. gesprochen, je größer die Zahl der Beteiligten (Akte des politischen Terrorismus stellen eine Ausnahme dar) und je klarer erkennbar politische Absichten der Handelnden sind und vor allem je ausgeprägter die Reaktionen der →Öffentlichkeit ausfallen. So können Handlungen, die lediglich Akte kollektiver G. waren, durch die Reaktionen der jeweils bedeutsamen Öffentlichkeit (Bevölkerungsgruppen, staatlicher →Institutionen, →Parteien, Medien) zu Akten politischer G. werden. Dementsprechend erweitert kann politische G. definiert werden als Akte der Zerstörung und Verletzung, deren Ziel, Wahl der Objekte und Opfer, Umstände, Ausführung und/oder (beabsichtigte) Wirkungen in der Beeinflussung des Verhaltens anderer Personen oder von Institutionen bestehen, wobei die politische Komponente durch die obigen drei Kriterien, vor allem in Willensbildungsprozessen in Form gesetzlicher Vorschriften und der damit verbundenen Bewertung als politisch oder nichtpolitisch, zum Ausdruck kommt. Politische G. ist als Prozeß anzusehen, der sich zwischen verschiedenen Kategorien von Handelnden abspielt. Ferner sollte der Begriff der politischen G. nicht begrenzt werden auf Aktivitäten von Protestierenden oder Rebellen gegen staatliche Instanzen, sondern umgekehrt auch auf bestimmte Handlungen staatlicher Instanzen (z. B. Pogrome) gegenüber Gruppen und Individuen angewendet werden.

Vergliche man die Zahl der Opfer staatlicher innenpolitischer G.-Anwendung mit der Zahl derer, die durch G.-Einwirkung von seiten Protestierender zu Schaden gekommen sind, ergäbe sich wahrscheinlich ein Vielfaches, zumindest im 20. Jahrhundert. (Der →Staat verfügt im allgemeinen über bessere Ressourcen, kann also im Falle des Einsatzes von Truppen und Sicherheitskräften wesentlich größeren Schaden anrichten als die Rebellen.) Man braucht hier nur an die zaristischen, türkischen, sowjetrussischen und nationalsozialistischen Verfolgungen und Pogrome oder an die verschiedenen Terrorkampagnen in China Anfang der 50er Jahre oder als jüngste Beispiele an den staatlichen Terror der Roten Khmer in Kambodscha wie an den der christlichen Falangisten in Beirut zu erinnern.

Bei der weiteren Abgrenzung des Begriffs G. kann nach vielfältigen Kriterien unterschieden werden, z. B. G. gegen Personen oder gegen nichtmenschliche Objekte, direkte oder indirekte G., physische oder psychische G., individuelle oder kollektive G., organisierte oder spontane G., kriminelle oder politische G., personale oder strukturelle G. – letztere eine Variante des norwegischen Friedensforschers Johan Galtung, die, als «Ursache der Differenz zwischen Möglichkeit und Wirklichkeit» unzureichend abgegrenzt, inflationären Charakter bekommt und sich eher als politischer Kampfbegriff denn für die wissenschaftliche Analyse eignet.

Das staatliche Gewaltmonopol – Legale und legitime Gewalt
Für die Kategorie der legalen G. nimmt die Analyse von Max Weber auch heute noch einen prominenten Rang ein. Weber sieht im Kriterium der «physischen Gewaltsamkeit» das dem Staat spezifische, freilich nicht das einzige Mittel und versteht das Monopol der Gewaltsamkeit als Folge zunehmend unterschiedlicher Ansprüche an die Gemeinschaft, die nicht mehr auf traditionalem Wege ihre Konflikte regeln konnte. Dabei könne der Staat als «auf das Mittel der legitimen (das heißt: als legitim angesehenen) Gewaltsamkeit gestütztes Herrschaftsverhältnis von Menschen über Menschen» (Weber 1964, S. 1043) Gehorsam beanspruchen. Auf die ‹Kehrseite› der →Legitimität ist jedoch hinzuweisen: Erfüllen die staatlichen Institutionen ihre Aufgaben nicht im Rahmen vorgeschriebener oder durch Gewohnheit festgelegter Regeln, kann es zu einem Legitimitätsverlust kommen (die charismatische Herrschaft dürfte hier als Ausnahmefall gelten), der eine Vorbedingung für eine interne Krise und möglicherweise eine spätere →Revolution ist.

Die zentrale Bedeutung des staatlichen G.-Monopols für das Verständnis von politischer G. (hier stärker im Sinne von gegen das →System gerichteter G.) sei an drei Beispielen verdeutlicht: Wäre 1977 der Befreiungsversuch der Geiseln durch die Bundesgrenzschutz-Einheit GSG 9 in Mogadischu fehlgeschlagen, hätte das staatliche G.-Monopol einen empfindlichen Rückschlag erlitten. Dem Staat wäre der Vorwurf gemacht worden, seine Bürger nicht schützen zu können, wobei ein solcher Schutz im Ausland völkerrechtlich ohnedies heikel ist. Statt dessen trat das Gegenteil ein: Mogadischu wurde zur entscheidenden Wende. Für viele Bürger ergab sich daraus ein (neuer) Anlaß, sich mit der politischen Ordnung der Bundesrepublik zu identifizieren, was im Endeffekt den Kampf gegen den Terrorismus wirksamer werden ließ. – Das zweite Beispiel liefert der Verfall des staatlichen G.-Monopols im Iran, wo revolutionär-religiöse Garden (‹Volksmilizen›) neben den bisherigen staatlichen Verwaltern des G.-Monopols aufgetreten sind und zu einer allgemeinen Verunsicherung beigetragen haben. – Der politische Terror durch →Nationalsozialisten und →Kommunisten gegen Ende der Weimarer Republik liefert in unserer eigenen Geschichte eines der deutlichsten Beispiele für die Gefahren, die aus dem Zusammenbruch des nach rechtsstaatlichen Prinzipien abgesicherten staatlichen G.-Monopols erwachsen können. Ein politisches Gemeinwesen kann sich dadurch selbst noch mehr schwächen, als dies durch die Herausforderung der Systemgegner geschieht.

Im Unterschied zum rechtspositivistischen Denken, das Legalität und Legitimität leicht für ein und dasselbe hält, bleibt prinzipiell daran festzuhalten, daß aus der Unterscheidung von legaler und legitimer G. insgesamt vier mögliche Fälle abgeleitet werden können. Die Vorstellung des demokratischen →Rechtsstaates stellt den Idealfall dar: Legale G. und legitime G. decken sich, das staatliche G.-Monopol besteht und wird ausnahmslos gebilligt; denn um Billigung, um für rechtmäßig halten, weniger um formale Rechtmäßigkeit geht es bei Fragen der Legitimität.

Umgekehrt ist der Fall einer reinen Schreckensherrschaft zu sehen, bei der weder Gesetz noch Billigung durch die Bevölkerung gefragt sind. Größere Schwierigkeiten bereiten die inkonsistenten Fälle einer legal ausgeübten G., die aber nicht als legitim gilt – als illegitim für wen, Minderheiten oder die Mehrheit? Somit kommt dem Begriff der Legitimität wie auch dem G.-Begriff in der politischen Auseinandersetzung eine ‹Kampfqualität› zu. Die Handhabung des staatlichen G.-Monopols hat Kredit, Billigung bei den Bürgern immer aufs neue zu erwerben. Vorausgesetzt werden kann dieser erst bei einer sehr starken Verankerung des politischen Gemeinwesens.

Der vierte Fall, die Merkmalskonstellation: Illegale G., die aber für legitim gehalten wird, findet sich bei den ‹klassischen› Protestfällen. Proteste sind besonders intensiv, wenn die Protestierenden das ‹Recht› (im Sinne einer ‹moralisch höheren› Qualität, etwa des →‹Friedens›, kurz im Sinne der Legitimitätsdimension) auf ihrer Seite glauben. Daß auch diese Fälle illegale G.-Ausübung bedeuten, ergibt sich bereits aus dem rechtlichen G.-Monopol des Staates. In den Fällen, in denen die Ausübung von G. gegen die bestehende →Regierung oder das System auf weitgehende Billigung der Bevölkerung stößt – man denke an (vor)revolutionäre Ereignisse wie die Nahrungsmittelaufstände im Ancien régime oder die Plünderungen und Landnahmen der von der Front rückflutenden russischen Bauernmassen im Jahre 1917 –, ist der Einsatz staatlicher G. noch heikler, als dies ohnehin bereits der Fall ist.

Politische Gewalt und verwandte Begriffe

In einer vereinfachenden Formel ausgedrückt, läßt sich der begriffliche Spielraum, die Extension des Begriffes der G. und anderer wie folgt angeben:

Gewalt < Zwang < Macht < Herrschaft

Dabei kann →Herrschaft – folgt man Weber mit der bislang noch akzeptabelsten Definition von Herrschaft als der «Chance, für einen Befehl bestimmten Inhalts bei angebbaren Personen Gehorsam zu finden» (Weber 1964, S. 38) – als →Macht verstanden werden, die nicht getestet zu werden braucht. Macht wiederum ist nach Weber «jede Chance, innerhalb einer sozialen Beziehung den eigenen Willen auch gegen Widerstreben durchzusetzen, gleichviel worauf diese Chance beruht» und kann als Oberbegriff zu Zwang verstanden werden. Sie stellt dann eines der Mittel dar, seinen «Willen auch gegen Widerstreben durchzusetzen», neben anderen Formen wie etwa Überredung oder Überzeugung. Zwischen Zwang und G. besteht ebenfalls eine Zweck-Mittel-Beziehung, wobei es andere Formen der zwanghaften Einwirkung als die extreme Form der G.-Anwendung gibt. Darunter können auch ideologische oder religiöse Glaubenssysteme fallen (→Ideologie; →Religion).

Je mehr sich eine Regierung oder – allgemeiner – eine politische Ordnung auf Mechanismen stützen muß, die auf der linken Seite der obigen Ungleichungen stehen, desto gefährdeter wird sie. Gleichzeitig wird deutlich, wie weit entfernt Rebellen ihrem langfristigen Ziel sind, Herrschaft zu erlangen, wenn sie auf die Karte der G. setzen.

Theorien und Befunde

Politische G. kann sich auf mehreren Ebenen abspielen, wobei hier die gesamtgesellschaftliche und die Gruppenperspektive in den Vordergrund gerückt werden, daneben aber auch auf den internationalen Aspekt (→Kriege, externe militärische Interventionen, subversives Verhalten u. a.) wie die reine Individualebene (politische G.-Täter u. a.) hinzuweisen ist. Auf dem Gebiet der *ländervergleichenden Konfliktforschung* haben sich vier Merkmalsgruppen als besonders erklärungskräftig für das Auftreten politischer G. erwiesen.

- *Sozio-ökonomische Entwicklung:* Wirtschaftliche und in der sozialen →Infrastruktur (z. B. soziale Sicherungssysteme) entwickeltere Staaten weisen in der Regel weniger gewaltsame interne Konflikte auf. Als Maß wird üblicherweise Intensität, Dauer und Verbreitung gewaltsamer Konflikte genommen, ausgedrückt in dem Ausmaß der Teilnahme (Personen pro Tag) an und der Anzahl von Toten bei gewaltsamen Aktivitäten. Wirtschaftlich stark entwickelte →Demokratien weisen in vielen Fällen allerdings ein nennenswertes Ausmaß an politischem Protest auf, der jedoch meist weniger gewaltsam verläuft. ‹Politischer Protest› stellt die schwächere Form interner politischer Konflikte dar. Er ist durch einen geringeren Organisationsgrad und weniger systematischen G.-Gebrauch als ‹innerer Krieg› gekennzeichnet. Typische Konfliktformen politischen Protests sind Demonstrationen, Unruhen oder politische Streiks, während bewaffnete Angriffe, terroristische Attacken, Mordanschläge, Guerillakriege usw. eher inneren Krieg bedeuten. Beide Dimensionen erweisen sich als relativ stabil und müssen demzufolge nicht nur empirisch, sondern auch in weiterführenden theoretischen Auseinandersetzungen als grundlegende Dimensionen internen gewaltsamen politischen Konflikts angesehen werden.

Eine große Anzahl autoritärer Staaten in der →Dritten Welt verzeichnet dagegen beide Formen politischen Konflikts, wobei abnehmende staatliche Repression diese oft noch intensiviert, da Anlässe zur Unzufriedenheit (Unterentwicklung, Korruption, Übergriffe der Sicherheitsbehörden u. a.) häufig fortbestehen, Widerstand gegen politische Mobilisierung aber abgebaut wird.

• *Sozio-ökonomische Ungleichheit:* Für sich genommen erweisen sich objektive Ungleichheiten im Landbesitz oder in der Einkommensverteilung als relativ unbedeutende Erklärungsgrößen. Entgegen wiederkehrenden theoretischen Aussagen von Aristoteles bis Marx ertragen manche Bevölkerungsgruppen ein großes Maß an sozio-ökonomischer Benachteiligung, ohne daß es zu revolutionären Umsturzversuchen kommt. Letztere erfordern mehr: ein Bewußtsein der Situation, ein erhebliches Minimum an Organisiertheit unter den Unzufriedenen, die eine Protestkoalition schließen, eine alternative revolutionäre Ideologie entwickeln und verbreiten und gegen einen möglicherweise repressiven Staatsapparat bestehen müssen. Sozio-ökonomische Ungleichheit kann aber zu einer erheblichen Dauerunzufriedenheit führen und so einen sozialen Sprengstoff darstellen, der zumeist aber erst durch andere Faktoren gezündet werden muß. Wichtiger als Unzufriedenheit (vgl. dazu auch die Theorie der relativen Benachteiligung z. B. bei Gurr 1980) sind Art und Weise der Politisierung und politischen Organisierung dieser Einstellungen. Die sogenannten Theorien der Ressourcenmobilisierung, in denen (gewaltsamer) politischer Konflikt nur als spezielle Form des Machtkampfes unter (Elite-) Gruppen gesehen und stärker auf den Kontrahenten zur Verfügung stehende Mittel sowie ihre Nutzen-Kosten-Kalküle abgehoben wird (Weede 1984), stellen notwendige Ergänzungen von Deprivationstheorien dar. Konflikte werden immer dann besonders intensiv und gewaltträchtig sein, wenn Protestierende Gründe starker Unzufriedenheit haben, an der Legitimität der bestehenden politischen Ordnung zweifeln *und* über Möglichkeiten zur Organisierung ihres Protestes verfügen *und* ihnen freiere Formen des Protestausdrucks versperrt sind.

• *Ethno-kulturelle Vielfalt:* Wie das Beispiel der Schweiz zeigt, muß ethnokulturelle (religiöse, sprachliche) Vielfalt eines Staates nicht notwendig mit hohem Konfliktpotential einhergehen. Lösungen des friedlichen Einvernehmens, wie sie in dem Begriff der ‹Konkordanzdemokratie› zusammengefaßt sind, können zur Regelung eines solchen Konfliktpotentials beitragen. Allerdings sind früher als Musterbeispiele gepriesene Länder wie der Libanon, Ceylon/Sri Lanka oder Malaysia inzwischen in einem Ausmaß instabil geworden und von einvernehmlichen Regelungen abgegangen, daß erhebliche Zweifel an der Theorie und ihrer Anwendbarkeit deutlich werden. Ethno-kulturelle Vielfalt wird vor allem unter vier Bedingungen zu starker Belastung eines Staates:

• zahlenmäßig ungleichgewichtige Verteilung von wenigen größeren ethno-kulturellen Bevölkerungsgruppen (Nordirland, Sri Lanka, Nigeria);

• Trennung von ethno-kulturellen Gruppen durch relativ willkürliche Grenzziehung (Nordirland, koloniale Grenzziehung in Schwarzafrika);

• Zunahme des Anspruchsbewußtseins vieler Völker der Dritten Welt mit verbesserter Schulbildung, gesteigerter Urbanisierung und weiterer Verbreitung der Massenmedien. Dies wird bei kultureller Pluralität in einem Lande aber nicht zur Assimilation an die dominante Kultur führen, sondern enormen Konfliktstoff in sich bergen, da die nunmehr besser ausgebildeten Bevölkerungsgruppen sich auf ihre Autonomie und ihre eigenen Werte besinnen, zusätzliche Ansprüche geltend machen und in ihrem politischen Organisationsvermögen wachsen werden. Die Unruhen in Südafrika nehmen ähnlich wie im Libanon nicht von ungefähr auf einem höheren Orientierungsniveau der bislang untergeordneten kulturellen Bevölkerungsgruppen zu.

- Überlagerung und damit Verschärfung gesellschaftlicher Spannungslinien und nicht Abbau durch «Kreuzung sozialer Kreise» (Simmel). Eine Minderheit wird nicht nur wegen ihres religiösen Bekenntnisses oder ihrer Sprache und Kultur, sondern auch in sozio-ökonomischer Hinsicht benachteiligt. Die wirtschaftlich schwächere Lage der Katholiken in Nordirland und die bestimmter arabischer Bevölkerungsteile noch unter der Herrschaft der Christen im Libanon sind hier als Beispiele zu nennen. Allerdings garantiert wirtschaftlicher Erfolg einer Minderheit wie der Basken oder Tamilen nicht ein Abklingen entsprechender Spannungen, sondern führt oft sogar zu Neid- und Konkurrenzverhalten anderer ethno-kultureller Gruppen.
- *Staatliche Repression:* Zahlreiche Untersuchungen belegen, daß G. im allgemeinen Gegengewalt auslöst, mit einer Ausnahme: der unzweideutigen Anwendung starker staatlicher Repression. Ein totalitäres System kann G. gegen staatliche Instanzen oder Personen weitgehend unterbinden (→Totalitarismus). Schon ein autokratisches System wie etwa das Franco-Spaniens oder Resa Schah Pahlewis oder vieler Staaten Lateinamerikas sieht sich erheblich größeren Schwierigkeiten gegenüber. Staatliche Repression in Form der Beschneidung freiheitlicher Rechte (Pressezensur, Parteienverbot, Versammlungsverbot) und/oder großer interner Sicherheitskräfte kann dazu beitragen, daß politischer Protest in den Untergrund gedrängt wird und gewaltsamere Formen annimmt, da freiheitliche Äußerungen politischer Meinung nicht möglich sind. Sind Protestler entsprechend organisiert und subkulturell fest eingebunden, wie in Nordirland die katholischen Protestgruppen, und haben gar noch die Möglichkeit des Rückzugs auf das Territorium eines anderen Landes, sind bereits die wichtigsten Voraussetzungen für heftigen inneren Krieg gegeben.

Die Logik einer repressiven Haltung des Staatsapparats bricht dann häufig zusammen, wenn das verschärfte Repressionsniveau auf ein mittleres zurückgenommen werden soll. Zu viele psychologische Mechanismen (u. a. unglaubwürdige Reformbemühungen, weitergehende Erwartungen, größere Erfolgschancen für Dissidenten bei nachlassender Repression) sind wirksam, als daß diese Kalkulation aufginge und eine entsprechende Maßnahme als ernsthaftes Liberalisierungsbemühen verstanden würde. In dieser Hinsicht scheint sich die südafrikanische Regierung mit ihrer repressiven Apartheidspolitik in eine nahezu aussichtslose Lage begeben zu haben.

• *Demokratie, Protest und politische Instabilität:* Politische G. kann als hinreichende, nicht jedoch als notwendige Bedingung für politische Instabilität im Sinne von Regierungsinstabilität oder Wechsel des Regimes gelten. Viele politische Systeme können mit einem nennenswerten Ausmaß an politischer G. leben. So sind Demokratien wie Großbritannien, Spanien, die Bundesrepublik, Italien und Frankreich Ziel terroristischer Angriffe und politischer Mordanschläge geworden, ohne daß dies beachtliche Auswirkungen auf die politische Stabilität des Regimes gehabt hätte. Der Mechanismus des politischen Protests ermöglicht es Demokratien, frühzeitig auf Mißstände zu reagieren und damit langfristig an Stabilität zu gewinnen. In theoretischer wie empirischer Analyse ergibt sich, daß Protest und Demokratie keine Gegensätze sind, daß das eine das andere nicht untergraben muß. Im Sinne Émile Durkheims ist in politischem Protest nicht ein Zeichen der Schwäche zu sehen, sondern eher eine ‹normale Pathologie› einer freiheitlichen Industriegesellschaft – im besten Falle sogar ein Zeichen demokratischer Vitalität. Nach 1945 ist kein einziges Land aus der Gruppe der Demokratien (mit Ausnahme Uruguays) an inneren gewaltsamen Konflikten allein gescheitert. Zusammenbrüche von Demokratien ereigneten sich seit dem 2. Weltkrieg vornehmlich in der Dritten Welt. Vielfach sind sie auf Eingriffe des Militärs, gelegentlich unterstützt durch amerikanische Militärhilfe, zurückzuführen. Allerdings sind in der Zwischenkriegszeit zahlreiche Demokratien u. a. an einer mangelhaften Kontrolle politischer G. und dem Zusammenbruch des G-Monopols gescheitert.

Demokratische Verhältnisse lassen zumindest Rebellionen oder innere Kriege, die intensivere und bedrohlichere Dimension gewaltsamer politischer Konflikte, weniger wahrscheinlich werden. Wenn Protest jedoch zu Formen des inneren Krieges eskaliert, z. B. wegen des unzureichenden oder fehlerhaften Einsatzes repressiver Mittel durch die Amtsinhaber, laufen Autokratien wie Demokratien Gefahr zusammenzubrechen. Tatsächlich bestehen jedoch auch zwischen westlichen Demokratien große Unterschiede im Hinblick auf politische G. Sie reichen von relativ protestfreien Demokratien wie Finnland, Norwegen, Dänemark, Schweden, Australien, Neuseeland oder der Schweiz über Demokratien, die in einem gewissen Ausmaß durch Proteste und Unruhen gekennzeichnet sind, bis zu lautstark partizipatorischen Demokratien wie Italien, Frankreich, Großbritannien und den USA sowie in jüngster Zeit Spanien und Portugal. Auch die Bundesrepublik ist bei Protestdemonstrationen dieser Spitzengruppe zuzurechnen.

Aus der Sicht quantitativ vergleichender Studien wissen wir wenig über die Bedingungen des Erfolgs oder Mißerfolgs von Protestgruppen, die (auch) von dem Mittel der G. Gebrauch machen. Doch deutet reiner G.-Gebrauch eher auf Mißerfolg hin, mit Sicherheit in westlichen Demokratien, wie der Fall des Terrorismus mit Ausnahme des ethnozentrisch bedingten belegt. Ansonsten mögen Protestgruppen prinzipiell eher beim Aufwerfen neuer Fragestellungen, also als Instrument sozialen Wandels, erfolgreich sein als beim Versuch der Konsolidierung eigener Ressourcen zur langfristigen Teilnahme am politischen Kampf, eben dann, wenn es um die Lösung dieser Fragen geht.

• *Terrorismus als eine extreme Form politischer Gewalt:* Drei Gesichtspunkte erscheinen grundlegend für eine angemessene Einschätzung des Terrorismus:

1. Terrorismus ist zunächst einmal ein Zustand des Bewußtseins. Die reale Bedrohung des Lebens ist im Autoverkehr erheblich größer als durch Terrorismus in fortgeschrittenen Industriegesellschaften.

2. Terrorismus ist eine Waffe der Schwachen. Dies belegen nicht nur die obige begrifflich-theoretische Analyse, sondern auch jene Gruppen, die sich auf Terrorismus gestützt haben. Terrorismus als Form des kleinen Krieges – und dies heißt nichts anderes als *guerilla* – wurde von den spanischen Widerstandskämpfern nach der Niederlage gegen Napoleon hinter der Front angewendet und ist in dieser Funktion als Form des Kampfes von David gegen Goliath immer wieder in der Geschichte, wenn auch in mannigfachen Varianten, aufgetaucht.

3. Terrorismus ist eine «indirekte Strategie, die nur je nach der Reaktion, die sie auslöst, zum Erfolg oder Mißerfolg führt» (Fromkin 1975, S. 697). Angemessene Reaktionen werden allerdings um so schwieriger, je mehr internationale Akteure in die Ereignisse verwickelt sind.

Reaktionen des Staates und der Gesellschaft auf den Terrorismus können in zweierlei Hinsicht unangemessen sein: Sie können zu schwach ausfallen. So war in den 70er Jahren die große Mehrzahl der internationalen Terroristen, die in einem dritten Land gefangengenommen wurde, bereits nach kurzer Zeit wieder auf freiem Fuß. Reaktionen auf den Terrorismus können aber auch übermäßig stark ausfallen, wie etwa im Falle der Militärs in Uruguay, Argentinien und Brasilien, als mit der aktiv-militärischen Bekämpfung der Terroristen zugleich die demokratische Ordnung beseitigt wurde.

Terrorismus kann verschiedenen Zielen dienen. Er kann als ein Mittel innerhalb anderer Formen des Kampfes angewendet werden, z. B. Bürgerkrieg, revolutionären Angriffen, Unabhängigkeitskriegen, antikolonialem Kampf, Kampf für größere kulturelle Autonomie, wie auch als Ziel in sich. Er ist von Nationalisten, Linken, Rechten, religiösen und anderen Gruppen und Bewegungen ausgeübt worden.

Forschungslücken

Als repräsentativ für empirische Studien, die sich mit individueller ‹politischer Aggressivität›, politischer →Partizipation unter aktivem G.-Einsatz oder seiner Billigung beschäftigen, sei hier die Arbeit von Muller (1977) genannt, der in seiner Norm-Wert-Erwartungstheorie Faktoren wie ideologische Rechtfertigungen politischer G., eine positive Kostenkalkulation bei ihrem Einsatz und ein sozial stützendes Milieu, wie vielfach in Universitätsstädten gegeben, heraushebt. Eine echte Mehrebenenanalyse politischer G., die sowohl Ursachen, Korrelate und Folgen des G.-Gebrauchs im politischen System insgesamt als auch auf der Ebene einzelner politischer Gruppen, verbunden mit Aussagen über die Disposition und Verhaltensweise diverser Gruppenmitglieder, berücksichtigt, steht nach wie vor aus. Damit würden das Zusammenwirken aller drei Faktoren, die Spielräume und konkreten Interaktionsbedingungen von Individuen, Gruppen und staatlichen Akteuren, deutlichere Konturen erfahren.

Fromkin, D.: The Strategy of Terrorism. In: Foreign Affairs 53 (1975), S. 683-698.
Gurr, T. R. (Hg.): Handbook of Political Conflict. New York 1980.
Hibbs, D. A.: Mass Political Violence. New York 1973.
Huntington, S. P.: Political Order in Changing Societies. New Haven 1968.
Laqueur, W.: Guerrilla: A Historical and Critical Study. Boston 1976.
Muller, E. N.: Aggressive Political Participation. Princeton 1977.
Powell, G. B.: Contemporary Democracies: Participation, Stability, and Violence. Cambridge (Mass.) 1982.
Weber, M.: Wirtschaft und Gesellschaft (Studienausgabe). Köln 1964.
Weede, E.: Kosten-Nutzen-Kalküle als Grundlage einer allgemeinen Konfliktsoziologie. In: Zeitschrift für Soziologie 13 (1984), S. 3–19.
Zimmermann, E.: Soziologie der politischen Gewalt. Stuttgart 1977.
–: Massenmobilisierung: Protest als politische Gewalt. Zürich 1983.

Ekkart Zimmermann

Gewerkschaften

Begriffsverwendungen

G. sind in allen entwickelten kapitalistischen →Systemen ein wesentlicher Bestandteil der (industriellen) →Arbeitsbeziehungen. Natürlich gibt es auch in sozialistischen Systemen G.; hier haben sie jedoch eine ganz andere Struktur und Funktion. Schließlich ist zu erwähnen, daß G. auch in vielen Ländern der →Dritten Welt existieren, die jedoch oft wegen der ökonomischen und gesellschaftlichen Bedingungen eine untergeordnete Bedeutung haben. Daraus wird deutlich, daß die Struktur und Funktion eines Gewerkschaftswesens durch die vorherrschende →Ideologie und die rechtlichen und faktischen, wirtschaftlichen und gesellschaftlichen Bedingungen eines Landes geprägt werden.

Historisch betrachtet sind G. ein Produkt des sozialen →Konflikts zwischen Kapital und Arbeit: Die zunehmende Industrialisierung führte zu extremen Machtstrukturen, indem die Arbeiter von den Unternehmern in der Regel materiell ausgebeutet und sozial unterdrückt wurden. Es kam zu einer Solidarisierung auf breiter Ebene. Die Arbeiterschaft organisierte sich gegen den Widerstand der Unternehmer und teilweise gegen jenen des →Staates. G. sind somit hinsichtlich ihres Ursprungs Selbsthilfegruppen mit dem Ziel, über die Bildung einer →Interessenorganisation Macht zu erhalten, um die eigene ökonomische und soziale Lebenslage zu verbessern. Insofern unterscheiden sich G. von Arbeitnehmervereinigungen anderer Art wie Wohlfahrtsverbänden (z. B. Arbeiterwohlfahrt) und Arbeitersportvereinen (→Verbände).

Verwendungszusammenhänge

Die sozialwissenschaftliche Beschäftigung mit den G. ist bemerkenswert. Es gibt in den sozialwissenschaftlichen Disziplinen →Politikwissenschaft, Soziologie und Ökonomie eine kaum überschaubare Literaturfülle. Die Politikwissenschaft hat sich besonders der Entstehung von G., der Position von G. in politischen Systemen und dem internen →Organisationsaufbau bzw. den -strukturen zugewandt. Im Gefolge der Protestbewegung Ende der 60er Jahre erfuhr die konfliktorische Gewerkschaftspolitik eine besondere thematische Zuwendung.

Die deutschsprachigen Beiträge, die sich mit G. befassen, entsprechen jedoch weitgehend einer ausgeprägten Tradition, indem die Analysen nur aus dem Blickfeld der jeweiligen sozialwissenschaftlichen Disziplin erfolgte. Daher mangelt es an einer umfassenden – sozialwissenschaftlichen– Gewerkschaftstheorie. Die theoretischen Arbeiten beschränken sich auf einzelne Aspekte, z. B. die Auswirkungen gewerkschaftlicher Lohnpolitik auf dem Arbeitsmarkt, weshalb auch über die Begriffsbildung kein Konsens erzielt werden konnte.

Es handelt sich jedoch nicht nur um die unterschiedlichen →Interessen einzelner sozialwissenschaftlicher Disziplinen. Es gibt auch ganz unterschiedliche theoretische Positionen über die ‹richtige› Gewerkschaftspolitik bzw. -strategie zur Realisierung der Ziele. Die Antipoden lassen sich dahin abgrenzen, daß einerseits G. aus einer systemimmanenten Position ihre Ziele vorgeben oder andererseits politisch eine Systemveränderung anstreben können. Diese Positionen werden z. B. mit sehr unterschiedlichen theoretischen Ansätzen analysiert und begründet.

Auf internationaler Ebene stellt sich die – vergleichende – Gewerkschaftsanalyse noch erheblich schwieriger dar. Die Existenz von meist recht bedeutenden und mächtigen G. in allen westeuropäischen Ländern läßt nicht die Verschiedenheit der nationalen Gewerkschaftswesen erkennen. Dabei handelt es sich nicht nur um marginale terminologische Unterschiede, sondern um grundlegende Bedeutungsdifferenzen. So war die wörtliche Übersetzung des traditionellen angelsächsischen Begriffs ‹Industrial Relations› in ‹industrielle Beziehungen› oder nur ‹Arbeitsbeziehungen» mißglückt, da es inhaltlich nicht zu einem Konsens kam. Aber auch einzelne Politikbereiche wie die Mitbestimmung finden weder im englischen noch im französischen Sprachgebrauch einen äquivalenten Gegenbegriff. Es gibt wenig Anknüpfungspunkte, was die Entwicklung einer internationalen Gewerkschaftsbewegung sehr behindert hat.

Sowohl die nationalen als auch die internationalen Differenzen hinsichtlich der Verwendungszusammenhänge zeigen, daß es keine einheitliche Gewerkschaftsbewegung gibt und daß auch hinsichtlich der potentiellen Gewerkschaftsfunktionen kein Konsens zu erzielen ist, da die ideologischen Positionen zu konträr sind. Als kleinster gemeinsamer Nenner bleibt dennoch das Ziel, die ökonomische und soziale Lebenslage der Arbeitnehmer zu verbessern (→Sozialstaat).

Begriffspräzisierung

Die Vielfalt der nationalen Gewerkschaftswesen und die unterschiedlichen theoretischen Ausgangspositionen erfordern eine klare Eingrenzung, die sich hier auf das Gewerkschaftswesen der Bundesrepublik beschränkt. Dabei ist zu berücksichtigen, daß die G. nach dem Zusammenbruch der nationalsozialistischen →Herrschaft vor einem Neubeginn standen. Dieser basierte auf einer kritischen Auseinandersetzung mit dem Gewerkschaftswesen der Weimarer Republik, da mit der Machtübernahme der Nationalsozialisten die bestehenden G. verboten und viele Gewerkschaftsfunktionäre politisch verfolgt wurden.

Für das Verständnis des Gewerkschaftswesens in der Bundesrepublik ist es wichtig, die rechtliche Legitimationsbasis und einige wesentliche Strukturmerkmale zu kennen. Es ist unbestritten, daß die gewerkschaftliche Interessenpolitik wesentlich von den rechtlichen Rahmenbedingungen abhängt. Rechtsgrundlage ist der Art. 9 Abs. 3 GG, wonach «das Recht, zur Wahrung und Förderung der Arbeits- und Wirtschaftsbedingungen Vereinigungen zu bilden» grundsätzlich gewährleistet wird. Das GG gibt somit keine Begriffsbestimmung (Legaldefinition) der G.

Ferner haben G. keinen eindeutigen rechtlichen Status. Sie können als Arbeitnehmerkoalitionen in Form von nichtrechtsfähigen Vereinen bzw. frei gebildeten körperschaftlichen Vereinigungen definiert werden. Daher bleibt es der Rechtsprechung und der Wissenschaft bzw. den G. selbst überlassen, die Handlungsfreiräume bzw. Aktionsfelder näher zu bestimmen. Diese Situation wurde immer wieder kritisiert; denn in der Tat muß jeder Kaninchenzüchterverein über ein rechtlich geordnetes Vereinsleben verfügen, während die körperschaftliche Ordnung der G. völlig ungeordnet ist. Das trifft jedoch auch für andere große und mächtige Interessenorganisationen zu. Daher kam es immer wieder zu intensiven verfassungspolitischen Diskussionen, die bisher jedoch nicht über eine Problemexplikation hinauskamen.

Bei der Konzipierung eines neuen Gewerkschaftswesens, die noch im Widerstand und in der Emigration, d. h. in den letzten Kriegsjahren, begann, stand das Prinzip der Einheitsgewerkschaft im Mittelpunkt. Das war die Konsequenz aus den leidvollen Erfahrungen der Weimarer Republik. In ihr herrschte das Prinzip der Richtungsgewerkschaften, das zu harten Auseinandersetzungen und zu einer Zersplitterung führte. Darunter litt die Durchsetzungsfähigkeit der Gewerkschaftsbewegung erheblich. Ferner wurde geplant, das Berufsverbandsprinzip durch das Industrieverbandsprinzip - ein Betrieb, eine Gewerkschaft - zu ersetzen. Beide Prinzipien, sowohl das der Einheitsgewerkschaft als auch jenes des Industrieverbandes, konnten weitgehend verwirklicht werden. Als Ausnahme sind besonders einige G. wie die DAG und der DBB zu nennen, die nicht entsprechend dem Prinzip der Einheitsgewerkschaft Mitglied der Dachorganisation DGB sind. Schließlich ist noch von Bedeutung, daß die dem DGB angeschlossenen Einzelgewerkschaften in bezug auf Konfessionen, Weltanschauungen und politische →Parteien neutral sind.

Die rechtliche und organisatorische Standortbestimmung soll noch durch die Ziele und das Selbstverständnis der G. ergänzt werden. Dabei ist jedoch besonders in der Ausgestaltung der Ziele der soziale und ökonomische Wandel zu berücksichtigen. Die G. haben hier die Möglichkeit, ihre Grundsatz- bzw. Aktionsprogramme immer wieder zu revidieren. Grundsätzlich ist der Aktionsradius der G. in der Bundesrepublik – im Gegensatz zu jenem in den meisten europäischen Ländern – sehr breit angelegt. Es gibt kaum einen (gesellschafts-)politischen oder ökonomischen Problembereich, der im Rahmen gewerkschaftlicher Interessenpolitik unberücksichtigt bliebe. Daher wird teilweise auch von der Ubiquität gewerkschaftlicher Interessenpolitik gesprochen, was jedoch grundsätzlich mit der übergeordneten Zielsetzung, ‹der Verbesserung der sozialen und ökonomischen Lebenslage der Arbeitnehmer›, kompatibel ist.

Das gewerkschaftliche Selbstverständnis erscheint auf den ersten Blick widersprüchlich: sie verstehen sich einerseits als Ordnungsfaktor bzw. -macht und andererseits als Gegenmacht. Sie bekennen sich prinzipiell zu dem pluralistischen Sozial- und Verfassungssystem der Bundesrepublik und sind, indem sie auch quasi öffentlich-rechtliche Aufgaben wahrnehmen, Ordnungsfaktor. Die G. vertreten jedoch auch Interessen der Arbeitnehmer aus einer oppositionellen Position heraus, wenn es z. B. darum geht, wirtschaftliche Forderungen gegen den Widerstand der Kapitalinteressen und/oder der →Regierung durchzusetzen. In diesem Fall agieren sie aus einer Gegenmachtposition. Die Wahrnehmung dieser Doppelfunktion in einem kapitalistischen System ist kein Widerspruch, solange sich G. einerseits zu dem Gesellschaftssystem bekennen und andererseits einen sehr breiten Aktionsradius wahrnehmen.

Forschungsstand

Die theoretischen Ansätze zur Gewerkschaftsbewegung hatten teilweise sehr unterschiedliche Ambitionen. Dabei ging es z. B. um die Frage, ob die G. ein funktionaler Bestandteil der gesellschaftlichen Entwicklung in industrialisierten Ländern sind oder eine →soziale Bewegung und damit den Anspruch eines Agenten des sozialen Wandels beanspruchen können. Scit einiger Zeit steht jedoch eine andere Forschungsrichtung im Mittelpunkt. Das Forschungsinteresse ist einerseits die innengerichtete Interessenpolitik und andererseits die nach außen gerichtete Interessenpolitik.

- *Innengerichtete Interessenpolitik:* Die Binnenstruktur der G. als Forschungsobjekt bezieht sich sowohl auf die Organisation als auch auf die Ideologie und Programmatik, die schon kurz angesprochen wurde. Der gewerkschaftliche Erfolg der außengerichteten Politik wird wesentlich von der Organisationsfähigkeit bestimmt. Die Organisationsfähigkeit manifestiert sich wiederum im Organisationsgrad, der Solidarität, →Loyalität und Mobilität (Kampfbereitschaft) der Mitglieder. Sie prägen die finanzielle Basis, die Handlungsmacht und soziale Glaubwürdigkeit der G. Im Mittelpunkt der Organisationsfähigkeit steht daher u. a. die Frage nach der Interessenpluralität: In jeder Interessenorganisation lassen sich zumindest drei Interessenlagen (Mitglieder-, Funktionärs- und Organisationsinteressen) unterscheiden; daher ist zu untersuchen, in welchem Maße Konsens zwischen den Interessenlagen besteht. Ferner geht es um die Frage der Mitgliedschaftsmotivation, die von materiellen und sozialen Anreizen bestimmt wird. Dieser Zusammenhang wurde nicht nur theoretisch, sondern auch empirisch mehrfach untersucht. Schließlich ist noch die Relevanz des Organisationsgrades, d. h. die Relation zwischen Gewerkschaftsmitgliedern und der Gesamtheit der Arbeitnehmer, für die Interessenpolitik zu klären.

Da die Chancen einer erfolgreichen Interessenpolitik dann steigen, wenn sich eine Gewerkschaft auf eine – relativ – große Mitgliederzahl berufen kann und als homogene Interessenorganisation auftritt, ist die Bedeutung der oben aufgezeigten Fragenkomplexe unstrittig. Der Erfolg gewerkschaftlicher Interessenpolitik wird jedoch auch von externen Faktoren wie der Macht konkurrierender Interessenorganisationen, der politischen Position der Regierung und der wirtschaftlichen Entwicklung beeinflußt.

- *Außengerichtete Interessenpolitik:* Sie ist prinzipiell durch zwei wichtige Merkmale gekennzeichnet:
- die außengerichtete Interessenpolitik der G. muß auf gesellschaftliche Wandlungsprozesse reagieren, bzw. die G. müssen bestrebt sein, den gesellschaftlichen Wandel aktiv mitzugestalten,
- die G. versuchen, sie interessierende Bereiche des Gesellschafts- bzw. →Wirtschaftssystems ihrem Einfluß zugänglich zu machen.

Die gewerkschaftliche Interessenpolitik geht historisch darauf zurück, die Marktlage des Faktors Arbeit zu verbessern. Das war nur durch eine Beseitigung des Lohndiktats der Unternehmer, d. h. durch den Aufbau einer organisierten Gegenmachtposition möglich. Unter der Bedingung gefestigter G., die sowohl rechtlich als auch faktisch eine anerkannte Machtposition haben, muß sich der interessenpolitische Aktionsradius nicht auf die lohnpolitische Funktion beschränken. Die Verbesserung der gesellschaftlichen und ökonomischen Lebenslage der Arbeitnehmer kann in vielen anderen Bereichen angestrebt werden. Das wird z. B. im Grundsatzprogramm '81 des Deutschen Gewerkschaftsbundes eindrucksvoll demonstriert. Der interessenpolitische Aktionsrahmen reicht von traditionellen Funktionen wie Lohnpolitik, Mitbestimmung und soziale Sicherheit über Bildungs- und Wissenschaftspolitik, Humanisierung der Arbeit, Wirtschafts- und Steuerpolitik, Energiepolitik und Umweltschutz bis zur Kultur- und Medienpolitik.

Es ist jedoch auch in den G. umstritten, wie weit der interessenpolitische Aktionsradius reichen soll. Zwei Beispiele können das verdeutlichen. Die gewerkschaftseigenen Unternehmen sind nicht erst seit den wirtschaftlichen Schwierigkeiten eines bedeutenden Konzerns unter den Gewerkschaftsfunktionären und -mitgliedern umstritten. Es ging immer auch um die Frage, ob die G. der Doppelfunktion, d. h. einerseits als Interessenorganisation der Arbeitnehmer zu agieren und andererseits als Unternehmer aufzutreten, gerecht werden können oder ob nicht eine Reihe von Konflikten vorgegeben sind. Ein anderer – besonders international – umstrittener interessenpolitischer Bereich ist die Mitbestimmung. Die G. in der Bundesrepublik haben der Mitbestimmung immer eine große Bedeutung beigemessen und haben sich mit Erfolg für den Ausbau der institutionalisierten Mitbestimmung bzw. der Erweiterung eingesetzt. Besonders französische und englische G. kritisierten jedoch, daß sich die G. der Bundesrepublik damit zunehmend in den institutionellen Rahmen des Systems integrierten und damit einen Teil ihrer interessenpolitischen Unabhängigkeit aufgaben. Diese Beispiele verdeutlichen schon die Problematik einer in sich konsistenten und von den Betroffenen überwiegend akzeptierten außengerichteten Interessenpolitik. Ferner sind noch die ökonomischen und gesellschaftspolitischen Auswirkungen gewerkschaftlicher Interessenpolitik von Bedeutung, die auch in Zukunft das Interesse der Forschung bestimmen werden.

Forschungsperspektive
Der Themenkomplex ‹G.› leidet nicht an mangelnden Forschungsaktivitäten. Dabei sind jedoch die ‹Forschungsintentionen› oft sehr durchsichtig und wenig ergiebig. Zu denken ist an die vielen ‹kritischen› Beiträge, die sich weitgehend auf polemische Aussagen beschränken. Dabei gibt es gerade für die Zukunft wichtige Themenbereiche, die einer wissenschaftlichen Zuwendung bedürfen. Es gibt jedoch auch einige Forschungsdefizite, die nicht zu übersehen sind. Besonders zu beklagen ist das Fehlen einer umfassenden Gewerkschaftstheorie. Ferner wurde bisher die Beziehungsstruktur ‹G. – Arbeitgeber› stark vernachlässigt. In diesem thematischen Kontext wäre auch die gewerkschaftliche Interessenpolitik sicher neu zu diskutieren und zu bewerten.

Weiterhin werden die arbeitsmarktpolitischen Auswirkungen des technologischen Fortschritts bzw. Wandels für die gewerkschaftliche Interessenpolitik noch große Konflikte bzw. Probleme implizieren. Aber auch die Bewältigung der Diskriminierung von bestimmten Arbeitnehmergruppen bzw. das Problem der neuen Armut ist im Kontext gewerkschaftlicher Interessenpolitik bisher theoretisch nicht hinreichend analysiert worden.

Adamy, W. / Steffen, J.: Handbuch der Arbeitsbeziehungen. Opladen 1985.
Bergmann, J. / Jacobi, O. / Müller-Jentsch, W.: Gewerkschaften in der Bundesrepublik. Bd. 1. Frankfurt/M. ³1979.
Bergmann, J. / Müller-Jentsch, W.: Gewerkschaften in der Bundesrepublik. Bd. 2. Frankfurt/M. 1977.
Beyme, K. v.: Gewerkschaften und Arbeitsbeziehungen in kapitalistischen Ländern. München 1977.
Eickhof, N.: Eine Theorie der Gewerkschaftsentwicklung. Tübingen 1973.
Glastetter, W.: Die Gewerkschaften und die Soziale Marktwirtschaft. In: Issing, O. (Hg.): Zukunftsprobleme der Sozialen Marktwirtschaft. Berlin 1981.
Hauff, M. v.: Theorie und Praxis gewerkschaftlicher Interessenpolitik. Königstein 1979.
Leminsky, G. / Otto, B.: Politik und Programmatik des Deutschen Gewerkschaftsbundes. Köln ²1984.

Michael von Hauff

Gleichheit

Begriffsverwendungen

In den verschiedenen Gesellschaftsmodellen steht ‹G.› regelmäßig in engem Zusammenhang mit →‹Freiheit›. Freie bewegen sich unter ihresgleichen, Unfreie haben es ebenso zu halten. Die Parallelität der Begriffsgeschichte, zurück bis in antike Zeiten, überrascht daher nicht – objektiv betrachtet. Als subjektiv erfahrene oder geforderte Einheit ist sie aber viel jüngeren Datums – das populäre Menschenrechtsmotto der Französischen Revolution markiert hier den historischen Einschnitt und kündet zugleich von einem radikalen Bruch.

In der Mitte zwischen platter Wortidentität und markantem Bedeutungswandel zeichnen sich begriffliche Konstanten ab. Sie bringen verschiedene G.en auf ein gleiches Maß, das Entwicklungslinien identifizieren hilft: (1) G. als ‹quantitative› G., die ihre Gegenstände vollkommen abstrakt – schematisch – behandelt (Ordnungsaspekt); (2) G. als ‹qualitative› Gerechtigkeit, der es um eine angemessene Berücksichtigung natürlicher Unterschiede und sozialer Funktionen zu tun ist, so daß nichts künstlich ‹nivelliert› wird (Herrschaftsaspekt).

Verwendungszusammenhänge

Zwei Epochen hat der G.-Gedanke ‹universalgeschichtlich› bisher durchlaufen; eine dritte mag ihm bevorstehen, falls die ‹alternativen› resp. ‹postmodernen› Kultursprengsel der Gegenwart das Stadium flüchtiger Moden überwinden und sich zur künftigen Lebensform verdichten sollten. Aus heutiger Warte folgen auf- oder konkurrieren miteinander (im Schlepptau wechselnder Freiheitsideen):

1. Ein vormoderner Begriff – er definiert die Gleichen im Rahmen einer rigide geschichteten Gesellschaft als ‹Standesgenossen› (gleich Freie, Berechtigte, Gebildete, ‹Zünftige› o. ä.) und distanziert ihresgleichen scharf von den jeweils ‹anderen› (Barbaren, Plebejer etc.), deren Behandlung höchstens objektiv angemessen, d. h. gerecht sein kann, keinesfalls identisch (was so weit geht, daß sie gegebenenfalls gar eines ordinäreren Todes sterben müssen).

2. Ein moderner Begriff – G. ‹bürgerlich›, also universell dem Anspruch nach: ein →Recht für jeden Menschen guten Willens (er achtet die Gesetze) und bei Verstande (er hantiert mit Eigentum). Ausnahmen können sich anfangs halten, weil manche Menschen nicht dafür gelten (Sklaven) oder es erst noch werden müssen (Proletarier); auf Dauer indessen sind alle gleich (ideologisch wenigstens und ungeachtet ‹unaufgeklärter› Rückfälle).

3. Ein nachmoderner Begriff – Kreisen entstammend, die den bürgerlichen Fortschritt des egalitären Zuschnitts («Alle Menschen...») wegen

akzeptieren, sein humanitäres Versprechen («... werden Brüder») freilich für unerfüllt halten: weshalb sie nach mehr Gemeinschaft verlangen und eine ausdifferenzierte (‹bunte›) Gesellschaft gleichberechtigt in sich selbst ruhender (‹autopoietischer›) Lebenskreise unterschiedlichen Zuschnitts als die schönere, auch stabilere Zukunft ausmalen.

Der sicheren Vergangenheit bzw. unsicheren Zukunft ihrer Alternativen eingedenk, ist die ‹moderne›, bürgerliche G.-Idee der natürliche Dreh- und Angelpunkt des analytischen Interesses.

Begriffspräzisierung

«Kein Wort, selbst jenes der Freiheit nicht, mit welchem so viel Mißbrauch getrieben und welches – irrtümlich oder absichtlich – so arg mißverstanden, so schwankend oder falsch, so abgeschmackt oder arglistig gedeutet worden wäre als jenes der G. Dem unbefangenen, durch keine unlauteren Interessen getrübten Blick jedoch dürfte das Auffassen eines klaren Begriffes von der G. und die gegenseitige Verständigung darüber nicht schwer sein» (Rotteck/Welcker 1838, V, S. 66). Nichts an dieser Situation hat sich geändert; die entscheidende Frage bleibt daher, wie das lautere Interesse seine ‹G.› begreift und begriffen haben will.

«Freiheit, G., Brüderlichkeit»: Was immer sich der bürgerliche Verstand am Anfang eingebildet haben mag, sobald er seiner Sache sicher war, hat ihm keineswegs jedes Recht soviel wie jedes andere gegolten – die Reihen- geriet ihm zur Rangfolge. Daher ist G. nicht Geist vom Geiste der Brüderlichkeit, sondern eine Fortsetzung der ‹monadischen› Freiheit mit anderen Mitteln: «Die égalité», erkennt ein tiefer prüfender Blick ohne Mühe, ist im Kern «nichts als G. der... liberté, nämlich: daß jeder Mensch gleichmäßig als solche auf sich ruhende Monade betrachtet wird» (Marx, S. 193).

Diese Monaden genießen gleiche Behandlung als rechtliche Subjekte – ihnen allen wird eine private Sphäre garantiert: das ‹Feld› ihrer persönlichen Chance, die sie als ‹unternehmende› Subjekte indes verschieden nutzen. Völlig natürlich schafft so formelle G. materielle Unterschiede, und jene ‹ganz hirnlose, sich selbst zerstörende Idee› des vollkommen egalisierten Endzustands ist keiner Rede wert.

Allerdings: Von Beginn an stößt sich die Idee an der Praxis. Ob vom materiellen ‹Heißhunger› getrieben oder einer ideellen ‹Dynamik› – jedenfalls gerät das Projekt ‹G.› sozial außer Kontrolle, und man fragt sich besorgt, ob es überhaupt regierbar sei. Die ungleichen Folgen gleicher Rechte, von keiner ‹brüderlichen› Moral limitiert, münden zwangsläufig in eine ‹soziale Frage› und versprechen deshalb turbulente Zeiten. Erste Erfahrungen ängstigen – «die thierische Rohheit» proletarischer Aktionen kündet vom künftig gesteigerten Schrecken des «Sturmes auf die ganze jetzt bestehende Ordnung». Schiere «Staatsklugheit» gebietet es, den Anfängen wirksam zu wehren: ad hoc mit repressiven Mitteln, langfristig eher durch staatliche Aktionen ausgleichender Gerechtigkeit – «Daseinsvorsorge» (E. Forsthoff), massenhaft unters Volk gebracht.

Den liberalen Geist bringt diese Wendung in Verlegenheit. Politisch unausweichlich, verletzt sie doch sein höchstes Gut, und das gleich zweifach: weil (dem Reichen) Eigentum aus Arbeit weggenommen und (an den Armen) als ‹arbeitsloses› Eigentum gegeben wird. Daß dies der ‹Ruhe› dient, ist auf die Dauer nur ein schwacher Trost. Bis heute streiten denn die Geister sich, wie gleiche Freiheit und gerechte G. ‹bürgernahe› in Balance zu bringen seien.

Forschungsstand

Ans Licht gekommen ist die Misere eines G.-Ideals, das sich von allem Anfang überlebt zu haben scheint: weil es, sittenstreng exekutiert, den nachdrängenden ‹Massen› nicht gefällt; oder aber, attraktiv verweichlicht, seinen Abgang selbst besorgt. Dieses Elend läßt verstehen, warum die G.-Diskussion immer wieder um dasselbe Thema kreist: den öffentlichen Ausgleich der privaten Leistung – ein politisch umverteiltes Bildungsangebot soll massenhafte Aufstiegschancen produzieren, um sozial erzeugte ‹Unterprivilegierung› systemkonform zu kompensieren.

Zusätzliche Dynamik gewinnt das reformistische Bildungsinteresse, wo dem Stabilitäts- ein Effektivitätskalkül sich beimischt, das gebildete Menschen als ‹Humankapital› abbucht, dessen Ausschöpfung über den zivilisatorischen Rang der Nation entscheidet.

● *G. und Bürokratie:* Solange der Egalisierungsdrang nur Rechtsverhältnisse anvisiert, scheren ihn (wirkliche, vermeintliche) Naturdifferenzen (stark – schwach, fleißig – faul etc.) grundsätzlich nicht – von ihnen abstrahiert er ja gerade. Doch störend wirken solche Unterschiede dann, wenn Leistungspotentiale auszugleichen sind.

Klasse, Rasse, Geschlecht als Determinanten des menschenmöglichen Intelligenzniveaus – an diesen Fronten entzünden sich Debatten, denn da kulminieren (erlebte) Störwirkungen, (vermutete) Leistungsreserven und (befürchtete) Umverteilungseffekte zur selben Zeit. Sollten – wissenschaftlich ‹beweisbar› – Arbeiter, Neger, Frauen etc. biologisch ‹minderbemittelt› sein, könnte alles beim alten bleiben, d. h. bei den Privilegien der weißen Herrn aus gutem Hause. Wer daran Anstoß nimmt, kann sich Gegenexpertisen beschaffen und um Reformen bemühen.

‹Fortschrittlich› gesinnte Regierungen haben so geplant, das statistisch festgestellte Leistungsgefälle bürokratisch einzuebnen. Erst durch offensiven Geldeinsatz: Bildung, als moderne Selbstverständlichkeit verkündet, wird fiskalisch ‹aufgerüstet› – was alle Schwachen in schulische Karrieren hieven soll; dann mittels defensiver Rechtsanwendung: Ihrer Vorstellung gemäß muß, ‹quoten›mäßig reguliert, ein ‹fairer› Anteil von jeder Sorte Mensch den Bildungsweg bevölkern – erkennbar ‹leistungsfeindlich› kalkuliert und außerdem Beleg dafür, daß jenes Offensivprogramm gescheitert ist (→Bürokratie).

Gleiche Leistung durch reformierte Bildung – diese hoheitliche Rechnung geht freilich nicht auf, weil der bürokratische Zugriff eines bürgerlich ‹beschränkten› Staates immer viel zu spät kommt; auch die ‹zweite Natur› des traditionellen Milieus entzieht sich weitgehend Korrekturen von oben.

● *G. und ‹Meritokratie›:* «Die postindustrielle Gesellschaft ist ihrer Logik nach eine Meritokratie. Status- und Einkommensvorteile basieren auf technischen Fertigkeiten und höherer Bildung. Nur wenige privilegierte Positionen stehen denen offen, die über solche Qualifikationen nicht verfügen» (Bell 1972, S. 30). Zur Herrschaft der Leistenden gibt es keine bürgerliche Alternative; da zudem feststeht, daß bürokratisch exekutierte Ausgleichsstrategien systematisch fehlgeschlagen sind, sieht sich die einschlägige Forschung gefordert, eine ‹gerechte› Fassung des ehernen Gesetzes von Vorzug und Vorzüglichkeit wissenschaftsfähig zu machen. Im konkreten Falle muß dafür bloß veredelt werden, was der gesunde Menschenverstand schon weiß und als herrschende Meinung verkündet: daß nämlich (geld-, macht-, status-)überhäufte Leistungsträger wie ‹Lokomotiven› funktionieren, deren Zugkraft alle schleppt – ihre Leistung lohnt sich daher auch für den, der eben nur ent-lohnt wird.

Philosophisch stilisiert wird daraus ein sogenanntes «Differenzprinzip» (John Rawls), das die G.-Idee auf ihre ‹gerechte› Seite reduziert und dieser den Begriff der ‹fairen› Ungleichheit entnimmt: Gleichsein heißt, vom Fortschritt Stärkerer etwas abzubekommen.

So gesehen schrumpft das hehre G.-Pathos zur gemeinen Wachstumseuphorie; G. manifestiert sich in gleichen Konsumchancen und gerechtem Konsum, d. h. jenem für alle gleichen (Über-)Lebensstandard, der, weil nach oben grenzenlos, unten für Befriedung sorgen muß.

● *G. und Demokratie:* Ein Menschenrecht – egal ob G. oder Freiheit – ‹maskiert› nicht einfach die Verhältnisse. Aber das mag sein ‹Wesensgehalt› sein: was sich zeigt, sobald Ökonomie und Politik getrennte Wege gehen. Diese Schere kann sich öffnen, weil G., die rechtliche Gleichstellung freier Menschen (Eigentümer), politisiert worden ist: zur gleichen Chance des (Wahl-)Einflusses auf den demokratisch ‹repräsentierenden› Staat. Wenn das politische Nivellement dem ökonomischen zu weit vorauseilt, besteht Mißbrauchsgefahr: Es «muß die Demokratie ihre Daseinsberechtigung verlieren, wenn sie eine natürliche Aristokratie verhindert und die G. der Möglichkeiten in einen Egalitarismus umformt, der jedem nach seinen Bedürfnissen, nicht aber gemäß seinen Fähigkeiten gibt» (Dietze 1978, S. 244). Falls also die Leistung der Herrschenden nicht ausreicht, um die Herrschaft der Leistenden zu rechtfertigen, und es das Volk, kurzsichtig oder niederträchtig, nach einem neuen Souverän – sich selbst – gelüstet, ist von politischer G. keine Rede mehr – Demokratie als Herrschaft von Gleichen über Gleiche hat ausgespielt (jedenfalls theoretisch).

Dann wappnet sich der bürgerliche Zeitgeist gegen den «Aufstand der Massen» und richtet sein Arsenal für einen langen «Stellungskrieg» (Antonio Gramsci) her: Freiheitsabbau gegen «G.-Wahn».

Indes mag es passieren, daß der ‹stumme Zwang› des Faktischen das Getöse seiner Profiteure an Wirkung übertrifft – falls die Ungleichen nicht gleich werden wollen, weil sie sowieso nicht gleich werden können.

Forschungsperspektive

Gegen G. Freiheit auszuspielen, ist eine alte Sitte derer, die sich ihre feinen Kreise vom ‹gemeinen Mann› nicht stören lassen wollen; daß der selbst auf den Gedanken kommt, könnte einen neuen Trend markieren. Jedenfalls ist die Rede davon, der sachgesetzlich ‹aufgeherrschte› Überlebensdruck (Wirtschafts-, Beschäftigungs-, Sozialstaatskrise) treffe auf ein neues (resp. neu erwachtes) Bedürfnis nach Selbstbewährung (‹Staatsverdrossenheit›). Da diese glücklich gefügte Wendung alle frei und niemand gleich macht, bleibt als ‹versöhnungs›trächtiger G.-Rest gerade jenes Stück Gerechtigkeit, das alle dem System verpflichtet und niemand ins Elend stürzt (‹garantiertes Mindesteinkommen›, geregelte ‹Grundrente›): G. der Überlebens- statt der Lebensverhältnisse (des ‹modernen› Ideals). Soll diese Praxis den Bürgern bekommen, muß sie im kleinen ‹Netz› genossen werden – mit hilfreichen Partnern, Freunden, Nachbarn usw. So kommt, weil das revitalisierte Leben anders kaum zu schaffen ist, auch die ‹brüderliche› Tradition, angemessen modernisiert, zu programmatischer Ehre. Ob auch zu praktischer, ist eine offene Frage.

Bell, D.: Meritocracy and Equality. In: The Public Interest. New York 1972, S. 29 ff.

Dietze, G.: Zur Verteidigung des Eigentums. Tübingen 1978.

Marx, K.: Zur Judenfrage. In: ders.: Die Frühschriften. Hg. von Siegfried Landshut. Stuttgart 1971, S. 171 ff (Orig. 1844).

Rotteck, C. v. / Welcker, C.: Staats-Lexikon. Bd. V. Altona 1838.

Wolfgang Fach

Herrschaft

Begriffsverwendungen

Mit Bezug auf die Begriffe →Macht und H. liegen klassische Definitionen vor, bei denen es außer Frage steht, daß sie nach wie vor gültig sind und den Ausgangspunkt auch für die zeitgenössische aktuelle Diskussion über die damit gemeinten Sachverhalte darstellen. Hier wird regelmäßig der Bezug hergestellt zu den idealtypisch verstandenen Begriffsbestimmungen Max Webers. Im Sinne seiner Abgrenzungen werden die beiden Begriffe Macht und H. als eng zusammengehörend verstanden, ja, der Begriff der H. wird aus dem Begriff der Macht abgeleitet bzw. weiterentwickelt. Hiermit ist schon eine Abfolge und Sortierung der Begriffe angedeutet: Macht wird im Sinne Webers als Chance innerhalb einer sozialen Beziehung verstanden, den eigenen Willen auch gegen Widerstreben durchzusetzen, gleichgültig, worauf diese Chance beruht; entsprechend ist Macht der amorphe, der diffuse, der unbestimmt gelassene Begriff.

H. ist bei Weber demgegenüber der enger definierte Begriff, ist «gerichtete» und nach bestimmten Vorgaben gestaltete Ausübung von Macht. H. ist danach die Chance, für einen Befehl bestimmten Inhalts – bei angebbaren Personen – Gehorsam zu finden.

Damit ergibt sich die Frage nach der Art der Vorgaben und Regelungen für die Ausübung von H., die Frage nach der →Legitimität der Machtausübung. Diese nun kann unterschiedlichen Ursprungs sein: Die Legitimität kann begründet sein durch die Rechtsordnung (→Rechtsstaat), durch Bewährung, durch Anerkennung (Akzeptanz) seitens derer, auf die sie angewendet wird, sowie durch Tradition, auf der Basis des existierenden Wertesystems, weil es zweckmäßig ist, weil der Ausübende in diesem Zusammenhang die größte Kompetenz aufweist, weil von der Person ein Fluidum ausgeht, ein Charisma, welches die umgebende Gesellschaft beeinflußt und bereit macht, dieser Autorität zu folgen (→Autoritarismus). Insofern kann hier auch wieder die Begriffsordnung Webers in traditional, wertrational, zweckrational und charismatisch als Orientierungspunkt herangezogen werden.

Wenn Macht somit – auch in den Worten Max Webers – das Amorphe ist, dann ist H. demgegenüber das Geregelte. Die Art der Ausübung ist entsprechend limitiert – sowohl in bezug auf den Adressatenkreis («bei angebbaren Personen») wie auch in bezug auf den Inhalt («für einen Befehl bestimmten Inhalts»).

Verwendungszusammenhänge

Die mit der Definition des Begriffs H. verbundene Einengung und Präzisierung des Machtbegriffs erscheint besonders angemessen z. B. im historischen Vergleich bestimmter H.-Formen – verstanden als →Regierung nennenswerter Bevölkerungsteile. Da →Nationen nur eine und zumal eine relativ moderne Ausprägung in dieser Richtung sind, wären entsprechend auch schon kleinerformatige historische Vorläufer zu bedenken. Schließlich lassen sich auch Formen unterschiedlich weiter bzw. abgestufter Ausübung von H. untersuchen: Während z. B. in Despotien – qua definitione – keine Eingrenzungen auf bestimmte Inhalte existieren (hier gibt es nur noch die Eingrenzung auf einen bestimmten Personenkreis), sind etwa im Feudalismus sehr wohl Bereiche erkennbar, bezüglich deren der Herrschende keine direkte Befehlsgewalt hat. So ist z. B. für das Feudalsystem typisch, daß H. häufig über ‹Zwischenstationen› vermittelt ausgeübt wird: Der leibeigene Bauer ist dem Grundherrn verpflichtet, der Grundherr gegenüber dem Grafen, der Graf gegenüber dem Landesfürst. ‹Von oben nach unten› betrachtet, hat der Landesfürst keine unmittelbare Weisungsgewalt gegenüber dem Bauern. Die H. ist hier also über Zwischenglieder vermittelt. Dieses hatte historisch bedeutsame Konsequenzen: Wenn die Bindung solchermaßen jeweils nur zwischen einzelnen, einander benachbarten Stufen besteht, dann können solche Einheiten auch ‹wandern›, dann kann es sich ergeben, daß wandernde Herrscherfiguren ihre jeweilige Einheit mitziehen. Dies wiederum hatte zur Folge, daß der ‹Parteienkampf› typischerweise zum Kampf um die jeweilige Führerposition wurde und nicht etwa ein ‹Wahlkampf› im modernen Sinne war, wo um die Stimme des einzelnen Menschen geworben wird.

Eine solche schwerpunktmäßig historisch ansetzende Analyse von H.-Bezügen ist notwendigerweise zu ergänzen durch die Fragestellung, welche typischen H.-Bezüge in modernen hochindustrialisierten und als Wohlfahrtsgesellschaft organisierten Nationalstaaten der Gegenwart zu finden sind. Hier ist etwa die große Unterscheidung zu machen zwischen sozialistischen Gesellschaften und westlich/kapitalistischen Gesellschaften. Dieses Spektrum beinhaltet zum einen die Sicht: Das Individuum ist nichts, das Kollektiv ist alles – und zum anderen die Perspektive von Individualismus, Orientierung am Konzept der →Demokratie und im Prinzip an einem marktwirtschaftlich orientierten Ausgleich der →Interessen.

Begriffspräzisierung

Im Unterschied zu sonstigen Begriffen und analytischen Konzepten erscheint es nach den idealtypischen Präzisierungen von Max Weber nicht hinfällig, über eine noch weiter gehende Begriffspräzisierung nachzudenken. Es erscheint demgegenüber fruchtbarer, der Frage nachzugehen, in welch vielfältiger Art und Weise in heutigen Gesellschaften die Ausübung von H. stattfindet, und auch, in welchem Umfang sich diesbezüglich Prozesse des sozialen Wandels abzeichnen. Insofern erscheint eine

Präzisierung hinsichtlich der Anwendungsbereiche weiterführend und eine Identifikation der H.-Bereiche, die in modernen Gesellschaften zunehmend charakteristisch geworden sind.

Dabei dürfte es insbesondere von Interesse sein, neben den qua Konstitution offensichtlichen und durch explizite Normierung wie durch Gesetze fixierten Bereichen der H.-Ausübung gerade die Bereiche anzusprechen, in denen quasi ‹unterhalb› expliziter Jurisdiktion faktisch und empirisch beobachtbar Ausübung von H. erfolgt.

Forschungsstand

Der offensichtlichste und naheliegendste Bereich der Ausübung von H. ist derjenige, in dem die durch Gesetze fixierten Normen der Gesellschaft angewandt, deren Einhaltung überwacht bzw. deren Abweichung von der Norm mit Sanktionen geahndet wird. Hierbei ist es typisch, daß ein möglichst geschlossenes und widerspruchsfrei definiertes System vorgegeben wird: Auf leichten Diebstahl erfolgt eine Geldbuße, auf schweren Diebstahl erfolgt Gefängnis von x Jahren, auf schweren Diebstahl im Wiederholungsfall erfolgt Gefängnis von x + n Jahren und so fort (→Rechtsstaat). Die hier ansetzende Forschung etwa der Kriminalsoziologie oder, genereller, des abweichenden Verhaltens geht der Frage nach, in welchen Bereichen die Abweichung groß ist, wie empirisch häufig in bestimmten Bevölkerungsteilen die Abweichung ist, wo umgekehrt die Akzeptanz groß ist, ob und inwieweit Einhaltung der Vorgaben eher durch Akzeptanz bestimmt ist oder durch Angst vor der Androhung negativer Folgen im Falle der Abweichung usw. (→Legitimität). Nachdem die Ausübung der H. im Sinne der oben zugrunde gelegten Definition auf vielerlei ‹Befehle bestimmten Inhalts› und auf vielerlei ‹angebbare Personen› bezogen werden kann, ist die Forschung entsprechend vielfältig und kann hier somit nicht im einzelnen ausgeführt werden.

Generell kann in mehrfacher Weise unterschieden werden: einmal im Sinne der Adressatenkreise, dann im Sinne der H.-Träger und schließlich im Sinne der Inhalte, der Befehle. Wenn darüber hinaus nach einem zentralen Strukturelement gesucht wird, das typisch ist für moderne Gesellschaften im angesprochenen Sinne, dann läßt sich darstellen, daß aus dem Bündel der Weberschen Typen von H. und den entsprechenden Legitimationsebenen nicht mehr eine traditionale, noch eine wertrationale, noch eine charismatische Form von H. begründet und akzeptiert erscheint, sondern zunehmend und dominant die Form der zweckrationalen H. Dieses ist die Ausprägung von H., welche heutzutage als legitim erscheint, über alle Inhalte und Sachbezüge hinweg. Mit Bezug auf die Art der →Organisation bei der Ausübung von H. in modernen Gesellschaften sieht Weber eine Entwicklungs- und Steigerungsmöglichkeit: Für ihn ist die →Bürokratie die «rationalste» Form der Ausübung von H.

Hochdifferenzierte pluralistische Gesellschaften zeichnen sich durch einen hohen Grad an Arbeitsteiligkeit aus. Hinzu kommt, daß mit der Ausbildung der Flächenstaaten auch Größe, Kopfzahl und Umfang der Gesellschaften zunimmt. Dies alles hat zur Folge, daß die →Verwaltung und Organisation solcher Gesellschaften zu einer komplexen Aufgabe geworden ist, die sich nicht mehr automatisch regelt, sondern die bewußt geplant und gestaltet werden muß. Dieses ist der Zeitpunkt, der zwar nicht als die Geburtsstunde der Bürokratie angesprochen werden kann (frühe Beispiele für Bürokratie gibt es durchaus schon in den ‹hydraulischen Kulturen› an Nil, Euphrat und Tigris), aber es ist der Zeitpunkt, wo die Verwaltung systematisch durch Einsatz von Bürokratie etabliert wird. Sicher ist richtig, daß zu Anfang die Bürokratie als Mittel der H. eingesetzt wurde. Auf dem Weg zur heutigen Gesellschaft hat sich ein gewisser Bedeutungswandel ergeben: Im Zuge der Etablierung des →Wohlfahrtsstaates geht es weniger um die Durchsetzung eines Willens als darum, durch Einsatz des Apparats der Bürokratie Verteilungsgerechtigkeit zu praktizieren. Damit gewinnt der Einsatz von Bürokratie – neben der verbleibenden Bedeutung der Realisierung von H. – zusätzlich die Bedeutung als Weg für Dienstleistung.

Idealtypisch betrachtet und wiederum in Begriffen Max Webers sind die folgenden Dimensionen zentral für ein ausgebautes System der Bürokratie:

1. Bürokratie bedeutet Kompetenzzuteilung und Amtszuweisung: H. ist Autorität, die an ein Amt gebunden ist und sich an klar definierten Befugnissen zu orientieren hat.

2. In modernen Gesellschaften üben Inhaber eines bestimmten Amtes in einer Bürokratie dieses hauptberuflich aus – im Unterschied zu traditionellen Gesellschaften.

3. Wesentlich ist die Vorgabe, den Dienstweg einzuhalten. Dieses sichert einmal, daß ein ‹Fall› wie der andere behandelt wird, daß man sich an ‹Präzedenzfällen› orientieren kann, daß auf jeder Stufe der Zuständigkeit Kompetenz akkumuliert wird und daß vor allem ‹ohne Ansehung der Person› neutral nach der Sachkonstellation entschieden wird.

4. Das Prinzip der Schriftlichkeit sichert, daß die Vorgänge und →Entscheidungen nachvollziehbar bleiben, daß sie von der Person des Amtsinhabers abgelöst als ‹Vorgang› dokumentiert sind.

5. Das Prinzip der Amtshierarchie beinhaltet ein System von mehr oder weniger Akkumulation von Kompetenz, von Vorgesetzten und Ausführenden, von klaren Anweisungsbefugnissen und letztendlich Zuständigkeit. Über die laufbahnspezifische Organisation, wie bei den typischen Amtsinhabern des bürokratischen Systems, den Beamten, üblich, soll die Unabhängigkeit des Amtsinhabers gesichert werden. Beförderungen sind nicht mehr von der Willkür des Herrschers abhängig, sondern von

klaren Vorgaben, die festlegen, ab wann die Voraussetzungen erfüllt sind für mehr Verantwortung im Amt und damit für eine größere Machtfülle.

Forschungsperspektive
Nachdem der H.-Begriff in der beschriebenen Art und Weise zentral und umfassend ist, sind die in diesem Rahmen anzusetzenden Forschungsfragen gleichfalls vielfältig. Historisch orientierte Forscher werden nach wie vor die mit früheren Gesellschaftsformen verbundene Praxis der H.-Ausübung zu ihrem Thema machen. Für mehr an der Jetztzeit und an modernen Industriegesellschaften orientierte Forscher ergibt sich demgegenüber die Fragestellung, auf dem Hintergrund der pluralistisch und arbeitsteilig organisierten Gesellschaften die typischen, aber auch die möglichen und noch realisierbaren Formen der Ausübung von H. zu identifizieren (→Pluralismus).

Nachdem im Vergleich zu Formen der absoluten H. in früheren Gesellschaften in den meisten Gesellschaften der Jetztzeit der Umfang an Mitsprache seitens der Gesellschaftsmitglieder zugenommen und der Anteil an absolutem Durchsetzungsvermögen seitens des Staates abgenommen hat, ergeben sich ganz neue Fragestellungen etwa des Inhalts, ob Staaten dieses Typs (aus der Mischung: Demokratie, Marktmechanismus, pluralistische Gesellschaft, Wohlstandsmentalität, leere Taschen des Staates und volle Taschen des Bürgers) überhaupt noch regierbar sind.

In unserer Sicht ist es zusätzlich reizvoll, der Frage nachzugehen, wie H. unter solchen Rahmenbedingungen trotzdem funktioniert, wie sich dies als Mischung von formalen Vorgaben und informellen Mechanismen (‹pragmatische Handhabung›), zum Teil auch als ein Aushandeln der Interessen von Amtsinhabern einerseits und ihrer Klientel andererseits darstellt. Insofern ergibt sich die Erkenntnis, daß letztlich Herrschende und Adressaten solcher ‹Befehle› aufeinander angewiesen sind und sich in der Praxis zu spezifischen Arrangements zusammenfinden. Solches zu untersuchen, erscheint als noch zu leistende und reizvolle Forschungsaufgabe.

Bendix, R.: Herrschaft und Industriearbeit. Untersuchungen über Liberalismus und Autokratie in der Geschichte der Industrialisierung. Frankfurt/M. 1960.
Hartmann, H.: Funktionale Autorität. Stuttgart 1964.
Kutsch, Th./Scheuch, E. K.: Grundbegriffe der Soziologie. Stuttgart [2]1975.
Mosca, G.: Die herrschende Klasse. Grundlagen der politischen Wissenschaft. München 1950.
Stammer, O.: Herrschaftsordnung und Gesellschaftsstruktur. Erkenntnisobjekt und Aufgaben der politischen Soziologie. In: Politische Soziologie und Demokratieforschung. Berlin 1965.
Weber, M.: Wirtschaft und Gesellschaft. Studienausgabe. Tübingen [5]1982.

Thomas Kutsch

Ideologie

Begriffsverwendungen

I. ist in der politischen Alltagskontroverse ein häufig polemisch-negativ besetzter Begriff. ‹I.› ist demnach, was der Gegner vertritt, wohingegen die eigene Position bevorzugt als ideologiefrei ausgegeben wird. Ähnliche Verwendungen werden aus positivistisch-szientistischer Sicht auch in wissenschaftliche Diskussionen getragen: I. kennzeichnet danach wissenschaftliche Auffassungen, die sich nicht hinreichend der Wertfreiheit befleißigen und statt dessen subjektive Wunschvorstellungen und Sympathien einfließen lassen, I.-Kritik wird somit zu einem Programm innerwissenschaftlicher Hygiene. Dagegen kennt das marxistische Weltbild die Unausweichlichkeit von I.; dabei kommt aber den bürgerlichen I.n das Attribut des ‹falschen Bewußtseins› zu, wohingegen auf der Basis des wissenschaftlichen →Sozialismus der I. des Proletariats sich die objektiven, gesellschaftlichen Gesetzmäßigkeiten erschlössen. In herrschenden kommunistischen Parteien ist die Position des ‹Chefideologen› folglich eine durchaus ehrenhafte.

Auch sozialwissenschaftliche Begriffsverwendungen schwanken zwischen derartigen Polen: Einmal erscheint I. als zu minimierende Beeinträchtigung adäquaten Denkens und Argumentierens (polemischer I.-Begriff), zum anderen als notwendiger Reflex auf gesellschaftliche Strukturen bzw. als in der Gesellschaft vorhandene Orientierungs- und Deutungsmuster (analytischer I.-Begriff), womit noch nichts über die Erklärung dieses gesellschaftlichen Strukturzusammenhangs ausgesagt ist!

Verwendungszusammenhänge

Die marxistische Begriffsverwendung bringt beide Möglichkeiten in eine dialektische Wechselbeziehung: bürgerliche I. ist in hohem Maße ‹falsches Bewußtsein›, da sie den Oberflächenphänomenen des Kapitalverhältnisses und der Warenzirkulation aufsitzt; eben dieses Kapitalverhältnis bringt aber in seiner Einheit als Arbeits- und Verwertungsprozeß zugleich seine eigene Negation hervor; denn es reproduziert mit dem Proletariat eine Klasse, die in sich die Kraft zur Abschaffung aller I. birgt. Wenn nämlich die unmittelbaren Produzenten die ausschließliche Kontrolle über den Produktionsprozeß gewinnen, werden auch die Mystifikationen aus den nicht beherrschten Tausch- und Produktionsverhältnissen hinfällig.

Ist I. darin also Ausdruck von Klassenverhältnissen, ‹revolutionäre› I. mithin Vorgriff auf die Aufhebung dieser Klassenverhältnisse und auf das unbegrenzte menschliche Erkenntnisvermögen, so hat hingegen die Wissenssoziologie Karl Mannheims diese schlichte Zweiteilung hinter sich gelassen. In ihr erscheint jegliches menschliches Denken und Argumentieren durch den jeweiligen Standort in der Gesellschaft relativiert; wissenssoziologische I.-Forschung führt somit alle gesellschaftlichen Wahrnehmungsweisen auf ihre perspektivischen Brechungen zurück. Indem somit das Denken als «Partialphänomen» bewußtgemacht und dabei der partielle Wahrheitsanspruch aller gesellschaftlichen Sichtweisen deutlich wird, nähert sich die soziologische Deutung der Bewußtseinsinhalte doch wieder einer objektiveren Wiedergabe der Welt: Die Erklärung des Ideologischen wird zur Rekonstruktion aller Sinnbezüge der Aussagen. Für den Standort dieses Erklärens jedoch mußte Mannheim eine Sphäre weitgehender Interessenfreiheit in der Gesellschaft suchen – er fand sie in der höchst umstrittenen Konstruktion einer «freischwebenden Intelligenz».

Der Gedanke einer Allgegenwart des Ideologischen ist auch für die «Kritische Theorie» (M. Horkheimer, Th. W. Adorno) konstitutiv. Allerdings erscheinen Ideologeme nicht als vielfältige, gleichrangige Facetten von Partialwahrheiten, sondern als ein umfassender Verblendungszusammenhang, der gesellschaftsstrukturell bedingt ist. Die Kritische Theorie bedient sich dabei eines Verständnisses von «Verdinglichung», das von dem späterer Exponenten der Wissenssoziologie (z. B. Berger/Pullberg, in: Lieber 1976) deutlich abweicht. Letztere sehen darin lediglich den unvermeidbaren Ablauf, daß Gesellschaft immer wieder dadurch neu geschaffen wird, daß Individuen in ihrem sozialen Handeln sich auf die vorgegebenen (durch Sozialbeziehungen ausgestalteten) Strukturen wie auf ihnen äußerliche Faktizitäten stützen. ‹I.n› wären danach verdinglichte Bewußtseinsinhalte, die aber für die Integration eines gesellschaftlichen Zusammenhangs funktional sind.

Dagegen nimmt die Kritische Theorie den Impuls des Marxismus insoweit auf, als sie die Verdinglichung als Ausdruck einer entfremdeten Warengesellschaft sieht, die Entfaltungskräfte der menschlichen Vernunft unterdrücke. Während frühere Gesellschaftsstrukturen noch ‹I.› im Sinne von Rechtfertigungsrhetorik seitens der Herrschaftsinteressen hervorbrachten, befestige sich die gegenwärtige ‹Massengesellschaft› über ihre Kulturindustrie, indem sie die Menschen durch die einfache Verdoppelung der Gegebenheiten in der fraglosen Befangenheit der Produktwelt blende.

Das Transzendieren auf eine mögliche bessere Welt bleibt auch hier Privileg einer isolierten Intelligenz!

Relativ unabhängig von solchen, eher sozialphilosophisch geprägten Diskussionen entwickelten sich I.-Verständnisse, die gemeinhin dem ‹neopositivistischen› Wissenschaftsstrang zugeordnet werden. Bei Th. Geiger war I. noch im charakterisierten Sinne ein Problem unzureichender Wissenschaftlichkeit, also der Verfälschung sich wissenschaftlich gebender Aussagen durch subjektive, außertheoretische Befangenheit. I. ist nicht im Sinne formaler Logik ‹falsch›, sondern ein Gefühlsverhältnis des Aussagenden zum Objekt, das sich einen theoretischen Anschein verleiht. Ziel der I.-Kritik ist dann das Ausschalten subjektiv-mentaler Komponenten im Erkenntnisprozeß, somit ein klinisch-wertfreier Bezug der (formalisierten) Aussagezusammenhänge auf die Faktizität der Außenwelt.

Die verhaltenswissenschaftlich geprägte nordamerikanische Politikforschung hat hingegen I. vom «Eliminierungs-» zum «Untersuchungsobjekt» erhoben. Die Pioniere dieses Ansatzes (z. B. E. Lane, P. Converse) bedienten sich dafür eines *formalen* I.-Begriffs. Ohne Wertung des Wahrheits- und Erkenntnisgehaltes erscheint I. darin als Zusammenhang von politischen Überzeugungen («belief system»), der vom Individuum in Lernprozessen als Übernahme kulturell verfestigter und tradierter Orientierungen erworben wird.

Der Erwerb von I. verleiht die subjektive Kompetenz, politische Phänomene in ein stimmiges Interpretationsraster einzuordnen und erhöht dadurch auch die aktive Teilhabe am politischen Geschehen. Das Verständnis des Kontinuums ‹Rechts / Links› (bzw. ‹conservative / liberal›) sowie die Selbsteinordnung darin können als Beleg für eine derartige Konzeptualisierung gelten, die kognitive Verarbeitungsmöglichkeiten der vielfältigen politischen Außenreize steigert. Die Überzeugungssysteme können dann durch Umfrageforschung auf ihre Reichweite (bzw. Gegenstände), auf ihre innere Konsistenz und auf ihr Verhältnis zu politischen Handlungsdispositionen überprüft werden.

Begriffspräzisierung

Auch ein Aussagesystem, das als I. durch das Sammeln und Zusammenstellen von Einzel-‹Statements› beschrieben wird, kann als ideologisches (d. h. nicht zufälliges) Konglomerat nur dann interpretiert werden, wenn auf seinen gesamtgesellschaftlichen *Stellenwert* reflektiert wird; das Abrufen von vereinzelten Umfrageergebnissen ersetzt also nicht deren Gruppierung nach plausiblen gesellschaftlichen Einordnungsmustern. Diese Reflexionsleistung unterstellt Annahmen über eine gesellschaftliche Struktur, innerhalb deren das reflektierende Subjekt zu seiner eigenen Standortbestimmung angehalten ist. Der ‹formale› und der ‹wissenssoziologische› I.-Begriff stellen also keinen sich ausschließenden Widerspruch dar, sie markieren nur unterschiedliche Ebenen der soziologischen Konzeptualisierung. Als elementare Bestimmungsgrößen können dann gelten: I. ist ein relativ verfestigter Zusammenhang von politischen Überzeugungen, der über mehrere Generationen – unabhängig von konkreten Gegenständen – tradiert wird. Die Aneignung von bestimmten I.n variiert in ihrer Wahrscheinlichkeit mit bestimmten sozialen Strata und Klassenlagen; das aktive Bekenntnis zu I.n signalisiert in der Fremd- und Selbsteinschätzung politische Gruppen- und Lagerzugehörigkeiten.

Forschungsstand

Der Verweis auf den gemeinsamen Ursprung des I.-Problems mit der aufkeimenden bürgerlichen Gesellschaft ist heute kein marxistisches Privileg mehr (vgl. Gouldner 1976). Erst dadurch, daß gesellschaftliche Ungleichheit überhaupt zum Gegenstand öffentlichen Räsonnements wird, sind intellektuelle Konstrukte auf den Plan gerufen, die diese Zustände rechtfertigen oder aber transzendieren.

Die bürgerliche Gesellschaft bietet mit ihrer Diskrepanz formal-politischer Gleichheitsversprechen und materieller, ökonomisch reproduzierter Ungleichheit einerseits die Materie, mit ihrer garantierten Sphäre des öffentlichen Diskurses, andererseits die Tribüne dieser I.n-Konkurrenz. Die Ideologisierung der Zivilisation steht dabei in keinem Widerspruch mit der Verwissenschaftlichung, sie geht mit dieser einher: Durch die Ablösung traditioneller Rechtfertigungsmuster (z. B. Religion) entstand das Vakuum, in das die rational geprägten Gedankenwelten politisch relevanter I.n stießen. Für diesen Bedarf formiert sich eine spezialisierte Schicht von Intellektuellen, die die jeweils relevanten Positionen im gesellschaftlichen Verteilungskampf – aus einer Perspektive materieller Bindungslosigkeit heraus, aber durchaus gegen Gratifikationen – mit Argumentationsstereotypen munitioniert (vgl. Gouldner 1976, S. 208).

Die Produkte dieser «Theorieklasse» waren für mehr als ein Jahrhundert alleiniger Gegenstand einer dominierenden, ideengeschichtlich und hermeneutisch geprägten I.-Forschung. Dabei bereitete allerdings die Konzentration auf die ‹großen Ideenkreise› und auf vermeintliche und tatsächliche ‹Klassiker› die spätere Fehlanzeige bereits vor: In unterschiedlicher Weise reagierten die Kritische Theorie und die amerikanische «End of Ideology»-Debatte auf ähnliche Phänomene: auf die nachlassende Prägekraft dieser ‹klassischen› I.n für den demokratischen Alltag um die Mitte unseres Jahrhunderts.

Während der späte Adorno den umfassenden Verblendungscharakter kapitalistischer Rationalität und kulturindustrieller Verdummung überschätzte, überbewerteten die Verfechter der «End of Ideology»-These den Rückgang überkommener Klassenkonflikte in einer angepaßten, technologisch ausgerichteten Wohlfahrtsgesellschaft. Zwar wurde nicht das Einschmelzen aller Überzeugungsunterschiede behauptet, wohl aber, daß die Mobilisierung von I. Signal einer Entfremdung zwischen →Eliten und Bevölkerungsmehrheit sei, die in einer hochgradig interdependenten und funktional angeordneten Leistungsgesellschaft immer unwahrscheinlicher werde.

Die pointierten Ausformungen dieser These machten es den Gegnern leicht, sie selbst wiederum als I. zu identifizieren: als Selbststilisierung einer technokratischen Kaste oder als Harmonierhetorik der politischen Repräsentanten. Außerdem wurde der These durch die weitere Entwicklung der 60er Jahre der Boden entzogen: militante Konflikte in den westlichen Industriegesellschaften, Auftreten neuer →sozialer Bewegungen, ‹Re-Ideologisierung› gerade von Teilen der Jugend... Diese Phänomene faßten einige Sozialforscher als Aufforderung auf, das prognostische Vermögen aufzubessern und somit das Interesse endgültig von den Produkten der ‹Theorieklasse› abzuwenden zugunsten der tatsächlichen politischen Antriebskräfte in der Gesamtbevölkerung. Der inhaltsneutral-strukturelle I.-Begriff verdankt dieser Wendung seine Karriere, denn über die rein kognitive Dimension hinaus sollte er auch begründete Prognosen über die Verhaltensdispositionen ideologisch und nichtideologisch denkender Bevölkerungsgruppen liefern helfen.

Als Converse (in Apter 1964, S. 218) den Anteil der ‹Ideologen› an den US-Wahlberechtigten der 50er Jahre noch auf magere 2,5 Prozent bezifferte, schien er ein damals gängiges Klischee zu bekräftigen, daß nämlich ein ‹gesundes› Maß der politischen Teilnahmslosigkeit (→Partizipation) und Indifferenz der demokratischen Stabilität nur zuträglich sei. Spätere Untersuchungen (z. B. Barnes/Kaase 1979, S. 203ff.) kamen für westliche Demokratien zu deutlich höheren Prozentanteilen an ideologisch Orientierten, setzten aber auch die Kriterien für diese Bezeichnung großzügiger an. Auf der ‹anspruchsloseren› Ebene der Rezipienten belegen solche Forschungen durchaus eine Fortdauer der Frontstellungen alter I.n: eine Auflösung z. B. der ‹Rechts/links›-Dimension ist jedenfalls in den kognitiven Orientierungen nicht belegbar.

Forschungsperspektive

Es existiert eine Reihe von Fragestellungen, die eine Annäherung bzw. eine fruchtbare Kontroverse zwischen der ‹formalen› I.-Forschung und eher qualitativ geprägten Ansätzen (Wissenssoziologie, Kritische Theorie) wünschenswert machen: Wie wirken die Produkte der meinungsführenden ‹Theorieklasse› auf die trägeren I.-Wandlungen bei der Gesamtbevölkerung ein? Reichen die vorliegenden Theorien der →Öffentlichen Meinung für derartige Erklärungsaufgaben aus? Welche Einflüsse haben langfristige, sozialstrukturelle Änderungen auf ihre ideologische Brechung? Welche biographischen Voraussetzungen und Regelmäßigkeiten lassen sich bei der individuellen Aneignung von I.n feststellen? Verändern – abseits kulturpessimistischer Pauschalbewertungen – die elektronischen Massenmedien die Bedingungen von I.-Produktion und -Rezeption tatsächlich grundlegend?

Apter, D. E. (Hg.): Ideology and Discontent. New York/London 1964.
Barnes, S./Kaase, M. u. a.: Political Action. Mass Participation in Five Western Democracies. Beverly Hills/London 1979.
Gouldner, A. W.: The Dialectic of Ideology and Technology. The Origins, Grammar and Future of Ideology. London/Basingstoke 1976.
Lenk, K. (Hg.): Ideologie. Ideologiekritik und Wissenssoziologie. Frankfurt/New York [9]1984.
Lieber, H.-J. (Hg.): Ideologienlehre und Wissenssoziologie. Die Diskussion um das Ideologieproblem in den zwanziger Jahren. Darmstadt 1974.
– (Hg.): Ideologie – Wissenschaft – Gesellschaft. Neuere Beiträge zur Diskussion. Darmstadt 1976.
Plamenatz, J.: Ideology. London 1970.
Waxman, C. I. (Hg.): The End of Ideology Debate. New York 1968.

Rainer Prätorius

Imperialismus

Begriffsverwendungen

Der Begriff des I. ist umstritten wie kaum ein anderer in der Politikwissenschaft. Das liegt vor allem daran, daß er als polemischer Begriff des politischen Kampfes in den internationalen Beziehungen seine am weitesten verbreitete Verwendung gefunden hat. Er ist für den →Marxismus fast zum Inbegriff aller Missetaten kapitalistischer Außenpolitik geworden. Der wissenschaftliche Inhalt des Begriffes erstarrte dabei oft zum Dogma bzw. blieb diffus. Aus diesen Gründen, aber auch aus eigenem →Interesse hat die bürgerliche Wissenschaft den Begriff als unwissenschaftliches Schlagwort abgetan bzw. ihn als universalhistorische Kategorie gedeutet oder zur Kennzeichnung der Epoche um die Jahrhundertwende, die mit dem 1. Weltkrieg, spätestens aber mit dem Ende der Kolonialreiche abgeschlossen war, benutzt.

Verschiedene Ereignisse, insbesondere der Vietnamkrieg der USA, gaben dem Begriff jedoch neue Aktualität. Er wurde zum Oberbegriff vielfältiger politischer und ökonomischer Herrschaftsmechanismen, die die jungen Staaten der Dritten Welt daran hindern, ihre nationale Souveränität nach ihren eigenen Vorstellungen zu verwirklichen. Allein die Tatsache, daß viele Staaten der Dritten Welt ihre Lage in Abhängigkeit von den imperialistischen Mächten und dem imperialistischen System sehen, unterstreicht die anhaltende Aktualität des Begriffs.

Verwendungszusammenhänge

Definitionen des I. gibt es in einer verwirrenden Vielfalt. Die neuere Begriffsgeschichte beginnt im 19. Jahrhundert in Frankreich, wo die bonapartistische Willkürherrschaft so bezeichnet wurde. Im viktorianischen England führten die Liberalen den Begriff ein, um die koloniale Expansionspolitik der Konservativen unter Disraeli zu kritisieren. Der entscheidende Impuls zu einer theoretisch fundierten I.-Theorie kam um die Jahrhundertwende von J. A. Hobson. Stark beeinflußt von den Grausamkeiten der britischen Armee im Burenkrieg in Südafrika, erklärte er den I. erstmals als Produkt des Kapitalismus und der durch seine Widersprüche hervorgebrachten Notwendigkeit des Kapitalexports und der territorialen Expansion. Obwohl selbst ein liberaler I.-Kritiker, wurde Hobson zum Ahnherr der klassischen marxistischen I.-Theorie.

Im Mittelpunkt der klassischen I.-Theorie steht Lenins Schrift «Der I. als höchstes Stadium des Kapitalismus» (1917). Aufbauend auf Hobson sowie R. Hilferdings Arbeit über «Das Finanzkapital» (1910) leitet Lenin seinen Begriff von I. aus dem ökonomischen Wesen des Kapitalismus in seinem monopolitischen Stadium ab. Die Entstehung des Finanzkapitals, der Kapitalexport sowie die abgeschlossene Aufteilung der Welt unter die kapitalistischen Großmächte sind für Lenin die wesentlichen Merkmale des I. Mit seiner I.-Schrift verfolgte Lenin zwei politische Ziele. Vor allem ging es ihm darum nachzuweisen, daß der 1. Weltkrieg unvermeidliches Ergebnis der verschärften Konkurrenz zwischen den Großmächten um politische →Macht und wirtschaftliche Einflußsphären sei. Zugleich war seine Schrift eine Polemik gegen Kautsky und dessen Auffassung, der Monopolkapitalismus könne sich zu einem friedlichen «Ultra-Imperialismus» entwickeln. Hier wird deutlich, daß Lenins Schrift geprägt ist von der aktuellen Auseinandersetzung um die revolutionäre Linie in der sozialistischen Bewegung. Gleichzeitig ist sie globaltheoretisch angelegt, wenn sie den I. als sterbenden Kapitalismus, als «Vorabend der sozialen Revolution des Proletariats» definiert.

Die klassische I.-Diskussion hat Werke auf hohem theoretischen Niveau hervorgebracht, in denen es um kontroverse Interpretationen der Gesetzmäßigkeiten der kapitalistischen Entwicklung ging (Bucharin 1926, Grossmann 1929). Erwähnt sei R. Luxemburgs Ansatz, der die neuere I.-Diskussion, in der der Nord-Süd-Konflikt eine zentrale Rolle spielt, beeinflußt hat. Sie leitet die Notwendigkeit des Kapitalismus, den Weltmarkt zu schaffen, daraus ab, daß seine Reproduktion im nationalen Rahmen wegen zu geringer Kaufkraft nicht gewährleistet ist. Der I. ist für sie «der politische Ausdruck des Prozesses der Kapitalakkumulation in ihrem Konkurrenzkampf um die Reste des noch nicht mit Beschlag belegten nichtkapitalistischen Weltmilieus» (zit. nach Mommsen 1977, S. 39).

Anders als Lenin und die marxistische Theorie hielt Hobson den I.

nicht für ein unvermeidliches Produkt des Kapitalismus. Er forderte vielmehr die Reform des Kapitalismus im Sinne des Freihandels und einer gerechteren Einkommensverteilung. Dadurch könnten, so meinte er, auch die politischen Kräfte, deren Profitgier den I. hervorbringe, zurückgedrängt und der I. überwunden werden. Unter anderen theoretischen Prämissen, nämlich mit einer soziologischen statt einer ökonomischen Analyse, argumentierte Schumpeter gegen die Verbindung von Kapitalismus und I. Ausdrücklich kam es ihm in seinem Aufsatz «Soziologie der Imperialismen» (1919) auf eine Widerlegung der marxistischen I.-Theorie an. Für ihn ist das Phänomen des I. im Kapitalismus ein «Atavismus», d. h. ein Überrest vorkapitalistischer Verhaltensweisen. Er definiert den I. universalhistorisch als die «objektlose Disposition eines Staates zur gewaltsamen Expansion ohne angebbare Grenze» (zit. nach Wehler 1970, S. 155). Diese Disposition werde von kriegerischen sozialen Herrscherschichten getragen, die es seit der Antike immer wieder gegeben habe, denen aber gerade die demokratische kapitalistische Gesellschaft die Grundlage entziehe – quod erat demonstrandum. Ein Begriff vom I., der von dem den Menschen innewohnenden Machtstreben hergeleitet wird, findet sich neuerdings bei Autoren der realistischen und der neorealistischen Schule (Kindermann 1981).

Lenins I.-Analyse hat zweifellos die gesamte seitherige Diskussion am nachhaltigsten beeinflußt. In der Sowjetunion allerdings erstarrte seine Theorie nach dem Sieg der Oktoberrevolution zur Staatsdoktrin. Sein globaltheoretischer Ansatz wurde verabsolutiert, während der konkrethistorische Bezug seiner Schrift unterging. Im Umfeld sowjetmarxistischer →Ideologie stagnierte die wissenschaftliche Diskussion. Neue Impulse erhielt sie nach dem 2. Weltkrieg im Gefolge der weltpolitischen Vormachtstellung der USA und der nationalen Befreiungsbewegungen in der Dritten Welt durch Autoren aus dem Westen und dem Süden.

Begriffspräzisierung

Die universalhistorische Definition des I. als Streben eines Staates, schwächere Staaten seiner →Herrschaft zu unterwerfen, ist zu allgemein, um der politikwissenschaftlichen Analyse zu brauchbaren Erkenntnissen zu verhelfen. Was hat das Römische Imperium mit dem British Empire gemein, außer dem Expansionsdrang? Es ist daher einem historisch-spezifischen Begriff der Vorzug zu geben, der den I. auf der Grundlage der Entwicklung des →Kapitalismus erklärt, ihn als politisch-ökonomischen Begriff definiert. Der I. wird als Ausdruck der Tendenzen des Kapitalismus verstanden, über seine nationalen Grenzen hinaus zu expandieren und aus – im einzelnen zu untersuchenden – politisch-ökonomischen Beweggründen seine Vorherrschaft über andere Gebiete zu errichten. Diese muß nicht formelle Kolonialherrschaft sein und auf direkter →Gewalt beruhen, sondern kann auch durch andere informelle Mechanismen hergestellt werden.

Innerhalb der politisch-ökonomischen Diskussion des I. bestehen jedoch noch grundlegende Kontroversen. Hatte Lenin den I. als höchstes Stadium des Kapitalismus definiert, so treten ihm in der neueren Diskussion zwei konkurrierende Theorien entgegen, die den I. als permanentes Stadium des Kapitalismus (Weltsystemansatz, Krippendorff 1976) bzw. als «Pionier des Kapitalismus» (Warren 1980) bezeichnen. Setzt Lenin den I. mit dem Monopolkapitalismus gleich, so wird im Weltsystemansatz argumentiert, expansive und ausbeuterische Tendenzen hätten den Kapitalismus seit seiner Entstehung gekennzeichnet, nämlich seit etwa 1500. Die Begrenzung des I. auf die Zeit seit etwa 1900 sei daher nicht gerechtfertigt. Warren seinerseits kritisiert an Lenin, daß er den I. als Kapitalismus im Niedergang definiert und damit den Grundstein dafür gelegt habe, dem I. entwicklungshemmende Auswirkungen in den ökonomisch rückständigen Gebieten zuzuschreiben. Für ihn dagegen gilt, daß der I. die kapitalistische Entwicklung in diesen Gebieten vorantreibt – als «unsichtbares Werkzeug der Geschichte», wie schon Marx über die britische Herrschaft in Indien geschrieben hatte. Mit dem Weltsystemansatz hat Warren gemein, daß beide, in Anlehnung an Rosa Luxemburg, I. als die Expansion des Kapitalismus in nichtkapitalistische Gebiete begreifen. Was die Auswirkungen der Penetration anbelangt, sind ihre Theorien jedoch unvereinbar. Denn der Weltsystemansatz geht von einer Dichotomie zwischen Zentrum und Peripherie aus, durch die der Entwicklungsstand der Länder der Peripherie auf einem unterentwickelten Niveau festgeschrieben wird. Diese Kontroverse unterstreicht, daß die Auswirkungen des I. in den Ländern der Dritten Welt sowie die Rolle der Dritten Welt in den ungleichen Beziehungen mit den imperialistischen Mächten zu wesentlichen Bestandteilen des Begriffs des I. geworden sind.

Forschungsstand

Die Forschung über den I. hat ein viel komplexeres Bild ergeben, als manche monokausalen Erklärungen vermuten ließen. Die zwingende Ableitung des I. aus dem Kapitalexport oder dem von Marx formulierten Gesetz des tendenziellen Falls der Profitrate konnte empirisch nicht bestätigt werden. Eine Erklärung dafür hat Lenin selbst geliefert, nämlich die Ungleichmäßigkeit der Entwicklung im Kapitalismus, die zu differenzierten Entwicklungsprozessen einzelner →Nationen und zu Widersprüchen und Konflikten zwischen ihnen führt. Diese Erkenntnis hat auch die spätere Forschung befruchtet, sowohl in bezug auf die Beziehungen zwischen den kapitalistischen Mächten, die Lenin primär interessierten, als auch hinsichtlich der Nord-Süd-Beziehungen, die heute in den Mittelpunkt gerückt sind.

Konkrete historische Untersuchungen haben die Bedeutung innenpolitischer Beweggründe für die imperialistische Expansion einzelner Staaten nachgewiesen. Nationalistischer ‹Hurrapatriotismus› diente dazu, soziale Konflikte nach außen abzulenken und auf diese Weise zu entschärfen. In seiner Analyse der Politik Bismarcks verwendet Wehler hierfür den Begriff Sozialimperialismus. Daß ökonomische Interessen für die Expansion in fremde Gebiete und Märkte grundlegend sind, arbeitet auch Wehler heraus. Nur allein reichen sie nicht zur Erklärung aus. Als politisch-ökonomischer Begriff ist der I. gesellschaftlich umfassend zu bestimmen. Auf der Grundlage ökonomischer Strukturmerkmale gehen soziale, politische, strategische und ideologische Faktoren in ihn ein.

Daß in den letzten Jahrzehnten des 19. Jahrhunderts in der kapitalistischen Entwicklung ein bedeutsamer Einschnitt eintrat, als Englands Vormacht vor allem durch das Erstarken der USA und Deutschlands in Frage gestellt wurde, hat die Forschung bestätigt. Die Auffassung der klassischen Theorie jedoch, daß mit diesem Einschnitt die Epoche des I. begann, wurde relativiert. Das ökonomische Interesse an den Rohstoffen, Menschen und Märkten der Länder der Dritten Welt bestand offenbar schon lange vorher, und die I.-Analyse ist dementsprechend auf die Phasen der Entstehung (ursprüngliche Akkumulation) und Entfaltung (industrielle Revolution) des Kapitalismus ausgedehnt worden. Den I. erst mit dem verstärkten Wettbewerb europäischer Mächte um Einflußsphären in der Welt beginnen zu lassen, ist in diesem Zusammenhang als «eurozentristisch» kritisiert worden (Addo 1981). In der Tat begann für die Länder der Dritten Welt die gewaltsame Einverleibung in den entstehenden kapitalistischen Weltmarkt schon mit den Plünderungen europäischer Eroberer Ende des 15. Jahrhunderts.

Das Ergebnis dieses Prozesses der Nord-Süd-Beziehungen bleibt in der Forschung kontrovers. Dependenztheoretische Analysen haben seit Anfang der 50er Jahre den I. aus der Sicht des Südens betrachtet. Ihre anfängliche These, die Ausbeutung der Dritten Welt habe die Entstehung des Kapitalismus erst möglich gemacht, hatte keinen Bestand. Das Ausmaß der Abhängigkeit der imperialistischen Staaten von ihren ökonomischen Beziehungen zum Süden für ihre Reproduktion ist ebenfalls relativiert worden; ihr Austausch untereinander ist zweifellos bedeutsamer. Aber die Abhängigkeit der Länder der Dritten Welt von und die Veränderung ihrer Gesellschaften durch den I. stehen außer Frage. Welche Dynamik diese Veränderungsprozesse haben, ist wiederum umstritten. Der Weltsystemansatz sieht die Länder der Peripherie gefangen in einer sich selbst reproduzierenden Unterentwicklung, die von den entwickelten kapitalistischen Staaten, den Zentren des imperialistischen Systems, strukturell dominiert und durch von diesen abhängige regierende Klassen in den Peripherieländern vermittelt wird (Galtung, in Senghaas

1972). Demgegenüber argumentieren Warren und andere, die imperialistische Durchdringung der Dritten Welt habe nachweislich einen Prozeß kapitalistischer Entwicklung zur Folge. Sie können die Schwellenländer als Beleg ihrer These anführen.

Forschungsperspektive

Die Nord-Süd-Beziehungen bleiben in der I.-Forschung vordringlich. Die starre Dichotomie zwischen Zentrum und Peripherie im Weltsystemansatz ist im Lichte der Entwicklungen in der Dritten Welt nicht mehr haltbar. Warrens Kapitalisierungsthese auf der anderen Seite setzt sich in ihrer Einseitigkeit erneut Addos Vorwurf des Eurozentrismus aus. Untersuchungen über die Entwicklungsperspektiven der Länder der Dritten Welt steht die marxistische Stadientheorie, ob sie Kapitalismus – Imperialismus – Sozialismus (Lenin) oder Kapitalismus/Imperialismus – Sozialismus (Warren) lautet, im Wege. Eigenständige Alternativen einzelner Länder der Dritten Welt müssen verstärkt erforscht werden.

Zu klären, aber noch kaum erforscht ist die Stellung der Sowjetunion im imperialistischen System. Ihre Außenpolitik fordert in Situationen wie dem Afghanistankrieg die Kennzeichnung imperialistisch heraus. Sie macht ökonomische Interessen in der Dritten Welt geltend. Insbesondere tritt sie politisch und militärstrategisch als Supermacht auf, wie die USA. Aber sie ist nicht kapitalistisch im herkömmlichen Sinn. Der Weltsystemansatz bietet die Hypothese an, daß die Sowjetunion in das imperialistische System eingebunden und infolgedessen seinen Gesetzmäßigkeiten unterworfen ist.

Eine zentrale Rolle in der Forschung behalten schließlich die kapitalistischen Staaten des Westens, insbesondere die USA. Zudem sind die transnationalen Konzerne als eigenständige, aber überwiegend von den USA aus operierende Akteure von großer Bedeutung. Sie sind nach 1945 als neues besonderes Merkmal des I. gekennzeichnet worden. Vor allem das Verhältnis zwischen nationalen und transnationalen Kräften im internationalen System ist eine Frage, die für die Präzisierung des politisch-ökonomischen Begriffs des I. unter den heutigen Bedingungen relevant ist.

Addo, H.: Globale Ökonomie und eurozentristische Theorie: Eine Kritik traditioneller Imperialismustheorien. In: Krisen in der kapitalistischen Weltökonomie. Hg. von F. Fröbel/J. Heinrichs/O. Kreye. Reinbek bei Hamburg 1981.

Bucharin, N.: Der Imperialismus und die Akkumulation des Kapitals. Wien/Berlin 1926.

Grossmann, H.: Das Akkumulations- und Zusammenbruchsgesetz des Kapitalistischen Systems. Leipzig 1929.

Hampe, P.: Die ‹ökonomische Imperialismustheorie› – Kritische Untersuchungen. München 1976.

Kindermann, G.-K.: Konstanten und Variablen imperialistischer Politik. In: Ders. (Hg.), Grundelemente der Weltpolitik. München ^{2}1981.
Krippendorff, E.: «Imperialismus» in der Friedensforschung. Plädoyer für einen Begriff. In: Friedensanalysen – Für Theorie und Praxis 3. Frankfurt/M. 1976.
Mommsen, W. J.: Imperialismustheorien. Göttingen 1977.
Owen, R./Sutcliffe, B. (eds.): Studies in the Theory of Imperialism. London ^{6}1980.
Senghaas, D. (Hg.): Imperialismus und strukturelle Gewalt – Analysen über abhängige Reproduktion. Frankfurt/M. 1972.
Warren, B.: Imperialism: Pioneer of Capitalism. London 1980.
Wehler, H.-U. (Hg.): Imperialismus. Köln/Berlin 1970.

Peter Meyns

Implementation

Begriffsverwendungen

Die Durchführung von rechtsverbindlichen →Entscheidungen, die durch politische oder administrative Organe herbeigeführt wurden, wird in der →Politikwissenschaft als I. (wörtlich: Ausfüllen, Erfüllen) bezeichnet. Die Fragen ‹Was wird aus einem Gesetz, nachdem es die politische Entscheidungsbühne verlassen hat? Welche Schwierigkeiten muß es überwinden, bis es praktische Wirklichkeit wird?› gewannen als systematische Forschungsfragen zuerst in den Vereinigten Staaten Aktualität, und zwar aus gegebenem politischem Anlaß: Die ehrgeizigen Reformprogramme der 60er Jahre, die sich die Bekämpfung der Armut zum Ziel setzten, schienen wesentlich daran gescheitert zu sein, daß sie die finanziellen Schwierigkeiten und bürokratischen Widrigkeiten der Durchführung zu wenig bedachten. So wurde der Ruf nach I.-Forschung laut, sich eben mit den besonderen Bedingungen der praktischen Umsetzung von Policies zu befassen. Diese Forderung pflanzte sich auch in der Bundesrepublik fort, zumal auch hier der reformerische Elan einer aktiven Gestaltung von Gesellschaft schnell am Widerstand der durchführenden Bürokratie gebrochen wurde und sich in der ernüchternden Kleinarbeit der tagtäglichen Umsetzung zerrieb.

Verwendungszusammenhänge

Der Begriff der I. leitet sich aus der Systemtheorie ab, die das politische System in Abhängigkeit vom wirtschaftlichen und soziokulturellen System sieht, auf die es selbst wiederum prägend einwirkt. Politische Vorgänge werden als Prozeß, als Zyklus konzipiert, in dem die I. ein wichtiges, lange Zeit nicht erforschtes Glied («the missing link», Hargrove 1975) darstellt: Forderungen aus der sozioökonomischen Umwelt richten sich an das politische System oder das ‹Policy-Making-System› im engeren

Sinn (Inputs), werden im politischen Entscheidungsprozeß in materielle Entscheidungen transformiert (Programm, Policy Outputs) und sodann in die Praxis umgesetzt, implementiert. Dadurch werden mittelfristig Policy-Ergebnisse (Policy Outcomes) und längerfristig Policy-Wirkungen (Policy Impacts) hervorgebracht. Die Erfahrung mit diesen veranlassen die Betroffenen schließlich, neue Forderungen an die zuständigen politischen Entscheidungsträger zu richten (Feedback-Loop). Damit schließt sich der Kreis, und der Zyklus beginnt von neuem.

Am systemtheoretischen Politikmodell wird kritisiert, ihm läge eine simpel-harmonische Vorstellung des politischen Handelns zugrunde, die dessen Konflikthaftigkeit und Vielschichtigkeit nicht gerecht würde. Dies trifft zu, wenn der Zyklus als zwingender Ablauf verstanden wird, dessen Phasen sich säuberlich ordnen und unterscheiden lassen, was natürlich nicht der Fall ist. Wird der Politikzyklus jedoch bescheidener als Hintergrundfolie zur Analyse der unordentlichen politischen Wirklichkeit gesehen, so kann er dabei behilflich sein, komplizierte Zusammenhänge klarer zu machen und eine Policy in ihrer zeitlichen Entwicklung, in ihrer Veränderlichkeit zu begreifen.

So sehr Konsensus herrscht über die rudimentäre inhaltliche Bestimmung des Begriffs I. und dessen systemtheoretische Einbettung, so unterschiedlich sind die analytischen Akzente, die bei der konkreten Erforschung von Durchführungsprozessen gesetzt werden. Dominierte in der I.-Forschung zunächst die Sicht des Zentralstaats, der ein Programm auf den Weg bringt und auf dessen getreuliche Durchführung hofft, so wurde im weiteren schnell das Trügerische dieser Perspektive von oben nach unten deutlich, die so manch triviale Durchführungsschwierigkeit übersehen ließ und den besonderen Forderungen ‹vor Ort› nicht gerecht wurde. Neben die zentrale Steuerungsperspektive trat immer mehr die Auffassung, daß I. als relativ lockeres institutionelles Handlungsgefüge verstanden werden muß, in das ein politisches Programm eingegeben wird, dessen Ziele dann mit den Durchführenden vor Ort Schritt für Schritt definiert werden (Elmore 1979/80). Die Sicht ‹von oben› wurde also durch die Sicht ‹von unten› ergänzt. Während beim steuerungstheoretischen Ansatz die zentral gesetzten Ziele betont und den Handlungsergebnissen gegenübergestellt werden und die wirksamsten Steuerungsmethoden interessieren, beschreibt der zweite Ansatz die Aktivitäten, die durch ein Programm ausgelöst, von einer Vielzahl von Durchführenden mit durchaus unterschiedlichen Zielen getragen werden (Hjern/Porter 1980) und in ihren Ergebnissen relativ offen sind.

Wie auch immer die Perspektive ist, die bei der I.-Forschung eingenommen wird, immer müssen ‹Politics›, die Vorgänge während der Politikformulierung, einbezogen werden; denn unerledigte, nur notdürftig überdeckte Konflikte der politischen Entscheidungsphase spielen in die

I. hinein und erfahren dort eine Wiederbelebung. Auch suchen Akteure der I. häufig schon in der Politikformulierung Einfluß auf ein Programm zu nehmen, und umgekehrt zögern Akteure der Politikformulierung nicht, während der I. in die Programmabwicklung einzugreifen. Die Grenze zwischen Politikformulierung und Politikimplementation ist eine offene. Dies lenkt den Blick auf die I.-Forschung, die das Durchführungsschicksal verschiedener Policy- oder Programmtypen untersucht. Die Unterscheidung von Programmtypen wie regulative Gebots-/Verbotsprogramme, Anreizprogramme u. a. m. (Mayntz 1980, 1983) beruht auf der Überlegung, daß mittels verschiedener Steuerungsformen, seien sie schwächerer oder stärkerer Art, bestimmte Verhaltenswirkungen (Widerstand, Zustimmung) hervorgerufen werden, die einen sehr unterschiedlichen Einfluß auf den I.-Verlauf nehmen.

Begriffspräzisierung

Vor dem Hintergrund der oben skizzierten systemtheoretischen Einbettung und der unterschiedlichen Akzente, die bei der Analyse gesetzt werden, kann Politikimplementation nun genauer bestimmt werden: Während des I.-Prozesses werden politische und administrative Entscheidungen praktisch umgesetzt, die präzise oder vage Verhaltensziele vorgeben und die mit starker oder sanfter staatlicher Steuerung durchgesetzt werden. Je nachdem, wie die Vorgaben durch die politischen Entscheider ausfallen, gleitet ein Programm auf festen Schienen durch die durchführenden Instanzen und wird – getreu den zentral gesetzten Zielen – verwirklicht oder aber entfaltet seine Ziele – bei nur vagen zentralen Vorgaben – erst allmählich während der Durchführung. An der Programmgestaltung während der I. beteiligen sich eine Vielzahl von Organisationen, gesellschaftlichen Gruppen und Einzelpersonen. Sie tragen Konflikte aus, kooperieren und verhandeln.

Politikimplementation bietet ein so vielschichtiges Bild, daß ein analytischer Ansatz allein kein Erklärungsmonopol beanspruchen kann, sondern immer einer Ergänzung durch die anderen Sichtweisen bedarf. Je nach der Policy, die zur Diskussion steht, eignen sie sich mehr oder weniger dazu, Handlungszusammenhänge zu erhellen. So steht etwa bei der Analyse eines Steuergesetzes die strenge zentrale Perspektive im Vordergrund, die nach der Diskrepanz zwischen Soll-Vorgaben und Ist-Wirkungen sowie den prozessualen und institutionellen Gründen einer Abweichung von Zielvorgaben fragt. Beim Angebot von Jugendfreizeitzentren hingegen dominiert das analytische Anliegen, die Entstehung und Präzisierung von Zielen auf unterer Ebene nachzuvollziehen, indem die Konflikt- und Konsensus-Prozesse zwischen den beteiligten Durchführenden erforscht werden. Liegt ein Beratungsbedarf vor, so wird zunächst eine grobe idealtypische Zuordnung von Programmart und I.-Struktur vorgenommen. Bei der Planung von Jugendfreizeitzentren wiederum empfehlen sich keine hierarchischen Durchführungsstrukturen, für die Durchführung von Steuergesetzen umgekehrt kein lockeres organisatorisches Handlungsnetz mit weiten Handlungsspielräumen. Sodann wird zur Einschätzung der notwendigen Ressourcen übergegangen, die die einzelne Organisation zur Programmdurchführung benötigt.

Forschungsstand
Die erste Welle der I.-Forschung in den Vereinigten Staaten brachte eine Vielzahl von Fallstudien, die akribisch und informativ die idiosynkratischen Gründe für das Scheitern einzelner armutspolitischer Programme erforschten. Die Ausbeute an verallgemeinerungsfähigen Aussagen über den I.-Verlauf generell blieb relativ mager, wenn man von trivialen Feststellungen absieht wie beispielsweise der, daß die Durchführungschancen eines Programms mit zunehmender Zahl von Entscheidungsstellen, die es zu durchlaufen hat, abnehmen (Pressman / Wildavsky 1971). Schon relativ früh existierten allerdings einige umgreifende systemtheoretische Erklärungsansätze für den I.-Prozeß, die jedoch so weitmaschig waren, daß sich ihre Erklärungskraft wiederum verminderte, wie: Der Programmerfolg ist von den investierten Ressourcen der Durchführungsorganisation sowie deren Zielen abhängig. In jüngerer Zeit gestalten sich die theoretischen Erklärungsversuche differenzierter und bieten präzisere Hypothesen über den Zusammenhang zwischen Programmtyp, I.-Struktur, -prozeß und Programmerfolg an.

Der Weg, den die deutsche I.-Forschung einschlug, war genau umgekehrt. Theorieerpicht suchte sie zunächst möglichst viele zusammenhängende, empirisch überprüfbare Aussagen über den I.-Prozeß schlechthin zu entwickeln. So wurde relativ früh ein Katalog von Programminstrumenten entwickelt, die den Verlauf des I.-Prozesses mitbestimmen (Mayntz 1980, 1983), Programmziele, -instrumente und I.-Strukturen typisiert und verbunden haben (Windhoff-Héritier 1980). Die immer zahlreicher werdenden empirischen Fallstudien über einzelne I.-Verläufe, die die Singularität von Programmschicksalen hervortreten ließen, und die Unmöglichkeit, breite und repräsentative Untersuchungen über gleichartige I.-Prozesse durchzuführen, schwächten jedoch den ursprünglichen Theorieoptimismus immer mehr ab und legten schließlich die resignative Überzeugung nahe, daß individuelle, institutionelle Untersuchungen von I.-Verläufen das einzig Machbare seien (Mayntz 1983, S. 8).

Wenn auch nicht auf breiter empirischer Basis abgesichert, so durch Fallstudien gestützt, lassen sich doch etliche Klassifikationsschemata und erklärende Hypothesen anführen, die geeignet sind, Licht auf das bislang fehlende Glied des Politikzyklus, die I., zu werfen und dadurch politikwissenschaftliche Erkenntniszusammenhänge zu bereichern. Die klassifikatorischen Bemühungen heben auf die für die I. wichtige Frage ab: Wie können Programmadressaten dazu veranlaßt werden, einem Programmziel zu entsprechen? Eine ganze Palette von Steuerungsinstrumenten steht hier zur Verfügung, die sich vom Gebot/Verbot, Anreiz und Angebot über Überzeugung/Information bis hin zum Vorbild erstreckt. Die Steuerungsversuche können mit der Anwendung staatlichen Zwangs einhergehen, der beim Gebot/Verbot stark, bei den Anreizen, Angeboten und der Überzeugung schwach ausgeprägt ist oder ganz fehlt und daher Widerstand, Gleichgültigkeit oder Befürwortung hervorruft (Bardach 1977; Mayntz 1980, 1983; Wollmann 1980; Windhoff-Héritier 1980). Wirkungsweise und Anwendung der unterschiedlichen Steuerungsinstrumente wurden in einer Vielzahl von I.-Fallstudien untersucht und erfuhren auf der Basis dieser empirischen Erfahrungen eine Verfeinerung: Häufig treten verschiedene Steuerungsinstrumente kombiniert auf, so als Gebot plus Überzeugung (Anschnallpflicht) oder in einer typischen Abfolge als «Exhaustion of tools» (Ingram/Ullery 1980). Die letztere beginnt mit einer schwachen Steuerung, setzt nach konstatierter Wirkungslosigkeit stärkere Mittel ein und mündet schließlich in staatlichen Zwang.

Programme und deren I.-Schicksal werden auch im Hinblick auf die Ziele analysiert, die sie verfolgen. Insbesondere das Lowische Begriffspaar der distributiven und redistributiven Politik bestimmte in diesem Zusammenhang die Diskussion: Während die distributive Politik den Anschein erweckt, gesellschaftliche Gruppen nach dem Motto ‹Jedem das Seine› gleich zu behandeln, zieht die Umverteilungspolitik Kritik auf sich, indem sie den einen etwas wegnimmt, um es den anderen zu geben. Indem sie unterschiedliche Steuerungsinstrumente und Programmziele verbindet, gelangt die I.-Forschung zur Aussage, daß die Durchführungschancen von Umverteilungsprogrammen sehr ungewiß sind, sofern sie nicht mit einer starken staatlichen Steuerung einhergehen; denn die «Programmverlierer, die die Kosten der Umverteilung zu tragen haben, werden während der I. versuchen, sich dem getreulichen Vollzug zu widersetzen» (Caputo/Cole 1975). Entsprechend mild kann die staatliche Steuerung bei gleichbehandelnd-distributiven Programmen ausfallen, da sie auf keinen Widerstand stoßen. Wird zum Ziel-/Wirkungsaspekt von Programmen der Aspekt der I.-Struktur (hierarchisch-zentralistischer versus dezentralisiert-lockerer Handlungszusammenhang) hinzugefügt, so drängte sich die These auf, daß Umverteilungsprogramme im Rahmen einer lockeren I.-Struktur mit breiten Durchführungsspielräumen nur geringe Aussichten haben, als solche auch verwirklicht und sachte in distributive Programme verwandelt werden. Nur wenn die Programmnutznießer auf dem Umverteilungsziel aktiv beharren und sich zu diesem Zweck organisieren, können sie verhindern, daß das Programm ‹unter der Hand› abgewandelt wird (Windhoff-Héritier 1980).

Empirische Studien über die komplexen Durchführungsprozesse, insbesondere das organisatorische und interorganisatorische Verhalten, erbrachten darüber hinaus Einsichten, die einer Verfeinerung der relativ grobmaschigen obigen Aussagen dienten: Wider Erwarten rekurrieren durchführende Behörden, auch wenn ihnen Gebote/Verbote zur Verfügung stehen, häufig nicht auf Zwangsmittel, sondern lassen sich, so beispielsweise im Umweltschutz (Mayntz 1980, 1983) und im Arbeitsschutz (Windhoff-Héritier 1980) auf Verhandlungen ein, um das Programmziel zu erreichen. Die Erklärung dafür liegt in den mangelnden Ressourcen der kontrollierenden Instanzen, die häufig nicht denjenigen der Organisationen entsprechen, die sie kontrollieren sollen. Daher sind sie auf Kooperation und Verhandeln angewiesen.

Die Reihe von Hypothesen ließe sich fortsetzen, die sich auf den komplexen Zusammenhang zwischen dem zu lösenden Problem, dem Programmtyp, den durchführenden Organisationen und Adressaten erstrecken. Über ein solch komplexes soziales Gebilde, wie eine Programmimplementation es darstellt, sind gesetzmäßige Aussagen nur begrenzt möglich; die Forschung konzentriert sich daher meist auf die differenzierte Nachzeichnung der «...internen Dynamik, Eigenart und Ursachen spezifischer komplexer Prozesse» (Mayntz 1983, S. 14) im Rahmen qualitativer Fallstudien.

Forschungsperspektive

Methodische und theoretische Selbstbescheidung erscheint daher geboten. Interessante weiterführende Perspektiven eröffnen sich durch eine verstärkte vergleichende I.-Forschung, sei es zwischen Ländern oder zwischen nationalen Subeinheiten. Sie schärfen den Blick für den Einfluß, den institutionelle Strukturen, Programminstrumente, kulturelle und historische Bestimmungsgrößen auf die erfolgreiche staatliche Bearbeitung eines gleichartigen Problems haben. Die vergleichende Forschung verspricht, den Weg zu stärker verallgemeinerungsfähigen Aussagen zu bahnen.

Die I.-Forschung hat nicht nur methodisch-theoretisch voranzuschreiten, sie weist auch noch manche inhaltliche Lücken auf. So hat sie aufgrund ihrer starken Betonung administrativen Durchführungshandelns die Zielgruppen von Programmen, die Verwaltungsklientel, vernachlässigt, obwohl deren unterschiedliche Fähigkeiten, auf die Programmdurchführung einzuwirken oder gar schon in der Politikformulierung auf die Programmkonzipierung Einfluß zu nehmen, für das Programmgelingen sehr bedeutsam sind. Diese wichtige Akteurengruppe des I.-Prozesses gilt es zukünftig ebenso zu erforschen wie die weitgehend unbekannten Auswirkungen von I.-Prozessen auf zukünftige Programmgestaltungen oder, anders gesagt, von Policy-Erfahrungen auf nachfolgende Politikformulierungen. Damit sind aber nur zwei Untersuchungslücken unter vielen aus dem weiten Forschungsfeld genannt, das sich den Prozessen widmet, die der Diskrepanz von formaler Entscheidung und Praxis, von Worten und Wirklichkeit zugrunde liegen.

Bardach, E.: The Implementation Game: What Happens After a Bill Becomes a Law? Cambridge (Mass.) u. a. 1977.
Caputo, D. A. / Cole, R. L.: General Revenue Sharing Expenditures Decision in Cities over 50000. In: Public Administrative Review, 1975, S. 135 ff.
Elmore, R. F.: Backward Mapping: Implementation Research and Policy Decisions. In: Political Science Quarterly, 1979/80, S. 601 ff.
Hargrove, E. C.: The Missing Link: The Study of the Implementation of Social Policy. Washington D.C. 1975.
Hjern, B. / Porter, D. O.: The Organizational Society and Organization Analysis. Internationales Institut für Management und Verwaltung, Berlin. Discussion paper dp/80-48. Berlin 1980.
Ingram, H. M. / Ullery, S. J.: Policy Innovation and Institutional Fragmentation. In: Policy Studies Journal, 1980, S. 664 ff.
Mayntz, R. (Hg.): Implementation politischer Programme. Königstein 1980.
–: Implementation politischer Programme II. Opladen 1983.
Pressman, J. L. / Wildavsky, A.: Implementation. Berkeley (Calif.) 1971.
Windhoff-Héritier, A.: Politikimplementation. Ziel und Wirklichkeit politischer Entscheidungen. Königstein 1980.
Wollmann, H. (Hg.): Politik im Dickicht der Bürokratie. Beiträge zur Implementationsforschung. Leviathan-Sonderheft 3. Opladen 1980.

Adrienne Windhoff-Héritier

Infrastruktur

Begriffsverwendungen

Die marktwirtschaftliche ökonomische Theorie geht von der Vorstellung aus, daß – bei konstanten außenwirtschaftlichen Verflechtungen – Konsumgüternachfrage und Sparleistung der privaten Haushalte einerseits sowie Produktivitätsfortschritt und Investitionsverhalten der privaten Produzenten andererseits vorwiegend das Wohlfahrtsniveau einer Volkswirtschaft bestimmen. In dieses Modell, bei dem Austauschbeziehungen zwischen Produzenten und Konsumenten über den Markt vermittelt werden und der →Staat vor allem die Regeln des Austauschprozesses fixieren und überwachen soll, läßt sich der I.-Begriff nur mit erheblichen Schwierigkeiten systematisch integrieren: I.-Leistungen wie Verkehrswegenetz oder →Bildungssystem werden meist nicht von privaten Produzenten, sondern vorwiegend von öffentlichen Instanzen angeboten. Die Nachfrage wird kaum über einen Marktpreis reguliert. Vielmehr steht das I.-Angebot als ‹öffentliches Gut› allen Benutzern kostenlos zur Verfügung, oder es werden Gebühren und Beiträge erhoben, deren Höhe sich an den Erstellungskosten, der Zahlungsfähigkeit der Adressaten und öffentlichen Zuschüssen bemißt. Staatliche I.-Ausgaben binden einerseits Ressourcen (Finanzierung der öffentlichen Ausgaben über Besteuerung und Staatsverschuldung), die dann für wohlfahrtssteigernde private Konsum- und Investitionsausgaben nicht zur Verfügung stehen. Andererseits gehen von I.-Ausgaben selbst erhebliche Wohlfahrtswirkungen aus. Sie ergänzen den privaten Konsum um ein komplementäres Angebot öffentlicher und kollektiver Güter (z. B. kulturelles Angebot, Freizeit- und Erholungseinrichtungen) und stellen wesentliche Vorleistungen für die Steigerung der Produktivität (z. B. Forschungs- und Entwicklungsausgaben) und Verteilung (z. B. Verkehrsnetz, Telekommunikationssysteme) der privaten Produktion bereit.

Verwendungszusammenhänge
Vor allem die Finanzwissenschaft und die Theorie der volkswirtschaftlichen Gesamtrechnung suchen Kriterien für eine adäquate Bewertung des Wohlfahrtsbeitrags der I. sowie für die Optimierung des Verhältnisses zwischen privaten Ausgaben und öffentlichen I.-Aufwendungen. Dies wird jedoch dadurch entscheidend erschwert, daß sich die auf Marktpreisen und individuellen Kosten-Nutzen-Erwägungen basierenden ökonomischen Modelle auf den I.-Bereich nur sehr begrenzt anwenden lassen. Für die I. fehlt nämlich nicht nur der Marktpreis als Bewertungsmaßstab. Sie verursacht auch eine Vielzahl ‹externer Effekte›, deren Zurechnung zur Kosten-Nutzen-Bilanz einzelner Wirtschaftssubjekte nicht nur dann besonders schwierig ist, wenn es sich um sogenannte ‹intangibles› (nicht monetär bewertbare Effekte) handelt. Ein typisches Beispiel positiver externer Effekte von I.-Investitionen sind die Standortvorteile für Betriebe, die aus der Erschließung einer Region durch ein Verkehrswegenetz entstehen. Insbesondere die regionale Wirtschaftspolitik sowie die Entwicklungspolitik suchen diese in ihren Förderkonzeptionen gezielt zu maximieren.

Aufgrund der Bewertungsschwierigkeiten ist es allerdings nicht verwunderlich, daß die Einschätzung der volkswirtschaftlichen Bedeutung der I. sehr stark nach grundlegenden Werthaltungen der Analytiker variiert und auch in der Abfolge wissenschaftlicher Themenzyklen erheblichen Schwankungen unterliegt. Derzeit dominiert hier eine eher ‹ordoliberale› und ‹neokonservative› Position (→Konservativismus). Diese erkennt zwar die Bedeutung der I. als Produktionsvorleistung an, sucht deren Gewichtigkeit jedoch gegenüber der Bedeutung privater Investitionen eher herunterzuspielen. Aus dieser Position heraus wird insbesondere die auch mit steigenden I.-Ausgaben im Zusammenhang stehende langfristige Tendenz zur Steigerung des Staatsanteils am Bruttosozialprodukt (→Staatsausgaben) in allen westlichen Industrienationen kritisch betrachtet. Es wird argumentiert, daß die zur Finanzierung des Staatsanteils erforderliche Abgabenbelastung investitionshemmend wirke. Zudem sei der Produktivitätsfortschritt im öffentlichen Sektor aufgrund immanenter Bedingungen (fehlender Wettbewerb bei der Leistungserstellung, starker Einfluß von Verbänden auf die Gestaltung der Arbeitsverhältnisse) wesentlich geringer als im privatwirtschaftlichen Bereich, so daß sich die Ausdehnung des Staatsanteils und volkswirtschaftliche Wohlfahrtsverluste selbst verstärkten, wenn nicht einschneidende Gegenmaßnahmen unternommen würden. Als Therapie werden Reduzierung der ‹Staatsquote› durch Steuerentlastungen, Umschichtungen ‹konsumtiver› zugunsten produktionsnäherer I.-Ausgaben, Privatisierung von I.-Einrichtungen sowie stärkere Kostenbeteiligung der I.-Nutzer erörtert.

Geringeres Gewicht hat gegenwärtig die in den 60er und frühen 70er Jahren dominierende ‹staatsinterventionistische› und reformorientierte Position. Diese konstatierte in vielen Politikbereichen – so etwa im Bildungssektor oder beim Umweltschutz (→Umweltpolitik) – eher einen Mangel an I.-Angeboten. Der Ausbau der materiellen und vor allem auch der personellen I. wurde als wesentliches Mittel zu einer gleichmäßigeren volkswirtschaftlichen Güterverteilung angesehen, bei der öffentliche oder kollektive Güter gerade für einkommenschwächere Bevölkerungsschichten Defizite bei der Versorgung mit privaten Gütern kompensieren sollten (→Wohlfahrtsstaat). Zugleich wurde dem von ordoliberaler Seite vorgetragenen ‹Staatsquoten›-Argument damit begegnet, daß die reine Maximierung des volkswirtschaftlichen Gütervolumens nicht mit ‹Wohlstandsmaximierung› gleichzusetzen sei. Vielmehr komme es auf die Erzielung ‹qualitativen Wachstums› im Sinne einer ausgewogenen und gleichmäßiger verteilten Kombination bestimmter öffentlicher und privater Güter an. In Ausdehnung des konjunkturpolitischen Instrumentariums des Keynesianismus auf die Wachstumspolitik wurden Bemühungen unternommen, durch eine an langfristigen Veränderungszielen orientierte ‹Aufgabenplanung› das I.-Angebot z. B. in der Regional-, Bildungs-, Gesundheits-, Umwelt- und Städtebauförderungspolitik zu erweitern und zu verbessern.

Die politikwissenschaftliche Beschäftigung mit I. steht in engem zeitlichem und sachlichem Zusammenhang mit den ‹staatsinterventionistischen› Ansätzen. Zum einen trug der Ausbau des sozialstaatlichen Planungsinstrumentariums auch wesentlich zum Wachstum der ‹Policy-Forschung› bei, die durch Analyse von Planungsprozessen gerade im I.-Bereich nach organisatorischen und prozessualen Verbesserungsmöglichkeiten der staatlichen Intervention suchte (→Planung). Zum andern belebten sich jene ‹polit-ökonomischen› Analyseansätze, die gesamtgesellschaftlich in der Intensivierung staatlicher I.-Politik ein Indiz für die Zuspitzung der →Krise der kapitalistischen Ökonomie sahen, welche sich zur Aufrechterhaltung der Kapitalverwertungsbedingungen zunehmend des staatlichen Regulierungsmechanismus bedienen müsse.

Im Verlauf der 70er Jahre ist eine zunehmende Konvergenz beider Forschungsrichtungen zu beobachten. Einerseits zeigte der sowohl durch interne (Koordinationsprobleme zwischen den Ressorts) als auch durch externe (wachsende Finanzierungsschwierigkeiten als Folge der Ölpreiskrise) Restriktionen bedingte schnelle Niedergang der staatlichen Aufgabenplanung, daß der Spielraum für Verbesserungen im Planungsprozeß offensichtlich wesentlich enger war, als von der Policy-Forschung zunächst angenommen wurde. Andererseits stellte sich aber auch heraus, daß trotz der Rücknahme von I.-Ausgaben bei sinkenden Wachstumsraten und steigender Arbeitslosigkeit die von polit-ökonomischen Richtungen erwartete Verschärfung der Krisensituation nicht eintrat. Dies veranlaßte beide Forschungsrichtungen, sich verstärkt der empirischen Untersuchung einzelner Politikfelder und hier insbesondere der Umsetzung (→Implementation) und Wirkung staatlicher Maßnahmen zuzuwenden.

Begriffspräzisierung
Angesichts der Unterschiedlichkeit der bereits in Beispielen erwähnten I.-Bereiche muß eine umfassende Definition des I.-Begriffs sehr abstrakt ausfallen. Als I. sollen demnach jene materiellen Einrichtungen und personellen Dienstleistungen innerhalb einer Volkswirtschaft bezeichnet werden, die von oder im Auftrag der öffentlichen Hand als Produktionsvorleistung oder als Ergänzung des Konsums zur kollektiven Nutzung bereitgestellt werden.

Forschungsstand
Vor allem die ökonomische I.-Theorie hat charakteristische Merkmale herausgearbeitet, die erklären sollen, warum bestimmte Einrichtungen und Dienstleistungen nicht privat über den Markt, sondern von der öffentlichen Hand als I. bereitgestellt werden:

- Geringe Teilbarkeit und Nichtanwendbarkeit des Ausschlußkriteriums beim Konsum: Viele I.-Einrichtungen – z. B. Verkehrswege – werden erst dann für Produktion und Konsum wirksam, wenn sie mit großem Flächendeckungsgrad angeboten werden, der meistens die Finanzkraft einzelner Investoren überfordert. Zudem können sich Konsumenten die erstellten Leistungen nicht zur ausschließlichen Nutzung privat aneignen. Eine öffentliche Leistungserstellung vermag demgegenüber einerseits ein größeres Investitionsvolumen zu mobilisieren. Andererseits können hoheitlich bestimmte Nutzungskriterien und -verpflichtungen (z. B. Anschluß- und Benutzungszwang, Beteiligung von Nutzern an der Finanzierung durch Gebühren und Beiträge) verbindlich vorgeschrieben werden, während der Marktmechanismus ausschließlich auf die freiwillige Nutzung angewiesen ist.

- Starkes zeitliches Auseinanderfallen von gegenwärtigen Investitionskosten und zukünftigem Investitionsnutzen: Typische Beispiele sind die Forschungsförderung und das Bildungswesen, welche hohe Aufwendungen erfordern, deren Erträge so unsicher sind, daß das Ausmaß der privaten Investitionen zumeist hinter dem gesellschaftlich wünschbaren Investitionsniveau zurückbleiben würde.
- Meritorisierung: Bestimmte Leistungen, etwa Kinderbetreuung oder Theateraufführungen, werden zwar auch privat am Markt angeboten. Das Angebot ist jedoch aus Kostengründen nur für einkommensstärkere Schichten zugänglich oder wegen zu geringer Nachfrage bei kostendekkenden Preisen nicht dauerhaft aufrechtzuerhalten. Die öffentliche Bereitstellung oder Subventionierung entsprechender I.-Angebote sichert hier eine breitere Versorgung.

Allerdings sind diese Merkmale nicht geeignet, jene Einrichtungen und Leistungen exakt abzugrenzen, die innerhalb einer Volkswirtschaft notwendigerweise von der öffentlichen Hand als I. bereitgestellt werden müßten. Zum einen werden aufgrund unterschiedlicher historischer Entwicklungen bestimmte Leistungen – z. B. die Eisenbahnen oder das Bildungswesen – in einigen Ländern privatwirtschaftlich, in anderen als I. angeboten. Häufig bestehen beide Angebote parallel und in Konkurrenz zueinander. Zum andern zeigen insbesondere die Merkmale ‹Meritorisierung› und ‹Auseinanderfallen von Kosten und Nutzen›, daß in den ökonomischen Abgrenzungsversuchen ein starkes normatives Element enthalten ist, dessen je nach Werthaltung unterschiedliche Interpretation die einleitend beschriebenen Divergenzen in der Einschätzung der I. verständlich macht.

Die politische Theorie behandelt diese normativen Elemente insofern ‹pragmatischer›, als sie die empirische Beschreibung politischer und administrativer Entscheidungsprozesse über I. sowie deren Vollzug und Wirkungen in den Mittelpunkt ihrer Erklärungen stellt. Bisher wurden – neben der bereits angesprochenen Diskussion um Funktionen und Handlungsspielräume staatlicher Planung – u. a. folgende Befunde herausgearbeitet:

- Inkrementalismus: Die interne Logik von Budgetentscheidungen verleitet dazu, daß einmal eingerichtete Haushaltstitel stetig schrittweise ausgeweitet werden, zumal für I.-Ausgaben eine Bedarfsprüfung anhand der Nachfrageentwicklung kaum möglich ist.
- Segmentierung von Entscheidungsstrukturen und negative Koordination: I.-Entscheidungen werden typischerweise von hochspezialisierten

Fachverwaltungen vorbereitet und implementiert, deren Angehörige als Experten mit ähnlichem Ausbildungs- und Interessenhintergrund auf allen Verwaltungsebenen vertreten sind. Eine ausgeprägte ‹vertikale Fachkumpanei› verhindert es zumeist, daß ressortfremde Verwaltungen mit divergierenden Zielsetzungen (z. B. Naturschutz versus Straßenbau) effektiv in die bestehenden Durchsetzungsmuster eingreifen (→Bürokratie).

• Tendenzen zu Gleichverteilung und Besitzstandswahrung: Bei der räumlichen →Verteilung von I.-Ausgaben setzen sich zum Ausgleich konkurrierender lokaler und regionaler Interessen zumeist langfristig feste und wegen ihrer Konsensbildungsfunktion nur schwer änderbare Verteilungsschlüssel durch, die häufig nicht mit den sich schneller ändernden Bedarfsschwerpunkten übereinstimmen.

Aufgrund dieser Effekte werden bei der I. oft gleichzeitig Überversorgung (z. B. beim Autobahnbau) und Defizite (z. B. im Wissenschaftsbereich) beklagt, ohne daß sich aufgrund der Eigeninteressen der an der I.-Erstellung Beteiligten bisher Vorschläge für eine ‹rationale Budgetierung› oder systematische und kontinuierliche Wirkungskontrollen hätten durchsetzen können.

Forschungsperspektive

Aufgrund der Heterogenität und normativen Befrachtung des I.-Begriffs dürften die angeführten Probleme Dauerthemen der Forschung bleiben. Zudem zeichnen sich zwei neue Schwerpunkte ab. Angesichts bevorstehender Bevölkerungsrückgänge werden Auslastung, Folgekosten und Umnutzung vorhandener I.-Einrichtungen höheren Stellenwert erhalten. Zu untersuchen ist weiterhin, ob sich mit neuen →Technologien (Telekommunikation, Forschung) eher I.- oder Marktversorgungslösungen durchsetzen bzw. welche Mischformen sich herausbilden, bei denen – wie bei der «Verkabelung» – Vorleistungen zwar der öffentlichen Hand angelastet, künftige Gewinne jedoch privatisiert werden.

Frey, R. L.: Infrastruktur. Tübingen/Zürich [2]1972.
Jochimsen, R./Simonis, U. E. (Hg.): Theorie und Praxis der Infrastrukturpolitik. Berlin 1970.
Musgrave, R. A.: Finanztheorie. Tübingen [2]1966.
Scharpf, F./Reissert, B./Schnabel, F.: Politikverflechtung. Kronberg 1976.
Wollmann, H. (Hg.): Politik im Dickicht der Bürokratie. Opladen 1980.

Jochen Hucke

Institution

Begriffsverwendungen

Der Begriff der I. hat eine große Vergangenheit und eine zweifelhafte Zukunft. Er ist von Herbert Spencer ab 1877 im Rahmen eines Verständnisses von Gesellschaft als «Organismus» in die Soziologie eingeführt worden. I.en seien zu verstehen als «Organe» der Gesellschaft, deren Zusammenspiel die Integration des Gesellschaftssystems zu einem kohärenten Ganzen ermögliche. Bemerkenswert ist, daß Spencer einen Zusammenhang zwischen funktionaler Differenzierung und I. insofern herstellte, als er grundsätzlich familiäre, sakrale, politische, professionelle und ökonomische I.en unterschied (dazu Schelsky 1980, S. 249ff.).

Prominenz erreicht der Begriff der I. auch bei Émile Durkheim, der verschiedentlich formuliert, daß Soziologie im wesentlichen die Wissenschaft von den sozialen I.en sei, und für den I.en die überindividuellen, objektiven Forderungen der Gesellschaft bezeichnen. Die Sichtweise Durkheims wirkte sich zum einen auf die französischen Institutionalisten wie Duguit und Hauriou aus, zum anderen insbesondere auf Talcott Parsons, in dessen Soziologie der Begriff der Institutionalisierung zentral wurde.

In eigenartigem Kontrast zu dieser Denklinie steht eine anthropologisch orientierte Linie von Malinowski über Gehlen und Plessner bis zu Schelsky. In deren Sichtweise zwingt nicht die Gesellschaft ihre ‹objektiven Forderungen› den Individuen über I.en auf, sondern es sind die menschlichen Individuen selbst, die aufgrund ihrer Sonderstellung gegenüber instinktgesteuerten Tieren den Schutz von I.en brauchen als ‹zweite Natur›.

In der gegenwärtigen Soziologie, →Politikwissenschaft und Rechtswissenschaft ist es um den Begriff der I. still geworden. Das hat Gründe, die in folgenden Abschnitten zu behandeln sind. Auffällig bleibt, daß gerade in modernen Gesellschaften die Stabilisierungsleistung und Stabilität von I.en, welche die Bedeutung des Begriffs begründeten, sich immer deutlicher als bloß scheinbare herausgestellt haben. Das macht es schwieriger und problematischer, über I.en zu reden.

Verwendungszusammenhänge

Der Begriff der I. spielt hauptsächlich in drei Verwendungskontexten eine wichtige Rolle: in einem anthropologischen, in einem interaktionistischen und in einem systemtheoretischen Ansatz der Sozialwissenschaften.

In aufschlußreichem Gegensatz zu Haurious idealistischem Ansatz gründet Gehlen seine Theorie der I. auf anthropologisch deduzierte Bedürfnisse des Menschen als Mängelwesen. Gehlen selbst kennzeichnet sein Werk als handlungstheoretisch im Ansatz, als empirisch in der Methode und als unter dem Leitbegriff der ‹Entlastung› organisiert. Seine I.-Lehre setzt nicht mehr von oben an, von einer übergeordneten →Macht oder Idee, sondern von unten, von der Riskiertheit und Bedürftigkeit des Einzelmenschen. Er geht davon aus, daß die unspezifische biologische Ausstattung des Menschen, seine weitgehend fehlende Festlegung durch Instinkte, eine bewußte Führung der lebensdienlichen Handlungen möglich und notwendig mache. Die ‹Plastizität› seiner ererbten Ausstattung lasse eindeutige Zuordnungen im Sinne des Reiz-Reaktions-Schemas nicht zu und konfrontiere daher den Menschen mit einer Überfülle an Möglichkeiten, Reizen und Inhalten, die ihn dazu zwingen, unablässig zu wählen, Stellung zu nehmen, also zu handeln. Von diesem orientierungslosen Handlungszwang zur Handlungsführung kommt es aber erst durch die Bildung von Entlastungsinstanzen, die die Überfülle der Möglichkeiten reduzieren auf entscheidbare Problemstellungen und die so den Menschen von der fallweisen Entscheidungsfindung entlasten. Auf individueller Ebene ist nach Gehlen die zentrale Entlastungsinstanz das Bewußtsein, auf der Ebene der Gruppen sind es die I.en.

In enger Anlehnung an Gehlen unternimmt es Schelsky, den Aspekt der Entlastung für eine →Theorie der I.en auszuwerten, welche nicht nur die Stabilität sozialer I.en einbezieht, sondern auch deren Dynamik. Er betont, daß eine soziale I. gegenüber der menschlichen Antriebsstruktur drei Funktionen erfülle: (1) Sie befriedigt einen Minimalanspruch vitaler, biologisch determinierter Grundbedürfnisse; (2) sie ist die vom Menschen geschaffene Dauerbefriedigung abgeleiteter Bedürfnisse; und (3) sie wirkt als Versachlichung auf die vitalen Bedürfnisse zurück. Das Verdienst Schelskys um die I.-Theorie liegt nicht zuletzt darin, den Zusammenhang von →Recht und I. immer wieder angemahnt zu haben. Problematisch bleibt der anthropologische Ansatz vor allem deshalb, weil er die eigenständige Bedeutung des Sozialen unterschätzt und damit die emergente, (handlungs-)steuernde Kraft sozialer Systeme unterschlagen hat.

Genau auf diese Schwachstelle weist der interaktionistische Ansatz, wenn er unter dem Leitgedanken der Wirkungen der Interaktion der Mitglieder eines sozialen →Systems die soziale Konstruktion von Rollen, I.en und anderen Formen sozialer Verfestigung untersucht. Die eigenständige Bedeutung und spezifische Realität von I.en verschwimmt allerdings, wenn z. B. Berger/Luckmann jede habitualisierte wechselseitige Typisierung als I. auffassen. Zwar betont dies zu Recht die Aspekte der Dynamik, der Auflösbarkeit und der Konstruiertheit von I.en; doch läßt diese Sicht keine Differenzierung mehr zu zwischen unterschiedlichen und unterschiedlich konstituierten und wirksamen Formen der Verfestigung sozialer Handlungs- bzw. Erwartungsmuster.

Der systemtheoretische Ansatz schließlich liefert wohl die präziseste Bestimmung und Abgrenzung des Begriffs der I. Ausgangspunkt ist für Parsons die Interaktion zweier Personen, deren Orientierung aufeinander durch gemeinsame ‹Wertstandards›, d. h. durch gemeinsame Vorstellung über die allgemeine Handlungsrichtung geleistet wird. Diese «value-orientation» ist in einem bestimmten Interaktionskontext in einer Rolle organisiert, auf höherer Systemebene bilden dann mehrere unterschiedliche Rollen oder Rollenausschnitte eine I.: «An institution will be said to be a complex of institutionalized role integrates which is of strategic structural significance in the social system in question» (Parsons 1964, S. 39).

Hauptfunktion der Institutionalisierung ist demnach die Ordnung und Stabilisierung des sozialen Systems durch die Verfestigung von Wertmustern in gegenseitigen Rollenerwartungen, einschließlich der Sanktionen gegen Verhalten, das von diesen Wertmustern abweicht: I.en sind Orientierungs- und Kontrollsysteme.

Luhmann kombiniert gewissermaßen Gehlen und Parsons, indem er annimmt, daß I.en soziale Generalisierungen von Verhaltenserwartungen beinhalten: Eine I. ist ein «Komplex faktischer Verhaltenserwartungen, die im Zusammenhang einer sozialen Rolle aktuell werden und durchweg auf sozialen Konsens rechnen können» (Luhmann 1965, S. 12f.). Während Parsons stärker die Stabilisierungs- und Kontrollfunktion der I.en betont, versucht Luhmann, aus den Unterschieden zwischen I.en-Bildung und der (voraussetzungsvolleren) Bildung von Rechtsnormen die Besonderheit sowohl von I.en wie auch von →Recht zu beleuchten. Sein Anschluß an Schelsky ist hier unübersehbar. I.en leisten in dieser Sicht eine (notwendige) Reduktion der Kontingenzen des Handelns gegenüber einer komplexen und veränderlichen Umwelt. Sie stellen stabile Verhaltensmuster und Handlungsorientierungen bereit und leisten somit einen wichtigen Beitrag zur Strukturierung sozialer Systeme.

Obwohl im systemtheoretischen Ansatz eine klarere Abgrenzung von Rolle, I. und Organisation erkennbar ist, bleibt doch insgesamt unklar, wieso über Rolle, Struktur, Prozeß und Organisation hinaus noch ein eigener Begriff der I. erforderlich ist. Ziemlich wahrscheinlich hat sowohl bei Parsons wie auch bei Luhmann die Anknüpfung an den I.en-Begriff in erster Linie historische Gründe, nicht aber systematische. Denn insbesondere bei Luhmann wird deutlich, daß alles, was der I.en-Begriff leisten könnte, auch von den Begriffen der Stabilisierung von Verhaltenserwartungen, der Strukturierung und der Organisationsbildung übernommen werden könnte. Tatsächlich taucht bei Luhmann der Begriff der I. in späteren Arbeiten so gut wie nicht mehr auf.

Begriffspräzisierung

Aus dem Gesagten ist zu folgern, daß nur ein solcher Begriff von I. einen Sinn macht, welcher gegenüber Rolle einerseits, gegenüber Struktur und →Organisation andererseits trennscharf ist. Auf der Grundlage des systemtheoretischen Ansatzes läßt sich deshalb I. am geeignetsten wohl definieren als: ein verdichteter Komplex von Rollenaspekten innerhalb eines sozialen Systems, welcher die Funktion hat, einen besonders problematischen Gesichtspunkt des Systemaufbaus zu stabilisieren und unter Konsensdruck zu stellen.

Forschungsstand

Es ist bezeichnend und nach dem Ausgeführten auch nicht mehr überraschend, daß die außerordentlich spärliche Forschung auf dem Niveau eines anspruchsvollen I.en-Begriffs im Umkreis des Problemfelds von →Recht und I. spielen. Zum einen sind einige späte Aufsätze von Schelsky zu nennen, zum anderen einige Ideen und Hinweise von Habermas.

Schelsky setzt sich in einigen seiner späten Aufsätze zunächst mit der behavioristischen Negierung von I.en auseinander und hält dagegen fest, daß I.en für die Erkenntnisabsichten der Sozialwissenschaften unabdingbare Einheiten seien: «Für die Sozialwissenschaften sind Individuum und Institution sich entsprechende, vom Gesamtverhalten der Person abstrahierte, also gedachte soziale Handlungseinheiten» (1980, S. 246). In einer grundsätzlichen Auseinandersetzung mit der I.en-Lehre Spencers und deren Nachfolger meint Schelsky gar, in der Kategorie der I. habe man das reale und zugleich methodische Element des sozialen Lebens gefunden, welches in der Vermittlung von Individuum und Gesellschaft eine zentrale Rolle spiele. Die drei wichtigsten Gesichtspunkte für eine Theorie der I. seien: die Funktion der I. als soziale Kontrolle und als soziales Normensystem; die Verbindung von anthropologischer und soziologischer Analyse; und schließlich die bei dieser Analyse unvermeidliche methodische Bedeutung der Begriffe ‹Bedürfnis› und →‹Interesse›.

Der wichtigste Hinweis Schelskys liegt allerdings wohl darin, daß er I. als «eine bewußt interdisziplinäre Kategorie» versteht, an der unterschiedlichste Disziplinen zu Wort kommen und ihren Problemzusammenhang verorten können. Tatsächlich scheint eine Theorie der I.en nur dann überhaupt machbar zu sein, wenn genau dies gelingt.

Von einer ganz anderen Denktradition und Problemstellung her kommt Habermas bei der Frage der Verrechtlichung moderner Gesellschaften auf die wichtige Unterscheidung von Recht als Medium und Recht als I. Unter Rechtsinstitutionen versteht Habermas solche Rechtsnormen, die durch positivierte Verfahren allein nicht hinreichend legitimiert werden können, weil sie zur «gesellschaftlichen Komponente der

Lebenswelt» (1981, S. 537) gehören. Obwohl Habermas diesen Gedanken nicht im einzelnen ausarbeitet, klingt hier doch nicht nur der für die I.-Theorie insgesamt kennzeichnende enge Zusammenhang von I.en und →Recht an; darüber hinaus formuliert er die wichtige Idee, daß Recht als I. eingesetzt werden könnte im Sinne einer «äußeren Verfassung» lebensweltlicher Bereiche, die gerade dadurch vor weitergehenden Eingriffen, Verrechtlichungsschüben, vor weiterer «Kolonialisierung» geschützt werden könnten.

Forschungsperspektive

Genau hier setzt die wohl einzige produktiv erscheinende Forschungsperspektive einer Theorie der I.en an, die gegenwärtig erkennbar ist. I.en könnten (zunächst natürlich: hypothetisch) verstanden werden als normativ stabilisierte Kontexte für die Prozesse der Selbstorganisation und Selbststeuerung sozialer Systeme. Ob sich allerdings eine solche Forschungsperspektive stabilisieren und fruchtbar machen läßt, hängt – wie Schelsky richtig hervorgehoben hat – wesentlich davon ab, ob es gelingt, eine interdisziplinäre Ausrichtung der I.en-Theorie zu etablieren.

Habermas, J.: Theorie des kommunikativen Handelns. Bd. 2. Frankfurt 1981.
Luhmann, N.: Grundrechte als Institution. Berlin 1965.
Parsons, T.: The Social System. Toronto 1964.
Schelsky, H.: Die Soziologen und das Recht. Opladen 1980.

Helmut Willke

Interesse

Begriffsverwendungen

Politische Interessen: In der Alltagssprache wie auch im politischen Umgang wird, trotz zu bemängelnder begrifflicher Unschärfe des hier untersuchten Terminus, sehr häufig von I., I.n-Gemeinschaft, I.n-Verfolgung, I.n-Sphäre, I.n-Gruppen, nationalen I.n oder I.n-Konflikt gesprochen. Zu einem inflationären Wortgebrauch des Begriffs I. hat, nicht unerheblich, die zugenommene Komplexität unserer gegenwärtigen politischen Umwelt beigetragen. I.n-Lagen sind im Verlauf der historischen Transformation seit der Antike oder dem europäischen Konzert der Mächte heute erheblich vielfältiger und von häufig stark angewachsenem →Machtpotential gestützt. Das Problem der Aggregation von I.n (Individuum/Gemeinschaft; I.n-Gruppen/Gemeinwohl – Public Interest; nationale I.n/Zusammenhalt bzw. Gefährdung des internationalen Staatensystems) zielt auf die Kernsubstanz aller Politik, die sich historisch in der Bandbreite zwischen Harmoniebedürfnis und →Konfliktaustragung durchaus unterschiedlich manifestiert hat. I.n-Artikulationen implizieren komplexe Wertentscheidungen, die damit zum Auswahlkriterium für politisches Handeln werden. Geradezu unübersehbar jedoch sind jene Anlässe, in denen der Begriff des nationalen I. für die Rechtfertigung politischer Handlungen dient und so ein Instrument der Immunisierung gegen Kritik sowie der nachdrücklichen →Entscheidungsdurchführung wird. Ist die Relevanz des Begriffs I. für die Politik damit evident, so erscheint es als paradox, daß die →Politikwissenschaft lange Zeit nur äußerst unzureichend entwickelte Ansätze zur Beschreibung und Erklärung des Phänomens politischer bzw. nationaler I.n-Artikulation beigesteuert hat.

Der lateinische Sprachgebrauch von ‹interesse› – dazwischen-, dabeisein, teilnehmen, von Wichtigkeit (und damit von Vorteil und Nutzen) sein – hat in der Geschichte der politischen Philosophie bzw. →Theorie unterschiedliche Weiterungen und Interpretationen erfahren. Während Platon das ‹Gemeinwohl› (bonum commune) durch die Weisheit der führenden Politiker begründete, der Könige, die zugleich Philosophen sein müssen, konzipierte Aristoteles die Vorstellung moderner Repräsentativsysteme mit freier politischer Betätigung und dem Streben der Bürger nach «Glückseligkeit», unter Berücksichtigung historischer Wandlungen. Der Begriff des I. als Suche nach Vergnügen und Glück findet sich in der Spätantike ebenso wie in der hedonistischen Affektenlehre der Renaissance. Von Hobbes (bellum omnium contra omnes) über Locke (Eigentum, Toleranz-, Mehrheitsprinzip) bis Adam Smith (The invisible hand) wird I. als eine anthropologische Grundkategorie aufgefaßt, die durch Einbettung in Vertrags- oder andere Regulationsmodelle politisch erstrebte Aggregationswirkungen nicht verhindern bzw. bewußt herbeiführen soll.

Eine Abwendung von der Analyseebene des individuellen I. erfolgte insbesondere durch zwei Entwicklungen. Der →Marxismus greift zwar auf Profit und Verkauf der Arbeitskraft zum Existenzerhalt zurück; Träger des gemeinsamen I. wird jedoch eine durch →Organisation, Analyse und Kampf in ihrem Klassenbewußtsein und damit Klasseninteresse geschärfte Arbeiterschaft, die zur Überwindung der bestehenden kapitalistischen Produktionsverhältnisse bereit ist. Der →Staat als Selbstzweck (Machiavelli), Fragen staatlicher Souveränität (Bodin) und schließlich die Katastrophe des 1. Weltkriegs (Carr) stellten zunehmend den modernen Nationalstaat (→Nation) und das Problem nationalstaatlicher I.n-Politik ins Zentrum politikwissenschaftlicher Analyse.

Verwendungszusammenhänge

Interesse in verschiedenen konzeptionellen Kontexten: Eine Reihe politischer Themenstellungen nach dem 2. Weltkrieg haben für die Innenpolitik, die Außenpolitik und die internationale Politik die Notwendigkeit thematisiert, sich an jeweils übergeordneten I.n zu orientieren. Die Kontroverse um ‹privaten Reichtum und öffentliche Armut›, Bundeskanzler Erhards Betonung der Gemeinschaftsaufgaben und die später anstehende Diskussion um quantitatives oder qualitatives Wachstum waren bzw. sind alles Versuche, gesamtgesellschaftlichen I.n bessere Geltung zu verschaffen. Das Lebensqualitätspostulat und die soziale Indikatorenforschung (Zapf) sind zwei Beispiele aus primär innenpolitischem Kontext, Tendenzen einer Überbewertung von Partikularinteressen bzw. der häufigen Gleichsetzung von Partikular- mit gesamtgesellschaftlichen I.n durch öffentliche Diskussion von Umweltproblemen, Lebensbedingungen in der Bundesrepublik, deren Wandel und Wohlfahrtsentwicklung zu konterkarieren (→Öffentlichkeit).

Die Wendungen der deutschen Außenpolitik von der Westintegration Adenauers zur Ostpolitik von Brandt und Scheel waren dramatische Auseinandersetzungen um nationale wie eben auch gesamtdeutsche I.n mit seither nicht wieder erreichten Polarisierungen in der Bevölkerung der Bundesrepublik Deutschland. Derartige außenpolitische Umorientierungen einer Mittelmacht sind natürlich von Randbedingungen einer Kalte-Krieg- bzw. Détente-Politik der Supermächte mit beeinflußt. ‹Cold War› oder ‹Detente belief systems› sollten daher – wie noch zu zeigen sein wird – als Bestandteil eines Konzept ‹nationale I.n› integriert werden. Es war jedoch die historisch bereits weiter zurückliegende Frage, warum die Außenpolitik der Westmächte den Ausbruch des 2. Weltkriegs nicht verhindern konnte, die eine objektivistische Vorstellung (Rosenau) von der Bedeutung nationaler I.n thematisierte. München 1938 – die Appeasement-Politik Großbritanniens und Frankreichs – und die isolationistische Politik der USA in den 30er Jahren wurden als objektiv nicht im I. der USA, Großbritanniens und Frankreichs bezeichnet. Über die Angemessenheit oder Fragwürdigkeit, I. zum ewigen Maßstab zur Ausrichtung und Beurteilung politischer Handlungen (Morgenthau) zu machen, setzte eine interparadigmatische Debatte zwischen Realisten und Utopisten (→Utopie) ein. Erstere definieren I. durch →Macht, die reale politische und kulturelle Randbedingungen zu berücksichtigen hat, nicht jedoch abstrakte ideale Prinzipien, orientiert an der Zukunft der gesamten Menschheit.

Die Utopisten u. a. haben die Schwächen eines realistischen Konzepts nationaler I.n offengelegt: Macht ist ein ebenfalls amorpher Begriff mit manifesten und nicht manifesten Ausprägungen; die Behauptung, nationale I.n bestimmen die Außenpolitik, steht in einem zumindest latenten

Zirkelschluß zu jeder Kritik an der Außenpolitik eines Nationalstaates; es mag so etwas wie eine objektive Realität einer Situation geben, in der sich eine Nation befindet; welche Konklusionen zur nationalen I.n-Wahrnehmung daraus jedoch gezogen werden, ist nicht objektiv vorgegeben, sondern hängt ab vom Bewertungsraster desjenigen, der nationale I.n artikuliert; die Erfahrungen der beiden Weltkriege und insbesondere die atomare Bedrohung der Gegenwart fordern in spezifischer Weise die menschliche Vernunft heraus, die Ausweitung gemeinsamer I.n und die Erarbeitung und das Vertrauen in rechtliche Regelungen; der Realismus begreift die Aggregation von Einzelinteressen zum nationalen I. als objektives Ergebnis des innenpolitischen Prozesses, ohne diesen näher zu untersuchen; schließlich wird in neueren empirischen Untersuchungen zum Konzept ‹nationales I.› bestritten, daß nationale Macht den obersten Rang in der Zielhierarchie nationaler Handlungsorientierung überhaupt einnimmt. Macht gilt nicht als Grundwert, sondern als untergeordnetes Ziel, als Instrument zur Verfolgung nationaler I.n.

Begriffspräzisierung

Nationales Interesse als Konzept: Das Arrowsche Unmöglichkeitstheorem (es läßt sich keine transitive, vollständige Wohlfahrtsfunktion aus individuellen Präferenzen aggregieren), die Unmöglichkeit, I. durch den seinerseits amorphen Begriff ‹Macht› klar zu präzisieren, oder die Notwendigkeit, Werte zu berücksichtigen, die sich nicht als Summe der Einzelinteressen ableiten lassen, sind einige der Gründe, warum der analytische Nutzen und damit Bemühungen um eine Konzeptionalisierung überwiegend skeptisch eingeschätzt worden sind, so 1968 von Rosenau. Dennoch ist in politikwissenschaftlichen Beiträgen, unter Hinweis auf die häufige Benutzung des nationalen I. als ein Entscheidungskriterium wie zur Rechtfertigung durch Politiker, immer wieder eine Rettung dieses Konzepts versucht worden. Der analytische Anspruch blieb dabei verhältnismäßig bescheiden. Eine →Nation als Akteur, →Typologienbildung, Entscheidungsanalyse, Berücksichtigung historischer Kontexte, Operationalisierung in Krisensituationen und diesbezügliche Politikberatung sind wesentliche Elemente des Versuchs, das Konzept ‹nationales I.› trotz aller Widrigkeiten dennoch für die Forschung fruchtbar zu machen.

Forschungsstand

Interesse – Analyse und Politik: In neueren Forschungen ist die Analyse nationaler I.n mit Problemen bei der Durchführung einer möglichst erfolgreichen Außenpolitik verknüpft worden. Snyder und Diesing unterscheiden in «Conflict Among Nations» zwischen strategischen, reputationalen sowie inneren I.n, die es in angemessener Weise für die Strategie und Taktik internationaler Krisenverhandlungen einzusetzen gilt. Für

George und Keohane sind die nicht weiter reduzierbaren (irreducable) eigenen nationalen I.n – wie physisches Überleben, →Freiheit (einschließlich Autonomie und ‹democratic way of life›) und ökonomisches Existenzminimum – zu ergänzen durch die eigene Einschätzung (images, beliefs) der I.n anderer Nationen bzw. des Charakters des internationalen Staatensystems. Bereits die Kritiker der vereinfachten Annahmen der Abschreckungstheorie haben moniert, daß die Annahme von «worst cases» in Form bewaffneter →Konflikte in der gegenwärtigen internationalen Politik nur eine extreme, in ihrer Wünschbarkeit auf reine Defensive zu reduzierende Form außenpolitischer Einflußnahme ist; im Zeitalter nuklearer Bedrohung wird das Verfolgen einer gefährlichen Politik bis zur Grenze der eigenen Sicherheit, das unbedachte ‹Hineinschliddern› in bewaffnete Auseinandersetzungen oder die Suche nach einem Casus belli zur Rechtfertigung für den eigenen Angriff zu historisch überholter Politik der Wahrung nationaler I.n.

Wie der Schock der Kuba-Raketenkrise von 1962 gezeigt hat, gilt es, fast unausweichliche fatale Entscheidungssituationen einer möglichen nuklearen Konfrontation in Zukunft zu vermeiden. Nationale I.n werden eben auch und in Phasen der Entspannung eher verstärkt in ‹nicht worst-case›-Politikfeldern wahrgenommen: der Konferenzdiplomatie – etwa zu Fragen der Rüstungskontrolle (→Rüstungspolitik) oder der globalen Ordnung in den Bereichen →Wirtschaft bzw. Kommunikation –, der Entwicklungshilfe, des Handels, der Begrenzung oder Verhinderung von Technologietransfer, der Menschenrechte, um nur einige Betätigungsfelder nationaler I.n-Wahrung zu nennen, die bei aller Abgrenzung und damit Konfrontation auch Dimensionen gemeinsamer Konfliktregelung oder gar Kooperation beinhalten.

George und Keohane haben derart ein differenzierteres und damit realistischeres Konzept nationaler I.n-Politik für die Belange der USA zugeschnitten. Danach liegt in der US-Außenpolitik nach 1945 ein weitgehender Konsens vor über die vitalen (life, liberty, property) nationalen I.n sowie deren Bedrohung durch das Risiko eines Dritten Weltkriegs und eine fortschreitende Ausbreitung des →Kommunismus, der durch eine Balance of Power-Politik gegenüber der UdSSR zu begegnen ist. In der Entscheidungsanalyse untersuchte kognitiv-affektive Rigiditäten als Hindernis für eine möglichst realistische Kosten- und Risiko-Kalkulation haben nach Craig und George zu kostspieligen und risikoreichen Überengagements der USA geführt. Zulange haben amerikanische Administrationen an Cold War Beliefs festgehalten: an der Interpretation des Konflikts mit der UdSSR als bipolares Null-Summen-Spiel mit Dominosteinen, in dem Verpflichtungen gegenüber Europa mit denen in Peripherien auf die gleiche Stufe gestellt wurden und eine Position der Stärke und der Abschreckung jeden Gedanken an Appeasement verhindern sollte.

Als Beispiele für nicht ausreichend kalkulierte und besonders risikoreiche Engagements der USA werden die Verteidigung Südkoreas und die Unterstützung Nationalchinas bezüglich der Inseln Quemoy und Matsu angeführt; als Prototyp eines generellen Überengagements, zur Zeit des Kalten Krieges eingegangen, gilt insbesondere der Vietnamkrieg. Für George u. a. sollten gerade aus diesen Lehren eine Reihe von Konsequenzen im Umgang mit nationalen I.n gezogen werden. Eisenhower hat 1954, nachdem die Briten abrieten, nicht in Indochina interveniert und damit ein Beispiel dafür geliefert, bei der I.n-Wahrnehmung, die auch andere Staaten betreffen, einen «multilateralen Cheque» für den Einsatz von militärischen Mitteln zu ermöglichen (→Entscheidung). Durch derartiges Entscheidungsverhalten zusammen mit der Aufforderung «to hammer out alternatives» sollen Kosten und Risiken vorab genauer ermittelt und für alle jene eine Bezugsebene geschaffen werden, die für eine Deeskalation bei der I.n-Wahrnehmung eintreten. Wesentlich unterstützt wird diese Sichtweise, seitdem im Einklang mit SALT, dem Ende des Vietnamkrieges, der Ostpolitik oder auch Camp David in den 70er Jahren dem Kalten Krieg eine Détente-Orientierung gegenübergestellt wurde. Der Konflikt zwischen den USA und der UdSSR findet in einem multipolaren internationalen System als ein Nicht-Null-Summen-Spiel statt, in dem es auch weniger wichtige Engagements in Peripherien gibt; damit verliert die Dominotheorie ihre Dominanz, die US-Außenpolitik gegenüber Ländern der →Dritten Welt kann flexibler werden, statt auf Abschreckung wird besonderes Gewicht auf Verhandlungen gelegt. Damit ergibt sich die Möglichkeit, trotz aller Konflikte und Abgrenzungen Politikfelder voneinander abzukoppeln und statt genereller Konfrontation im Handel, in der Technik, der Kulturpolitik oder Rüstungskontrolle auch konstruktive Felder der Zusammenarbeit zu eröffnen.

Forschungsperspektive

Entsprechend der Vielfalt innen- wie außenpolitischer I.n-Artikulationen und I.n-Wahrnehmung erscheint es als müßig, den Begriff politisches I. erschöpfend definieren zu wollen. Die normative Relevanz von I., als Nutzen für partikulare oder nationale Belange von Politikern zur Sprache gebracht, ist ein zweifelsfrei häufig beobachtbares Phänomen. Versuchen der Beschreibung bzw. Analyse politischer I.n durch Gleichsetzung mit politischer Macht, dem bonum commune, der Aggregation individueller zu Gesamtinteressen oder auch objektiven nationalen I.n ist durch systematische Kritik begegnet worden, die derartige Unterfangen als unmöglich bzw. fragwürdig gekennzeichnet hat. Für die innerstaatliche Ebene haben sich eine Reihe empirisch-analytischer Forschungsbereiche etabliert wie u. a. Voting Power, Public Choice, Zielhierarchieanalyse oder soziale Indikatorenforschung, in denen der Wandel politischer I.n unter

Berücksichtigung normativer wie analytischer Aspekte besser erfaßt werden kann. Für die internationale Politik besteht seit dem 1. Weltkrieg eine fruchtbare interparadigmatische Debatte zwischen Utopisten und Realisten über die Notwendigkeit, reine Machtstrukturen übergreifenden kollektiven I.n soweit zum Durchbruch zu verhelfen, daß globale Katastrophen vermieden werden. Nach dem 2. Weltkrieg ist diese Forderung zu einer generellen Überlebensfrage geworden. Konzeptionell besonders vielversprechende Ansätze haben seitdem, wie bereits gezeigt, in breitangelegter empirisch-analytischer Forschungsstrategie nationale I.n-Politik und erfolgreiches – d. h. Krisen deeskalierendes – Krisenmanagement direkt aufeinander bezogen. In dieser Forschungsperspektive läßt sich bereits ein deutlich konturiertes Konzept nationaler I.n nachweisen.

Carr, E. H.: The Twenty Year's Crisis, 1919–1939. New York [2]1946.
Craig, G. A./George, A. L.: Zwischen Krieg und Frieden. München 1984.
Frankel, J.: Nationales Interesse. München 1971.
George, A./Keohane, R.: The Concept of National Interest: Uses and Limitations. In: George, A.: Presidential Decisionmaking in Foreign Policy. Boulder 1980, S. 217.
Holler, M. (ed.): Power, Voting and Voting Power. Wien 1982.
Morgenthau, H. J.: Macht und Frieden. Gütersloh 1963.
Neuendorff, H.: Der Begriff des Interesses. Frankfurt/M. 1973.
Rosenau, J. N.: National Interest. In: Sills, D. L.: International Encyclopedia of the Social Sciences. Vol. 11. New York 1968, S. 34.
Schubert, G. A.: The Public Interest: A Critique of the Theory of a Political Concept. New York 1961.
Zapf, W. (Hg.): Lebensbedingungen in der Bundesrepublik. Frankfurt/M. 1977.

Henning Behrens

Internationale Handlungssysteme

Begriffsverwendungen

I. H. lassen sich einordnen in eine allgemeine Theorie der internationalen Beziehungen und des internationalen Systems. Einschränkend muß zugleich angemerkt werden, daß eine derartige ‹grand theory› nicht existiert (vgl. z. B. Czempiel 1981, der allerdings einen Theorieversuch unternimmt) oder gar nicht als wünschenswert angesehen wird.

- *Bezugsrahmen:* Nach Kindermann (1977, S. 49ff.) können verschiedene interdependente Aktionsebenen auf dem Interaktionsfeld der Weltpolitik unterschieden werden:

1. das weltpolitische Interaktionssystem als übergreifender Handlungszusammenhang;
2. regionale Subsysteme von 1.;
3. bi- oder multilaterale Zusammenhänge von Staaten, die nicht regional gebunden sein müssen;
4. die Außenpolitik einzelner Staaten und deren Rückgebundenheit an innenpolitische Prozesse auf der Verwaltungsebene;
5. andere innerstaatliche Komponenten, die Einfluß auf die außenpolitischen Entscheidungsprozesse haben;
6. transnationale Aktionssysteme.

Nach dieser Strukturierung Kindermanns läßt sich eine Makroebene für die Untersuchung außenpolitischer Interaktionsprozesse benennen: das internationale politische →System.

Diesen Fokus hat zum ersten Mal Morton A. Kaplan konzeptionell mit Hilfe der Systemtheorie ausgefüllt.

Verwendungszusammenhänge

Nach Kaplan (1957, S. 4) besteht ein Handlungssystem aus solchen Variablen, die im Gegensatz zu ihrer Umgebung so in Beziehung zueinander stehen, daß beschreibbare Verhaltensregelmäßigkeiten sowohl die internen Beziehungen der Variablen zueinander als auch die externen Beziehungen der Gesamtheit dieser einzelnen Variablen zu Kombinationen externer Variablen charakterisieren. Das System ist gekennzeichnet durch die Interdependenz aller Variablen. Der Untersuchungsgegenstand bestimmt die Auswahl der Variablen.

Von Kaplan beeinflußte systemtheoretische Ansätze gehen von der hypothetischen Möglichkeit einer makrostrukturellen →Theorie der internationalen Beziehungen aus. Ziel solcher Ansätze ist die Erstellung vergleichbarer Modelle des internationalen Systems, in dem wesentliche Verhaltensmuster (der Akteure) herausgefiltert und klassifiziert werden. Die so gewonnenen Systemmodelle stellen Werkzeuge zur Untersuchung der Realität, nicht bloße Abbilder dieser Realität dar.

Kleinere Interaktionseinheiten bilden dann Subsysteme. East (1978, S. 145) unterscheidet Handlungssysteme, die sich über abgegrenzte geographische Regionen erstrecken (systems of action), und solche Systeme, die die regelmäßigen Interaktionen von zwei, drei oder einigen wenigen Einheiten umfassen, ohne Rücksicht auf deren geographische Nähe zu nehmen (systems of activity).

Neben der Systemtheorie kamen von seiten der Interdependenztheorie in den 70er Jahren neue Anregungen in diesen Politikforschungsbereich. Der Forschungsfokus wandte sich vom Internationalen System als ganzem auf kleinere, unterscheidbare Systeme. Integraler Bestandteil der Untersuchungen war(en) auch die Struktur(en) der wechselseitigen

Verknüpfung(en) der einzelnen Akteure. Angelehnt an das Völkerrecht wurde der Begriff des *Internationalen Regimes* geformt.

Im Bereich des Völkerrechts ist das Konzept des Internationalen Regimes beinahe so alt wie das Völkerrecht selbst, und Regime wird in der Regel definiert als ein allgemeines Bündel von Regeln, das von →Regierungen oder nicht mit Regierungsgewalt ausgestatteten Akteuren zur Regulierung von Interessenkonflikten aufgestellt wird.

Zu diesem völkerrechtlichen Gebrauch werden nun von politologischer Seite einige Komponenten addiert. Wenn auch nicht immer definitorisch – hier treten oftmals augenscheinlich unnötige und theoretisch schwer einsehbare Abgrenzungen in der Literatur hervor –, so fallen doch faktisch die mit den Begriffen ‹systems of action› und ‹systems of activity› beschriebenen Handlungszusammenhänge und die mit dem Begriff Internationales Regime beschriebenen Handlungssysteme zusammen.

In Erweiterung des völkerrechtlichen Gebrauchs sieht Young (1980, S. 331 ff.) als Internationales Regime jedes internationale Übereinkommen an, in dessen Zentrum konvergente Erwartungen, Rechte und Verbindlichkeiten von Akteuren bezüglich eines Interessengegenstandes stehen und das diese strukturiert. Die Aktivitäten innerhalb eines Regimes spielen sich dabei total außerhalb festgelegter Grenzen souveräner Staaten (z. B. Tiefseebohrungen) oder grenzüberschreitend (z. B. Hochseefischerei) ab oder haben direkte Folgen für die →Interessen von zwei oder mehr Mitgliedern der internationalen Staatengemeinschaft (z. B. Veränderungen der Wechselkurse). So sind nach dieser Definition die formalen Akteure in Internationalen Regimes die souveränen Staaten, tatsächlich Ausführende zumeist aber private Körperschaften (z. B. Fischereifirmen, Banken etc.). Diese Unterscheidung gilt nicht für Staatshandelsländer; sie wird allerdings in der Literatur durchgehend nicht getroffen.

Jedes Internationale Regime ist gekennzeichnet durch ein Bündel von Rechten und Regeln. Rechte können sowohl privater (z. B. Besitzrechte an Waren) als auch allgemeiner Natur sein (z. B. Luft- oder Fischereirechte). Regeln sind dagegen genau definierte Handlungsanweisungen oder Standards, die von den Mitgliedern des Regimes eingehalten werden sollten. Zu derartigen Regeln zählen Benutzungsregeln (etwa zur Schadensregulierung) und Verfahrensregeln (etwa zur Abwicklung von Konflikten).

Zusätzlich zu Regeln und Rechten bestimmt Young eine prozedurale Komponente als konstitutiv für ein Internationales Regime. Diese Komponente schließt allgemein anerkannte Regelungen ein, mit deren Hilfe Situationen gelöst werden können, die soziale oder kollektive Entscheidungen erfordern. Derartige Entscheidungen können die Beschaffung von Produktionsfaktoren genauso einschließen wie besondere Verteilungsbedingungen.

Einen anderen Versuch unternimmt Haas (1980, S. 397). Er bindet den Begriff des Internationalen Regimes nicht nur an die mit Hilfe von Normen, Regeln und Prozeduren vorgenommene rechtliche Regulierung einzelner Bereiche (wie Fischfangrechte oder die Vergabe von Radiofrequenzen), sondern wendet ihn auf sog. ‹issue-areas› an. Darunter wird eine Interdependenz der Interessen und Handlungen unterschiedlicher Akteure und eine gleichzeitige Verbindung verschiedener, vordem nicht zusammenhängender Sachgebiete und Themenkomplexe verstanden. Haas (1980, S. 365) konstatiert für den Währungsbereich die Existenz einer international anerkannten monetären ‹issue-area› seit 1944. Er führt den Wandlungsprozeß innerhalb von ‹issue-areas› auf die Kombination von schnellen Veränderungen der wissenschaftlich gewonnenen Wissensbasis und politischen Erwartungen zurück. Diese Veränderungen brächten dann jene zur politischen Triebkraft werdenden Visionen hervor, wie sie in der gegenwärtigen Debatte um eine neue Weltwirtschaftsordnung vorzufinden seien. Regimes sind in diesem Sinne dann auf Übereinkunft basierende Normen, Regeln und Prozeduren zur Regulierung einer ‹issue-area›. Normen erklären, warum die Staaten in einem Regime zusammenarbeiten; Regeln erläutern, was der Gegenstand des Politikprozesses ist; und Prozeduren beantworten in diesem Modell die Frage, wie die Zusammenarbeit von Staaten funktionieren soll.

In diesem Ansatz wird die Existenz von Machtungleichgewicht als gegeben akzeptiert, wobei durch Zusammenschluß bisher ausgeschlossener Akteure in einer ‹issue-area› und deren Nutzung neugewonnenen Wissens Verschiebungen dieser Machtunterschiede und damit die Durchsetzung bisher nicht berücksichtigter Interessen möglich werden können.

Keohane und Nye (1977, S. 5) betrachten Internationale Regimes vor allem unter dem Blickwinkel des Aushandelns von Interessenunterschieden. Internationale Regimes werden zu Prozeduren, Regeln oder Institutionen für bestimmte Arten von Aktivitäten, mit deren Hilfe Regierungen transnationale und zwischenstaatliche Beziehungen regulieren und kontrollieren. Dabei gehen die Autoren davon aus, daß diese Beziehungen in der Regel nicht auf gleichzeitig ausbalancierter gegenseitiger Abhängigkeit basieren, sondern zumeist auf Asymmetrie beruhen. In dieser Asymmetrie liegt dann auch die mögliche Quelle für Durchsetzungsmacht in Verhandlungssituationen.

• *Übereinstimmungen und Unterschiede:* Auch Keohane und Nye gehen vom Vorhandensein von ‹issue-areas› aus. Im Unterschied zu Haas und Young verstehen sie Regimes als *funktionale Mittel* eines und zu einem geregelten Interessenausgleich. Young (1980, S. 332) dagegen sieht in ihnen vor allem *soziale Strukturen*, die allerdings zur Erfüllung bestimmter Funktionen beitragen. Haas (1980, S. 361) bindet sein Konzept des Internationalen Regimes zusätzlich stärker an ein Wertesystem, an die Erwartungen der einzelnen Akteure. Er erfaßt im Gegensatz zur funktionalen und statischen Sichtweise von Keohane und Nye den Prozeßcharakter der komplexen, interdependenten transnationalen Beziehungen besser. Ausgehend vom Vorhandensein gemeinsamer Ziele (bzw. deren Formulierung) sieht er den Prozeß der Zusammenarbeit der einzelnen Akteure als Interaktion zwischen sich ändernden sozialen Zielen (der einzelnen Akteure) und sich verändernder Wissensbasis über ein bestimmtes Gebiet, das von gesellschaftlichem Interesse ist. Damit wird nicht nur die Tatsache von Interessenunterschieden, sondern auch das Vorhandensein gleicher Interessen sonst gegensätzlicher Akteure auf bestimmten Gebieten konstatiert. Zugleich bietet die Hervorhebung der verstärkten und sich zukünftig weiter verstärkenden komplexen Interdependenz auf internationaler Ebene die Möglichkeit verbesserter Operationalisierbarkeit zur Erklärung von tatsächlich stattfindendem Interessenausgleich sonst gegensätzlicher Interessen.

Interdependenz ist damit zugleich Hoffnungsträger und politisches Ziel der →Theorie. Fraglich ist, ob sich gravierende Abhängigkeiten tatsächlich (so einfach, wenn auch über lange Zeiträume) abbauen und verändern lassen.

Begriffspräzisierung

Anstelle der Hervorhebung und weiteren Ausfüllung des Begriffs soll an dieser Stelle einer kurzen Kritik der Vorzug gegeben werden.

- *Zur Kritik bestehender Ansätze:* Die stärkste Kritik am Konzept der Internationalen Regimes äußerte Strange (1983). Sie führte fünf Punkte an: Das Konzept sei erstens eine akademische Modeerscheinung, eine schnelle Reaktion auf temporäre Weltphänomene, die wenig zu langfristig orientierten Erkenntnissen beitragen würde; zweitens handele es sich um ein unpräzises und unausgewogenes Konzept, das sich drittens gefährliche Wertvorstellungen zu eigen mache; viertens würden statische Elemente im Gegensatz zu Elementen dynamischer Veränderungen konzeptionell bevorzugt; und fünftens sei das Konzept zu eng verbunden mit und zu sehr an Staatsfunktionen orientiert, was den Blick auf eine komplexere Realität verstellen würde.

Es ist sicher, daß die bisherigen Definitionsversuche zur Ein- und Abgrenzung des Begriffs Internationale Regimes als noch nicht abgeschlossen betrachtet werden können. Während das Erklärungsmodell von Keohane und Nye den Vorteil hat, die Durchsetzungschancen eigener Interessen bei asymmetrischer Machtverteilung auszuloten, bietet das von Haas vorgestellte Konzept bessere Erklärungsmöglichkeiten für die Entstehungsbedingungen Internationaler Regimes, in denen nicht zuvorderst Durchsetzungsmöglichkeiten, sondern Koordinierungsfunktionen bei tendenziell symmetrischer Interessenlage der beteiligten Akteure das Geschehen bestimmen.

Damit ist zunächst einmal die Bandbreite möglicher und tatsächlich vorhandener Regimes abgesteckt. Unter funktionalen Gesichtspunkten reichen Regimes von Abkommen zum Schutz von Polarbären bis zu Übereinkünften zur friedlichen Nutzung des Weltraums. Ihre geographische Ausdehnung kann von der Größe des Nationalparks Wattenmeer bis zu weltumspannenden Systemen wie dem nuklearen Teststoppabkommen reichen. Und die Regimes können zwei oder drei oder auch mehr als 100 Mitglieder zählen.

Forschungsstand

Internationale Regimes sind Erklärungsmodell für wachsende weltweite politische und ökonomische Interdependenz. Der hohe Stellenwert, der den Regimes beigemessen wird, leitet sich – trotz unterschiedlicher Sichtweisen im Einzelfall und definitorischer Abgrenzungen verschiedener Autoren – aus der häufig unausgesprochenen, zugleich aber immanent vorhandenen Vorstellung schwindender amerikanischer Hegemonie im internationalen politischen System her. Der empirische Beweis für diese Vorstellung wird allzuoft nicht mitgeliefert. Doch selbst unter Einbeziehung eines derart feststellbaren Führungsverlustes müßte zugleich auch die andere Seite Eingang in das Konzept finden: die seit Beginn der 80er Jahre von den USA auf politischem, militärischem und ökonomischem Gebiet versuchte Wiederherstellung der Hegemonie.

Unter dieser Voraussetzung hat ein Ansatz, der Machtausübung und asymmetrische Beziehungen der in einen Handlungszusammenhang eingebundenen Akteure unter operationellen Gesichtspunkten, eine größere Berechtigung als ein Ansatz, der die Interdependenz von Beziehungen und Themen- bzw. Sachgebieten höher schätzt als eben diese Machtasymmetrie. Dieser letzte Ansatz hat dort praktischen Wert, wo die Entstehung von Interdependenz betrachtet werden soll. Jener erstgenannte Ansatz erklärt womöglich besser, warum eine ‹issue-area› nicht zum Regime wird.

Ein Beispiel hierfür mag die Entwicklung der Internationalen Seerechtskonvention seit 1945 abgeben. Die Nutzung der Weltmeere für Fischfang, Müllbeseitigung, Öl- und andere Ressourcenausbeutung, als militärisches Aufmarschgebiet oder für Forschungszwecke führte zu Interessenkonflikten zwischen Staaten und zugleich zu Interessenübereinstimmungen. Einseitige Schritte, wie der amerikanische über die Ausdehnung der Drei-Meilen-Zone zwecks Abbau von Mineralien, vertieften derartige Konflikte, verbanden aber auch Staaten mit gleichen Interessen.

Die 1967 verkündete Formel von den Ozeanen als ‹allgemeinem Menschheitserbe› sollte dann eine Basis für die gerechtere Verteilung der Ressourcen abgeben. Haas (1980, S. 366f.) hebt hier das erstmalige Zusammenbringen von Sachgebieten (‹issues› wie Fischfang, Mineralienabbau) hervor, die sonst immer getrennt behandelt wurden. Zugleich spricht er von einem noch ‹nicht erwachsenen› Zusammenbündeln von Problemen. Seine Erklärung für das bisherige Nichtzustandekommen der Seerechtskonvention befriedigt aber nicht; er macht einen Konflikt zwischen Eklektikern und Pragmatikern sowie noch nicht konsensfähige Informationen zur Formulierung von durch alle Akteure anerkannten Zielen für das Scheitern der bisherigen Verhandlungen verantwortlich.

In dem von Keohane und Nye (1977, S. 42ff.) vorgelegten Regime-Modell mit einer übergeordneten Machtstruktur liegt m. E. ein besserer Erklärungsansatz für die zutage tretenden Widersprüche vor. Trifft es zu, daß die Stärksten in einem Handlungszusammenhang die Regeln bestimmen, dann hätten Veränderungen der übergeordneten politisch-militärischen Machtstruktur Auswirkungen auf ökonomische Regimes, wie es die Seerechtskonvention als ‹issue-area› darstellt. Ein stabiles Regime erfordert für den Bereich der Ökonomie eine Führungsrolle, und eine Macht ist dann bereit, diese Rolle zu übernehmen, wenn sie sich davon langfristigen Profit verspricht. Ein hegemoniales System verspräche hierfür die beste Ausgangsposition zum Erhalt der Führungsposition.

Auf dem Feld der Seerechtskonvention erhält dieses Modell erst unter negativen Vorzeichen Erklärungswert. Tatsächlich bilden die zwei militärisch stärksten Staaten, die UdSSR und die USA, eine quasi hegemoniale Position bezogen auf das diese Konvention bildende Internationale Regime. Ihr langfristiges Ziel besteht in der Sicherung ökonomischer Vorteile, und ihre Position verhindert das Zustandekommen der Konvention bzw. deren Sanktionsfähigkeit, es sei denn zu den Konditionen der Hegemonen.

Forschungsperspektive

Der Vorteil des Regime-Ansatzes im Gegensatz zu einer übergreifenden Theorie der internationalen Beziehungen oder des internationalen Systems besteht vor allem in der relativen Eingrenzbarkeit des Gegenstandes. Zugleich liegt darin aber auch die Gefahr, den Fokus ‹zu eng› zu setzen. Dem kann durch die Einbeziehung des Faktors ‹komplexer Interdependenz› bzw. des Faktors ‹Zwang zur Kooperation› analytisch abgeholfen werden. Das Konzept der Internationalen Regimes bietet hier die Möglichkeit, die Regelhaftigkeit und Berechenbarkeit internationaler Beziehungen (Rittberger/Wolf 1985, S. 207) zu untersuchen, insbesondere wenn Regimes als Bedingung für einen zukünftigen friedlichen Austrag von Interessenunterschieden betrachtet werden.

Als Forschungsstrategien bieten sich deshalb Untersuchungen jedweder externer und interner Faktoren an, die die Entstehung und Entwicklung von Regimen fördern. Zu den externen Faktoren zählen alle Faktoren auf seiten der einzelnen Akteure, zu den internen vor allem die Normen, Regeln und Entscheidungsprozeduren im Regimezusammenhang selbst. Hinzu tritt eine Analyse der Interdependenzfaktoren, das heißt all jener Faktoren, die sich aus der Interaktion von Handlungssystem und einzelnen Akteuren ergeben. Hier wäre als Beispiel das Zustandekommen einer allseits verfügbaren Wissensbasis im Sinne von Haas zu nennen. Informationsaustausch geschieht aber nicht per se, sondern ist interessengeleitet, was von der Theorie mitreflektiert werden müßte.

Insgesamt sollte aber der Erklärungswert des Konzepts Internationales Regime nicht überschätzt werden. Das Beste, was von einer idealtypischen Diskussion von Internationalen Regimes zu erwarten wäre, sei, daß sie die Menschen für einen Moment einhalten und nachdenken ließe – so jedenfalls einer der engagiertesten Vertreter des Konzepts (Haas 1980, S. 405).

Czempiel, E.-O.: Internationale Politik. Ein Konfliktmodell. Paderborn 1981.

East, M. A./Salmore, S. A./Herman, C. F. (eds.): Why nations act? Theoretical perspectives for comparative Foreign Policy Studies. Beverly Hills/London 1978.

East, M. A.: The International system Perspective and Foreign Policy. In: ders.: Why nations act?, S. 143ff.

Haas, E. B.: Why Collaborate? Issue-Linkage and International Regimes. In: World Politics. Lawrenceville (N. J.), Vol. 22, Nr. 3, April 1980, S. 357–405.

Kaplan, M. A.: System and Process in International Politics. New York 1957.

Keohane, R. O./Nye, J. S.: Power and Interdependence. World Politics in Transition. Boston/Toronto 1977.

Kindermann, G.-K. (Hg.): Grundelemente der Weltpolitik. München 1977, darin bes.: ders.: Methode der Analyse zwischenstaatlicher Politik, S. 48–78.

Rittberger, V./Wolf, K. D.: Policy-Forschung und Internationale Beziehungen. In: Hartwig, H.-H. (Hg.): Policy-Forschung in der Bundesrepublik Deutschland. Opladen 1985, S. 204–211.

Strange, S.: Cave! hic dragones: a critique of regime analysis. In: Krasner, S. D. (ed.): International Regimes. Ithaca/London 1983, S. 337–354.

Young, O. R.: International Regimes: Problems of Concept Formation. In: World Politics. Lawrenceville (N. J.), Vol. 23, Nr. 3, April 1980, S. 331–356.

Holger Iburg

Internationale Intervention

Begriffsverwendungen

Der Begriff der Intervention (I.) taucht zum ersten Mal 1758 bei Vattel in dessen Werk «Droit des Gens» auf. Zuvor steht die Diskussion über →Krieg und die Souveränität von Staaten, wie sie vor allem Machiavelli (1469–1527) und Bodin (1530–1596) geführt hatten. Vor allem das von Machiavelli hervorgehobene Verhalten eines Fürsten ohne Rücksicht auf Moral würde heute das Wesen einer interventionistischen Machtpolitik kennzeichnen.

An dieser klassischen Auffassung, die I. als Handlung eines Staates mit Folgen für die Handlungen eines anderen Staates begreift, hat sich bis ins 20. Jahrhundert wenig geändert. Vor allem im Völkerrecht ist die normative Auffüllung des Begriffs der I. am weitesten vorangetrieben worden. Zum einen muß bei I. zwischen intentionalem (darum soll es hier gehen) und nicht-intentionalem Verhalten unterschieden werden, zweitens muß eine Abgrenzung gegenüber Krieg einerseits und andererseits jedweder Einflußnahme durch einen Staat auf die Belange eines anderen erfolgen.

Verwendungszusammenhänge

Genau dieses letzte Problem spiegelt sich in engeren und weiteren Definitionsversuchen im Völkerrecht der Gegenwart wider (vgl. Oppermann 1982), wo das Fehlen klarer und operationalisierbarer Begriffsbestimmungen beklagt wird. So versucht ein eng gefaßter I.-Begriff nur die Anwendung von →Gewalt zu fassen, während eine weite Bestimmung nicht nur gewaltsame Einmischungen, sondern jedwede Handlung als I. begreift, die den Bereich interner Angelegenheiten eines Staates verletzt. Dazu gehören dann aber bereits Empfehlungen an die Adresse eines Staates. Insbesondere das ausschließliche Merkmal der Gewalt erscheint heute angesichts subtilerer Methoden der Beeinflussung der Souveränität eines Staates unbrauchbar.

Neben die Anwendung absoluter Gewalt (etwa in Form eines militärischen Einmarsches) sind im 20. Jahrhundert andere Formen der Einmischung getreten, so die ökonomischen Mittel des Embargos oder des Abbruchs der Handelsbeziehungen; oder Drohungen (etwa mit dem Abbruch der diplomatischen Beziehungen); subversive Maßnahmen (wie die Bezahlung von Journalisten für freundliche Berichterstattung); und ganz allgemein mediale Beeinflussung (z. B. mittels starker Radiosendeanlagen).

Begriffspräzisierung

Gerlach (1967) spricht sich angesichts der offensichtlichen Nichtverwendbarkeit der weiteren Definition und der zu engen Fassung des nur auf militärische Gewalt rekurrierenden Begriffs für eine ‹mittlere› Verwendung aus und bindet sie an den normativen Begriff der Sozialadäquanz, den er aus dem Arbeitsrecht entlehnt. Das bedeutet, daß letztlich nur solche Eingriffe in die Entscheidungs- und Willensfreiheit eines Staates zulässig sind, die sich im Rahmen der völkerrechtlichen Rechtsordnung bewegen und kein ‹verwerfliches› (Gerlach), letztlich wohl destabilisierendes Ziel haben. Auch diese Definition erweist sich als dehnbar.

Aufgrund der problematischen und letztendlich wohl erfolglosen Suche nach einer umfassenden Definition der I. erscheint es sinnvoller, operationalisierbare Definitionen für die Forschungspraxis zu finden. Damit könnten zumindest bestimmte Dimensionen einer I. (z. B. militärische) besser analysiert und verstanden werden. I. muß deshalb zunächst als außenpolitisches Instrument aufgefaßt werden. Dann treten Fragen der Risikoabschätzung, unbeabsichtigter und absehbarer Konsequenzen und der Abwägung zwischen I. und Nicht-Intervention in den Vordergrund. Damit wird I.-Politik zur Verhaltenspolitik. I.en müssen danach als Aktionen bzw. Reaktionen zur bzw. auf bestimmte Verhaltensänderungen eines Akteurs angesehen werden.

Rosenau (1980, S. 354ff.) schlägt hierfür eine operationalisierbare Definition vor, die auf zwei Pfeilern ruht: (1) der Konventionen durchbrechenden Art von I.en und (2) deren autoritätsorientierter Natur. Damit grenzt Rosenau I.en zunächst zeitlich als endliche Vorgänge ein. Der Anfang einer I. bedeute den Moment, wenn der normale, d. h. konventionelle Verlauf der Dinge aufgegeben bzw. unterbrochen werde und das Ende jenen Zeitpunkt, zu dem entweder der alte Zustand oder eine neue Normalität (gleich Konvention) zwischen den Akteuren hergestellt sei. Der zweite wesentliche Punkt von Rosenaus Definition liegt in ihrer Begrenztheit. Es ist mit ihr zugleich möglich, I.en, vornehmlich jene militärischer Art, zu identifizieren. Diese isolierte Betrachtung zeigt aber eine Schwachstelle. Sie ermöglicht nicht, die Ursachen und den Ausgang einer I. zu bestimmen.

Forschungsstand

Die hier von Rosenau wiedergegebene Definition steht exemplarisch für die normativen Schwächen der gegenwärtigen Forschung. Empirische Untersuchungen zum Phänomen der I. gelangten zu verwendbaren Ergebnissen. Zur Frage der Ursachen stellen Dowty und Kochan (1974) fest, daß nach dem 2. Weltkrieg ein Absinken konventioneller zwischenstaatlicher Kriege und ein Ansteigen interner Kriege zu beobachten sei. Und Kende (1978) fügt hinzu, daß interne Auseinandersetzungen vermutlich der Ausgangspunkt für die meisten militärischen I.en seien.

Forschungsperspektive
Der Erklärungswert des Begriffs I. I. bleibt – insgesamt betrachtet – notwendigerweise abhängig vom Akteur, der die Handlung vornimmt, und von der Ebene (militärisch/politisch/ökonomisch), auf der er die I. durchführt. Es ist deshalb zu fragen, ob der Begriff als Arbeitsmittel in seiner Abstraktheit untauglich ist und er vielmehr nur im Rahmen festumrissener Forschungsfelder Verwendung finden sollte.

Cutler, L. N.: The right to intervene. In: Foreign Affairs. Vol. 64, Nr. 1. New York 1985, S. 96–112.
Dicke, D. C.: Die Intervention mit wirtschaftlichen Mitteln im Völkerrecht. Zugleich ein Beitrag zu den Fragen der wirtschaftlichen Souveränität. Baden-Baden 1978.
Dowty, A./Kochan, R.: Recurrent Patterns in the History of International Violence: the Constraints of the Past on the Future of Violence. In: Ben-Dak, J. D. (ed.): The Future of Collective Violence. Societal and International Perspective. Lund 1974, S. 17–36.
Duner, B.: Military Involvement. The Escalation of internal Conflicts. Stockholm 1980.
Gerlach, A.: Die Intervention. Versuch einer Definition. Hamburg 1967.
Kende, I.: Wars of Ten Years (1967–1976). In: Journal of Peace Research. 15. Jg. Oslo 1978, S. 227–241.
Oppermann, T.: Intervention. In: Encyclopedia of Public International Law. Ed. by R. Bernhardt. Amsterdam/New York/Oxford 1982, S. 233–236.
Paschos, G.: Die wirtschaftliche Intervention im Völkerrecht der Gegenwart. Völkerrechtliche Erläuterung des Tatbestandes und Versuch einer operationellen Definition. Thessaloniki 1974.
Rosenau, J. N.: The Scientific Study of Foreign Policy. Revised and enlarged Version. New York 1980.

Holger Iburg

Internationale Konflikte

Begriffsverwendungen
Während die in den frühen 40er Jahren von Quincy Wright (1942) und Lewis Richardson (1941) veröffentlichten Arbeiten die ersten methodisch fundierten Ansätze zur Erforschung i. K. markieren, gehen die meisten Konfliktdefinitionen für das Feld der Internationalen Beziehungen

in der einen oder anderen Weise auf Kenneth E. Boulding zurück. Der Mitbegründer des «Journal of Conflict Resolution» (1957) bestimmte im Rahmen erster theoretischer Versuche →Konflikt (K.) als eine Wettbewerbssituation, in der sich mindestens zwei Akteure der Unvereinbarkeit möglicher zukünftiger Positionen bewußt sind und zugleich jede Seite wünscht, eine Position zu erlangen, die mit den Wünschen der anderen Seite unvereinbar ist (Boulding 1962, S. 5).

Wo der Ökonom Boulding vorsichtig nach einer Theorie der K.e suchte, war Thomas C. Schelling, ebenfalls Ökonom und Spieltheoretiker, bereits weiter. Er sah K.e ausschließlich als Konkurrenz an, in deren Verlauf jeder der Beteiligten gewinnen wolle (Schelling 1960, S. 3).

Czempiel (1981, S. 199) erweiterte Bouldings K.-Begriff und setzte Wettbewerb und K. gleich. K.e werden von ihm als Positionsdifferenzen über Werte verstanden und charakterisieren nahezu die gesamte gesellschaftliche Existenz jedes Individuums.

Werner Link hat insbesondere diese letzte Begriffsbestimmung kritisiert und versucht, in Anlehnung an den Hamburger Wirtschaftsjournalisten und ehemaligen Professor der Volkswirtschaftslehre, Kurt Singer (1886–1962), und den amerikanischen K.-Forscher Kenneth Waltz ein Theoriekonzept zur K.-Lösung aufzuzeigen. In diesem Modell (Link 1979, S. 35f.) ist K. «... ein kritischer Spannungszustand bzw. Spannungsprozeß, der durch das Auftreten miteinander unvereinbarer (oder unvereinbar erscheinender) Tendenzen in einer (die Akteure) umfassenden (Interaktions-)Einheit verursacht wird und dadurch deren Organisation und Struktur bedroht.»

Verwendungszusammenhänge

Definitionen über K.e in der internationalen Politik werden nicht für sich formuliert, sondern erhalten ihren Sinn und ihre Bedeutung vor allem im Hinblick auf die Richtung, in der Forschung mit ihnen betrieben wird. K.-Definitionen, derart verstanden, sind Gegenstand des Wissenschaftsbereichs der →Friedens- und K.-Forschung, wobei hier zwischen einem weiteren und einem engeren Rahmen unterschieden wird. Dem weiteren Rahmen werden vornehmlich solche Forschungsrichtungen zugeordnet, die den Schwerpunkt ihrer Untersuchungen auf externe Einflüsse im internationalen System und den Ausgang eines K. legen. Friedens- und K.-Forschung im engeren Sinn befaßt sich vornehmlich mit den Ursachen und den Rahmenbedingungen für das Entstehen von K.en und →Kriegen. Im Vordergrund des Forschungsinteresses stehen dabei die internen Einflüsse und die Frage nach der Durchsetzung der externen Einflüsse auf die Binnenstruktur eines K. Zusätzlich muß hier noch einmal unterschieden werden zwischen eher empirisch und eher theoretisch orientierter Forschung.

Die von Schelling beeinflußte K.-Forschung hat sich vor allem zwei Bereichen zugewandt: mit Blick auf den einzelnen Akteur der Entscheidungsforschung, mit Blick auf die Wettbewerbssituation und auf die Interaktion(en) den Akteuren. Gesucht wurden erfolgversprechende Strategien für Auseinandersetzungen bei einem gemeinsamen Interesse der Beteiligten. Strategie hat dabei nicht die Vernichtung des Gegners als Ziel. Vielmehr wird der Gewinn in diesem Modell als Zugewinn zum *eigenen* Wertesystem aufgefaßt. Als Vergleich dient Schelling (1960, S. 6), wie meistens, ein Beispiel aus dem Wirtschaftsleben. Ein Streik nütze nichts, wenn die Firma pleite gehe. Der beste Streik sei womöglich der, der nicht stattfinde. Dahinter steht die Auffassung der Spieltheorie, daß nicht «konstante Summenspiele» angestrebt werden sollen, bei denen die eine Seite verliert, wenn die andere gewinnt, sondern «variable Summenspiele», bei denen die Zugewinne der Beteiligten nicht fixiert sind. Vielmehr teilen alle Seiten das gemeinsame Interesse, ein für alle Akteure vorteilhaftes Ergebnis zu erlangen.

Die klassische Spieltheorie geht von vier Annahmen aus:

1. Interdependenz: Ergebnisse einer Auseinandersetzung sind nicht nur von der eigenen Wahl, sondern auch von der Gegenseite abhängig.
2. Quantifizierung: Ergebnisse können so dargestellt werden, daß sich je nach Wahl die positiven oder negativen Interessen einer Seite zeigen.
3. Verallgemeinerbarkeit: Jede Seite kennt die eigenen wie die Wahlmöglichkeiten der anderen Seite.
4. Maximierung: Jede Seite versucht so zu handeln, daß die eigenen Interessen maximiert werden.

Strategie bedeutet danach eine →Planung, die alle Wahlmöglichkeiten in ihr Konzept einbezieht.

Ein Beispiel für eine derartige Situation bietet aus der Sicht der Spieltheorie das Konzept der Abschreckung. Das gemeinsame Interesse bildet die Vermeidung der gegenseitigen Auslöschung. Zugleich versucht jeder Beteiligte, einen Vorteil aus der Situation zu schlagen. Der Vorteil einer Seite soll durch Gegenmaßnahmen der anderen Seite verhindert werden. Rüstungskontrolle (→Rüstungspolitik) böte dann die Möglichkeit, zum gegenseitigen Vorteil einen Gewinn zu erzielen.

In der politischen Praxis haben sich spieltheoretische Konzepte nur bedingt durchgesetzt. Nicht alle Situationen können durchgespielt werden. Notwendige Reduktionen verschlechtern die Aussagekraft. Sozialwissenschaftlich genutzt wird der spieltheoretische Ansatz dagegen, um rückblickend historische Ereignisse zu untersuchen und mögliche Gemeinsamkeiten unterschiedlicher K.-Entwicklungen herauszufiltern.

Snyder und Diesing (1977, S. 530) untersuchten mit spieltheoretischen Methoden das Verhältnis USA, UdSSR und China. Als – aus der Sicht des Autors eher dürftiges – Ergebnis ihrer Forschungen fassen sie zusammen, daß es in zukünftigen →Krisen zwischen diesen Staaten noch mehr auf die Verantwortungsfähigkeit jedes Entscheidungsträgers ankomme und wie diese das Verhältnis mit den K.-Gegnern einschätzen.

Begriffspräzisierung

An dieser Stelle soll einer Auffassung von K. der Vorzug gegeben werden, die jener Bestimmung von Link, Singer und Waltz nahekommt. Deren theoretische Auffassung hat den Vorteil, offen für mögliche Gesetzmäßigkeiten bzw. Übereinstimmungen zu sein und auch für einzelne K.e Erklärungs- und Lösungsmöglichkeiten zu bieten. Die hier vorgetragene Meinung ist, daß diese Definition damit sowohl Bezüge auf der internationalen Ebene als auch die Zusammenhänge von internationaler Ebene und nationalen Interessen und Wertesystemen umfaßt. Dies geschieht dann, wenn zu den von Link genannten unvereinbaren Tendenzen zusätzlich auch solche innergesellschaftlicher Natur gerechnet werden. Zugleich bezieht die Untersuchung von Organisation und Struktur der die Akteure integrierenden Einheit den Austragungsmodus des K. und seine Rückwirkungen auf den K.-Prozeß mit ein.

Zusätzlich lassen sich aber Ansatzebenen für die K.-Lösung nennen. Es können Änderungen im zwischenstaatlichen Beziehungszusammenhang wie innergesellschaftliche Veränderungen vorgenommen werden (etwa im Sinne einseitiger Vorleistungen) und auch Eingriffe von Dritten, am K. nicht direkt Beteiligter zum Erfolg (einer friedlichen Lösung) führen.

Forschungsstand

Die hier entwickelte Auffassung von K.en stellt aber, dies muß einschränkend und gemessen am Forschungsstand gesagt werden, einen möglichen Fluchtpunkt zukünftiger Untersuchungen dar. Gegenwärtig gilt, was Singer und Gantzel bereits 1981 feststellten: Sie stimmten darin überein, daß auf dem Gebiet der K.-Forschung eine große Zahl von theoretischen Richtungen und methodischen Ansätzen zu beobachten ist. Damit erschöpfen sich aber die Gemeinsamkeiten dieser zwei, hier für zwei unterschiedliche Richtungen stehenden Autoren.

Fest steht, daß quantitative Untersuchungen und →Methoden die weltweite K.-Forschung dominieren. Dabei fällt ein Übermaß nicht miteinander in Beziehung stehender Einzelfallstudien im Gegensatz zu vergleichender K.-Forschung ins Auge. So sind die jeweiligen Ergebnisse abhängig von der Wahl der jeweiligen Hauptvariablen. Hierfür stehen Untersuchungen zu Machtungleichgewicht, Suche nach Ressourcen, Fehlperzeptionen, demographischem Druck etc. Während bei dieser Forschung aber noch verwertbare Datenbestände generiert werden, ist dies nicht von Arbeiten zu erwarten, die etwa mit dem menschlichen Drang zur

→Macht oder zur Gebietserweiterung oder gar libidinösen (→Zwang) Zwängen argumentieren.

Die stärker empirisch ausgerichtete Forschung (und zugleich das bekannteste Projekt) ist das «Correlates of War» (COW)-Projekt von David J. Singer. Singer versteht seine Untersuchungen als quantitative Geschichtsforschung. Unter Zuhilfenahme formaler Modelle und empirischer Ergebnisse der Spieltheorieliteratur werden Beziehungen von Staaten untersucht, die entweder über das K.-Stadium hinaus zum Krieg führten oder diese Schwelle nicht überschritten.

Die Arbeitshypothese lautet, daß die Verhaltensvariablen der einzelnen Akteure keine starke Aussagekraft besitzen, sondern es vielmehr große Übereinstimmungen zwischen der (historischen) Umgebung und Entwicklung und dem Ausgang der K.e gibt, d. h. Auswirkungen des internationalen →Systems auf die internationalen K.e.

Obwohl der Wert quantitativer Methoden nicht unterschätzt werden sollte, so müssen doch, zusammenfassend betrachtet, die bisherigen Ergebnisse als von eher geringer Reichweite, ihr Gebrauchswert für eine praktische friedenspolitische Strategie als vernachlässigbar angesehen werden. Dies ist darauf zurückzuführen, daß den Forschungen ein systematischer Rahmen fehlt, der aus substantiellen Analysekategorien zu bestehen hätte. Derartige Kategorien müßten aus der Untersuchung der komplizierten innergesellschaftlichen Verbindungen und Prozesse gewonnen werden, deren Komplexität nach Ansicht Gantzels von Vertretern quantitativer Modelle aufgrund theoretischer Oberflächlichkeit bzw. ungenügender Operationalisierung dieser Methoden vernachlässigt wird.

Eine andere Herangehensweise stellt die Frage nach den innergesellschaftlichen Akteuren und Strukturen und ihrer Bedeutung für innergesellschaftliche wie internationale K.e. Ausgangshypothese ist hier, daß die einzelnen Akteure immer an (→Nation, Nationalismus) nationalstaatliche Interessen gebunden sind. Dieser Ansatz ist bisher am weitesten durch die Forschungen von Kende und Gantzel vorangetrieben worden. Gantzel et al. (1986) legten im Rahmen des Kriegsursachenforschungs(KUF)-Projekts erste Ergebnisse in Form eines spezifizierten Kriegskatalogs vor.

Forschungsperspektive

Friedens- und K.-Forschung befaßt sich vordringlich mit der Erforschung von Faktoren und Prozessen, die zur Verhinderung eines K., zumindest aber zur Vermeidung eines Krieges führen könnten. Die hier knapp benannten Ansätze haben jeder für sich ihre Berechtigung. Aufgabe einer zukünftigen Friedensforschung wäre die fundierte Synthetisierung der eher quantitativ ausgerichteten Geschichtsforschung und der nach den internen Kriegsursachen fragenden Richtung. Erst dann ist es möglich, den Gegenstand I. K.e umfassend zu behandeln. Der Gegenstand läge als Ganzes in seinem komplexen Bedingungsgefüge vor.

Dies bedeutet für zukünftige Forschungsdesigns, daß nicht mehr nur einzelne K.e isoliert untersucht werden müssen, sondern – auch im Sinne der oben vorgenommenen Präzisierung – der durch das internationale System vorgegebene Handlungsrahmen genauso in die Betrachtung Eingang finden muß wie die damit verbundenen Akteure in den jeweiligen Staaten.

Eine solche Forschungsperspektive bleibt aber so lange bloße Hoffnung, wie ihr Stellenwert und damit die faktische Zuweisung von finanziellen und materiellen Ressourcen nur Promille der für Rüstung und Militär aufgewendeten Mittel betragen. Aufgrund dieses Zusammenhangs fällt es politisch motivierten Interessenten leicht, mit Hinweis auf eher bescheidene Forschungsergebnisse der Friedens- und K.-Forschung die Daseinsberechtigung völlig abzusprechen.

Boulding, K. E.: Conflict and Defense. A general theory. New York 1962.
Czempiel, E.-O.: Internationale Politik. Ein Konfliktmodell. Paderborn 1981.
Gantzel, K. J.: Another approach to a Theory on the Causes of International War. In: Journal of Peace Research. No. 1, Vol. 18. Oslo 1981, S. 39–55.
–/Meyer-Stamer, J. (Hg.): Die Kriege nach dem 2. Weltkrieg bis 1984. Daten und erste Analysen. München/London 1986.
Link, W.: Überlegungen zum Begriff ‹Konflikt› in den Internationalen Beziehungen. Versuch einer Begriffsklärung. In: PVS. XX. Jahrgang. Opladen 1979, Heft 1, S. 33–50.
Richardson, L.: Frequency of occurence of wars and other total quarrels. In: Nature. No. 148. Neptune (N. J.), 15. Nov. 1941, S. 37–59.
Schelling, T. C.: The Strategy of Conflict. Cambridge (Mass.) 1960.
Singer, J. D.: Accounting for International War: The State of the Discipline. In: Journal of Peace research. No. 1, Vol. 18. Oslo 1981, S. 1–18.
Snyder, G. H./Diesing, P.: Conflict among Nations. Bargaining, Decision making, and systems structure in international crises. Princeton (N. J.) 1977.
Wright, Q.: A Study of War. 2 Vol. Chicago 1942 (revised edition 1965).

Holger Iburg

Internationale Wirtschaftsbeziehungen

Begriffsverwendungen

Die I.W. bilden einen Sammelbegriff für alle internationalen (d. h. grenzüberschreitenden) wirtschaftlichen Interaktionen; sie umfassen (a) die →internationalen Handelsbeziehungen; (b) den internationalen Geld- und Kapitalverkehr (und somit auch das Verschuldungsproblem); (c) die internationalen Währungsbeziehungen, die gegenüber den internationalen Handels- und Kapitalbeziehungen eine «dienende Funktion» (U. Andersen) haben; (d) die internationale Arbeitsteilung, d. h. die Spezialisierung von Volkswirtschaften auf die Herstellung bestimmter Produktgruppen und den durch diese Spezialisierung bewirkten Austausch von Gütern, Dienstleistungen, Kapital und Arbeitskräften.

Die I.W. umfassen auf der organisatorisch-institutionellen Ebene (a) die internationalen Wirtschaftsorganisationen und institutionalisierten Mechanismen zur Regelung der Handels-, Kapital- und Währungsbeziehungen; (b) die regionalen internationalen Wirtschaftsorganisationen, die in vielen Teilen der Welt auf eine regionale Kooperation oder Integration von Volkswirtschaften abzielen; (c) transnationale (regierungsamtliche) Organisationen, in denen sich Staaten zur Koordination ihrer nationalen und internationalen Wirtschaftspolitik (z. B. die OECD) oder zur Durchsetzung gemeinsamer Interessen in den I.W. zusammenschließen (z. B. die «Gruppe der 77» als «Gewerkschaft der Entwicklungsländer» in den Nord-Süd-Verhandlungen); (d) trans- oder multinationale Unternehmen, die – nach Ursprung, Besitz und Spitzenmanagement (in der Regel) national, nach Produktion multinational und nach Absatz global – Träger und Organisationskerne eines Internationalisierungsprozesses von Warenproduktion, Kapital und Arbeitskraft sind und die nationalstaatliche Abgrenzung von Wirtschaftsräumen zunehmend fragwürdig machen. Der Tatbestand, daß etwa ein Drittel des gesamten Welthandels als konzerninterner Austausch stattfindet, weist auf die globale Verflechtung der Volkswirtschaften jenseits der von Nationalstaaten organisierten I. W. hin.

Verwendungszusammenhänge

● *Internationalität und Transnationalität der I.W.:* Da sich die I.W. auf den internationalen Austausch von Wirtschaftsgütern beziehen, sind sie dann vom Begriff der Weltwirtschaft zu unterscheiden, wenn dieser – z. B. nach der Definition von Andreas Predöhl – auch die weltwirtschaftlich bedeutsamen Wirtschaftsbeziehungen innerhalb der Großräume der USA und der Sowjetunion einschließen soll. Andererseits wäre eine Definition von Internationalität untauglich, welche die I. W. auf die im engeren Wortsinn inter-nationalen Beziehungen zwischen Staaten beschränken würde. Eine solche begriffliche Eingrenzung wäre allenfalls dem Außenhandelsmonopol der Zentralplanwirtschaften angemessen. Die I.W. im übrigen Teil der Welt mit offenen (marktwirtschaftlichen) oder partiell gelenkten Ordnungssystemen werden – wie die Gesamtheit der internationalen Beziehungen – nicht nur von Staaten, sondern von einer Vielzahl internationaler Organisationen und nicht-staatlicher Akteure geprägt.

Die Beziehungen zwischen den Volkswirtschaften sind nicht auf punktuelle Interaktionen beschränkt, sondern bilden ein komplexes Netzwerk von strukturellen Verflechtungen, die gegenseitige (freilich unterschiedlich wirkende) Abhängigkeiten schaffen, die Verwundbarkeit gegenüber weltwirtschaftlichen Strukturveränderungen vergrößern und den Handlungsspielraum für die nationale Wirtschaftspolitik verkleinern. Diese Vernetzung der nationalstaatlich organisierten Einzelwirtschaften erfassen die in der neueren Theorie der internationalen Beziehungen eingeführten Begriffe der «transnationalen Gesellschaft» (Karl Kaiser) oder der «funktionalen Interdependenz» (Walter L. Bühl) präziser als der herkömmliche Begriff des Weltmarkts.

Begriffspräzisierung

• *Zur politischen Ökonomie der I.W.:* Ungeachtet dieses Transnationalisierungsprozesses blieben die Staaten bzw. supranationalen Organisationen (z. B. die EG) aufgrund ihrer – je nach Wirtschaftssystem unterschiedlich organisierten – Kontrolle der Außenwirtschaftsbeziehungen die wichtigsten Akteure der I.W. Diese sind folglich keine rein ökonomischen Vorgänge, nach dem normativen Freihandelsmodell von Adam Smith von staatlichen Eingriffen frei, sondern politisch gelenkte Interaktionen und als solche Gegenstände der politischen Ökonomie; sie sind – entgegen der Annahme von Interessenharmonien in der von Adam Smith begründeten Freihandelsdoktrin →Macht- und →Konfliktbeziehungen. Die ungleiche Kosten- und Nutzenverteilung schafft Konflikte.

Eine von der ‹reinen Theorie› der I.W. versuchte Trennung zwischen Staat und Ökonomie, zwischen internationaler Politik und I.W., ist also aufgrund dieser ‹Vermachtung› der I.W. schon im Ansatz verfehlt; sie war auch schon realitätsfern, als das Prinzip des Freihandels von den Klassikern der politischen Ökonomie in der Auseinandersetzung mit dem Merkantilismus theoretisch begründet wurde und sich als Ordnungsprinzip der I.W. durchsetzte.

Staaten praktizieren den Freihandel nach der historischen Erfahrung nur dann, wenn er ihnen aufgrund eines Produktivitätsvorsprungs und/oder einer politischen Vormachtstellung Handelsvorteile verschafft. Es gab den britischen «Freihandelsimperialismus», als Großbritannien das «Gravitationszentrum der Weltwirtschaft» (nach A. Predöhl) und London das Welthandels- und Weltfinanzzentrum war. Nach 1945 lag die Liberalisierung der I.W. wiederum im Interesse der mächtigsten Akteure der internationalen Politik, nun vor allem der USA.

Die I.W. bilden die Kraftlinien und Nervenstränge der internationalen Beziehungen, stehen mit diesen in einem engen Wirkungszusammenhang, determinieren sie aber nicht ganz so monokausal, wie das marxistische Basis-Überbau-Theorem impliziert. Die Imperialismustheorien (→Imperialismus) drehten sich vor allem dann im ziemlich unergiebigen Kreis, wenn sie in der Nachfolge Lenins internationale Politik aus Umfang und Richtung des Kapitalexports zu erklären versuchten.

Forschungsstand

- *Die mißlungene Neuordnung der I.W. nach 1945:* Bereits während des 2. Weltkriegs verhandelten die westlichen Führungsmächte USA und Großbritannien über die Neuordnung der durch die Weltwirtschaftskrise und den Weltkrieg anarchisierten I.W. Sie planten die Rückkehr zu einem marktorientierten Weltwirtschaftssystem (unter Einschluß der Sowjetunion), dessen Spielregeln nun durch Verträge und internationale Organisationen abgesichert werden sollten.
- *Organisierung der internationalen Währungsbeziehungen:* Im Abkommen von Bretton Woods (1944) wurde ein neues Währungssystem als Basis einer geplanten Welthandelsordnung konzipiert und der *Internationale Währungsfonds* (IWF) als währungspolitische Feuerwehr und als Hüter der Zahlungsbilanzen gegründet. Das Bretton-Woods-System sah als Kernstück die freie Konvertibilität der Währungen bei konstanten Wechselkursen vor. Ein Geld-Devisen-Standard ermöglichte, daß neben den Goldbeständen der Zentralbanken auch sog. Reservewährungen als Währungsreserven galten. Der US-Dollar wurde aufgrund der Wirtschaftskraft und weltpolitischen Führungsrolle, aber auch aufgrund der Umtauschgarantie von Dollarguthaben in Gold, zur internationalen Leit-, Reserve-, Handels- und Interventionswährung.

Diese Funktion des US-Dollars als Reservewährung erwies sich jedoch als größte Schwäche des Bretton-Woods-Systems, die durch die Spekulationskrisen zu Beginn der 60er Jahre offenkundig wurde. Verhandlungen über Reformen blieben in marginalen Korrekturen stecken, weil sich Überschuß- und Defizitländer nicht auf neue Regeln einigen konnten. 1968 wurde zwar mit den Sonderziehungsrechten beim IWF ein neues internationales Buchgeld und Liquiditätsmedium geschaffen, das jedoch das Gold und die ‹Hartwährungen› nicht als Reservemedien verdrängen konnte. Die Abwertung des Pfund Sterling (1967) und des US-Dollars (1971), verbunden mit der Aufkündigung der Umtauschgarantie, sowie der Übergang zu flexiblen Wechselkursen erschütterten die Grundlagen des Bretton-Woods-Systems. Während die privatwirtschaftliche internationale Verflechtung wuchs, desintegrierte das Währungssystem; heftige Wechselkursschwankungen des US-Dollars belasteten den internationalen Handels- und Kapitalverkehr.

Angesichts der Bedeutung der Währungsbeziehungen für die I.W., der Auflösungserscheinungen des Bretton-Woods-Systems und der dramatischen Verschärfung der Zahlungsbilanz- und Verschuldungskrisen bei der Mehrzahl der Entwicklungsländer, denen der IWF mit seiner interventionistischen Konditionalitätspolitik zu begegnen versuchte, verstärkten sich die Forderungen nach einer Fundamentalreform des internationalen Währungssystems, vor allem der Rolle des IWF als internationaler Finanzpolizist, ordnungspolitischer Zuchtmeister, Macht- und Interventionsinstrument der stimmstärksten Mitgliedsländer (d. h. der westlichen Industrieländer). Solange diese den IWF als mächtigste internationale Organisation und als Steuerungsinstrument der I.W. benutzen können, weil die Defizitländer keine Alternative haben, werden sie sich allenfalls auf Teilreformen, die im eigenen Interesse liegen, einlassen. Die I.W. sind eben Machtbeziehungen (→Macht).

• *Organisierung der internationalen Handelsbeziehungen:* Nach Abschluß des Bretton-Woods-Abkommens versuchten die USA, auch eine Welthandelsordnung, in der ihre handelspolitischen open door-Vorstellungen eine Vertragsbasis erhalten sollten, zu schaffen. Der auf der Konferenz von Havanna (1948) vorgelegte Vertragsentwurf einer Welthandelscharta, der auch die Gründung einer Internationalen Handelsorganisation (ITO) vorsah, scheiterte jedoch am Protektionismus der Nachkriegsjahre (auch im US-Kongreß). Um die Neuordnung des Welthandels nicht von der Ratifizierung eines Vertragswerks abhängig zu machen, hatten sich die Vertragsparteien auf einer Vorkonferenz in Genf (1947) auf umfassende Zollsenkungen und die Beseitigung von Handelsrestriktionen aller Art verständigt und ein *Allgemeines Zoll- und Handelsabkommen* (GATT) unterzeichnet.

Das GATT, das nicht den Status einer internationalen Organisation erhielt, forderte den Grundsatz der Meistbegünstigung und verbot mengenmäßige Handelsbeschränkungen. Nicht weniger wichtig waren freilich die Ausnahmeregelungen, die den verschiedenen Interessen der Unterzeichner entgegenkamen: Die Meistbegünstigung sollte nicht für Altpräferenzen (wie innerhalb des britischen Commonwealth), Zollunionen und Freihandelszonen gelten, und das Verbot mengenmäßiger Importbeschränkungen konnte zum Schutz der Zahlungsbilanz aufgehoben werden.

Zahlreiche weitere Ausnahmeregelungen konnten nahezu jeden Verstoß gegen die grundsätzlichen Freihandelsprinzipien des GATT rechtfertigen. Auch die von den GATT-Statuten tolerierte Errichtung eines regional begrenzten Freihandels durch die EWG verstieß gegen die beiden Grundprinzipien der Meistbegünstigung und der Nichtdiskriminierung. Schließlich tat sich die wachsende Zahl der GATT-Mitglieder aus der Dritten Welt noch schwerer als manche Industrieländer, durch den Abbau von Zöllen und Importrestriktionen die eigene Wirtschaft dem internationalen Wettbewerb auszusetzen.

Die folgenden ‹Zollrunden› des GATT haben zwar zu einem erheblichen Abbau der Zölle geführt, so daß der Zoll als klassisches Instrument der Handelspolitik an Bedeutung verlor. Diese tarifären Liberalisierungsfortschritte wurden allerdings durch die Vermehrung nicht-tarifärer Handelshemmnisse konterkariert, die heute etwa die Hälfte des Welthandels betreffen. Anfällig für solche Schutzmaßnahmen sind vor allem die wettbewerbsschwachen ‹traditionellen Wirtschaftssektoren› in den Industrieländern, von ihnen betroffen besonders Entwicklungsländer, die auf eine exportorientierte Industrialisierung (und auf komparative Kostenvorteile) setzten. Das vom GATT sanktionierte Welttextilabkommen nahm gerade vielen ärmeren Entwicklungsländern die Chance, arbeitsintensiv produzierte Fertigwaren zu exportieren. Sie werden auch noch – wenn sie nicht als assoziierte AKP-Länder in die EG exportieren – durch eine Tarifeskalation mit dem steigenden Verarbeitungsgrad von Rohstoffen diskriminiert.

Es gibt heute in den I.W. einen weitverbreiteten Neoprotektionismus oder Neomerkantilismus, dem auch Regierungen nicht entsagen, die das Hohelied des Freihandels besonders laut singen. Berücksichtigt man noch die Zunahme der Kompensationsgeschäfte im Ost-West- und im Süd-Süd-Handel, dann verringert sich der Anteil des von GATT-Vereinbarungen gesteuerten Welthandels erheblich.

Forschungsperspektive

● *Zu Strukturveränderungen und Entwicklungstendenzen in den I.W.:* Die I.W. der Gegenwart wurden in mehrfacher Hinsicht durch Verlauf, Ergebnis und Folgen des 2. Weltkriegs strukturiert:

1. Die weltwirtschaftliche Führungsrolle ging endgültig vom kriegszerstörten Europa auf die USA über. Die USA wurden nun zum weltwirtschaftlichen und weltpolitischen Gravitationszentrum. Die Kriegsverlierer Deutschland und Japan gewannen jedoch wachsende Welthandelsanteile zurück.

2. Im Kalten Krieg zerbrachen endgültig die Weltwirtschaft und die in der UNO-Gründung manifestierte One-World-Idee in zwei antagonistische Wirtschafts- und Gesellschaftssysteme, obwohl der Ost-West-Handel weiterhin die militärisch-ideologische Blockbildung überbrückte.

3. Der Ost-West-Konflikt beschleunigte den Integrationsprozeß in Westeuropa (EG) und in Osteuropa (RGW). Die EG expandierte nach ihrer Süderweiterung und der Assoziierung der 66 AKP-Staaten zum größten Handelsblock, den es jemals in der Wirtschaftsgeschichte gab.

4. Vor dem 2. Weltkrieg basierten die I.W. vorwiegend auf Handelsbeziehungen; Kapitalexporte erfolgten überwiegend in Form von Anleihen (wenn man von den kolonialwirtschaftlichen Investitionen im extraktiven Sektor absieht). Seit den 60er Jahren verstärkte sich, von den USA ausgehend, die Durchdringung des ‹kapitalistischen Weltmarkts› durch multinationale Unternehmen.

5. Der 2. Weltkrieg beschleunigte die Dekolonisierung und das Entstehen neuer Nationalstaaten in der weltwirtschaftlichen Peripherie, die jedoch als unterentwickelte ‹Randländer› kolonialwirtschaftliche Strukturgebrechen ererbten und nur vereinzelt durch den Aufbau einer indu-

striellen Basis die koloniale Arbeitsteilung durchbrechen konnten. Zwar endete das Zeitalter des formellen Imperialismus (d.h. der direkten Kolonialherrschaft), aber der in den I.W. zwischen den Zentrum- und Peripherieländern verfestigte «strukturelle Imperialismus» (nach Johan Galtung) war zählebiger, bildete die Grundlage des entstehenden Nord-Süd-Konflikts und begründete die Forderungen der →Dritten Welt nach einer ‹Neuen Weltwirtschaftsordnung›.

Was sich auf der Erscheinungsebene und im wirtschaftspolitischen Sprachgebrauch als zunehmende Interdependenz der ‹drei Welten› abzeichnete, thematisierten Imperialismus- und Dependenztheoretiker als Dependenz, ungleichen Tausch oder schlicht als Ausbeutung. Die durch ein weltpolitisches Machtgefälle verstetigten Nord-Süd-Wirtschaftsbeziehungen funktionierten nicht nach dem Prinzip der komparativen Kostenvorteile, das allen Nationen Vorteile aus der internationalen Arbeitsteilung verspricht. Auslandshilfe kompensierte nur einen Teil der handelspolitischen Benachteiligung durch sinkende Rohstoffpreise und sich verschlechternde terms of trade zwischen Import- und Exportgütern, die wesentlich (aber keineswegs allein) zur Aufhäufung der Schuldenberge beitrugen.

Die Verschuldungskrise ist das Resultat unfairer I. W. Dennoch wehrten die westlichen Industrieländer auf der Serie von Nord-Süd-Konferenzen erfolgreich die Forderungen der Dritten Welt nach einer Umgestaltung der I. W. durch neue internationale Regime (wie des Integrierten Rohstoffprogramms) ab. Sie verhinderten damit aber auch eine längerfristig angelegte Lösung des Verschuldungsproblems, weil nur verbesserte Exportchancen zu besseren Preisbedingungen die Zahlungsfähigkeit der Schuldnerländer verbessern können.

Die – Mitte 1987 auf über eine Billion US-Dollar geschätzte – Verschuldung der Dritten Welt stellt heute eines der größten Probleme der I.W. dar, weil sie nicht mehr durch herkömmliche Umschuldungsoperationen gelöst werden kann und das internationale Finanzsystem und die innere Stabilität vieler Schuldnerländer sind gefährdet, wenn nicht neue Lösungsstrategien gefunden werden sollten.

6. Die 50er und 60er Jahre (bis 1973) zeichneten sich durch ein historisch einmaliges Wachstum des Welthandels aus, das die Interdependenz der Volkswirtschaften verstärkte. Das schnelle Wachstum der Weltindustrieproduktion, dem ein beständiger handelspolitischer Positionsverlust der landwirtschaftlichen Güter und mineralischen Rohstoffe gegenüberstand, war seit den 60er Jahren begleitet von der schon erwähnten Transnationalisierung der Produktion durch multinationale Unternehmen.

Die westlichen Industrieländer, die ihren Außenhandel noch zu zwei Dritteln untereinander abwickeln, vereinigen immer noch rund 60 Prozent der Weltausfuhr auf sich. Der Anteil der Staatshandelsländer stagnierte bei neun Prozent. Während die OPEC-Länder ihren Exportanteil nach den Ölpreissprüngen von 1973/74 und 1979/80 auf 15 Prozent verdoppelten (seit 1980 aufgrund der sinkenden Ölpreise aber wieder zurückfielen), konnten unter den Entwicklungsländern nur die wenigen Schwellenländer mit wachsenden Fertigwarenexporten ihre handelspolitische Position verbessern, während die Rohstoffexporteure Anteile verloren. Der Welthandelsanteil der gesamten Dritten Welt fiel auf rund ein Fünftel, der Exportanteil der 36 ärmsten Länder (LLDCs) auf rund zwei Prozent zurück. Aufgrund der geringen Komplementarität der Produktions- und Außenhandelsstrukturen gelang es den Entwicklungsländern erst ansatz- und ausnahmsweise, durch eine Intensivierung des Süd-Süd-Handelsaustauschs die vertikalen Nord-Süd-Handelsbeziehungen zu durchbrechen. Der Versuch, durch den Aufbau des OPEC-Kartells die Macht- und Nutzenverteilung in den I.W. zu verändern, scheiterte mit den Auflösungserscheinungen dieses Kartells.

Diese globale Verteilung der Welthandelsanteile zeigt die – durch die Kontrolle über die internationalen Finanzmärkte und Finanzorganisationen verstärkte – Dominanz der westlich-kapitalistischen Länder in den I.W. Diese weltwirtschaftliche Kräfteverteilung spiegelt sich nicht in der weltpolitischen Machtverteilung wider, weil Macht und Einfluß nicht allein auf Ökonomie beruhen, ist aber zumindest ein gewichtiger Bestimmungsfaktor der internationalen Beziehungen.

Andersen, U.: Das internationale Währungssystem zwischen nationaler Souveränität und supranationaler Integration. Berlin 1972.

Berg, H.: Internationale Wirtschaftspolitik. Göttingen 1976.

Bredow, W. v./Brocke, R. H.: Einführung in die internationalen Wirtschaftsbeziehungen. Stuttgart u. a. 1981.

Fröbel, F./Heinrichs, J./Kreye, O.: Die neue internationale Arbeitsteilung. Reinbek bei Hamburg 1977.

Glismann, H. H.: Weltwirtschaftslehre. München 1980.

Jonas, R./Tietzel, M.: Die Neuordnung der Weltwirtschaft. Bonn/Bad Godesberg 1976.

Müller-Godeffroy, H./Pfaller, A./Rode, R./Rytkönen, H.: Der neue Protektionismus. Bonn 1983.

Predöhl, A.: Das Ende der Weltwirtschaftskrise. Eine Einführung in die Probleme der Weltwirtschaft. Hamburg 1962.

Röhrich, W.: Politik und Ökonomie der Weltgesellschaft. Opladen 1983.

Senghaas, D.: Weltwirtschaftsordnung und Entwicklungspolitik. Frankfurt/M. 1977.

Franz Nuscheler

Justiz

Begriffsverwendungen

Innerhalb der Gewaltenteilung werden unter J. jene Instanzen verstanden, die weder Recht setzen noch Entscheidungen unmittelbar ausführen, sondern Streitfälle entscheiden. Diese Abgrenzung verläuft zwar in juristischer Hinsicht eindeutig, nämlich nach den Regeln in GG, Gerichtsverfassungsrecht und Prozeßordnungen. Aber eine sozialwissenschaftliche Sicht zieht andere Linien: Konflikttheoretisch werden die Aufgaben des Vermittelns, Richtens und Anordnens getrennt, systemtheoretisch das programmierende und programmierte Entscheiden (wobei Rechtsprechung und Verwaltung zusammenfallen) usw. Einigkeit besteht also bloß darüber, welche staatlichen Behörden die J. im engeren Sinne ausmachen (Gerichte und Staatsanwaltschaften) und welche Institutionen in ihr mitwirken (insbes. Anwaltschaft, Polizei, Vollzugsbehörden).

Verwendungszusammenhänge

Mit der Aufzählung dieser Behörden ist der Gegenstand der J.-Forschung durchaus klar bestimmt. Daran ändern die zahlreichen Hinweise nichts, die J. überschneide sich mit anderen Bereichen der Staatstätigkeit: Aus der Regierungsbürokratie wechseln Mitglieder karrieremäßig in die J.; Vorgänge der Gesetzgebung werden durch richterliche Stellungnahmen oder durch herrschende Judikaturen beeinflußt; Lücken und Spielräume des positiven Rechts werden von Richtern ausgefüllt u. ä. Da alle Institutionen und Handelnden gesellschaftlich eingebunden sind, beseitigen solche Phänomene an den Rändern weder die analytische noch die politische Eigenart der J. Sie zeigen bloß die Kommunikation der J. mit ihrer professionellen und ideellen Umwelt.

So selbstverständlich die Dritte Gewalt einerseits eine Erscheinungsform des Politischen darstellt, indem sie inneren Frieden sichert und den Anspruch des Staates auf das Monopol legitimer →Gewalt abstützt, so sehr muß sie andererseits auf ihre *relative Autonomie* gegenüber den anderen Politikfeldern und vor allem gegenüber den Kultur- und Ökonomiesektoren achten. Ließe sie sich zum Büttel einer bestimmten Moral machen – über die vor allem in den Grundrechten für verbindlich erklärte humanistische Ethik hinaus –, würde sie an gesellschaftlichem Vertrauen und politischem Gewicht schnell verlieren. In der Entwicklung der Bundesrepublik ist ein entsprechend kluges Verhalten der J. zu verzeichnen, welche anfängliche Tendenzen einer unkritischen Regierungstreue vergessen machten und ihr ein ziemlich hohes Eigengewicht zuwachsen ließen.

Begriffspräzisierung

Wohl deswegen mußten einige jüngere J.-Forschungen von den (noch aus der Anschauung der 60er Jahre gewonnenen) Vermutungen abrücken und der J. ein überraschendes Maß an *Ausdifferenzierung* bescheinigen. Für die Arbeitsgerichtsbarkeit mit ihrem eminenten Bezug zur ökonomischen Existenz des einzelnen wie auch zum gesamten Arbeitsmarkt zeigte sich: Es sind die juristischen Standards, welche den Ausgang der Prozesse am besten erklären. Als einflußlos hingegen erwiesen sich die Merkmale der Beteiligten. Der soziale Hintergrund der Richter – von der Herkunft bis zu politischen Zugehörigkeiten – wird ausgeblendet; nicht einmal arbeitnehmerfreundliche Einstellungen sorgten für bessere Prozeßerfolge klagender Arbeitnehmer (Rottleuthner 1984). Eine andere Untersuchung attackierte frühere Vermutungen, daß Merkmale der Angeklagten in Strafverfahren das Prozeßresultat stärker bestimmten als die Kriterien des anzuwendenden Rechts (P. Boy). Die Schichtposition der Angeklagten und das Maß der Anpassung an die Verhandlungssituation sind zwar nicht einflußlos, aber sie regieren auch nicht (mehr) den Prozeßverlauf. Insofern ist es der J. gelungen, ihr offizielles Regelsystem sowie ihre Handlungsroutinen fest zu etablieren und gegen rechtsfremde Einwirkungen von außen abzuschirmen. Dies gilt für den Alltag der J., also für die große Mehrzahl der hier geführten Verfahren und der innerorganisatorischen Maßnahmen. In die *öffentliche Aufmerksamkeit* geraten allerdings des öfteren einzelne Gerichte und Urteile, die vom Massenbetrieb abweichen. Grundsatzentscheidungen oberer Bundesgerichte, die Beteiligung Prominenter oder die Besetzung von Spitzenämtern lösen Diskussionen aus, in denen laiensoziologisch debattiert wird, ob nun der Einzelfall fürs Ganze stehe oder nicht. Was als politische Auseinandersetzung sinnvoll ist, muß keine treffende Analyse der J. sein. Skandale hier, auffallend mutige Urteile dort charakterisieren vielleicht aufkommende Tendenzen, nicht aber die Realität der J., so sehr sie auch die öffentliche Meinung beeinflussen mögen (die der J. übrigens keineswegs besonders freundlich gesonnen ist).

Forschungsstand

So arbeitet die J. prinzipiell im vollen Lichte der Öffentlichkeit, diese indessen widmet sich ihr höchst selektiv. Zwar gehört die J. in einem allgemeinen Sinne zum politischen System, versucht sich aber gegen Tagesströmungen und parteipolitische Einflußnahmen zu neutralisieren. Das etwas prekäre Verhältnis zwischen J. und →Politik wird in der Binnendiskussion teils erregt behandelt, teils mit scheinbarer Gleichgültigkeit verdrängt. Hier sind noch Abklärungen im Gange, die parallel zur Etablierung einer demokratischen Kultur, zum Wechsel der Politikphasen und zur Abfolge der Generationen verlaufen. Akzeptiert ist inzwischen, daß die oberen Ränge sowohl des Gerichtsaufbaus als auch der Personalhierarchie in unmittelbaren Bezügen zum Regierungsgeschehen stehen; sie greifen fördernd oder hemmend in die politische Agenda ein.

Das spiegelt sich in den Auswahlverfahren und den politischen Einstellungen der Richter; mit höherer Instanz entsprechen sie um so mehr der politischen Tendenz ihrer Karrierezeit. Das Bundesverfassungsgericht ist nur der deutlichste Beleg dafür, wie sich die J. in ihren Spitzen mit dem politischen System eng verknüpft, ja in dieses nahtlos übergeht. In manchem brisanten Fall hat das Bundesverfassungsgericht weniger eine Meinungsverschiedenheit über das Grundgesetz als vielmehr einen Parteienkonflikt ‹geschlichtet›. Ein anderes, ebenso drastisches wie bis heute nicht voll aufgearbeitetes Beispiel für die *Politikverflochtenheit* bietet das nationalsozialistische Regime 1933 bis 1945. Hier gelang es einerseits, ohne besonderen Widerstand die J. gleichzuschalten; andererseits wurde nach dem größtenteils aus Weimarer Zeit fortgeltenden Recht verfahren. Da die J. sich nicht zum Handlanger degradierte, galt ihr der besondere Haß eines A. Hitler. Als – mangels eigener Bataillone – schwache Gewalt hat die J. stets eine gewisse Widerborstigkeit beweisen können, die sie aus ihrer Grundidee bezieht, in einem Konflikt der unabhängige Dritte zu sein. Daher hat richterliche Tätigkeit keine unmittelbaren Klienten; die beteiligten Bürger/innen werden durch die Advokatur, der Staat durch die Staatsanwaltschaft vertreten. Richter/innen dienen der Gesellschaft als ganzer (H.-G. Soeffner, in Reichertz 1984, S. 219). Diese Position, konsequent ausgeführt, hält die J. in der Schwebe zwischen den Interessenten, sichert ihr Prestige und verleiht ihr die eigene politische Note: relativ autonom zu entscheiden, auf gesamtgesellschaftliche Ziele verpflichtet und zumindest appellativ in potentiell sämtliche Lebensbereiche hineinzuwirken.

Solche Breitenwirkung erzielt die J. nicht zuletzt durch die schiere Quantität ihrer Produktion. Spitzenreiter sind die Amtsgerichte mit jährlich etwa einer Million erledigter Zivilverfahren und 1,5 Mill. Strafverfahren; Arbeitsgerichte wickeln etwa 400000 Verfahren ab, Landgerichte 1. Instanz 350000 Zivilsachen, Sozialgerichte 160000. Diese Inanspruchnahme der J. wird oft als inflationär gerügt. Man sucht nach *Alternativen* zur justiziellen Streiterledigung, um die ‹Prozeßflut› einzudämmen, um Gerichte und J.-Etat zu entlasten. Gelegentlich dienen Alternativen dazu, das allgemeine Recht zugunsten eines speziellen Rechts auszuschalten (etwa bei der Sanktionierung in Betrieben oder bei Nachbarschaftsgerichten). Um die Ersatzformen zur J. zu würdigen, wird man die Vorzüge (konfliktnahes, geschwindes und billiges Entscheiden) gegen die Nachteile (Interessengebundenheit des Richtenden, Stigmatisierung) abwägen. Ein optimales Arrangement ergibt sich vor allem dann, wenn die Beteiligten sich auf das vereinfachte, außerinstanzielle Verfahren freiwillig einigen (wie bei Schiedsgerichten, branchenspezifischen Schlichtungsstellen).

Als →*Organisation* stellt die J. ein reich gegliedertes Gebilde von beachtlicher Größe dar. An etwa 900 Gerichten arbeiten mehr als 20000 Personen in richterlichen bzw. staatsanwaltschaftlichen Positionen. Weiterhin sind etwa 100000 Personen in verschiedener Funktion, darunter auch richternah als Rechtspfleger, tätig. Die Organisation verhält sich passiv, was den Arbeitsanfall anlangt; sie muß die Eingänge abwarten und möglichst gleichmäßig auf die Mitglieder verteilen. Neben der schnellen und routinierten Erledigung der zahllosen ‹einfachen› Fälle stehen die relativ seltenen ‹komplizierten›, deren Abwicklung großen Aufwand erfordert. Zwei Leitbilder konkurrieren: zum einen das professionelle Prinzip, orientiert an Recht und Berufsethik, zum anderen das bürokratische Prinzip, welches die richterliche Tätigkeit in den Geschäftsstellen umsetzt und dazu stark verregelte Arbeitsschritte unternimmt. Auch wenn die beiden Prinzipien sich an unterscheidbare Teilbelegschaften wenden (Richter/Rechtspfleger die eine; insbes. der mittlere Dienst die andere), geraten sie an vielen Stellen in Konflikt und bremsen die organisatorische Effizienz (dazu anschaulich der von Bauer u. a. 1983 beschriebene Versuch einer Reorganisation). So wird die immer wieder diskutierte Problematik der langen Dauer von Prozessen gern vorschnell an einer angeblichen Personalknappheit festgemacht. Die Ursachen sind vielfältiger und tiefer greifend; man denke etwa an die Qualität der innerorganisatorischen Dienstleistung für den Richter, an die Verfügbarkeit von Terminen zur mündlichen Verhandlung, an den Aufwand für das Absetzen schriftlicher Urteilsgründe und an den durch Rechtsschutzversicherungen bedingten Prozeßzuwachs.

Vom *Konfliktstoff* her gesehen bildet die J. nur eine Station im vielstufigen Ablauf der Streitbearbeitung. Ist ihr ein Konflikt erst einmal unterbreitet, verhält die J. sich durchaus zugänglich. Die Barrieren vor dem Gebrauch von Recht sind eher in die vorangehenden Stufen eingebaut: beim Erkennen des juristischen Gehalts, beim Artikulieren des Rechtsbedarfs, beim Aufsuchen rechtlichen Beistands. Auf die hier sich vollziehende Herausfilterung derjenigen Fälle, die schließlich zu ihr gelangen, ist die J. fast ohne Einfluß (Ausnahme: die Antragstellen der Gerichte und eine gelegentliche Mitwirkung von Richtern an öffentlicher Rechtsberatung). Die in den Zugangsbarrieren sich ausdrückenden Defizite juristischer Handlungsfähigkeit können innerhalb der J. nur ungenügend oder gar nicht mehr kompensiert werden.

Der Handlungsverlauf innerhalb der J. ist als *Kommunikationsprozeß* intensiv untersucht worden; wieder und wieder wurde die rollenreiche, streng gegliederte und folgenschwere Hauptverhandlung in Strafsachen u. a. beobachtet. Hochgradig formalisiert, ja teilweise sogar ritualisiert, bleibt wenig Spielraum für individuelle Strategien; Laien kommen fast nur in professioneller Begleitung zum Zuge. Der Richter bildet die dominierende Figur des Verfahrens. Die Gesprächsführung des Vorsitzenden verleiht der Verhandlung in dem Maße zwangskommunikative Züge, wie er in den natürlichen Redeablauf eingreift, einzelne Gesprächsphasen überdehnt oder die Selbstdarstellung der Partei diskreditiert (vgl. Schütze 1978). So scheitert oftmals der Versuch, die Kluft zu überbrükken, die zwischen der Abstraktheit der Rechtsnormen und der Konkretheit der Konfliktereignisse besteht.

In der J. herrscht, diesen Analysen zufolge, die Form *strategischer Interaktion*, deren Anforderungen nur Experten, also Juristen und Dauerklienten, gewachsen sind. Derjenige gewinnt seinen Prozeß, der sein individuelles Interesse als verallgemeinerbar darstellen kann, wozu das Recht den Maßstab liefert. Sein Anliegen muß nicht in den Normen bereits enthalten und vorgedacht sein; vielmehr kommt es darauf an, daß im einzelnen Verfahren die Vergesellschaftbarkeit demonstriert wird. Dazu bedürfte es nicht unbedingt der formalisierten Kommunikation; auch wenn die lebensweltlichen Gesprächsweisen der beteiligten Laien zugelassen werden, kann sich das juristische Räsonnement immer noch anschließen. Die Verhandlungen in der J. müßten nicht das Urteil antizipieren und dessen Tatbestandsteil im voraus konstruieren (auch nicht unter dem Gesichtspunkt des ‹rechtlichen Gehörs›). Möglicherweise setzt dies allerdings eine Berücksichtigung ‹naiver› Erkenntnishaltungen in der Jurisprudenz voraus, also ein Denken, welches die beiden Sinnwelten Alltag und Recht im Gleichgewicht hält.

Nach anderer Interpretation dient die Formalisierung genau der von der J. zu erfüllenden Aufgabe, die Abnahme ihrer →*Entscheidungen* zu garantieren. Dazu werden die Konfliktbeteiligten in komplementäre Rollenbeziehungen gebracht; ihre Verfahrensbeiträge machen ihre Selbstdarstellung und die Problembearbeitung verbindlich. Verstrickt in die Rollen eines unpersönlich ablaufenden Prozesses, müssen sie auch im Enttäuschungsfalle das Resultat akzeptieren, weil sie – außerhalb der vorgegebenen Rechtsmittel – mit einem Protest sozial isoliert dastünden. Danach zielen Verfahren, auch über die J. hinaus, auf ein motivfreies Annehmen ihrer Ergebnisse, weil es heute nicht mehr gelingen könne, alle Beteiligten von Wahrheit und Gerechtigkeit der ergehenden Entscheidung zu überzeugen (Luhmann 1969). Diese Thesen haben viel Beachtung gefunden. Die Kritiken setzen demokratie-theoretisch und wertphilosophisch an; sie fragen nach der Qualität so produzierter →Legitimität. Selektionsprozesse *vor* dem Gang zur J., Aushandlungen *während* eines Verfahrens und das Verhalten *nach* schließlicher Entscheidung weisen auf Autonomieräume hin, die auch außerhalb strikter Formalisierung in der J. zur Verfügung stehen.

Die J. ist immer einer Beurteilung unter dem Gesichtspunkt der Gerechtigkeit als ihrem selbstgesetzten Handlungsideal ausgesetzt. Zumal in einer demokratisch verfaßten Gesellschaft erweitert sich der Maßstab dieses Anspruchs in Richtung einer sozialen →Gleichheit, die sich nicht auf Prozeduren beschränkt, sondern auf die Resultate der Güterverteilung zielt. Die J. sieht sich mehr oder weniger latent, aber durchaus dauerhaft von einer gesellschaftlichen Ungleichheit provoziert, die über die pluralistisch notwendige Verschiedenheit weit hinausreicht. *Klassenjustiz* war ursprünglich ein Kampfbegriff, mit dem K. Liebknecht 1907 darauf hinweisen wollte, daß das Richteramt nur von Angehörigen der herrschenden Klassen ausgeübt wird. Schon damals meinte das Schlagwort nicht den moralischen Defekt bewußter Rechtsbeugung; vielmehr bezeichnete es den strukturellen Effekt, wenn Mitglieder verschiedener Klassen übereinander urteilen, sogar unabhängig von ‹oben› oder ‹unten›. Der Begriff blieb in der Weimarer Republik aktuell und wurde um 1970 wiederbelebt. Heute wird die Figur aus zwei Gründen vermieden. Zum einen spukt unterschwellig ein Vorwurf korrumpierter Rechtsanwendung stets mit. Zum anderen verlagert sich, bei einer zweifellos rechtsstaatlich gesonnenen Richterschaft, die Frage nach der Reproduktion sozialer Ungleichheit in das Vorfeld der J.: auf den Interessengehalt der Entscheidungsprogramme sowie auf die außergerichtlichen Bindungen der Parteien, Konflikte und Richter. Insoweit Recht und Prozeß soziale Ungleichheit verstärken, ist kaum damit zu rechnen, daß dies auf öffentlicher Bühne, also in der J. als einem Schauspiel der Gerechtigkeit, geschieht.

Forschungsperspektive

Politische J. bezeichnet eine richterliche Tätigkeit zum Schutze des Staats. Auch dieser Begriff ist analytisch schwer zu handhaben, weil er eine Kumpanei zwischen J. und jeweils Herrschenden zu signalisieren scheint. Auch stört er den fleißig gepflegten Anschein, J. sei ‹unpolitisch› – als könnte und sollte eine Staatstätigkeit das je sein. Endlose Debatten werden darüber geführt, ob eine politisch motivierte Kriminalität denn ‹echte› Kriminalität sei (als stünde deren Charakter fest), ob in solchen Prozessen den Klienten eine Sonderstellung zukomme, etwa die völkerrechtliche Stellung einer kriegführenden Partei. Fruchtbar wurde der Begriff ‹politische J.› immer dann, wenn er historische oder aktuelle Vorgänge ins Auge faßte, wo die J. unmittelbar für das Ziel der Regierungsspitze eingesetzt wurde, Kritiker und Gegner an die Wand zu drücken (Überblick bei Blasius 1983).

Bauer, V./Blankenburg, E./Treiber, H.: Arbeitsplatz Gericht. Frankfurt/M. 1983.
Blankenburg, E./Voigt, R. (Hg.): Implementation von Gerichtsentscheidungen. Opladen 1987.
Blasius, D.: Geschichte der politischen Kriminalität in Deutschland (1800–1980). Frankfurt/M. 1983.
Dopatka, F.-W.: Das Bundesverfassungsgericht und seine Umwelt. Berlin 1982.
Kirchheimer, O.: Politische Justiz. (Engl. 1961.) Frankfurt/M. 1985.
Lautmann, R.: Justiz – die stille Gewalt. Frankfurt/M. 1972.
Luhmann, N.: Legitimation durch Verfahren. Neuwied 1969.
Reichertz, J. (Hg.): Sozialwissenschaftliche Analysen jugendgerichtlicher Interaktion. Tübingen 1984.
Rottleuthner, H. (Hg.): Rechtssoziologische Studien zur Arbeitsgerichtsbarkeit. Baden-Baden 1984.
Schütze, E.: «Strategische Interaktion im Verwaltungsgericht.» Interaktion vor Gericht. Hg. von W. Hassemer u. a. Baden-Baden 1978, S. 19–100.

Rüdiger Lautmann

Kapitalismus

Begriffsverwendungen

Seit dem 12./13. Jahrhundert entwickelte sich von Oberitalien aus, wo die ökonomische Logistik der Kreuzfahrer neben den handelskapitalistischen Aktivitäten (Levantehandel) eine rasche Entfaltung des Geld- und Bankwesens bewirkt hatte, eine neue Wirtschaftsweise, die in den folgenden Jahrhunderten Europa überzog und in der frühkolonialistischen und imperialistischen Expansion auch in außereuropäische Kulturen eindrang. Der Begriff Kapital (kapitale, chapitale) taucht als Bezeichnung für gewinnbringende Geldanlage in oberitalienischen Städten des 13. Jahrhunderts auf. Der Ausdruck K. wird hingegen erst von der Mitte des 19. Jahrhunderts an (erstmals bei Louis Blanc 1850) gebräuchlich und meint das auf das Profitprinzip konzentrierte Wirtschaftssystem (→Wirtschaft). Charakteristisch für den K. ist die Reichtums*vermehrung*, die den Reichtumsgenuß als das traditionell vorherrschende Ziel der Verwendung des von der jeweiligen Oberschicht angeeigneten gesellschaftlichen Mehrprodukts allmählich verdrängte. Die als Besitzeinkommen anfallenden Kapitalerträge (Bodenrente, Zins, Profit) werden wieder investiert. Die gesamte Kapitalmasse (Kapitalstock) und mit ihr die Summe der Kapitalerträge wachsen. Dieser Akkumulationsprozeß bildet das zentrale Moment der kapitalistischen Bewegung. Seit seinen handelskapitalistischen Anfängen im ausgehenden Mittelalter drängte der K. auf globale Ausbreitung und Internationalisierung (→Internationale Wirtschaftsbeziehungen). Diese Bewegung setzte sich im Konzentrations- und Zentralisierungsprozeß (→Zentralisation) bis in die Gegenwart fort. Das multinationale Unternehmen wurde zur repräsentativen Unternehmensform des gegenwärtigen K.

K. erzeugt Wachstum und ist zu seiner dauerhaften Existenz auf Wachstum angewiesen. Die im Akkumulationsprozeß steigende Kapitalmasse erheischt, daß auch die Gewinnsumme wächst, wenn die Rentabilität (= Kapitalertrag/Kapitaleinsatz) gehalten oder gar gesteigert werden soll. Der aus der Konkurrenz der Einzelkapitale erwachsende Akkumulations- und Wachstumszwang gebiert mit der freien Marktwirtschaft jedoch nur einen unvollkommenen Regelungsmechanismus. Der marktwirtschaftliche Wachstumsprozeß verläuft über zyklische →Krisen, die – je nach theoretischer Position – als Reinigungs- und Stabilisierungskrisen euphemistisch gedeutet, als durch externe Störungen bedingt markt- und kapitalismuswidrigen Eingriffen angelastet oder kapitalismuskritisch als Ausdruck chaotischer Naturwüchsigkeit und systemimmanenter Krisenerzeugung interpretiert werden.

Der materielle Erfolg kapitalistischen Verhaltens führte zur Expansion des K. Sie veränderte sämtliche Lebensbereiche; sei es, daß sie selbst dem kapitalistischen Prinzip folgen, sei es, daß sie der kapitalistischen →Wirtschaft unterworfen und damit vom kapitalistischen Reproduktionsprozeß abhängig werden. Die tiefgreifende Veränderung der Wirtschaft revolutioniert die traditionellen Sozialstrukturen und mit ihnen ihre mentalen Korrelate (soziale Normen, →Ideologie, kultureller Habitus) sowie die politischen →Institutionen. K. ist daher nicht nur als Wirtschaftssystem, sondern als historische Epochenbezeichnung zu verstehen, womit die gesellschaftliche Totalität ökonomischer, politischer und kultureller Prozesse einbegriffen ist.

Verwendungszusammenhänge

Die geschichtsphilosophische Polarisierung in materialistische und idealistische Geschichtsdeutungen kehrt auch in der Diskussion über die wesentlichen Ursachen der kapitalistischen Entwicklung wieder. Die nachstehend skizzierten Erklärungsansätze des K. gewinnen ihre Relevanz aber nicht nach Maßgabe ihrer Zurechenbarkeit zur materialistischen oder idealistischen Perspektive, sondern müssen sich an den Fakten bewähren.

Der *historische Materialismus* (→Marxismus) begreift den K. als Resultat eines dialektischen Evolutionsverlaufs, in dem sich kumulative Veränderungen des technischen Fortschritts (Produktivkräfte; →Technologie) und der politökonomischen Strukturen (Produktionsverhältnisse) abspielen. Aus dem sich jeweils zuspitzenden Widerspruch von Technik und sozialökonomischer Formation (Marx: Produktionsverhältnisse hemmen von einer bestimmten Phase an die weitere Entwicklung der Produktivkräfte) ergeben sich schließlich revolutionäre Umbrüche, die durch offene Klassenauseinandersetzungen markiert sind. Aus dieser Perspektive hat der K. die historische Funktion, den technischen Fortschritt voranzutreiben, um den Eintritt in die klassenlose Gesellschaft (→Kommunismus; →Sozialismus), den Übergang aus dem Reich der Notwendigkeit in das Reich der →Freiheit – banaler ausgedrückt von der Arbeits- in die Freizeitgesellschaft – vorzubereiten.

Als Gegensatz zur materialistischen Geschichtsauffassung stellen sich in ihrem Selbstverständnis jene K.-Interpretationen dar, die den K. als Ergebnis einer *geistesgeschichtlichen Veränderung* begreifen, die sich am klarsten im Protestantismus äußerte. Repräsentativ für diese Sichtweise ist Max Weber («Die protestantische Ethik und der Geist des Kapitalismus», 1904/05). Weber deutet den K. als religiös motivierte Wirtschaftsaktivität, deren Erfolg als Indikator für göttliche Gnade und gemäß der Prädestinationslehre als diesseitiges Zeichen des individuellen Auserwähltseins vor Gott gewertet werde. Puritanische Sparsamkeit, egoistische Selbstgerechtigkeit und Gewinnsucht als dem K. funktional günstige psychische Dispositionen erhalten eine moralische Rechtfertigung, die im Verlauf der kapitalistischen Entwicklung zum sogenannten Leistungsprinzip säkularisiert wird.

Die für die alltagssprachliche Selbstdarstellung maßgebliche Deutung des K. geht auf die *klassische bürgerliche Nationalökonomie*, namentlich die deistische Begründung des K. durch Adam Smith zurück. Smith verband die liberalistische (→Liberalismus) Naturrechtslehre mit einer anthropologischen Begründung des Konkurrenzkapitalismus. Der Mensch wird als ein vom Tauschtrieb (so Smith in der «Theorie der ethischen Gefühle», 1759) bestimmtes Wirtschaftssubjekt vorgestellt, dessen naturgemäßes Handeln sich in dem «System der natürlichen Freiheit», d. h. der Laissez-faire-Wirtschaft, als Konkurrenzverhalten ausbildet. K. und Marktsystem werden zwar erst im Verlauf der historischen Entwicklung, während der die Menschen die Fesseln «unnatürlicher» sozialökonomischer Ordnungen abstreifen müssen, voll ausgebildet; aber das kapitalistische System ist sozusagen die reife Frucht der historischen Entwicklung. Das individuelle Konkurrenzhandeln als «naturgemäßes» Verhalten konstituiert im gesellschaftlichen Zusammenspiel ein Optimum (klassische Harmoniethese, neoklassisches Gleichgewichtstheorem). Die Konkurrenzwirtschaft als naturgesetzlich ablaufendes →System wird von der bürgerlichen Ökonomie also nicht einfach positivistisch analysiert, sondern metaphysisch als beste, höchstmöglichen Wohlstand gewährende Ordnung normativ qualifiziert. Dieses nur metaphysisch begründbare Dogma gewinnt durch die kapitalistische Dynamik und ihren Wachstumserfolg Plausibilität und scheinbar wissenschaftlich begründete Geltung.

Als *Begriff* wurde K. zuerst in kritischem Angriff auf das System von den Sozialisten (→Sozialismus) verwendet. Zu Beginn des 20. Jahrhunderts setzt sich, vor allem durch die Marxsche K.-Analyse angeregt, ein breiteres historisches Verständnis des K. auch bei seinen Befürwortern durch, das dann auch dem Begriff K. in den Sozialwissenschaften allgemeine Geltung verschafft. Werner Sombart («Der moderne Kapitalismus», 1902) und Joseph Alois Schumpeter («Theorie der wirtschaftlichen Entwicklung», 1912) verknüpfen historische Forschung mit theoretischer Analyse des K. auch außerhalb des Marxismus und gelangen im Hinblick auf Dynamik, Veränderungspotential und Zukunftsperspektive zu einer der Marxschen Theorie verwandten Sicht, betonen allerdings den subjektiven Faktor in der kapitalistischen Entwicklung. Die Unternehmer als soziale Trägerschicht des kapitalistischen Systems stellen vor allem aus Schumpeters Perspektive die Triebkraft im K. dar. Das Kapital wirke nur als passiver Hebel, der vom Unternehmer bedient werden muß, um innovative Vorhaben in die Welt zu bringen. Kapitalist und Unternehmer erfüllen grundverschiedene Funktionen, und im Prinzip kann – so Schumpeter – auf den Kapitalisten (und sein Zinseinkommen) verzichtet werden, ohne damit auch Wachstum aufgeben zu müssen: dann nämlich, wenn etwa eine sozialistische Gesellschaft ihre innovatorischen Unternehmertalente mit den notwendigen Produktionsmitteln ‹planmäßig› versieht und dem Unternehmer (Verfügungs-)*Macht* gibt, die zugleich die wesentliche Renumeration unternehmerischen Handdelns darstelle.

Der ältere Schumpeter diagnostiziert («Kapitalismus, Sozialismus und Demokratie», 1942) einen schleichenden Niedergang der unternehmerischen Wirtschaft durch bürokratisierte (→Bürokratie), von technokratischen Managements geführte Konzerne sowie ein Klima wachsender Feindschaft gegenüber dem K., der er dann auch schließlich zum Opfer falle («Der Marsch in den Sozialismus», 1950). Diese Perspektive eines *qualitativen Wandels* des entwickelten K. findet sich, wenn auch nicht explizit als historische Prognose formuliert, ebenfalls im Keynesianismus (→Sozialismus; →Wirtschaft). Seine nachfrageorientierte Krisen- und Stagnationserklärung mündet im Postulat der «Sozialisierung der Investitionstätigkeit» und läuft damit auf fundamentale Veränderung des K. bzw. seines Akkumulationsprozesses hinaus.

Begriffspräzisierung

Der durch die wirtschaftspolitischen Eingriffe des Staates charakterisierte K. des 20. Jahrhunderts unterscheidet sich hierin von dem des 19. Jahrhunderts, auch wenn der Übergang vom theorielosen Dirigismus zum kreislauftheoretisch fundierten Interventionismus weder abrupt erfolgte noch bisher vollständig gelang. Begrifflich spiegeln sich die Veränderungen sowohl in der K.-Kritik (etwa in der das Zusammenspiel von Privatkapital und →Staat analysierenden Theorie des staatsmonopolistischen K.) als auch in der affirmativ verstandenen Differenzierung zwischen der ‹gemischten Wirtschaftsordnung› eines als sozial geläutert vorgestellten K. und dem negativ besetzten «Manchester-Kapitalismus» des vergangenen Jahrhunderts wider.

Der K. ist die historische Gesellschaftsform, die sich durch die kulturelle Dominanz des ökonomischen Prinzips der Maximierung der Ertrags-Kosten-Relation auszeichnet. Der motivierende Anreiz des kapitalistischen Wirtschaftens liegt im privat angeeigneten Gewinn, womit die gesellschaftswirtschaftliche Systemleistung von der privaten und einzelwirtschaftlichen Interessenlage her bestimmt wird. Gewinn als Differenz aus Ertrag und Kosten zum ausschließlichen Erfolgskriterium zu machen, impliziert, daß Erträge und Kosten primär in ihrer gewinnbezogenen Wirkung politökonomische Geltung erlangen. Die positiven und negativen externen Effekte (soziale Vorteile bzw. Sozialkosten), vor allem soweit sie erst in der Zukunft anfallen, werden von der kapitalistischen Leistungs- und Wachstumsrechnung ausgenommen.

Forschungsstand

Die adäquate Analyse des K. muß seine säkulare Dynamik, seinen Epochencharakter und damit seine politökonomische Totalität thematisieren. Damit ist K.-Analyse auf eine historische Perspektive verwiesen. Den augenfälligsten Entwicklungswandel des K. zeigt der als Industrielle Revolution (17./18. Jahrhundert) bezeichnete Einschnitt. Er markiert den Übergang vom Handels- zum Industriekapitalismus. Die modische Rede von den (wiederkehrenden) Industriellen Revolutionen und die hierfür maßgebliche Theoriefolie des Theorems der «Langen Wellen» (Kondratieff, Schumpeter) spiegelt einen auf technisch-mechanistische Veränderungen bezogenen historischen Fortschrittsglauben wider, der sich vor der Einsicht scheut, daß (exponentielles) Wachstum auf dem begrenzten Planeten Erde logisch unmöglich ist.

Eine Periodisierung des K. nach Maßgabe des jeweils wesentlichen Ausbeutungsobjekts, das der Wertakkumulation zugrunde liegt, gelangt zu einer Dreiteilung in Handels- bzw. Frühkapitalismus, in arbeitsbezogenen Industriekapitalismus und naturbezogenen Raubbaukapitalismus. Das Grundprinzip des Handelskapitalismus lautet teurer verkaufen als einkaufen. Der Handelskapitalismus stößt an Produktivitätsgrenzen, denn er vermag das Mehrprodukt national und international nur zu zentralisieren; aber ohne technischen Fortschritt bleibt das Mehrprodukt als Summe weitgehend unverändert. Erst mit der Veränderung der Produktionstechnik, also der Industrialisierung und korrespondierenden Arbeitsteilung, die zwischenbetrieblich ausdifferenziert wird und innerbetrieblich überhaupt erst in großer Dimension mit der Industrie auftritt, steigen Produktivität und Mehrprodukt.

Die industriekapitalistische Entwicklung verlangt die freie Lohnarbeit.

Umstritten ist, ob sich die Industrie den freien Lohnarbeiter sozusagen schuf oder ob im Sinn der Marxschen These der ursprünglichen Akkumulation die Entstehung eines von feudalen Bindungen freien, besitzlosen Proletariats sozusagen die historische Ausgangsbasis für die industrielle Verwertung des vom Handel akkumulierten Reichtums bildete. Unbestreitbar aber ist, daß die Arbeitskraft zum eigentlichen Ausbeutungsobjekt des Industriekapitalismus wurde.

Mit dem kapitalistischen Wachstumserfolg, der steigenden Produktionsfähigkeit der kapitalistischen Wirtschaft, die in ihren technologisch entwickeltsten Formen die menschliche Arbeit in der unmittelbaren Produktion überflüssig macht, erreichen Rohstoff- und Energieverbrauch sowie die Umweltnutzung ein Ausmaß, welches Wachstum – welcher Qualität auch immer – absolute Grenzen zieht. Die industrielle Entwicklung des 20. Jahrhunderts ließ die Natur zum primären Ausbeutungsobjekt werden. Die kapitalistischen Wachstumszwänge übertrugen sich – nicht nur durch die politischen Mechanismen der Systemkonkurrenz – auch auf die realsozialistische Hemisphäre, und die Einbeziehung der →Dritten Welt in den kapitalistischen Weltmarkt provozierte dort noch einen gewaltsameren Raubbaukapitalismus (z. B. Abholzung tropischer Regenwälder). Die globale Umweltzerstörung ist historisches Ergebnis des K. Die noch vorherrschende Sichtweise, daß der K. letztlich zum Fortschritt des Menschen beitrug, könnte von späteren Generationen revidiert werden, so daß etwa I. Wallersteins Außenseiterposition (K. als fünfhundertjähriger Verelendungsprozeß der Mehrheit der Menschen außerhalb der industrialisierten Länder) als Vorwegnahme einer künftig revidierten K.-Interpretation gewertet werden könnte.

Forschungsperspektive

Die zweite Weltwirtschaftskrise (seit den 1970er Jahren) sowie die bereits umrissenen Umweltprobleme stehen im Vordergrund der aktuellen K.-Diskussion und bestimmen damit auch wesentlich die Forschung. Die politökonomische Totalität verlangt jedoch, daß die Friedens- bzw. Rüstungsfrage (→Rüstungspolitik) in den ökonomischen Kontext mit einbezogen wird. Die Systemkonkurrenz, die den politischen →Konflikt bestimmt, erwuchs aus den historischen Vorgaben des K., deren imperialistische Expansion von der theoretischen Kritik vorhergesagt wurde, was kein schwaches Argument dafür darstellt, den globalen Konflikt primär als politökonomisch zu analysierendes Phänomen zu begreifen.

Dobb, M.: Die Entwicklung des Kapitalismus. Vom Spätfeudalismus bis zur Gegenwart. Köln [2]1972.

Harms, B. (Hg.): Kapital und Kapitalismus. 2 Bde. Berlin 1931.

Hilger, M.-E.: Kapital, Kapitalist, Kapitalismus. In: Geschichtliche Grundbe-

griffe. Historisches Lexikon zur politisch-sozialen Sprache in Deutschland. Bd. 3. Stuttgart 1982, S. 399–454.
Passow, R.: Kapitalismus. Eine begrifflich-terminologische Studie (1918). Jena [2]1927.
Pohle, L.: Kapitalismus. In: Handwörterbuch der Staatswissenschaften. Bd. 5, 4. A. Jena 1923, S. 584–602.
Schumpeter, J. A.: Capitalism. In: Encyclopaedia Britannica. Bd. 4. London/Toronto 1951, S. 801–807 (→ Wirtschaft, Bibliographie).
Shonfield, A.: Modern Capitalism. The Changing Balance of Public and Private Power. London u. a. 1965.
Sombart, W.: Der moderne Kapitalismus. 6 Halbbände. München 1987 ([1]1902).
Wallerstein, I.: Der historische Kapitalismus. Berlin 1984.
Zinn, K. G.: Kapitalismus. In: Lexikon des Sozialismus. Köln 1986.
–: Politische Ökonomie, Opladen 1987.

Karl Georg Zinn

Klientelismus

Begriffsverwendungen

Der Begriff K. hat erst in den letzten zwei Jahrzehnten verstärkt Eingang in die politikwissenschaftliche Fachsprache gefunden. Vorher wurde er vorwiegend in der Ethnologie und Sozialanthropologie mit Bezug auf traditionale, meist kleinräumige Agrargesellschaften verwendet (z. B. bei G. Foster, E. Wolf; s. a. Powell 1970). Gerade der Übergang zu modernen politischen Organisationsformen hat jedoch gezeigt, daß viele vermeintlich traditionale Aspekte in neuem Gewande auch Formen der zeitgenössischen →Interessenartikulation, der →Bürokratie usw. prägen. Darüber hinaus wurde deutlich, daß bestimmte politisch-kulturelle Erscheinungsformen unabhängig vom Kontext einer universalen →Modernisierung zu sehen sind und losgelöst vom jeweiligen sozio-ökonomischen Entwicklungsniveau konkrete politische Sachverhalte beeinflussen.

Der gemeinsame Kern der Verwendungen des Begriffs K. besteht in der Hervorhebung asymmetrischer, auf Gegenseitigkeit beruhender, vertikaler persönlicher Beziehungen zwischen einem ‹Patron› und seinem ‹Klienten› zur Befriedigung beidseitiger, unterschiedlicher Interessen. Beispiele hierfür finden sich in Patrimonialbeziehungen feudaler Gesellschaften, in zahlreichen kleinräumigen Organisationsformen bis hin zu ‹mafia›-ähnlichen Strukturen, aber auch den ‹politischen Maschinen› mancher US-amerikanischer Kommunen, ‹informellen› Strukturen in Bürokratien, den Netzwerken mancher Wahlkreismatadore usw. (vgl. z. B. die Sammelbände von Schmidt et al. 1976; Gellner/Waterbury 1977; Eisenstadt/Lemarchand 1981 und Clapham 1982). Einige Autoren weiten den

Begriff auch auf Abhängigkeitsbeziehungen im internationalen Bereich zwischen bestimmten ‹Zentren› und ihren ‹Peripherien›, z. B. in bezug auf die Beziehungen zwischen dem französischen Mutterland und den frankophonen afrikanischen Staaten in der nachkolonialen Phase oder die Beziehungen zwischen der Sowjetunion und den osteuropäischen Staaten aus (z. B. R. Fagen oder T. Smith; vgl. Eisenstadt/Lemarchand 1981, S. 26ff.)

K. ist dabei von reinen Verwandtschafts- oder spirituell-rituellen Beziehungen durch seinen ‹Tausch›charakter abzugrenzen. Von rein ökonomischen Beziehungen unterscheidet er sich durch die Asymmetrie und das persönliche Verhältnis der Partner und die unterschiedliche, nicht unmittelbar gegeneinander aufrechenbare Art der getauschten Güter. Sein ‹politisches› Element gewinnt er, über andere soziale Erscheinungsformen hinaus, wenn durch ihn die öffentliche Entscheidungsfindung auf unterschiedlichen Ebenen tangiert wird.

Verwendungszusammenhänge

Der Begriff des K. wurde sowohl in der Sozialanthropologie als auch in den letzten Jahrzehnten in der Politikwissenschaft in einer Fülle von Einzelfallstudien vorwiegend in deskriptiver Weise verwendet. Man geriet hierbei aber in Gefahr, die Reichweite des Konzepts zu überschätzen und nahezu alle sozialen oder politischen Phänomene in der einen oder anderen Hinsicht als ‹klientelistisch› zu interpretieren. Weiter gültige makrosoziologische, z. B. Klassen- u. a. Sozialstrukturanalysen (→Soziale Ungleichheit), und makro-politische Analysekonzepte gerieten dabei aus dem Blick (zur Kritik vgl. z. B. Kaufmann 1974).

Dabei war die Übertragung des K.-Konzepts in die allgemeine Soziologie und Politikwissenschaft gerade als Reaktion auf allzu abstrakte Theorieansätze mit Universalitätsanspruch wie der struktural-funktionalen Theorie in der Soziologie oder der Systemtheorie in der Politikwissenschaft erfolgt. Sehr abstrakten universalen Prämissen, wie sie auch in der →Modernisierungstheorie zum Ausdruck kamen, wurde bewußt der stärker partikulare und konkrete, in seinen Abgrenzungen aber diffuse Charakter des K.-Konzepts entgegengestellt. Der analytische Ertrag, über die Fülle von gewonnenen Einzelinformationen hinaus, blieb aber relativ gering (vgl. z. B. Landé, in Graciano 1983).

Systematische Erkenntnisse komparativer oder evolutionärer Art wurden nur in geringem Maße entwickelt. Eine Verknüpfung mit anderen Theorieansätzen und Analyseebenen wurde meist nicht vorgenommen. Dabei hätte sich z. B. eine konkretere Beziehung zur allgemeinen →Politischen Kulturforschung mit ihrer Betonung ‹subjektiver› Aspekte, auch in historischer Hinsicht, angeboten. Die Übertragung des Konzepts auf die internationale Ebene blieb angesichts der erheblich anders gearteten

Akteure sehr umstritten (vgl. Graciano 1983, S. 425ff.). Analysen internationaler Dependenz kommen durchaus auch ohne die stärker personalistischen Elemente des K.-Konzepts aus.

Begriffspräzisierung

Über die eingangs angeführten Elemente hinaus ist der K.-Begriff in bezug auf einige weitere Aspekte zu differenzieren und zu präzisieren, über die allerdings nicht in jeder Hinsicht Konsens besteht. Auf diese Weise ergeben sich gewisse Spannungsverhältnisse in der Interpretation, damit aber auch der systematischen Reichweite des Konzepts (vgl. z. B. Eisenstadt und Roniger in Eisenstadt/Lemarchand 1981, S. 271ff.). Ausgangspunkt ist jeweils eine (1) ‹dyadische›, also zweiseitige Beziehung zwischen sozialen Akteuren. Die überwiegende Zahl der Arbeiten bezieht den Begriff allein auf (2) vertikale Dyaden. Diese implizieren auch (3) ein Ungleichheits- und Abhängigkeitsverhältnis. Einige Autoren (z. B. Landé, in Graciano 1983, S. 435ff.) beziehen auch ‹horizontale› Dyaden, also Beziehungen zwischen sozial weitgehend Gleichgestellten, ein, wobei sie allerdings ein gewisses graduelles soziales Gefälle in bezug auf geringfügigere Statusunterschiede einräumen. Die in einer solchen Beziehung ausgetauschten Ressourcen sind (4) ungleichartig (z. B. bestimmte materielle Zuwendungen als Gegenleistung für politische Unterstützung). Dieser Tausch erfolgt gewöhnlich als (5) ‹Paket› (package-deal), also in Form eines komplexeren ‹do ut des›. Die Beziehung ist gewöhnlich (6) auf längere Sicht angelegt; damit enthält sie auch (7) ein Element gegenseitiger Solidarität, das in bestimmten symbolischen und spirituellen Formen zum Ausdruck kommen kann. Strittig ist, inwieweit derartige Beziehungen auf (8) Freiwilligkeit beruhen. In extremen Fällen stellen sie sicherlich reine Zwangs- und Ausbeutungsverhältnisse dar. Die ‹Gegenseitigkeit› der Leistungen ist dann minimal. Wo aber ein gegebener sozialer Kontext sich aufzulockern beginnt, z. B. bei der Auflösung patrimonialer Verhältnisse in feudalen Gesellschaften, und Wahlmöglichkeiten eröffnet, zumindest durch eine ‹Abstimmung mit den Füßen›, wird das Element der Freiwilligkeit (voluntarism) ein notwendiger Bestandteil des Konzepts. Der Austausch erfolgt häufig (9) nicht auf Basis vertraglich-formalisierter Verpflichtungen. Die Grenzen zur ‹Legalität› sind damit fließend. Nicht selten stehen solche informellen Bindungen in direktem Gegensatz zu allgemeingültigen gesetzlich kodifizierten Normen. Damit sind auch die Grenzen zu Korruption und Nepotismus angegeben. Die Dyade als kleinste Einheit eines solchen Systems ist (10) häufig in umfassendere mehrstufige Netzwerke mit entsprechenden ‹Mittelsmännern›, ‹capos›, Kaziken usw. eingebettet.

Je umfangreicher sich jedoch ein solches Netzwerk gestaltet, desto stärker sind auch in anderem Kontext entwickelte makro-soziologische und makro-politische Konzepte und die konkreten institutionell-legalen Bedingungen in die Analyse einzubeziehen. Einige Autoren betrachten K.-Aspekte daher lediglich als (sinnvolle und notwendige) ‹Addenda› zu anderen Ansätzen (z. B. Landé, in Graciano 1983). Andere weisen dem K.-Begriff einen eigenständigen konzeptuellen Stellenwert zu, der zu anderen makro-soziologischen Ansätzen (z. B. Klassentheorien, Strukturalismus, symbolischer Interaktionismus usw.) in einem komplexen Verhältnis steht (so z. B. Eisenstadt und Roniger, in Eisenstadt/Lemarchand 1981).

Forschungsstand

Die Arbeiten der letzten Jahre lassen gewisse geographische Schwerpunkte erkennen, die als ein Indiz für die Dominanz klientelistischer Verhältnisse in diesen Regionen gelten können (s. a. die umfassende Bibliographie von L. Roniger, in Eisenstadt/Lemarchand 1981, Seite 297–330). Südeuropa, insbesondere das südliche Italien und Griechenland, Teile des Nahen Ostens, Süd- und Südostasien, aber auch Japan, Lateinamerika und einige Staaten Afrikas stechen in dieser Aufstellung hervor. Darüber hinaus gibt es umfangreichere Studien über die USA, insbesondere im kommunalpolitischen Bereich, aber auch einzelne Arbeiten zu den osteuropäischen Staaten (vgl. z. B. Ionescu, in Gellner/Waterbury 1977, S. 97–102, oder Tarkowski, in Graciano 1983, Seite 495–518).

Die Bedingungen, unter denen K. blüht, sind aber offenbar durchaus unterschiedlich (vgl. a. Lemarchand, in Eisenstadt/Lemarchand 1981, S. 15ff.) In einigen Fällen handelt es sich um den Übergang von feudalistischen und neo-feudalistischen Verhältnissen (z. B. in Marokko, der östlichen Türkei, in Malaysia, den Philippinen und ländlichen Regionen Lateinamerikas) zu neueren Formen politischer Patronage, bei denen die ländlichen Großgrundbesitzverhältnisse nach wie vor eine Rolle spielen. In anderen Fällen, wie in Teilen Afrikas, kommt es zu einer Mobilisierung traditionaler Statusbeziehungen, die nicht auf Grundbesitz beruhen. Anderswo wiederum, vor allem im Bereich der Kommunalpolitik, sind es ‹politische Maschinen› auf gänzlich neuer organisatorischer Basis, die aber z. T. gewisse ‹primordiale› Bindungen wie ethnische Herkunft u. ä. zu nutzen verstehen. Darüber hinaus spielen gewisse K.-Formen in unterschiedlichem Maße auch in nahezu allen modernen Organisationen in ‹informeller› Weise eine Rolle. ‹Verbindungen›, ‹Beziehungen›, ‹old boys networks›, die ‹Pflege der politischen Landschaft› u. ä. können sich durchaus auch zu dauerhafteren K.-Strukturen verfestigen.

In allen Fällen spielt das neuzeitliche politisch-institutionelle Gefüge eine herausragende Rolle. *Politischer K.* scheint in erster Linie dort vorzuherrschen, wo einerseits die, zumindest formale, Gewährung des Wahlrechts für breite Bevölkerungskreise diese in die Lage versetzt, ihre Stimme als Ressource in den klientelistischen Tauschprozeß einzubringen, andererseits aber vertikale Beziehungen auf traditionaler o. a. primordialer Basis gegenüber der Organisierung von Interessen auf horizontaler Ebene (z. B. durch bäuerliche Genossenschaften, Gewerkschaften usw.) weiterhin überwiegen. Im Gegensatz zum traditionalen Patrimonialismus, bei dem der Grundherr materielle Leistungen (Arbeit, Ernteanteile, usw.) gegen die Gewährung politischer ‹Güter› (militärischen Schutz, z. T. ein gewisses Maß an sozialer Sicherheit) empfing, kehrt sich im neuzeitlichen politischen K. in diesen Fällen dieses Verhältnis um. Nun ist es der Patron, der ein materielles (‹spezielles›) gegen ein politisches (‹allgemeines›) Gut, z. B. die Unterstützung bei Wahlen, vergibt. Zur Aufrechterhaltung derartiger Strukturen trägt als politisch-kulturelles Element offenbar auch ein stark verbreitetes Mißtrauen gegenüber nicht dem eigenen sozialen Bezugsfeld zugehöriger Personen und Gruppen bei (wie es z. B. Banfield für Süditalien schildert; vgl. a. Graciano 1983, S. 428ff.).

Vom politisch-institutionellen Gefüge abhängig ist auch die Art der Güter, die in dem ungleichen Tauschprozeß empfangen werden. Zum einen handelt es sich um direkte materielle Zuwendungen, bis hin zum direkten ‹Stimmenkauf›, durch den Patron aus seinem persönlichen Vermögen. Dies stößt aber auf relativ enge Grenzen. Meist überwiegt daher die Zuwendung aus öffentlichen Ressourcen, deren Verteilung der Patron beeinflussen kann. Hierbei kann es sich z. B. um die Durchführung gewisser Infrastrukturmaßnahmen oder die Förderung der Ansiedlung von Betrieben im betreffenden Wahlkreis oder die jeweilige Region u. ä., aber auch um die direkte persönliche Gewährung von Lizenzen, Ausnahmen von Bauverordnungen oder die Beschaffung eines Arbeitsplatzes im öffentlichen Dienst usw. handeln. Es liegt hierbei jeweils im Interesse des Patrons, die Vergabe solcher Ressourcen in gewisser Weise zu monopolisieren und breiterer öffentlicher Kontrolle zu entziehen. Erneut wird hier das Überwiegen partikularer gegenüber universalen Normen, damit aber auch das Überschreiten der Grenze formaler Legalität deutlich.

Unzweifelhaft stellen solche Rechtsverletzungen auch eine materielle Beeinträchtigung des Gemeinwohls dar: Öffentliche Ressourcen werden für private Zwecke verschleudert oder mißbraucht. Durch die Umgehung allgemeiner Regeln, z. B. hinsichtlich von Umweltschutzauflagen, kommt es zu sozialen Kosten. Der öffentliche Dienst wird aufgebläht oder mit für die jeweilige Position nicht ausreichend qualifizierten Personen besetzt. Die permanente Mißachtung von Legalitätsnormen kann zu einem Verlust an →Legitimität des politischen Systems und zu politischem Zynismus führen. Andererseits bescheinigen manche Autoren dem K. gewisse positive Funktionen (vgl. z. B. Eisenstadt und Roniger, in Eisenstadt/Lemarchand 1981). So kann er in stark zerklüfteten Gesellschaften ein integratives Element über Klassenschranken und ethnische u. a. Gruppen hinweg darstellen. Insofern ergeben sich gewisse Bezüge zu ‹konkordanzdemokratischen› Erwägungen. Solche Argumente sind aber im Einzelfall sorgfältig zu prüfen.

Die wirksamsten Kontrollen gegen das Überhandnehmen von K. stellen die zeitliche Befristung politischer Ämter, ein möglichst großes Maß an offenem Wettbewerb bei ihrer Besetzung, eine freie Presse und eine unabhängige Justiz dar. Wo aber zentrale Machtfaktoren eines Systems berührt werden, ist gerade die Durchsetzung dieser Aspekte nicht einfach (vgl. a. Graciano 1983, «Introduction»).

Forschungsperspektive

Trotz der mittlerweile vorliegenden Fülle von Einzelfallstudien zeigt sich, daß K.-Phänomene empirisch im Rahmen üblicher Feldforschungsmethoden, z. B. auch der Umfrageforschung, nur schwer zu erfassen sind. Dies liegt im informellen, häufig auch illegalen Charakter dieser Beziehungen begründet. Auftreten und Ausmaß von K. müssen daher häufig eher indirekt (z. B. durch teilnehmende Beobachtung, vertrauliche Kontakte u. ä.) erschlossen werden. Solche Verfahren entziehen sich dann aber einer näheren Quantifizierung und intersubjektiven Überprüfung. Das genaue Ausmaß wird in Einzelfällen häufig erst im Nachhinein durch die dann auch gerichtsnotorische Aufdeckung bestimmter Skandale deutlich.

Über solche konkreten Forschungsprobleme hinaus mangelt es bislang auch an systematischeren vergleichenden Studien, die unterschiedliche Bedingungen, Typen, Entwicklungsformen, Kontrollmöglichkeiten usw. von K. aufzuzeigen in der Lage sind (vgl. z. B. Landé, in Graciano 1983). Weiterhin ist die konzeptionelle Verbindung von K. mit anderen theoretischen Ansätzen, z. B. systematischen Sozialstrukturanalysen, der Politischen Kulturforschung, der vergleichenden politischen Systemlehre usw., nach wie vor problematisch. Insbesondere die Verbindung zwischen ‹Mikro›- (auf der K.-Beziehungen am häufigsten in Erscheinung treten) und der ‹Makro›-Ebene politischer Systeme bleibt, wie auch bei einigen anderen Ansätzen, unbefriedigend. Der empirische und theoretische Stellenwert des Konzepts bedarf daher weiterer Klärungen. Als komplementäres Element zu anderen Ansätzen und Analyseebenen hat es sich jedoch als fruchtbar erwiesen.

Clapham (ed.): Private Patronage and Public Power: Political Clientelism in the Modern State. London 1982.

Eisenstadt, S. N./Lemarchand, R. (eds.): Political Clientelism, Patronage and Development. Beverly Hills 1981.

Gellner, E. / Waterbury, J. (eds.): Patrons and Clients in Mediterranean Societies. London 1977.
Graciano, L. (ed.): Political Clientelism and Comparative Perspectives. International Political Science Review, Bd. 4 (1983), No. 4.
Kaufmann, R.: «The Patron-Client Concept and Macro-Politics: Prospects and Problems». In: Comparative Studies in Society and History, Bd. 16 (1974), No. 3, S. 284–308.
Legg, K. R.: Patrons, Clients, and Politicians – New Perspectives on Political Clientelism. Institute of International Studies. University of California (Berkeley). Working Papers on Development No. 3, o. J.
Powell, J. D.: «Peasant Society and Clientelist Politics». In: American Political Science Review, Bd. 64 (1970), No. 2, S. 411–425.
Sandbrook, R.: «Patrons, Clients, and Factions: New Dimensions of Conflict Analysis in Africa». In: Canadian Journal of Political Science, Bd. 5 (1972), No. 1, S. 104–119.
Schmidt, S. W. et al. (eds.): Friends, Followers, and Factions. Berkeley 1976.
Scott, J. C.: «Corruption, Machine Politics, and Political Change». In: American Political Science Review, Bd. 63 (1969), No. 4, S. 1142–1158.

Dirk Berg-Schlosser

Kommune

Begriffsverwendungen
Im politikwissenschaftlichen Sprachgebrauch hat sich der Begriff K. als Synonym für ‹Gemeinde› durchgesetzt. Gelegentlich wird er auch als Sammelbegriff verwendet, der dann alle Selbstverwaltungskörperschaften mit Gebietshoheit, zumindest aber den Kreis, mit einschließt. Der Kreis ist ein Gemeindeverband, d. h., ihm gehören im Regelfall (Ausnahme: Stadtkreis) mehrere (kreisangehörige) Gemeinden an. Als Gebietskörperschaft hat die K. das Recht, örtliche Aufgaben der Gemeinschaft im Rahmen der Bundes- oder Landesgesetze zu erledigen. Sie ist also sowohl *soziales System* als auch *Verwaltungseinheit* im dreigegliederten Verwaltungsaufbau mit eigenen Behörden und Bediensteten. Ob sie Bund und Land auch politisch gleichberechtigt gegenübertritt oder diesen im Bundesstaat eine besondere Qualität zukommt, ist hingegen ebenso umstritten wie der Umfang des kommunalen Handlungs- und Entscheidungsspielraums.

Ausgangspunkt für die rechts- wie für die politikwissenschaftliche Diskussion ist die Kategorie ‹kommunale Selbstverwaltung›. Nach traditionellem Verständnis wird der K. als →Institution damit die *Universalität des Wirkungskreises* garantiert, d. h. die sachliche, an bestimmten Aufgaben orientierte Kompetenz, alle Angelegenheiten der örtlichen Gemeinschaft zu regeln, ohne daß die Zuständigkeit hierfür durch besonderen Akt zugewiesen werden müßte (J. Burmeister). Gefordert wird daher ein Festhalten an der grundsätzlichen Abgrenzbarkeit der Selbstverwaltungsaufgaben von ‹staatlichen› Angelegenheiten, eine Reduzierung der Reglementierungen durch Bund und Land, der Abbau der Politikverflechtung (F. W. Scharpf) mit ihren zahlreichen Mitwirkungs-, Genehmigungs- und Sanktionsvorbehalten sowie die Stärkung der eigenen Finanzausstattung.

Neuere Konzeptionen versuchen demgegenüber, unter Überwindung des dem 19. Jahrhundert zuzurechnenden Gegensatzes zwischen (monarchischem) Staat und (freiheitlicher) Gesellschaft ein modernes Verständnis der K. zu entwickeln. Dabei knüpfen sie zum einen an gesellschaftlichen Gegebenheiten an, zum anderen gehen sie von einer Neuinterpretation der Verfassungsgarantie aus. Angesichts immer noch steigender Arbeitslosigkeit bei stagnierenden oder sogar schrumpfenden Kommunaletats sehen sich vor allem die Großstädte mit kaum lösbaren Problemen konfrontiert. Nicht im Bund oder in den Ländern, sondern in den K.n werden heute die gesellschaftspolitischen Konflikte ausgetragen. Ihre Lösung verlangt die Zusammenarbeit aller politischen Ebenen und Instanzen. Die K. ist dabei lediglich ein *Bestandteil des öffentlichen Aufgaben- und Leistungsverbundes*.

Für eine kommunale Autonomie im Sinne einer Abschottung gegenüber dem Gesamtstaat ist dabei im Hinblick auf den berechtigten Wunsch der Bevölkerung nach gleichwertigen Lebensverhältnissen im gesamten Staatsgebiet kein Platz. Da die K.n in gleicher Weise demokratisch legitimiert sind wie Bund und Länder, wird für eine Umdeutung der überlieferten Selbstverwaltung in eine moderne Selbstregierung plädiert (W. Roters). Entgegen einer (älteren) politökonomischen Ansicht, die jeden politischen Spielraum der K. im kapitalistischen Staat verneint (Evers/Lehmann 1971), wird der kommunale Handlungsspielraum hier zwar als begrenzt, aber dennoch vorhanden angesehen, wobei sich neue Möglichkeiten durch ‹Gegenimplementation› (H. Wollmann) auftun.

Verwendungszusammenhänge

Traditionellem Verständnis entsprechend werden die Aufgaben der K.n in solche des übertragenen und solche des eigenen Wirkungskreises unterschieden. Sogenannte Auftragsangelegenheiten (genauer: Pflichtaufgaben zur Erfüllung nach Weisung) sind von Bund oder Land den K.n übertragene Aufgaben, über deren Erfüllung der Auftraggeber mit Hilfe des Kontrollinstruments Fachaufsicht wacht. In dem sogenannten eigenen Wirkungskreis (z. B. Schwimmbäder, Bürgerhäuser etc.) entscheiden die K.n selbst darüber, ob etwas getan werden soll, zu welchem Zeitpunkt und mit welchen Mitteln. Diese Aufgabenerfüllung unterliegt lediglich der Rechtsaufsicht. Sie beschränkt sich im wesentlichen darauf, die Gesetzmäßigkeit der Verwaltungstätigkeit zu überwachen.

Ein großer Teil der früher von den K.n in eigener Verantwortung wahrgenommenen Aufgaben ist heute jedoch – zumeist durch Landesgesetz – zur Pflichtaufgabe gemacht worden, so daß der kommunale Entscheidungsspielraum bei diesen Aufgaben stark geschrumpft ist. Zugleich hat sich das Verhältnis der Bürger zu ‹ihrer› K. gewandelt. Während in kleineren Gemeinden immer noch eine gewisse Identifikation vor allem der Alteingesessenen mit ihrem Dorf erkennbar ist, gehört der Großstadtbürger zahlreichen Funktionszusammenhängen (Arbeit, Wohnen, Freizeit etc.) an, unter denen der Wohnort oft nur eine untergeordnete Rolle spielt. Die K. wird dann eher als eine *Dienstleistungseinrichtung* angesehen.

Begriffspräzisierung

Die wachsende Komplexität (N. Luhmann) der modernen Industriegesellschaft erfordert *dezentrale Handlungseinheiten*. Den K.n könnte hierdurch eine neue Bedeutung im Rahmen politischer →Steuerung zuwachsen, indem sie die zentrale Entscheidungsinstanz von Aufgaben der Detailsteuerung entlastet. Dabei stellen sich allerdings dieselben Probleme wie allgemein bei jeder Form von Dezentralisierung. Sie führt nur dann zum Erfolg, wenn die auftretenden Probleme sich innerhalb des Subsystems K. lösen lassen, die Problemlösung nur von internen Bedingungen abhängt und die Folgen der dezentral getroffenen Entscheidung sich auf die K. begrenzen lassen.

Bei den meisten kommunalen Problemen ist dies jedoch nicht der Fall. Vielmehr erscheint ihre Lösung nur im Rahmen des Politikverbundes mit Land und Bund möglich. Den K.n kommen dabei allerdings zwei entscheidend wichtige Funktionen zu, nämlich *Innovation* und *Legitimation*. In der für komplexe Gesellschaften typischen Zweckprogrammierung benötigt die zentrale Steuerungsinstanz in besonderem Maße Informationen über die ‹Lage vor Ort›, um die Problemangemessenheit der getroffenen →Entscheidung sicherzustellen. Diese Informationen können nur die kommunalen Behörden liefern. Die Akzeptanz der Entscheidung kann allerdings nur durch eine Einschaltung der kommunalen Selbstverwaltungskörperschaften – und deren Rückkoppelung mit den →Interessen der Bürger – hergestellt werden.

Nach diesem Verständnis sind die K.n zum einen *dezentrale Zentren der Entscheidung und Initiative* (U. Scheuner), zum anderen ist es ihre Aufgabe, die Verbindung zwischen zentraler Entscheidungsinstanz und Bürgerinteressen herzustellen. Wo dies nicht gelingt, treten Bürgerinitiativen auf, die das politische System nachdrücklich auf Legitimationsdefizite aufmerksam machen.

Forschungsstand

Am Beispiel der inzwischen in allen Bundesländern abgeschlossenen Gebiets- und Verwaltungsreform lassen sich die Unterschiede der vorgenannten Positionen besonders gut veranschaulichen. Ausgehend von dem im Bundesraumordnungsgesetz niedergelegten Grundsatz der Gleichwertigkeit der Lebensverhältnisse war Ziel dieser Reform vor allem eine *Stärkung der Verwaltungskraft* und – wenn möglich – der Finanzkraft der K.n durch territoriale Maßstabvergrößerung. Zugleich wurde aus Gründen legitimatorischer Absicherung ein Abbau des Stadt-Land-Gefälles proklamiert. Gegen die Zusammenlegung zu Großeinheiten wehrten sich allerdings nicht nur einzelne Kommunalpolitiker in Kreisen und Gemeinden, sondern auch viele Bürger. Ihre Auffassung, daß es eine Bestandsgarantie für die einzelne K. geben müßte, konnte sich jedoch nur in wenigen Ausnahmefällen (z. B. Stadt «Lahn») durchsetzen.

Während mit der Gebiets- und Verwaltungsreform eine *technokratische Vorstellung* von einem ‹eigenen Wirkungskreis› der K.n, die diesen nur in der Aufgabentrennung gewährleistet sieht, realisiert wurde, blieben die Beziehungen der Bürger zu ‹ihrer› Großkommune weitgehend unberücksichtigt. Hier zeigt sich, daß eine Umorientierung in Richtung auf eine Identifikation mit der neuen Institution bisher kaum stattgefunden hat. Solange dies jedoch so bleibt, kann es nicht zu der für die Legitimation von Entscheidungen notwendigen Rückkoppelung zwischen kommunaler Vertretungskörperschaft und Bürgerschaft kommen. Akzeptanz für ungeliebte Entscheidungen der Zentralinstanz (z. B. Straßentrassen, Kraftwerkstandorte etc.) läßt sich unter diesen Umständen nur schwer oder gar nicht herstellen.

Forschungsperspektive

An diesen Erkenntnisstand könnte politikwissenschaftliche Kommunalforschung anknüpfen, indem sie sich gleichermaßen von behavioristischen wie von politökonomischen Traditionen zu lösen versucht. Nicht die rechnerisch meßbaren Einflußpotentiale kommunaler Persönlichkeiten (Community Power-Forschung) sind heute von Interesse, sondern z. B. die *Machtverteilung zwischen Rat und Verwaltung* in einer K. Hier wären mit Hilfe empirischer Forschungsmethoden nicht nur einzelne K.n, sondern K.n verschiedener Länder, Kommunalverfassungssysteme und Größenklassen zu untersuchen, um aus dem Vergleich neue Erkenntnisse zu gewinnen.

Auch im Verhältnis zum ökonomischen System geht es heute nicht mehr so sehr um die Frage, ob den K.n überhaupt ein eigener Handlungs- und Entscheidungsspielraum zur Verfügung steht, sondern darum, wie dieser Spielraum genutzt werden kann. Und schließlich ist auch das Verhältnis der K.n zum Zentralstaat nicht mehr im Sinne einer strikten Aufgabentrennung zu erfassen, sondern als ein in sich vielfach vernetzter Politikverbund mit unterschiedlich ausgestalteten *Mitentscheidungsmöglichkeiten von Bund, Ländern und K.n.* Der kommunale Finanzausgleich bietet sich hierfür einerseits wegen seiner großen Bedeutung für die K.n, andererseits wegen der jährlich stattfindenden Verhandlungen zu seiner Neufestsetzung als Forschungsfeld besonders an.

Burmeister, J.: Verfassungstheoretische Neukonzeption der kommunalen Selbstverwaltungsgarantie. Stuttgart 1977.

Evers, A./Lehmann, M.: Politisch-ökonomische Determinanten für Planung und Politik in den Kommunen der BRD. Offenbach 1971.

Fürst, D./Hesse, J./Richter, H.: Stadt und Staat. Verdichtungsräume im Prozeß der föderalstaatlichen Problemverarbeitung. Baden-Baden 1984.

Hesse, J. J. (Hg.): Erneuerung der Politik von unten? Stadtpolitik und kommunale Selbstverwaltung im Umbruch. Opladen 1986.

–/Wollmann, H. (Hg.): Probleme der Stadtpolitik in den 80er Jahren. Frankfurt/New York 1983.

Püttner, G. (Hg.): Handbuch der kommunalen Wissenschaft und Praxis. 3 Bände. Heidelberg/New York [2]1981 ff.

Roters, W.: Kommunale Mitwirkung an höherstufigen Entscheidungsprozessen. Köln 1975.

Schmals, K. M./Voigt, R. (Hg.): Krise ländlicher Lebenswelten. Frankfurt/New York 1986.

Voigt, R. (Hg.): Handwörterbuch zur Kommunalpolitik. Opladen 1984.

Wollmann, H. (Hg.): Politik im Dickicht der Bürokratie. Beiträge zur Implementationsforschung. Opladen 1979.

Rüdiger Voigt

Kommunismus

Begriffsverwendungen

Der Begriff K. kommt in unterschiedlichen Bedeutungszusammenhängen vor: Einmal wird er im Sinne von politischer →Herrschaftsform oder politischem →Regierungssystem, dann als Gesellschaftsform, ferner als →Ideologie und schließlich als politische Bewegung verwendet.

In der Alltagswirklichkeit wird der K. sehr häufig als ein Herrschaftstypus, als ein politisches System vorgestellt. Dieser, wie man auch sagt, Staat des ‹real existierenden →Sozialismus› ist gekennzeichnet durch das zentrale Struktur- und Funktionsprinzip der führenden Rolle der kommunistischen →Partei in allen Bereichen des öffentlichen Lebens. Die

Partei instrumentalisiert den Staatsapparat zum Zweck der Lenkung und Kontrolle der materiellen Produktion wie der Organisation der politischen Entscheidungsprozesse als auch der Einflußnahme auf Kultur, →Bildung und Wissenschaft.

Staaten sowjetkommunistischer Prägung mit im wesentlichen gleichen oder ähnlichen Organisations- und Herrschaftsmechanismen in →Staat und Gesellschaft (man denke nur an das hierarchische Prinzip des ‹Demokratischen Zentralismus›) oder auch an politische Systeme rätedemokratischer Provenienz begreifen sich als Übergangsgesellschaften zur klassenlosen und damit herrschafts- und repressionsfreien kommunistischen Zukunftsgesellschaft.

Aber auch in Verbindung mit Ideologie wird der Begriff des K. gebraucht. In diesem Sinne meint K. die Weltanschauung des →Marxismus-Leninismus mit seinen drei Hauptbestandteilen Dialektischer und Historischer Materialismus sowie Politische Ökonomie des →Kapitalismus. Diesem Lehrgebäude orthodox-marxistischer Positionen kommt eine vor allem herrschaftslegitimierende Funktion in den Staaten sowjetsozialistischer Prägung zu. Daneben existierten bzw. existieren Modifikationen dieses sowjetisch geprägten Ideologiebegriffs als herrschaftsbegründende Prinzipien in anderen kommunistischen Staaten wie in der VR China (‹Maoismus›), in Jugoslawien (‹Titoismus›) und in Albanien (stalinistische Variante des Marxismus-Leninismus).

Von K. als politischer Bewegung sprechen wir schließlich, wenn wir die verschiedensten organisatorischen Bemühungen beschreiben, die die auf Privateigentum an Produktionsmitteln basierenden ‹westlichen› Industrieländer, aber auch Staaten der →Dritten Welt in ‹sozialistische› Gesellschaften zu transformieren suchen. Diese kommunistischen Gruppierungen und Parteien begründen ihren Kampf um grundlegende ökonomische und politische Veränderungen mit unterschiedlichen Theoriekonzepten des Marxismus, des Marxismus-Leninismus sowjetischer Provenienz wie auch reform- bzw. eurokommunistischen Theorievarianten.

Verwendungszusammenhänge

Der Beginn der Diskussion um die Begrifflichkeit und die Inhalte von K. ist nicht, wie man sub prima specie vermuten könnte, mit den Namen Karl Marx und Friedrich Engels verknüpft. Zuvor lassen sich in der Ideen- und Menschheitsgeschichte kommunistische Gesellschaftsentwürfe in den utopischen Schriften eines Thomas Morus (Utopia, 1517), eines Tommaso Campanella (Sonnenstaat, 1623) oder eines Francis Bacon (Neu-Atlantis, 1638) erkennen, aber auch konkrete Ansätze kommunistischer Gütergemeinschaft im Urchristentum sowie in der auf diesen Traditionsstrang zurückgehenden kollektivistischen Lebensform in der ostmitteleuropäischen reformatorischen Täuferbewegung des 16.

und 17. Jahrhunderts aufzeigen. Die Entwürfe kommunistischer Lebens- und Produktionszusammenhänge im ‹utopischen› oder ‹frühen› Sozialismus am Ausgang des 18. und in den ersten Jahrzehnten des 19. Jahrhunderts können dagegen als direkte Vorläufer des ‹modernen› K., des ‹wissenschaftlichen Sozialismus› eines Karl Marx und Friedrich Engels bezeichnet werden. Und diese These läßt sich damit begründen, daß der K. – wie auch der Sozialismus moderner Prägung – von der Entwicklung proletarischer Massenbewegungen im Zeitalter des Industriekapitalismus nicht zu trennen ist.

Die kommunistische Gesellschaft wird im Frühsozialismus als eine herrschaftsfreie Ordnung konstruiert und nicht wissenschaftlich zu begründen versucht, als ein Gesellschaftssystem, das auf den Prinzipien der politischen und sozialen →Gleichheit sowie Gerechtigkeit (G. Babeuf, E. Cabet, A. Blanqui und teilweise auch R. Owen) basiert. In der Frage nach den Wegen zur Errichtung der neuen Gesellschaft des K. zeigen sich Differenzen in den Schriften der utopischen Sozialisten. So plädiert Babeuf für die revolutionäre Aktion als Mittel zur Schaffung einer ‹Volksdiktatur›, deren Entscheidungsträger den Aufbau einer kommunistischen Wirtschaftsgemeinschaft in die Wege leiten sollen. Kann Babeuf wegen seines vornehmlich agrarisch bestimmten ‹Verteilungskommunismus› nur bedingt zu den Vorläufern des modernen K. gerechnet werden, so gilt diese Feststellung nicht für die allerdings gescheiterten Versuche des Briten R. Owen, kommunistische Organisationsmodelle (Gründung von Produktionsgemeinschaften in den USA, in denen seine Lehre vom «Recht auf den vollen Arbeitsertrag» in die Praxis umgesetzt werden sollte) zu realisieren oder für den utopischen K. eines E. Cabet in seinem Buch «Die Reise nach Ikarien» (1839). Nicht durch revolutionäre Gewalt, sondern durch das Mittel der Überzeugung sollen nach Cabet die Menschen für die Idee einer Gütergemeinschaft von «gleichmäßig assoziierten, verpflichteten, berechtigten, freien Personen» motiviert werden. Demgegenüber favorisieren die in der Tradition Babeufs stehenden Babouvisten in den Jahren nach der französischen Julirevolution von 1830 den revolutionären Umsturz und die Errichtung einer proletarischen Diktatur, deren Aufgaben, insbesondere bei A. Blanqui ablesbar, sein sollen: «Enteignung des Großgrundbesitzes..., Staatskontrolle über die Fabriken, Annullierung der öffentlichen Schuld, progressive Einkommensbesteuerung» (Hofmann 1974, S. 73).

Dem Verzicht einer Beschreibung der politischen und ökonomischen Strukturen des K. bei A. Blanqui entspricht bei dem deutschen Frühsozialisten W. Weitling der Entwurf des Systems «einer geld- und eigentumslosen Gesellschaftsordnung auf der Grundlage einer zentralistischen Produktions- und Konsumtionsplanung...» (Oberländer/Kernig 1969, Sp. 734). Wird die in Weitlings Schrift «Die Menschheit wie sie ist und wie sie sein sollte» (1839) entwickelte Idee eines ‹gütergemeinschaftlichen Zukunftssystems› (mit der Bezeichnung ‹K.›) noch nicht philosophisch begründet, so bemüht sich Moses Hess, ein anderer deutscher Frühsozialist, um einen derartigen Erklärungsversuch; aber den entscheidenden Durchbruch für eine zunächst philosophische bzw. geschichtsphilosophische und später dann politökonomische (‹wissenschaftliche›) Fundierung des K. liefern K. Marx und F. Engels, so, wenn sie in der von ihnen gemeinsam verfaßten «Deutschen Ideologie» (1845/46) den K. nicht als einen Endzustand gesellschaftlicher Entwicklung beschreiben, sondern betonen: «Der K. ist für uns nicht ein Zustand, der hergestellt werden soll, ein Ideal, wonach die Wirklichkeit sich zu richten haben (wird). Wir nennen K. die wirkliche Bewegung, welche den jetzigen Zustand aufhebt.» Die Aufhebung dieses Zustandes der Entfremdung des Menschen gegenüber der Natur und den anderen Menschen bedeutete für Marx K. Die in der Existenz von Privateigentum an Produktionsmitteln manifeste ökonomische Entfremdung kann aber nur dann aufgehoben werden, wenn eben diese Produktionsmittel vergesellschaftet werden. In seiner «Kritik des Gothaer Programms» (1875) unterscheidet Marx dann zwischen einer «ersten Phase» und einer «höheren Phase der kommunistischen Gesellschaft». In der «ersten Phase» wird die politische und ökonomische Macht monopolisiert in der «Diktatur des Proletariats». Die Umwandlung des Staats – Marx spricht nicht von ‹Absterben› – erfolgt in der «höheren Phase». Die Beschreibung dieses kommunistischen Gesellschaftszustandes erschöpft sich in den lapidaren Worten: «Jeder nach seinen Fähigkeiten, jedem nach seinen Bedürfnissen.» Auch wenn (ebenso wie Marx) Engels die Strukturen der kommunistischen Zukunftsgesellschaft nicht näher analysiert, so äußert er sich jedoch eindeutiger über die Rolle des Staates in der nachrevolutionären Phase. In dem Maße, in dem die Klassenspaltung aufgehoben werde, mache der Staat sich selbst überflüssig («Anti-Dühring», 1878): «An die Stelle der Regierung über Personen tritt die Verwaltung von Sachen und die Leitung von Produktionsprozessen. Der Staat wird nicht ‹abgeschafft›, er stirbt ab.»

In diesem Kontext stellt sich nun die Frage, in welchem Ausmaß der K.-Begriff von der Theoriediskussion, aber auch von der deutschen und internationalen Arbeiterbewegung in den folgenden Jahrzehnten begriffsgeschichtlich und vor allem inhaltlich rezipiert worden ist. Obzwar der ‹späte› Engels behauptete, zwischen dem ‹Sozialismus› und dem ‹K.› beständen keine inhaltlichen Unterschiede, so fand der Begriff des K. zunächst keinen Eingang in die Namensgebung der Arbeiterparteien inner- und außerhalb Deutschlands. Sie nannten sich entweder ‹sozialistisch› oder ‹sozialdemokratisch›; zudem hat sich die deutsche Sozialdemokratie insgesamt programmatisch nie ausführlich über den K. bzw. über eine kommunistische Zukunftsgesellschaft geäußert.

Der Begriff des K., der in der marxistischen Theoriediskussion in Deutschland keine wesentliche Rolle mehr spielte, erlebte in der russischen Sozialdemokratie, vor allem in W. I. Lenins Geschichts- und Gesellschaftslehre, eine Wiederbelebung. In seiner 1917 verfaßten Schrift «Staat und Revolution» entwickelt er in Anlehnung an Marx seine Formationstheorie: Nach der siegreichen →Revolution beginnt die «niedere» Phase des K., auch «Sozialismus» genannt, in der das politische Macht- und Steuerungszentrum in den Händen der kommunistischen Partei liegt und unter den Rahmenbedingungen der verstaatlichten bzw. vergesellschafteten Produktionsmittel noch das Leistungsprinzip gilt; erst in der anschließenden «höheren» Phase des K., die durch das allmähliche Absterben des Staates gekennzeichnet ist, tritt an die Stelle des Leistungs- das Bedürfnisprinzip als ökonomischer Verteilungsgrundsatz. In der politischen Wirklichkeit aber sahen sich Lenin und seine Nachfolger veranlaßt, die Vollendung der gesellschaftlichen Entwicklung im K. in eine fernere Zukunft zu projizieren. An dieser Tatsache ändert auch nichts, daß in den Parteiprogrammen regierender kommunistischer Parteien (bekannte Beispiele sind die Programme der KPdSU von 1961 und 1986 und der SED von 1963 und 1976) an der Zielperspektive des K. festgehalten wird. Um diese Zielsetzung nicht aufgeben zu müssen, werden im Rahmen der Formationstheorie der kommunistischen Gesellschaft mehrere Zwischenstufen vorgeschaltet.

In der neueren Theoriedebatte um reformkommunistische Ziele in der DDR, in Ungarn und in Polen in den 50er sowie in der ČSSR am Ausgang der 60er Jahre standen Überlegungen, wie verkrustete Herrschaftsmechanismen in Staat und Gesellschaft durch geeignete Demokratisierungsstrategien aufgebrochen werden können. Von kommunistischen Zukunftshoffnungen war hier ebensowenig die Rede wie in der Diskussion um die Inhalte des Eurokommunismus in den kommunistischen Parteien Italiens, Spaniens und mit Modifikationen auch Frankreichs seit den 70er Jahren. Im Bemühen um einen ‹dritten Weg› zwischen Sozialdemokratie und Sowjetkommunismus entwickelten die Vertreter des Eurokommunismus eine Reform- und Bündnisstrategie für die schrittweise Transformation spätkapitalistischer in sozialistische Gesellschaften. Diese sozialen Systeme sollen durch das konstitutive Strukturprinzip eines politischen und gesellschaftlichen Pluralismus bestimmt sein.

Begriffspräzisierung

Der Begriff des K. in seiner modernen Interpretation ist immer noch durch Marx und Engels und in ihrer Nachfolge durch Lenin vorgegeben. K. wird hier als ein prozeßhafter Vorgang verstanden, als eine stufenhafte gesellschaftliche Entwicklung nach der Eroberung der politischen →Macht durch das Proletariat mit einem «ersten» Stadium des K. («Diktatur des Proletariats», in heutiger Terminologie «realer Sozialismus») und einer sich anschließenden «höheren» Phase des K. Der Staat des «realen Sozialismus» basiert auf den konstitutiven Strukturprinzipien der der kommunistischen Partei zugeordneten gesamtgesellschaftlichen Prognose- und Entscheidungskompetenzen, der Existenz staatlichen und gesellschaftlichen Eigentums an den Produktionsmitteln und einer zentral geplanten Wirtschaft. Die →Diktatur des Proletariats im Sinne von Marx, Engels und Lenin ist als eine Übergangsordnung zur klassenlosen Gesellschaft, zur «höheren» Form des K. zu deuten. Erfüllt der proletarische Staat noch eine objektiv-notwendige Funktion als Repräsentant der Volksmehrheit, aber auch als Repressionsinstrument der herrschenden kommunistischen Partei gegenüber den ehemaligen Ausbeuterklassen, so wird im Prozeß der Aufhebung der Klassenspaltung der Staat langsam «absterben» und der →Verwaltung des Produktions- und Verteilungsprozesses «vermittels freier Assoziationen» (G. Göhler/K. Roth 1985) Platz machen.

Forschungsstand

Die moderne K.-Forschung beschäftigt sich vornehmlich nicht mit dem K. als einem Theorieproblem innerhalb des Marxismus, sondern mit dem K. in Gestalt politischer Systeme sowjetsozialistischer Prägung, darüber hinaus aber auch mit staatlichen Varianten dieses Systemtypus (z. B. die VR China vor und nach der Kulturrevolution, Jugoslawien, die ČSSR mit dem «Prager Frühling» von 1968) sowie den ideologischen und politisch-gesellschaftlichen Reformbestrebungen in einzelnen kommunistischen Parteien Europas (Eurokommunismus).

Im wesentlichen vier Theorieansätze lassen sich in der K.-Forschung unterscheiden: Da ist zunächst der neototalitaristische Ansatz; es folgen modernisierungs- und entwicklungstheoretische Erklärungsmodelle, sodann das Konzept der sozialistischen Industriegesellschaft und schließlich kritisch-marxistische Theorieüberlegungen zum ‹realen Sozialismus›.

Wenn auch das Totalitarismus-Konzept, das, verkürzt gesprochen, von einer annähernden Gleichheit der Systemstrukturen nationalsozialistischer/faschistischer und kommunistischer Regime ausgeht (→Totalitarismus), seit den 60er Jahren zunehmend problematisiert wird, so ist es doch bis in die Gegenwart hinein nicht völlig aufgegeben worden. Graf Kielmansegg versucht, mittels eines partizipations- und entscheidungstheoretischen Ansatzes die wissenschaftliche Brauchbarkeit des Totalitarismus-Konzepts für die Vergleichende Herrschaftsformenlehre zu retten (Neototalitarismus). Nationalsozialistische/faschistische und kommunistische Systeme gleichen sich nach Kielmansegg in zentralen Strukturprinzipien, so in der Existenz eines ‹Führungszentrums›, das alle wesentlichen Entscheidungskompetenzen monopolisiert, was bedeutet, daß es «jederzeit imstande ist, seine Rolle im →Entscheidungsprozeß selbst zu definieren. Dazu gehört die Fähigkeit, prinzipiell jede Entscheidung an sich zu ziehen; es gehört dazu auch die Fähigkeit, prinzipiell jede Entscheidung, die außerhalb des Führungszentrums fällt, zu revidieren, und schließlich die Unabhängigkeit von jeder Form institutionalisierter Kontrolle» (1974, S. 324). Das zweite Element des Merkmalskatalogs totalitärer Herrschaft besteht darin, daß «die Regelungs-, die Einflußkompetenz des politischen Systems» alle Felder des öffentlichen und privaten Lebens umfaßt. Das dritte Merkmal schließlich bezieht sich auf die Mittel und Methoden der Durchsetzung politischer Entscheidungen. Hier betont Kielmansegg, daß sich das Sanktionsinstrumentarium des politischen Systems keineswegs auf die «Möglichkeit des Terrors» beschränkt. Bedeutsamer und wirkungsvoller ist die «unbegrenzte Verfügungsgewalt über die Gesamtheit der Lebenschancen des Einzelnen diesseits des blanken Terrors, über Bildungschancen und Berufschancen, über die Chancen der Befriedigung materieller Bedürfnisse und Kommunikationschancen...» (ebd., S. 325).

Mit dem Beginn und der schrittweisen Entwicklung des politischen Entspannungsprozesses zwischen Ost und West seit dem Anfang der 60er Jahre geht parallel ein Bedeutungsverlust des Totalitarismuskonzepts innerhalb der K.-Forschung. Andere Erklärungsansätze werden wichtig, so etwa das «Konzept →Modernisierung». Es umfaßt verschiedene, sich allerdings auch inhaltlich überlappende Theorieansätze. Die Mehrheit der Repräsentanten der Theoriekonzeption des «sozialen Wandels», ein Begriff, der durchaus unterschiedliche Definitionen erfahren hat (so bei T. Parsons, D. Lockwood, P. Heintz u. a.), stimmen in der Auffassung überein, daß Industrialisierungs- und Modernisierungsprozesse (in der UdSSR wissenschaftlich-technischer Fortschritt in Verbindung mit der Ideologie des Marxismus-Leninismus) die Gesellschaften sowjetsozialistischen Typs einem sozialen Wandel aussetzten, der zu Reformen bzw. Teilreformen in gesellschaftlichen Subsystemen (Politik, Ökonomie, Kultur) führte: «Sozialer Wandel in der Sowjetunion und den anderen sozialistischen Ländern heißt für die Mehrzahl der Autoren (dieses Konzepts, darunter A. Inkeles, R. L. Tökés u. a.; H. D.), daß diese Gesellschaften sich der Notwendigkeit beugen, bestimmte Modifikationen ihrer tradierten, ideologisch normierten Vorstellungen von der Struktur, Funktionsweise und den Zielen der sozialistischen/kommunistischen Gesellschaft vorzunehmen» (Glaeßner 1982, S. 97)

Inhaltlich kaum zu scheiden vom Begriff des «sozialen Wandels» ist der Begriff der «Modernisierung». Abgesehen davon, daß es auch im Blick auf den Modernisierungsbegriff unterschiedliche Definitionen (D. Apter, K. W. Deutsch, D. Lerner u. a.) gibt, soll hier auf die Position eines führenden Modernisierungstheoretikers, und zwar D. Apters, aufmerksam gemacht werden. Er versucht zu zeigen, daß Modernisierung nicht allein an den Kriterien des erreichten wissenschaftlich-technischen Fortschritts und der ökonomischen Leistungsbilanz festzumachen ist, sondern daß auch der Grad institutionalisierter politischer Partizipationsmöglichkeiten in die Bewertung sich entwickelnder Gesellschaften, darunter eben auch sozialistischer, eingeht. Vor der Folie eines idealtypischen Klassifikationsschemas unterschiedlicher Gesellschaftstypen bestimmt Apter die «säkular-libertäre» Gesellschaft – der begriffliche Gegentypus ist die «sakral-kollektivistische» Gesellschaft – als ein «modernisierungstheoretisches Leitbild», dem am ehesten die «westliche» Demokratie (insbesondere die USA) entspricht. Sie verkörpert «die ‹moderne› Gesellschaft mit dem ökonomischen (kapitalistischen) und politischen (pluralistischen) Konkurrenzsystem...» (D. Nohlen/F. Nuscheler 1974, S. 18). Die Staaten des ‹realen Sozialismus› sind nach diesem Modernisierungsbegriff erst auf dem Weg, das Ziel der ‹westlichen› Industriegesellschaft zu erreichen.

Den Aspekt der ‹politischen Entwicklung› im Rahmen des «Konzepts Modernisierung» betonen in besonderer Weise G. A. Almond, L. W. Pye, S. P. Huntington u. a. Sie bemühen sich darum, politischen Wandel in den Gesellschaftsformen der ‹westlichen› wie ebenso der sozialistischen Staaten als auch der Entwicklungsländer zu erklären; vor allem problematisieren sie die These von der einlinigen politischen Entwicklung im Modernisierungsprozeß befindlicher Gesellschaften hin zu ‹modernen› Gesellschaften ‹westlichen› Typs. G. A. Almond plädiert für einen breiteren Bedeutungsinhalt von ‹politischer Entwicklung›, und zwar im Sinne der Fähigkeit eines politischen Systems, «Kapazitäten zu entwickeln, die es vorher nicht besaß. Dies können Integrations- und Mobilisierungs-, Beteiligungs-, Wohlfahrts- und Umverteilungskapazitäten und nicht zuletzt internationale Anpassungskapazitäten sein» (Glaeßner 1982, S. 106).

Nur am Rande sei vermerkt, daß in der K.-Forschung auch Versuche existieren, Aspekte des ‹political culture›-Konzepts mit modernisierungstheoretischen Ansätzen zu verbinden. A. G. Meyer beschreibt den K. als einen «wohlerwogenen und systematischen Versuch,... eine neue Kultur aufzubauen» (1972, S. 365).

Während die modernisierungs- und entwicklungstheoretischen Ansätze von der These ausgehen, die Staaten des ‹realen Sozialismus› befänden sich noch auf dem Weg hin zu einer ‹modernen› Industriegesellschaft, so stellen die Vertreter des Konzepts der «sozialistischen Industriegesellschaft» die Annahme in den Raum, die kommunistischen Länder hätten diesen Entwicklungsstand bereits erreicht. Zu ihrem Forschungsgegenstand zählen einmal die Rolle und Strukturen von Interessengruppen (Funktionäre des Parteiapparats, Militärs, Ökonomen

u. a.) in den gesamtgesellschaftlichen Systemen der UdSSR und anderer sozialistischer Staaten. Ein Hauptvertreter dieses ‹Interessengruppenansatzes› ist H. G. Skilling.

Ein starkes Forschungsinteresse auf dem Felde der industriegesellschaftstheoretischen Diskussion in den USA und in der Bundesrepublik findet sodann das Bürokratieproblem in den kommunistischen Ländern (und hier vornehmlich auch wieder der Sowjetunion). Arbeiten zu diesem Komplex bürokratischer Herrschaft (Beziehungen zwischen →Bürokratien und kommunistischer Partei; Aspekte bürokratischer Rationalität wie etwa der Berechenbarkeit sowie der Rechtsförmigkeit administrativen Handelns) haben beispielsweise der Amerikaner A. G. Meyer und der Deutsche G. Meyer vorgelegt.

Ein weiterer Diskussionsstrang innerhalb der K.-Forschung kann mit dem Etikett ‹marxistische Kritik an den Staaten sowjetsozialistischen Typs› umschrieben werden. Hierunter fallen sehr unterschiedliche Ansätze, so etwa die «Restaurationsthese». Einer ihrer Hauptrepräsentanten, Ch. Bettelheim, vertritt die Auffassung, daß mit der Aufhebung des Privateigentums an den Produktionsmitteln nicht quasi-automatisch ihr Übergang in die Verfügungsgewalt und Kontrolle der Arbeiter verbunden sei. Die Übertragung der Verfügungsgewalt über die Produktionsmittel an die staatlichen Unternehmensleiter bedeutete vielmehr eine Reproduktion kapitalistischer Produktionsverhältnisse, allerdings auf der Grundlage einer zentral geplanten Wirtschaft. Die Entscheidung darüber, ob die Gesellschaften sowjetsozialistischer Prägung den Weg vom «Staatskapitalismus» hin zu wahrhaft sozialistischen Gesellschaften gehen werden, hängt nach Bettelheim davon ab, ob es gelingt, den Staat als bisher politisch dominierender Machtinstanz «der Herrschaft der Arbeiterklasse» zu unterwerfen.

Die trotzkistische These von der «Entartung» der «Arbeiterstaaten» nach der russischen Oktoberrevolution von 1917 mag für den frühen Sowjetstaat ihre Gültigkeit besitzen, wenn, wie z. B. E. Mandel betont, die verschiedenen spezifischen politisch-historischen und ökonomischen Entwicklungsbedingungen in Rechnung gestellt werden: das unbefriedigende wirtschaftliche Entwicklungsniveau; die Tatsache, daß die von W. I. Lenin für alle entwickelten kapitalistischen Industriestaaten erwartete politische und soziale Revolution nur in Rußland erfolgreich war und jahrelang eine weitgehende außenpolitische Isolierung des Landes zur Folge hatte; die in der Phase des Kriegskommunismus (1917–1921) sich verschlechternde Ernährungslage und damit einhergehende Apathieerscheinungen bei den proletarischen Massen in Verbindung mit Bürger- und Interventionskrieg und last not least innerparteiliche Fraktionskämpfe in der kommunistischen Partei. Im Blick auf die nach dem 2. Weltkrieg entstandenen Staaten sowjetsozialistischer Prägung wird die

«Entartungsthese» aber problematisch; es gibt Beispiele dafür, daß kommunistische Parteien in bereits hochentwickelten Industriestaaten (wie in der SBZ/DDR, Tschechoslowakei) in den Besitz der politischen Macht gelangen.

Ein weiterer Interpretationsansatz innerhalb der marxistischen Deutungen des ‹realen Sozialismus› sieht die sowjetsozialistischen Staaten als «Übergangsgesellschaften». In der Einzelbewertung dieser gesellschaftlichen Systeme, womit eben nicht die «Diktaturen des Proletariats» im Marxschen Sinne, sondern Minderheitsregime (Bürokratie, Technokratie als Herrschaftsorganisation) gemeint sind, werden Unterschiede zwischen den Vertretern dieses Erklärungsmodells (H.-J. Lieber, P. Hennicke, P. Schenk u. a.) sichtbar; aber in einer Position stimmen sie überein, und zwar darin, daß «der ‹reale Sozialismus› keine eigenständige sozialökonomische Formation oder Produktionsweise ist, sondern daß in der Übergangsgesellschaft verschiedene Produktionsweisen nebeneinander stehen und miteinander konfligieren» (Glaeßner 1982, S. 168).

Forschungsperspektive

Die relativ breite Darstellung des Forschungsstandes zum K.-Problem hat zu zeigen versucht, daß die verschiedenen Theorieansätze ihre Verdienste haben, insoweit sie Entwicklungsprozesse, Wandel, Strukturen und Handlungsmuster sowjetsozialistischer oder kommunistischer Gesellschaften zumindest partiell zu erklären in der Lage sind. Diese Feststellung gilt für bürokratietheoretische Deutungen gleichermaßen wie für den Interessengruppenansatz; dagegen können die innerhalb der K.-Forschung noch immer eine wichtige Rolle spielenden Modernisierungs- und Entwicklungstheorien ihren umfassenden Anspruch, allgemeine Erklärungsgründe für die Entwicklungsbedingungen der ‹westlichen› Industriestaaten wie der Länder des ‹realen Sozialismus› als auch der Entwicklungsländer zu liefern, nicht einlösen. Die die gesellschaftliche Dynamik sowjetsozialistischer Gesellschaften bestimmenden Konflikt- und Problemlagen lassen sich, wofür G.-J. Glaeßner Forschungsperspektiven aufzeigt, mittels politisch-soziologischer in Verbindung mit politikwissenschaftlichen Fragestellungen vornehmlich im Rahmen von Länderstudien, aber auch vergleichenden Untersuchungen auf intrasystemarer Ebene angemessen diskutieren. Die auch in den Staaten des ‹realen Sozialismus› immer stärker erkennbaren Prozesse der Institutionalisierung, →Differenzierung und Spezialisierung werfen dann beispielsweise die zentrale Frage auf, in welcher Weise die Übertragung von Regelungs- und Entscheidungskompetenzen auf andere Institutionen des sich differenzierenden Machtgefüges (Staatsapparat, Massenorganisationen u. a.) die Legitimation des gesamtgesellschaftlichen Führungsanspruchs der kommunistischen Partei tangiert.

Glaeßner, G.-J.: Sozialistische Systeme. Einführung in die Kommunismus- und DDR-Forschung. Opladen 1982.
Göhler, Gerhard/Roth, K.: Artikel «Kommunismus». In: Pipers Wörterbuch zur Politik. Bd. 1: Politikwissenschaft. Hg. von D. Nohlen und R.-O. Schultze. München/Zürich 1985, S. 444.
Handbuch der Dritten Welt. Bd. 1: Theorien und Indikatoren von Unterentwicklung und Entwicklung. Hg. von D. Nohlen und F. Nuscheler. Hamburg 1974.
Hofmann, W. (unter Mitwirkung von W. Abendroth): Ideengeschichte der sozialen Bewegung des 19. und 20. Jahrhunderts. Berlin/New York [5]1974.
Kielmansegg, P. Graf: Krise der Totalitarismustheorie? In: ZfP. Köln/Berlin 1974, S. 311.
Meyer, A. G.: Communist Revolutions and Cultural Change. In: Studies in Comparative Communism, 5. Jg. 1972, S. 345.
Oberländer, E./Kernig, C. D.: Artikel «Kommunismus». In: Sowjetsystem und demokratische Gesellschaft. Eine vergleichende Enzyklopädie. Bd. III. Hg. von C. D. Kernig in Zusammenarbeit mit Z. K. Brzezinski u. a., Freiburg/Basel/Wien 1969, Sp. 731.

Weiterführende Literatur
Beyme, K. v.: Ökonomie und Politik im Sozialismus. Ein Vergleich der Entwicklung in den sozialistischen Ländern. München/Zürich 1975.
Gransow, V.: Konzeptionelle Wandlungen der Kommunismusforschung. Vom Totalitarismus zur Immanenz. Frankfurt/New York 1980.
Meyer, G.: Sozialistische Systeme. Theorie und Strukturanalyse. Ein Studienbuch. Opladen 1979.

Horst Dähn

Konflikt

Begriffsverwendungen

Unter K. wird in der Regel ein Spannungsverhältnis zwischen zumindest zwei sozialen Einheiten verstanden, wobei – anders als bei Konkurrenz – die Zielverwirklichung des einen Akteurs durch die des anderen eingeschränkt oder ausgeschlossen wird. Politischer K. wäre somit dann gegeben, wenn die Akteure dabei entweder an politische Symbolwelten und Interpretationsmuster appellierten oder durch ihre Rollenzuweisung auf Machtaustrag in den Entscheidungsgängen des politischen Systems festgelegt seien. So einfach kann es aber nicht sein. Denn danach wäre (1) jeder Thekenzwist, wenn er nur ins ‹Politisieren› abgleitet, und (2) jede Verstimmung zwischen gewichtigen Parteivorsitzenden, welchen Ursprungs auch immer, als politischer K. zu klassifizieren.

Ein Versuch, diesen Kalamitäten zu entgehen, ist in allen jenen Gesellschaftstheorien zu erkennen, die K. allein in den Beziehungen zwischen sozialen Großgruppen analysieren wollen, die speziell also die Bewegung der Gesamtgesellschaft und der politischen ‹Überbauphänomene› aus Klassenkonflikten herleiten (→Marxismus). Dieser Tradition, die K. gruppenhaft und dichotomisch interpretiert, kann – ebenso vereinfachend – eine Tradition gegenübergestellt werden, die eine Individualisierung und Dispersion der K.e in den Mittelpunkt ihrer Argumentation stellt. Solche Ansätze bevorzugen eine psychologische Ausdeutung von K.en: Diese erscheinen (zumindest: auch) angelegt in den Orientierungen und Attitüden der Individuen, etwa als widersprüchliche Verhaltensanreize. Da aber K. nicht nur interpersonal, sondern auch intrapersonal auftrete, werde es unwahrscheinlich, daß sich die so widersprüchlich orientierten Individuen in eindeutig-aggressiv zielgerichteten Lagern formieren, die einander mit gesamtgesellschaftlicher Sprengkraft bekämpfen. Das individualisierte K.-Verständnis hat darum eine größere Affinität zu der Annahme von gesellschaftlicher Balance und Stabilität, wohingegen Theorien über K.e zwischen Großgruppen eher am sozialen Wandel interessiert sind.

Diese Entgegensetzung ist sicherlich pointiert bis zur Simplifikation. Die letztgenannte Betrachtungsweise kennt nämlich zumindest in der Konstruktion des ‹latenten K.s› auch die subjektive Einordnung des Themas. Außerdem versperrt sie sich nicht grundsätzlich dagegen, K. und Konsens als Ausprägungen eines gemeinsamen Kontinuums aufzufassen. Gerade politische K.e können sich innerhalb eines grundsätzlichen Konsenses über die verfassungsförmigen Modi ihres Austrages abwickeln, →Demokratie schlechthin erscheint so als eine spannungshaltige Zuordnung von Konsens und K. Außerdem mobilisiert speziell der Konsens über sehr grundsätzliche, darum sehr auslegungsbedürftige Werte den K. über deren Anwendung auf konkreten Entscheidungsbedarf (vgl. Bühl 1976, S. 16f.).

K. bleibt in dieser Betrachtung aber nach wie vor ein Verteilungsspiel mit konträr besetzten Interessen; im Sinne begrifflicher Stringenz hat es sich nicht bewährt, auch Verhältnisse zu subsumieren, in denen unter einer gemeinsamen Zielausrichtung (z. B. einer einenden Organisation) Konkurrenz geweckt wird, die ggf. diesem erstrebten Ziel nur zuträglich ist.

Verwendungszusammenhänge

Die hohe Konjunktur einer am zuletzt umrissenen Verständnis orientierten, politischen K.-Soziologie fällt in die 60er Jahre dieses Jahrhunderts. Im allgemeinen wird ihr Aufkommen als Gegenbewegung zu funktionalistischen Gleichgewichts- und Systemintegrationskonzepten interpretiert, eine Frontstellung, die auch der prominenteste Vertreter Ralf Dahrendorf (1972, S. 28ff.) für sich reklamiert. Ebenso wichtig ist aber auch die Abgrenzung gegen den überkommenen Marxismus, die sich besonders an der Relativierung des überkommenen Zwei-Klassen-Modells ablesen läßt (→Soziale Ungleichheit).

Auch marxistische Theoretiker hatten bereits mit der Hilfskonstruktion der ‹nichtantagonistischen› bzw. ‹Neben›-Widersprüche einräumen müssen, daß nicht alle sozialen K.-Phänomene auf den Gegensatz von Lohnarbeit und Kapital umstandslos zurückgeführt werden konnten. Dennoch hat dieser Ansatz als Bezugsgröße alle weiteren K.- und Konsenstheorien der Nachfolge bestimmt. Dahrendorfs selektive Marx-Lektüre z. B. lief darauf hinaus, den Klassenbegriff auszudehnen und ihm damit seine aggressive Stoßrichtung zu nehmen. Die entsprechenden Zugehörigkeiten sind nicht mehr auf die alles determinierende Einordnung ‹Lohnarbeit› reduzierbar, sondern folgen vielfältigen, für das Individuum auch variierbaren Gruppenloyalitäten.

Im Zentrum der Analyse steht aber weiterhin das objektivierbare, gesellschaftsstrukturell bestimmte Moment solcher Gruppenformationen und der daraus resultierenden K.-Linien. Da aber die K.e vielfältig und flukturierend beschrieben werden, entfällt auch die Hoffnung auf die endgültig harmonisierende Lösung, die Marx mit dem finalen Austrag des Klassenkampfs in der proletarischen Revolution verknüpft hatte. K.e werden zur dauerhaften Begleiterscheinung freiheitlicher Gesellschaften, sie garantieren ihre Wandelbarkeit und damit letztlich auch ihren Zusammenhalt.

Die Möglichkeit der Integration über den K. entwickelt Lewis Coser (darin anders als Dahrendorf) über die individualistische Betrachtung des Phänomens durch Analogieschlüsse: Gerade die dauerhaft und geregelt auftretenden K.-Phänomene zwischen zwei ‹Partnern› können als Anzeichen für die Stabilität der Beziehungen zwischen diesen Parteien dienen (Coser 1965, S. 102), extreme K.-Vermeidung hingegen kann als Vorstufe für ein endgültiges Zerwürfnis gelten. Coser, der (im Anschluß an G. Simmel) ein Konzept auch für gesellschaftliche Großgruppen erstrebt, leitet daraus ein Interesse der K.-Parteien an der Konstanz der Beziehungen und an der Homogenität des Gegenübers ab: «Wenn ein relatives Gleichgewicht zwischen den beiden Parteien besteht, dann ist einer einigen Partei ein einiger Gegner lieber» (Coser 1965, S. 159).

Der sozialgeschichtliche Erfahrungshintergrund dieser Formulierung ist die Zähmung des Klassenkampfs in den institutionalisierten Verfahren des ‹industriellen K.s›. Dieser unterstellt zwar weiterhin prinzipiell konträre Interessen der beteiligten Parteien Kapital und Arbeit; er findet aber kanalisiert statt in einem vorgegebenen Repertoire eingeübter Machtspiele, die jeweils temporäre Kompromißmarkierungen zulassen.

Um diesen Markierungen die verläßliche Gültigkeit attestieren zu können, die eine komplizierte und störanfällige Industriestruktur nachfragt, ist ein einiger und damit ‹verantwortlicher› Gegner erstrebenswerter als ein destabilisierter (vgl. Lipset 1972).

Das ist jedoch nicht die einzige Erscheinungsform, in der die Reformulierung des sozialwissenschaftlichen K.-Begriffs auf gesellschaftlichen Wandel reagiert. Es liegt in der Konsequenz der oben skizzierten ‹pluralistischen› Auffassung einer Vielzahl der Klassen- und Gruppenzugehörigkeiten, daß das soziologische K.-Verständnis sich dem psychologischen annähert. Dahrendorf reihte sich insofern der pluralistischen Tradition ein, als er im kontinuierlichen K. durchaus die Chance von jeweils neu austarierten Kompromißlagen sah. Die Bewegungen dorthin waren bei ihm jedoch den K.n zwischen gesellschaftlichen Großgruppen vorbehalten. In der fortführenden Kritik (z. B. Hondrich 1970, S. 58ff.) wird darauf verwiesen, daß diese ‹Stabilität im Wandel› nur dadurch erreichbar sei, daß sich das Schwergewicht der K.e von Bruchlinien zwischen Gruppen und Individuen weg und zu Dissonanzen innerhalb subjektiver Orientierungen hin verlagere. Während die K.e zwischen sozialen Gruppen, Klassen usw. die disruptiven Tendenzen in einem Gemeinwesen bestärkten, folge der Ausgleich eher daraus, daß intrapersonale K.e zuvor bereits von den Individuen zur Balance gebracht werden. Diese Prognose stützt sich auf eine These, die in der →Pluralismustheorie Tradition hat: die Behauptung von sich in der Einzelperson überschneidenden Gruppenzugehörigkeiten, die dieser Person auch konkurrierende, ggf. widersprüchliche Loyalitäten zumuten («cross-cutting-cleavages»).

David B. Truman hatte in diesem Sinne Arthur F. Bentleys Gruppentheorie der Politik fortentwickelt: Während bei diesem das Gleichgewicht der konfligierenden Gruppen via ‹unsichtbarer Hand› im Prozeß sich herstellt, ist bei Truman das Gleichgewicht durch überschneidende Mitgliedschaften diesem Prozeß bereits vorgelagert. Da jedes Individuum verschiedenen Kollektiven mit divergierenden Interessenausrichtungen angehört, darunter auch latenten Gruppen, können die organisierten Gruppen es sich nicht leisten, die eigene Zielvorgabe maximalistisch zu verfolgen. Um die →Loyalität nicht zu überfordern, ist der Kompromiß und die Balance somit bereits ‹eingebaut›. Eine derart weit reichende These kann sinnvoll aber nur diskutiert werden, wenn der K.-Begriff über manifeste hinaus auch auf latente Konstellationen ausgedehnt und insofern zugleich ‹psychologisiert› wird.

Begriffspräzisierung

Der politikwissenschaftliche Sprachgebrauch kann somit einer gewissen Allgemeinheit nicht entraten. Politische K.e sind darum sowohl einander ausschließende *Interessendivergenzen* zwischen organisierten Gruppen, die im Maßstab des polititschen Systems agieren, wie auch *Orientie-*

rungsdissonanzen, die durch politische Loyalitäten und (manifeste/latente) Gruppenzugehörigkeiten der subjektiven Bewältigung auferlegt werden.

Forschungsstand und -perspektive

Wird mit dem Begriff nur großzügig genug hantiert, dann läßt sich unter der Überschrift ‹K.› das gesamte Arbeitsgebiet der Politikwissenschaft auffächern (vgl. Conn 1971). Eine Darlegung des Forschungsstandes ist unter dieser Maßgabe unmöglich, auch wenn hier das Thema ‹Internationale K.e› ausgegliedert bleibt. Es können aber einige Folgeprobleme aufgezeigt werden, die mit den referierten Begriffsverwendungen verknüpft sind. Die mit dem ‹subjektivistisch-pluralistischen› K.-Verständnis transportierte Balance-These hat sich nicht bewährt (vgl. Bopp-Schmehl 1977). Sie unterstellt eine relativ ‹geschmeidige› Umsetzung von Interessenlagen in eine politische Organisationslandschaft, die in dem realen System an Privilegien und Diskriminierungen in gegenwärtigen Gesellschaften kaum auffindbar ist. Einerseits sind nicht alle Interessen und Loyalitäten gleichermaßen organisations-, koalitions- und konfliktfähig, andererseits wird konfligierende Interessenaggregation häufig notwendig, um vorgegebene, geronnene Machtgefälle überhaupt erst ansatzweise wettzumachen (z. B. →Gewerkschaften gegen kapitalistische Verfügungsmacht).

Andererseits hat die Kombination von subjektivistischem und objektivistischem K.-Verständnis auch Vorzüge: Sie ermöglicht es, subtiler einen gesellschaftlichen Wandel auszuleuchten, der sich ggf. unter der Oberfläche eingefrorener Sozialstrukturen zuträgt.

Ein →Politikverständnis, das in krudem Freund-Feind-Denken befangen ist, kann es sich noch leisten, den K. primär in den Beziehungen *zwischen* den organisierten Kontrahenten zu erörtern. Wird hingegen diese widerstreitende Organisationswelt als äußerliche Form aufgefaßt, die sich wandelbaren und z. T. gegenläufigen Interessen anpaßt, dann wird der *inner*organisatorische K. zunehmend interessanter. Wenn also eine ‹Volkspartei› oder eine Einheitsgewerkschaft nicht mehr bündig und präzise auf eine einzige, sozialstrukturelle Interessenlage lokalisiert werden kann, dann wird es um so dringlicher zu untersuchen, wie überlappende und divergierende Interessen innerorganisatorisch ihren K.-Austrag finden. Politikanalyse wird somit zunehmend zur →Organisationsanalyse.

Daß dabei die wechselseitige Bezugnahme der beiden K.-Verständnisse erforderlich wird, veranschaulicht eine neuere sozialwissenschaftliche Diskussion. Diese entstand durch die These, daß in den gegenwärtigen ‹westlichen› Industriegesellschaften jene K.e, die entlang der alten Fronten zwischen ‹rechts› und ‹links›, zwischen Arbeit und Kapital, zwischen Besitzstandswahrung und Umverteilung verliefen, überlagert würden durch eine neue, querliegende K.-Dimension: ‹materialistisch› vs. ‹postmaterialistisch›, ‹pro-› vs. ‹anti-Establishment›, ‹Haben› vs. ‹Sein› u. a. m.

Die Triftigkeit der dabei gebrauchten Argumente kann hier nicht geprüft werden. Wesentlich ist nur: Wenn diese Diskussion überhaupt sinnvoll geführt werden soll, dann müssen zweierlei K.-Verständnisse miteinander konfrontiert werden: einmal das ‹soziologische›, um die dominanten Lagerbildungen, Verteilungsfragen, Ideologie- und Organisationslandschaften beschreiben zu können, dann aber auch das ‹psychologische›, um zu überprüfen, ob die individuellen Orientierungen und Attitüden diese vorgegebenen Raster noch abbilden.

Künftige K.-Forschung könnte hier ein Betätigungsfeld finden. Überkommene Ungleichheits-, Klassen und Herrschaftsanalyse wird nicht überflüssig; denn es muß geklärt werden, was materialiter zur →Verteilung (und damit zum K.) ansteht. Es darf damit aber nicht schlicht vorentschieden werden, ob der eingespielte K.-Austrag organisierter Kontrahenten und die Rituale des politischen Gemeinwesens den divergierenden Interessen bei den Subjekten spiegelbildlich entsprechen.

Bopp-Schmehl, A.: Konflikt und Demokratie. Eine Auseinandersetzung mit Kompromiß- und Gleichgewichtsvorstellungen moderner Politiktheorien. Frankfurt/Bern/Las Veags 1977.

Bühl, W. L.: Theorien sozialer Konflikte. Darmstadt 1976.

Conn, P. H.: Conflict and Decision Making. An Introduction to Political Science. New York/Evanston/San Francisco/London 1971.

Coser, L. A.: Theorie sozialer Konflikte. Neuwied/Berlin 1965.

Dahrendorf, R.: Konflikt und Freiheit. Auf dem Weg zur Dienstklassengesellschaft. München 1972.

Gurr, T. R. (ed.): Handbook of Political Conflict. Theory and Research. New York 1980.

Hondrich, K. O.: Wirtschaftliche Entwicklung, soziale Konflikte und politische Freiheiten. Bestimmungsgründe politischer Partizipation in soziologischer Perspektive. Frankfurt/M. 1970.

Lipset, S. M.: Der politische Prozeß in den Gewerkschaften: Eine theoretische Darstellung. In: B. Külp/W. Schreiber (Hg.): Arbeitsökonomik. Köln 1972, S. 141–180.

Massing, P.: Marxistische und pluralistische Konflikttheorien. In: O. W. Gabriel (Hg.): Grundkurs Politische Theorie. Köln/Wien 1978, S. 191–221.

Truman, D. B.: The Governmental Process. Political Interests and Public Opinion. New York [11]1965.

Rainer Prätorius

Konservatismus

Begriffsverwendungen und Verwendungszusammenhänge

K. bezeichnet eine bedeutende ideologische Strömung der Moderne. Im Unterschied zum Liberalismus und Sozialismus läßt sich der K. nicht mit Hilfe genereller Merkmale definieren. Ein Grund dafür liegt in der unterschiedlichen historischen Entwicklung von politischen Kulturen, deren Herkunft und Tradition der K. jeweils als Verpflichtung zur Gestaltung von Gegenwart und Zukunft empfindet: «Das Conserviren ist eben bei jedem Volke ein anderes, wie jedes Volk selbst ein anderes ist» (H. Leo in einem Vortrag 1864). Der K. trägt somit in verschiedenen Ländern notwendig ein verschiedenes Gesicht. So ist er zum Beispiel in den USA von Anfang an demokratisch orientiert, während er in Europa seine Orientierung an monarchisch-ständischen Gesellschaftsstrukturen lange beibehalten hat. Aber auch innerhalb Europas gibt es verschiedene konservative Bezugsquellen. In Britannien war der K. stets naturrechtlich orientiert, während der deutsche K. sich im Kampf gegen die Naturrechtslehre formierte: in der ‹Politischen Romantik›, die wiederum weder in Britannien noch in Frankreich eine wichtige Rolle gespielt hat.

Aber nicht nur von Land zu Land, sondern innerhalb der Geschichte eines Landes bietet der K. verschiedene Gesichter. Die Inhalte, welche er für erhaltens- und tradierenswert erklärt, wechseln nach den politischen und sozio-ökonomischen Konstellationen.

Inhaltliche Definitionsversuche des K., so aussichtsreich sie scheinen (K. als Verteidiger von Autorität, Tradition, Religion, Institution, Staat, Familie etc.), scheitern somit gerade am Kern der konservativen Ideologie: der Berufung auf die eigene Politikgeschichte.

Besonders wichtig ist im Falle des K. die Unterscheidung zwischen Eigenbezeichnungen und Fremddefinitionen. So gehören zum Beispiel sämtliche strukturell-anthropologischen Definitionsversuche selber bereits zur konservativen Ideologie: Die Vermutung, K. wurzele als politische Überzeugung in so etwas wie einem ‹Urkommunismus› als menschlicher Anlage, ist Teil einer ontologischen Spielart des europäischen K.; K. Mannheims beeindruckende geistes- und sozialgeschichtliche Analyse leidet daran, daß er einen solchen ‹Urkommunismus› als traditionalistische Anlage im Menschen vermutet und dem K. als reflektierter Haltung zugrunde legt. Auf diese Weise gerät konservative Ideologie in sozialwissenschaftliche Ansätze zu einer Theorie des K.

Die Deutung des K. als Ideologie der Oberklasse wird heute in den Sozialwissenschaften kaum noch bestritten. Die Vermutung, K. diene stets den Interessen der Herrschenden, bleibt solange inhaltsleer, als genaue sozio-ökonomische Nachweise dieses Zusammenhangs fehlen. Die Umsetzung eines Klasseninteresses in eine Ideologie so generellen Anspruchs auf allen Feldern von Politik, Wirtschaft und Kultur ist, wie sozialgeschichtliche Arbeiten immer wieder zeigen, ungeheuer schwer zu belegen. Die Gründe dafür hat H. G. Schumann im Sinne von Forschungsstrategien aufgelistet: (1) Die *Funktion* konservativen Denkens läßt sich nur auf der Basis einer Analyse sozio-struktureller Zusammenhänge von Interessenformierungen gewinnen. (2) Die *Adressaten* konservativen politischen Denkens sind im Blick auf ihren Sozialisationsrahmen und auf soziales und politisches Verhalten und Handeln zu analysieren. (3) Die *Inhalte* konservativen politischen Denkens können nun verstanden werden. Erst jetzt würde man auch übergreifende Grundmuster konservativen Denkens als sozialhistorisch unter bestimmten Bedingungen wiederkehrend begreifen. (4) Die *Träger* konservativen politischen Denkens und Handelns sind nicht notwendigerweise die Artikulierer konservativer Gedanken. (5) Die *Artikulierer* konservativen Denkens finden sich sowohl unter den Trägern als auch unter den Adressaten. Eine nur phänomenologisch-geistesgeschichtliche ‹Verstehens›-Geschichte hilft hier weniger als eine sozialgeschichtlich fundierte Ideengeschichte (Schumann 1974, S. 17f.).

Ein angemessenes Verständnis des K. muß stets seine dialektische Abhängigkeit vom jeweiligen ‹definitorischen Gegner› berücksichtigen. Das gilt sowohl unter ideologischen wie unter realpolitischen Gesichtspunkten. Die anfängliche Selbstdefinition des K., er sei ein prinzipieller Gegner des politischen Rationalismus, trifft jedenfalls für seinen Ursprung zu. Der erste definitorische Gegner des K. war der Absolutismus, nicht die Demokratie. Es sagt somit wenig, wenn man auf das erste Auftauchen des politischen Begriffs in der Zeitschrift Chateaubriands «Le Conservateur» (1818) verweist. Der Begriff K. hat sich im Laufe der 30er Jahre in Deutschland und in England durchgesetzt. Aber diese Begriffsgeschichte sagt wenig oder nichts über die tatsächliche Entstehungszeit des modernen K. als Ideologie.

Über die hermeneutische Situation der Gegnerschaft des K. zur bürgerlichen Emanzipation, zum politischen Rationalismus und zur Demokratie gibt es Streit: Meinen die einen, Aufklärung und Revolution müßten in jedem Falle der konservativen ‹Reaktion› vorausgehen, so behauptet Greiffenhagen (1971) die Gleichursprünglichkeit von Rationalismus und konservativer Aufklärungskritik. Der K. wäre durch seine Gegnerschaft zum Rationalismus von diesem nicht nur formal, sondern auch inhaltlich abhängig. «Alle konservativen Schriften atmen den Geist des Rationalismus, den sie bekämpfen» (Greiffenhagen 1971, S. 65). Die Inhalte, die der K. vor rationalistischer Zerstörung retten will, sind durch die Situation ihrer Bedrohung oder ihres Verlustes verändert worden. Ihre ‹Restauration› stellt sie nie wieder so her, wie sie vor der Situation ihrer konservativen Entdeckung gewesen waren. Deshalb ist eine Gegenrevolution für den K. nicht ihre reaktionäre Beseitigung, sondern ihr Niegeschehensein: Der K. will auf eine wahrhaft prinzipielle Weise aus der Reflektionssituation heraus und hinter sie zurück in die alte Ordnung, die er ewig und natürlich nennt. Dieser hermeneutische Fehlschluß hat sich besonders in der Geschichte des deutschen K. verheerend ausgewirkt. Die ‹konservative Revolution› liefert den Beweis für dieses konservative Dilemma, keine historisch überholte Situation wirklich wiederherstellen zu können.

Begriffspräzisierung

Jede ideologische Bestimmung einer konservativen Position muß die sozio-ökonomischen Bedingungen, vor allem aber den jeweiligen politischen Gegner berücksichtigen. Die Geschichte des K. kennt in jedem Land bedeutende Gegnerwechsel, z. B. vom Absolutismus zur Demokratie, vom Liberalismus zum Sozialismus, vom kapitalistischen Industriesystem zum Wohlfahrtsstaat, vom liberal-parlamentarischen zum revolutionär-basisdemokratischen System etc. Jede Periodisierung eines nationalen K. gibt nur Sinn im Blick auf eine gleichzeitig zu schreibende Geschichte dieser definitorischen Gegner. Für den deutschen K. läßt sich folgende grobe Abfolge politischer Positionen geben (wobei die gegnerischen Herausforderungen nicht mitgenannt werden):

1. Der vorrevolutionäre, restaurativ-traditionalistische K. (J. Möser).
2. Der ständisch-restaurative K. (C. L. v. Haller).
3. Die Politische Romantik (A. Müller).
4. Der feudal-reaktionäre K. (F. A. L. v. d. Marwitz).
5. Der national-reformerische K. (Frh. v. Stein).
6. Der preußisch-deutsche K. von 1848 bis 1870 mit Aufnahme liberaler und nationaler Akzente.
7. Der National-Liberalismus von 1870 bis 1914 mit Feudalisierungstendenzen des Bürgertums.
8. Die ‹Konservative Revolution› in der Zeit der Weimarer Republik mit Nähe zum zivilisationskritischen Vitalismus, Nihilismus und Dezisionismus. Man hat diese Bewegung als das Harakiri des deutschen K. bezeichnet. Seine Devise, «Zustände zu schaffen, deren Erhaltung sich lohnt» (Moeller van den Bruck), zeigt die Verzweiflung des K., angesichts der revolutionären Prozesse in Politik, Wirtschaft und Kultur traditionelle Anschlüsse zu halten. Die konservative Revolution wies starke Gemeinsamkeiten mit dem Nationalsozialismus auf, mindestens in derselben Frontstellung gegenüber Liberalismus, Demokratie und Parteienstaat. Dies war ein Grund dafür, daß der deutsche K. nach dem 2. Weltkrieg für diskreditiert galt und selbst das Wort K. nur an extremen Rändern des politischen Spektrums auftauchte.
9. Der deutsche K. nach 1945 war unsicher und diffus. Am unverdäch-

tigsten galt noch der Rückgriff auf das christliche Naturrecht. Monarchistische Orientierungen fanden nur wenige Anhänger, nationalkonservative Strömungen gerieten leicht an die Grenze zum Rechtsextremismus. Die großen Volksparteien mieden das Wort konservativ.

10. Der technokratische K. übernahm die Lehre von der Ablösung der politischen Herrschaft durch Entscheidung nach Sachgesetzlichkeiten, die als solche nicht notwendig konservativen Ursprungs ist. (So erwartete z. B. der Marxismus das Absterben des Staates durch die Ablösung von Herrschaft durch ‹Verwaltung von Sachen›.) Der K. bediente sich der Technokratiethese in den 60er Jahren gern, um einen alten Traum unter modernsten Bedingungen verwirklicht zu sehen: Eine ‹Kristallisation› (A. Gehlen) der Verhältnisse sollte den Mitgliedern einer modernen Gesellschaft als eine Art neuer naturwüchsiger Ordnung erscheinen: unveränderbar, vernünftig, nach ‹eigenen Gesetzen› ablaufend. Soziale Dynamik wäre zum Stillstand gekommen, das politische System auf dem Niveau einer ‹konstitutionellen Demokratie› eingefroren, die Intellektuellenkritik verstummt. Eine aktuell-politische Anwendung dieses Gedankenmodells schuf R. Altmann mit seiner für Ludwig Erhard erfundenen Formel der ‹Formierten Gesellschaft›.

11. ‹Neo-K.› Die technokratische Erwartung politischer Windstille in einem ‹Post-histoire› hat sich nicht erfüllt. Statt politischer Kristallisation gab es die Studentenbewegung und eine bis heute nicht abgerissene Kette von Bürgeraktivitäten mit teilweise radikal angesetzten Forderungen nach Umorientierung (Ökologie, Friedenspolitik, Partizipationswünsche der Frauen etc.). Ein Wandel traditioneller Bedürfnis- und Werteorientierung führt zur Veränderung von Einstellungen auf den Feldern Politik und Beruf. Das kapitalistische Industriesystem produziert selber seine Kritiker: durch eine Verbraucherhaltung, die sich nicht auf den Freizeitbereich beschränken läßt, sondern auf die Arbeitswelt zurückwirkt.

Unter diesen Bedingungen hat der deutsche K. sich zu einer Doppelstrategie entschlossen, die ihn zum erstenmal offen an die Seite des Liberalismus stellt: Er überläßt das Industriesystem seinen eigenen ‹Sachgesetzlichkeiten› und erwartet aus ihm keine sinnstiftenden Effekte mehr. Diese muß vielmehr das Kultursystem bereitstellen, zusammen mit den Disziplinierungstugenden, auf die das Industriesystem weiterhin angewiesen bleibt. Die familiale und schulische Sozialisation soll solche sekundären Tugenden wieder einüben gegen die Verlockungen der auf massenhafte Unterhaltung abgestellten Medienindustrie (Mut zur Erziehung). Auch politische Legitimationsbedürfnisse soll das Kultursystem erfüllen: durch einen neu zu weckenden Sinn für den Eigenwert staatlicher und nationaler Würde. Schließlich soll das Kultursystem den Anschluß an die großen Traditionen abendländischer Gesittung sichern, vor allem durch Wiederbelebung des Sinnes für Familie, Religion und Heimat.

Forschungsstand

Die Aussichten des K., mit dieser Doppelstrategie Erfolg zu haben, sind aus folgenden Gründen gering: (1) Die Entkoppelung des Industrie- und Kultursystems bedeutet die resignative Kapitulation vor dem bedeutendsten definitorischen Gegner, den der Konservatismus in Europa gekannt hat, dem Liberalismus mit seiner These ökonomischer Eigendynamik und Prädominanz. (2) Innerhalb des Kultursystems bleibt der konservative Rückgriff auf alte Werte und Tugenden in dem Maße kraftlos, als er nur noch eklektisch und funktionalistisch vorgeht. Er kann die Verbindung der von ihm geforderten Neubesinnung auf Geschichte, Heimat, Religion, Familie, Nation, sekundäre Tugenden mit der modernen Welt nicht plausibel machen. (3) Die konservative Zivilisationskritik greift zu kurz, wenn sie für die von ihr beklagte Anspruchshaltung der Jugend oder eine allgemeine politische Legitimationskrise (‹Unregierbarkeit›) ausschließlich das Kultursystem (permissive Erziehung, schulische Unterforderung, intellektuelle ‹Zersetzung›) verantwortlich macht. Die hier vorliegende Vertauschung von Ursache und Wirkung taucht in der Geschichte des K. immer wieder auf. So galt ihm z. B. als Ursache des proletarischen Elends und der Klassenspannung im 19. Jahrhundert mangelnde religiöse Bindung und sittlicher Verfall des Proletariats.

Eine Verortung des K. auf einer empirisch orientierten Einstellungsskala des Links-rechts-Schemas wird um so schwieriger, je stärker sich auch die politische Linke der Themen annimmt, die bisher für ausschließlich konservative Domänen galten: Heimat und Bürgernähe, Stadtteilkultur und Landschaftsschutz. In den grünen und alternativen Parteien mischen sich konservative mit radikal-demokratischen Einstellungen. Gleichzeitig gibt es auch in der Bundesrepublik Tendenzen zur Bildung einer ‹Neuen Rechten›, wie sie sich in anderen Ländern inzwischen ausgebildet hat.

Forschungsperspektive

Ein unübersichtliches Bild, das aber, wenn man auf die Geschichte des K. blickt, auch wieder nicht neu ist: Stets hatte man zwischen Status-quo-Konservativen, Reformkonservativen und Reaktionären (Epstein 1973) unterschieden, und stets haben Konservative einander als ‹pseudokonservativ› bezeichnet. Forschungsstrategisch sind wir weit von Klärungen entfernt, wie sie Schumann (1974) fordert.

Dubiel, H.: Was ist Neokonservatismus? Frankfurt/M. 1985.
Epstein, K.: Die Ursprünge des Konservatismus in Deutschland. Frankfurt/M. 1973.

Greiffenhagen, M.: Das Dilemma des Konservatismus in Deutschland (1971). Frankfurt/M. [3]1986.
–(Hg.): Der neue Konservatismus der siebziger Jahre. Reinbek bei Hamburg 1974.
Henning, E./Sage, R.: Konservatismus – eine Gefahr für die Freiheit? München 1983.
Mannheim, K.: Konservatismus. Ein Beitrag zur Soziologie des Wissens. Hg. von D. Kettler u. a. Frankfurt/M. 1984.
Sage, R.: Rückkehr zum starken Staat? Frankfurt/M. 1983.
Schumann, H. G.: Konservatismus. Gütersloh 1974.
Vierhaus, R.: Art. «konservativ», Konservatismus. In: Geschichtliche Grundbegriffe. Hist. Lexikon z. pol.-sozialen Sprache in Deutschland. Bd. 3, 1982, S. 531–565.

Martin Greiffenhagen

Korporatismus

Begriffsverwendungen

Die Einbindung (Inkorporation) von Interessenverbänden in die Politik wird in der neueren sozialwissenschaftlichen Diskussion als K. bezeichnet. Der Begriff geht auf ältere, vorbürgerliche Ständestaatskonzeptionen zurück und ist von daher mit antiparlamentarischen Vorstellungen belastet. Er findet sich insbesondere in der katholischen Soziallehre (päpstliche Enzyklika «Quadragesimo Anno» von 1931) und in der berufsständischen parlamentarischen Repräsentation des romanischen →Faschismus der 30er Jahre (Korporativismus). Im angelsächsischen Sprachraum wird gelegentlich die Verflechtung von Großindustrie und →Politik (corporate state, corporate society) in diesem Zusammenhang genannt. Mitte der 70er Jahre kam es zu einem Bedeutungswandel: Der Neo-Korporatismus oder «Liberale K.» (Lehmbruch 1974) bezeichnet eine Politikform entwickelter Industriestaaten, in denen →Verbände an der Formulierung und Ausführung politischer →Entscheidungen beteiligt werden. Augenfällig wurde dies zunächst in der Einkommenspolitik, als durch «Konzertierte Aktion» (Bundesrepublik Deutschland), «Social Contract» (Großbritannien), «National Accord» (USA) oder «Soziale Programmierung» (Belgien) das Verhalten von →Gewerkschaften und Arbeitgeberverbänden mit staatlicher Stabilitätspolitik abgestimmt werden sollte.

Dadurch, daß die Tarifparteien in liberaldemokratischen Systemen für die Regierungspolitik unumgehbare Daten setzen, ist eine wirksame Stabilitäts-, Wachstums- und Beschäftigungspolitik auf die Abstimmung von →Regierung, Gewerkschaften und Unternehmerverbänden angewiesen, insbesondere dann, wenn sie die sozialen Kosten einer rein marktwirtschaftlichen Problemlösung vermeiden möchte. Die korporatistische Konsensmobilisierung zugunsten gesamtwirtschaftlicher Systemziele war Ausgangspunkt der K.-Debatte in der zweiten Hälfte der 70er Jahre.

● *Liberaler Korporatismus:* Im Gegensatz zum alten K. handelt es sich beim Neo-Korporatismus um die freiwillige Abstimmung von Verbändepolitiken mit staatlicher Politik. Zugrunde liegt nicht ein hierarchischer Gesellschaftsaufbau, sondern eine gesellschaftliche Kräfteverteilung im liberalen Verfassungsstaat, bei der Interessengruppen die Betätigung konkurrierender →Organisationen ebenso wie staatliche Politik empfindlich stören können. Die stetig gewachsene Zergliederung von Produktions- und Lebensbereichen, die Internationalisierung von →Wirtschaft und Politik sowie staatliche Fiskal- und Informationsprobleme setzen einer parlamentarisch-bürokratischen Problemlösung oft enge Grenzen (vgl. Heinze/Olk 1984). In dieser Situation ist K. eine Form gesellschaftlicher Konfliktregulierung, bei der parlamentarische Interessenvermittlung und bürokratische Steuerung ergänzt werden durch etablierte Verhandlungssysteme aus →Staat und Verbänden sowie Elemente der Kollegial- und Selbstverwaltung.

Um die Koexistenzfähigkeit von parlamentarischer →Demokratie und neokorporatistischer Verbändeeinbindung zu verdeutlichen, wurden verschiedentlich die Begriffe «Liberaler K.» (Lehmbruch 1974), «Gesellschaftlicher K.» im Gegensatz zum «Staatskorporatismus» (Schmitter 1974) oder «Demokratischen K.» (Katzenstein 1984) vorgeschlagen. Ein allgemeiner Sprachgebrauch konnte sich ebensowenig durchsetzen wie eine einheitliche Anwendung des Konzeptes in der Forschung.

Verwendungszusammenhänge

In der deutschen →Politikwissenschaft werden mitunter jedwede Staat-Verbändebeziehungen als K. bezeichnet, so etwa die Tätigkeit der Verbände in der freien Wohlfahrtspflege (Heinze/Olk 1984), die Repräsentation in parlamentarischen und ministeriellen Beratungsgremien (Süllow 1982) oder gar die Zwangsinkorporation durch ein Verbändegesetz (vgl. Alemann/Heinze 1979). In Skandinavien fand der Begriff vor allem Eingang in die Erforschung von Organisationsnetzwerken, während im angelsächsischen Bereich häufig die Vorstellung eines ‹Organisierten →Kapitalismus› damit verbunden wird. Die marxistisch orientierte K.-Forschung hat die Frage nach klassenübergreifenden Bündnissen und ihren ideologischen Grundlagen im Wohlfahrtskapitalismus in den Vordergrund gerückt und sich vor allem mit der Rolle kooperativer Gewerkschaften beschäftigt. In der internationalen Diskussion zeichnet sich indes eine Präzisierung des Begriffes ab. K. wäre demnach eine Strategie der Konzertierung von verschiedenen Akteuren und Politikbereichen (etwa Lohnpolitik mit Sozialpolitik oder Lohnpolitik mit Arbeitsmarkt-

und Zinspolitik). Gleichzeitig wird die institutionelle Struktur dieser Politik als K. bezeichnet. Ferner steht neben der Politikformulierung die →Implementation von Politiken im Vordergrund, die gesellschaftliche Verteilungskonflikte im Wohlfahrtsstaat regulieren sollen (vgl. die Beiträge in Goldthorpe 1984 sowie Katzenstein 1984).

● *Theoretisches Umfeld:* Der Begriff K. wurde von Lehmbruch (1974) und Schmitter (1974) als Gegenentwurf zur herrschenden →Pluralismustheorie in die sozialwissenschaftliche Diskussion eingeführt. Pluralistische Verbändepolitik ist im wesentlichen durch ‹pressure politics› und Lobbyismus gekennzeichnet – Interessengruppen versuchen Einfluß auf Parlament, Regierung und →Bürokratie zu gewinnen. Das K.-Konzept geht über diese Einflußdimension hinaus. Gesellschaftliche Interessenvermittlung basiert demnach insbesondere in einigen kleineren europäischen Ländern (Österreich, Schweden) auf der korporativen Vernetzung von Großverbänden und staatlichen →Institutionen bzw. auf tripartistischen (Staat, Gewerkschaften, Unternehmerverbände) Gremien oder parastaatlichen Selbstverwaltungskörpern. Dabei werden Interessenverbände vor allem auch mit Implementationsfunktionen betraut (z. B. in der schwedischen Arbeitsmarktverwaltung, die gänzlich von Gewerkschaften und Unternehmerverband geführt wird). Gesellschaftliche Großverbände erhalten so eine intermediäre Stellung, in der sie nicht mehr ausschließlich die Interessen ihrer Mitglieder gegenüber dem Staat durchzusetzen, sondern auch Regierungspolitik gegenüber ihren Mitgliedern zu vertreten haben. Bereits Schmitter (1974) bringt dieses Funktionserfordernis mit organisationsstrukturellen Faktoren – vor allem hoher Verbändezentralisierung – in Zusammenhang. Der hieraus entstandene organisationssoziologische Zweig der K.-Forschung beschäftigt sich insbesondere mit der Frage, wie hierarchische Kontrollerfordernisse und freiwillige Mitgliedschaft innerorganisatorisch ausbalanciert werden, und welche Konflikte und Stabilitätsbedingungen für neokorporatistische Arrangements aus diesem Zwiespalt erwachsen (vgl. Streeck 1982).

Vor allem in Großbritannien, Deutschland und Italien fand das Konzept Eingang in die marxistische Theoriedebatte. Hier enthält es im wesentlichen die Kritik eines instrumentalistischen Staatsverständnisses im orthodoxen →Marxismus (Staat als Instrument der herrschenden Klasse, bzw. staatsmonopolistische Vermachtung im ‹Spätkapitalismus›). K. wird demgegenüber als hegemoniales Bündnis aus Staat, Kapital und kooperativen Gewerkschaften als staatlich induzierte Klassenkollaboration (Panitch 1977) beschrieben.

Begriffsproblematik

Wird generell Verbändebeteiligung an der Politik als K. bezeichnet, so ist das Konzept nur von begrenztem analytischem Wert. Es fehlt ihm die

Trennschärfe, die eine Abgrenzung des neokorporatistischen Politikverbundes zu herkömmlichen klientelistischen Staat-Verbändebeziehungen (→Klientelismus) erlaubte und zudem systematisch nach Politikfeldern, Intensität und Kompetenz entsprechender Institutionen differenzierte. Die empirisch vergleichende K.-Forschung macht eine eindeutige, theoretisch gehaltvolle Begriffsklärung notwendig. Daneben muß von einer künftigen K.-Theorie erwartet werden, daß die ‹Politikproduktion›, sei es auch nur in bestimmten Politikbereichen oder Ländern, besser erklären kann als vorhandene Ansätze der Pluralismus- und Parteienstaatstheorien. Da neokorporatistische Entscheidungs- und Implementationssysteme nach höchst unterschiedlichen Spielregeln politischer Konfliktaustragung entstanden sind und eine der parteistaatlichen Entwicklung ähnliche theoretische Fundierung fehlt, kann vor allem die Verbändeforschung zu einem besseren Verständnis des neokorporatistischen Politikverbundes beitragen. Von ihr erhielt die K.-Debatte entscheidende Anregungen (→Verbände).

Forschungsstand

Für die empirische Politikforschung stellt sich vor allem die Frage, warum sich Interessenverbände freiwillig an neokorporatistischen Verhandlungssystemen beteiligen. Diese Frage beantwortet Lehmbruch (1984) mit einer neokorporatistischen Austauschhypothese. Konfligierende Verbände sind demnach zur Zusammenarbeit mit der Regierungspolitik bereit, wenn sie unmittelbar oder über einen längeren Zeithorizont dafür belohnt werden. Untersuchungen zur Einkommenspolitik konnten diesen Zusammenhang nur bedingt bestätigen (vgl. Armingeon 1983). Der neokorporatistische Tausch basiert nämlich auf einer Reihe politisch-institutioneller Voraussetzungen. Er wird vor allem durch hohe gewerkschaftliche Organisations- und Zentralisationsgrade, sozialdemokratische Regierungsbeteiligung und eine hohe außenwirtschaftliche Abhängigkeit begünstigt. Wird der neokorporatistische Konsens zudem aus der Staatskasse finanziert – wenn zum Beispiel eine zurückhaltende Lohnpolitik durch die Erhöhung des Kindergeldes honoriert wird –, so sind ausreichende haushaltspolitische Spielräume und parlamentarische Mehrheiten notwendig. Vor allem hieran sind die meisten Experimente neokorporatistischer Einkommenspolitik in Europa letztlich gescheitert (Armingeon 1983). Staatliche Interventionsspielräume sind auch gefordert, wenn Mitbestimmung oder strukturpolitische Maßnahmen zum Gegenstand korporatistischer Tauschpolitik werden. W. Dittrich (1985) zeigt, daß gesamtwirtschaftliche korporatistische Mitbestimmungsformen, wie man sie aus Schweden und Österreich kennt, sich mit der deutschen Form der Unternehmens- und Betriebsratsmitbestimmung kaum vereinbaren lassen.

Esser et al. (1983) zeigen die Wirkungen eines strukturpolitischen ‹Krisenkartells› am Beispiel der saarländischen Stahlindustrie. Die dabei festgestellte Funktions- und Kostenverteilung – Unternehmen planen, der Staat finanziert, und Betriebsräte bestimmen, wer entlassen wird – deutet auf Selektionsmechanismen hin, von denen insbesondere unorganisierte Randgruppen betroffen sind. Ähnlich berichtet Wiesenthal (1982), daß die ‹konzertierte Aktion im Gesundheitswesen› zur Eindämmung der Kostenexplosion der Krankenversicherungen zu Lasten der Konsumenten ging. Im internationalen Vergleich zeigt sich allerdings: Dort, wo hochorganisierte Gewerkschaften am stärksten an der Politik beteiligt sind, in Schweden und Österreich, konnten eine aktive Arbeitsmarktpolitik und solidaristische Gewerkschaftsstrategien Massenarbeitslosigkeit und Sozialabbau, mithin eine Abwälzung von Krisenlasten auf die schwächsten Bevölkerungsgruppen, verhindern.

Ein neuerer Zweig der K.-Forschung konzentriert sich auf Formen der Verbändeeinbindung in der Sozialpolitik sowie im lokal- und umweltpolitischen Bereich. Dabei wird von einer Verdrängung subsidiärer Selbstverwaltung durch korporatistische Verbundsysteme ausgegangen. Während das herkömmliche Subsidiaritätsprinzip staatliche Politik auf die Felder begrenzt, in denen gesellschaftliche Gruppen die anstehenden Probleme nicht selbst bewältigen können, wird die ‹Neue Subsidiarität› dann wirksam, wenn staatlich-bürokratische Problemlösungen versagen, gleichzeitig aber gesellschaftliche Selbsthilfepotentiale durch öffentliche Förderung aktiviert werden können. An die Stelle hierarchischer Aufgabenabgrenzung tritt der korporatistische Politikverbund aus Staat und Verbänden. Die Umkehrung des Subsidiaritätspostulates von einem staatsgerichteten Abwehrprinzip zur staatsentlastenden Gruppenbeteiligung ist vor allem im sozialpolitischen Bereich und hier insbesondere bei der Integration von Randgruppen anzutreffen. Mit dem Anwachsen der Alternativbewegung und eines ‹informellen Sektors› der Ökonomie gewinnt diese Form indirekter Staatsintervention weiter an Verbreitung (vgl. Heinze/Olk 1984).

Forschungsperspektive

Soweit sich die K.-Forschung mit der Politikorganisation in entwickelten liberaldemokratischen Systemen beschäftigt, vermag sie einen entscheidenden Beitrag zu einer Renaissance des Institutionalismus in der Politikwissenschaft zu leisten. Die vielfältigen Vernetzungen von Staat und Verbänden lassen sich nur teilweise funktionalistisch aus sozio-ökonomischem Wandel herleiten. Vor allem britische Versuche, die Gewerkschaften in einen gesamtwirtschaftlichen Steuerungsverbund einzubinden, zeigten deutlich, daß eine Instrumentalisierung von Verbänden vor allem von historisch begründeten politisch-institutionellen Faktoren abhängt.

Andererseits war zumindest bis zum Aufkommen neoliberaler Ordnungspolitiken in Großbritannien und den USA ein säkularer Trend zu korporatistischen Verbundpolitiken unverkennbar. Künftige Untersuchungen werden zeigen müssen, ob neoliberale Politiken tatsächlich die durch steigende Probleminterdependenz verursachte Entwicklung korporatistischer Regulierungsformen umkehren konnten. Nicht zuletzt verbinden sich damit demokratietheoretische Fragestellungen. Die Kritik am ‹Verbändestaat› findet sich in Deutschland auf konservativer wie ökolibertärer Seite. Die dort verfochtene Emanzipation des Individuums von den intermediären Instanzen, etwa durch die Einführung eines ‹garantierten Grundeinkommens› anstelle ausufernder Wohlfahrtsbürokratien, entzöge der korporatistischen Gruppeneinbindung weitgehend den Boden.

Alemann, U. v./Heinze, R. G.: Verbände und Staat. Opladen 1979.
Armingeon, K.: Neokorporatistische Einkommenspolitik. Frankfurt/M. 1983.
Dittrich, W.: Mitbestimmung als korporatistische Strategie. Konstanz 1985.
Esser, J./Fach, W./Väth, W.: Krisenregulierung. Frankfurt/M. 1983.
Heinze, R. G./Olk, Th.: Sozialpolitische Steuerung: Von der Subsidiarität zum Korporatismus. In: M. Glagow (Hg.): Gesellschaftssteuerung zwischen Korporatismus und Subsidiarität. Bielefeld 1984.
Goldthorpe, J. (ed.): Order and Conflict in Contemporary Capitalism. Oxford 1984.
Katzenstein, P.: Corporatism and Change: Austria, Switzerland and the Politics of Industry. Ithaca/London 1984.
Lehmbruch, G.: Consociational Democracy, Class Conflict and the New Corporatism, Ms. IPSA Round Table on Political Integration. Jerusalem 1974 (veröffentlicht in Schmitter/Lehmbruch [eds.], S. 53–62).
–: Concertation and the structure of corporatist networks. In: Goldthorpe (ed.), op. cit. 1984, S. 60–80.
– /Schmitter, Ph. (eds.): Patterns of Corporatist Policy-Making. London/Beverly Hills 1982.
Panitch, L.: The Development of Corporatism in Liberal Democracies. In: Comparative Political Studies 10 (1977), S. 61–90.
Schmitter, Ph.: Still the Century of Corporatism. In: The Review of Politics 35 (1974), S. 85–131.
–/Lehmbruch, G. (eds.): Trends towards corporatist intermediation. London/Beverly Hills 1979.
Streeck, W.: Gewerkschaftliche Organisationsprobleme in der sozialstaatlichen Demokratie. Königstein/Ts. 1982.
Süllow, B.: Korporative Repräsentation der Gewerkschaften. Zur institutionellen Verbändebeteiligung in öffentlichen Gremien. Frankfurt/M.1982.
Wiesenthal, H.: Die konzertierte Aktion im Gesundheitswesen. Ein Beispiel für Theorie und Politik des modernen Korporatismus. Frankfurt/New York 1982.

Roland Czada

Krieg

Begriffsverwendungen

Unter K. versteht man eine mit Waffengewalt ausgetragene Auseinandersetzung zwischen Staaten und Völkern bzw. einen Machtkonflikt zwischen Völkerrechtssubjekten zur gewaltsamen Durchsetzung politischer, wirtschaftlicher, ideologischer und militärischer Interessen. Im Marxismus-Leninismus wird unter K. eine gewaltsame Fortsetzung der Politik zwischen Klassen, Staaten und Nationen verstanden, der um ökonomische Interessen und militärische, politische Ziele bestimmter Klassen geführt wird. Er wurzelt ggw. in den Ausbeutungsverhältnissen im Imperialismus.

Westliche und marxistische Definitionen des K. wurden gleichermaßen beeinflußt durch Carl von Clausewitz' Hauptwerk «Vom Kriege» (1832–1834), wonach K. «ein Akt der Gewalt (ist), um den Gegner zur Erfüllung unseres Willens zu zwingen» (S. 17). Für Clausewitz ist der K. ein Mittel, ein Instrument und die politische Absicht der Zweck. Der K. ist «nicht bloß ein politischer Akt, sondern ein wahres politisches Instrument, eine Fortsetzung des politischen Verkehrs, ein Durchführen desselben mit anderen Mitteln» (S. 34). Während Clausewitz die Zweck-Mittel-Relation als Kernproblem seiner Theorie des K. thematisierte, definierte Quincy Wright K. als einen «Rechtszustand, der es zwei oder mehreren feindlichen Gruppen gleichermaßen erlaubt, einen Konflikt mit Waffengewalt auszutragen.» Für Gantzel u. a. ist K. ein bewaffneter Massenkonflikt, der folgende drei Merkmale aufweist: (1) Vorhandensein von mindestens zwei bewaffneten Streitkräften, wobei es sich bei mindestens einer Seite um bewaffnete Streitkräfte handelt; (2) Vorhandensein eines Mindestmaßes an zentralgelenkter Organisation der Kriegführenden, und (3) die bewaffneten Operationen treten mit einer gewissen Kontinuierlichkeit auf. Diese Definition unterscheidet nicht zwischen internationalen und innergesellschaftlichen K.en, erfaßt nicht jede Art kollektiver Gewaltsamkeit und verzichtet auf präzise quantitative Merkmale und Abgrenzungen nach der Zahl der Opfer, dem Umfang der Streitkräfte und der Dauer der Kämpfe. Für Johan Galtung umfaßt das K.-System «die gesamte Maschinerie zur organisierten, kollektiven Anwendung direkter Gewalt, zum Einsatz von Zerstörungsmitteln mit ‹software›-Komponenten (Menschen, soziale Organisationen, Streitkräfte) und ‹hardware›-Komponenten (Waffen)» (1975, S. 68), dessen Struktur, Funktion und Dynamik Gegenstand der Analyse sei. Van der Dennen verwies bei seiner Auswertung von über 200 vorwiegend sozialwissenschaftlichen Arbeiten zum K. auf folgende unterschiedliche Definitionsschwerpunkte: «Krieg als Bedingung, Technik der Kriegsführung, Kriegsmotive und Kriegsziele, Annahmen über das Kriegsverhalten und die Kriegsursachen (kausale Faktoren, Determinanten, Bedingungen usw.). Krieg als eine spezielle Form der Gewalt, die kollektiv, direkt, manifest, persönlich, absichtlich, organisiert, institutionalisiert, instrumentell, sanktioniert und zuweilen ritualisiert und geregelt auftritt» (1980, S. 128; Literatur S. 179–189). Ebenso vielfältig wie die Begriffsdefinitionen sind die Verwendungszusammenhänge des K.-Begriffs.

Verwendungszusammenhänge

● *Begriffliche Verwendungen:* K.e lassen sich unterscheiden nach den beteiligten Kriegführenden (gesellschaftliche Gruppen, d. h. Bürgerkrieg, oder Völker, Staaten, Nationen, Bündnisse, internationale Organisationen, d. h. internationale K.e); nach den K.-Formen (regulärer oder Partisanen- bzw. Guerillakrieg); nach dem K.-Schauplatz (Land-, See-, Luft- und Weltraumkrieg); nach den K.-Mitteln (konventioneller, atomarer, biologischer, chemischer K.); nach der K.-Intensität (begrenzter konventioneller oder atomarer bzw. totaler konventioneller oder atomarer K.); nach dem K.-Gebiet (lokaler, regionaler, kontinentaler und globaler K.); nach der K.-Absicht (Angriffs-, Verteidigungs-, Interventions-, Sanktions-, Kolonial-, Befreiungskrieg); K.-Ziel (Status-quo-Bewahrung, Status-quo-Veränderung, Eroberung); K.-Folgelasten – K.-Opfer (Menschen); K.-Verwüstung (Umwelt, Sachwerten); K.-Typen (Antiregime, innerstaatliche, zwischenstaatliche K.e); K.-Beendigung (Sieg, Niederlage, Kapitulation); K.-(Völker)recht (ius ad bellum, ius in bello, Regeln für die K.-Führung, Schutz der Zivilbevölkerung); K.-Arten (Kalter K., Blitzkrieg, Präventivkrieg, Präemptivkrieg, katalytischer K., K. aus Versehen, K. als Folge von Fehleinschätzungen und Mißverständnissen, ungewollter K.); K.-Ursachen.

● *K. als Gegenstand der Wissenschaft:* Wissenschaftliche Untersuchungen befaßten sich mit den Formen (Morphologie), den Ursachen (Ätiologie), den Typen (Typologie) und dem Wesen des K. (Eidologie) aus der Sicht der Biologie (Ethologie: Triebe, Instinkte), der Psychologie und der Sozialpsychologie (Aggression, Verhalten), der Anthropologie (Kulturphänomen), der Ökologie sowie von geopolitischen, rechtlichen, moralischen, militärtechnischen, soziologischen, politischen, politökonomischen und multidimensionalen Ansätzen.

– K. als Gegenstand der Politikwissenschaft: Die Politikwissenschaft beschäftigt sich sowohl mit den Strukturen (polity-Perspektive) des K., z. B. mit den verfassungsrechtlichen Regeln für den K.- bzw. Verteidigungsfall im nationalen und mit den kriegsvölkerrechtlichen Regeln im internationalen System, als auch mit den Prozessen (politics-Perspektive), z. B. mit den Entscheidungsbedingungen und Entscheidungsprozessen unter Streß auf der Grundlage begrenzter Information im K. (Entscheidungsprozeßansatz) und mit den Politikfeldern (policy-Perspektive), z. B. mit der Forschung, K.-Industrie und K.-Wirtschaft (→Rüstungspolitik). Der K. ist auch ein Objekt der vier Teildisziplinen der Politikwissenschaft: der Ideengeschichte (z. B. Entwicklung des K.-Konzepts von Heraklit, Cicero, Augustinus, Grotius, Clausewitz, Lenin, Ludendorff u. a.), der Regierungssysteme (Institutionen der bewaffneten Macht und Regeln für deren Einsatz), der vergleichenden Regierungslehre (Vergleich der Institutionen und Regeln) und vor allem der Internationalen Beziehungen aus der Sicht der Strategieforschung («war studies») und der Friedens- und Konfliktforschung («Polemologie»).

– K. als Gegenstand der «War Studies»: Mit dem K. als Gegenstand der Lehre und Forschung beschäftigen sich nicht nur führende Militärakademien in den USA (z. B. US Army War College, National War College, Navy War College, Air Force War College), sondern auch eine Teildisziplin der strategischen Studien (vgl. Department of War Studies am King's College in London). Gegenstände der «war studies» sind u. a. das Verhalten von Staaten und Regierungen in K.en, die Analyse der Strategien und Taktiken, die Auswirkung von Waffensystemen auf den K.-Verlauf und die Rolle von Abschreckung und Verteidigung. Wichtige Forschungsgegenstände sind auch: die Ursprünge und Ursachen ausgewählter K.e bzw. des K. generell, Analysen zu Entscheidungsprozessen in K.en und zum K.-Ende und Friedensschluß.

– K. als Gegenstand der Friedensforschung (Polemologie): Die Begründer der Friedens- und Konfliktforschung P. Sorokin (1937), Q. Wright (1942), L. F. Richardson (1953, 1960), G. Bouthoul (1951) legten umfangreiche Datensammlungen und Interpretationen zu den K.en seit dem Mittelalter vor. Bouthoul, einer der Pioniere der empirischen Untersuchungen zum Wesen des K., nannte diesen neuen Forschungszweig Polemologie (gr. polemos = K.), ein Name, der von zwei Instituten in Paris und in Groningen noch heute geführt wird. Dagegen hat sich vor allem im angelsächsischen Bereich, in Skandinavien und in der Bundesrepublik der Begriff Friedens- und Konfliktforschung, Friedenswissenschaft oder Friedensstudien durchgesetzt. Neuere Untersuchungen aus den 70er und 80er Jahren, die sich dem Forschungsprogramm der Friedensforschung verbunden fühlen, haben umfangreiche Datensammlungen bzw. computerisierte Datenbanken zu den K.en der Neuzeit erstellt: Richardson (1920–1949) und das Correlates of War Project (cow) an der Universität Michigan, das von D. Singer und seinen Mitarbeitern begonnen wurde (1816–1980). Auf die Zeit nach dem 2. Weltkrieg konzentrieren sich die K.-Register, die I. Kende (1945–1976) sowie K.-J. Gantzel und die Hamburger AG K.-Ursachenforschung (1945–1984) vorlegten.

Weitere Datenbanken zu Fragen des K., des Konflikts und der Gewalt wurden von E. Azar (Conflict and Peace Data Bank – COPDAB) an der Universität von Maryland, von G. Bouthoul und R. Carrère (La Violence

Mondiale) am Institut Français de Polémologie in Paris (1967), mit dem World Handbook of Political and Social Indicators (1964ff.), mit dem Annual Report of Power and Conflict des Londoner Institute for the Study of Conflict und im Rahmen eines Projekts am Polemologischen Institut in Groningen seit 1980 mit dem Schwerpunkt War, Conflict and Political Violence vorgelegt (vgl. B. Jongman/H. Tromp, in: UNESCO-Yearbook 1982, S. 164–191).

Begriffspräzisierung

• *Überblick über Konzepte und Schwerpunkte der Forschung:* In der Teildisziplin der Internationalen Beziehungen wurden in Anknüpfung an die Forschungsprogramme der «War Studies» bzw. der Friedens- und Konfliktforschung (Polemologie) einige hundert Arbeiten vorgelegt, die teils mit historisch-soziologischen, teils mit makrosoziologisch-quantitativen Forschungstechniken durchgeführt wurden, wobei sich die quantitativen Untersuchungen meist auf die obigen Datenbanken, vor allem des Correlates of War Project an der Universität Michigan, stützten. Den bisher umfangreichsten Überblick über die hierbei zugrunde gelegten Konzepte und Definitionen des K. und der vor allem von der quantitativen makrosoziologischen Forschung behandelten Problembereiche und Fragestellungen veröffentlichte van der Dennen (1980) im UNESCO-Yearbook on Peace and Conflict Studies. Er unterschied dabei zwischen

- formalen und materialen bzw. stofflichen Unterscheidungen von K. und Frieden,
- soziopolitischen Definitionen des K.,
- quantitativen Kriterien für die Definition von K.en,
- judizialen Konzepten und rechtlichen Definitionen des K.,
- Multifaktoranalysen der K.-Verursachung,
- Typologien der K.e.

Die makrosoziologisch angelegten, mit quantitativen Forschungstechniken durchgeführten und auf verfügbare Datensammlungen gestützten Untersuchungen beschäftigten sich u. a. mit dem relativen Anteil der K.-Toten unter den Kombattanten und der Zivilbevölkerung, mit dem Eintreten, der Häufigkeit und der Periodizität von K.en, mit Faktoren (Geographie, Bevölkerungswachstum, Distanz) und deren möglichen Beziehungen zu den K.en der Neuzeit, mit den Beziehungen zwischen gesellschaftlichen Entwicklungen und dem K. sowie zwischen K. und gesellschaftlichen Charakteristika, mit den Bezügen zwischen Machtpotential und K.-Häufigkeit (z. B. mit dem Verhältnis von militärischem Gleichgewicht und K.), zwischen der Struktur des Internationalen Systems (uni-, bi-, tri- oder multipolar) oder Randdisparitäten und dem Ausbruch von K., mit Aspekten der Heterogenität und der kulturellen, religiösen, ethnischen, politischen Differenzen und der Wahrscheinlichkeit von K.-Ausbrüchen, mit dem Verhältnis zwischen dem Grad der Internationalisierung (Vorhandensein von Internationalen Organisationen) und der K.-Häufigkeit sowie zwischen Bürgerkriegen und internationalen K.en in ausgewählten Staaten und Indikatoren der Bevölkerung (Wachstum, Dichte, Selbstmordrate usw.) und dem Auftreten von K.en. Häufig gelangten quantitative Untersuchungen auf derselben Datenbasis als Folge unterschiedlicher Forschungsdesigns und -techniken zu konträren Ergebnissen.

• *Arbeiten zu internationalen Konflikten und Krisen:* Der K. ist ein gewaltsam von organisierten Streitkräften ausgetragener Konflikt innerhalb eines oder zwischen Staaten im internationalen System. Er stellt einen Sonderfall der Konfliktforschung mit hoher Gewaltintensität dar (→internationale Konflikte). K.en zwischen Staaten gehen meist längere politische Krisen voraus. Die Analyse der Gründe und der Bedingungen für die friedliche Lösung bzw. für die gewaltsame Entladung von Krisen sind Fragestellungen der Forschung zu internationalen Krisen, die sich entweder mit quantitativen oder mit historisch-soziologischen Methoden meist auf ausgewählte Fallstudien in vergleichender Absicht konzentrieren.

• *Wesen des K. aus westlicher und östlicher Sicht:* Mit historisch-soziologischen Methoden in vergleichender Absicht beschäftigte sich J. Lider mit den Vorstellungen der beiden gegnerischen Lager vom Wesen des K., vom Zusammenhang zwischen K. und Politik und mit den möglichen Zielen zukünftiger K.e., wobei er sich auf jene Merkmale konzentrierte, die auf alle historischen Fälle von K.en zutreffen. Lider stellt dabei den vom politischen Realismus geprägten westlichen Vorstellungen mit ihren zentralen Kategorien →Staat, →Interessen und →Macht die offiziösen sowjetischen marxistischen Analysen unter Berücksichtigung der abweichenden Positionen jugoslawischer und chinesischer Autoren gegenüber. Ein Schwerpunkt bildet dabei die unterschiedliche Clausewitz-Rezeption in der nichtmarxistischen und in den sowjetmarxistischen Untersuchungen zu den Zweck-Mittel-Relationen zwischen den politischen Zielen und den verfügbaren militärischen Mitteln.

• *Die Formen des K. (Morphologie):* Sozialwissenschaftliche Arbeiten haben sich auch mit den mit spezifischen Mitteln (konventionellen, atomaren, biologischen und chemischen) geführten bzw. führbaren K.en unter besonderer Berücksichtigung der verfügbaren Mittel (Waffen) und strategischen und taktisch-operativen Konzepte beschäftigt (vgl. die Arbeiten zu strategischen Fragen, zur Waffentechnik und zur Rüstungsdynamik). Exemplarisch sei hier die Studie von H. Afheldt zum Atomkrieg bzw. über das Verhängnis einer Politik mit militärischen Mitteln genannt.

• *Die Ursachen von K.en (Ätiologie):* Die Ursachenlehre steht im Mittelpunkt der sozialwissenschaftlichen K.-Ursachenforschung. Dabei wird zwischen K.-Ursachentheorien und der vergleichenden makrosoziologisch angelegten und mit quantitativen Methoden arbeitenden K.-Ursachenforschung unterschieden. K.-Ursachenlehren setzen auf der Ebene des Individuums (Aggressions-, Trieb- und Lerntheorien), des Staates (z. B. elitentheoretische, polit-ökonomische, imperialismustheoretische Ansätze) und des internationalen Systems (z. B. an der Struktur des internationalen Systems, des Sicherheitsdilemmas) an.

• *Mögliche zukünftige K.-Ursachen (Typologie):* Während sich die K.-Ursachenforschung vor allem mit der Analyse, Interpretation und Erklärung historischer K.e befaßt, haben zahlreiche Politikwissenschaftler sich in praxeologischer Absicht mit der Wahrscheinlichkeit zukünftiger K.-Ursachen, z. B. für Mitteleuropa, beschäftigt: mit der Relevanz von K.en des Typs 1914 und des Typs 1939 (Afheldt) oder mit den Gefahren eines ungewollten Atomkriegs (D. Frei). Generell wird dabei zwischen den folgenden möglichen K.-Ursachentypen unterschieden: Erstschlag (first strike), konventioneller Überraschungsangriff (Blitzkrieg, Präemptivkrieg, Präventivkrieg), einer bewußten horizontalen Eskalation oder einem nicht beabsichtigten Überschwappen regionaler K.e in der →Dritten Welt auf Europa (Sarajewo-Effekt) als Folge politischer Instabilität in der Dritten Welt und der durch die Waffentechnik und Einsatzdoktrinen bedingten abnehmenden Krisenstabilität an der Nahtstelle der Militärblöcke in Mitteleuropa. Ein ungewollter Atomkrieg könnte die Folge eines solchen Sarajewo-Effekts sein.

Forschungsstand

Zu zwei exemplarischen Teilaspekten soll ein grober Überblick zum Stand der Forschung im deutschsprachigen Raum vermittelt werden: (1) zu den Arbeiten zur K.-Ursachenforschung in Hamburg, Berlin und Tübingen; (2) zur Typologie zukünftiger K.-Ursachen am Beispiel des ungewollten Atomkriegs und zum Sarajewo-Effekt sowie zu Fragen der Stabilität in Zürich und Stuttgart.

• *Ausgewählte deutsche Arbeiten zur K.-Ursachenforschung:* Die K.-Ursachenforschung wurde in der Bundesrepublik lange vernachlässigt. M. Mendler und W. Schwegler-Rohmeis von der AG Friedensforschung (Tübingen) haben in mehreren Beiträgen den internationalen Forschungsstand zur empirischen K.-Ursachenforschung aufgearbeitet, vermittelt und Überlegungen über die curriculare Umsetzung angestellt. Als zentrale Defizite der quantifizierenden K.-Ursachenforschung werden genannt: das Unvermögen, die Komplexität der K.-Ursachen in mathematischen Modellen abzubilden und statistisch zu analysieren, ein mangelnder Konsens über Kriterien der Indikatorenbildung, die mannigfaltigen Untersuchungszeiträume, die problematische Vielfalt der herangezogenen Faktoren und deren isolierte Behandlung, die begrenzte statistische Signifikanz als Schranke für Verallgemeinerungen und die begrenzte Verifizierbarkeit vermuteter K.-Ursachen. Verstärkt sollten in vergleichende

Untersuchungen auch Gesellschaften mit längeren Friedensperioden einbezogen werden. Die gesamtgesellschaftliche Bedingtheit sollte stärker mit spezifischen historischen Fallstudien herausgearbeitet werden. Es sei bisher jedoch nicht gelungen, die vielfältigen Ansätze, Hypothesen und empirischen Befunde so zu systematisieren, daß eine abgesicherte K.-Ursachentheorie als Voraussetzung für eine kumulative Forschung ermöglicht wird.

Wichtige Beiträge zur internationalen Krisen- und K.-Ursachenforschung veröffentlichten K.-J. Gantzel (1972, 1981, 1986) und die Hamburger AG K.-Ursachenforschung. Für die Zeit von 1945 bis 1984 stellten Gantzel und Mitarbeiter u. a. 159 K.e fest, von denen 30 1984 noch andauerten. Etwa 60 Prozent waren innerstaatliche K.e, d. h. vor allem Antiregime-K.e. Bei einem Viertel der Fälle waren zwei, gelegentlich drei Konflikttypen vermischt. An 40 Prozent der K.e war mindestens eine ausländische Macht beteiligt (Interventionen), insbesondere bei Anti-Regimekriegen. Bis auf neun europäische K.e wurden alle K.e in der Dritten Welt ausgetragen. 75 Prozent waren reine Dritte-Welt-Kriege, während an den restlichen 25 Prozent hochentwickelte Industriestaaten beteiligt waren. Von den 174 Staaten hatten 54 Prozent mindestens einmal K. geführt, wobei ein Viertel aller K.-Beteiligungen auf sieben Staaten entfiel: Großbritannien, Frankreich, USA, Indien, VR China, Südafrika und (Nord-)Vietnam. Die USA, Großbritannien und Südafrika waren am häufigsten an Interventionen beteiligt. Einen durchgängigen Zusammenhang der K.-Neigung einzelner Staaten mit der regionalen Zugehörigkeit, der Gesellschaftsordnung, dem politischen System, der Größe, dem Machtpotential und dem Wohlstandsniveau konnte ebensowenig festgestellt werden wie ein periodischer Zyklus der weltweiten K.-Anfälligkeit. Fast 50 Prozent der K.e war in einem Jahr beendet. Die K.e wurden von diesen fünf Konfliktarten bestimmt: Systemumgestaltung, Autonomie/Sezession, politische Herrschaft, Kolonialherrschaft und Systemreformen. Nur bei einem Drittel der K.e war eine Seite dominant sozialistisch-kommunistisch. Nur etwa 25 Prozent der K.e konnten die Angreifer gewinnen, 45 Prozent der K.e verloren sie. In zwei Dritteln aller Fälle blieb der K. für die Initiatoren erfolglos. Diese empirischen Ergebnisse stehen im Widerspruch zu zahlreichen amerikanischen Korrelationsanalysen auf der Grundlage der Daten des COW-Projekts.

Die quantitative K.-Ursachenforschung wurde in der Bundesrepublik vor allem am Wissenschaftszentrum in Berlin im Rahmen des Globus-Projekts von einer von K. Deutsch begründeten Forschungsgruppe vertreten. W. D. Eberwein gelangte in einer von zahlreichen Veröffentlichungen aus dem Globus-Projekt bei der Erörterung zentraler sicherheitspolitischer Annahme aus der Warte der empirisch-quantitativen K.-Ursachenforschung u. a. zu folgendem Ergebnis, daß die Forschung bisher nicht in der Lage sei, die Frage zu beantworten, ob die Rüstung eher friedenssichernd oder kriegsträchtig sei. Auch die bisherigen Ergebnisse über den Zusammenhang zwischen Rüstungswettläufen und der Eskalation zum K. seien noch unzureichend. An der Hoffnung, daß Europa von Dritt-Welt-Konflikten verschont bleibe, zweifelt Eberwein, da die Nuklearmächte zu den Staaten gehören, die seit 1945 am häufigsten militärisch intervenierten (→Internationale Intervention). «Damit ist die Gefahr immer gegeben, daß es auch zur unmittelbaren Konfrontation zwischen den Nuklearmächten selbst kommt. Somit kann nicht ausgeschlossen werden, daß militärische Konflikte zwar nicht in Europa ausbrechen, aber doch auf Europa übergreifen» (S. 78).

● *Zukünftige K.-Ursachen: Ungewollter Atomkrieg und Sarajewo-Effekt:* In einer Risikoanalyse zum ungewollten Atomkrieg untersucht D. Frei die möglichen Zusammenhänge zwischen der Veranlagung des Systems und dem Auslöser, die zur Katastrophe führen können, wenn die strategische Stabilität abnimmt und eine internationale Krise ausbricht. Die strategische Instabilität im Pulverfaß Europa werde durch den Rüstungswettlauf (insbes. durch die Waffentechnik), die Entwicklung strategischer Doktrinen und durch die Weiterverbreitung von Atomwaffen beeinflußt, während der Zündfunken in Gestalt einer internationalen Krise als Folge von Fehlentscheidungen im Krisenstreß und der künftigen Häufigkeit von Krisen in der Dritten Welt das europäische Pulverfaß entzünden und damit zu einem ungewollten Atomkrieg führen könne. Aus dieser differenzierten Analyse leitet Frei konkrete Vorschläge für politische Schritte ab mit dem Ziel, den Rüstungswettlauf zu bremsen und zu kanalisieren, destabilisierende Auswirkungen strategischer Doktrinen und der Weiterverbreitung von Atomwaffen zu vermeiden, der Verschärfung internationaler Krisen durch die Atomstrategie und der Häufigkeit künftiger Krisen entgegenzutreten (→Rüstungspolitik, Militärpakte).

Forschungsperspektive

Aus der praxeologischen Perspektive der K.-Verhütung, der Krisenvermeidung und der Friedensgestaltung ergeben sich für die politikwissenschaftliche Beschäftigung mit dem K. folgende Schlußfolgerungen:

- Die empirische Datenbasis über K. in der Neuzeit und vor allem für die Zeit nach 1945 gilt es ständig, z. B. durch in vergleichender Absicht vorgenommene historische Fallstudien, zu verbessern. Eine solche Datenbasis ist die Voraussetzung für alle quantifizierenden Untersuchungen (Morphologie).
- Das Fehlen einer Theorie der K.-Ursachen, die eine kumulative Forschung ermöglicht, bleibt ein Desiderat der Forschung (Ätiologie).
- Vergleichende Untersuchungen zum Wesen der K.-Auffassungen in Ost und West sind notwendig, aber nicht hinreichend (Eidologie).

– Es bleibt vordringliche Aufgabe einer praxeologisch orientierten Friedensforschung, die Ergebnisse der eidologischen, der morphologischen und der ätiologischen Arbeiten zum K. bei der Bildung wahrscheinlicher K.-Typen (Typologie) zu berücksichtigen und hieraus konzeptionelle Schlußfolgerungen für praktische politische Schritte abzuleiten, welche einen Beitrag zur Realisierung des langfristigen Ziels der NATO leisten: der Schaffung einer ‹gerechten Europäischen Friedensordnung›.

Afheldt, H.: Atomkrieg. Das Verhängnis einer Politik mit militärischen Mitteln. München 1984.
Clausewitz, C. v.: Vom Kriege. Berlin 1980.
van der Dennen, H.: On war: concepts, definitions, research data – a short literature review and bibliography. In: UNESCO-Yearbook on Peace and Conflict Studies 1980. Westport/Paris 1981, S. 128–189.
Eberwein, W.-D.: Mit Waffen Frieden schaffen? Rüstung, Rüstungswettlauf und Krieg. Ergebnis der quantitativen Kriegsursachenforschung. In: E. Forndran/ G. Krell (Hg.): Kernwaffen im Ost-West-Vergleich. Baden-Baden 1984, S. 59–78.
Frei, D.: Risks of unintentional Nuclear War. Totowa/London 1983 (gekürzte dt. Fassung: Der ungewollte Atomkrieg – Eine Risiko-Analyse. München 1983).
Galtung, J.: Das Kriegssystem. In: K.-J. Gantzel (Hg.): Herrschaft und Befreiung in der Weltgesellschaft. Frankfurt/M. 1975, S. 68–114.
Gantzel, K.-J./Meyer-Stamer, J. (Hg.): Die Kriege nach dem Zweiten Weltkrieg bis 1984. Daten und erste Analysen. München/Köln/London 1986.
Krippendorff, E.: Staat und Krieg. Die historische Logik politischer Unvernunft. Frankfurt/M. 1985.
Lider, J.: Der Krieg. Deutungen und Doktrinen in Ost und West. Frankfurt/New York 1985.
Mendler, M./Schwegler-Rohmeis, W.: Kriegsursachenforschung als empirische Sozialwissenschaft. In: PVS-Literatur 1/1986, S. 12–25.
UNESCO-Yearbook on Peace and Conflict Studies: 1980 und 1982.

Hans Günter Brauch

Krise

Begriffliche Abgrenzungen

‹Krise› – dem Ursprung nach ein griechischer Terminus, der einen Wendepunkt bezeichnet, eine Situation, die eine →Entscheidung verlangt – war ein in der Medizin lange Zeit gebräuchlicher Begriff, bevor er wohl im 18. Jahrhundert in den politischen Sprachgebrauch eingeführt wurde. Zahlreiche Arten von K.n lassen sich unterscheiden (s. die Übersicht bei Bühl 1984), von Naturkatastrophen über internationale K.n (die hier ausgeklammert werden) bis zu wirtschaftlichen K.n, die auftreten mögen, ohne daß eine politische K. die Folge sein muß (und umgekehrt). In K.-Zeiten sind politische →Eliten und →Institutionen zu Reaktionen herausgefordert, die vielfach in Neuerungen bestehen, wenn die bisherigen Eliten und/oder die Gesellschaftsordnung überleben sollen. K.n können zum Zusammenbruch einer politischen Ordnung führen wie in Weimar im Gefolge der Weltwirtschaftskrise. Genauso aber haben viele politische →Systeme die Weltwirtschaftskrise der 30er Jahre ohne Zusammenbruch der Regierungsform überlebt, teilweise indem die →Regierungen oder Regierungskoalitionen ausgetauscht wurden, wie dies dem Wählerwillen in den USA, England, Schweden und Dänemark entsprach. In anderen Fällen (z. B. Holland, Belgien, auch England) wurde lediglich die parlamentarische Basis während der K.n-Jahre durch eine große (‹nationale›) Koalition vergrößert. K.n sind also offene, wenngleich bedrohliche politische Situationen. Die Entwicklung kann immer in mehrere Richtungen verlaufen.

Im Unterschied zur vergleichenden Konfliktforschung allgemein ist die vergleichende K.n-Forschung unterentwickelt trotz teilweise erheblicher theoretischer Anstrengungen. Ein Grund mag darin liegen, daß K.n als politisch diffuse Phänomene schwer und quantitativ nur unzureichend zu fassen sind. Wären sie allein quantitative Phänomene, hätte es in Holland mit der höchsten Arbeitslosigkeit westlicher Länder im Jahre 1936 erheblich mehr politische Turbulenz geben müssen als beispielsweise in Deutschland. Politische Strömungen, Gefühle der Malaise, Traditionen politischer Kultur und Eigenheiten politischer Führer spielen gerade in K.n-Zeiten eine bedeutsame Rolle.

Die Weltwirtschaftskrise der 30er Jahre

Die Weltwirtschaftskrise der 30er Jahre ist bislang noch nicht aus systematisch vergleichender Sicht analysiert worden. Dementsprechend fehlen umfassende Studien, in denen sowohl solche Extremfälle des Wirtschaftseinbruchs wie Polen, die USA und Deutschland und die daraus resultierenden politischen und wirtschaftlichen Folgen wie auch relativ erfolgreiche Bewältigungen der K. wie in Japan und Schweden neben Entwicklungen in anderen Industrieländern analysiert werden. Eine erste quantitativ-vergleichende Studie dieser Art (Zimmermann 1985) konzentriert sich auf sechs mittel- und westeuropäische Länder (Deutschland, Österreich, Frankreich, England, Belgien und Holland) und liefert einige vorläufige Befunde.

Alle sechs Länder sind von dem wirtschaftlichen K.n-Einbruch massiv betroffen, wenn auch teilweise später als Deutschland und mit unterschiedlicher Intensität. So weist Holland erst Mitte der 30er Jahre seine höchste Arbeitslosenrate auf, liegt dann aber an der Spitze aller sechs

Länder. Die Wechselwählerschaft erreicht in jenen →Wahlen ihren höchsten Wert, die zeitlich am nächsten zum wirtschaftlichen Tiefpunkt liegen. Dabei ist die Verschiebung zu den antiparlamentarischen →Parteien nur in Deutschland derart extrem ausgeprägt und der Zusammenbruch des →Systems die Folge. In Belgien und Holland hält sich die Wechselwählerschaft in Grenzen. Außerdem sind von Wahl zu Wahl gegenläufige und nicht verschärfende Trends festzustellen. In England ist auf Grund des Wahlsystems der Effekt der Wechselwählerschaft am größten. Dies führt dort aber zu einer Stärkung des parlamentarischen Systems (→Parlamentarismus) und allmählicher Erholung der Labour Party. Die durchschnittliche Regierungsdauer – auch für die gesamte Zwischenkriegszeit – liegt bis auf England und die Niederlande in allen Ländern bei Werten unter einem Jahr. Damit erweist sich die Instabilität von Regierungen als notwendige (Deutschland und Österreich), aber nicht hinreichende Bedingung (Belgien und Frankreich) für den Zusammenbruch des politischen Systems. Auch bei den Antworten der Regierungen auf die Wirtschaftskrise lassen sich keine hinreichend großen Unterschiede feststellen. In den meisten Fällen erfolgte eine Deflationspolitik, oder eine Abkehr davon stand unter falschen zeitlichen Vorzeichen, so daß insgesamt die Selbstheilungskräfte der →Wirtschaft als durchschlagender begriffen werden müssen (neben den späteren Militärausgaben). Diese Befunde legen es nahe, in den politischen Reaktionen, insbesondere in Formen der Koalitionsbildung unter →Eliten (→Verbände, →Organisationen u. a.) die entscheidende Variable in der Mobilisierung nationalen Konsenses oder antisystemischer Affekte wie in Deutschland zu suchen.

Die Wirtschaftskrise nach 1973

Ein Schwerpunkt der vergleichenden K.n-Forschung liegt auf der Untersuchung der Wirtschaftskrise nach 1973 in den westlichen Industrieländern. Zwar hat diese K. die Länder der →Dritten Welt, soweit sie keine Ölexporteure sind, erheblich schärfer getroffen, doch hat sich die vergleichende K.n- und Konfliktforschung verstärkt darauf konzentriert, wie wirtschaftliches Wachstum, Geldwertstabilität und relativ geringe Arbeitslosigkeit in den westlichen Industrieländern wieder erreicht werden konnten. Bei einem Vergleich von 23 OECD-Staaten kamen «zwei ganz unterschiedlich zusammengesetzte Ländergruppen zwischen 1973 und 1980/81 noch am besten über die neue Herausforderung hinweg. Einmal eine Gruppe von Ländern (Japan, USA), die sich politisch durch die Vorrangstellung der bürgerlichen Kräfte sowohl auf der Regierungs- und Parteienebene als auch im industriell-ökonomischen Bereich auszeichnen; zum anderen Länder wie Norwegen und Österreich, die sich durch die Dominanz der Sozialdemokratie auf Regierungsebene und durch ein –

in korporatistischen Arrangements festgeschriebenes – Klassen-Patt im industriell-ökonomischen Bereich auszeichnen» (Schmidt 1983, S. 527).

Scharpf (1981) hebt in diesem Zusammenhang zwei Variablen hervor, die von entscheidender Bedeutung für die Verringerung der Arbeitslosigkeit waren: eine wenig fragmentierte politische Entscheidungsstruktur (→Entscheidung) und die zur Bekämpfung der Arbeitslosigkeit am Beginn der K. zur Verfügung stehenden politischen Instrumentarien. In dieser Hinsicht besser ausgestattete Länder wie Österreich und Schweden, in denen z. B. anders als in Großbritannien zentral organisierte und konzessionsbereite →Gewerkschaften auftraten, erwiesen sich als erfolgreicher in der Bekämpfung der Arbeitslosigkeit.

Schließlich bescheinigen einige Autoren Ländern mit korporatistischer Struktur – der Einbindung wirtschaftlicher und politischer Organisationen und Gruppen wie Gewerkschaften, Unternehmerverbände u. a. in den Prozeß der politischen Willensbindung jenseits der rein parlamentarischen Verhältnisse – eine größere Fähigkeit zur K.n-Meisterung. Allerdings bleibt bei allen diesen Befunden zu bedenken, daß kurzfristige Erfolge langfristige Mißerfolge nicht ausschließen. Die Anzahl analysierter Länder, der Zeitraum der Untersuchung ebenso wie die (nicht) berücksichtigten Variablen beeinträchtigen notwendigerweise Befunde der genannten Art.

Entwicklungs- und Modernisierungskrisen

Die Vorstellung von Entwicklungskrisen auf dem Wege zu einer modernen Gesellschaft geht im Grunde auf die Stammväter der Soziologie, vor allem Saint-Simon, zurück, auf die K. der Industriegesellschaft und letztlich auf die mit der Neuzeit erfolgenden gesellschaftlichen und politischen Umwälzungen. Mit Blick auf Länder der Dritten Welt sind diese Entwicklungskrisen vor allem von Binder et al. (1971) beschrieben worden. Sie unterscheiden fünf K.n (Identitätskrise, Legitimitätskrise, Partizipationskrise, Verteilungskrise und Penetrationskrise), die unterentwickelte Länder im Verlauf ihrer Entwicklung durchmachen müssen. Doch kann keine dieser K.n, vielleicht mit Ausnahme der Penetrationskrise (in etwa: Ausmaß der Durchdringung der Peripherie durch das Zentrum), als dauerhaft gemeistert betrachtet werden. Besonders die Partizipationskrise und Verteilungskrise mögen auch in fortgeschrittenen Industriegesellschaften ihre Bedeutung besitzen, wohingegen Identitätskrisen in jüngeren Staaten von größerer Bedeutung sein dürften. Offensichtlich gibt es kein einheitliches Muster der K.n-Abfolge, dem Länder im Verlauf ihrer Entwicklung folgen. Unzureichend gelöste →Konflikte in der Vergangenheit können eine permanente Bedrohung eines politischen Systems darstellen. Die Entwicklung neuer Schwellenländer wie Japan, Taiwan, Südkorea und Singapur lassen diese K.n-Konzeption ebenfalls in einem zweifelhaften Licht erscheinen, wird doch die zugrunde gelegte paradigmatische Entwicklung des Westens durch diese Länder in Frage gestellt.

Schnittpunkte in der Entwicklung europäischer Staaten

Stein Rokkan arbeitet vier kritische Schnittpunkte in der Entwicklung europäischer Staaten heraus, die bis heute die politischen Konfliktstrukturen verschiedener Parteiensysteme mitprägen: Zwei der Konfliktlinien sieht er als unmittelbare Folge der Bestrebungen nach *nationaler Einheit*: (1) den Konflikt einer vom *Zentrum ausgreifenden Kultur und den ethnisch, sprachlich oder religiös unterschiedenen Bevölkerungen in den Provinzen* und an den Rändern des dominanten Kulturraumes und (2) den Konflikt zwischen dem *Zentralstaat*, der ein Interesse an einer Vereinheitlichung der Bevölkerung und Mobilisierung der Ressourcen hat, und historisch erworbenen Privilegien der *Kirche*. «Zwei weitere Konfliktlinien sind Ergebnis der *industriellen Revolution*: (3) der Konflikt zwischen *Agrarinteressen* und der aufsteigenden Schicht *industrieller Unternehmer* und (4) zwischen *Unternehmern* und *Eigentümern* auf der einen Seite sowie *Pächtern, Land- und Industriearbeitern* auf der anderen».

Dependenzkrisen

Im Bereich der Dependenztheorien, die vorwiegend externe Ursachen (Verzerrungen der *terms of trade*, Verlagerung und Fixierung der Rohstoffproduktion in Länder[n] der Dritten Welt, finanzielle Abhängigkeit von ausländischen Geldgebern und Investoren u. a.) für interne wirtschaftliche und soziale Unterentwicklung, also K.n-Zustände, verantwortlich machen, ist wie bei Binder et al. eine Diskrepanz zwischen theoretischen Behauptungen und harten empirischen Belegen festzustellen, die angesichts der Emphase, mit der manche theoretischen Behauptungen vertreten werden (etwa von André Gunder Frank oder Immanuel Wallerstein), um so merkwürdiger berührt. Eine Übersicht über die neuere Literatur durch Russett (1983) führt zu zahlreichen Ungereimtheiten. Gleichzeitig betont er spezifizierende Merkmale wie Größe und Kolonialgeschichte des jeweiligen Landes, Art, Ausmaß und Zeitpunkt externer Einflüsse sowie landeseigene Ressourcen. Insgesamt finden sich wenig Belege für Behauptungen der Dependenztheorie wie der einer U-Kurvenbeziehung zwischen Kern- und Peripherieposition in der Weltökonomie bzw. semiperipherer Lage und der Stabilität von →Demokratien, wobei letztere im Unterschied zu den ersten beiden Bedingungen in größerer Instabilität von Demokratien resultieren solle. Auch das bürokratisch-autoritäre Entwicklungsmodell von Guillermo O'Donnell läßt sich empirisch nicht bestätigen. Ferner ist wirtschaftliche Aufwärtsmobilität in der kapitalistischen Weltwirtschaft entgegen dependenztheoretischen Aussagen demokratischer Stabilität förderlich.

‹Unregierbarkeit›
Die Debatte um die angebliche Unregierbarkeit fortgeschrittener Industriegesellschaften bzw. ‹spätkapitalistischer› Systeme ist älter, als sie scheint. Viele Behauptungen, insbesondere über den angeblichen Spätkapitalismus (→Kapitalismus), stammen aus den 30er Jahren! Auch werden die Argumente oft nur in loser, rein gesellschaftskritischer Form ohne Bezug zu empirischen Befunden vorgebracht. So ist diese Debatte weitgehend theoretisch geblieben. Lediglich an ihren Rändern, in der Analyse von Steuerprotestparteien, ökologischem Protest oder dem Gewaltphänomen, sind empirische Forschungen mitangeregt worden. Zwei Varianten der Argumentation lassen sich unterscheiden, wobei ähnliche Argumente oft nur unterschiedlich benannt und/oder bewertet werden:

- *Neo-marxistische Variante:* Hierzu sind vor allem James O'Connor, Jürgen Habermas und Claus Offe zu rechnen. Ersterer behauptet einen fundamentalen Widerspruch zwischen den Akkumulationsbedürfnissen des Kapitals und der Möglichkeit, zusätzliche Legitimation zu beschaffen. Jüngere Wahlergebnisse in den USA, in Großbritannien und der Bundesrepublik widerlegen diesen Punkt. Ebenso liegt Offe fehl mit der Behauptung, mit Stabilisierungsmechanismen wie der «Organisierung des Marktes, (der) Institutionalisierung technischen Fortschritts» und der «staatlichen Regulierung des kapitalistischen Gesamtsystems» habe der «spätkapitalistische» Staat seine Steuerungskapazität erschöpft. Der von weiten Teilen der Bevölkerung begrüßte politische Wechsel samt des Abbaus einiger überdimensionierter wohlfahrtsstaatlicher Leistungen (→Wohlfahrtsstaat) steht dem entgegen. Allerdings bleibt die Behauptung zutreffend, daß die politisch am wenigsten organisierbaren bzw. organisierten Bevölkerungsteile wie Arbeitslose, Arme, Alte und Studenten einen hohen Preis für diese Art wirtschaftlicher und politischer Stabilisierung zahlen. Habermas schließlich stellt eher langfristig auf grundlegende Motivationskrisen ab, deren empirische Basis allerdings auch zweifelhaft erscheint, folgt man z. B. jüngsten Untersuchungen über die bundesdeutsche Jugend.
- *Neo-konservative Variante:* Richard Rose ist zusammen mit Guy Peters der (rhetorischen) Frage nachgegangen, ob Regierungen trotz oder gerade wegen der überzogenen Steuerschraube an ihren Wohlfahrtszahlungen bankrott gehen können, und hat dazu deskriptives Material vorgelegt. Samuel Huntington sieht die entscheidende Belastung in gesteigerten Partizipationserwartungen (→Partizipation), der damit verbundenen Anspruchsinflation an Leistungen des Staates und den daraus folgenden Handlungseinschränkungen für die Regierung. In der Bundesrepublik schließlich haben vor allem Wilhelm Hennis, Peter Graf v. Kielmansegg und Ulrich Matz diese Debatte aufgenommen und in eher staatsphilosophischen Betrachtungen weitergeführt.

Zu den *offenen Fragen der K.n-Forschung* gehört auch die nach dem Auftreten langer zyklischer Wellen – etwa eines 50jährigen Kondratieffzyklus, mitbeeinflußt durch grundlegende technologische Neuerungen – und den nationalen wie internationalen Veränderungen, die daraus resultieren. In jüngster Zeit sind hierzu von Anhängern der Wallerstein-Schule und ihrem Paradigma der kapitalistischen Weltwirtschaft und des modernen Weltsystems wichtige Anregungen ausgegangen.

Almond, G./Flanagan, S. C./Mundt, R. J. (Hg.): Crisis, Choice, and Change. Boston 1973.
Binder, L. et al.: Crises and Sequences in Political Development. Princeton 1971.
Bühl, W. L.: Krisentheorien. Politik, Wirtschaft und Gesellschaft im Übergang. Darmstadt 1984.
Linz, Juan J./Stepan, A. (Hg.): The Breakdown of Democratic Regimes. Baltimore 1978.
Rokkan, S.: Citizens, Elections, Parties. Oslo 1970.
Russett, B.: International Interactions and Processes: The Internal vs. External Debate Revisited. In: Political Science: The State of the Disipline. Hg. von A. W. Finifter. Washington (D. C.) 1983, S. 541–568.
Scharpf, F. W.: The Political Economy of Inflation and Unemployment: An Outline. Berlin (Wissenschaftszentrum) 1981.
Schmidt, G.: Wirtschaftliche Entwicklung nach 1945. In: Westliche Industriegesellschaften. Pipers Wörterbuch zur Politik, Bd. 2. Hg. von M. G. Schmidt. München 1983, S. 521–530.
Zimmermann, E.: Krisen, Staatsstreiche und Revolutionen. Opladen 1981.
–: The Study of Crises in Liberal Democracies: Pitfalls and Promises. International Political Science Review 5, 1984, S. 319–343 (und 6, 1985, S. 104).
–: The 1930s World Economic Crisis in Six European Countries: A First Report on Causes of Political Instability and Reactions to Crisis. In: Rhythms in Politics and Economics. Hg. von P. M. Johnson und W. R. Thompson. New York 1985, S. 84–127.

Ekkart Zimmermann

Legitimität

Begriffsverwendungen

L. im politischen Kontext meint zunächst allgemein die *Rechtmäßigkeit* politischer →Herrschaft. Vorstellungen politischer L. können sich sowohl innerhalb von Gesellschaften (individuell und gruppenspezifisch) als auch zwischen verschiedenen Gesellschaften und Kulturen unterscheiden und unterliegen historischem Wandel. Im 20. Jahrhundert kann die politische Ordnungsform →Demokratie als die dominante L.-Idee in entwickkelten westlichen Gesellschaften bezeichnet und Formen des →Autoritarismus sowie des →Totalitarismus gegenübergestellt werden. Als weitere Gegenbegriffe sind auch die politischen Vorstellungen zu nennen, in denen jegliche politische Herrschaft als unrechtmäßig betrachtet wird – wie in der Idee politischer Anarchie (→Anarchismus) – oder in denen (zumindest in prozessualer Perspektive) →Freiheit von Herrschaft als Ziel gilt – wie im →Marxismus –, was die Identifikation von →Sozialismus/→Kommunismus mit L. und →Kapitalismus mit Illegitimität zur Folge hat.

Für westliche Demokratien hat sich vor dem Hintergrund griechisch-römischer und jüdisch-christlicher Überlieferungen und Rechtstraditionen sowie den republikanischen →Revolutionen des 17. und 18. Jahrhunderts (→Liberalismus) eine L.-Auffassung entwickelt, die sich auf die Kombination von Wertüberzeugungen und Grundnormen (z. B. Recht auf Leben, Freiheit, Gleichheit vor dem Gesetz; im allgemeinen niedergelegt in Grundrechtskatalogen) sowie konstitutiven Verfahren zur politischen Entscheidungsbildung (z. B. periodische Wahlen, Gewaltenteilung, Mehrheitsregel) stützt. Beide Elemente der L. werden als einander ergänzend und weder untereinander noch gegeneinander aufrechenbar betrachtet: So stehen →Freiheit und →Gleichheit zwar in einem Spannungsverhältnis zueinander, sind jedoch als gleichrangige politische Ziele gedacht. Ebensowenig sollen konstitutive Verfahren – etwa →Wahlen – zugunsten einer verbesserten Verwirklichung eines Grundwertes – z. B. des →Friedens – aufgegeben werden (eine Ausnahme bildet hier etwa die Notstandsgesetzgebung), insbesondere da die grundlegenden Verfahren selbst nicht rein formal sind, sondern in Korrespondenz zu den inhaltlichen Grundnormen stehen, z. B. die Mehrheitsregel zum Freiheits- und zum Gleichheitspostulat. Dies bedeutet jedoch nicht, daß mit der Kombination von Grundwerten und Verfahren eine als ‹wahr› und verbindlich definierte politische Zielrichtung verbunden ist; vielmehr soll sie gerade Offenheit für plurale Interessen und Ziele garantieren. Das Prinzip des ‹to agree to disagree› findet im allgemeinen in demokratischen Verfassungsstaaten dort seine Grenze, wo die Gefahr einer Selbstaufhebung der Verfassung bzw. einer Systemtransformation gegeben wäre (vgl. Friedrich 1960, S. 128).

Verwendungszusammenhänge

Dem entspricht die rechtspositivistische Sicht (in Deutschland seit etwa 1870), in der normativ keine Spannung zwischen L. und *Legalität* – d. h. Gesetzmäßigkeit eines Handelns oder Zustandes – besteht, da L. mittels Legalität definiert wird, also Übereinstimmung der politischen Herrschaftsausübung mit den bestehenden Gesetzen, insbesondere mit der →Verfassung bedeutet. In der Begründung dieser Tradition ist vor allem Max Weber (und in seiner Nachfolge Hans Kelsen) mit seiner Typologie legitimer Herrschaftsformen und ihnen entsprechender L.-Geltung bzw. Herrschaftsüberzeugungen zu sehen: traditionale L., beruhend «auf dem Alltagsglauben an die Heiligkeit von jeher geltender Traditionen und die L. der durch sie zur Autorität Berufenen», charismatische L., gegründet «auf der außeralltäglichen Hingabe an die Heiligkeit oder die Heldenkraft oder die Vorbildlichkeit einer Person und der durch sie offenbarten oder geschaffenen Ordnungen» und schließlich der den modernen rechtsstaatlichen Demokratien entsprechende Typus der rationalen L., der «auf dem Glauben an die Legalität gesatzter Ordnungen und des Anweisungsrechts der durch sie zur Ausübung der Herrschaft Berufenen» beruht (Weber 1956, S. 159). In dieser häufig als wertrelativistisch gekennzeichneten Auffassung – in dem Sinne, daß die L. fundierenden Werte als mit menschlicher Vernunft nicht zwingend begründbar und damit nicht als unhinterfragbar ‹wahr› zu erschließen, wohl aber durch legale Regeln intersubjektiv bindend sind – bilden die Verfahren der politischen Willensbildung und der *L.-Glaube*, d. h. die Überzeugung der Beherrschten von der Rechtmäßigkeit der Herrschaftsordnung, konstitutive Elemente der L. In →Rechtsstaaten bedeutet dies Akzeptanz der politischen Ordnung durch die Bürger als Überzeugung, daß die politischen Verfahren der Verwirklichung der Grundwerte dienen und entsprechend zur Anwendung kommen. Angesichts der Pluralität (→Pluralismus) konkurrierender politischer →Interessen wird für demokratische L. besonders das Mehrheitsprinzip in Verbindung mit dem Minderheitenschutz sowie der Chance wechselnder →Regierungen als unverzichtbar erachtet, indem Mehrheitsherrschaft Minderheiten politisch anerkennt und schützt und so politischen Absolutismus negiert.

Im Gegensatz dazu wird bei Kant die Legalität bzw. die auf sie gegründete L. der Moralität als Motivation und innerer Einstellung des Handelns gegenübergestellt. Dieser Gedanke wurde am Ende der Weimarer Republik unter dem Eindruck verfassungsrechtlich zwar legaler Maßnahmen, die aber dennoch gegen den Geist der parlamentarischen Demokratie verstießen (und von Hitler bei seiner ‹legalen› Machtergreifung 1933 ausgenutzt wurden), insbesondere von Carl Schmitt weiterentwickelt. Er betrachtet soziale, ideologische, konfessionelle und ethnische Homogenität als unabdingbare Voraussetzung des Mehrheitsprinzips und propagiert eine «substanzhafte Ordnung» plebiszitärer Art, die gegen «Wert und Wahrheit» stehe (1980, S. 11, 98).

Begriffspräzisierung

Im Verlauf der bundesrepublikanischen L.-Krisendiskussion seit den 60er Jahren sind wieder vergleichbare Polaritäten von L.-Konzeptionen festzustellen. Unter der Annahme einer ‹Wahrheitsfähigkeit› von Grundnormen definieren neo-marxistisch orientierte Sozialwissenschaftler wie Habermas L. als *Anerkennungswürdigkeit* einer politischen Ordnung und qualifizieren die Bundesrepublik bzw. die westlichen Demokratien als rein ‹formale Demokratien› ab, in denen der Grundwiderspruch zwischen administrativ vergesellschafteter Produktion und privater Aneignung des Mehrwerts durch Herstellung diffuser Massenloyalität (→Loyalität) verdeckt werde, was infolge eines historisch vorgezeichneten Bewußtseinswandels zum massiven L.-Entzug führen müsse. Dem wird das Ideal einer «materialen Demokratie» entgegengehalten, in der nur «verallgemeinerungsfähige Interessen» als legitim gelten (vgl. Habermas 1973). Weitgehende Homogenität innerhalb der Bevölkerung setzt auch die damit verbundene Kritik an der Mehrheitsregel (Guggenberger/Offe 1984) und die ihr gegenübergestellte «kollektive Identität» (Offe 1980) einer moralischen Gemeinschaft voraus (→Pluralismus).

Gegen diese Auffassung wird vor allem von empirisch-analytisch orientierten Sozialwissenschaftlern sowohl eingewendet, daß keine praktikablen Wege und Mittel zur Identifikation «verallgemeinerbarer Interessen» aufgezeigt werden und eine Vielfalt politischer Ordnungsformen zugleich legitim sein kann (Zimmermann 1981, S. 237, 238), als auch, daß sich ihre Thesen einer eindeutigen empirischen Überprüfbarkeit entziehen (vgl. Kaase 1979), wobei letzteres ebenso die neo-konservative Argumentation betrifft, die eine Rücknahme der umfassenden Daseinsvorsorge im →Sozialstaat für unerläßlich zur Vermeidung von Unregierbarkeit hält (vgl. Hennis et al. 1977/1979).

Da Demokratien in größerem Maß als andere →Systeme auf die *freiwillige* Zustimmung ihrer Bürger angewiesen sind, wird im folgenden der subjektiven Dimension von L. – also der *Anerkennung* der politischen Ordnung durch die Bürger – Vorrang als L.-Kriterium eingeräumt.

Forschungsstand

Für die subjektive Dimension von L. ist die Messung von Einstellungen, Verhaltensdispositionen und tatsächlichem Verhalten beim Individuum geeignet. Da Entwicklung, Stabilisierung und Veränderung individueller Orientierungen jedoch nicht ausschließlich intra- und interindividuell, sondern in vielfältigen Interaktionsprozessen mit dem sozialen Umfeld stattfinden, sind darüber hinaus sowohl Indikatoren für L., L.-Verfall und Illegitimität auf anderen Ebenen – z. B. der Gruppenebene (besonders interessant auch hinsichtlich der Mobilisierung politischen Verhaltens) und der Ebene des politischen Systems selbst (vor allem Entstehung, Kontinuität und Wandel substantieller politischer Institutionen und Verfahren) – als auch Analyseansätze, die diese Interaktionsprozesse über die Zeit hinweg abbilden und damit zur Erklärung von L.-Überzeugungen beitragen können, erforderlich. Für diese Überlegungen ist allerdings Kaase zuzustimmen, der hier beim derzeitigen Wissensstand «die Grenzen der vorhandenen Konzeptualisierungsfähigkeit und empirischen Forschungsmethodologien» (1985, S. 104) erreicht sieht und allgemein eine – trotz der Vielzahl vorhandener L.-Typologien – nach wie vor «fehlende gegenseitige Befruchtung von Theorie und empirischer Forschung im Bereich der L.-Überzeugungen» (1985, S. 99) kritisiert.

Ein interessanter theoretischer Ansatz, für den inzwischen eine Reihe von Umsetzungs- und Anwendungsversuchen der empirischen Forschung vorliegen (einen Überblick gibt die bei Kaase 1985 angeführte Literatur), ist die von Easton getroffene Unterscheidung zwischen spezifischer und diffuser Unterstützung. Während spezifische Unterstützung als outputabhängig und in statischer Perspektive primär auf die politischen Herrschaftsträger bezogen definiert ist, meint diffuse Unterstützung affektive und/oder wertbezogene Einstellungen, die von kurzfristigen Systemleistungen unabhängig sind (aber über Sozialisationsprozesse vermittelte spezifische L.-Gewährungen sind) und sich primär auf die politische Ordnung und die politische Gemeinschaft richten (→Loyalität).

Für die hinsichtlich der Stabilität politischer Systeme bedeutsame diffuse Unterstützung der politischen Ordnung liegen – bei allerdings nicht unproblematischer Operationalisierung – longitudinal (seit 1974) *und* international vergleichend Daten aus den Eurobarometer-Studien vor. Sie weisen für die Zufriedenheit mit dem Funktionieren der Demokratie in den Mitgliedsstaaten der Europäischen Gemeinschaft zwar Schwankungen aus, aber weder eindeutige Trends der L.-Steigerung noch – wie bei einer Abhängigkeit der Systemakzeptanz von kurzfristigen Leistungsbewertungen und der angewachsenen ökonomischen Probleme der EG-Länder seit Mitte der 70er Jahre zu erwarten wäre – eindeutige Anzeichen eines L.-Verlustes. Im Ländervergleich zeigen diese Daten jedoch erhebliche Niveauunterschiede der Demokratiezufriedenheit. Für die Bundesrepublik ist eine kontinuierlich relativ hohe Zufriedenheit mit der Demokratie festzustellen. (Für differenziertere Analysen und zur Problematik des verwendeten Indikators s. Kaase 1985 und die dort angeführte Literatur.)

Ebensowenig lassen andere Indikatoren auf eine L.-Krise der bundesrepublikanischen Demokratie schließen: Geringe Mitgliedschaft in extremen Parteien oder Organisationen und geringe Wahl dieser Parteien sowie hohe Beteiligung an politischen Wahlen einerseits und zunehmendes Interesse an Politik, aber auch steigende Beteiligung an unkonventionellen politischen Aktivitäten andererseits deuten vielmehr darauf hin, daß die seit Etablierung der demokratischen Ordnungsform bis zu Anfang der 60er Jahre überwiegend passive Akzeptanz durch ein aktives, partizipationsorientiertes Demokratieverständnis abgelöst wird. In diesem durchaus nicht auf die Bundesrepublik begrenzten Phänomen der «partizipatorischen Revolution» sehen u. a. Barnes, Kaase et al. (1979) zugleich

Chance und Herausforderung für die L. und Überlebensfähigkeit westlicher Demokratien, weil einerseits eine aktive, kritische Befürwortung des Systems zumindest demokratietheoretisch-normativ angemessener als lediglich passive Hinnahme ist (→Partizipation). Ihre Umsetzung könne aber nur in lokalen Kontexten erfolgen, was bei der zunehmenden internationalen Interdependenz Konflikte zwischen den verschiedenen – lokalen, regionalen, nationalen und supranationalen – politischen Entscheidungsebenen prognostizieren läßt und so innovative, institutionelle Phantasie erfordere.

Forschungsperspektive

Neben der Weiterentwicklung theoretischer Konzepte, die der Entwicklungsproblematik moderner Industriegesellschaften Rechnung tragen, ist – wie schon oben angesprochen – vor allem eine engere Verbindung von Theorie und Empirie anzustreben. Dabei dürften bedeutende Schwerpunkte auf der Entwicklung von Untersuchungs- und Analyseansätzen liegen, die sowohl für geringe Veränderungen in den L.-Überzeugungen sensitiv sind, die Dimensionen von aktiver und passiver Zustimmung, Tolerierung und Indifferenz sowie Ablehnung hinsichtlich verschiedener politischer Objekte erfassen können, als auch komplexe Prozesse der Interaktion gesellschaftlichen Wandels zwischen Mikro-, Meso- und Makroebene politischer Systeme abzubilden in der Lage sind. In langfristiger Perspektive ist auch an eine Einbettung der empirischen L.-Forschung in umfassendere Theorien zum gesellschaftlichen Wandel zu denken, um empirische Aussagen zu Schwellenwerten von L.-Überzeugungen und politischem Verhalten und deren Bedeutung für Systemveränderungen auf reformerischem und revolutionärem Weg zu ermöglichen.

Barnes, S. H./Kaase, M. et al.: Political Action. Mass Participation in Five Western Democracies. Beverly Hills 1979.

Easton, D.: A Systems Analysis of Political Life. Chicago 1965.

Friedrich, C. J.: Die Legitimität in politischer Perspektive. In: PVS 1, Nr. 1 (1960), S. 119–132.

Guggenberger, B./Offe, C. (Hg.): An den Grenzen der Mehrheitsdemokratie. Opladen 1984.

Habermas, J.: Legitimationsprobleme im Spätkapitalismus. Frankfurt/M. 1973.

Hennis, W./Kielmansegg, P. Graf v./Matz, U. (Hg.): Regierbarkeit. Studien zu ihrer Problematisierung. 2 Bde. Stuttgart 1977, 1979.

Kaase, M.: Legitimitätskrise in westlichen demokratischen Industriegesellschaften – Mythos oder Realität? In: Klages, H./Kmieciak, P. (Hg.): Wertewandel und gesellschaftlicher Wandel. Frankfurt/M. 1979, S. 328–350.

–: Systemakzeptanz in den westlichen Demokratien. In: Matz, U. (Hg.): Aktuelle Herausforderungen der repräsentativen Demokratie. Sonderheft der Zeitschrift für Politik, H. 2 (1985), S. 99–125.

Offe, C.: Konkurrenzpartei und kollektive politische Identität. In: Roth, R. (Hg.): Parlamentarisches Ritual und politische Alternativen. Frankfurt/M. 1980, S. 26–42.
Schmitt, C.: Legalität und Legitimität. Berlin 1980.
Weber, M.: Wirtschaft und Gesellschaft. Tübingen 1956.
Zimmermann, E.: «Legitimität». In: Greiffenhagen, M./Greiffenhagen, S./Prätorius, R. (Hg.): Handwörterbuch zur politischen Kultur der Bundesrepublik Deutschland. Opladen 1981.

Bettina Westle

Liberalismus

Begriffsverwendungen
L. stellt einen Komplex von Elementen und Strängen der Gesellschafts- und Ideengeschichte dar, die trotz ihrer Vielfalt und historisch bedingter Veränderungen einen gemeinsamen Kern erkennen lassen: die Verteidigung des Individuums, seiner Persönlichkeit und seiner →Interessen gegen geistige und physische Unterdrückung durch politische und gesellschaftliche Machtträger. L. hat weder in einem geschlossenen theoretischen →System noch in einer einheitlichen Bewegung oder →Partei Ausdruck gefunden. Begriffe wie →Freiheit und Persönlichkeit sowie die Bedingungen und Konsequenzen ihrer Realisierung sind weltanschaulich, wissenschaftlich und politisch umstritten. Die konstituierenden Elemente des L. und seine Grenzen werden auch in den Sozialwissenschaften divergierend betont und bewertet.

Verwendungszusammenhänge
● *Antike und christliches Mittelalter:* Gewisse Komponenten des L. basieren auf Denktraditionen und →Institutionen, die sich von der Antike ins christliche Mittelalter erhalten haben: der Unterordnung von →Herrschaft unter das (göttliche, ‹natürliche› oder überkommene) Gesetz; Widerstand gegen ‹Tyrannis›; ein →Recht auf Eigentum und körperliche Unversehrtheit, das nur durch ordentliche Verfahren («due process of law») eingeschränkt werden durfte; und eine Balance gesellschaftlicher Kräfte, um Ordnung und Recht zu gewährleisten.
● *Reformation:* Das Auseinanderbrechen der katholisch-christlichen Ordnung in der Reformation und die Zersplitterung des Protestantismus hatten die Verinnerlichung und Individualisierung des Gewissens zur Folge und führten zu Toleranz, basierend auf dem Vertrauen, daß Wahrheit im freien Wettstreit der Meinungen siegreich bleiben würde (Milton); letztlich der Säkularisierung des →Staates.

• *Kampf gegen monarchischen Absolutismus:* Im England des 17. Jahrhunderts vereinigten sich diese Elemente zu einer politischen Bewegung im Kampf der Parlamentarier gegen die Absolutheitsansprüche der Stuart-Monarchie. Im Rückgriff auf die Magna Charta von 1215 wurde ein Grundrechtskatalog (Bill of Rights) durchgesetzt; die Macht der Krone in konstitutionelle Formen gezwängt und ihrer Suprematie beraubt.

• *Der Beitrag moderner Naturwissenschaften:* Die Entwicklung von Astronomie und Physik, gipfelnd in Newtons Konzeption einer das Weltall umfassenden Gesetzmäßigkeit, trug weitere Elemente zum ‹liberalen› Weltbild bei: Sie half, das Individuum zum konstituierenden Baustein der gesellschaftlichen Ordnung zu machen und dieser eine ‹natürliche Harmonie› zu unterstellen – analog zu der seelenlosen Natur. Fortschritte der Naturwissenschaften bestärkten den für die Aufklärung charakteristischen Glauben an den Fortschritt der Menschheit in der Geschichte, der auf der Potentialität menschlicher Vernunft gründete; und der Emanzipation des Individuums.

• *Liberalismus als bürgerliche Ideologie:* Wenn auch eine eindeutige Zuordnung ideeller Positionen zu einer bestimmten Klasse immer fragwürdig ist, so ist es wissenschaftlich unbestritten, daß die wachsende Dominanz des L. mit dem Aufstieg des (protestantischen) Bürgertums und der Ausweitung marktwirtschaftlicher Verkehrsformen in Verbindung steht. Den Interessen des Bürgertums, begriffen als Klasse von nicht privilegierten und nicht abhängigen Eigentümern oder selbständigen Handwerkern und Kaufleuten, entsprach eine politische Ordnung, die auf dem vertragsfähigen, vernunftbegabten Individuum aufbaute, die Rechtssicherheit bot, durch allgemeine Gesetze individuelle rationale Vorausplanung ermöglichte, Eigentum und andere Grundrechte schützte, ererbten Status durch Vertrag ersetzte; also Individuen als Träger von Rechten formal vor dem Gesetz gleich machte und ihnen gleichzeitig ein Maximum an wirtschaftlichem und persönlichem Freiheitsspielraum gab. Die →Ideologie des L. enthielt somit von Anbeginn die beiden Grundelemente von individueller Freiheit und →Gleichheit, wobei jedoch bürgerlicher L. Freiheit an die Voraussetzung wirtschaftlicher Unabhängigkeit – als Bedingung individueller Selbstbestimmung – knüpfte; und Gleichheit als passive, den gleichen Schutz der Gesetze genießend, nicht als Recht auf aktive Mitgestaltung der politischen Ordnung verstand.

• *Parlamentarismus:* Das Parlament wurde als Vertretungskörperschaft des Volkes zum obersten Organ, in dem in freier Diskussion und Beratung das ‹Allgemeinwohl› in Form von allgemeinen Gesetzen Ausdruck finden sollte.

• *Repräsentativsystem:* In Unterscheidung zu demokratischen Konzeptionen beschränkte der L. das Wahlrecht auf Bürger, die über Besitz verfügten oder Steuern zahlten, die nicht als Mittellose über das Vermögen

Besitzender bestimmen konnten (Zensuswahlrecht); und die so gewählten Repräsentanten waren ‹an Weisungen nicht gebunden› →(Wahlen). ‹Das souveräne Volk›, das auch im L. die legitimierende Basis für Herrschaft darstellt, sollte seinen Einfluß auf die Gestaltung politischer Entscheidungen somit nur beschränkt und mittelbar geltend machen. Auch nach Beseitigung der Wahlrechtsbeschränkungen – der Demokratisierung des Wahlrechts im 19. und 20. Jahrhundert – blieb das Bestehen auf dem Repräsentativprinzip als ‹Filter› gegen irrationale und partikuläre populistische Einwirkungen auf den Gesetzgebungsprozeß ein Charakteristikum der liberalen Position.

• *Gewaltenteilung:* Die liberale Furcht vor herrschaftlicher Machtkonzentration und Willkür artikuliert sich in der Forderung nach Gewaltenteilung. Hinter den unterschiedlichen Ausprägungen, die dieses Prinzip in liberalen Theorien und Regierungssystemen erfahren hat, ist der Versuch zu erkennen, zum einen Rechtsstaatlichkeit durch die Trennung der Judikative und Exekutive vom Gesetzgeber zu garantieren; zum zweiten durch Fragmentierung des Entscheidungsprozesses selbst (‹soziale Gewaltenteilung›) die Formierung solider Mehrheiten, die Gesetze als Instrumente gegen die Interessen von Minderheiten gebrauchen konnten, zu erschweren. Dies wird zum besonderen Problem des L., wenn durch die Demokratisierung des Wahlrechts sein Verteidigungskampf (besitz)bürgerlicher Freiheiten sich nun gegen die potentielle ‹Tyrannei der Mehrheit› richtet.

• *Konstitutionalismus:* Die Einführung einer geschriebenen →Verfassung ist eng mit der Entwicklung des L. verbunden. Denn diese Verfassung legt die Grenzen staatlicher Herrschaft fest, definiert die Freiheitssphären der individuellen Bürger, kanalisiert den Prozeß des politischen Machterwerbs und der Machtausübung, bindet die Staatsorgane an Recht und Gesetz. Sie ist Ausdruck des modernen Anspruchs auf ‹Volkssouveränität› und gleichzeitig der liberalen Konzeption des Volkes als Aggregat individueller mit unverzichtbaren Grundrechten ausgestatteter Bürger.

• *Verfassungsgerichtsbarkeit und Normenkontrolle:* Da für die liberale Gesellschafts- und Staatskonzeption die ‹Verrechtlichung› menschlicher Beziehungen und politischer →Konflikte Hauptfunktion des Staates darstellt, ist die Unterwerfung der Staatsorgane unter eine die geschriebene Verfassung als ‹Grundgesetz› interpretierende unabhängige Judikative eine ‹logische› Entwicklung. Konflikte zwischen den politisch-demokratisch durch Wahlen legitimierten Organen und der bewußt als politisch unabhängig etablierten Judikative waren unvermeidlich; ein Ausdruck des Spannungsverhältnisses zwischen den liberalen und (radikal)demokratischen Komponenten moderner liberal-demokratischer Systeme.

Begriffspräzisierung

● *Individualrechte versus Mehrheitsdemokratie:* Als Verteidigung der individuellen Privat- und Freiheitssphäre ist L. älter als (moderne) Demokratie und mit ihr dialektisch und spannungsreich verbunden. Im Bestehen auf individuellen, auch durch Mehrheitsentscheid nicht antastbaren Individualrechten und der besonderen Betonung des Rechts auf Privateigentum beschränkte der L. den ‹Volkswillen› und rechtfertigte das Bestehen oder die Entwicklung von Ungleichheit im Namen formaler individueller Freiheit.

● *‹Linker› und ‹rechter› Liberalismus:* In der Auseinandersetzung mit der Demokratie teilte sich – vereinfacht gesehen – L. theoretisch wie politisch in zwei Richtungen: eine, die, ausgehend vom Postulat des rationalen selbstverantwortlichen Individuums, Staatstätigkeit auf reine Ordnungsfunktion zu beschränken suchte; die in der Nachfolge von Adam Smiths Lehre die ‹natürliche Harmonie› eines freien Marktes propagierte; die Gesellschaft und Staat als bloße Aggregate und Instrumente von Individuen begriff, die (Kosten-Nutzen-kalkulierend) ihre eigenen Ziele verfolgten. Extremen Ausdruck fand diese Orientierung im von Darwins Evolutionstheorie (fehl)abgeleiteten «Sozialdarwinismus» (Spencer), eine Ideologie, die vor allem in den USA im letzten Drittel des 19. Jahrhunderts zur Rechtfertigung rücksichtsloser Konkurrenz und wirtschaftlichen Machtstrebens diente.

Vertreter des ‹sozialen› L. betonten dagegen die Verbindung zwischen dem Freiheits- und dem Gleichheitsprinzip. In England agitierten die «Philosophical Radicals» (James Mill; Bentham) gegen Wahlrechtsbeschränkungen und Privilegien- und Klassenstrukturen. Die Überzeugung setzte sich zunehmend durch, daß die für die ‹freie Entfaltung der Persönlichkeit› notwendigen Voraussetzungen durch staatliches Handeln gegen Armut, Ausbeutung und Unsicherheit erst geschaffen werden mußten. Besonders im anglo-amerikanischen Bereich wurde so L. mit Staatsintervention zugunsten der Unterschichten identifiziert, so daß eine Verbindung zum →Sozialismus der englischen Labour Party und zum amerikanischen New Deal besteht. Im amerikanischen Sprachgebrauch wird der Begriff ‹liberal› seit der Zeit des New Deal fast ausschließlich im Sinne von ‹linksliberal›, ‹sozialliberal› verwendet.

Forschungsstand

In der Theorie steht die ‹utilitaristische› Tradition, die auf Hobbes und Bentham zurückgeht und die das Individuum als ein lustmaximierendes Wesen begreift, der ‹idealistischen› Konzeption (Kant; Humboldt) gegenüber, in der sich das Individuum als freies durch die Ausübung seines moralischen Urteils konstituiert. Gemein haben die beiden theoretischen Positionen die Ablehnung des Paternalismus; die Überzeugung, daß keine äußere Macht die Bedürfnisse des Individuums an seiner Stelle definieren oder es zur ‹Moralität› verpflichten dürfe. Bestenfalls – dies eine spätere Entwicklung unter dem Einfluß des philosophischen Idealismus – dürften Regierungen die Rahmenbedingungen schaffen, damit der einzelne seinen moralischen Charakter entfalten könne (T. H. Green; L. T. Hobhouse). In jüngster Zeit hat John Rawls versucht, die utilitaristische und idealistische Dimension in einer Theorie der ‹Gerechtigkeit als Fairneß› zu integrieren und damit die theoretische Grundlage für einen ‹sozialen L.› geschaffen, in dem das rationale Individuum durch freie Entscheidung der Umverteilung zur Überwindung von Ungleichheit zustimmt. Ebenfalls ausgehend von der Prämisse des unabhängigen Individuums entwickelte Robert Nozick im Gegensatz zu Rawls eine Theorie des ‹minimalen Staates› als alleinigen Garanten einer gerechten Ordnung und individueller Freiheitsrechte. Der Einwand gegen beide richtet sich gegen die dem L. inhärente Vernachlässigung der Person als einem «zoon politikon» und damit der Reduktion der Dualität Gesellschaft und Gemeinschaft zur Eindimensionalität mechanischer Aggregation.

Forschungsperspektive

In den ‹westlichen Demokratien› haben sich liberale und demokratische Elemente zu ‹liberal-demokratischen› Regierungssystemen in unterschiedlichen, historisch bedingten Mischverhältnissen amalgamiert. Die liberale Komponente, vor allem die, die individuelle Freiheitsrechte gegen willkürliche Beeinträchtigung und Unterdrückung schützt, hat seit den Erfahrungen mit dem faschistischen und stalinistischen →Totalitarismus an Bedeutung gewonnen. Auch marxistische Kritiker liberaler Theorie und Politik, die die ‹besitz-individualistische› Dimension des L. ablehnen, haben die Unverzichtbarkeit des Individualschutzes als Teil eines ‹freiheitlichen Sozialismus› anerkannt. Mit wachsender Bürokratisierung und Fehlsteuerungen sowohl in liberal-demokratischen Wohlfahrtsstaaten wie in den zentralgeplanten Staaten des ‹real existierenden Sozialismus› gewinnen die liberalen Prinzipien von Eigeninitiative und Marktmechanismus neues Gewicht, wenn auch die extrem laissez-fairistischen Wirtschafts- und Gesellschaftsmodelle keine Realisierungschancen haben. Die Krise des L. ist bedingt durch die wissenschaftlichen und philosophischen Entwicklungen, die den Begriff des rationalen, autonomen Individuums und damit auch den begründeten Glauben an den historischen Fortschritt radikal in Frage gestellt haben; durch die sozio-ökonomischen Strukturveränderungen, die staatliche – d. h. bürokratische – Interventionen erforderlich machen und die historische Trägerschicht des L. – die besitzbürgerliche Mittelschicht – an Zahl und Bedeutung stark reduziert haben. L. fungiert unter diesen Bedingungen als ein Korrektiv zeitgenössischer Tendenzen der Entdifferenzierung der Gesellschaft, ohne jedoch theoretisch wie politisch-praktisch spezifisch liberale Perspektiven zur Lösung der Gegenwartsprobleme anbieten zu können. Sein Beitrag ist in der wissenschaftlichen wie politischen Diskussion im Sinne Hegels ‹aufgehoben› worden; Bestandteil geworden jeder ernsthaften Bemühung um eine ‹gute Ordnung›, ohne sie selbst konstituieren zu können.

Ballestrem, K. G.: Zur politischen Theorie des klassischen englischen Liberalismus. In: Politische Vierteljahresschrift, 17. Jg. (1976), 2, S. 186.
Gall, L. (Hg.): Liberalismus. Königstein/Ts. [3]1985.
Hayek, F. v.: Liberalismus. Tübingen 1979.
Levine, A.: Liberal Democracy. A Critique of its Theory. New York 1981.
Lowi, T. J.: The End of Liberalism. Ideology, Policy and the Crisis of Public Authority. New York 1969.
Manning, D. J.: Liberalism. London 1976.
Müller, J. B.: Liberalismus und Demokratie. Studien zum Verhältnis von Politik und Wirtschaft im Liberalismus. Stuttgart 1978.
Nozick, R.: Anarchy, State and Utopia. Oxford 1974.
Rawls, J.: Eine Theorie der Gerechtigkeit. Frankfurt/M. 1975.
Wolff, R. P.: Das Elend des Liberalismus. Frankfurt/M. 1969.

Kurt L. Shell

Loyalität

Begriffsverwendungen

Obwohl L. in der Psychologie sowie den Wirtschafts- und Sozialwissenschaften immer wieder auftaucht, steht der Begriff in keinem klaren theoretischen Zusammenhang. Eindeutige konzeptionelle Festlegungen, die eine Operationalisierung für die empirische Forschung erlauben würden, fehlen bislang. Mit dem Begriff häufig umschriebene Sachverhalte werden in klarerem und umfassenderem Bezug sowohl hinsichtlich der Mikroebene (Individuum) als auch der Makroebene (Gesellschaft) innerhalb des Forschungskontextes zur →Legitimität behandelt. Daher soll hier versucht werden, vor allem die Aspekte von L. herauszuarbeiten, die nicht genügend durch das Feld der Legitimität abgedeckt sind.

Im allgemeinen wird unter L. ein Gefühl der Bindung eines Individuums an irgendein anderes Objekt verstanden, z. B. an ein anderes Individuum, eine Gruppe, →Organisation, →Institution oder andere soziale Bezugseinheit (vgl. z. B. Schaar 1968, S. 484; Massing 1983, S. 143; Kaase 1980, S. 111), aber auch an Abstrakteres wie eine Idee, ein Ziel, eine

Pflicht (vgl. Encyclopaedia Britannica 1968, S. 378; Schaar 1968, S. 484). Je nach Bezugsobjekt variiert die begriffliche Umschreibung und damit der Schwerpunkt der jeweils angesprochenen Dimension von L. So werden bei privaten, partnerschaftlichen Beziehungen Aspekte wie Freundschaft und Treue betont, bei Gruppen und Organisationen rücken Kategorien wie Gruppenidentifikation oder Betriebstreue in den Vordergrund, und bezogen auf regionale und politische Zugehörigkeitsgefühle ist von Lokalstolz, Heimatliebe oder →Nationalismus die Rede.

Entsprechend wird mit politischer L. ein *Gefühl der Bindung an politische Objekte* bezeichnet, das politische Persönlichkeiten, Gruppen, Organisationen, Institutionen, aber auch politische Normen, Werte und Ideen umfassen kann.

Verwendungszusammenhänge

Bis in das Gedankengut frühzeitlicher Gesellschaften läßt sich das Phänomen politischer L. zurückverfolgen, wobei es insbesondere hinsichtlich des ihm zugeschriebenen Stellenwertes und der Objekte vielfältigem Wandel unterlag. So galt im klassischen griechischen Gedankengut L. zur Polis als höchste politische Tugend (im Gegensatz zur reinen Pflichterfüllung), und die Möglichkeit mehrfacher unterschiedlicher L.en wurde als bedrohend angesehen. Hintergrund war die Vorstellung der politischen Natur des Menschen, der seine Ziele nur durch aktive Teilhabe am politischen Gemeinwesen, das für Verwirklichung des Allgemeinwohls und der Vervollkommnung menschlicher Entwicklung stand, erreichen könne. Eine ähnlich ausschließliche Rolle spielte politische L. noch bei den Hebräern und Römern, während mit der Ausbreitung des Christentums der erste umfassende Dualismus – zwischen →Staat und Kirche – auftrat, wobei L. zur Kirche im Extremfall Verzicht auf die politischen Statusrechte bedeutete und umgekehrt. Die in der Zeit des Feudalismus vorherrschenden Formen lokaler und persönlicher L. wurden erst langsam – häufig gegen Widerstände und zunächst mittels Zwang – wieder von einer dominanten politischen L. gegenüber den neu entstandenen Nationalstaaten abgelöst.

Heute wird politische L. durchaus gegensätzlich wahrgenommen und bewertet. Während einerseits in totalitären Systemen ein hoher Grad an ungeteilter L. gegenüber wenigen zentralen bzw. nationalen politischen Objekten gefordert wird, gilt in modernen Demokratien das Vorhandensein *multipler L.en* zu verschiedenen politischen und gesellschaftlichen Objekten im allgemeinen nicht als unverträglich mit, sondern als förderlich für die Bildung und Aufrechterhaltung nationaler L. Andererseits kann in Entwicklungsländern, insbesondere bei der Gründung neuer Staaten, ein – staatlich gefördertes – Anwachsen nationaler politischer L. beobachtet werden, deren Schwinden in hochentwickelten Staaten mit unterschiedlicher Bewertung besonders häufig in den 60er und 70er Jahren konstatiert, jedoch nicht empirisch belegt wird. In der letzten Zeit wiederum scheint sich in der publizistischen wie wissenschaftlichen Literatur eine Renaissance politischer L., die sich um Begriffe wie Nationalbewußtsein und Aufrechterhaltung nationaler Charakteristika und Identitäten gruppiert, abzuzeichnen. Dagegen argumentieren internationale Denker wie Toynbee und Royce, daß politische L. gegenüber dem Nationalstaat aufgrund wachsender internationaler Interdependenzen überholt sei und in L. gegenüber der Menschheit als Ganzes überführt werden müsse.

Als Gemeinsamkeit entwickelter Industriegesellschaften gegenüber vorindustriellen Gesellschaftsformen kann jedoch bedingt durch zunehmende soziale →Differenzierung die Koexistenz vielfältiger, segmentierter L.en politischer und nicht-politischer Art gegenüber unterschiedlichen Objekten festgehalten werden.

Begriffspräzisierung

Wic auch immer die Bewertung politischer L. sein mag, in funktionaler Sicht gilt die These, daß kein politisches →System auf Dauer ohne L. seiner Mitglieder auskommen kann. Vergleichbar dem Weberschen Legitimitätsglauben – bei Max Weber spielt der Begriff der L. gegenüber dem der Legitimität und des Legitimitätsglaubens allerdings eine nur marginale Rolle – ist L. damit als Bedingung oder subjektives Pendant der Legitimität politischer Systeme zu definieren – sofern Legitimität nicht als objektiv bestimmbar, auf letzte, absolut wahr gehaltene Gründe zurückführbar bzw. als die *Anerkennungswürdigkeit* einer politischen Ordnung (so z. B. Habermas) verstanden wird, sondern – entsprechend dem demokratischen Anspruch – als *Anerkennung* der politischen Ordnung, also eine durch die Mitglieder ihrem politischen System zugeschriebene Qualität gefaßt wird. Darüber hinaus kann L. in →Rechtsstaaten auch als subjektives Element der Legalität – im Sinn der Legitimation durch Verfahren (so z. B. Luhmann) – gedeutet werden (dazu und zu dem Problem konkurrierender L.en zwischen wert- und verfahrens- bzw. legalitätsbegründeter Legitimität insbesondere hinsichtlich der Verfassungsproblematik demokratischer Rechtsstaaten vgl. Preuß 1984, S. 216–239).

Abweichend davon wird mit dem Begriff *Massenloyalität* in der Terminologie der Spätkapitalismustheoretiker bewußt ein Gegensatz zu wahrer, durch herrschaftsfreien, aktiven Diskurs und Konsens gefundenen Legitimität bezeichnet: Der Grundwiderspruch zwischen politischem und ökonomischem System – die private Aneignung gesellschaftlicher Produktion und die daraus folgende ‹Überformung› des politischen durch das ökonomische System –, der eigentlich aufgrund typischer Wirtschaftsprobleme steigenden Legitimitätsbedarf erzeuge und zu umfassenderen Legitimationsproblemen sowie in Folge davon zu systemgefährdenden →Konflikten führen müsse, werde in spätkapitalistischen Systemen – insbesondere den wohlfahrtsstaatlichen – durch eine in den Institutionen der politischen Bedürfnisartikulation und -befriedigung strukturell eingebaute Zuteilung systemkonformer Entschädigungen verdeckt und mit der gleichzeitigen Verbreitung integrativer Ideologien und strukturell gewaltsamer Unterdrückung abweichender politischer Bedürfnisartikulation Massenloyalität manipulativ erzeugt und aufrechterhalten. In diesem Sinn kann ‹echte› Legitimität in spätkapitalistischen Systemen nicht existent sein, und ihr subjektives Korrelat L. oder Massenloyalität wäre damit weder theoretisch noch empirisch von wissenschaftlicher Bedeutung (Narr/Offe 1975, S. 31).

Wird andererseits Massenloyalität als die gefühlsmäßige Bindung der Bevölkerungsmehrheit an politische Objekte definiert, ist zu fragen, ob überhaupt und wenn ja inwiefern sie sich von Legitimitätsglauben oder -überzeugungen unterscheidet. Dazu soll im folgenden eine Auswahl des Forschungsstandes dargestellt werden, der sich allerdings als wenig kumulativ, sondern eher theoretisch wie empirisch disparat zeigt.

Forschungsstand

Als individuelle soziale Attitüde besitzt L. neben der definitionsgemäß primären *affektiv-evaluativen* Komponente eine *kognitive*, auf die Wahrnehmung des Objekts bezogene, und eine *handlungsorientierte* Komponente. Während die *Funktionen* von L. für ihren *Träger* nach dem gängigen Problemverständnis relativ eindeutig sind – nämlich Strukturierung der Wahrnehmung, Reduktion von Informationskosten, Optimierung des Ressourceneinsatzes bezüglich des Objekts sowie, im Austausch für seine L., Empfang materieller und/oder immaterieller Belohnungen –, bewegen sich die Annahmen zum Erwerb von L., ihrer Intensitäts- und Veränderungsbedingungen noch weitgehend im Bereich der Spekulation. Primär auf den Bereich Arbeit/Wirtschaft bezogen, aber durchaus verallgemeinerungsfähig, sieht Hirschmann (1974) L. als intervenierende Variable in dem Prozeß zwischen Unzufriedenheit mit den Leistungen eines Adressaten der L. und den sich bietenden Reaktionsalternativen *Widerspruch* (voice) und *Abwanderung* (exit): Sofern beide Handlungsalternativen überhaupt frei disponibel sind (wobei die Möglichkeit der Abwanderung Voraussetzung für L. sei), besteht die primäre Funktion von L. in der Vermeidung oder zumindest Verzögerung der Abwanderung und der Förderung des Widerspruchs. Dies sei insbesondere dann der Fall, wenn gleichzeitig hohe subjektive Kompetenz zur Beeinflussung des Objekts besteht, die ihrerseits wiederum durch L. erhöht werde, weil sie die Kosten der Abwanderung steigert und so die Suche nach neuen Möglichkeiten der Einflußnahme fördert. Der Grund für diese Pufferfunktion sei im Charakter der L. zu sehen, die im Gegensatz zu Glauben mehr rationales Kalkül enthält und eine rationale Erwartungshaltung auf Verbesserung von innen her erzeugt. Von daher kann als *Funktion* von L. für das *Objekt* der Schutz vor kurzfristig eintretenden Folgen bei mangelnden Leistungen sowie langfristig die Erhöhung seiner Reaktions- und Anpassungsfähigkeit bestimmt werden. Da →Organisationen in der Regel an der Erweiterung ihres Handlungsspielraumes interessiert sind, besteht die Gefahr, daß sie versuchen, L. so zu verstärken, daß Folgebereitschaft unabhängig von ihrer Performanz aufrechterhalten wird. Manipulation und/oder Sanktionen können ebenso wie eine schlichte Erhöhung der Eintritts- und/oder Austrittskosten im weitesten Sinn zur Unterdrückung von Widerspruch und/oder Abwanderung beitragen, wobei allerdings spezifische Charakteristika von L. tendenziell verlorengehen, nämlich Informalität im Gegensatz zu verrechtlichten Formen des Gehorsams, Bewußtheit im Gegensatz zu ‹unbewußtem, loyalem Verhalten›, das frei von Unzufriedenheit ist (aufgrund von Manipulationen und/oder Prozessen der kognitiven Dissonanzreduktion) sowie ein symmetrisches Austauschverhältnis zwischen Objekt und Trägern der L. Gleichzeitig wird damit die Chance zur Verbesserung der Leistungsfähigkeit von innen her vergeben. Mitgliedschaft wird allerdings nicht als notwendig für L. angesehen, auch bei z. B. Abwanderung unter Protest könne eine weitere – loyale – Bekämpfung von Mängeln des Objekts von außen her erfolgen.

Bei einem anhaltenden Schwinden politischer L. ist ein Verlassen des Landes (Abwanderung) auf breiter Bevölkerungsbasis i. d. R. nicht möglich; wahrscheinlicher dagegen ist ein Regierungswechsel oder eine Transformation der politischen Ordnungsform.

Vor dem Hintergrund der politischen Systemtheorie nun wurde von Easton (1965) eine theoretische Differenzierung des Legitimitätskonzepts entwickelt, die sowohl eine Eingrenzung und Einordnung des Begriffs L. in den breiteren Rahmen als auch eine Umsetzung in die empirische Forschung ermöglicht. Er unterscheidet *spezifische* und *diffuse Legitimität* (bzw. Legitimitätsglauben), wobei spezifische Legitimität aus dem primär zweckrationalen Vergleich zwischen Leistungserwartungen und tatsächlichem Output des politischen Systems – insbesondere den Leistungen der jeweiligen Inhaber politischer Herrschaftsrollen – entsteht und damit notwendigerweise kurzfristige Schwankungen aufweisen muß. Objekte der diffusen, primär wertrational (a) und/oder affektiv (b) geprägten Legitimität sind dagegen die politische Ordnungsform (a) (ihre Werte, Normen und Strukturen) sowie die politische Gemeinschaft (b), z. B. die Gemeinschaft der Bürger eines Nationalstaats. Diffuse Legitimität als eine im Überzeugungssystem tiefer verankerte und dauerhafte stabile Attitüde sollte als ‹Puffer› zwischen kurzfristigen Legitimitätsverlusten durch negative Outputbewertungen und generellem Legitimitätsverlust wirken. Die so konzipierte diffuse Legitimität erscheint bedeutungsäquivalent zu dem oben beschriebenen Begriff der L. und läßt sich ebenfalls – wird die Möglichkeit einer Überführung von Zweck- in Wertrationalität bzw. in eine generalisierte, affektive Erwartungshaltung durch historisch längerfristige Prozesse berücksichtigt – mit der Theorie Hirschmanns vereinbaren.

Empirische Forschungen in den USA und der Bundesrepublik zeigen, daß der Bürger durchaus – wenn auch mit Einschränkungen – zwischen spezifischer und diffuser Legitimitätsgewährung unterscheidet (Muller/Jukam 1977; Fuchs 1981). Auf der Grundlage von Sekundäranalysen kann für die Bundesrepublik, der eine lange Tradition demokratischer Ordnung und damit die Chance des Erwerbs von L. über Sozialisationsprozesse für große Teile der Bevölkerung fehlt, auf ein stetes Anwachsen diffuser Legitimität der politischen Ordnung geschlossen werden, das vermutlich auf einen ‹overflow› der durch die als positiv wahrgenommenen Wirtschaftspolitik und Wirtschaftsentwicklung seit Gründung der Bundesrepublik bis in die 60er Jahre erzeugten spezifischen Legitimität zurückzuführen ist (Boynton/Löwenberg 1973).

Die Tatsache von ‹Ruhe und Ordnung› in den westlichen Demokratien läßt allerdings weder den Umkehrschluß einer hohen L. auf breiter Basis zu, noch ist damit die Frage zu beantworten, ob umfassende L., die zwar für die Legitimität politischer Systeme erforderlich zu sein scheint, wünschenswert ist. In einer regionalen empirischen Studie fragte Sniderman (1981) danach, welches Ausmaß bzw. welche Art von L. einer demokratischen Gesellschaft zu- bzw. abträglich ist. Über die Unterscheidung von Bindung bzw. *L.* (allegiance) vs. *Entfremdung* (alienation) einerseits und *balancierter* vs. *einseitig-absoluter* Sichtweise andererseits kommt er zur Bildung folgender vier Typen: balancierte L. (supportive), absolute L. (committed), balancierte Entfremdung (disenchanted), absolute Entfremdung (disaffected). Obwohl sich diese Typen weder hinsichtlich ihrer allgemeinen kognitiven Fähigkeiten noch bezüglich ihres politischen Interesses, Informationsverhaltens und Wissens unterscheiden, zeigen sich bedeutsame Unterschiede in ihrer politischen Folgebereitschaft bzw. in ihrer politischen Protestartikulation, die bei den Balancierten als distanziert bzw. argumentativ, bei den Absoluten als akklamativ bzw. aggressiv-destruktiv beschreibbar sind. Von daher kommt Sniderman – ähnlich wie Hirschmann für Organisationen – zu der Schlußfolgerung, daß balancierte, distanziert-positive L. gegenüber der politischen Ordnung für die Reaktions- und Anpassungsfähigkeit politischer Systeme angemessener sein dürfte als ein hohes Maß umfassender, unkritischer L. Dieser Überlegung trägt auch das Konzept ‹loyaler Opposition› in liberalen Demokratien Rechnung, während die Gleichsetzung von L. mit Konformität bzw. Kritik mit illegalem Verhalten die Gefahr einer Erstarrung politischer Strukturen birgt.

Schließlich soll noch kurz auf ein Ergebnis derselben Studie verwiesen werden, das im Kontext der L. gegenüber der politischen Gemeinschaft von besonderem Interesse ist: Das völlige Fehlen akzeptabler alternativer Konzeptionen und Vorstellungen zur bestehenden Form der Demokratie sowohl im konkreten Ländervergleich als auch abstrakt-ideell sowie eine hohe Identifikation mit der Idee der (amerikanischen) Nation bilden selbst bei dem Typus der absolut Entfremdeten eine Schranke vor umfassenden Transformationsabsichten (voice) wie vor Auswanderungswünschen (exit).

Forschungsperspektive

Die zusammenfassende Darstellung des Entwicklungs- und Forschungsstandes zu L. hat gezeigt, daß von einer eindeutigen, konzeptionell-begrifflichen Verwendung von L. nicht die Rede sein kann. So überrascht auch nicht, daß keine Kumulation von Befunden der empirischen Forschung vorliegt. Angesichts dieser Gegebenheiten darf bezweifelt werden, ob sich daran mittelfristig etwas Wesentliches ändern wird. Insbesondere bei der Verwendung von L. in der politikwissenschaftlichen Analyse bestehen derart viele theoretische und empirische Berührungspunkte zu dem in jeder Hinsicht besser fundierten Konzept der Legitimität, daß eine Konzentration künftiger theoretischer Bemühungen darauf naheliegt.

Boynton, G. R./Löwenberg, G.: «Der Bundestag im Bewußtsein der Öffentlichkeit 1951–1959». In: PVS 14 (1973), S. 3–25.

Easton, D.: A Systems Analysis of Political Life. Chicago 1965.

Encyclopaedia Britannica 1968: Loyalty, S. 378–382.

Fuchs, D.: Dimensionen politischer Unterstützung. In: Klingemann, H.-D./Kaase, M. (Hg.): Politische Psychologie. PVS Sonderheft 12 (1981), S. 208–225.

Hirschmann, A. O.: Abwanderung und Widerspruch. Tübingen 1974.

Kaase, M.: «Loyalität als Einstellung zu sozialen Objekten». In: Hoyos, C. Graf et al. (Hg.): Grundbegriffe der Wirtschaftspsychologie. München 1980, S. 111–117.

Massing, O.: «Loyalität». In: Lippert, E./Wakenhut, R. (Hg.): Handwörterbuch der politischen Psychologie. Opladen 1983, S. 143–169.

Muller, E. N./Jukam, T. O.: On the Meaning of Political Support. In: APSR 71 (1977), S. 1561–1595.

Narr, W. D./Offe, C. (Hg.): Wohlfahrtsstaat und Massenloyalität. Köln 1975.

Preuß, U. K.: Politische Verantwortung und Bürgerloyalität. Frankfurt/M. 1984.

Schaar, J. H.: «Loyalty». In: International Encyclopedia of the Social Sciences, Vol. 9. New York 1968, S. 484–487.

Sniderman, P. M.: A Question of Loyalty. Berkeley 1981.
Weber, M.: Wirtschaft und Gesellschaft. Tübingen 1956.

Bettina Westle

Macht

Begriffsverwendungen

M. ist ein allgemeines Phänomen der Gesellschaft auf allen Stufen ihrer Entwicklung und besitzt in allen Bereichen menschlicher Lebenssphären und sozialer Ordnungen Relevanz. M.-Beziehungen ergeben sich auf je bestimmte Weise aus gesellschaftlichen →Interessen, Werthaltungen, sozialen Leitbildern und gesellschaftspolitischen Zielvorstellungen in Interdependenz. Der komplexe Begriff der M. läßt sich beispielsweise unter anthropologischen, psychologischen, sozialethischen, ökonomischen sowie politischen Problemstellungen untersucht werden. In Max Webers Definition erfahren diese Aspekte weitgehend Berücksichtigung. «M. bedeutet jede Chance, innerhalb einer sozialen Beziehung den eigenen Willen auch gegen Widerstreben durchzusetzen, gleichviel, worauf diese Chance beruht.» Dieser Definition liegt eine Ziel-Mittel-Perspektive zugrunde, die sie im weiten Sinne handlungstheoretischen Begriffen zuordnen läßt.

Neben Konzeptionen intentionaler M. existieren Definitionen, die auch deutlich nicht beabsichtigte M.-Wirkungen einbeziehen. So legt K. Holm (1969, S. 42) ein in dieser Hinsicht weites Konzept dar: «Die M., die der Handelnde A gegenüber dem Handelnden B besitzt, entspricht der Fähigkeit von A, Handlungen zu vollziehen oder ... Handlungen zu unterlassen, wobei durch den Vollzug bzw. die Unterlassung Einwirkungen auf B entstehen, die dieser negativ bewertet.» Es wird aber von Autoren wie Holm durchaus gesehen, daß auch positive Sanktionen als Form der M.-Ausübung empfunden werden können, weshalb negativ sanktionierende M. als nur eine von mehreren Formen der M. anzusehen ist.

Eine weitere Unterscheidung findet sich bei Lasswell und Kaplan, wonach M. von agierenden Personen ausgehen muß. Daneben bestehen aber auch M.-Begriffe, die auf das Definitionselement der Aktion verzichten und damit latente M.-Ausübungen zum Ausdruck bringen.

Verwendungszusammenhänge

Aufgrund seiner Komplexität findet der M.-Begriff in vielen gesellschaftlichen Situationen Verwendung. Dabei lassen sich drei Dimensionen unterscheiden: (1) der M.-Haber, (2) der M.-Prozeß und (3) der Beeinflußte.

Ad 1. M.-Haber kann sowohl das Individuum, eine Gruppe, können aber auch größere Kollektive sowie gesellschaftliche Strukturen sein, wobei letztere – entstanden durch das institutionelle Gefüge einer Gesellschaft – oftmals in Form von ‹Systemzwängen› Wirkungen zeigen.

Neben der individuellen oder kollektiven M., deren Fundamente ideeller sowie ökonomischer Herkunft im weitesten Sinne sein können, rekrutiert sich die strukturelle M. vorwiegend aus den folgenden Bereichen. Zum einen geht sie von den Positionen formaler →Organisationen aus. Zweitens kann sie auf gesellschaftlich akzeptierten und institutionalisierten Verhaltensvorschriften basieren. Ein weiterer Aspekt berücksichtigt die Verteilung von sowie die Verfügung über materielle und soziokulturelle Ressourcen, wobei als Träger der M. relativ selbständige Formen der Güterallokation fungieren.

Ad 2. Als eines der bedeutendsten unter den Bestimmungskriterien, die den M.-Prozeß betreffen, gilt der Realisierungsgrad der M. M. kann hierbei aktuell oder potentiell ausgeübt und empfunden werden. Potentielle M. beschreibt die Möglichkeiten und Fähigkeiten von Personen, gewisse Einflüsse aufgrund bestimmter M.-Ressourcen und M.-Instrumente auszuüben. Mit dem Begriff der aktuellen M. geht zumeist eine personalisierende Perspektive sowie eine Konzentration auf begrenzte Situationen einher. Begriffe der aktuellen M. befassen sich mit überschaubaren Kausalbeziehungen sowie realisierter M., weniger jedoch mit latenten M.-Verhältnissen und deren weitreichenden Implikationen.

Viele M.-Beziehungen gehen in den Begriff der relationalen M. ein. Dieser Begriff stellt darauf ab, daß M. nur als spezifische Relation zwischen einem M.-Träger und wenigstens einem weiteren Individuum denkbar ist (A. Etzioni).

Die drei Kategorien von bestrafender, belohnender und manipulierender M. werden häufig in engem Zusammenhang mit bestimmten Ressourcen der M. gesehen. Bestrafende M. geht oft mit physischen M.-Mitteln einher, belohnende M. wird häufig mit ökonomischen Ressourcen in Verbindung gebracht, während manipulative M. in Korrespondenz zu symbolischen M.-Grundlagen steht.

Ad 3. Was als Phänomen der M. gilt, wird oft nach Interessenlage und theoretischer Herkunft unterschiedlich aufgefaßt. Diese Unterschiede werden besonders deutlich, wenn man die Zielrichtung der M.-Ausübung und die Wirkung der M. auf den Beeinflußten untersucht. Oftmals wird M. als gegeben angesehen, wenn ein manifester →Konflikt vorliegt. Eine Erweiterung dieses M.-Begriffs liegt in der Einbeziehung latenter Konflikte, da hier neben offenen Auseinandersetzungen zwischen M.-Habern und Unterlegenen auch verdeckte Manipulationen sowie Formen erzwungener oder resignativer Fügsamkeit mitdiskutiert werden.

Eine letzte Unterscheidung von M.-Begriffen sei zwischen der Positionsmacht und dem Typus der persönlichen M. gezogen. Unter Positionen werden ‹objektiv› zurechenbare soziale Merkmale und Attribute verstanden. M.-Begriffe, die sich dem Typus der Positionsmacht zuordnen lassen, gehen davon aus, daß M.-Konstellationen im gesellschaftlichen Gefüge weniger von den beteiligten Individuen, ihrer Aktivität, mentalen Ausstattung und Neigung geprägt werden als vielmehr von Strukturen und Faktoren, die weite Bereiche der Gesellschaft determinieren. Die Akzentuierung befaßt sich dabei stark mit der gesellschaftlichen und vom Individuum aus betrachtet reaktiven Komponente der M.

Im Gegensatz zum strukturtheoretisch geprägten M.-Begriff der Positionsmacht liegt dem Begriff der persönlichen M. die Annahme zugrunde, daß die alleinige Betrachtung von Strukturen, Ressourcen oder Ämtern zuwenig die menschliche Aktivität, Zielstrebigkeit und Intentionalität berücksichtigt. Bei diesem Ansatz gelten als Erfahrungs- und Theoriehintergrund spezifische Situationen und individuelle Handlungsweisen im Rahmen gesellschaftlicher Zusammenhänge.

Begriffspräzisierung

Unter Berücksichtigung der bisher referierten Standpunkte soll in diesem Beitrag jener M.-Theorie der Vorzug gegeben werden, die aufgrund ihrer strukturtheoretischen Sichtweise M.-Konfigurationen in Interdependenz mit dem institutionellen Gefüge einer Gesellschaft sieht. M. als anonymes Symptom struktureller Ausprägungen vermag Erfahrungen zu artikulieren, die gerade den Alltag moderner Industriegesellschaften problematisch erscheinen lassen. So verspüren viele Individuen Ohnmacht gegenüber struktureller M.-Ausübung, sind aber wegen der komplizierten Verflechtungen gesellschaftlich relevanter Institutionen und Entscheidungsträger nicht in der Lage, diese Wirkungen einem bestimmten M.-Haber zuzuschreiben. Die strukturtheoretische M.-Definition besitzt zudem den Vorteil, daß sie die Möglichkeit einer globalen Betrachtung von strukturellen *und* personalen M.-Konzeptionen eröffnet.

Forschungsstand

Betrachtet man bisher in der empirischen Sozialforschung eingesetzte Verfahren zum Nachweis von M., so konnten sich drei Methoden etablieren, die in den USA seit den 50er Jahren im Rahmen kommunaler M.-Forschung entwickelt, in jahrelangen Versuchen diskutiert und standardisiert wurden. Es handelt sich im einzelnen um die folgenden Verfahren: (1) die Positionsmethode, (2) die Reputationsmethode und (3) die Entscheidungsmethode.

Ad 1. Die Positionsmethode geht davon aus, daß kommunale M. insbesondere den Spitzenpositionen bestimmter politischer Gremien, wirtschaftlicher Unternehmungen und anderer kommunalpolitisch wichtiger

Organisationen zuzuschreiben ist. In einem ersten Schritt werden die Positionen identifiziert und daraufhin die Amtsinhaber ermittelt, welche den engsten Kreis der M.-Hierarchie definieren. Dieses recht pragmatische Verfahren wirft allerdings verschiedentlich Probleme auf. So könnte z. B. die wirkliche Kompetenz eines Positionsinhabers größer oder geringer sein, als sein formales Amt vermuten läßt. Zudem kann faktische M. mit der Positionsmethode oft nicht hinreichend erhoben werden, weil diese Technik das bedeutende Spektrum informeller M.-Verhältnisse unberücksichtigt läßt. Aufgrund dieser offensichtlichen Mängel wird dem Positionsansatz, für sich genommen, nur begrenzt Bedeutung zugemessen, so daß er heute recht selten als alleiniger Zugangsweg Verwendung findet.

Ad 2. Die Reputationsmethode setzt zunächst voraus, daß die Struktur der M. in einer Gemeinde relativ stabil ist. Dieses Gefüge bildet eine Einheit aus bestimmten Organisationen, Institutionen sowie der Konstellation verschiedener Gruppen. Im Sinne des Reputationsansatzes werden die Bürger einer Gemeinde danach befragt, wer ihrer Meinung nach die meisten M.-Befugnisse innerhalb der Gemeinde innehat. Oftmals wurde dieses Verfahren durch soziometrische Techniken ergänzt. Neben den Vorteilen einer unkomplizierten Durchführung sowie der leichten Aufbereitung des erhobenen Materials enthält allerdings auch dieses Verfahren gravierende Schwächen; so werden vor allem subjektive Meinungen und nicht tatsächliche M.-Verteilungen erhoben. Damit wird aber die Kompetenz der Befragten zur bedenklichen Determinante der Ergebnisse. Weitere Kritik zog sich die Reputationstechnik zu, als sie anstatt faktischer M., die hier das eigentliche Forschungsziel darstellt, vielmehr eine diffuse Mischung aus potentieller, latent wirksamer und manifester M. produzierte.

Ad 3. Die Entscheidungsmethode ermittelt den Grad aktiver M.-Ausübung in strittigen Entscheidungssituationen, die für eine Gemeinde von zentraler Bedeutung sind. Als ausschlaggebendes Kriterium und als Indikator individueller M. zählt das Durchsetzen von Zielen durch die am Entscheidungsprozeß beteiligten Personen.

Durch Interviews, Sekundäranalysen von offiziellen und internen Berichten sowie den Einsatz von Beobachtungstechniken läßt sich rekonstruieren, welche Wünsche und Zielvorstellungen die einzelnen Personen und Interessenverbände in die Diskussion einbrachten, wie die Verhandlung verlief und wessen Standpunkte sich am Ende durchsetzen konnten. Der Entscheidungsansatz geht nicht notwendigerweise von einem systematischen Zusammenhang zwischen Sozialstruktur und M.-Beziehung aus; vielmehr betont er den individuellen Handlungsaspekt. In diesem Sinne entscheidet nicht die potentielle M. oder das Vorhandensein von machtdeterminierenden Ressourcen über das Einflußspektrum eines Individuums, sondern erst die Anwendung und Ausschöpfung dieser M.-Mittel.

Auch dieses Konzept wurde der Kritik ausgesetzt, da es nicht verdeutlicht, ob das Nichtausüben von Interessen als Folge von Handlungen machtausübender Individuen aufzufassen ist oder ob Nicht-Entscheidungen infolge institutioneller Verhältnisse, welche die Mächtigen begünstigen, ein aktives Auftreten überflüssig macht.

Ein letzter Einwand gegen die Technik des Entscheidungsverfahrens stellt auf die fast völlig positive Bewertung der M. ab, eine Perspektive, die diesem Ansatz jedoch inhärent ist.

Forschungsperspektive

Die Auseinandersetzungen zwischen den Anhängern der Reputationsmethode und des Entscheidungsverfahrens hatten weiterführende methodische Überlegungen zur Folge. So wurde immer deutlicher, daß nur eine Kombination oder Integration dieser Methoden deren jeweilige Einseitigkeit auszugleichen vermochte. Dabei sollte der Gültigkeitsbereich des einzelnen Verfahrens abgegrenzt werden, um somit auf die Leistungsfähigkeit der kombinierten Ansätze schließen zu können. Mit Bezug auf ihre Leistungsfähigkeit ist zu sagen, daß die etablierten →Methoden der kommunalen M.-Forschung auf drei relativ isolierte Aspekte der M. eingehen. Zum einen handelt es sich um Ausprägungen manifester M., zum anderen um die Bereiche von M.-Ressourcen in Form legaler Befugnisse sowie gesellschaftlicher Reputation. Im Unterschied zur aktuellen und manifesten M. läßt sich potentielle M. allerdings nur mittelbar feststellen.

Daher steht für die weitere Arbeit einerseits die Forderung nach validen und multidimensionalen Erhebungsmethoden zur Erforschung der Grundlagen der M. im Vordergrund, um dieses komplexe Phänomen nicht zu segmentaristisch anzugehen und damit ungenügend zu erforschen. Andererseits dürfte der Nachholbedarf groß sein, nach mittlerweile doch schon eindrucksvollen Erkenntnissen über manifeste M. vermehrt auch über Konstellationen und Konsequenzen latenter und potentieller M. zu forschen.

Blau, P.: Exchange and Power in Social Life. New York 1964.
Etzioni, A.: The Active Society. New York 1968 (S. 313–317 unter dem Titel: Zur Macht-Definition. In: Zoll, R.: Gemeinde als Alibi. München 1972, S. 119–123).
Holm, K.: Zum Begriff der Macht. In: KZfSS 21 (1969), S. 269–288 (auch in: Mühlfeld, C./Schmid, M. (Hg.): Soziologische Theorie. Hamburg 1974).
Hradil, S.: Die Erforschung der Macht. Stuttgart 1980.
Irle, M.: Macht und Entscheidungen in Organisationen. Frankfurt/M. 1971.
Kadushin, Ch.: Power, Influence and Social Circles. A New Methodology for Studying Opinion Makers. In: ASR 33 (1968), S. 685–699.
Parsons, T.: On the Concept of Political Power. In: Proceedings of the American Philosophical Society 107 (1963), S. 232–262.

Sabine Böhme

Marxismus

Begriffsverwendungen

Eine eindeutige Verwendung der Bezeichnung M. findet sich in der Literatur nicht; historisch (dazu Walther 1982, S. 937ff) taucht sie zunächst als abwertende Fremdkennzeichnung verschiedener französischer Fraktionen der Arbeiterbewegung auf. 1882 erscheint von P. Brousse das Buch «Le Marxisme dans l'Internationale», das zum ersten Mal die Bezeichnung im Titel führt, und Marx beklagt sich brieflich an Engels, «die ‹Marxisten› et ‹Anti-Marxistes› (haben) ihr möglichstes getan, um mir den Aufenthalt in Frankreich zu versalzen» (MEW 35, S. 100). Marx und Engels verwenden M. zur Kennzeichnung der «Parti ouvrier» von Guesde, aber nicht zur Selbstkennzeichnung. Wesentlichen Anteil an der Einführung der heutigen Begriffsverwendung hatte Kautsky, der als erster und mit großem Erfolg in der Sozialdemokratie die Marxschen Theorien zu einer scheinbar einheitlichen orthodoxen ‹Lehre› und Geschichtsauffassung synthetisierte, die im wesentlichen auf dem «Manifest der kommunistischen Partei» (MEW 4) und der «Einleitung zur Kritik der politischen Ökonomie» (MEW 13) beruhte. Diese stark vom Geist des Positivismus des 19. Jahrhunderts geprägte mechanistische Geschichtsauffassung, die im Umsturz der kapitalistischen Gesellschaft zum →Sozialismus und schließlich →Kommunismus eine historische Gesetzmäßigkeit sah, bildete ab 1891 die theoretische Grundlage des sozialdemokratischen Programms und trug im Widerspruch zum revolutionären Pathos in der offiziellen Rhetorik der Partei zu deren politischem Quietismus und Attentismus am Vorabend des 1. Weltkriegs bei. Die Auseinandersetzung der Universitätswissenschaft mit den Auffassungen der Arbeiterbewegung bezog sich, wenn sie überhaupt erfolgte, vor allem auf diese Orthodoxie und führte bis zum Ende des 1. Weltkriegs zu einer begrifflichen Gleichsetzung von M. und Sozialismus.

Das Scheitern der internationalen Sozialdemokratie 1914, die Spaltung der Arbeiterbewegung in Sozialdemokraten, Kommunisten und zum Teil auch anarcho-syndikalistische Bewegungen sowie schließlich eine nach 1918, vor allem aber nach der Veröffentlichung der sogenannten Marxschen Frühschriften neu einsetzende wissenschaftliche Marxinterpretation, namentlich durch K. Korsch und G. Lukács, führte dazu, daß die Bezeichnung M. einen eindeutigen Sinn seitdem nicht mehr besitzt; mehr denn je ist M. heute ein wissenschaftlicher und politischer Kampfbegriff.

Verwendungszusammenhänge

Strenggenommen ist es deshalb nur sinnvoll, M. ausschließlich zur Kennzeichnung der Marxschen Theorien zu verwenden. Wie deren nachfolgende Zusammenfassung zeigen soll, ist ihre Bezeichnung in einem ein geschlossenes wissenschaftliches →System suggerierenden Begriff (-ismus) zwar nicht zufällig, aber doch problematisch.

Das umfangreiche wissenschaftliche und politische Werk von Karl Marx – in wichtigen Teilen in engster Zusammenarbeit mit Friedrich Engels entstanden – bildet kein konsistentes Denksystem, ist nicht frei von Widersprüchen und reflektiert wie jedes Lebenswerk in sich objektive und subjektive Entwicklungen. Gleichwohl gibt es von den frühesten Schriften, die noch unter dem Einfluß Hegels und Feuerbachs stehen, bis in die späten Jahre eine eindeutige Kontinuität, die es letztlich ermöglicht, vom M. als einer einheitlichen Geschichtsauffassung zu reden. Am prägnantesten ist die Marxsche Programmatik in den sogenannten «Thesen über Feuerbach» (MEW 3) in Verbindung mit dem «Manifest der kommunistischen Partei» (MEW 4) formuliert: «Der Hauptmangel alles bisherigen Materialismus ist, daß der Gegenstand, die Wirklichkeit, Sinnlichkeit nur unter der Form des Objekts oder der Anschauung gefaßt wird; nicht aber als sinnlich menschliche Tätigkeit, Praxis, nicht subjektiv... die Frage, ob dem menschlichen Denken gegenständliche Wahrheit zukomme – ist keine Frage der Theorie, sondern eine praktische Frage.»

Die damit formulierte Grundlage des historisch-dialektischen Materialismus begreift Geschichte und Gesellschaft als einen allein von Menschen in ihrer sinnlich praktischen Lebenstätigkeit beständig geschaffenen und insofern veränderbaren objektiven Zusammenhang, die Geschichte «ist nichts als die Tätigkeit des seine Zwecke verfolgenden Menschen» (MEW 2, S. 98). «Das Zusammenfallen des Ändern der Umstände und der menschlichen Tätigkeit oder Selbstveränderung kann nur als revolutionäre Praxis gefaßt und rational verstanden werden» (MEW 3, S. 6). Auf dieser Grundlage «praktischer Subjektivität» (Fleischer 1969, S. 26) entwickelt Marx seine Analyse und Kritik der bürgerlich-kapitalistischen Gesellschaft als eine historische Theorie der →Revolution; Analyse und Kritik stehen unter dem Anspruch der politischen und gesellschaftlichen Veränderung. Dieser Anspruch ist entgegen einer weitverbreiteten Marx-Interpretation auch in den späteren, sogenannten ‹ökonomischen› Schriften von Marx eindeutig normativ durch eine «Wertentscheidung» (Thompson 1978, S. 104 und 233) fundiert.

So heißt es zum Beispiel im «Kapital», daß das «Grundprinzip» der revolutionär zu verwirklichenden «höheren Gesellschaftsform» «die volle und freie Entwicklung jedes Individuums ist» (MEW 23, S. 618). Gerade deren strukturelle Unmöglichkeit unter den Bedingungen eines auch noch so ‹sozial› gestalteten →Kapitalismus begründet für Marx die Entscheidung für die notwendige Revolution.

Die Marxschen Theorien stehen so im komplexen, nicht widerspruchsfreien, aber unübersehbaren Zusammenhang einer «Philosophie der Praxis» (Petrović 1969), als deren geschichtliches Subjekt von Marx das Proletariat als «Klasse an und für sich» unzweifelhaft unterstellt wurde. Danach war für ihn gewiß, daß die Entwicklungsdynamik des Kapitalismus unvermeidlich die objektiven Voraussetzungen einer revolutionären Situation schaffen würde, in der das Proletariat als geschichtlicher Repräsentant der «Gattungskräfte» der Menschen die gesellschaftlichen Verhältnisse revolutionieren und die Entwicklung zum Kommunismus einleiten würde. Der Kommunismus als die aufgrund des historisch entwickelten Standes der Produktivkräfte mögliche «höhere Gesellschaftsform» werde die durch Klassenherrschaft und Ausbeutung charakterisierte «Vorgeschichte» der Menschheit beenden und statt dessen auf der Basis von kommunistischen Eigentums- und Produktionsformen erstmals «die freie Assoziation» der Menschen zu einer Gesellschaft ermöglichen, die allen Individuen gleichermaßen die freie Entfaltung, Entwicklung und Befriedigung ihrer Bedürfnisse und Fähigkeiten erlaubt.

Begriffspräzisierung

Den Kern dieser politischen Geschichtstheorie bildet Marx' «Kritik der politischen Ökonomie», also die Darstellung, Analyse und Kritik der kapitalistischen Produktionsweise. Im Zentrum steht eine Kritik der Ausbeutung des schöpferisch und produktiv tätigen Arbeiters (aufgrund des unvermeidlichen Konzentrationsprozesses des Kapitals schließlich «die große Masse der Bevölkerung») durch die die Produktionsmittel als Privateigentum besitzende Klasse der Bourgeois sowie eine Theorie, nach der alle gesellschaftlichen Verhältnisse und menschlichen Beziehungen – einschließlich die der herrschenden Klasse – durch die kapitalistische Warenproduktion zur «Entfremdung» des Menschen von seinen geschichtlich erworbenen gattungsmäßigen Möglichkeiten und zur «Verdinglichung» im ohnmächtigen Getriebe der «Profithäckerei» des Kapitals verkommen. Als Geheimnis und Kernstruktur der kapitalistischen Produktionsweise wird von Marx das Lohnarbeitsverhältnis analysiert, dessen ideologischer Schein der «gerechte» (Äquivalenten-)Tausch von Arbeit gegen Lohn aufgrund des den Anschein individueller Freiheit erweckenden Vertragsverhältnisses ist. In Wirklichkeit ist aber der historisch von seinen Subsistenzmitteln getrennte Arbeiter gezwungen, seine Arbeitskraft zu verkaufen, und wird der «gerechte» Lohn aufgrund der werteschaffenden Qualität der menschlichen Arbeitskraft, die im Produktionsprozeß verausgabt wird, stets um den dabei geschaffenen «Mehrwert» gekürzt, der sich im realisierbaren Wert der produzierten Waren als Profit des Produktionsmitteleigners niederschlägt. Diese «Ausbeutung» ist nur in einer Produktionsweise aufhebbar, in der die Arbeiter selbst

Eigentümer der Produktionsmittel und folglich auch der im Arbeitsprozeß geschaffenen Güter sind. Die Herbeiführung einer solchen gerechten Produktionsweise ist das Ziel der proletarischen Revolution. Insofern basiert auch die «Kritik der politischen Ökonomie» auf Marx' «Theorie vom selbstbewußt handelnden Proletariat» (Fetscher 1985, S. 184).

Im Bemühen Marx', die proletarische Revolution als «notwendig» nicht nur im praktisch-ethischen Sinne erscheinen zu lassen, enthält seine Analyse der kapitalistischen Produktionsweise ebenso wie seine übergreifende Geschichtsauffassung im Widerspruch zur «Philosophie der Praxis» und «revolutionären Theorie» stehende Tendenzen einer objektivistischen Geschichtsphilosophie in der Tradition Hegels und ähnlich der Comtes. Danach erscheint die «Notwendigkeit» des Kommunismus nicht nur als eine praktisch-geschichtliche, sondern als von objektiven Gesetzmäßigkeiten diktiertes und garantiertes endgültiges Entwicklungsstadium, in dem die bisherige Geschichte der Menschheit ihr Ziel fände. Der historische ‹Erfolg›, den gerade diese Auffassungen seit Kautsky in den Parteien der Arbeiterbewegung fanden, ist vor allem wissenssoziologisch zu begreifen: Kam vor 1918 eine geschichtsdeterministische Weltanschauung dem politisch-ideologischen Orientierungsbedürfnis einer reformistisch gewordenen Arbeiterbewegung entgegen, so eigneten sie sich nach 1918 in ihrem kommunistischen Flügel in besonderem Maße zur Rechtfertigung der auf Status-quo-Sicherung tendierenden Politik des «Sozialismus in einem Land» (Stalin), für die der ‹M.-Leninismus› nur noch eine bloße Rechtfertigungsideologie darstellt.

Eine genaue Analyse des Marxschen Gebrauchs von ‹Gesetz› und ‹Gesetzmäßigkeit› zeigt aber trotz einiger widersprüchlicher Formulierungen, die häufig zusammenfassenden oder propagandistischen Charakter haben, daß Marx über sein ganzes Lebenswerk seine Konzeption einer praktisch-revolutionären Weltanschauung durchhält. Der bei der Analyse der kapitalistischen Produktionsweise verwendete Begriff von ‹Gesetz› oder auch ‹Entwicklungsgesetz› ist dabei rein formationsimmanent gerade als kritikwürdiges Merkmal einer Gesellschaftsformation und Produktionsweise begriffen, in der die Menschen sich noch nicht zum freien Subjekt und Herrn ihrer gesellschaftlichen Verhältnisse aufgeschwungen haben und sie ihnen folglich wie objektive ‹Tatsachen› erscheinen müssen. Die kausalen Zusammenhänge und insofern funktionalen Gesetzmäßigkeiten, wie sie Marx im Prozeß der kapitalistischen Akkumulation (z. B. Konzentration und Zentralisation des Kapitals, Krisenzyklus, Steigerung der ‹organischen Zusammensetzung› des Kapitals etc.) analysiert, sind eindeutig historisch konstituierte und bedingte Zusammenhänge, die, einmal im theoretischen und gesellschaftlichen Bewußtsein analysiert und begriffen, der Veränderung durch eingreifende menschliche Praxis offenstehen. Insofern ‹determinieren› sie die Entwicklung gesellschaftlicher Verhältnisse nur im Zustand von ‹Entfremdung› und ‹Verdinglichung›, dessen Veränderung nicht zuletzt deswegen durch die revolutionäre Theorie gerade angestrebt wird. Der Erfolg oder Mißerfolg bleibt aber von der praktisch-revolutionären Tätigkeit des Proletariats allein abhängig, für die die immanenten Gesetzmäßigkeiten der kapitalistisch-bürgerlichen Gesellschaft lediglich objektive Voraussetzungen schaffen – nicht zuletzt die Entstehung der proletarischen Klasse selbst.

Forschungsstand

Die häufig aufgestellte Behauptung, der M. verfüge über keine Theorie der Politik, ist falsch; richtig ist vielmehr, daß die Marxschen Theorien über den bürgerlichen Staat, über Demokratie oder (Klassen-)Herrschaft sowie ihre Aufhebung aufgrund der methodologischen Prämissen der dialektisch-materialistischen Geschichtsauffassung nicht als disziplinär getrennte Theorie zur Darstellung kommen können. Inhaltlich liegen aber zu nahezu allen allgemeinen Fragen, die eine Theorie der Politik zu stellen hätte, Marxsche Antworten vor.

In seiner frühen, noch vormaterialistischen «Kritik der Hegelschen Rechtsphilosophie» formuliert Marx das Grundmotiv seiner historischen Politiktheorie, das auch nach der vollen Ausbildung des dialektischen Materialismus seinen zentralen normativen Stellenwert behält: «Die Demokratie ist die Verfassungsgattung», sie «ist das aufgelöste Rätsel aller Verfassungen. Hier ist die Verfassung nicht nur an sich, dem Wesen nach, sondern der Existenz, der Wirklichkeit nach in ihren wirklichen Grund, den wirklichen Menschen, das wirkliche Volk, stets zurückgeführt und als sein eigenes Werk gesetzt» (MEW 1, S. 230f). Das Zitat deutet an, wie sich bei Marx historische Theorie der Entfremdung und politische Geschichtstheorie verknüpfen. Alle bisherige Geschichte ist danach nicht nur Herrschaftsgeschichte, sondern indem sie das ist, zugleich eine konkrete Entfremdung der meisten Menschen von ihren historischen Möglichkeiten der Selbstbestimmung, der Staat in seiner jeweiligen Form institutioneller Ausdruck von Fremdbestimmung. Der →Rechtsstaat der bürgerlichen Gesellschaft und die politische Form der repräsentativen Demokratie emanzipieren nach Marx nicht den wirklichen Menschen, sondern ein bloßes Abstraktum, den politischen Staatsbürger (Citoyen) von Herrschaft, so wie die politische Emanzipation in der bürgerlichen Demokratie (Wahlrecht) zu einer bloß abstrakten Freiheit in der von der Gesellschaft getrennten und zur Institution des Staates verdinglichten politischen Sphäre führt. «Erst wenn der wirkliche individuelle Mensch den abstrakten Staatsbürger in sich zurücknimmt und als individueller Mensch in seinem empirischen Leben, in seiner individuellen Arbeit, in seinen individuellen Verhältnissen Gattungswesen geworden ist, erst wenn der Mensch seine forces propres als gesellschaftliche Kräfte erkannt und organisiert hat und daher die gesellschaftliche Kraft nicht mehr in der Gestalt der politischen Kraft von sich trennt, erst dann ist die menschliche Emanzipation vollbracht» (MEW 1, S. 370).

Ungeachtet der Wendung zum dialektischen Materialismus, die sich vor allem in der Aufgabe des idealistischen Topos vom ‹Wesen des Menschen› zugunsten der historisch konkreten Anknüpfung der Theorie an ‹Arbeit als die produktive und selbsterzeugende Lebenstätigkeit› der Menschen äußert, bleiben für die politische Emanzipation die frühen normativen Implikationen bestimmend. Die Analyse und Kritik des «bürgerlichen Klassenstaates», etwa im «Manifest der Kommunistischen Partei», hat die Perspektive einer Abschaffung von Staat und Herrschaft überhaupt ebensowenig aufgegeben, wie auch später, etwa im Text über die Pariser Kommune (MEW 17) ‹direkte Demokratie›, ‹Selbstregierung der Produzenten› und ‹freie Assoziation der Gesellschaftsmitglieder› das Ziel bleiben. Pointiert (mit einem heutigen Begriffsverständnis) gesagt, ist die Marxsche Politiktheorie in der Kritik des historischen Staates und dem Willen zu seiner Überwindung anarchistisch und mit den heutigen Auffassungen des «M.-Leninismus», wie sie bezüglich der Probleme von Staat und (kommunistischer) Partei seit Lenins «Staat und Revolution» gelten, unvereinbar.

Neben diesen politiktheoretischen Elementen der Marxschen Geschichtstheorie enthalten seine Schriften zur «Kritik der politischen Ökonomie» der bürgerlichen Gesellschaft konkrete Hinweise zu einer spezifischen Theorie des bürgerlichen Staates im Kapitalismus, die aber in dem Fragment bleibenden «Kapital» – ebenso wie die Klassentheorie – nicht mehr zur detaillierten Ausarbeitung gelangen. Diese Hinweise knüpfen bei der Geldform des Kapitals an und parallelisieren dazu analog die Rechtsform des Staates; das Gemeinsame, das diese Analyse erst ermöglicht, findet in der jeweiligen historisch realen Abstraktion von den wirklichen gesellschaftlichen Verhältnissen bzw. den Individuen als ihrem Subjekt seinen Anknüpfungspunkt. Verschiedene Versuche, eine marxistische Rechts- und Staatstheorie auszuarbeiten, nehmen von diesen Andeutungen ihren Ausgangspunkt.

Forschungsperspektive

Die heutige Bedeutung des M. für die →Politikwissenschaft liegt – wenn man vom «M.-Leninismus» als der Legitimationsideologie bestehender Herrschaft in Gesellschaften sowjetischen Typs einmal absieht – in den verschiedenen Anknüpfungspunkten, die die Marxsche Geschichtstheorie sowie seine «Kritik der politischen Ökonomie» für eine Analyse und Erklärung politischer Formen und Prozesse in Gesellschaften mit kapitalistischer Produktionsweise sowie in der kapitalistischen Weltmarktgesellschaft bieten. Der politische Anspruch dieser Geschichtstheorie, das theoretische Bewußtsein einer realen Emanzipation der Menschen aus Verhältnissen der Ausbeutung und Herrschaft hin zur freien individuellen Entwicklung der Gattungskräfte zu sein, bleibt freilich ohne entsprechendes realgesellschaftliches Subjekt leere Verheißung, in der sich Reste aufklärerischer Geschichtsmetaphysik mit dem evolutionistischen Optimismus des 19. Jahrhunderts paaren.

Alle Marx-Zitate nach: Karl Marx/Friedrich Engels: Werke. Hg. vom Institut für Marxismus-Leninismus beim ZK der SED. Berlin 1956ff. (MEW).
Fetscher, I.: Karl Marx und der Marxismus. München [4]1985.
Fleischer, H.: Marxismus und Geschichte. Frankfurt/M. 1969.
Haug, W. F. (Hg.): Kritisches Wörterbuch des Marxismus. Berlin 1983ff.
Korsch, K.: Marxismus und Philosophie. Frankfurt/Wien 1966.
Lukács, G.: Geschichte und Klassenbewußtsein (Georg Lukács Werke, Band 2). Neuwied/Berlin 1968.
Neusüss, A.: Marxismus. München 1981.
Petrović, G. (Hg.): Revolutionäre Praxis. Jugoslawischer Marxismus der Gegenwart. Freiburg 1969.
Thompson, E. P.: Das Elend der Theorie. Frankfurt/New York 1978.
Vranicki, P.: Geschichte des Marxismus. Erweiterte Ausgabe. Frankfurt/M. 1983.
Walther, R.: Marxismus. In: Geschichtliche Grundbegriffe, Bd. 3. Stuttgart 1982, S. 937–976.

Michael Th. Greven

Methoden

Begriffsverwendungen

Als M. bezeichnet man in der →Politikwissenschaft ganz unterschiedliche Forschungsaktivitäten und -instrumente. So gibt es die Unterscheidung zwischen mathematischen, historischen oder philosophischen M.; man grenzt induktive von deduktiven, kausale von funktionalen M., diese wieder von dialektischen, hermeneutischen oder phänomenologischen M. ab. Zur M.-Lehre zählt man quantitative wie qualitative Erhebungs- und Analysestrategien. Diese verschiedenen, mit dem M.-Begriff verbundenen Vorstellungen treffen sich jedoch in einem gemeinsamen Bezugspunkt, nämlich der Frage nach den angemessenen Formen der Gewinnung und Verwendung politikwissenschaftlich relevanter Untersuchungsmaterialien. Nicht allein die technischen Probleme der Datenerhebung gehören zur politikwissenschaftlichen M.-Lehre. Darüber hinaus stellen sich methodische Probleme bei der Auswahl von Erklärungs- oder Interpretationsstrategien, der Strukturierung des Untersuchungsfeldes, der Festlegung und der Auswahl der Untersuchungseinheiten und bei der Aufbereitung des gewonnenen Beobachtungsmaterials. Entscheidungen für den Einsatz einer bestimmten Methode können dabei nicht ausschließlich unter technisch-instrumentellen Gesichtspunkten getroffen werden, sondern hängen immer von theoretischen Überlegungen ab. Insbesondere in den geisteswissenschaftlich orientierten Richtungen der Politikwissenschaft sind inhaltliche und methodische Fragen nicht voneinander zu trennen. Nicht zuletzt aus diesem Grunde stehen nachfolgend ausschließlich die M. der empirischen Politikwissenschaft zur Debatte.

Begriffspräzisierung

Empirische M. dienen als Hilfsmittel bei der Beschreibung und Erklärung politischer Wirklichkeit. Von einer Beschreibung sprechen wir, wenn einer Untersuchungseinheit auf einer genau angegebenen Merkmalsdimension eine bestimmte Merkmalsausprägung zugeordnet ist. Theorien stellen einen systematischen Zusammenhang zwischen erklärungsbedürftigen und erklärenden Sachverhalten dar. Sie sind als Wenn-Dann- oder als Je-Desto-Hypothesen formuliert, z. B.: «Je höher die Inflationsrate, desto geringer die Popularität der Regierung». Die Je-Komponente bezeichnet man als unabhängige Variable oder als Explanans, die Desto-Komponente als abhängige Variable oder als Explanandum.

Nach den Forderungen *deduktiv-nomologischer* Theoriebildung führt das Auftreten der Explanans-Ereignisse gesetzmäßig und ausnahmslos die Explanandum-Ereignisse herbei (deterministische Hypothese). Abweichungen vom erwarteten Beziehungsmuster widerlegen die empirische Gültigkeit der Theorie; denn aus einer richtigen Prämisse dürfen keine falschen Folgerungen ableitbar sein. *Induktive Theorien* unterstellen demgegenüber lediglich einen mehr oder weniger wahrscheinlichen Zusammenhang zwischen der abhängigen und der unabhängigen Variablen (probabilistische Hypothese). Theorieinkonforme Ereignisse widerlegen die Theorie nicht endgültig, schwächen aber ihren Bewährungsgrad. Deduktive Theorien sind leichter falsifizierbar und haben infolgedessen den größeren empirischen Gehalt. Über die tatsächliche Gültigkeit induktiver wie deduktiver Theorien läßt sich nur auf der Grundlage empirischer Beobachtungen entscheiden.

Die Forderung der empirischen Wissenschaftslehre, nur solche Aussagen als wahr zu akzeptieren, deren Übereinstimmung mit Beobachtungsdaten empirisch nachgewiesen ist, ist nicht problemlos zu erfüllen. Üblicherweise enhalten politikwissenschaftliche Hypothesen empirische und theoretische Begriffe. Erstere beziehen sich auf sinnlich wahrnehmbare Tatbestände (Demonstrant, Besucher einer Wahlversammlung), letztere beziehen sich auf latente Eigenschaften von Objekten (Partizipationsbereitschaft, demokratische Einstellung). Sie finden deshalb keine unmittelbare Entsprechung in Beobachtungsdaten. Um diese herzustellen, müssen die theoretischen Konstrukte operationalisiert werden.

Die verläßliche und gültige Messung einer latenten Größe setzt zunächst eine eindeutige Definition des in Frage kommenden Sachverhalts voraus. Erst auf dieser Grundlage ist eine Operationalisierung der theoretischen Konstrukte möglich. Diese umfaßt die Angabe der empirischen Äquivalente des latenten Merkmals (Indikatoren). Zusätzlich legt sie das zu ihrer Ermittlung geeignete Meßverfahren fest, mit dessen Hilfe die eigentliche Messung, die Zuordnung eines Symbols (Zahl) zu einem Objekt, erfolgt.

Anders als in der Physik basieren politikwissenschaftliche Messungen nicht auf empirisch bewährten Theorien (fundamentales Messen). Selbst in den seltenen Fällen, in denen zumindest die Auswahl der Indikatoren latenter Eigenschaften theoretisch begründet erscheint (z. B. sozio-ökonomischer Status durch Bildung, Einkommen, Beruf), erfolgt die Zuordnung von Zahlenwerten zu den Merkmalsausprägungen willkürlich oder durch bloße Häufigkeitsauszählung (willkürliches Messen, Messen durch Zählen). Insofern stellt die Operationalisierung von Theorien die größte Schwachstelle in der empirischen Forschung dar. Sie läßt sich auch durch die unverkennbaren Fortschritte bei der Entwicklung von Meßmodellen und Skalierungsverfahren nicht vollständig beseitigen.

Verwendungszusammenhänge und Forschungsstand

• *Erhebungstechniken:* Für die Datenerhebung stehen der empirischen Forschung zahlreiche Techniken zur Verfügung, die man zu den drei Obergruppen: Befragung, Beobachtung und Dokumentenanalyse zusammenfassen kann. Weithin setzt man empirische Sozialforschung mit einem bestimmten Erhebungsverfahren, dem standardisierten, mündlichen Einzelinterview, gleich. Im Hinblick auf den Entwicklungsstand der M.-Lehre sowie auf die tatsächliche Verbreitung des Interviews ist dies zwar nachvollziehbar, doch gibt es in der Umfrageforschung weitere Verfahren mit einer eigenständigen forschungspraktischen Bedeutung.

Die Klassifikation dieser Befragungsformen kann an Hand mehrerer Kriterien erfolgen: So unterscheidet man z. B. zwischen der einmaligen und der wiederholten (Trend, Panel), der schriftlichen und der mündlichen Befragung, der Einzel- und der Kollektiverhebung. Interviews können bei repräsentativen Bevölkerungsstichproben oder bei Spezialpopulationen durchgeführt werden. Je nach ihrer Stellung im Forschungsprozeß dienen sie der Exploration, der Beschreibung oder Prüfung von Theorien. In der Diskussion über die M. der Umfrageforschung spielen schließlich die Interviewtechnik (hart, weich, neutral), der Strukturierungs- und der Standardisierungsgrad des Erhebungsinstruments eine Rolle. Alle erwähnten Varianten weisen ein gemeinsames Merkmal auf: Die Erhebungsdaten werden eigens für den Forschungszweck produziert. Das Forschungsinteresse richtet sich dabei auf den Gewinn von Informationen über Einstellungen, Verhaltensdispositionen und Gruppenbindungen, die durch die Erfassung sozialstatistischer Größen ergänzt werden.

Im Vergleich mit der Befragung spielen die Dokumentenanalyse und die Beobachtung als politikwissenschaftliche Forschungstechniken immer noch eine untergeordnete Bedeutung. Sie unterscheiden sich von der Befragung zunächst dadurch, daß das Datenmaterial nicht eigens für den Forschungszweck produziert wird. Es liegt vielmehr bereits in Rohform vor und muß für die Forschung nach bestimmten Standards aufbereitet werden. Die Befragung weist im Vergleich mit den anderen M. einen Vorteil auf: Sie bietet prinzipiell die Möglichkeit, einen engeren Bezug zwischen der Theorie und dem Datenmaterial herzustellen. Allerdings erfolgt bei ihr – wie bei der Beobachtung – die Datenproduktion zeitgleich mit dem Meßvorgang. Erhebungsfehler lassen sich zu einem späteren Zeitpunkt nicht beseitigen, da bereits beim erstmaligen Einsatz des Forschungsinstruments die Erhebungssituation verändert wurde.

Diese Anfälligkeit für situationsspezifische Verzerrungen weist die Dokumentenanalyse als sogenanntes nichtreaktives Verfahren nicht auf. Zusätzlich ist sie der Befragung darin überlegen, daß sie der empirischen Analyse zurückliegende politische Ereignisse zuverlässig erschließt. Die vielfältigen methodischen und inhaltlichen Anwendungsmöglichkeiten dieser Erhebungstechnik wurden bislang nicht einmal annähernd ausgeschöpft. In weiten Bereichen der politikwissenschaftlichen Forschung dominiert nach wie vor die Befragung, obgleich sich der Einsatz der Dokumentenanalyse geradezu aufdrängt. Eine systematische quantitative Analyse von Presseerzeugnissen, Parteiprogrammen, Parlaments- oder Parteitagsreden trüge beispielsweise zur inhaltlichen und methodischen Bereicherung der →politischen Kulturforschung bei.

Trotz der vorzüglichen Dokumentation der Parlamentsarbeit im Bund und in den Ländern ist in der Bundesrepublik eine empirisch-quantitative →Parlamentarismusforschung praktisch nicht existent. Erst sehr zurückhaltend beginnt man damit, die Haushalte öffentlicher Gebietskörperschaften für die empirische Policy-Forschung nutzbar zu machen.

Keines der vorgestellten Erhebungsverfahren kann eine prinzipielle Überlegenheit gegenüber den verfügbaren Alternativen in Anspruch nehmen. Die Entscheidung für ein bestimmtes Forschungsinstrument hängt vielmehr vom Untersuchungsziel, von den Besonderheiten des Untersuchungsobjektes und von den verfügbaren Ressourcen ab. Dabei bietet sich durchaus der kombinierte Einsatz mehrerer Erhebungstechniken an. Den breiten Erfahrungen, über die die Sozialwissenschaft im Umgang mit der Befragung verfügt, stehen als Vorzüge der Dokumentenanalyse deren vielfältige Anwendungsmöglichkeiten und deren innovatives Potential gegenüber.

Gerade die Umfrageforschung sieht sich neuerdings mit einigen praktischen Schwierigkeiten (Kostenprobleme, Datenschutz) konfrontiert. In dieser Situation gewinnt, gefördert durch den Aufbau allgemein zugänglicher Datenarchive, die Sekundäranalyse vorhandener Datenbestände immer mehr an Attraktivität. Im Interesse einer kumulativen, theorieorientierten empirischen Forschung ist der Bedeutungsgewinn der Sekundäranalyse positiv zu bewerten.

● *Datenanalyseverfahren:* Einen unverzichtbaren Beitrag zur Nutzung der vorhandenen politikwissenschaftlichen Daten leisteten die Neuentwicklungen auf dem Gebiete der EDV-gestützten Datenanalyse. Vor allem die Möglichkeiten zur theorieorientierten empirischen Forschung wurden hierdurch beträchtlich verbessert.

Die klassischen Arbeiten auf dem Gebiet der politikwissenschaftlichen Einstellungs- und Verhaltensforschung waren methodisch noch vergleichsweise schlicht angelegt. In «The Civic Culture», einem Pionierwerk der modernen empirischen Politikwissenschaft, begnügte man sich noch mit einer – zumeist länderweisen – Kreuztabellierung der interessierenden Variablen; weder die Signifikanz noch die Stärke der untersuchten Zusammenhänge wurde ermittelt. Methodisch anspruchsvolle und rechenaufwendige Verfahren wie die Korrelations- und die Regressionsanalyse fanden früher hauptsächlich bei der Arbeit mit kleinen Datenmengen Anwendung. Die elektronische Datenverarbeitung erleichtert die Anwendung komplexer statistischer Verfahren bei der Analyse großer Datenmengen nachhaltig. Entsprechend bildete sich in diesem Bereich ein bedeutsamer Schwerpunkt der sozialwissenschaftlichen M.-Lehre heraus. Besondere politikwissenschaftliche Relevanz besitzen die Fortschritte bei der Entwicklung der multivariaten Analyse qualitativer Daten. In dem Maße, in dem sich die Politikwissenschaft neben der mikropolitischen Einstellungs- und Verhaltensforschung auch makroanalytischen Fragestellungen wie der Policy-Output-Forschung, der empirischen →Demokratieforschung und der makropolitischen Krisen- und Konfliktforschung zuwandte, fanden auch konventionelle parametrische Analysestrategien, insbesondere die multiple Regressionsanalyse und auf ihr basierende Verfahren adäquate politikwissenschaftliche Anwendungsfelder. Die von Sullivan und Niemi herausgegebene Serie «Quantitative Applications in the Social Sciences» zeigt eindrucksvoll, in welcher Form sich statistische Analyseverfahren in der Politikwissenschaft verwenden lassen.

Forschungsperspektive

Die Fortschritte auf methodischem Gebiet eröffneten der Politikwissenschaft Entwicklungsmöglichkeiten, die noch vor dreißig Jahren kaum absehbar waren. Inwieweit die damit verbundenen Chancen tatsächlich genutzt werden, hängt in erster Linie von der systematischen Verbindung von Theorie und empirischer Forschung und vom sorgfältig geplanten Einsatz der verfügbaren Forschungsinstrumente ab. Zu den für den weiteren Forschungsprozeß maßgeblichen Entscheidungen gehören die eindeutige Eingrenzung des Untersuchungsgegenstandes, die Entwicklung von Kriterien und Verfahren zur Auswahl der Untersuchungseinheiten (Vollerhebung, Stichprobe, Art und Umfang der Stichprobe), die Festlegung der Analyseebene (Individual-, Aggregatdaten-, Mehrebenen-Analyse), die Anlage einer Untersuchung als Längsschnitt- oder als Querschnitt-Studie. Die Entwicklung eines theorienahen Erhebungsinstrumentes und seine Erprobung vor Beginn der Hauptuntersuchung stellen notwendige Voraussetzungen erfolgreicher empirischer Forschung dar. Theorie- und datenbezogene Überlegungen über den Einsatz der angemessenen uni-, bi- und multivariaten Analysestrategien sind für jedes Projekt, das über sterile Beschreibungen hinausgehen möchte, unabdingbar. Die Qualität empirischer Forschung steht und fällt mit der Qualität des Forschungsdesigns, und mit der Qualität der empirischen Forschung steht und fällt die Weiterentwicklung der Theorie erfahrungswissenschaftlicher Prägung.

Blalock, H. M. jr.: Social Statistics. New York u. a. ²1979.

Kerlinger, F. N.: Grundlagen der Sozialwissenschaften. 2 Bde. Weinheim/Basel 1979.

Koolwijk, J. van/Wieken-Mayser, M. (Hg.): Techniken der empirischen Sozialforschung. (7 Bde.) München 1975 ff.

Kromrey, H.: Empirische Sozialforschung. Modelle und Methoden der Datenerhebung und Datenauswertung. Unter Mitarbeit von R. Ollmann. Opladen ²1983.

Mayntz, R./Holm, K./Hübner, P.: Einführung in die Methoden der empirischen Soziologie. Opladen ⁵1978.

Müller, F. F./Schmidt, M. G.: Empirische Politikwissenschaft. Stuttgart u. a. 1979.

Sullivan, J. L./Niemi, R. G. (Hg.): Quantitative Applications in the Social Sciences. Sage University Papers. (Bislang 56 Hefte.) Beverly Hills/London 1976 ff.

Oscar W. Gabriel

Militär

Begriffsverwendungen

M. ist die institutionelle und soziale, staatlich organisierte Gesamtheit eines bewaffneten Machtpotentials, das vorrangig der Androhung der Gewalt nach außen, gegen andere Staaten, aber auch der Durchsetzung des Herrschaftsanspruchs im Innern dient. Das M. ist organischer Bestandteil der obersten politischen Instanzen eines Staates, zu denen es wegen seiner Bedeutung für Krisen- und Konfliktfälle in herausgehobener →Loyalität steht. Existenz und Organisation des M. sind Ausdruck der jeweiligen Epochen, Regierungssysteme und ihrer Herrschaftsformen: Die wechselseitigen Beziehungen von Politik, Staat, Gesellschaft, Wirtschaft und M. sind evident. In den modernen politischen Theorien seit dem ausgehenden 18. Jahrhundert hat sich für die Einbindung, Unterordnung und Kontrolle des M. durch eine staatliche, nicht mehr allein personengebundene, monarchische Politik der Begriff vom ‹Primat der Politik› entwickelt, um die Kernfrage nach der Stellung der bewaffneten →Gewalt im Staat zugunsten der von den repräsentativen Organen legitimierten Regierung zu regeln. Analog heißt es im System der sozialistischen Staaten des 20. Jahrhunderts, man habe das M. der «Arbeiterklasse, dem sozialistischen Staat und vor allem der marxistisch-leninistischen Partei» (Kleines politisches Wörterbuch, Berlin/DDR 1973) unterstellt.

Verwendungszusammenhänge

Die Übertragung oder Verabsolutierung von Prinzipien, Formen und Verhaltensweisen des M. auf gesellschaftliche, staatliche und ökonomische Bereiche, denen sie nicht angemessen sind, nennt man Militarismus. Er entsteht auch, wenn der zivile Bereich sich militärische Normen und Muster aneignet, diese als vorbildhaft akzeptiert oder indoktriniert annimmt. Eine so militärisch formierte Gesellschaft findet idealtypisch, indem tendenziell das M. zur Verkörperung der Staatsidee schlechthin wird, ihren Höhepunkt im Typ des «Kasernenstaats» (Harold D. Lasswell). Die preußisch-deutsche Geschichte der Neuzeit bietet Beispiele für Militarismus. Hier hat man die Frage nach dem rechten Verhältnis von Staatskunst und Kriegstechnik «nicht zutreffend beantworten können»; zu häufig hatten «Übersteigerung und Überschätzung des Soldatentums» ihre Chance. Militarismus war da vorzufinden, «wo die kämpferische Seite des Politischen einseitig überbetont» (Gerhard Ritter) wurde. Die funktionale Unterordnung des Militärischen gegenüber der allgemeinen Staatsleitung hatte der preußische M.-Theoretiker Carl von Clausewitz zu Beginn des 19. Jahrhunderts auf die berühmte Maxime gebracht: Die

Kriegführung sei nichts anderes als die Fortsetzung der Politik mit anderen Mitteln. Krieg führen war demnach als Handwerk zu betreiben, die Armee das Werkzeug der Staatskunst zu bestimmten und begrenzten Zwecken. Jedoch: Sozialdarwinismus, weltanschaulicher →Nationalismus, militärstrategische Radikalisierung, geostrategische Ordnungsvorstellungen oder auch simplifizierendes Machtstaatsdenken beschleunigten die Umkehrung der klassischen Formel vom Verhältnis der Staatskunst zum Kriegshandwerk, bis man forderte: «Die Politik hat der Kriegführung zu dienen», oder gar: «Jede gesunde Politik ist eine Fortsetzung des Krieges mit anderen Mitteln im Frieden» (Erich Ludendorff: «Der totale Krieg»).

Begriffspräzisierung

Das M. in hoch entwickelten Gesellschaften besteht in seinem Kern der Führungsstruktur aus einer Gruppe von Berufssoldaten, ergänzt durch den Typ des auf Zeit, bis zu zwölf Jahren verpflichteten Soldaten und schließlich – nicht überall – aus den Wehrpflichtigen. Je nach Ländern und historischen Traditionen sind die Arten der Rekrutierung des M.-Personals unterschiedlich. In Deutschland sind Aufgebot und Gefolgschaft, Zwangsrekrutierung und Freiwilligenwerbung die typischen Formen. Allein das Milizsystem in der Schweiz entspricht dem Modell der allgemeinen Wehrpflicht am ehesten. Das Freiwilligensystem, das die Grundlage des Zeit- und Berufssoldaten bildet, erleichtert die Forderung nach langjähriger Spezialisierung des militärischen Berufs von Unteroffiziersgraden bis zum General.

Diese Professionalisierung des M. zielt auf Experten für die systematische →Organisation des technischen, politischen, strategischen und operativen Wissens sowie für die Fertigkeiten, umfangreiche Massenarmeen effizient raum- und zeitbezogen einzusetzen. Technisierung und →Bürokratisierung ließen mancherlei Parallelen zu industriellen Großunternehmen entstehen. Hochgradig arbeitsteilige und bürokratische Organisationsformen haben ehemals einfache hierarchische Verhältnisse hin zu komplexen wechselseitigen Zuständigkeitsstrukturen und komplizierten Kommunikationsbedürfnissen verwandelt.

Forschungsstand

Das M. der Neuzeit ist Gegenstand der Wissenschaften geworden. Die staatstheoretischen und ökonomischen Bezüge sind mit den Analysen von Machiavelli, Adam Smith, den Vertretern der preußischen Reformen zu Beginn des 19. Jahrhunderts wie Scharnhorst, Gneisenau oder

Clausewitz sowie L. vom Stein auf der einen Seite oder den Analysen von Karl Marx und Friedrich Engels auf der anderen Seite vielfältig ausgeweitet worden. Die →Differenzierung der Wissenschaften im 19. Jahrhundert ließen das M. nicht außer acht. Affirmativ-deskriptive, verstehende Betrachtung vornehmlich in den Geisteswissenschaften war die Regel für lange Zeit.

Der Wandel des politischen Bewußtseins und die Technifizierung des M. taten ein übriges, mehr Wissen über das M. zu fordern. Neben der auf ökonomische Verwertung angelegten technischen und naturwissenschaftlichen Forschung, die in der Welt über ein Reservoir von vielen hunderttausend Mann verfügt und in ihrer Bedeutung für die Rüstung dennoch unterschätzt wird, treten in der öffentlichen Erörterung überproportional die Sozialwissenschaften hervor. Sie stehen in einer langen Tradition bis zu Autoren wie Comte, Saint-Simon oder Spencer. Der 2. Weltkrieg führte zu einer beträchtlichen Veränderung, als im Jahr 1941 die amerikanische Armee im großen Maßstab ein Research Branch mit Soziologen, Psychologen, Historikern und Politologen einrichtete, um systematisch Ausbildung und Führung militärischer Gruppen zu untersuchen. Das M. in seiner Gesamtheit schließlich wurde Gegenstand sozialwissenschaftlicher Erforschung (S. A. Stouffer). Eine Erweiterung der sozial- und politikwissenschaftlichen Forschung zum Verhältnis von M. und Gesellschaft trat ein, als Nuklearrüstung und permanente Aufrüstung der M.-Apparate in Ost und West Themen der Konfliktentstehung und -regelung sowie Alternativen zum bestehenden System der Sicherheitspolitik in die Forschungsdiskussion aufnahmen.

Die Bundeswehr ist im allgemeinen den Entwicklungsbedingungen militärischer Großorganisationen in entfalteten Industriestaaten unterworfen. Bei ihrer Aufstellung in den 50er Jahren hatten sich die politische und militärische Führung dem Integrationskonzept von M. und Staat/Gesellschaft verpflichtet. Die Theorie der Unvereinbarkeit, der Inkompatibilität von M. und Gesellschaft wurde abgelehnt und die Forderung nach der Integration als zielsetzende, programmatische Norm aufgestellt. Bei aller Übereinstimmung der militärischen und zivilen organisatorischen Strukturen – so wie der Slogan der Bundeswehr «wir produzieren Sicherheit» andeutet – ist die Androhung oder im Ernstfall Anwendung von Gewalt – für die Bundeswehr definiert durch die Verteidigungsvorgabe des Grundgesetzes – nicht zu vernachlässigen. Die Forderung nach der Integration umgreift nicht pauschal alle, sondern bestimmte Ebenen der Beziehungen zwischen M. und Staat/Gesellschaft.

In der Bundesrepublik Deutschland verwirklichte man unter dem Integrationsziel wichtige Prinzipien wie Primat der →Politik, Akzeptanz und →Legitimität, die Einwirkungen des liberal-bürgerlichen Staates auch beim M. zeitigten. Der Primat der Politik, öffentliche und parlamentarische Kontrolle entsprechen der Einbindung der Bundeswehr in die →Verfassung dieses Staates, um eine separate Staat-im-Staate-Rolle des M. zu überwinden. Die Befehls- und Kommandogewalt über die Streitkräfte liegt im →Frieden beim Bundesminister der Verteidigung, im Verteidigungsfall beim Bundeskanzler; nicht der oberste Soldat, der Generalinspekteur der Bundeswehr, sondern Staatssekretäre vertreten die Interessen des Bundesministers der Verteidigung. Der Verteidigungsausschuß des Deutschen Bundestages ist mit den Rechten eines Untersuchungsausschusses, wenn er sich so konstituiert, ausgestattet. Die Einsetzung des Wehrbeauftragten des Deutschen Bundestages, das Recht des Bundestages, den Verteidigungsfall festzustellen, die Einrichtung einer zivilen Bundeswehrverwaltung und die Gültigkeit der allgemeinen Gerichtsbarkeit innerhalb des M. sind Beispiele für die politisch ausgerichtete Struktur der Bundeswehr. Ausgehend von der Verfassungsnorm ist der Primat der Politik sichergestellt; in der Wirklichkeit haben sich Probleme der Abhängigkeit des Parlaments gegenüber dem militärischen Sachverstand der Experten aus Verwaltung und Rüstung herausgestellt, die das parlamentarische Kontrollrecht einschränken (Starfighter, MRCA-Tornado, Fregatte, Leopard 3). Das Dilemma der Haushaltsentwicklung, langfristige technologische Planung und die Bedingungen von Strategie und Sicherheitspolitik verweisen auf die Grenzen der Kapazität des Parlaments.

Die Bundeswehr unterliegt seit ihrem Beitritt in die NATO einer intensiven Einbindung, die eine nationale M.-Politik ausschließt. Im Konfliktfall untersteht die Bundeswehr dem integrierten Führungsstab des NATO-Hauptquartiers mit seiner direkten Einsatzkompetenz. Der förmlich zuständige Bundeskanzler hat eine generelle und bedingte Zuständigkeit; auch verfügt die Bundeswehr über keine eigene Planungsinstanz wie einen Generalstab.

Die allgemeine Zustimmung zum M. ist traditionell groß, schuf sich doch die Bundesrepublik ihre Armee durch die Politik der Westintegration. Dies ist der Kern der Akzeptanz der Bundeswehr. Die hohe Zustimmungsrate hat gelitten, seit die Diskussion der nuklearen Aufrüstung im Zusammenhang mit dem NATO-Doppelbeschluß seit 1979 die Schutzfunktion der bundesdeutschen Sicherheitspolitik in der Bevölkerung unterhöhlte. Die Rationalität der atomaren Sicherheitspolitik und Verteidigungsmöglichkeit in Mitteleuropa wird wie das Phänomen der Selbstabschreckung als das Problem von Krieg und Frieden im Atomzeitalter thematisiert.

Das Selbstbild und das Berufsverständnis des Offizierkorps gewähren in besonderer Weise Einblicke in das M. Es war in Deutschland vom preußisch-deutschen Offizier bestimmt, dessen adelig-bürgerlicher Typ im

Kaiserreich ausgeformt worden war. Heereserweiterung und Aufrüstungen hatten die Inkorporierung ausgewählter bürgerlicher Schichten gebracht und zum Sozialprotektionismus Wilhelms II., zum Modell der «erwünschten Kreise» des «Adels der Gesinnung» geführt. Soziale Schichten sollten Auffassungen und Einstellungen gegenüber Krone und Staat konstituieren. Es ging um die Herkunft aus Beamten-, Akademiker- und Gutsbesitzerfamilien, alle möglichst protestantischer Konfession. Die soziale Abkapselung war strikt; Anwärter aus Lehrerfamilien oder aus dem Unteroffizierskorps waren ohne Chance. Die militärische Personalpolitik orientierte sich an den kaiserlichen Auswahlprinzipien viele Jahrzehnte; Auswirkungen finden sich bis in die Aufstellungsphase der Bundeswehr. Eine soziale Öffnung hin zu anderen bürgerlichen Schichten, auch Angestellten- und Arbeiterfamilien, läßt sich für das Jahrzehnt nach 1965 feststellen. Die alten sozialen Einseitigkeiten mit ihrem Verdacht auf ideologische Bedenklichkeiten sind geschwunden.

Das pluralistische Offizierskorps der Bundeswehr der 80er Jahre reflektiert ein verändertes Berufsbild des Soldaten. Die technologische und bürokratische Arbeit sowie die Einbindung in die NATO verlangen ein Profil, das sich erheblich vom Ideal des klassischen Soldaten – dem heroischen Führer (M. Janowitz) – in Richtung auf zivilvergleichbare Führungsberufe hin verändert hat. Ob der Soldatenberuf bereits ein «Beruf wie jeder andere» (W. Graf von Baudissin) ist, kann dahingestellt bleiben, die Professionalisierung des Berufes aber hat die aus der M.-Tradition herrührende Kategorisierung des soldatischen Berufs verändert. Dieser Wandel ist grundlegender Natur und noch nicht abgeschlossen; er wird als Trend zum Beruf (‹occupation›, Charles C. Moskos), allerdings nicht zum Job, bezeichnet.

Ein typisches Kennzeichen des modernen M. ist das in Öffentlichkeit und Parlament zu wenig beachtete militäreigene Bildungssystem. In Preußen-Deutschland gibt es seit den Scharnhorstschen Reformen ein militäreigenes Bildungssystem, welches die Aus- und Fortbildung der im Beruf bereits befindlichen Offiziere ermöglicht. Mit der Bildungsreform in der Bundeswehr zu Beginn der 70er Jahre kam die Einrichtung von Universitäten der Bundeswehr in Hamburg und München mit einem obligatorischen zivilvergleichbaren Studium für Offiziere. Darauf aufbauend wird an der Führungsakademie der Bundeswehr in einem dreigliedrigen System jener spezielle Teil militärisch-beruflicher Ausbildung und Bildung angeboten, der die Offiziere bis hin zu höchsten Führungsstellen qualifiziert.

Forschungsperspektive

Probleme weiterreichender Art bestehen für das M. und gleichermaßen für die Bundeswehr. Rüstungswettlauf, die extreme technologische und kommunikative Entwicklung der Waffensysteme lassen Grenzen der militärischen Führung erkennen, werfen Fragen der politischen und parlamentarischen Kontrolle und Planung auf und stoßen auf Grenzen der Finanzierbarkeit; die demographische Entwicklung, die mehr ist als eine Abnahme aufgrund des sogenannten Pillenknicks, beschränkt die Höhe der Truppen in Mitteleuropa – selbst wenn sie nur numerisch betrachtet wird; die Veränderung der M.-Strukturen bedeutet für die Bundeswehr die Anerkennung und Einbeziehung milizartiger Komponenten, die unter dem Stichwort des Reservistenkonzepts geführt wird; schließlich bleibt die Frage nach der Glaubwürdigkeit einer Abschreckungsdoktrin gestellt, die den Einsatz von Nuklearwaffen auf dem Gefechtsfeld unabhängig von der Politik der Konventionalisierung oder der Anhebung der Atomschwelle einkalkuliert. – Die Beziehungen von M. und Gesellschaft werden ein besonders wichtiger Faktor der Politik bis zum Jahre 2000 sein.

Bald, D.: Der deutsche Offizier. München 1982.
–/Bald-Gerlich, G./Ambros, E. (Hg.): Tradition und Reform im militärischen Bildungswesen. Eine Dokumentation 1810–1985. Baden-Baden 1985.
Berghahn, V. R. (Hg.): Militarismus. Köln 1975.
Bredow, W. v.: Moderner Militarismus. Stuttgart 1983.
Janowitz, M./Little, R.: Militär und Gesellschaft. Boppard 1965.
König, R. u. a.: Beiträge zur Militärsoziologie. Sonderheft 12 der Kölner Zeitschrift für Soziologie und Sozialpsychologie. Köln 1968.
Mosen, W.: Eine Militärsoziologie. Neuwied 1967.
Roghmann, K./Ziegler, R.: Militärsoziologie. Stuttgart 1977.
Schössler, D.: Militär und Politik. Frankfurt/M. 1983.

Detlef Bald

Militärpakte

Begriffsverwendungen

M., -bündnisse oder -koalitionen sind vertragliche Vereinbarungen von Staaten zur Ausnutzung ihrer militärischen, ökonomischen und wissenschaftlich-technischen Potentiale im Interesse der Erhöhung oder Optimierung gemeinsamer politischer Zielfestlegungen. Zeitliche Dauer, regionale Ausdehnung, die Art der Organisation und der Grad der gemeinsamen oder jeweiligen Verpflichtung der Staaten zum Zweck des Militärpaktes sind unterschiedlich; die angestrebte politische →Macht, Stabilität und Stärke dient der Wahrung der →Interessen der Bündnispartner bis zur Drohung mit dem Einsatz militärischer Mittel zum Schutz vor oder gegen einen gemeinsamen gegnerischen Staat oder eine als feindlich bzw. bedrohlich angesehene Staatengruppe. M. stellen ein wesentliches Mittel dar, die internationalen Beziehungen am Ende des 20. Jahrhunderts intensiver zu strukturieren, zu prägen und zu kanalisieren, als dies in früheren Jahrzehnten der Fall war.

M. sind Teil oder Instrument der umfassenden Außen- und Sicherheitspolitik. Ihr Beitrag zur Sicherung des →Friedens und der staatlichen Wohlfahrt wird vor allem in der Stabilisierung der internationalen Ordnung gesehen, solange sie qua Existenz und Machtpotential eine Lösung zwischenstaatlicher →Krisen und →Konflikte ohne Drohung und ohne Anwendung von militärischer Gewalt herbeiführen. Die Einbindung der außen- und sicherheitspolitischen Interessen eines Staates in eine konkrete Bündnispolitik ist Ausdruck einer Vielzahl von innerstaatlichen Interessen. Spannungen und Friktionen zwischen den Bündnispartnern werden durch ein System der politischen und administrativen Abstimmung reduziert, um die langfristig angelegten M. in Einklang mit den innen- und außenpolitischen, ökonomischen und technischen Wandlungen unter den Mitgliedern der M.e zu halten. Haben M. bürokratische Organisationen, ist die Tendenz ihrer Verselbständigung gegeben – mit erheblichen Konsequenzen für eine nationale, demokratisch-parlamentarische Kontrolle und Interessenrealisierung in Sicherheitsfragen gegenüber den paktinternen Entscheidungen der militärischen Experten. Ihnen obliegt z. T. Planung, Koordination, Kontrolle oder Einsatzvorbereitung von Truppen, wie es sie zu keiner Zeit in der modernen Geschichte gegeben hat.

Existenz und Legitimation (→Legitimität) der M. sind im wesentlichen abhängig von der von einem fiktiven Gleichgewichtsdenken ausgehenden Analyse der militärischen Machtmittel der eigenen und gegnerischen Seite, von der Einschätzung des politischen Verhaltens seiner Handlungsträger und seines Entscheidungssystems. Kalkulierbarkeit, Perzeption und Bewertung – alles Elemente des Subjektiven – werden so zu wichtigen Einflußgrößen der internationalen Realität. Zu diesem Phänomen trägt das Schema von der Bedrohung durch den Gegner bei einer eigenen friedfertigen Haltung bei. Beispielsweise reflektieren die beiden deutschen Staaten die Politik ihrer M. als Ost-West-Gegensätze. Entsprechend wird von der bundesdeutschen Seite das Ziel der Friedenssicherung für die NATO – «sie bedroht niemanden und strebt keine Überlegenheit an» – betont, weshalb sie nur zum Schutz gegen die «politische und militärische Bedrohung» durch die Sowjetunion bestehe; d. h.:

«bereits im Frieden verfolgt die Sowjetunion das politische Ziel, die Glaubwürdigkeit und militärische Handlungsfähigkeit der NATO in Frage zu stellen, Westeuropa so weit wie möglich sowjetischem Einfluß zu öffnen, amerikanischem Schutz zu entziehen und politischem Druck auszusetzen» (Weißbuch 1985. Zur Lage und Entwicklung der Bundeswehr).

Auf der anderen Seite wird der Militärpakt der Warschauer Vertragsorganisation mit der Notwendigkeit, den «Schutz des Friedens und des Sozialismus» zur «Zügelung der imperialistischen Aggressoren... als Faktor zur Sicherung des Friedens» (Kleines politisches Wörterbuch, Berlin/DDR 1973) gerechtfertigt.

Verwendungszusammenhänge

Die M. der Gegenwart sind kollektive Verteidigungsvereinbarungen. Die völkerrechtliche Grundlage bietet Art. 51 der Satzung der Vereinten Nationen. Danach ist Selbstverteidigung gegen Staaten, die eine Aggression begehen und damit →Frieden und →Sicherheit der internationalen Staatengemeinschaft verletzen, zulässig. Obwohl selbst als kollektives Sicherheitssystem konzipiert, haben die Vereinten Nationen, seit ihre Satzung am 24. Oktober 1945 in Kraft trat, Frieden und Sicherheit zwischen den Staaten durch militärische Sanktionen und andere Druckmittel kaum sichern können. Ihre Gründung war nicht der erste Versuch, eine kollektive Friedenssicherung aufzubauen. Bereits 1815 hatten die siegreichen Alliierten des Antinapoleonischen Bündnisses für den Fall der Bedrohung des Friedens im europäischen Staatensystem vereinbart, «diejenigen Maßregeln zu verabreden, welche zu ergreifen sie für die Sicherheit ihrer respektiven Staaten und für die allgemeine Ruhe in Europa als dann notwendig erachten werden» (20. Nov. 1815). Dieses erste multinationale Sicherheitssystem des technisch-industriellen Zeitalters suchte die Antwort auf die allgemeine Erschütterung der Stabilität der internationalen Ordnung in der kollektiven Androhung gemeinsamer Maßnahmen. Entsprechend erscheint es nach dem 1. und 2. Weltkrieg konsequent zu sein, jenes Konzept der europäischen Mächte des 19. Jahrhunderts durch ein globales Konzept des Völkerbundes und der Vereinten Nationen abzulösen und zu erweitern.

Die M. der USA und der Sowjetunion wurden nach dem 2. Weltkrieg zum strukturbestimmenden Merkmal der Globalität der internationalen Beziehungen. Der Begriff des Ost-West-Konflikts umschreibt die durch M. bestärkte Abgrenzung der Interessensphären, die sich die beiden dominanten Mächte der nördlichen Hemisphäre, die USA und die Sowjetunion, in den Konferenzen von Teheran, Jalta und Potsdam gegenseitig zugestanden und die die gewohnte europazentrierte internationale Ordnung ablösten. Ihrem Charakter nach versteht sich die westliche Hegemonialmacht als maritime und Handelsmacht, seit sie mit dem Washingtoner Flottenabkommen von 1922 Großbritannien als erste Macht auf den Weltmeeren abgelöst hatte. Demgegenüber ist die östliche Hegemonialmacht in ihrem Grundverständnis eine kontinentale Landmacht.

Begriffspräzisierung
Der westliche Militärpakt, die NATO (North Atlantic Treaty Organization), wurde am 4. April 1949 in Washington von Großbritannien, Frankreich, den Benelux-Staaten, Norwegen, Dänemark, Island, Portugal, Italien sowie den amerikanischen Staaten Kanada und den USA unterzeichnet. Im Jahr 1952 traten Griechenland und die Türkei, im Mai 1955 die Bundesrepublik Deutschland und im Jahr 1982 Spanien dem Atlantikpakt bei. Die Unterstellung von Truppen wird unterschiedlich gehandhabt; während die Bundeswehr keine Truppen unter nationalem Kommando hat, haben die übrigen NATO-Mitglieder bestimmte oder keine Kontingente zur Verfügung gestellt.

M. sind typischerweise nicht nur Bündnisse zur militärischen Verteidigung, sondern haben auch die Funktion der Bewahrung und Förderung der politischen Gesellschaftsordnung. So heißt es in der Präambel des NATO-Vertrags, es sei das Ziel, die «Freiheit, das gemeinsame Erbe und die Zivilisation ihrer Völker, die auf den Grundsätzen der Demokratie, der Freiheit der Person und der Herrschaft des Rechts beruhen, zu gewährleisten.»

Das oberste Ziel der NATO ist der Schutz sämtlicher Mitglieder gegen eine Aggression, für die eine integrierte Verteidigungsorganisation wegen der bereits in Friedenszeiten unterstellten oder verbindlich zugesagten, assignierten Streitkräfte unterhalten wird. Der Angriff auf einen NATO-Partner wird nach dem Vertrag als Angriff gegen alle Bündnispartner gewertet. Nach Art. 5 des NATO-Vertrags besteht allerdings keine automatische militärische Beistandspflicht. Das bedeutet: Erstens ist die Reaktionsfähigkeit nicht von einer Mehrheitsentscheidung oder einem Vetorecht einzelner Mitglieder abhängig; das geforderte «Zusammenwirken mit den anderen Parteien» verlangt allein Konsultationen. Zweitens steht jedem Mitglied die Entscheidung darüber frei, was als zweckmäßig zur Erfüllung der Beistandspflicht gelten soll; die als «erforderlich» erachteten nationalen Maßnahmen können von der «Anwendung von Waffengewalt» bis zum Status der «Nicht-Kriegführung» reichen. Die im Beitrittsgesetz der Bundesrepublik Deutschland enthaltene Feststellung, der Art. 5 löse im Falle der Aggression «die Pflicht zur automatischen Beistandsleistung» aus, gilt völkerrechtlich als «schlichtweg unrichtig» (Ipsen).

Nach Art. 9 des NATO-Vertrags wurde als politisches Organ der Nordatlantikrat aufgebaut. Völkerrechtlich gesehen macht er das Bündnis zu einer klassischen internationalen →Organisation ohne Durchgriffsbefugnis gegenüber dem Bereich nationaler Hoheitsgewalt, da er eine halbjährlich zusammentretende Konferenz von Regierungsmitgliedern ist. Wöchentlich tagt in Brüssel der aus weisungsgebundenen Botschaftern bestehende Ständige Rat, dessen Kompetenz sich formal auf Kooperation und Koordination beschränkt. Es hat sich jedoch die Praxis eingebürgert, durch vorherige Selbstverpflichtungen der Mitgliedsstaaten die Empfehlungen des Rates in ihrer Bindungswirkung auch völkerrechtlich zu qualifizieren. Oberstes militärisches Organ ist der Militärausschuß. Die alliierten Kommandobehörden nehmen in diesem Rahmen ihre Befugnisse der operativen Planung und der operativen Führung in Spannungszeiten wahr. Die zentralen Kommandobehörden stehen unter amerikanischer Kontrolle oder direkter Leitung; die militärischen Stäbe sind multinational besetzt.

Forschungsstand

Das westliche Bündnissystem entstand in Europa mit dem Brüsseler Pakt im Jahr 1948, der auf den englisch-französischen Dünkirchener Vertrag zurückging. Im Zuge der Westintegration und des Beitritts der Bundesrepublik (1955) wurde die ursprüngliche antideutsche Zielsetzung modifiziert und der Pakt in Westeuropäische Union (WEU) umbenannt; sie übt rüstungspolitische Kontrollmaßnahmen, die sich vor allem auf Material für A-, B- und C-Waffen beziehen, aus.

Zur Zeit des Kalten Krieges unterhielten die USA die Südostasiatische Verteidigungsorganisation (SEATO), von 1954 bis 1975; Thailand, Pakistan und die Philippinen sollten vor militärischen Angriffen und ‹subversiver Tätigkeit› geschützt werden. Großbritannien, Frankreich, Neuseeland und Australien waren die übrigen Mitgliedstaaten. Mit der Zentralen Paktorganisation (CENTO) wurde die räumliche Verbindung von der NATO zur SEATO von 1955 bis 1979 hergestellt. Ursprüngliche Mitglieder: Großbritannien, Türkei, Irak, Iran und Pakistan.

Der Pazifische Sicherheitspakt (ANZUS) mit Australien, Neuseeland und den USA besteht seit 1951; im Unterschied zur NATO existiert in Friedenszeiten keine militärische Verteidigungsorganisation.

Die Warschauer Vertragsorganisation (WVO) ist der von der Sowjetunion dominierte Militärpakt, gegründet im Jahr 1955 als Reaktion auf den Beitritt der Bundesrepublik in die NATO. Unterzeichnerstaaten waren noch Albanien (das 1968 austrat), Bulgarien, Polen, die Tschechoslowakei, Rumänien, Ungarn und natürlich die DDR. Neben der Gewährleistung der militärischen Sicherheit zielt der Warschauer Pakt auf die Verbesserung der außenpolitischen Zusammenarbeit und den Schutz der gemeinsamen gesellschaftlichen Werte, zusammengefaßt im Begriff des ‹sozialistischen Internationalismus›.

Die WVO ist politisch durch den Politisch Beratenden Ausschuß der

Regierungschefs der Mitgliedsländer und militärisch durch das Vereinte Oberkommando repräsentiert. Die einsatzfähigen Truppen der DDR sind vollständig unterstellt. Die WVO hatte im Jahr 1968 ihren ersten Vertragsfall, als sie mit Truppen in der Tschechoslowakei intervenierte, um wegen der Liberalisierung des ‹Prager Frühlings› eine politische Desintegration im Bündnis zu verhindern.

Das sicherheitspolitische Verständnis der NATO folgt seit dem Harmel-Bericht 1968 der Formel: Verteidigung + Entspannung = Sicherheit. Diese Politik hat ihr Pendant in der Revision der damaligen Verteidigungsstrategie, der Massiven Vergeltung. Die in dem Dokument MC 14/III festgelegten Prinzipien der Flexiblen Reaktion sind vor allem durch Impulse der Nixon-Schlesinger-Administration seit 1974 weiterentwikkelt worden. Neben dem als Triade bekannten schematischen Aufbau der konventionellen, taktisch-nuklearen und strategisch-nuklearen Streitkräfte bezeichnet die Zusammenfassung der beiden unteren Ebenen als Gefechtsfeldwaffen das NATO-Verständnis zutreffender. Die strategische Ebene dient nach US-Recht ausschließlich dem Schutz des Territoriums der USA oder deren lebenswichtigen →Interessen.

Der als Gleichgewicht des Schreckens bezeichnete Rüstungsstand (→Rüstungspolitik) der nuklearen Pattsituation mit der wechselseitigen Befähigung zur Vernichtung nicht nur der feindlichen M., sondern der gesamten Menschheit hat die Glaubwürdigkeit der Abschreckung in Frage gestellt. Nachdem eine Macht nicht mehr allein die Bedingung für eine gesicherte Zerstörung der Gegenseite definieren kann, wird die Rationalität des Nukleareinsatzes bezweifelt. Die Lösung aus diesem Dilemma suchen die Sicherheitspolitiker der CDU/CSU in einem Weg, der unter dem Stichwort, «die Atomschwelle heben», den konventionellen Faktor der Verteidigung betont. Demgegenüber geht die SPD vom Begriff der «kooperativen Bipolarität» (C. F. von Weizsäcker) aus, die das extrem hoch gerüstete Mitteleuropa durch politische, vertrauensbildende Maßnahmen mit dem Ziel der Reduktion der Atomwaffen und der Umstrukturierung des →Militärs – unter dem Stichwort Sicherheitspartnerschaft oder gemeinsame Sicherheit – entspannen soll. Die Grünen greifen die Kritik der Friedensbewegung am Spektrum der atomaren Waffen und ihrer möglichen Einsatzplanung am ehesten auf.

Während der Standard der amerikanischen nuklearen Systeme bis zum Jahr 2000 mit dem staatlichen Technologieprogramm von Nixon und Schlesinger fundiert worden ist, wurde ein Jahrzehnt später durch die Strategische Verteidigungsinitiative (SDI) von Reagan die Frage nach der Zukunft der NATO-Verteidigungsstrategie nach der Jahrtausendwende aufgeworfen. SDI soll glaubhaft nukleare Kriegführungsfähigkeit und zugleich Schutz des eigenen Territoriums demonstrieren. SDI ist das Konzept der westlichen Hegemonialmacht – es entspricht amerikanischem

Denken und amerikanischen Erfahrungen (Rühle) –, das noch unauslotbare technologische und sicherheitspolitische Folgen haben wird.

Forschungsperspektive

Die internationalen Beziehungen in Europa fanden im Jahr 1955 eine historische Klärung, als der internationale Status der beiden deutschen Staaten, der Bundesrepublik Deutschland und der Deutschen Demokratischen Republik, durch den Beitritt zum westlichen und zum östlichen Militärpakt völkerrechtlich festgelegt wurde. Dabei erhielten beide deutschen Staaten – in Verknüpfung mit anderen Verträgen – ihre Form der staatlichen Souveränität und des internationalen Mitspracherechts. Ihre Zustimmung zu den jeweiligen Bündnissystemen der beiden Weltmächte bestätigte die 1945 entstandene internationale Ordnung und das Ende der europäischen Nachkriegsphase. Die Westintegration bescherte der Bundesrepublik einen ökonomischen und außenpolitischen internationalen Handlungsspielraum, schränkte ihn aber zugleich ein. Dies gilt in ähnlicher Weise für die DDR.

Die M. bieten aus der Sicht der deutschen Nachbarstaaten das geeignete Mittel, das Machtpotential, vor allem das militärische, in Deutschland zu kontrollieren und somit auch einen Beitrag zur internationalen Sicherheit zu leisten. Ein Ausscheren aus der NATO-Organisation nach dem Beispiel Frankreichs ist für die Bundesrepublik nicht möglich (Haftendorn).

Die Bindungen der deutschen Staaten an ihre M. hat wichtige Folgen: Sicherheit und Akzeptanz durch die atlantischen oder osteuropäischen Staaten und wirtschaftlicher Wohlstand durch die europäische Integration oder, wenn auch nicht so ausgeprägt, durch den östlichen Rat für Gegenseitige Wirtschaftshilfe, aber auch Zurückstellen einer Lösung der nationalen Einheitsfrage. Die Prioritätskonflikte zwischen Bündnis und Sicherheitspolitik einerseits und einer militärpaktübergreifenden Deutschlandpolitik andererseits wurden zugunsten der Ost- bzw. Westintegration entschieden. Die Frage nach der Zukunft Deutschlands in Ost und West ist die Frage nach der zukünftigen Form des westlichen und östlichen Militärpakts in Europa. Nationale Konzepte haben nur dann eine Chance, wenn sie den internationalen Konsens für eine gewandelte alternative Militärpakt-Politik mitberücksichtigen.

Biehle, A. (Hg.): Alternative Strategien. Koblenz 1986.
Frei, D.: Der ungewollte Atomkrieg. Eine Risiko-Analyse. München 1983.
Grosser, A.: Das Bündnis. Die westeuropäischen Länder und die USA seit dem Krieg. München 1978.
Haftendorn, H.: Sicherheit und Entspannung. Baden-Baden 1983.

Magenheimer, H.: Die Verteidigung Westeuropas. Koblenz 1986.
Schubert, K. v.: Sicherheitspolitik der BRD. 2 Bde. Köln 1977/78.
Schwarz, K. D. (Hg.): Sicherheitspolitik. Bad Honnef 1981.
Senghaas, D.: Die Zukunft Europas. Probleme der Friedensgestaltung. Frankfurt/M. 1986.
Stratmann, Kl.-P.: NATO-Strategie in der Krise? Baden-Baden 1982.

Detlef Bald

Modernisierung

Begriffsverwendungen
Im wissenschaftlichen wie im praktischen Sinne bezeichnet M. den sozialen Wandel in i. d. R. größeren Sozialsystemen, also etwa Gesellschaften oder →Organisationen. Bei kleineren Sozialsystemen, z. B. der Familie, wird M. nur gebraucht, wenn sie nicht nur ein einzelnes →System erfaßt, sondern wenn die Veränderung eine große Zahl dieser Systeme betrifft, wenn sie also als →Institution geändert werden. M. im allgemeinsten wissenschaftlichen Sinne ist eine Umstrukturierung von Sozialsystemen nach neueren als den bisher wirksamen Prinzipien. Dieser Begriff kann also wertfrei benutzt werden.

Die meisten ausgearbeiteten M.-Theorien und auch die politische Praxis nehmen aber bereits bestimmte inhaltliche Prinzipien der Umstrukturierung an und bewerten diese als im Vergleich zum bisherigen Zustand besser (Rogers 1969, S. 15). Andere ebenso neue werden dagegen nicht als M. anerkannt; sie benutzen also wertgeladene M.-Begriffe. Ein Beispiel: «M. bedeutet nicht nur Entwicklung von ... verschiedenen Indices sozialer Mobilisierung und wachsender struktureller Differenzierung, sondern auch Entwicklung eines sozialen, ökonomischen oder politischen Systems, das nicht nur ständigen Wandel hervorbringt, sondern auch – anders als viele andere Typen von sozialen oder politischen Systemen – fähig ist, über seine eigenen institutionellen Vorgaben hinaus Wandel zu verarbeiten» (Eisenstadt 1973, S. 25; vgl. auch Rüschemeyer, in Zapf 1969, S. 382).

Verwendungszusammenhänge
Gerade beim M.-Begriff gehen wissenschaftliche und praktische (bei Betreibern der M. und den davon Betroffenen) Bedeutung ineinander und auseinander.
• *Modernisierung als Industrialisierung:* Häufige Ansätze in Theorie und Praxis unterscheiden nur vormoderne und moderne Gesellschaften und setzen sie mit vorindustriellen bzw. industriellen gleich (Schütte, in Be-

sters/Boesch 1966, Sp. 1413/1414). Auch wenn es um soziale Systeme anderer Art geht, ist die Ausstattung der industriegesellschaftlichen Version Maßstab für Modernität. Damit hat man die wohl häufigste der Dichotomien in der Interpretation von Modernität. In den einfachsten, heute kaum noch benutzten Ansätzen konnte der Modernitätsgrad am Anteil der Industriebeschäftigten an der Erwerbsbevölkerung gemessen werden. Auf diesem Ansatz lassen sich aber weitreichende Theorien aufbauen, etwa wenn man davon ausgeht, daß gleich hoher technisch-organisatorischer M.-Grad der Streitkräfte potentieller Gegner ein, wenn auch fragiler Friedensgarant ist, andererseits «Folge des anarchischen Nebeneinander politischer Einheiten» und möglicherweise wiederum als Sozialproduktvernichter Anlaß für innere Spannungen im Sozialsystem, weil andere Sektoren weit hinter dem M.-Grad des →Militärs zurückbleiben (Weede 1977, S. 33–34). Inzwischen wird die Gleichsetzung von M. und Industrialisierung nicht nur in der Wissenschaft überwiegend abgelehnt (Apter, in Geertz 1963, S. 80; Chen, in Evers 1980, S. 237, 238), sondern auch die politische Praxis hat, etwa in der Entwicklungshilfe über das Grundbedürfniskonzept oder die Theorien zur angepaßten Technologie, von der Vorstellung Abschied genommen, daß die Industrialisierung schon alle anderen sonst erwarteten Folgen, die dann zusammen die M. ausmachen, automatisch bewirken werde.

• *Modernisierung als Verwestlichung:* Andere Ansätze, in der Praxis auf Geber- und Nehmerseite jetzt mehr vertreten als in der Wissenschaft, sehen M. als schrittweise Verwestlichung an (Chen, in Evers 1980, S. 237, 238; Eisenstadt 1973, S. 74; Flora 1974, S. 13; Rogers 1969, S. 14/15). Gegenüber dem simplen Kausalmodell wird hier stärker die historische Erfahrung eingebracht, daß Entwicklungsphasen nicht einfach ausgelassen werden können, daß ihre – auch beschleunigte – Absolvierung am Ende aber auf ein Sozialsystem hinausläuft, das nach dem Modell der mitteleuropäisch-nordamerikanischen Vorbilder gestaltet ist: «Unter M. ist der von Europa ausgelöste und dynamische Kulturwandel der Neuzeit zu verstehen ... M. ist charakterisiert durch ständige Revolution im Geistigen, durch den Willen zur Ausdehnung der Lebensmöglichkeiten und die Realisierung des als ‹besser› Erkannten ... M. ist somit ein qualitativer Begriff, der eine bestimmte Bewegungsrichtung der Entwicklung anzeigt» (Schütte, in Besters/Boesch 1966, Sp. 1413). Das ist ein Musterbeispiel für den nicht nur bei der Verwestlichungsvariante der M.-Theorien anzutreffenden Ethnozentrismus der Theoretiker, der allerdings nicht ganz ungerechtfertigt ist, weil auch dort, wo M. stattfindet, das westliche Modell einziger oder, trotz mancher Bekenntnisse zu ‹eigenen Wegen›, am Ende wesentlich wirksamer Richtpunkt der Praktiker ist, wovon Japan und einige andere ostasiatische Länder die wohl einzigen Ausnahmen sind.

● *Modernisierung als Form des sozialen Wandels:* Während manche Industrialisierungstheorien noch in Verballhornung von William F. Ogburns Theorie über den «cultural lag» M. als Diffusion vornehmlich technischer Innovationen mit geradezu automatisch folgender Sozialadaption auffaßten, sahen schon viele Verwestlichungstheorien Kulturfaktoren als unabhängige und M. als abhängige Variable. Das wird die Regel bei den Theorien, die M. als Wert- und Verhaltenswandel, als sozialen Wandel überhaupt ansehen (Chen, in Evers 1980, S. 240–244; Eisenstadt 1973, S. 5; Flora 1974, S. 33; Field 1976, S. 8). Dasselbe gilt, wenn man M. als individuellen Wandel konzipiert (Rogers 1969, S. 14).

Diese Theorien haben, gerade auch in ihrem oft ebenfalls dichotomischen Modelldenken, eine lange Tradition in der allgemeinen Soziologie. Dazu gehören z. B. Max Webers Vergemeinschaftung und Vergesellschaftung, Ferdinand Tönnies' Gemeinschaft und Gesellschaft, Émile Durkheims «société à solidarité mécanique et organique», Henry Maines «status and contract», Howard P. Beckers «sacred and secular», Robert Redfields «folk and urban» bis hin zu der komplexeren, aber immer noch dichotomischen Theorie der «pattern variables» von Talcott Parsons (Flora 1974, S. 23–26). Während aber die alten Ansätze im wesentlichen zwei verschiedene Zustände miteinander verglichen, beschreiben die neuen einen permanenten Prozeß der Veränderung (Fougeyrollas 1967, S. 8; Huntington, in Berg-Schlosser 1972, S. 203).

Von politischer Bedeutung ist in diesen Theorien vor allem, daß sie im Grunde M. als eine schrittweise Auflösung bisher geltender Wertordnungen und den Aufbau neuer Wert- und Normgefüge interpretieren, was häufig zugleich den Verlust an →Legitimität für bestehende Herrschaftsformen oder -gruppen bedeutet und den Wunsch nach neuen Organisationsformen (vgl. auch Weede 1977, S. 35). Wird M. derart konsequenzenreich, ist auch M.-Politik riskant; der Modernisator muß sich fragen, wie er die M. überleben kann (Huntington, in Berg-Schlosser 1972, S. 209). Indessen werden wohl nicht überall atomare Bedrohung, Arbeitslosigkeit und ‹Unwirtlichkeit der Städte› genauso als Folgen der M. erkannt wie Abwesenheit großer Kriege, hoher Lebensstandard und Vervielfachung der individuellen Wohnqualität.

● *Komplexe Modernisierungstheorien:* In der Typologie von Theorien der M. (dazu Flora 1974, S. 19–23) gibt es auch recht komplexe Ansätze, die M.-Stadien beschreiben und kausale Zusammenhänge angeben. Sie haben nach dem 2. Weltkrieg lange Zeit Theorie und Praxis der internationalen Beziehungen wesentlich beeinflußt.

Beispielhaft für diese Theorien ist Daniel Lerners Erklärung des Wandels traditionaler zu modernen, d. h. für ihn vor allem partizipativen (→Partizipation) Gesellschaften. Diese M. wird angesehen als «a secular trend unilateral in direction» (Lerner 1958, S. 89). Triebkraft dafür sei physische, soziale und psychische Mobilität, die wiederum auf «Empathie» beruht, auf der Fähigkeit, sich in die Situation eines anderen hineinversetzen zu können und damit seine eigene Lage projektiv zu überschreiten (ebd., S. 47–52). Die sozialen Folgen zeigen sich in den Veränderungen in vier Sozialsektoren, und zwar in historischer Nachzeichnung der westlichen M., die zugleich die idealtypische Phasenreihe für jede M. darstellen: im sozioökonomischen, kulturellen, kommunikativen und schließlich politischen Sektor. Während sich die traditionale Gesellschaft als ländlich, analphabetisch, auf mündliche Überlieferung angewiesen und durch Ernennungsverfahren in der Politik charakterisiert darstellt, ist die moderne Gesellschaft spiegelbildlich verstädtert und industrialisiert, mit allgemeiner Grundbildung versehen, mit Kommunikationsmitteln ausgerüstet und politisch durch Wahlverfahren gekennzeichnet (ebd., S. 57).

Andere Auffassungen stimmen damit in wesentlichen Teilen überein, zeigen in anderen Bereichen aber wiederum Niederschläge der eigenen historischen Erfahrung, die von der amerikanischen abweicht. So sieht Pierre Fougeyrollas die moderne Gesellschaft dadurch charakterisiert, daß in ihr die industrielle Produktionsweise vorherrscht, die Benutzung von Schrift das wichtigste Kommunikationsmittel ist, das Bürgertum die Entwicklung vorantreibt und die Gesellschaft sich nach historischen Gesichtspunkten in Nationalstaaten organisiert (1967, S. 9–16).

In der internationalen Politik sind viele →Konflikte auf unterschiedliche M.-Grade in benachbarten, aber auch in von einander entfernten Staaten zurückzuführen (Weede 1977, S. 33). Die hier genannten Ansätze legen jedoch nahe, intrasozietäre Spannungen dadurch zu erklären, daß die M. zwischen den Gesellschaftssektoren disharmonisch verläuft.

● *Metamodernisierungstheorien: Konvergenz der politischen und sozialen Systeme:* Wenn M. als ein nur in bestimmten Phasen möglicher und damit zu gleichartigen Konsequenzen führender Prozeß beschrieben wird, muß man ihr auch eine Tendenz zu relativ uniformen Kulturen und Gesellschaften zuschreiben (Fougeyrollas 1967, S. 9). «Modernisierung unterscheidet sich vom Kulturwandel, wie er zu allen Zeiten stattgefunden hat, durch das Spezifikum der Universalität ... Die Folge ist eine weitgehende Vereinheitlichung der Kultur, und es entsteht eine moderne Leistungsgesellschaft ... Eine künftige Weltkultur wird eine Mischkultur sein» (Schütte, in Besters/Boesch 1966, Sp. 1415/1416).

Damit tragen die M.-Theorien zu einer Gruppe von noch abstrakteren Theorien bei, den Konvergenztheorien, deren gemeinsamer Kern in der Prognose besteht, daß alle modernen Gesellschaften sich, gewissermaßen aus Sachzwängen wie etwa der Industrialisierung heraus, in ähnlicher Weise entwickeln und ähnliche Eigenschaften zeigen werden (Eisenstadt 1973, S. 15). Ähnlich wirken auch Theorien von geringerer Reichweite, wenn sie Prozesse als unabhängig von der Struktur der sozialen und politischen Systeme beschreiben, in denen sie stattfinden. So sind etwa viele Managementtheorien oder Theorien über soziale Bedingungen und Folgen technischer Innovationen in letzter Konsequenz Konvergenztheorien. Sie können es wohl nur deswegen sein, weil sie unbewußt und damit kaum endgültig das marxistische Basis-Überbau-Axiom übernehmen. Aber auch für nicht mehr durch den Maschinentakt bestimmte Lebensweise wird «la planétarisation de la société ultra-industrielle» (Fougeyrollas 1967, S. 231) vorausgesagt.

Begriffspräzisierung

Wenn die M. von lat. ‹modo› = soeben kommt und die Verwandtschaft mit ‹la mode› im Französischen nicht verbergen kann, dürfte sie nach etymologischen Gesichtspunkten nicht mehr bedeuten, als daß ein Sozialsystem stets dann modern ist, wenn seine Struktur der gerade neuesten wissenschaftlichen, politischen, philosophischen oder sonstigen Theorie entspricht. Die postindustrielle Gesellschaft wäre modern, die industrielle schon traditional, und für manche wären Pferd und/oder Fahrrad modernere Verkehrsmittel als das Automobil. Derart wechselnde modische Trends würden jedoch nicht den Aufwand einer wissenschaftlichen Theorie rechtfertigen.

Die Theorien der M. wollen daher nicht das jeweils Modernste zum Gegenstand ihrer Erklärung machen, sondern im Grunde untersuchen, wie Sozialsysteme den Fortschritt institutionalisieren können. M. meint dabei entgegen der Wortbedeutung einen sozialen Prozeß, der aus den jeweiligen sozialen Bedingungen positiv bewertete Lebensumstände hervorbringt. Die Problematik der meisten bestehenden M.-Theorien liegt darin, daß sie von vornherein als Werturteil in sich enthalten haben, welche Lebensumstände positiv zu bewerten seien. Das macht sie verdächtig für Menschen mit anderer Wertordnung, und für sie kann die praktische Anwendung solcher Theorien eine Politik der Kolonialisierung, Entfremdung, Unterwerfung usw. sein.

Eine allgemeine Fortschrittstheorie, die M. wertfrei beschriebe und die Bewertung der von ihr modellierten Prozesse den Parteien der Praxis überließe, wäre aber wohl zu abstrakt, um überhaupt einen Erklärungswert für die vielgestaltige soziale Wirklichkeit zu bieten oder gar für die soziotechnische Umgestaltung der Wirklichkeit zu taugen. Wertfreie M.-Theorien könnten daher nur so konzipiert werden, daß sie für alle Prozeßbeschreibungen sogleich deren auch nur denkbare Alternativen und deren Existenzbedingungen mitliefern; dann könnte der Praxis die in der Regel nach Werturteilen erfolgende Alternativenwahl zwischen den möglichen Fortschrittsrichtungen überlassen bleiben.

Will man als M. das beschreiben, was die bekannten M.-Theorien behandeln, dann muß man M. als einen sozialen Prozeß verstehen, in dem die Strukturen sozialer Systeme in einen Zustand versetzt werden, der ihnen eine im Vergleich zur Vergangenheit als besser beurteilte Umweltbewältigung und Gestaltung der Lebensbedingungen ermöglicht. Das ist der gemeinsame Kern dieser Theorien, die darüber hinaus divergierende Vorstellungen darüber enthalten, was denn nun besser sei.

Forschungsstand

Angesichts der Forschungspolitik sämtlicher Regierungen ist es kein Wunder, daß so komplexe Theorien wie die über die M. nicht insgesamt auf ihre Gültigkeit überprüft wurden, auch wenn man sich kaum wichtigere Forschungsgegenstände vorstellen kann. Daher läßt sich hier nur eine recht willkürliche Auswahl von Einzelergebnissen der Forschung mitteilen, wobei das Problem der Messung von M. (vgl. u. a. Eisenstadt 1973, S. 23; Flora 1974, S. 113ff.) noch weitgehend ungelöst ist.

Relativ unstreitig ist inzwischen, daß bloße technisch-ökonomische Importe nicht schnurstracks M. im umfassenderen Sinne herbeiführen (Eisenstadt 1973, S. 16). Das würde durchaus für Theorien von Lerners Art sprechen. Deren Annahme, daß M. die Verstädterung voraussetze, ist dagegen durch das Beispiel der Schweiz widerlegt (Clark, in Schweiz. Z. Soziol. 1979, S. 1–42).

Eines der wichtigsten Forschungsergebnisse, auf das schon Lerner (1958, S. 69–75) durch seine empirischen Studien kam, ist die Erkenntnis, daß die soziale Problematik nicht in den alten Dichotomien liegt, sondern in den Übergangsgesellschaften (Flora 1974, S. 23–33; Eisenstadt 1973, S. 17), auf denen auch politisch bedeutsame Verarbeitungslasten lagern, vor allem wenn die M. bei ihnen im Gegensatz zu Europa als exogenes Modell verwirklicht werden soll (Schütte, in Besters/Boesch 1966, Sp. 1414). Zu den größten innen- und außenpolitischen Konflikten tragen daher die Phänomene der «partiellen Modernisierung» (Rüschemeyer, in Zapf 1969, S. 382–396) bei. Derartige sektorale Entwicklungsungleichgewichte stellen das gesamte M.-Konzept in Frage. Wenn empirisch festgestellt werden kann, daß in manchen Gesellschaften die M.-Indizes z. B. in der Wirtschaft wachsen, zugleich aber Diktatur und Ideologisierung zunehmen (Eisenstadt 1973, S. 47–51), ist es schwierig, den Gesamtprozeß entweder als Fortschritt oder Rückschritt und damit als M. oder deren Gegenteil zu saldieren.

Wenn die sicherheitspolitische Aufteilung eines großen Teils der Welt in ideologisch-militärisch konzipierte Blöcke mit einer Führungsmacht und mehreren Satelliten ein Ergebnis der Ungleichheit in der Rüstungsmodernisierung ist (vgl. Weede 1977, S. 34), dann ist es nicht ausgeschlossen, daß auch andere Disparitäten aus M.-Unterschieden erklärt werden können.

Die Empirie scheint ebenfalls, wenn auch nicht eindeutig quantifizierbar, darauf zu deuten, daß bereits modernisierte Gesellschaften sich mit höherer Geschwindigkeit weiterentwickeln, als die sich gerade modernisierenden aufbringen können (Fougeyrollas 1967, S. 17/18). Das scheint wiederum für die Richtigkeit der komplexen M.-Theorien zu sprechen.

Forschungsperspektive

Auch den komplexeren M.-Theorien ist vorgeworfen worden, sie seien nur Verabsolutierungen der Sozialgeschichte ihrer Entstehungsräume und damit so etwas wie Theoriekolonialismus. Die damit begründete totale Ablehnung war wohl zu voreilig (v. d. Ohe/Fritscher, S. 1/2, 23). Nach Beseitigung der Ethnozentrismen und entsprechender Ergänzung durch funktionale Äquivalente und Alternativen wäre das, was als M. bezeichnet wird, einer der vielfältigsten Untersuchungsbereiche und der für die Zukunft der Menschheit wahrscheinlich wichtigste Forschungsgegenstand überhaupt.

Berg-Schlosser, D. (Hg.): Die politischen Probleme der Dritten Welt. Hamburg 1972.
Besters, H./Boesch, E. E. (Hg.): Entwicklungspolitik. Stuttgart/Berlin/Mainz 1966.
Eisenstadt, S. N.: Tradition, Change and Modernity. New York 1973.
Evers, H.-D. (Hg.): Sociology of South-East Asia. London 1980.
Field, M. G. (Hg.): Social Consequences of Modernization in Communist Society. Baltimore/London 1976.
Flora, P.: Modernisierungsforschung. Opladen 1974.
Fougeyrollas, P.: Modernisation des hommes. Paris 1967.
Geertz, C. (Hg.): Old Societies and New States. New York/London 1963.
Lerner, D.: The Passing of Traditional Society. New York/London 1958.
Ohe, W. v. d./Fritscher, W.: Koevolution als Programm. Vortrag vor der Sektion «Entwicklungssoziologie» der Deutschen Gesellschaft für Soziologie am 13./14. 7. 1984 in München (masch. Ms.; erscheint demnächst in Oslo in einem von Amalend und Guha herausgegebenen Sammelband).
Rogers, E. M.: Modernization Among Peasants. Chicago/San Francisco 1969.
Weede, E.: Modernisierung als weltpolitisches Problem. In: Zapf, W. (Hg.): Probleme der Modernisierungspolitik. Meisenheim 1977.
Zapf, W. (Hg.): Theorien des sozialen Wandels. Köln 1969.

Günter Endruweit

Nation

Begriffsverwendungen

Die knappste Definition von N., die sich in der geschichts- und sozialwissenschaftlichen Literatur findet, stammt von K. W. Deutsch: «Eine Nation ist ein Volk im Besitz eines Staates.» Aber wie zumeist bei derartigen Verknappungen verschwimmen die Konturen der Begriffsbestimmung beim genaueren Hinsehen. Insgesamt haben wir es hier mit einem Geflecht von Begriffen zu tun, die sich aufeinander beziehen: N. und →Staat, Staatsnation und Kulturnation, Volk und Gesellschaft, Vaterland und Heimat, N.-Bewußtsein und nationale Identität, Patriotismus und →Nationalismus.

In der Forschung über Begriff und Sache der N. herrscht weitgehend Einigkeit darüber, daß N.en und Nationalstaaten im modernen Wortsinn eine Erscheinung sind, die sich im Zusammenhang mit der Ausbildung der bürgerlichen Gesellschaft und – muß man hinzufügen – der Ausbreitung der industriellen Revolution mit ihren sozialen, politischen und eben nationalökonomischen Konsequenzen durchgesetzt haben. Frühere Verwendungen des Begriffs N., etwa im Mittelalter, zielten auf etwas anderes, nämlich auf die Bezeichnung eines kleinen, lokal, verwaltungsmäßig oder sonstwie bestimmten Zweckverbandes, auf die Kennzeichnung einer Landsmannschaft oder einer Untergruppe innerhalb einer großen und schwer überschaubaren Gruppe. So waren z. B. die Studenten an den Universitäten des 15. und 16. Jahrhunderts nach ‹nationes› unterschieden.

Zur Verwirrung über den N.-Begriff haben hauptsächlich jene beigetragen, die, schrill oder gemäßigt, die N. (in erster Linie natürlich die, der sie angehörten) gewissermaßen ontologisiert haben, ihr einen möglichst auch noch von Gott abgezeichneten Missionsauftrag zusprachen und unter dem Schirm scheinbar unabweisbarer ‹objektiver Merkmale› politische Propaganda betrieben, manchmal gewiß, ohne es selbst zu bemerken. Demgegenüber erscheint es angemessen, sich von der Frage nach der Natur oder dem Wesen der N. als eines sozialen Tatbestandes eigener Art zu lösen und statt dessen nach den Funktionen der N. oder des Nationalstaats zu fragen.

Verwendungszusammenhänge

Eine Analyse der umfangreichen politischen und sozialwissenschaftlichen, historischen und nicht zuletzt auch der belletristischen Literatur, in welcher die oder eine N. als Handlungs- oder als Untersuchungsgegenstand auftritt, ebenso ein Nachzeichnen der begriffsgeschichtlichen Entwicklung des Wortfeldes N. würde tiefreichende und in ihrer Summe höchstwahrscheinlich melancholisch stimmende Einsichten in das wechselseitige Abhängigkeitsverhältnis von Geist und →Macht, über die fast immer ungebrochene Vorherrschaft des Zeitgeistes über das Denken erbringen. Eine solche Analyse liegt nicht vor. Was es indes gibt, sind ganz unterschiedliche und oft nur locker miteinander verbundene Diskussionsstränge über die N., ihre Entstehungszusammenhänge, Funktionen und Überlebenschancen in einer von immer mehr internationalen und transnationalen Beziehungen aller Art charakterisierten Welt.

In den letzten beiden Jahrzehnten hat insbesondere die sozialgeschichtlich akzentuierte Debatte über die Ursachen, Verlaufsprofile und Ergebnisse der N.en-Bildung im 19. Jahrhundert viele Informationen gesammelt, gebündelt und in theoretischen Konzepten unterschiedlicher Reichweite geordnet. N.en, entweder als schon ausgebildete und durch revolutionäre Prozesse (puritanische Revolution in England im 17. Jahrhundert; bürgerliche Revolution in Frankreich im 18. Jahrhundert) nach innen und außen ‹gehärtete› Nationalstaaten oder im Fall der ‹verspäteten N.en› Italien und Deutschland im 19. Jahrhundert ihre politische Gestalt erst befestigend, gelten in diesen Konzepten als ranghöchste und souveräne Akteure in der Weltpolitik und der Weltwirtschaft. Nach innen oft mystisch überhöhter Bezugspunkt staatsbürgerlicher →Loyalität, verfochten die N.en nach außen in aggressiver Konkurrenz eine sich gegen Ende des 19. Jahrhunderts noch verschärfende und in die Epoche der Weltkriege mündende Politik der Expansion und des →Imperialismus. Politische Gebilde, welche sich in diesem Zeitraum nicht als N. zu definieren vermochten wie das Osmanische Reich oder der ‹Vielvölkerstaat› der Österreichisch-Ungarischen Doppelmonarchie, gingen dabei mehr und mehr zu Bruch.

Solche sozialhistorischen Konzepte erlauben es, zu vergleichenden Untersuchungen von N.-Bildungsprozessen in verschiedenen Gesellschaften vorzustoßen. Damit erweitern sie den Erkenntnishorizont und öffnen allzu einseitig auf ‹Sonderentwicklungen› einzelner Gesellschaften bezogene Debatten. Unter diesen wurde und wird die ‹deutsche Debatte› besonders heftig geführt. Es geht darin um Fragen wie die nach dem politischen Gewicht vorgeblich ‹objektiver› Merkmale einer N. (wie gemeinsame Sprache, gemeinsame Abstammung und Kultur) als Handlungsmotive im Prozeß ihrer Ausbildung als →Staat, überhaupt um die Frage nach der Staatlichkeit von N., nach besonderen Eigenschaften einer N., die ihr eine andere politische Gestalt geben, als sie die Nachbarstaaten haben usw. Diese hier eher unterkühlt formulierten Fragen stoßen meist rasch auf neuralgische Punkte der deutschen Geschichte im späten 19. und der ersten Hälfte des 20. Jahrhunderts. Deswegen war in der Nachkriegszeit die ‹deutsche Debatte› über die N. in starkem Maß von politischen Erfahrungen und ihrer Bewertung, konkret: von der Erfahrung mit dem Nationalsozialismus, bestimmt. Das gab ihr oft eine anrührende moralische Qualität, die man jedoch nicht mit analytischer Schärfe verwechseln darf.

Ein dritter Diskussionsstrang reiht die Vorgänge auf, in deren Verlauf frühere Kolonien in Afrika, Asien oder (schon sehr viel länger) Lateinamerika sich entweder von der Fremdherrschaft befreit haben oder durch die Kolonialmacht in die politische Freiheit entlassen worden sind. Diese Gebilde, nur manchmal noch territorial identisch mit vorkolonialen Staaten oder staatsähnlichen Reichen, mußten mit der Herausforderung fertig werden, sozusagen im Handumdrehen zu Nationalstaaten zu werden. Religiöse, stammesmäßige und andere Rivalitäten, unterschiedliche Sprachen und Dialekte sowie häufig ganz künstlich angelegte Grenzverläufe sorgten zusammen mit dem Grundtatbestand nachkolonialer Politik: der (aus der Sicht der Industriegesellschaften) Unterentwicklung von Volkswirtschaften und Gesellschaft, dafür, daß dieser Herausforderung nur in seltenen Fällen erfolgreich begegnet wurde. Trotz aller geradezu dramatischen Betonung nationaler Symbole sowie der Versuche der Herrschaftseliten (→Herrschaft; →Eliten), die N. auch als konkreten Bezugspunkt für politische →Loyalität zu installieren (z. B. über die Streitkräfte), ist die politische Geschichte der (→Dritte Welt) Entwicklungsländer nach ihrer Befreiung aus dem Kolonialstatus fast durchgängig gekennzeichnet von gewaltsamen Auseinandersetzungen um die angemessene Gestalt der neuen N.

Schließlich muß auf einen vierten Diskussionsstrang hingewiesen werden, der sich um eine teils territorial, teils aber ideologisch anders definierte N.-Problematik schlingt. Es geht hier um die ‹sozialistische N.›. Wenn man nicht eine wie immer definierte ‹nationale› Zugehörigkeit als Klammer um eine Großgruppe akzeptiert, sondern diese gerade dadurch aufbrechen will, daß man auf der ‹klassenmäßigen› Zugehörigkeit jenseits aller nationalen Unterschiede als der ‹eigentlichen› Grenzlinie zwischen Großgruppen insistiert (also auf dem Gegensatz Bürgertum – Proletariat), dann muß man die Existenz nationaler Loyalitäten bekämpfen. Dies scheiterte bekanntlich am Vorabend des 1. Weltkrieges in einem nationalistischen Fiasko. Nach der Einrichtung (‹real existierender›) sozialistischer Gesellschaften sind nationale Loyalitäten eigentlich anachronistisch geworden. Unterschiedliche Nationalitäten können ihre kulturellen und historischen Überlieferungen pflegen, aber mit Politik kann das nichts mehr zu tun haben. Nun hat sich aber herausgestellt, daß nationale →Konflikte und Nationalitätenprobleme zwischen und in den sozialistischen Gesellschaften eine hohe politische Brisanz entwickeln können. Innermarxistische Debatten um die ‹sozialistische N.› müssen versuchen, diese Widersprüchlichkeit zu erklären und zu verkleinern. Auch in diesem Rahmen spielt die Debatte über die ‹deutsche N.› nach 1945 eine besondere Rolle, weil der Anspruch des Regimes in Ost-Berlin, über das zukunftsträchtigere Modell einer Wirtschafts- und Gesellschaftsordnung zu verfügen, auf unauffällige Weise mit dem Anspruch verkoppelt wird, die Wiedervereinigung Deutschlands unter sozialistischem Vorzeichen ins Werk setzen zu wollen und eines Tages auch zu können.

Begriffspräzisierung

Politik wird bekanntlich immer entlang der Grenze zwischen Akteuren gemacht, die sich teils kooperativ, teils konfrontativ verhalten, je nach dem, wie sie ihre →Interessen kalkulieren und ihre Mittel zur Interessenverwirklichung bewerten. Die Akteure können Individuen sein, Kleingruppen wie Familien, größere Gruppen wie Stämme, oder es können N.en (Nationalstaaten) sein. Mit der Ausbreitung der bürgerlichen Gesellschaft als des modernsten Typs übersichtlich zu haltenden sozialen Wandels sind die N.en (Nationalstaaten) zum größten und effizientesten politischen Akteur aufgestiegen, nach innen auseinanderstrebende Partialinteressen zusammenhaltend, nach außen souverän und auf Machterweiterung bedacht. Warum es gerade der Nationalstaat ist, der diese Leistung erbringen konnte, erkennt man anhand der Begriffsverwendung von K. W. Deutsch am deutlichsten. «Eine Nation ist ein Volk im Besitz eines Staates. Um einen Staat in Besitz zu nehmen, müssen einige Mitglieder dieses Volkes den Hauptteil der Führungskräfte dieses Staates stellen, und eine größere Zahl von Volksangehörigen muß sich mit diesem Staat irgendwie identifizieren und ihn unterstützen. Ein Volk wiederum ist ein ausgedehntes Allzweck-Kommunikationsnetz von Menschen. Es ist eine Ansammlung von Individuen, die schnell und effektiv über Distanzen hinweg und über unterschiedliche Themen und Sachverhalte miteinander kommunizieren können ... Wenn ein bedeutender Teil der Angehörigen eines Volkes nach politischer Macht für seine ethnische oder sprachliche Gruppe strebt, können wir es als Nationalität bezeichnen. Wenn solche Macht erlangt worden ist – gewöhnlich mit der Beherrschung eines Staatsapparates –, bezeichnen wir es als Nation» (Deutsch 1972, S. 204).

Forschungsstand

Die politologisch-historische Forschung über die N.-Bildungsprozesse im Europa des 18., 19. und z. T. noch frühen 20. Jahrhunderts kann zwar schon auf beachtliche Werke verweisen; in gewissem Sinne nützen diese aber nur wenig, weil sie neben Daten und Informationen auch Interpretationsmuster transportieren, über deren (notwendige) Zeitgebundenheit kein Zweifel besteht. Man kann das insbesondere gut an der Entwicklung der Forschung über die ‹Deutschen und ihre N.› verfolgen, die, verkürzt gesagt, die Überbewertung der N., später sogar ihre Verzerrung ins Rassistische, in der Nachkriegszeit die Verlegenheit bezüglich des Nationalen und seit ein paar Jahren eine vorsichtige Renaissance der ‹nationalen Frage› der Deutschen getreulich begleitet, gespiegelt und gewiß zuweilen auch Impulse für die politischen Debatten hervorgebracht hat. Die eher mit soziologischen Kategorien arbeitende Forschung über N. und Nationalismus hat mit ihren vergleichenden Untersuchungen ein weites Feld eröffnet. Allerdings hat sie im Falle der Entwicklungsländerforschung auch gleich die bittere Erfahrung machen müssen, daß auch die elaboriertesten und plausibelsten Theorien über N.-Bildung relativ wenig in der politischen und sozialen Wirklichkeit ausrichten. Der frühe Optimismus mancher Forscher, er könne mit seinen Forschungsergebnissen zur N.-Bildung sozusagen als Hebamme den Geburtsvorgang der neuen N.en erleichtern, ist inzwischen verflogen.

Im Feld der politischen →Theorie sind in letzter Zeit wieder Bemühungen zu verzeichnen, das Problem von Individuum und N., N. und Weltgesellschaft auf eine neue Begrifflichkeit zu bringen, wobei an traditionelle idealistische Gedankengebäude angeknüpft wird (z. B. Willms 1982). Das gewachsene Interesse an solchen Versuchen in der Bundesrepublik Deutschland hängt erstens damit zusammen, daß die ‹übernationale› Perspektive eines ‹Vereinten Europa› doch nachhaltig an Attraktivität verloren hat, und zweitens damit, daß mit dem Verblassen dieser Perspektive und dem Andauern der Teilung Deutschlands die Bundesrepublik Deutschland als Staat (als Nationalstaat?) in die Lage kommt, den heranwachsenden Generationen eine möglichst verständliche und Loyalität bindende ‹kollektive Identität› vermitteln zu müssen, deren Bezugspunkt eben sie selbst ist und nicht ein Wunschgebilde.

Forschungsperspektive

Gegenwärtig, so will es scheinen, herrscht in der Forschung über N.en und ihre Entwicklung keine sehr günstige Konstellation für einen neuen und die auseinanderstrebenden Phänomene elegant zusammenbringenden Ansatz. Ein gewisser Sockel ist erreicht und wird weiter ausgebaut: etwa in der Entwicklungsländerforschung oder am Beispiel von nationalen Eigentümlichkeiten (wie im Fall des ‹vertikalen Mosaiks› Kanadas). Während etwa die Debatte über die Deutschen und ihre N. zu einer Neudurchforstung der deutschen Geschichte unter den – allerdings zuvörderst musealisch verstandenen – Aspekten der ‹kollektiven Identität› und der jenseits der staatlichen Sphäre zu erhaltenden ‹Einheit der N.› geführt hat und in der Gefahr steht, sich in Schleifenform zu wiederholen (auch ein Versuch der Schmerzbewältigung), setzt sich die N.-Forschung neuerdings auch mit zwei anderen Problemkomplexen auseinander, die in jüngster Zeit an Bedeutung gewonnen haben, nämlich dem →Regionalismus und der Neujustierung nationalstaatlicher Handlungshorizonte vor dem Hintergrund weitreichender weltpolitischer und weltwirtschaftlicher Interdependenz.

Das Problem des Regionalismus bedeutet heute nicht (mehr) in erster Linie das versuchte Ausbrechen bis jetzt ‹unterdrückter› N.en aus einem größeren Staatsverband, vielmehr, jedenfalls in Westeuropa, das Streben nach angemessener politischer und vor allem kultureller Autonomie innerhalb solcher Staatsverbände. Das, was angemessen ist, bleibt dabei politisch ebenso umstritten, wie es schwierig ist, für eine solchermaßen angestrebte Autonomie effiziente institutionelle Rahmenwerke zu entwerfen.

Das Problem der internationalen und transnationalen Interdependenz (in der Regel einer asymmetrischen) besteht hauptsächlich darin, daß zur Abstimmung nationalstaatlicher Politiken und Strategien die bestehenden →Organisationen nur schlecht hinreichen; es kommt zu diffusen Entscheidungslagen, in denen die dafür vorgesehenen nationalen Entscheidungsträger ihre Handlungsfähigkeit einbüßen. Man kann das u. a. an der EG-Politik studieren. In der Tat spricht viel für die These von Herz, daß die letzten Überreste von Reichen verschwinden und die Erdoberfläche zu einem Mosaik von Nationalstaaten wird. Dies geschieht aber zu einem Zeitpunkt, wo manche nichtstaatlichen Akteure schon mehr (z. B. ökonomische) Dispositionsoptionen auf sich vereinen, als es die Masse der Nationalstaaten je erreichen kann. Die Rolle und Funktion von N.en im internationalen System bleibt angesichts dieser Entwicklung neu zu bestimmen.

Daß beide Probleme gewissermaßen quer zueinander stehen, wird es der Forschung nicht leichter machen.

Deutsch, K. W.: Nationenbildung – Nationalstaat – Integration. Düsseldorf 1972.
Eichberg, H.: Nationale Identität. Entfremdung und nationale Frage in der Industriegesellschaft. München/Wien 1978.
Gruner, W. D.: Die deutsche Frage. Ein Problem der europäischen Geschichte seit 1800. München 1985.
Herz, J. H.: Staatenwelt und Weltpolitik. Hamburg 1974.
Kosing, A.: Nation in Geschichte und Gegenwart. Studie zur historisch-materialistischen Theorie der Nation. Berlin/DDR 1976.
Schulz, E.: Die deutsche Nation in Europa. Bonn 1982.
Weidenfeld, W. (Hg.): Die Identität der Deutschen. München 1983.
Willms, B.: Die Deutsche Nation. Köln-Lövenich 1982.
Winkler, H. A. (Hg.): Nationalismus. Königstein/Ts. [2]1985.

Wilfried von Bredow

Nationalismus

Begriffsverwendungen

Viele wissenschaftliche Arbeiten über das Phänomen des N. beginnen mit dem Hinweis auf ein Defizit: Ein plausibles Konzept zur Erklärung des N., das seiner Vielgestaltigkeit gerecht würde, fehlt. Dafür verfügen wir aber über ein mannigfaltig ausdifferenziertes Schrifttum zur Geschichte nationaler Bewegungen und Nationalismen aller Art. Es ist zunächst sinnvoll, den Begriff des N. für Erscheinungen zu reservieren, die die Universalgeschichte etwa seit dem ausgehenden 18. Jahrhundert kennt. Davor hat es N. in dem heute mit diesem Begriff gemeinten Sinn nur in Ansätzen gegeben. Damit ist auch gesagt, daß sich N. in markanter Weise von anderen, auch intensiven Zugehörigkeitsgefühlen zu politisch definierten Gruppen, z. B. von Vaterlandsliebe oder Patriotismus, unterscheidet.

Tatsächlich liegt dem N. die Vorstellung zugrunde, daß jede Nation nicht nur das Recht, sondern auch die Pflicht habe, sich als eigener →Staat – als Nationalstaat – zu konstituieren. Die einzelnen Begründungen für dieses Recht und diese Pflicht variieren ebenso wie die Abgrenzungsmerkmale der jeweiligen →Nation.

Historisch gesehen, hat der N. seit der Französischen Revolution 1789 seinen Siegeszug als Grundmuster politisch-ideologischer Mobilisierung und Integration von Massen erst über Europa und dann über den Globus angetreten. Mit den Pariser Vorortverträgen zur Beendigung des 1. Weltkriegs sollte dieses Grundmuster sogar die Grenzlinien im Neuaufbau der Völkergemeinschaft bestimmen, was diesem allerdings keine größere Standfestigkeit verlieh. N. ist auch in der zweiten Hälfte des 20. Jahrhunderts zu einer befeuernden Kraft vieler Befreiungsbewegungen geworden. Befreiung heißt: Befreiung von Fremdherrschaft, dem Gegenbegriff zu nationaler Selbstbestimmung.

Verwendungszusammenhänge

Anstrengungen, das Wesen des N. und seine Merkmale in einer nachvollziehbaren →Theorie zu erklären und zu begründen, drehen sich meist im Kreise. In seinem Katechismus der Deutschen läßt H. von Kleist einen Vater seinen Sohn fragen: «Du liebst dein Vaterland, nicht wahr, mein Sohn? Warum liebst Du es?» Und darauf antwortet der Sohn: «Weil es mein Vaterland ist.» Jeder darüber hinausgehende, den Bereich des Gefühligen, ja Mythischen verlassende Grund wird zurückgewiesen; nicht weil es schön, groß, von Gott gesegnet, berühmt ist, liebt er sein Vaterland. Kleist schrieb diesen Katechismus zur Zeit der napoleonischen Kriege. Da hatte der französische N. als Treibkraft für einen kontinentaleuropäischen Expansionismus sondergleichen gewirkt; was er in den

Deutschen, damals noch weit entfernt von der nationalen Einheit, weckte, war ein reaktiver N. (den nämlich meint Kleist und nicht die sanfte Vaterlandsliebe), der sich während des 19. Jahrhunderts in seinen unterschiedlichen Ausprägungen über ganz Europa verbreitete und insbesondere auch in Ost- und Südosteuropa politische Sprengkraft annahm. Jeder dieser Nationalismen, der deutsche, italienische, polnische, griechische, serbische usw., erklärte sich selbst mit einem Mythos.

Immerhin ist aus solchen auf das Wesen des N. hinzielenden Überlegungen auch eine Friedensutopie hervorgegangen, welche, ihrerseits ein Mythos, bis zur Gegenwart politisches Denken beeinflußt, nämlich die Vorstellung, daß die Ursachen für →Konflikte und →Kriege in nationaler Fremdbestimmung liegen. Nationale Selbstbestimmung, überall verwirklicht, wird dann der Garant für den Weltfrieden. Schön wär's. Tatsächlich hat N. nur indirekt etwas mit in ihren Umrissen klar abgegrenzten und mit einem festen Wesen ausgestatteten Nationen zu tun. Seine Bezugswerte können sich wandeln. Gewiß spielen Merkmale wie gemeinsame Sprache, Überlieferungen, Kultur im weitesten Wortsinne eine gewisse Rolle bei der Konstituierung von Nationen; aber erst der massenweise auftretende politische Handlungswille, sich auf die Nation als obersten politischen Wert hin auszurichten, hebt diese aus dem Sumpf weich-konturierter sozialer Tatbestände auf den festen, wenn auch schwankenden Boden des Politischen. Eine andere historisch-politische Perspektive betrachtet den N. unter dem Aspekt seiner Funktionen im Kontext sozio-politischer Entwicklungen. Offenbar zwei Funktionen sind es vor allem, die N. zu erfüllen vermag: Seine integrativen und mobilisierenden Wirkungen auf Großgruppen sind in den letzten beiden Jahrhunderten oft genug unter Beweis gestellt worden. Die Integrationsfunktion ist um so wichtiger, je unübersichtlicher und widersprüchlicher die Individual- und Gruppeninteressen in einer solchen Großgruppe angelegt sind. Integration verläuft nach dem Muster der Ein- und Ausgrenzung; sie macht plausibel, wer dazugehört und wer nicht. Die Grenze zwischen den Dazugehörigen und den anderen kann durch äußere Merkmale sichtbar gemacht werden, etwa durch geopolitische Einschnitte wie Flüsse und Gebirge, oder an den schon erwähnten kulturell-zivilisatorischen Merkmalen wie gemeinsame Sprache und gemeinsame Abstammung (wie alle kulturell-zivilisatorischen Merkmale sind diese aber der Manipulation offen). Sie kann aber auch durch die Gleichrichtung des politischen Willens gesetzt und stabilisiert werden. Hier spielt dann die Mobilisierungsfunktion herein, etwa in dem bekannten Mechanismus, gruppeninterne Schwierigkeiten dadurch einzuebnen, daß sich die Gruppe militant gegen äußere Feinde wendet. Dieser Mechanismus ist seit der Französischen Revolution bei fast allen vorkommenden Nationalismen zu beobachten.

In der deutschen Historiographie ist mit Blick auf die Außenpolitik des

Kaiserreichs dafür der Begriff des Sozialimperialismus (→Imperialismus) vorgeschlagen worden. Eine solche funktionale Betrachtungsweise verführt zuweilen dazu, den manipulatorischen Aspekt von →Politik überzubewerten, so als würden die Massen integriert und mobilisiert und als säßen oberhalb der Massen die Machthaber, die sich dieser Instrumente kühl und, ohne selbst vom N. berührt zu sein, bedienten. Dieses Bild ist falsch. Funktionieren doch moderne →Ideologien, unangesehen des Vorhandenseins gewisser Doppelstandards, selbstverständlich auch in den Köpfen der Führungseliten (→Eliten) nationaler Bewegungen. Auch wissenschaftliche Distanzhaltungen können, nebenbei, sie nicht gänzlich neutralisieren, und ihre Träger werden von ihnen, mögen sie sich auch gern als ideologiefreie Köpfe sehen, ebenfalls nicht selten in Bann geschlagen.

Dies erkennt man leichter in einem weiteren Verwendungszusammenhang des N.-Begriffs, in dem es darum geht, die sozio-politischen und ökonomischen Hintergründe und die sozialen Träger von N. zu untersuchen. Wie andere Ideologien auch nimmt nämlich N. seinen Ausgangspunkt zumeist in kleinen Gruppen von Intellektuellen. Von hier aus verbreitet sich das dort vorgeprägte Bild der Nation in breitere intellektuelle Kreise. Man hat dies die Phase des ‹nationalen Erwachens› genannt. In Ausnahmefällen gelingt es sogar, dieses ‹nationale Erwachen› in einem revolutionären und machtgestützten Prozeß der dafür vorgesehenen Großgruppe geradezu aufzuzwingen. Dafür ist der türkische N. Kemal Atatürks ein Beispiel. In der Regel indes verbreitet sich die nationalistische Ideologie und wird zum Impuls einer ‹nationalen Bewegung›, die je nach Ausgangssituation entweder die Einheit bislang disparater politischer Verbände erstrebt oder eine Sezession.

Begriffspräzisierung

N. ist die integrative und mobilisierende Ideologie einer Großgruppe, die, zumeist im Zusammenhang mit Modernisierungsstrategien, sich über angebbare Merkmale als Einheit versteht und daraus das Motiv ableitet, politische Selbstbestimmung durchzusetzen, zu erhalten oder auf erweitertem Territorium zu vergrößern. In einer Typologie von Nationalismen kann man zwischen folgenden Versionen unterscheiden: einem europäischen Befreiungs-Nationalismus, einem Modernisierungs-Nationalismus (der wie im China Sun Yat-Sens und der Türkei sich zugleich gegen Fremdherrschaft wendet und an westlichen Entwicklungsmustern ausrichtet), einem expansionistischen N. mit imperialistischer Zielsetzung, einem EntkolonisierungsNationalismus. Einen diese Typologie übersteigenden Sonderfall von N. stellen →Faschismus und Nationalsozialismus dar, in denen die Ausgrenzungsmerkmale rassistisch begründet werden. Im Fall des Nationalsozialismus hat dies eine extremistische Vernichtungsideologie und -praxis hervorgebracht, die Millionen von Juden sowie anderen als ‹rassisch unwertvoll› stigmatisierten Menschen das Leben gekostet hat. Dies war nicht der einzige Genozid aus extrem nationalistischen Motiven, aber es war der furchtbarste.

Forschungsstand

Der gegenwärtige Forschungsstand erlaubt einen guten Überblick über die historische Entwicklung des N. im 19. Jahrhundert. Die umfangreichen Bibliographien (etwa bei Winkler 1985) zeigen auch, daß es einen breiten Strom von Forschungsergebnissen aus den verschiedensten Ländern gibt. Das ist deshalb wichtig, weil N.-Forschung innerhalb eines ‹nationalen› Horizontes in den Sog des Provinzialismus geraten kann, wovor die Rezeption ausländischer Forschung zu schützen vermag. So fällt z. B. auf, daß die deutschsprachige Literatur zum N. in der Zeit nach dem 2. Weltkrieg durch das Trauma des Nationalsozialismus befangen gemacht worden ist und sich dem Untersuchungsgegenstand lange Zeit nur auf Umwegen näherte. Die Problematik der Teilung Deutschlands hat das Ihrige dazu beigetragen, daß N. hierzulande in vielen Kreisen als negativ oder anachronistisch verstanden wird. Dies ist ein verständliches und vielleicht sogar sympathisches, aber ein politisches und kein wissenschaftlich begründetes Urteil. Der Schwerpunkt der angelsächsischen N.-Forschung liegt bei der Analyse der Nationsbildungsprozesse in den Entwicklungsländern und den Funktionen, welche dabei Nationalismen spielen.

Forschungsperspektive

In den ‹alten› Nationalstaaten scheint, wofür viele empirische Hinweise zu finden sind, der N. nach 1945 eine geringere Bedeutung zu haben als in den Jahrzehnten davor. Manche Forscher leiten daraus eine langfristige Obsoleszenz des N. ab, der, nach dem Abschluß der Nationsbildungs-Phase der ‹jungen› Nationalstaaten, auch dort sich abschwächen werde. So plausibel, wie sie zunächst klingt, ist diese These nicht. Selbst in den ‹realsozialistischen› Gesellschaften Osteuropas hat sich der N. erhalten und spielt in Krisenzeiten – man denke an die Entwicklung Polens in den 80er Jahren – eine wichtige Rolle (in diesem Fall: der Integration und der Demobilisierung). Wenn auch Rolle und Funktion des Nationalstaats in den internationalen Beziehungen sich verändert haben, teilweise von anderen →Institutionen übernommen worden sind, so sind doch kaum funktionale Äquivalente für den N. als Integrationsideologie sichtbar. Weil das so ist, wird sich die Forschung weniger mit dem Verschwinden als vielmehr mit der Veränderung von N. auseinanderzusetzen haben.

Wichtige Felder künftiger N.-Forschung werden aller Voraussicht nach sein: Ursprünge und Verlaufsformen regionalistischer Bewegungen, die eine ungeschmälerte oder partielle Autonomie auf dem Boden ‹alter› Nationalstaaten erreichen wollen (Wales, Katalonien, Okzitanien, Bretagne usw.). Hinter ihren oftmals pittoresken Selbstbegründungen und zuweilen militanten Aktionen verbirgt sich mehr als Romantizismus und Antimodernismus. Ihre eigentliche Bedeutung erhalten diese Bewegungen ex negativo, nämlich durch den Aufweis nachlassender Integrationskraft der bestehenden Nationalstaaten.

Ein zweites Feld der N.-Forschung ist der Zusammenhang zwischen N. und →Modernisierung. Durch neuartige Kommunikationsmittel ist Massenmobilisierung heute und in Zukunft technisch ganz anders durchführbar als früher. Die Methoden der Ideologieverbreitung und deren Effekte ergeben ein drittes Forschungsfeld. Schließlich ist der N. der ‹jungen› Nationalstaaten aufmerksam daraufhin zu analysieren, ob und wie er seine Gestalt verändert. Die Frage nach den anthropologischen Wurzeln der in verschiedenartigen Gesellschaften (allerdings immer im Kontext von Modernisierung auftretenden) Nationalismen müßte ebenso aufgegriffen werden wie die nach dem Zusammenhang zwischen Entwicklungen in den internationalen Beziehungen (der ‹Weltgesellschaft›) und solchen auf der Ebene der Nationalstaaten, bevor eine umfassende Theorie des N. gewagt werden kann. Bis dahin wird es allerdings noch viele Theorien über den N. geben.

Alter, P.: Nationalismus. Frankfurt/M. 1985.
Dann, O. (Hg.): Nationalismus und sozialer Wandel. Hamburg 1978.
Deutsch, K. W.: Der Nationalismus und seine Alternativen. München 1972.
Kedourie, E.: Nationalismus. München 1971.
Krockow, Ch. Graf v.: Nationalismus als deutsches Problem. München 1970.
Lemberg, E.: Nationalismus. 2 Bde. Reinbek bei Hamburg 1964.
Smith, A. D.: Theories of Nationalism. London 1971.
Winkler, H. A. (Hg.): Nationalismus. Königstein/Ts. [2]1985.

Wilfried von Bredow

Neue Politische Ökonomie

Begriffsverwendungen

Die N.P.Ö. ist ein interdisziplinärer Ansatz zur Erklärung politischer Strukturen und Prozesse, der wechselseitigen Abhängigkeit von →Wirtschaft und →Politik sowie der wirtschaftlich relevanten Staatstätigkeit mit Hilfe des Instrumentariums der modernen Wirtschaftstheorie. Die N.P.Ö. wird häufig auch als ökonomische →Theorie der Politik bezeichnet. Das ist in bezug auf den Entstehungszusammenhang der N.P.Ö. zutreffend; sie hat sich aus der ökonomischen Theorie der →Demokratie (Anthony Downs, Joseph A. Schumpeter, in der Bundesrepublik Deutschland Philipp Herder-Dorneich) heraus entwickelt. Heute geht es der N.P.Ö. nicht mehr nur um die ökonomische Erklärung politischer Strukturen und Prozesse, sondern um eine umfassende Analyse der Interdependenz von Politik und Wirtschaft, der politisch-ökonomischen Ordnungs- und Steuerungsprobleme von Gesellschaften und des Spannungsverhältnisses von Markt und →Staat in den modernen kapitalistischen Gesellschaften. Insofern nimmt die N.P.Ö. die zentralen Erkenntnisinteressen und Fragestellungen der klassischen Politischen Ökonomie (Adam Smith, Mandeville, Ricardo) wieder auf. Während jedoch die klassische Politische Ökonomie von der gesellschaftlichen Organisation von Produktionsprozessen und einer sich daraus ergebenden festgelegten Verbindung von Ökonomie und Politik ausging, läßt die N.P.Ö. die Interdependenz von Politik und Ökonomie offen. Sie unterstellt also keine bestimmte, durch die Produktionsverhältnisse festgelegte Art und Weise der Beziehungen von Politik und Ökonomie. Im Gegensatz zum überwiegenden Teil der neoklassischen Ökonomie vernachlässigt sie jedoch die wechselseitigen Abhängigkeiten von Politik und Ökonomie nicht, sondern versucht, diese über eine Integration von ökonomischer und politischer Theorie zu erfassen. Die N.P.Ö. hat sich denn auch in den letzten Jahren weit über die ökonomische Theorie der Politik hinaus zu einem interdisziplinären Ansatz entwickelt, innerhalb dessen versucht wird, ökonomische, politikwissenschaftliche und soziologische Erkenntnisse zu integrieren.

Verwendungszusammenhänge und Begriffspräzisierung

Die N.P.Ö. basiert auf der ökonomischen Theorie rationalen Handelns. Damit verbunden ist eine Konzeption sozialer Beziehungen als Austausch materieller und immaterieller Güter und Dienstleistungen. Dieser Ansatz wird oft mißverstanden als ein Versuch, soziale Strukturen und Prozesse auf individuelle Bedürfnisse und Neigungen zurückzuführen. Das ist jedoch falsch. Die N.P.Ö. (ebenso wie die ökonomische Theorie generell) postuliert zwar allgemeine Verhaltensprinzipien, leitet daraus unmittelbar jedoch keine Aussagen über soziale Strukturen und Prozesse ab. Sie geht vielmehr davon aus, daß die von ihr postulierten Verhaltensprinzipien in unterschiedlichen strukturellen Kontexten zu unterschiedlichem Verhalten und zu unterschiedlich ausgestalteten Tauschprozessen führen. Soziale Strukturen und Prozesse stellen also zunächst Rahmenbedingungen für Verhalten und für konkrete Tauschvorgänge dar.

Derartige Tauschvorgänge können allerdings auf die Strukturen, innerhalb deren sie sich abspielen, zurückwirken und diese verändern. Die

N.P.Ö. schließt also nicht von Verhalten auf Strukturen und Prozesse, sondern geht von einer Interdependenz von sozialen Strukturen und Prozessen einerseits und individuellem und kollektivem Verhalten andererseits aus.

Auch von ihrem Erkenntnisinteresse her ist die N.P.Ö. nicht in erster Linie ein verhaltenstheoretischer Ansatz. Sie ist eher Entscheidungslogik (→Entscheidung) als Verhaltenstheorie. Ihr Interesse gilt weniger dem Verhalten einzelner Akteure als den Konsequenzen von interdependenten Interaktions- und Entscheidungssituationen. Die ökonomische Theorie der →Bürokratie erklärt nicht das Verhalten einzelner Mitglieder von Bürokratien, sondern untersucht die Allokation von Gütern und Dienstleistungen im Rahmen bürokratischer Entscheidungsprozesse und deren Kontext.

Die Anwendung der Theorie rationalen Verhaltens für die Erklärung solcher Sachverhalte erfordert nicht nur die Spezifikation der Nutzenfunktionen der involvierten Akteure, sondern auch der relevanten Tauschbedingungen, insbesondere der strukturellen Bedingungen der interessierenden Interaktions- und Entscheidungssituationen. In die Analyse der ökonomischen Theorie der Bürokratie gehen also nicht nur die →Interessen und Verhaltenstendenzen der Mitglieder von Bürokratien ein, sondern die internen Strukturen von Bürokratien und ihre externen Abhängigkeiten von Politikern oder Klienten (→Klientelismus). Auf dieser Basis können unter anderem die Quantität und Qualität der Produktion öffentlicher Güter und Dienstleistungen in und durch Bürokratien erklärt werden.

Das übliche Vorgehen der N.P.Ö. ist das einer Modellanalyse. Die zu untersuchende Situation (z. B. die Allokation von Gütern und Dienstleistungen in und durch Bürokratien) wird durch ein Modell beschrieben, das Aussagen über die Nutzenfunktionen der involvierten Akteure und über die relevanten Tauschbedingungen (Strukturen, Interdependenzen) enthält. Das mit derartigen Annahmen spezifizierte Modell wird mit Hilfe der Theorie rationalen Verhaltens auf seine Implikationen bezüglich der interessierenden Sachverhalte untersucht. Die in unserem Beispiel interessierende Allokation von Gütern und Dienstleistungen in und durch Bürokratien wird also theoretisch ermittelt als Implikation des Modells und seiner Annahmen. Es liegt auf der Hand, daß die so erzielten Aussagen nicht mehr als Hypothesen sind, die noch einer empirischen Überprüfung bedürfen.

Dieser Ansatz liegt allen Analysen und Theorien der N.P.Ö. zugrunde. Der Unterschied zwischen den einzelnen Theorien und Analysen liegt im Anwendungsbereich und in den auf diesen Bereich jeweils bezogenen speziellen Annahmen über Nutzenfunktionen und Tauschbedingungen. Wir haben es bei der N.P.Ö. also mit unterschiedlichen Anwendungen einer allgemeinen Theorie rationalen Handelns auf modellhaft abgebildete Ausschnitte und Aspekte von Realität zu tun. Dabei bleibt die zugrunde liegende Theorie einfach und allgemein; die Komplexität der Realität wird über die Modellannahmen in mehr oder weniger reduzierter Form abgebildet. Der empirische Gehalt der Modellannahmen bestimmt denn auch im wesentlichen die empirische Aussagekraft der jeweiligen Theorie oder Analyse.

Zur N.P.Ö. gibt es eine Reihe von grundlegenden Arbeiten. Dazu gehören insbesondere die ökonomische Theorie der Demokratie von Anthony Downs, die ökonomische Theorie demokratischer Entscheidungen von James Buchanan und Gordon Tullock und die Logik des kollektiven Handelns von Mancur Olson. Diese und andere Arbeiten haben exemplarisch Anwendungsmöglichkeiten der Theorie rationalen Handelns zur Erklärung politischer Sachverhalte aufgezeigt und damit die Entwicklung einer ökonomischen Theorie der Politik begründet.

Forschungsstand

Betrachtet man die Entwicklung der N.P.Ö. seit 1957 (dem Jahr des Erscheinens von Downs' Ökonomischer Theorie der Demokratie), so kann man drei wichtige Tendenzen feststellen: erstens eine Ausweitung des Anwendungsbereichs, zweitens eine Erhöhung der Komplexität der Modelle, und drittens eine verstärkte empirische Überprüfung theoretisch abgeleiteter Hypothesen.

Die N.P.Ö. hat sich aus einer ökonomischen Theorie der Demokratie, genauer einer Theorie der Parteienkonkurrenz, durch Einbeziehung weiterer Aspekte politischer →Systeme (z. B. Verfassungsstrukturen, organisierte Interessenvermittlung und Bürokratien) zunächst zu einer immer breiter angelegten ökonomischen Theorie der Politik entwickelt. Im Verlauf dieser Entwicklung wurden zunehmend auch Bezüge zwischen der Logik politischer Systeme und ökonomischen Allokations- und Steuerungsproblemen aufgenommen. Wegweisend waren dabei unter anderem Arbeiten zur politisch-ökonomischen Interdependenz (z. B. B. S. Frey), zu den Allokationswirkungen unterschiedlicher politisch-ökonomischer Systeme (z. B. P. Bernholz, M. Olson) und zum Verhältnis von Markt und Staat (z. B. J. M. Buchanan). Damit wurde die N.P.Ö. immer mehr zu einer umfassend angelegten, wenn auch bis heute lediglich partiell ausgebauten politisch-ökonomischen Ordnungs- und Steuerungstheorie. Damit wird zumeist ansatzweise eine Integration von →Politikwissenschaft und Wirtschaftswissenschaft vollzogen.

Ein interessantes Beispiel einer übergreifenden Analyse politisch-ökonomischer Ordnungs- und Steuerungszusammenhänge ist Mancur Olsons «The Rise and Decline of Nations». In diesem Buch zeigt Olson, daß die für die modernen Industriegesellschaften typischen pluralistischen Interessenstrukturen ineffiziente staatliche Interventionen in die →Wirtschaft begünstigen. Im Gegensatz zu der traditionellen Pluralismustheorie in der Politikwissenschaft argumentiert er, daß die Interessenvermittlung in modernen Demokratien durch ungleichgewichtige Interessenorganisation, geringe Verbändekonkurrenz und eine hohe Durchsetzbarkeit partikularer Interessen geprägt sei. Das führt dazu, daß über die organisierte Interessenvermittlung partikulare →Interessen sehr viel mehr Einfluß gewinnen als allgemeine Interessen. Das hat zur Folge, daß der Staat häufig zugunsten partikularer Interessen interveniert, übergreifende Ordnungs- und Problemzusammenhänge vernachlässigt und Marktversagen eher erzeugt, statt es zu kompensieren. Das hat negative Auswirkungen auf Wachstum, Preisstabilität und Beschäftigung sowie auf die Anpassung an technologischen, wirtschaftlichen und gesellschaftlichen Wandel.

Olsons Theorie weist vielfältige Verbindungen zu Erkenntnissen der Korporatismusforschung (→Korporatismus) und der Politikfeldanalyse auf und verdeutlicht damit auch das Integrationspotential der N.P.Ö.

Forschungsperspektive
Trotz ihres beträchtlichen Integrationspotentials ist die N.P.Ö. bis heute weitgehend ein wirtschaftswissenschaftlicher Ansatz geblieben und in der Politikwissenschaft – vor allem in der deutschen – wenig aufgenommen worden. Das hat zur Folge, daß ihre interdisziplinären Perspektiven bisher nur partiell realisiert werden konnten. Sie bietet jedoch auch und gerade für die Politikwissenschaft einen interessanten theoretischen Ansatz für die Erklärung politischer Strukturen und Prozesse. Das gilt insbesondere im Hinblick auf die bis heute theoretisch wenig fundierte Politikfeldanalyse. Politisch-ökonomische Interdependenzmodelle und andere Theorien und Analysen der N.P.Ö. erlauben einiges an theoretisch-systematischer Analyse der Zusammenhänge zwischen Politikstrukturen einerseits, Politikproduktion und staatlichem Handeln andererseits.

Buchanan, J. M.: The Limits of Liberty. Chicago 1975.
–/Tullock, G.: The Calculus of Consent. Ann Arbor 1962.
Downs, A.: Ökonomische Theorie der Demokratie. Tübingen 1968.
Frey, B. S.: Modern Political Economy. Oxford 1978.
–: Democratic Economic Policy. Oxford 1983.
Lehner, F.: Einführung in die Neue Politische Ökonomie. Königstein/Ts. 1981.
Niskanen, W. A.: Bureaucracy and Representative Government. Chicago 1971.
Olson, M.: Die Logik des kollektiven Handelns. Tübingen 1968.
–: The Rise and Decline of Nations. New Haven/London 1981.

Franz Lehner

Öffentliche Meinung

Begriffsverwendungen

Der Begriff der ö.M. ist so umstritten, wie der Prozeß, den dieser Begriff bezeichnet, diffus ist. Vereinfachend lassen sich folgende Konzepte unterscheiden:

a) ö.M. als Gesamtheit von Ansichten und Vorstellungen in der Bevölkerung (deskriptives Konzept);
b) ö.M. als politisch wirksame Fiktion (mystisches Konzept);
c) ö.M. als diskursgestählter Konsens vernünftig denkender Menschen in einer bestimmten historischen Epoche (historisches Konzept);
d) ö.M. als Themenstruktur politischer Kommunikation (systemtheoretisches Konzept).

Verwendungszusammenhänge

Die hier genannten Konzepte lassen sich nicht trennscharf gegeneinander abgrenzen, sondern repräsentieren gerade in ihrer Auflistung die mit dem Konzept der ö.M. verbundenen Schwierigkeiten.

Das *deskriptive Konzept* der ö.M. in den Köpfen der Bevölkerung, die als solche mit der →Öffentlichkeit gleichgesetzt wird: «Öffentliche Meinung ist die zu einer gewissen Zeit in dem größeren oder gebildeteren Teil des Publikums herrschende Ansicht von den gesamten Angelegenheiten der Menschheit, insbesondere den bürgerlichen und kirchlichen» (Real-Encyclopädie 1820). Dieses Konzept ist identisch mit der Formulierung einer allgemeinen Durchschnittsmeinung, so daß die durch demoskopische Umfragen (Noelle-Neumann 1963) mögliche repräsentative Feststellung von Durchschnittsmeinungen mittels statistischer Mittelwerte demoskopische Momentaufnahmen der so verstandenen ö. M. erlaubt. Prozesse, Strukturen und politische Wirkungen der ö. M. bleiben dabei außen vor, und nur in der Anbindung an eine Theorie der Meinungsklimas (Noelle-Neumann 1980) wird dieser Hintergrund sichtbar.

Das *mystische Konzept* der ö. M. versteht diese als einen Mythos, als «heiligen Geist des politischen Systems» (Key 1961, S. 8), der zwar nicht im einzelnen zu erklären ist, dessen politische Wirkung jedoch nicht geleugnet wird. Bauer (1914) versteht ö. M. in diesem Zusammenhang als «Hilfsbegriff für Wissende», in dessen Namen politische Forderungen erhoben werden können. Dieses Konzept hebt vor allem auf die Wirksamkeit *fiktiver* Größen im Prozeß der ö. M. ab. In diesem Zusammenhang überrascht es nicht, daß die früheste Verwendung des Begriffs Machiavelli zugeschrieben wird (vgl. Bauer 1914, S. 214; Raffael 1984, S. 50).

Das *historische Konzept* der ö. M. ist vor allem der einflußreichen Analyse Habermas' zuzurechnen. Habermas (1962) zeigt, daß ö. M. als diskursgestählter Konsens vernünftig denkender Privatleute sich nur innerhalb einer historischen Entwicklung – und das heißt auch: nur als historische Epoche – begreifen läßt. Ö. M. entfaltet sich hier als vernünftiges Räsonnement von Privatleuten, die sich in kleinen Zirkeln Ebenbürtiger zusammenfinden. Prestige wird nicht über Geburt oder sozialen Status, sondern allenfalls über die Schärfe des Arguments definiert. Wichtig ist ferner, daß diese Zirkel prinzipiell nicht mehr abgeschlossen sind. Eine wesentliche Rolle spielen dabei schon Medien als einschlägige ‹vernünftige Zeitschriften›, die als Sprachrohr solcher Zirkel fungieren und deren prinzipiell unbegrenzte →Öffentlichkeit garantieren.

Diese nun historisch zu begreifende ö. M. gewinnt ihre politische Funktion, indem sie – öffentlich sichtbar – dem öffentlichen Handeln des Souveräns, des →Staates, gegenübergestellt wird (Habermas 1962, S. 49f.). In dem Maß, wie im 19. Jahrhundert Bildung das →Recht aller wird und die Presse nicht nur von gebildeten Bürgern, sondern von allen Personen gelesen werden kann, verschwindet mit der Öffentlichkeit solcher Zirkel auch die von diesen Zirkeln getragene ö. M. (vgl. Habermas 1962, S. 200ff.).

Das *systemtheoretische Konzept* der ö. M. von Niklas Luhmann begreift diese «nicht mehr einfach als politisch relevantes Ergebnis, (sondern)... als thematische Struktur öffentlicher Kommunikation» (1970, S. 9f.), die *solche* Themen und Meinungen vorselektiert, die Eingang in das Handeln des politischen →Systems finden. Meinungen zu Themen sind daher nur als «vorübergehend verfestigte Ansicht des Richtigen» zu begreifen, die eben durch ihre zeitliche und inhaltliche Instabilität die für das politische System erforderliche Beliebigkeit (Kontingenz) der Behandlung sicherstellen.

Der Prozeß öffentlichen Meinens stellt sich nach Luhmann dar als doppeltes Kommunikationsfilter: Themen müssen zunächst einen ersten Filter der öffentlichen Aufmerksamkeit durchlaufen und sich hier behaupten. Die zu den Themen artikulierten Meinungen signalisieren sodann für das politische System Handlungsmöglichkeiten, die nach Relevanzkriterien des politischen Systems einer zweiten Selektion unterworfen werden.

Die unterschiedlichen Vorstellungen über Struktur und Funktion der ö. M. ergeben sich aus unterschiedlichen Vorstellungen zu den Begriffen *Meinung* und *Öffentlichkeit.* Meinungen sind Ansichten oder Bewertungen in bezug auf zugrundeliegende *Themen, Tatbestände* oder *Probleme* und als solche, analytisch gesprochen, Aussagen über Aussagen (Merten 1988). Umstritten für ö. M. ist zunächst deren Bindung an *Wahrheit.*

Die ältere Theorie (vgl. Tönnies 1922) bezieht sich ausdrücklich auf den Wahrheitswert von Meinungen. Noch Dovifat (1962, S. 106f.) unterstellt, daß Meinungen auf Verbreitung von Wahrheit zielen, und selbst bei Habermas (1962, S. 193ff.) wird unterstellt, daß Meinungen der größtmöglichen Stringenz (Rationalität) verpflichtet sein müssen.

Von dieser Wahrheitsbindung abstrahiert der systemtheoretische Entwurf von Luhmann radikal: Hier wird das Wahrheitspostulat ausdrücklich positiviert, d. h. durch ein Kriterium funktionaler Nützlichkeit und damit durch Beliebigkeit (Kontingenz) ersetzt: «Nicht an der Form der Meinungen – ihrer Allgemeinheit und kritischen Diskutierbarkeit, ihrer Vernünftigkeit, Konsensfähigkeit, öffentlichen Vertretbarkeit – ist die Funktion der ö. M. abzulesen... diese Funktion besteht nicht in der Richtigkeit der Meinungen, sondern in der Unsicherheit absorbierenden, Struktur gebenden Leistung von Themen» (1970, S. 14f.).

Das deskriptive Konzept der ö. M. schließlich trägt dieser neuzeitlichen Sicht gleichfalls Rechnung dadurch, daß die Richtigkeit oder Wahrhaftigkeit der durch Umfragen erhobenen Meinungen ausdrücklich für irrelevant erklärt wird.

Aber auch hinsichtlich der Annahmen über die *Struktur* der ö. M. zeigen sich tiefe Widersprüche. Dies betrifft sowohl die Annahme einer hierarchischen als auch einer dynamischen Struktur der ö. M.: Einerseits wird eine hierarchische Struktur der ö. M. unterstellt. So wird bereits im 18. Jahrhundert einer allgemeinen Meinung *im* Volke (opinion de peuple) eine ö. M. (opinion publique) gegenübergestellt, die sich in der Oberschicht bildet und von dieser gepflegt wird (vgl. Tönnies 1922). Auch die Annahme von Habermas (1962, S. 47ff.), daß ö. M. sich dem Diskurs vernünftiger, gebildeter Bürger verdankt, weist auf hierarchische Vorstellungen. Empirisch gestützt wird diese Annahme später durch das Konzept des «Meinungsführers» (two-step-flow of communication), das von Lazarsfeld et al. (1944, S. 151) anläßlich von Wahluntersuchungen herausgearbeitet wird. Auch bei Luhmann (1970) wird implizit auf den wesentlichen Einfluß von →Eliten verwiesen. Dagegen fehlen hierarchische Strukturvorstellungen im deskriptiven Konzept völlig.

Schließlich wird auch der Einfluß der Massenmedien auf die ö. M. unterschiedlich gesehen: Hierauf gehen nur das historische Konzept (Habermas) und der systemtheoretische Ansatz ein.

Bezüglich der *Prozeßstruktur* ö. M. zeigen sich ähnliche Widersprüche: Während das deskriptive Konzept statisch angelegt ist und am besten als demoskopische Momentaufnahme zu beschreiben ist, skizziert der systemtheoretische Ansatz von Luhmann erwartungsgemäß eine hochdifferenzierte Prozeßstruktur ö. M. Auch der Begriff der *Öffentlichkeit* wird in den verschiedenen Konzepten ersichtlich völlig unterschiedlich verstanden.

Ein erklecklicher Anteil des Mythischen im mythischen Konzept der ö. M. dürfte dem Öffentlichkeitsbegriff zuzurechnen sein. Beim deskriptiven Konzept wird Öffentlichkeit über das Repräsentativitätsprinzip der

Befragung definiert. Ganz anders wiederum das historische Konzept, das Öffentlichkeit notwendig als historische Kategorie (der bürgerlichen Gesellschaft) versteht.

Der systemtheoretische Ansatz arbeitet dagegen schon mit einem eher sozialpsychologischen Konzept von Öffentlichkeit, indem dort auf die wechselseitige Wahrnehmbarkeit des Meinens anderer verwiesen wird: «Öffentlichkeit (ist) die Unterstellbarkeit der Akzeptierbarkeit von Themen» (Luhmann 1971, S. 22). Analytisch gesehen besteht die der Öffentlichkeit eigene starke Konsenswirkung darin, daß auch hier, wie bei der Bildung von Meinungen, eine *reflexive* Struktur aktiviert wird: Meinen, was andere meinen. Diese Struktur erlaubt nicht nur eine Orientierung an faktischen, sondern an faktisch *unterstellbaren* Mehrheiten, so daß die mögliche Konsenswirkung von Öffentlichkeit wesentlich diffuser angelegt zu sein scheint: Meinen, was man *meint,* daß andere meinen (Merten 1986).

Auch bezüglich der *Wirkung* der ö. M. gibt es allenfalls pauschale Übereinstimmungen. Das deskriptive Konzept verzichtet völlig auf diese Kategorie. Andererseits verweisen gerade die demoskopischen Umfragen anläßlich von →Wahlen auf den Einfluß öffentlichen Meinens. Und im Konzept der Öffentlichkeit wird zunehmend ein eigener Wirkmechanismus gesehen, den Noelle-Neumann (1977) mit der Metapher «Öffentlichkeit als Bedrohung» beschreibt.

Auch im mystischen Konzept ist die Wirksamkeit der ö. M. die einzige Größe, die nicht in Frage gestellt wird. Das historische Konzept von Habermas (1962) dagegen negiert Wirkungen der ö. M. außerhalb jener historischen Epoche des 18. Jahrhunderts. Luhmann (1970) dagegen gesteht der ö. M. immer auch politische Wirkungen zu, die freilich von Fall zu Fall sehr unterschiedlich ausfallen können. Dabei ist wichtig, daß solche Wirkungen nicht bindend auf *faktischen* Mehrheitsmeinungen und also auf der Unterstellbarkeit von Mehrheitsmeinungen und also auf der Unterstellbarkeit von Erfolg und Mißerfolg (Wirkung und Nichtwirkung) solcher Meinungen beruhen.

Das Resümee dieser Konzepte zeigt: Der Mythos der ö. M. läßt sich analytisch sehr wohl auflösen, indem man ö. M. als Kommunikationsprozeß begreift, dessen Struktur und Funktion zu bestimmen ist.

Begriffspräzisierung

Ö. M. setzt in einem elementaren Verständnis voraus, daß sich gesellschaftlich relevante Tatbestände oder Probleme (oder das, was man dafür hält) als *Themen* etablieren und Ansichten resp. Lösungsmöglichkeiten dazu als *Meinungen* in der Öffentlichkeit artikulieren und kommunizieren lassen.

Die tatsächliche oder vermutbare Präsentation von Meinungen in der

Öffentlichkeit bewirkt, daß sich die *einen* nach dem richten, was *andere* tun, bzw. was die einen *meinen,* was die anderen tun werden. Daraus folgt, daß sich die Zahl alternativ artikulierter *Ansichten* resp. *Problemlösungen* auf einige wenige reduziert und jeweils von einem größeren Teil der Bevölkerung für richtig gehalten wird. Hieraus ergibt sich die politische Relevanz der ö. M.

Ö. M. läßt sich demgemäß definieren als Kommunikationsprozeß zur Auswahl von relevanten oder für relevant ausgegebenen Sachverhalten oder Problemen, die als *Themen* etabliert und zu denen vor allem durch die Medien Meinungen erzeugt werden. Die Präsentation von Meinungen in der *Öffentlichkeit* provoziert eine Auswahl relevanter oder für relevant gehaltener Meinungen, die von einer Mehrheit akzeptiert werden oder akzeptiert zu werden scheinen und dadurch politische Wirkungen entfalten.

Forschungsstand

Der Mythos der ö. M. erscheint nur mehr als ein Indikator für deren komplexe Struktur. Ö. M. ist nicht nur ein hochflüchtiger Prozeß mit großem Veränderungspotential, sondern sie weist auch eine hochkomplexe Struktur auf, die sich – in Anlehnung an den systemtheoretischen Entwurf von Luhmann (1975) – als mehrfach *reflexiv* ausweist: In *sachlicher* Hinsicht, weil Meinungen als Aussage über Aussage zu begreifen sind und gerade dadurch indifferent gegen Wahrheiten sein können. In *sozialer* Hinsicht, weil die Ausrichtung der Meinungen eines Individuums an faktisch sichtbaren oder auch nur vermuteten Meinungen anderer Personen erfolgt (pluralistic ignorance; vgl. O'Gorman 1975). In *zeitlicher* Hinsicht, weil ö. M. als Prozeß der Veränderung wahrgenommen wird und folglich Veränderung *von* Veränderungen als Typ von Beschleunigung (Zu- oder Abnahme der Veränderung von Anhängern einer Meinung) zugleich sensibler Indikator für erfolgreiche ö. M. ist.

Forschungsperspektive

Die empirische Erforschung ö. M. konzentriert sich derzeit vor allem auf den Einfluß der *Medien,* die sowohl Themen als auch Meinungen bereitstellen. Der von Noelle-Neumann (1977a; 1980) vorgelegte Entwurf einer Theorie des doppelten Meinungsklimas weist trotz aller Einschränkungen (vgl. Merten 1985) in diese Richtung und sucht den Einfluß der Medien auf die öffentliche Meinungsbildung gesondert auszuweisen.

Zum anderen ist gerade in jüngster Zeit die konsentierende Wirkung der Öffentlichkeit Gegenstand weiter gehender Forschung, die unter Aspekten sozialer Kontrolle (Noelle-Neumann 1966; Klapp 1954) und unter Nichtwissens-Forschung (pluralistic ignorance) betrieben wird (vgl. O'Gorman 1975).

Bauer, W.: Die öffentliche Meinung und ihre geschichtlichen Grundlagen. Tübingen 1914.
Dovifat, E.: Zeitungslehre. Bd. 1. Berlin [4]1962.
Habermas, J.: Strukturwandel der Öffentlichkeit. Neuwied 1962.
Key, V. O.: Public Opinion and American Democracy. New York 1961.
Klapp, O. E.: Heroes, Villains and Fools as Agents of Social Control. American Sociological Review 19 (1954), S. 56.
Lazarsfeld, P. F. et al.: The People's Choice. New York 1944.
Luhmann, N.: Öffentliche Meinung. Politische Vierteljahresschrift 11 (1970), S. 2.
–: Soziologische Aufklärung. Opladen 1975.
Merten, K.: Some Silence in the Spiral of Silence. In: Dan Nimmo et al. (eds.): Political Communication Yearbook I. Carbondale 1985, S. 31.
–: Evolution der öffentlichen Meinung. In: Publizistik 1988 (i. Dr.).
Noelle-Neumann, E.: Umfragen in der Massengesellschaft. Reinbek b. Hamburg 1963.
–: Öffentlichkeit als Bedrohung. Freiburg 1977.
–: Das doppelte Meinungsklima. Der Einfluß des Fernsehens im Wahlkampf 1976. Politische Vierteljahresschrift 18 (1977a), S. 408.
–: Die Schweigespirale. München 1980.
O'Gorman, H. M.: Pluralistic Ignorance. Public Opinion Quarterly 39 (1975), S. 313.
Raffel, M.: Der Schöpfer des Begriffs «Öffentliche Meinung»: Michel de Montaigne. Publizistik 29 (1984), S. 49.
Real-Encyclopädie, Allgemeine deutsche. Leipzig 1820.
Tönnies, F.: Kritik der öffentlichen Meinung. Berlin 1922.

Klaus Merten

Öffentlichkeit

Begriffsverwendungen

Ö. ist ein ambivalenter Begriff, der sowohl in historischer als auch theoretischer Hinsicht unterschiedlich verstanden wird. Drei wesentliche Begriffsverwendungen lassen sich unterscheiden:
a) Ö. als ‹gemein› resp. allgemein zugänglich,
b) Ö. als ‹staatlich› (publicus) und
c) Ö. als ‹Publizität›.

Verwendungszusammenhänge

● *Öffentlichkeit als ‹gemein› resp. als ‹Zugänglichkeit›:* Diese Verwendung des Begriffs leitet sich nach Hölscher (1978, S. 414ff.) zunächst von dem Begriff ‹offen› bzw. ‹offenbar› oder ‹offensichtlich› ab, und zwar synonym zum Begriff ‹gemein›. Auch der griechische Begriff κoινός und der lateinische Begriff ‹publicus› wurden bis ins 18. Jahrhundert durch den Begriff ‹gemein› wiedergegeben. Darunter war die Ansprache bzw. Zugänglichkeit für den gemeinen Mann, also für jedermann zu verstehen. Die Identität zwischen öffentlich und gemein ist jedoch nicht durchgängig: Während das Gegenteil von öffentlich das Geheime, Verborgene ist, ist das Gegenteil von gemein das Besondere.

• *Öffentlichkeit als ‹staatlich› (publicus):* Diese Bedeutung läßt sich aus dem germanischen Rechtswesen ableiten: Gericht wurde unter freiem Himmel, also öffentlich gehalten, so daß der hoheitliche Akt der Rechtsprechung für jedermann wahrnehmbar war. Ähnlich läßt sich diese Bedeutung aus aus dem römischen Recht herleiten: Die römische Popularklage (actio popularis) gesteht bei Schädigung des Allgemeinwohls jedem Mitglied der Gemeinde die Rolle des Klägers zu; das iudicium publicum stellt mithin über die Rechtsprechung (im Namen des Herrschers, des Volkes, des Staates) den Anschluß an einen Typ von Zugänglichkeit (als allgemein zugelassen sein) her. Der Begriff ‹publicus› hat denn auch zwei entsprechende Bedeutungen: (a) zum Volk resp. zum Staat gehörig und (b) dem Volke eigen, öffentlich, allgemein (Hölscher 1978, S. 420).

Mit der Ausbildung des Naturrechts, vor allem durch Hobbes, gewinnt der Begriff der Ö. dann jedoch die Bedeutung von ‹staatlich›, bezeichnet die höchste →Gewalt. Diese Bezeichnung findet sich auch heute noch, z. B. im Begriff der öffentlich-rechtlichen Anstalt, im öffentlichen Amt, öffentliches Recht etc.

• *Öffentlichkeit als ‹Publizität›:* Diese Begriffsverwendung geht auf die Übersetzung des französischen Begriffs der ‹publicité› zurück und bezeichnet einen meist publizistisch zu verstehenden Akt der Veröffentlichung. Publizität ist dabei nicht nur als Recht zur Meinungs- oder Informationsverbreitung (Pressefreiheit), sondern auch als Pflicht (Publizitätspflicht bei Aktiengesellschaften) zu verstehen.

Begriffspräzisierung

Die verschiedenen Begriffe von Ö. lassen sich nicht ohne weiteres vereinheitlichen. Prinzipiell enthalten sie jedoch eine Vorstellung der Wahrnehmbarkeit aller (jedermann hat Zutritt) oder für alle (wahrnehmen als stellvertretendes Handeln für alle). Dabei bezieht sich die erste (passivische) Bedeutung auf eine allgemeine Zugänglichkeit (öffentliche Veranstaltung; öffentliches Verkehrsmittel etc.). Auch Publizität (eines Vorgangs, eines Schriftstücks) ist hierunter zu rechnen; denn sie bezeichnet die nicht mehr rückholbare Vertraulichkeit und damit die prinzipielle Wahrnehmbarkeit (Erfahrbarkeit) für jedermann. Wahrnehmung für alle (aktivisch) impliziert dagegen ein repräsentatives Handeln im Namen aller, das sich in diesem Sinne im Begriff des ‹Staatlichen› exakt wiederfindet.

Ö. läßt sich demnach begreifen als *Chance des Wahrnehmbaren aller (Zugänglichkeit) oder für alle (Vertretung).*

Forschungsstand

Die prominente Rolle des Ö.-Begriffs kommt nicht von ungefähr. Anhand der vorgegebenen Definition lassen sich darin vier grundlegende Prinzipien erkennen: (a) ein Prinzip der →*Gleichheit*, (b) das Prinzip der *Repräsentation,* (c) ein *Kommunikationsprinzip* und (d) ein *Prinzip →sozialer Kontrolle.*

Das *Prinzip der Gleichheit* bezieht sich auf das Recht der Wahrnehmung oder auf das höherwertige Recht der Anwesenheit bzw. der Zugänglichkeit für jedermann. Eine öffentliche Gerichtsverhandlung ist für jedermann zugänglich, ein öffentliches Ereignis ist dagegen keineswegs mehr für alle zugänglich, sondern allenfalls wahrnehmbar.

‹Ö. herstellen› heißt analog Vertraulichkeit aufheben durch Publizität, also durch prinzipielle Chance der Erfahrbarkeit für jedermann. Wie alle Prinzipien der Gleichheit ist auch das Prinzip der allgemeinen Wahrnehmbarkeit (Zugänglichkeit), aus dem die höheren Gleichheitsansprüche sich ableiten lassen, nie selbstverständlich gewesen. Das zeigt nicht nur die Geschichte der Bürgerrechte oder der Presse- und Meinungsfreiheit, sondern zeigt sich notwendigerweise auch dort, wo das Gleichheitsprinzip mit dem ebenfalls politischen Repräsentationsprinzip in Konflikt gerät; letzteres läßt sich nur auf Kosten des ersteren durchsetzen.

Das *Repräsentationsprinzip* (Max Weber) basiert auf der wie auch immer begründeten Maxime, daß Rechte vieler Personen auf einige oder eine Person delegiert oder übertragen werden können. Ö. in diesem Verständnis setzt damit stets ein stellvertretendes Handeln, die Wahrnehmung von etwas für alle anderen, voraus. Die Anwendung dieses Prinzips – etwa in der repräsentativen →Demokratie – leitet sich wieder vom Prinzip der Gleichheit ab: Am Tag der Wahl macht das Volk Gebrauch von diesem Recht durch Wahlentscheidung (→Wahlen). Mit dieser Wahlentscheidung aber schränkt es das Gleichheitsprinzip ein.

Das *Kommunikationsprinzip* ist das grundlegendste der hier genannten Prinzipien: Wahrnehmbarkeit für jedermann heißt auch Wahrnehmbarkeit von jedermann durch jedermann und stellt im Reflexivwerden von Wahrnehmung bereits Kommunikation dar (Luhmann 1972). In traditionalen Gesellschaften läßt sich Ö. so schon durch die geringe Zahl der Mitglieder eines Stammes (Clan, Familie) erreichen oder zumindest doch über regelmäßig stattfindende Versammlung aller sicherstellen. Die kommunikativen Funktionen der Straße, des Marktes helfen diese Ö. garantieren, und mittelalterliche Marktplätze zeichnen sich gerade dadurch aus, daß in der größten Ausdehnung noch jeder für jeden wahrnehmbar bleibt.

Diese Ö. erfüllt – zumindest in traditionalen Gesellschaften – weitgehend die Funktion sozialer Kontrolle: Nichts bleibt verborgen, alles ist offenbar, niemand kann sich entziehen. Wer fehlt, macht sich verdächtig und gibt Anlaß zu sanktionierender Kommunikation.

Die Ausdifferenzierung traditionaler Gesellschaften zeigt in bezug auf Ö. antagonistische Züge (→Differenzierung). Zum einen verlangt schon das zahlenmäßige Anwachsen der Gesellschaft ein wie auch immer begründetes Repräsentationsprinzip, also eine staatlich-politische Ö., die sich bereits in der Antike etabliert hat (nur die Freien haben Zutritt zur Agora; nur die Gewählten haben Sitz und Stimme). Parallel hierzu erlaubt die Erfindung der Schrift die Herstellung einer neuartigen Form von Ö.: Was aufgeschrieben ist, kann unabhängig von Ort, Zeit und Person dennoch öffentlich sein, es kann und wird bei Bedarf zum Thema →öffentlicher Meinung.

Andererseits bilden sich jetzt neue Formen wechselseitiger Wahrnehmung, die ebenfalls auf der Erfindung der Schrift und später auf der Erfindung der Presse aufbauen. Was geschrieben oder gedruckt vorliegt, wird gelesen. Der Leser kann unterstellen, daß auch andere Leser bestimmte Inhalte rezipieren, so daß das Geschriebene nicht nur einen Brennpunkt für Aufmerksamkeit, sondern auch eine Vermittlung zwischen den Lesern herstellt: *Man* muß lesen. Freilich: Personen, die des Lesens und Schreibens unkundig sind, können am öffentlichen Leben immer weniger teilnehmen. Der große Einfluß etwa der bürgerlichen Ö. des 18. Jahrhunderts (Habermas 1962, S. 69ff.) ist der Einfluß einer privilegierten Schicht finanziell unabhängiger Bürger, die aus dieser Unabhängigkeit die Voraussetzungen für ihre geistige Unabhängigkeit gewinnen. Diese bürgerliche Ö. stellt sich in einer historischen Epoche durch ihr öffentliches Räsonnement, durch die Berufung auf Vernunft jener staatlichen Ö. entgegen, die in der politischen →Gewalt verkörpert ist.

Wenn man so will, wird auch die bürgerliche Ö. ein Opfer des Repräsentationsprinzips, nämlich durch die Entwicklung der *Medien*. Nicht mehr das, was in Zirkeln diskutiert wird, hat jetzt öffentliche Relevanz, sondern nur das, was Zugang (also wiederum: Ö.) für die Veröffentlichung findet. Wahrnehmbarkeit für alle wird ersetzt durch für alle wahrnehmbare Themen: Die Thematisierungsfunktion der Medien ist die neuzeitliche Form von Ö. und zugleich der Ansatzpunkt für die Bildung und Beeinflussung der öffentlichen Meinung. Ö. ist dann nur mehr «Die Unterstellbarkeit der Akzeptiertheit von Themen» (Luhmann 1970, S. 22).

Dieser Wandel der Ö. erzeugt zugleich den Wandel der öffentlichen Meinung: Auch sie ist nicht mehr, wie noch Habermas für das 18. Jahrhundert nachweist, diskussionsgestählter Konsens der um Diskurs bemühten vernünftigen Bürger. Statt dessen gewinnt sie ihre Funktion nur mehr in ihrer gegen Vernunft indifferenten Durchsetzungskraft für die Behandlung von Themen.

Im *Prinzip der sozialen Kontrolle* zeigt sich schließlich eine wichtige konsentierende Funktion von Ö., die insbesondere auch für die Bildung der öffentlichen Meinung von Bedeutung ist. Zum einen verhält sich der einzelne in der Ö. grundsätzlich normenkonform, weil ansonsten die Ö. zum Zeugen einer Normverletzung gemacht würde. Zum anderen verhält sich jemand – und dies gilt insbesondere für unstrukturierte Situationen, für die weder mit den anwesenden Personen noch mit dem Anlaß noch mit der Handhabung der Situation Erfahrungen vorliegen – tendenziell immer so, wie sich die Mehrheit in solchen Situationen verhält. Beide Effekte von Ö. üben starke Konsenswirkungen aus, auch dann, wenn dies auf Kosten rationalen Handelns geschieht.

Das gilt selbst für die bereits beschriebene neuzeitliche Form von Ö., die über Medien gesteuert wird. Die Behandlung eines bestimmten Themas in den Medien erzeugt beim einzelnen zunächst die plausible Vorstellung, daß auch andere Personen dieses Thema wahrnehmen werden, und, weiterhin, eine Vermutung, wie diese Wahrnehmung ausfallen wird. Im Endeffekt ergibt sich für das Verhalten des einzelnen durch die Orientierung an dem vorgestellten Verhalten der anderen eine, wenngleich diffuse, so doch konsentierende Wirkung (O'Gorman 1975). Konsens wird auch durch die Darstellung oder Behandlung aller hierarchisch höher stehenden Personen in den Medien erzeugt, weil diese Personen resp. Kreise in ihrem Verhalten nachgeahmt werden (Mode etc.).

Forschungsperspektive

Die Erforschung der Funktionen und der Wirkweise von Ö. erfolgt besonders vor dem Hintergrund der Wirkungen der öffentlichen Meinung. Es ist anzunehmen, daß sich Funktionen und Struktur sowohl der repräsentativen Ö. als auch der derzeitigen Medienexplosion weiter verändern werden in Richtung auf eine «Fernsehdemokratie» (Noelle-Neumann 1980). Dabei liegt das Hauptaugenmerk auf dem dynamischen Aspekt der durch Ö. erzielten Konsenswirkungen: Rezipienten orientieren sich ja nicht nur an statischen Mehrheiten, sondern, wesentlich sensibler, an dynamischen Entwicklungen, die einen Trend in Richtung Mehrheit anzeigen können. Aber auch technische Entwicklungen der neuen Medien, die ein unmittelbares Feedback auf Darstellungen in den Medien erlauben, die also eine Individualisierung von Kommunikation und Anwesenheit möglich machen, können zukünftig ganz neue Formen von Ö. erzeugen.

Auch für die repräsentative Ö. gilt, daß sie unter der Bedingung knapper Konsensmöglichkeiten mehr denn je publikumsbezogen und das heißt wiederum: öffentlich agieren wird und damit ebenfalls auf die hier beschriebenen Entwicklungen Rücksicht zu nehmen gezwungen ist.

Freilich ist auch umgekehrt denkbar, daß zugleich damit – und nicht etwa im Widerspruch dazu – effektvollere Strategien der Geheimhaltung und der Geheimhaltung von Geheimhaltung entwickelt und benutzt werden.

Asch, S. E.: Effects of Group Pressure upon the Modification and Distortion of Judgements. In: Groups, Leadership and Men. Hg. von H. Guetzkow. Pittsburgh 1951.

Blesenkemper, K.: Public Age – Studien zum Öffentlichkeitsbegriff bei Kant. (Phil. Diss.) Münster 1984.

Habermas, J.: Strukturwandel der Öffentlichkeit. Neuwied 1962.

Hölscher, L.: Öffentlichkeit. In: Geschichtliche Grundbegriffe. Historisches Lexikon zur politisch-sozialen Sprache in Deutschland. Hg. von O. Brunner/W. Conze/R. Koselleck. Stuttgart 1978, S. 413.

Luhmann, N.: Öffentliche Meinung. Politische Vierteljahresschrift 2 (1970).

–: Einfache Sozialsysteme. In: Zeitschrift für Soziologie 51 (1972).

Merten, K.: Evolution der öffentlichen Meinung. In: Publizistik 1988 (i. Dr.).

Noelle-Neumann, E.: Öffentlichkeit als Bedrohung. Freiburg 1977.

–: Wahlentscheidung in der Fernsehdemokratie. Freiburg 1980.

O'Gorman, H. M.: Pluralistic Ignorance. In: Public Opinion Quarterly 39 (1975).

Klaus Merten

Opposition

Begriffsverwendungen

O. heißt im politischen Zusammenhang Gegenposition, politischer Widerspruch, Ablehnung. Das Wort meint zum einen den Akt des Opponierens, zum anderen auch die politische Gruppe/ →Organisation, die als Träger des politischen Widerspruchs auftritt; ausgedrückt wird aber auch der institutionelle Ort, vom dem aus regelmäßig, geradezu zuständigkeitshalber, politischer Widerspruch erhoben wird (als ablehnende Minderheit ‹in O. stehen›, ‹in die O. gehen›). Ein wichtiger Verwendungsunterschied liegt auf der Wertungsebene: O. soll dann einerseits nur politisches Widerspruchshandeln mit institutioneller →Legitimität ausdrücken, andererseits wird der Begriff wertneutral zur Kennzeichnung faktischen O.-Handelns unabhängig vom Legitimitäts- und Institutionenkontext gebraucht (→Institution).

Am gebräuchlichsten ist zweifellos die Verwendung des Begriffes O. zur Kennzeichnung der Stellung und Aktivität der parlamentarischen Minderheitspartei/-fraktion in parlamentarischen →Regierungssystemen, wobei aber Abweichungen vom britischen Modellfall bereits einige Schwierigkeiten aufwerfen können (→Parlamentarismus).

Teilweise wird dieses Mehrheits-/Minderheitsmodell auch auf die Konfliktkonstellation innerhalb politischer →Parteien (‹innerparteiliche O.›), →Verbände und andere politische Organisationen übertragen.

Ein allgemeinerer Begriff von O., der vor allem im angelsächsischen Sprachraum Verbreitung gefunden hat, aber in Deutschland zum Teil noch abgelehnt wird, ist vom Institutionen- und Legitimationszusammenhang parlamentarisch-demokratischer Regierungssysteme abgelöst und umfaßt alle mit einer gewissen organisatorischen Konsistenz und über eine gewisse Zeit hinweg agierenden politischen Widerspruchsgruppen auch in diktatorischen und autoritären Regimen, Einparteienstaaten usw. (vgl. Barker 1971; Dahl 1973; McLennan 1973). Diese allgemeine Begriffsverwendung schließt ein, im Systemkontext parlamentarischer Regierungssysteme gegebenenfalls auch von ‹außerparlamentarischer O.› zu sprechen (ablehnend u. a. Schumann 1976).

Verwendungszusammenhänge

• *O. als legitime Institution:* Die Theorie der parlamentarischen O. wird regelmäßig im normativen Gesamtzusammenhang der Theorie des modernen Verfassungsstaates (C. J. Friederich) und seiner repräsentativen, im 20. Jahrhundert demokratisierten Institutionen vorgetragen. Im Zentrum steht dabei die legitimierende Bindung der Regierungsgewalt an die Volkssouveränität, gestützt durch Begrenzungsprinzipien wie Gewaltenteilung, Rechtsstaatlichkeit und Grundrechte, die zeitliche Befristung repräsentativer Mandate und schließlich die Abhängigkeit der →Regierung von parlamentarischer Mehrheitsbildung. Die Grundsätze des Mandatserwerbs (einschl. der Regierungsmacht) durch den politischen Wettbewerb in →Wahlen und des freien Rechts auf politische Organisation, insbesondere von Parteien, wurden erst im Zuge der Demokratisierung des Wahlrechts voll ausgebildet. Im Rahmen dieser Verfassungsprinzipien wird ein «Recht auf organisierte politische O.» (BVerfGE 5, 199) allgemein als ein fundamentales politisches Freiheitsrecht gesehen. Damit verbunden ist die Übertragung des älteren gewaltenteilenden Dualismus zwischen (monarchischer) Regierungsexekutive und parlamentarischer Legislative auf das Verhältnis von parlamentarischer Regierungsmehrheit und parlamentarischer Minderheit als O. Implizit ist zugleich die Chancengleichheit der O., selbst im politischen Konkurrenzkampf Regierungsmehrheit werden zu können (zum Ganzen vgl. Landshut, Sternberger, Hennis, in: Schumann 1976; Schneider 1974). Ob dieses normative Konzept legitimer O. über den Handlungsrahmen des Parlamentarismus hinaus auch auf die Betätigung individueller und organisierter politischer Freiheitsrechte und Einflußmöglichkeiten im außerparlamentarischen Raum angewandt werden kann, ist zumindest in Deutschland umstritten.

• *O. als empirische Widerspruchskonstellation:* Offener verläuft die Begriffs- und Theoriebildung, wenn O. (einschl. der legitim institutionalisierten) als ein jedenfalls in Gegenwartsgesellschaften durchaus wahrscheinliches politisches Konfliktphänomen verstanden und in seinen Variationsformen, Entstehungsursachen, Entwicklungsverläufen und Wirkungszusammenhängen analysiert wird. Die Frage nach den Institutionalisierungsbedingungen und institutionellen Handlungsformen und nach den Bedingungen oppositioneller Legitimität bildet dann selbst Untersuchungsgegenstände einer O.-Theorie. Während im normativen Ansatz die →‹Regierung› als starrer Bezugspunkt von O. (als letztlich ja inhaltlich undefinierter Widerspruchskonstellation) fixiert ist, kann und muß in dieser empirischen Perspektive ein allgemeinerer begrifflicher Bezugsrahmen gesucht werden. Strukturelle Spannung, Machtstruktur, Herrschaftsstruktur u. ä. als Konzepte der allgemeinen Theorien des gesellschaftlichen und des politischen →Konflikts sind dabei grundlegend. Bezogen auf Systemstrukturen wird das Spannungsfeld von Stabilität, Wandel und →Krise aktualisiert, ebenso wie das Verhältnis von Integration, →Differenzierung, Polarisierung und kollektivem Handeln/Bewegung (ein Theorieüberblick bei Grubmüller 1972). Im Hinblick auf die sehr unterschiedlichen Regimestrukturen besteht allerdings erheblicher Konkretisierungsbedarf.

Begriffspräzisierung

Hier wird im Anschluß an die internationale Diskussion der offene O.-Begriff vertreten, weil auch in autoritären und diktatorischen Regimen über einzelne Proteste hinausgehende Widerspruchsaktivitäten anzutreffen sind, die teils die Intensität von Widerstand annehmen. Auch für diesen weiter gefaßten O.-Begriff eignet sich Schneiders Definition von O. als «polarisierten Widerspruch gegen die jeweils herrschenden Bestrebungen, Interessen oder Personen zwecks umgestaltender Einflußnahme auf den politischen Entscheidungsprozeß» (1974, S. 76 im Anschluß an Fraenkel).

Weitgehende inhaltliche Unbestimmtheit und hoher Konkretisierungsbedarf ist nicht ein Mangel dieser oder irgendeiner anderen Definition; vielmehr liegt darin ein wesentliches Merkmal des O.-Begriffs selbst. Die institutionelle Formalisierung, auf die hierfür oft verwiesen wird, erklärt das nur zum Teil. Letztlich ist die Ursache darin zu suchen, daß der moderne →Staat mit seinen umfassenden Rechtssetzungs- und Regelungsbefugnissen ein generalisiertes, jeweils bestimmungsbedürftiges Entscheidungspotential bereithält, dessen Realisierung durch laufende Entscheidungstätigkeit eine ebenso große unbestimmte Vielfalt von Widersprüchen und Widerständen hervorrufen kann. Die weitgehende Unbestimmtheit des O.-Begriffs ist nur der Reflex dieser institutionell generalisierten staatlichen (und indirekt gesellschaftlichen) →Macht. Die Strukturentwicklungen der westlichen Repräsentativverfassungen dürfen nicht darüber hinwegtäuschen, daß O. als generalisiertes Widerspruchspotential keineswegs in institutionellen Formen auftreten muß. Daher ist es auch im Rahmen parlamentarischer →Regierungssysteme durchaus sinnvoll, den Begriff ‹außerparlamentarische O.› anzuwenden, zumal selbst das Problem der Legitimität von O. hier zwar den Formen nach differenziert, aber letztlich nicht aus prinzipiellen Gründen anders behandelt werden kann. Im übrigen können die zahlreichen Versuche, die inhaltliche Unbestimmtheit des O.-Begriffs kompensatorisch mit immer differenzierteren Typologien zu vermessen, nur begrenzt fruchtbar sein.

Über die von Kirchheimer angeregten Grundtypen von loyaler/konstruktiver und prinzipieller/fundamentaler/systemkonträrer O. hinaus sind viele weitere typologische Unterscheidungen wenig durchschlagend geblieben (z. B. temporäre/permanente O., globale/sektorale, homogene/heterogene, systematische/okkasionelle O. usw.; Schneider 1974, S. 90ff.). An Anlehnung an Dahls (1966, S. 342) Unterscheidung von struktureller und nicht-struktureller O. wird man sich wohl mit einfachen Differenzierungen auf der Zielebene nach thematischem Umfang und Polarisierungsgrad begnügen müssen, dabei aber für Fälle mit weitergehender Zielsetzung die Differenz begrenzter Reformziele und umfassender Systemtransformation (Revolution) sowie der gesellschafts-strukturellen und der verfassungspolitischen Zielebene festhalten.

In autoritär-zentralisierten Regimen wird man am ehesten drei O.-Formen mit sehr unterschiedlichem Polarisierungsgrad der Zielsetzung antreffen: (a) die Reformopposition einer Minderheitsgruppe innerhalb der herrschenden Oligarchie, die im Rahmen des Herrschaftsapparates (Partei, Militärjunta o. ä.) und auf der etablierten Konsensbasis eine Kursänderung ansteuert; (b) die Konfliktintensivierung durch eine traditionell/strukturell gering integrierte Gruppe (oft ethnische, regionale oder religiöse Gruppen), die besondere Autonomieansprüche mit Kritik an der allgemeinen Herrschaftsstruktur verbinden muß; (c) eine auf Regimeumwälzung ausgehende Gruppierung, die mit klassischer ‹Widerstands›-Motivation vor den Problemen einer Revolutionsstrategie steht und in der Regel unter subversiven Ausgangsbedingungen handeln muß.

Forschungsstand

● *Historische Entstehungsprozesse:* Am umfassendsten untersucht ist zweifellos der englische Paradefall der Parlamentarismusentwicklung und der Entstehung einer legitimen parlamentarischen O. bereits in der

Mitte des 18. Jahrhunderts (Kluxen 1956; Jäger 1971 und 1978; A. S. Foord: His Majesty's Opposition 1714–1830, Oxford 1964). Der englische Fall zeigt, daß es lange vor den die Demokratisierung einleitenden entscheidenden Wahlrechtserweiterungen (1832 und 1867) unter den Bedingungen eines oligarchischen Parlamentarismus zur Bildung legitimer O. kommen konnte; entscheidend waren dabei offenbar die frühe Gesetzgebungskontrolle des Parlaments, die Entkopplung zwischen (kritisierbaren) Ministern und (unangreifbarem) Monarchen, Rivalitäten innerhalb des Königshauses, die bereits ausgefochtenen Kämpfe um religiöse Toleranz als Grundlage für eine relative Homogenität der politischen Klasse, die das Denken in dualistischen Legitimationskonzepten zuließ, die praktische Geltung des Mehrheitsprinzips und der daraus folgenden Vernachlässigung der Minderheitsmitglieder sowie das Zusammentreffen der organisierenden und der theoretisierenden Neigungen von Lord Bolingbroke. Doch nur in der Kontinuität der britischen Repräsentationsstrukturen und ihrer nur allmählichen Wandlungen unterworfenen sozialen Basis konnte dieses Modell überleben und traditionsbildende Kraft gewinnen. Da freilich der ‹Modellfall› sich kaum noch ähnlich wiederholt hat, tritt neben den Verallgemeinerungsversuch die Suche nach nationalen spezifischen Bedingungen. Für Frankreich wird dabei auf die mehrfache Abfolge von →Revolution und Restauration und die daran geknüpften Fundamentaloppositionen hingewiesen (Jäger 1978), während für die deutsche ‹Verspätung› das Einfrieren des verfassungsstrukturellen Dualismus von monarchischer Exekutive und parlamentarischen Repräsentationsorganen im Ganzen (im wesentlichen bis 1918) in Verbindung mit einer auf nationale Homogenität fixierten politischen Kultur im Vordergrund steht (Grosser, in Oberreuter 1975, S. 206ff.). Aber auch in den USA (freilich deutlich früher) bedurfte es eines komplizierten Prozesses des praktischen und theoretischen Umdenkens von der Honoratiorenrepräsentation und der Abneigung gegen ‹factions› hin zum parteilich organisierten Mandatswettbewerb und seiner implizierten Idee einer legitimen O. (ca. 1780 bis 1840; vgl. R. Hofstadter: The Idea of a Party System, 1970).

In der Geschichte des oppositionstheoretischen Denkens insgesamt im 19. Jahrhundert fällt auf, daß konservative Autoren eine überraschend große Rolle spielen, indem sie gegenüber den bürgerlich-liberalen Evolutions-, Fortschritts- und Bewegungsideen eine feste Gegen-Position zu wahren suchen. Ebenso tritt aber auch das liberale politische Wettbewerbsdenken (Vernunft durch öffentlichen Meinungsstreit) als Quelle einer dualistisch-pluralistischen O.-Idee hervor, während das an Hegel anschließende dialektische Denken den O.-Begriff fundamentaloppositionell-revolutionär wendet (zum Ganzen Jäger 1978). Die gesamte Spannweite der vor-modernen Traditionsbegriffe vom ‹rhetorischen

Disput› bis zum ‹Widerstand› ist damit im Übergang zum 20. Jahrhundert in den verschiedenartigen Theorieverständnissen von O. aufgegangen.

● *Allgemeine Erklärungsansätze:* Die Frage nach den Entstehungs-, Stabilitäts- und Zerfallsbedingungen institutionalisierter O. ist in verallgemeinernder Perspektive in den letzten Jahrzehnten vor allem von der vergleichenden Politikforschung diskutiert worden, häufig im systematischen Zusammenhang mit der Analyse der Begünstigungs- und Restriktionsfaktoren für die Stabilität und Entwicklungschancen demokratischer Systeme und pluralistischer Ordnungen. Besonders einflußreich wurde dabei das Polyarchie-Konzept von Robert A. Dahl (insbesondere Polyarchy, 1971; R. Barker: Studies in Opposition, 1971; sowie Dahl 1973), das in einem zweidimensionalen Modell von Konfliktliberalisierung und schrittweiser Inklusivität politischer Beteiligungsrechte die möglichen Entwicklungswege von geschlossenen Hegemonien zu inklusiven Hegemonien, konkurrierenden Oligarchien und schließlich Polyarchien (quasi pluralistischen Demokratien) mit empirisch vergleichenden Methoden erklären will. Der Vorlauf des Oligarchienwettbewerbs vor der Partizipationserweiterung, eine marktorientierte Agrarstruktur, eine dezentralisierte industrielle Machtverteilung, hohes Sozialprodukt, niedriges Niveau der sozialen Ungleichheit bzw. differenzierte Ungleichheitsmuster, geringer subkultureller →Pluralismus ohne eine mehrheitsfähige Teilgruppe und möglichst ohne regionale subkulturelle Konzentration sowie geringer/vorübergehender auswärtiger Herrschaftseinfluß (1971, 203) sollen sich demnach förderlich für Demokratie/Polyarchie und damit für die Legitimität von (begrenzter) O. erweisen (vgl. Shell: Liberaldemokratische Systeme, 1981). Freilich können in diesem Ansatz die oppositionellen Prozesse im Rahmen des Klassenkonflikts von Kapital und Arbeit zwischen ca. 1870 und den 1930er Jahren nur schematisch und unvollkommen erfaßt werden, wie auch die systemoppositionelle antidemokratische Reaktion von →Faschismus/Nationalsozialismus, wo ohnehin der Versuch an seine Grenzen stößt, die totalitären Techniken einer Herrschaftsstrategie in Kategorien von ‹Fundamentalopposition› zu diskutieren. Jenseits der Beobachtung parlamentarischer Obstruktionstaktiken und außerparlamentarischer Massenagitation ‹extremistischer› Parteien wird man hier zweckmäßigerweise das O.-Problem in den allgemeineren Rahmen der Demokratieforschung und der politischen Soziologie des gesellschaftlichen und politischen Konflikts integrieren.

Für die Zeit nach 1945 wurde nach der Zerschlagung faschistischer Systemopposition und nach der Ausgrenzung kommunistischer Fundamentalopposition im Rahmen des Ost-West-Systemgegensatzes eine anders gerichtete Problemperspektive zum «Verfall der O.» (Kirchheimer) entwickelt. Betont wurden dabei einerseits in parteiensoziologischer Dimension die Ablösung von Klassen-, Interessen- und Weltanschauungsparteien durch pluralistisch integrierende ‹Volksparteien›, die den aufrechterhaltenen Parteienwettbewerb in puncto programmatischer Alternativen austrocknen und damit O. um ihre inhaltliche Relevanz zur ‹Scheinopposition› reduzieren (bes. Kirchheimer 1964 sowie weitere Beiträge, in Schumann 1976). In einem engen, allgemeineren Zusammenhang damit steht der Erklärungsansatz vom Verlust alternativer politischer Handlungsmöglichkeiten im →Wohlfahrtsstaat, der durch ein strukturell ausgeweitetes staatliches Interventions- und Steuerungspotential für beliebige politische Kräfte Gelegenheit bietet, die Lohnarbeiterschaft und andere gesellschaftliche Interessengruppen wirtschafts- und sozialpolitisch pazifizierend zu integrieren und damit O.-Parteien ins Leere laufen zu lassen (Friedrich 1962). Freilich ist diese Debatte stark vom vielschichtigen konzeptionellen Kontext eines ‹Endes der Ideologien› der 1950er und 60er Jahre beeinflußt; jedoch sind die neuen Problemlagen von ‹Unregierbarkeit›, ‹Krise des Wohlfahrtsstaates›, neuer ökonomischer und gesellschaftlicher Krisenhaftigkeit, ‹Re-Ideologisierung› und neuen sozialen und politischen Bewegungen noch nicht wieder im Rahmen von O.-Analysen thematisiert worden.

• *Variationen demokratischer Opposition:* Eine Fixierung auf den britischen ‹Modellfall› wäre verfehlt, weil selbst im Bereich der westlichen Demokratien nur wenige Länder ein ähnliches Wechselspiel im Zweiparteiensystem auf der Grundlage des Mehrheitswahlrechts aufweisen. Bereits der Band von Dahl über «Political Oppositions in Western Democracies» (1966) hat die Vielfalt der politischen Systemstrukturen und ihrer jeweiligen Konstellationen des O.-Problems ausgeleuchtet. Zwar lassen sich die einem normativen Parlamentarismuskonzept entnommenen Funktionsbestimmungen legitimer O. (Kontrolle der Regierung, Kritik und Beeinflussung der Regierungspolitik, Bereitstellung einer sachlichen und personellen Alternative, Repräsentation und Verteidigung von Minderheitsgruppen und -rechten, Integration von Minderheiten sowie Mobilisierung der Öffentlichkeit und des Öffentlichkeitsprinzips; vgl. Steffani, in Handbuch des politischen Systems der Bundesrepublik Deutschland, 1977, S. 430; insges. auch Schneider 1974, S. 366ff.) weitgehend allgemein anwenden (freilich mit Schwierigkeiten bei der Bereitschaft zur Regierungsalternative). Jedoch stellt sich die Sicherung und die Ausgestaltung der O.-Rolle sehr heterogen dar, wenn es statt parlamentarischem Regierungssystem im Zweiparteien-Wechselspiel um ein präsidentielles System (USA, modifiziert auch Frankreich), um Mehrparteien-Systeme mit Wechseln von Koalitionslagern oder mit wechselnden Koalitionen oder auch um Mehrparteien-Systeme mit traditioneller Proporzregierung (Schweiz), um große Koalitionen und oppositionelle Kleinparteien oder um den Fall einer langjährig herrschenden Mehrheitspartei mit differenzierter, dauerhaft erfolgloser O. (z. B. Japan, lange auch Schweden) geht.

Während im Fall der USA die O.-Rolle durchaus beim Kongreß insgesamt liegen kann (selbst bei gleichfarbiger Mehrheit), stellt sich für die übrigen Konstellationen mehr oder weniger deutlich die Frage, inwieweit das explizite demokratiewirksame, öffentliche Opponieren hinter anderen Kritik-, Kontroll- und Einflußaktivitäten wie Koalitionsbildung, interner Interessen- und Einflußaushandlung (‹bargaining›) zurücktritt. Zusätzliche Komplikationen ergeben sich aus der Existenz weiterer Entscheidungsinstitutionen, z. B. einer zweiten Kammer, insbesondere einer föderalistischen Staatsorganisation, aber auch politischer Kontrolle durch Justiz/Verfassungsgerichtsbarkeit. Vor allem gegenüber Strukturen der Politikverflechtung und ihrer gegenseitigen Entscheidungshemmung kann sich das Problem der Kontrolle und Kritik aktiver Regierungsentscheidungen leicht dahin umkehren, wie weit eine O. strukturell zur Entfaltung politischer Initiativen fähig wäre. Insgesamt ist bei allen diesen Konstellationen von parlamentarischer Parteienregierung das Problem der expliziten oder impliziten O.-Funktion eng verknüpft mit den in der Struktur des →Parteiensystems tradierten Konfliktmustern der jeweiligen Gesellschaftsstruktur und mit den die →politische Kultur bestimmenden, den institutionellen Rahmen ausfüllenden Formen der Konfliktaustragung und -regelung sowie der Politikstile (eine Fülle von Material bei Dahl 1966; Barker 1971). Der «Cleavage»-Ansatz von Lipset/Rokkan zur Parteiensystemanalyse (vgl. etwa die neueren Arbeiten Lijpharts) mit seinen bereits lange wirkenden Impulsen wäre für die O.-Forschung zu ergänzen durch die neuesten Analyseansätze zur ‹Politischen Kultur›, aber auch durch die Längsschnittanalysen zum Policy-Vergleich, in denen die substantielle Relevanz unterschiedlicher Parteien, möglicherweise also auch unterschiedlicher O.-Strukturen, thematisiert werden können.

● *Außerparlamentarische Opposition:* Außerparlamentarische O. ist in der Bundesrepublik im wesentlichen erst als politischer Eigenname der ‹APO› bekannt geworden, und das hierzulande im Vergleich zur westlichen Diskussion ausgeprägte Zögern, dafür den Ehrentitel einer legitimen O. zuzulassen, mag sich mit der traditionellen deutschen Legitimitätsschwäche von O. überhaupt erklären, wenn auch nicht rechtfertigen. Im übrigen wird die Definition oft falsch vom Parlament als Organ und Organisation abgeleitet, was den Großteil der Aktivitäten der Parlamentsparteien sinnwidrig ausgrenzt; statt dessen ist vom Parlamentarismus in umfassendem institutionellem Sinn auszugehen: ‹Außerparlamentarisch› handelt dann eine O., die sich *nicht* ihre Legitimation über den wahlförmigen Mandatserwerb der Parteienkonkurrenz verschaffen will, sondern andere Legitimations- und Einflußstrategien verfolgt. Dafür stehen z. T. formale Institutionen bereit (plebiszitäre Teilnahme- und Entscheidungsformen, Justizverfahren u. ä.), darüber hinaus jedoch ein breites informelles Handlungsrepertoire ‹unkonventioneller Beteiligung› von der Petition über Demonstrationen, zivilen Ungehorsam bis zum Generalstreik.

Solche Aktivitätsformen haben übrigens die Entwicklungsgeschichte des Parlamentarismus von Anbeginn fördernd wie auch konkurrierend begleitet. Die Haupttypen außerparlamentarischer O.-Strategien ergeben sich aus der Wahl ihrer (von den Kontrahenten möglicherweise getrennten) Adressaten, so daß sich (a) staatsadressierte außerparlamentarische O. an ein Staatsorgan (oft Regierung, Parlament) richtet, (b) die unmittelbar-direkte O. ohne Umweg den gesellschaftlichen Gegenspieler (Kontrahenten) zum Adressaten wählt und (c) die Selbsthilfe-Opposition die konstituierende soziale Gruppe selbst zum Adressaten für konstruktive politische Initiativen macht. Viele der hier relevanten Untersuchungsgegenstände sind in Fallstudien, historischen Darstellungen und allgemeineren Theorieansätzen im begrifflichen Rahmen von sozialen und politischen Bewegungen, Protest, Radikalismus, Extremismus, kollektivem Handeln, Massenaktivitäten, Unruhen und Aufstand, Widerstand und auch Revolutionsforschung abgehandelt worden (vgl. u. a. Ch. Tilly: From Mobilization to Revolution, 1978; J. Raschke: Soziale Bewegungen. Ein historisch-systematischer Grundriß, 1985). Es wird in einer historischen Längsschnittanalyse zu zeigen sein, daß außerparlamentarische Aktivitäten als Reflex organisations-struktureller und inhaltlicher Selektivität/Exklusivität der verschränkten Parteien- und Verbändesysteme zu verstehen sind und je nach Rechts- und Repressionslage, Medienstruktur und sozialem Gruppentypus spezifische Mobilisierungs- und Legitimierungspotentiale entwickeln können. Die präsidiale Zentrierung des Machtfokus (wie in der V. Republik de Gaulles), die existentielle Intensität eines außenpolitischen Konflikts (in den USA der Vietnam-Krieg, die Kontroverse um Atomrüstung in den 50er Jahren und um die Raketenstationierung in den 80er Jahren in Europa) oder auch die existentielle Schärfe des Diskriminierungskonflikts um eine kulturell, regional oder religiös homogenisierte Gruppe (Nordirland, Schwarze in USA, Südafrika) sowie traditionell der hohe Polarisierungsgrad von Klassenkonflikten fallen dabei als Einflußfaktoren besonders auf. Das spezifische Legitimitätsdilemma liegt weniger im formalen Bereich als vielmehr darin, daß die Entstehungsbedingungen tendenziell mit jenen Faktoren konvergieren, die eine polyarchisch-demokratische Struktur legitimer O. *nicht* begünstigen.

Forschungsperspektive

Das O.-Problem wird zweifellos zu stark mit Blick auf die westlichen Demokratien behandelt (auch in diesem Artikel), während die eigentliche Brisanz zugespitzter Konflikte und existentiellen O.-Handelns im Rahmen der anderen Regimeformen anzutreffen ist. Im Bereich der sozialistischen Staaten und insbesondere für die →Dritte Welt dominieren bisher Studien über Einzelfälle oder sehr generell ansetzende Vergleichsstudien, z. B. über Einparteienstaaten. Als mittlere Ebene der Abgrenzung von Untersuchungsfeldern bietet sich als Regimekontext eine Typenbildung an, die gesellschaftliche und politische Strukturmerkmale zusammenfaßt (z. B. Militärdiktaturen in Entwicklungsländern, sozialistische Übergangsgesellschaften u. ä.). Neben der in letzter Zeit breit ausgebauten empirisch-quantitativen Konflikt- und Gewaltforschung bleiben Untersuchungen in der Perspektive des O.-Problems sinnvoll, um die Frage der Institutionalisierungsmöglichkeiten und von Legitimierungsprozessen gerade für den Kontext solcher Macht- und Herrschaftsverhältnisse voranzubringen, in denen der Status oppositionellen Handelns prinzipiell prekär ist.

Für die westlichen Länder sprechen alle Gründe dafür, außerparlamentarische und nicht-konventionelle Formen der O. stärker zu beachten, da ihr weiteres Anwachsen zu erwarten ist. Insbesondere hat in der Vergangenheit das Problem ihrer normativen Beurteilung weitgehend verdeckt, daß die Prozesse ihrer tatsächlichen Wirksamkeit (oder Unwirksamkeit) wenig untersucht sind. Auch die empirische Untersuchung der Legitimationsentwicklung in diesem Handlungsrahmen, nicht zuletzt auch in Konkurrenz zum Handeln parlamentarischer O., wird zukünftig stärkere Aufmerksamkeit verdienen.

Barker, R. (ed.): Studies in Opposition. London 1971.
Dahl, R. A. (ed.): Political Oppositions in Western Democracies. New Haven/London 1966.
– (ed.): Regimes and Oppositions. New Haven/London 1973.
Friedrich, M.: Opposition ohne Alternative? Über die Lage der parlamentarischen Opposition im Wohlfahrtsstaat. Köln ^{3}1962.
Grubmüller, M.: Die Opposition im politischen Prozeß. Ein Beitrag zur politischen Soziologie. München 1972.
Jäger, W.: Politische Partei und parlamentarische Opposition. Eine Studie zum politischen Denken von Lord Bolingbroke und David Hume. Berlin 1971.
–: Art. Opposition. In: Geschichtliche Grundbegriffe. Hg. v. O. Brunner u. a. Bd. 4. Stuttgart 1978, S. 469–517.
Kirchheimer. O.: Wandlungen der politischen Opposition. In: ders.: Politik und Verfassung. Frankfurt/M. 1964.
Kluxen, K.: Das Problem der politischen Opposition. Entwicklung und Wesen der englischen Zweiparteienpolitik im 18. Jh. Freiburg/München 1956.
McLennan, B. (ed.): Political Opposition and Dissent. New York 1973.
Oberreuter, H. (Hg.): Parlamentarische Opposition. Ein internationaler Vergleich. Hamburg 1975.
Schneider, H. P.: Die parlamentarische Opposition im Verfassungsrecht der Bundesrepublik Deutschland. Bd. 1. Grundlagen. Frankfurt/M. 1974.
Schumann, H.-G. (Hg.): Die Rolle der Opposition in der Bundesrepublik Deutschland. Darmstadt 1976.

Theo Schiller

Organisation

Begriffsverwendungen

O. wird im deutschen Sprachraum dreifach verstanden: als Tätigkeit des Organisierens («Meier übernimmt die O. des Betriebsausflugs»), als Verfaßtheit von sozialen (auch von technischen und natürlichen) →Systemen («Die O. klappte reibungslos.»), als soziale Einheiten selbst («... eine ehrenwerte O.»). Die SPD z. B. ist eine O., sie hat eine O., und sie ist Gegenstand von O.; O. als soziale Einheit und als Verfaßtheit derselben steht im Mittelpunkt der politikwissenschaftlichen Betrachtung. Die Mehrdeutigkeit des Sprachgebrauchs hat kaum Schaden angerichtet, sollte aber stets bewußt bleiben.

Verwendungszusammenhänge

Das gestiegene Interesse an O.en in der →Politikwissenschaft ist vordergründig eng verknüpft mit der Karriere von Theoriekonzepten, die stark auf den Systembegriff abstellen. Zu nennen sind vorrangig der Strukturfunktionalismus und Versuche einer ‹Politischen Kybernetik›. O.en eignen sich ausnehmend gut zur Veranschaulichung des Systemgedankens: Sie haben eine klar festgelegte Grenze zu ihrer Umwelt, meist eine identifizierbare Formalstruktur mit Zielausrichtung, sie kombinieren über Rollenzuweisungen individuelles Handeln in einen integrierten ‹Systemzusammenhang›, eben die O.-Aktivität, die je nach Wunsch dann auch noch mit Input/Output-Modellen umschrieben werden kann. Wenn es die Ambition einer Theorie ist, den gesamten politischen Prozeß mit Systemkategorien begrifflich zu fassen, dann leuchtet es ein, bei solchen Einheiten anzusetzen, die auch im nichtwissenschaftlichen Verständnis diese Begrifflichkeit plausibel machen. Wenn dann aber auch die Individuen als Systeme (oder Teile des Systemzusammenhanges) konzipiert werden, stellt sich mit Macht das Transformationsproblem. O.en stehen an der Schnittstelle zwischen individuellem Handeln und der Bewegung des politischen Gesamtsystems, sie sind *die* Aggregationsinstanz schlechthin. Haben sie nun ein ‹Eigenleben› oder sind sie nur die Addition ihrer Teile oder gar nur ein ‹Konstrukt›, das im verdinglichten Denken der arbeitsteilig vereinzelten Mitglieder entspringt? In der →Politikwissenschaft hat sich – diagonal zu allem Schulenstreit – eine mittlere Linie etabliert. O.en können nicht wesenhaft und anthropomorph begriffen werden, dennoch verleihen sie den in ihnen vereinten Aktivitäten eine grundsätzlich neue Qualität. Als Illustration werden bevorzugt individuelle Handlungen dargestellt, die – für sich zielgerichtet und rational –, in einen organisierten Zusammenhang gebracht, unerwartete und konträre Ergebnisse zeitigen.

Kehren wir zur O. als Verfaßtheit zurück, so finden wir eine durchaus ältere Tradition politisch-soziologischer Analyse. Diese Tradition wird begründet durch die Verstetigung der →Ideologienkonkurrenz aus dem 19. Jahrhundert in den Foren des modernen, parlamentarisierten und bürokratischen Staates. Sobald z. B. die ‹soziale Frage› nicht mehr in amorphem Protest verzweifelter Unterschichten, sondern mit Parteibuch und gewerkschaftlicher Unterstützungskasse artikuliert wird, findet auch die Rückwirkung derartiger O. auf die Artikulation selbst ihr geziemendes Interesse. Dieses Stadium ist mit Robert Michels klassischer Studie über die deutsche Sozialdemokratie (zuerst 1911) angezeigt: Ihr Gegenstand ist die Veralltäglichung eines einst gesellschaftsändernden Impulses in den Routinen des Parteigeschäfts. Die offizielle Ideologie wird durch die reale, bürokratisierte Praxis zur Maskerade degradiert, O. wird zur ‹unabhängigen Variablen› erhoben, die Zielabweichung und somit Politikverläufe erklärt. In ähnlicher Weise hat auch die →Bürokratie-Theorie Max Webers bestimmte O.-Prinzipien zum endogenen Faktor bei der Staatsanalyse erhoben: In der Rezeption durch die entstehende O.-Soziologie wurde dieser Ansatz jedoch häufig mißverstanden, indem man ihn allzu umstandslos gemeinsam mit den Schriften Frederick W. Taylors und Henri Fayols den ‹klassischen› rationalistischen O.-Theorien zuordnete (vgl. Scott 1986, S. 92ff.).

Im Gegensatz zu diesen Autoren hatte Weber aber nicht in erster Linie eine präskriptive Theoriebildung im Auge, aus der sich Rezeptwissen über ‹richtige›, d. h. effiziente O.-Gestaltung ableiten ließe. Sein Interesse war durchaus politischer, nämlich auf die geschichtssoziologische Erklärung der Erfolgsbedingungen bürokratischer Rationalität gerichtet. Dabei sah er durchaus die Risiken dieser Form der →Herrschaftsausübung: Verselbständigung der Apparate und Erstarrung in zielloser Routine. Derartige Aspekte rückten in das Zentrum der empirischen (vorwiegend angelsächsischen) O.-Forschung: Die neubewertete Relevanz informaler Beziehungen, die Zielverschiebung durch Eigeninteressen der O.-Mitglieder, die Grenzen hierarchischen und regelgebundenen Verwaltungshandelns je nach Anwendung – dies alles waren Erkenntnisse, die es geraten erscheinen ließen, O. nicht nach ehernen Prinzipien vorab festzulegen, sondern vorurteilsfrei die Tauglichkeit einzelner Elemente zu prüfen, um sie dann ggf. zu kombinieren. Diese Kombinationsfreiheit ist bei allen O.en durch soziokulturelle Rahmenbedingungen eingeschränkt; im Falle der politischen O.en ist der ‹situative› Ansatz aber noch schwerer durchzuhalten. Rechtsförmige Auflagen, die der Partizipation am politischen Prozeß vorgeschaltet sind, wirken hier ebenso als Restriktionen wie normative Ziele in der Außendarstellung (z. B. →Demokratie), die von der organisatorischen Binnenwirklichkeit zumindest nicht massiv dementiert werden dürfen. Folglich setzte die Beschäftigung mit politischen O.en häufig andere Forschungsschwerpunkte: An die

Stelle der Kombination von O.-Prinzipien und Managementstrategien unter Effizienzkriterien trat hier eher das System-Umwelt-Verhältnis mit all seinen Unteraspekten – z. B. Machtrelationen nach innen und außen, Strukturvorgaben des politischen Systems und ihre Umsetzung, ideologische Präsentation und organisationale Wirklichkeit...

Begriffspräzisierung

O.en sind soziale Einheiten, die quantitativ über intime Zusammenschlüsse hinausgewachsen sind und die deshalb die Interaktion ihrer Mitglieder nicht primär gefühlsmäßig, sondern über festgelegte Rollenzuweisungen abstimmen. Sie kennen eine ausgeprägte Formalstruktur, relativ deutliche Systemgrenzen und eine dominierende Ausrichtung an deklarierten Zielen. Politische O.en sind dadurch gekennzeichnet, daß diese ihre deklarierten Zielausrichtungen darauf abstellen, verallgemeinernden Einfluß auf andere O.en und Individuen in der Umwelt zu gewinnen. Sie bedienen sich dabei nicht der Tauschbeziehungen auf den Güter- und Arbeitsmärkten, sondern zielen intentional auf die Macht- und Meinungsbildungsstränge der zur verbindlichen →Entscheidung (und deren →Legitimation) auserkorenen Instanzen. In Demokratien ist die Mitgliedschaft in politischen O.en meist freiwillig und folgt aus normativer Übereinstimmung mit den O.-Zielen (z. B. bei →Parteien), sie kann sich jedoch auch mit einem Erwerbsinteresse verbinden (z. B. in Ministerialverwaltungen).

Organisationssoziologische Analyse von Politik kann sich aber auch des anderen Sprachgebrauchs bedienen und die innere Verfaßtheit solcher Einheiten zum Gegenstand erheben. Es ist dann noch nicht entschieden, ob O. in diesem Sinne als abhängige oder als unabhängige Variable in der Erklärung politischer Abläufe eingesetzt wird. Wissenschaftshistorisch ging das verstärkte Interesse an O. allerdings von dem Bestreben aus, den Einfluß von O.-Strukturen auf Inhalte und Verläufe der Politik zu erkunden.

Forschungsstand

Manche Leitfragen, die politikwissenschaftliche O.-Analyse angeregt haben, wirken für die eigentliche O.-Soziologie eher abseitig. Das gilt auch für die geschilderten Aspekte der Zielabweichung, hat es sich in der O.-Soziologie doch eingebürgert, Ziele als unabhängige Variablen zu betrachten (vgl. Endruweit 1981), aus der bestimmte Strukturen etc. dann folgen. Dabei muß aber berücksichtigt werden, daß die meisten Konzepte der O.-Soziologie an privaten (häufig: wirtschaftlichen) O.en exemplifiziert wurden, die zwar auch hochgradig umweltabhängig sind, bei denen aber das Problem der Zielsetzung relativ klar konturiert ist – etwa durch das Profitziel in der Wirtschaftsunternehmung. Die Situation politischer

O.en ist im Vergleich dazu vertrackter: Ihnen sind z. T. im politischen System Zielvorgabeinstanzen zugeordnet (z. B. durch Gesetzgebung), ihnen widerfährt auf informeller Ebene konkurrierende Zieleingabe (z. B. durch ‹Lobbyismus›, →Klientelismus), manche von ihnen sind auch normativ auf kontroverse Zielgestaltung formell angelegt (innerorganisatorische Demokratie), schließlich verlangen →Öffentlichkeit und demokratische Legitimation, daß politische O.en an den allgemeinen Wertpräferenzen innerhalb der umgebenden Gesellschaft sich zumindest berücksichtigend orientieren. Früher als bei anderen O.en wurde daher im Feld des Politischen der hierarchische Einfluß der formell ziel- und zwecksetzenden Spitze relativiert. Der Typus der ‹bürokratischen Politik› z. B. wird gekennzeichnet durch eine Dominanz nachgeordneter Untereinheiten im administrativen Entscheidungsprozeß: Durch ‹Kleinarbeiten› in den notwendigen Abstimmungen zwischen exekutiven Kompetenzen kann dabei oft der Elan schwungvoller Regierungsprogramme im Gestrüpp von Detailregelungen enden.

Zielformulierung, Zielrealisation und organisatorische Gestaltung werden so in Wechselwirkung begriffen. In →sozialen Bewegungen z. B. kann enthusiastische bis charismatische Zielverfolgung bei den Beteiligten einen geringen Bedarf an O. erwecken; sobald jedoch sich das stimulierende Anliegen in der politischen Umwelt verstetigt, Kompromisse und Kontrakte mit Adressaten eingegangen werden und etwa durch Teilerfolge die‹gemeinsame Sache› an Brisanz verliert, dann kann es geschehen, daß die ehemals nahezu amorphe Bewegung sich in eine hochorganisierte Umwelt einfügt und selbst O.-Strukturen ausbildet. Zielrealisation beeinflußt also O.-Bildung, diese dann wiederum Zielwandel. So können z. B. Funktionäre und feste Mitarbeiter ein Eigeninteresse am Fortbestand der Bewegung und somit an dauerhafteren Nachfolgezielen entwickeln.

Die Stadien der O.-Bildung – etwa bei der Parteientstehung – sind daher ebenso ein zentrales Thema der Politikforschung wie die Grade der Organisiertheit und ihre politischen Rückwirkungen. Zum Vergleich stehen dabei einerseits Gestaltungsformen der O. im engeren Sinne (z. B. Kaderpartei gegen bürokratische Mitgliederpartei), andererseits – makrosoziologisch – gesamtgesellschaftlich wirksame O.-Formen im weiteren Sinne: Hierarchisch-regelgebundene Apparate werden z. B. in Kontrast gesetzt zu Märkten, zu Abstimmungsmechanismen, zu Klientel- und Klanbeziehungen usw. Solche →Typologien arbeiten meist mit großzügigen Idealisierungen; auch in formalen O.en sind ‹innere Märkte› auffindbar, Abstimmungskalküle durchziehen auch die Ökonomie, und Klüngel gibt es schließlich überall, wo es ‹menscht›. Die Entgegensetzung dient darum vor allem polemischen Zwecken: Indem →Bürokratie etc. als unausweichliche, aber negativ besetzte Alternativen dargelegt werden, soll das Bild des Marktes in um so hellerem Licht erstrahlen – die gesellschaftspolitischen Konsequenzen liegen auf der Hand.

Seriösere sozialwissenschaftliche O.-Forschung beschränkt sich daher meist auf die engere, erstgenannte Perspektive. Dabei sind inter- wie intrakulturelle Vergleiche besonders erhellend. Interkulturelle Fragestellungen etwa zielen auf die Übertragbarkeit von O.-Konzepten, die ihre Karriere in westlichen Industriegesellschaften hatten (z. B. die legalistisch-bürokratische Staatsverwaltung), auf Länder der →Dritten Welt. Intrakulturelle Vergleiche beschäftigen sich beispielsweise mit den Auswirkungen von organisationalem Größenwachstum auf Entfremdung und →Partizipation seitens der Mitglieder. In all diesen Forschungen ist durchgängig die Grunderkenntnis anleitend, O. nicht mehr als ‹black box› zu begreifen, deren sich ein deklarierter politischer Wille einfach wie eines Werkzeugs bedient. Insofern hat der Wandel von ‹präskriptiven› zu ‹deskriptiven› Theorien, der sich primär an nicht-politischen O.en abarbeitete, auch hier seine Konsequenzen gezeitigt, als sich (wenn auch mühsam) die Einschätzung von O. als auch endogener Faktor bei der Erklärung von Politiken durchsetzte.

Forschungsperspektive

Für diese Neueinschätzung waren die Forschungen zur ‹interorganisatorischen Politik› (vgl. Hanf/Scharpf 1978) besonders förderlich. Die eigentlich *organisatorischen* Aspekte blieben dabei jedoch noch etwas unterbelichtet: da die Formulierung, Durchsetzung und Abwandlung von Politiken zwischen verschiedenen Ebenen des politischen Systems im Vordergrund steht, mithin Kommunikations- und Machtprozesse *zwischen* (nicht in) O.en, ist der Ausdruck ‹intergouvernmentale Politik› einstweilen präziser. Die binnenorganisatorische Perspektive wird jedoch durchweg jetzt als Forschungsdesiderat angegangen. Dabei kommen Aspekte wie die ‹organisatorische Mimesis› in den Blick: Passen sich die Strukturen interagierender O.en wechselseitig an? Oder ist diese Anpassung durch einen dritten Faktor verursacht, den die Vergleichende Politikforschung z. B. im Begriff der ‹Verwaltungskultur› zu fassen sucht? So werden mit modernen Forschungsmethoden Fragen neu thematisiert, die schon in der Diskussion um M. Webers Bürokratietheorie eine Rolle spielten – ob z. B. eine bestimmte →Verwaltungsform eine ‹typisch deutsche› Ausprägung darstellt. Politikwissenschaftliche O.-Forschung ist also keine technizistische Marotte, sondern dringt zu den vielgepriesenen ‹Kernfragen der Disziplin› vor.

Büschges, G. (Hg.): Organisation und Herrschaft. Klassische und moderne Studientexte zur sozialwissenschaftlichen Organisationstheorie. Reinbek bei Hamburg 1976.
Endruweit, G.: Organisationssoziologie. Berlin 1981.
Hall, R. H. / Quinn, R. E. (Hg.): Organizational Theory and Public Policy. Beverly Hills / London / New Delhi 1983.
Hanf, K. / Scharpf, F. W. (Hg.): Interorganizational Policy Making. Limits to Coordination and Central Control. London / Beverly Hills 1978.
Mouzelis, N. P.: Organisation and Bureaucracy. An Analysis of Modern Theories. London 1967.
Prätorius, R.: Soziologie der politischen Organisationen. Eine Einführung. Darmstadt 1984.
Scott, W. R.: Grundlagen der Organisationstheorie. Frankfurt / New York 1986.
Wamsley, G. L. / Zald, M. N.: The Political Economy of Public Organizations. A Critique and Approach to the Study of Public Administration. Bloomington / London 1976.
Wilson, J. Q.: Political Organizations. New York 1973.

Rainer Prätorius

Parlamentarismus

Begriffsverwendungen

Im allgemeinsten Verständnis bezeichnet P. ein →Regierungssystem, in dem das Parlament im politischen Prozeß eine relevante Rolle spielt. Parlamente sind dabei offizielle Vertretungskörperschaften, die sich aus mehreren, formal gleichen Mitgliedern zusammensetzen und aufgrund öffentlicher Verhandlungen kollektive Entscheidungen treffen, die für die jeweilige Bevölkerung bindend sind. Parlamente gibt es auch in feudalen, autoritären und sogar totalitären Gesellschaftsordnungen; daher wird i. d. R. vorausgesetzt, daß das Parlament im Bereich der Gesetzgebung, Mittelbewilligung oder Kontrolle der Exekutive eine nicht nur symbolische Rolle spielt und daß es durch freie, geheime, gleiche und direkte Wahl (→Wahlen) legitimiert ist, für diese Bevölkerung zu entscheiden. In diesem Sinne gehören zum P. auch präsidentielle Systeme wie die USA.

Eine geläufigere und engere Definition spricht von *parlamentarischen Regierungssystemen* nur dann, wenn eine Reihe weiterer Merkmale hinzukommen, insbesondere die Abhängigkeit der →Regierung (Exekutive) vom Parlament (Legislative). Im parlamentarischen Regierungssystem ist das Parlament nicht auf Gesetzgebung, Mittelbewilligung und Kontrolle der Exekutive beschränkt, sondern hat die Aufgabe, eine Regierung ins Amt zu bringen und darüber zu befinden, wie lange sie im Amt bleibt. Das parlamentarische Regierungssystem ist daher nicht durch Gewaltentrennung zwischen Exekutive und Legislative, sondern

Parlamentarisches und präsidentielles Regierungssystem (nach Fraenkel)

	parlamentarisches Regierungssystem	präsidentielles Regierungssystem
Abberufung der Regierung durch das Parlament	notwendige Bedingung	nicht möglich
Zugehörigkeit der Reg. zum Parlament	rechtl. zulässig polit. notwendig	verfassungsrechtlich verboten (Inkompatibilität)
Auflösung des Parlaments durch Exekutive	möglich (u. U. erschwert)	nicht möglich
Regierungspartei kontrolliert durch Regierungschef	notwendige Bedingung	nicht notwendig
Fraktionsdisziplin	notwendige Bedingung	nicht notwendig

durch Verschränkung beider Gewalten gekennzeichnet, wobei das Parlament letztendlich entscheidend ist (vgl. Fraenkel; Steffani).

P. wird oft als wichtiges Element westlicher demokratischer Staatstheorie interpretiert, ist aber nicht mit →Demokratie identisch, sondern lediglich eine Form demokratischer Willensbildung. Das Rätemodell wäre z. B. eine Alternative. Wie sich anhand der Geschichte Großbritanniens, dem Ursprungsland des P., zeigen läßt, diente der Kampf um die Macht des Parlaments nicht der Emanzipation des Volkes oder der Demokratisierung des Staates, sondern der Durchsetzung des Herrschaftsanspruchs des Bürgertums gegenüber Krone und Hochadel, lange Zeit abgesichert durch Wahlrechtsbeschränkungen.

Verwendungszusammenhänge

In der deutschen →Politikwissenschaft wird P. vor allem in zwei Zusammenhängen diskutiert: in der vergleichenden Regierungslehre und im Rahmen der Analyse und Kritik des politischen →Systems der Bundesrepublik Deutschland. In der traditionellen, institutionell ausgerichteten *vergleichenden Regierungslehre* wird versucht, die Charakteristika unterschiedlicher Herrschafts- und Regierungsformen anhand von →Typologien systematisch zu bestimmen. So werden parlamentarische und präsidentielle Systeme anhand institutioneller Kriterien wie Zuordnung von →Regierung, Parlament und →Opposition unter Heranziehung von

Konzepten wie Gewaltenteilung und Gewaltenverschränkung unterschieden und mit weiteren, politischen Randbedingungen (Wahl- und →Parteiensystem, Fraktionsdisziplin usw.) verbunden (Steffani 1979; siehe Abb. S. 353). Diese ‹reinen Typen› sind allerdings problematisch, da sich leicht reale Regierungsformen finden lassen, die mit der Typologisierung nicht übereinstimmen (z. B. Regierungssysteme der romanischen Länder).

Im Rahmen der Analyse des politischen Systems spielt in Deutschland P.-Kritik traditionell eine wichtige Rolle. Es hat sich eingebürgert, zwischen rechter und linker Kritik zu unterscheiden (Wasser 1974). Die rechte P.-Kritik ist vor allem durch Carl Schmitt (1923) inspiriert. Sie argumentiert, daß der P. mit dem Aufkommen des Parteienpluralismus und der organisierten Interessengruppen seine Grundlagen verloren habe, da in den Parlamenten weder Entscheidungsfindung durch Diskussion noch Öffentlichkeit, noch Repräsentation des Volkes gewährleistet seien. Im parlamentarischen System wird daher der Volkswille nicht repräsentiert, sondern verfälscht; es besteht sogar zwischen Demokratie und P. ein Widerspruch. Gleichzeitig wird befürchtet, daß die Handlungsfähigkeit des Staates durch die parlamentarische Entscheidungsfindung behindert wird; denn es ist nicht zu erwarten, daß die im Parlament zustande gekommenen taktischen und interessenbestimmten Kompromisse auf Dauer jene staatliche Effizienz gewährleisten, die allein das Überleben der Gesellschaft sichern kann. Die Kompliziertheit der Entscheidungen verhindert schnelles, entschlossenes, sachrichtiges und effizientes Handeln im P. Die rechte P.-Kritik wird in ihrer reinen Form, als Propagierung des überlegenen Führerstaates, heute kaum noch vertreten; aber ihre Elemente schwingen in vielen, insbesondere auch populären Ansichten des Bonner P. mit (Parlament als ineffiziente Schwatzbude, inkompetente und interessenabhängige Parlamentarier und Parteien).

Die linke P.-Kritik argumentiert auf der einen Seite ideologiekritisch-normativ, daß der P. demokratischen Ansprüchen nicht genüge. Er führt nicht zur Beteiligung aller an politischen →Entscheidungen und der Aufhebung von →Herrschaft, sondern verfestigt und verschleiert die bestehenden Herrschaftsformen. Auf der anderen Seite wird analytisch-funktional argumentiert, daß das parlamentarische System eine der bürgerlich-kapitalistischen Klassengesellschaft angemessene Herrschaftsform ist, indem durch die ‹Technik des sozialen Friedens› die wahren Machtverhältnisse verschleiert und die Mehrheit der Bevölkerung von der Ausübung der →Macht ferngehalten wird. Das Parlament hat die Funktion, Herrschaft zu konstitutionalisieren, indem es anderswo getroffene Entscheidungen ratifiziert, als Filter von Interessen wirkt, durch scheindemokratische Verfahren Unmut abfängt und damit die Massen in das bestehende System integriert (Agnoli 1968). Gleichzeitig wird durch die Parlamentarisierung linker →Opposition das System stabilisiert, da die Beherrschten sich vertreten fühlen, während in Wirklichkeit Herrschafts- in Führungskonflikte innerhalb der herrschenden Klasseninteressen umgewandelt werden. Die linke P.-Kritik spielte eine hervorragende Rolle während der Zeit der Studentenbewegung und außerparlamentarischen Opposition. Heute finden sich die ideologiekritischen Elemente in manchen alternativen Argumentationen.

Von den Verteidigern des P. (vgl. vor allem Fraenkel) werden diese Kritikpunkte zurückgewiesen, da sie auf falschen Grundannahmen beruhen. Das Parlament ist nicht und war nie die Stätte rationaler Diskussion, wo in aller →Öffentlichkeit in nie endendem Ringen die Wahrheit und das Gemeinwohl gefunden werden. Es ist nicht vom Volk delegiert worden, um den wahren Volkswillen zu finden. Nicht Parlament und Exekutive stehen sich gegenüber (wie in der konstitutionellen Monarchie des Kaiserreichs), sondern die Regierung einschließlich der sie unterstützenden Mehrheitsfraktion und Opposition. Aus diesem Grund müssen im Parlament Fensterreden gehalten werden; es kommt nicht darauf an, andere Parlamentarier zu überzeugen, sondern Wähler, die bei der nächsten Wahl entscheiden, welche Partei die Mehrheit der Stimmen bekommt. Aus diesem Grund muß es auch Fraktions- und Koalitionsdisziplin geben, denn nur so bieten sich den Wählern klare Alternativen. Nicht das Parlament, sondern die Regierung hat in einem funktionierenden parlamentarischen System die Führungsrolle inne. Der politische Einfluß der Wähler ist insoweit gegeben, als durch Wahlen bestimmt wird, wer für die nächsten Jahre die Regierung stellt. Grundlage des P. ist nicht eine überzogene Identitätstheorie der Demokratie, sondern ein Konkurrenzmodell, bei dem Demokratie als Methode zur Bestimmung und Kontrolle befristeter Entscheidungsbefugnis mittels des Konkurrenzkampfes um Wählerstimmen aufgefaßt wird.

Begriffspräzisierung
Im folgenden soll es weniger um die übergreifenden theoretischen Ansätze gehen, die danach fragen, inwieweit der P. eine effektive (technokratisch-konservativ), demokratische (demokratietheoretisch-kritisch) oder dem →Kapitalismus adäquate (politökonomisch-funktional) Regierungsform ist, sondern um die eher ‹system-immanenten› Fragen, welche Aufgaben das Parlament in unserem System wahrnimmt, welche es wahrnehmen sollte und welche Änderungen es ggf. in die Lage versetzen könnten, seine Aufgaben besser zu erfüllen.

Die Diskussion über Funktionen des Parlaments in einem parlamentarischen System wird noch heute von einem Katalog bestimmt, den der englische Journalist Walter Bagehot Mitte des letzten Jahrhunderts aufgestellt hat. Bagehot hatte elective, expressive, teaching, informing und legislative functions unterschieden und dabei die Wahlfunktion als entscheidend in einem parlamentarischen System herausgestellt. In der neueren Literatur werden diese Funktionen gewöhnlich leicht verändert unter folgenden Fragestellungen zusammengefaßt (Thaysen 1976): Wahlfunktion (ist das Parlament Garant handlungsfähiger Regierungen?), Artikulations- und Kommunikationsfunktion (werden im Parlament die unterschiedlichen Interessen der Wahlbevölkerung artikuliert, und werden gleichzeitig die unterschiedlichen Antworten der Parteien deutlich?), Kontrollfunktion (ist das Parlament in der Lage, Regierung und Verwaltung zu kontrollieren?) und schließlich Gesetzgebungsfunktion (welche Rolle spielt das Parlament im Rahmen der Gesetzgebung?). Anhand dieser vier groben Funktionsbereiche können daher die empirischen Befunde der P.-Forschung in der Bundesrepublik skizziert werden.

Forschungsstand

● *Wahlfunktion:* Es besteht weitgehend Einigkeit darüber, daß der Bundestag die Aufgabe, handlungsfähige Regierungen zu bilden, bisher gut erfüllt hat. Allerdings ist dies mehr ein Verdienst des Parteiensystems als des Parlaments; denn die Vorentscheidung über ‹Kanzlerkandidaten› fällt in den großen Parteien und wird nach der Wahl vom Bundestag nur noch bestätigt. Ob dies auch in Zukunft so sein wird, ist aufgrund der Veränderungstendenzen des →Parteiensystems ungewiß. Gleichzeitig wird kritisch gefragt, ob nicht aufgrund unseres Wahlrechts (Fünf-Prozent-Klausel, Verhältniswahl, Absicherung über Listenplätze, Koalitionszwang) der Wählerwille durch das Parlament sogar verfälscht wird.

● *Artikulations- und Kommunikationsfunktion:* Inwieweit der Bundestag in der Lage ist, unterschiedliche Meinungen und Interessen in der Bevölkerung zum Ausdruck zu bringen und gleichzeitig Alternativen der Parteien zu verdeutlichen, ist umstritten. Auf der einen Seite werden erhebliche Kommunikationsdefizite und eine mangelhafte Transparenz der Bundestagsarbeit beklagt. Im Bundestag wird zuwenig über Grundlinien der Politik diskutiert, meistens unterhalten sich wenige Fachleute über nur ihnen verständliche Spezialprobleme. Aufgrund der Spezialisierung der Arbeit und der Hierarchisierung der Fraktionen (einige Kritiker aus dem Bundestag sprechen sogar von ‹Verkaderung›) kommen nur wenige Parlamentarier regelmäßig zu Wort. Die Fraktionsführungen verhindern, daß ein größerer Ausschnitt parteiinterner Standpunkte im Parlament zur Sprache kommen, bestimmte Themen werden tabuisiert und Debatten verkümmern. Wichtige politische Fragen werden außerhalb des Parlaments diskutiert (Interviewdemokratie).

Weiter wird kritisiert, daß der Bundestag schon aufgrund seines Sozialprofils nicht in der Lage ist, die Interessen der Bevölkerung zu vertreten. In ihm dominieren Angehörige des öffentlichen Dienstes, Verbandsvertreter und Selbständige, während z. B. Frauen und Arbeiter unterrepräsentiert sind. Verteidiger des Parlaments merken an, daß Repräsentation nicht mit statistischer Repräsentation gleichzusetzen ist und im Bereich der Kommunikation vor allem die Parteien, z. T. aber auch die Presse zu kritisieren seien, die beide aufgrund ihrer internen Strukturen die Kommunikationsfunktion des Parlaments negativ beeinflussen.

• *Kontrollfunktion:* Allgemein wird kritisiert, daß das Parlament nicht in der Lage sei, die Exekutive zu kontrollieren; denn das Parlament als Ganzes und erst recht der einzelne Abgeordnete kann nicht mit den personellen, finanziellen und sachlichen Ressourcen der Ministerialbürokratie konkurrieren. Eine →Institution, die mehr Zeit, Geld und Informationen hat als eine andere, kann von dieser anderen kaum effektiv kontrolliert werden. Als Beispiel für diese These dient die Aufstellung des Haushaltsplans, bei der oft über geringe, aber auffällig plazierte Beträge ausführlich diskutiert wird, während große Ausgabenblöcke kaum zur Sprache kommen. Auch die oft unzulänglichen Antworten der Bundesregierung auf parlamentarische Anfragen oder die ergebnislos verlaufenden Beratungen parlamentarischer Untersuchungsausschüsse stützen diese Kritik. Im Bundestag sind die Regierungsfraktionen, da sie sich als Vertreter der Regierung fühlen, nicht daran interessiert, die Exekutive zu kontrollieren, und die Oppositionsfraktionen sind dazu nicht in der Lage.

Die Verteidiger des Bundestages merken an, daß im parlamentarischen System Kontrolle nicht vom Bundestag insgesamt ausgeübt wird, sondern vorrangig von der →Opposition; Kontrollrechte sind daher Minderheitsrechte (für eine Liste siehe Thaysen 1976, S. 54f.). Einige behaupten sogar, daß, je effektiver das Parlament seine Kontrollfunktionen ausübt, um so gefährdeter das parlamentarische Regierungssystem ist. Im Prinzip üben aber auch die Regierungsfraktionen Kontrollfunktionen aus, allerdings eher vorsichtig und diskret, indem sie den Handlungsspielraum der Regierung als «Resonanzboden des Zumutbaren» (Steffani) einschränken.

• *Gesetzgebungsfunktion:* Kritisiert wird, daß das Parlament nicht in der Lage sei, die Vorschläge der Exekutive adäquat zu prüfen und zu diskutieren, weil diese einen nicht aufzuholenden Informationsvorsprung hat. Darüber hinaus werden Entwürfe, ehe sie im Bundestag eingebracht werden, mit den wichtigsten und mächtigsten Interessengruppen abgeklärt, so daß kaum noch Änderungen möglich sind. Überdies sitzen in den relevanten Ausschüssen ähnliche Fachleute und Interessenvertreter, die schon während der Entstehung in der Ministerialbürokratie Einfluß genommen haben, wie sich an der Verbandsfärbung verschiedener Ausschüsse zeigen läßt.

Von den Verteidigern des P. wird das Übergewicht der Regierung und Ministerialbürokratie bei der Gesetzgebung nicht geleugnet, sondern als zentrales Merkmal des parlamentarischen Systems verteidigt. Eine eigenständige Rolle des Parlaments bei der Gesetzgebung wird als Relikt des kontinentalen Gewaltenteilungsverständnisses angesehen. Statt dessen wird gefragt, ob nicht im Gegenteil die ‹parlamentarische Mitregierung› der Ausschüsse bei der Gesetzgebung systemfremd sei, weil in den nichtöffentlichen Ausschußsitzungen die Opposition durch perfektionierte Vorlagen und personelle Dominanz der Exekutive in die Gesetzgebung eingebunden wird und damit ihre eigentliche Funktion, nämlich das Aufzeigen von Alternativen, verliert. Wenn alles in den Ausschüssen diskutiert und abgeklärt worden ist, wird das Plenum funktionslos.

Die verschiedenen bisher erörterten Kritikpunkte werden insbesondere von Mitgliedern des Bundestages geäußert und sind Grundlage immer wieder diskutierter Ansätze einer Parlamentsreform (vgl. z. B. den Bericht der («Ad-hoc-Kommission Parlamentsreform», BTDrs. 10/3600). U. a. wird vorgeschlagen, durch veränderte Verfahren im Bundestag und seinen Ausschüssen (Rederecht, Öffentlichkeit) eine bessere Ausstattung der Fraktionen und Abgeordneten (wissenschaftliche Dienste, Mitarbeiter) und durch eine Demokratisierung und Enthierarchisierung des Parlaments die Wahrnehmung seiner Aufgaben erst wieder zu ermöglichen. Weitergehende Konzepte, wie sie u. a. von den Grünen diskutiert werden, wollen den P. durch Rotation, parteiinterne Öffentlichkeit, Ablehnung von Berufspolitikern und Ämterhäufung, sowie durch Elemente direkter Demokratie wie Volksbefragung u. ä. basisdemokratisch erneuern.

Im Zusammenhang mit Reformvorstellungen wird oft die Unterscheidung zwischen *Rede-* (oder Debatten-) und *Arbeitsparlament* eingeführt, und es wird argumentiert, daß der Bundestag sich mehr am Beispiel des britischen Unterhauses orientieren sollte, in dem Plenardebatten von zentraler Bedeutung sind, als am amerikanischen Kongreß, in dem die wichtigste Arbeit in den Ausschüssen stattfindet. Der Bundestag müsse sich entscheiden, ob er mehr Rede- oder mehr Arbeitsparlament sein wolle. Allerdings ist diese Unterscheidung grob und nicht unproblematisch, denn die Bezeichnungen haben unterschwellige Konnotationen. Beim Redeparlament schwingt der Vorwurf der ‹Schwatzbude› mit, während Arbeitsparlament den Eindruck ernsthaften Fleißes vermittelt. Präziser ist eine von Polsby eingeführte Unterscheidung zwischen Parlamenten als *Arenen*, in denen die wichtigsten politischen Kräfte öffentlich interagieren, und *Transformatoren*, in denen Interessen aggregiert und umgewandelt werden. Sie deutet ein Kontinuum an, auf dem Parlamente unterschiedlich plaziert sein können. Bisher gibt es aber kaum Klarheit darüber, welche weiteren Faktoren in diesem Zusammenhang eine Rolle spielen, inwieweit z. B. externe Faktoren wie das Wahlrecht oder die Ausgestaltung des Regierungssystems oder interne Faktoren wie Zusammensetzung, Organisation und Stabilität der Parlamentsmehrheit, die Plazierung von Parlamenten auf diesem Kontinuum bedingen und wie externe und interne Strukturen von Parlamenten zusammenhängen.

Forschungsperspektive

Dieser Hinweis deutet empirische und analytische Leerstellen der bundesrepublikanischen P.-Forschung an. Es gibt in der Bundesrepublik eine praktisch unüberschaubare Literaturfülle (Jesse 1981; Hamburger Bibliographie), in der aber normative Diskussionen der Parlamentsfunktionen inklusive einzelner Reformvorschläge dominieren. Viel weniger ist bekannt über das tatsächliche Verhalten von parlamentarischen Akteuren (Abgeordnete, aber auch Ausschüsse, Fraktionen usw.) sowie über verfahrensmäßige, organisatorische und kulturelle Voraussetzungen der Erfüllung bestimmter Funktionen.

Systematisch sind folgende Bereiche normativer und empirischer P.-Forschung zu unterscheiden: (1) Funktionen: Welche werden tatsächlich ausgeübt/sollen ausgeübt werden; gibt es weitere als die bekannten, z. B. Rekrutierung, Innovation, Legitimation? (2) Akteure: Wer übt diese Funktionen aus, das Parlament insgesamt, oder gibt es unterschiedliche Aufgaben für Plenum, Regierungs- und Oppositionsfraktionen, Ausschüsse, Untersuchungsausschüsse, Abgeordnete usw.? (3) Voraussetzungen: Welche institutionellen, verfahrensmäßigen und persönlichen Strukturen bedingen die Erfüllung dieser Funktionen, und zwar wiederum unterschieden in intra- und inter-organisatorische Bedingungen, d. h., innerhalb des Bundestages oder bezüglich der Stellung des Bundestages im politischen und gesellschaftlichen System? Es spricht einiges dafür, daß bei Parlamenten als politischen Arenen eher die Stellung im Gesamtsystem relevant ist, während bei Transformatoren interne Merkmale entscheidender sind; aber da die Verortung unseres Parlaments gerade ungeklärt ist, wäre es wünschenswert, wenn beide Aspekte durch mehr empirisches Material beleuchtet würden.

Insgesamt verdeutlicht die Liste, daß wir sehr viel über den Bundestag wissen, allerdings mehr auf der Grundlage normativer Diskussionen der traditionellen Parlamentsfunktionen, des Parlaments als Einheit und seiner Stellung im politischen System, während weniger bekannt ist über empirische Befunde einzelner Elemente des Parlaments und ihrer innerparlamentarischen Bedingungen. Mit einer solchen Forschungsperspektive könnte nicht nur unser empirisches Wissen über den Bundestag vermehrt, sondern auch die normative P.-Theorie, die seit den Klassikern der Nachkriegszeit (Fraenkel, Loewenberg) weitgehend stagniert, erneuert werden. Vielleicht ist auf diesem Wege sogar eine Verbindung mit denjenigen Ansätzen möglich, die eine demokratische Erneuerung unseres parlamentarischen Systems anstreben.

Agnoli, J.: Die Transformation der Demokratie. In: ders./Brückner, P.: Die Transformation der Demokratie. Frankfurt/M. 1968.
Beyme, K. v.: Die parlamentarischen Regierungssysteme in Europa. München [2]1973.
Fraenkel, E.: Deutschland und die westlichen Demokratien. Stuttgart usw. [6]1974.
Hamburger Bibliographie zum Parlamentarischen Regierungssystem der Bundesrepublik Deutschland. Opladen 1973 (versch. Ergänzungslieferungen).
Jesse, E.: Literaturführer: Parlamentarische Demokratie. Opladen 1981.
Kluxen, K. (Hg.): Parlamentarismus. Köln/Berlin 1967.
Polsby, N.: Legislatures. In: ders./Greenstein, F.: Handbook of Political Science. Vol. 3. New York 1975.
Schmitt, C.: Die geistesgeschichtliche Lage des heutigen Parlamentarismus. Berlin [3]1961 (1. Aufl. 1923).
Sontheimer, K./Röhring, H. (Hg.): Handbuch des politischen Systems der Bundesrepublik Deutschland. München [2]1978.
Steffani, W. (Hg.): Parlamentarismus ohne Transparenz. Opladen [2]1973.
–: Parlamentarische und präsidentielle Demokratie. Strukturelle Aspekte westlicher Demokratien. Opladen 1979.
Thaysen, U.: Das Parlamentarische Regierungssystem in der Bundesrepublik Deutschland. Opladen 1976.
Wasser, H.: Parlamentarismuskritik vom Kaiserreich zur Bundesrepublik. Analyse und Dokumentation. Stuttgart/Bad Cannstatt 1974.

Werner Jann

Partei

Begriffsverwendungen

Jeder Versuch, einen realistischen, für alle (auch historischen) Gesellschaften allgemeinen P.-Begriff (im Sinne der ideellen Fixierung von Invarianzen) zu finden, muß in einem Formalismus enden. Interessanter dagegen scheint es, darauf aufmerksam zu machen, daß die Entstehung des sozialen und politischen Phänomens der P.(ung) Ausdruck eines fehlenden gesellschaftlichen Konsenses über den legitimen Grad von Ungleichheit ist. So nimmt es nicht wunder, daß immer wieder alle, insbesondere mit der organisierten politischen P. verbundenen Konnotationen mit den Concordia, Harmonie- und Legitimitätslehren von der Staatsherrschaft in Widerspruch geraten. Der Begriff der (schlechten) P. = faction gehört denn auch zu den wenigen politischen Begriffen, die lange «verfemt» (Faul) waren.

Die Gründe dafür lassen sich in den unterschiedlichen Funktionskatalogen und normativen Erwartungen von Publizistik und →Politik(wissenschaft) ablesen, mit und an denen P.en gemessen, typologisiert und bewertet werden. Jede Aussage über P.en wird von meist nicht explizierten

Vorstellungen über →Demokratie, →Staat, →Parlamentarismus, Repräsentation, über die Rolle von →Konflikt und/oder Konsens geleitet, die wiederum Theorien über →Legitimität von P.en-Herrschaft (party government), also präskriptive Annahmen darüber implizieren, was Politik ist und was P.en-Politik darf: Entweder wird der Begriff der P. aus einem normativen/funktionalen Begriff der Politik als Amtsgedanke zur Verwirklichung des Gemeinwohls abgeleitet, oder das Politische wird bestimmt aus dem allgemeinen soziologischen Tatbestand der P.en-Verhältnisse. Die Wissenschaft ist sich nicht einmal einig, wo die Grenzen der P.en als Untersuchungsobjekte zu ziehen sind. An die Entstehungsgeschichte der modernen P.en ist zu erinnern, wenn man darauf hinweisen muß, daß weder die Theorie des liberalen (nicht notwendig demokratischen) Parlamentarismus (vgl. Art. 38 GG) noch die sozialistische identitätsdemokratische Theorie den P.en einen konstitutiven Platz einräumen, diese aber gleichwohl Bezugsparameter etlicher P.en-Theoretiker geblieben sind. Erst die sich außerhalb der Parlamente organisierenden Arbeiterbewegungen, ihr oft behindertes Eindringen in die Parlamente haben die ‹kopernikanische Wende› demokratischer Politik bewirkt. Erst mit der vollen Demokratisierung des Wahlrechts wurde es zum ersten Mal allen (politisch gleichgestellten) Gesellschaftsmitgliedern möglich, ihren besonderen Wert- und Interessenpräferenzen durch die Wahl von P.en Ausdruck zu verleihen. Die politischen P.en wurden damit zum «wichtigsten Einzelinstrument für die Umsetzung sozialer in politische →Macht» (Neumann 1973, S. 67).

Die ‹Demokratisierung des Klassenkampfes› schien die Möglichkeit zu eröffnen, mit politisch legitimierten Mehrheiten die Machtpositionen der alten gesellschaftlichen (Ordnungs-)Mächte durch Herrschaft zu beseitigen. Erst diese Ausweitung der P.en zu totalen gesellschaftlichen Phänomenen führte zum Begriff des P.en-Staates, der schon am Anfang der P.en-Forschung von Ostrogorski (1902) als Unrecht der P.-Regierung angeprangert worden war. Doch scheint es viel plausibler, von einer Entwicklung zur P.en-Demokratie zu sprechen, da nur freie P.en-Wahl als institutionalisierter Nichtkonsens ein pragmatisches Verständnis nichttotalitärer →Demokratie erlaubt.

Die falsche Begrifflichkeit, daß das ‹Volk› das ‹Parlament› wähle (sog. Volkssouveränität), sollte auch begrifflich der sozialen Tatsache weichen, daß bestimmte Teile des Volks bestimmte P.en legitimieren, im Parlament sie zu repräsentieren bzw. für ihr Programm einzutreten. Erst diese pluralen Legitimierungsprozesse von P.en, also die Möglichkeit, symbolisch-faktisch Nichtübereinstimmung auszudrücken, begründen die bisher einzigartige →Legitimität westlicher Demokratien. Ohne Berücksichtigung dieser (minimalen) Erwartungsfunktion, ohne Berücksichtigung dieser vertikalen Verankerung im Gesellschaftssystem, die auch die

Qualität der horizontalen Interaktionen von P.en im engeren politischen System bestimmen, läßt sich kein adäquates Verständnis von den neben den →Bürokratien «wichtigsten Institutionen zur Modernisierung der Gesellschaft» gewinnen (v. Beyme 1973, S. 98). Da P.en(theorie) nur selten im Rahmen von Gesellschaftstheorie betrieben wird, soll dieser Aspekt hier in den Vordergrund rücken. Denn die P.en-Forschung wird, um die neu aufgetauchten politischen Probleme verarbeiten zu können, nicht «durch Vertiefung in den Gegenstand ‹Partei› weiter(kommen), auch nicht durch raffiniertere Klassifizierung und Typologisierung *dieses* Gegenstands, sondern durch systematischen, theoretischen Vergleich und durch Suche nach Zusammenhängen mit jeweils anderen Formen der Vermittlung von Gesellschaft und politischem System» (Zeuner, in Falter u. a. 1984, S. 128).

Verwendungszusammenhänge

P.en sind sowohl in funktionaler wie struktureller Hinsicht grenzüberschreitende, transsystemische politisch-gesellschaftliche Sozialgebilde, die auf kommunaler, regionaler oder nationaler Ebene mit binnenorganisatorischen Subsystemen sowohl im gesellschaftlichen als auch im politischen Bereich angesiedelt sind. Diese empirisch orientierte, komplexe Strukturdefinition von Wiesendahl (1980, S. 306), der bezeichnenderweise die Zwecke / Ziele fehlen, ist ein erstes Resümee der Durchsicht der vorherrschenden Ansätze zur P.en-Theorie, denen er nachweisen kann, daß ihr Erkenntnisinteresse von versteckten gesellschafts- und demokratietheoretischen Annahmen geleitet wird. Alle drei Paradigmata (Integrations-, Konkurrenz- und Transmissionsparadigma) zeichnen sich durch einen starken normativen Politizismus, die beiden ersten zur Abwehr, das dritte durch Betonung gesellschaftlicher partizipatorischer Willensbildung aus.

Die Vertreter des *Integrationsparadigmas* argumentieren in der Tradition der (aristotelischen) praktischen →Politikwissenschaft des ‹guten Gemeinwesens› aus etatistischer, verfassungspolitischer Warte, die den Staat zum vorgesellschaftlichen Hüter des Gemeinwohls apriori macht. P.en an der →Regierung verwalten aufgrund zeitweiligen Anvertrauens (trust) *Ämter* und nicht aufgrund von →Herrschaft. P.en an der Regierung müssen aufhören, P.en zu sein, sie «sollen dem Staate dienen» (Sternberger; vgl. auch Sartori 1976; Hennis 1977/79). In der funktionalistischen und systemtheoretischen Variante werden die P.en im Kern auf die Schaffung von Konsens und Massenloyalität degradiert, die den (konsensual-demokratischen) →Eliten den Rücken freihalten sollen vor dysfunktionalen Wünschen der Massen. Wenn in diesem altparlamentarischen Repräsentationsmodell P.en überhaupt einen Platz haben, so den, daß (zwei)funktionale mehrheitsorientierte Wählerparteien, die bereits in sich alle wichtigen Interessen aggregiert und im Kompromiß integriert haben, als ‹staatserhaltende›, entideologisierte Volksparteien Führungspersonal für die zu besetzenden Staatsämter zur (Aus-)Wahl durch die Wähler stellen. Nur so brauche die unterlegene Seite keine Angst vor einem ‹Machtwechsel› zu haben. Eine Vorstellung, wie die G. Radbruchs, daß (P.en-)Demokratie die Herrschaftsform sei, die friedlich Machtverschiebungen zulasse, ermangele der ‹bürgerlichen Rechtmäßigkeit›, überdehne die Bedeutung des Mehrheitsprinzips.

Das *Konkurrenzparadigma* teilt durchaus einige Prämissen mit dem vorigen, scheint aber sehr viel realitätsgerechter. Das beginnt bei der Einsicht, daß Volkssouveränität als partizipatives, identitäts-demokratisches Institut unmöglich ist und endet bei der der Marktlogik gehorchenden Einsicht, daß sich ein Gemeinwohl erst aposteriori, nach dem Kompromiß der verschiedenen Interessen, ‹empirisch› einstellen kann. In der Tradition M. Webers und Schumpeters ist dieser an amerikanischen und britischen Erfahrungen orientierte Ansatz als Theorie konkurrierender →Eliten bekannt geworden. Sie reduziert die P.en zu effektiven →Organisationen maximalen Stimmenerwerbs. Innerparteiliche →Demokratie störte nur den Handlungsspielraum des wie ein politischer Unternehmer auftretenden (Kanzler-)Kandidaten. Doch wie im ökonomischen Marktmodell führe das Streben nach persönlichem Machterwerb zu einem Gleichgewicht. Die Konkurrenz um die Wähler und die Vermittlerfunktion zwischen den prinzipiell als gleich angesehenen pluralistischen Interessengruppen versorgen nicht nur alle Wähler mit den gewünschten (politischen) Gütern, sondern erzwingen auch den entideologisierten Weg zur ‹Mitte›, der kein Nullsummenspiel mehr zuläßt (s. Downs 1968). Obwohl dieses Modell zugegebenermaßen erhebliche empirische Defizite aufweist, hat sich z. B. Kirchheimer (1965) bei seiner Volksparteiencharakterisierung davon leiten lassen. Realitätsnah erscheint es deshalb, weil – gestützt auf die professionelle Wählerforschung – das Handeln der P.-Führungen sich auf die Jagd nach dem letzten Marginalwähler zu reduzieren scheint und somit P.-Politik auf die Wahl von Personen reduziert wird, die dem auf die Medien angewiesenen ‹Zuschauerdemokraten› tatsächlich nur noch als persönliches Interesse an der Macht erscheinen muß.

Beide Varianten, denen entwicklungstypologisch die Honoratioren-, Repräsentations-, Patronage-, Komitee-, bürgerliche Anpassungs- und Volkspartei zugeordnet werden, sind politizistisch insofern, als sie an der Erhaltung des Status quo interessiert sind, der an der Maxime der Trennung von öffentlich-politischer und privat-ökonomisch-gesellschaftlicher Sphäre festhalten muß. P.en-Politik ist prinzipiell nur Reagieren (Hättich), da der Eingriff in die Eigenlogik der Eigentums-Marktgesellschaft eine dysfunktionale Politisierung der für funktional erachteten Ungleichheit der Arbeitsteilungsgesellschaft herbeiführen würde. Wer den Begriff Gesellschaftspolitik (‹Demokratisierung der Wirtschaft›) benutzt, «bewegt sich am Rande einer für ein freiheitliches Gemeinwesen politischen Demokratie» (Hennis).

Genau hier setzt der Gedanke des *Transmissionsparadigmas* an. Entwicklungstypologisch muß es mit den außerhalb repräsentativer Willensbildungsorgane entstandenen systemkritischen Arbeiterparteien verbunden werden. Diese verfolgten auf der Basis von in Orts- oder Betriebsgruppen demokratisch organisierter Mitglieder auch die Mobilisierung und Integration ihrer (Arbeiter-)Wähler, wobei die Willensbildung über Programm, →Ideologie und →Interessen in der P. maßgebend auch für die P. im Parlament und in der Regierung sein sollte. Dahinter stand die nicht ganz unberechtigte Befürchtung, daß sich die P.-Führer und Abgeordneten einer professionellen, organisations-strukturellen, am Eigeninteresse orientierten Oligarchisierung (Michels) und dem Anpassungsdruck der parlamentarischen Institutionen nicht entziehen könnten. P.en sind in diesem Modell der organisierte «politische Ausdruck gleichgerichteter gesellschaftlicher Kräfte» (v. d. Gablentz), die erklärtermaßen über den parlamentarischen Mehrheitsgewinn die quasi Superlegitimität des Staates geradezu als Mittel zum Zweck des Umbaus zu einer neuen sozialistischen Gesellschaft instrumentalisieren (wollen). Dieser normative Politizismus, den durchaus alle drei Paradigmen – wenn auch in unterschiedlicher Absicht – teilen, hat(te) praktische wie theoretische Folgen: Historisch erwies sich sehr schnell, daß nicht sosehr die mediatisierenden Wirkungen des →Parlamentarismus, auch nicht die Oligarchisierung oder gar die Schwierigkeit, überhaupt parlamentarische Mehrheiten zu gewinnen, die Transmission ‹sozialistischen Wollens› scheitern ließen, sondern daß man politisch legitimierte →Macht mit den in den bürgerlichen →Institutionen geronnenen gesellschaftlichen Mächten der →Wirtschaft, der →Justiz, der →Bürokratie, der Polizei und des →Militärs verwechselte.

Die Einsicht in die Illusion eines ‹Executivsozialismus› führte bei den meisten Arbeiterparteien zum Reformismus, aber auch, unter dem Einfluß des Leninismus («Was tun?»), zur Abspaltung kommunistischer Avantgarde/Kaderparteien, die in einem gleichsam potenzierten revolutionären Politizismus glaubten, die Anfälligkeit demokratischer Willensbildung und tradeunionistischen Bewußtseins (der Wähler) für friedliche Transformationen umgehen zu können. (Erfolgreich haben diese P.en nur als autoritäre Einheits- bzw. Staatsparteien in den sog. sozialistischen Ländern überlebt, da ihnen eine unorganisierte Opposition gegenübersteht.)

Auch wenn das Transmissionsmodell der P.en ein identitätsdemokratisches und sozialistisches Erbe nicht verleugnen kann, so ist es doch keineswegs nur für sozialistisches Denken von Bedeutung. Es hat, empirisch gesehen, auch mehr Aufmerksamkeit auf die tatsächliche klassengebundene Zusammensetzung der bürgerlichen P.en, den Nexus von sozialstrukturell bestimmten Programm- und Interessenschwerpunkten und entsprechenden ‹policies› gelenkt. Unzweifelhaft aber hat die zentrale Norm transmissionsparadigmatischen Denkens ‹innerparteiliche Demokratie› bis heute insbes. für die sozialdemokratischen (Arbeiter-)P.en ihre Wichtigkeit nicht verloren. Selbst wenn diese sich ‹volksparteilicher› Handlungsstrategien bedienen, so bleiben sie (sozialdemokratische) Widerspruchsparteien (Kaste/Raschke 1977) in ihrem Verhältnis zu den bürgerlichen.

In theoretischer Hinsicht hat in der Bundesrepublik die P.en-Staatsthese von Leibholz (1974) eine besondere Bedeutung gewonnen. Für Leibholz war mit dem Aufkommen der P.en das alte Repräsentationsmodell obsolet geworden. Die P.en wurden zu Sprachrohren, zur Selbstorganisation der mündig gewordenen Aktivbürgerschaft, in denen ‹innerparteiliche Demokratie› zur Bedingung sine qua non des demokratischen Charakters eines politischen Systems avancierte. Allerdings hat er dann in einer überzogenen Auslegung identitätsdemokratischen Denkens die so legitimierte Mehrheitspartei als Ausdruck eines Gesamtwillens (auf Zeit) interpretiert und somit das Repräsentationsprinzip durch die Hintertür wieder eingeführt. Schließlich haben alle P.en (und ihre Wähler) durchaus unterschiedliche Vorstellungen vom ‹Gemeinwohl›, unabhängig davon, ob sie Regierungs- oder Oppositionsparteien sind. Deshalb ist wohl eher Schattschneider (1942) zuzustimmen, wenn er im Wettbewerb der P.en per se das Demokratische eines Gesellschaftssystems erblickt.

Begriffspräzisierung und Forschungsstand

Der Zweifel an der Fruchtbarkeit von Begriffspräzisierungen des Gegenstands P. ist oben schon geäußert worden. Was würden wir gewinnen, wenn man Wiesendahls (1980) obige auf die P. als Organisation bezogene Definition erweiterte: «... deren Zweck darin liegt, eine möglichst große Wählerbasis zu gewinnen, um möglichst viele ihrer Ziele durch den Gewinn politischer Herrschaftspositionen auch gegen den Widerstand anderer Mächte und P.en durchzusetzen»? Sehen wir einmal davon ab, daß Wiesendahl selber bezweifelte, daß man den P.en als «fragmentierten, lose verkoppelten Anarchien» überhaupt eindeutige Ziele und effiziente «Ziel-Struktur-Entsprechungen» (Mühleisen 1973, S. 66) zusprechen kann, so wäre mit der Erweiterung zumindest eine Entscheidung gegen die beiden ersten Paradigmata gefallen. Weniger aus normativen denn aus empirischen Gründen und ihrer mangelnden Komplexität. Der Wille zu Integration, Konsensus und ‹Mitte› kann nicht als ‹falsch› und das Forschungsinteresse an gouvernementalen Stabilitätsbedingungen nicht als illegitim bezeichnet werden. Und die normative Kraft des Normativen ist selbst ein Faktor praktischer Politik, der P.en in Legitimationszwang gegenüber herrschenden Verfassungsinterpretationen oder öffentlichen Meinungen (‹Klassenkampfpartei› von oben/unten; ‹antiparlamentarische P.›) bringt. Das entscheidende empirische Argument – und das richtet sich auch gegen Wiesendahl und bestimmte Annahmen des Transmissionsparadigmas über (den Mangel an) ‹innerparteiliche Demokratie› – lautet: Politics und Policies linker und rechter P.-Regierungen unterscheiden sich!

Konservative fürchteten das schon immer – deshalb ihr Appell an Religion, Vaterland und Gemeinwohl. Gute Konservative wußten es beizeiten und haben rechtzeitig →Reformen antizipiert; Marxisten bezweifelten, daß diese Differenzen am Wesen des →Kapitalismus etwas änderten; Sozialdemokraten haben immer dran geglaubt, und die empirischen Umfragen ergeben, daß viele es nicht glauben, und wenige P.en-Forscher haben den Gründen nachgespürt, die vom Gegenstand her naheliegen: daß das Parteiliche der P.en selbst, daß tatsächlich deren →Ideologien, Programme und Interessen(gruppenorientierung) in diesen Differenzen sicht- oder sogar meßbar werden würden.

In der Sicht der beiden ersten Paradigmata sollte es auch nicht so sein. Die konkurrenzdemokratische Annahme («Demokratie lebt vom Wechsel») hat immerhin den Folgen des Wettbewerbs ‹Innovationsfunktionen› für das politische System zuerkannt. Daß es sich dabei um ‹sozialen Fortschritt› handelte, der im übrigen dort am weitesten ging, wo nicht der Wechsel, sondern die Dauer linker P.en in der Regierung vorherrschte, sollte sich in den letzten Jahren als Stein des Anstoßes für die vom Neoliberalismus erfaßten ‹bürgerlichen› Regierungen/P.en erweisen: Innovationen wurden wieder zurückgenommen. Gibt es also doch so etwas wie einen interessenideologischen Kern der P.en, dessen Bedeutung für die differenzierte Analyse der unterschiedlichen Funktionen verschiedener P.en einen breiteren Zugang nötig macht als die systemfunktional-normativen, die auf die Organisation bezogenen oder auch strukturtypologisierenden Ansätze? Wenn das Typische von P.en in ihren Unterschieden zu suchen ist, dann muß der Bedeutung dieser Unterschiede mehr Beachtung geschenkt werden als den Versuchen, eine allgemeine P.en-Theorie zu formulieren. Das heißt aber nicht, daß man sich auf eine Programm-Praxis-Ziel-Analyse beschränken dürfe. Vielmehr wären systematisch die varianten Merkmale der P.en hervorzuheben, wie sie die P.en in ihren unterschiedlichen Aggregatformen, in denen sie auf verschiedenen (politischen und gesellschaftlichen) Bezugsfeldern erscheinen, determinieren. Diese varianten Merkmale sind relativ stabile Faktoren, die sowohl die vertikale Verankerung einer P. in ihrem ‹sozialen/ideologischen Hinterland› (jeweiliger Anteil, den bestimmte gesellschaftliche Hauptgruppen bei den P.en in Wähler-, Mitgliedschaft, Führung und

Fraktion – die sog. Kerngruppen, aber auch qualitativ wichtige Pilotgruppen wie Unternehmer einnehmen), die organisatorische/ideologische/interessenmäßige Nähe bzw. Ferne zu bestimmten Berufs- und Interessengruppen, als auch die unterschiedlich wirksamen ‹restriktiven Bedingungen› umfassen, welche die Handlungsspielräume linker oder rechter P.en(akteure) begrenzen oder begünstigen. (Verfassung, politische →Institutionen, Föderalismus, Justiz, Armee, Öffentlichkeit, aber auch die Wirtschaftsstruktur bis hin zu politisch-kulturellen Mustern der Konfliktregulierung.)

Ohne daß bisher in befriedigender Weise geklärt wäre, wie sich gesellschaftliche Meinungsbildung der 70 bis 80 Prozent Stamm-(Kerngruppen)Wähler in der Evaluation politischer Willensbildung reproduziert, scheint die spezifische (symbolische) Ausdrucks- und Repräsentationsfunktion der P.en von so großer Bedeutung auch für die allgemeine Perzeption zu sein, daß zum einen den P.-Führungen Grenzen in ihrer autonomen agenda-setting und Steuerungsfunktion gesetzt sind, in beliebige policy- und Sozialräume vorzustoßen, wie andererseits bestimmte Wahlverwandtschaftssyndrome von Ideen und Interessen (M. Weber) den Wechsel zum anderen P.en(lager) einschränken. Nicht zufällig gelang es nur wenigen P.en, allein über die 50-Prozent-Marke zu kommen, nicht umsonst spricht man von den seit den 20er Jahren ‹eingefrorenen› P.en-Systemen, werden die europäischen P.-Familien konstant auf einem Links-rechts-Kontinuum plaziert, können sich diese zu gemeinsamen Fraktionen im Europaparlament zusammenschließen (Fenner 1984). (Dabei bilden weiterhin Arbeiter und Unternehmer die beiden Pole.) Auch in diesem Fall werden die Aporien komplexitätsreduzierender →Typologien deutlich, wenn sie P.en als ‹qualitativ gleichartige› Gebilde bezeichnen (müssen) und nicht die unterschiedlichen Modi des Stimmenerwerbs, das spezifische Gewicht der Machterzeugungsfähigkeit der bürgerlichen und nicht-bürgerlichen P.en und damit den strukturellen Nachteil letzterer berücksichtigen, der aus der Machtunterlegenheit ‹ihres› sozialen Hinterlandes und den ökonomischen Sachzwängen, den →Bürokratien etc. resultiert, selbst wenn sie über die Mehrheit verfügen. Trotz aller Erfolge, die die Arbeiterparteien, und sei es durch ihr schieres Vorhandensein, erringen konnten, bleiben sie Widerspruchsparteien – wenigstens hinsichtlich der Billigung des Grades gesellschaftlich ungleicher Machtverteilung, die durch die politisch kaum beeinflußbare Ungleichbewertung der Arbeit nach Leistung reproduziert wird. Selbst Schwedens SAP, die erfolgreichste Sozialdemokratische P. der Welt, hat die auf dem Leistungswettbewerb beruhende westliche liberale Basisideologie nicht abschaffen können, ihr aber eine Ethik der ‹vermehrten gleichen Freiheit› entgegensetzen können, die sich heute in einem der niedrigsten GINI-Koeffizienten der Ungleichheit niederschlägt. Selbst eine dominante P. (Sartori) hat als sozialdemokratische Regierungspartei andere Handlungsspielräume, qualitativ andere Gegner und erfüllt andere (auch symbolische) Erwartungen als eine oder mehrere bürgerliche P.en.

Forschungsperspektive

In der weiteren Erforschung dieser hier nur angedeuteten unterschiedlichen Bedingungen und Ausgangslagen, die in der Dialektik von (sich verändernder) Sozialstruktur, Gesellschaftskonflikten, Interessengruppen und Staatsfunktionen anzusiedeln sind, sehe ich insbesondere für den intergesellschaftlichen Vergleich der P.en(systeme) eine notwendige Perspektive, zumal diese Doppelperspektive automatisch die Möglichkeiten des Aufkommens neuer P.en und sozialer/politischer Bewegungen aufnehmen, die Frage nach den inhärenten Grenzen der ‹alten› P.en stellen kann, ohne, und das lehrt der P.en(system)vergleich, deswegen von ihren einzigartigen freiheitsverbürgenden Funktionen abzusehen.

Beyme, K. von: Politische Parteien. In: C. D. Kernig (Hg.): Marxismus im Systemvergleich. Bd. 4. Frankfurt/New York 1973, S. 70ff.
Downs, A.: Ökonomische Theorie der Demokratie. Tübingen 1968.
Falter, J./Fenner, Ch./Greven, M. (Hg.): Politische Willensbildung und Interessenvermittlung. Opladen 1984.
Fenner, Ch.: Parteiensysteme und Politische Kultur. In: ÖZP 1 (1984), S. 37ff.
von der Gablentz, H.: Der Kampf um die rechte Ordnung. Berlin 1953.
Hennis, W. u. a. (Hg.): Regierbarkeit. 2 Bde. Stuttgart 1977/79.
Kaste, H./Raschke, J.: Zur Politik der Volkspartei. In: W. D. Narr (Hg.): Auf dem Weg zum Einparteienstaat. Opladen 1977, S. 26ff.
Kirchheimer, O.: Der Wandel des westeuropäischen Parteiensystems. In: Politische Vierteljahresschrift 6 (1965), S. 20ff.
Leibholz, G.: Strukturprobleme der modernen Demokratie. Frankfurt/M. 1974.
Leiserson, A.: The Place of Parties in the Study of Politics. In: APSR 51 (1957), S. 953ff.
Mühleisen, H.: Organisationstheorie und Parteienforschung. In: W. Jäger (Hg.): Partei und System. Stuttgart etc. 1973, S. 59ff.
Neumann, S.: Die Parteien der Weimarer Republik. Stuttgart etc. ^{3}1973 (zuerst 1932).
Sartori, G.: Parties and Party Systems. Vol. I. Cambridge etc. 1976.
Schaltschneider, E.: Party Government. New York 1942.
Wiesendahl, E.: Parteien und Demokratie. Opladen 1980.
Zeuner, B.: Die Bedeutung der grünen/alternativen Parteien für Parteientheorien und -typologien. In: Falter/Fenner/Greven: a. a. O., S. 118ff.

Christian Fenner

Parteiensystem

Begriffsverwendungen

Werden auf der Ebene der einzelnen Organisationseinheit →Partei z. B. Binnenstruktur, Funktionen und Typen von Parteien sowie ihr politischer, ökonomischer und sozialer Kontext untersucht, so wird auf der Ebene des P. die Gesamtheit der in einem politischen System wirkenden Parteien und ihre Interaktionen in den Blick genommen.

• *Quantitative Klassifizierung:* Am Anfang der Versuche, P.e zu klassifizieren, stand das Kriterium der Zahl: Ein-, Zwei- und Mehrparteiensysteme wurden unterschieden. In Systemen mit Einparteienherrschaft hat eine Partei das Monopol der politischen Willensbildung inne. Dies ist z. B. in den meisten sozialistischen Staaten der Fall, die systemlogisch keine →Opposition institutionalisieren, da die kommunistische Partei gemäß →Ideologie und Selbstverständnis bereits alle legitimen politischen Ziele vertritt.

Die Unterteilung in Zwei- und Vielparteiensysteme geht in der modernen Parteientheorie auf Maurice Duverger zurück. Der zu beobachtenden Wirklichkeit wurde und wird diese Zweiteilung nicht gerecht: Zweiparteiensysteme sind eher «Abstraktion als Realität» (von Beyme), und sogar Großbritannien – häufig als Beispiel benannt – kann nur sehr bedingt während kurzer Perioden in seiner Geschichte als Zweiparteiensystem bezeichnet werden. Dagegen gibt es eine Fülle jeweils unterschiedlicher Mehrparteiensysteme. Dieser Unausgewogenheit seiner numerischen Klassifikation trug Duverger dann auch Rechnung, als er die Mehrparteiensysteme in solche mit einer dominanten Partei einerseits und offene andererseits unterteilte.

Daß er den in der politischen Wirklichkeit seltenen Fall des – wohlgemerkt: zahlenmäßig festgestellten – Zweiparteiensystems als eine von zwei Kategorien aufgriff, dürfte auf die historischen Entstehungsbedingungen von Parteien zurückzuführen sein. Regelmäßig rief die Herausbildung einer politischen Gruppierung die Formierung des gegnerischen Interesses hervor. Die seit der Französischen Revolution zumindest in Europa Platz greifende Links-rechts-Polarisierung förderte den Ansatz, auch bei der anfänglich rein quantitativen Klassifizierung von P.en in Dichotomien zu denken; dabei schlichen sich – etwa durch Duvergers Interpretation eines «latenten Dualismus» – schon erste qualitative Kriterien in die Analyse ein.

• *Qualitative Klassifizierungen:* Das zweite Element der obigen Definition von P., die Beziehungen der Parteien zueinander, ist Anknüpfungspunkt für qualitative Klassifizierungsansätze. Der Parteienwettbewerb wird zum zentralen Unterscheidungskriterium; zusätzliche Variablen, bes. die Richtung des Wettbewerbs, verfeinern die Klassifizierung.

Zunächst ist in P.e mit und ohne Wettbewerb zu trennen. Wieviel aussagekräftiger dies ist und wie berechtigt die Kritik, die quantitative Einordnungen für irrelevant hält, wird an folgendem Beispiel klar: Das P. der DDR wäre nach dem Maßstab der Zahl ein Mehrparteiensystem, da es dort neben der SED noch weitere Parteien gibt; legt man hingegen den Maßstab des Wettbewerbs an, gehört die DDR nicht mehr in dieselbe Gruppe wie etwa Frankreich, Italien oder die Bundesrepublik, sondern zusammen mit den Systemen mit nur einer Partei in die Kategorie der nicht-kompetiven P.e. Damit wird der Tatsache Rechnung getragen, daß die historische Entwicklung einiger sozialistischer Staaten die mehr oder minder formale Duldung bürgerlicher Kräfte notwendig machte, was aber eben nicht die Herausbildung echter Parteienkonkurrenz einschloß.

Die nicht-kompetitiven P.e können weiter untergliedert werden in autoritäre, totalitäre und pluralistische Einparteiensysteme oder auch in Einparteien- und Hegemonialparteiensysteme. Letztere lassen zwar mehr als eine Partei zu; Wettbewerb um die politische Macht ist hingegen nicht vorgesehen, und eine einzige Partei verfügt über eine, zumindest auch rechtlich garantierte Vormachtstellung. Innerhalb der P.e ohne Wettbewerb wird des weiteren zwischen ideologischer und pragmatischer Orientierung differenziert. Folglich lassen sich je nach Feingliederung vier bis acht Merkmalkombinationen bilden, um die nicht-kompetitiven Systeme zu ordnen.

Für die weitere →Differenzierung von wettbewerbsorientierten P.en sind eine Fülle von Kriterien entwickelt worden, von denen einige richtungsweisende im folgenden benannt werden sollen. In Abkehr von der quantitativen Klassifizierung führten LaPalombara/Weiner in den 60er Jahren für kompetitive Systeme die Kriterienpaare «hegemonic/turnover» und «ideological/pragmatic» ein, die teilweise auch der trennschärferen Erfassung von Systemen ohne Wettbewerb dienten. In hegemonistischen P.en wird eine Partei durch besondere wirtschaftliche oder soziale Strukturen begünstigt, so daß sie über lange Zeit allein oder in Koalition mit kleineren Parteien die Regierungsmacht halten kann. Alternierende («turnover-»)Systeme sind solche, in denen häufiger Wechsel der Regierungspartei stattfindet oder wenigstens wahrscheinlich ist, da keine Partei strukturell dominant ist.

Sartori gab den wohl wirksamsten Anstoß, die numerische Unterteilung in Zwei- und Mehrparteiensysteme aufzugeben und sie durch die Kategorien bi- und multipolare Systeme zu ersetzen. Mit Bi- und Multipolarität ist dabei nichts über die Anzahl der im System wirkenden Parteien ausgesagt; im Falle der Bipolarität bewegen sich zwei oder mehr Parteien um zwei Pole, eine Mitte fehlt; im Falle der Multipolarität hat das System eine Mitte, also drei Pole. Zur Zahl der Pole kommt die Verortung der Parteien auf einer Links-rechts-Achse hinzu sowie die Bestimmung der Wettbewerbsrichtung auf dieser Achse. Im bipolaren System, in dem sich jeweils eine oder mehrere Parteien um den linken und den rechten Endpunkt der Achse gruppieren, ohne daß der ideologische Abstand zwischen ihnen so groß ist, daß es keinen Grundkonsens mehr gibt, kämpfen diese Parteien um die Mitte – der Wettbewerb gestaltet sich zentripetal. Ist das System multipolar und polarisiert, d. h. mit großem ideologischen Abstand der Parteien auf oder um die beiden Endpole, ist der Parteienwettbewerb eher zentrifugal, bewegt sich aus der Mitte fort.

Um den Charakter eines P. anhand dieser Merkmale zu bestimmen, bedarf es der Relevanzkriterien, mit denen jene Parteien ausgewählt werden können, die überhaupt auf der Links-rechts-Achse verortet und deren Wettbewerbssituation und -verhalten überhaupt berücksichtigt werden. Sartori wählte dafür den Prozentsatz an Parlamentssitzen, bezog das Regierungsbildungspotential der Parteien ein (unter der Annahme politisch wahrscheinlicher Koalitionen) und qualifizierte auch solche Parteien als relevant, die – auch wenn sie diese Kriterien nicht erfüllen – andere Parteien oder den Parteienwettbewerb in ihrer Richtung beeinflussen.

Auf der Grundlage dieses Modells und durch Kombination seiner Variablen entwickelte Sartori vier Typen von P.en: prädominante, Zweiparteien-, begrenzt pluralistische und polarisiert pluralistische Systeme. Das Prädominanzsystem entspricht im wesentlichen dem Typus des oben erklärten kompetitiven Hegemonialparteiensystems. Der Parteienwettbewerb ist hier zwar prinzipiell frei, faktisch jedoch und zum Teil erheblich reduziert. Zweiparteiensysteme besagen in der Typologie Sartoris nicht, daß lediglich zwei relevante Parteien existieren, sondern daß keine dritte Partei je eine der beiden großen vom Erringen der Regierungsmehrheit und damit der Alleinregierung abhalten kann. Der Parteienwettbewerb ist zentripetal. Im gemäßigt pluralistischen P. bilden nicht mehr als fünf Parteien, die die Mitte der Links-rechts-Achse jeweils höchstens partiell abdecken, bipolare Parteienkonstellationen mit zentripetalem Wettbewerb. Zusätzlich unterscheidet von Beyme diesen Parteientypus in drei Untertypen je nach Koalitionspraxis: (1) alternierende Regierung ohne Koalition oder (2) mit Koalition oder (3) Koalitionen der Mitte bzw. große Koalitionen. Der polarisierte →Pluralismus ist nach Sartori insbesondere durch die Existenz von mehr als fünf relevanten Parteien gekennzeichnet, von denen mindestens zwei nicht miteinander koalitionsfähig sind, eine das Zentrum der Links-rechts-Achse besetzt, mindestens eine als Anti-System-Partei gelten kann und der Parteienwettbewerb zentrifugal verläuft. Von Beyme bezweifelt die Trennschärfe zwischen diesem Typus und jenem des gemäßigten Pluralismus und schlägt vor, den polarisierten Pluralismus in zwei Untertypen zu zerlegen: polarisierter Pluralismus mit (1) Fundamentalopposition und mit (2) regierungsfähigen Mitteparteien.

Verwendungszusammenhänge

P.e sind einerseits Resultat gesellschaftlicher und politischer Strukturen, beeinflussen andererseits selbst Existenz und Charakter des politischen Systems.

Wahlsysteme wurden häufig als die entscheidende Determinante für die Herausbildung von P.en betrachtet. Verhältniswahlrecht führe, so die Annahme, zur Zersplitterung des P. und letztendlich zur Zerstörung der →Demokratie, Mehrheitswahlrecht zur Entwicklung eines stabilen Zweiparteiensystems. Zwar lassen sich einzelne Beispiele für diese Zusammenhänge finden; von einer Zwangsläufigkeit dieser Beziehung kann aber keine Rede sein. Wirkungen, die das Wahlrecht ohne Zweifel auf P. und -wettbewerb ausübt, folgen keinem Automatismus, sondern bedürfen der differenzierten empirischen Detailuntersuchung. Zentralistische oder föderalistische Staatsorganisation, homogene oder heterogene →Politische Kultur, konfliktorientierte oder konsensualistische Aushandlungsmuster sind weitere wesentliche Faktoren, die in Wechselwirkung mit dem P. stehen.

Besonderes Gewicht wird bei der P.-Analyse ‹cleavages› beigemessen. Diese in sozioökonomischen und soziokulturellen Strukturen verankerten Konfliktlinien sind für Westeuropa als relativ stabile gesellschaftliche Grundlagen des P. identifiziert worden. Ihre Übersetzung ins P. entscheidet (mit) über dessen Funktionsfähigkeit, Stabilität und Wandel und beeinflußt folglich auch die Legitimationskraft des politischen Systems insgesamt, indem entweder die Artikulation und Institutionalisierung von Opposition innerhalb des Systems stattfinden kann oder außerhalb und damit in der Regel als Alternative zum System erfolgen muß. Unterhalb der Ebene von Cleavage-Strukturen ist die Repräsentation von Interessen und die entsprechende Aufnahmefähigkeit des P. für die Entwicklung des Gesamtsystems von großer Bedeutung.

Begriffspräzisierung

Um der vielfältigen und differenzierten Realität gerecht zu werden und die knapp skizzierten Verwendungszusammenhänge analytisch in den Griff zu bekommen, genügt es nicht mehr, P. als die Anzahl der in einem politischen System wirkenden Parteien zu definieren. Der Begriff ist so zu fassen, daß er die Interaktionen der Parteien einbezieht, den ideologischen Standort und die ideologische Distanz zwischen ihnen, die Struktur und Richtung ihres Wettbewerbs.

Forschungsstand

Das Schwergewicht der P.-Forschung liegt auf den westlichen Demokratien. Die kommunistischen Einheitsparteien Osteuropas und viele P.e der →Dritten Welt sind mit dem Raster der nicht-kompetitiven Systeme zu erfassen. Dabei sind Studien über regierende kommunistische Parteien wegen deren enger Verflechtung mit dem politischen, gesellschaftlichen und wirtschaftlichen System eher der Regierungslehre oder der Parteienforschung, wie sie oben von der P.-Forschung abgegrenzt wurde, verpflichtet. Die nicht-kompetitiven P.e der Dritten Welt treten in entsprechenden Länderstudien zumeist hinter das Interesse an grundsätzlichen Entwicklungsproblemen bei der Nationbildung zurück. Von Beyme (1982) stellt für viele Entwicklungsländer ohne Einparteiensystem fest, daß sie ein Prädominanzsystem mit eingeschränktem Wettbewerb ausgebildet haben, wobei es allerdings «nicht mehr so aussieht, als ob Barnes' Modell eines ‹verläßlichen Typs demokratischer Stabilität› in einer wettbewerbsorientierten Demokratie westlichen Musters auf die Dauer noch eine Chance hat».

Die P.-Forschung für die westlichen Demokratien knüpft an die Analyse von Lipset / Rokkan an. Sie stellten für Westeuropa die These auf, daß die sozioökonomischen und soziokulturellen Konfliktlinien seit Einführung des allgemeinen und gleichen Wahlrechts in den 20er Jahren weitgehend unverändert und damit die P.e ‹eingefroren› seien. Die Bewegung, die seit Ende der 60er Jahre in die P.e mit Parteineugründungen und -abspaltungen kam, machte es erforderlich, sich mit den Bedingungen und Formen des Wandels von P.en zu befassen. Kirchheimer diagnostizierte die ideologisch-programmatische und soziostrukturelle Konvergenz der Parteien zu «catch-all-parties», zu Volksparteien. Die Systemebene kam bereits stärker in den Blick mit Analysen der zunehmenden Wählerwanderungen und der abnehmenden Parteiidentifikation.

Hatte schon Allardt 1968 eine neue Konfliktlinie infolge der ‹Bildungsrevolution› und eine entsprechende Umstrukturierung des P. angenommen, so sind es heute die neuen sozialen Bewegungen, die Anlaß zu der Analyse einer zusätzlichen – der postindustriellen – Konfliktlinie geben. Für das bundesrepublikanische P., in dem sich die Konfliktlinien überschneiden, sieht Raschke eine Verschärfung des Immobilismus und der Undeutlichkeit voraus, da der Einbau des neuen Cleavage ins P. nicht nur durch die Grünen geschehe, sondern auch die SPD durchschneide. Die CDU sei beim Klassencleavage (Sozialfrage) und beim Konfessionscleavage (Moralfrage) gespalten. Von den homogeneren Flügelparteien FDP (für das Klassencleavage) und die Grünen (für das Postindustrialismus-Cleavage) dürfte mehr Initiative und Dynamik ausgehen als von den immobilen ‹Allesverwertern›, den beiden Volksparteien. Folglich ist auch keinesfalls eine Entwicklung zum Zweiparteiensystem mit Volksparteien, so Raschke, zu erwarten, sondern stärkere Ausdifferenzierung des P. in die Richtung – wie auch andere westeuropäische Staaten – bipolarer Mehrparteiensysteme.

Im internationalen Vergleich, der sich für die P.-Forschung in der Regel als besonders fruchtbar erweist, hat Reif auf die Bedeutung des zweiten Elements der Analyse von Lipset/Rokkan hingewiesen: Muster institutioneller Entwicklung. Die institutionelle Stabilität oder Instabilität des politischen Systems und damit der Konsolidierungszeitpunkt des P. ist eine wesentliche Bedingung für die Art der Wandlungsprozesse im P. Reifs Analyse der westdeutschen Entwicklung führt ebenfalls zu der Annahme eines künftig bipolaren Mehrparteiensystems; für ihn sind aber auch andere Richtungen des Wandels denkbar. Sein Befund für Großbritannien und Frankreich begründet Kritik an Sartoris Modell, das den Prozeß der Entpolarisierung oder zunehmender Polarisierung nicht hinreichend erfasse.

Forschungsperspektive
Weitere empirische Forschung, die über die Klassifizierung bestehender P.e mit Hilfe der vorliegenden Typologien hinausgeht und noch stärker den Veränderungsprozessen in den P.en nachspürt, wird – besonders im internationalen Vergleich – zum einen die Modellbildung zu präzisieren und zu verfeinern haben, sollte zum zweiten die Wechselwirkungen von P.en, institutionellen Strukturen und politischen Prozessen näher beleuchten und wird zum dritten die prognostische Kraft der Analyse für einzelne Staaten vergrößern können.

Beyme, K. v.: Parteien in westlichen Demokratien. München 1982.
Daalder, H./Mair, P.: West European Party Systems: Continuity and Change. London u. a. 1983.
Duverger, M.: Les partis politiques. Paris 1951.
Hartmann, J.: Parteienforschung. Darmstadt 1979.
Kaack, H./Roth, R. (Hg.): Handbuch des deutschen Parteiensystems. Opladen 1980.
Kirchheimer, O.: Der Wandel des westeuropäischen Parteiensystems. In: PVS 6. Jg. (1965), S. 20ff.
LaPalombara, J./Weiner, M.: The Origin and Development of Political Parties. In: dies. (Hg.): Political Parties and Political Development. Princeton 1966, S. 3ff.
Lipset, S./Rokkan, S.: Cleavage Structures, Party Systems and Voter Alignments. In: dies. (Hg.): Party Systems and Voter Alignments. New York 1967.
Raschke, J.: Soziale Konflikte und Parteiensystem in der Bundesrepublik. In: APuZ B 49 (1985), S. 22ff.
Reif, K.: Konsolidierungszeitpunkt, Polarisierung, Bipolarität. In: J. W. Falter u. a. (Hg).: Politische Willensbildung und Interessenvermittlung. Opladen 1984, S. 142ff.
Sartori, G.: European Political Parties: The Case of Polarized Pluralism. In: J. LaPalombara/M. Weiner, a. a. O., S. 137ff.
–: Parties and Party Systems. Cambridge u. a. 1976.

Suzanne S. Schüttemeyer

Partizipation

Begriffsverwendungen

P., synonym gebraucht auch als Teilnahme und Beteiligung, ist im Verlauf der vergangenen 50 Jahre zu einem zentralen Begriff in den Sozialwissenschaften geworden (Alemann 1975).

In den frühen empirischen Arbeiten wurde P. noch sehr formal ausschließlich über individuelle Wahlbeteiligung definiert. Die P.-Rate war in jenen Ländern am höchsten, in denen das allgemeine Wahlrecht eingeführt wurde. In den 50er und 60er Jahren wurde der P.-Begriff ausgeweitet. Man sprach fortan von politischer P. und meinte damit Aktivitäten wie Wahlbeteiligung, Parteimitgliedschaft, Besuch von politischen Veranstaltungen, Kontakte zu Politikern, aktive Beteiligung bei Wahlkämpfen und bei politischen Diskussionen sowie Übernahme von politischen Mandaten (Milbrath 1965). Auch in den neueren wissenschaftlich einflußreichen P.-Studien angloamerikanischer Provenienz steht das instrumentelle, zielgerichtete individuelle Verhalten im Mittelpunkt der Definition. Politische P. wird mittlerweile im wissenschaftlichen Sprachgebrauch sehr weit gefaßt: Heute versteht man unter politischer P. alle jene freiwilligen Aktivitäten von Personen und Gruppen, die das Ziel verfolgen, direkt oder indirekt den politischen Entscheidungsprozeß auf den unterschiedlichen Ebenen des politischen →Systems zu beeinflussen (Verba et al. 1972; Barnes/Kaase et al. 1979). Mit dieser Begriffsbestimmung sind Einstellungen zur politischen P. ausgeklammert.

Verwendungszusammenhänge

Politische P. ist zu einem wichtigen Konzept der quantitativ-empirischen, ländervergleichenden Politikforschung geworden. Es basiert auf der Auseinandersetzung mit der sogenannten partizipatorischen Demokratietheorie. Diese weist darauf hin, daß sich durch die Transformation des liberalen →Rechtsstaates zum modernen →Sozialstaat zwar die P.-Rate erhöht, diese jedoch nicht zwangsläufig die Stabilität eines politischen Systems garantiert. Vielmehr könne politische Teilhabe von uninformierten und unverantwortlich handelnden Bürgern die Stabilität eines politischen Systems gefährden. Neben der politischen Beteiligung müsse auch die politische Apathie ihren Platz haben. Die Idee der politischen Selbstverwirklichung des Menschen, zentraler Bestandteil der klassischen Demokratietheorie, wird lediglich auf den institutionell verankerten Akt des Wählens begrenzt (Pateman 1970).

Die normative Debatte um das ‹Beteiligungsoptimum› in demokratischen Gesellschaften wurde in den vergangenen 30 Jahren durch eine Vielzahl von empirisch gesättigten Studien bereichert. Zunächst entstanden die Wahlstudien, die anfänglich lediglich nach dem Wahlverhalten der verschiedenen Teilpopulationen unter den Wählern fragten. Das Wahlverhalten wurde dann in Beziehung gesetzt zum sozio-ökonomischen Status, zur instistutionellen Verankerung (z. B. Parteimitglieder, Gewerkschaftsmitglieder etc.) sowie zur sozialpsychologischen Disposition von Wählern. Im Anschluß an diese Studien legte die amerikanische Wahlforschung einen Schwerpunkt auf die Wirkungen (Effekte) von politischen Einstellungen auf politisches Verhalten. Die Ergebnisse dieser Studien fanden Eingang in die Arbeiten zur →politischen Kultur und später dann in den engeren Bereich der politischen P.-Forschung.

Die empirischen P.-Studien der 70er und der 80er Jahre waren in erster Linie angelegt, um unterschiedliche Formen von politischer Beteiligung zu identifizieren und in Politikdimensionen zu integrieren. Zwar fiel es verhältnismäßig leicht, über die Formen von politischer P. einen Konsens herzustellen; jedoch wurde die Dimensionalität von politischer P. kontrovers diskutiert. Vertreter der einen Forschungsrichtung haben auf eindimensionale, stufenförmige P.-Formen hingewiesen. Diese reichen von leichten, d. h. Wählen, politisch Diskutieren etc., bis hin zu schwierigen P.-Formen, d. h. Unterstützung von Kandidaten und Parteien im Wahlkampf etc. Andere Vertreter der P.-Forschung haben, auf der Grundlage faktorenanalytischer Berechnungen, mehrere P.-Dimensionen gefunden. In einer international vergleichenden Studie kamen beispielsweise Verba u. a. (1978) zu dem Ergebnis, daß mindestens vier Dimensionen von politischer P. existieren: (1) Wahlbeteiligung, (2) Wahlkampfbeteiligung, (3) Gemeindeaktivität, (4) Einzelkontakte mit Politikern und politischen Instanzen.

In einer stark heuristischen Form systematisierte Kaase (1987) den durch einzelne Personen ausgeübten P.-Akt in vier Dimensionen: (1) *Verfaßt* versus *nicht verfaßt*. Unter verfaßter P. wird die direkte Wahl einer gesetzgebenden Körperschaft verstanden, während die nicht verfaßte Beteiligung beispielsweise die Mitarbeit in einer Bürgerinitiative oder in neuen sozialen Bewegungen einschließt. (2) *Legal* versus *illegal*. Legale P. wird als gesetzmäßig, illegale P. als nicht gesetzmäßig definiert. Zur letzteren P.-Form zählt einerseits der sogenannte gewaltlose, zivile Ungehorsam, andererseits aber auch aggressive, politische Gewaltanwendung. (3) *Legitim* versus *illegitim*. Als legitime P.-Form wird der aggregierte Ausdruck der individuellen Einstellungen einzelner Bürger zu den spezifischen Beteiligungsformen definiert. (4) *Konventionell* versus *unkonventionell*. Diese Dimension wurde erstmals von der Political Action-Forschergruppe (Barnes/Kaase u. a. 1979) auf der Basis von international vergleichenden Datensätzen gefunden. Sie verbindet die Dimension der Verfaßtheit mit der der →Legitimität. «Als konventionell werden diejenigen Beteiligungsformen bezeichnet, die mit hoher Legitimitätsregelung auf institutionalisierte Elemente des politischen Prozesses, insbesondere die Wahl, bezogen sind. «Als unkonventionell werden hingegen alle die Beteiligungsformen bezeichnet, die auf institutionell nicht verfaßte unmittelbare Einflußnahme auf den politischen Prozeß abstellen» (Kaase 1987, S. 138). Allerbeck (1980) kommt unter Verwendung des gleichen Datensatzes in faktorenanalytischen Berechnungen zu dem Ergebnis, daß konventionelle und unkonventionelle P.-Formen nur leicht miteinander korrelieren. Er schließt daraus, daß beide Dimensionen getrennt voneinander behandelt werden müssen.

Die bislang gehaltvollste ländervergleichende Typologie politischer P. lieferte ebenfalls die Political Action-Forschungsgruppe. Sie hat die Dimension der konventionellen Beteiligung kombiniert mit der des Protestpotentials. Letztere besteht aus einem Index, der politische Beteiligung, Beteiligungsabsicht sowie individuelle Bewertung (Zustimmung oder Ablehnung) der einzelnen politischen Aktivitäten beinhaltet. Durch die Verbindung beider Dimensionen wurden fünf politische P.-Typen identifiziert: die Aktivisten (hohe konventionelle Beteiligung sowie hohes und mittleres Protestpotential); die Reformisten (mittlere konventionelle Beteiligung sowie hohes und mittleres Protestpotential); die Protestierer (niedrige konventionelle Beteiligung sowie hohes und mittleres Protestpotential); die Konformisten (niedriges Protestpotential sowie hohe und mittlere konventionelle Beteiligung); die Inaktiven (niedrige konventionelle Beteiligung sowie niedriges Protestpotential) (Barnes/Kaase et al. 1979, S. 152–157).

Begriffspräzisierung

Neuere empirische Forschungsergebnisse über P.-Formen und -anteile, aber auch die aktuelle politische Entwicklung in westlichen →Demokratien, zeigen, wie zeitabhängig die Definitionen und Verwendungen des P.-Konzepts sind. Mittlerweile ist deutlich geworden, daß sich die politischen Systeme westlicher Demokratien sowohl auf traditionelle (konventionelle) als auch auf neue (unkonventionelle) P.-Formen einstellen müssen. Von daher wird die von der Political Action-Gruppe vorgeschlagene Begrifflichkeit und Typologisierung von politischer P. auch in absehbarer Zeit wegweisend bleiben.

Forschungsstand

Die Mehrzahl der empirischen Ergebnisse über politische P. in westlichen Demokratien stammen aus der angloamerikanischen Sozialwissenschaft (vgl. die Zusammenfassung der Forschungsergebnisse bei Asher 1984). Die zentrale Fragestellung der meisten Studien bestand darin herauszufinden, welche Faktoren die politische P. beeinflussen. Schon in den 40er Jahren haben amerikanische Wahlforscher festgestellt, daß die politischen Denkstrukturen von Personen durch deren soziale Situation beeinflußt werden. Besonders auffallend war der starke positive Zusammenhang zwischen sozioökonomischem Status und politischer P. Die empirischen Studien der 60er Jahre kamen zu ausdifferenzierteren Ergebnissen. Danach zeigen Bürger mit höherem Einkommen, mit höherem formalen Bildungsabschluß und mit einem angesehenen Beruf eine größere Bereitschaft zur politischen P. als Arme und Ungebildete. Auch bei den soziodemographischen Faktoren fand man Unterschiede: Frauen nehmen im allgemeinen weniger stark an Politik teil als Männer, weiße Bürger mehr als Schwarze oder Personen aus Minoritätengruppen. Jüngere und ältere Bürger zeigen weniger politische Beteiligung als Personen in den mittleren Altersgruppen.

Auf der Basis umfangreichen empirischen Materials formulierten Verba und Nie Anfang der 70er Jahre das sogenannte Standardmodell der politischen P. Dieses lautet: je höher der sozioökonomische Status, desto höher die Wahrscheinlichkeit an politischer Beteiligung. Diese positive Beziehung verstärkt sich weiterhin, wenn Bürger bestimmte politische Einstellungen haben. Individuen, die sich politisch wirksam fühlen und an ihren politischen Einfluß glauben (political efficacy), zeigen eine höhere Bereitschaft zur politischen P. als von der Gesellschaft entfremdete Bürger.

Die neueren Forschungsergebnisse bestätigen und erweitern diese Befunde. So konnte die Political Action-Gruppe erstens bestätigen, daß Bürger mit höherer Ressourcenausstattung eine höhere politische Beteiligung zeigen. Zweitens wurde nachgewiesen, daß ressourcenstarke Personen andere P.-Prioritäten besitzen: Sie sind eher bereit, sich unkonventionellen Beteiligungsformen anzuschließen als ressourcenschwache Bürger (Kaase 1981). Drittens konnte festgestellt werden, daß jüngere, formal höher ausgebildete Personen aus der Mittelschicht, mit überwiegend neuen Werteorientierungen, eine höhere Bereitschaft zu unkonventionellen, direkten Formen der politischen P. zeigen als gesellschaftlich unterprivilegierte Gruppen.

Die empirischen Ergebnisse der amerikanischen P.-Studien, insbesondere das nachgewiesen wachsende Potential an Bürgern mit direkten P.-Formen, hat die demokratietheoretische Diskussion erneut entzündet. Prominente P.-Forscher argumentieren, daß durch das allgemeine Wahlrecht ein Maximum an politischer →Gleichheit unter den Bürgern hergestellt worden sei (one man, one vote-Prinzip). Diese politische Gleichheit werde durch unkonventionelle P.-Formen und durch die nicht vorhandenen Bestrebungen zur Institutionalisierung dieser Beteiligungsformen tendenziell wieder aufgehoben. Bestrebungen um mehr Gleichheit durch direkte, entinstitutionalisierte P.-Formen hätten eher eine gegenteilige Wirkung, indem sie nämlich politische Ungleichheit produzieren. Dieser antidemokratischen Entwicklung gelte es langfristig durch Institutionalisierung von direkten Beteiligungsformen entgegenzuwirken. Neueste empirische Befunde haben denn auch gezeigt, daß ein institutionelles Auffangen von neuentstandenen Interessenstrukturen die Durchsetzung von massiven politischen Konflikten in westlichen demokratischen Systemen reduziert (Powell 1982).

Forschungsperspektive

Wenn es richtig ist, daß sich die neuen, unkonventionellen P.-Formen weiter ausbreiten, dann stellen sich für die künftige politische P.-Forschung mindestens zwei wichtige Aufgabenbereiche: Zum einen muß die P.-Forschung Erklärungen liefern, wie der partizipatorische Mobilisierungsprozeß verläuft, d. h. unter welchen institutionellen, sozialen und ökonomischen Bedingungen sich neue P.-Formen ausweiten bzw. die existierenden P.-Formen sich verringern. Zum anderen muß die P.-Forschung untersuchen, wie die durch unkonventionelle Beteiligungsformen tendenziell einsetzende politische Ungleichheit in liberal-demokratischen Gesellschaften eingegrenzt bzw. reduziert werden kann. Dieses impliziert, daß sich die künftige P.-Forschung verstärkt auch mit der Leistungs- und Wandlungsfähigkeit des politischen Institutionensystems westlicher Demokratien auseinandersetzen muß.

Um diese beiden theoretischen Fragestellungen empirisch voranzutreiben, erscheint es erstens notwendig, länderübergreifende Forschungskonzepte zu entwickeln; denn Forschungsergebnisse über die Entwicklung der politischen P. innerhalb eines Landes sind von zweifelhafter Verallgemeinerungsfähigkeit. Zweitens sollten ländervergleichende P.-Studien – stärker als bisher – konkurrierende methodische Verfahren kombinieren. Wenn die Theoriebildung in der politischen P.-Forschung die Ursachen von beobachteten Phänomenen benennen, diese Ursache kausal erklären und mögliche Folgewirkungen aufzeigen will, dann müssen qualitative und quantitative Analyseverfahren der empirischen Sozialforschung integrativ verwendet werden. Durch das qualitative Verfahren können zunächst sinnvolle Hypothesen über die oben aufgezeigten Problembereiche der künftigen P.-Forschung gefunden und diese in logische Beziehungen gesetzt werden. In einem weiteren Schritt können diese Hypothesen, unter Verwendung von möglichst vielen Fällen, quantitativ überprüft werden. Erst danach lassen sich ausdifferenzierte Einzelfallhypothesen über P.-Formen in allgemein gültige Gesetzmäßigkeiten umformulieren.

Alemann, U. von (Hg.): Partizipation – Demokratisierung – Mitbestimmung. Opladen 1975.
Allerbeck, K. R.: Politische Ungleichheit. Ein Acht-Nationen-Vergleich. Opladen 1980.

Asher, H. B. u. a.: Political Participation. Frankfurt/M. 1984.
Barnes, S./Kaase, M. u. a.: Political Action. Beverly Hills 1979.
Kaase, M.: Politische Beteiligung und politische Ungleichheit. In: Albertin, L./Link, W. (Hg.): Politische Parteien auf dem Weg zur parlamentarischen Demokratie in Deutschland. Düsseldorf 1981, S. 363–377.
–: Vergleichende politische Partizipationsforschung. In: Berg-Schlosser, D./Müller-Rommel, F. (Hg.): Vergleichende Politikwissenschaft. Opladen 1987, S. 135–150.
Milbrath, L.: Political Participation. Chicago 1965 (Neuauflage, zusammen mit M. Goel, 1977).
Pateman, C.: Participation and Democratic Theory. Cambridge 1970.
Powell, B.: Contemporary Democracies. Participation, Stability and Violence. Cambridge 1982.
Verba, S. et al.: Political Participation in America. New York 1972.
– et al.: Participation and Political Equality. A Seven Nation Comparison. Cambridge 1978.

Ferdinand Müller-Rommel

Planung

Begriffsverwendungen

In rein formaler, idealtypischer Hinsicht kann P. als bewußtes, zielgerichtetes Denken und methodisches Vorgehen zum Zwecke einer gedanklichen Vorwegnahme jener Handlungsfolgen, die eine bestmögliche Zielerreichung erwarten lassen, definiert werden. In Anlehnung an Rürup/Hansmeyer (1984, S. 2) umfaßt P. dabei im wesentlichen drei Phasen: «(1) Abschätzung der Zukunft so, wie sie ohne Aktivitäten bzw. Aktivitätsänderung des Plan- und Entscheidungsträgers aussehen würde (Status-quo-Prognose), (2) vergleichende Gegenüberstellung dieser Prognose mit einer vom Planträger als wünschenswert angesehenen ‹Sollzukunft› (Bewertung) und (3) Entwurf eines auf die Angleichung von prognostizierter Zukunft und Sollzukunft ausgerichteten Handlungsprogramms (Gestaltung).» Im Sinne der formalen Entscheidungstheorie entsprechen diese Phasen der Feststellung der Parameter und Alternativen einer Entscheidungssituation einerseits und der Auswahl der gemäß einer gegebenen Zielsetzung besten Alternative andererseits. Problem der P. ist es hier, Instrumente und Verfahren zu entwickeln, die es Individuen und →Systemen erlauben, Ziele zu erreichen.

Im Unterschied zu dieser eher allgemeinen Begrifflichkeit, die in nahezu allen Bereichen zielorientierten menschlichen Handelns Anwendung finden kann, stellt der Begriff der politischen P. auf Steuerungs-,

Regulierungs- und Legitimationsfunktionen des modernen →Wohlfahrtsstaates ab. Im Vordergrund steht dabei meist eine einheitliche Betrachtung von P. und Entscheidung, wobei Zielfindungsprozesse und Probleme der Interessenberücksichtigung als Bestandteile des P.-Handelns explizit einbezogen werden.

Gemeinsames Merkmal aller in der Wissenschaft gängigen materiellen Definitionsversuche des Begriffs P. ist deren enge Bezugnahme auf den Begriff der Rationalität. P. im öffentlichen Bereich (auf den die folgenden Ausführungen begrenzt sind) soll danach der Rationalitätssteigerung politischen Handelns dienen. So definiert Kaiser P. «als systematischen Entwurf einer rationalen Ordnung auf der Grundlage allen verfügbaren Wissens» (1966, S. 11). In ähnlicher Weise sehen auch P.-Theorien das Charakteristische der politischen P. «in der rationalen Zukunftsorientierung» (Ellwein) und in der «Rationalisierung politischer Entscheidungsprozesse» (Naschold). Diese sehr abstrakt gehaltenen Begriffskennzeichnungen besitzen jedoch nur eine beschränkte Aussagekraft, sobald man die Frage nach dem Gehalt des jeweils zugrundeliegenden Rationalitätsbegriffs stellt. In diesem Fall erweist es sich als sinnvoll, einzelne P.-Theorien und -ansätze nach ihrem formellen und materiellen Rationalitätsgehalt zu unterscheiden. Der formelle Rationalitätsanspruch geht dabei meist zurück auf Max Weber, der Rationalität auf die Nachvollziehbarkeit der jeweils gewollten Zwecke mit technisch adäquaten Mitteln bezog. Das heutige P.-Verständnis erweitert die Webersche Vorstellung rationalen staatlichen Handelns. Durch den Übergang zum modernen Wohlfahrtsstaat erfolgt die Entscheidungsfindung nicht mehr vorwiegend in der Form konditionaler Programmierung, sondern in zunehmendem Maß durch Zweckprogrammierung. Im Unterschied zur konditionalen Programmierung orientiert sich P., die im Sinne der Zweckprogrammierung praktiziert wird, am Resultat (Beispiel: Ziel der Raumordnung ist die Herstellung ‹gleichwertiger Lebensverhältnisse›; wie dieses Ziel zu erreichen ist, bleibt weitgehend offen). Eine Aufwertung des formellen Rationalitätsverständnisses erfolgt dabei durch die konzeptionelle Erweiterung staatlicher →Politik im Hinblick auf eine gesamtwirtschaftliche und gesamtgesellschaftliche Verantwortung des →Staates. An moderne P. wird deshalb die Anforderung gestellt, die Möglichkeiten kollektiven Handelns zu steigern und den Bereich der durch kollektive Entscheidungen wählbaren Ziele zu erweitern.

P.-Ansätze, denen ein materieller Rationalitätsbegriff zugrunde liegt, stellen auf die Wertbezogenheit politischer P. ab. Ihnen geht es nicht primär darum, die Zahl wählbarer Handlungsmöglichkeiten beliebig zu steigern, sondern vielmehr P.-Leistungen hervorzubringen, die in Übereinstimmung mit gesellschaftlichen Erwartungen und Forderungen stehen. Wertrationale (materielle) P.-Konzepte stellen deshalb den Versuch dar, «den politischen Prozeß der Artikulation gesellschaftlicher Bedürfnisse, der Festlegung und der Verwirklichung öffentlich wahrzunehmender Aufgaben zu systematisieren und auf gesamtgesellschaftliche Nutzenkriterien auszurichten» (Schatz 1974, S. 2). Unter dem Aspekt der Wertrationalität wird daher die Frage nach der →Legitimität der P. sowie nach dem ihr zugrundeliegenden politischen Konsens zum Rationalitätskriterium.

Verwendungszusammenhänge

Sozialwissenschaftliche P.-Theorien sind im wesentlichen durch systemtheoretische und politisch-ökonomische Ansätze geprägt. Unter den der Systemtheorie zuzuordnenden Ansätzen können dabei wiederum entscheidungstheoretische Varianten, die sich eher instrumentell etwa mit Fragen von P.-Techniken auseinandersetzen, und solche, die eher gesellschaftstheoretisch orientiert sind, unterschieden werden. Zu den bekanntesten Vertretern systemtheoretischer Ansätze, die einem bestimmten gesellschaftspolitischen Kontext verbunden sind, zählen Luhmann und Mayntz/Scharpf. Nach Luhmann ist der Mensch darauf angewiesen, daß es Systeme gibt, die Komplexität für ihn reduzieren. «Ein System handelt in dem Maße rational, als es Komplexität absorbieren und die damit aufgeworfenen internen Probleme lösen kann» (1975, S. 74). Luhmann sieht demnach P. als zentrales Mittel zur Reduktion von Komplexität und damit zur Herstellung von Systemrationalität. Seine begriffliche Fassung von politischer P. basiert auf dem Moment der Reflexivität: «Die Politik setzt in ihrer Beziehung zur Verwaltung Entscheidungsprämissen. Sie entscheidet, wenn sie plant und programmiert, über Entscheidungen, aber sie trifft diese Entscheidungen nicht. Sie kann nur Politik im spezifischen Sinne bleiben, wenn sie in der Verwaltung eigene Prozesse zur Reduktion von Komplexität zum Zuge kommen läßt» (1975, S. 56).

Den Ausgangspunkt der Überlegungen von Mayntz und Scharpf bildete Anfang der 70er Jahre die Frage, wie →Regierung und →Verwaltung zu einer ‹aktiven› Politik im Sinne einer vorausschauenden, bewußten Regelung und →Steuerung gesellschaftlicher und wirtschaftlicher Prozesse befähigt werden könnten. Dabei wurden als Anforderungen benannt: (1) die Verarbeitung übergreifender Problemzusammenhänge, (2) die Konzeption längerfristiger P.en, (3) die Verfolgung umweltverändernder Ziele sowie schließlich (4) die Berücksichtigung nichtorganisierter und nichtkonfliktfähiger →Interessen. Diese Forderungen richteten sich vor allem auf P.-Systeme, aber auch auf Verbesserungen im Organisations- und Personalwesen.

Politisch-ökonomische P.-Ansätze stehen gleichsam in Konkurrenz zu den benannten handlungs- und systemtheoretischen Ansätzen. Der Zugang zur politischen P. erfolgt im ‹politökonomischen› Ansatz über eine

Beschäftigung mit der Struktur kapitalistischer Industriegesellschaften. Die Vertreter dieser Denkrichtung gehen in der Mehrzahl davon aus, daß Regierung und Verwaltung keineswegs autonom in der Wahl von Gegenstand, Form, Methodik und Zeitpunkt ihrer Aktivitäten sind, sondern weitgehend von den Funktionsanforderungen abhängen, die vom wirtschaftlich-technologischen Bereich ausgehen. Die Einführung politischer P.-Systeme stellt aus dieser Perspektive folglich nur die Stabilisierung eines ohnehin defizitären gesellschaftlichen Status quo dar.

Begriffspräzisierung

Angesichts der Komplexität des Begriffs politische P. scheint es angemessen, diesen von wenigstens zwei Standpunkten aus zu betrachten. Zunächst läßt sich der P.-Begriff nach dem P.-Objekt bzw. dem P.-Zweck präzisieren. Abhängig von den Merkmalen des zu planenden Handelns kann dabei zwischen Querschnittsplanungen (z. B. Finanz-, Raum- und Umweltplanung) einerseits sowie Fachplanungen (etwa: Bildungs- oder Gesundheitsplanung) andererseits unterschieden werden. Die Erörterung der Funktion und Methoden dieser P.-Arten ist Gegenstand verfahrensorientierter P.-Literatur.

Da dieser Strukturierung jedoch nur eine eher formale Begriffskennzeichnung gelingen kann, muß P. darüber hinaus als gesellschaftlich und historisch bedingt betrachtet werden. Eine solche Sichtweise erfordert sowohl die Berücksichtigung der ideengeschichtlichen Entwicklung von P.-Konzepten und der ihnen zugrundeliegenden Begriffe als auch den Bezug auf die historische Entwicklung der P.-Praxis im Zuge des politischen, sozioökonomischen und technologischen Wandels. Diesem Kontext sind die bereits angesprochenen sozialwissenschaftlichen P.-Theorien verbunden.

Forschungsstand

Im folgenden soll die Herausbildung der sozialwissenschaftlichen P.-Forschung in der Bundesrepublik unter besonderer Berücksichtigung ihrer Rolle für die P.-Praxis skizziert werden. Noch in den 50er Jahren war politische P. vor dem Hintergrund hoher Wachstumsraten, die es ermöglichten, gesellschaftliche und ökonomische Bedürfnisse ohne gravierende Einschnitte in Besitzstände aus Zuwächsen zu befriedigen, weitgehend inexistent. Erst mit der Konjunkturkrise der Jahre 1965/66, die einen Anstieg der Arbeitslosenzahlen sowie wachsende Haushaltsdefizite mit sich brachten, setzte eine umfassende politische und wissenschaftliche Diskussion über die Notwendigkeit und die Ziele politischer P. ein. Der gravierenden Veränderung ökonomischer Rahmenbedingungen korrespondierte dabei ein sozialer Wertewandel, der sich in einem deutlichen Unbehagen am damaligen Zustand von Politik und Gesellschaft äußerte.

Forderungen nach mehr Selbstverwirklichung, Emanzipation und Mitbestimmung kennzeichneten die Diskussion. Fortschritt, Zukunftsorientierung und soziale Gerechtigkeit wurden dabei zu gesellschaftspolitischen Leitprinzipien, die durch politische P. verwirklicht werden sollten.

Die Zuversicht in die Steuerbarkeit gesellschaftlicher Prozesse wurde zu einem wesentlichen Teil von den an Bedeutung und Aufmerksamkeit gewinnenden Sozialwissenschaften getragen, die sich auch stark am konzeptionellen Aufbau von P.-Systemen in Politik und Verwaltung beteiligten. Unter den Instrumenten, die in dieser Zeit eingeführt wurden, ist auf die Globalsteuerung (als dem Versuch einer gesamtwirtschaftlichen Rahmenplanung) und die mehrjährige mittelfristige Finanzplanung zu verweisen. Weitere Bestandteile des Reformkonzeptes bildeten sektorale Fachplanungen, ein ‹Frühkoordinationssystem› der Bundesregierung, die Rahmenplanungen zwischen Bund und Ländern sowie die Entwicklungsplanungen in Ländern und Gemeinden. Die später einsetzende Kritik an diesem P.-Instrumentarium, insbesondere an den unzureichenden Möglichkeiten der Koordination und inhaltlichen Festlegung von Aufgaben durch die mittelfristige Finanzplanung, führte zum Versuch des Aufbaus einer regierungsweiten Aufgaben- und Finanzplanung sowie einer Reihe von integrierten P.-Systemen. Neben ihrer Beteiligung am Aufbau eines umfassenden P.-Systems gingen von den Sozialwissenschaften auch wesentliche Impulse zur Reorganisation des Regierungs- und Verwaltungssystems aus. Die Vorschläge der Projektgruppe «Regierungs- und Verwaltungsreform» hatten dabei zum Ziel, tradierte Strukturen und Prozesse den neuartigen Aufgabenstellungen anzupassen, die Voraussetzungen für ‹aktive›, längerfristige Politik und eine reformorientierte Verwaltung zu schaffen.

Die Reformbemühungen auf Bundes- und Länderebene stimulierten auch die P.-Diskussion im kommunalen Bereich. Hier stand der Übergang von der traditionellen, weitgehend physisch ausgerichteten, zu einer alle Funktionsbereiche umfassenden P. (kommunale Entwicklungsplanung oder Stadtentwicklungsplanung) im Mittelpunkt des Interesses.

Heute besteht in der Literatur weitgehende Einigkeit, daß die Ansätze zur politischen P. auf Bundes-, Länder- und kommunaler Ebene als weitgehend ‹gescheitert› zu kennzeichnen sind. Neben einer Reihe externer Ursachen (Energiekrise 1974/75 und verschlechterte ökonomische Rahmenbedingungen) wird dies vor allem auf drei Faktoren zurückgeführt: die unzureichende Berücksichtigung soziokultureller Elemente, die weitgehende Ausblendung von Fragen des Politik- und P.-Vollzugs sowie schließlich die Unterschätzung des Akzeptanz- und Konsensproblems.

Neben der Vielzahl von Arbeiten zur P.-Organisation, zur P.-Methodik, zum planerischen Instrumentarium sowie zu Problemen des Verwaltungspersonals wies die bis Ende der 70er Jahre stark expandierende

P.-Literatur noch weitere Schwerpunkte auf. So beschäftigte sich eine Reihe von Untersuchungen explizit mit dem Problem einer demokratisch legitimierten Ziel- und Entscheidungsfindung. Sie betonten die Notwendigkeit einer einheitlichen Betrachtung von P. und →Entscheidung und verwiesen insbesondere auf die vernachlässigte Wert- und Zieldiskussion. Diese Arbeiten trugen wesentlich dazu bei, daß P. auch in ihrer gesellschaftlichen Bedeutung und Funktion stärker in das öffentliche Blickfeld geriet.

Mit dem Scheitern der organisierten politischen P. ebbte die sozialwissenschaftliche P.-Diskussion insgesamt stark ab. Der Wissenschaftsbereich verlagerte sein analytisches Interesse schwerpunktmäßig auf Steuerungsprobleme politisch-administrativer Systeme. Fragen der P. wurden dabei der erweiterten Sichtweise untergeordnet.

Forschungsperspektive

Die Erörterung von Forschungsperspektiven im Bereich der politischen P. scheint angesichts der die gegenwärtige gesellschaftspolitische Diskussion kennzeichnenden Begriffe wie Entbürokratisierung, Entstaatlichung und Unregierbarkeit zunächst widersprüchlich. Dieser Widerspruch löst sich jedoch auf, wenn man von einem P.-Verständnis ausgeht, in dem zu optimistische Erwartungen in die Reichweite umfassender P.-Ansätze durch eher pragmatisch-realistische Haltungen ersetzt werden. Veränderte Prioritäten und sinkende Handlungsspielräume lassen dabei neue Schwerpunkte erkennen: Anpassungsprozesse an knapper werdende Ressourcen, Verfahren zur Stabilisierung und Realisierung bereits vorliegender P.en sowie schließlich Ansätze zu einer Aufgaben- und damit auch P.-Kritik sind dominante Problemstellungen. Darüber hinaus verweisen die zweifellos längerfristig aktuell bleibenden Aufgaben zur Bewältigung der ökologischen Krise und des technologischen Wandels auf materielle Gegenstandsbereiche, die prozeßhafte P., aktive Konsensbildung, Konzentration auf ausgewählte Aufgabenfelder und Vollzugsorientierung in den Mittelpunkt der künftigen P.- und Steuerungsdiskussion stellen.

Hesse, J. J.: Organisation kommunaler Entwicklungsplanung. Stuttgart u. a. 1976.
Kaiser, J. H. (Hg.): Planung I. Recht und Politik der Planung in Wirtschaft und Gesellschaft. Baden-Baden 1965.
Mayntz, R./Scharpf, F. W. (Hg.): Planungsorganisation. München 1973.
Rürup, B./Hansmeyer, K.-H.: Staatswirtschaftliche Planungsinstrumente. Düsseldorf ²1984.
Schatz, H.: Politische Planung im Regierungssystem der Bundesrepublik Deutschland. Göttingen 1974.

Weiterführende Literatur
Böhret, C.: Entscheidungshilfen für die Regierung. Modelle, Instrumente, Probleme. Opladen 1970.
Ellwein, T.: Politik und Planung. Stuttgart u. a. 1968.
Lau, C.: Theorien gesellschaftlicher Planung. Stuttgart u. a. 1975.
Luhmann, N.: Politische Planung. Köln/Opladen 1971.
Naschold, F./Väth, W. (Hg.): Politische Planungssysteme. Opladen 1973.
Offe, C.: Strukturprobleme des kapitalistischen Staates. Frankfurt/M. 1972.
Ritter, E.-H.: Staatliche Steuerung bei vermindertem Rationalitätsanspruch? Politische Planung in der Bundesrepublik Deutschland. In: Jahrbuch zur Staats- und Verwaltungswissenschaft 1986.
Scharpf, F. W.: Planung als politischer Prozeß. Frankfurt/M. 1973.

Joachim Jens Hesse

Pluralismus

Begriffsverwendungen

Sprachlich an eine ‹Mehrzahl› anknüpfend (lat. ‹pluralis›, grammatikalisch Plural), bedeutet P. die Lehre vom legitimen gleichzeitigen Wirken einer Mehrzahl unterschiedlicher gesellschaftlich-politischer Machtfaktoren im Rahmen einer gemeinsamen politischen Ordnung. Heterogenität und Homogenität, Vielfalt und Einheit müssen daher im P.-Konzept als vereinbar gedacht werden. Wie in dem weltgeschichtlich traditionsreichen Begriff des Dualismus, den der P. mit zahlenmäßiger Erweiterung beerbt hat, drückt P. ein stabiles Spannungsmoment aus, das sich aus der rivalisierenden Koexistenz mehrerer verschiedener Machtfaktoren ergibt. Daraus folgen Verknüpfungen zu Lehren der Gewaltenteilung und der gegenseitigen ‹checks and balances› ebenso wie der Integration sozial und politisch heterogener Elemente, aber auch zur Idee der →Legitimität des begrenzten →Konflikts.

Der *Anwendungsbereich* des P.-Begriffs ist vielschichtig: Primär gemünzt auf Charakteristika der Machtstrukturen politischer Ordnungen/→Systeme (‹pluralistische Demokratie›), korrespondiert damit eine ‹pluralistische Gesellschaft› als zugrunde liegender Bezugspunkt, der die Vielgestaltigkeit sozialer Gruppen, die Differenziertheit wirtschaftlicher →Interessen, die (kulturelle) Besonderheit der Werte und Normen, aber auch die Verfestigung der →Verbände und →Organisationen umschließt. Diese Grundkategorien wurden schließlich auch auf kleinere gesellschaftliche Einheiten und Teilsysteme übertragen, so daß auch innerhalb von einzelnen Gruppen, →Organisationen (z. B. →Parteien oder Kirchen), selbst in der Wissenschaft von P. die Rede sein kann.

Allgemein geht die Tendenz zu einer Verwendung des P.-Begriffs immer dann, wenn die Geschlossenheit eines Handlungszusammenhangs (einer →Institution, Organisation, Weltanschauung, Lehre usw.) zugunsten konkurrierender Richtungen relativiert erscheint.

Prinzipiell handelt es sich bei P. um einen *Wert*begriff, der zwischen positiver und negativer Besetzung stark polarisiert. Als Wertinhalt wird die Legitimität der Gleichberechtigung des Verschiedenartigen postuliert. Eine ‹wertneutrale› und ‹rein analytische› Verwendung des P.-Konzepts liegt (seltener als beansprucht) dann vor, wenn der Inhalt des Wertbegriffs in ein modelltheoretisch oder idealtypisch exakt definiertes Konstrukt verwandelt wird und der Realitätsgehalt des Konstrukts selbst Gegenstand der theoretischen Überprüfung ist. Die immense Rolle, die der P.-Begriff in der politischen Alltagspraxis westlicher →Demokratien spielt, macht jedoch der →Politikwissenschaft die Erfüllung dieser methodisch-distanzierenden Anforderungen nicht leicht.

P. steht in einem dreiecksförmigen Spannungsverhältnis der Kritik, das als Gesamtheit gesehen werden muß, wenn die Undeutlichkeiten und Ambivalenzen geklärt werden sollen: (1) Die Differenz zu klassisch-liberalen Vorstellungen von Atomismus und Individualismus liegt in der Konzentration und Organisation wirtschaftlicher, sozialer und politischer Machtfaktoren, deren bloße (oligopolistische) Mehrzahl die unbestimmte Vielzahl abgelöst hat; (2) genau entgegengesetzt erscheint die Frontstellung gegenüber dem Monismus und Zentralismus absoluter staatlicher Zentralgewalt oder geschlossener ideologischer Systeme, wogegen P. legitime →Differenzierung setzt; (3) schließlich wird gegenüber der absoluten Widersprüchlichkeit eines Antagonismus (etwa des Klassengegensatzes von Lohnarbeit und Kapital) und des Ziels seiner absoluten (revolutionären) Aufhebung vom P. die Relativierung der Widersprüche (als Ziel, Zustandsbeschreibung und Entwicklungsweg) propagiert. Pluralistische Lehren nehmen die erste Spannungslinie oft nur implizit als faktische Prämisse wahr und konzentrieren sich auf die programmatische Ausarbeitung des Differenzierungs- und des Relativierungspostulats. Unter den drei Schulen der P.-Kritik, die an die drei Spannungslinien anknüpfen, ist ebenfalls die liberale nur noch schwach ausgeprägt, während die etatistische und die klassenkämpferisch-antagonistische Position intensiv vertreten werden.

Verwendungszusammenhänge und Begriffspräzisierung

Gegenstand sozialwissenschaftlicher Diskussion ist P. seit dem letzten Drittel des 19. Jahrhunderts, besonders in inhaltlich deutlich verschieden akzentuierten Phasen der 1920/30er Jahre, der Nachkriegszeit bis Mitte der 1960er Jahre und (kritischer) seit den 1970er Jahren. Die wichtigsten Diskussionsrichtungen sind:

Die ältere *staatstheoretische* Diskussion, ausgelöst durch O. von Gierkes staatsintegrativem Ansatz (Genossenschaften als gliedernde Vermittlungen von Staat und Gesellschaft), kreiste um die ‹monistische› Problematik der staatlichen Souveränität, die H. Laski in eine verbandliche Konkurrenz der Souveränitäten auflösen wollte, während in Deutschland nach 1918 C. Schmitt den Monismus staatlicher Entscheidungshoheit angeblich neutraler Couleur gegen interessenpluralistisch-parteienparlamentarischen Zerfall retten wollte.

In der *Gesellschaftstheorie*, wo zunächst das Problem des Klassenantagonismus und vertikaler Ungleichheit dominierte, mündeten die an Durkheim anschließenden Konzepte der gesellschaftlichen Arbeitsteilung und der funktionalen Differenzierung (bes. nach 1945) in eine Theorie der horizontal gegliederten ‹Industriegesellschaft› mit einem ambivalenten P. Einerseits wurde die Wert- und Normenfragmentierung (auch Überkreuzung) mit potentiell desorientierender Wirkung befürchtet (Integrationsperspektive), andererseits der neugewonnene Optionen- und Freiheitsspielraum herausgestellt (Konfliktperspektive). Angesichts der (auch durch den Säkularisierungstrend) gelockerten Bindungen des einzelnen in der ‹mass society› galten die gruppenspezifischen Verbandsorganisationen als erwünschtes Gegengewicht.

Nach →Faschismus und Stalinismus und im Zuge des Ost-West-Systemgegensatzes nach 1945 erlangte P. eine entscheidende Aufwertung im Rahmen der *Regimenlehre* und wurde (zusammen mit →Freiheit/Freiheitlichkeit und Demokratie) zu einer der Zentralkategorien gegenüber Systemen ‹totalitärer Herrschaft›. Gewaltenteilung (in horizontaler und vertikaler Differenzierungsperspektive), die Relativierung und gleichzeitige Zulassung (nicht-antagonistischer) Konflikte, die Absage an verbindliche →‹Ideologien› (auch unter Berufung aufs Gemeinwohl) und damit die politische Tugend der Toleranz waren für diesen ‹Neopluralismus› wesentlich.

Auf der Ebene der *Parteiideologien* brachte das markante Verschiebungen mit sich. Insbes. der vor 1933 stark antipluralistische →Konservativismus konnte im Zuge der Totalitarismusablehnung und des Antikommunismus zum P. aufschließen (erleichtert durch überkonfessionelle Parteibildung). Liberale/neoliberale Kräfte akzeptierten nun offener einen höheren Organisationsgrad von Marktstrukturen und Interessenverbänden. Für die Sozialdemokratie vollzog sich die entscheidende und endgültige Ablösung von Traditionen des Klassenkampfes und einer zum →Sozialismus führenden Demokratie zugunsten der reformistischen Möglichkeiten im relativen Klassengleichgewicht pluralistischer Parität; dementsprechend wurden auch, statt jedes ‹wissenschaftlichen Sozialismus›, die Motivwelten für sozialdemokratisches Engagement dem weltanschaulichen P. geöffnet. P. ist damit insgesamt ein wesentlicher Faktor der ‹Entideologisierung› des deutschen (z. T. auch sonstigen westlichen) →Parteiensystems und fungiert als Kernbestandteil des bundesrepublikanischen ‹Basiskonsenses› mit seiner Ausgrenzungslogik gegen ‹extremistische› Parteien.

Für die *Demokratietheorie* der Nachkriegsperiode erweist sich demnach P. als integraler Grundbegriff, der einerseits als Ordnungsprinzip ausgearbeitet wird, andererseits im Rahmen empirischer Demokratietheorien als struktureller Bedingungs- und Begünstigungsfaktor diskutiert wird.

Die sozialen Strukturen, die der P.-Theorie zugrunde liegen, werden im Rahmen von *Gruppen-, Interessen- und Verbändeanalysen* durchleuchtet, oft bezogen auf Fragen eines ungebührlichen staatlichen Entscheidungseinflusses oder generell eines ‹pluralistischen› Entscheidungsmodells multipler Interessenkonflikte und Interessenbalance.

Schließlich ist der P.-Begriff auch in die *erkenntnis- und wissenschaftstheoretische* Diskussion eingeführt worden. Ausgehend von Karl R. Poppers Offenheitspostulaten des «kritischen Rationalismus» und seiner fallibilistischen Methodik dient «Pluralismus als Erkenntnismodell» (Spinner 1974), um die Wahrheit relativ und die Chance für solche Relativität hochzuhalten. Daß diese Idee in den radikalismusfürchtigen 70er Jahren fast zur offiziösen Erkenntnisdoktrin der pluralistischen Demokratie umkippte, signalisiert einen latent antipluralistischen Charakter, der auch dem P. insgesamt immer dann ambivalent anhaftet, wenn er für monistische Zwecke, statt für Öffnung von Monismus, in Anspruch genommen wird.

Forschungsstand

Nur einige der oben skizzierten Diskussionsrichtungen können hier aufgenommen und vertieft werden; z. T. läßt sich nur der systematische Bedeutungszusammenhang zu anderen Begriffen (z. B. Demokratie) darlegen. Erschwerend ist auch, daß die Diskussion über P.-Kritik fast ausführlicher geführt wird als die theoretische Ausarbeitung der P.-Konzeption selbst. Daß die P.-Kritik sich stark von der konservativ-monistischen Richtung der 50er Jahre zur klassenbezogen-antagonistischen der 70er Jahre verlagert hat, wirkte sich auf das thematische Spektrum der gesamten politikwissenschaftlichen P.-Diskussion nachhaltig aus.

• *Zur Ideen- und Theoriegeschichte des P.:* In der sich neu etablierenden Politikwissenschaft der 50er Jahre stand zunächst die kritische Aufarbeitung der antipluralistischen Tradition in Deutschland, die die NS-Diktatur begünstigt hatte, im Vordergrund (z. B. K. D. Bracher; K. Sontheimers «Antidemokratisches Denken in der Weimarer Republik», 1962). Das Wirken Ernst Fraenkels, des Hauptvertreters der P.-Theorie der Bundesrepublik, fällt in dieselbe Periode. Zeitgleich formulierten allerdings die Staatsrechtslehrer W. Weber und E. Forsthoff traditionell-konservativ orientierte P.-Kritiken auf der Basis eines scheinbar neutralen, über gesellschaftlichen Interessen und Widersprüchen stehenden Staatsideals, die bis in die ‹Unregierbarkeits›-Theoreme der 70er Jahre nachwirkten. Auf der anderen Seite haben nur wenige Stimmen (W. Abendroth, Frankfurter Schule) die gesellschaftlichen Prämissen der P.-Idee angezweifelt. Wegen der schwachen, außerdem unterbrochenen P.-Tradition in Deutschland wurde gegenüber der P.-Kritik großer Wert auf die Rückbindung des P. in die Ideengeschichte und in die Diskussion im westlichen Ausland gelegt (Locke vs. Rousseau, die amerikanischen ‹Federalists›, die genossenschafts- und gildensozialistische Tradition in der englischen Arbeiterbewegung sowie H. Laski; vgl. den Überblick bei Steffani 1980). Die Theorievariante des politischen Gruppenwettbewerbs aus den USA des ersten Drittels des 20. Jahrhunderts (A. Bentley, D. Truman) wurde freilich meist als «laissez-faire»-P. (Briefs) auf Distanz gehalten. Gegenüber diesen Wurzeln im Marktdenken stand die Theorie Fraenkels stärker in der Tradition des sozialdemokratischen Reformismus, akzentuierte daher die (leicht abschüssige) Basis des Klassenkompromisses und der Offenheit von Reformperspektiven und betonte insbesondere das Problem der Sicherung des Grundkonsenses als Rahmen von vertretbarer Konfliktaustragung. Diese komplexe Entstehungsgeschichte führt nach Kremendahl (1977, S. 33ff.) zu vier Prinzipien der Fraenkelschen P.-Theorie: legitime Vielfalt, Gemeinwohl (nur) als regulative Idee, permanente Spannung von Konsens und Konflikt sowie Konkurrenzdemokratie (vgl. auch Steffani 1980; Oberreuter 1980). In dem Versuch von Eisfeld (1972), den P. entwicklungsdynamisch «zwischen Liberalismus und Sozialismus» zu verorten, wird Laskis späterer Gedankensprung von der klassenlosen Gesellschaft als Voraussetzung von P. einzuholen versucht, was sich aber in die deutsche P.-Theorie aufgrund ihrer Vorgeschichte nicht integrieren ließ. Die neomarxistische Wiederentdeckung des Klassenantagonismus nach Mitte der 60er Jahre belebte zwar den Streit um die P-Theorie, nicht aber ihre systematische Weiterentwicklung.

● *Empirische Demokratieforschung:* In der nach 1945 vor allem von Lipset initiierten Erforschung der soziologischen Bedingungen der Stabilität von →Demokratien wurde P. ebenfalls zu einem tragenden Konzept, weil die Fragmentierung von sozialen Ungleichheiten und Widersprüchen und die strukturelle Verschränkung sozialer →Loyalitäten das Entstehen ‹extremistischer› Dispositionen und damit totalitärer Verführbarkeit eindämmen würden. Die Struktureigenschaften der funktional differenzierten ‹Industriegesellschaft› mit ihren disparaten kulturellen Integrationsmustern galten dafür als günstig. Aber auch eine traditionelle Vielfältigkeit der Konfliktlinien (religiös, ethnisch, sprachlich, regional, sozial), zumal in überkreuzten Formen, zeigen Stabilitätswert.

In politische Systemstrukturen lassen sich pluralistische Gruppenansprüche grundsätzlich in drei Richtungen umsetzen: (a) Autonomie, z. B. in föderalistischer, regionaler oder kultureller Form; (b) politischer Entscheidungszugang in der Form der politischen Konkurrenz mit der Chance regelmäßigen Wechsels (funktionierendes Zweiparteien-Modell); (c) politischer Entscheidungszugang in der Form von Proporz- oder Konkordanzdemokratie (G. Lehmbruch). Liegen entsprechende gesellschaftliche Strukturmuster zugrunde, so dürften nach diesem Ansatz mit einer Kombination aller drei Formen politischer Pluralisierung Demokratien am wenigsten gefährdet sein (Dahl 1971; Lijphart 1977). Ungelöst bleibt dabei die Frage der Angemessenheit des politischen Einflusses der einzelnen Gruppen, aber in bezug auf das Gesamtsystem auch, wie gegenüber der Tendenz zur gegenseitigen Blockierung die Initiativ- und Veränderungsfähigkeit bewahrt werden kann. Die weiterführenden normativen Überlegungen Fraenkels sind empirisch nicht entsprechend ausgetestet worden (man beachte aber A. Etzionis Ansatz einer «aktiven Gesellschaft»).

● *Interessen und Verbände in der Einflußforschung:* Auch Sympathisanten pluralistischer Prinzipien kamen nicht umhin, nach der Gefahr einer «Herrschaft der Verbände?» (Th. Eschenburg) und nach möglichen Ungleichgewichten im politischen Entscheidungseinfluß verschiedener Interessengruppen zu fragen. Vor allem die Arbeiten in der Theorietradition des Gruppenwettbewerbs (etwa D. Truman) boten sich für kritische Überprüfung von ‹Asymmetrien des P.› an. Auch die ähnlich ausfallenden Überprüfungen ‹pluralistischer› Wirklichkeit führten zur Problematik der Organisations- und Konfliktfähigkeit der →Interessen unterschiedlicher Gruppen, für die M. Olsons «Logik des kollektiven Handelns» (dt. 1968) eine bahnbrechende Erklärung in der Perspektive individueller Rationalität des Organisationsnutzens anbot (→Verbände). Die Beobachtung einer strukturierten Verteilung des Mangels an Organisations- und Konfliktfähigkeit hat zweifellos zu geschärfter Aufmerksamkeit gegenüber dem festgefügten Establishment der Verbände geführt und die geradezu boomartige Diskussion der 70er Jahre über Interessenvermittlung durch →‹Korporatismus› beflügelt. Wie schon Anfang des Jahrhunderts die Konzepte von korporativer, ‹organischer›, berufsständischer und funktionaler Repräsentation, so ist auch jetzt mit dem neu entdeckten Korporatismus ein Grenzfall von ‹geschlossenem P.› erreicht, der die Offenheitspostulate der herkömmlichen P.-Theorie nostalgisch beleuchtet.

● *Sozialistischer P.:* Wie der Band von Bermbach/Nuscheler über «Sozialistischen Pluralismus» (1973) anschaulich dokumentiert, löste die Neuentdeckung von Marxismus und Sozialismus in den späten 60er Jahren bei gleichzeitiger Ablehnung kommunistisch-dogmatischer Orthodoxie, nicht zuletzt angeregt durch die jugoslawischen Verhältnisse und durch die Entwicklungen in der ČSSR 1968, auch auf der Linken eine Debatte über P. aus, die durch den Druck des bundesrepublikanischen Basiskonsenses, die Milderung der Systemkonfrontation in der Entspannungsphase und die intellektuelle Wiederanknüpfung an die Vielfalt der sozialistischen Ideengeschichte gleichermaßen erleichtert wurde. In der Bundesrepublik zusammen mit der Sozialismusdiskussion insgesamt versandet, haben solche Überlegungen vom jugoslawischen Reformmarxismus aus, besonders aber wegen ihrer Praxisrelevanz im Rahmen der italienischen KP und von hier aus mit der neuen Aktualisierung A. Gramscis in der Entwicklung einer Konzeption des ‹Eurokommunismus›, bedeutsame Aufmerksamkeit erfahren und im westeuropäischen Marxismus insgesamt (am schwächsten in Frankreich) erheblichen Einfluß erlangt.

Forschungsperspektive

Von zwei Seiten aus sind gegenwärtig P. und P.-Theorie auf eine Bewährungsprobe gestellt: Erstens haben seit einem Jahrzehnt ökonomische Krisenerscheinungen mancherlei Arrangements des industriegesellschaftlichen Klassenkompromisses belastet und pluralistische Verteilungsmechanismen und Verfahrensordnungen partiell zur Disposition gestellt. Zweitens haben die ökologischen Schadensfolgen industriekapitalistischer Expansion eine ökologische Opposition provoziert, die teils nach ihrem eigenen Selbstverständnis, teils nach der Reaktion von Ausgrenzungskoalitionen noch keineswegs in das pluralistische Kräftespiel integriert ist. Anders als bei der Studentenbewegung der 60er Jahre, die nur das intellektuelle Spektrum erweitern wollte, melden sich hier zwar nicht berufliche Einkommensinteressen, aber gleichwohl materielle Lebensinteressen zu Wort, die bislang nicht für organisierbar gehalten worden sind. Die westlichen (und andere) Gesellschaften und die P.-Theorie stehen damit vor der irritierenden Situation, neue Interessen und Konfliktlinien ‹pluralistisch› zu verarbeiten, also den strukturell reichlich abgestandenen P. tatsächlich als offen und für innovative Kräfte empfänglich zu erweisen. Würden die vielfältigen normativen und empirischen Theoreme der P.-Theorie beim Wort genommen, wären fruchtbare Beiträge ebenso zu fordern und zu erwarten.

Alemann, U. v./Forndran, E. (Hg.): Interessenvermittlung und Politik. Interesse als Grundbegriff sozialwissenschaftlicher Lehre und Analyse. Opladen 1983.

Arnim, H.-H. v.: Gemeinwohl und Gruppeninteressen. Die Durchsetzungsschwäche allgemeiner Interessen in der parlamentarischen Demokratie. Frankfurt/M. 1977.

Bermbach, U./Nuscheler, F. (Hg.): Sozialistischer Pluralismus, Texte zur Theorie und Praxis sozialistischer Gesellschaften. Hamburg 1973.

Dahl, R. A.: Polyarchy. New Haven/London 1971.

Die Welt des Geistes und des Geldes

VEREINIGTE STAATEN VON AMERIKA

«Politik ist die Wissenschaft davon ...

...wie wer was, wann und warum bekommt.»

Sidney Hillman
Amerikanischer Gewerkschaftsführer (1887–1946)

Pfandbriefe und Kommunalobligationen bedürfen zum Glück weder der Politik noch der Wissenschaft: Mit Sicherheit kann gesagt werden, was Sie wann und wie bekommen.

Ehrlich, S.: Pluralism on and off Course. Oxford/New York 1982.
Fraenkel, E./Sontheimer, K./Crick, B.: Beiträge zur Theorie und Kritik der pluralistischen Demokratie. Bonn [3]1970.
Kremendahl, H.: Pluralismustheorie in Deutschland. Entstehung, Kritik, Perspektiven. Leverkusen 1977.
Lijphart, A.: Democracies. Patterns of majoritarian and consensus government in twenty-one countries. New Haven/London 1984.
–: Democracy in Plural Societies: A Comparative Exploration. New Haven 1977.
Nuscheler, F./Steffani, W. (Hg.): Pluralismus. Konzeptionen und Kontroversen. München [2]1973.
Oberreuter, H. (Hg.): Pluralismus. Grundlegung und Diskussion. Opladen 1980.
Spinner, H.: Pluralismus als Erkenntnismodell. Frankfurt/M. 1974.
Steffani, W.: Pluralistische Demokratie. Studien zur Theorie und Praxis. Opladen 1980.

Theo Schiller

Politik

Begriffsverwendungen

Die Bestimmung dessen, was P. ist, kann bis auf die klassische Philosophie der Griechen zurückgeführt werden. Entsprechend schillernd erweist sich der Begriff bei einer Analyse. Dies wird deutlich anhand der interpretierenden Begriffe, die angeblich die Essenz von P. sind: das Gute, Gemeinwohl, Verwirklichung des guten Lebens aller Bürger, Macht, Herrschaft, Konflikt, Ordnung des Staates, Machtbeschränkung, Partizipation, Demokratisierung, Freiheit, Lebenssicherung, Frieden, gesellschaftliches Handeln, Klassenkampf, soziales Handeln und viele andere mehr.

Innerhalb der modernen →P.-Wissenschaft herrscht heute weitgehend Konsens darüber, daß P. ein komplexes Phänomen ist, welches am ehesten mit einem strukturellen Begriff erfaßt werden kann. Eingebürgert hat sich, in Anlehnung an die angelsächsische Verwendung, ein P.-Begriff, der drei Dimensionen impliziert: Policy, die inhaltliche Dimension, Politics, die prozessuale Dimension, und Polity, die formale Dimension.

Verwendungszusammenhänge

Der P.-Begriff ist eigentlich ein philosophischer Begriff; er stammt vom griechischen ‹politikos› (Adjektiv zu Polis = Burg, Stadt, Staat) und bedeutet soviel wie ‹von öffentlichem Interesse, dem Gemeinwohl gemäß›. Die Begriffsanalyse muß daher auf den entsprechenden politikphilosophischen Kontext verweisen, beginnend bei Platon und Aristoteles.

In der klassischen griechischen Philosophie fielen Ethik und P. im Rahmen der Praktischen Philosophie zusammen. So versteht Platon unter P. die Verwirklichung einer gerechten Ordnung, in der jeder ‹das Seinige› tut. Für Aristoteles heißt P., das Gute für den Bürger verwirklichen. Diese normative Begriffsinterpretation wird von der christlichen Tradition aufgegriffen. Hauptmerkmal bleibt die Beziehung zwischen politischem Handeln und einem sittlichen Zweck/Ziel, nämlich der Verwirklichung des Gemeinwohls.

Im Zusammenhang mit der Renaissance erfährt der P.-Begriff eine neue Interpretation: P. soll als Technik zur Machtergreifung und -erhaltung dienen (Machiavelli). Spätestens im 18. Jahrhundert entschied sich der Konflikt zwischen Moral und Macht zugunsten eines P.-Begriffs, in dessen Mittelpunkt der Staat und dessen Existenz stand. P. wurde zur Regierungswissenschaft des Staates (Fichte), zur Kunst des Staatslebens (Blunschli), zu dem Bereich, in dem entschieden wurde, was im Staat geschehen soll, muß oder darf, damit der Staatszweck erreicht werden konnte (v. Rotteck).

Parallel dazu wird sehr bald die Emanzipation der P. von der Gesellschaft kritisiert; Marx fordert eine weitere Emanzipation, um die P. als Instrument der Klassenherrschaft zu überwinden. Vor dem Hintergrund des Gegensatzes zwischen Staat und Gesellschaft verengte sich der P.-Begriff zu einem Praxisbegriff, der die Aufgaben oder Handlungen des Staatsmannes bzw. den Willensbildungsprozeß in einer →Demokratie beschreibt (Treitschke). P. sind alle die Handlungen und Prozesse, durch die sich ein Volk als Einheit konstituiert.

Im 19. Jahrhundert entwickeln sich die Sozialwissenschaften zu eigenständigen Disziplinen. Die P.-Wissenschaft als Wissenschaft von der ‹P.› versucht einen Gegenstand in den Griff zu bekommen, der im Laufe der historischen Entwicklung vielfältigen Wandlungen ausgesetzt war, die sich daher in den P.-Begriff interpretierenden Begriffen niederschlagen. Um die damit einhergehenden Widersprüchlichkeiten bedeutungslos zu machen, griff man zunehmend auf formalistische P.-Begriffe zurück, d. h., inhaltliche und teleologische Dimensionen des politischen Handelns werden abstrahiert (Weber).

Formalistisch ist auch das P.-Verständnis in der modernen P.-Wissenschaft. P. wird in drei Bereiche unterteilt: Policy (Inhalt), Politics (Prozeß) und Polity (Form). In dieser Begriffstrias finden sich die historisch bedingten Probleme des Begriffs wieder wie auch die rein sprachlichen Mehrdeutigkeiten.

- *Policy:* Mit Policy wird die inhaltliche Dimension des P.-Begriffs moderner Prägung umschrieben. Es geht, allgemein formuliert, um alle staatlich-gesellschaftlichen Interaktionen, d. h., wie agiert und reagiert der →Staat bei gesellschaftlichen Problemen. Die Policy-Forschung richtet sich daher auf folgende Problemfelder: Welche Aufgaben hat die P.?

Wie werden Probleme durch das politisch-administrative →System wahrgenommen und verarbeitet? Mit welchen ziel- oder zweckgerichteten Aktivitäten versucht der Staat, Lösungen zu implementieren?

Der Untersuchung solcher Fragestellungen dienen P.-Feldanalysen und Policy studies; erstere thematisieren eher den Prozeß der Problemverarbeitung, des Policy-making, während letztere, meist interdisziplinär, Voraussetzungen, Inhalt und Folgen materieller P. untersuchen.

● *Politics:* Politics meint den prozessualen Aspekt der P. Die am politischen Prozeß beteiligten Akteure stehen in Beziehungen zueinander, Interessen müssen ausgeglichen, Konflikte ausgetragen und Entscheidungen getroffen werden. Dafür gilt es, politische Regeln zu finden, die erst eine politische Ordnung konstituieren. Diese Dimension wird oft im Alltag mit P. gleichgesetzt, weil sie von jedem Bürger unmittelbar erfahren wird.

In der Politics-Forschung geht es um Fragen wie: Welche Regeln zur Konfliktlösung gibt es? Welche Rolle spielen Institutionen? Wie werden Interessen durchgesetzt? Zur Bewältigung solcher Probleme müssen theoretische und empirische Methoden gleichermaßen angewendet werden.

● *Polity:* Die dritte Dimension des modernen P.-Begriffs untersucht den formalen Aspekt der P., d. h., es geht um die Form, in der P. abläuft. Gemeint sein können damit die Ordnung des politischen Systems, die Wertordnung, die Organisation der Institutionen usw.

Seinen Niederschlag findet dieser Aspekt beispielsweise in Verfassungen oder im Rechtssystem; P. findet in diesem Rahmen statt oder bezieht sich auf ihn. Polity-Forschung beschäftigt sich also mit Verfassungen, mit politischen Systemen, mit Verfahrensregeln, mit Institutionen u. ä., allerdings ausschließlich auf statischer Ebene.

Begriffspräzisierung

Diese historisch angelegte Begriffsanalyse veranschaulicht, daß es keine eindeutige Begriffsdefinition von P. gibt – ein Problem, das in gleicher Weise für praktisch jede Wissenschaft, auch die Naturwissenschaften, existiert. Unter systematischen Aspekten lassen sich jedoch folgende inhaltliche Ebenen von P. differenzieren:

(1) P. beinhaltet Ziele, Zwecke, Normen;
(2) P. bezieht sich auf den Staat;
(3) P. bedeutet soziales Handeln.

(1) Unter diese Dimension lassen sich die klassischen P.-Definitionen subsumieren, einschließlich der modernen P.-Begriffe, die auf normativ-ontologischer Grundlage formuliert werden (z. B. Hennis). Im Mittelpunkt stehen Werte, Ziele oder Zwecke, die P. realisieren soll, etwa das Gute, Frieden, Emanzipation usw.

(2) Im Zentrum dieser Ebene steht der Staat. P. richtet sich auf den

Staat, dient dem Staat, kommt vom Staat, will den Staat überwinden. Negativ formuliert heißt dies: Ohne den Staat gäbe es keine P. Innerhalb dieser Rubrik lassen sich weitere Unterteilungen vornehmen, z. B. in ‹gouvernementale› (v. Alemann), emanzipatorische, politökonomische, deskriptive oder pragmatische P., je nach Perspektive auf den Staat. In dieser Gruppe finden sich dann P.-Interpretationen wie Macht, Herrschaft, Klassenkampf oder Partizipation.

(3) Der dritte Aspekt von P. thematisiert primär die Handlung. P. wird dann als spezielle Form sozialen Handelns verstanden (Lenk) bzw. als gesellschaftliches Handeln interpretiert (Lehmbruch). Es geht dabei um Entscheidungen, Konsensfindung, Regelformulierung von gesellschaftlicher Tragweite. Auch hier sind ähnliche Differenzierungen wie unter (2) möglich.

Inhaltlich ist es daher sinnvoll, mit P. Werte, soziale Handlungen und das Phänomen Staat zu verbinden.

Forschungsstand

P. bezeichnet als Begriff einen komplexen Gegenstandsbereich. Entsprechend hing und hängt seine Interpretation von den zugrunde liegenden Erfahrungen, Bedürfnissen und Interessen ab, d. h., je nach wissenschaftlichem Kontext differiert der P.-Begriff, und je nach P.-Begriff unterscheiden sich die Forschungsprogramme der P.-Wissenschaft.

Die zunehmende Professionalisierung der modernen P.-Wissenschaft führte dazu, die Diskussion über die Definition von P. zu umgehen, um damit einer verkürzten Perspektive auf den Gegenstand zu entgehen. Zwei Entwicklungen verbinden sich damit:

(1) Der Gegenstandsbereich der P.-Wissenschaft, also die P., wird ganzheitlicher gesehen als bisher. Dies schlägt sich in der Verwendung eines strukturellen P.-Begriffs nieder, wie ihn die erwähnte Begriffstrias Policy, Politics und Polity darstellt.

(2) Kombiniert mit einer solchen ganzheitlichen Sichtweise von P. ist die Erkenntnis, daß der politikwissenschaftliche Forschungsprozeß operationalisierbar sein muß, d. h. in verschiedene Bereiche differenzierbar, um überhaupt sinnvoll Forschung betreiben zu können. Um dieser Aufforderung gerecht zu werden, scheint ein struktureller P.-Begriff notwendig zu sein.

Paradigmatisch für beide Überlegungen steht heute die erwähnte Begriffstrias von P. Ohne konkrete inhaltliche Ausführungen werden die Dimensionen Inhalt, Form und Prozeß unterschieden. Diese Aufgliederung befruchtet die Diskussion, hilft sie doch, die verschiedenen Aspekte des ‹Politischen› zu operationalisieren, ohne aus den Augen zu verlieren, daß erst die gemeinsame Betrachtung aller Dimensionen zu einer realistischen Erkenntnis über P. führt.

Forschungsperspektive

P. als Gegenstand der P.-Wissenschaft wird auch weiterhin Stoff für kontroverse Diskussionen liefern. Um einen wissenschaftlichen Gegenstandsbereich darzustellen, müssen begriffliche Abgrenzungen vorgenommen werden, die allerdings nicht mehr auf *einen* interpretierenden Begriff beschränkt werden können. Die strukturelle Auffassung von P., wie sie etwa von der heute allgemein akzeptierten Begriffstrias Policy, Politics und Polity repräsentiert wird, ist für Forschungszwecke oft hilfreich, aber sie birgt zugleich die Gefahr einer Verselbständigung von eigentlich Zusammengehörigem in sich.

Die strukturelle Interpretation von P. ist eine mögliche, aber keineswegs zwingende Unterscheidung. Sie dient der Professionalisierung der P.-Wissenschaft, ihrer thematischen und forschungstechnischen Weiterentwicklung.

Je umfassender man jedoch P. versteht, desto stärker treten die inhaltlichen Dimensionen (Normen, Ziele, Zwecke, Handlung und Staat) in den Vordergrund, d. h., mit wachsenden Fortschritten in der politikwissenschaftlichen Theoriebildung werden strukturelle P.-Begriffe überflüssig, nicht zuletzt auch deswegen, weil es nicht möglich ist, die Begriffe klar voneinander abzugrenzen. Am Beispiel des zur Zeit favorisierten strukturellen P.-Begriffs Policy, Politics und Polity ausgeführt heißt das: Diese drei P.-Dimensionen sind nicht disjunkt formulierbar; in der Forschungspraxis ergeben sich Überschneidungen, gleiches gilt für Begriffsanalysen, also für das Bemühen, die drei Begriffe trennscharf zu definieren.

Um P. wirklich begreifen und erforschen zu können, ist es sinnvoll, die verschiedenen Interpretationen nebeneinander gelten zu lassen. Für den Forschungsprozeß allein ist es wichtig, daß die wissenschaftlichen Regeln eingehalten werden.

Alemann, U./Forndran, E.: Methodik der Politikwissenschaft. Stuttgart 1985.
Böhret, C. u. a.: Innenpolitik und politische Theorie. Opladen 1979.
Hartwich, H.-H. (Hg.): Policy-Forschung in der Bundesrepublik Deutschland. Opladen 1985.
Rohe, K.: Politik. Begriffe und Wirklichkeiten. Stuttgart 1978.

Ulrich Druwe

Politikwissenschaft

Begriffsverwendungen

Politikwissenschaft, Politische Wissenschaft, Wissenschaftliche Politik oder Politologie nennt sich diejenige Wissenschaftsdisziplin, deren Gegenstand die Strukturen, Prozesse und Funktionen gesamtgesellschaftlicher Gestaltung sind. Steht die Bewertung dieser Gestaltung im Mittelpunkt, dann versteht sich P. vorzugsweise als Geisteswissenschaft, während sie sich eher als Sozialwissenschaft begreift, wenn die Erklärung von Gestaltung den Schwerpunkt bildet.

Verwendungszusammenhänge und Begriffspräzisierung

Selbstbeschreibungen als Geistes- oder als Sozialwissenschaft verweisen auf unterschiedliche Erkenntnisziele. Im ersten Fall geht es in der Regel um ein handlungsorientierendes Selbstverständnis von →Politik, im zweiten Fall um ein sozialtechnologisches Instrumentarium für Politik. Derartige politologische Wissenschaftsdifferenzierungen vernetzen sich zur Identität der P.

● *Historische Identität* im Sinne disziplinärer Etablierung konstituiert den Fragenrahmen gegenwärtiger politikwissenschaftlicher Forschung. Ältere Fragen nach den Zielen (z. B. Platon) oder den Erscheinungsformen (z. B. Aristoteles) des Politischen, neuere Fragen nach der Instrumentalisierung (z. B. Machiavelli) oder der Rechtfertigung (z. B. Hobbes) des Politischen und jüngste Fragen nach den Ursachen und Folgen des Politischen umschreiben die traditionellen Forschungsfragen der P. Die korrespondierend entstandenen Antwortstrategien mit unterschiedlichen Richtigkeitskriterien für politikwissenschaftliche Lösungen wie ‹Wertangemessenheit›, ‹Lebensangemessenheit› oder ‹Realitätsangemessenheit› dokumentieren den traditionellen Methodenpluralismus der Disziplin.

● *Soziale Identität* im Sinne organisatorischer Etablierung spiegelt sich vorrangig in der universitären Repräsentanz. Genuin politikwissenschaftliche Lehrstühle wurden in der Regel für die Lehramtsausbildung eingerichtet und erst in jüngerer Zeit stärker für akademische Magister- oder Diplomstudiengänge in Anspruch genommen. Kombinationslehrstühle, insbesondere in Verbindung mit Jurisprudenz, Geschichtswissenschaft oder Soziologie, kennzeichnen einerseits die Einschätzung der P. als jeweilige Hilfswissenschaft, bewirken andererseits aber auch die Integration von Teildisziplinen wie Staatslehre, Sozialgeschichte oder Politische Soziologie und von Teilpolitiken wie Rechtspolitik, Entwicklungspolitik oder Sozialpolitik in die Politologie. Die organisatorische Etablierung spiegelt sich auch in politikwissenschaftlichen Berufsfeldern, beispielsweise, abgesehen von hochschulischen und schulischen Positionen, in Tätigkeitsfeldern wie politische Erwachsenenbildung, politische Organisationen, öffentliche Verwaltung, Medien, politische Forschungs- bzw. Planungseinrichtungen oder auch Wirtschaftsunternehmen. Derartige diffuse Berufsfelder appellieren primär an individuelle Berufsqualifikationen, sekundär an generelle Qualifikationen wie szientifische Fertigkeiten, Problemverarbeitungskompetenz oder interdisziplinäres Wissen.

● *Kognitive Identität* im Sinne wissenschaftssystemischer Etablierung vergegenständlicht sich als Arsenal disziplinärer Wissenschaftsstandards. Demnach grenzt sich Politologie zum einen durch ihr Forschungsinteresse von anderen Wissenschaften ab, das der erwähnte Fragenrahmen politikwissenschaftlicher Forschung widerspiegelt. In diesem Rahmen findet Problemidentifikation statt; dabei geht es um die politologische Relevanz und Rekonstruktion von Alltagsproblemen. Zum anderen leistet ihre Forschungskompetenz Abgrenzung. Für die Lösung identifizierter Alltagsprobleme steht ein spezifisches Instrumentarium bereit; von den entsprechenden Richtigkeitskriterien war ebenfalls die Rede. Diese wissenschaftssystemische Etablierung wird heute vorzugsweise unter drei politologischen Forschungsaspekten des politischen Gegenstandsbereichs thematisiert, und zwar unter dem Polity-, dem Politics- und dem Policy-Aspekt.

Forschungsstand

Der Vorzug dieser Perspektive liegt unter anderem darin, durch die Vielfalt ausdifferenzierter Teildisziplinen die Einheit der P. durchscheinen zu lassen. Aus gängigen Teildisziplinen wie Politische Systemforschung (→System), Politische →Theorie, →Internationale Beziehungen oder Vergleichende Regierungslehre haben sich weitere Teil-Teildisziplinen ausdifferenziert, im zuletzt genannten Fall etwa Vergleichende Demokratieforschung, Kommunismusforschung, Verwaltungsforschung, Kulturforschung usw. Den Wissensbestand der P. erhöhen weiter Hilfswissenschaften wie Politische Ökonomie, Politische Psychologie oder Politische Soziologie und verwissenschaftlichte Teilpolitiken wie Finanz-, Rechts- oder Verfassungspolitik.

● Der *Polity-Aspekt* von Politik offenbart sich in der politikwissenschaftlichen Frage nach den politischen Strukturen oder Formen; die Antworten werden häufig als Institutionenkunde (→Institution) etikettiert. Vorherrschende Antwortstrategien sind Strukturmodelle, die nach formalen Regeln und vortheoretischen Konstruktionsanleitungen Realitätsanalogien bilden. Eine gängige Variante ist der typologische Ansatz, also die Klassifikation politischer Bereiche nach zentralen Merkmalen wie ‹Regierungsbestellung› oder ‹Herrschaftslegitimation›. →Typologien wie →‹Regierungssysteme›, ‹Herrschaftssysteme› oder ‹Internationale Systeme› werfen Fragen auf nach den Definitionskriterien zentraler Merkmale, nach den Abstraktionsmethoden und nach dem Klassifikationsinteresse. Eine andere gängige Variante ist der komparative Ansatz, d. h. der →Systemvergleich nach strukturellen Merkmalen wie ‹Gewaltenteilung› oder ‹Wirtschaftslenkung›. Vergleichende Rubrizierungen wie →‹Parteiensysteme› oder ‹Wahlsysteme› (→Wahlen) stellen die Frage nach dem tertium comparationis, insbesondere nach den Intentionen bei der Auswahl des Vergleichsgesichtspunktes. Gegen diese Vergleichende Regierungslehre grenzt sich die Vergleichende politische Systemforschung ab, die als Vergleichsgesichtspunkt theoretisch interpretierte politische Funktionen wie ‹Interessenregulation› oder ‹Machtallokation› ausdifferenziert und etwa ‹Modernisierungsstadien› oder ‹Krisenstadien› vergleicht; diese Variante erforscht folglich eher den Policy-Aspekt von Politik. Als erstes Zwischenergebnis läßt sich feststellen, daß die Polity-Untersuchungen einen institutionellen Bezugsrahmen für politikwissenschaftliche Forschung bereitstellen.

● Der *Politics-Aspekt* von Politik zeigt sich in der politikwissenschaftlichen Frage nach den politischen Prozessen oder Abläufen; die Antworten firmieren herkömmlich als Politische →Theorie. Diese Chiffre integriert unterschiedliche methodologische, insbesondere geistes- und sozialwissenschaftliche Theorieverständnisse, sowie unterschiedliche Abstraktionsstufen, vor allem im Hinblick auf die Reichweite und den Status von Theorien. So sind politische Doktrinen wie →Liberalismus und →Sozialismus und politische Ideen wie die Lehre von der Souveränität oder vom Gemeinwohl eher dem geisteswissenschaftlichen Ansatz verpflichtet, während sich politikwissenschaftliche Theorien wie mikropolitische Verhaltenstheorien oder makropolitische Systemtheorien eher dem sozialwissenschaftlichen Ansatz verschrieben haben. Im ersten Fall kann man häufig auch von normativ postulierten Formationen und Ordnungsschemata sprechen, die sinnstiftend sein wollen, im zweiten Fall von empirisch abgestützten Prozeßanalysen mit Interessen- bzw. Zielperspektiven; dazu gehören etwa →Konflikt-, →Entscheidungs- oder →Machttheorien. Das Problem mikropolitischer Prozeßanalysen wie Gemeindestudien ist ihre Reichweite, vor allem wegen der mehrdimensionalen Vernetzung des Untersuchungsbereichs, das Problem makropolitischer Analysen wie →Pluralismus- oder Dependenzstudien ihre Realitätsangemessenheit. Als zweites Zwischenergebnis läßt sich festhalten, daß die Politics-Untersuchungen einen theoriegeleiteten Bezugsrahmen für politikwissenschaftliche Forschung bereitstellen.

● Der *Policy-Aspekt* von Politik reflektiert die politikwissenschaftliche Frage nach den politischen Funktionen oder Inhalten; die Antworten betiteln sich üblicherweise mit Regierungs- und Verwaltungslehre. Gängige Antwortstrategien sind Feldanalysen, welche die Voraussetzungen und Folgen dynamischer Wechselwirkungen in politischen Bereichen untersuchen; dazu gehören etwa →Planungs-, Evaluations- oder →Implementationsforschung. Gemeinsame Intention derartiger Ansätze ist die Optimierung der Programmrealisation, wobei unter Programm eine politische Zielprojektion verstanden wird. Der entsprechende Forschungsprozeß läßt sich dreifach aufschlüsseln. Einmal geht es in Politikbereichen um die Zielfindung, etwa um die Auswahl geeigneter Mittel für politische Zwecke. Zum anderen geht es um Politikphasen wie Programmsetzung, -durchführung oder -output, die auf jeder Stufe die Zielprojektion leerlaufen lassen können. Schließlich geht es um Politikwirkungen, z. B. um den Grad der Zielerreichung oder Zielverfehlung. Das Problem solcher Forschung wird in der politischen Instrumentalisierung von politikwissenschaftlicher Forschung gesehen, etwa derart, daß Techniken zur Erzeugung und Beherrschung politischer Beziehungen bereitgestellt werden, die sich beliebig verwenden lassen. Als drittes Zwischenergebnis läßt sich festhalten, daß die Policy-Untersuchungen einen sozialtechnologischen Bezugsrahmen für politikwissenschaftliche Forschung bereitstellen.

Forschungsperspektive

Die erwähnten Aspekte von Politik verstehen sich als analytische Aufspaltung des politikwissenschaftlichen Forschungsprozesses, den in actu die dimensionale Verknüpftheit von Polity-, Politics- und Policy-Analysen kennzeichnet. Man könnte insoweit auch von einem Drei-Stadien-Modell politikwissenschaftlicher Forschung sprechen, wobei spätere stets frühere Stadien implizieren. Folglich gibt es keine derartige Forschung ohne Polity-Stadium, also ohne Analyse idealtypischer politischer Handlungslinien oder sanktionierter politischer Handlungsschranken. Allerdings kann die Analyse hier wie auch im Politics-Stadium abgebrochen werden, das vor allem personale und organisationale sowie systemische Interaktionsbeziehungen zum Gegenstand hat. Solche Abbrüche haben Tradition; das erste Stadium definiert P. bis zur Neuzeit, das zweite Stadium bis zur Nachkriegszeit, und beide Stadien prägen die gegenwärtige universitäre Forschung und Lehre. In der Gegenwart gewinnt das Policy-Stadium an Gewicht, das unter Einbeziehung früherer Stadien kausalen und temporalen Vernetzungen in Politikfeldern nachspürt. Derartige Analysen, die vorzugsweise politische Abnehmer nachfragen, hält die universitäre politikwissenschaftliche Forschung nur ausnahmsweise zur Verfügung; zu den Anbietern gehören deshalb Nachbardisziplinen oder außeruniversitäre Forschungseinrichtungen. P., die sozio-politische Relevanz behalten oder gar noch gewinnen will, wird wohl das dritte Stadium weitaus mehr als bisher berücksichtigen müssen. Nicht zuletzt definiert sich dadurch auch der Großteil außeruniversitärer Berufsfelder.

Bermbach, U. (Hg.): Politische Theoriegeschichte. Opladen 1984.
Beyme, K. v. (Hg.): Politikwissenschaft in der Bundesrepublik Deutschland. Opladen 1986.
Bracher, K. D. u. a.: Entwicklungslinien der Politikwissenschaft in der Bundesrepublik Deutschland. Melle 1982.
Gabriel, O. W.: Grundkurs Politische Theorie. Köln/Wien 1978.
Hartwich, H.-H. (Hg.): Policy-Forschung in der Bundesrepublik Deutschland. Opladen 1985.
Nohlen, D./Schultze, R.-O. (Hg.): Politikwissenschaft. Pipers Wörterbuch zur Politik, Bd. 1. München 1985.

Axel Görlitz

Politische Bildung

Begriffsverwendungen und Begriffspräzisierung

P. B. werden in der Regel alle bewußten und planmäßigen Veranstaltungen in Schulen, Hochschulen und außerschulischen Bildungseinrichtungen bezeichnet, die das Ziel haben, politisches Erkenntnis- und Urteilsvermögen sowie politische Handlungsfähigkeit und -bereitschaft zu entwickeln. Bei der p. B. geht es also nur um den institutionalisierten Teil des gesamten politischen Sozialisationsprozesses. Allerdings ist es schwierig, die dabei erzielten Lernleistungen von den Sozialisationswirkungen anderer Faktoren wie Familie, gleichaltrige Gruppen und Massenmedien zu trennen.

Die *Didaktik der p. B.* fragt nach dem «Was, Warum, Wozu und Wie des Lernens: nach *Inhalten, Zielen* des Unterrichts und deren Begründungen (Warum) – und nach den *Methoden,* durch welche diese Ziele realisiert werden» (Gagel 1983, S. 30). Umstritten ist, ob die durch die Didaktik der p. B. als *Vermittlungswissenschaft* erzielten Ergebnisse allen Ansprüchen sozialwissenschaftlicher Theoriebildung genügen. Vor allem fehlt es z. T. an deren empirischer Fundierung. Dabei muß jedoch berücksichtigt werden, daß es sehr schwierig ist, die komplexen politischen Lernprozesse in ein erklärendes System von Begriffen, Definitionen, Hypothesen und Aussagen zu bringen. Anstatt des Theoriebegriffs arbeitet man daher innerhalb der p. B. eher mit dem umfassenden, aber unschärferen Begriff der *Konzeptionen.* Darunter wird ein plausibler Zusammenhang von für die p. B. als wichtig angesehenen Aussagen z. B. der Politik-, Demokratie-, der Sozialisations- und Lerntheorie verstanden.

Verwendungszusammenhänge

P. B. ist im weitesten Sinn zum Politikfeld Bildungspolitik, also dem policy-Bereich, zuzurechnen. Zu ihren Lerngegenständen gehören jedoch alle Dimensionen des Politikbegriffs. Die didaktischen Konzeptionen unterscheiden sich z. T. in der unterschiedlichen Akzentuierung der verschiedenen Dimensionen.

Die Institutionalisierung und Organisation einer p. B. ist im Zusammenhang mit der Demokratisierung und Modernisierung der Gesellschaft zu sehen. So gab es in der ständisch organisierten Gesellschaft des Mittelalters keine Institution für p. B. Da jeder einen festen Platz in der Ständehierarchie einnahm, genügte es, wenn der einzelne die Normen seines Standes lernte. Seit der Französischen Revolution und der von ihr ausgehenden Demokratisierungsprozesse wurde politische Erziehung zu einem Grund- und Existenzproblem des neuen politischen Systems, das nun von der prinzipiellen Gleichberechtigung aller Bürger und der nur noch funktionalen Trennung von Herrschenden und Beherrschten ausging. In deren Verlauf wurde ein breites Spektrum von politischen Erziehungsprogrammen entworfen, deren Gedankengut den Hintergrund für pädagogische Bemühungen des 19. Jahrhunderts bildete.

Die Ausbildung der modernen Gesellschaft, die durch Industrialisierung, Urbanisierung, den Ausbau der Kommunikations- und Verkehrssysteme gekennzeichnet ist, führte zu größeren Eingriffen des Staates in gesellschaftliche Bereiche und machte eine verstärkte politische Orientierung der Bürger notwendig, da die traditionellen Bindungen zerbrachen. Diese Prozesse führten Anfang des 20. Jahrhunderts zur endgültigen Institutionalisierung einer spezifischen p. B., besonders in der Schule. In den USA wurden 1916 die «social studies» als Schulfach eingeführt, nicht zuletzt, um die Einwanderer zu assimilieren. Dagegen übte die englische Gesellschaft mit ihrer kontinuierlichen Entwicklung und ihren jahrhundertealten Verfassungstraditionen politische Verhaltensmuster kollektiv ein. Lediglich in Sozialistenkreisen setzte sich gegen Ende des 19. Jahrhunderts die Auffassung durch, daß politische und wirtschaftliche Studien notwendig seien, um die politisch unmündigen Kreise der Arbeiter zu emanzipieren. In der ‹improvisierten Demokratie› der Weimarer Republik versuchte das politische System die politische Desorientierung der meisten Bürger durch verstärkte pädagogische Bemühungen, besonders durch die Einführung des Schulfaches «Staatsbürgerkunde», aufzufangen.

Auch in der Sowjetunion erhielt die politische Erziehung nach der Novemberrevolution 1917 einen hohen Stellenwert. Um die neuen Sowjetbürger aus den traditionellen Bindungen zu lösen, wurden neben der Schule außerfamiliäre Sozialisationsinstanzen, wie Hochschule, Jugend- und Erwachsenenbildung, besonders gefördert.

Nach der nationalsozialistischen Gewaltherrschaft, wo der ganze Erziehungsbereich einer durch Nationalsozialismus, Rassismus und Biologismus bestimmten Ideologie untergeordnet war, drängten die Alliierten auf die Wiedereinführung einer demokratischen p. B. in den Schulen. Das entsprechende Schulfach wurde dann nach der Gründung der Bundesrepublik Deutschland allmählich in den einzelnen Bundesländern eingeführt, wenn auch unter verschiedenen Bezeichnungen wie Gemeinschafts- / Sozialkunde oder politische Weltkunde, Gesellschaftslehre, was auf verschiedene politische Konzeptionen hindeutet. Neben der ideologischen Erziehung als Unterrichtsprinzip gibt es auch in der Deutschen Demokratischen Republik für die politische Erziehung ein eigenes Fach, das zunächst Gegenwartskunde hieß, 1977 jedoch in Staatsbürgerkunde umbenannt wurde. Zusammenfassend läßt sich feststellen: «Ein Bedarf politischer Bildung besteht oder entsteht dort, wo sich das politische System grundlegend verändert und wo eine solche Veränderung von politischen Instanzen und/oder gesellschaftlichen Gruppen angestrebt wird oder wo solche Instanzen oder Gruppen ein Interesse haben, die Veränderungen aufzuhalten» (Behrmann 1972, S. 192).

Forschungsstand: Schulische, politische Bildung

● *Bundesrepublik Deutschland:* Die Entwicklung der didaktischen Konzeptionen in der Bundesrepublik ist u. a. durch politisch-gesellschaftliche und wissenschaftsgeschichtliche Faktoren bestimmt. Für die Gründungsphase der Bundesrepublik, die außenpolitisch durch Antikommunismus und innenpolitisch durch Sozialpartnerschaft bestimmt wurde, war die Partnerschaftserziehung charakteristisch. Hauptziel sollte die Einübung sozialer Verhaltensweisen, besonders die planmäßige Ausbildung der Fähigkeit des Kompromisses sein. Das Politische wurde auf ein Miteinander und Füreinander der überschaubaren unteren und mittleren Ebenen des Zusammenlebens reduziert. Das Ende der Nachkriegszeit brachte in den späten 50er Jahren eine Phase der Entideologisierung, für die die Erziehung zur Kritik- und Konfliktfähigkeit bezeichnend ist. Daneben spielten angesichts einer damals z. T. vorherrschenden innenpolitischen und außenpolitischen Unsicherheit nationale Perspektiven wieder eine Rolle. Ende der 60er Jahre zeichnete sich eine neuere Wende unter dem Einfluß der studentischen Protestbewegung ab, bei der Emanzipation und Demokratisierung im Mittelpunkt politischer und didaktischer Interessen stand. Diese Ziele wurden Ende der 60er Jahre durch den Versuch einer curriculumtheoretischen Begründung der p. B. ergänzt. Die Curriculumreform in den 70er Jahren hatte u. a. einen öffentlichen und parteipolitischen Streit über Lernziele und -inhalte des Politikunterrichts zur Folge, während es in der fachdidaktischen Diskussion neben einer Polarisierung der politischen und wissenschaftlichen Standpunkte ein Bemühen um einen Minimalkonsens gab. Problematisch an dieser mehr historisierenden Klassifizierung ist die Tatsache, daß vor allem seit den 60er Jahren nicht mehr von einer historischen Abfolge, sondern von einem kontroversen Nebeneinander mehrerer Konzeptionen, die sich an zentralen sozialwissenschaftlichen Theoriebildungen und politischen Richtungen orientierten, gesprochen werden kann.

Innerhalb der facettenreichen *liberal-demokratischen Richtung* fand der 1965 erschienene Neuansatz von H. Giesecke wegen seines Modellcharakters große Resonanz. Auf dem Hintergrund der Konflikttheorie R. Dahrendorfs geht er vom Konfliktcharakter, vom noch nicht Entschiedenen der Politik aus mit dem Ziel, den einzelnen zur politischen Beteiligung und zur Parteinahme am Konflikt zu bewegen. In ähnliche Richtung gehen K. G. Fischer und W. Hilligen, die die Vermittlung von politischen Grundeinsichten an konkreten problemhaltigen Fällen und Kontroversen vorschlagen. Die liberal-demokratische Richtung, zu der mit Einschränkung auch Autoren wie E. A. Rohloff, G. C. Behrmann und W. Gagel zu rechnen sind, orientieren sich in ihren Begründungen am Kritischen Rationalismus oder an der Systemtheorie und haben später wie z. B. Hermann Giesecke auch Elemente der Kritischen Theorie rezipiert.

Die *demokratisch-sozialistische Richtung* ist im Zusammenhang mit der Kritischen Theorie der Frankfurter Schule zu sehen. Deren didaktische Vertreter, z. B. Schmiederer und neuerdings auch B. Claußen, deuten die gegenwärtige Gesellschaft als spätkapitalistisch und antagonistisch und leiten daraus für die p. B. Emanzipation und Demokratisierung als Hauptziele her, die sie u. a. durch einen schülerzentrierten Unterricht erreichen wollen.

Bernhard Sutor versucht als prominentester Vertreter (in ähnlicher Weise M. Hättich, D. Grosser und K. Hornung) einer *normativ-konservativen Richtung* Ziele, Inhalte und Methoden von einem Begriff des Politischen her zu bestimmen, der eine am Gemeinwohl orientierte Theorie von Staat und Politik umfaßt. Bei seinen Zielbestimmungen orientiert er sich am Menschenbild des Grundgesetzes, das seiner Interpretation nach von einem Spannungsverhältnis von Individualität und sozialer Bindung ausgeht. Der Schüler muß bei der Beurteilung und Lösung politischer Probleme das dialektische Spannungsverhältnis zwischen wertorientierten Kategorien wie Freiheit und Ordnung, partikularen Interessen und Gemeinwohl, Konflikt und Konsens beachten.

● *USA:* Im Gegensatz zur Bundesrepublik, wo p. B. in den Stundentafeln nur eine Randstellung einnimmt, bilden in den USA die «social studies» ein wichtiges Integrationsfach mit geographischen, historischen und politischen Inhalten, wobei die ersteren zunächst dominierten. In den 60er Jahren führten die veränderte weltpolitische Stellung der USA, der gesellschaftlich-politische Wandel und nicht zuletzt die Ausweitung der sozialwissenschaftlichen Kenntnisse zu einer Revision der Social studies-Curricula. Dabei sind vor allem die auf politisch-gesellschaftliche Kontroversen bezogenen und die der Struktur einer sozialwissenschaftlichen Disziplin orientierten Curricula zu unterscheiden. Dabei geht es nicht primär um die reine Vermittlung von Sachwissen; der Schüler sollte vielmehr sozialwissenschaftliche Denkoperationen sich aneignen, um bestimmte Probleme selbständig lösen zu können. Schulische p. B. in USA zeichnet sich durch einen stärkeren Bezug zu den Sozialwissenschaften und eine stärkere Identifikation mit dem politischen System aus, wobei im Vergleich zur Bundesrepublik die kritische Theoriebildung zurücktritt.

● *Sozialistische Länder:* Während in den westlichen Demokratien Inhalte p. B. einer gewissen Pluralität konkurrierender Einflüsse unterliegen, werden diese in den sozialistischen Ländern von nicht hinterfragbaren Normen – hier sozialistisches Menschenbild – abgeleitet. Ziel der ozialistischen Allgemeinbildung ist die im Kollektiv und durch das Kollektiv erzogene und harmonisch entwickelte Persönlichkeit. In der Schule ist ideologische Erziehung als Unterrichtsprinzip maßgebend. Die spezifischen Schulfächer Gesellschaftskunde (in der Sowjetunion) und Staatsbürgerkunde (in der DDR) haben die Aufgabe, die in den anderen Fächern gewonnenen politischen Kenntnisse und Fähigkeiten zu integrieren und den Klassenstandpunkt der Arbeiterklasse besonders auszuprägen und wissenschaftlich zu fundieren. Allerdings wird die Wirksamkeit schulischer p. B. von den politischen Akteuren in den meisten politischen Systemen z. T. überschätzt. Soweit empirische Untersuchungen überhaupt generelle Aussagen möglich machen, ist die Wirkung des politischen Unterrichts in der Konkurrenz zu anderen Sozialisationsinstanzen nur begrenzt.

Außerschulische politische Bildung

Da in demokratisch-pluralistischen Gesellschaften für den Bereich der Erwachsenen- und Jugendbildung das Prinzip der Freiwilligkeit gilt, werden hier zahlenmäßig weniger Personen erfaßt. Angesichts der verschiedenen politischen Traditionen und Kulturen in den westlichen Demokratien kann hier jedoch nur exemplarisch auf einige Ansätze in der Bundesrepublik Deutschland hingewiesen werden.

● *Jugendbildung:* Während die politische Jugendarbeit in den 50er Jahren weitgehend an den Lebenslagen und Bedürfnissen der sozialen Mittelschichten orientiert war und kritische Auseinandersetzung mit gesellschaftlich-politischen Problemen nur begrenzt zuließ, entwickelten K. Mollenbauer, H. Giesecke und H. Kentler eine ‹progressive› Konzeption, die den Jugendlichen Lebenshilfen für die erfolgreiche Bearbeitung der gesellschaftlich vermittelten Konflikte bieten wollte. Als Alternative zu diesem Ansatz, der durch gesellschaftliche Lernprozesse wie Selbstbestimmung der einzelnen optimieren will, geht es beim Konzept einer «antikapitalistischen Jugendarbeit» (Lessing/Liebel 1974) um die Veränderung der Klassengesellschaft durch kollektiv-organisierte Anstrengungen. Im Zusammenhang mit der antiautoritären Bewegung Ende der 60er Jahre standen basisorientierte Jugendinitiativen mit dem Anspruch auf politische und organisatorische Selbstbestimmung. Sie bildeten den Hintergrund zur Entwicklung eines «bedürfnisorientierten Ansatzes» in der Jugendarbeit (Damm 1976).

● *Erwachsenenbildung:* Auch die Erwachsenenbildung wird von einer Vielzahl von Institutionen und Organisationen wie den Landeszentralen und der Bundeszentrale für p. B. oder Organisationen wie Gewerkschaften, Kirchen und Parteien getragen. In der Nachkriegszeit dominierte die Aufgabe einer existentiell-philosophischen Lebenshilfe und einer partnerschaftlich-mitbürgerlichen Bildung. Die realistische Wende in der westdeutschen Erwachsenenbildung führte seit den 60er Jahren auch dazu, daß die entsprechenden Organisationen und Institutionen gesellschaftlich-politisches Lernen in die berufliche Weiterbildung stärker einbezogen, was durch die Einführung des Bildungsurlaubs erleichtert wurde. In diesem Zusammenhang sei auch auf den Versuch einer Neukonzeption der Arbeiterbildung durch O. Negt hingewiesen. Ansatzpunkte für eine emanzipatorische Arbeiterbildung bilden – als Symptome für die gesellschaftlichen Widersprüche – die Konflikte, die den Arbeitern subjektiv erfahrbar werden. Insgesamt wurde in der politischen Erwachsenenbildung eine stärkere Teilnehmerorientierung gefordert.

Die Bürgerinitiativenbewegung brachte auch neue Impulse für die erwachsenenpädagogische Bildungsarbeit. Die in diesen neuen politischen Aktionsformen stattfindenden Lernprozesse und die in Kooperation mit ihnen durchgeführten Lernprojekte brachten u. a. einen stärkeren Handlungsbezug, die direkte Anknüpfung an die Lebenswelt der Teilnehmer, mehr selbstbestimmte Organisation und ein mehr dialogisches Verhältnis zwischen Lehrenden und Lernenden.

● *Sozialistische Staaten:* Der außerschulischen p. B. wird vor allem in den sozialistischen Staaten große Aufmerksamkeit geschenkt, so daß von einer «tendenziellen Pädagogisierung aller Lebensbereiche» (O. Anweiler) gesprochen werden kann. Auch nach Abschluß der schulischen Bildung bemühen sich Staat, Partei und Massenorganisationen in einem permanenten Prozeß bei der Bevölkerung das politische Bewußtsein herauszubilden, das der jeweiligen Etappe der gesellschaftlichen Entwicklung zum Kommunismus entspricht. Dabei spielt die politische Schulung der Parteimitglieder eine besondere Rolle.

Forschungsperspektiven

Die Entwicklung der p. B. in der Bundesrepublik Deutschland ist durch eine verstärkte Professionalisierung und Wissenschaftsorientierung gekennzeichnet. Dabei wurden mit einem z. T. sehr hohen theoretischen Anspruch in erster Linie Ziele, dann Inhalte politischen Lernens legitimiert, ohne daß die dabei entwickelten Konzepte empirisch hinreichend fundiert werden konnten. Vernachlässigt wurden eher die Methodenprobleme p. B. und eine gezielte Evaluationsforschung, wie sie z. T. in den USA zu finden ist. Nachdem die empirische Sozialisationsforschung die nur begrenzten Möglichkeiten der organisierten p.B. aufgezeigt hat, wäre es sinnvoll, den Forschungsschwerpunkt von den Gesamtentwürfen auf begrenzte praxisorientierte Fragestellungen zu verlagern, die dann eher von beteiligten Wissenschaften beantwortet werden könnten. Dabei hat die angesichts des raschen gesellschaftlichen Wandels immer notwendiger werdende Weiterbildung einen besonders großen didaktisch-methodischen Nachholbedarf.

Nicht zuletzt fehlt es noch weitgehend an vergleichenden Untersuchungen, die den Zusammenhang von p. B. und politischem System deutlich machen könnten. Die zum Teil pauschale Gegenüberstellung totalitärer und demokratischer Erziehung hat sich als sehr fragwürdig erwiesen. Entsprechende Vergleiche wurden meistens mit unzureichenden methodischen Instrumentarien durchgeführt und sind der Differenziertheit der politischen Sozialisationsprozesse in den politischen Systemen in Ost und West nicht gerecht geworden.

Ackermann, P. (Hg.): Curriculumrevision im sozialwissenschaftlichen Bereich der Schule. Stuttgart 1973.
Behrmann, G. C.: Soziales System und politische Sozialisation. Stuttgart 1972.
Damm , D.: Politische Jugendarbeit. München 1976.
Gagel, W.: Einführung in die Didaktik des politischen Unterrichts. Opladen 1983.
Giesecke, H.: Politische Bildung in der Jugendarbeit. München 1966.
Lessing, H. / Liebel M.: Jugend in der Klassengesellschaft. München 1974.
Negt, O.: Soziologische Phantasie und exemplarisches Lernen. Frankfurt/M. 1968.

Weiterführende Literatur
Ackermann, P. (Hg.): Politische Sozialisation. Opladen 1974.
Arbeitskreis Deutscher Bildungsstätten (Hg.): Arbeitsregeln des Ausschusses für politische Bildung. Bonn 1974.
Beer, W. / Haan, D. G. (Hg.): Ökopädagogik. Weinheim/Basel 1984.
Behrmann, G. C.: Politische Sozialisation in entwickelten Industriegesellschaften. Bonn 1979.
Fernuniversität (Hagen): Erwachsenenbildung als politische Bildung. 1982.
Fischer, K. G. (Hg.): Zum aktuellen Stand der Theorie und Didaktik der politischen Bildung. Stuttgart ^{5}1986.
Gagel, W.: Politik-Didaktik-Unterricht. Stuttgart 1979.

Giesecke, H.: Didaktik der politischen Bildung. [7]1972.
Hilligen, W.: Zur Didaktik des politischen Unterrichts. Opladen [4]1985.
Politische Bildung in der Forschungsdiskussion. Neue politische Literatur. Beiheft 2. Stuttgart 1986.
Sutor, B.: Neue Grundlegung politischer Bildung. Bd. I und II. Paderborn 1984.

Paul Ackermann

Politische Kultur

Begriffsverwendungen und Verwendungszusammenhänge

Der Aspekt p. K. ist so alt wie das Nachdenken über Politik. In allen Kulturen finden sich schon sehr früh Gedanken über die Rahmenbedingungen politischer →Herrschaft, die Voraussetzungen politischer Folgebereitschaft in der Bevölkerung, den Zusammenhang von Erziehungsstilen und politischen Regimen. So ist z. B. die berühmte Totenrede des Perikles nichts anderes als eine stolze Selbstdarstellung der p. K. Athens. Aus den Lebensbedingungen der Athener, dem freiheitlichen Erziehungsstil, dem hohen Bürgersinn folgerte er die Stabilität des Regimes und die →Legitimität seiner politischen Führung. Tocquevilles Buch über die →Demokratie in Amerika ist die Analyse einer neuen p. K.: Die ‹stille Revolution› eines Wertewandels und einer neuen Einschätzung des Verhältnisses von Individuum und Gesellschaft ging der politischen voraus.

Neben der politologischen Verwendung hat sich in der Publizistik neuerdings ein anderes Verständnis von p. K. durchgesetzt, in einer für die deutsche p. K. selbst bezeichnenden Veränderung des Wortsinnes: als ob p. K. für sich schon etwas Positives sei, eben ‹Kultur›, die man einander zubilligen oder absprechen könne wie politische Moral oder politischen Stil. Das ist nicht der Sinn des wissenschaftlichen Ausdrucks political culture, der von amerikanischen Sozialwissenschaftlern nach dem 2. Weltkrieg eingeführt wurde.

Begriffspräzisierung

P. K. bezeichnet allgemein das Verteilungsmuster aller Orientierungen einer Bevölkerung gegenüber ihrem politischen System. Was alles zu dieser subjektiven Dimension der Politik zu zählen ist, darüber ist man uneins. So ist z. B. strittig, ob politische Symbole dazugehören. Daß politisches Verhalten zur p. K. gehört, scheint weniger zweifelhaft: unter dem Aspekt seiner subjektiven Motivation. Unstrittig ist die Bedeutung von Meinungen, Einstellungen und Werten für die p. K. Dabei liefert die Dauerhaftigkeit solcher Überzeugungen den Maßstab für ihre Festigkeit: Meinungen lassen sich innerhalb kürzester Zeit ändern (z. B. aufgrund neuer Informationen), Einstellungen sind schon fester verankert und bleiben über längere Zeit konstant (z. B. Parteipräferenzen), Werte wechselt man innerhalb seines Lebens selten (z. B. sittliche Grundüberzeugungen).

Zur p. K. gehören auch Bewußtseins- und Handlungsfelder, die auf den ersten Blick als unpolitisch erscheinen (z. B. Erziehungsstile, religiöse Vorstellungen, auch Einstellungen zu Beruf und Freizeit). Ihre politische Relevanz wird mit Hilfe besonderer Zurechnungsstrategien erforscht. Besonders die deutsche Politikgeschichte rechtfertigt ein hohes Interesse für solche scheinbar unpolitischen Bereiche, da →Politik als eingrenzbares Feld länger als in anderen europäischen Staaten die Domäne des Adels geblieben und das Bürgertum von ihr ausgeschlossen war. Die Beurteilung der Politik als ‹schmutziges Geschäft›, vor dem die moralische Person sich rein bewahrt, und der gleichzeitige Neid auf die politische →Macht der herrschenden Klasse: Beides läßt sich gerade in der Abschattung auf vielen Feldern bürgerlicher ‹Innerlichkeiten› und im Lobpreis einer ‹Kultur› aufweisen, die in scharfen Gegensatz zur Politik geriet.

Besondere Beachtung ‹unpolitischer› Bewußtseinsinhalte und Verhaltensweisen empfiehlt sich auch für die Untersuchung von Staaten mit hoher politischer Repression. So erbringt eine Analyse des politischen Systems sozialistischer Volksrepubliken noch weniger als diejenige von Demokratien westlichen Musters: Das politische Bewußtsein der Bevölkerung entspricht offenbar nicht durchgängig den Zielvorstellungen der →Partei, sondern weist sehr unterschiedliche Quellen von →Loyalität und Widerstand, →Partizipation und Apathie, Identifikation und Entfremdung auf. Für die Erkundung dieser Bewußtseinsstruktur ist die Berücksichtigung von Einstellungen und Verhaltensweisen auf den Feldern Familie, Beruf, Freizeit, Kirche, →Bildung und Jugendaktivitäten unverzichtbar.

Aus dem Gesagten ergibt sich, daß *jedes* politische System von einer p. K. umgeben ist, einerlei, um welches Regime es sich handelt, einerlei auch, ob und bis zu welchem Grade ein politisches System von der p. K. getragen wird. (So fand das Weimarer ‹System› von einem noch im Kaiserreich beheimateten politischen Bewußtsein wenig Unterstützung, die politischen →Institutionen der Bonner Republik dagegen von Jahrzehnt zu Jahrzehnt immer mehr Zustimmung.)

Forschungsstand

Das Bedürfnis nach Erforschung der p. K. entsteht stets in Zeiten beschleunigten sozialen Wandels. Erst wenn die Verhältnisse sich ändern, bekommt man den Blick frei für den Vergleich von heute und gestern, von hier und dort. Die p. K.-Forschung steht deshalb stets im Horizont der Frage ‹Wohin gehen wir?›, und Trendaussagen gehören zu ihren wichtigsten Forschungsergebnissen.

Die moderne p. K.-Forschung entstand nach den Erschütterungen und Umwälzungen, in die viele politische Systeme in den 30er Jahren und im Verlauf und in der Folge des 2. Weltkriegs geraten waren. Besonders die politischen Systeme der Entwicklungsländer forderten den Aspekt p. K. immer wieder heraus: als Erklärungsgrund für politische Spannungen und →Revolutionen.

Forschungsstrategisch bedeutet der Aspekt p. K. die kritische Antwort auf eine allzu rigide systemtheoretische Orientierung. Die Analyse makropolitischer Strukturen wird ergänzt durch die Untersuchung individueller Einstellungs- und Handlungsmotivationen, welche dem politisch-administrativen System ‹antworten›. Der behavioristische Impuls dieser Sichtweise soll aber als solcher nicht dominieren, sondern den institutionellen Gesichtspunkt ergänzen. Auch die ätiologische Frage wird durch die p. K.-Forschung nicht vorentschieden. Es gibt historische Beispiele für beide Fälle: daß das politische System die p.K. prägt und umgekehrt.

Die politikgeschichtliche Entwicklung eines Landes liefert wichtige Gesichtspunkte für seine p. K. Es gibt offenbar so etwas wie ein ‹Langzeitgedächtnis›, in dem einschneidende Ereignisse und Erschütterungen (Revolutionen, Wirtschaftskrisen, Kriege) noch nach Generationen anzutreffen sind. Solche direkten oder durch Sozialisation vermittelten Erfahrungen beeinflussen politische Einstellungen. Die Stärke solcher Beeinflussung hängt wesentlich davon ab, ob eine Gesellschaft ihre politische Identität eher im Rückgriff auf Herkunft oder im Vorgriff auf Zukunft gewinnt.

Die →Methoden der p. K.-Forschung sind so vielfältig, daß aus dieser Pluralität und Heterogenität sich Einwände gegen den Anspruch als eigener ‹Disziplin› ergeben können. Sozialisationsforschung, politische Wertforschung, Einstellungs- und Verhaltensforschung ergänzen einander. Dabei wechseln ideographische Fallstudien mit repräsentativen Untersuchungen, quantifizierende Methoden mit teilnehmender Beobachtung und den klassischen Inhaltsanalysen von Dokumenten aller Art. Schwierigkeiten bietet der Brückenschlag zwischen der Mikro- und der Makroebene solcher Analysen, anders gesagt: der am Konzept p. K. beteiligten sozialwissenschaftlichen Disziplinen wie Psychologie, Soziologie, →Politikwissenschaft, Ökonomie.

Auch das Problem der normativen Voraussetzungen der p. K.-Forschung liefert Gründe für Skepsis. Abgesehen von dem marxistischen Einwand, die politische Kulturforschung lasse den ‹Grundwiderspruch› außer Betracht, behandle Überbauphänomene als unabhängige Variable und reproduziere auf diese Weise nur falsches Bewußtsein, wollen manche in den Kriterien für politisch relevante Einstellungen Spiegelungen der p. K. Nordamerikas wiedererkennen: als dem Herkunftsland der p. K.-Forschung. Der Einwand wird vermutlich nie ganz zu entkräften sein, gehören doch die Sozialwissenschaftler zur p. K. ihres Landes hinzu, zusammen mit den Subsystemen der Wissenschaft und Forschung. Ein Beispiel dafür liefert die Erfindung des Typus einer ‹civic culture›, die nicht zufällig die p. K. Nordamerikas gut einfängt und beschreibt. Sie wurde von Almond/Verba (1963) als Mischform folgender drei idealtypischer Formen von p. K. entwickelt:

1. Parochiale Kultur: Ihre politische Orientierung ist schwach ausgebildet, da das politische System wenig ins Bewußtsein tritt: durch geringe Systemkomplexität und Rollenspezialisierung. Die Familie, das Dorf, die Stammesgruppe und die religiöse Gemeinschaft sind näher als der →Staat, der allenfalls durch Steuerbeamte oder bei Soldatenaushebungen in Erscheinung tritt.
2. Untertanenkultur: Die politischen Orientierungen richten sich auf ein politisch-administratives System, das voll ausdifferenziert ist und in seinen Funktionen wahrgenommen wird, sofern sie sich auf Leistungen und Ansprüche beziehen. Der Bürger versteht sich als Objekt staatlichen Handelns.
3. Partizipative Kultur: Die politische Orientierung ist voll ausdifferenziert und umfaßt auch eigene Partizipationsmöglichkeiten.

Wie stets bei Idealtypen ist das Interessante die Varietät ihrer Mischungsformen. Zwischen allen drei Typen gibt es solche Verbindungen, für die sich historische Beispiele finden. Die ‹civic culture› ist die besondere Mischform einer ‹Staatsbürgerkultur›, welche moderne Elemente der partizipativen Kultur mit traditionalen der beiden anderen mischt.

Wie weit Vergleiche von p. K.en sinnvoll und möglich sind, darüber gehen die Meinungen auseinander. Begonnen hatte die p. K.-Forschung durchaus in vergleichender Absicht. Viel-Länder-Studien gelten bis heute als der Erkenntnis der eigenen p. K. förderlich, weil nur im Vergleich mit vergleichbaren Ländern die eigene Situation und die eigenen Entwicklungsperspektiven auszumachen seien. Gerade die Vergleichbarkeit wird von anderen Autoren bestritten, indem sie darauf hinweisen, daß die Kriterien (z. B. die ‹Demokratieskala›) nicht wertfrei, sondern nur im Rückgriff auf bestimmte Elemente bestimmter p. K.en zu gewinnen seien. Auf diese Weise zwängen die Sozialwissenschaftler, welche die Studien vornehmen (und das heißt bei den hohen Kosten auch: über die notwendigen Ressourcen gebieten), anderen Ländern ihr Auswahl- und also auch Beurteilungsraster auf. Andererseits liefert nur der Vergleich (mit anderen politischen Kulturen wie mit früheren Stadien der eigenen Politikgeschichte) das Material und die Einsichten zur Bestimmung der eigenen Position.

Das zeigt sich z. B. auf einem Analysefeld, das besonders in der Bundesrepublik hohes Interesse findet: der Werte- und Glücksforschung. Die Studien von R. Inglehart über den Wertewandel in den westlichen Demokratien haben eine Fülle von Forschungen inspiriert, die sich mit der Veränderung von Einstellungen im Bereich von Arbeit und Freizeit, Leistungswillen und Formen der Selbstverwirklichung beschäftigen. Es sieht so aus, als ob westdeutsche Ergebnisse hier von denen vergleichbarer Industriedemokratien abweichen (in Richtung einer Schwächung der dem deutschen Nationalcharakter traditionell zugesprochenen Eigenschaften).

Die p. K. der Bundesrepublik Deutschland gehört zu den besterforschten der Erde. Seit der ersten großen Viel-Länder-Studie von Almond/Verba (1963) ist sie immer wieder untersucht worden. Sie liefert ein bedeutendes Beispiel für das, was den politischen Kulturforscher interessiert: Wie gestaltet sich das Verhältnis von politischem System und politischer Orientierung innerhalb einer Politikgeschichte, die durch erhebliche Brüche, Erschütterungen und Regimewechsel charakterisiert ist?

Keines der drei Regime, die einander seit 1871 ablösten, liefert den Westdeutschen heute Identifikationen (auch die erste Republik von Weimar nicht, da sie im politischen Gedächtnis der Bevölkerung eher negativ erscheint). Zwar sind auch andere Nationen durch politikgeschichtliche Wechselbäder gegangen, z. B. Frankreich. Der rasche Regimewechsel hat dort aber die Ausbildung und Fortführung zweier großer Traditionen nicht verhindert: ‹Autorität› und ‹Majorität› erlauben dem Franzosen auf beiden Seiten des politischen Orientierungsspektrums Identität.

Die beiden Umwälzungen, welche in Deutschland demokratische Regime zur Folge hatten, waren nicht Folge von Revolutionen, sondern Ergebnis militärischer Niederlagen. Während der politische Ertrag des verlorenen 1. Weltkriegs durch die ‹Dolchstoßlegende› verspielt wurde, nahm die westdeutsche Bevölkerung die Demokratie nach 1945 widerstandslos an. Die mit den Jahren wachsende Zustimmung zum neuen politischen System ging allerdings wohl eher auf das Konto des ‹Wirtschaftswunders›, als dessen Rahmenbedingung man den neuen Staat akzeptierte. Erleichtert wurde die Annahme moderner demokratischer Strukturen durch die Entmachtung zweier bisher führender →Eliten, des großagrarischen Adels und des mit ihm verbundenen →Militärs.

Im Unterschied zur Situation in der Weimarer Republik fühlt sich die westdeutsche Bevölkerung in ihrem Staat von Jahr zu Jahr mehr zu Hause. Im europäischen Ländervergleich stehen die Westdeutschen mit der Zufriedenheit über ihr politisches System an der Spitze. Alle Eliten der Bundesrepublik standen von Anfang an auf der Seite des politischen Systems. Der politische Grundkonsens ist hoch, Links- und Rechtsextremismus haben die Republik in ihrem Bestand nie bedroht. Der Wechsel politischer Machtgruppen ging ohne →Krisen vor sich. Auch regionale Spannungen haben bisher keine politischen Krisen verursacht. Religiöse Konflikte, wie sie das Deutsche Reich kennzeichnete, sind unbekannt: Protestanten und Katholiken halten sich in der westdeutschen Gesellschaft fast die Waage. Klassenbewußtsein läßt sich seit Mitte der 60er Jahre nicht mehr antreffen, im Unterschied zu Großbritannien, Frankreich und Italien. (Man führt dies auf den hohen Versorgungsgrad mit langlebigen Gebrauchsgütern, auch den Ausbau des sozialen Netzes und wachsende Freizeit zurück.)

Der Wandel von obrigkeitlich-autoritärer Orientierung zur Bejahung liberaldemokratischer Strukturen geschah allerdings in einem langsamen Prozeß. Für die in demokratischer Hinsicht ‹besseren› Ergebnisse sorgten dabei weniger Einstellungsänderungen der älteren Generation, sondern das Nachwachsen jüngerer Jahrgänge mit neuen Orientierungen. Zunächst lieferten die Westdeutschen niedrige demokratische Werte, vor allem auf folgenden Feldern: affektive Unterstützung des politischen Systems (gemessen aufgrund der Frage, worauf man in seinem Lande besonders stolz sei); politische Kommunikation (Gesprächen über Politik wich man aus: im Beruf aus Sorge vor Nachteilen, in der Familie aus Sorge vor Streit); politische Partizipation (Parteimitgliedschaft, Mitgliedschaft in organisierten Gruppen); Partizipation in Familie, Schule und Berufswelt; unkonventionelle Partizipation (Petitionen, Bürgerinitiativen); Unterstützung des Parteiensystems (gemessen an der Frage, ob es besser sei, mehrere Parteien zu haben oder nur eine); Sinn für Pluralität und Opposition; Sinn für Aushandeln und Kompromiß. – Die Untersuchungsergebnisse auf ‹unpolitischen› Feldern (z. B. soziales Vertrauen und Erziehungsstile) entsprachen dieser geringen demokratischen Orientierung.

Nach 30 Jahren hatte sich das Bild auf eine Weise geändert, die allseits als dramatisch empfunden wurde: Das →Parteiensystem war voll akzeptiert, das politische →Interesse hatte sich verdoppelt, politische Partizipation war auf allen Ebenen signifikant gestiegen, sogar die affektive Bindung an das politische System hatte sich gefestigt. Die politische Orientierung der westdeutschen Bevölkerung bleibt nach wie vor stark an den Gesichtspunkt ökonomischer Effektivität gebunden. Auch gibt es einige Schwachstellen, welche die deutsche Politikgeschichte jedoch erklären kann: mangelnder Sinn für Pluralität, schwache Konfliktfähigkeit, ungenügende Achtung vor Minderheiten, oppositionellen Konzepten und Strategien. Im ganzen gibt man der Bundesrepublik jedoch eine gute Prognose in liberaldemokratischer Perspektive. Daß sie auch weiterhin eher eine ‹Staatskultur› als eine ‹Gesellschaftskultur› angelsächsischen Musters bleiben wird, wundert denjenigen nicht, der p. K. unter anderem als ein Produkt der Politikgeschichte versteht.

Almond, G. A./Verba, S.: The Civic Culture. Political Attitudes and Democracy in five Nations. Princeton 1963.
–/– (Hg.): The Civic Culture Revisited. Boston/Toronto 1980.
Barnes, S. H./Kaase, M. u. a.: Political Action. Mass Participation in five Western Democracies. Beverly Hills/London 1979.
Berg-Schlosser, D.: Politische Kultur. Eine neue Dimension politikwissenschaftlicher Analyse. München 1972.
Conradt, D. P.: The German Polity. New York/London 1978.
Greiffenhagen, M. u. S.: Ein schwieriges Vaterland. Zur politischen Kultur Deutschlands. München 1979. 2. Aufl. Frankfurt/M. 1981.
–, M: Von Potsdam nach Bonn. Zehn Kapitel zur politischen Kultur Deutschlands. München 1986.
Greiffenhagen, M. u. S./Prätorius, R. (Hg.): Handwörterbuch zur politischen Kultur der Bundesrepublik. Opladen 1981.
Inglehart, R.: The Silent Revolution. Changing Values and Political Styles among Western Publics. Princeton 1977.
Iwand, W. M.: Paradigma Politische Kultur. Konzepte, Methoden, Ergebnisse der Political-Culture-Forschung in der Bundesrepublik. Ein Forschungsbericht. Opladen 1985.
Klages, H./Herbert, W.: Wertorientierung und Staatsbezug. Untersuchungen zur politischen Kultur der Bundesrepublik. Frankfurt/New York 1983.
Reichel, P.: Politische Kultur der Bundesrepublik. Opladen 1981.

Martin Greiffenhagen

Politische Sozialisation

Begriffsverwendungen

Auch wenn p. S. von den verschiedenen politischen und theoretischen Richtungen und Positionen her unterschiedlich interpretiert wird, dürfte folgende vorläufige Definition akzeptiert werden: P. S. umfaßt alle bewußten und unbewußten Lernprozesse, in denen sich ein Individuum politisch relevante Persönlichkeitsmerkmale, Kenntnisse, Gefühls- und Werthaltungen und Verhaltensmuster aneignet. Im Gegensatz zu den mehr pädagogisch orientierten Begriffen wie politische Bildung und Erziehung, die lange Zeit in Deutschland gebräuchlich waren, werden hier die Bedeutung der intentionalen politischen Lernprozesse relativiert und die gesellschaftlich-politischen Systemzusammenhänge, in denen diese Prozesse stattfinden, stärker betont. Zentrale Begriffe der p. S.-Forschung lassen sich mit folgender Formel zusammenfassen: Wer (Sozialisationssubjekt, z. B. Jugendlicher) lernt was (Sozialisationsinhalt, z. B. Zivilcourage), von wem (Sozialisationsinstanzen, z. B. Familie, oder Sozialisationsagenten, z. B. Lehrer) unter welchen Bedingungen und mit welchen Wirkungen. Die p. S. stellt als Umschlagstelle für mikro- und makropolitische Analysen einen komplexen Gegenstand dar, an denen zahlreiche Wissenschaften wie Psychologie, Psychoanalyse, Politikwissenschaft, Soziologie, Pädagogik und Anthropologie teilnehmen.

Verwendungszusammenhänge und Begriffspräzisierung

● *Gesellschaftstheoretische Prämissen:* Grundsätzlich lassen sich zwei Forschungsrichtungen unterscheiden: Die amerikanische Sozialisationsforschung, die im Rahmen des Behaviorismus (Verhaltenswissenschaft) in den 30er Jahren dieses Jahrhunderts begründet wurde, ist eng mit der Entwicklung der *Systemtheorie* verknüpft. Gefragt wurde in diesem Zusammenhang nach der Relevanz politischer Lernprozesse für das Funktionieren und den Fortbestand politischer Systeme. Easton/Dennis (1959) versuchen z. B. in ihrem vielschichtigen Modell, Konflikt und Wandel in das Systemkonzept zu integrieren. P. S. hat nach ihnen die Aufgabe, ‹Streß› auf die für den Fortbestand des Systems essentielle Variable ‹Befolgung und Anordnungen› zu mindern, und wird auf diese Weise auch auf mögliche negative Antworten der Gesellschaft auf das politische System so zu reagieren haben, daß die Unterstützung erhalten bleibt. Das Hauptinteresse dieser Sozialisationsforschung besteht in dem optimalen Steuerungsprozeß des politischen Systems, um ein Höchstmaß an Legitimität zu erzeugen.

Im Gegensatz dazu untersuchen Autoren der *marxistischen* und *kritisch-dialektischen Richtung* Sozialisationsprozesse stärker aus der Sicht des Individuums oder einer Gruppe, deren Bedürfnisse gegenüber den Herrschaftsansprüchen des politischen Systems verwirklicht werden sollen. Sie lehnen die Unterscheidung allgemeiner und p. S. ab, da dahinter eine künstliche Trennung von Staat und Gesellschaft stehe. Ausgehend von der gesellschaftlichen Determination des Menschen, konzentriert sich die marxistische Sozialisationsforschung auf Entfremdungsprozesse als allgemeines und strukturbedingtes Problem der Industriegesellschaft.

● *Psychoanalytische Ansätze:* Sowohl die marxistische als auch die systemtheoretisch orientierte Sozialisationsforschung arbeiten mit Erkenntnissen der Psychoanalyse. Easton/Dennis (1959) gehen z. B. davon aus, daß die politischen Grundüberzeugungen durch die Eltern-Kind-Beziehung vorgeprägt werden. Kinder identifizieren sich mit den elterlichen Parteipräferenzen und übertragen ihr Vertrauen zum Vater auf den Präsidenten und die wichtigsten Institutionen. Nach der marxistisch orientierten Sozialisationsforschung wird die soziale Entwicklung des Individuums weitgehend durch die Gesellschafts- und damit auch durch die Familienstrukturen determiniert. So gilt Autoritarismus u. a. als Ergebnis repressiver Erziehungsstile in der Familie. Die hier angedeuteten Theorieansätze gehen von der Prägung des Sozialisationssubjektes durch die

Umwelt, vor allem der Familie aus. Sozialisation wird also in erster Linie als Übertragungs- und Anpassungsprozeß interpretiert.

• *Lern- und entwicklungspsychologische Ansätze:* Im Gegensatz dazu haben lernpsychologische Ansätze und die kognitive Entwicklungspsychologie das Sozialisationssubjekt stärker in den Mittelpunkt des Interesses gestellt. Sie gehen von einer aktiven Auseinandersetzung zwischen Individuum und Umwelt aus. In diesem Zusammenhang scheint die Theorie von L. Kohlberg, nach der der Mensch mehrere Stufen kognitiver und moralischer Entwicklung durchläuft, am ehesten weiterzuführen. Nach ihr, kann dieser Entwicklungsprozeß, der ein lebenslanges Lernen erfordert, durch soziokulturelle Bedingungen gefördert und unterbrochen werden, so daß die Sozialisationssubjekte auf ganz verschiedenen Moralstufen stehen bleiben können. Als höchste Stufe wird eine möglichst autonome und handlungsfähige Persönlichkeit, die sich an universalen Prinzipien wie den Menschenrechten orientiert, angesehen. Für die Herausbildung dieses moralisch-politischen Bewußtseins scheint die Adoleszenzphase von besonderer Bedeutung zu sein.

• Auch die *rollentheoretischen und interaktionistischen Ansätze* gehen von einem dynamischen Verständnis von Sozialisation aus: Das Individuum lernt in Auseinandersetzung mit seiner Umwelt immer neue Rollen, die zu einem einheitlichen «political self» (Dawson/Prewitt 1969) integriert werden sollen. Zwischen den verschiedenen theoretischen Ansätzen gibt es zahlreiche Kombinationsmöglichkeiten. Dabei werden die Ansätze, die Sozialisation als Interaktion verstehen, wohl am ehesten der Komplexität der sozialen und politischen Lernprozesse gerecht. Doch fehlt es noch an einer geschlossenen Sozialisationstheorie.

• *Methodenprobleme:* Die p. S.-Forschung ist eng mit den Methoden des Behaviorismus wie Interviewtechniken und Tests verbunden, auf deren Problematik in diesem Zusammenhang jedoch nicht eingegangen werden kann. Als besonders schwierig erweist sich deren Anwendung bei Kindern. Insgesamt wird das Fehlen von Longitudinalstudien, mit denen Sozialisationsprozesse einer Gruppe langfristig verfolgt werden können, bemängelt. Die sog. Querschnittsdaten, mit denen die politischen Einstellungen und Verhaltensweisen verschiedener Altersgruppen verglichen werden, lassen nur begrenzt Aussagen zu. Daher versucht man vor allem, die emotionalen Lernprozesse mit Gesprächen, narrativen Interviews, Fallstudien und teilnehmender Beobachtung in den Griff zu bekommen. Es ist auch noch nicht gelungen, die wechselseitige Wirkung zwischen Sozialisationssubjekt und -agent empirisch angemessen zu erfassen.

Forschungsstand

Angesichts des Standes der p. S.-Forschung ist es nur möglich, wichtige Grundannahmen, aber noch keine völlig gesicherten Ergebnisse darzustellen. Dabei ist eine Beschränkung auf einige viel diskutierte empirische Befunde und Fragestellungen notwendig.

- *Kristallisationsthese:* Bei der Rezeption der amerikanischen Sozialisationsforschung spielte in der Bundesrepublik Deutschland die sog. Kristallisationshypothese eine große Rolle. Unter der Bezeichnung des Primats oder der Persistenz der frühen Sozialisation (F. Greenstein) weisen amerikanische Forscher auf die Stabilität der in der Kindheit erworbenen politischen Einstellungen hin. In abgewandelter Form wurde diese These als Strukturierungsprinzip vertreten: Das spätere Lernen wird durch die früh erworbenen politischen Orientierungen vorstrukturiert, gefiltert. Als entscheidend wurde die schon in diesen frühen Jahren zu entstehen scheinende positive Loyalitätsbindung an das politische System der USA angesehen. Mit Recht wird dagegen eingewendet, daß dieses Ergebnis nicht ohne weiteres auf andere Staaten übertragen werden kann. Schwerwiegender ist der methodische Einwand, daß es sich von den Daten her nicht eindeutig entscheiden läßt, ob es sich dabei um Alters-, Generations- oder um Zeitgeisteffekte handelt, was nur durch Longitudinalstudien beantwortet werden könnte. Unbestritten ist jedoch, daß – entgegen der in Deutschland z. T. noch vorherrschenden Annahme der älteren Entwicklungspsychologie – bereits im Kindesalter politische Lernprozesse stattfinden und daß durch die Familie politische Grundüberzeugungen beeinflußt werden.
- *Wachsende Bedeutung der Peer-groups:* In lernpsychologischen Ansätzen und in der kognitiven Entwicklungspsychologie wird auf die Bedeutung des Jugendalters hingewiesen, in dem die Fähigkeiten im formalen Denken und autonomes moralisches Urteil sich herausbilden. Gegenüber den Einflüssen des Elternhauses treten die Interaktionen und die Kommunikationen der Jugendlichen mit ihrer Umwelt stärker ins Blickfeld. Die längere Ausbildungszeit in der modernen Industriegesellschaft und die größere Mobilität der Jugendlichen erhöhen die Bedeutung der altershomogenen Gruppen und ermöglichen die freie Wahl von Bezugsgruppen. Der rasche Wertwandel in der modernen Industriegesellschaft hat, was z. B. in der Bundesrepublik die verschiedenen Shell-Jugendstudien zeigen, zu einer wachsenden Unsicherheit der Erwachsenen geführt, so daß Eltern nicht mehr allein das Verhalten der Kinder prägen, sondern Eltern auch von den Jugendlichen lernen, die ihre eigenen gesellschaftlichen Orientierungen finden. Die p. S.-Leistung der Peer-groups, die in westlichen Industriegesellschaften zuzunehmen scheint, hängt aber auch von den gesellschaftlichen und politischen Rahmenbedingungen eines Landes ab. Sowohl während der NS-Herrschaft als auch in sozialistischen

Gesellschaften versuchten die jeweiligen Regime, durch die politische Organisation von altershomogenen Gruppen den Einfluß der Familie zurückzudrängen. Allerdings zeigen Untersuchungen, daß allein mit dem Lebenszykluseffekt die Bildung und Veränderungen von politischen Einstellungen und Verhaltensweisen nicht hinreichend erklärt werden kann.

- *Politische Generationen:* Als Generationen werden bestimmte Alterskohorten bezeichnet, die durch spezifische Lebensbedingungen historische Ereignisse oder auch charakteristische gesellschaftlich-politische Leitthemen so in ihren Bewußtseinsstrukturen geprägt worden sind, daß sie sich von anderen Altersgruppen unterscheiden. Für die Bildung einer politischen Generation ist also die Wechselwirkung von Alter und soziohistorischen Ereignissen maßgebend in der Weise, daß daraus relativ gleichgerichtete und stabile Einstellungen und Verhaltensmuster entstehen. Mit dem lebenszyklischen Ansatz teilt die generationstheoretische Interpretation die Annahme von formativen Jahren, die nach K. Mannheim vor allem in der Postadoleszenz oder im frühen Erwachsenenalter zu liegen scheinen. Es wird hier Kristallisation nicht als individueller Verhaltensprozeß, sondern als Interaktionsprozeß verstanden (Zängle 1978). Der Wechsel von Generationen kann je nach Tempo und Intensität des gesellschaftlichen Wandels schon alle fünf Jahre erfolgen. Die generationstheoretische Sozialisationsforschung hat den Vorteil, daß sie verschiedene Ansätze zu integrieren versucht und den Zusammenhang mit der Entwicklung der politischen Kultur sieht.
- *Schulische p. S.:* Den Stellenwert der verschiedenen Sozialisationsinstanzen wie Familie, Peer-groups, Schule oder Massenmedien kann man nur im Zusammenhang mit den skizzierten Lebenszyklus-, Generations- und Zeitgeisteffekten sehen. Die Forschungslage läßt es nicht zu, eine Hierarchie der Sozialisationsinstanzen aufzuzeigen, da deren Wirkung kaum getrennt untersucht werden kann. Besonderes Interesse findet die Sozialisationswirkung der Schule und der Unterrichtsfächer für politische Bildung. Insgesamt scheinen die organisatorischen Strukturen und das Schulklima, die beim Schüler bestimmte Interaktionsformen und politisches Interesse fördern bzw. unterdrücken, genauso wichtig zu sein wie curriculare Angebote. Wie aus Untersuchungen in den USA und der Bundesrepublik Deutschland hervorgeht, ist das Schulfach Politische Bildung – entgegen mancher überhöhter Erwartungen der Politiker – am ehesten noch in der Lage, Kenntnisse und Grundbegriffe zu vermitteln, weniger politische Einstellungen zu verändern oder politische Handlungsfähigkeit zu wecken. Allerdings zeigen wenige Unterrichtsexperimente in beiden Ländern, daß die Simulationsspiele eher soziale und politische Handlungsfähigkeit fördern können als herkömmliche Verfahren wie das Unterrichtsgespräch. Sie bleiben dafür im kognitiven und analytischen Lernen zurück.

Doch dürften sicher noch nicht alle unterrichtlichen Möglichkeiten politischen Lernens ausgeschöpft und erprobt worden sein. Nicht zuletzt müßten dabei die für diese Lernprozesse bedeutsamen Variablen wie Geschichts- und Geschlechtszugehörigkeit stärker berücksichtigt werden.

Forschungsperspektiven

Bei der Bewertung der Ergebnisse der p. S.-Forschung ist zu berücksichtigen, daß es sich um einen relativ jungen Forschungszweig handelt. Forschungsschwerpunkte waren vor allem die Kinder- und Jugendjahre, die sich als Kristallisationszeiten für die Bildung von politischen Einstellungen und Verhaltensweisen erwiesen. Dabei geriet die p. S. der Erwachsenen aus dem Blickfeld, obwohl man, wie u. a. die gerontologische Forschung zeigt, von einem lebenslangen politischen Lernprozeß sprechen kann. Ausgehend von dem generationstheoretischen Ansatz, wären hier z. B. die Auswirkungen von politischen Krisen, des gesellschaftlichen Wandels, etwa das Aufbrechen von verkrusteten Geschlechtsrollen oder des Wechsels von Schichtzugehörigkeit, zu untersuchen, was nicht zuletzt die Notwendigkeit von Longitudinalstudien unterstreicht. Relativ ungeklärt blieb bisher auch der Zusammenhang zwischen Persönlichkeitszügen, politischen Einstellungen und politischem Verhalten.

Was den Verwertungszusammenhang der p. S.-Forschung betrifft, fehlt es noch weitgehend an empirischen Untersuchungen mit eindeutig didaktischen Fragestellungen im Bereich der schulischen politischen Bildung und der immer wichtiger werdenden Weiterbildung, wobei nicht das Interesse des politischen Systems oder eines Betriebs, sondern die Bedürfnisse des einzelnen Subjekts im Vordergrund stehen sollten. Wie in anderen Forschungszweigen der Politikwissenschaft wäre auch ein verstärkter Systemvergleich von großem heuristischem Wert.

Ackermann, P. (Hg.): Politische Sozialisation. Opladen 1974.
Fischer,/Fuchs, A./Zinnecker, W.: Generationen im Vergleich. 5 Bde, Opladen 1985.
Schmitt, G. (Hg.): Individuum und Gesellschaft in der politischen Sozialisation. Tutzing 1980.

Weiterführende Literatur
Behrmann, G. C. (Hg.): Politische Sozialisation in entwickelten Industriegesellschaften. Bonn 1979.
Claußen, B./Wasmund, K. (Hg.): Handbuch politischer Sozialisation. Braunschweig 1982.
Dawson, R. E./Prewitt, K.: Political Socialisation. Boston 1969.
Easton, D./Dennis, J.: Children in the Political System. Origins of the Political Legitimacy. New York 1959.
Görlitz, A.: Politische Sozialisationsforschung. Stuttgart 1977.

Greenstein, F. I.: Children and Politics. New Haven [6]1976.
Greiffenhagen, M. u. S./Prätorius, R. (Hg.): Handwörterbuch der Politischen Kultur der Bundesrepublik Deutschland. Opladen 1981.
Hurrelmann, K./Ulich, D. (Hg.): Handbuch der Sozialisationsforschung. Weinheim/Basel 1980.
Pawelka, P.: Politische Sozialisation. Wiesbaden 1977.
Zängle, M.: Einführung in die politische Sozialisationsforschung. Paderborn 1978.

Paul Ackermann

Recht

Begriffsverwendungen

Rechtswissenschaftlich inspirierte Definitionen knüpfen den R.-Begriff an R.-Quellen wie hoheitliche Setzung (gesetztes R.) oder langdauernde Übung (Gewohnheitsrecht), rechtssoziologisch verpflichtete Definitionen an Sanktionsgarantien wie die Erzwingbarkeit durch staatliche Instanzen oder rechtskritisch ansetzende Definitionen an Instrumentalität wie Repression gegen Unterprivilegierte. In der →Politikwissenschaft wird die Bestimmung des R.-Begriffs zunächst bedeutsam in Begriffspaaren wie →Rechtsstaat (rule of law) oder R.-Politik (Weiterentwicklung des R.), später in Kontexten wie Evaluation (R.-Effektivität) oder →Implementation (R.-Realisation). Neuerdings rückt die Frage nach der gesellschaftlichen →Steuerung durch R. ins Blickfeld, die aus einer Vielzahl ausdifferenzierter R.-Funktionen wie Rationalisierung, Sanktionierung, Immunisierung oder Erwartungsstabilisierung die Steuerungsfunktion als genuin politologisches Forschungsinteresse identifiziert (R.-Politologie).

Verwendungszusammenhänge

Ob und inwieweit R. neben anderen Steuerungsmedien wie →Macht, Geld oder →Organisation zur gesellschaftlichen Steuerung taugt, ist eine Frage nach den Bedingungen der Möglichkeit rechtlicher Steuerung. Je nachdem, wie diese Bedingungen eingeschätzt werden, hält man entweder am herkömmlichen interventionistischen R. fest oder favorisiert ein neues post-interventionistisches R.

- *Interventionistisches R.:* Dieses R. will Makrosteuerung vorzugsweise mit Zweckprogrammen realisieren. Derartige Programme stellen unbestimmte Tatbestände in den Dienst erstrebter Folgen, wie Stabilitätsgesetz, Arbeitsförderungsgesetz oder Städtebauförderungsgesetz demonstrieren; so können etwa im letzten Fall kommunale Landumlegungs-, Umsiedlungs-, Abbruch- oder Modernisierungsanordnungen zur Stadtsanierung ergehen. Die erstrebten Folgen lassen sich insoweit als Lösungen gesamtgesellschaftlich bedeutsamer Staatsaufgaben kennzeichnen, die von der Atommüllagerung bis zur Zivilverteidigung reichen. Die Unbestimmtheit der Tatbestände flexibilisiert zwar die Lösungsmittel, kettet die Lösungssuche aber an eine starre Richtungsvorgabe. Die Vorzüge interventionistischen R. werden in der raschen Verfügbarkeit dieses Steuerungsinstruments, seiner jederzeitigen Anpassungsfähigkeit und seiner administrativen Durchsetzbarkeit gesehen. Dagegen werden die Nachteile dieses R. als Verrechtlichungs- und Entrechtlichungsphänomene diskutiert.

• *Verrechtlichung:* Damit ist gemeint, daß der →Staat zunehmend soziopolitische Erwartungen als seine Aufgaben reklamiert und vorzugsweise mit seiner auf den ersten Blick kostengünstigsten und unerschöpflichsten Steuerungsressource befriedigt, eben dem R. Dieser Prozeß läßt sich zweifach aufschlüsseln. Zum einen erhöht sich die Regelungsdichte, d. h., der Normenbestand wächst an; Gründe dafür sind insbesondere die Normierung bisher nicht geregelter Bereiche wie Datenschutzregelungen und die Normierung bisher nicht regelbarer Bereiche wie Strahlenmüllverbleibsregelungen. Zum anderen erhöht sich die Regelungstiefe, d. h., die Normendetaillierung wächst an; Grund dafür ist vor allem die unterstellte Verbesserung der Zielgenauigkeit, wie die Detaillierung von umweltrechtlichen Generalklauseln durch Technische Anleitungen erhellt. Dieser ständig fortschreitende Verrechtlichungsprozeß demonstriert immer deutlicher die Grenzen interventionistischen R.: Statt R.-Transparenz greift Undurchschaubarkeit um sich, statt R.-Rationalität breitet sich Unberechenbarkeit aus, und statt R.-Sicherheit grassiert Unsicherheit.

• *Entrechtlichung:* Damit ist ein Abbau interventionistischen R. umschrieben, um die unerwünschten Verrechtlichungsfolgen zu beseitigen, und zwar durch eine Reduktion oder wenigstens Revision von Staatsaufgaben. Derartige Strategien setzen zumeist dreifach an. Einmal geht es um Dezentralisierung, also die Verlagerung von Steuerungsaufgaben, etwa von Landschaftspflege- oder Landentwicklungsaufgaben auf Kreise und Kommunen. Zum anderen dreht es sich um Selbststeuerung, also gesellschaftliche Eigenregulation, etwa durch Selbsthilfegruppen. Schließlich handelt es sich um Kompensierung, also um Rahmensteuerung, die etwa durch Tarifvertragsparteien oder neokorporatistische Aktionsgemeinschaften ausgefüllt wird. Solche Strategien demonstrieren andererseits die Unverzichtbarkeit interventionistischen R.: Ohne Primat der Legislative verflüchtigt sich politische Verantwortung, ohne Primat der Politik zerfließt politische Führung, und ohne Primat der Gerechtigkeit versäulen sich Partikularinteressen.

• *Postinterventionistisches R.:* Umwelt-, Bildungs- oder Wirtschaftskrisen legen den Schluß nahe, daß Verrechtlichungs- oder Entrechtlichungsanalysen die Steuerungsdefizite interventionistischen R. offenbar nicht beheben können. Vielmehr scheint es, daß sich die Gründe für diese Defizite aus Systemeigenschaften derartigen R. herleiten lassen. Interventionistisches R. ist zum einen dezisionistisch. Die zum Programm geronnene →Entscheidung des Gesetzgebers fingiert, daß sich Steuerungsprobleme schlagartig lösen lassen, obwohl eher der tentative, rekursive und revisible Lösungsprozeß Erfolg verspricht. Interventionistisches R. ist zum anderen systemrational. Die zum Programm geronnene Mittelwahl zwingt zur Abarbeitung veränderter Umweltbedingungen mit gleichbleibendem Instrumentarium, obwohl eher ein flexibles, reagibles und adaptives Instrumentarium gefragt ist. Interventionistisches R. ist weiter kausallinear. Die zum Programm geronnenen Zweck-Mittel-Schemata unterstellen kausal-lineare Zusammenhänge zwischen Ursachen und Wirkungen, obwohl eine vernetzte Welt eher multikausale Zusammenhänge kennzeichnen. Interventionistisches R. ist schließlich temporal-linear. Die zum Programm geronnene Verlängerung der Gegenwart in die Zukunft setzt konstante Zeitfaktoren voraus, obwohl soziale Entwicklungen eher diskontinuierlich und ungleichzeitig verlaufen. Derartige Gründe bestimmen die Suche nach einem steuerungseffektiven postinterventionistischen R. Die Suchergebnisse sollen drei Konzepte, nämlich das prozedurale, das reflexive und das mediale R., illustrieren.

● *Prozedurales R.:* Dieses ‹partizipatorische Verfahrensrecht› versteht unter Prozeduralisierung die Transformation eines – Interessen regulierenden – Zusammenhangs von R.-Freiheiten in einen – neue Interessen und Ideen rechtfertigenden – Zusammenhang von R.-Verfahren, der die Möglichkeit eröffnet, kommunikative Vertretbarkeit und systemische Vernünftigkeit der Verfahrensresultate zu überprüfen. Hier geht es um ein Forum zur kritischen Rekonstruktion und Weiterentwicklung einer begrenzt offenen Gesellschaft mit Beteiligten und Betroffenen; Anschauungsbeispiel ist möglicherweise eine weiterentwickelte ‹konzertierte Aktion›. Grundlage dieses Konstrukts ist das Postulat einer problembelasteten Differenz zwischen Lebenswelt und Gesamtsystem. Maxime der Lebenswelt ist Rationalität. Hier erscheint R. als →Institution, die durch materielle Rechtfertigung legitimiert wird. Maxime des Gesamtsystems ist Funktionalität. Hier erscheint R. als Medium, das durch formelle Verfahren legitimiert wird. Diese Differenz zwischen Lebenswelt / Institution und Gesamtsystem / Medium soll durch Verbindlichkeitsstiftung im Wege diskursiver Verständigung abgearbeitet werden, und Prozeduralisierung institutionalisiert die Verständigungsmöglichkeiten unter Systembedingungen und damit Steuerung durch kommunikatives Handeln.

● *Reflexives R.:* Dieses ‹kooperative Aushandlungsrecht› versteht unter Reflexion die rationale Selbstbeobachtung von Akteuren als Teil eines Aktorgeflechts und im Hinblick auf zentrale Funktionsbedingungen des Gesamtsystems. Dabei handelt es sich um dezentrale Makrosteuerung durch Interaktionsvorgaben und nicht etwa Verhaltensfestschreibungen, so daß evolutionäre Richtungsbestimmung durch kooperativ lernende, Fehlentwicklungen kompensierende Aushandlungsprozesse möglich wird; Anschauungsbeispiel ist möglicherweise eine weiterentwickelte Tarifpartnerschaft. Grundlage dieses Konstrukts ist das Postulat von der Selbstreferenz, d. h. von der relativ autonomen Produktion und Reproduktion systemspezifischer zirkulärer Handlungszusammenhänge, die den Bestand und die Identität des jeweiligen →Systems verbürgen. Interventionistisches R. wäre in diesem Kontext bestands- und identitätsgefährdend, würde also auch den Beitrag des jeweiligen Systems zum Bestand des Gesamtsystems gefährden. Reflexives R. dagegen reguliert die Systemautonomie nur so weit, daß sich Handlungsproduktion und -reproduktion an Kontextparametern ausrichtet, d. h., es gibt Impulse, gesamtgesellschaftlich relevante Steuerungsprobleme nach systemischen Operationsmodi zu lösen.

● *Mediales R.:* Dieses ‹antizipierende Optionsrecht› versteht unter Medium Kommunikation als Bedingung der Möglichkeit von Selbsterhaltung; die Produktion und Reproduktion von Handlungsketten findet in und durch Kommunikation statt, die Anschlußmöglichkeiten eröffnet. R. in diesem Sinn ist eine Kommunikationsform, die die selektive Wahrnehmung externer Zustandsveränderungen und damit die autonome Anpassung daran durch Strukturveränderung verbürgt; Anschauungsbeispiel könnte eine Emissionsobergrenze sein, die wissenschaftliche, technische oder ökonomische Anschlußhandlungen induziert. Grundlage dieses Konstrukts ist das Postulat vom Tauschcharakter systemischer Kommunikation: Die Systeme selegieren eigenbestandserhaltende Informationen und zedieren gesamtbestandserhaltende Informationen. Die systemspezifischen Selektionskriterien konstituieren die Systemorganisation oder -identität und damit eine jeweils typische Handlungsintentionalität, die systemspezifischen Selektionsweisen konstituieren den Systemoperationsmodus und damit eine jeweils typische Handlungsmatrix. Auf diese Weise kann man etwa eigenbestandserhaltende und gesamtbestandserhaltende Handlungsperspektiven unterscheiden, etwa wenn die Ökonomie im eigenen System Zugewinn maximiert und für das Gesamtsystem sächliche Reproduktion leistet. Mediales R. dominiert nicht, sondern induziert nur Strukturveränderungen, um die Akteure nicht in ihrer Identität zu bedrohen und zur Gegensteuerung zu motivieren. So bleiben der Bestand der Akteure wie ihr Beitrag zum Bestand des Gesamtsystems unberührt.

Begriffspräzisierung

Hier wird medialem R. im Sinne indikativer Optionsvorgaben für systemisch induzierte Zustandsveränderungsvarianten der Vorzug gegeben.

Steuerung kann nur funktionieren, wenn auf evolutionäre Entwürfe gezielt wird, die in der Systemstruktur angelegt sind; R. favorisiert im Gesamtbestandsinteresse eine Variante. Interventionistisches R. dagegen will fremde Zustandsveränderungen mit eigenen, juristisch-politischen Entwürfen determinieren und kollidiert deshalb mit der jeweiligen Selbststeuerungsorganisation. Prozedurales und reflexives R. wollen zwar die Aktorautonomie respektieren, vertrauen aber auf eine Abstimmung zwischen Systemveränderung und Gesamtsystemwandel qua Vernünftigkeit bzw. Rationalität. Wem Dominanz zu viel und Vertrauen zu wenig ist, der benötigt selektives Wissen über Steuerbarkeit durch R., das die Angemessenheit, die Vernünftigkeit oder die Rationalität eines Steuerungsimpulses nachprüfbar macht. Mediales R. beansprucht damit zum einen R.-Instrumentalität, hat also ein vorgängiges Regelungskriterium, zum anderen R.-Positivität, hat folglich ein vorgängiges Geltungskriterium, und schließlich R.-Rationalität, hat mithin nicht zuletzt ein vorgängiges Kohärenzkriterium. Eben deshalb wird es möglich, dieses Steuerungsmedium als R. zu identifizieren.

Forschungsstand und -perspektive

Selektives Wissen über gesellschaftliche Steuerung durch R. liefern etwa Effektivitäts-, Evaluations-, Implementations- oder R.-Tatsachenforschungsergebnisse, die R.-Politologie in ein Steuerungsforschungsparadigma integrieren will. Allerdings hat diese Resultate die Erforschung interventionistischen R. erbracht. Empirische Befunde über postinterventionistisches R. liegen nur ansatzweise vor; insoweit lassen sich etwa Untersuchungen über technologische Selbstbeschränkungen, sozio-ökonomische Kooperativen oder ökologische Maßnahmenbündel nutzen.

Da gesellschaftliche Steuerung durch R. die Steuerbarkeit der modernen Industriegesellschaft voraussetzt, geht es stets auch um die Suche nach einer Theorie oder einem Modell sozietaler Steuerung. Im übrigen dürften sich die Antworten auf die Fragen nach Steuerung mit interventionistischem R. einerseits oder mit postinterventionistischem R. andererseits wechselseitig falsifizieren, weil sich die Erforschung des einen R. unter anderem mit dem Versagen des anderen R. als Steuerungsmedium legitimiert. Dabei bereitet die Fortschreibung der interventionistischen R.-Forschung, wovon man sich in erster Linie Strategien zur Optimierung der R.-Setzung und zur Effektuierung der R.-Realisation verspricht, weniger Probleme als die Institutionalisierung einer postinterventionistischen R.-Forschung, wie sich am Beispiel des medialen R. belegen läßt.

Der Schwerpunkt dieser R.-Forschung liegt zunächst in der Präzisierung und Operationalisierung des Konstrukts. Vorrangig müssen systemspezifische, Struktur variierende Handlungsketten ausdifferenziert werden, die gesamtsystemische, Variation initiierende Anschlußmöglichkeiten eröffnen. Derartige Handlungsketten lassen sich aus dem jeweiligen Kommunikationszusammenhang herausfiltern, und zwar als Produktionsnetzwerke, die bestandserhaltende Informationen transportieren. Auf die Spuren solcher Netzwerke führen die systemischen Selbstbeschreibungen von Bestandsinteressen, etwa das Interesse der →Technologie an Innovation oder der Religion an Erlösung, und die Anschlußmöglichkeiten spiegeln sich in der gesamtsystemischen Selbstbeschreibung der Bestandsbeiträge, etwa des Beitrags der Technologie zur Organüberbietung oder der Religion zur Legitimierung. Die Verschränkung von systemischen und gesamtsystemischen Dimensionen läßt sich an Organisationen untersuchen, die explizit zur Realisation des gesamtsystemischen Bestandsinteresses beitragen wollen, etwa an Technologiefabriken, die mit den Weg in die postindustrielle Gesellschaft, oder Staatsdomänen, die den Weg mit in die ökologische Gesellschaft ebnen wollen.

Brüggemeier, G./Joerges, C. (Hg.): Workshop zu Konzepten des postinterventionistischen Rechts. Zentrum für Europäische Rechtspolitik Materialien 4. Bremen 1984.
Görlitz, A./Voigt, R.: Rechtspolitologie. Opladen 1985.
Görlitz, A./Voigt, R. (Hg.): Jahresschrift für Rechtspolitologie. Bd. 1 «Grenzen des Rechts». Pfaffenweiler 1987.
Kübler, F. (Hg.): Verrechtlichung von Wirtschaft, Arbeit und sozialer Solidarität. Frankfurt/M. 1985.
Mayntz, R.: Implementation politischer Programme II. Opladen 1983.
Voigt, R. (Hg.): Gegentendenzen zur Verrechtlichung. Opladen 1983.
– (Hg.): Recht als Instrument der Politik. Opladen 1986.

Axel Görlitz

Rechtsstaat

Begriffsverwendungen

Allgemein läßt sich R. als die Staatsform (→Staat) bestimmen, in der die Tätigkeit aller Staatsorgane an das positive →Recht gebunden und richterlicher Kontrolle unterworfen ist. Zu seinen Hauptelementen gehören die Gewährleistung von individueller →Freiheit, Rechtsgleichheit, Rechtssicherheit und Gewaltenteilung.

Als politisches Ziel des *Frühliberalismus* (→Liberalismus) (K. Th. Welcker; R. v. Mohl) wird der R.-Gedanke als Kampfparole des Bürgertums gegen den Polizeistaat Metternichscher Prägung verwendet. Gefordert wird die Beschränkung des Staatszwecks auf den Rechtszweck sowie die Bindung der Staatsgewalt durch eine →Verfassung (Konstitutionalismus). Hinzu tritt die Forderung nach einer unabhängigen Gerichtsbarkeit (→Justiz), die auch die →Verwaltung kontrollieren soll. Während eine ‹progressive› Richtung im R. ein Mittel zur Realisierung der Selbstbestimmung der Bürger in einem System «freier Verwaltungskörper» (L. v. Stein) bzw. zur Verstärkung des ehrenamtlichen Elements in einer dezentralisierten Verwaltung (R. v. Gneist) sieht, bezieht eine ‹konservative› Position das R.-Postulat lediglich auf die Form staatlichen Handelns («Gesetzesstaat», F. J. Stahl).

Diese Interpretation setzt sich gegen Ende des 19. Jahrhunderts in Deutschland endgültig durch (O. Mayer). Als Ergebnis der «liberalen Resignation» (U. Scheuner) verkümmert die R.-Idee von einer das gesamte Staatshandeln umfassenden politischen Leitvorstellung zu einem juristischen Formprinzip. Sein Hauptinhalt besteht jetzt aus den Prinzipien vom Vorrang bzw. vom Vorbehalt des Gesetzes, die beide als Beschränkungen des Verwaltungshandelns interpretiert werden. Der Vorrang des Gesetzes besagt, daß gesetzlich geregelte Tatbestände nur durch Gesetz und nicht durch Akte der Verwaltung geändert werden können, während der Vorbehalt des Gesetzes bedeutet, daß die Verwaltung in rechtlich erfaßbaren Akten handeln muß.

Verwendungszusammenhänge

Dieser *formale* R.-Begriff ist Grundlage der Staats- und Verfassungstheorie (und -praxis) der Weimarer Republik, die zum einen die Identität von Staat und Recht (H. Kelsen), zum anderen die Meßbarkeit aller staatlichen Machtäußerung (C. Schmitt) als wesentliches Element des R.-Prinzips ansieht. Dem steht die Erkenntnis H. Hellers gegenüber: «Entweder wird der liberale R. in einen sozialen verwandelt, oder man verzichtet eines Tages um der Erhaltung wirtschaftlich privilegierter Gruppen willen auf R. und Demokratie.»

Die neuere R.-Diskussion setzt hier ein und postuliert auf der Grundlage der Erfahrungen mit dem nationalsozialistischen Un-R. (→Faschismus) den *materialen* R. Dieser neue Begriffsinhalt bedeutet in erster Linie, daß alle Staatsorgane, auch der Gesetzgeber, an bestimmte in der Verfassung niedergelegte Wertmaßstäbe gebunden sind. Zur Durchsetzung dieser Bindung dient die →Institution Verfassungsgerichtsbarkeit, die u. a. über die Verfassungsmäßigkeit von Gesetzen – auf Antrag – zu entscheiden hat.

Gesetze müssen danach nicht nur in einem formell ordnungsgemäßen Verfahren zustande gekommen sein, sondern darüber hinaus auch materiell mit der verfassungsrechtlichen Wertordnung und bestimmten Verfassungsgrundsätzen übereinstimmen. Zu diesen Grundsätzen gehören neben der Unantastbarkeit der menschlichen Würde vielfältige Freiheits- und Gleichheitsverbürgungen. Freiheit wird im sozialen R. nicht mehr als →Freiheit vom, sondern als Freiheit im Staat verstanden. Zugleich führt das Gleichheitsprinzip (→Gleichheit) zur Verpflichtung des Staates, die Verwirklichung materialer Gerechtigkeit anzustreben.

Begriffspräzisierung

Der moderne R.-Begriff kann nicht mehr aus dem Gegeneinander von monarchischem Staat und freiheitlicher Gesellschaft heraus verstanden und interpretiert werden. Daher hat sich die Bedeutung mancher Grundsätze des formalen R. verändert. So hat z. B. in einem Staat, dessen Grundlage die *Volkssouveränität* ist, die Gewaltenteilung nicht mehr den Sinn, dem Bürgertum über das Parlament Einfluß auf die Staatsgeschäfte zu sichern. Vielmehr geht es um ein System von ‹checks and balances›, das den ungehemmten und unkontrollierten staatlichen Durchgriff auf den einzelnen wenn nicht verhindern, so doch erschweren soll. Der Begriff «Funktionenordnung» (N. Achterberg) wird diesem Bedeutungswandel eher gerecht als der der Gewaltenteilung.

Auch der *Grundsatz der Gesetzmäßigkeit* muß angesichts zunehmender Steuerungsprobleme (→Steuerung) neu überdacht werden. Es kann nicht mehr darum gehen, den gesamten Bereich staatlicher Tätigkeit zu ‹vergesetzlichen›, auch wenn die Wesentlichkeitstheorie des Bundesverfassungsgerichts (BVerfG) hierzu neue Anstöße gibt. Der Übergang von der konditionalen zur Zweckprogrammierung läßt vielmehr deutlich werden, daß Gesetze wegen der unzureichenden Informations- und Prognosekapazität des Staates das Verwaltungshandeln oft nur in geringem Maße determinieren.

Der Sinngehalt des R.-Prinzips liegt heute nicht mehr nur in der Sicherung individueller Freiheit durch rechtsförmige Beschränkung der Staatsgewalt. Seine Aufgaben sind vielmehr Herstellung von →Legitimität, Rationalität und Kontinuität staatlicher →Herrschaft. Die rechtsstaatliche Ordnung des Grundgesetzes enthält Prinzipien und Verfahrensregeln, mit deren Hilfe der erforderliche *Grundkonsens der Gesellschaft* stets aufs neue bestätigt, gefestigt oder notfalls wiederhergestellt werden muß. Staat und Recht erscheinen daher heute als in einem unlösbaren Zusammenhang stehend. Erst das Recht mit seinen normativen und technischen Eigenschaften verleiht dem Staat Dauer und Struktur (H. Heller).

Forschungsstand

An zwei Anwendungsfeldern lassen sich die Folgen einer Überbetonung des materialen R.-Prinzips besonders gut zeigen: an der Rolle des BVerfG als «Über-Gesetzgeber» und an der Postulierung eines Verfassungsprinzips der «streitbaren Demokratie».

Mit der Einführung einer unabhängigen Verfassungsgerichtsbarkeit ist zunächst lediglich die Intention verbunden, dieser eine Art Schiedsrichterfunktion im politischen Meinungsstreit zuzuweisen, für die das Grundgesetz die ‹Spielregeln› bereithält. Mit wachsendem Spezialisierungs- und Detaillierungsgrad der Gesetze einerseits und der Neigung des Gesetzgebers, in politisch kontroversen Fragen den kleinsten gemeinsamen Nenner in einer Kompromißformel zu suchen, andererseits wächst jedoch die Interpretations- und Definitionsmacht (O. Massing) des BVerfG. Zudem hat das Gericht im Laufe der Zeit aus den Grundrechten eigene Beurteilungsmaßstäbe entwickelt, die für die anstehende Entscheidung oft von größerer Bedeutung sind als die zu interpretierende Gesetzesnorm und die relativ weit gefaßte Verfassungsvorschrift.

Diese Maßstäbe ergeben sich zum einen aus einer in Jahrzehnten verfestigten Entscheidungspraxis mit Selbstbindungswirkung, zum anderen aus der Kreation einer abstrakten ‹Super-Wertordnung›, die dem Text der Verfassung gegenüber als höherrangig erachtet wird. Darüber hinaus generiert das BVerfG mit sogenannten «Appellentscheidungen» und «Ankündigungsentscheidungen» neue Kontroll- und Machtinstrumente (B. O. Bryde). Dabei steckt es oft nicht nur den Rahmen künftiger gesetzlicher Regelungen ab, die es als verfassungsgemäß passieren zu lassen gewillt ist, sondern gibt u. U. sogar Quoten oder Prozentzahlen an, die vom Gesetzgeber beachtet werden müssen.

Dem demokratisch gewählten Parlament wird damit die Kompetenz der Letztentscheidung entzogen und einem Richterkollegium übertragen, das nur als mittelbar demokratisch legitimiert gelten kann. Da auch in allen übrigen Gerichtszweigen eine Fülle von Rechtsmitteln zum exzessiven Gebrauch einlädt, richtet sich die Kritik gegen eine Entwicklung vom R. zum *Justizstaat*.

Während das im materialen R.-Prinzip angelegte Spannungsfeld zwischen Gesetzgeber und (Verfassungs-)Justiz im Rahmen des demokratischen Grundkonsenses als lösbar erscheint, stellt der Streit um die Grenzen einer offensiven Verteidigung der geltenden politischen Ordnung durch Polizei und Verfassungsschutz den R. auf die *Zerreißprobe*. In seinen Entscheidungen der Jahre 1952 (SRP-Verbot) und 1956 (KPD-Verbot) hat das BVerfG die Prinzipien der «freiheitlichen demokratischen Grundordnung» (fdGO) festgelegt und für allgemeinverbindlich erklärt. Einige dieser Prinzipien wie Gewaltenteilung, Gesetzmäßigkeit der Verwaltung, Unabhängigkeit der Gerichte sind Essentialia des R.-Gedankens, andere ergeben sich aus dem Demokratiegebot (→Demokratie).

Die Brisanz des Staatsmodells einer *streitbaren Demokratie* zeigt sich besonders bei den Auseinandersetzungen der Jahre 1967/68, 1977/78 und 1985/86. Während die «Notstands-Gesetze» von 1968 bestimmte Grundrechte wie das Post- und Fernmeldegeheimnis nicht nur im militärischen bzw. zivilen Katastrophenfall, sondern auch bei einem «inneren Notstand» (Gefährdung der FdGO) einzuschränken erlauben, effektivieren die Gesetze der Jahre 1978 und 1985/86 vor allem die polizeiliche Fahndung. Als Reaktion auf den RAF-Terrorismus werden durch das sog. Anti-Terror-Gesetz 1978 die Arbeitsmöglichkeiten von Strafverteidigern («Kontaktsperregesetz») und 1986 durch das sogenannte Sicherheitspaket der Schutz der Bürger vor dem behördlichen Zugriff auf persönliche Daten erheblich verschlechtert. Rasterfahndung und maschinenlesbarer Personalausweis sollen den Behörden helfen, die ‹innere Sicherheit› des Staates zu schützen. Dies scheint jedoch nur um den Preis einer Aushöhlung rechtsstaatlicher Garantien möglich zu sein. Damit rückt die Frage nach der Verhältnismäßigkeit der Mittel in den Vordergrund der R.-Diskussion. Freiheitsbeschränkungen zum Schutz einer staatlichen Ordnung, die Freiheit erst ermöglicht, scheinen unumgänglich zu sein; sie dürfen aber nicht zum Selbstzweck werden. Vielmehr müssen Mittel und Ziel in einem angemessenen Verhältnis zueinander stehen.

Forschungsperspektive

Forschung zum Thema R. erscheint auf den ersten Blick als eine Domäne der *(Staats-)*Rechtswissenschaft. Tatsächlich trägt diese wegen ihrer besonderen Affinität zum R. eine besondere Verantwortung für die Erhaltung und Weiterentwicklung der Idee vom demokratischen und sozialen R., da ihre Stellungnahmen wie die keiner anderen Wissenschaft geeignet sind, die rechtsstaatliche Praxis von Verwaltung und Justiz zu beeinflussen. Denn nur im ‹richtigen› Code verfaßte Meinungsäußerungen werden dort überhaupt gehört und verstanden.

Politikwissenschaftliche R.-Forschung ist dennoch keineswegs überflüssig, da sie den Staat als politisches System aus einer anderen Perspektive betrachtet und weniger auf verfassungsrechtliche Fragestellungen fixiert ist. Der Problemkomplex ‹gläserner Bürger› bietet hierfür ein wichtiges Forschungsfeld, in dem es darum geht, den umfassenden Zugriff der Staatsmacht («Leviathan») auf die persönlichen Daten seiner Bürger in Grenzen zu halten. Diese Analyse könnte zum einen an die bereits vorliegenden Untersuchungen zum «situativen» Verwaltungshandeln (Treutner et al.) anschließen und die Handhabung rechtsstaatlicher Grundsätze durch die →Bürokratie unter dem besonderen Aspekt des Umgangs mit Personaldaten erforschen. Ein weiterer Anknüpfungspunkt findet sich in der Untersuchung der besonderen Rolle (Gawron/Rogowski), die das BVerfG für den täglichen Umgang der Gerichte und Verwaltungsbehörden mit dem rechtsstaatlichen Instrumentarium spielt.

Beide Forschungsstränge unter dem Gesichtspunkt der politikwissenschaftlichen R.-Forschung zusammenzuführen, ist eine bisher unbewältigte Aufgabe der Disziplin.

Bäumlin, R.: «Rechtsstaat». In: H. Kunst/R. Herzog/W. Schneemelcher (Hg.): Evangelisches Staatslexikon. Stuttgart/Berlin ^{2}1975.
Denninger, E.: «Rechtsstaat». In: A. Görlitz (Hg.): Handlexikon zur Rechtswissenschaft. München 1972, S. 344ff.
Forsthoff, E. (Hg.): Rechtsstaatlichkeit und Sozialstaatlichkeit. Aufsätze und Essays. Darmstadt 1968.
Gawron, T./Rogowski, R.: Implementation von Bundesverfassungsgerichtsentscheidungen – Die intergerichtliche Kommunikation. In: E. Blankenburg/R. Voigt (Hg.): Implementation von Gerichtsentscheidungen. Opladen 1987, S.352ff.
Heller, H.: Staatslehre. Hg. von G. Niemeyer. Leiden 1934.
Hesse, K.: Der Rechtsstaat im Verfassungssystem des Grundgesetzes. In: Staatsverfassung und Kirchenordnung. Festgabe für R. Smend zum 80. Geburtstag. Tübingen 1962, S. 71ff.
Luhmann, N.: Gesellschaftliche und politische Bedingungen des Rechtsstaates. In: ders.: Politische Planung. Opladen 1971, S. 53ff.
Narr, W.-D. (Hg.): Wir Bürger als Sicherheitsrisiko? Berufsverbot und Lauschangriff. Beiträge zur Verfassung unserer Republik. Reinbek 1977.
Scheuner, U.: Die neuere Entwicklung des Rechtsstaats in Deutschland. In: ders.: Staatstheorie und Staatsrecht. Hg. von J. Listl und W. Rüfner. Berlin 1960, S. 185ff.
Treutner, E./Wolff, S./Bonß, W.: Rechtsstaat und situative Verwaltung. Zu einer sozialwissenschaftlichen Theorie administrativer Organisationen. Frankfurt/New York 1978.

Rüdiger Voigt

Reform

Begriffsverwendungen

R. ist ein komplizierter, vieldeutiger und interpretationsbedürftiger *politischer* Begriff. Als ‹Prinzip der Mitte› repräsentiert R. ein breites Spektrum zwischen Restauration und →Revolution; es ist oft schwierig, zu bestimmen, ob es sich schon, noch, nicht mehr um R. handelt. Das ist wiederum dadurch bedingt, daß der Veränderungsumfang und das Ziel theoretisch unbestimmt sind und die bestehende Gesellschaftsordnung nicht radikal beseitigt, sondern allmählich ‹verbessert› werden soll. R. ist allen drei Zeiten gegenüber verpflichtet, im Unterschied zur bloß traditionsbezogenen Restauration (‹Rückkehr›) oder zur bloß zukunftsbezogenen Revolution (‹Heilserwartung›). Die Gegenwart wird als etwas aus der Vergangenheit Gewordenes erkannt: Nicht alles muß verändert werden, das, was sich bewährte, kann bleiben. Unzureichendes ist zu ersetzen. Aus beidem entwickelt sich die zukünftige Ordnung, die grundsätzlich als beinflußbarer Fortschritt angesehen wird.

Aus der Bewertung der französischen Revolution entstand R. zunächst als (konservativer) Gegenbegriff: verändern, um zu bewahren. Edmund Burkes klassische Formulierung (1790) prägt bis heute diese Abwehrbedeutung des R.-Begriffs: «Ein Staat, dem es an allen Mitteln zu einer Veränderung fehlt, entbehrt die Mittel zu seiner Erhaltung. Ohne solche Mittel läuft er Gefahr, selbst den Teil seiner Konstitution, den er am heiligsten zu bewahren wünschte, zu verlieren.» Und Benjamin Constant begreift (1814) R. als Forderung der Gegenwart mit Blick für die Zukunft ohne Vorwegnahme von Aspekten, für die die Zeit noch nicht reif ist; denn dann sind sie eher verhängnisvoll (ähnlich schon N. Machiavelli um 1515). So ist das Prinzip der R. (ideengeschichtlich betrachtet) eher die ‹Forderung des Tages› als die Behandlung von ungewisser Zukunft; eher die Orientierung am gewesenen Guten als an revolutionärer Unordnung. Geduldiges Ausbessern erscheint erfolgreicher als drängendes Verändern.

So hing dann der R.-Begriff von Anbeginn seiner neueren Verwendung in Deutschland (Beginn des 18. Jh. im Gefolge der Aufklärung) mit der Idee der gesellschaftlichen und politischen Beseitigung von ‹Übeln› und mit der rechtzeitigen (sozialen) Anpassung staatlicher und gesellschaftlicher Strukturen zusammen: um Schlimmeres zu verhüten, um etwas Neues zu erreichen – ohne doch das Gegebene völlig zu zerschlagen. Das Gegenwärtige ist aus dem Vergangenen zu entwickeln, damit es dauerhaft sein kann. Sonst erhalten die neuen Institutionen bloß ein abenteuerliches Dasein – ohne Bürgschaft für die Zukunft (Freiherr vom Stein). Die Revolution ist durch zeitgemäße R. zu verhindern (Bluntschli; Schmoller). – In neuerer Zeit wird der R.-Begriff aktiver und zugleich zukunftsbezogener verwendet. Das Mischungsverhältnis von Bewahren und Verändern wird – bei Anerkennung von Kontinuität und Identität – eher zugunsten des (sozialen, humanen) Wandels verändert. Die Zukunft der →Demokratie hängt von der R.-Fähigkeit ab (J. Strasser), strukturelle Veränderungen sollen sein, freiheitliche Grundwerte und Verfahren müssen erhalten bleiben (E. Eppler). Die bestehende Gesellschaftsordnung soll nicht gänzlich und abrupt abgelöst werden (v. Krockow).

Verwendungszusammenhänge

Aus dem breiten Spektrum der Begrifflichkeit folgen unterschiedliche Meinungen darüber, was zu bewahren, zu verändern, gar zu beseitigen sei – und auf welchem Wege dies zu geschehen habe. Offenheit der Ziele und Flexibilität der Wege kennzeichnen R. im Grundsätzlichen – dies mag zugleich die allgemeinste, theoretische Zusammenfassung sein. Die Diskussion um Interpretation und Begründung von R. kann grob in vier Ausprägungen eingeteilt werden, denen sich jeweils ein vorrangiges Denkmuster zuordnen läßt: konservative Ausprägung – Ordnung; liberale Ausprägung – Verfahren; reformsozialistische Ausprägung – optimale Gestaltung; Fundamentalkritik – R.-Illusion.

● *Konservative R. – Ordnung* (→Konservativismus): Keine Ordnung kann sich dem historischen Wandel entziehen; deshalb muß R. sein. Allerdings ohne zeitbedingte Hektik, eher überlegt und in gewachsenen Strukturen (das ‹Unverzichtbare›) eingebunden. Vor allem aber: als Anpassung an sich verändernde Bedingungen. Es muß dabei ein gutes Maß an Kontinuität erhalten bleiben. R. ist ein voranstrebendes Prinzip, das an die gegebene Ordnung gebunden bleibt. R. orientiert sich an den gegebenen Übeln, nicht an Vorstellungen unbekannter künftiger Glücksverheißung (Lübbe; Hättich). R. steht unter Rechtfertigungszwang. Fortschritt wird nicht abgelehnt, aber er ist begründungspflichtig. Bis zum Beweis des Gegenteils ist von der Vernünftigkeit des Bestehenden auszugehen.

● *Liberale R. – Verfahren* (→Liberalismus): R. soll die individuelle Freiheit und die Beteiligung an gesellschaftlichen →Entscheidungen ermöglichen. Die menschlichen Möglichkeiten und Fähigkeiten, umfassend und zukunftsorientiert zu wirken, sind allerdings begrenzt. Dies vor allem, wenn für Richtung und Weg des geplanten Wandels zu Recht fortwährend Zustimmung (‹Konsens›) der Bürger eingeholt werden muß. Es erscheint deshalb als der sicherste und offenste Weg, nur schrittweise und nach dem Prinzip von Versuch und Irrtum bei hoher pluralistischer Interessenberücksichtigung und Anerkennung von Verfahrensregeln vorzugehen (→Pluralismus). Auf diese Weise kann der Mensch weiterhin frei entscheiden und handeln. Aus den vielen unkoordinierten Schritten entsteht – ähnlich wie bei marktwirtschaftlichen Prozessen – ein allgemein akzeptables Ergebnis. Dies allein ermöglicht auch in komplexen Industriegesellschaften weiterhin den Fortschritt.

Ein Hintergrund dieser Sichtweise ist im kritischen Rationalismus K. R. Poppers zu finden. Leitbild ist die «offene Gesellschaft»; als Verfahren für den schrittweisen Umbau der Gesellschaft (Beseitigung von Mißständen) gilt sozialtechnisches Handeln (piecemeal social engineering), das ständiger →sozialer Kontrolle und gegebenenfalls Revision zu unterziehen ist. R.en sind aber auch notwendige Reaktionen auf Veränderungen, die →*Institutionen* funktionsunfähig machen könnten. R.en enthalten konservative und progressive Elemente. Die Veränderungen verlaufen in geregelten Bahnen politisch-sozialer →Konflikte, die zu immer neuen Kompromissen führen (Optimierung). R. ist das politische «Prinzip des Vorletzten» (v. Krockow): Nur Revolutionen wollen die endgültige ‹heilige› Ordnung über ‹Kreuzzüge› erreichen. R.en zielen zwar auch auf Einsatz und Umverteilung von →Macht (Institutionen ändern sich selten von selbst), doch der R.-Druck erfolgt immer ‹legitimiert›. R.-Druck wird benötigt als ‹Druck von oben› (autoritär: preußische R.en; liberal-demokratisch: ‹innere R.en› der sozial-liberalen Koalition), als ‹Druck von unten› (Fundamentalpolitisierung über Demonstrationen

tionen, Bürgerinitiativen, Streik) und als ‹Druck von der Seite› (Konkurrenzsituationen, ‹Interessen›). – Als R.-*Maxime* gelten: Die Vorhaben müssen verständlich gemacht werden (Notwendigkeit, Kosten, Folgen); vordringlich müssen die Spielregeln des allmählichen Wandels eingehalten werden (‹Vertrauen›); der Umfang der Veränderungen muß begrenzt bleiben; nicht alles geht auf einmal (Prioritäten), nicht alles ist auf einmal zu verkraften (Vertrautheit mit Traditionen); es gibt kein ‹perfektes allgemeines Glück›, nur Zukunftsoffenheit und flexible ‹Änderungsprozesse› (Teilschritte).

• *R.-Sozialismus – vom Revisionismus zur aktiven Gestaltung:* Schon bei Marx und Engels deuten einige praktische Aussagen auf unscharfe Trennungen von →Revolution und R. hin, insbesondere im Zusammenhang von partiellen Maßnahmen und ‹revolutionärem› Zeitbedarf. Innerhalb der Arbeiterbewegung kam es später zu unterschiedlichen Auffassungen über den einzuschlagenden Weg zur (vage beschriebenen) sozialistischen Ordnung. Die *Revision* der klassischen marxistischen Theorie setzte ein: die «Voraussetzungen des Sozialismus und die Aufgaben der Sozialdemokratie» (E. Bernstein, 1899) wurden neu bedacht, es ging um die allmähliche und friedliche Veränderung der politischen und gesellschaftlichen Wirklichkeit: «Das Ziel ist mir gar nichts, die Bewegung alles». Eine gewaltsame Revolution wurde abgelehnt. Die reformsozialistische Alternative lautete: Der Gang der Geschichte vollzieht sich als organische *Evolution*. Der Übergang zur sozialistischen Gesellschaft erfolgt über reformerische Schritte. →*Demokratie* ist so wichtig wie Sozialismus, sie ist Mittel (zur Erkämpfung des Sozialismus) und Zweck (Form der Verwirklichung des Sozialismus) zugleich; der antagonistische Klassenkampf verschwindet (Demokratischer Sozialismus).

Mit dem Aufstieg der →Gewerkschaften setzte sich der Revisionismus immer mehr durch. Das Godesberger Programm (SPD) von 1959 gilt als der vorläufige Schlußpunkt. In letzter Zeit wurden diesem passiven Reformismus aktivere Ausrichtungen entgegengesetzt, wobei zwischen eher materiellen und eher aktionsbezogenen Ausprägungen unterschieden werden kann. Den traditionsorientierten R.-Mustern wird →Konservatismus vorgeworfen. Wenn die Vergangenheit bestimmend für die zukünftigen Änderungen ist, dann werden strukturelle Innovationen verhindert. Es ist deshalb erforderlich, daß die R.-Idee als ein Gesamtkonzept der wünschbaren Entwicklung formuliert wird; die politischen Rahmenbedingungen dafür sind zu beeinflussen; bewußtseinsbildende Strategien sind notwendig (M. Greiffenhagen). Die vorzugsweise an inhaltlichen Kriterien (z. B. →Verteilungspolitik, Ökologie) orientierten R.-Vorstellungen wollen wieder mehr (sozialistische) ‹Theorie der Wirklichkeit› entwickeln, um von dem kurzschlüssigen Durchwursteln (nur Weg, wenig Ziel) oder bloß ethischen Formeln (‹freiheitlicher Sozialismus›) abzukommen. Im Grunde geht es um die (wiederum theoretisch angeleitete) Entwicklung und Durchsetzung von abgestimmten Strukturveränderungen (Papcke 1979); eine Renaissance der ‹systemüberwindenden R.en› mittels ‹Gegenmacht von unten› (um 1970).

Demgegenüber setzt das Konzept der «aktiven Politik» (Mayntz/Scharpf) auf die Ermittlung und Ausnutzung von politisch-administrativen Handlungsspielräumen zur erfolgreichen Veränderung. Die R.-Programme sind umfassend, langfristig und umfeldverändernd anzulegen. Sozio-ökonomische Restriktionen werden beachtet, aber als prinzipiell beeinflußbar angesehen. R.en müssen aber gegen interne Widerstände (z. B. →Bürokratien) durchgesetzt werden. Deshalb sind auch die Binnenstrukturen des politisch-administrativen Systems reformbedürftig (Steuerungsdefizite und Organisationsmängel sind zu minimieren, zu starke Einflüsse aus ökonomischem Bereich sind abzuwehren).

• *Fundamentalkritik – R.-Illusion:* R. ist letztlich Illusion; dies wird herrschafts- oder kapitalismuskritisch begründet. Wie die Geschichte zeigt, gelingen umfassende R.en nicht gegen die Interessen der Herrschaftsstabilisierer. R.en werden immer nur dann (‹staatlich›) eingeleitet, wenn es gilt, revolutionäre Akte (das ‹Systemende›) zu verhindern. Die jeweils Herrschenden versuchen, mittels (Teil-)R.en die Gesellschaft von oben zu gestalten, um die radikale Umwälzung von unten zu vermeiden. Gegenrevolutionäre Kräfte werden gerechtfertigt; mittels wohlabgewogener sozialer Verbesserungen wird der Umbruch verhindert und Re-Stabilisierung bewirkt. Damit richten sich R.en gegen die dynamisch-progressiven Kräfte. Diese Störkräfte werden ‹eingegrenzt› und ‹überwacht›. Der Staatsapparat muß sogar Sicherheitsleistungen erbringen, tendiert zu autoritären Strukturen, bewirkt gar solche (Greven) (→Autoritarismen). Die (neo-)marxistische Kritik erkennt R. als notwendig zur Sicherung der (spät-)kapitalistischen Reproduktionsbedingungen und damit zur Stabilisierung der spätbürgerlichen Gesellschaft. Die R.er sind Gefangene des historisch-ökonomischen Rahmens (Miliband), ihre Maßnahmen und Proklamationen dienen letztlich nicht den eigenen Zielen, sondern immer dem Kapital: R.-Illusion.

Begriffspräzisierung

Die Vielfalt der R.-Begriffe und die Spannweite der positionsgeleiteten Verwendung verweisen darauf, daß es zweckmäßig sein mag, den R.-Begriff im Spektrum zwischen Restauration und Revolution zu präzisieren. Dabei lassen sich auch die Möglichkeiten und Grenzen von R. als politischem Prinzip verdeutlichen und ansatzweise die Elemente einer (allgemeinen) Theorie der R. gewinnen.

• *Abgrenzungen:* R. ist mehr als reaktive Anpassung und (qualitativ) anders als Revolution oder gewaltverwendende Veränderung (Staatsstreich, Terror, Umsturz). Reaktive Anpassung dient lediglich der Aufrechterhaltung minimaler Funktionsfähigkeit in Teilbereichen auf niederem Konfliktniveau (‹was jetzt gerade noch geht›). Es handelt sich um stabilisierende oder selbstorganisierende Aufrechterhaltung des ‹inneren Milieus› von Teilsystemen bei Umfeldveränderungen (Effektuierung, Sparmaßnahmen, mehr oder weniger Regelungsumfang etc.). Der modische Begriff der ‹Wende› ist hierfür (in seiner konkreten Auffüllung) angemessen: konzeptionell ‹restaurativ›, prozessual ‹reaktiv›, zeitlich ‹vergangenheitsorientiert› und strukturell ‹hierarchie-erhaltend›. Dies alles kommt durchaus dem menschlichen Beharrungsstreben entgegen; im Grunde besteht sowohl in einfachen als auch in komplexen Gesellschaften ein Hang zu strukturkonservativem Verhalten. Auf zu schnelle und häufige Änderungen wird mit Ablehnung oder gar Angst reagiert. Zu intensiver Änderungsdruck führt leicht zu einer Verstärkung der ‹eingebauten› Beharrungstendenzen; zu häufige Veränderungen führen zu Verunsicherung und Mißtrauen. Menschen benötigen außerdem ein Mindestmaß an Identifikation mit Gruppen, mit dem Gemeinwesen, was sich in traditionellen Ritualen und in Symbolen ausdrückt. Stabilität, Kontinuität, Routine und Sicherheit sind Werte, die zu weit und zu schnell vorauseilende Veränderungen abbremsen. Dennoch: Eine Politik, die sich auf die anpassende Verwaltung des Status quo oder auf die letztlich zufällige Taktik der ‹Versuch-und-Irrtum›-Erkundung konzentriert, soll nicht mehr als R. bezeichnet werden.

Trotz aller historischen Verdienste kann weder die konservative noch die liberale Auffassung von R. als bestimmend für den R.-Begriff gelten. Als politisches Prinzip sind beide Positionen zu sehr dem ‹Beharren› oder dem ‹Zufall› verpflichtet. Eine ähnliche Zurücknahme gilt für die andere Seite des Spektrums: der Abgrenzung zur Revolution. Zur R. gehören nicht abrupte und weitreichende Umwälzungen der Gesellschaftsordnung und ihrer Grundwerte, also die alle sozialen Ebenen gleichzeitig und tendenziell gewaltsam (ohne Chance zur Mit- und Selbstbestimmung) erfassenden Veränderungen mit dem Ziel der ‹Systemtransformation› auf der Grundlage einer politischen Philosophie und/oder eines nicht-legitimierten Machterwerbs. – Empirisch betrachtet bleibt die Grenze zwischen anpassender Stabilität und strukturellem Wandel allerdings fließend, sogar unbestimmt. Oft wird der Typ der Veränderung (reformerisch, restaurativ, revolutionär) erst im nachhinein beschrieben, erkannt, festgelegt. Was schon R. ist, was noch als R. gilt, ist bestenfalls von einer materialen Theorie aus bestimmbar. Zumindest benötigt die Bestimmung von R. eine ‹Meßlatte› anerkannter Kategorien.

- *R. als seitenverschobenes ‹Prinzip der Mitte›:* Auf dem Spektrum zwischen kurativer Anpassung und struktureller Veränderung wird R. zwar als ‹Prinzip der Mitte› verortet; jedoch von der konservierenden Anpassung weiter entfernt als von der revolutionären Transformation. Grundsätzlich soll deshalb gelten: daß R. nicht voraussetzungslos ist (sie hat ‹Geschichte›); daß mittels R. für jetzt und die Zukunft zugleich gehandelt wird, wobei die ‹Vernetzung› der Problemfelder und die soziale Akzeptanz zu beachten sind; wenn im Gemeinwesen für die Lage und das Zusammenleben aller oder bisher benachteiligter Menschen rechtzeitig einiges ‹besser› wird (gemessen an der Situation vorher); wenn in dieser Hinsicht veränderte Zustände erreicht werden – und zwar auf Wegen, die den erstrebten Leitbildern nicht erheblich widersprechen (mehr Demokratie darf nicht mit unsozialen oder rechtswidrigen Methoden erreicht werden); wenn der Änderungsprozeß nicht in richtungslosen, kleinen Schritten (‹inkremental›) vor sich geht, sondern (trotz aller ökonomischen Hemmungen) konzeptionell ausgerichtet ist und mittels ‹aktiver Politik› stattfindet.

Es wird davon ausgegangen, daß es ein produktives Spannungsverhältnis zwischen Wünschbarem und Machbarem gibt mit der Maßgabe, daß das Wünschenswerte eine höhere Bewertung als nur das Bewahrungswürdige erfährt; daß die inhaltlichen Ziele (‹Konzepte›) über geregelte und legitimierende →Konflikte (Verteilung, Überzeugung) in angebbaren Zeiträumen erreicht werden sollen (ohne Kontrollzeitpunkte bleibt alles möglich); daß es so etwas wie R.-Verantwortung gibt: Kuratives und bloß reagierendes Verhalten ist politisch ebenso verwerflich wie bloßes Warten auf die historische Selbstzerstörung der derzeitigen Gesellschaftsordnung. R. zielt also auf grundlegende, relativ dauerhafte, zeitlich angebbare und an inhaltlichen Konzepten ausgerichtete Veränderung von Strukturen und Prozessen. Außerdem ist ein breiter Wirkungskreis (erhebliche Teile des Gemeinwesens sind involviert) bei – deswegen – zumeist hohem Konfliktniveau. Dieses wird auch durch systemische Randbedingungen (Wirtschaftsweise, soziokulturelle Traditionen) beeinflußt; allerdings werden diese Randbedingungen prinzipiell als veränderbar oder doch beherrschbar angesehen. Wegen dieser konzeptionellen und aktiven Ausrichtung ist das ‹Prinzip der Mitte› ‹seitenverschoben›: R. bedeutet eben nicht punktueller Reformismus, sondern materielle Verbesserung mit gesellschaftsverändernder Absicht (politische Strategie). Dazu gehören bewußtseinsbildende Mehrheitsbeschaffung (Legitimierung), vorauseilende Problemlösungsfähigkeit (neue Instrumente) und erfolgreiche Konfliktverarbeitung durch die politische Führung.

• *Grenzen und Chancen der R.:* Nicht zuletzt wegen dieses hohen Anspruchs können R.en scheitern. Die Gründe liegen in inhärenten Mängeln des Vorhabens selbst (unzulängliche Situations- und Wirkungsanalyse, ungeeignete Mittel, falscher Zeitpunkt); in der Macht der R.-Gegner, Widerständen beim Vollzug; in ökonomischen und finanziellen Begrenzungen (einschließlich Vetopositionen mächtiger Interessen; internationaler Zwänge und Abhängigkeiten); in Akzeptanzschwierigkeiten (Bewußtseinsstand) von legitimatorisch benötigten Mehrheiten; in der Mißachtung von Implementationsbedingungen; in Begrenzungen aus der Funktionsweise des politisch-administrativen Systems (Kurzfristigkeit, Koordinationsmängel, Interessenbindungen, Kompromißzwang, Bürokratie und überzogene Legalität); in den Kosten (Geld, Erfahrungsverlust, Verhaltensänderung); im Reformismus als ‹Rückfall› in inkrementalistische Politik.

Als wichtige *Bedingungen* erfolgreicher R.en gelten deshalb: daß ein Veränderungskonzept existiert, welches den historischen Bezug reflektiert (Vergangenheit, Gegenwart, Zukunft) wie auch inhaltliche Veränderungsabsichten darlegt (was, für wen, wodurch, in welcher Zeit); daß der Veränderungsprozeß selbst stabilisiert wird: gegen zu viel, zu häufige, zu überhastete Änderungen (Eifer schadet ebenso wie mangelnde Beweglichkeit); daß die Veränderungsschritte möglichst kontinuierlich und immer absichtsgetreu erfolgen (nachvollziehbar, nachprüfbar); daß die Instrumente stimmig sind (nicht den Zielen widersprechen) und daß die Eingriffe maßvoll und ‹einsichtig› bleiben; daß die Veränderungen rechtzeitig eingeleitet werden (nicht zu früh, nicht zu spät): das ‹Übel› muß schon vielen bekannt sein; daß die Änderungen nach akzeptierten bzw. akzeptablen Spielregeln verlaufen. Wenn Verfahren und Normen mißachtet werden, geht Vertrauen verloren, was restaurative oder revolutionäre ‹Rückfälle› begünstigt.

Reformieren ist also gewiß ein schwieriges Geschäft. Es bewegt sich zwischen Scheitern und einem Erfolg, der schwer ‹einsichtig› zu machen ist. Denn das Ergebnis ist nicht spektakulär und letztlich nur in Übereinstimmung mit dem Bewußtsein von Mehrheiten zu erzielen. Es wird deshalb eher als selbstverständlich und selten als bemerkenswerter Fortschritt wahrgenommen. Zugleich ist in pluralistischen Demokratien die letzte Steuerungsinstanz die Gesellschaft selbst. R. wird damit abhängig von der Fähigkeit zur ‹Selbstentwicklung› nach dem politisch zu formulierenden und zu vermittelnden Muster einer noch ‹besseren› Gesellschaft.

● *Schwierigkeiten: eine Theorie der R.:* Die Zusammenstellung von Bedingungen und Grenzen des hier vertretenen R.-Typs enthalten Elemente einer *formalen* Theorie der R., in der überwiegend prozedurale und praxeologische Aussagen zusammengefaßt sind. Zuordnungen in einem Spektrum präzisieren das R.-Prinzip, Beschreibungen der Verlaufsformen und erlaubter Verfahren begrenzen und eröffnen Handlungsmöglichkeiten. Grundsätzlich aber fehlen materielle Vorgaben. Die inhaltlichen Ziele der R. werden ‹offen› gehalten: nur so werden die Partizipations- und Entscheidungschancen der Gesellschaftsmitglieder gewahrt. R.-Theorie ist keine umfassende Gesellschaftstheorie, sondern (nur) eine

Theorie der Praxis, des gesellschaftlich ‹genehmigten› Handelns. Sie ist freilich nicht inhaltsleer oder beliebig. Vielmehr werden die Inhalte mittels bewußtseinsbildender Prozesse (zwischen Vorgaben der politischen Kräfte und mehr oder weniger zustimmenden gesellschaftlichen Interessen) in konfliktreichen Auseinandersetzungen ermittelt.

Derzeit ließen sich materielle Prinzipien von R.en wenigstens exemplarisch oder typisierend angeben als zukunftsorientierte Optimierung von Person, Natur und Gesellschaft. R.en müssen, wollen sie menschengerecht sein, eben auch sachgerecht (ökologisch) und zeitgerecht (neoasketisch) sein. R.-Theorie vermag den jeweiligen und erstrebenswerten Zusammenhang zwischen Verändern und Bewahren zu begründen: im Interesse aller Beteiligten als *Optimierung* zwischen Fortschritt und Tradition (v. Krockow), zwischen Weg und Ziel, zwischen Mensch und Natur. Sie bleibt allerdings selbst Bestandteil des R.-Prozesses, den sie erklären hilft. Sie bleibt letztlich eher prozedural als materiell ausgerichtet. Das ist zugleich ihr Vorzug (Offenheit) wie ihr Nachteil (Unverbindlichkeit). Inhaltlich bleibt R.-Theorie in Demokratien pluralistischen Typs unbestimmt, aber – wegen hoher legitimatorischer Anforderungen – keineswegs beliebig.

Forschungsstand

Die Forschungsarbeiten zur politischen R. kennzeichnen eine gewisse Zwiespältigkeit: Viele Arbeiten befassen sich im weiteren Sinne mit der Darstellung und Analyse von R.en bzw. R.-Vorhaben in einzelnen Politikfeldern (z. B. Agrar-, Bildungs-, Renten-, Steuer-, Gebiets- und Funktional- sowie Dienstrechts-R.). Andere versuchen aus der Zusammenschau von Einzelschritten eine ‹Politik der inneren R.en› (Scharpf; M. G. Schmidt) herauszukristallisieren und damit einen reformerischen Anspruch aus Realisierungsumfang und Restriktionen zu untersuchen. Es gibt eine Fülle von eher ideengeschichtlichen (v. d. Gablentz 1972; K. Lenk 1973), konzeptionell-reflektierenden (Eppler 1975; Nonnenmacher 1977; v. Krockow 1976; Strasser 1977; Greiffenhagen 1978; Kramm 1987) oder aber spezielle Fragestellungen behandelnden Arbeiten: z. B. Typen von R.-Zyklen (Ruß-Mohl 1981) oder politik-strategische Bilanzierungen (Böhret 1977; Fenner u. a. 1978; Lompe 1980). Lückenhaft, ja im Grunde noch nicht geleistet, ist die Theoriebildung. Eine politische Theorie der R. ist bisher bestenfalls versuchsweise zu entdecken. Dies mag vor allem daran liegen, daß R.-Ansätze immer sehr ‹praxisbezogen› auftreten, vom Gegebenen und Gewordenen ausgehen, System-Reparatur eher denn strukturangreifende Systemänderung im Blick haben. Die «Schwierigkeiten einer Theorie der Praxis» (Nonnenmacher 1977), zur ‹richtigen› (materialen) Theorie zu werden, liegen in dieser selbstbegrenzenden, pragmatischen Sichtweise. R.-Theorie ist letztlich abhängig von der Übernahme einer materialen Theorie der Gesellschaft. Im Grunde widerspräche dieses Verfahren jedoch wieder der Offenheit des R.-Prinzips.

Forschungsperspektive

Änderungen finden stets und fast überall statt; mehr als zuvor verbünden sich technischer und sozio-ökonomischer Wandel und fordern soziale und politische R.en. Für die Forschung ergeben sich vordringliche Felder: Sie muß noch mehr empirische Kenntnisse (Information) über erfolgreiche Umsetzung wie über das Scheitern von R.-Vorhaben erwerben und diese Aspekte dann kritisch analysieren; sie muß die formale R.-Theorie weiterentwickeln und, trotz aller Schwierigkeiten aus der ‹praktischen Absicht› von R. überhaupt, auch die verschiedenen materialen Ansätze von R. einbeziehen. – Immerhin ließen sich aus den empirischen Studien, aus den vielfältigen kategorialen Überlegungen und aus der ideengeschichtlichen Rückbesinnung einige Anhalte für die generalisierende Theoriebildung gewinnen. Freilich werden es nur Theorien ‹mittlerer Reichweite› sein können. Dem reformtheoretischen Ansatz widerspricht im Grunde jede eindeutige (ausschließende) materiale Theorie. Ansatzpunkte könnten sein: Gleichwertigkeit aller drei Zeiten; gleichzeitige Berücksichtigung der Veränderungswirkungen bei Menschen, Sachen, Natur und Geschichte; Integration von Gestaltungsethik und Prozeßethik (Wege müssen mit Zielen vereinbar sein); Begründung der Integration von Flexibilität und Kontinuität und damit von Übergängen zu Strukturveränderungen.

Fenner, C. u. a. (Hg.): Unfähigkeit zur Reform? Köln/Frankfurt 1978.
Gablentz, O. H. v. d. (Hg.): Texte zur Gesellschaftsreform. Frankfurt u. a. 1972.
Greiffenhagen, M. (Hg.): Zur Theorie der Reform. Heidelberg/Karlsruhe 1978.
Kramm, L.: Theorie der politischen Reform. Paderborn 1987.
Krockow, C. Graf v.: Reform als politisches Prinzip. München 1976.
Lenk, K.: Theorie der Revolution. München 1973.
Nonnenmacher, G.: Reform – Schwierigkeiten einer Theorie der Praxis. In: P. Haungs (Hg.): Res Publica. München 1977, S. 261 ff.
Papcke, S.: Der Revisionismusstreit und die politische Theorie der Reform. Stuttgart u. a. 1979.
Scharpf, F. W.: Reformpolitik im Spätkapitalismus. In: ders.: Planung als politischer Prozeß. Frankfurt/M. 1973.

Carl Böhret

Regierung

Begriffsverwendungen

Der Begriff R. hat eine wechselvolle Bedeutungsgeschichte, die zum Teil die heutigen Schwierigkeiten seiner Definition und Verwendung erklärt. Im 19. Jahrhundert versuchten einzelne Staatslehrer bereits, einen eigenen Bereich der R. zu bestimmen. Dabei wurde der ältere, weitere Begriff, der sich auf das Ganze der staatlichen Tätigkeit bezogen hatte, ersetzt durch einen engeren Begriff, der R. von der Gesetzgebung und →Verwaltung abzugrenzen suchte (v. a. Lorenz von Stein). Die Durchsetzung der Lehre vom liberalen →Rechtsstaat und des Konstitutionalismus sowie die Entwicklung der positivistischen →Methode in der Rechtswissenschaft führten dazu, daß die Staatslehre das Thema und die Probleme der R. aus dem Blick verlor. R. wurde der Exekutive zugeordnet, d. h. als Teil der gesetzesvollziehenden Gewalt verstanden. Erst Smend bemühte sich darum, das Wesen der R. zu erfassen, das er, ebenso wie später Scheuner, vom Begriff des Politischen abzuleiten suchte. Der enge, auf der Grundlage des Prinzips der Gewaltenteilung bestimmte Begriff von R. gewann schließlich auch in der Staatsrechtslehre in der Bundesrepublik die Oberhand. R. wird in diesem Kontext als Verfassungsorgan im Rahmen der gewaltenteilig organisierten Staatsorganisation betrachtet.

Abweichend vom juristischen Verständnis der R. als Verfassungsorgan entwickelte die politikwissenschaftliche R.-Lehre (Ellwein, Hennis, Guilleaume) ein funktionelles Verständnis von R., das diese von den Aufgaben her definierte. Im Unterschied zur anglo-amerikanischen Terminologie, die in der Bundesrepublik nur in der vergleichenden R.-Lehre Einfluß erlangt hat, wurden Phänomene der politischen Willensbildung ausdrücklich ausgeklammert und R. auf Führungs-, Koordinierungs- und Leitungsfunktionen bezogen. Diese Einschränkung mag dazu beigetragen haben, daß in den 70er Jahren der R.-Begriff der R.-Lehre an Bedeutung verlor und in den Analysekategorien des ‹politisch-administrativen Systems› bzw. des ‹Staatsapparates› aufging. Daß dabei jedoch ein beträchtlicher Verlust an analytischer Ausdifferenzierung in Kauf genommen wurde, zeigen empirische Untersuchungen staatlicher Problemlösung und Leistungserbringung (→Regierungssysteme; →Parlamentarismus).

Verwendungszusammenhänge

Das Verständnis von R. als →Institution, als Verfassungsorgan, hat seinen Ausgangspunkt in der Ausbildung des modernen Verfassungsstaates, als sich die R. aus dem Beraterstab des absoluten Monarchen zu einer eigenständigen staatlichen Teilgewalt entwickelte (→Verfassung). Im

→Liberalismus setzte sich eine Gewaltenteilungslehre durch, die die Frage der älteren Staatswissenschaft, mit welchen Mitteln und Einrichtungen die Staatszwecke zu verwirklichen sind, mehr und mehr durch die Betrachtung der verfassungsrechtlich vorgegebenen Institutionen und ihres Verhältnisses zueinander verdrängte. Zwar hat es Versuche gegeben, die positivistische Verengung der Staatslehre aufzulösen (Smend, Heller). Aber selbst Autoren wie Scheuner und Krüger, die sich kritisch mit dem überkommenen Gewaltenteilungsschema auseinandersetzten, gelangten letztlich nicht über das institutionelle, an Verfassungsbestimmungen orientierte Verständnis von R. hinaus. Es geht dabei immer um die Definition des spezifischen Bereichs des Verfassungsorgans R. und seines Beitrags zur Erfüllung der staatlichen Aufgaben. Diese allerdings werden als vorgegeben betrachtet, ihre gesellschaftlichen Bedingungen werden ebenso außer acht gelassen wie die Bedingtheit der R.-Tätigkeit im demokratischen Staat durch gesellschaftliche Strukturen und Entwicklungen.

Die R.-Lehre hat den Begriff der R. aus den engen verfassungsrechtlichen Bezügen herausgelöst und ihn in den Rahmen einer Untersuchung der staatlichen Aufgabenerfüllung gestellt. Als Ausgangspunkt diente die empirische Beschreibung der R.-Funktionen. Konsens bestand allerdings nur hinsichtlich der Bestimmung von recht allgemeinen Funktionen wie Leitung des →Staates, politische Führung und Integration des Gemeinwesens. Die Konkretisierung dieser Kategorien im Hinblick auf den spezifischen Beitrag der R. bei der Erfüllung der staatlichen Aufgaben erweist sich schon deshalb als schwierig, weil eine einheitliche Staatstheorie, aus der diese abzuleiten wären, nicht vorliegt. Bis heute sind deshalb noch immer Ansätze einer Funktionsbestimmung der R. auf der Grundlage empirischer Beobachtung und vortheoretischer Systematisierung am fruchtbarsten (Ellwein).

Sofern mit dem Begriff R. allerdings die Leitung des Staates und die Durchsetzung der staatlichen →Gewalt überbetont und er zur Begründung eines Forschungsansatzes verwendet wird, der politische Willensbildung und R. immer in bezug auf normativ vorgegebene Staatszwecke bzw. -aufgaben untersucht (Hennis), unterliegt er selbst einer verengten Perspektive. Der Aspekt der Herrschaftsausübung und Durchsetzung von Zielen droht dann gegenüber der Frage, wie in einem demokratischen Gemeinwesen →Herrschaft legitimiert und Ziele gefunden werden, die Oberhand zu gewinnen. Die Gefahr eines solchen Verständnisses von R. liegt darin, daß Aufgaben der R. als Definitionsmerkmale vorgegeben werden und nicht berücksichtigt wird, daß das, was im konkreten Fall Inhalt politischer Führung und Leitung ist, erst aus dem demokratischen Willensbildungsprozeß hervorgehen muß.

Begriffspräzisierung

Wissenschaftliche Begriffe werden nicht nur durch ihren Gegenstand geprägt, vielmehr prägen sie gleichzeitig den Gegenstand als Bezugspunkt der Forschung. Was man unter R. versteht, wie man den Begriff interpretiert, ist eine Frage der Konvention und unterliegt der zu begründenden Entscheidung. Allerdings hat sich die Begriffsdefinition immer an den aktuellen Fragestellungen und Problemen zu orientieren. Insofern erscheint es wenig sinnvoll, sich auf das überkommene Gewaltenteilungsschema zu stützen, wenn im modernen, hochdifferenzierten Staat die Machtausübung ohnehin durch vielfältige Interdependenzen zwischen Institutionen begrenzt wird. Zum Problem wird vielmehr die Bewältigung dieser Interdependenzen selbst, d. h. die Verwirklichung politischer Ziele im Zusammenspiel der verschiedenen staatlichen Organe und ihre Durchsetzung gegenüber gesellschaftlichen Kräften. Auf der anderen Seite liegt das Problem der Regierbarkeit, das hiermit angesprochen ist, nicht allein in der mangelnden Durchsetzung staatlicher Autorität, sondern auch in der Legitimation der R.-Gewalt und in der Integration von divergierenden gesellschaftlichen →Interessen.

In dieser Sicht bedeutet R. sowohl die →Steuerung und Gestaltung gesellschaftlicher Prozesse als auch die Förderung und Sicherung der sozialen Integration, d. h. des Ausgleichs von Interessen, der Bewältigung von →Konflikten und der Befriedigung von Bedürfnissen. Das Spezifische der R. besteht darin, daß sie es mit gesellschaftlichen Grundproblemen zu tun hat, hingegen nicht mit Routineangelegenheiten. Als Funktionen der R. können daher die umfassende Berücksichtigung von Interessen, die Planung der öffentlichen Aufgaben, das Treffen von Richtungsentscheidungen, die Koordination der Aufgabenerfüllung und die Kontrolle des administrativen Vollzugs von R.-Entscheidungen gelten. Institutionell gesehen findet der Prozeß des Regierens im Zusammenspiel zahlreicher staatlicher und nichtstaatlicher Organisationen statt. Das Verfassungsorgan R. ist dabei das aktive Handlungszentrum, es steht jedoch in engen Wechselbeziehungen und Abhängigkeiten zu anderen Akteuren. Bezugspunkt einer Untersuchung der Funktion R. muß das gesamte Interaktionssystem der beteiligten Institutionen und Akteure sein.

Forschungsstand

Das Anwachsen der Staatsaufgaben im →Wohlfahrtsstaat und die zunehmende Komplexität der zu bewältigenden Probleme rückten schon in den 60er Jahren die Frage der politischen →Steuerung im demokratischen Gemeinwesen in den Mittelpunkt der Aufmerksamkeit. Auf der Grundlage unterschiedlicher Forschungsansätze nahmen sich zahlreiche Wissenschaftler dieser Thematik an.

Im Rahmen der Diskussionen um die R.- und Verwaltungsreform konzentrierte sich das Interesse auf interne Strukturprobleme im R.-Apparat. Als wesentliche Hindernisse für eine vorausschauende →Planung und Koordination der R.-Arbeit erkannte man die arbeitsteilige Ressortorganisation, das Übergewicht der Verwaltungseinheiten über die politischen Leitungsinstanzen sowie das Fehlen von Stellen, die eine ausreichende Informationsverarbeitung und Interessenberücksichtigung für die Planung sicherstellen könnten. Auch die Verflechtung von R.en der staatlichen Ebenen im föderativen System (→Föderalismus) wurde als Grund dafür angesehen, daß die R.-Fähigkeit beeinträchtigt ist. Schwächen wurden ferner im Bereich der Instrumente der R. festgestellt. Daher wurde etwa diskutiert, eine integrierte Aufgaben- und Ausgabenplanung einzuführen, der R.-Erklärung als Richtlinieninstrument stärkeres Gewicht zu verleihen, die frühzeitige Abstimmung von Ressortvorhaben verfahrensmäßig abzusichern sowie durch Managementtechniken die Kontrollkapazität der R. zu erweitern.

Nicht erst bei der Umsetzung der Vorstellungen für die R.-Reform zeigte sich, daß die R.-Fähigkeit nicht nur von binnenstrukturellen Faktoren abhängt. Die Tatsache, daß parlamentarische Demokratien Widerspruch, Konkurrenz und Gegenmacht institutionell verankern, führt dazu, daß die Konsensbildung und Entscheidungsfindung erheblich erschwert wird. Es wird argumentiert, daß die Orientierung von R.en am Wahlzyklus eine zukunftsorientierte R.-Arbeit verhindere. In der Konkurrenzdemokratie würden die →Parteien zu sich gegenseitig übertreffenden Versprechungen verleitet, die die Erwartungshaltung der Bürger gegenüber staatlichen Leistungen immer weiter steigerten. Widersprüchliche Machtzentren innerhalb des politischen Systems machten eine souveräne Ausübung der R.-Funktionen unmöglich und führten zu Problemen beim Vollzug.

Der Einfluß gesellschaftlicher Bedingungen wird je nach theoretischem Standpunkt unterschiedlich beurteilt. Nach neomarxistischen Krisentheorien liegen die Grenzen der Regierbarkeit in der Abhängigkeit der Staatsleitung von den widersprüchlichen Anforderungen des kapitalistischen Verwertungsprozesses. Dagegen wird von konservativer Seite auf den Einfluß organisierter Interessen verwiesen, die die R. in gesellschaftliche Auseinandersetzungen hineinzögen, durch Ansprüche überforderten und durch die Ausübung politischen Drucks hoheitliches Wirken behinderten. Darüber hinaus wird festgestellt, daß der Niedergang der klassischen Bürgertugenden, die Auflösung des Grundkonsenses über Gemeinschaftswerte und die wachsenden Partizipationsforderungen die Akzeptanz von R.-Entscheidungen verringerten. Schließlich wird die Abhängigkeit von krisenträchtigen internationalen Rahmenbedingungen für den Abbau souveräner Leitungs- und Steuerungsfunktionen von nationalen R.en verantwortlich gemacht.

Bei der Frage nach der Integrationsfunktion der R.-Tätigkeit geht es zunächst um die Legitimation im demokratischen Prozeß. Dabei spielen die Rekrutierung und die Zusammensetzung der an der R.-Ausübung beteiligten Organe, insbesondere des Parlaments, des R.-Chefs und des Kabinetts eine Rolle – ein in der Bundesrepublik bislang noch unzureichend erforschter Bereich. Wichtiger ist allerdings die Untersuchung des Prozesses der Informations- und Interessenberücksichtigung sowie der Konfliktregelung und Entscheidungsfindung im Zusammenwirken von R., Parlament, Verwaltung und privaten Interessen. Als gravierendes Problem hinsichtlich der demokratischen Legitimation von R.-Entscheidungen erweist sich dabei die Tatsache, daß die Ministerialverwaltung im Entscheidungsprozeß gegenüber der politischen Führung und dem Parlament einen dominierenden Einfluß ausübt. Sofern R. in technokratische →Herrschaft übergeht, besteht die Gefahr, daß die Berücksichtigung sozialer Interessen erschwert wird und Entscheidungen bei den Betroffenen Widerstände hervorrufen. Allerdings setzt Regieren in hochentwickelten Gesellschaften ein beträchtliches Maß an Fachwissen und Informationsverarbeitung voraus. Das Verhältnis von Demokratisierung und Professionalisierung der R.-Tätigkeit ist deshalb schwierig zu bestimmen.

In mehreren westlichen Industriegesellschaften wurden Verhandlungssysteme zwischen der R. und wichtigen gesellschaftlichen Interessenorganisationen eingerichtet, um die Lösung der ökonomischen und sozialen Probleme zu ermöglichen. Unter der Bezeichnung ‹Neo-Korporatismus› (→Korporatismus) sind diese Strukturen Gegenstand politikwissenschaftlicher Forschung. Je nach theoretischem Standpunkt der Forscher gelten korporatistische Systeme als effiziente Form der R. in hochdifferenzierten Gesellschaften oder als Beitrag zur Zentralisierung der Entscheidungsprozesse und der Absicherung einer Herrschaftselite zu Lasten ‹peripherer› sozialer Gruppen. Sicherlich sind ausgedehnte Verhandlungen eine notwendige Voraussetzung, um die wachsenden Interdependenzen zwischen gesellschaftlichen Bereichen zu bewältigen und damit komplexe Probleme lösbar zu machen. Mit der Zunahme wirtschaftlicher und sozialer Krisenerscheinungen wächst allerdings die Gefahr, daß sich etablierte Interaktionsformen zwischen der R. und Privaten zu Ausschlußmechanismen gegen soziale Interessen entwickeln und Tendenzen der Spaltung der Gesellschaft fördern. Der aktuelle Forschungsstand läßt in dieser Frage allerdings mehr als Hypothesen nicht zu.

Forschungsperspektive

Der gegenwärtige Stand der Forschung zur Thematik der R. in hochentwickelten Gesellschaften ist noch sehr unbefriedigend. Die Bemühungen um eine klare Begrifflichkeit und um eine analytische Konzeptualisierung befinden sich noch im Anfangsstadium. Entsprechend unzureichend sind daher auch die empirischen Ergebnisse.

Zentrales Problem der aktuellen Diskussion um die R. und die Regierbarkeit ist, daß vielfach ausdrücklich oder implizit von der Vorstellung einer autonomen Führungs- und Steuerungsinstanz ausgegangen wird. R. in demokratischen Systemen bedeutet hingegen gerade nicht die Ausübung politischer Souveränität, sondern die Funktionserfüllung in Interaktion mit anderen Akteuren, die den R.-Prozeß beeinflussen und die Machtentfaltung begrenzen. Das eingespielte Zusammenwirken dieser unterschiedlichen Akteure bei der R. komplexer Gesellschaften sichert erst die Sensibilität für Probleme und Bedürfnisse und verhindert eine autoritäre Herrschaftsausübung. Die Begrenzung von Macht zwingt die an der R. beteiligten Institutionen dazu, sich veränderten Gegebenheiten anzupassen und zu lernen.

Die künftige Erforschung der R. in demokratischen Staaten hat sich auf den Prozeß des Regierens als Interaktion unterschiedlicher Entscheidungszentren zu konzentrieren; er ist unter dem Aspekt der demokratischen Steuerung, der sozialen Integration und der Lernfähigkeit zu untersuchen. Dabei dürfte das Verhältnis der staatlichen R. zu den in jüngster Zeit an Aufmerksamkeit gewinnenden autonomen gesellschaftlichen Steuerungsinstanzen eine wichtige Rolle spielen. Darüber hinaus sind vor allem die Möglichkeiten und Gefahren, die mit der Entwicklung moderner →Technologien zusammenhängen, empirisch weiter zu erforschen. Voraussetzung einer fruchtbaren R.-Lehre ist allerdings ein Konsens über die normativen Grundlagen des demokratischen Staates sowie ein Verständnis für die Komplexität und für die Probleme moderner Gesellschaften, die Bezugspunkt der R.-Tätigkeit sind.

Ellwein, T.: Regierung und Verwaltung. 1. Teil: Regierung als politische Führung. Stuttgart u. a. 1970.
–: Regieren und Verwalten. Eine kritische Einführung. Opladen 1976.
Guilleaume, E.: Regierungslehre. In: Der Staat 1965, S. 177ff.
Hennis, W.: Aufgaben einer modernen Regierungslehre. In: Politische Vierteljahresschrift 1965, S. 422ff.
–/Kielmansegg, P. Graf/Matz, U. (Hg.): Regierbarkeit. 2. Bde. Stuttgart 1977.
Lehner, F.: Grenzen des Regierens. Königstein 1979.
Murswieck, A.: Regierungsreform durch Planungsorganisation. Opladen 1975.
Scharpf, F. W.: Politischer Immobilismus und ökonomische Krise. Kronberg 1977.

Scheuner, U.: Der Bereich der Regierung. In: Rechtsprobleme in Staat und Kirche. Festschrift für Rudolf Smend zum 70. Geburtstag. Göttingen 1952, S. 253 ff.
Stammen, T. (Hg.): Strukturwandel der modernen Regierung. Darmstadt 1967.

Arthur Benz

Regierungssystem

Begriffsverwendungen
R.e sind begriffliche Konstrukte zur Kennzeichnung des Struktur- und Wirkungszusammenhangs staatlicher und nicht-staatlicher politischer →Institutionen. Der Begriff R. entspricht dem des angelsächsischen ‹government›. In der deutschsprachigen Übersetzung von ‹government› ist nicht von ‹Regierung› die Rede, weil →Regierung fälschlicherweise im engen Sinne als Kabinett oder Exekutive verstanden werden könnte. Auch ‹Regierungsform› trifft die Bedeutung des ‹government› nicht, weil diese Umschreibung lediglich den verfassungsrechtlichen Rahmen des politischen Institutionengefüges erfaßt. Der Begriff des ‹R.› macht ganz im Sinne des ‹government› deutlich, daß die an Regierungsentscheidungen beteiligten staatlichen Organe (Parlament, Kabinett, Staatsoberhaupt, Verwaltung, Gerichte) als Bestandteile eines umfassenden politischen Kräftefeldes gesehen werden, das den Regierungsprozeß beeinflußt.

Verwendungszusammenhänge
Trotz der scheinbaren Verwandtschaft mit der sozialwissenschaftlichen Systembegrifflichkeit, die sich aus dem Bemühen um einen adäquaten Government-Begriff erklärt, hat die R.-Betrachtung mit dem politisch-soziologischen Systemvergleich nichts zu tun. Bei der Untersuchung von R.en stehen üblicherweise die Fragen im Vordergrund, wie ein R. funktioniert, ob es einem Idealtyp des R. zugeordnet werden kann und inwiefern es faktisch seinen Legitimationsgrundlagen und seiner erwarteten Funktionsweise gerecht wird (→Legitimität).

Begriffspräzisierung
Ein R. ist die Gesamtheit aller politischen Einrichtungen und Verfahren, die regelmäßig an politischen Willensbildungs- und Entscheidungsprozessen mitwirken, aus denen letztlich Gesetze und Regierungspolitik entstehen.

Forschungsstand

Als besonderer Zweig der →Politikwissenschaft befaßt sich die Vergleichende Regierungslehre mit der Analyse und dem Vergleich von R.en. Sie versteht sich auch, aber keineswegs ausschließlich, als empirische Teildisziplin. So betrachtet sie R.e unter anderem aus dem Gesichtswinkel einer Auseinandersetzung mit →Demokratie und →Pluralismus und deren Herausforderung durch →Diktatur und monistische Herrschaftsideologien. Für die empirische Reichweite der R.-Betrachtung ist diese normative Komponente von großer Bedeutung. Bevorzugter Gegenstand der Vergleichenden Regierungslehre sind die verschiedenen Varianten demokratischer Verfassungsstaaten und sozialistischer Staaten, vornehmlich des sowjetischen Typs.

→Typologien und Zuordnungskriterien bestimmen im wesentlichen die theoretische Reflexion über R.e. Als Grundschema werden grundsätzlich Demokratien und Diktaturen voneinander unterschieden. Diese Unterscheidung ist jedoch nicht geeignet, um der Vielfalt der R.e gerecht zu werden. Die wichtigsten demokratischen R.e lassen sich dem Typ des parlamentarischen oder dem des präsidentiellen R. zurechnen. Beide Grundtypen des repräsentativ-demokratischen R. gründen ihre Legitimation letztlich auf freie Wählerentscheidung und Verfassungskonsens. Das Konzept der repräsentativen Demokratie beinhaltet Meinungsfreiheit, Bürgerrechte, Parteienwettbewerb und Rückbindung der gewählten Repräsentanten an die Zustimmung der Wähler durch Mandat auf Zeit (Wahl- und Amtsperioden).

(a) Im parlamentarischen R. (→Parlamentarismus) ist das Kabinett als politische Spitze der Exekutive dem Parlament verantwortlich, in letzter Konsequenz kann die Regierung (Kabinett) nicht ohne das Vertrauen einer ausreichenden Parlamentsmehrheit regieren. Die meisten westeuropäischen R.e sowie die R.e Kanadas, Australiens, Neuseelands und Israels sind als parlamentarische R.e ausgestaltet. Im präsidentiellen R., das sich allein in den USA als stabiles R. durchsetzte, ist der Präsident als Exekutive nicht dem Kongreß als Legislative verantwortlich. Der Präsident bleibt auch dann im Amt, wenn er für seine Politik im Kongreß keine Mehrheit findet. Die meisten parlamentarischen R.e räumen dem Kabinett (durch Vorschlag an das Staatsoberhaupt) die Möglichkeit der Parlamentsauflösung vor Ablauf der Wahlperiode ein. Dem Chef der Exekutive im präsidentiellen R. fehlt diese Möglichkeit.

(b) Parlamentarische R.e zeichnen sich durch eine doppelte Exekutive aus: Neben dem parlamentarisch verantwortlichen Kabinett steht in republikanischen Regierungsformen ein gewähltes Staatsoberhaupt und in monarchischen Regierungsformen ein Throninhaber (Krone). Beide sind für ihre Handlungen nicht dem Parlament gegenüber verantwortlich, beide besitzen im wesentlichen zeremonielle Befugnisse (Ernennung und

Entlassung des Kabinetts, Auflösung des Parlaments). Das präsidentielle R. besitzt demgegenüber eine geschlossene Exekutive, d. h. der Präsident der USA ist zugleich Staatsoberhaupt und Gestalter der Regierungspolitik.

(c) Einige R.e, insbesondere das der V. Republik Frankreichs, kennen neben dem parlamentarisch verantwortlichen Kabinett verfassungsmäßig und politisch außergewöhnlich ‹starke› Staatspräsidenten. Zumindest der französische Staatspräsident muß als der eigentliche ‹Kopf› der Regierungspolitik gelten. Das französische R. wird deshalb gelegentlich als Mischsystem charakterisiert, obgleich es formell dem parlamentarischen R. zugeordnet werden kann. Die Schweiz besitzt kein parlamentarisches R. Die Bundesversammlung als Legislative wählt zwar als Exekutive den Bundesrat, aber der Bundesrat kann von der Bundesversammlung nicht abberufen werden. Der Bundesrat hat darüber hinaus den Charakter eines kollegialen Staatsoberhauptes (lediglich ein Bundesratsmitglied wird als Bundespräsident protokollarisch herausgehoben). Die Schweiz hat somit ein quasi-präsidentielles R., nur eben ohne einen herausragenden Präsidenten.

(d) Besonders eng hängen R. und →Parteiensystem zusammen. Im parlamentarischen R. haben politische Parteien entweder die Aufgabe, als Regierungsparteien dem politisch verantwortlichen Kabinett im Parlament eine stabile Basis zu verschaffen, oder die Aufgabe, als Oppositionsparteien die Regierungspolitik zu kritisieren und dieser inhaltliche und personelle Alternativen entgegenzuhalten. Fraktionsdisziplin ist das herausragende Merkmal der im Parlament vertretenen Parteien im parlamentarischen R. Im präsidentiellen R. der USA gibt es keine disziplinierten Parteien. Präsident und Kongreßmehrheit gehören häufig unterschiedlichen Parteien an. Beide können sich im Gesetzgebungsprozeß gegenseitig blockieren, der Kongreß durch Handlungsverweigerung und der Präsident durch sein Veto gegen mißliebige Gesetzesbeschlüsse. Sie müssen sich aber, damit es überhaupt zu Entscheidungen kommt, durch Kompromisse miteinander verständigen. Fraktionsdisziplin ist im Kongreß die Ausnahme, die Regel sind parteiübergreifende Abstimmungsmehrheiten.

Die offenkundigen Unterschiede zwischen Diktaturen der Dritten Welt, italienischem Faschismus und deutschem Nationalsozialismus und kommunistischen Parteidiktaturen in Osteuropa und Asien waren Anlaß für eine weitere →Differenzierung der nach verfassungsstaatlichen Maßstäben undemokratischen R.e. Unter dem Einfluß der Totalitarismustheorie wurde eine Unterscheidung zwischen totalitären und autoritären Diktaturen üblich. Totalitäre Diktaturen stehen im Dienst einer geschlossenen Weltanschauung, in deren Namen eine Partei Wirtschaft und Gesellschaft organisiert und oppositionelle Regungen unterdrückt. Polizeistaatliche Methoden erzwingen Regimeloyalität. Autoritäre Diktaturen besitzen keine geschlossene Weltanschauung und greifen in Staat und Gesellschaft nur soweit ein, wie es ihnen zur Herrschaftssicherung notwendig erscheint. Neben den totalitären erscheinen die autoritären als ‹weiche Diktaturen›. Diese Unterscheidung zwischen Diktaturtypen ist untauglich. Keine Diktatur verzichtet auf Legitimationsfiguren, keine kommt ohne wirtschafts- und gesellschaftspolitische Vorstellungen aus. Diese sind vielmehr allenthalben auch Unterdrückungszwecke. Erinnert sei nur an die brachiale Umsetzung neoliberalistischer Wirtschaftsideen unter den chilenischen und argentinischen Militärdiktaturen der 70er und 80er Jahre. Im Grunde genommen verhüllt der Begriff der totalitären Diktatur lediglich ein R., das in der gegenwärtigen Welt einzig und allein auf sozialistische Länder paßt, die sich nicht nur in ihren politischen Praktiken, sondern auch in ihrer Wirtschaftsorganisation, Eigentumsordnung und Weltanschauung kontrastartig von R.en des Typs der westlichen Demokratien unterscheiden.

Im übrigen gehen viele behauptete Merkmale der totalitären Diktatur an den R.en der von kommunistischen Parteien regierten Länder vorbei: Systemloyalität in der Sowjetunion und anderen Ländern Osteuropas ist heute hauptsächlich ein Problem der Einlösung von Lebensstandarderwartungen und erst in zweiter Linie ein Problem polizeistaatlicher Repression; Weltanschauung ist weitgehend zum inhaltsleeren Ritual erstarrt; die kommunistischen Parteien sind keineswegs geschlossen, sondern vielmehr Arenen konkurrierender Apparateinteressen wie Parteibürokratie, Verbrauchsgüterindustrie, Schwerindustrie, Militär, Geheimpolizei und Gewerkschaften, die freilich das leninistische Herrschaftssystem als solches akzeptieren. Passender wäre es, weniger theoretisierend von totalitären, dafür jedoch um so treffsicherer von kommunistischen R.en zu sprechen, d. h. von der Monopol- oder Hegemonialrolle einer kommunistischen Partei, planwirtschaftlicher Lenkung durch den Staat und Reduktion des Staates auf die Rolle eines Erfüllungsgehilfen der Partei. Auch der Begriff der autoritären Diktatur verschleiert mehr, als er zu erklären vermag. Von Militärdiktatur, persönlicher Diktatur oder Einparteidiktatur zu sprechen, ist allemal deutlicher.

Das Phänomen der Länder der →Dritten Welt überfordert die R.-Typisierung vollends. Viele dieser Länder besitzen zum Teil äußerlich ähnliche Institutionen wie Länder vom Typ der westlichen Demokratie: Mehrparteiensysteme, Verbände, Parlament, Kabinett, Gerichte, Wahlen. Faktisch verbirgt sich dahinter häufig die Herrschaft einer Clique, eines Stammes oder einer gesellschaftlich privilegierten Oligarchie, die kraft ihrer überkommenen gesellschaftlichen Stellung und/oder klientelistischer Loyalitätsbeschaffung Wahlen und politische Entscheidungen ohne förmliche Regelverletzungen zum eigenen Vorteil manipuliert. Weder

Wahlen oder Parteien noch Parlament haben dort wirkliche Bedeutung, weil die Regierten ihre Funktion nicht kennen und die Regierenden sie nicht ernst meinen. Die Bestimmung dieser R.e zieht sich gelegentlich auf Begriffe wie pseudo-republikanisch, pseudo-demokratisch oder präsidentialistisch zurück. Darin kommt offen zum Ausdruck, daß sich die gebräuchlichen R.-Charakterisierungen schlecht für Länder der Dritten Welt eignen.

Forschungsperspektive

Eine →Theorie des R. oder der R.e gibt es nicht. Die Theorieimpulse des R.-Vergleichs kommen eher aus der Demokratietheorie als aus dem sozialwissenschaftlich aufgeschlossenen Systemvergleich in der Politikwissenschaft. →Typologien markieren den theoretischen Stand der Beschäftigung mit R.en. Darüber hinausweisende Forschungsimpulse sind nicht zu erkennen.

Behr, W.: Bundesrepublik Deutschland – Deutsche Demokratische Republik. Systemvergleich Politik, Wirtschaft, Gesellschaft. Stuttgart 1979.

Beyme, K. v.: Die parlamentarischen Regierungssysteme in Europa. München ²1973.

Brunner, G.: Vergleichende Regierungslehre. Bd. 1. Paderborn 1979.

Fraenkel, E.: Deutschland und die westlichen Demokratien. Stuttgart ⁶1974.

Hartmann, J.: Vergleichende Regierungslehre. In: ders. (Hg.): Vergleichende politische Systemforschung. Konzepte und Analysen. Köln 1980, S. 9–18.

Shell, K. L.: Liberaldemokratische Systeme. Stuttgart 1980.

Stammen, T.: Regierungssysteme der Gegenwart. Stuttgart 1967.

–: Regierungssystem. In: W. W. Mickel (Hg.): Handlexikon zur Politikwissenschaft. München 1983, S. 436–441.

Steffani, W.: Parlamentarische und präsidentielle Demokratie. Strukturelle Aspekte westlicher Demokratien. Opladen 1979.

Jürgen Hartmann

Regionalismus

Begriffsverwendungen

Die regionalistischen Bewegungen (→soziale Bewegung) der 70er Jahre haben einen Begriff revitalisiert, der eine vergleichsweise kurze Geschichte hat, immer aber in enger Verbindung zu grundsätzlichen politischen Auseinandersetzungen stand. Nachzuweisen ist er zuerst Mitte der 70er Jahre des vergangenen Jahrhunderts in Frankreich als oppositionelle Chiffre zur zentralistisch-restaurativen Präsidentschaft Mac-Mahons

(1873–1879). Um die Jahrhundertwende hatte sich der Begriff R. auch in Spanien und Italien festgesetzt. In allen drei romanischen Ländern bezeichnete er die Umwertung des Negativbegriffs ‹Provinz› sowohl literarisch-kulturell als auch, in Verbindung mit föderalistischem Gedankengut, politisch. Feste definitorische Konturen gewann er nicht.

«Regionalismus, Föderalismus, Partikularismus, Provinzialismus, Autonomismus, Separatismus, Nationalismus – wir schleichen um die Begriffe herum, ohne daß es uns gelingt, sie eindeutig zu definieren» (Gras 1977, S. 591; Übers. D. G.). Diese Klage vom Mitherausgeber des bisher umfassendsten Sammelbandes zur Geschichte des französischen R. kennzeichnet nachdrücklich die sprachliche und damit auch – wissenschaftlich gesehen – die bis heute andauernde analytische Unbestimmtheit des Begriffs. Entsprechend wird R. in der Literatur der letzten Jahre vorwiegend durch metaphorische Umschreibungen erklärt, die – orientiert entweder an der Selbstinterpretation regionalistischer Bewegungen oder an sozialwissenschaftlichen Modellkonstruktionen unterschiedlichster Herkunft – eine verwirrende Vielfalt von Aspekten dokumentieren. Am weitesten geht hier bisher Gerhard Stiens, der 37 Begriffe zum «Begriffsfeld» R. zählt: von «alternativer Lebensraum» und «autozentrischer Entwicklung» über «Dezentralisierung», «interner Kolonialismus» und «Identitätsraum» bis hin zur «Verkleinerung von Selbstbestimmungseinheiten» (Stiens 1980, S. 316).

Ordnet man dieses Begriffsfeld, so lassen sich unter politikwissenschaftlichen Gesichtspunkten die folgenden Akzentuierungen des Begriffs R. unterscheiden:

- R. als Sammelbegriff für primär *kultursoziologische* Versuche, den staatlich-großgesellschaftlichen Bezugsrahmen politischer Identifikation durch den Verweis auf fortbestehende Bindungen an historisch, kulturell und/oder sprachlich abgesonderte Gebiete zu relativieren. Als Regionen gelten dabei Gebiete, in denen bestimmte «Volksgruppen» oder «Ethnien» (vgl. Connor 1977) anzutreffen sind. Weniger strenge Kriterien werden angelegt, wenn Region mit Heimat, Brauchtum oder Lebensweise assoziiert und als kulturelle «Herkunftswelt» (Lübbe) bestimmt wird.
- R. als *demokratietheoretisch* und *prozeßpolitisch* orientierter Sammelbegriff zur Beschreibung territorialer Integrations- und zentralstaatlicher →Legitimationsprobleme: R. markiert hier politische Interessenorientierungen, die sich – in welcher Form auch immer – in Opposition zum nationalstaatlichen Bezugsrahmen politischer Interessenaggregation artikulieren (vgl. Berger 1972).
- R. als *politökonomisch* oder *soziologisch-systemtheoretisch* geprägter Sammelbegriff für politische Reaktionen auf strukturelle Funktionsdefizite zentralisierter →Systeme: Diese Defizite werden insbesondere als

schwindende Kontrollkapazitäten des Zentrums identifiziert. Im Begriff des ‹internen Kolonialismus› wird die Qualität dieser Kontrolle – jenseits formaler Bestimmungen – am umfassendsten charakterisiert: Abhängige Entwicklung, kulturelle Hegemonie und politische Dominanz werden als die Substanz der →Herrschaft des Zentrums über die Peripherie bestimmt, gegen die der R. aufbegehrt (vgl. Hechter 1975).

Verwendungszusammenhänge

Die drei hier unterschiedenen politikwissenschaftlichen Akzentuierungen des R.-Begriffs sind nur vor dem Hintergrund unterschiedlicher Annahmen über die grundlegenden Funktions- und Ordnungsprinzipien von →Staat und Gesellschaft zu verstehen. Diese Annahmen steuern (explizit oder implizit) die Auswahl der für relevant angesehenen Kriterien, nach denen (1) Regionen überhaupt als existent wahrgenommen werden, und (2) das Ausmaß der regionalistischen Herausforderung bewertet wird.

- Den Bemühungen um eine im weitesten Sinne *kultursoziologische* Deutung des R. liegt ein Gesellschaftsverständnis zugrunde, das die Ganzheitlichkeit bestehender Gesellschaftsordnungen in historisch-organizistischen Metaphern und Analogien zu erfassen sucht: ‹Das Ganze ist mehr als seine Teile› – diese Grundüberzeugung konservativen Denkens prägt die unterschiedlichsten Versuche, die *gemeinschaftsbildende Eigenständigkeit* historisch, kulturell und/oder sprachlich geprägter Regionen zu begründen. R. wird in dieser Sicht zu einem Phänomen, in dem sich individuelle Akteure ihrer Bindung an ihre Herkunft, ihrer ‹Identität›, bewußt werden und sie durch Identifikation mit der Region gezielt gegen konkurrierende Identifikationsangebote verteidigen.
- *Demokratietheoretisch* und *prozeßpolitisch* orientierte Beschreibungen des R. sind in einer rationalistisch-vertragstheoretischen Traditionslinie angesiedelt. Die Einheit bestehender Gesellschaftsordnungen wird im staatlich garantierten Funktionieren einer demokratisch organisierten *gesellschaftlichen Willensbildung* begründet gesehen. Eine Region konstituiert sich in diesem Kontext durch die Gleichartigkeit individueller Lebens- und Interessenlagen in einem abgrenzbaren Gebiet; R. wird zu einem territorial gebundenen Gruppenphänomen, das aufgrund eben dieser territorialen Formung die legitimatorische Basis des Nationalstaats, letztverbindlicher Bezugsrahmen für demokratische Willensbildung und Herrschaftsausübung zu sein, in Frage stellt.
- *Politökonomisch* und *soziologisch-systemtheoretisch* geprägte Analysen des R. sind historisch in unitarisch-republikanischen Gesellschaftsvorstellungen verankert. Die Ganzheit bestehender Gesellschaftsordnungen wird aus der arbeitsteiligen bzw. funktionalen Verschränkung der das menschliche Überleben sichernden gesellschaftlichen Verrichtungen abgeleitet. In politökonomischen Analysen kommt dabei der Ökonomie

die Leitfunktion zu, während soziologisch-systemtheoretische Ansätze die dynamische Funktion des politischen Steuerungssystems und kulturelle Momente der Systemerhaltung hervorheben. Teilweise nähern sich diese Ordnungsvorstellungen organizistischen Denkmodellen an, ohne deren statische Betrachtungsweise zu übernehmen. Eine Region wird hier zu einem mangelhaft oder passiv integrierten Teilsystem. R. zielt auf Behebung dieser Mängel oder auf eine Polarisierung zwischen Teil- und Gesamtsystem und schließliche Desintegration. Die Triebkräfte solcher Entwicklungen werden in weitgehend unkontrollierten, *strukturell determinierten Prozessen* gesehen.

Auch das Ausmaß der regionalistischen Herausforderung, also die Gefährdung der jeweils unterschiedlich verorteten zentralen Funktions- und Ordnungsprinzipien bestehender Staatsgebilde durch regionalistische Bewegungen wird in den referierten Ansätzen unterschiedlich beurteilt.

Begriffspräzisierung

Eine Gemeinsamkeit der hier idealtypisch unterschiedenen Analysen und Deutungsversuche des R. ist in der Thematisierung von drei Bezügen zu erkennen:

- Vorausgesetzt wird die *Existenz homogener Räume* innerhalb bestehender Nationalstaaten. Die Ausgrenzung und Behauptung der Homogenität dieser Räume – der Regionen – erfolgt in Abwandlung des ursprünglichen geographischen Regionsbegriffs auf der Basis historisch-kultureller, politischer und/oder ökonomisch-systemischer Kriterien.
- Die *Ausgrenzung* dieser Raumeinheit erfolgt immer im Bezug auf eine übergeordnete Raumganzheit. Damit werden in der Regel die Basiseinheiten der bestehenden Nationalstaaten, allenfalls noch supranationale Einheiten – wie ‹Europa› – zugrunde gelegt. Der Vollständigkeit halber sei erwähnt, daß es auch Versuche gegeben hat, den Begriff R. für die Analyse internationaler Bündnissysteme unter dem Dach der Vereinten Nationen fruchtbar zu machen.
- R. wird als *Störmoment* oder veränderndes Gestaltungsprinzip gesehen, die in Spannung oder Konkurrenz zu grundlegenden Funktions- und Ordnungsprinzipien bestehender Staats- und Gesellschaftssysteme stehen.

Stellt man zunächst die ungeklärte Problematik zurück, wie die in zumindest zwei Ansätzen hervorgehobenen überindividuellen bzw. strukturellen ‹Ursachen› von R. mit der politischen Artikulation regionalistischer →Interessen vermittelt sind (vgl. Schultze/Sturm 1983, S. 381f.), so läßt sich R. zusammenfassend wie folgt definieren: *R. ist eine oppositionelle Politisierung von kulturellen, ökonomischen und politischen Prozessen, die eine Konkurrenz zwischen einem subnationalen und einem gesamtstaatlichen Bezugsrahmen gesellschaftlicher und politischer Akti-*

viten begründen. Damit unterscheidet sich der R. von allen sonstigen innerstaatlichen/binnengesellschaftlichen Konfliktbereichen, für die die territoriale Komponente bedeutungslos oder zumindest sekundär ist. Der R. ergänzt die sowohl theoretisch wie praktisch-politisch als dominant angesehenen Schichtungs- und Bereichskonflikte (soziale und sektorale Konflikte) um einen dritten Konflikttypus, den *territorialisierten Konflikt.*

Diese Begriffsbestimmung drängt nun auf eine genauere Beschäftigung mit den ‹Trägern› eines solchen →Konflikts, d. h. mit den Gruppen und Bewegungen, die gegenüber den herkömmlichen eine territorialisierte Konfliktperspektive durchzusetzen und zu organisieren versuchen.

Forschungsstand

Gruppiert man die regionalistischen Bewegungen Westeuropas nach den Intensitätsgraden regionalistischer Konfliktartikulation, so lassen sich aus einer empirischen Analyse ihrer programmatischen Ziel- und Selbstdarstellungen die folgenden Abstufungen unterscheiden (vgl. Gerdes 1985, S. 95):

- *Separatisten* stellen die →Legitimität des gesamtstaatlichen Geltungsbereichs des herrschenden politischen →Systems in Frage. Sie erheben für ihre Region Anspruch auf die Bildung eines souveränen Nationalstaats oder auf den Anschluß an ein anderes bestehendes Staatswesen. Die Geschichte des Südtiroler und elsässischen Rechtsradikalismus bietet hierfür ebenso ein Beispiel wie heute die Aktionen der radikalen Flügel des baskischen, korsischen, irischen, flämischen, wallonischen, schottischen und jurassischen R.
- *Föderalisten* sehen die gesamtstaatliche und subnationale Territorialität als unterschiedliche Ebenen eines geschichteten Gliederungsgefüges an. Jede Ebene bildet einen eigenständigen territorialen Geltungsbereich für politische Entscheidungen. Aufgaben und Kompetenzen, die sich einer bestimmten Ebene nicht eindeutig zuordnen lassen, müssen nach Möglichkeit konsensual gelöst bzw. verteilt werden (→Föderalismus). Föderalistische Regionalisten finden sich im Gefolge Proudhons (‹integraler Föderalismus›) sowohl in Südfrankreich, als auch in Katalonien, Galizien und Andalusien. Tonangebend sind hier jedoch die an mitteleuropäische Denktraditionen (‹Volksgruppenbewegung›) anknüpfenden Gruppierungen, die sich in der *Föderalistischen Union Europäischer Volksgruppen* zusammengeschlossen haben (vgl. dazu Gerdes 1985, S. 83 ff.). Auch der bayerische Föderalismus hat hier seine Wurzeln.
- *Autonomisten* opponieren vornehmlich gegen das unitarische Selbstbild von der ‹Einheit› und ‹Unteilbarkeit› moderner Zentralstaaten, ohne daß sich diese →Opposition zum Separatismus radikalisiert oder zum Föderalismus verallgemeinert: Gegenüber der territorialen Indifferenz des republikanischen Einheitsstaats heben Autonomisten die territorial ab-

gegrenzten Sonderinteressen ihrer Region als eigenständige politische Dimension hervor. Zu den Autonomisten zählt die Mehrzahl der südwesteuropäischen Regionalisten: der elsässische, okzitanische, korsische, bretonische, Südtiroler, walisische, flämische, wallonische R. und die Mehrzahl der Regionalbewegungen in Spanien.

In einem mehr oder weniger engen Gedankenaustausch zwischen regionalistischen Bewegungseliten (→Eliten) und sozialwissenschaftlichen Bewegungsforschern wird die vom R. ausgehende Herausforderung in den referierten politikwissenschaftlichen Ansätzen sowohl unterschiedlich verortet als auch unterschiedlich bewertet:

- *Kultursoziologische* Ansätze sehen im R. u. a. die Geltendmachung eines berechtigten kulturellen Entfaltungsrechtes regionaler Gemeinschaften, das durch Achtung regionaler ‹Herkunftswelten›, durch Kulturautonomie oder – weitergehend – durch eine föderalistische Staatsorganisation abgesichert werden kann. Ein separatistischer «Ethnonationalismus» (Connor 1977) wird als Konsequenz der Verweigerung solcher Rechte zwar teilweise bedauert, aber überwiegend als unausweichlich angesehen.
- *Demokratietheoretisch-prozeßpolitische* Ansätze sehen den R. als Indikator von Legitimationsdefiziten des Zentralstaats, die sich insbesondere durch das wachsende Ausmaß staatlicher Intervention in alle Lebensbereiche verschärft haben. Ihnen kann durch Dezentralisierung oder Ergänzung horizontaler durch vertikale Gewaltenteilung begegnet werden. Gelingt dies nicht, so stellt sich erneut das schon für bewältigt gehaltene Problem der Integration lokaler und regionaler →Eliten (vgl. Tarrow/Katzenstein/Graziano 1978). ‹Elitenkonkurrenz›, ‹Legitimationskrise› und ‹Unregierbarkeit› gewinnen eine territoriale Färbung.
- *Politökonomische* und *soziologisch-systemtheoretische* Ansätze betonen die enge Verschränkung struktureller Funktions- und politischer Legitimationsprobleme. Die einflußreichste Version strukturalistischer R.-Analysen sucht die Ursachen des R. in den desintegrierenden regional-ökonomischen Polarisierungsprozessen zwischen Zentrum und Peripherie (vgl. Gottmann 1980). Die mangelnde Ausgleichswirkung gesamtstaatlicher Regionalpolitik, die lediglich globalen Wachstums- und Modernisierungszielen verpflichtet bleibt, läßt die strukturelle Dynamik ökonomischer Polarisierung als wichtigsten Motor zunehmender regionalistischer Unruhe erscheinen. Demgegenüber sehen soziologisch-systemtheoretische Ansätze in einem ‹funktionalen R.› ein Instrument zur Kontroll- und Effizienzsicherung gesamtstaatlicher Administration (vgl. Cornford 1975), mit dem die dysfunktionalen Folgen zunehmender Kommunikationsdichte und funktionaler →Differenzierung aufgefangen werden können. Die territoriale Dekonzentration untergeordneter Entscheidungs- und Administrationsbereiche und even-

tuell eine maßvolle Verlagerung politischer Willensbildungsprozesse in die Regionen werden als hinreichende Maßnahmen einer gesamtgesellschaftlichen Neutralisierung und regionalen Eingrenzung des R. angesehen.

Forschungsperspektive
Die meisten Analysen des R. bewegen sich bisher auf dem Abstraktionsniveau von generalisierenden Reflexionen über grundsätzliche Probleme kulturellen, gesellschaftlichen und politischen Wandels, für die die spezifischen *Formen* regionalistischer Interessenartikulation nur von untergeordneter, illustrierender Bedeutung sind. Dementsprechend sind die Forschungsanstrengungen verstärkt auf die prozeßpolitischen Komponenten (‹politics›) der Bildung und Konsolidierung regionalistischer Bewegungen, ihrer Transformation in regionalistische Parteien oder ihres Zerfalls, der Ausbildung geschlossener regionalistischer Weltbilder und des Zusammenspiels kultureller, ökonomischer und politischer Interessendefinitionen zu richten. Hierzu sind handlungstheoretisch orientierte empirische Analysen der Interaktionen zwischen Vertretern bzw. Repräsentanten des herrschenden politischen Systems und regionalistischen Bewegungen unerläßlich (vgl. Gerdes 1985). Weder regionale ‹Identitäten› noch ökonomische Polarisierungsprozesse sind hinreichende Determinanten zur Erklärung der Entstehung, des Wachstums oder des Zerfalls regionalistischer Interessenartikulation.

Berger, S.: Bretons, Basques, Scots, and other European Nations. In: The Journal of Interdisciplinary History, Vol. III (1972), No. 1.

Connor, W.: Ethnonationalism in the First World: The Present in Historical Perspective. In: Ethnic Conflict in the Western World (Hg.: Esman, M. J.). Ithaca/London 1977, S. 19ff.

Cornford, J. (Hg.): The Failure of the State. On the Distribution of Political and Economic Power in Europe. London 1975.

Gerdes, D.: Regionalismus als soziale Bewegung: Westeuropa, Frankreich, Korsika – Vom Vergleich zur Kontextanalyse. Frankfurt/New York 1985.

Gottmann, J. (Hg.): Centre and Periphery. Spatial Variation in Politics. Beverly Hills/London 1980.

Gras, Chr.: Conclusions provisoires. In: Régions et régionalisme en France du XVIIIe siècle à nos jours (Hg.: Gras, Chr./Livet, G.). Paris 1977, S. 591ff.

Hechter, M.: Internal Colonialism. The Celtic Fringe in British National Development, 1536–1966. Berkeley/Los Angeles 1975.

Schultze, R.-O./Sturm, R.: Regionalismus. In: Pipers Wörterbuch zur Politik (Hg.: Nohlen, D.). Bd. 2: Westliche Industriegesellschaften (Hg.: Schmidt, M. G.). München 1983, S. 380ff.

Stiens, G.: Zur Wiederkunft des Regionalismus in den Wissenschaften. In: Regionalismus und Regionalpolitik, Informationen zur Raumentwicklung (Hg.:

Bundesforschungsanstalt f. Landeskunde und Raumentwicklung). 5 (1980), S. 315ff.
Tarrow, S./Katzenstein, P./Graziano, L. (Hg.): Territorial Politics in Industrial Nations. New York/London 1977.

Dirk Gerdes

Regulation

Begriffsverwendungen

In den Sozialwissenschaften begegnet man einer Vielzahl von Definitionen des Begriffs R. Die weitesten Begriffsverwendungen sind in der anthropologischen Literatur zu finden, wo R. bisweilen mit sozialer →Steuerung und →sozialer Kontrolle gleichgesetzt wird. In den Sozialwissenschaften üblich ist die Eingrenzung auf den →Staat als Subjekt der R. Allerdings lassen sich dann wieder Differenzierungen hinsichtlich der R.-Objekte und -instrumente ausmachen. Während sämtliche gesellschaftlichen Bereiche Gegenstand staatlicher R. sein können, schränken enge Definitionen insbesondere einiger Wirtschaftswissenschaftler R. auf Eingriffe in die wirtschaftliche Sphäre ein. Auf der instrumentellen Ebene werden häufig alle den staatlichen →Institutionen zur Verfügung stehenden Interventionsinstrumente eingeschlossen, von enger gefaßten Definitionen dagegen ausschließlich Gebote und Verbote mit den dazugehörenden Kontroll- und Sanktionsmechanismen berücksichtigt.

In der politikwissenschaftlichen und politiksoziologischen Literatur dominiert die auf staatliche Steuerung zielende Definition des Begriffs, gleichzeitig die instrumentelle Eingrenzung auf Gebote und Verbote, so daß die Dominanz des regulativen Instrumentariums als typologisches Merkmal spezifischer staatlicher Eingriffsprogramme herangezogen werden kann. Festzuhalten ist jedoch, daß sich politische Interventionsprogramme (Policies) häufig durch eine Mischung typologisch unterschiedlicher Eingriffsinstrumente (Gebote und Verbote, prozedurale Vorschriften, finanzielle Anreize, Appelle, Informationen) auszeichnen. R.-Objekte sind in dieser Perspektive pragmatisch sämtliche Bereiche staatlicher Interventionsaktivität.

Verwendungszusammenhänge

Wir können zunächst vom Anspruch her empirisch-objektivierende von normativen Ansätzen unterscheiden. Erstere versuchen, R. in ihrem Zustandekommen, ihrer Durchführung und Wirkung zu beschreiben und zu erklären. Bei den normativen Modellen stehen auf der Makroebene Sollvorstellungen gesellschaftlicher und politischer Entwicklung, auf der Mikro- und Mesoebene Anleitungen für regulative Interventionen im Vordergrund.

Diskussionen normativer Makromodelle kreisen um alternative Gesellschafts- und Politikvorstellungen, letztlich um die jeweils für legitim erachtete Balance zwischen privater und öffentlicher →Macht. In den 60er Jahren der reformpolitischen und demokratisch-partizipativen Zielsetzungen sollte staatliche Steuerung – und damit auch R. – ausgeweitet werden und rationaler wie demokratischer Zielverwirklichung dienen. Die neuere normative Diskussion regulativer Politik – u. a. provoziert durch die enttäuschenden Ergebnisse empirischer Wirkungsforschung –, deren Empfehlungen vom Rückzug des Staates über Vorschläge zu anderen staatlichen Eingriffsarten (‹marktkonforme› Eingriffe z. B. mittels finanzieller Anreize) bis hin zur veränderten inhaltlichen Gestaltung regulativer Programme reichen, ist Anfang der 70er Jahre von den USA ausgegangen. Sie war und ist geprägt von Politikwissenschaftlern, mehr noch Wirtschaftswissenschaftlern, die auf den Interessenbezug, die Verteilungswirkungen und die wohlfahrtsökonomischen Auswirkungen regulativer Programme hinweisen. In einer Art Pendelbewegung der Einstellungen einflußreicher Wissenschaftler, Politiker und Interessengruppen ist dem Ruf nach staatlicher R. als Antwort auf ‹Marktversagen› der Ruf nach Deregulierung als Reaktion auf ‹Staatsversagen› gefolgt. Die gleiche Diskussion findet seit einigen Jahren phasenverschoben in Europa statt. Sie steht in engem Zusammenhang mit der Etablierung neokonservativ orientierter →Regierungen. Aber auch wohlfahrtsstaatlich eingestellte sozialdemokratische und sozialistische Regierungen haben sich diesem Trend angeschlossen. Während jedoch erstere in vielen Bereichen einen generellen Rückzug des Staates zugunsten privater Initiative fordern, setzen letztere vor allem auf die Entbürokratisierung staatlicher Interventionen, Bürgernähe und komplementäre gesellschaftliche Selbstregulierung.

Auf der Mesoebene herrscht die weitgehend auf spezifische Interventionsbereiche konzentrierte Perspektive der Politik- und Verwaltungsberatung vor. Sie ist, was z. B. die Instrumentierung von regulativen Eingriffsprogrammen angeht, überwiegend wohlfahrtsökonomischen Modellen verpflichtet. Staatliche Interventionen sollen hierdurch so gestaltet werden, daß sie marktähnlichen Effizienzbedingungen entsprechen. Organisations- und verwaltungswissenschaftlich orientierte normative Ansätze machen einerseits Vorschläge für die Organisationsentwicklung regulierender Behörden und regulationsbetroffener →Organisationen, andererseits bemühen sie sich ebenso um die inhaltliche Ausgestaltung von R.en (Eingriffsinstrumente und -modalitäten, Implementationsorganisation, Evaluations- und Beendigungsvorschriften etc.) mit dem Ziel, die Praktikabilität von Durchführungsvorschriften zu gewährleisten und dysfunktionale Folgen politisch-administrativer Eigendynamik zu vermeiden.

Empirisch gemeinte – wenngleich nicht notwendig empirisch fundierte – Staats- und Gesellschaftstheorien versuchen, explizit oder implizit, staatliche Regulierung in Makromodelle zu integrieren, die vor allem das Verhältnis von Politik und Gesellschaft bzw. →Politik und →Wirtschaft thematisieren.

(1) Theorien des staatsmonopolistischen →Kapitalismus sprechen dem politischen System die notwendige Autonomie und Durchsetzungsfähigkeit gegenüber dem ökonomischen System ab und sehen im Staat – in neomarxistischer Perspektive – eine ‹Reparaturagentur› zur Aufrechterhaltung der ökonomischen Produktionsweise und -verhältnisse.

(2) Die verschiedenen Varianten der Korporatismustheorie als Klassen- oder Interessengruppentheorie gehen von der mehr oder weniger gleichberechtigten Aushandlung kollektiv bindender Entscheidungen zwischen staatlichen Organisationen und den großen Interessenverbänden aus. Auf der Strecke bleiben dabei die →Interessen derer, die sich weniger leicht organisieren können, z. B. Verbraucher.

(3) Theorien zunehmender Politisierung und Staatsintervention diagnostizieren einen steigenden Bedarf an staatlichen Eingriffen zur Steuerung von Problem- bzw. Krisensituationen speziell im wirtschaftlichen Sektor. Politisch-administrative Eigendynamik und die Interessen der Interventionsnutznießer verhindern später eine Zurücknahme in weniger krisenhaften Zeiten.

(4) Eine der vorhergehenden widersprechende Theorie prognostiziert die Tendenz zunehmender gesellschaftlicher Selbstregulierung. Problembereiche würden gesellschaftlichen oder wirtschaftlichen Gruppen zur kollektiven Selbst-R. überlassen, weil staatliche Eingriffe generell und regulative Politik speziell an ihre Legitimitäts- und Wirkungsgrenzen gelangt seien. Im Zusammenhang dieser Theorie wird auch die Bezeichnung ‹neue Subsidiarität› gebraucht.

Zwischen Makro- und Mesoansätzen ist eine Kritik angesiedelt, die auf die verhaltenssteuernden Absichten rechtlicher Vorschriften in regulativen Programmen hinweist. Wurde früher das Instrument des →Rechts in erster Linie eingesetzt, um weitgehend akzeptierte Verhaltensnormen formell zu kodifizieren, so zielen neuere regulative Vorschriften (etwa im Umwelt-, Verbraucher- und Arbeitsschutzbereich) auf eine zum Teil erhebliche Veränderung etablierter Verhaltensweisen – und dies mit einem zunehmend breit ansetzenden, dichte und präzise Netze knüpfenden rechtlichen Instrumentarium. Hier wird von seiten der Wirkungsforschung die Frage gestellt, ob das Instrument des Rechts durch eine solche Aufgabenstellung nicht überfordert sei.

Forschungsstand

Empirisch objektivierende Untersuchungen setzen in der Regel auf der Mesoebene an. Einzelne Programme (Policies) sowie die in ihnen agierenden individuellen wie auch organisatorischen Akteure und deren Verflechtungen stehen im Vordergrund der Analyse, ebenso die unterschiedlichen Faktoren, die Entscheidungsprozesse und Handlungen beeinflussen. Diese empirisch orientierte Vorgehensweise ist entscheidungstheoretisch ausgerichtet und darauf angelegt, Politikbereiche und Länder zu vergleichen, um Forschungsergebnisse in makrotheoretischen Aussagen verwenden zu können.

Die folgenden Hinweise auf empirische Forschungsergebnisse beziehen sich auf das Zustandekommen und die →Implementation regulativer Programme. Den Aussagen liegen Fallstudien vorwiegend aus dem angelsächsischen Raum zugrunde, die nur mit Einschränkungen auf andere Gesellschaften übertragbar sind.

Grundsätzlich erweisen sich generalisierende Erklärungsmuster für die Initiierung und Beeinflussung regulativer Politikinhalte als untauglich. Weder ‹Theorien des öffentlichen Interesses›, die regulative Politik ausschließlich aus dem Motiv des Öffentlichkeitsschutzes angesichts von Marktversagen (Gründe: natürliche Monopole, fehlende Transparenz, Externalisierung von Kosten etc.) erklären wollen, noch solche, die – mit welchem spezifischen Ansatz auch immer – staatliche Regulierung initiiert und determiniert sehen durch besonders potente ökonomische Interessengruppen (Unternehmen, Branchen), werden durch differenzierte empirische Forschungsergebnisse in dieser Einfachheit und Einseitigkeit gestützt. Die zu Erklärungen heranzuziehenden Faktorenbündel sind vielfältig und variieren in ihrer Zusammensetzung und internen Gewichtung zwischen Eingriffsbereichen und auch Zeitpunkten der R., von interkulturellen Differenzen abgesehen. Es gibt R.en, die durch Initiative und im Interesse betroffener Industrien ein- und durchgeführt wurden und werden. Es gibt ebenfalls solche, die explizit gegen die Interessen betroffener Industrien, darunter sehr potente, zustande gekommen sind – etwa im Bereich der Umwelt-, Arbeits- und Verbraucherschutzgesetzgebung. Auch die neueren Deregulationsbemühungen im Luftfahrt- und Transportbereich in den USA sprechen nicht für eine generelle Dominanz an R. interessierter Wirtschaftsinteressen.

Für Erklärungen besonders fruchtbar erscheint ein erweiterter Interessengruppenansatz, der neben der →Verteilung von ökonomischen Interessen und Ressourcen berücksichtigt, daß staatliche Regulierung in demokratischen Systemen der öffentlichen Rechtfertigung bedarf. Heterogene Interessen können artikuliert werden und besonderes Gewicht dadurch erlangen, daß sich neue Zielgewichtungen durch gesellschaftlichen Einstellungs- und Wertewandel ergeben. Die Bedeutung und Wirkung von Umweltschutzgruppen ist vor dem Hintergrund solcher Ziel- und Bewertungsveränderungen zu sehen und auch in Zusammenhang zu bringen mit neuen Artikulations- und Organisationsmöglichkeiten über Massenmedien. Zu beobachten ist ein fast zyklisch zu nennender Einstellungswandel gegenüber staatlichen Eingriffen generell und den spürbaren und organisatorisch aufwendigen regulativen Programmen speziell, der nicht zuletzt durch die ernüchternden Ergebnisse der Wirkungsforschung herbeigeführt worden ist. Als besonders erklärungskräftig für Politikentwicklungs- und Entscheidungsprozesse haben sich die mit potentiellen Entscheidungen verbundene Höhe sowie gesellschaftliche Konzentration bzw. Streuung von Kosten und Nutzen im weitesten Sinne erwiesen, die für Motivationsschwellen und Organisationsanstrengungen (potentiell) betroffener Gruppen von Bedeutung sind. Weiterhin beeinflussen die spezifischen Probleme in konkreten Problembereichen, das zur Verfügung stehende Problemlösungswissen, die Existenz von Vorgängerprogrammen mit den durch sie gegebenen organisatorischen Umwelten und Implementationserfahrungen Entscheidungen bezüglich zukünftiger regulativer Programme.

Die für die Entstehung von Regulierungen rudimentär angemerkten Erklärungsvariablen gelten prinzipiell auch für Entscheidungsprozesse und Handlungen in der Implementationsphase. Diese sind in hohem Maße bestimmt durch Charakteristika des vorgegebenen regulativen Programms, die Ausstattung der Implementationsinstanzen mit personellen, finanziellen, informatorischen und hoheitlichen Ressourcen, die institutionelle Verflechtung von Entscheidungsprozessen, deren partizipative Offenheit, durch die Einstellungen der Mitglieder und speziell Leiter implementierender Organisationen, deren operationelle Abhängigkeit von externen Inputs sowie Art und Ausmaß der Reaktivität des Implementationsfeldes. Auch hier sind die empirischen Erfahrungen je nach untersuchtem Sektor, Zeitpunkt und auch Land unterschiedlich. Die Erwartung eines organisatorischen Lebenszyklus, an dessen Ende eine implementierende Organisation den potentesten Interessen im Implementationsfeld quasi ausgelaugt in die Hände fällt (sog. capture theory), ist in dieser Verallgemeinerung nicht haltbar. Dagegen sind Theorien organisatorischer Entscheidungsfindung, die auf die begrenzte Rationalität solcher Entscheidungsprozesse hinweisen, generell gültig, in ihren spezifischen Aussagen aber auch vergleichsweise ‹weich›.

Fazit: Die empirischen Analysen regulativer Politik weisen die Aussagen bisheriger normativer wie empirischer Theorien zurück, sofern sie über Problembereiche, Zeitpunkte und Länder hinweg – womöglich noch monokausal – zu generalisieren versuchen.

Forschungsperspektive

Notwendig erscheint die Entwicklung sektoren- und nach Möglichkeit länderübergreifender Analysemuster, mit denen die vorliegenden Fallstudien analytisch integriert und zukünftige operationalisiert werden können. Solche Analysen müssen die vielfältigen Faktoren regulativer Entscheidungsprozesse und Handlungen berücksichtigen und zu komplexen Erklärungen führen.

Voranzutreiben wären ebenfalls historische, empirisch-analytische Rekonstruktionen der Entwicklungsmuster staatlicher Intervention und speziell R. sowie deren instrumenteller wie organisatorischer Ausformung.

Defizite existieren auch hinsichtlich der empirischen Analyse von politik- und administrationsdynamischen Konsequenzen aus gegebenen regulativen Programmen.

Breyer, S.: Regulation and Its Reform. Cambridge/London 1982.

Feick, J.: Internationale Vergleichbarkeit staatlicher Interventionsprogramme – konzeptionelle und methodische Probleme. In: Mayntz, R. (Hg.), a. a. O., 1983.

Kaufmann, F.-X./Majone, G./Ostrom, V. (eds.): Guidance, Control, and Evaluation in the Public Sector. Berlin/New York 1985.

Lange, T.: Staatliche Regulierung. In: Grosser, D. u. a. (Hg.): Der Staat in der Wirtschaft der Bundesrepublik. Opladen 1985.

Mayntz, R.: Regulative Politik in der Krise? In: Matthes, J. (Hg.): Sozialer Wandel in Westeuropa. Verhandlungen des 19. Deutschen Soziologentages Berlin. Frankfurt/New York 1979.

–: Implementation von regulativer Politik. In: dies. (Hg.): Implementation politischer Programme II. Ansätze zur Theoriebildung. Opladen 1983.

McCraw, T. K. (ed.): Regulation in perspective. Historical Essays. Cambridge/London 1981.

Müller, J./Vogelsang, I.: Staatliche Regulierung. Baden-Baden 1979.

Voigt, R.: Regulatives Recht im Wohlfahrtsstaat. In: ders. (Hg.): Abschied vom Recht? Frankfurt/M. 1983.

Weizsäcker, C. C. v./Richter, R. (Hg.): Symposium: Regulation. Analysis and Experience in West Germany and the USA. ZgS 139 (1983), H. 3.

Wilson, J. Q. (ed.): The Politics of Regulation. New York 1980.

Jürgen Feick

Revolution

Begriffliche Abgrenzungen

Die Literatur über R. ist nahezu unübersehbar. Dabei sind R.en seltene Ereignisse, und mit diesen tut sich eine verallgemeinernde empirische Wissenschaft schwer. Zudem spannt sich der historisch-politische Rahmen einer vergleichenden R.-Forschung über große Zeiträume.

Revolutionen seit der Neuzeit

1640–1649/1660	Englische Revolution
1688–1689	Glorious Revolution
1789–1795	Französische Revolution
1830	Revolution in Frankreich
1848	Revolution in Frankreich
1910–1920	Mexikanische Revolution
1911–1927	Chinesische nationale Revolution
1917	Russische Oktoberrevolution
1927–1949	Chinesische kommunistische Revolution
1941–1945	Jugoslawische Revolution
1945–1973	Vietnamesische Revolution
1952	Bolivianische Revolution
1954–1962	Algerische Revolution
1959	Kubanische Revolution
1978–	Iranische schiitische Revolution
1978–	Revolution in Nicaragua

R.en sind immer Ergebnis politischer Entwicklung und nicht Absichtserklärungen, wie sie zum Beispiel in revolutionären →Ideologien zum Ausdruck kommen. Ebenfalls von R.en zu unterscheiden sind offene politische Entwicklungen, wie sie sich in revolutionären Situationen andeuten. Diese können die eine Richtung nehmen wie etwa in der Russischen Oktoberrevolution nach dem monatelangen Tauziehen seit dem Frühjahr 1917 zwischen gemäßigt-reformerisch gesonnenen bürgerlichen und radikalen sozialistischen Kräften. Oder die Umsturzbemühungen schlagen fehl wie der Spartakusaufstand der Linksradikalen in Berlin im Januar 1919, oder die letztlich siegreichen Kräfte machen bestimmte Maßnahmen rückgängig wie beispielsweise die wirtschaftlichen Enteignungen in Portugal nach 1974, dem Beginn der Ablösung des bisherigen autokratischen Regimes.

Die unentschiedene Lage in Nicaragua, wo die Regierung der Sandinistas, in einem Guerillakrieg mit breiterer Unterstützung durch das eigene Volk siegreich und inzwischen durch Wahlen (November 1984) legitimiert, nunmehr in wirtschaftliche Schwierigkeiten geraten und außerdem durch amerikanische Unterstützung für die rechtsgerichtete Opposition bedroht ist, wirft die Frage auf, wie lange die neue Regierung, die eine R. durchführt, an der Macht bleiben muß, damit man noch von einer R. sprechen kann. Die Münchner Räterepublik vom April/Mai 1919 bestand weniger als einen Monat, bevor sie von Regierungstruppen und Freikorps gestürzt wurde. Mit Recht wird hier nicht von einer erfolgreichen R. gesprochen. Die Folgen müssen also dauerhaft sein und nicht innerhalb kurzer Zeit umkehrbar. So ist die Islamische R. des Ayatollah Khomeini in ihrer religiösen Umerziehung der Bevölkerung und Erneuerung islamischer, antiwestlicher Wertvorstellungen, der Neubegründung staatlicher →Institutionen und der damit verbundenen Änderung der Herrschaftsstruktur als R. zu bezeichnen.

Als R. ist der erfolgreiche Umsturz der bisher herrschenden →Eliten durch eine neue Elite zu verstehen, die nach ihrer – meist mit größerem Gewaltgebrauch und der Mobilisierung von Massen verbundenen – Machtübernahme die Sozialstruktur und damit auch Herrschaftsstruktur fundamental verändert. Offensichtlich macht es wenig Sinn, R.en als illegale politische Aktivitäten zu definieren. Dies ist bereits im Wort ‹Umsturz› angedeutet. Ein Wechsel in der Struktur der →Herrschaft ist dagegen ein wichtiges Definitionskriterium für R.en, da die Ersetzung der bisherigen Elite, wie sie etwa bei Staatsstreichen des Militärs in vielen Ländern Lateinamerikas und Schwarzafrikas üblich ist, noch keine neue Struktur der Herrschaft bedeutet.

Das in Abgrenzungen des R.-Begriffs oft in den Vordergrund gerückte Kriterium der →Gewalt ist dagegen zweitrangiger Natur. Viele andere Konfliktformen, etwa Bürgerkriege, Abspaltungsversuche einzelner Provinzen oder Stammesfehden, verlaufen mindestens ebenso gewaltsam wie viele der bisherigen R.en. Dabei war das Ausmaß der Gewaltopfer in der Russischen und der Chinesischen R. bei weitem am größten, wenn man die R.en der Neuzeit betrachtet. – Auch das Kriterium der Neuheit einer R., dem zufolge R.en mehr →Freiheiten mit sich bringen müßten – wie dies Hannah Arendt in ihren philosophischen R.-Betrachtungen hervorgehoben hat –, ist für eine strukturelle Analyse von R.en unbedeutend. Diese fragt danach, ob sich die Herrschaftsordnung, die bisherigen Eliten und die politische Ideologie ändern. Die schiitische R. im Iran seit 1980 wäre nach Arendt eben keine R.

Zentral erscheint dagegen die Mobilisierung von Massen in verschiedenen Phasen einer R., wenn die Massen vielfach auch zu den späteren Opfern der R. gehören wie die Sansculotten in der Französischen R. oder die russischen Bauern nach der Zwangskollektivierung. Ohne die Beteiligung entsprechender Massenproteste wäre das bisherige System nicht derartig gelähmt, daß neue Eliten den Umsturz erfolgreich wagen könnten.

Che Guevara mit seiner Theorie des *foco*, des von einer Kaderpartei begründeten Brennpunktes einer revolutionären Bewegung, die Schritt für Schritt die Massen gewinne, wobei der *foco* das Entscheidende sei, liefert nur eines unter vielen Beispielen dafür – die Terroristen der RAF sind ein weiteres –, daß es zwar gewaltsame Attacken auf ein Staatsgebilde, aber weder eine revolutionäre Situation noch einen revolutionären Ausgang ohne die Beteiligung revolutionärer Massen geben kann. So bedeutet die elitenzentrierte Theorie des *foco* einen hohen Preis für eine falsche Theorie am falschen Platz zum falschen Zeitpunkt, da die bolivianischen Bauern die zumeist ausländischen Revolutionäre, die darüber hinaus noch weitgehend Intellektuelle waren, ablehnten.

Die Betonung revolutionärer Eliten in der Definition von R.en soll nicht bedeuten, daß Veränderungen allein durch Eliten verursacht werden. Vielfach billigen diese zunächst nur revolutionäre Maßnahmen einzelner Bevölkerungsgruppen. So haben die Bolschewiki in Rußland im Sommer und Herbst 1917 im Unterschied zu anderen Konkurrenten um die Macht als einzige die Plünderungen und Landnahmen der von der Front rückflutenden russischen Bauernmassen und ihre Friedenssehnsucht gebilligt, mit dem wirksamen Slogan ‹Brot, Land und Frieden›. – In der Französischen R. stellten die regelmäßigen Eingriffe der Sansculotten, der kleinen Handwerker, Gewerbetreibenden und Selbständigen in Paris, in das politische Geschehen ein wichtiges Moment für den Fortgang der R. dar. In diesem Sinne waren die Sansculotten lange die Hilfstruppen der Jakobiner. Beide trieben die politische und soziale R. mit ihren radikaldemokratischen Forderungen voran. – Nach Abschluß der Phase der Massenmobilisierung sind es andererseits häufig die neuen revolutionären Eliten, die Veränderungen einleiten, die von den Massen aufgenommen werden. Dies gilt beispielsweise für Castros Kampagne für eine bessere medizinische Versorgung und allgemeine Alphabetisierung.

Außerdem muß man damit rechnen, daß Gegner der R. einen gewissen Einfluß haben werden, der gelegentlich eine R. abbremsen kann. Die Mexikanische R. des Jahres 1910, die eben nicht zu einer nachhaltigen Verringerung sozialer Ungleichheit geführt hat und in ihrem Programm kleiner landbesitzender Kommunen, der *ejidos*, als gescheitert gelten muß, bietet eines der anschaulichsten Beispiele. Noch heute herrscht große soziale Ungleichheit trotz oder wegen des dauernden Rückgriffs auf Symbole und Rhetorik der Mexikanischen R. durch die regierenden Eliten. Die Bolivianische R. stellt einen ähnlichen Grenzfall dar. Die Wiedereinsetzung der Bourbonen in die Herrschaft (1814/15) nach dem Wiener Kongreß liefert vielleicht das anschaulichste Beispiel für gegenrevolutionäre Kontinuität. In den kommunistischen R.en Rußlands, Chinas, Kubas und Vietnams ist allerdings versucht worden, diese Strömungen vollends auszumerzen, beispielsweise durch den millionenfachen Tod von Großbauern in Rußland (Kulakenverfolgung durch Stalin, 1930ff.) und China oder durch deren Vertreibung wie in Kuba. In noch breiterer langfristiger Betrachtung müssen wohl auch die ungewollten Folgen politischer Entwicklungen, etwa die Umwälzungen nach den Kriegszügen Napoleons und Hitlers, in die Betrachtung miteinbezogen werden.

Da R.en das Ergebnis politischer →Konflikte sind, ereignen sich in ihrem Verlauf immer wieder Staatsstreiche oder Staatsstreichversuche, in denen eine Machtgruppe andere auszuspielen sucht. Der 24. Oktober 1917, als Lenin das Signal zum Aufstand in Petersburg gab, war zunächst ein staatsstreichähnlicher Akt. Auch zwischen Bürgerkriegen und R.en besteht eine engere Verbindung. R.en mögen nicht voll erfolgreich sein und deshalb in einem Bürgerkrieg ausgefochten werden wie in Rußland und Mexiko, oder ein Bürgerkrieg mag gewonnen werden und so den Weg zu einer späteren R. ebnen wie in China.

Zu den Funktionen von Revolutionen

In manchen Definitionen von R.en wird gleichermaßen auf ihren Stellenwert, ihre Funktionen abgehoben, etwa als «Lokomotiven der Geschichte» wie bei Marx oder als Mittel zur Zentralisierung und Stärkung des Staatsapparates zur Mobilisierung brachliegender Ressourcen, um im internationalen Wettbewerb besser mithalten zu können (Skocpol). Beiden Funktionszuschreibungen unterliegt eine Modernisierungsperspektive. Betrachtet man allerdings die Islamische R. im Iran, werden Zweifel an einer solchen angeblich allgemeingültigen Perspektive deutlich. Auch der Nationalsozialismus mit seinen ständestaatlichen Vorstellungen ließe sich in dieser Hinsicht schwerlich mit einer solchen Sicht vereinbaren.

R.en in der →Dritten Welt wie andernorts müssen häufig auf dem Hintergrund nationalistischer Bestrebungen wie als Herausforderung des internationalen politischen Systems bzw. seiner dominanten Mächte verstanden werden, die eine Ausbreitung revolutionärer Bestrebungen unterbinden möchten.

Zur Erklärung von Revolutionen

Die Erklärung von R.en ist ungleich schwieriger als ihre Beschreibung, das Feld der Historiker. Sollen mehrere Fälle für eine allgemeine Theorie berücksichtigt werden, muß der zeitliche Rahmen derart ausgedehnt werden, daß vielfach nur vage allgemeine theoretische Erklärungen übrigbleiben. Ganze Listen möglicher Einflußfaktoren ließen sich dabei zusammenstellen: Uneinigkeit unter Eliten; politisch unfähige und korrupte Oberschichten; politische, wirtschaftliche und soziale Diskriminierungen; unlösbare Gegensätze zwischen sozialen Schichten; ein allgemeines Gefühl der →Krise und des Niedergangs; Rolle der Armee, ausländische Interventionen; Ressourcen, die den Kontrahenten zur Verfügung stehen.

• *Die vergleichende Revolutionsanalyse von Barrington Moore:* England, Frankreich, die Vereinigten Staaten, Deutschland, Rußland, China, Japan und Indien hat Moore als historisch wichtigere Länder für seine vergleichende Analyse ausgewählt. Erklärt werden soll, warum in den ersten drei Fällen der Weg der →Modernisierung zu parlamentarischen Demokratien, in Deutschland und Japan zu ‹faschistisch›-autoritären Staatsformen, in Rußland und China zu kommunistischen Massenrevolutionen und anschließend zu totalitären Staaten führte und warum keiner dieser Wege für Indien bedeutsam erscheint.

Moore entwickelt einen Satz von Bedingungen, der je nach Ausprägung die unterschiedlichen politischen Entwicklungen in den verschiedenen Ländern beeinflußt habe. Darunter fallen die Beziehungen zwischen den Landoberschichten und der Monarchie, oder allgemeiner der vorindustriellen →Bürokratie, und die Reaktion ersterer auf die Herausforderungen marktorientierter Produktion. Hinzu kommen die Beziehungen zwischen Landoberschichten und städtischen Einwohnern, insbesondere der Bourgeoisie. Unter diesen Gruppen bilden sich Koalitionen und Gegenkoalitionen, die für die weitere politische Entwicklung seit der Neuzeit entscheidend waren. Soll sich beispielsweise eine liberale und demokratische Gesellschaft entwickeln, muß die Vorherrschaft der Krone oder einer allzu unabhängigen Agrararistokratie vermieden und außerdem Landwirtschaft in kommerzieller Form betrieben werden. Ferner muß die Landaristokratie geschwächt und eine Koalition zwischen ihr und der Bourgeoisie gegen Arbeiter und Bauern verhindert werden. Schließlich gilt, daß «wirtschaftliche und industrielle Führer im Begriff sein müssen, dominante Elemente der Gesellschaft zu werden... All dies kann sich, so scheint es, nur auf einer frühen Stufe der wirtschaftlichen Entwicklung abspielen» (Moore 1966, S. 425) wie in England oder Frankreich.

In der Zähmung des Agrarsektors, sowohl von Agraroberschichten als auch Bauern, sieht Moore die entscheidende Voraussetzung auf dem Wege zu demokratischer Entwicklung. «Die politische Führung durch die Landoberschichten mußte gebrochen oder transformiert werden. Der Bauer mußte sich in einen Farmer verwandeln, der für den Markt anstatt für den eigenen Verbrauch produzierte. In diesem Prozeß wurden die Landoberschichten entweder ein wichtiger Teil der kapitalistischen und demokratischen Strömung wie in England oder, wenn sie sich dieser widersetzten, in den Erschütterungen der R. [wie in Frankreich] oder des Bürgerkrieges [wie in den USA] hinweggefegt. Mit einem Wort, die Landoberschichten halfen entweder dabei, die bürgerliche R. zu bewerkstelligen, oder sie wurden durch sie zerstört» (S. 429f.). Überleben die vorkommerziellen Institutionen bis ins 20. Jahrhundert, stellen sie nicht nur eine erhebliche Belastung dar. Sie verhindern auch die Entwicklung zu einer bürgerlich-demokratischen R. So revoltierten die Bauern sowohl in Rußland wie in China erfolgreich gegen die Vorherrschaft der Agraroberschichten, wurden aber selbst vorrangiges Opfer der Modernisierung, dem die Kosten für die Industrialisierung abgepreßt wurden.

Ohne Zweifel stellt Moores Werk das wichtigste Buch zur vergleichenden R.-Analyse dar, dessen Bedeutung auch durch die weiterführenden Arbeiten von Stein Rokkan, Theda Skocpol, Perry Anderson und Immanuel Wallerstein, die alle den Bezugsrahmen auf eigenständige Weise erweitern, nicht geschmälert wird.

- *Die Erklärungsskizze von Theda Skocpol:* Skocpol, eine Schülerin von Barrington Moore, betont vor allem zwei Aspekte: Im Innern folgen die großen R.en ihrer Ansicht nach einem hydraulischen Muster von Druck und Gegendruck. Durch die Aktivitäten der adligen Oberschichten wird der bisherige Staatsapparat herausgefordert und geschwächt und somit ein politisches Vakuum erzeugt, in das die revoltierenden bürgerlichen Schichten bzw. Kleingewerbetreibende und Bauern stoßen. Je nach Eintritt und Ablauf dieser Konstellationen kommt es entweder zu erfolgreichen oder fehlgeschlagenen R.en. Die zweite Neuerung liegt in der Hervorhebung internationaler Herausforderungen durch entwickeltere Staaten. Skocpol sieht R.en in diesem Zusammenhang ähnlich wie Samuel Huntington als Modernisierungsanstrengung neuer revolutionärer Eliten, die leistungsfähigere Institutionen anstelle der alten schaffen wollen. Dies ist Anlaß und Ziel zugleich für die revolutionären Umsturzbemühungen, deren Erfolg von den zuerst angedeuteten Bedingungskonstellationen abhängt.

Dabei haben die Agraroberschichten nur dann eine Chance mit ihrer Revolte, wenn sie ihre Ressourcen über zentrale Netzwerke gegen den bisherigen Staatsapparat mobilisieren können. Andernfalls fehlt die institutionelle Voraussetzung, um die Krone und zentrale Bürokratie herausfordern zu können. Im vorrevolutionären Frankreich beispielsweise war diese Bedingung mit dem von den Adligen kontrollierten Parlament gegeben. Auch ist entscheidend, ob die Landoberschichten eigene Mittel zu ihrer Verteidigung haben oder auf den zentralen Repressionsapparat, noch dazu in Zeiten eines äußeren Krieges, angewiesen sind. «So blieben die russischen Grundherren während des 1. Weltkrieges ungeschützt, die französischen während des Bankrotts der Krone in den Jahren 1788–1789 und die chinesischen während der japanischen Invasion der 1930er Jahre und wurden schließlich Opfer bäuerlicher Aufstände» (Goldstone 1982, S. 199). Die Ironie dieser Deutung will es, daß ohne die Proteste der Landoberschichten die Bauernproteste und der Protest in den Städten wirkungslos verpuffen würden, die Oberschichten aber, so sie mit ihrem Widerstand Erfolg haben, mit der weiteren Schwächung des Staatsapparates gleichzeitig das Tor zu ihrem eigenen Niedergang öffnen. Die Verbindung aus Staatskrise und Widerstand der Oberschichten lähmt den Staat und bahnt den Weg für Massenaufstände (Goldstone 1984, S. 708).

Die Iranische R. hat Skocpol zum Anlaß genommen, ihren theoretischen Rahmen zumindest dahingehend zu verändern, daß nunmehr die zündende Wirkung revolutionärer Ideen wie auch das über die Bazare und Religionsschulen intakte städtische Netzwerk der Schahgegner in den Vordergrund gerückt werden. Daß der Schah mit seiner überstürzten Modernisierungspolitik sein Land in eine Gesellschaft der Privatiers verwandelte, wobei die Privilegien nur wenigen zugute kamen und sich keine mit dem Schah solidarische Schicht herausbildete, gleichzeitig aber alle negativ von diesem Wandel betroffenen Gruppen ihren Unmut auf den autokratischen Herrscher richteten, macht die Wucht der erreichten Mobilisierung verständlich. Entscheidend aber war – so Skocpol – der Mut vieler Demonstranten, die die Gewehrläufe der Schahtruppen nicht fürchteten und diese damit zusehends demoralisierten.

Sozialhistorisch interessierte Forscher haben sich mit dem politischen (Protest-)Verhalten vornehmlich der Unterschichten im 18. und 19. Jahrhundert beschäftigt (George Rudé, Eric Hobsbawm, Charles Tilly). Diese Arbeiten – angeregt durch Georges Lefebvre und die französische Annales-Schule – sind wichtige Ergänzungen vergleichender R.-Analysen, müssen in ihrem Erklärungsanspruch aber enger gesehen werden.

Neuere Trends

Neuere Entwicklungen in der vergleichenden R.-Analyse gehen einmal regional und sozialstrukturell differenzierter den historischen Wurzeln der großen R.en wie in England und Frankreich sowie ihren Querverbindungen nach und beziehen dabei auch ideengeschichtliche Überlegungen stärker mit ein, als dies für die rein strukturgeschichtlich orientierte Analyse Moores und Skocpols zutrifft. Stärker auf Hintergrundfaktoren zielt Goldstone (1986, S. 319) ab, der einen Zusammenhang zwischen Bevölkerungswachstum, der Knappheit von Nahrungsmitteln und Preisauftrieb einerseits, den daraus resultierenden Konflikten unter Eliten sowie Volksaufständen und der allgemeinen Schwächung des Staatsapparates andererseits sieht. Schließlich wird die Leistungsfähigkeit revolutionärer Regime mit der nichtrevolutionärer verglichen (Susan Eckstein, etwa im Hinblick auf Kuba, Bolivien und andere lateinamerikanische Staaten), wobei Staaten mit kommunistischen R.en in der Alphabetisierung und medizinischen Versorgung ihrer Bevölkerung üblicherweise besonders, in wirtschaftlicher Hinsicht aber weniger erfolgreich sind.

Still ist es dagegen um die sogenannten ‹naturgeschichtlichen› Entwicklungsabläufe von R.en geworden, wie am prominentesten von Crane Brinton vorgelegt. Der angebliche Zyklus von ineffizienter Herrschaft

– Abfall der Eliten (Intellektuellen) – Massenmobilisierung – Umsturz des bestehenden Regimes – Herrschaft gemäßigter Revolutionäre – Verschärfung durch Radikalrevolutionäre – Rückkehr zu gemäßigter Herrschaft («Thermidor») läßt sich schwerlich mit Entwicklungen der verschiedenen R.en allgemein in Einklang bringen. Die gelegentlich fehlerhaften Einstufungen von Goldstone (1986, S. 2–5) belegen dies erneut.

Als heikelstes Problem der vergleichenden R.-Analyse überhaupt muß die Erklärung des Zeitpunktes einer R. gelten, wie die Überraschung über den Sturz des Schahs und die anschließende Islamische R. erneut deutlich gemacht hat. Aber auch die Revolutionäre sind vielfach von der Gunst der Stunde überrascht worden bzw. haben sie nutzen können, obgleich sie kurz vorher noch alles für verloren hielten. Äußerungen von Lenin und Hitler – um nur zwei Beispiele zu nennen – liefern hierfür beredte Beispiele.

Adelmann, J. R.: Revolution, Armies, and War. Boulder (Colorado) 1985.
Eckstein, S.: The Impact of Revolution on Social Welfare in Latin America. Theory and Society 11 (1982), S. 43–94.
Goldstone, J. A.: Theories of Revolution: The Third Generation. World Politics 32 (1980), S. 425–453.
Goldstone, J. A.: The Comparative and Historical Study of Revolutions. Annual Review of Sociology 8 (1982), S. 187–207.
–: Reinterpreting the French Revolution. Theory and Society 13 (1984), S. 697–713.
– (Hg.): Revolutions: Theoretical, Comparative, and Historical Studies. San Diego 1986.
Hagopian, M. N.: The Phenomenon of Revolution. New York 1974.
Moore, B. jr.: Social Origins of Dictatorship and Democracy. Lord and Peasant in the Making of the Modern World. Boston 1966 (dt.: Soziale Ursprünge von Diktatur und Demokratie. Frankfurt/M. 1969).
Skocpol, T.: States and Social Revolutions. A Comparative Analysis of France, Russia and China. Cambridge 1979.
–: Rentier State and Shi'a Islam in the Iranian Revolution. Theory and Society 11 (1982), S. 265–283.
Zimmermann, E.: Krisen, Staatsstreiche und Revolutionen. Opladen 1981.
–: Evolutionärer und revolutionärer Wandel. Funkkolleg Politik, Studienbegleitbrief 7. Tübingen 1986.

Ekkart Zimmermann

Rüstung(spolitik)

Begriffsverwendungen

Unter Rüstung (R.) verstand man im Mittelalter meist ‹Ausrüstung, Waffen, Schmuck›, während man in der Gegenwart hierunter die Mittel zur Führung von Kriegen und die Vorbereitung zum →Krieg subsumiert. Die Bundesregierung versteht unter R. in einem engeren Sinne die Gesamtheit der Grundsätze, Ziele und Maßnahmen zur Deckung des Bedarfs der Bundeswehr an Wehrmaterial einschließlich der Planung und Konzeption des Ausrüstungsbedarfs, der Wehrforschung, der Entwicklung, Erprobung, Fertigung, Instandhaltung und Instandsetzung von Wehrmaterial. Dagegen benutzen Konversationslexika und politikwissenschaftliche Arbeiten R. meist in einem weiteren Sinne als Oberbegriff, der die Art und den Stand der Bewaffnung sowie den Mannschaftsbestand der Streitkräfte eines Landes bzw. Bündnisses im Rahmen der politischen, gesellschaftlichen, technologischen, wirtschaftlichen und finanziellen Möglichkeiten erfaßt.

R.-Politik läßt sich sowohl auf der Ebene des nationalen Systems bzw. der Innenpolitik (als R.-Ausgaben, -Forschung, -Beschaffung, -Export, -Konversion sowie als R.- und Abrüstungsplanung) als auch auf der Ebene der Außenpolitik (als R.-Kooperation, -Begrenzung oder -Kontrolle) und des Internationalen Systems bzw. der Internationalen Beziehungen (als R.-Transfer mit seinen ökonomischen und ordnungspolitischen Konsequenzen z. B. für die →Dritte Welt sowie als R.-Kontroll- und Abrüstungspolitik auf bi- und multilateraler bzw. regionaler und globaler Ebene) untersuchen.

Theorieansätze zur R.-Dynamik versuchen die Einflußfaktoren (aus dem nationalen und internationalen System) auf dem Hintergrund begrenzter Information (Geheimhaltung) zu erfassen, Wechselwirkungen zu interpretieren und zu erklären, um aus der Kenntnis der Determinanten des R.-Wettlaufs praxeologische Schlußfolgerungen für eine Politik der kontrollierten R.-Steuerung (R.-Kontrolle) und Abrüstung zu ziehen.

Verwendungszusammenhänge

R.-Politik ist Gegenstand politikwissenschaftlicher Forschung, die sich mit Strukturen (Polity), Prozessen (Politics) und Feldern (Policy) der nationalen und internationalen Politik befaßt. Im Rahmen der Polity-Perspektive befassen sich politikwissenschaftliche Arbeiten zur R.-Politik auf der Ebene des nationalen Systems mit den jeweils spezifischen rechtlichen (Verfassung, Gesetzgebung, Ausführungsverordnungen) und institutionellen Rahmenbedingungen, während auf der Ebene des Internationalen Systems die R.-Ausgaben und die Art der R. (z. B. Atomwaffen staaten und nukleare Habenichtse) als Indikator für politische, militärische und ökonomische Macht benutzt werden, um die Machtposition im internationalen Herrschaftssystem zu bestimmen.

Im Rahmen der Politics-Perspektive konzentrieren sich politikwissenschaftliche Arbeiten mit der Analyse von Prozessen der Planung, der Entwicklung und Beschaffung für einzelne Waffensysteme (z. B. für die BRD zu Phantom, zu Tornado oder für die USA zu MIRV, zu ICBM, zu strategischen Marschflugkörpern) und mit den nationalen und bündnispolitischen Entscheidungsprozessen für bestimmte militärische Missionen und Waffen unter Berücksichtigung der formalen Akteure und der informellen Einflußfaktoren (z. B. des Militärs, der R.-Industrie, der zivilen Militärbürokratie, der Wissenschaftler und Ingenieure sowie deren Verbände, der Gewerkschaften und der lokalen Behörden, eine Interessenallianz, die von D. D. Eisenhower als militärisch-industrieller Komplex bezeichnet wurde). Auf der Ebene des internationalen Systems wird R.-Politik als Instrument der Einflußsicherung (über R.-Exporte) bzw. der Schaffung von Abhängigkeiten eingesetzt. Entsprechend befassen sich Arbeiten zur R.-Kontrollpolitik mit Fragen der nationalen Abrüstungsplanung bzw. mit bündnisinternen Konsultationsprozessen.

Politikwissenschaftliche Arbeiten zur R.-Politik haben folgende innenpolitische Politikfelder zum Gegenstand: Haushaltspolitik (Bewilligung der R.-Ausgaben), der Wirtschaftspolitik mit den Teilschwerpunkten auf der Industrie-, der Wettbewerbs- und der Konjunkturpolitik, der Forschungs- und Technologiepolitik sowie der Außenhandelspolitik (R.-Exporte und R.-Importe). Policy-Analysen zur R.-Politik auf der Ebene des internationalen Systems befassen sich u. a. mit den Auswirkungen nationaler R.-Politiken auf die technologische Innovation, die Produktivität, das Wachstum und die Inflationsraten sowie im Verhältnis zur Dritten Welt auf die Entwicklung. Policy-orientierte Arbeiten befassen sich mit der R.-Kontrollpolitik einzelner Staaten, mit einzelnen R.-Kontrollforen (z. B. mit INF, MBFR, SALT, KVAE, CD) bzw. mit der internationalen R.-Kontroll- und Abrüstungsdiplomatie. Unverzichtbare Voraussetzungen für quantitative und vergleichende Arbeiten bieten für die R.-Arsenale der Staaten sowie für deren R.-Exporte und R.-Importe die Jahrbücher des International Institute for Strategic Studies (Military Balance und Strategic Survey) sowie des Stockholm International Peace Research Institute (SIPRI) zur weltweiten Auf- und Abrüstung. Neben IISS und SIPRI bieten die Veröffentlichungen der amerikanischen Abrüstungsbehörde (US-ACDA) und von R. Sivard statistisches Material zum R.-Transfer. Über die R.-Kontrollpolitik der Bundesregierung informiert seit 1982 ein jährlicher Bericht zur R.-Kontrolle und Abrüstung.

Politikwissenschaftliche Arbeiten zur R.-Politik lassen sich den vier Teildisziplinen zuordnen: der politischen Theorie (z. B. Theorieansätze der R.-Dynamik, des militärisch-industriellen Komplexes), des politischen Systems (Arbeiten zur nationalen R.-Politik mit einer Polity-, Politics- oder Policy-Perspektive), der vergleichenden Regierungslehre (z. B. zu den rüstungs- und abrüstungspolitischen Entscheidungsprozessen) und der internationalen Politik (z. B. Arbeiten zu R.-Transaktionen oder zu den Wechselbeziehungen von R.-Wettläufen und Kriegen). Die Vielfalt der thematischen Bezüge und methodischen Zugänge gebietet eine Begrenzung auf theoriegeleitete Arbeiten zur R.-Dynamik und deren mögliche praxeologische Relevanz für die R.-Kontrolle und Abrüstungspolitik.

Begriffspräzisierung
Gegenstand politikwissenschaftlicher Arbeiten zur R.-Dynamik sind die systematische Erforschung der nationalen und internationalen Ursachen (z. B. perzipierte Unsicherheit vermittelt durch Feindbilder, Sicherheitsdilemma), der Triebkräfte (innergesellschaftliche Interessenallianz oder äußere Bedrohung), der Akteure (gesellschaftliche Interessenvertreter, staatliche Akteure), der Steuerungsprozesse (z. B. durch Stimulus-Response-Modelle oder mit selbstgesteuerten bzw. autistischen Modellen) und die Folgen der nationalen R.-Politiken im Internationalen System (Erlangung oder Wiederherstellung von Gleichgewicht, R.-Wettlauf, Krieg) und die Suche nach Wechselbeziehungen bzw. nach Korrelationen sowohl mit Hilfe historisch-soziologischer Ansätze als auch mittels quantitativer makrosoziologischer Forschungstechniken. Die Wechselbeziehungen zwischen den nationalen R.-Politiken der USA und der Sowjetunion bzw. der beiden Militärallianzen NATO und WVO als Teil des Ost-West-Konflikts stehen dabei meist im Vordergrund mit dem besonderen Schwerpunkt auf der Nuklearrüstung (vgl. Brauch 1984, Forndran/Krell 1984). Eine zentrale Kontroverse entstand in den 70er Jahren über die Frage, ob die nationalen R.-Politiken bzw. der R.-Wettbewerb primär innergesellschaftlich verursacht bzw. innengeleitet, d. h. durch innergesellschaftliche Kräfte, Interessen und Prozesse gesteuert wurden oder ob sie das Ergebnis echter Wechselwirkungen zwischen der R.-Politik der Konfliktparteien waren, d. h., ob die nationale R.-Politik primär exogen verursacht bzw. außengeleitet war oder ob es sich um interaktive R.-Wettläufe handelte.

Gestützt vornehmlich auf amerikanische sozialwissenschaftliche Arbeiten der 60er Jahre stellte Senghaas dem sowohl in der Friedensforschung (Richardson 1953 und 1960) als auch in der Politik des Westens vorherrschenden Erklärungsmodell eines von Aktion und Reaktion geprägten R.-Wettlaufs das Modell zweier weitgehend selbstgesteuerter (autistischer) R.-Komplexe gegenüber. Der amerikanische R.-Komplex werde durch eine Redundanz von Ursachen und Funktionen am Leben gehalten. Er sei damit ein überdeterminiertes Subsystem des amerikanischen politischen und gesellschaftlichen Systems, dessen Kausalität nur konfigurativ zu erfassen sei (Senghaas, in Krell 1981).

Als Teiltheoreme nannte Senghaas u. a. das Aktions-Reaktions-, Krisen-, Supermacht-, Ideologie-, Technologie-, Machtkartell- und Bürokratietheorem, wobei er von drei Kernvariablen ausging: R.-Interessen, R.-Technologie sowie strategischen Doktrinen. Die Autismusthese von Senghaas bzw. die Innenleitungsthese von Gantzel wurde von deutschen und sowjetischen Wissenschaftlern zurückgewiesen. Von Senghaas/Gantzel beeinflußt waren die Arbeiten zur amerikanischen R.-Politik der 40er Jahre von Brauch (1976) und der Nixon-Kissinger-Ära von Krell (1976), während Müller (1985) das Primat exogener Faktoren hervorhob.

Colin S. Gray vermittelt in seiner Arbeit zum sowjetisch-amerikanischen R.-Wettlauf einen Überblick zu den innergesellschaftlichen Teiltheoremen (bürokratische Politik, wahlpolitische Aspekte, organisatorisches Eigengewicht, technologische Innovation, Nachfolgeimperativ und militärisch-industrieller Komplex). Bei den Interaktionsmustern unterscheidet Gray zwischen sechs Modellen: der Eigendynamik, der zufälligen Reaktion, der Makro-Reaktion, der begrenzten Reaktion sowie der differenzierten und mechanistischen Antwort (vgl. Gray, in Krell 1981).

Die Gefahr von Nuklearkriegen aus Versehen und der inneramerikanische Protest gegen nukleare Tests in der Atmosphäre Ende der 50er Jahre trugen in den USA zur Entwicklung einer R.-Kontrollschule bei, deren Vertreter eine stabilitätsorientierte Variante der Abschreckungspolitik befürworteten auf der Grundlage von Vereinbarungen zwischen den beiden Supermächten. Die rüstungskontrolltheoretischen Ansätze der frühen 60er Jahre wollten den Einsatz militärischer Machtmittel verhindern (Kriegsverhütung) bzw. den Einsatz militärischer Gewalt im Krieg beschränken (Schadensbegrenzung, Regeln der Kriegführung), die Stabilität im Frieden (R.-Wettlauf und diplomatische Stabilität), in der Krise (Krisenstabilität) und im Krieg (Erschwerung der Eskalation und Vermeidung von Automatismen) und die Kosten für militärische Zwecke senken.

Im Gegensatz zu den weitgehend propagandistischen Bemühungen der Supermächte im Rahmen der Vereinten Nationen für eine vollständige und umfassende Abrüstung forderte die R.-Kontrollschule Verhandlungen mit der Sowjetunion, um den bilateralen R.-Wettlauf nach Stabilitätsgesichtspunkten zu steuern. Während im politischen Sprachgebrauch R.-Kontrolle und Abrüstung meist synonym gebraucht werden bzw. meist von Abrüstung gesprochen wird, wenn R.-Begrenzung oder kontrollierte R.-Steuerung gemeint ist, wird in politikwissenschaftlichen Arbeiten unter Abrüstungsbegriff die Gesamtheit aller Maßnahmen verstanden, die geeignet sind, bestehende militärische Machtmittel zu kontrollieren, zu begrenzen und zu vermindern, d. h. Waffensysteme, Streitkräfte sowie industrielle und technologische Anlagen, welche die Produktion militärischer Mittel ermöglichen. Das utopische Fernziel der Abrüstungspolitik ist eine waffenlose Weltgesellschaft, in der →Konflikte auf friedlichem Wege ohne Einsatz bewaffneter Gewalt gelöst werden können. Unter Demilitarisierung versteht man die erzwungene Abrüstung eines Besiegten durch die Siegermächte, während sich der Begriff Entmilitarisierung auf die freiwillige einseitige oder vertraglich ausgehandelte Entfernung von Truppen und militärischem Gebiet aus einem bestimmten Gebiet, z. B. im Sinai, bezieht.

Während sich die Bemühungen um R.-Begrenzung weitgehend auf die militärische Hardware (Waffen, Soldaten, Produktionsstätten) konzentrieren, setzen sich die vertrauens- und sicherheitsbildenden Maßnahmen die Schaffung besserer politischer Voraussetzungen für Bemühungen um R.-Kontrolle und Abrüstung zum Ziel: Abbau des Mißtrauens, Erhöhung der Offenheit, der Transparenz militärischer Potentiale und der Berechenbarkeit politischer und militärischer Absichten. Eine Strategie der Vertrauensbildung setzt an den Bedrohungsvorstellungen, den Ängsten an und verfolgt das Ziel, die Kriegswahrscheinlichkeit generell und durch die Verlängerung der Warnzeit die Fähigkeit zu einem Überraschungsangriff zu senken.

Bei den Bemühungen um R.-Begrenzung und Vertrauensbildung unterscheidet man in politikwissenschaftlichen Arbeiten zwischen drei Ansätzen: (a) Verhandlungsansatz, (b) einseitige oder nationale Maßnahmen (Unilateralismus) und (c) wechselseitige einseitige Akte der Selbstbeschränkung (Gradualismus).

Forschungsstand

Die politikwissenschaftliche Kontroverse über den Vorrang endogener (z. B. MIK-Analysen) oder exogener (z. B. Bedrohungsanalysen) Determinanten der R.-Dynamik hat sich auf die Untersuchungen in der Teildisziplin: Friedens- und Konfliktforschung stimulierend, aber auf die politische Akzeptanz dieser Teildisziplin in der Bundesrepublik Deutschland negativ ausgewirkt.

In empirischen Fallstudien zu einzelnen Waffensystemen wurden für die USA wiederholt der Vorrang innergesellschaftlicher Faktoren hervorgehoben. Quantitative R.-Wettlaufuntersuchungen hielten dagegen meist an dem Aktions-Reaktions-Theorem fest. Das jeweilige Mischungsverhältnis von endogenen und exogenen Faktoren wurde dabei in einzelnen Arbeiten in den 80er Jahren für die USA und die Sowjetunion unterschiedlich bewertet. Exemplarisch seien hier drei Arbeiten von Evangelista, Thee und Brauch von 1986 angeführt. Evangelista gelangte bei der Erörterung von vier Fallstudien zur US-R.-Politik: (a) zur Produktion und Stationierung von Thor und Jupiter (1959–1960), (b) zur

MLF in den 60er Jahren, (c) zur Neutronenwaffe und (d) zum NATO-Doppelbeschluß zu dem Ergebnis, daß diese Fälle mit der These einer «technological entrepreneurship», d. h. einer Kombination von technologischer Eigendynamik und einer diese fördernden Interessenallianz, erklärt werden können. Auch Thee sieht in der technologischen Eigendynamik und in dem Bestehen eines militärisch-industriell-bürokratisch-technologischen Komplexes die zentralen Triebkräfte der R.-Dynamik und in der Begrenzung des militärischen Forschungs- und Entwicklungsprozesses die vordringliche Aufgabe der Abrüstungspolitik. Bei seinem Interpretationsversuch von SDI unterscheidet der Verfasser zwischen drei Analyseebenen: der Aussageebene, der Perzeptionsebene und der Ebene der Realanalyse, wobei er das Zusammenspiel von drei Faktoren: des technologischen Impulses, des strategischen Kalküls und der politischen Dezision sowie die Wechselwirkung exogener und endogener Determinanten untersucht. SDI läßt sich nach Brauch als Teil einer umfassenden Makroreaktion interpretieren, die als Ergebnis der Präsidentschaftswahlen von 1980 mit dem Austausch der außen- und sicherheitspolitischen Funktionselite einsetzte, wodurch der technologische Impuls beschleunigt wurde. Während bei der Aussageanalyse auf der politischen Leitungsebene der politisch-strategische Ansatz als determinierend angesehen werden muß, seien bei der Realanalyse auf der Programmebene eigendynamische wissenschaftliche und militärbürokratische Prozesse eher determinierend. Albrecht unterschied im Hinblick auf die Dreiecksbeziehung zwischen Politik, Strategie und Technologie vier Interaktionsmodelle zwischen der Dyade Waffentechnik und Politik/Strategie: (a) einer einseitigen Wirkrichtung von der Politik auf die Technologie, (b) einer einseitigen Wirkrichtung von der R.-Technologie hin auf Strategie und Politik, (c) einer statischen Mischthese, die je nach den Umständen der Politik und der Waffentechnik den Rang der prima causa zuerkennt, und (d) einer dynamischen Zirkularthese, die in UN-Studien vorherrscht, wonach die R.-Schübe einem systematischen Wandel zwischen beiden Polen unterworfen sind.

Die Einsicht, daß nationale R.-Politik nicht länger ausschließlich als Antwort auf externe Bedrohungen interpretiert werden kann, wie auch die Krise der R.-Kontrollpolitik Ende der 70er Jahre blieb nicht ohne Folgen auf die politikwissenschaftliche und die praxeologisch orientierte Forschung, die sich in der Bundesrepublik vor allem in fünf Bereichen äußerte: (a) in Forschungsarbeiten zur R.-Konversion, (b) zur Abrüstungsplanung und zu rüstungskontroll- und sicherheitspolitischen Entscheidungsprozessen, (c) zu unilateralen und gradualistischen Ansätzen und (d) in der Suche nach neuen rüstungskontrollpolitischen Zielen: Vertrauensbildung und Missionsansatz, sowie (e) in der Suche nach defensiven Wehrstrukturen.

Forschungsperspektive

Die wissenschaftliche Kontroverse über die Determinanten der R.-Dynamik zu Beginn der 70er Jahre hat zahlreiche empirische und theoretische Arbeiten zu Teilaspekten der R.-Dynamik: zu einzelnen Waffensystemen, zur R.-Politik einzelner Länder und zu R.-Wettläufen zwischen den Supermächten und Militärbündnissen wie auch zwischen Staaten in der Dritten Welt ausgelöst. Es fehlt jedoch bisher eine systematische Auswertung des weltweiten Forschungsstandes, eine Präzisierung der Teiltheoreme und eine Gewichtung der Forschungsergebnisse im Hinblick auf ihre mögliche praxeologische Relevanz für die R.-Kontrollpolitik.

Die Einsicht, daß die amerikanische R.-Politik nicht nur exogen determiniert ist, führte zur Einführung neuer Routinen durch den US-Kongreß, neue R.-Entwicklungen im Hinblick auf ihre Auswirkung auf die Politik der R.-Kontrolle und die strategische Stabilität zu bewerten (Arms Control Impact Statements bzw. R.-Kontrollgutachten). In der Bundesrepublik blieben sozialwissenschaftliche Untersuchungen zur R.-Dynamik nahezu wirkungslos hinsichtlich der praktischen Politik, wie die Legitimation des NATO-Doppelbeschlusses als ‹Nachrüstung› belegt. Solange man unter Macht versteht, nicht lernen zu müssen, werden auch die stringentesten politikwissenschaftlichen Analysen zu Fragen der R.-Dynamik und R.-Kontrolle wirkungslos bleiben, wenn die politischen Leitungseliten es vorziehen, diese Ergebnisse sowohl bei ihrer Entscheidungsfindung als auch bei ihrer Selbstdarstellung zu ignorieren.

Albrecht, U.: Rüstungstechnologien und internationale Sicherheitspolitik. In: H.-H. Hartwich (Hg.): Politik und die Macht der Technik. 16. wissenschaftlicher Kongreß der DVPW. Opladen 1986, S. 199–214.

Brauch, H. G.: Rüstungsdynamik und Waffentechnik: Ein Versuch einer Interpretation der amerikanischen strategischen Raketenabwehrsysteme mit Hilfe von Theoremen aus dem Bereich der Rüstungsdynamik. In: B. Kohler-Koch (Hg.): Technik und internationale Politik. Baden-Baden 1986, S. 411–448.

– (Hg.): Kernwaffen und Rüstungskontrolle – Ein interdisziplinäres Studienbuch. Opladen 1984.

Brzoska, M.: Rüstung und Dritte Welt. Zum Stand der Forschung. München/Köln/London 1981.

Evangelista, M.: Case Studies and Theories of the Arms Race. In: Bulletin of Peace Proposals. Bd. 17. No. 2, 1986, S. 197–206.

Forndran, E./Krell, G. (Hg.) (unter Mitarbeit von H.-J. Schmidt): Kernwaffen im Ost-West-Vergleich. Zur Beurteilung militärischer Potentiale und Fähigkeiten. Baden-Baden 1984.

Krell, G. (Hg.): Die Rüstung der USA. Gesellschaftliche Interessen und politische Entscheidungen. Baden-Baden 1981.

Müller, E.: Rüstungspolitik und Rüstungsdynamik: Fall USA. Baden-Baden 1985.

Rittberger, V. (Hg.): Neue Wege der Abrüstungsplanung – Reformoptionen im internationalen Vergleich. Baden-Baden 1981.
Thee, M.: Military Technology, Military Strategy and the Arms Race. London/Sydney 1986.

Hans Günter Brauch

Soziale Bewegung

Begriffsverwendungen

Der Begriff s. B. findet sich als Selbstbezeichnung kollektiver Akteure in der politischen Auseinandersetzung wie als analytisches Konstrukt in den Sozialwissenschaften. Als Konstrukt wurde er vor allem von den französischen Frühsozialisten aus der Übertragung des physikalischen Bewegungsbegriffs auf die Gesellschaft gewonnen. In diesem Kontext bedeutete s. B. eine allgemeine, gesetzmäßige gesellschaftliche Dynamik, die sich dem Zugriff konkreter Akteure entzieht. Ab Mitte des 19. Jahrhunderts, mit der fortschreitenden Entfaltung der Theorie und Praxis des Sozialismus, wurde der Begriff auch synonym zur sozialistischen Bewegung gebraucht (L. v. Stein). In der doppelten Bedeutung einer gesamtgesellschaftlichen Entwicklung wie eines klassenspezifischen Akteurs ist er innerhalb der historisch-materialistischen Traditionslinie bis heute beibehalten worden. Daneben erfuhr der Begriff im Laufe des 20. Jahrhunderts eine starke Erweiterung. Damit verlor er seinen ursprünglichen präzisen Gehalt. Sub- und gegenkulturelle Strömungen, epochale →Ideologien, reaktionäre und reformistische Gruppierungen, die Träger von Aufständen und →Revolutionen jeglicher Spielart und Epoche gelten als s. B.en. Als vage Konvention schälte sich lediglich heraus, s. B.en von kurzlebigen, spontaneistischen kollektiven Phänomenen (z. B. Panik) einerseits und von hoch formalisierten und institutionalisierten →Organisationen andererseits abzugrenzen.

Verwendungszusammenhänge

Die Vielfalt der heute nebeneinanderstehenden Bedeutungen von s. B. entspricht der Verschiedenheit der Erkenntnisinteressen, Problemperspektiven, Theorien und wissenschaftlichen Teildisziplinen, von denen aus s. B.en zum Gegenstand der Analyse gemacht werden.

In der *marxistischen* Tradition bzw. den von ihr beeinflußten Gesellschaftsanalysen (N. Sombart) wird s. B. mit der Klasse ‹für sich› gleichgesetzt. Erscheinen hier s. B.en als strukturelles Ergebnis wie als aktives Subjekt sozialen Wandels, so werden sie in der Perspektive von A. Touraine handlungstheoretisch verkürzt. Die s. B. (= Klasse) wird als ‹Produzent› von Gesellschaft konzipiert. Umgekehrt verkennen vor allem die ‹collective behavior›-Theorien US-amerikanischer Prägung die Möglichkeit bzw. den Status s. B.en als geschichtliches Subjekt. In ihren *sozialpsychologischen* Varianten, die das Erbe der vulgären Massenpsychologie (G. Tarde; G. Le Bon) nicht verleugnen können, erscheinen s. B.en als irrationales, spontaneistisches Verhalten, das sich, von einzelnen ausgehend, auf Personen mit ähnlicher psychischer Disposition gleichsam seuchenartig überträgt (‹contagion theory›). Erst mit dem Vordringen von Theorien relativer Deprivation (T. R. Gurr) wurden diese vulgärpsychologischen Annahmen definitiv überwunden. In *struktur-funktionalen* Varianten (N. Smelser), die von der klassischen Soziologie (v. a. E. Durkheim) beeinflußt sind, werden s. B.en auf die Entstehung eines eigenen Normensystems zurückgeführt (‹emergent norm-theory›) und als Indikator für strukturelle Spannungen und systemische Dysfunktionalitäten interpretiert. Beide Sichtweisen entspringen einer je spezifischen Distanz zu ihrem Gegenstand: dem Vorurteil gegenüber der Irrationalität der Massen einerseits, der gewagten Abstraktionshöhe einer universalen Gesellschaftstheorie andererseits. Diese Positionen erwiesen sich im Lichte empirischer Untersuchungen über Genese, Verlauf, Struktur und Strategie s. B.en als unhaltbar bzw. wenig hilfreich. In kritischer Reaktion darauf etablierte sich in den 70er Jahren in den USA die ‹resource mobilization theory›. Dieser Ansatz betont – teilweise in Anlehnung an ökonomische Theorien – den organisierten und rationalen (Wettbewerbs-)Charakter s. B.en, verliert jedoch ebenso wie die frühen massenpsychologischen Deutungen den Zusammenhang von s. B. und sozialem Wandel aus dem Blick.

In Europa dagegen, das stärker als die USA vom Widerstreit geschichtsmächtiger Strömungen und Bewegungen (→Sozialismus, →Kommunismus, →Nationalismus, →Faschismus) geprägt war, konnte die historische Rolle s. B.en schwerlich verdrängt werden. Im Vergleich zu den intensiven politischen Debatten und Kämpfen blieb die wissenschaftliche Analyse s. B.en randständig. Mit Ausnahme sozialhistorischer Arbeiten gab es keine (kumulative) empirische Forschung zu s. B.en, geschweige denn herausragende und fruchtbare Kontroversen um entsprechende Konzepte, Theorien und →Methoden. Faschismus sowie gegenkulturelle Strömungen und Studentenbewegungen der 60er Jahre wurden zunächst eher politisch und ideologiekritisch verarbeitet. Erst die Aktivitäten von Bürgerinitiativ- und Ökologiebewegung, neuer Frauenbewegung, Alternativbewegung und neuer Friedensbewegung induzierte dann in vielen Ländern Westeuropas eine größere Zahl von theoretisch wie empirisch ausgerichteten Studien, die auch übergreifende Gemeinsamkeiten dieser Einzelbewegungen herausstellten. Hinter dem zunächst eher aus Verlegenheit entstandenen Begriff ‹neue s. B.en› verbergen sich jedoch durchaus unterschiedliche Bedeutungen. Auch die

Konzeptualisierungen sind sehr heterogen. So werden (neue) s. B.en heute in Europa unter handlungstheoretischen, strukturalistischen, funktionalistischen, evolutions- und lerntheoretischen und behavioristischen Prämissen untersucht.

Begriffspräzisierung

Hält man an der Doppelnatur s. B.en als Produkte und Produzenten gesellschaftlichen Wandels fest, so erscheint jeder Versuch höchst fragwürdig, s. B.en auf Basis nur einer der angesprochenen Konzeptualisierungen umfassend analysieren zu wollen. Gesellschaftliche Entwicklungen und Widersprüche generieren gruppen- bzw. klassenspezifische Deprivationen und Interessenlagen, die sich dem Wollen und der Disposition einzelner Akteure entziehen. Insoweit können breit ansetzende strukturalistische und funktionalistische Theorien dazu beitragen, die Bedingungen der Möglichkeit s. B.en sowie die diesen vorgegebenen Handlungsparameter zu erhellen. S. B.en sind jedoch kein direkter Reflex auf allgemeine gesellschaftliche Bedingungen. Ob, wann und in welcher Form sich Bewegungen bilden, verändern und gesellschaftliche Wirksamkeit entfalten, ist mit abhängig von einer Vielzahl intervenierender Variablen (Problemdeutungen, politischen Chancenstrukturen usw.). Diese können nur im Rahmen konkreterer Analysen erfaßt werden, die sich u. a. auf die jeweiligen Besonderheiten systemischer Mobilisierungsbedingungen, sozialer Rekrutierungspotentiale und latenter Funktionen s. B.en zu konzentrieren hätten.

Soweit jedoch Bewegungen nicht nur als Folge gegebener Bedingungen, sondern auch als kollektive Akteure mit Fähigkeiten zu Selbstreflexionen, Problemdeutungen, Zielentwürfen und schließlich mit Lernvermögen anzusehen sind, haben handlungstheoretische Deutungen ihre Berechtigung. Wie freilich System- und Handlungsaspekte schlüssig zu verknüpfen sind, ist nicht nur ein ungelöstes Problem der Theorie s. B.en, sondern der Gesellschaftstheorie schlechthin.

Angesichts dieser Defizite sind vorerst ‹offene› Forschungsansätze mit wechselnden, einander ergänzenden Perspektiven sowie Analysen mittlerer Reichweite, die Anschlußmöglichkeiten zur mikro- und makrosoziologischen Ebene bieten, vielversprechender als Konzepte mit totalisierenden oder extrem selektiven Erklärungsansprüchen. Ein solcher ‹mittlerer› Ansatz besteht darin, s. B.en als Folge und Träger von konkreten historischen →Modernisierungsprozessen – vor allem Modernisierungsschüben – zu deuten. Diese theoriestrategische Entscheidung gründet zunächst auf der Überlegung, s. B.en als ein spezifisches Phänomen der Moderne anzusehen. Erst wenn Gesellschaft nicht mehr als unverrückbare Gegebenheit, sondern als «hergestellte Wirklichkeit» (F. Tenbruck) wahrgenommen wird, können s. B.en intentional als ‹Beweger› von Gesellschaft auftreten. Von dieser Prämisse ausgehend lassen sich Bewegungen zumindest unter zwei Aspekten klassifizieren: (1) entsprechend ihrer grundsätzlichen Stellung (proaktiv, reaktiv, ambivalent) in und zu bestimmten Etappen des Modernisierungsprozesses und (2) entsprechend der für sie jeweils primär relevanten Handlungssphäre (Ökonomie, Politik und Sozio-Kultur). In dem Maße jedoch, wie gesellschaftliche Verhältnisse immer stärker politisch bzw. staatlich vermittelt sind, müssen praktisch alle s. B.en einen politischen Charakter annehmen, so daß nur noch Akzentuierungen im Sinne des zweiten Kriteriums möglich sind. Mit der zugleich voranschreitenden Pluralisierung von sozialen Lagen und Wertsystemen erscheint es weiterhin geboten, die enge Koppelung des Begriffs s. B. an den der Klasse aufzugeben, ohne jedoch damit den Bewegungsbegriff für sämtliche Formen sachlich, zeitlich und sozial voneinander isolierter Proteste zu öffnen.

Demnach wird folgende Definition vorgeschlagen: S. B.en sind Produkte und Träger (oder Widersacher) bestimmter gesellschaftlicher Modernisierungsprozesse, welche sie auf der Basis kollektiver Identität, relativ wenig formalisierter Organisations- und Aktionszusammenhänge und eines vom Status quo abweichenden Gesellschaftsentwurfs durch den Einfluß auf sozio-politische Herrschaftsausübung und/oder sozio-kulturelle Definitionsmacht zu verarbeiten und zu gestalten versuchen.

Forschungsstand

Die im Rahmen von Theorien ‹neuer s. B.en› bzw. der ‹resource mobilization theory› entstandenen Untersuchungen stimmen trotz wichtiger konzeptioneller Differenzen darin überein, s. B.en nicht als anomische Erscheinung in Form von irrationalen Gefühlsausbrüchen unorganisierter Massen anzusehen. S. B.en, und das unterscheidet sie von hochgradig formalisierten Gebilden wie Betrieben oder Anstalten, sind zwar durchaus von drangvoller Emphase getragen. Doch sie entstehen und operieren auch auf der Basis gezielter →Organisation und strategischer Kalküle, freilich meist ohne klar definierte Mitgliedschaft und ohne formelle Entscheidungsregeln. Mit einer Reihe neuerer empirischer Untersuchungen, welche die Relevanz der Organisation von s. B.en in praktisch allen Verlaufsphasen unterstreichen, kommt die bislang weithin verbreitete Vorstellung eines ‹natürlichen›, endogenen Lebenszyklus s. B.en ins Wanken. Dieser Annahme zufolge könne zumindest zu heuristischen Zwecken eine idealtypische Entwicklungslogik unterstellt werden: von einem amorphen Anfangsstadium über eine Phase der Organisation bis hin zur Institutionalisierung, Oligarchisierung und schließlich der Kooptation.

Eine zweite Konvergenz neuerer europäischer und nordamerikanischer Studien besteht darin, s. B.en als eine ‹normale› und dauerhafte, möglicherweise sogar objektiv stabilisierende Begleiterscheinung (‹Frühwarnsysteme›) moderner Gesellschaften anzusehen. Dieser unbefangenere, oft von kritischer Sympathie geprägte Blick erlaubt die Ablösung von herkömmlichen Fixierungen, welche s. B.en entweder als Totengräber oder als Retter der gesellschaftlichen Vernunft erscheinen ließen.

Eine dritte Gemeinsamkeit beider Forschungslinien besteht in der Einsicht und forschungspraktischen Konsequenz, s. B.en nicht als singuläre ‹Fälle›, sondern vielmehr in ihrer Einbettung in einen ‹Bewegungssektor›, einen Komplex kooperierender, konkurrierender und antagonistischer Bewegungen, zu analysieren. Dabei tendieren resource mobilization-Ansätze freilich dazu, Bewegungen mit Bewegungsorganisationen gleichzusetzen und zugleich die Differenz zwischen diesen Organisationen und herkömmlichen Interessengruppen einzuebnen. Werden somit bislang vernachlässigte Formaspekte, insbesondere die organisatorischen Voraussetzungen sowie die Rekrutierungs- und Mobilisierungsmechanismen s. B.en, ausführlich gewürdigt, so bleibt dieser Ansatz gegenüber den Inhalten s. B.en seltsam gleichgültig. Auch wird die nur in diachronischer Perspektive und in hermeneutischen Verfahren erschließbare Bedeutung von Phänomenen wie ‹kollektives Gedächtnis› oder ‹soziales Lernen› für Bewegungen vernachlässigt.

Dagegen enthält schon der bislang nur in Europa eingebürgerte Begriff ‹neue s. B.en› eine implizite historische Deutung. So werden ‹neue› s. B.en in Inhalt und Form meist von einem ‹alten› Typus s. B. abgegrenzt, der – verkörpert durch die ‹späte› Arbeiterbewegung (bzw. deren Nachfolgeorganisationen) – programmatisch auf ein produktivistisches Fortschrittskonzept (kapitalistischer oder sozialistischer Prägung) eingeschworen ist und sich im Zustand institutioneller Sklerose präsentiert. Auffallend ist das bei Aktivisten wie Analytikern der neuen s. B.en verbreitete Bewußtsein, in einer Umbruchsituation zu stehen. In teils recht spekulativen Analysen gelten neue s. B.en als Indikatoren, Vorhut oder gar Geburtshelfer einer neuen Gesellschaftsformation. Demnach kündige sich ein Wandel von der industriellen zur postindustriellen bzw. programmierten Gesellschaft (A. Touraine), von der Arbeits- und Kommunikationsgesellschaft (J. Habermas), vom Paradigma der ‹Verteilung› zu dem der ‹Lebensweise› (J. Raschke) an.

Forschungsperspektive

Erst seit den frühen 80er Jahren werden die bislang weitgehend voneinander abgeschotteten Diskussions- und Forschungslinien in den USA und in Westeuropa stärker aufeinander bezogen. Die wechselseitige Rezeption und Kritik der vorliegenden Ansätze sowie gemeinsame Tagungen, Forschungs- und Publikationsvorhaben von Sozialwissenschaftlern beider

Kontinente versprechen fruchtbare Impulse: Zum einen deutet sich ein schärferes Bewußtsein der je spezifischen Stärken und Schwächen beider Forschungsstränge an; zum anderen sind auch korrigierende und synthetisierende Bemühungen in Gang gekommen. Sie haben auf seiten europäischer Forscher zu einer Integration bzw. Erweiterung des Konzepts der Ressourcenmobilisierung geführt, während amerikanische Forscher etwa Fragen kollektiver Identität oder lebensweltlichen Bedingungen kollektiven Handelns nunmehr größere Aufmerksamkeit schenken und sich für die These einer historisch neuen Qualität von aktuellen Sozialbewegungen öffnen. Herrschte bislang weder ein Mangel an Fall- und Detailstudien noch an hochabstrakten Generalisierungen, so sind nun auch systematische komparative Arbeiten in Gang gekommen, die wesentliche Aufschlüsse über zeit- und raumspezifische Bedingungen, Formen und Wirkungen (neuer) s. B.en versprechen. Damit kann zumindest ein Stück weit das bislang wenig erschlossene Beziehungsfeld zwischen s. B.en einerseits, sozio-ökonomischen, politischen und sozio-kulturellen Bedingungen andererseits erhellt werden. Eine zweite große Lücke, das fehlende Wissen über die Faktoren der Entstehung, Aufrechterhaltung und Veränderung von gruppen- und bewegungsspezifischen Milieus, Normen, Entscheidungs- und Aktionssystemen, müßte vor allem durch langfristig angelegte und gegenstandsnahe Begleitforschungen geschlossen werden. Hier steht die Forschung nahezu am Anfang.

Brand, K.-W. (Hg.): Neue soziale Bewegungen in Westeuropa und in den USA. Frankfurt/M. 1985.

Gamson, W. A.: The Strategy of Social Protest. Homewood (Ill.) 1975.

Gerdes, D./Rucht, D. (Hg.): Research on Social Movements: The State of the Art. Frankfurt/M. u. a. 1988.

Jenkins, J. C.: Sociopolitical Movements. Handbook of Political Behavior. Hg. von S. L. Long. Bd. 4. New York/London 1981, S. 81ff.

Marx, G. T./Wood, J. L.: Strands of Theory and Research in Collective Behavior. In: Annual Revue of Sociology, 1975, S. 363ff.

McCarthy, J. D./Zald, M. N.: Resource Mobilization and Social Movements. A Partial Theory. In: American Journal of Sociology 6 (1977), S. 1212ff.

Rammstedt, O.: Soziale Bewegung. Frankfurt/M. 1978.

Raschke, J.: Soziale Bewegungen. Ein historisch-systematischer Grundriß. Frankfurt/M. 1985.

Smelser, N. J.: Theorie des kollektiven Verhaltens (orig. 1963). Köln 1972.

Touraine, A.: The Voice and the Eye: An Analysis of Social Movements (orig. 1978). Cambridge 1981.

Dieter Rucht

Soziale Kontrolle

Begriffsverwendungen

Es ist naheliegend, Begriff und Konzept der s. K. in Zusammenhang mit den Begriffen →Macht und →Herrschaft zu sehen. Dies ist auch die Perspektive von Ross, auf den diese Begriffsbildung der s. K. zurückgeht. Ross, der diesen Begriff schon 1890 geprägt hat, versteht s. K. explizit als bewußte und intendierte ‹Herrschaft der Gesellschaft über das Individuum› – im Unterschied zum ‹sozialen Einfluß›, welchen er als unbeabsichtigte Form der Beeinflussung sieht. Diese Trennung und Unterscheidung erscheint problematisch. Immerhin sind viele Situationen vorstellbar, wo das Individuum etwa in Antizipation der Sichtbarkeit seines Verhaltens dieses entsprechend kaschiert anlegt oder entsprechende Handlungen überhaupt vermeidet. Insofern kann schon die Tatsache einer *möglichen* Kontrolle Einfluß auf das faktische Verhalten haben. In jedem Falle ist davon auszugehen, daß in Gesellschaften aus Erhaltungsinteresse und Überlebenswillen Mechanismen etabliert werden, z. B. in Form von Sanktionen auf Abweichung, welche sicherstellen, daß die Normen dieser Gesellschaft befolgt werden. Peter L. Berger drückt dies pointiert wie folgt aus: «Soziale Kontrolle ist einer der verbreitetsten Begriffe in der Soziologie. Gemeint sind die Methoden, mit denen eine Gesellschaft widerspenstige Mitglieder auf Vordermann bringt. Ohne soziale Kontrolle kommt keine Gesellschaft aus. Auch ein kleiner Kreis von Menschen, der nur gelegentlich zusammenkommt, muß Kontrollmechanismen anwenden, wenn er sich nicht nach kurzer Zeit in Nichts auflösen will» (1977, S. 80). Im Sinne dieser Kennzeichnung ist zu betonen, daß s. K. ein Mikrophänomen wie ein Makrophänomen sein kann und daß sie zudem ein Universalium ist, wo Menschen mit einem gewissen Grad an Dauerhaftigkeit Gruppen, Vereinigungen oder eben ‹Gesellschaft› bilden.

Verwendungszusammenhänge

Die Erkenntnis, daß s. K. ebenso in der Intimgruppe der eigenen Familie stattfindet wie im gesamtgesellschaftlichen Rahmen der eigenen →Nation, legt als organisierendes Modell einer theoretischen Übersicht nahe, das Individuum in dieser Hinsicht im Mittelpunkt unterschiedlich weit angelegter Horizonte zu sehen, wobei jede dieser unterschiedlich naheliegenden und unterschiedlich umfangreichen Umwelten einen je eigenen Katalog von kontrollwürdigen Inhalten und darauf bezogenen Mechanismen aufweist. Wenn wir solche Horizonte vom Mikro- zum Makrobereich sich ausweitend ansprechen, so können wir etwa an den Kreis der Familie und des Haushalts denken, dann an die Nachbarschaft und Wohngemeinde, dann an die Berufswelt usw. bis schließlich hin zu komplexen

Gesellschaften und Nationen. Parallel zu dieser Auffächerung wird deutlich: Während für den Makrobereich die ‹geschriebenen Gesetze› typisch sind, nimmt demgegenüber der Anteil an sogenannten ‹ungeschriebenen Gesetzen› zu, je mehr wir uns gedanklich dem Mikrobereich nähern, dem Kreis von Nachbarschaft, Bekannten, Freunden und der eigenen Familie. Damit nehmen auch die möglichen Sanktionen einen anderen Charakter an, die bei abweichendem Verhalten und beim Ausscheren aus dem Konvoi allgemein akzeptierten und erwarteten Wohlverhaltens in Anwendung kommen.

Für den Fall des Verstoßes gegen die Gesetze hält die Gesellschaft förmliche Zwangsmittel bereit, z. B. Geldbußen, Gefängnis, Auflagen zur Nachbesserung und zum Ausgleich etc. Für den Fall, daß sich das Individuum in seiner Nachbarschaft ‹unmöglich gemacht hat›, kommen eher informell und subtiler ansetzende Zwangsmittel zum Einsatz. Dabei ist aber keineswegs ausgemacht, daß Prestigeverlust, Klatsch und Gerüchte, Lächerlichmachen oder gar soziale Ächtung (‹mit dem sprechen wir nicht mehr›) von den Adressaten als weniger bedeutsam empfunden würden. Das Interesse an Zugehörigkeit und Anerkennung auch in intimen sozialen Kreisen ist durchweg so stark, daß Zurückweisung und Ablehnung als besonders harte Strafe empfunden werden und somit auch das Interesse nachhaltig ist, solche Reaktionen zu vermeiden.

Begriffspräzisierung

Im Verlauf der Etablierung der jungen Wissenschaft Soziologie haben verschiedene Autoren immer wieder das Konzept der s. K. aufgegriffen und dabei zum Teil verschiedene Betonungen in diese Thematik hineingebracht. So wurde etwa darüber nachgedacht, inwieweit bei der Sozialisation des Individuums zuerst Formen der Kontrolle von außen auf das Kind einwirken, die es dann im Laufe der Entwicklung verinnerlicht, sich zu eigen macht und schließlich als eigene Forderung an sich selbst internalisiert hat. Ab diesem Moment ist die äußere Kontrolle eigentlich überflüssig geworden; das Individuum hält sich nunmehr aus eigenem Antrieb an die Vorgaben und entwickelt bei Abweichung gleichfalls spezifisch intrinsische Sanktionen (sich beschämt fühlen, bedrückt sein, mit sich selbst unzufrieden sein etc.).

Andere Autoren wie Parsons und Nadel sehen die Bedeutung der s. K. im strukturell-funktionalen Sinne als Mechanismus, der zum Erhalt und Überleben des Gesamtsystems beiträgt.

Wieder andere Autoren gehen der Frage nach, inwiefern bestimmte Normen freiwillig akzeptiert sind und inwiefern andere nur durch strenge Kontrollen und Sanktionen aufrechterhalten werden können. Alles dieses ist eingeschlossen in einer ausreichend präzisen Definition von Wolff: «Die soziale Kontrolle bezeichnet diejenigen Prozesse und Mechanismen, einschließlich der Sozialisierung des Kindes, durch die die Gesellschaft ihre Herrschaft über die sie zusammensetzenden Individuen ausübt (und umgekehrt) und es erreicht, daß diese ihren Normen (die sie allerdings in Frage stellen mögen) Folge leisten» (1972, S. 726).

Forschungsstand

Die Bedeutung der s. K. ist frühzeitig erkannt und auf vielfache Weise behandelt worden. Je nachdem, ob sie als Mikro- oder Makrophänomen aufgefaßt wurde, fand sie als Forschungsthema ihren Niederschlag in so unterschiedlich ansetzenden Konzeptionen wie einer gesamtgesellschaftlich ausgerichteten Systemtheorie, der Gemeindesoziologie oder der Familien- und Jugendsoziologie. Auch der Grad der Konkretheit bzw. der Abstraktheit der Bearbeitung war unterschiedlich: in einer Theorie des abweichenden oder konformen Verhaltens strukturell-funktionaler Ausrichtung durchaus anders als bei einer symbolisch-interaktionistischen Studie über Mechanismen des Zusammenhalts in einer Gruppe jugendlicher Arbeitsloser.

In unserer Sicht erscheint die Forschung zum Thema insbesondere in dem Maße interessant, wie als Mittel der s. K. nicht formelle Kontrolle und förmliche Zwangsmittel zur Verfügung stehen, sondern wo eher informelle Mechanismen einsetzen, um als abweichend definiertes Verhalten wieder ‹auf Linie› zu bringen. Im Sinne einer solchen Perspektive ist das Interesse besonders auf die unmittelbaren Alltagsumwelten des Individuums gerichtet, wo Personen auf Personen reagieren und entsprechend ihr Verhalten anlegen.

In der Perspektive der schon erwähnten Sozialisationsthematik kann deutlich gemacht werden, wie hier nachhaltige Einflüsse stattfinden. So berichtet Berger davon, daß im amerikanischen Kulturbereich unter den Schwarzen in den Südstaaten das ‹kidding›, das Lächerlichmachen, ein zentraler Erziehungsfaktor ist. Oder daß bei den Amish-Mennoniten, einer eigentlich pazifistisch ausgerichteten Gemeinschaft, das ‹shunning› praktiziert wird: Wer ein Gruppentabu verletzt, verfällt der Ächtung. Er lebt und arbeitet weiter in der Gemeinschaft, aber niemand spricht mehr ein Wort mit ihm. Mit Bezug auf das Gewicht dieser Reaktion bemerkt Berger: «Eine grausamere Strafe ist kaum vorstellbar – und das nennt sich dann Pazifismus» (1977, S. 84).

Empirische Forschungsergebnisse, die sich im Sinne der Auswirkung von s. K. interpretieren lassen, sind Legion. Ob es sich dabei um den ‹grilling process› handelt, dem ein Neuzuziehender in einer Gemeinde ausgesetzt ist, oder um Erkenntnisse aus dem Berufsbereich, wo Kollegen in einem System formeller Bezüge auch ein System informeller Beziehungen aufbauen, um sich weiter zu verankern und nach außen hin abzusichern, oder ob es sich um die schon erwähnten Prozesse der Sozialisation von neuen Gesellschaftsmitgliedern handelt – immer geht es darum, daß die jeweilige Gruppe oder Gesellschaft ein Interesse daran hat, daß sich die Angehörigen dieses Systems an die Regeln halten und entsprechend Mechanismen der s. K. entwickelt werden, um als bedrohlich bzw. nicht mehr tolerabel empfundene Abweichungen rechtzeitig zu registrieren und (Zwangs-)Mittel und Sanktionen anzuwenden, die eine Umkehr wahrscheinlich machen.

Daß dieses als Prozeß gesehen werden muß, wird deutlich, wenn man sich klar macht, daß häufig genug die Abweichung ein erster Schritt ist in Richtung auf eine Verbesserung der bisherigen Situation. Tradition und Beharrung sind keineswegs immer die wünschenswerten Konstellationen. Jenseits solcher möglichen Bewertungen aber ist auch einsichtig, daß regelmäßig die zentralen Figuren eines traditionalen Systems für Beharrung sind und Veränderungen als Bedrohung betrachten, wohingegen solche Veränderungen aus objektiver Warte durchaus als Verbesserung der Lebensbedingungen der jeweiligen Gruppe gesehen werden können. Dieses beinhaltet bei ihrer Realisation allerdings, daß neue →Eliten zum Zuge kommen und alte Eliten zur Bedeutungslosigkeit degradiert werden.

Forschungsperspektive

Wie schon im letzten Abschnitt angesprochen, gibt es in allen Gruppierungen und Gesellschaften ein Interesse an Beharrung wie auch an Wandel und Neuerung. Das Alte, oft gleichgesetzt mit ‹das Bewährte›, muß nicht immer das Bestmögliche sein, das Neue und Abweichende entsprechend nicht immer das Negative. Insofern ist s. K. immer abwägend zu interpretieren.

Je mehr das Interesse darauf ausgerichtet ist, die Situation in pluralistischen, hochindustrialisierten, arbeitsteilig organisierten modernen Gesellschaften zu analysieren, desto naheliegender ist die Vermutung, daß im Zuge eben solcher Pluralisierung (→Pluralismus) nicht mehr einzig verbindliche Regelungssysteme existieren, sondern daß entsprechend auch hier eine Vervielfältigung stattfindet. Je komplexer die Gesellschaft, desto abgeschotteter sind die Lebensbereiche voneinander, desto unsichtbarer ist z. B. für die Nachbarschaft, was Person X beruflich tut oder in seinem Verein oder im Urlaub. Oder: Die Eltern, die im Umfeld verfügbarer Beispiele unterschiedliche Erziehungsstile erleben und deren Kinder dies auch bewußt registrieren, werden ihren Kindern mit deutlich geringerem Nachdruck letztendlich absolut verbindliche Handlungsmaximen nahelegen können.

Als großer und neuer Komplex für Forschung läßt sich dementsprechend ableiten, inwieweit sich unter so veränderten Rahmenbedingungen moderner Gesellschaften entsprechend auch Art, Qualität und Intensität von s. K. verändert haben, inwieweit Individuen solchem Ansinnen ausweichen können und trotzdem noch systemerhaltende Mechanismen wirksam sind.

Berger, P. L.: Einladung zur Soziologie. München 1977.
Etzioni, A.: Social Control II. Organizational Aspects. In: D. L. Sills (Hg.): International Encyclopedia of the Social Sciences, Vol. 14, 1968.
Kutsch, Th./Scheuch, E. K.: Grundbegriffe der Soziologie. Stuttgart ^{2}1975.
Pitts, J. R.: Social Control I. The Concept. In: D. L. Sills (Hg.): International Encyclopedia of the Social Sciences, Vol. 14, 1968.
Wolff, K. H.: Soziale Kontrolle (social control). In: W. Bernsdorf (Hg.): Wörterbuch der Soziologie, Bd. 3. Stuttgart 1972, S. 722–726.

Thomas Kutsch

Soziale Ungleichheit

Begriffsverwendungen
Merkmale der Ungleichheit zwischen Menschen sind Legion: Da ist die Mitgift der Natur (Geschlecht, Rasse, Persönlichkeitsmerkmale, Attraktivität, Gesundheit), meist überschattet von sozialen Bedeutungszuweisungen, Auslegungen und Wertvorstellungen. Ferner gibt es Dinge, die man im Leben erwerben kann (Geld, Macht, Dienste, Liebe, Ansehen oder dies alles zusammen). Alle diese Sachverhalte wurden früher unter dem Begriff der sozialen Schichtung zusammengefaßt; aber ein Blick auf die (nichtmarxistische) Literatur zu Status, Schicht und Mobilität zeigt, daß dort eher die Dimensionen ‹Ansehen› und ‹Prestige› eine Rolle zu spielen scheinen als etwa der Faktor→Macht. Dabei ist Macht (als Verfügung über Verstärker) eine der zentralen Dimensionen s. U.: Macht bedeutet Verfügung über andere Personen und über sich selbst (z. B. im Sinne der Autonomie) und beeinflußt damit auch andere Aspekte der Ungleichheit, z. B. das Einkommen, das Ansehen oder die Chance, irgendwelche Ziele oder eigene Interessen (auch gegen den Willen anderer) durchzusetzen.

Bereits Max Weber machte auf unterschiedliche Dimensionen der Ungleichheit aufmerksam: Er unterschied eine Eigentums-Schichtung aufgrund der jeweiligen ökonomischen Situation, die Prestige-Schichtung als Ausdruck der sozialen Situation, die wesentliche Aspekte des Lebensstils umgreift, sowie die Macht-Schichtung innerhalb der jeweiligen politischen Situation, die das Ausmaß des sozialen Einflusses widerspiegelt. Weber zeigte auf, daß diese Dimensionen je nach gesellschaftlicher Situation zusammenfallen können, dies jedoch in bestimmten sozialen Situationen nicht der Fall ist.

Nach einer Unterscheidung von R. Linton (1945), die später von T. Parsons in dessen ‹pattern variables› zur Beschreibung ganzer Gesellschaften übernommen wurde, sind Statusmerkmale entweder zugeschrieben (ascribed) oder erworben bzw. erwerbbar (achieved). Zu den ersteren gehören: Herkunft, Rasse, Geschlecht, Alter, Gesundheit usw., zu den letztgenannten vorwiegend solche Faktoren, die durch eigene Anstrengung und Leistung erworben werden können: Einkommen, Bildung, Expertentum usw. Auch in Leistungsgesellschaften bilden Zuschreibungsmerkmale (z. B. Elternhaus und Herkunft) retardierende oder akzelerierende Bedingungen für die Chance, daß eigene Anstrengungen zum Erfolg führen. Allerdings unterscheiden sich Gesellschaften in signifikanter Weise danach, in welchem Ausmaß Statushöhen im Laufe eines Lebens veränderbar sind. Ein Indikator hierfür ist die vertikale soziale Mobilität einer Gesellschaft.

Verwendungszusammenhänge

Der Begriff s. U. hat in den letzten Jahren weitgehend das Konzept der sozialen Schichtung abgelöst. Der Begriffsumfang hat dadurch zugenommen, daß ‹neue› Merkmale in die Diskussion aufgenommen wurden. Andererseits werden ältere Begriffe wie Klasse, Stand und auch Schicht als historisch relativierte Konstrukte angesehen: Nur in bestimmten Fällen führt Ungleichheit z. B. zur Schichtung. Das Konzept ist eingebettet in verschiedene Versuche, Entstehung, Wirksamkeit, Folgewirkungen sowie die funktionale Notwendigkeit s. U. (bzw. sozialer Schichtung) zu erklären. Je nach theoretischer oder sozialpolitischer Situation wird dabei Ungleichheit (Schichtung) als wünschenswert und notwendig oder als ungerecht und überwindbar bezeichnet. Dazwischen gibt es vermittelnde Positionen, die lediglich bestimmte Aspekte der Ungleichheit für gesellschaftlich wünschenswert erachten.

Begriffspräzisierung

S. U. ist damit die Verschiedenartigkeit und differentielle Verteilung von sozialrelevanten und wertgeladenen Merkmalen von Individuen und Kollektiven in einer Gesellschaft. Als wertgeladen werden alle solchen Merkmale betrachtet, die auf einer ‹Skala des Wünschenswerten› höher oder tiefer, schlechter oder besser rangieren und demnach Ressourcen für die Handelnden darstellen. Die sinnvolle Anwendung des Begriffs setzt einen gewissen Wertkonsens voraus, da sonst die Wertladung von Merkmalen (z. B. die Vorteilhaftigkeit von Privilegien, der Wert von Sozialprestige etc.) nicht einhellig bestimmbar wäre.

Forschungsstand

Strukturen sozialer Ungleichheit

• *Statusinkonsistenz:* Mit dem Stellenwert erwerbbarer Statusmerkmale steigt die prinzipielle Möglichkeit, daß Individuen in einzelnen Statusbereichen auf unterschiedlicher Höhe rangieren. Diesen Fall bezeichnet man als Statusinkonsistenz (Lenski 1954) oder als Statusinkongruenz (Malewski 1967). Eine Implikation dieses Konzepts ist, daß Individuen bestrebt sind, ihren Teilstatus auf die gleiche Ebene (möglichst auf die Ebene des höchsten Teilranges) zu bringen. Dies setzt freilich Möglichkeiten der Anhebung voraus. Einige Statusdimensionen (z. B. Alter, Geschlecht, Hautfarbe) sind nicht veränderbar. Auch ist die Änderung der Faktoren mit unterschiedlichen ‹Kosten› verbunden, die höher sein können als der Gewinn durch die Erhöhung des Defizitmerkmals. Außerdem spielt die soziale Visibilität der einzelnen Merkmale eine Rolle: Während man seine Hautfarbe kaum verbergen kann, läßt sich die sozial niedrige Herkunft leichter vertuschen oder der niedrige Bildungsgrad zumindest eine Zeitlang kaschieren oder kompensieren.

Eine weitere Implikation des Konzepts ist, daß unterschiedliche Ausprägungen von Statusinkonsistenz zu verschiedenen Verhaltensweisen führen. Hier gibt es eine umfangreiche Literatur, die bestimmte Inkonsistenztypen als unabhängige Variablen für das Auftreten bestimmter Verhaltensweisen (z. B. rechtsradikale oder liberale Einstellungen) ansehen. Die (meist schwachen) Korrelationen deuten indes an, daß solche Merkmale der Inkonsistenz nur über ein Netzwerk von sozial-strukturellen Brechungen und individuellen Interpretationsmustern Einfluß auf das faktische Verhalten gewinnen (vgl. zur Kritik Doreian/Stockman 1969).

• *Schichtkristallisation:* Der Inkonsistenz-Ansatz legt bereits nahe, daß bei unsystematischem Vorliegen inkonsistenter Merkmale homogene Soziallagen kaum vorkommen. Nur wenn die Statusfaktoren ungefähr auf gleicher Ranghöhe liegen, wenn also ein Gesamtstatus kein nivelliertes Kunstprodukt des Durchschnitts ist, sondern sich ‹wie aus einem Guß› darstellt, wird es zur Schichtkristallisation (Landecker) kommen. Dieser Terminus zielt auf den Umstand, daß in konkreten Gesellschaften soziale Schichten mehr oder weniger konturiert und abgehoben in Erscheinung treten: am deutlichsten etwa in der indischen Kastengesellschaft, genügend prägnant auch in der mittelalterlichen Ständegesellschaft oder in der frühindustriellen Klassengesellschaft. Solche Begriffe reflektieren dann bestimmte historische Gesellschaftszustände, die durch ein erhebliches Ausmaß an Schichtkristallisation charakterisiert sind. In einer Gesellschaft, die man mit den Etiketten «nivellierte Mittelstandsgesellschaft» (Schelsky), «Klassengesellschaft im Schmelztiegel» (Geiger) oder «nichtegalitäre klassenlose Gesellschaft» (Ossowski) charakterisiert hat und die zahlreiche Verwerfungen und Prozesse der ‹Entschichtung› aufweist, scheint das Konzept der sozialen Schicht entsprechend an Bedeutung zu verlieren. Dies impliziert freilich nicht die Zustimmung zu einer naiven Nivellierungsthese, wie sie etwa Schelsky vertreten hat (vgl. kritisch hierzu Hörning 1976): auch ist nicht im entferntesten die Rede von einer Einebnung s. U.en.

- *Schichtbewußtsein:* Die Problematik des Schichtbewußtseins einschließlich des Klassenbewußtseins ist von Marx bis Geiger und von Ossowski bis Mayer vielfach diskutiert worden. Meist wurde der Klassenbegriff mit einer bestimmten Bewußtseinsform in Verbindung gebracht: etwa dem Bewußtsein der Verschiedenartigkeit der sozialen Lage, dem Bewußtsein der Abhängigkeit, der eigenen Interessenlage, der eigenen Chancen zum Widerstand. Die Ausbildung eines besonderen Schichtbewußtseins ist u. a. abhängig von einem hohem Maß von Schichtkristallisation, von der Internalisierung differentieller, schichtspezifischer Werte und Normen, vom Vorhandensein gemeinsamer Problemlagen, von der Deutlichkeit, mit der sich eigene Interessen definieren lassen, von der Erwartung, Interessen und Ziele auch durchsetzen zu können und von der Identifizierung gegnerischer Gruppierungen (vgl. Wiswede 1985). Eine wichtige Rolle spielt hierbei auch die Organisierbarkeit von Interessen, etwa im Rahmen von Verbänden (vgl. zur Disparitätentheorie Offe 1973).

Die Vorstellung eines differentiellen Bewußtseins lebt in vielen soziologischen Untersuchungen fort, in denen ein bestimmtes ‹Arbeiterbewußtsein› (auch im Sinne eines bestimmten Gesellschaftsbildes und eines spezifischen politischen Bewußtseins) unterstellt wird. Zentral ist hierbei die Annahme, daß die Situation am Arbeitsplatz die gesamten Einstellungen des Individuums (z. B. auch das politische Weltbild) determiniere (etwa im Sinne eines stereotypisierten und polarisierten Gesellschaftsmodells). Diese Studien bedürfen zahlreicher Korrekturen, nicht zuletzt wegen unzulässiger Homogenitätsannahmen angesichts differentieller Arbeitssituationen (vgl. z. B. Kern/Schumann 1984).

- *Schichtungsmodelle:* Gleichfalls korrekturbedürftig erscheinen Schichtungsmodelle, die überwiegend das Bauprinzip der Pyramide verwenden. Modifikationen der Pyramide werden häufig in der ‹Zwiebelstruktur› gesehen; eine Aufblähung des ‹Mittelstandsbauchs› ist bereits für die mittelalterliche Stadtgesellschaft typisch (vgl. hierzu: Bolte/Hradil 1984, S. 84 und 220). Neuere Schichtungsmodelle kennzeichnen das Statusgefüge etwa der Gesellschaft der Bundesrepublik durch zahlreiche Verwerfungen; im wesentlichen kehrt dabei die Zwiebelgestalt als Idealtypus zurück. Entscheidend ist hierbei auch, daß Ungleichheiten nicht eindeutig auf einer vertikalen Dimension angesiedelt sind, sondern eher dem Prinzip der horizontalen →Differenzierung folgen. Auch scheinen neue Ungleichheiten in unserer Gesellschaft an Bedeutung zu gewinnen, die sich dem herkömmlichen Muster der Klassen- und Schichtungsmodelle nur schwerlich fügen: Randgruppenprobleme, Geschlechterdisparität, Altersprobleme, Bildungsunterschiede und Bildungsausrichtungen, Konfliktfähigkeit, Möglichkeiten der Organisierung, Art der Teilhabe am Produktionsprozeß, Sicherheit des Arbeitsplatzes usw.

Insbesondere Kreckel (1983), der auf gewisse Schwachstellen der bisherigen Ungleichheitsforschung aufmerksam gemacht hat, empfiehlt, jenen Disparitäten mehr Aufmerksamkeit zu schenken, die die gegenwärtige Entwicklung des Arbeitsmarktes begleiten (z. B. der Entwicklung eines dualen Arbeitsmarktes). Auch plädiert Kreckel in Anknüpfung an einen Vorschlag von Shils (1975), das bisherige Grundmodell der Gesellschaftspyramide zu verlassen zugunsten eines Modells konzentrischer Kreise, wonach Ungleichheiten nicht mehr nach den klassischen Kategorien vertikaler Rangordnung (oben/unten), sondern besser nach den Dimensionen der Zentralität und Peripherie in einem Konzept konzentrischer Kreise gesehen werden sollten. In der Tat könnte man in ein solches Modell auch die gegenwärtigen Vorstellungen zur Arbeitsmarktsegmentierung gut integrieren.

Theorien sozialer Schichtung

• *Funktionalistische Theorien:* Parsons suggeriert zunächst, daß die Frage nach dem Ursprung sozialer Schichtung einfach sei: Weil es Werte gibt und weil Individuen Objekte (auch soziale Objekte) nach Wertkriterien einstufen und in eine Rangordnung bringen, gäbe es soziale Schichtung. Davis und Moore (1945) versuchen in ihrem vieldiskutierten funktionalistischen Ansatz, Parsons' Denkfigur zu spezifizieren. Die Verfasser fordern in ihrem Theorieentwurf eine Erklärung der universellen Notwendigkeiten, die in jedem sozialen →System Positionen mit unterschiedlichem Prestigewert ausstatten und wie Personen in solche Positionen gelangen. Dabei bedürfe es eines Anreizsystems sowie eines Modus der Belohnungsverteilung, der institutionalisiert werden müsse und damit Schichtung verursache. Der Rang einer sozialen Position sei dabei um so höher, je geringer die Zahl der fähigen und motivierten Bewerber ist und je höher die funktionale Bedeutung der jeweiligen Position ausfällt.

Natürlich kann ein solches Modell nur für eine Gesellschaft gelten, die das Prinzip der Erwerbbarkeit und damit der leistungsgerechten Mobilität zum Leitmotiv erklärt. Eine bedeutendere Schwachstelle des theoretischen Ansatzes ist jedoch die Ermittlung der funktionalen Bedeutung einer Person. Besonders in den ‹mittleren› Bereichen dürfte es außerordentlich schwierig sein, die funktionale Bedeutung unterschiedlicher Positionen zu skalieren. Es fragt sich im übrigen, ob das Merkmal der funktionalen Bedeutung im Rahmen des hier vorgeschlagenen Markt modells überhaupt notwendig ist. Worauf wahrscheinlich nicht verzichtet werden kann, ist die Dimension der sozialen Macht, die im ursprünglichen funktionalistischen Ansatz ausgeblendet bleibt.

- *Machttheorien:* Eine bedeutende Tradition der Ungleichheitsforschung wird durch (neo-)marxistische Modelle repräsentiert. Diese Argumentation bleibt der Vorstellung verhaftet, daß die differentielle Verfügung über Produktionsmittel und daraus resultierende Abhängigkeiten nach wie vor die gegenwärtige Landschaft sozialer Ungleichheit bestimmen. Ohne hier die marxistische Argumentationslinie im einzelnen nachzuzeichnen, können wir davon ausgehen, daß die unterschiedliche Verfügungsgewalt über Produktionsmittel sicherlich nach wie vor einen wichtigen Aspekt sozialer Ungleichheit darstellt, daß diese Dimension unter heutigen gesellschaftlichen Verhältnissen jedoch ihren zentralen Stellenwert verloren hat und von zahlreichen anderen Ungleichheitsdimensionen und Spannungslinien überlagert und z. T. auch abgelöst wird.

Neben der marxistischen Tradition existiert eine Reihe weiterer Ansätze, die als machttheoretische Interpretationen von Ungleichheit und Schichtung angesehen werden können. In historischer Hinsicht sind zweifellos die Überlagerungstheorien vom Typ Gumplowicz oder Rüstow von gewisser Evidenz. Naheliegend dürfte auch sein, daß die ‹Mächtigen› einer Gesellschaft – gleichgültig auf welcher Basis diese Macht beruht – ein gewisses eigennütziges Interesse an der Aufrechterhaltung von Macht und Privileg besitzen. Ein neuerer Versuch, diese Verzahnung von Macht, Privileg und Schichtung historisch nachzuzeichnen, verheddert sich in einer unübersehbaren Fülle von Variablen, wobei das Modell letztlich auf einen technologischen Determinismus hinauszulaufen scheint.

- *Ein Markt-Macht-Modell:* Eine Versöhnung zwischen dem funktionalistischen Ansatz, der überwiegend ein Marktmodell darstellt (vgl. Simpson 1956), mit dem Machtmodell s. U. könnte bereits in der Überlegung gesehen werden, daß soziale Macht Wettbewerbsverzerrungen im Hinblick auf die Erlangung sozialer Positionen, Güter und Privilegien ins Spiel bringt. Überdies besteht seitens der ‹Mächtigen› auch eine gewisse Definitionsmacht im Hinblick auf den Preis, der für die Erlangung einer Position bezahlt werden muß (Kostenaspekt), und dem Ertrag, den eine bestimmte Position abwirft (Ertragsaspekt). Eine differenzierte Analyse jener Faktoren, die das Marktangebot bestimmen, sowie eine Bestimmung jener Größen, die die Nachfrage determinieren, muß demnach durch differentielle Machtpositionen der Angebots- und Nachfrageseite modifiziert werden. Auf diese Weise müßte es möglich sein, ein differenzierteres Modell s. U. zu entwickeln, als es etwa die funktionalistische oder die marxistische Tradition vermöchte.

Forschungsperspektive

Die Einbeziehung neuer Dimensionen s. U. hat die Soziologie der sozialen Schichtung aus einer gewissen Sterilität herausgeführt. Dabei werden neue und andersartige Asymmetrien und Disparitäten sichtbar, die nach dem herkömmlichen Muster der vertikalen Strukturierung nicht mehr angemessen beschreibbar sind.

Für den politischen Raum eröffnet sich im Hinblick auf das Problem der Ungleichheit jedoch nach wie vor die Alternative: entweder Aufrechterhaltung resp. Erweiterung von Ungleichheit (meist gepaart mit Versuchen zur Begründung sowie zur Legitimation dieser Ungleichheit) oder aber totale bzw. partielle Reduzierung von Disparität. Als Tendenz gilt hierbei, daß diejenigen Personen oder Gruppen eher den Status quo und seinen Ausbau verteidigen werden, die im Besitz von Privilegien sind, und daß diejenigen einer Neuverteilung im Sinne einer besseren Verteilungsgerechtigkeit das Wort reden werden, die im Hintertreffen sind. Dabei werden auch die Gründe oder ‹Begründungen› für soziale Ungleichheit oder eine ‹gerechtere› Verteilung im sozialen Bewußtsein sozialspezifisch (z. B. schichtspezifisch) nach verschiedenen Kriterien vorgenommen und mit unterschiedlicher Legitimität versehen.

Bolte, K. M. / Hradil, S.: Soziale Ungleichheit. Opladen 1984.
Davis, K. / Moore, W. E.: Some principles of social stratification. In: ASR 10, (1945).
Doreian, P. / Stockman, N.: A critique of the multidimensional approach to stratification. In: The Soc. Review. Vol. 17 (1969), S. 47–65.
Hörning, K. H.: Gesellschaftliche Entwicklung und soziale Schichtung. München 1976.
Kern, H. / Schumann, M.: Das Ende der Arbeitsteilung. Rationalisierung in der industriellen Produktion. München 1984.
Kreckel, R.: Soziale Ungleichheiten. Soziale Welt (Sonderband 2). Göttingen 1983.
Linton, R.: The cultural background of personality. London 1945.
Malewski, A.: Verhalten und Interaktion. Tübingen 1967.
Offe, C.: Strukturprobleme des kapitalistischen Staates. Frankfurt / M. [2]1973.
Shils, E.: Center and periphery. Essays in Macrosociology. Chicago / London 1975.
Simpson, R. L.: A modification of the functional theory of social stratification. In: Soc. Forces 35 (1956).
Wiswede, G.: Soziologie. Landsberg 1985.

Günter Wiswede

Sozialismus

Begriffsverwendungen

S. und →Kommunismus wurden bis zu Beginn des 20. Jahrhunderts trotz akademischer Differenzierungen noch als weitgehend einheitliche Strömungen betrachtet. Das 20. Jahrhundert brachte das große Schisma des S. Der heutige Kommunismus führte die revolutionäre Tradition fort und sieht im S. eine Übergangsphase. In diesem Sinn bezeichnen sich die kommunistischen Systeme als «real existierender S.» oder realer bzw. Realsozialismus. Der S. der westlichen Länder, dessen →Parteien sich nach dem zweiten Weltkrieg zur «Sozialistischen Internationale» (Gründung 1951 in Frankfurt/M.) zusammenschlossen, unterscheidet sich politisch durch sein Demokratieverständnis fundamental von der Marxistisch-Leninistischen →Ideologie und den an ihr orientierten Systemen (Diktatur des Proletariats als Übergangsperiode zum Kommunismus). Die wirtschaftliche Perspektive des westlichen (sozialdemokratischen) S. läßt sich als revisionistisch charakterisieren, d. h. auf →Reformen im Rahmen des bestehenden Wirtschaftssystems gerichtet, das allenfalls schrittweise verändert werden soll. Dieser S. hat den antikapitalistischen Biß verloren.

Im Hinblick auf die Spaltung der ‹linken› Ideologien in der Gegenwart soll unter S., soweit nicht anders vermerkt, im folgenden der S. des Westens, also die sozialdemokratische Hauptströmung, verstanden werden, wie sie durch die Sozialistische Internationale repräsentiert wird.

Der S. des 19. Jahrhunderts war eine Bewegung für und mit der Arbeiterschaft gegen das kapitalistische System und den Klassenstaat des Besitzbürgertums. Veränderung der kapitalistischen Eigentumsordnung und Kampf für die Massendemokratie (allgemeines und gleiches Wahlrecht) bildeten die Kernbestandteile der politischen Programmatik des S. Die enge Verbindung zwischen Proletariat und S. hat sich in dem Maße gelockert, als neben der Arbeiterschaft neue soziale Schichten (Angestellte, Intelligenz) vom S. gewonnen wurden. Folgerichtig veränderten sich die sozialistischen Arbeiterparteien zu ‹Volksparteien›. Die historische Wandlung des S. führte zu ideologischer Ausdifferenzierung und wachsender Pluralität. Dennoch lassen sich charakteristische Besonderheiten des S. festhalten, die sowohl den gegenwärtigen S. mit seinen Traditionen als auch die verschiedenen sozialistischen Parteien der Gegenwart miteinander verbinden.

Verwendungszusammenhänge

● *Das gleichheitsbezogene Gerechtigkeitsverständnis:* Im Unterschied zum Kommunismus, dessen ideengeschichtliche Entwicklung eindeutige Konturen aufweist und dessen Geschichtsbild den gesellschaftlichen Fortschritt mit revolutionärem Klassenkampf verbindet, trat der S. bereits in seiner frühen Phase in oft konfligierenden Schulen aufgefächert hervor. Die Differenzierungen betreffen vorwiegend den politischen Weg, nicht die historische Zielvorstellung. Die verbindende Klammer des S. bildet ein Verständnis von sozialer Gerechtigkeit, das auf dem naturrechtlichen →Gleichheitsdenken aufbaut. →Freiheit wird vom Gleichheitsprinzip her begrenzt, und das Gleichheitsprinzip wird nicht nur politisch, sondern sozial begriffen. Nicht nur die formalrechtliche Gleichheit der Staatsbürger, sondern auch die materielle Gleichheit der Lebenslagen ist Ziel sozialistischer Politik. Dominierten bis zu Beginn des 20. Jahrhunderts im S. noch die antikapitalistischen Forderungen, so führte die weitere ideologische Entwicklung des S. zur Rücknahme radikaler, systemüberwindender Intentionen zugunsten reformistischer Positionen. In der politischen Praxis des S. zeigte sich dies in der Bereitschaft, auch mit dem politischen Gegner zu koalieren und aufgrund von Opportunitätsüberlegungen originär sozialistische Vorstellungen hintanzustellen. Die reformistische Kompromißbereitschaft legitimiert sich aus der Selbstverpflichtung des S., demokratische Mehrheitsentscheidungen zu respektieren und Veränderungen nur im Rahmen einer *demokratischen* Verfassungswirklichkeit zu betreiben. Revolutionäre Politik wird nur noch als Ultima ratio im Sinn der historischen Tradition des Widerstands- und Notwehrrechts (gegen →Diktatur) befürwortet.

● *Dominanz der Demokratietreue:* Der sozialistische Antikapitalismus war von Anfang an mit dem Kampf um die Demokratisierung der Gesellschaft verbunden. Die Agitation L. Blancs seit den 1830er Jahren, die englische Chartistenbewegung und schließlich die Gründung sozialistischer Parteien in der zweiten Hälfte des 19. Jahrhunderts verweisen auf die Demokratieorientierung der politisch aktiven Teile der Arbeiterbewegung.

Mit der Einführung des allgemeinen und gleichen Wahlrechts in den meisten westlichen Industrieländern nach 1918 hatte der S. ein wesentliches politisches Ziel erreicht. Es erscheint konsequent, wenn sich mit dieser fundamentalen Veränderung der politischen Rahmenbedingungen auch die Haltung der sozialistischen Parteien und der Arbeiterschaft gegenüber dem politischen →System neu orientierte. Auf der Basis einer demokratischen Staatsverfassung schien sich für den S. die Möglichkeit zu bieten, auf legale Weise, d. h. im Rahmen des Systems über politische Mehrheiten, seine wirtschafts- und gesellschaftspolitischen Ziele durchzusetzen.

Die Konzentration auf Parteiarbeit, auf Wahlkämpfe und das parlamentarische Taktieren bildeten notwendige Voraussetzungen für den Weg zur →Macht und damit für die Reform durch den Staat. Dieses politische Alltagsgeschäft absorbierte jedoch Kräfte, zwang zu Kompromissen und Zugeständnissen mit der Folge, daß die visionäre Zukunftsperspektive verblaßte und die Alltagserfolge höhere Bedeutung erlangten als der vermeintlich doch unerreichbare große Sprung in die bessere Gesellschaft. Kritischen Betrachtern konnte diese Entwicklung als eine Verbürgerlichung des S. erscheinen. Doch es war und ist dies Konsequenz einer unabdingbaren Festlegung des S. auf die →Demokratie.

Begriffspräzisierung

Im Verlauf der Entwicklung des S. kristallisierte sich ein gewandelter Typus heraus, der sich selbst als ‹demokratischer S.› bezeichnet und in Volksparteien organisiert ist. Die Vorrangstellung des demokratischen Prinzips im gegenwärtigen S. reflektiert die Erfahrungen sowohl mit der stalinistischen Deformation des Kommunismus als auch mit dem Faschismus und der von opportunistischer Kooperation bis zur Kollaboration reichenden Haltung bürgerlicher Schichten und Parteien gegenüber faschistischen Entwicklungen.

Der demokratische S. versteht sich als internationale Bewegung, und die «Sozialistische Internationale» (1951) versucht, den von den chauvinistischen Wellen des Kriegsbeginns 1914 fortgeschwemmten sozialistischen Internationalismus wiederzubeleben. An die Stelle des Bewußtseins einer gemeinsamen Klassenlage trat jedoch die differenzierende Formel des sozialistischen →Pluralismus. In der Präambel der Gründungserklärung der Sozialistischen Internationale heißt es in diesem Sinn:

> «Der demokratische Sozialismus ist eine internationale Bewegung, die keineswegs eine Gleichförmigkeit der Auffassungen verlangt. Gleichviel, ob Sozialisten ihre Überzeugung aus den Ergebnissen marxistischer oder anders begründeter sozialer Analysen oder aus religiösen und humanitären Grundsätzen ableiten, alle erstreben ein gemeinsames Ziel: eine Gesellschaftsordnung der sozialen Gerechtigkeit, der höheren Wohlfahrt, der Freiheit und des Weltfriedens.»

Die Sozialistische Internationale formulierte als die «unmittelbaren wirtschaftlichen Ziele sozialistischer Politik... Vollbeschäftigung, Produktionssteigerung, stetige Vergrößerung des Wohlstands, soziale Sicherheit und eine gerechte Verteilung der Einkommen und Vermögen.» Eine markante Alternative zu den formalen Zielen nichtsozialistischer Parteien läßt sich darin nicht erblicken. Die Schwierigkeiten sozialistischer (Wirtschafts-)Politik resultieren aus der Tatsache, daß diese Politik im Prinzip gegen die →Interessen derjenigen durchgesetzt werden muß, die über die Produktionsmittel verfügen und ihre ökonomische und politische Macht auf dreifache Weise gegen den S. einsetzen können: im Versuch, sozialistische Wählermehrheiten zu verhindern; auf legalen und illegalen Wegen Einfluß auf die staatlichen und gesellschaftlichen →Institutionen zu nehmen; sozialistische →Regierungen durch Einsatz ökonomischer Macht zu boykottieren. Im Zuge der Internationalisierung des Kapitals schwächt sich zudem die Einflußmöglichkeit nationaler Politik auf die →Wirtschaft, so daß das formale, verfassungsmäßige Machtmonopol des demokratischen Staates materiell ausgehöhlt wird.

Forschungsstand

Vom gegenwärtigen Erkenntnisstand aus läßt sich konstatieren, daß mit der Einführung der politischen Massendemokratie das Problem der demokratisch unkontrollierten ökonomischen Macht nicht gelöst worden war. In gewissem Sinn profitierte die wirtschaftliche Machtelite sogar von der politischen Demokratisierung, da damit auch etliche obrigkeitsstaatliche Restriktionen fortgefallen waren. Die sozialistische Bewegung war sich zwar bewußt, daß jene der demokratischen Kontrolle entzogene Kapitalmacht sowohl eine permanente Bedrohung der politischen Demokratie selbst als auch eine absolute Begrenzung der auf demokratischem Weg durchsetzbaren Wirtschafts- und Sozialreformen bedeutete und daß deshalb Erfolge sozialistischer Politik, speziell Erfolge der Arbeiterschaft, keineswegs irreversibel sind. Dennoch trat die antikapitalistische Komponente des S. im Verlauf des 20. Jahrhunderts in den Hintergrund und wurde von der Hoffnung überlagert, auch das ‹kapitalistische Problem› auf Wählermehrheiten gestützt durch Sozial- und Vollbeschäftigungspolitik lösen zu können.

Der sozialstaatliche Interventionismus – von seinen Gegnern als etatistisch und bürokratisch-sozialistisch gebrandmarkt – wird nach dem 2. Weltkrieg zur wirtschaftspolitischen Leitvorstellung des S. in den westlichen Industrieländern. Die offene oder stillschweigende Übernahme jener nach dem englischen Ökonomen John Maynard Keynes benannten ‹Neuen Wirtschaftslehre› (Keynesianismus) durch die westliche Arbeiterbewegung und ihre Parteien blieb jedoch insofern oberflächlich, als die keynesianische Wirtschaftstheorie in ihren radikaleren politökonomischen Konsequenzen kaum gesehen, geschweige denn in einer neuen sozialistischen Wirtschaftstheorie verarbeitet wurde. Auch die theoretischen Entwürfe einer konkurrenzsozialistischen Wirtschaftsordnung aus den 1930er Jahren (Oskar Lange; Fred Taylor; Maurice Dobb u. a.) oder Konzeptionen eines ‹Dritten Weges› zwischen Kapitalismus und Kommunismus (Ota Šik) blieben bisher ohne größere Wirkung auf die sozialistische Wirtschaftspolitik. Der Mangel des gegenwärtigen S. an einer eigenständigen Theorie, speziell einer ökonomischen Theorie, die die für eine Massenbewegung notwendige Analyse der Realität zu leisten vermag und hierdurch eine Eigenständigkeit des (wirtschafts-)politischen Handelns ermöglicht, erwies sich in der in den 70er Jahren einsetzenden zweiten Weltwirtschaftskrise als eine politische Schwäche des S. und der Arbeiterbewegung. Ihre Position ist im Verlauf der Wirtschaftskrise in allen westlichen Industrieländern brüchiger geworden.

Forschungsperspektive

Die Klassiker der Nationalökonomie, Adam Smith und David Ricardo, boten mit ihrer Arbeitswertlehre das Material, aus dem spätere Theoretiker, namentlich Marx, eine der schärfsten ideologischen Waffen gegen die kapitalistische Wirtschaftslehre schmiedeten. Der klassische Arbeitswertgedanke charakterisiert die Arbeit als einzig wertschaffende Potenz. Der S. hatte somit die Logik auf seiner Seite, wenn er die Frage aufwarf, wie denn arbeitslose (Besitz-)Einkommen zu rechtfertigen sind. Die Arbeitswertlehre wird zur Grundlage der Marxschen Kritik der bürgerlichen Politischen Ökonomie (→Marxismus). Mit der Mehrwerttheorie gibt Marx der moralischen Kritik an den kapitalistischen Ausbeutungsverhältnissen das wirtschaftswissenschaftliche Fundament. In der Analyse der Bewegungsgesetze des Kapitals gelangt er zu einer konsistenten, wenn auch bis heute umstrittenen Krisenerklärung (Theorem vom tendenziellen Fall der Profitrate). Marx verbindet damit die Prognose einer Zusammenbruchstendenz des Kapitalismus. Allerdings findet sich bei ihm kein Beleg für einen *zwangsläufigen* Zusammenbruch des Systems. Vielmehr bereiten →Krisen nur den Boden für eine mögliche →Revolution durch ein politisch bewußtes und aktives Proletariat, das im Klassenkampf die Macht an sich reißen wird.

Die Bedeutung der Marxschen Theorie für die Entwicklung des S. bis in unsere Zeit liegt nicht in der Vorgabe einer orientierenden Theorie, sondern in der Anregungsfunktion, der theoretischen Herausforderung, die der Marxismus für den S. bedeutet. Die Marxsche Theorie stellt bis heute den einzigen umfassenden Gegenentwurf zur bürgerlichen Ökonomie dar. Verkürzt läßt sich die bürgerliche Ökonomie als eine kapitalorientierte Wirtschaftslehre interpretieren, wohingegen Marx eine arbeitsorientierte Wirtschafts- und Gesellschaftstheorie entworfen hat. Die Rezeption des Arbeitswertgedankens im S. war zwar von vielfältigen Mißverständnissen und Ungereimtheiten begleitet; aber die Grundidee, daß nur Arbeit jene ökonomischen Werte schafft, von denen alle leben, und daß deshalb arbeitslose Einkommen ausbeuterische Einkommen sind, sofern sie nicht – wie etwa Sozialrenten und vergleichbare Transferzahlungen – von den arbeitenden Menschen selbst konzediert werden, entfaltete mobilisierende Kraft.

Die Verknüpfung der Arbeitswerttheorie mit verteilungspolitischen Normen findet sich selbst dort, wo der Begriff S. in schlechtem Ansehen steht – etwa bei manchen christlich-sozialen Gruppen –, aber faktisches Handeln und Denken materiell eine Zuordnung zum S. gestattet. Der Arbeitswertgedanke als verbindendes Element verschiedenster sozialistischer Strömungen zieht sich als roter Faden durch die Geschichte des S. bis hin zur Sozialenzyklika Laborem exercens (1981).

Das ‹Recht auf Arbeit› stellt seit der Französischen Revolution eine bis heute unerfüllte Forderung des S. dar. Auch die verteilungspolitische Maxime des ‹Rechts auf den vollen Arbeitsertrag› – u. a. im Eisenacher Programm (1869) der Sozialistischen Arbeiterpartei Deutschlands (SAP) postuliert und von Marx mit zutreffenden ökonomischen Einwänden versehen – ist Resultat der Arbeitswerttheorie. – Die bürgerliche Ökonomie verwarf die für sie brisante Arbeitswertlehre rasch zugunsten der subjektiven Wertlehre (Grenznutzenschule). Wieviel der S. der Arbeitswerttheorie der englischen Klassik verdankt, läßt sich an der Gegenüberstellung des ersten Satzes aus Adam Smiths Hauptwerk «Der Reichtum der Nationen» (1776) und dem Einleitungspassus des Gothaer Programms der SAP von 1875 illustrieren:

«Die jährliche Arbeit eines Volkes ist die Quelle, aus der es ursprünglich mit allen notwendigen und angenehmen Dingen des Lebens versorgt wird, die es im Jahr über verbraucht. Sie bestehen stets entweder aus dem Ertrag dieser Arbeit oder aus dem, was damit von anderen Ländern gekauft wird» (Smith; dt. von H. C. Recktenwald).

«Die Arbeit ist die Quelle allen Reichtums und aller Kultur, und da allgemein nutzbringende Arbeit nur durch die Gesellschaft möglich ist, so gehört der Gesellschaft, das heißt allen ihren Gliedern, das gesamte Arbeitsprodukt, bei allgemeiner Arbeitspflicht, nach gleichem Recht, jedem nach seinen vernunftgemäßen Bedürfnissen» (Gothaer Programm).

Die arbeitswerttheoretische Perspektive ist in einer Welt steigender Arbeitslosigkeit und zunehmender Armut von unveränderter Aktualität für den S. Die Überwindung des krassen Widerspruchs von produktionstechnisch möglichem Wohlstand der Menschheit und faktischer Armut ist zwar politische Aufgabe des S.; aber er kann sie nur bewältigen, wenn er sich über die Ursachen der Misere wissenschaftlich Klarheit verschafft.

Adler, G./Grünberg, C. (Hg.): Hauptwerke des Sozialismus und der Sozialpolitik. 3 Bde. Glashütten 1974 (Nachruck).
Bell, D.: Socialism. In: International Encyclopedia of the Social Sciences, Bd. 13. New York/London 1972, S. 506–532.
Diehl, K.: Sozialismus und Kommunismus. In: Handwörterbuch der Staatswissenschaften, Bd. 7, 4. A. Jena 1926, S. 578–612.
Dokumente der Weltrevolution. 5. Bde. Olten u. a. 1967–1974.
Droz, J. (Hg.): Geschichte des Sozialismus. Bde. 1–15. Frankfurt/Berlin/Wien 1972ff.
Hofmann, W.: Ideengeschichte der sozialen Bewegung des 19. und 20. Jahrhunderts (mehrere A.). Berlin.
Landauer, C. u. a.: Artikel Sozialismus I–IV.5. In: Handwörterbuch der Sozialwissenschaften. Bd. 9. Stuttgart/Tübingen/Göttingen 1956, S. 486–523.
Lexikon des Sozialismus. Köln 1986.
Novy, K.: Strategien der Sozialisierung. Frankfurt/M. 1978.
Stegmann, C./Hugo, C. (Hg.): Handbuch des Socialismus. Zürich 1897.

Karl Georg Zinn

Sozialstaat

Begriffsverwendungen

S. ist eine Begriffsschöpfung aus dem deutschen Sprachraum. Im angelsächsischen Sprachbereich gibt es weder begrifflich noch inhaltlich ein Äquivalent. Es ist unstrittig, daß welfare state bzw. →Wohlfahrtsstaat und S. eine gewisse Verwandtschaft aufweisen. Es ist jedoch eine unzulässige Vereinfachung, die beiden Begriffe synonym zu verwenden, wie dies in der deutschsprachigen Fachliteratur oft festzustellen ist. Sie haben historisch und auch heute noch einen unterschiedlichen Bezugsrahmen.

Die diffuse Begriffslage geht jedoch über das Bestreben einer internationalen Vereinheitlichung hinaus. Ein wesentliches Problem ist, daß der Begriff verfassungsrechtlich nicht expressis verbis besteht, sondern aus den Adjektiven ‹sozial› der Art. 20 Abs. 1 und 28 Abs. 1 des Grundgesetzes abgeleitet wird: Der Begriff ‹sozial› ist vieldeutig und läßt keine für das →Recht brauchbare Fixierung zu. Dies manifestiert sich in einer umfassenden und teilweise heterogenen verfassungsrechtlichen Diskussion. Ferner ist die Spannweite der Bedeutungsinhalte durch die Anwendungsmöglichkeiten sehr breit; der Begriff findet in der politischen Praxis, in verschiedenen sozialwissenschaftlichen Disziplinen und in unterschiedlichen theoretischen Konzeptionen seine Anwendung.

Unter der Vielzahl konkurrierender Begriffe wie S., soziale Marktwirtschaft, Wohlfahrtsstaat, Versorgungsstaat, Wohlfahrtskapitalismus und Wohlstandsgesellschaft dominiert in der deutschsprachigen Sozialwissenschaft jener des S. Das hat historische Gründe, da der S. nicht nur begrifflich, sondern auch konzeptionell ein deutsches Konstrukt ist. Wesentliche Merkmale sind soziale Sicherheit, die durch das Sozialleistungssystem gewährleistet werden soll, und der soziale Ausgleich, der durch die Verteilungspolitik angestrebt wird. Bei dieser Betrachtung ist der S. ein Teil des Wohlfahrtsstaates. Eine inhaltlich gerechtfertigte Gleichsetzung von Sozial- und Wohlfahrtsstaat würde eine umfassende Weiterentwicklung des S. bedeuten. Es müßten weitere Bereiche wie z. B. der kulturelle mit einbezogen werden, der in den traditionellen S.-Modellen nicht enthalten ist. Daher erscheint eine inhaltliche Abgrenzung weiterhin sinnvoll und notwendig.

Verwendungszusammenhänge

Die sozialwissenschaftliche Konkretisierung und die Diskussion alternativer S.-Modelle basiert auf der verfassungsrechtlichen Interpretation von S. Gerade für politikwissenschaftliche Beiträge war die verfassungsrechtliche Interpretation von großer Bedeutung. Die folgende Interpretation bezieht sich explizit auf den S. Bundesrepublik.

Das Grundgesetz deklariert die Bundesrepublik Deutschland als demokratischen und sozialen Bundesstaat (Art. 20) und als sozialen Rechtsstaat (Art. 28); daraus leitet sich das S.-Prinzip ab. Nach intensiver verfassungstheoretischer und verfassungspolitischer Diskussion hat sich die Auffassung herauskristallisiert, daß das S.-Prinzip neben dem Prinzip des Bundesstaates, der Republik, der →Demokratie und des →Rechtsstaates eine selbständige und eigenständige Staatszielbestimmung darstellt. Danach überträgt die →Verfassung dem →Staat die Pflicht, den sozialstaatlichen Auftrag wahrzunehmen. Diese Verpflichtung unterscheidet den sozialen Rechtsstaat grundsätzlich vom liberalen Rechtsstaat.

Die Verfassungsgeber haben das S.-Prinzip inhaltlich jedoch nicht konkretisiert. Es wurden keine Sozialrechte als Grundrechte in den Grundrechtskatalog aufgenommen. Somit wurde auch keine Entscheidung für eine bestimmte Sozialordnung getroffen. Daher hat der Bürger gegenüber dem Staat prinzipiell auch keine einklagbaren sozialen Forderungen. Vielmehr obliegt die konkrete Ausgestaltung des S.-Prinzips dem Gesetzgeber: Er ist verfassungsrechtlich zur sozialen Aktivität verpflichtet. Der Aktionsradius liegt jedoch im politischen Entscheidungskalkül der herrschenden Regierung. Der Gestaltungsfreiraum des S.-Prinzips hat natürlich zu verschiedenen Verfassungsinterpretationen des S. geführt.

Begriffspräzisierung

Die Grundmodelle ‹sozialer Kapitalismus› und ‹demokratischer Sozialismus›

Die alternativen Grundmodelle des S. nach dem Grundgesetz sind der soziale Kapitalismus und der demokratische Sozialismus. Sie hatten vor der ersten Wahl 1949 eine erhebliche politische Relevanz, da beide Modelle von den großen Parteien CDU und SPD vertreten wurden und der Wahlausgang zur Realisierung eines Modells führte. Nach dem Grundgesetz existieren jedoch prinzipiell beide S.-Modelle.

Das Modell des sozialen Kapitalismus basiert auf der Erhaltung des Status quo besonders bei sozialpolitischen Grundpositionen. Von besonderer Bedeutung hierbei ist die Erhaltung und Förderung der bestehenden Vermögenssubstanzen und Besitzverhältnisse. Dagegen sind sozialpolitische Korrekturen bei Notlagen, ein differenziertes Sozialversicherungssystem und die sozialpolitischen Prinzipien der Solidarität und Subsidiarität wesentliche Merkmale dieses Modells. Weitere wichtige Prinzipien sind die Förderung des selbständigen Mittelstandes, Unternehmensverantwortung und betriebliche Partnerschaft.

Dagegen werden in dem Modell des demokratischen Sozialismus bestehende bzw. überkommene Eigentums- und Besitzverhältnisse in Frage gestellt und somit eine Veränderung des ökonomischen und gesellschaftlichen Status quo angestrebt. Weitere wichtige Merkmale sind die Eigentumsverteilung, die Sozialisierung von Grundstoffindustrien, die qualifizierte Mitbestimmung der Arbeitnehmer auf allen Ebenen und die Gleichrangigkeit von Sozial- und Wirtschaftspolitik.

Alternative verfassungsrechtliche Interpretationen
Die beiden Grundmodelle zeigen nicht hinreichend die Vielfalt der verfassungsrechtlichen Interpretationsalternativen. Die folgenden drei Ansätze haben in der Literatur eine gewisse Beachtung gefunden. Sie werden noch durch einen sozialwissenschaftlichen Ansatz ergänzt.

- *Konfliktreduzierender Ansatz:* Ihm liegt das liberale Leitbild der Selbstregulierung gesellschaftlicher Prozesse zugrunde. Sozialstaatliche Eingriffe sollten die Ausnahme sein und zielen auf ein geordnetes, konfliktarmes Zusammenleben der Menschen ab. Daher ist die Vorgabe eines ordnungspolitisch eindeutigen Rahmens durch den Staat von besonderer Bedeutung. Die Beziehung zwischen Bürger und Staat ist dahingehend bestimmt, daß zuerst die umfassenden Pflichten des einzelnen Bürgers gegenüber der Allgemeinheit zu beachten sind. Nur jene, die durch das Schicksal in eine große Notlage geraten sind, haben gegenüber der Allgemeinheit Ansprüche. Bei diesem S.-Verständnis wird die soziale Verpflichtung auf ein absolutes Minimum reduziert und somit kaum den Intentionen des Grundmodells ‹sozialer Kapitalismus› gerecht.
- *Notmindernder und gerechtigkeitsorientierter Ansatz:* Die soziale Verpflichtung des Staates liegt bei diesem Ansatz in der Behebung bzw. Linderung von Notsituationen bestimmter Bürger oder Gruppen. Ferner geht es darum, das Prinzip der Gerechtigkeit durch sozialstaatliche Eingriffe den politischen Verpflichtungen des Staates zuzuordnen. Dadurch erhalten →Systeme sozialer Sicherheit und verteilungspolitische Maßnahmen des Staates eine zentrale Bedeutung. Der Umfang sozialer Leistungserstellung durch den Staat wird jedoch nicht durch das Konzept determiniert, sondern obliegt politischen Entscheidungsprozessen, wodurch politische Kontroversen vorgegeben sind. Diese setzten sich dann bei der Entscheidung fort, ob die Sozialstaatlichkeit nur durch reaktive oder durch aktive, d. h. gestaltende und vorausschauende Politik postuliert ist. Dieses Konzept entspricht weitgehend dem Grundmodell des sozialen Kapitalismus. Es hat in der Bundesrepublik bisher dominiert.
- *Demokratie-identischer Ansatz:* Die S.-Interpretation dieses Ansatzes stellt auf eine Verbindung von Demokratieprinzip und S. ab. Das bedeutet, den sozialen Auftrag des Staates nicht mehr aus einem Verfassungsauftrag abzuleiten, als vielmehr ihn politisch zu begründen. Eine der um-

strittensten Forderungen dieses Ansatzes ist die weitgehende Sozialisierung der Wirtschaft, d. h. eine Überführung großer Teile der privaten Verfügbarkeit über Produktionskapital in staatliches oder gesellschaftliches Eigentum. Diese Forderung ist mit dem Art. 15 GG kompatibel. Die Umsetzung dieser Forderung bedarf jedoch noch einer gesetzlichen Regelung. Daraus ist aber schon zu erkennen, daß sich die demokratieidentische S.-Interpretation vom herrschenden S.-Verständnis eindeutig abhebt: Es geht nicht nur um eine Korrektur der sozialen Mißstände, sondern um eine tiefgreifende Reform, die an den Ursachen ansetzt. Dieser Ansatz ist weitgehend identisch mit dem Modell des demokratischen Sozialismus.

● *Steuerungspolitischer Ansatz:* Dieser Ansatz ist keine verfassungsrechtliche Interpretation des S. im engeren Sinne, sondern fordert eine sozialwissenschaftlich begründete prozeßpolitische →Steuerung. Die Notwendigkeit steuerungspolitischer Eingriffe des Staates in die Wirtschaftsabläufe wird mit vielfältigen ökonomischen Fehlentwicklungen im S. begründet. Zu nennen sind der steigende Konzentrationsgrad, hohe soziale Kosten und die tendenzielle Unterversorgung mit öffentlichen Gütern. Der S. ist somit nur dann in der Lage, seinen vielfältigen Aufgaben gerecht zu werden, wenn die politischen Entscheidungsprozesse nach bestimmten sozialen Kriterien gesteuert werden können. Ein umfassendes Steuerungskonzept ist bei diesem Ansatz die Voraussetzung für eine soziale Politik, die in der Lage ist, die Fehlentwicklungen zu vermeiden bzw. auszuräumen. Die Intention ist, die traditionelle Sozialpolitik zu einer rationalen Gesellschaftspolitik weiterzuentwickeln.

Dieser Ansatz führte zu einer heftigen Kontroverse. Die Kritik einiger Verfassungsrechtler bezog sich vor allem auf die Zweiteilung von Staat einerseits und Wirtschaft bzw. Gesellschaft andererseits. Einige traditionelle Sozialwissenschaftler befürchten ferner, daß durch die Expansion der traditionellen Sozialpolitik zu einer umfassenden Gesellschaftspolitik die inhaltliche Abgrenzung und die Begründung der Relevanz sozialer Aufgaben verlorengeht. Als Folge kommt es schließlich zu einer Überforderung und damit Handlungsunfähigkeit des S. Ein wesentliches Problem des steuerungspolitischen Ansatzes wird jedoch in dieser Kritik nicht deutlich: bisher fehlt es noch an einem anwendbaren Steuerungskonzept, nachdem sich z. B. das Konzept sozialer Indikatoren als zu aufwendig erwiesen hat.

Die vorgestellten Ansätze einer S.-Interpretation zeigen die Breite einer möglichen Auslegung. Während die drei erstgenannten Ansätze den verfassungsrechtlichen Interpretationen im engeren Sinn zuzuordnen sind, könnte das weiter gefaßte Konzept des steuerungspolitischen Ansatzes sicher noch differenziert werden. Zu erwähnen ist beispielsweise der dualistische Ansatz, der erst vor kurzer Zeit im Rahmen der neuen

Selbsthilfebewegung entwickelt wurde. Danach wird die soziale Lebenslage der Bürger im S. zunehmend durch Eigenleistungen im Rahmen von Selbsthilfeaktivitäten und sozialstaatlichen Fremdleistungen bestimmt. So wird es besonders aufgrund der Kontroverse pro/contra überlasteter S. auch in Zukunft zu einer Weiterentwicklung bzw. Modifikation der sozialstaatlichen Verfassungsinterpretation kommen.

Forschungsstand

Die unterschiedlichen Verfassungsinterpretationen des S. implizieren zumindest eine Gemeinsamkeit: Sie weisen dem Staat eine interventionistische Rolle zu. Dabei wurde jedoch in der Ökonomie, aber auch lange Zeit in anderen sozialwissenschaftlichen Disziplinen die Frage vernachlässigt, ob und unter welchen Bedingungen der Staat seinen sozialen Verpflichtungen nachkommen kann. Das ist eine Hypothek der neoliberalen und neoklassischen Position, wonach es ordnungstheoretisch nur die Antipoden Marktwirtschaft und zentrale Planwirtschaft gibt. In der Bundesrepublik dominierte sowohl theoretisch als auch in der angewandten Politik die neoliberale Position. Das entspricht der Dominanz des Grundmodells ‹sozialer Kapitalismus›. Der Ordnungstyp Marktwirtschaft, auf dem der S. prinzipiell basiert, ist nach neoliberaler Position durch folgendes Paradigma determiniert: Der Staat trifft in einer machtfreien Wirtschaft seine →Entscheidungen autonom und unbeeinflußt. Interessenverbände sind danach im S. Machtfaktoren, die nicht-assimilierbare Fremdkörper darstellen und eigentlich nicht existieren. Diese Position wird auch von Vertretern der Neoklassik grundsätzlich nicht in Frage gestellt.

Diese Sichtweise läßt sich jedoch weder theoretisch noch empirisch halten. Ein ordnungspolitischer Paradigmenwechsel wird aber bisher nur von wenigen Ökonomen explizit gefordert. Vertreter der →Neuen Politischen Ökonomie (NPÖ) stellen zwar die Beziehungsgeflechte zwischen Politik und Wirtschaft in den Mittelpunkt ihres Interesses. Dabei beschränken sich ihre Untersuchungen jedoch meist auf wirtschaftspolitische Zusammenhänge. Die ordnungspolitische Frage des S. ist indes, wie es zu sozialrelevanten Entscheidungsprozessen und Ergebnissen im S. kommt. Um das Problem deutlicher werden zu lassen, wird in der Literatur immer häufiger die Autonomie staatlicher Entscheidungsfindung diskutiert. Im Extrem wird schon die These von der Unregierbarkeit hochentwickelter Industrienationen vertreten.

Ferner gibt es im demokratischen Rechtsstaat eine Vielzahl von Interessenorganisationen mit unterschiedlichen Machtpositionen und teilweise konträren Interessenlagen. Die Interessenorganisationen haben ihrerseits gegenüber der Regierung ein Angebot von Leistungen wie Informationen, die Möglichkeit der finanziellen und/oder politischen Unterstützung oder auch der politischen Schädigung einer Regierung. Dafür erwarten sie von der Regierung eine Unterstützung, zumindest eine neutrale Politik gegenüber ihrer Interessenpolitik. Politische Entscheidungsprozesse können somit nur zu Kompromißlösungen führen, wenn eine Regierung ihre politische Machtposition erhalten oder sogar ausbauen will.

Die aktiv regulierende Mitgestaltung der Interessenorganisationen im S. wird heterogen diskutiert und beurteilt. Besonders wichtig ist die Frage, ob es eine kritische Grenze der Einflußnahme gibt, die zu einer großen Einschränkung staatlicher Handlungsalternativen führt. Ferner ist zu fragen, was mit jenen Gruppen im S. geschieht, die über keine – starke – Lobby verfügen wie Kinder, Frauen, alte Menschen und ausländische Arbeitnehmer. Hier besteht die Gefahr, daß sie mit ihren sozialen Bedürfnissen und Problemen im politischen Entscheidungsprozeß zuwenig Berücksichtigung erfahren.

Forschungsperspektive

Die wissenschaftliche Beschäftigung mit dem S. impliziert eine Reihe von Schwierigkeiten, die sich u. a. aus der vagen verfassungsrechtlichen Stellung ergeben. Das ermöglicht eine Interpretationsvielfalt, die sich in alternativen S.-Modellen bzw. -konzeptionen manifestiert. Solange diese Alternativen nicht hinreichend ausgelotet und ausdiskutiert werden, erscheint auch die immer wieder auftauchende Frage nach den Alternativen zum S. wenig sinnvoll. Ferner zeigte sich, daß die wissenschaftliche Auseinandersetzung und Erklärung des ordnungspolitischen Handlungsrahmens im S. zumindest in der Ökonomie erhebliche Defizite aufweist.

Ein weiteres Problem ist, daß der Begriff S. besonders in der politischen Auseinandersetzung oft mißbräuchlich verwendet wird. Gemeint ist nicht die unglückliche Diskussion über die Grenzen des S., bei der in der Regel nur über Symptome, nicht über Ursachen argumentiert wird. Häufig wird von politischen Akteuren sogar bewußt versucht, mit dem Begriff S. wirtschaftliche Stabilität, Aufschwung und Sicherheit zu suggerieren. Damit wird nicht nur bewußt davon abgelenkt, daß es *den* S. nicht gibt, sondern es werden auch Unzulänglichkeiten, Fehlentwicklungen und einseitige Machtstrukturen verschleiert. Ein Vergleich des Soll-Konzepts S. und der Ist-Analyse wurde in der Bundesrepublik bisher weitgehend ausgespart.

Abendroth, W.: Zum Begriff des demokratischen und sozialen Rechtsstaats im Grundgesetz der Bundesrepublik Deutschland. In: Aus Geschichte und Politik. Festschrift zum 70. Geburtstag von Ludwig Bergsträsser. Düsseldorf 1954.

Böckels, L./Scharf, B./Widmaier, H.P.: Machtverteilung im Sozialstaat. München 1976.
Bull, H.P.: Die Staatsaufgaben nach dem Grundgesetz. Frankfurt/M. 1973.
Hartwich, H.-H.: Sozialstaatspostulat und gesellschaftlicher status quo. Opladen [3]1978.
Hauff, M. v.: Neue Selbsthilfebewegung und staatliche Sozialpolitik, Habilitationsschrift. Stuttgart 1987.
Herder-Dorneich, Ph.: Die Entwicklungsphasen der Sozialen Marktwirtschaft und der Paradigmenwechsel in der Ordnungstheorie. In: Issing, O. (Hg.): Zukunftsprobleme der Sozialen Marktwirtschaft. Berlin 1981.
Koslowski, P./Kreuzer, Ph./Löw, R. (Hg.): Chancen und Grenzen des Sozialstaats. Tübingen 1983.
Pilz, F.: Das sozialstaatliche System der Bundesrepublik Deutschland. München 1978.
Schiller, Th.: Probleme einer Sozialstaatstheorie. In: Greven, M.Th./Prätorius, R./Schiller, Th.: Sozialstaat und Sozialpolitik – Krise und Perspektiven. Neuwied/Darmstadt 1980.
Zacher, H.F.: Sozialstaatsprinzip. In: Handwörterbuch der Wirtschaftswissenschaften. Hg. von W. Albers u.a. Stuttgart u.a. 1977.

Michael v. Hauff

Staat

Begriffsverwendungen

In einer allgemeinen Begriffsbestimmung läßt sich S. als die politische →Organisation der Gesellschaft (‹Staatsvolk›) eines bestimmten Territoriums (S.-Gebiet) zur Realisierung bestimmter gemeinsamer Ziele (S.-Zwecke) definieren. In einem Bundesstaat (→Föderalismus) kommt hinzu, daß Bund und Länder S.-Qualität besitzen. Zwischen den wissenschaftlichen Konventionen ist jedoch die Frage, in welchem Verhältnis S. und Gesellschaft zueinander stehen, ob miteinander ‹verschmolzen›, einander gleichgeordnet oder in einem Über-/Unterordnungsverhältnis, ebenso umstritten wie die Frage, welche Zwecke (z.B. Realisierung des ‹Gemeinwohls›) der S. erfüllen soll und wie seine steuernden (→Steuerung) Eingriffe zu legitimieren (→Legitimität) sind.

Zudem arbeiten die *systemtheoretisch* orientierten Sozialwissenschaften zunehmend mit dem Begriff ‹politisches →System›, während (neo-) marxistische (→Marxismus) S.-Theorie einerseits und S.-Rechtswissenschaft sowie die von dieser als Hilfswissenschaft angesehene S.-Lehre andererseits unverändert am S.-Begriff festhalten. Das öffentliche Recht benötigt die Kategorie ‹S.› einerseits für das interne Rechtsverhältnis zwischen S. und Bürger bzw. zwischen staatlichen →Institutionen/

→Organisationen zueinander, andererseits für das externe Rechtsverhältnis souveräner S.en zueinander bzw. zu supra- oder internationalen Organisationen. Der Systembegriff bietet zwar den Vorteil, daß neben dem S. im engeren Sinne auch z. B. →Parteien als Träger und Gestalter des politischen Willensbildungsprozesses einbezogen werden können. Umgekehrt läßt aber der verstärkte Gebrauch des Begriffs ‹politisch-administratives System›, vor allem in empirischen Untersuchungen, erkennen, daß nach wie vor ein Bedarf an einer konkret lokalisierbaren Kategorie wie der des S. besteht.

Unabhängig von dem expliziten Gebrauch des Begriffs zeigen sich allerdings in seiner Interpretation z. T. erhebliche Unterschiede. Eine *konservativ-normative S.-Auffassung*, die auf Hegel zurückgeht und als deren Hauptvertreter E. Forsthoff und H. Krüger angesehen werden können, versteht den S. als Wert an sich. Da der S. allein das Gemeinwohl repräsentiert, ist er der Gesellschaft übergeordnet und den in ihr stattfindenden Interessenauseinandersetzungen (→Interesse) entzogen. Zugleich gewährleistet der S. als →Rechtsstaat die →Freiheit des einzelnen. In der Frage der Trennung von S. und Gesellschaft unterscheiden sich freilich die auf dieser Grundvorstellung basierenden Positionen. Teils wird angenommen, daß es kein vom S. getrenntes gesellschaftliches System geben könne (U. Scheuner), teils wird die Unterscheidung geradezu als Vorbedingung der individuellen Freiheit gesehen (E. W. Böckenförde).

Auch *neomarxistische Positionen* (materialistische S.-Theorie, z. B. J. Hirsch; E. Altvater) gehen von dieser Trennungsvorstellung aus und interpretieren den S. als besondere Einrichtung neben und außer der bürgerlichen Gesellschaft. Der S. ist danach das wichtigste Instrument, mit dessen Hilfe die ökonomisch herrschende Klasse, die Bourgeoisie, die politische →Herrschaft ausübt. Als ‹ideeller Gesamt-Kapitalist› macht der S. die allgemeinen Interessen der bürgerlichen Gesellschaft zu seinem besonderen Anliegen. Lediglich die *Theorie des staatsmonopolistischen Kapitalismus* (Stamokap) lehnt die (marxistische) Vorstellung von der ‹Besonderung des S.› ab und geht statt dessen explizit von einer Verschmelzung von S. und →Wirtschaft zu einem einheitlichen Funktionsmechanismus aus.

Während konservative (→Konservatismus) S.-Auffassungen – insbesondere in ihrer technokratischen Ausprägung (z. B. H. Schelsky; J. H. Kaiser) – eine zunehmende Verschmelzung von S. und Industriegesellschaft als Folge der technischen Entwicklung beklagen, wird diese z. B. in der *Pluralismustheorie* (→Pluralismus) ausdrücklich positiv bewertet. Man kann Ansätze, die dieser Theorie folgen, daher als rechtfertigende Positionen charakterisieren (Böhret et al. 1982, S. 312f.). Dem S. wird dabei die Rolle eines Schiedsrichters zugewiesen. Nicht der S. bestimmt das Gemeinwohl, sondern dieses ist die Resultante aus dem Parallelogramm der ökonomischen, sozialen und politischen Kräfte (E. Fraenkel).

Von dem Erfordernis steuernder Eingriffe des S. (→Sozialstaat) gehen sowohl planungstheoretische (→Planung) wie krisentheoretische (→Krise) Ansätze aus; sie unterscheiden sich jedoch in der Einschätzung der grundsätzlichen Überwindbarkeit bzw. Unüberwindbarkeit von Steuerungshindernissen für den S., die sich aus den Besonderheiten des ‹Spätkapitalismus› (J. Habermas) ergeben. So betrachtet der *Policy-Science-Ansatz* (insbes. F. W. Scharpf) staatliches Handeln vor allem als Bewältigung von Problemen trotz bestehender Restriktionen, wobei der potentielle Handlungsspielraum des S. als relativ weit eingeschätzt wird. Der Erfolg staatlicher Steuerungsversuche wird hingegen in letzter Zeit weniger optimistisch beurteilt. Demgegenüber geht die *politische Krisentheorie* davon aus, daß der S. angesichts der bestehenden strukturellen Widersprüche im ‹Interesse an sich selbst› (C. Offe) die Bedingungen des kapitalistischen (→Kapitalismus) Tauschprozesses zu optimieren versucht, wobei er allerdings wiederum selbst solche Widersprüche und krisenhaften Entwicklungen auslösen kann.

Auch die *erfahrungswissenschaftlich orientierte S.-Lehre*, deren prominentester Vertreter in der Weimarer Republik H. Heller war, geht von einem permanenten Steuerungsbedarf der Gesellschaft aus, der sich aus deren Funktionsbedingungen ergibt (M. Draht). In Anlehnung an die S.-Definition M. Webers wird der S. als politischer Herrschaftsverband bestimmt, der über das Monopol legitimer physischer Zwangsgewalt verfügt. Obwohl der S. oberster Normsetzer ist, läßt er sich weder auf die Rechtsordnung (H. Kelsen) noch auf die S.-Organe (C. Schmitt) reduzieren. Seine Aufgabe besteht in der Durchsetzung der allgemeinen Interessen (des ‹öffentlichen› Interesses, P. Häberle) gegen zuwiderlaufende partikulare Interessen. Als organisierte Entscheidungs- und Wirkungseinheit (H. Heller) ist der S. funktional auf die Industriegesellschaft bezogen. Nur wenn in ihr ein wirksamer, allerdings nicht notwendig allgemeiner, Gemeinschaftswille vorhanden ist, der jedoch ein gewisses Maß an ‹sozialer Homogenität› voraussetzt, ist der S. funktionsfähig. Diese S.-Auffassung hat eine starke Affinität zu sozialdemokratischen Positionen.

Verwendungszusammenhänge

Strukturierungsmerkmale für die folgende Darstellung der Interpretationszusammenhänge, in denen die zuvor umrissenen Positionen stehen, sind zwei Gesichtspunkte: der Umfang der S.-Aufgaben und die Legitimation staatlichen Handelns.

Nach *konservativ-normativer S.-Auffassung* kennt der souveräne S. grundsätzlich keine Handlungsgrenzen. Zu seiner existentiellen Ausstattung gehört vielmehr die Befugnis, «sich in freier Entschließung und in eigener Verantwortung diejenigen Aufgaben stellen zu dürfen, die er wegen der zu bewältigenden Lagen für erforderlich hält» (Krüger 1966, S. 760/761). Dabei darf er allerdings nur im Dienste des Gemeinwohls, das als Gegensatz zum privaten Wohl definiert wird, tätig werden. Angesichts zweier miteinander eng zusammenhängender Entwicklungen hat sich jedoch in letzter Zeit die konservative Position einer grundsätzlichen Allzuständigkeit des S. verändert. Zum einen wird (bedauernd) zur Kenntnis genommen, daß sich die Gesellschaft «über die Verbände des S. bemächtigt» habe (Forsthoff 1972, S. 119). Zum anderen wird erkannt, daß der S. als materielle Ressourcen verteilender →Wohlfahrtsstaat nicht nur an seine fiskalischen, sondern auch an seine legitimatorischen Grenzen stößt.

Konservative Änderungsvorschläge zielen daher darauf ab, den S. mit Hilfe einer partiellen ‹Entstaatlichung› bei der Erfüllung sozialstaatlicher Aufgaben, z. B. bei korrigierenden Eingriffen in den Wirtschaftsablauf, zu entlasten (‹weniger S.›), um ihm damit gleichzeitig im hoheitlichen Bereich mehr Durchsetzungskraft zu verschaffen (‹starker Staat›). Wesentliches Element der ‹Entstaatlichung› ist die sog. Privatisierung, mit deren Hilfe vor allem mehr persönliche Freiheit und mehr (ökonomische) Effizienz erreicht werden sollen, indem bislang staatliche Aufgaben auf private Träger ausgelagert werden. Begleitet werden solche ‹Entstaatlichungs›-Versuche, die in Bund und Ländern von speziellen (staatlichen oder zumindest staatsorientierten) Kommissionen durchgeführt werden, von ‹vertrauensbildenden Maßnahmen›, mit denen Vertrauen und →Loyalität der Bürger zum S. gesichert bzw. wiederhergestellt werden sollen.

Neben diesen (neo-)konservativen Positionen spielen in der politikwissenschaftlichen Diskussion vor allem *reformorientierte Positionen* (→Reform) eine entscheidende Rolle. In diese Kategorie lassen sich – mit Ausnahme der materialistischen S.-Theorie und der Stamokap-Theorie – alle übrigen zuvor behandelten Ansätze einordnen. Allerdings kommen die unterschiedlichen Ausgangspunkte bei der Einschätzung der Ursachen krisenhafter Erscheinungen und der Möglichkeit ihrer Überwindung wieder zum Tragen und führen zu z. T. erheblichen Differenzen. Deutlich abzugrenzen von diesen Positionen, die eine Reform des S. anstreben, sind jedoch diejenigen, die auf einen *Systemwechsel* in Richtung auf eine kommunistische (→Kommunismus) oder anarchistische (→Anarchismus) Zukunftsgesellschaft oder auf einen ‹dritten Weg› abzielen.

Der entscheidende Anstoß zur Stärkung der reformerischen Positionen ging vom S. selbst aus. Aufgrund eines wachsenden Problembewußtseins – nicht zuletzt bei der Bevölkerung selbst – und einem damit verbundenen erhöhten Legitimationsbedarf plante die damalige Bundesregierung Ende der sechziger Jahre eine Politik der inneren Reformen. Zu ihrer

Vorbereitung und wissenschaftlichen Begleitung wurde die Projektgruppe «Regierungs- und Verwaltungsreform» eingesetzt und eine Fülle von Forschungsaufträgen vergeben. Dabei standen Entstehung, Reichweite und Zielsetzung politischer Programme (als generalisierte staatliche Handlungsanweisungen) im Vordergrund (R. Mayntz; F. W. Scharpf). Ziel war die Umorientierung der Politik von der kurzfristigen Reaktion auf aktuelle Krisen zu einer ‹aktiven› Politik, die autonom, d. h. nicht unmittelbar interessenbestimmt sein sollte, die Politik langfristig und in umfassenden Problemzusammenhängen zu sehen habe und die zielorientiert auf Veränderung und Innovation gerichtet sein sollte.

Konkretisiert wurde diese Zielsetzung schließlich in der Arbeit der «Kommission für wirtschaftlichen und sozialen Wandel», die aus Vertretern der →Gewerkschaften, der Arbeitgeber und der Wissenschaft zusammengesetzt war. Ihr Abschlußbericht faßt das Ergebnis von 140 wissenschaftlichen Gutachten zusammen und dokumentiert zugleich die abweichenden Meinungen einzelner Kommissionsmitglieder, vor allem von Gewerkschaftern.

Die unmittelbar auf den S. gerichteten Reformvorschläge sahen vor allem eine allgemeine Leistungssteigerung der öffentlichen →Verwaltung vor. Mit Hilfe des Instruments politischer →Planung (z. B. als Aufgabenplanung, Planning-Programming-Budgeting-System oder als aufgabenorientierte Finanzplanung) sollten →Regierung und Verwaltung rationalisiert und dadurch der Handlungsspielraum des S. gegenüber der Umwelt erweitert werden. Auf der anderen Seite sollte die *Legitimationsgrundlage* des S. durch →Partizipation der Betroffenen verbessert werden. Mit Hilfe von Verfahren zur Einbeziehung der betroffenen Bürger in die Formulierung und Durchführung von Politik sollte gesellschaftliche Akzeptanz für staatliches Handeln erzeugt werden.

Begriffspräzisierung

Der S. umfaßt als soziales System den ‹S.› (im engeren Sinne) und die Gesellschaft. Er ist dabei zugleich als Gebietskörperschaft eine juristische Person. Anders als der Obrigkeitsstaat des 18. und 19. Jahrhunderts kann der S. der modernen Industriegesellschaft heute nicht mehr aus einem dualistischen Verständnis heraus definiert werden. Vielmehr erstreckt sich die Volkssouveränität grundsätzlich auf alle Bereiche des S. Der Verstaatlichung der Gesellschaft entspricht eine *Vergesellschaftung des S.* Der Status des S. ist weitgehend ein Produkt gesellschaftlicher Kräfte, die nur z. T. auf dem (Um-)Weg über das Parlament tätig werden. Abgesehen von einem Kernbestand hoheitlicher Aufgaben steht dabei auch die Frage zur Disposition, welche Aufgaben von staatlichen und welche von anderen Trägern wahrgenommen werden sollen. Lediglich der in der →Verfassung niedergelegte Grundkonsens der Gesellschaft wirkt – verbunden mit der tendenziell bewahrerischen Tendenz vor allem der Verfassungsrechtsprechung – als Schranke für eine weitreichende Privatisierung in ökonomisch brisanten Bereichen der Wirtschafts- und Gesellschaftspolitik.

Zu den S.-*Zielbestimmungen* (U. Scheuner) des Grundgesetzes gehört aber nicht nur das Rechtsstaatsprinzip, sondern ebenso das Sozialstaatspostulat. Die Interpretation beider ist maßgeblich durch das Demokratiegebot (→Demokratie) bestimmt. Das bedeutet, daß Freiheit und →Gleichheit, die in einem interdependenten Zusammenhang gesehen werden müssen, gleichberechtigte Zielbestimmungen des S. sind. Da nur derjenige, der über die nötigen Ressourcen verfügt, auch von seiner Freiheit Gebrauch machen kann, verbietet sich die Anwendung eines bloß formalen Freiheitsbegriffs. Der S. ist daher zur Gewährleistung sozialer Sicherheit und zur Realisierung einer größeren – auch materiellen – Gerechtigkeit durch Umverteilung aufgerufen. Hieraus bezieht er zugleich einen wesentlichen Teil seiner Legitimation. Zwar sind die Ziele individuelle Freiheit und soziale Gerechtigkeit, die noch dazu in einem Spannungsverhältnis zueinander stehen, immer nur annäherungsweise zu erreichen; zu ihrer Verfolgung bedarf es aber einer von einem Gemeinschaftswillen (H. Heller) getragenen Organisation der Gesellschaft, eben des S. Nur dieser ist dazu legitimiert, physischen Zwang einzusetzen.

In welcher organisatorischen Form der S. dabei agiert, ist solange von nachrangigem Interesse, als die demokratische Mitwirkung (→Partizipation) der Bürger gewährleistet ist. Die Organisation staatlichen Handelns ist vielmehr in erster Linie im Hinblick darauf zu bestimmen, auf welche Weise gesamtgesellschaftliche Steuerung sich gegenüber der besonderen Rationalität des ökonomischen Systems überhaupt durchsetzen läßt. Eine bloße Verlagerung öffentlicher Aufgaben auf den ‹Markt› würde diesen Anforderungen freilich zumindest solange nicht gerecht, wie eine Demokratisierung der Wirtschaft nicht erfolgt ist. Die Austragung der sozialpolitischen Konflikte würde dann einem (ungehemmten) ökonomischen Verteilungskampf überlassen, bei dem der sozial Schwächere tendenziell der Unterlegene ist.

Forschungsstand

Die Planungseuphorie der 60er und 70er Jahre ist inzwischen einer tiefgehenden *Planungsskepsis* gewichen. Vollzugs- und Befolgungsdefizite haben deutlich werden lassen, daß die →Implementation staatlicher Programme nicht allein von deren Qualität abhängt. Nicht zufällig wurde die Implementationsforschung (R. Mayntz) bei der Untersuchung der Umsetzung sozialpolitischer Programme (*war on poverty*) in den USA entwickelt. Damit gewinnen aber die Erkenntnisse der politischen Krisentheorie wieder an Bedeutung, wonach der S. bei steuernden Eingriffen in die Wirtschaft strukturbedingten Handlungsbeschränkungen unterliegt. Diese ergeben sich zum einen daraus, daß die Produktion nach ökonomischen (kapitalistischen) und nicht nach politischen Kriterien organisiert ist, zum anderen aus der Abhängigkeit von fiskalischen Ressourcen aus dem ökonomischen System. Seine ständig wachsenden Aufgaben als Wohlfahrts- und Verteilerstaat, deren Erfüllung die Voraussetzung für die Erzeugung von ‹Massenloyalität› (C. Offe) als Legitimationsquelle ist, überfordert den verschuldeten ‹Steuerstaat› (R. Goldscheid; J. A. Schumpeter).

Gleichzeitig findet ein Prozeß der Verlagerung bislang staatlicher Aufgaben auf quasi-staatliche (Quagos), faststaatliche (Quangos) bzw. auf nichtstaatliche Organisationen statt (G. F. Schuppert). *Korporatistische Verhandlungssysteme* wie die Konzertierte Aktion (1967–1979) in der Bundesrepublik, die Paritätische Kommission in Österreich oder der Sozial-ökonomische Rat in den Niederlanden handeln Leitlinien und ökonomische Eckdaten aus, die für die künftige Wirtschafts- und Gesellschaftspolitik verbindlich sein sollen. Der S. tritt hier nicht mehr als hoheitlich handelnder Souverän, sondern als ‹primus inter pares› auf. Zugleich erhalten die gesellschaftlichen Akteure einen parastaatlichen Status (H. Willke).

Als Beispiel für eine *faststaatliche Einrichtung* kann der Absatzförderungsfonds der deutschen Land-, Forst- und Ernährungswirtschaft gelten, der im Jahre 1969 als Anstalt des öffentlichen Rechts errichtet wurde. Seinem Verwaltungsrat gehören neben fünf auf Vorschlag der Bundestagsparteien gewählten Mitgliedern Vertreter der Landwirtschaft, der Ernährungsindustrie, des Handels und der Verbraucher an, die vom Landwirtschaftsminister auf die Dauer von fünf Jahren berufen werden. Seine Absatzförderungsaufgaben nimmt der überwiegend aus Beiträgen der beteiligten Wirtschaft getragene Fonds durch zwei private Gesellschaften (GmbH) wahr (Schuppert 1981, S. 156).

Während in den beiden ersten Fällen der S. als eine Art Schiedsrichter mit ‹am Verhandlungstisch sitzt›, übernehmen in anderen Politikfeldern Großunternehmer ‹am S. vorbei› (V. Ronge) *staatliche Aufgaben in Eigenregie*. Typisch hierfür ist die Bildung einer zentralen (lockeren) Institution mit interner Hierarchisierung, wie sie z. B. die Verhandlungskommission von Steinkohlebergbau und Elektrizitätswirtschaft darstellt, die im Jahre 1977 eine für ihre Mitglieder verbindliche Abnahmegarantie vereinbarte. Die Verbindlichkeit selbst wird durch ‹Verpflichtungserklärungen› der Einzelunternehmen dokumentiert, mit deren Hilfe sichergestellt wird, daß die zur Realisierung der Vereinbarungsgrundsätze notwendigen Einzelverträge auch abgeschlossen werden. Der S. liefert hierfür lediglich die rechtlichen Rahmenregelungen (Verstromungsgesetze).

Forschungsperspektive

Politikwissenschaftliche S.-Forschung leidet noch immer unter einer weitgehenden Trennung von →Theorie und Empirie. Obgleich beide Forschungsstrategien weit entwickelt sind, gelingt die anspruchsvolle Verbindung beider nur selten. Empirische Forschung findet zudem häufig im Auftrag staatlicher Behörden statt, die nicht selten weniger am wissenschaftlichen Erkenntnisfortschritt als an praktikablen Handlungs- und Entscheidungsvorschlägen interessiert sind. Theoretische Abhandlungen bedienen sich hingegen oft einer Sprache, die den Kreis der Leser und Diskutanten von vornherein auf einen kleinen Zirkel von Eingeweihten begrenzt.

Die gegenwärtig stattfindende politische Debatte um die Verbesserung von *Effektivität und Effizienz öffentlicher Verwaltung* bietet alle Möglichkeiten, beide Forschungsstrategien zusammenzuführen. Weder ist die Entstaatlichungsdebatte ohne einen Rückgriff auf den staatstheoretischen Diskussionsstand zu verstehen, noch sollte sich die →Politikwissenschaft allzusehr auf eine Fortsetzung des in der Weimarer Republik mit Vehemenz (und weitreichenden politischen Folgen) geführten Theorienstreits konzentrieren. Andererseits müßte sich die verständlicherweise auf den S. fixierte Verwaltungsforschung von der (zumindest unterschwellig vorhandenen) etatistischen Perspektive zu lösen versuchen und die gesellschaftlichen Wirkungen effizienten S.-Handelns in ihre Untersuchungen einbeziehen.

Reiches Anschauungsmaterial zur Überprüfung unterschiedlicher Positionen einerseits und differierender Organisationsformen andererseits bieten z. B. die Berichte der (neuen) Verwaltungsreformkommissionen der Länder. Als besonders reizvoll erscheint hierbei die Analyse der Vorschläge der Kommissionsberichte «Gesetzes- und Verwaltungsvereinfachung in Nordrhein-Westfalen» (Ellwein-Kommission) von 1983 und «Neue Führungsstruktur Baden-Württemberg» (Bullinger-Kommission) von 1985. Vorschläge wie beispielsweise die Einführung neuartiger ‹Landesagenturen› im Hinblick auf Voraussetzungen und Folgen ihrer Realisierung zu analysieren, wäre eine lohnende Aufgabe politikwissenschaftlicher S.-Forschung.

Böhret, C./Jann, W./Junkers, M. T./Kronenwett, E.: Innenpolitik und politische Theorie. Ein Studienbuch. Opladen ²1982.

Forsthoff, E.: Der Staat der Industriegesellschaft. Dargestellt am Beispiel der Bundesrepublik Deutschland. München ²1972.

Krüger, H.: Allgemeine Staatslehre. Stuttgart ²1966.

Schuppert, G. F.: «Quangos» als Trabanten des Verwaltungssystems. In: Die Öffentliche Verwaltung, 1981, S. 153ff.

Weiterführende Literatur
Bull, H.-P.: Die Staatsaufgaben nach dem Grundgesetz. Kronberg/Ts. [2]1977.
Draht, M.: Staat. In: Kunst, H./Herzog, R./Schneemelcher, W. (Hg.): Evangelisches Staatslexikon. Suttgart/Berlin [2]1975, Spalte 2432ff.
Luhmann, N.: Politische Theorie im Wohlfahrtsstaat. München 1981.
Ronge, V. (Hg.): Am Staat vorbei. Politik der Selbstregulierung von Kapital und Arbeit. Frankfurt/New York 1980.
Stern, K.: Das Staatsrecht der Bundesrepublik Deutschland. 2 Bde. München 1980.
Willke, H.: Entzauberung des Staates. Überlegungen zu einer sozietalen Steuerungstheorie. Königstein/Ts. 1983.

Rüdiger Voigt

Staatsausgaben

Begriffsverwendungen
Mit dem aus der Volkswirtschaftslehre stammenden Begriff S. werden (a) im engeren Sinne alle Ausgaben der öffentlichen Gebietskörperschaften (im Fall der Bundesrepublik Bund, Länder, Gemeinden und Gemeindeverbände) zum Zweck des Kaufs von Gütern und Dienstleistungen und (b) im weiteren Sinne die gesamten öffentlichen Ausgaben von Gebietskörperschaften und Sozialversicherungen bezeichnet. Der Anteil der im engeren Sinne definierten S. am Bruttoinlandsprodukt (BIP) wird als ‹Staatsquote› und derjenige der im weiteren Sinne definierten Gesamtausgabe als ‹Gesamtausgabenquote› bezeichnet. Beide Quoten zeigen das Ausmaß an, zu dem der volkswirtschaftliche Reichtum durch die staatlichen Tätigkeiten in Anspruch genommen bzw. umverteilt wird.

Verwendungszusammenhänge
S. werden von der amtlichen Statistik zur Buchführung der öffentlichen Hand und von der Volkswirtschaftslehre zur Analyse und →Steuerung finanzpolitischer und wirtschaftlicher Abläufe erfaßt und ausgewertet. In politikwissenschaftlichen Analysen stehen neben der Beschreibung der historischen und länderspezifischen Trends der S. die politischen Aspekte der S., insbesondere ihre Verteilung auf einzelne Ausgabenbereiche und das Studium ihrer politischen Bestimmungsfaktoren sowie ihrer sozialen und politischen Folgen im Zentrum.

Begriffspräzisierung
Aus Gründen der besseren historischen und internationalen Vergleichbarkeit der Daten werden im folgenden die gesamten öffentlichen Ausgaben der westlichen Industrieländer in Prozent des BIP betrachtet. Sie umfassen

1. öffentliche Ausgaben für Güter und Dienstleistungen: (a) öffentliche Sachkapitalinvestitionen, (b) Ausgaben zur Erzeugung immateriellen Kapitals (→Verwaltung, →Recht und Sicherheit, Erziehung, Gesundheit, Forschung), (c) Militärausgaben und (d) den öffentlichen Verbrauch; und
2. Transferausgaben: (a) Sozialtransfers, (b) Zinszahlungen, (c) Subventionen und (d) Finanzinvestitionen (für historisch und international vergleichbare Datensammlungen vgl. Kohl 1985; Saunders/Klau 1985).

Forschungsstand

• *Trends der S. in westlichen Industrieländern:* Das Wachstum der S. ist zu den großen ‹stillen Revolutionen› zu rechnen, die sich in den letzten 100 Jahren in den heutigen entwickelten westlichen Industrieländern ereignet haben. In diesem Zeitraum haben sich die S. vervielfacht, sowohl nach absoluten Zahlen als auch nach ihrem Anteil am BIP oder ähnlichen Bezugsgrößen gerechnet. Bis zum 1. Weltkrieg bewegte sich das Niveau der Gesamtausgabenquote in den westlichen Ländern zwischen 7 und 15 bis 20 Prozent. In den folgenden Jahrzehnten stiegen die Gesamtausgabenquoten stark an; während der Weltkriege und unmittelbar nach Kriegsende und insbesondere in den 60er Jahren war der Zuwachs besonders stark (Kohl 1985). Allen westlichen Industrieländern ist das Wachstum der öffentlichen Ausgaben gemeinsam: «All governments were small a century ago, and all Western governments are big today» (Rose 1984, S. 33). Das ist die Haupttendenz. Jedoch variiert die Größe der Gesamtausgabenquote von Land zu Land erheblich. 1982 nahmen Schweden (67%), die Niederlande (63%) und Dänemark (61%) die Spitzenränge unter den westlichen Industrieländern ein. Demgegenüber zählen die Schweiz (30%), Japan (34%) und die USA (34%) zu den Ländern, in denen ein kleinerer Teil des wirtschaftlichen Reichtums durch öffentliche Kassen verteilt wird. Die Bundesrepublik nimmt mit 49% eine Position im oberen Mittelfeld ein (OECD 1984, 173).

Das Wachstum der gesamten öffentlichen Ausgaben ging mit grundlegenden Veränderungen der S.-Struktur nach Aufgabenbereichen einher. Bis zur Jahrhundertwende zählten Ausgaben für die klassischen Tätigkeitsfelder des Staates – →Justiz, Finanzen und →Militär – und je nach Verschuldungsgrad auch Zinszahlungen und Schuldentilgungen zu den größten Ausgabenblöcken. Insbesondere in den 60er und 70er Jahren wuchsen die Sozialausgaben sehr rasch. Das Wachstum der S. in dieser Periode ist überwiegend durch die Expansion des →Sozialstaates bedingt (Kohl 1985).

In nahezu allen westlichen Ländern ging das Wachstum der Sozialausgaben mit einem rückläufigen oder stagnierenden Anteil der Militärausgaben am BIP einher. Im Gegensatz zu einer in den 60er und 70er Jahren verbreiteten Ansicht wurde demnach nicht die Wahl ‹Kanonen statt Butter›, sondern diejenige der ‹Butter statt Kanonen› getroffen. Die Bundesrepublik stellt von dieser Regel keine Ausnahme dar. In den 50er Jahren dominierten Sozialausgaben und Aufwendungen für die Finanzierung des wirtschaftlichen Wiederaufbaus und der Wiederaufrüstung. In den 60er Jahren nahm die relative Bedeutung der Militärausgaben ab und die der Sozial- und Bildungsausgaben zu. In den 70er und frühen 80er Jahren kam die Priorität eindeutig den Sozialausgaben zu, obwohl sie Gegenstand von Sparpolitiken der sozialliberalen und christdemokratisch-liberalen Koalitionsregierungen wurden.

● *S.* als *‹Schicksalsbuch der Nation›* (Heinig): Niveau und Zusammensetzung der S. und der →Steuern gelten weithin als einer der besten Angriffspunkte zur Analyse des politischen und sozialen ‹Getriebes› (Schumpeter) einer Gesellschaft. Staatshaushalte werden von vielen Beobachtern als ein in Zahlen geronnenes Regierungsprogramm angesehen. Manche Autoren interpretieren die Entwicklung von Gesamtabgabenquoten sogar als Gradmesser für den ‹schleichenden Übergang› von einer kapitalistischen zu einer sozialistischen Wirtschaftsordnung (‹creeping socialism›), andere ziehen hingegen weniger starke Schlußfolgerungen aus dem unbestreitbaren Befund, daß die öffentlichen Haushalte wachsen und nur selten schrumpfen. Weitgehender Konsens besteht jedoch darüber, daß die wachsenden Staatshaushalte das Wirken von Marktkräften gedämpft und soziale Not und Ungleichheit gelindert haben (→soziale Ungleichheit). Umstritten ist das Ausmaß, zu dem die wachsende Staatstätigkeit die Ökonomie politisiert hat. Neomarxistischen Analysen zufolge habe sich die Staatstätigkeit weitgehend an die Funktionslogik der privaten →Wirtschaft angebunden; stärker empirisch orientierten Analysen zufolge resultierte das zunehmende Gewicht des →Staates jedoch in einer ‹partiellen Politisierung› des →Kapitalismus im Sinne einer bereichsspezifischen Außerkraftsetzung marktbestimmter Gesetzmäßigkeiten (Schmidt 1982).

Das zunehmende Gewicht der S. insgesamt und die überragende Bedeutung der Sozialausgaben markieren politisch bedeutsame Veränderungen. Zweifellos wurden hierdurch die Ansprüche und Bedürfnisse schwächerer Sozialgruppen stärker als zuvor berücksichtigt. Andererseits ist nicht zu übersehen, daß sich die S. oftmals auf diejenigen Sozialgruppen konzentrieren, die zugleich über größere Marktmacht, Verbandsmacht und Wählerstimmen-Macht verfügen (z. B. die Wirtschaft, einkommensstärkere ökonomisch abhängig Beschäftigte, spezialisierte →Verbände wie die Landwirtschaftsverbände und mit Abstrichen auch die Rentner). Dennoch markiert der Wandel der S. unverkennbar einen Trend zum Interventions- und →Wohlfahrtsstaat, der die Schärfe alter Interessengegensätze (z.B. zwischen Arm und Reich, zwischen Arbeit und Kapital und zwischen Stadt und Land) mildert. Interessanterweise ereignet sich dieser Strukturwandel sowohl unter politischer Führung durch die Sozialdemokratie wie in Schweden (‹sozialdemokratisierter Kapitalismus›) als auch unter christdemokratischer Führung wie die der Benelux-Länder (‹konservativer Sozialismus›), wenngleich mit jeweils unterschiedlichen Ausprägungen. Eindeutig konservative oder wirtschaftsliberale →Regierungen favorisieren demgegenüber eine Politik, die ‹weniger Staat›, mehr Markt und mehr Ungleichheit beinhaltet. Freilich machen sich unterschiedliche Weichenstellungen erst mittel- und langfristig in voneinander abweichenden Routen bemerkbar. In kurzfristiger Perspektive sind die ausgabenpolitischen Spielräume meist zu schmal, als daß programmatisch angekündigte Politikwenden sich schnell in echten Kurswechseln in der Ausgabenpolitik niederschlagen. Die zur freien Disposition der Regierungen stehenden S. sind vergleichsweise klein; Schätzungen zufolge liegen sie bei 5 bis 6 Prozent des Jahresbudgets, die übrigen 94 bis 95 Prozent sind rechtlich gebunden.

• *Bestimmungsfaktoren der S. und ihrer Strukturveränderung:* Die Forschung über die Determinanten der S. wurde lange Zeit nahezu ausschließlich von Finanz- und Wirtschaftswissenschaftlern betrieben. Hier baute man auf Hypothesen älterer Analysen, insbesondere auf Wagners «Gesetz der wachsenden Staatstätigkeit», Popitz' «Gesetz der Anziehungskraft des zentralen Etats» und Brechts «Gesetz der progressiven Parallelität von Bevölkerungsmassierung und Aufgabenvermehrung». Die älteren und neueren ökonomischen und finanzwissenschaftlichen Analysen der S. betonten die Wichtigkeit von sozialökonomischen Bestimmungsfaktoren wie Industrialisierungs- und Verstädterungsgrad, Wirtschaftswachstum, kriegsbedingte Niveauverschiebungseffekte beim Wachstum der S., überdurchschnittlich schwache Produktivitätsreserven und folglich überdurchschnittlich starke Kostensteigerungen bei öffentlichen Dienstleistungen, demographische Faktoren (z. B. zunehmender Anteil der Jüngeren und der Älteren an der Bevölkerung), unterschiedlich starke Weltmarkteingliederung der nationalen Ökonomien (und entsprechend unterschiedlich großer Bedarf an interventions- und sozialstaatlicher Regelung), die Struktur des Steuersystems und anderes mehr (vgl. z. B. Saunders/Klau 1985; Kohl 1985).

Neuere politikwissenschaftliche Studien haben diesen sozialökonomischen Erklärungsmodellen politische und soziale Einflußfaktoren gegenübergestellt bzw. hinzugefügt. Beispielsweise wird das Wachstum der öffentlichen Haushalte auf die Folgen gesellschaftlicher →Modernisierung, die damit einhergehende zunehmende soziale →Differenzierung und die hierdurch erzeugten Verteilungskonflikte zurückgeführt. Ferner haben zahlreiche Analysen über haushaltspolitische Entscheidungsprozesse auf das Gewicht eigendynamischer bürokratisch-politischer Faktoren und konfliktminimierender Entscheidungsregeln beim Budgetierungsprozeß aufmerksam gemacht (z. B. inkrementale, schrittweise erfolgende, marginale Änderungen bei weitgehender Gleichbehandlung aller Ressorts). In der S.-Politik finden echte Kurswechsel selten statt. Selbst größere Änderungen in der parteipolitischen Zusammensetzung von Regierungen ziehen oftmals nur geringe Umschichtungen und geringe Verschiebungen der Wachstumstrends nach sich (z. B. die S.-Politik unter der SPD/FDP Regierung nach dem Regierungswechsel von 1969). Wie erwähnt, führen unterschiedliche Verteilungen politischer →Macht erst längerfristig zu unterschiedlichen S. Beispielsweise ist das starke Wachstum der öffentlichen Haushalte in skandinavischen Ländern unter anderem bedingt durch die Tradition eines politischen Kompromisses zwischen Arbeiterbewegung und Bauernschaft, die Stärke der →Gewerkschaften, die lange und starke Regierungsbeteiligung der Sozialdemokratie und die organisatorische Zersplitterung und Schwäche der nicht-sozialistischen Parteien. Andererseits zeigen international vergleichende Studien jedoch, daß auch Koalitionen der politischen Mitte und Mitterechts-Koalitionen (insbesondere bei Beteiligung christdemokratischer Parteien und unter der Bedingung wirtschaftlicher Prosperität) zu stärkerem Ausgabenwachstum führen.

Es gibt offensichtlich zwei Wege zum expansiven Interventions- und Sozialstaat: einen sozialdemokratischen und einen christdemokratischen. Ausgesprochen konservative und wirtschaftsliberale Regierungen (insbesondere solche, die mit einer zersplitterten – und demnach geschwächten – Arbeiterbewegung konfrontiert sind) tendieren jedoch zu einer deutlich zurückhaltenderen S.-Politik (Kohl 1985, S. 280–285; Castles 1982; Schmidt 1982). Freilich variieren die Ergebnisse sehr stark nach Aufgabenbereichen und nach Untersuchungsperioden. Beispielsweise verläuft der politische Prozeß in Zeiten ökonomischer und sozialer Krisen und Katastrophen offensichtlich nach anderen, bislang nicht hinreichend erforschten Regelmäßigkeiten als in Zeiten wirtschaftlicher Prosperität.

● *Politische und soziale Folgen des Wachstums der S.:* Relativ weitgehender Konsens besteht darüber, daß die S.-Politik, insbesondere die Sozialausgaben, die soziale Lage der Bevölkerung in stärkerem Maße gegen Härten der Natur, des Marktes und der öffentlichen →Herrschaft abgeschirmt hat, als das bis zur Mitte des 20. Jahrhunderts der Fall war. Als relativ gut bestätigt kann auch der Befund gelten, daß die entwickelten Interventions- und Sozialstaaten von offenen politischen und sozialen →Konflikten (z. B. Streiks) weit weniger geplagt sind als Länder mit einem kleineren Staats- und einem größeren Marktsektor. Weithin unumstritten ist ferner, daß für das zunehmende Ausmaß an Staatlichkeit ein Preis zu entrichten ist: Mangelnde Effizienz und Effektivität betonen die einen, zunehmende bürokratische Reglementierung der Arbeits- und

Lebenswelt die anderen. Konsensfähig ist schließlich auch die These, daß das Wachstum der öffentlichen Haushalte (insbesondere das der Sozialbudgets) die Klassenstruktur der westlichen Industrieländer veränderte. Da sind zum einen Veränderungen innerhalb der Erwerbsklassen zu nennen, namentlich die starke Vergrößerung der Zahl von Beschäftigten im öffentlichen Sektor, die gegenüber Instabilitäten des Marktes weitgehend geschützt sind (in Schweden zählt Mitte der 80er Jahre fast jeder dritte Beschäftigte hierzu, in der Bundesrepublik jedoch nur jeder sechste). Ferner werden traditionelle «Besitz-» und «Erwerbsklassen» (Max Weber) durch eine neue Klassenlage ergänzt: die «Versorgungsklasse» (Lepsius 1979). Hiermit ist diejenige Klassenlage (d. h. die Güterversorgung, die äußere Lebensstellung und das innere Lebensschicksal) gemeint, die auf Unterschieden im Transfereinkommen und im Zugang zu öffentlichen Gütern und Dienstleistungen beruhen. Hier liegt ein Potential für neue Konflikte begründet, deren Aktivierung freilich von einer Reihe von politisch-institutionellen Gegebenheiten abhängt, die in der Bundesrepublik bislang nicht erfüllt sind (z. B. hohe, schnell wachsende, ‹sichtbare› Steuern, geringe Integrationskraft der Verbände und Parteien, einkommensunabhängige Sozialleistungen und anderes mehr; vgl. Alber 1984).

Freilich kann nicht ausgeschlossen werden, daß langanhaltende Wirtschaftskrisen politische Konflikte um die S. aktualisieren. Das ist in dem Maße wahrscheinlicher, in dem sich die Überzeugung durchsetzt, daß ein zu großer Staatshaushalt verantwortlich für die Wachstumsschwäche und die Arbeitslosigkeit sei, die die meisten westlichen Länder seit den 70er Jahren plagen. Hier hat man den Punkt erreicht, an dem die Konsequenzen der S. kontrovers beurteilt werden. Der ‹staatskritischen› Perspektive stehen Analysen gegenüber, die auf die Vereinbarkeit einer hohen Staatsquote mit günstiger Wirtschaftsentwicklung und Vollbeschäftigung verweisen. Die Frage, ob und in welchem Ausmaß viel Staat wirtschaftlich schädlich ist, läßt sich beim derzeitigen Forschungsstand nicht abschließend beantworten. Vergleichende Analysen lassen weder eine eindeutige inverse Korrelation (je mehr, desto schädlicher) noch eine eindeutige direkte Korrelation (je mehr, desto besser) erkennen (Saunders/Klau 1985).

Forschungsperspektive

Die politikwissenschaftliche Forschung über Trends, Determinanten und Folgen der S. in westlichen Industrieländern hat eine Fülle von mehr oder weniger gut bewährten Hypothesen zusammengetragen, die unseren Wissensstand verbessert haben. Man kann heutzutage auf mehr bestätigte und zurückgewiesene Hypothesen und auf mehr vergleichbare Daten zurückgreifen als je zuvor. Ferner haben politikwissenschaftliche Analysen wichtige Vorarbeiten für interdisziplinäre Erklärungsmodelle geleistet, indem sie Variablen identifizieren, die zwischen sozialökonomischen Hintergrundsfaktoren und S. intervenieren. Andererseits sind die Wissenslücken nach wie vor groß. Bislang fehlt eine befriedigende Integration von historisch und international vergleichenden sozialökonomischen, politischen und bürokratischen Erklärungsmodellen für die S. insgesamt und für einzelne Aufgabenbereiche. Ferner sind eine Reihe von Messungsproblemen noch nicht befriedigend gelöst; die Messung der gesamten S. einschließlich der öffentlichen und halb-öffentlichen Unternehmungen beispielsweise, aber auch die Messungen der sozialökonomischen und politischen Determinanten und Wirkungen der S. sind hier zu nennen.

Schließlich weist die Forschung über die S. fundamentale Lücken im Hinblick auf die Länder der Zweiten und insbesondere der Dritten Welt auf. Statistische Materialien und Studien über Länder der →Dritten Welt deuten darauf hin, daß ihre S.-Politik drastisch von derjenigen der westlichen Industrieländer abweicht. Die meisten Dritte-Welt-Länder haben Staatsquoten aufzuweisen, die außerordentlich hoch sind – relativ zu ihrem ökonomischen Entwicklungsstand und relativ zum Entwicklungspfad der westlichen Länder. Hinzu kommt in diesen Ländern ein Umstand, der in den westlichen Ländern eher die Ausnahme als die Regel ist: Die S. und Ausgabenquoten schwanken enorm stark, z. T. bedingt durch häufige gravierende innenpolitische Wenden. Spätestens an Hand dieser Beispiele lassen sich harte Grenzen für die Verallgemeinerbarkeit von Befunden, Hypothesen und Theorien benennen, die den Studien über Theorie und Praxis der S.-Politik in Westeuropa und Nordamerika entstammen.

Alber, J.: Versorgungsklassen im Wohlfahrtsstaat. Überlegungen und Daten zur Situation in der Bundesrepublik. In: Kölner Zeitschrift für Soziologie und Sozialpsychologie, Jg. 37 (1984), S. 225 ff.

Castles, F. G. (Hg.): The Impact of Parties. Politics and Policies in Democratic Capitalist States. London/Beverly Hills 1982.

Kohl, J.: Staatsausgaben in Westeuropa. Analysen zur langfristigen Entwicklung der öffentlichen Finanzen. Frankfurt/New York 1985.

Larkey, P. D./Stolp, C./Winer, M.: Theorizing about the Growth of Government: A Research Assessment. In: Journal of Public Policy, Jg. 1 (1985), S. 157 ff.

Lepsius, M. R.: Soziale Ungleichheit und Klassenstrukturen in der Bundesrepublik. In: H.-U. Wehler (Hg.): Klassen in der europäischen Sozialgeschichte. Göttingen 1979, S. 166 ff.

Organization of Economic Co-Operation and Development (OECD): OECD Economic Outlook Nr. 36, Paris 1984.

Recktenwald, H. C.: Umfang und Struktur der öffentlichen Ausgaben in säkularer Entwicklung. In: Handbuch der Finanzwissenschaft. Bd. 1. Tübingen 1977, S. 713 ff.

Rose, R.: Understanding Big Government. The Programe Approach. London/Beverly Hills/New Delhi 1984.

Saunders, P. / Klau, F.: The Role of the Public Sector (OECD Economic Studies No. 4, Special Issue). Paris 1985.
Schmidt, M. G.: Wohlfahrtsstaatliche Politik unter bürgerlichen und sozialdemokratischen Regierungen. Ein internationaler Vergleich. Frankfurt / New York 1982.
Taylor, C. L. (Hg.): Why Government Grow. Measuring Public Sector Size. Beverly Hills / London / New Delhi 1983.

Manfred G. Schmidt

Steuern

Begriffsverwendungen

S. im enger definierten Sinne sind Abgaben, die ein öffentlich-rechtliches Gemeinwesen von natürlichen oder juristischen Personen seines Gebietsbereiches ohne Gewähr einer speziellen Gegenleistung erhebt. S. im weiteren Sinne schließen zusätzlich (gegenleistungspflichtige) Sozialabgaben von Arbeitgebern und Arbeitnehmern ein. Der Anteil der S. im enger definierten Sinne am Bruttoinlandsprodukt (BIP) wird als Steuerlastquote oder volkswirtschaftliche Steuerquote und derjenige der S. im weiteren Sinn als Abgabenquote bezeichnet. Diese Quoten zeigen das Ausmaß an, zu dem der «Steuerstaat» (Schumpeter) den volkswirtschaftlichen Reichtum für öffentliche Zwecke verwendet.

Verwendungszusammenhänge

Mit der wissenschaftlichen Analyse von S. sind vor allem die Wirtschaftswissenschaften befaßt. Hier werden S. insbesondere unter den Gesichtspunkten der Steuerrechtfertigungstheorien, der finanzwissenschaftlich-ökonomischen Aspekte und der ökonomischen Wirkungen eines Steuersystems untersucht. In sozialwissenschaftlichen Analysen von S., die in diesem Artikel im Zentrum stehen, gilt das Interesse den finanzpolitischen und soziologischen Aspekten des Steuerwesens.

Begriffspräzisierung und Forschungsstand

Im folgenden wird ein Überblick über die Schwerpunkte der Forschung über politische Aspekte des im engeren und im weiteren Sinne definierten Steuerwesens in entwickelten westlichen Industrieländern präsentiert. Bei dieser Forschungsrichtung standen bislang vier Themen im Vordergrund: ‹Steuerstaats›-Theorie, politisch-institutionelle Dimensionen der Steuerpolitik, vergleichende Analysen der Steuer- und Abgabenquoten und politisch-soziale →Konflikte.

- *Politisch-ökonomische ‹Steuerstaats›-Theorie:* In geldwirtschaftlichen

→Systemen bilden S. die wichtigste Einnahmequelle des Staates. Vom Steueraufkommen hängt zu einem erheblichen Teil die Größe des Handlungsspielraums ab, über die der →Staat bei Entscheidungen über die Verteilung öffentlicher Güter und Dienstleistungen verfügt. In gewisser Weise wird der Staat somit zur – vom Steueraufkommen und der Steuerzahlungsbereitschaft – abhängigen Variablen. In westlichen Industrieländern, die sich durch eine kapitalistische Geldwirtschaft und durch demokratische, rechtsstaatliche, interventions- und sozialstaatliche Strukturen auszeichnen, ist der steuerabhängige Staat (‹Steuerstaat›) strukturell auf eine wachsende, besteuerungsfähige, Einkommen, Güter und Dienstleistungen produzierende →Wirtschaft angewiesen, deren Funktionsbedingungen jedoch staatlicher Einflußnahme nur in begrenztem Maß zugänglich sind. Hiermit geht – den ‹Steuerstaatstheoretikern› zufolge – ein asymmetrisches Abhängigkeitsverhältnis zwischen Staat und Wirtschaft einher: Der Staat ist auf Grund von eigennützigen Motiven an einer besteuerungsfähigen und steuerkräftigen Wirtschaft interessiert; er unterläßt deshalb alles, was seine Finanzierungsquelle beeinträchtigen könnte, und wird alles unternehmen, um das Funktionieren und die Abgabenbelastungsfähigkeit der privaten Wirtschaftssubjekte aufrechtzuerhalten oder zu stärken. Jenseits aller Verschwörungs- und Machtelitentheorien stellt diese Schule der Staatstheorie demnach auf strukturelle, nur schwer und durch bloßen Austausch des Regierungspersonals nicht veränderbare Abhängigkeiten der Politik von der Ökonomie ab. Diese Abhängigkeit und der darin begründete begrenzte Handlungsspielraum für politische Gestaltung gehörten zu den wichtigsten Gründen der wirtschaftsfreundlichen →Politik und der begrenzten Planungs- und Reformkapazitäten des Staates der westlichen Länder (vgl. z. B. Hickel 1976).

Diese Sichtweise ist jedoch umstritten. Pluralismustheoretiker halten ihr die These der Abhängigkeit der Wirtschaft von der Politik entgegen. Mittels Art, Niveau und Mischung einzelner steuerpolitischer Instrumente verfüge der Staat über durchschlagskräftige Anreiz-, Abschreckungs-, Gebots- und Verbotsinstrumente. Ferner wird an der ‹Steuerstaats›-These kritisiert, daß sie nicht erklären kann, warum die Steuer- und Abgabenquoten im historischen Verlauf, gegen den Widerstand der Wirtschaft, erheblich erhöht wurden. Beispielsweise wird die ‹Steuerstaats›-These durch die Beobachtung relativiert, daß die Abgabenquote in allen entwickelten westlichen Ländern Anfang der 50er Jahre etwa bei 26 Prozent, 30 Jahre später aber bereits um die Hälfte höher lag (Schmidt 1982, S. 135; Owens 1985). Überdies haben die Anhänger der ‹Steuerstaats›-These beim Versuch, länderspezifische Unterschiede der Abgabenquote zu erklären, große Schwierigkeiten. 1983 führt Schweden mit einer Abgabenquote von 51 Prozent die Rangliste der stärksten Steuerstaaten an, vor Belgien und den Niederlanden mit 47, Norwegen und Dänemark mit

46 Prozent. Die Bundesrepublik nimmt mit 37 Prozent einen Mittelplatz ein. Am unteren Ende der Rangliste finden sich die Schweiz (31 %), die USA (30 %) und Japan mit 27 % (Owens 1985, S. 23). In diesen Ländern ist der Steuerstaat schwächer, wenngleich immer noch weit oberhalb der Grenze, die für zahlreiche Ökonomen des 19. und der ersten Hälfte des 20. Jahrhunderts als unverträglich mit einer privatkapitalistischen Wirtschaft galt.

• *Politisch-institutionelle Aspekte des Steuerwesens:* Die Steuersysteme der gegenwärtigen Industrieländer sind, bis auf wenige Ausnahmen großer Steuerreformen, nicht Ergebnis rationaler Wahl und Gestaltung, sondern Resultat von Flickschustereien an Löchern der Staatskasse und an Lücken steuerlicher Gerechtigkeit. Dennoch verraten Zusammensetzung und Höhe des Steueraufkommens einiges über das politisch-soziale Getriebe einer Gesellschaft. Der Vormarsch egalitärer Konzepte von Steuergerechtigkeit spiegelt sich in dem historischen Trend wider, der von Kopfsteuern über Proportionalsteuern (z. B. gleicher Steuersatz für alle Einkommen) zur Steuerprogression (wachsender Durchschnittssteuersatz bei steigender Bemessungsgrundlage) für direkte S. verläuft. Häufig wurde jedoch der Umverteilungsgehalt direkter S. überschätzt. Lange Zeit traten Theoretiker der Arbeiterbewegung (z. B. Marx und Engels im «Kommunistischen Manifest» von 1848) für die Einführung progressiv gestaffelter direkter und die Abschaffung indirekter S. ein. Empirische Studien zeigen jedoch, daß der vermutete Zusammenhang zwischen dem stärkeren Gewicht der direkten S. und egalitären Verteilungswirkungen der Steuerpolitik nicht notwendigerweise bestehen muß.

Aufschlußreichere Einsichten erlaubt die Verteilung der Steuererhebungskompetenz. Die Finanzverfassung der Bundesrepublik ist ein Beispiel. Im Deutschen Reich von 1871 galt der Bund als Kostgänger der Länder. In der Weimarer Republik hingegen waren die Länder ‹Reichspensionäre›, und im Nationalsozialismus wurden sie zur Bedeutungslosigkeit verdammt. Mit der Finanzverfassung der Bundesrepublik planten Landespolitiker und die westlichen Alliierten einen Neuanfang. Die Finanzverfassung der Bundesrepublik hielt anfänglich den Bund in einer schwachen Position. Aufgrund wachsenden Regelungsbedarfs erwies sich diese Lösung als unzulänglich. Größere Finanzverfassungsreformen (1955 und 1969) stärkten die Stellung des Bundes. Zugleich nahm die Stärke der steuerpolitischen Verflechtung zwischen Bund, Ländern und Gemeinden zu. Die Einkommenssteuer (1984 39 % des gesamten Steueraufkommens) und die Körperschaftssteuern (1984 6 %) werden nach einem festen Schlüssel (50 % für den Bund und 50 % für die Länder; die Gemeinden erhalten vom gesamten Aufkommen 14 %), die Umsatzsteuer (Anteil am Steueraufkommen 1984 27 %) nach einem auszuhandelnden Schlüssel auf Bund, Länder und Gemeinden verteilt. Nur ein geringerer Teil des Steueraufkommens steht zur alleinigen Disposition der jeweiligen Gebietskörperschaft (z. B. die Verbrauchssteuern dem Bund, die Vermögens- und Kfz-Steuern den Ländern, die örtlichen Verbrauchs- und Aufwandssteuern den Gemeinden).

Der vertikale und horizontale Finanzausgleich (zwischen Bund, Ländern und Gemeinden bzw. zwischen den Ländern) verstärkt die steuerpolitische Verflechtung. Die Gesetzgebungskompetenz für die wichtigsten S. liegt beim Bund, bei gesicherten Veto- und Einflußrechten der Landesregierungen im Bundesrat. Damit ist sowohl den Ländern als auch der Bundesregierung und dem Bundestag eine autonome Steuerpolitik weitgehend verwehrt. An ihre Stelle tritt ein ausgeprägter Zwang zur Kooperation und Koordination zwischen Bund, Ländern und Gemeinden. Kooperation und Koordination werden in der Regel mit Hilfe von Strategien der Konsensbildung und Konfliktminimierung erreicht. Diese Strategien zeichnen sich durch eine eigentümliche Selektivität aus. In der Regel fallen ihr stark umverteilende, in Besitzstände einschneidende und längerfristig konzipierte Steuerpolitiken zum Opfer. In prozeduraler Hinsicht steht das Muster des Aushandelns und Austarierens von Interessen des Bundes, der Länder und der Gemeinden tendenziell quer zu dem – auf Mehrheitsentscheid basierenden – Konfliktregelungsmodus des Parteienwettbewerbs. Hieraus folgt, daß die Steuerpolitik in der Bundesrepublik Ergebnis von Koalitionen zwischen Bund, Ländern und Gemeinden ist, die oftmals quer zur Frontstellung zwischen Regierungs- und Oppositionsparteien verläuft. Im Extremfall repräsentiert die Steuerpolitik den kleinsten gemeinsamen Nenner einer großen Koalition zwischen den Gebietskörperschaften und zwischen den Parteien. Aber auch bei weniger extremen Konstellationen bleibt der Konsensbildungsbedarf in der Steuerpolitik groß; folglich ist der steuerpolitische Gestaltungsspielraum der Bonner Regierungen viel enger, als das auf den ersten Blick den Anschein haben mag.

● *Größe und Entwicklungstendenz des ‹Steuerstaates› im internationalen Vergleich:* In den meisten westlichen Ländern nahm die Abgabenquote seit den frühen 50er Jahren stark zu. In den meisten Ländern ging das Wachstum des Steuerstaates mit schrumpfenden Anteilen der Verbrauchssteuern und der S. auf einzelne Güter und Dienstleistungen einher (OECD 1981), jedoch sind die länderspezifischen Unterschiede in der Steuerpolitik nach wie vor groß. Beispielsweise sind Niveau und Wachstum der Abgabenquote in Japan, den USA und in der Schweiz viel niedriger als in skandinavischen Ländern, den Benelux-Staaten und in der Bundesrepublik. International vergleichende Analysen haben sozialökonomische und politische Variablen identifiziert, die zur Erklärung dieser Unterschiede beitragen. Zu den wichtigsten zählen: die bürokratisch-politische Eigendynamik; das Zusammenwirken von progressivem Steuertarif, Wirtschaftswachstum und Inflation; der Grad der Offenheit einer nationalen Ökonomie gegenüber dem Weltmarkt (offenere Ökonomien sind verletzlicher, benötigen deshalb mehr sozial- und interventionsstaatliche Regulierung, die wiederum größere Staatseinnahmen erfordert); sowie eine Reihe von politischen Faktoren wie die Machtverteilung zwischen →Gewerkschaften und Unternehmern und zwischen sozialdemokratischen und bürgerlichen →Parteien (konservative und liberale Parteien und Regierungen führen den Steuerstaat an kürzeren Zügeln als christdemokratische und sozialdemokratische Parteien und Regierungen) (Cameron 1978; Schmidt 1982, Kapitel 5–7).

Freilich beziehen sich diese Erklärungsfaktoren auf länderspezifische Unterschiede der Abgabenquote. Sie erfassen nicht unterschiedliche Schwerpunkte und Entwicklungen innerhalb des Steuersystems (Rose 1984). Bisweilen wird beispielsweise Italien als ‹Verbrauchssteuerstaat›, Frankreich als ‹Umsatzsteuerstaat› und die Bundesrepublik als ‹Lohnsteuerstaat› bezeichnet. Das sind jedoch grobrastrige Typisierungen. Die Lohnsteuer in der Bundesrepublik ist die wichtigste einzelne Steuer (33% des Steueraufkommens 1984 und zusammen mit der veranlagten Einkommenssteuer 39%), aber immerhin entfallen 60 Prozent des Steueraufkommens auf andere S.

Überdies verdecken globale Typen gruppenspezifische Steuerbelastungen. Die Steuerbelastung (unter Berücksichtigung der Steuerfreibeträge) eines verheirateten, durchschnittlich verdienenden, im verarbeitenden Gewerbe beschäftigten Arbeitnehmers mit Familie und zwei Kindern ist in der Bundesrepublik ähnlich niedrig wie in Italien und Frankreich, deutlich geringer als in skandinavischen Ländern und überdies – trotz höherer Abgabenquote – geringer als in den USA (Owens 1985, S. 24). Ferner ist die steuerliche Belastung der mittleren Einkommen und der Unternehmen in der Bundesrepublik vergleichsweise hoch, bedingt durch den relativ hohen Eingangssteuersatz von 22 Prozent, die progressive Staffelung des Steuertarifs und den hohen Spitzensteuersatz in der Einkommenssteuer (56%) bzw. bedingt durch die hohe Körperschaftssteuer im Thesaurierungsfall, die Zusatzbelastung der Gewinne in Form der Gewerbeertragssteuer, die hohe Besteuerung von Vermögenswerten und die vergleichsweise ungünstigen Abschreibungsregeln (Fischer 1985).

● *Politisch-soziale Auswirkungen der Steuerpolitik:* Vergleichende Studien über die Wirkung der Steuerpolitik auf die Einkommensverteilung zeigen, daß die Umverteilung in den skandinavischen Ländern am stärksten und in den meisten anderen westlichen Ländern deutlich schwächer ist (Heidenheimer 1983, S. 170; Saunders/Klau 1985, S. 217). Analysen über den Zusammenhang von ökonomischer Entwicklung und Steuerpolitik kommen demgegenüber zu uneinheitlichen Ergebnissen. Ob sich das Spannungsverhältnis zwischen Besteuerung einerseits und kapitalistischer Wachstumsdynamik, Arbeitsbereitschaft und Steuermoral andererseits in gesamtwirtschaftlich schädlichen Wirkungen entlädt oder nicht, hängt offenbar von einer Vielzahl intervenierender Variablen ab, z. B. von der Politik der Gewerkschaften, der Qualität und Koordination staatlicher Wirtschafts-, Arbeitsmarkt- und Geldpolitik sowie politisch-kulturell bedingten Akzeptanzschranken. Zu den erstaunlichsten Begleiterscheinungen der Steuerpolitik in den westlichen Industrieländern gehört das bescheidene Niveau offener politischer →Konflikte über die Steuerfrage. Geschichtlich betrachtet entzündeten sich an der Steuer- und Abgabenerhebung die heftigsten, oftmals blutigsten Konflikte. In den westlichen Ländern gibt es zwar heimlichen ökonomischen Steuerprotest in Form der Schattenwirtschaft, aber nur in seltenen Fällen politischen Protest gegen die Steuerpolitik. Die Steuerprotestbewegungen der 70er Jahre, insbesondere in Dänemark und den USA, und die Marktwirtschaftsprogrammatik der Thatcher- und Reagan-Administrationen sind Ausnahmen und nicht die Regel.

Interessanterweise hängen Entstehung und Durchschlagskraft des Steuerprotests nicht direkt von der Höhe der Abgaben- oder der Steuerquoten ab, sondern von anderen Faktoren. In Dänemark war beispielsweise das hohe Wachstumstempo der Abgaben, insbesondere der sichtbaren direkten S., ein zentraler Hintergrundfaktor für die Entstehung des Steuerprotestes (Wilensky 1975). Ferner spielt das Ausmaß, zu dem leistungs- und marktorientierte Zielvorstellungen verallgemeinert sind, eine Rolle. Die Wahrscheinlichkeit des Steuerprotests nimmt in dem Maße zu, in dem solidarische Zielorientierungen schwächer und konkurrenzgesellschaftliche leistungs- und marktorientierte Werte stärker sind (Beispiel USA).

Forschungsperspektive

Alles in allem steckt die politikwissenschaftliche Analyse des Steuerwesens noch in den Kinderschuhen. Eine befriedigende Integration von ökonomisch-finanzwissenschaftlicher, soziologischer und politologischer Analyse ist noch nicht in Sicht. An gründlichen, politiktheoretisch angeleiteten Fallstudien über Entstehung, Karriere, Umsetzung und ökonomische, soziale und politische Auswirkungen einzelner Steuerpolitiken und ganzer Steuersysteme besteht ein großer Bedarf. Und schließlich steht internationalen und historisch vergleichenden Analysen über Steuerfragen noch ein weites und – dank der Datensammlungsbemühungen der OECD – ein durchaus begehbares Feld offen.

Cameron, D. R.: The Expansion of the Public Economy. In: APSR, Jg. 72 (1978), S. 1243ff.
Fischer, L.: Die Steuerbelastung der deutschen Unternehmen im internationalen Vergleich. In: Wirtschaftsdienst, Jg. 65 (1985), S. 33ff.
Grauhan, R.-R./Hickel, R. (Hg.): Krise des Steuerstaates? Opladen 1978.
Heidenheimer, A. J./Heclo, H./Adams, C. T.: Comparative Public Policy, London/Basingstoke 1983, Kap. 6.
Hickel, R. (Hg.): Rudolph Goldscheid, Joseph A. Schumpeter: Beiträge zur politischen Ökonomie der Staatsfinanzen. Frankfurt/M. 1976.
Katz, C. J./Miller, V. A./Franz, M. G.: The Impact of Taxes on Growth and Distribution in Developed Capitalist Countries: A Cross-National Study. In: APSR, Jg. 77 (1983), S. 871ff.
Murphy, D. u. a.: Protest. Grüne, Bunte und Steuerrebellen. Reinbek bei Hamburg 1979.
Owens, J.: Direct Tax Burdens: An International Comparison. In: OECD Observer No. 133 (1985), S. 23ff.
OECD: Long-term Trends in Tax Revenues of OECD Member Countries. Paris 1981.
Rose, R.: Understanding Big Government. London/Beverly Hills/New Delhi 1984.
Saunders, P./Klau, F.: The Role of the Public Sector (OECD Economic Studies No. 4, Special Issue). Paris 1985.
Schmidt, M. G.: Wohlfahrtsstaatliche Politik unter bürgerlichen und sozialdemokratischen Regierungen. Ein internationaler Vergleich. Frankfurt/New York 1982.
Wilensky, H. L.: The Welfare State and Equality. Berkeley 1975.

Manfred G. Schmidt

Steuerung

Begriffsverwendungen

Gängige Umschreibungen für den S.-Begriff sind Begriffe wie politische Führung oder →Entscheidung, die weiterverweisen auf Führungsanleitungen, wie sie Regierungslehre, oder Entscheidungskriterien, wie sie Entscheidungstheorie liefern wollen. Kybernetisch inspirierte Umschreibungen sprechen insoweit von Rückkoppelung ohne Feedback, politökonomisch verpflichtete Umschreibungen von staatlicher Intervention. Daneben setzen sich Umschreibungen wie →Planung oder regulative Politik durch, die, ähnlich der Kybernetik, auf S.-Ketten im Sinne programmierter Zustandsveränderungsprozesse Bezug nehmen. Die letztgenannten Umschreibungen haben gemeinsam, daß S. als programmintendierte, zustandsverändernde Wirkungsbeziehung gesehen wird, etwa zwischen S.-Instanz und Adressaten.

Verwendungszusammenhänge

Derartige Wirkungsbeziehungen sollen an drei exemplarischen Begriffskontexten demonstriert werden. Diese Auswahl kann deshalb als exemplarisch gelten, weil das Beziehungsgefüge zwischen steuerndem und gesteuertem System jeweils unterschiedlich rekonstruiert wird.

- *Planungskontext:* S. definiert sich hier als Wirkungskette im Sinne eines offenen Ablaufs von der Eingabe bis zur Ausgabe. Offen ist der Wirkungsablauf deshalb, weil sich die S.-Kette zyklisch und mehrstufig realisiert, wobei sich Offenheitsgrade unterscheiden lassen: Das sequentielle Modell des Planungsprozesses hält an der zeitlichen Aufeinanderfolge der Planungsphasen fest und vernachlässigt weitgehend Rückkoppelungen, das inkrementelle Modell des Planungsprozesses korrigiert laufend Mittelauswahl oder Zieldefinition und öffnet sich für Entscheidungsunsicherheit oder Informationsunvollständigkeit, und das synchrone Modell des Planungsprozesses weitet die permanente Entscheidungsrevision auf die Plandurchführungsphase aus. Derartige, immer iterativer und tentativer ansetzende Planungsmodelle wollen auch die wissenschaftliche Reflexion dynamisieren. So wird Relevanz im Sinne lösungsorientierter Prioritätensetzung vor Kohärenz gestellt, die vorab einen widerspruchsfreien Erklärungszusammenhang fordert, weiter Effektivität im Sinne lösungsvorantreibender Wissensverwendung vor Erklärung, die informatives und präzises Wissen voraussetzt, und schließlich Praktikabilität im Sinne lösungsangemessener Handhabung vor Überprüfung, die zuvor Richtigkeitskontrollen verlangt. Solche Reflexionsverkürzungen mildern allerdings nur bedingt den sozio-politischen Entscheidungsdruck, weil sich Wissensdefizite in der Regel bald als Planungsmiseren offenbaren. Anscheinend spiegelt die fortschreitende Ausdifferenzierung neuer Planungsmodelle die Reaktion von S.-Instanzen auf die ebenfalls fortschreitende Ausdifferenzierung neuer Alltagsprobleme (→Differenzierung).
- *Implementationskontext:* S. bestimmt sich hier als politisches Maßnahmenbündel zur Verhaltensmanipulation bei Adressaten, um intendierte Zwecke zu verwirklichen. Während im Planungskontext die Erarbeitung eines S.-Programms im Mittelpunkt steht, gerät nunmehr vorzugsweise dessen Realisation ins Visier; da hier auch die Programmsetzung und dort auch die Programmdurchführung mitbedacht werden müssen, handelt es sich bei den Kontexten um arbeitsteilige Forschungsschwerpunkte. Dabei geht es darum, die S.-Wirkung aus Bedingungs- und Störfaktoren des Realisationszusammenhangs zu erklären. Diesen Zusammenhang kennzeichnen vor allem →Organisationen, denen eine Programmrealisation zumeist aufgegeben ist, so daß intraorganisatorische und interorganisatorische Bedingungen für S. ins Blickfeld kommen. Die wissenschaftliche Reflexion geht vorzugsweise um die kausale und temporale Geeignetheit

spezifischer Mittel für beliebige Zwecke, wobei vor allem intraorganisatorische Beziehungsgeflechte und interorganisatorische Netzwerke hochkomplexe Ursachen- und Zeitabläufe aufweisen. Diese Reflexion erbringt Mitteltypologien, etwa Einteilungen in rechtliche, soziale, ökonomische und symbolische Regulierung oder in allokative, integrative, kognitive und motivationale S., und zwar zur praktikablen Rubrizierung einer Vielzahl potentieller Maßnahmen. Dabei multipliziert die Entdekkung immer geeigneterer Mittel auch die Raster zu deren Klassifizierung.
● *Selbstkonstitutionskontext:* S. meint hier die Organisation interner Zustände relativ autonomer Akteure, um zielorientierte Aktionen im Hinblick auf eine spezifische Umwelt zu stimulieren. Selbstkonstitution umschreibt dabei die Produktion und Reproduktion der Systemelemente durch das jeweilige Sozialsystem; Element ist, was den Erhalt dieses in sich geschlossenen Produktionsnetzwerks und damit des →Systems sichert. Diejenigen Elemente und Elementenbeziehungen, die identitätsherstellend und -wahrend sind, vergegenständlichen sich als Organisation. Diese Organisation erzeugt eine systemtypische Erscheinungswelt, etwa für das Rechtssystem die Rechtswirklichkeit oder für das ökologische System den Lebenszusammenhang. Selbstorganisierte Systeme erfassen und verarbeiten die Umwelt folglich gleichsam nach ihrem Bild, also auch Umwelterwartungen wie S.-Impulse. Die wissenschaftliche Reflexion geht um die internen Zustandsbedingungen und die Ankoppelungsmechanismen daran. Da S.-Impulse leerlaufen, wenn sie den internen Zustandsbedingungen unangemessen sind, muß Wissen über Akteure oder Beziehungsgeflechte zwischen Akteuren befördert werden. Zum einen tut man sich damit schwer, zum anderen identifiziert man immer neue Akteure und Aktionsgeflechte, so daß, wie im Rahmen anderer Kontexte auch, das S.-Wissen immer komplexer und S. damit immer komplizierter wird.

Begriffspräzisierung
Den skizzierten exemplarischen Verwendungszusammenhängen gereicht zum Nachteil, daß die problematischen Alltagssituationen hochspezifiziert rekonstruiert werden. Wissenschaftliche Ausdifferenzierung von Problemlagen, die den sozio-politischen Ausdifferenzierungsprozeß widerspiegelt, kann zur Bewältigung problematischer Alltagssituationen kaum noch anleiten, weil sich auch die Komplexitätsschranken multiplizieren: Überkomplexität macht aus der Abarbeitung anfallender Informationen eine Sisyphusarbeit. Zwar wird diese Gefahr im Rahmen aller Verwendungszusammenhänge erkannt, aber nicht gebannt, wie einerseits immer kompliziertere S.-Anleitungen und andererseits immer resignativere S.-Verzichtserklärungen demonstrieren. Anders gesagt, alle Versuche, die Vorgehensmöglichkeiten der S.-Instanz den Verhal-

tensmöglichkeiten der Akteure anzugleichen, führen zur Komplexitätsverdoppelung.

Zur Präzisierung des S.-Begriffs soll bei der Beziehung zwischen Vorgehensmöglichkeiten und Verhaltensmöglichkeiten auf diejenigen Möglichkeiten abgestellt werden, die einen intendierten Zustandswandel konditionieren. Dieses Veränderung konditionierende Verhaltensrepertoire kann man Varietät nennen, und die gängigen S.-Begriffe definieren sich als Varietätsgleichungen: Jeder aktuellen oder potentiellen Verhaltensweise des Akteurs muß eine aktuelle oder potentielle Lenkungsmaßnahme der S.-Instanz entsprechen. Da S.-Instanzen solche Varietätsanforderungen offensichtlich nicht erfüllen können, wird die Gleichung neuerdings modifiziert: Die Varietät der S.-Instanz soll nicht mehr soweit wie möglich, sondern nur noch so weit wie nötig der Aktorvarietät angeglichen werden. Allerdings wird das Nötige bestenfalls vage umschrieben, etwa als Praktikabilität oder Ankoppelung. Zur weiteren Präzisierung des S.-Begriffs muß aber exakter bekannt sein, wie die situativ erforderliche aus der situativ vorhandenen Varietät auszugrenzen ist.

Die situativ erforderliche Varietät bestimmt sich nach den Bedingungen der Möglichkeit von S. S.-Versagen, das mit Begriffen wie Vollzugsdefizit, Ineffektivität oder Gegensteuerung umschrieben wird, beruht zumeist darauf, daß diese Bedingungen negiert werden. Dabei muß als Zentralbedingung die interne Selbststeuerungsorganisation des Akteurs gelten, die externe S.-Versuche einpassen, unterlaufen oder verkehren kann; anderenfalls, etwa bei dominierender Fremdsteuerung, zerbricht die Identität des Akteurs, so daß er seine spezifische Leistungsfähigkeit im S.-Zusammenhang verliert. Dabei ist davon auszugehen, daß die interne Selbststeuerungsorganisation die Struktur des Akteurs an Umweltveränderungen so weit anpaßt, wie es zu dessen Bestand erforderlich ist. Eine weitere Bedingung der Möglichkeit von S. ist also das Bestandsinteresse des jeweiligen Akteurs. Kurz, die situativ erforderliche Varietät appelliert vorrangig an Wissen über die Selbststeuerungsorganisation, die Strukturveränderungsvarianz und das Bestandsinteresse des jeweiligen Akteurs. S. heißt dann Manipulation einer Selbststeuerungsorganisation im Hinblick auf eine intern angelegte Strukturvariante.

Forschungsstand und -perspektive

Zahlreiche Projekte, vor allem im Rahmen der Kontexte →Planung und →Implementation, haben eine Fülle von Detailwissen über S.-Probleme erbracht. Auf der Basis modelltheoretischer Konstrukte, insbesondere rationalitäts- und effektivitätsoptimierender Provenienz, entstanden zumeist isolierte Wirkungsstudien, die zwar S.-Effekte, -hemmnisse oder -defizite auflisten, sich aber nicht zu einem sozietalen S.-Zusammenhang addieren. Derartige Studien, die dazu anleiten wollen, wie Akteure in

Teilbereichen dominiert werden können, ergänzen sich also nicht zu einem umfassenden S.-Rezept. Das unverbundene Nebeneinander der meisten Studien wird zumeist als Mangel an allgemeinen S.-Theorien thematisiert.

Versteht man wie hier unter S. zwar extern induzierte, aber intern determinierte Zustandsveränderungen, dann müßte eine S.-Theorie die Veränderungsmöglichkeiten ausloten. Dabei geht es nicht nur um potentielle Akteure mit spezifischen Operationsmodi, sondern in aller Regel auch um verzweigte Aktorgeflechte, die ein S.-Feld ausgrenzen. Spezifische Operationsmodi verweisen weiter auf eigene Verarbeitungskriterien und S.-Felder auf Verlaufsschleifen. Zu den vordringlichsten Problemen, wozu eine S.-Theorie Lösungen anbieten müßte, gehörten also Fragen nach der Vereinbarkeit unterschiedlicher Verarbeitungskriterien und nach der Antizipierbarkeit zahlloser Verlaufsschleifen. Man kann insoweit auch von Problemen sprechen, die aus funktionalen, kausalen und temporalen Vernetzungseffekten resultieren.

- *Funktionale Vernetzungseffekte:* Diese umschreiben die intersystemischen Abstimmungslasten, die aus der jeweils intrasystemischen Strukturorientierung bei Zustandsänderungen herrühren; so verlangt eine intendierte Obergrenze für Schadstoffemissionen eine Abstimmung zwischen wissenschaftlichen, technischen oder ökonomischen Operationsmodi. Man kann insoweit auch von differenten Systemrationalitäten sprechen, die Zustandsveränderungen im Hinblick auf spezifische Bestandsinteressen determinieren. Systemrationalität hieße dann systemische Bestandsorientierung; so kann es etwa zu einer Differenz zwischen technisch und ökonomisch Machbarem kommen. Sozietale S. orientiert sich folglich an Gesamtsystemrationalität, organisiert Zustandsveränderungen also im Hinblick auf den Bestand der Gesellschaft, indem an differente Systemrationalitäten angeknüpft wird. Da die Systeme zum Bestand des Gesamtsystems beitragen, liegt der Anknüpfungspunkt bei der gesamtsystemischen Dimension der jeweiligen Systemrationalität; so hat sich etwa die Gentechnologie Selbstbeschränkungen unterworfen.
- *Kausale Vernetzungseffekte:* Diese umschreiben die intersystemischen Abstimmungslasten, die aus den intrasystemischen Strukturveränderungen verknüpfter Systeme herrühren; so verändert die Dezentralisierung von Arbeitsplätzen mit Hilfe neuer Kommunikationstechnologien gleichermaßen Wirtschaft und Familie. Zustandswandel vollzieht sich in einem Wirkungsnetz, das simultane, koexistente und zirkuläre Verläufe kennzeichnen. Häufig ist insoweit von vernetzter Kausalität die Rede; so wandelt Automatisierung in Einwirkung, Rückwirkung und Wechselwirkung etwa Wirtschafts-, Verteidigungs-, Gesundheits- oder Verkehrswesen. Zu den schwer bewältigbaren Konsequenzen derartiger Wirkungen gehören vor allem differente systemische Zustandsbedingungen und die

Eigenentwicklung des gesamten Netzwerks; so werden neue Partnerschaftsformen vom Rechtssystem anders verarbeitet als vom religiösen System, und im entsprechenden Netzwerk aus →Recht, Religion, aber auch →Politik oder →Wirtschaft können sich etwa übergreifend Werte wandeln. S. müßte dann den Zustandsbedingungen adäquat stattfinden und die erforderliche Reichweite im Netzwerk entfalten.

- *Temporale Vernetzungseffekte:* Diese umschreiben die intersystemischen Abstimmungslasten, die aus der jeweils intrasystemischen Zeitorientierung bei Zustandsveränderungen herrühren; so geht es bei einem Emissionsverbot um Auswirkungszeit, Durchsetzungszeit, Lebenszeit, Regenerationszeit oder Legislaturzeit, die jeweils als unterschiedliches Maß für Abläufe dient. Bereichhafte Veränderungs- und Entwicklungszeiten heben sich also vom kausalen als temporalen Netzwerk ab, das neben kausalen auch temporale Relevanzen zum Problem macht; so appelliert eine Endlagerung von Atommüll nicht nur an politische Durchsetzbarkeit oder technische Machbarkeit, sondern auch an Überwachungs- oder Weiterinformationszeit. Zu den S.-Problemen, die derartige Temporalstrukturen aufwerfen, gehören vor allem Synchronisationsprobleme; so müssen die Veränderungen, die eine Dezentralisierung von Arbeitsplätzen für Wirtschaft und Familie mit sich bringt, aufeinander abgestimmt werden.

Görlitz, A./Voigt, R.: Rechtspolitologie. Opladen 1985.
Gomez, P.: Modelle und Methoden des systemorientierten Managements. Bern 1981.
Mayntz, R.: Implementation politischer Programme II. Opladen 1983.
Meise, J./Volwahsen, A.: Stadt- und Regionalplanung. Braunschweig 1980.
Willke, H.: Entzauberung des Staates: Überlegungen zu einer sozialen Steuerungstheorie. Königstein/Ts. 1983.

Axel Görlitz

System

Begriffsverwendungen

Das Bezugsproblem jeder S.-Bildung ist die Konstitution von Ordnungen. Erst als es im Gefolge der Religionskriege im Übergang zum 17. Jahrhundert nicht mehr um die eine göttliche oder naturgemäße Ordnung ging, sondern um die gleichzeitige Möglichkeit verschiedener Ordnungen, trennten sich die Begriffsgeschichten von *Ordnung* und *S.* (Nachweise zur Begriffsgeschichte von S. bei Luhmann 1984, S. 20,

Fn. 8). Dennoch bleiben – bei einem dann sehr viel komplizierter gebauten Ordnungsbegriff – die Bedingungen der Möglichkeit von Ordnungen bis heute Leitproblem der Entwicklung des S.-Begriffs.

Die gemeinsame Wurzel von Ordnung und S. zeigt sich auch darin, daß eine erste Stufe des S.-Denkens die Leitdifferenz des Ordnungsdenkens übernahm, also S. als eine Verbindung von Teilen zu einem Ganzen und als Einheit der Differenz von *Teil* und *Ganzem* definierte (vgl. hierzu und zum folgenden Luhmann 1984, S. 20ff.). Dieses Denken führte in vielfältige Probleme und Aporien. Insbesondere blieb unklar, warum und in welcher Hinsicht das Ganze etwas anderes oder gar mehr als die Summe seiner Teile sein könne; und ob die Teile das Ganze oder das Ganze die Teile konstituiere, ob also Aggregation oder Emergenz die Wirklichkeit von S.en treffe.

Mit der Entdeckung der Evolution (Darwin) und später der allgemeinen Dynamik von S.en (v. Bertalanffy) rückte eine andere Leitdifferenz in den Vordergrund: diejenige von S. und Umwelt. S.e grenzen sich einerseits gegenüber einer sie umgebenden Umwelt aus, andererseits werden sie von ihrer Umwelt in den Bedingungen ihrer Möglichkeit konditioniert, sind also von ihr abhängig und passen sich ihr an. Ein besonderer Vorteil des Paradigmas von S. und Umwelt liegt darin, S.-Differenzierung (→Differenzierung) als Wiederholung der Differenz von S. und Umwelt innerhalb von S.en zu begreifen und somit den Aufbau und die Regulierung interner S.-Komplexität in Verbindung bringen zu können mit Besonderheiten in der Struktur von Umweltkomplexität. Unter dem Leitbegriff ‹requisite variety› (Ashby) hat dies etwa Kybernetik, Evolutionstheorie und Organisationssoziologie stark beeinflußt und zur Dominanz des Konzeptes offener, adaptiver S.e in der S.-Theorie geführt.

Allerdings blieb spätestens seit Kant der Verdacht virulent, daß es nicht Umwelten sind, die S.e nach ihren Bedingungen formen, sondern daß S.e nach eingebauten Aprioris ihre Umwelten konstruieren.

Aus einer gegenwärtig stürmisch sich entwickelnden →Theorie selbstreferentieller S.e kommen gewichtige Anregungen für diejenigen Zweige der S.-Theorie, welche sich mit lebenden, psychischen, sozialen und symbolischen S.en beschäftigen. Gegenüber ‹Trivialmaschinen› liegt deren Besonderheit in einer hoch entwickelten Eigenkomplexität, welche erzwingt, daß bei jeder Aktivität das S. sich zunächst einmal und vorrangig mit sich selbst beschäftigt, sich in seinen Operationen auf sich selbst bezieht (deshalb: Selbstreferenz), bevor es auf dieser Grundlage mit seiner Umwelt in Kontakt treten kann.

Gegenüber der Betonung von Offenheit und Anpassungsfähigkeit von S.en verschiebt sich nun die Aufmerksamkeit auf die Fragen der operativen Geschlossenheit, der Autonomie, der ‹Autopoiese›, der Intransparenz und Selbstreferenz komplexer S.e. Wiederum tritt eine neue Leitdifferenz und damit eine neue Grundproblematik hervor: die *Differenz von Selbstreferenz und Umweltbezug* oder die «Differenz von Identität und Differenz» (Luhmann 1984, S. 26). Ausgangspunkt dieses neuen Paradigmas der S.-Theorie ist die Beobachtung, daß hochkomplexe dynamische S.e (etwa eine Zelle, ein Zentralnervensystem als psychisches S. oder ein Organismus) sich selbst einschließlich ihrer Strukturen und Elemente reproduzieren aus den Elementen, aus denen sie bestehen. Dieser Reproduktion liegt eine ‹basale Zirkularität› der systemischen Operationen zugrunde, also eine ‹operative Geschlossenheit› der Tiefenstruktur der Selbststeuerung dieser S.e.

Und genau daraus folgt das eigentliche Neue: Selbstreferentielle S.e erscheinen nun entgegen dem systemtheoretischen Grundpostulat der prinzipiellen Offenheit komplexer S.e in ihrem Operationsmodus und in ihrer internen Steuerungsstruktur als geschlossene S.e. In diesem Operationsmodus sind sie gänzlich unabhängig und unbeeinflußbar von ihrer Umwelt. Wird diese operative Geschlossenheit zerstört, so bricht ihre Autopoiese zusammen, und sie hören auf, als selbstreferentielle S.e zu existieren. Wesentlich ist allerdings, daß sich die operative Geschlossenheit eines autopoietischen S. nur auf die basale Zirkularität der Selbststeuerung der eigenen Reproduktion bezieht; in anderen Hinsichten – etwa bezüglich der Aufnahme von Information – ist es durchaus offen. Dies bedeutet, daß nun von einem voraussetzungsvolleren Bedingungsverhältnis von partieller Geschlossenheit und dadurch ermöglichter Offenheit auszugehen ist (Luhmann 1984, S. 596ff.).

Verwendungszusammenhänge

Aus dieser Entwicklung des S.-Denkens wird deutlich, daß ein adäquater S.-Begriff nicht mehr als Verhältnis von Teilen und Ganzem definiert werden kann. Konstitutive Bestandteile einer brauchbaren Definition sind die Begriffe Komplexität, Selektivität und Selbstreferenz.

Definiert man *Komplexität* als Grad der Vielschichtigkeit, Vernetzung und Folgelastigkeit eines Ereignisfeldes (Willke 1982, S. 15) und nimmt man eine Skala an von extrem niedriger Komplexität (Chaos, unorganisierte Komplexität; z. B. die Moleküle eines Gases, anarchistische Gruppen) bis zu extrem hoher Komplexität (Suprakomplexität, perfekte Ordnung, vollständige Interdependenz; z. B. umfassende Zentralplanung), dann sind S.e angesiedelt zwischen diesen (idealtypischen) Extremfällen als Einheiten *organisierter Komplexität.* S.e organisieren die unbewältigbare Kontingenz vollkommener Entropie einerseits und die unbewältigbare Komplexität vollkommener Ordnung andererseits durch die Selektion bestimmter Relationen zwischen bestimmten, selbst definierten Elementen. In der einen Hinsicht verknüpfen sie Ereignisse zu produktiven (und schließlich: selbst-reproduktiven) Relationen (Modellfall: Eigens Hyperzyklus) und schaffen durch Grenzbildung ein ‹domestiziertes› inneres Milieu. In diesem erst sind selbstgesteuerte, reproduktive, selbstreferentielle Operationen möglich. In dieser Hinsicht produzieren S.e Relationen zwischen ‹an sich› kontingenten Ereignissen unter dem Aspekt der Reduktion von Umweltkontingenz. Sie verdichten Zufälle zu Notwendigkeiten im Hinblick auf die Reproduktion der für ihre Reproduktion notwendigen Ereignisse.

In der anderen Hinsicht selegieren sie aus der Unzahl möglicher Relationen zwischen vielen interdependenten Teilen genau und nur diejenigen Relationen, welche für die Kontinuierung der Operationsweise des S. erforderlich sind. In dieser Hinsicht *reduzieren* S.e die zwischen ihren Elementen möglichen Relationen unter dem Aspekt der Reduktion ihrer Eigenkomplexität. Sie lösen die Starrheit vollkommener Interdependenz und erreichen durch den Einbau von Freiheitsgraden der Relationierung eine ‹lose Koppelung› ihrer Elemente, mithin die Voraussetzung für Variation und Evolution.

Entscheidend für S.-Bildung ist demnach neben der Ausbildung einer Grenze die Konstitution von (systemspezifischen) Elementen aus ‹Teilen› durch die Selektion nur ganz bestimmter Relationen zwischen diesen Teilen aus der Fülle der an sich möglichen Verknüpfungen. (Z. B. synthetisiert das Ribosom einer Zelle nur eine verschwindend geringe Zahl aus der unvorstellbar großen Menge möglicher Eiweißmakromoleküle; oder eine Partei reduziert durch Arbeitsteilung, Repräsentation, Cliquenbildung und Führung die unbewältigbare Zahl möglicher kommunikativer Relationen zwischen ihren Mitgliedern auf handhabbare oder gar oligarchische Ausmaße). Die Differenz zwischen potentiell möglichen und den in der S.-Zeit realisierbaren Relationen zwingt das S. zur *Selektivität*; und diese je spezifische Selektivität des S. schafft einen Bereich organisierter Komplexität, in welchem das S. seine Eigenkomplexität unter die Kontrolle eigener, systemspezifischer Selektionskriterien bringt.

Begriffspräzisierung

Daraus folgt, daß die gängigste Definition von S. unbrauchbar ist. Sie lautet: «Ein System ist ein Satz von Objekten zusammen mit Beziehungen zwischen den Objekten und zwischen ihren Attributen.» (Hall/Fagen, in Tjaden 1971, S. 94). Denn entscheidend sind nicht ‹die› Beziehungen zwischen Objekten, sondern die Selektivität des S. im Hinblick auf mögliche Beziehungen. Ausgangspunkt einer S.-Definition ist die für Komplexität konstitutive Differenz von Element und Relation (Luhmann 1984, S. 41): *S.e sind eine spezifisch konditionierte Menge an Relationen zwischen Elementen.*

Die Art der Konditionalisierung richtet sich nach dem Operationsmodus – der Organisationsweise – des S. Dies bedeutet z. B., daß aus denselben Teilen völlig unterschiedliche S.e sich bilden können, je nachdem, welche der möglichen Verknüpfungen der Teile in den Operationen des S. realisiert werden. Interessanterweise gilt dies auch für symbolische S.e, z. B. Sprachen, die aus denselben Phonemen durch unterschiedliche Relationierungen völlig unterschiedliche Sprachsysteme konstituieren können.

Forschungsstand
Die vorgeschlagene Definition läßt die Art und Weise der Organisation der selegierten Relationen offen. Sie impliziert damit das Problem, wer oder was die Konditionalisierung der Selektivität des S. bewirkt. Man könnte an Umwelt denken, aber man muß inzwischen auch an das S. selbst denken. Denn die Entdeckung der *Selbstreferentialität* komplexer dynamischer S.e weist gerade darauf hin, daß leitendes Prinzip der Konditionalisierung die autopoietische Reproduktion des S. selbst sein kann. Zur Stützung dieser Vermutung kann die Soziologie insbesondere ihr Wissen um die Zeitabhängigkeit sozialer S.e beitragen (Luhmann 1984, S. 78, Fn. 99): Soziale S.e bestehen aus Elementen, die nichts anderes sind als Ereignisse von sehr kurzer Dauer, etwa Kommunikationen, Zahlungen, Entscheidungen etc. Das heißt, diese Elemente müssen kontinuierlich und verläßlich reproduziert werden, soll das S. fortbestehen. Eine solche Reproduktion geschieht in Operationen, die sich an denselben Elementen – nämlich den gerade auflaufenden Ereignissen – orientieren, welche reproduziert werden sollen. Das Folgeproblem von Selbstreferenz ist dann nicht Stabilität oder Anpassung, sondern die kontinuierliche Dynamik und Interdependenz von Zerfall und Reproduktion; und dies führt zu der Frage, wie S.-Operationen verläßlich und kontrolliert aneinander anschließen können.

Die Antwort der Theorie selbstreferentieller S.e darauf ist, daß S.e ihre kontinuierliche Selbstorganisation und Reproduktion als von der Umwelt ausdifferenzierte S.e nur im Rekurs auf sich selbst bewerkstelligen können; also nur in einer Form, in der die Operationen des S. in zirkulärer Weise die Elemente des S., seine Strukturen und Prozesse, seine Grenze und die Einheit des S. insgesamt kontinuierlich reproduzieren. Diese Konzeption setzt voraus, daß S.e die Fixpunkte ihrer Operationsweise nicht (wie im Paradigma offener S.e angenommen) in Umweltbedingungen suchen (denen sie sich möglichst optimal anpassen), sondern in sich selbst, genauer: in einer modellhaften Selbstbeschreibung, welche als internes Steuerungsprogramm die S.-Prozesse so organisiert, daß es in seinen Operationen dieser Selbstbeschreibung entspricht und mithin durch die spezifische Organisation seiner Operationen sich kontinuierlich selbst erzeugt.

Die genaue Klärung der Organisation von Selbstreferentialität für den

Fall sinnhaft konstituierter S.e ist noch nicht gelungen. Klar scheint bislang zu sein, daß Selbstreferentialität immer dann ins Spiel kommt, wenn komplexe Prozesse hyperzyklisch oder ultrazyklisch auf die Erzeugung ihrer Ausgangsbedingungen zurücklaufen und dadurch *in diesem Prozeß* von ihrer Umwelt unabhängig werden. Selbstreferentialität ist insofern gleichbedeutend mit ‹organizational closure› (Varela), mit der geschlossenen Organisationsform rekursiver, sich selbst reproduzierender Prozesse eines S.

Die Frage ist dann natürlich, welchen ‹Sinn›, welchen evolutionären Vorteil, welchen Stabilisierungseffekt Selbstreferentialität gegenüber der Möglichkeit offener S.e haben könnte. Die Antwort scheint nur ganz grundsätzlich möglich zu sein: daß nämlich ohne Selbstreferentialität, ohne ‹basale Zirkularität› und organisatorische Abschließung die Stabilisierung selbsterhaltender S.e gar nicht möglich ist. Denn umweltoffene S.e machen sich von den Zufällen und Kontingenzen ihrer Umwelt abhängig, ohne sie von systemischen Fixpunkten aus als ‹order from noise› ausbeuten zu können; und selbst fluktuierende S.e können ihre Selbstreproduktion unter Ungleichgewichtsbedingungen nur für einen relativ kurzen Zeitraum aufrechterhalten.

Erst die rekursive Schließung eines Prozesses, der sich ausschließlich in seinen Operationen auf sich selbst bezieht – und deshalb alle Teilreaktionszyklen des Gesamtprozesses erfassen und deshalb geschlossen sein muß – ermöglicht die eigene Rekonstruktion dieses Gesamtprozesses *nach immanenten Steuerungsregeln*. Ein selbstreferentielles S. erscheint in diesen Regeln als gänzlich unabhängig und unbeeinflußbar von seiner Umwelt; und es muß dies auch sein, weil sonst die eigene Kontinuierung und Reproduktion von der Umwelt nur von Zufällen abhängig wären und nicht auch von den Notwendigkeiten rekursiv organisierter systemischer Operationen.

Die Schwierigkeiten der Übertragung des Paradigmas selbstreferentieller S.e auf soziale oder gar symbolische S.e sind erheblich. Sie sind insbesondere in der Unsicherheit darüber begründet, ob man von der Autopoiese des Lebens her denken soll, also Gesellschaften als ‹Systeme gekoppelter Menschen› ansieht, oder nicht; und wie streng man den Produktionsbegriff faßt. Begreift man Gesellschaft als autopoietisch organisiertes Sozialsystem auf der Basis der Elemente ‹Kommunikationen›, dann kann man im Hinblick auf die Elemente ‹Rechtshandlungen› oder ‹rechtliche Kommunikationen› auch das ausdifferenzierte Funktionssystem →Recht als autopoietisch oder selbstreferentiell organisiert verstehen. Aber dies wäre nur ein erster Schritt, um die Bedeutung von Selbstreferentialität für den engeren Bereich des Rechtssystems zu analysieren.

Aus einem Verständnis auch sozialer S.e als selbstreferentieller S.e ergeben sich wichtige Konsequenzen für die Bedingungen der Möglichkeit der Instrumentalisierung des Rechts und mithin der politischen Steuerungsfunktion des Rechts. Aus politologischer Sicht ist dabei besonders relevant, inwieweit sich mit einem entwickelteren Begriff und Konzept von S. Folgerungen ergeben für die Möglichkeit, mit den Mitteln rechtlich codierter →Macht soziale S.e zu steuern.

Forschungsperspektive

Moderne Gesellschaften als komplexe, dynamische S.e organisieren sich durch Binnendifferenzierung, vornehmlich durch funktionale →Differenzierung in relativ autonome Teilbereiche wie →Wirtschaft, →Politik, →Recht, Erziehung, Wissenschaft etc. Wenn man den Primat funktional differenzierter Teilsysteme in modernen Gesellschaften interpretiert als die Ausbildung selbstreferentieller Funktionssysteme für Teilaspekte des gesellschaftlichen Kommunikationszusammenhangs, dann läßt sich mit einer präziseren Fassung der Voraussetzungen und Folgen funktionaler Differenzierung auch das Problem der S.-Steuerung präzisieren. Die Voraussetzung erfolgreicher funktionaler Differenzierung, nämlich der Aufbau autonomer (insbesondere von Religion oder Politik nicht direkt abhängiger) gesellschaftlicher Teilsysteme, kann nur dadurch erfüllt werden, daß bestimmte Kommunikationskontexte sich zu operativer Geschlossenheit verdichten und dabei eine systemspezifische zirkuläre Verweisungsstruktur ihrer Handlungselemente herstellen. Dies bedeutet aber, daß ein solches Teilsystem in seinem Operationsmodus – und nur in diesem – unabhängig von externen gesellschaftlichen Ereignissen wird (z. B. betrifft das Problem der Arbeitslosigkeit die Ökonomie in ihrer Operationsweise gerade nicht; es ist nur externes Datum). Und genau diese partielle Unabhängigkeit konstituiert das Problem der S.-Steuerung. Jede Intervention von außen muß über die Barriere einer eigengesetzlichen Kausalstruktur (genauer: selbst gesetzter Leitdifferenzen als Raster der Informationsaufnahme) hinweg und macht sich damit in ihren Wirkungen vom internen Operationsmodus des betreffenden Teilsystems abhängig.

Dies bedeutet, daß etwa rechtliche →Steuerung von gesellschaftlichen Teilsystemen wie Ökonomie, Wissenschaft oder Kultur zwingend in Aporien des Durchgriffs und der →Implementation läuft. Rechtliche Intervention kann ökonomisches, wissenschaftliches oder kulturelles Handeln zwar konditionieren oder interpunktieren, nicht aber kausal zielsicher determinieren.

Es ist zu erwarten, daß weitere Entwicklungen der allgemeinen S.-Theorie und der Theorie selbstreferentieller S.e gerade für das Problem der S.-Steuerung und mithin für einen wichtigen Bereich politologischer Erkenntnisabsichten gewichtige Erkenntnisse und Neuorientierungen erbringen werden.

Bertalanffy, L. v.: General Systems Theory. New York 1968.
Luhmann, N.: Soziale Systeme. Frankfurt/M. 1984.
Parsons, T.: Das System moderner Gesellschaften. München 1972.
Tjaden, K.: Soziale Systeme. Neuwied 1971.
Willke, H.: Systemtheorie. 2. Aufl. Stuttgart 1987.

Helmut Willke

Systemkonkurrenz

Begriffsverwendungen

Der Begriff S. bezeichnet nichts anderes als den Ost-West-Konflikt. Die Staatengruppe des Ostens wird dabei als ‹sozialistisches System› und die westlichen Industriegesellschaften als ‹kapitalistisches System› verstanden. Zwischen beiden →Systemen gibt es einen Wettbewerb: um die machtpolitische Führung in der Weltpolitik, um Anerkennung als die effizientere und menschengerechtere Gesellschafts- und Wirtschaftsordnung, um Anerkennung als das bessere sozioökonomische und politische Entwicklungsmodell für die aus der Sicht des Ostens wie des Westens (wenn auch aus unterschiedlichen Begründungsperspektiven) unterentwickelten Länder.

Die besänftigende und kühl gestylte Rede über Wettbewerb oder Konkurrenz von Systemen erhellt nicht gerade ihren Gegenstand. Wenn sich in der politologischen Fachsprache auch etwa die Bezeichnung ‹inter-systemare Politik› (im Gegensatz zu ‹intra-systemarer Politik›) zur Kennzeichnung der Ost-West-Beziehungen findet, so muß doch darauf verwiesen werden, daß der Systembegriff in diesen Zusammenhängen eher in alltagssprachlicher Weise verwendet wird. Und Konkurrenz oder Wettbewerb sind reine Euphemismen; denn es geht beim Ost-West-Konflikt nicht um eine einvernehmlich geregelte Geschäfts-Rivalität, vielmehr um ein zuzeiten bis aufs Äußerste gespanntes Verhältnis, das in den vergangenen Jahrzehnten nicht selten dicht vor dem Ausbruch eines →Krieges gestanden hat. Die Furchtbarkeit eines direkten Ost-West-Krieges, der mit einiger Gewißheit zu einem dritten Weltkrieg eskalieren würde, mag mit dazu beigetragen haben, daß sich die Akteure in Ost und West um eine ‹friedliche› Austragungsweise des Ost-West-Konflikts bemühen.

Es ist unvermeidlich, daß es über die Ursachen, den bisherigen Verlauf und die künftige Entwicklung der S. ebenso wie über die Verteilung der ‹Schuld› an ihren zeitweisen Verhärtungen zwischen den Vertretern verschiedener wissenschaftlicher Schulen und politischer Strömungen unterschiedliche, ja entgegengesetzte Auffassungen gibt.

Verwendungszusammenhänge

Am deutlichsten wird der Begriff der S. in der marxistisch-leninistischen Geschichtswissenschaft. Diese nämlich bezieht ihre Prämissen aus einer letztlich rigiden Geschichtsteleologie (dem Historischen Materialismus) und überdies ziemlich strikte Anweisungen von politischen Spitzengremien. Damit ist – auf Kosten der Erklärungskraft sowie einer überwiegend wissenschaftsimmanenten Entwicklung von Begriffen und Theorien – eine einheitliche Version garantiert. Sie sieht, sehr verkürzt, folgendermaßen aus: Die Gesamtheit der gesellschaftlichen und ökonomischen Verhältnisse in einem →Staat, einer Region oder sogar einer Epoche ist durch eine spezifische Struktur gekennzeichnet. Produktivkräfte, Produktionsverhältnisse, ökonomische Basis und soziokultureller Überbau formen in ihren Wechselwirkungen einen ganz bestimmten, historisch bestimmbaren Typ von Gesellschaft. Diese verschiedenen Typen von Gesellschaften werden in marxistisch-leninistischer Sprache ‹Gesellschaftsformationen› genannt. Urgesellschaft, Sklavenhaltergesellschaft, Feudalismus, →Kapitalismus und schließlich →Kommunismus samt seiner Einstiegsphase →Sozialismus sind solche (ökonomischen) Gesellschaftsformationen. Eines der dauerhaften Probleme marxistisch-leninistischer Historiographie besteht darin, die von Marx postulierte geschichtsnotwendige Abfolge der Gesellschaftsformationen historisch-empirisch zu untermauern.

Die Gegenwart sieht in der Gegenstellung von ‹kapitalistischem› und ‹sozialistischem Weltsystem› (= Gesellschaftsformationen) einen letzten und entscheidenden →Konflikt zwischen verschiedenen Gesellschaftsformationen. Der Kapitalismus ist die letzte auf sozialen Grundwidersprüchen und menschlicher Ausbeutung beruhende Gesellschaftsformation; seine Überwindung per Klassenkampf und →Diktatur des Proletariats ist allerdings besonders kompliziert. Denn erstens läßt die schon häufig vorhergesagte Agonie des Kapitalismus auf sich warten. Und zweitens ist mit der Erfindung der modernen Massenzerstörungsmittel die Notwendigkeit unabweisbar geworden, Krieg zwischen Ost und West zu vermeiden, weil er mit großer Wahrscheinlichkeit nur die bestehenden Gesellschaften zerstören würde und es dann gleichgültig sein dürfte, welcher Gesellschaftsformation man die restlichen Trümmerfelder zuordnet. Die angemessene zwischen-staatliche Politik in dieser Konstellation heißt Politik der ‹friedlichen Koexistenz›. Sie bedeutet die Fortführung von Klassenkampf ‹(Systemauseinandersetzung›) unter Einhaltung bestimmter Spielregeln, die zwar im gemeinsamen Interesse von Ost und West liegen, zugleich jedoch die Durchsetzung von Kommunismus/Sozialismus weltweit fördern.

Im Westen gibt es keine einheitliche Vorstellung vom Inhalt der S. Das breite Spektrum der Interpretationen des Ost-West-Konflikts reicht von seiner Deutung als eines mehr oder weniger herkömmlichen machtpolitischen Hegemoniekonflikts über soziologisch inspirierte Deutungen des ‹sowjetischen Entwicklungsmodells› als einer industriegesellschaftlichen Alternative mit, je nach Standpunkt, mehr oder weniger Fähigkeiten, menschlichen Bedürfnissen angemessen zu entsprechen, bis hin zu ideologisch überhöhten Schwarzweißmalereien, in denen die Sowjetunion als totalitäres, kollektivistisches, auf Unterdrückung und Terror beruhendes Zwangsregime erscheint, als ein einziges Konzentrationslager, beherrscht von einer perversen und durch und durch bösen Machtelite. Schließlich sollte noch auf eine vierte Interpretationsperspektive hingewiesen werden, nämlich die eines westlichen und damit dem doktrinären Zugriff kommunistischer Parteiführungen nicht direkt ausgelieferten oder sogar parteipolitischer Bindungen entwachsenen →Marxismus. Davon gibt es viele Spielarten. Aber eines ihrer durchgängigen Motive ist, daß aufgrund der spezifischen Situation Rußlands zur Zeit der Machtübernahme der Bolschewisten, äußerer und innerer Entwicklungen und nicht zuletzt infolge der Militarisierung des Ost-West-Konflikts im Kalten Krieg die Sowjetunion und ihre Verbündeten nicht beanspruchen können, die qualitativ wirklich höherwertige Gesellschaftsformation zu repräsentieren; allenfalls Ansätze dazu lassen sich erkennen. Unter dieser Prämisse sehen auch viele ‹Linke› den Ost-West-Konflikt hauptsächlich als klassischen Hegemoniekonflikt zweier imperialistischer Mächte.

Begriffspräzisierung

Jede politologische Analyse muß sich zunächst ihres Gegenstandes in Abgrenzung zu anderen Gegenständen vergewissern. Das ist bei einer Analyse des Kerns und der Gestalt von S. deshalb besonders schwierig, weil sich dieser Begriff auf eine Vielzahl von Phänomenen bezieht. Makroanalysen geraten aber schnell ins Diffuse.

Im Gesamtbild der internationalen Beziehungen der Gegenwart wird durch die Bezeichnung S. ihr entscheidender Strukturkonflikt erfaßt, der fast alle anderen Konflikte direkt oder indirekt beeinflußt. Es geht dabei, erstmals im Rahmen wirklich globaler Weltpolitik, um das Verhältnis zwischen den beiden ungleichartigen, ungleichgewichtigen und auf eine neuartige Weise miteinander verfeindeten Weltführungsmächten USA und UdSSR mit ihren jeweiligen Verbündeten. Neuartig an dieser ‹Konkurrenz› ist vieles. So sind nicht nur Staaten daran beteiligt, sondern auch gesellschaftliche Gruppen, deren Zielvorstellungen zwar nicht selten gesellschaftsverändernde Konzepte national einfärben, sich aber doch auch auf die staatliche Bipolarität der Führungsmächte einlassen müssen (man denke an die diesbezüglichen Schwierigkeiten der Selbstdefinition von kommunistischen Parteien außerhalb des ‹sozialistischen Lagers›). Ferner übersteigt die S. oder der Ost-West-Konflikt die Ebene herkömmlicher Machtpolitik durch deren – oft widersprüchliche – Verknüpfung mit →Ideologien, die auf einem universellen Anspruch beharren. Die ideologische Konfrontation handelt von einander entgegengesetzten Menschen- und Weltbildern, die in Zukunftspläne und -erwartungen, in Wahrnehmungsmuster des eigenen Handelns und das des ‹Konkurrenten›, des Feindes in unverblümter Sprache, umgesetzt werden.

Schließlich ist die gesamte Konfliktkonstellation überschattet von der Dynamik einer militärischen Konfrontation, die sich in rüstungstechnologischen Perfektionierungen der Zerstörungspotentiale beider Seiten ausdrückt. Hier stoßen wir auf eine dramatische Eigentümlichkeit des Ost-West-Konflikts: Das Risiko, das aus jeder direkten militärischen Ost-West-Konfrontation für den Bestand der Akteure erwächst, ist so plausibel und so hoch (symbolisiert in der militärstrategischen Formel von der Mutual Assured Destruction), daß sich die Fortsetzung des politischen Konflikts als ‹heißer Krieg› verbietet, vorausgesetzt, die Akteure kalkulieren rational. Wegen dieser Eigentümlichkeit, nämlich hohe Konflikt-Intensität versus Interessenübereinstimmung beim Ziel der Kriegsverhinderung, sind im Ost-West-Konflikt auch Impulse für ihn partiell entschärfende Ost-West-Kooperation angelegt. Die historische Entwicklung der Ost-West-Beziehungen nach 1945 kann man so als eine Geschichte der Veränderung des Mischungsverhältnisses konfrontativer und kooperativer Elemente in diesen Beziehungen beschreiben.

Forschungsstand

Die zeitgeschichtliche Aufarbeitung der Ost-West-Beziehungen und der S. hat schon früh begonnen. Dabei muß man allerdings einräumen, daß ein großer Teil der Literatur, auch der dem Verständnis ihrer Autoren nach wissenschaftlichen Literatur, die ideologische Dimension der S. nicht analysiert hat, sondern sich auf dieser Ebene selbst in den Dienst der einen oder anderen ideologischen Parteiung gestellt hat.

Dies zeichnet, sogar noch programmatisch heroisiert, den Gesamtkomplex der marxistisch-leninistischen Literatur zum Ost-West-Konflikt aus. Sie muß und will einen kämpferischen Part in der S. zwecks Hilfestellung für den ‹Sieg des Sozialismus› spielen, und das macht diese Arbeiten zu großen Teilen wissenschaftlich unbrauchbar. Im Westen gibt es eine solche wissenschaftspolitische Beschränkung analytischer Arbeit nicht, und so ist eine Fülle von Monographien und Aufsätzen zu den verschiedensten Aspekten der S. entstanden, die auf den unterschiedlichsten Prämissen beruhen. Auch hier gibt es bestimmte, in sich allerdings meist wieder differenzierte ‹Denk-Schulen›, welche die Forschung dominiert haben.

Der größte Teil der Forschung über den Ost-West-Konflikt besteht aus Studien über seine Entstehung und seinen Verlauf nach dem 2. Weltkrieg.

Davor war die schon seit der russischen Revolution 1917 als Strukturkonflikt auf internationaler und transnationaler Ebene angelegte Polarisierung zwischen ‹Kapitalismus› und ‹Sozialismus› von anderen Konfliktkonstellationen überdeckt geblieben. Erst mit der Durchsetzung des Kalten Kriegs als eines die konfrontativen Elemente der S. akzentuierenden Austragungsmodus des Ost-West-Konflikts trat seine weltpolitische Bedeutung in den Vordergrund.

In den 40er und 50er Jahren dominierten in den USA und in Westeuropa zeitgeschichtliche Untersuchungen das Feld, in denen aus liberalkonservativer Sichtweise insbesondere das expansive Verhalten der UdSSR nach 1945, ihr Vordringen nach Osteuropa bis an die Elbe und in großen Teilen Asiens als die Ursache des Kalten Krieges beschrieben wurde. Das politische und militärische Verhalten der USA erschien demgegenüber in der Hauptsache reaktiv, schadensbegrenzend. Diese Literatur übernahm sozusagen die ‹Eindämmungs›-Perspektive der amerikanischen Sowjetunion-Politik.

In den 60er und frühen 70er Jahren entwickelte sich im Westen eine dieser Sichtweise gegenüber kritisch eingestellte Historiker-Schule, die radikal-liberale und neomarxistische Deutungsmuster aufgriff und ihrerseits vor allem das Verhalten der USA nach 1945 als ursächlich für den Kalten Krieg begriff. Danach ist die UdSSR durch das Vorgehen der USA in Westeuropa und vor allem auch in den ‹Grauzonen› sich überlappender Einflußsphären (z. B. in Griechenland oder der Türkei) dazu veranlaßt worden, eine starre und zwar defensiv gemeinte, aber offensiv erscheinende Politik der Glacisbildung um ihr Territorium herum zu betreiben. Diese Historiker-Schule wird in der Regel als ‹revisionistisch› bezeichnet.

Seit gut einem Jahrzehnt ist die Kontroverse zwischen diesen beiden Schulen insofern überholt, als eine Reihe ‹post-revisionistischer› Darstellungen, zum Teil auf der Grundlage neuen Materials, sich von der simplifizierenden Frage nach der ‹Schuld› am Kalten Krieg gelöst und ihr Hauptaugenmerk auf weniger moralisierende Fragestellungen verlagert hat, etwa auf das konkrete Konfliktverhalten in Ost-West-Krisen oder auf den Einfluß ideologisch geprägter Perzeptionen auf das machtpolitische Handeln der Akteure.

Neben dieser großen, nicht abreißenden Zahl von zeitgeschichtlichen Studien, die sich der Gesamtentwicklung der S., einzelnen Regionen, Ländern oder Brennpunkten der Ost-West-Politik nach 1945 gewidmet haben, gibt es auch viele wissenschaftliche Untersuchungen anderer Disziplinen, die einzelne Züge in der Gestalt der S. analysieren. Hier sind vor allem wirtschaftswissenschaftliche Studien zu nennen, in denen die Wirtschaftssysteme in Ost und West (Marktwirtschaft versus Planwirtschaft) verglichen werden. Aus anderen Sozialwissenschaften stammen vergleichende Untersuchungen über soziale und kulturelle →Institutionen in den antagonistischen Gesellschaftsordnungen. Zu Beginn der 60er Jahre erfreute sich für einige Zeit die These einiger Prominenz, daß infolge gleichartiger Ansprüche an diese Gesellschaften ihr Antagonismus sich im Lauf der Jahre verflüchtigen wird und, auf Grund von Sachzwängen jenseits aller Ideologie, eine Konvergenz der Systeme zu gewärtigen ist.

Eine weitere Kategorie von Forschungsliteratur zur S. bilden jene Studien, die man vereinfachend als ‹Entspannungsliteratur› bezeichnen kann. Mit dem Übergang des Ost-West-Konflikts vom eher konfrontativen Kalten Krieg (häufig definiert als Konfliktverhalten mit allen Mitteln bis auf das des ‹heißen› Kriegs in direkter Konfrontation der nuklear bestückten Führungsmächte und ihrer Militärbündnisse) zur eher kooperativen Entspannungsphase (1961/62 bis 1979) ergab sich die Notwendigkeit, Möglichkeiten und Grenzen der ‹antagonistischen Kooperation› näher zu bestimmen, Felder der Kooperation auszumessen und sinnvolle Entspannungsstrategien zu entwickeln. Insgesamt gesehen, herrscht in diesen Studien meist ein (zu) großer Optimismus über die Möglichkeiten der Entspannung vor.

Forschungsperspektive

Ein Gesamturteil über die vorhandene Literatur zur S. kommt zu einem zwiespältigen Ergebnis. Das liegt daran, daß der größte Teil dieser Literatur, bewußt oder unbewußt, weniger eine Analyse der als vielmehr ein Beitrag zur S. ist. Damit soll der Wert vieler Arbeiten geschichts- oder wirtschaftswissenschaftlicher, soziologischer oder politologischer oder anderer Provenienz keineswegs pauschal geschmälert werden. Aber wenn schon eine völlig ‹überparteiliche› Analyse der S. wegen der unvermeidbaren Wertgebundenheit jedes solchen Unternehmens nicht erreicht werden kann, so gibt es doch theoretisch, methodisch und nicht zuletzt auch unter praxisbezogenen Gesichtspunkten das Postulat, zwischen Analyse und Beurteilung so gut es geht zu trennen.

Es ist nicht schwer vorherzusagen, daß die schon vorhandene Fülle von Studien zur Erforschung des Verlaufs der S. weiter zunehmen wird. Eine Art Déjà-vu-Gefühl läßt sich dabei kaum vermeiden. Wie z. B. an den immer erneut aufflackernden Debatten über die Stalin-Note vom März 1952 erkennbar, verbleibt man dabei zumeist diesseits von wirklich abgerundeten Erkenntnissen. Auch die Zahl der Studien zum Systemvergleich Ost/West oder Kapitalismus/Sozialismus wird weiter anwachsen und vor allem auch interne Wandlungsprozesse der untersuchten Gesellschaften (einschließlich der Frage nach den Grenzen der Reformierbarkeit) vermehrt in den Blick nehmen. Schließlich wird auch die eher praxeologisch ausgerichtete Literatur zur Art und Weise der Systemkonfrontation und ihrer Steuerung weiter anwachsen, also Untersuchungen im Bereich der ‹strategischen Studien› und der Friedensforschung.

Neue Forschungsperspektiven eröffnen sich damit allerdings nicht. Dazu kann es nur kommen, wenn sich eine angemessene Theorie der S. oder des Ost-West-Konflikts kristallisieren würde, welche auch für die eher empirisch ausgerichtete Forschung orientierende Funktion übernehmen kann. Die Bemühungen um eine solche Theorie (im deutschen Sprachraum u. a. von Willms, Nolte, Link, v. Bredow) scheinen insgesamt noch nicht mehr als vielversprechende Ansätze hervorgebracht zu haben. Erst auf dem Boden einer tragfähigen Theorie der S. oder des Ost-West-Konflikts werden sich allerdings zwei schmerzlich klaffende Lücken in unserer Erkenntnis von der Gegenwart auffüllen lassen: eine wirkliche Weltgeschichtsschreibung des 20. Jahrhunderts und eine nicht durch Regionalismen bornierte Analyse der sozioökonomischen und kulturellen Entwicklungsprozesse der ‹Weltgesellschaft›.

Adomeit, H.: Die Sowjetmacht in internationalen Krisen und Konflikten. Verhaltensmuster, Handlungsprinzipien, Bestimmungsfaktoren. Baden-Baden 1982.
Bredow, W. v.: Vom Antagonismus zur Konvergenz? Studien zum Ost-West-Problem. Frankfurt/M. 1972.
Damus, R.: Die Legende von der Systemkonkurrenz. Kapitalistische und realsozialistische Industriegesellschaft. Frankfurt/M. 1986.
Garthoff, R. L.: Détente and Confrontation. American-Soviet Relations from Nixon to Reagan. Washington (D.C.) 1985.
Link, W.: Der Ost-West-Konflikt. Die Organisation der internationalen Beziehungen im 20. Jahrhundert. Stuttgart 1980.
Nolte, E.: Deutschland und der Kalte Krieg. München 1974.
Willms, B.: Politische Koexistenz. Zur Theorie des Ost-West-Konflikts. Paderborn 1982.
Wolffsohn, M.: Die Debatte über den Kalten Krieg. Politische Konjunkturen – historisch-politische Analysen. Opladen 1982.
Zellentin, G.: Intersystemare Beziehungen in Europa. Bedingungen der Friedenssicherung. Leiden 1970.

Wilfried von Bredow

Systemvergleich

Begriffsverwendungen

Der Begriff S. hat eine doppelte Bedeutung. Ausschlaggebend für den Verwendungszusammenhang ist das jeweilige Systemverständnis. (a) Am sozialwissenschaftlichen Modell des politischen →Systems orientiert sich der eine Zweig des S. Er faßt die politischen Dimensionen der Gesellschaft als Ganzes als politisches System auf. Staatliche →Institutionen, →Parteien, gesellschaftliche Gruppen, →Eliten, →politische Kultur und politische Handlungsfelder stehen im Mittelpunkt entsprechender S.e. Politische Systeme manifestieren sich in →Staaten, S. ist Ländervergleich. (b) Ein anderer Zweig des S. befaßt sich mit dem politischen System im Sinne eines Herrschaftsmodells, das charakteristische Institutionen hervorbringt. Beim S. dieser Art kann es sich um Ländervergleich handeln. Ebensogut können Idealtypen bestimmter →Herrschaftsformen verglichen werden. Beispielhaft für diesen S. ist die Gegenüberstellung von ‹westlicher Demokratie› und ‹kommunistischer Parteidiktatur› oder die vergleichende Betrachtung von USA und Sowjetunion oder Bundesrepublik Deutschland und DDR.

Verwendungszusammenhänge
Die erste, sozialwissenschaftliche Variante des S. will plausible, empirisch untermauerte Erklärungen für Ähnlichkeiten und Unterschiede zwischen Ländern finden. Letztlich geht es ihr darum, Konzepte zu konstruieren, die sich in unterschiedlichen nationalen und kulturellen Zusammenhängen bewähren und Ad-hoc-Erklärungen für Strukturmerkmale einzelner Länder soweit wie möglich erübrigen. Dabei muß der Vergleich die Grenzen der Vergleichbarkeit deutlich machen. An westeuropäischen Beispielen gewonnene Erkenntnisse taugen begrenzt für Lateinamerika. Der zweiten Variante des S. geht es unter anderem darum nachzuweisen, ob und inwieweit Systemziele und Systemlegitimation in der politischen Praxis eingelöst werden. Entsprechende Norm-Praxis-Vergleiche stellt sie aus systemimmanenter Perspektive (z. B. Bewertung der Sowjetunion an den Postulaten der sozialistischen Demokratie) und aus systemtranszendierender Perspektive an (z. B. Bewertung der Sowjetunion an den Maßstäben westlicher Demokratietheorie oder der Industriegesellschaftsthese, die eine Annäherung unterschiedlicher Gesellschaften mit fortschreitender industrieller Entwicklung behauptet). Die Risiken pseudowissenschaftlicher Zweckentfremdung im Fahrwasser der politischen Auseinandersetzung zwischen gegensätzlichen Gesellschaftssystemen liegen bei dieser Art des Vergleichs auf der Hand. Beispielhaft ist die ‹Politisierung› der Totalitarismustheorie.

Begriffspräzisierung
Unter einem politikwissenschaftlichen S. wird im allgemeinen der sozialwissenschaftlich orientierte S. verstanden. Die anschließenden Ausführungen beziehen sich ausschließlich auf diese Art des S. als empirisch gestützte Erklärung von Länderunterschieden mit plausiblen, verallgemeinernden Konzepten.

Forschungsstand

Der Anwendungsbereich des S. beschränkt sich auf die 177 (Stand 1984) souveränen Staaten dieser Erde. Beim S. kommt es darauf an, Vergleichbares zu vergleichen. Die Unterschiede zwischen Industriegesellschaften der liberaldemokratischen westlichen Art und denen der sozialistischen, in Osteuropa verwirklichten Gestalt sind offenkundig, ebenso die Unterschiede zwischen Industrieländern und →Dritter Welt. Darüber hinaus zeichnen sich Länder und Kontinente der Dritten Welt durch markante Unterschiede aus. Solche Unterschiede markieren die Grenzen eines aussagefähigen, erklärungsträchtigen S. Jeder S. ist mit der Herausforderung konfrontiert, einen ‹mittleren Weg› zwischen zwei Optionen zu finden:

(a)Ein ‹intensiver Vergleich› entscheidet sich für eine geringe Anzahl von Vergleichsländern, die sich relativ stark ähneln (z. B. Norwegen und Schweden oder Bundesrepublik Deutschland und Österreich). Der Vorteil dieses Vergleichs liegt darin, daß er komplizierte Annahmen im Detail zu überprüfen vermag. Sein Nachteil ist die geringe Reichweite, die nur in beschränktem Ausmaß verallgemeinernde Ergebnisse zuläßt.

(b) Ein ‹extensiver Vergleich› entscheidet sich für eine große Anzahl von Vergleichsländern, darunter auch solchen, die sich stark voneinander unterscheiden, z. B. USA, Schweden, Ägypten, DDR, Argentinien, Nigeria, Indien und China. Mögliche Vergleichsaspekte bei einer so heterogenen Länderauswahl wären z. B. ‹Regimestabilität› (gemessen in Umsturzversuchen, gewaltsamen Protesten und friedlichem Regierungswechsel) oder ‹politische Partizipation› (gemessen in Wahlergebnissen und Partei- und Organisationsmitgliedschaften). Es erscheint als Vorteil des umfassenden Ländervergleichs, daß er die Gesellschaftssysteme und Kulturkreise überschreitet und sich ein statistisch ergiebiges Vergleichsfeld erschließt. Ein definitiver Nachteil ist der Umstand, daß Vergleiche dieser Reichweite relativ stark an der meßbaren Oberfläche politischer Systeme bleiben und nicht-meßbare kulturelle und sozio-politische Faktoren ignorieren müssen.

(c) Ein Vergleich ‹mittlerer Reichweite› versucht, eine möglichst große Zahl von Vergleichsländern zu erfassen, aber nur solche Länder zu berücksichtigen, die bei allen Unterschieden signifikante gemeinsame Merkmale aufweisen. Nicht die Anzahl der Vergleichsländer bestimmt die Ergiebigkeit des Vergleichs, sondern deren qualitative Vergleichbarkeit. Deshalb eignen sich die Länder Westeuropas, die USA, Kanada und Australien gut für den Systemvergleich: Bei allen Unterschieden des Regierungsprozesses, der Parteiensysteme und der politischen Kulturen verkörpern sie alle liberale Demokratie, kapitalistische Wirtschaftsordnung und westliche Zivilisation. Bereits ein demokratisch-kapitalistisches System wie Japan stellt an den Industrieländervergleich erhöhte Anforderungen, weil dort westliche Zivilisation und traditionelle östliche Kultur zu einer eigentümlichen Synthese verschmelzen. Auch die sozialistischen Länder Osteuropas und Asiens bieten sich wegen ihres Herrschaftsmodells und ihrer planwirtschaftlichen Organisation für den Vergleich mittlerer Reichweite an.

Neben der Auswahl der Vergleichsländer ist die Konstruktion der Untersuchungsvariablen der wichtigste Schritt beim S.: die Variablen bestimmen die Eigenschaften der zu vergleichenden Systemaspekte. Je komplizierter die Variablen, desto geringer ihr Anwendungsbereich. Je einfacher die Variablen, desto größer die Anzahl der in Frage kommenden Vergleichsländer. Folgt der länderübergreifende Parteienvergleich eng der Vorstellung einer durchorganisierten Mitgliederpartei europäischen Musters, so grenzt er die Parteien der USA aus. Damit begibt er sich der Möglichkeit, parteientheoretische Überlegungen am Beispiel äußerst schwach organisierter Parteien zu prüfen. Je offener die Kriterien für den Vergleich nicht-kommunistischer Systeme mit privilegierten ‹Staatsparteien›, desto größer die Chance für eine Herausarbeitung der Unterschiede zwischen einer zur →Institution gewordenen Hegemonialpartei wie der mexikanischen PRI und Hegemonialparteien in Afrika, die lediglich Fassaden persönlicher →Diktaturen sind. Die Vergleichsvariablen bestimmen, was verglichen werden soll. Der eigentliche Vergleich registriert nach Maßgabe der Variablen dann ein ‹mehr› oder ‹weniger›.

Der S. befaßt sich mit historisch und kulturell geprägten sozialen Aggregaten, die sich in vieler Hinsicht einer Datenmessung verschließen. Seine Ergebnisse sind als ‹probabilistisch› zu verstehen: Wenn sie bei der Übertragung auf ein Land versagen, dann werden sie nicht gleich aufgegeben. Dies geschieht erst dann, wenn sie häufig versagen. Angesichts der komplexen Vielfalt von Kräften, die in politischen Systemen wirken, gibt es zu Aussagen im Sinne des ‹gültig bis zum mehrmaligen Beweise des Gegenteils› beim gegenwärtigen Stand der vergleichenden Politikwissenschaft keine Alternativen.

Der S. befaßt sich als ‹comparative government› (vergleichende Regierungslehre) mit der Untersuchung der für den Regierungsprozeß relevanten politischen Institutionen. Besonderes Augenmerk gilt den verschiedenen Ausprägungen des parlamentarischen Regierungssystems und dessen Abgrenzung zum präsidentiellen Regierungssystem und dem Verhältnis von kommunistischer Partei und Staat in sozialistischen Ländern. Der Regierungssystemvergleich findet seine Grenzen in den politischen Systemen der Dritten Welt, die sich bis auf wenige Ausnahmen, so Indien und Mexiko, durch instabile Regierungsstrukturen auszeichnen. Wo es an stabilen politischen Institutionen fehlt, hat es wenig Zweck, institutionenorientierten S. zu betreiben.

S. ist gegenwärtig vor allem ‹comparative politics› (vergleichende politische Systemforschung): Vergleich politischer und politikrelevanter

Kräfte (Eliten, Parteien, Verbände, Gruppen, Bürokratie) und Vergleich gesellschaftlicher Konfliktstrukturen (ethnische Gegensätze, Klassenantagonismen, Verhältnis Staat–Kirche, konkurrierende politische Ziel- und Wertvorstellungen). Das Konzept der ‹politischen Kultur› bemüht sich insbesondere darum, historisch fundierte, plausible Erklärungen für den Zusammenhang politischer Prozeßmerkmale mit gesellschaftlichen Erwartungen und Leitbildern zu finden. Dem S. in der Art der ‹comparative politics› geht es darum herauszufinden, ob und wie sich gesellschaftliche →Konflikte in politische Strukturen und politisches Handeln übersetzen. Dieser S. bewegt sich meist im Rahmen gleichartiger Herrschaftsordnungen: demokratisch-kapitalistische Industrieländer, sozialistische Länder oder Dritte-Welt-Länder. Diese Beschränkung macht es möglich, wichtige Teilstrukturen politischer Systeme (z. B. Parteien in liberalen Demokratien, Wirtschaftsverwaltung in sozialistischen Ländern, Gewerkschaften in Lateinamerika) zu analysieren, ohne die gewonnenen Ergebnisse durch Verweis auf kraß unterschiedliche Rahmenbedingungen mit Geltungsvorbehalten zu überladen. Dessenungeachtet strebt der S. eine gewisse Variationsbreite der verglichenen Systeme an, weil seine Ergebnisse dann größere Gültigkeit beanspruchen können. Industrieländervergleiche, die neben Westeuropa auch die USA einbeziehen, geben Auskunft über die Relevanz des präsidentiellen Regierungssystems und einer konsensualistischen, liberalen politischen Kultur für Parteienwettbewerb oder verbandliche Interessenvertretung. Ein Vergleich, der Ursachen und Effizienz von Militärregimen nachspürt, bietet sich an Beispielen aus Ländern der Dritten Welt an. Er gewinnt an Aussagekraft, wenn er neben lateinamerikanischen auch afrikanische oder asiatische Beispiele heranzieht.

Noch relativ jung ist der S. als ‹comparative public policy› (Politikfeldervergleich). Dieser dritte Strang des politikwissenschaftlichen S. befaßt sich mit den beobachtbaren und meßbaren Ergebnissen politischen Handelns, z. B. Sozialpolitik, Beschäftigungspolitik, Wachstumspolitik, Agrarpolitik oder Umweltpolitik. ‹Comparative public policy› basiert auf der Grundannahme, daß alle politischen Systeme, da prinzipiell mit den gleichen Herausforderungen konfrontiert, prinzipiell gleichartigen politischen Handlungsbedarf besitzen. Ausmaß und Dringlichkeit des Handlungsbedarfs variieren jedoch. In der Gruppe der kapitalistischen Industrieländer zeigt sich dies etwa an unterschiedlichem umweltpolitischem Engagement der Regierungen (in Japan und Schweden relativ groß, in Frankreich gering). In den meisten Ländern der Dritten Welt spielt Sozialpolitik als eigenständiger Politikbereich mit Aufgaben der Einkommenssicherung keine Rolle. In kapitalistischen und sozialistischen Industrieländern kommt der Sozialpolitik hingegen ein herausragender Stellenwert im Regierungshandeln zu. Auch in der Dritten Welt findet aber äquivalentes sozialpolitisches Handeln statt, oder es wird um den Preis krasser sozialer Verwerfungen vernachlässigt. Agrarpolitik und Bodenreform kommen inhaltlich den Absichten der Sozialpolitik industrialisierter Länder gleich.

Zwar gibt es auch für die vergleichende Politikfelderanalyse Grenzen, jenseits derer der S. wenig sinnvoll erscheint: Wirtschaftspolitik in planwirtschaftlich verfaßten sozialistischen, in marktwirtschaftlichen westlichen Industrieländern oder in rohstoffexportierenden und monokulturell auf den Weltmarkt ausgerichteten Dritte-Welt-Ländern läßt sich kaum miteinander vergleichen. Daneben bleiben jedoch etliche Politikbereiche, die sich ungeachtet verschiedener Gesellschaftssysteme vergleichen lassen. Loyalitätssicherung und gesellschaftlicher Konsens gründen sich in kapitalistischen wie in sozialistischen Ländern wesentlich auf politisch organisierte materielle Leistungen. ‹Comparative public policy› kann die Grenzen der Gesellschaftssysteme eher überspringen als die ‹comparative politics›. Sie hat es ferner mit einem Gegenstandsbereich zu tun, der einer Messung und statistischen Auswertung besser zugänglich ist. Allerdings arbeitet der Politikfeldervergleich in enger Anlehnung an den Vergleich politischer Kräfte und Konfliktstrukturen.

Forschungsperspektive

Die drei wichtigsten Zugänge zum S. weisen einen ungleichmäßigen Entwicklungsstand auf. Im Bereich des ‹comparative government› ist theoretische Stagnation nicht zu verkennen. Diese Feststellung bedarf jedoch der Ergänzung, daß die bewährten Regierungs- und Herrschaftssystemklassifizierungen zumindest in der Anwendung auf Industrieländer kaum weiterentwicklungsfähig sind. Die ‹comparative politics› stellen unverändert den am emsigsten bearbeiteten Bereich des S. dar. In Theoriebildung und empirischen Arbeitsschwerpunkten ragen vergleichende Parteien- und Verbandsforschung sowie vergleichende politische Kulturforschung heraus. Allein die Parteien- und in Ansätzen auch die Verbandsforschung haben es zu Konzepten gebracht, die bei allen Mängeln doch inzwischen weithin akzeptierte heuristische Leitideen geworden sind (z. B. Stein Rokkans Theorie säkularer Konfliktstrukturen in Westeuropa, Sartoris Modelle des Parteienwettbewerbs, verschiedene Varianten des Verbandskorporatismuskonzepts). Bei der Erforschung von Ländern der Dritten Welt zeigen die ‹comparative politics› eine wachsende Tendenz, in abhängigen Weltmarktbeziehungen die entscheidende Variable für die Erklärung politischer Strukturprobleme anzunehmen. ‹Comparative public policy› als gegenwärtige ‹Wachstumsbranche› des S. befindet sich noch weitgehend im Stadium faktenerhebender Grundlagenerarbeitung. Sie beeinflußt die Fragestellungen der Arbeiten in der ‹comparative politics›-Richtung bereits merklich: Vergleichende Parteien- und Verbandsforschung beziehen immer häufiger die Frage in ihre Arbeiten ein, inwieweit die Akteure des politischen Prozesses von vergangenen Politikentscheidungen geprägt werden. Wachsende wechselseitige Befruchtung der Forschungsperspektiven von ‹comparative politics› und ‹comparative public policy› wird die Entwicklung des S. in Zukunft voraussichtlich stärker bestimmen als bisher.

Alemann, U. v. (Hg.): Neokorporatismus. Frankfurt/New York 1981.
Almond, G. A./Verba, S.: The Civic Culture. Boston 1963.
Almond, G. A./Powell, J. B.: Comparative Politics: System, Process, and Policy. Boston [2]1978.
Behr, W.: Bundesrepublik Deutschland – Deutsche Demokratische Republik. Systemvergleich Politik, Wirtschaft, Gesellschaft. Stuttgart 1979.
Berg-Schlosser, D./Müller-Rommel, F. (Hg.): Vergleichende Politikwissenschaft. Opladen 1987.
Beyme, K. v.: Die parlamentarischen Regierungssysteme in Europa. München [2]1973.
Böger, K./Kremendahl, H.: Politischer Systemvergleich. In: W. W. Mickel (Hg.): Handlexikon zur Politikwissenschaft. München 1983, S. 420–424.
–: Bundesrepublik Deutschland – Deutsche Demokratische Republik: Vergleich der politischen Systeme. Frankfurt/M. 1979.
Glaeßner, G.-J.: Sozialistische Systeme. Einführung in die Kommunismus- und DDR-Forschung. Opladen 1982.
Hartmann, J.: Vergleichende politische Systemforschung und komparative Methode. In: ders. (Hg.): Vergleichende politische Systemforschung. Konzepte und Analysen. Köln 1980, S. 19–59.
–: Politik und Gesellschaft in Japan, USA, Westeuropa. Ein einführender Vergleich. Frankfurt/New York 1983.
–: Politik und Gesellschaft in Osteuropa. Eine Einführung. Frankfurt/New York 1983.
Heidenheimer, A. J./Heclo, H./Adams, C. T.: Comparative Public Policy: The Politics of Social Choice in Europe and America. New York [2]1983.
Lijphart, A.: Comparative Politics and the Comparative Method. In: American Political Science Review, 65. Jg. (1971), S. 682–693.
Lipset, S. M./Rokkan, S. (Hg.): Party Systems and Voter Alignments. New York 1967.
Nohlen, D./Nuscheler, F. (Hg.): Handbuch der Dritten Welt. 8 Bde. Hamburg [2]1982.
Sartori, G.: Concept Misformation in Comparative Politics. In: American Political Science Review, 64. Jg. (1970), S. 1033–1053.
–: Parties and Party Systems. New York 1976.
Schmidt, M. G.: Wohlfahrtsstaatliche Politik unter bürgerlichen und sozialdemokratischen Regierungen. Ein internationaler Vergleich. Frankfurt/New York 1982.
Shell, K. L.: Liberaldemokratische Systeme. Stuttgart 1980.

Jürgen Hartmann

Technologie

Begriffsverwendungen

Selten hat ein so wichtiges Phänomen eine so unterschiedliche begriffliche Verwendung erfahren wie T. Das kommt nicht zuletzt daher, daß die Bindung an den ebenfalls vieldeutig verwendeten Begriff der Technik sehr eng ist. Hinzu kommt die modische Übernahme des zumindest doppeldeutigen angelsächsischen Begriffs ‹technology›, der oft synonym für Technik (eigentlich: technics), aber auch für T. im engeren Sinne (eher: techniques) benutzt wird. Begriffliche Vereinbarungen sind unumgänglich; sie sollen mit der geläufigeren Definition von Technik beginnen. *Technik* umfaßt die (künstlich) hergestellten, gegenständlichen und zweckgerichteten Gebilde (sog. Artefakte), also Apparate, Maschinen, Leitungssysteme. Sie sind zugleich Ergebnis der Technik(en), verstanden als zweckgerichtete Einrichtungen, Instrumente und Handlungen, in und mit denen solche Artefakte hergestellt und (weiter-)verwendet werden; also die artefakt-gebundene menschliche Geschicklichkeit: technique als «Weg» zum und Gebrauch des Artefakts; und – gelegentlich – als Weiterentwicklung und Vervollkommnung der natürlichen Organe (H. Sachsse).

In diesem prozessualen Technikverständnis ist der Übergang zum verbreiteten (engeren) T.-Begriff angelegt. T.n oder technologische Systeme umfassen (überwiegend technisches) Wissen, das bei ‹praktischer› Anwendung zu Technik wird: als Artefakt und Weg zum Artefakt. Die allgemeinere Möglichkeiten enthaltende T. ‹gerinnt› zur konkreten Technik. T.n in diesem engeren Sinne sind z. B. die Flugkörper-Technologie (mit der Raketen-‹Technik›), die Informations-Technologie als T. des Mikroprozessors (mit der Roboterisierung eines Fließbands oder Personal-Computer in der Kfz-Zulassungsstelle) oder die Emissionsschutz-Technologie (mit dem Abgaskatalysator und dem Vorfluter). T.n eines abgrenzbaren Gebiets sind auch Kombinationen von technischen Objekten (Artefakten) und darauf bezogenem ‹know how› als technischem Vorgang (Verfahrenstechnik, Normierung usw.). – Sind solche T.n von längerfristigen Forschungen und noch undefinierten Folgen gekennzeichnet, werden sie häufig als Basis-Technologien bezeichnet (Beispiel: Gen-Technologie). Schließlich wird T. im *allgemeinsten Sinne* als Wissenssystem und als systematischer Entwurf technischer Mittel zur Erreichung gesellschaftlicher Ziele bezeichnet. T. läßt sich deshalb in generalisierender Absicht beschreiben als Menge der Fähigkeiten und des Wissens, die einer Gesellschaft zur Bewältigung der (überwiegend materiellen) Umwelt verfügbar sind.

Verwendungszusammenhänge

• *Rückblicke:* Erstmals wird T. programmatisch durch den Kameralisten J. Beckmann (1777) für die erst erstrebte systematische Technikforschung verwendet. Karl Marx hat daraus (1867) für die T. den gesellschaftlichen Bezug hergestellt. Die Veränderungen der historischen Produktionsweise sind auch eine Folge der T., die sich ihrerseits wegen der Erfordernisse der Produktion entwickelt; in ihr ist die künftige T. angelegt. T. wird zur Wissenschaft von den technischen Gesetzmäßigkeiten der Produktionsprozesse: Sie umfaßt die materiell-technische Seite der Produktion, berücksichtigt ökonomische Erfordernisse, aber auch die Organisation der Arbeit und den effektiven Einsatz natürlicher Ressourcen. In der Folgezeit wird T. eher als ‹Gewerbelehre› mit ökonomischen Verwertungsabsichten verstanden; in der Industrialisierungsperiode geht es (unspezifisch) um die wirtschaftliche Nutzung technischer Entwicklungen, Apparate und Produktionsverfahren. V. Gottl-Lilienfeld erkennt (1923) T. als theoretisch vertieftes System auf der Grundlage von Naturerkenntnis und menschlicher Arbeitserfahrung (anthropologische Begründung). Wissenschaft, Technik und Industrie verflechten sich dann immer mehr auf dem höheren technologischen Niveau; aus der wissenschaftlichen Zivilisation wird das «technologische» (H. Lenk) oder das «technotronische» (Brzezinski) Zeitalter.

• *T. als Basis des Fortschritts:* Der ‹technische Fortschritt› ist historisch eng mit der industriellen Revolution und der kapitalistischen Produktionsweise verbunden. Es handelt sich um den kontinuierlichen und kumulativ fortschreitenden Prozeß technologischer Entwicklung in einem unterstützenden gesellschaftlichen Bedingungs- und Wirkungsfeld, wobei zusätzliche Elemente der militärischen und bürokratischen Organisation (als frühe Sozialtechnologie) übernommen und weiterentwickelt werden. Die Industriegesellschaft ist nicht (nur) durch autonome T.-Entwicklung entstanden; diese ermöglichte aber zumindest die Expansion und damit eine gesteigerte Chance zur ökonomischen Verwertung. Der Fortschritt ist eine Resultante aus wechselseitigem Zusammenspiel von technologischen und ökonomischen Entwicklungen. Je komplizierter die T., desto relevanter werden die nichttechnischen ‹Randbedingungen›. Die Bedeutung außertechnischer Steuerungssysteme (→Staat, soziale Gruppen) nimmt zu. Sie unterstützen und regeln die ‹Tranformationen› (auch) sozialtechnisch.

Als *Sozialtechnologie* wird ein Satz informativer Aussagen und Regeln über menschliche (soziale, humane) Handlungsmöglichkeiten innerhalb gegebener Gesellschaftssysteme bezeichnet. Ihr Transfer wird durch Entscheidungsträger mit Hilfe von (expertengestützten) politischen Programmen und Interventionen, d. h. mittels konkreter Sozialtechniken in bestimmten Politikfeldern vollzogen (rationale Verfahren der Systemsteuerung).

• *T.-Politik*: In dreifacher Hinsicht wird die Verantwortung des politisch-administrativen Systems für die T. gefordert. Zum einen hat der Staat die Entwicklung von T.n zur Aufrechterhaltung des sozialen Fortschritts zu fördern, wenn und wo dies durch das ökonomische System nicht aus eigener Kraft bzw. in eigenem Interesse geschieht. Die Entwicklung von Basistechnologien und deren Verbreitung gehört ebenso dazu wie die Förderung von T.-Transfers aus der Wissenschaft in die Praxis. Zum anderen ist es Aufgabe der →Politik (und →Verwaltung), Akzeptanzkrisen zu vermeiden und die allgemeine Techniksozialisation zu erleichtern. Dabei wird der Politik zugleich die Verantwortung für Belastungsgrenzen (Natur, Mensch, Gesellschaft) und für Spätfolgen neuer T.n übertragen. Schließlich wird auch eine politische Mitbestimmung *von unten* gefordert: die →Partizipation potentiell Betroffener zumindest bei →Entscheidungen über neue T.n (z. B. Bio-Technologie) oder über relevante technologische Großprojekte. Die (ordo-)liberale Forderung nach politischer *Abstinenz* des Staates (Marktwirtschaft produziert T. nach Bedarf) findet (derzeit) wenig Gehör.

• *Technokratie und T.-Kritik:* In den 60er Jahren begann die Technokratie-Diskussion, insbesondere in der Auseinandersetzung mit der von H. Schelsky aufgegriffenen Zwangsläufigkeit des ‹technischen Staates›: Politische Entscheidungen werden von Experten und technologischen Innovatoren/ Unternehmern aufgrund technologischer Sachzwänge so vorbereitet, daß die Politik nur noch vollzieht (Maßnahmenplanung). Die T. bedarf keiner Legitimation, solange sie optimal funktioniert. Das ‹Wesen› des Staates (Souveränität, Gemeinwohlerkennung) wird umgekehrt, er wird fungibler Juniorpartner und Handlungsgehilfe technologie-entwickelnder →Interessen. Demgegenüber wird die technokratische →Herrschaft kritisch im Spannungsfeld zwischen wachsendem →Loyalitätsbedürfnis (aus der ‹Entdisziplinierung› des Bürgers) und drohender Legitimitätseinbuße gesehen (C. Offe). Die bestehenden (spätkapitalistischen) Verhältnisse sind schuld an dem repressiven und inhumanen Charakter der Technik und der Förderung (bzw. Unterdrükkung) bestimmter T.n.

Die technologische Gesellschaft ist ein Herrschaftssystem, das schon im Aufbau von Technik beteiligt ist, die Herrschaft wird nicht nur *mittels* T. ausgeübt, sondern auch *als* T. (H. Marcuse). Hochtechnologien legitimieren u. U. die Einschränkung von Bürgerrechten und zwingen zu teuren Schutz- und Folgeinvestitionen. In einer durch T. geprägten Gesellschaft sind demokratische Strukturen nur zu erhalten (und zu verstärken), wenn technologische Kenntnisse verbreitet und deren Transfer sozialer Kritik unterworfen bleibt. Diese Kritik ist allerdings nicht fundamental, sondern prozeß- und ergebnisbezogen. Sie äußert sich beispielsweise

– als aufmerksame Beobachtung der Herausbildung von Technostrukturen (Galbraith), den aus dem technologischen Wandel folgenden neuen Entscheidungszentren (technologische →Eliten) wie der Tendenz zur Verstaatlichung der Technik und zur Technisierung des Staates (G. Ropohl);

- als gewerkschaftspolitische Forderung nach →sozialer Kontrolle (Mitbestimmung) der technologischen Entwicklung, die nicht prinzipiell abgelehnt wird, obwohl damit auch (klassenbezogene) Bewußtseinsänderungen verbunden sind. Die Kritik richtet sich hier gegen die sozialen Folgen des nur rentabilitätsorientierten Einsatzes neuer T.n (Arbeitsplatzrisiko, Dequalifizierung, Enthumanisierung der Arbeit);
- als ergebniskritische T.-Bewertung (z. B. durch den Club of Rome): Einige Folgen des technologischen Wandels müssen durch überlegte Entwicklung und Anwendung ‹besserer› T.n reduziert werden;
- als sich verbreitende (oft ambivalente) T.-Kritik, die entweder aus Verunsicherungen gegenüber ‹anonymen› technologischen Vorgängen und noch nicht alltäglichen Artefakten erwächst, oder die entsteht aus Fragen nach dem ‹Segen›, dem Sinn, der Kontrollierbarkeit der neuen T.n. Mangelnde soziale Akzeptanz wird auch politisch relevant (Ablehnung der T.-Politik, Legitimationsdefizite, Partizipationsforderungen).

Aus der Kritik am Industriesystem mag es (wie schon oft in der Geschichte) auch zu Widerstandsbewegungen gegen T. kommen.

● *Alternativen:* Marx und Engels hatten noch auf die Entwicklung der T. und der Technik gehofft, diese als wichtige Vorbedingung für den Übergang zum →Kommunismus erkannt; auch der ‹reale Sozialismus› setzt betont auf T.-Entwicklung. Dieser historische Optimismus wird neuerdings von sozialistischen und ökologistischen Positionen recht deutlich kritisiert. Auch der Fortschrittsbegriff der Industriegesellschaft ist veraltet. Die T.-Entwicklung ist schuld an gesellschaftlichen Mißständen, produziert Schäden und Gefahren (Inhumanität des Produkts), verlangt nach Hierarchien und (Eliten-)Herrschaft: Die Produktivkräfte haben ihre Unschuld verloren (O. Ulrich). Es ist deshalb erforderlich, *alternative* T.n (sanfte, mittlere) zu entwickeln, die humanen und ökologischen Zielen angemessen sind und sowohl ‹Entfremdung› beseitigen als auch die Ressourcenvergeudung reduzieren. Aus der Kritik des Industrialismus (in West und Ost) folgen Entwürfe einer ökologischen und arbeitnehmer-orientierten T.-Gestaltung – auch auf Kosten der traditionellen Produktivität (Strasser/Traube). Daß eine ungeliebte Alternative auch in der Integration von Hochtechnologie und Ökologie (einem ökologisch angepaßten, superindustriellen Durchbruch: J. Huber) bestehen könnte, wird eher erschreckt und ratlos festgestellt. Immerhin: Wenn sich das technologische Niveau notwendig immer mehr anhebt und die Mittelverwendung für andere (z. B. kulturelle) Zwecke oder für

T.-Folgenbeseitigung verhindert, dann kann die Fundamentalkritik an T. über soziale Verweigerung zum Ende der ‹technologischen Epoche› führen.

Begriffspräzisierung

Die vielfältige Begriffsverwendung und das breite Spektrum des Verwendungszusammenhangs demonstrieren sowohl die politische wie gesellschaftliche Relevanz des Gegenstands als auch (noch) dessen Residualcharakter (z. B. bei vielen ökonomischen Ansätzen). Die begriffliche Präzisierung muß derzeit noch drei Ansatzpunkte berücksichtigen; eine weitergehende Konzentration würde die Verständigung erschweren.

Zum einen ist T. zu begreifen als bereichsspezifischer Bestand von Regeln, Fähigkeiten und Mitteln (‹informatives Aussagesystem›) für künftige Handlungen; also: angelegte technische Möglichkeiten zur allgemeinen Sicherung und Veränderung menschlichen Lebens. Diese Begrifflichkeit bezieht sich eher auf einzelne T.n (in engem Bezug zur Transformation in Technik). Hieraus folgen spezifische politische und gesellschaftliche Handlungsableitungen wie T.-Folgenabschätzung und T.-Politik einschließlich unterschiedlicher Formen des T.-Transfers – beide mit Bezug zum ‹technischen Fortschritt›, der (irgendwie) zu erhalten bzw. auszuweiten ist. Im Vordergrund steht der systemanalytische und praxeologische Bezug.

Zum anderen wird zunehmend versucht, T. (und Technik) als kritikwürdiges Resultat menschlicher Tätigkeit zu begreifen. Entstehung, Nutzung und Wirkung von T. und deren (auch sozio-technische) Transformation wird von den ökonomischen Interessen und Strukturen sowie den potentiellen Gefährdungen für die natürliche Umwelt, aus Rüstungstechnologie und ausbeuterischem T.-Transfer in Entwicklungsländer (‹technologischer Graben›) usw. thematisiert. Der Bedingungs- und Wirkungszusammenhang mit Macht, Sicherheit, Ausbeutung, Prestige und damit die Verknüpfung von Staat, Ökonomie und T. wird hergestellt: T. ist ein zentraler Parameter der Politik (Erhaltung der Systemfunktionen, Kapitalverwertungsbedingungen, internationales ‹Gleichgewicht›, zentrale ‹Herrschaftsquelle› usw.). T.-Folgenanalysen gelten eher als Beschwichtigungs- denn als Aufklärungsinstrument. Im Vordergrund steht also der *systemkritische* (gesellschaftsanalytische) Bezug.

Schließlich werden die Voraussetzungen für die (Wieder-)Begründung einer allgemeinen T. mit stark gesellschaftspolitischen und ökologischen Bezügen geschaffen. In dieser Richtung sind Chancen einer (begrifflichen) ‹Vereinbarung› zu finden. Ziel ist die Herausbildung einer gesellschaftsorientierten T.-Theorie (auch in kulturvergleichender Absicht). Es geht dabei vor allem um die begriffliche und materielle Bestimmung der gesellschaftlichen Macht von T. und die Ableitung (menschen-, sach-

und naturgerechten) Handelns des einzelnen und von →Institutionen. Eine solche allgemeine T. könnte – in technokratiekritischer Absicht – zugleich dem einzelnen den Nutzen und die ‹Macht› der T. durchschaubar machen. Sie würde die angemessene Beteiligung an technologiepolitischen und techniksteuernden →Entscheidungen darlegen. Technologische Aufklärung wäre eine Intention der allgemeinen T.; T.-Politik würde zur bewußten Beratung und Gestaltung; T. und Technikbewertung müßten ihre Maßstäbe aus gesellschaftsbezogener T.-Theorie ableiten.

Forschungsstand

Von wenigen frühen Analysen (z. B. Ellwein) und den oben erwähnten Positionsdarstellungen abgesehen, hat sich die politikwissenschaftliche Forschung erst in jüngerer Zeit verstärkt technologiebezogenen Fragestellungen zugewandt. Im Vordergrund steht die Beschäftigung mit der Herausbildung und den sozio-ökonomischen Auswirkungen einzelner T.n (Informationstechnologie, Roboterisierung usw.). Hinzu kommt die Analyse staatlicher T.-Politik und deren Auswirkungen (z. B. auch auf den Arbeitsmarkt) mit der Intention und dem Effekt von T.-Parks und T.-Transfers (auch in Länder der Dritten Welt). Dabei wird der Zusammenhang von Staat, Wirtschaft und Technik neu thematisiert (DVPW-Kongreß 1985). Überlegungen zur Verantwortungsverteilung für die technologische Entwicklung (nur staatliche Instanzen oder auch breite Betroffenenbeteiligung; Verfahren) werden zunehmend erörtert. Die Chancen ‹technologischer Aufklärung› (z. B. über den Mythos der technologischen Neutralität wie über die Unverzichtbarkeit auf T.) durch öffentliche Diskussion, Bürgergutachten (P. Dienel) und andere Verfahren werden nach Anspruch und Wirkung untersucht. Die Möglichkeiten der Institutionalisierung von T.-Folgenabschätzungen und die damit verbundenen Kontrollchancen sind dagegen schon intensiver behandelt worden (Böhret/Franz).

Forschungsperspektive

Die zukünftige Forschung dürfte in drei Richtungen vorangetrieben werden. Zum einen wird das spannungsreiche Verhältnis von Politik (Staat, Menschenrechte, Akzeptanzproblematik) und T. einschließlich der bedingten Veränderungen politisch-administrativer Strukturen thematisiert (neue Verantwortlichkeiten, Konsequenzen für politische Herrschaft und ökonomische Strukturen). Zum anderen wird die Analyse der T.- und Innovationspolitik sowie staatliche und gesellschaftliche T.-Folgenabschätzungen und -Bewertungen, einschließlich deren angemessener Institutionalisierung (Enquete-Kommission oder ständige Einrichtung), verstärkt. Die Auswirkungen neuer T.n auf die internationalen Beziehungen werden ebenso Gegenstand der Forschung sein wie die Chancen und

Grenzen von T.-Transfers (insbes. in Länder der Dritten Welt). Schließlich dürften weitere, den wissenschaftlichen und praktischen Standort generalisierende (ideengeschichtliche, futurologische und politiktheoretische) Arbeiten zu erwarten sein; notwendig sind solche Analysen auf jeden Fall.

Es ist also wahrscheinlich, daß sich sowohl die Politikfeldanalysen als auch die ordnungs- und prozeßbezogenen Studien in verstärktem Ausmaß der T.-Problematik widmen werden. Insoweit sind auch politikwissenschaftliche Beiträge zur Weiterentwicklung einer ‹interdisziplinären T.› zu erwarten. Denn erstrebt wird und erstrebenswert ist die Herausbildung einer solchen *allgemeinen T.* als Wissenschaft von den Funktions- und Strukturprinzipien der technischen Sachsysteme in ihren gesellschaftlichen und politischen Entstehungs- und Verwendungszusammenhängen. Diese allgemeine T. enthält Theorien des Zusammenhangs technischer und sozio-ökonomischer Systeme einschließlich ihrer technologiegeschichtlichen Begründung, empirische Beschreibungen und Analysen von T.n im gesellschaftlichen Wirkungsfeld und praxeologische Ableitungen (T.-Lehre, einschließlich der technologiepolitischen und sozio-technischen Aspekte).

Böhret, C./Franz, P.: Technologiefolgenabschätzung. Institutionelle und verfahrensmäßige Lösungsansätze. Frankfurt/New York 1982.
Hartwich, H. H. (Hg.): Politik und die Macht der Technik (= Wissenschaftlicher Kongreß der DVPW 1985). Opladen 1986.
Kevenhörster, P.: Politik im elektronischen Zeitalter. Baden-Baden 1984.
Koch, D./Senghaas, D. (Hg.): Texte zur Technokratie-Diskussion. Frankfurt/M. 1970.
Rammert, W. u. a. (Hg.): Technik und Gesellschaft. Jahrbuch (3 Bde.). Frankfurt/New York 1982 ff.
Rapp, F. u. a.: Determinanten der technischen Entwicklung. Berlin 1980.
Ropohl, G. (Hg.): Interdisziplinäre Technikforschung (bes. die Beiträge von T. Ellwein, H. Lenk, G. Ropohl). Berlin 1981.
Technik und Politik (aktuell Magazin). Reinbek bei Hamburg 1975 ff.
Ulrich, O.: Technik und Herrschaft. Frankfurt/M. 1977.
Zimmerli, W. C. (Hg.): Technik. Oder: wissen wir, was wir tun? Basel/Stuttgart 1976.

Carl Böhret

Theorie

Begriffsverwendungen

Der Eigenständigkeitsanspruch einer wissenschaftlichen Disziplin läßt sich an drei Merkmalen festmachen: an dem durch das Fach im Rahmen der wissenschaftlichen Arbeitsteilung anerkanntermaßen beanspruchten *Gegenstandsbereich*; an den fachspezifischen Forschungszielen und den zu ihrer Erreichung eingesetzten →*Methoden* sowie am Vorhandensein eines anerkannten Kanons von *Lehrsätzen*, die die Untersuchungen der wissenschaftlichen Gemeinschaft auf bestimmte inhaltliche Probleme ausrichten. An diesen Kriterien gemessen, stellt sich die →Politikwissenschaft nicht als eine homogene wissenschaftliche Disziplin dar. Am ehesten läst sich eine Einigung über den Gegenstand der Politikwissenschaft erzielen. Als Politik bezeichnet man denjenigen Teilbereich der Gesellschaft, in dem die für die Gesamtgesellschaft verbindlichen Entscheidungen hergestellt werden. Hinsichtlich der Ziele und der Methoden gehen die Vorstellungen der Fachvertreter weit auseinander, und noch weniger existiert ein Fundus allgemein anerkannter Lehrsätze.

In dieser Situation sind einheitliche Vorstellungen von der Bedeutung des Begriffs ‹politische T.› nicht zu erwarten. Im engeren Sinne verstehen wir darunter ein *spezielles* politikwissenschaftliches *Teilgebiet*, das sich im Rahmen der innerfachlichen Arbeitsteilung als einer von mehreren Kernbereichen politikwissenschaftlicher Lehre und Forschung herausbildete. Im weiteren Sinne bezeichnet der Begriff «a more interdisciplinary body of literature, activity and intellectual community» (Gunnell, in Finifter 1983, S. 3). Der Begriff politische T. wird nachfolgend in seiner weiteren Bedeutung gebraucht. Dies ist sinnvoll, weil theoretische Probleme nicht nur in einer abgrenzbaren Teildisziplin unseres faches auftauchen, sondern auf allen Forschungsgebieten, z. B. der politischen Institutionenlehre, der politischen Soziologie oder der Lehre von den internationalen Beziehungen.

Die Aufgabe politischer T. im Forschungsprozeß besteht darin, politische Sachverhalte und Zusammenhänge verständlich zu machen. Im Unterschied zum Alltagswissen müssen T.n auf Grund bestimmter Standards von der wissenschaftlichen Gemeinschaft als angemessene Interpretationen politischer Realität akzeptiert werden. Die Kriterien, nach denen eine Interpretation als akzeptabel gilt, sind Gegenstand fachinterner Kontroversen.

Verwendungszusammenhänge

- *Methodologische Streitfragen:* Soll die politische T. ihre Aufgabe, zum Verständnis politischer Gegebenheiten beizutragen, systematisch und in kontrollierter Form erfüllen, dann benötigt sie wissenschaftliche Ziele und Standards, an denen sich die Aktivitäten der Forscher orientieren können. Vor jeder inhaltlichen Auseinandersetzung mit politischer Realität stellt sich folglich die metatheoretische Frage nach den politikwissenschaftlichen Forschungszielen. Für empirisch orientierte Wissenschaftler resultiert die Festlegung solcher Ziele und Standards aus einer rationalen Übereinkunft der Beteiligten. Geisteswissenschaftlich ausgerichtete Sozialwissenschaftler vertreten demgegenüber die Auffassung, die wissenschaftliche Begriffsbildung, die Auswahl der Forschungsmethoden und der Aufbau einer T. dürften nicht ausschließlich aus methodologischen Überlegungen folgen, es seien dabei vielmehr die Besonderheiten des untersuchten Objektbereichs in Rechnung zu stellen.

Auch wenn die Bezeichnung der politischen T. als *System* mit der politischen Wirklichkeit interpretierender Aussagen konsensfähig ist, so hat man damit keineswegs über die strukturellen Eigenschaften solcher Aussagen entschieden. Spätestens seit der Behavioralismus-Kontroverse in der amerikanischen Politikwissenschaft der 50er Jahre sind einige Grundfragen wissenschaftlicher T.-Bildung umstritten. Entsprechend werden ganz unterschiedlich strukturierte Aussagensysteme als politikwissenschaftliche T.n bezeichnet.

Das wichtigste Merkmal realwissenschaftlicher Theorien ist ihr *Realitätsbezug*. Nach den Vorstellungen empirischer Wissenschaftler können nur solche Aussagen einen T.-Status beanspruchen, die prinzipiell an Tatsachenwahrnehmungen scheitern können, d. h. empirisch prüfbar sind. Kritiker halten dem entgegen, nicht alle sozialwissenschaftlich relevanten Phänomene ließen sich auf Beobachtungsdaten zurückführen, insbesondere gelte dies für Sinn- bzw. Wertfragen. Bis heute ist es umstritten, ob die Klärung metaphysischer Fragen zu den Aufgaben der Politikwissenschaft gehört und ob das Fach neben der Beschreibung und Erklärung politischer Ereignisse bewertend zu ihnen Stellung nehmen sollte. Wir können in diesem Sinne zwischen *empirisch-kognitiven* und *normativen/ metaphysischen T.n* unterscheiden. Erstere enthalten ausschließlich empirisch prüfbare Aussagen, die der Beschreibung und Erklärung der politischen Wirklichkeit dienen. Normative T.n informieren gleichfalls über politische Wirklichkeit. Darüber hinaus beanspruchen sie, wissenschaftlich begründbare Werturteile über politische Phänomene liefern zu können, die häufig metaphysisch (z. B. religiös) begründet sind.

In engem Zusammenhang mit dem Normativismus-Problem steht das des *Praxisbezuges* wissenschaftlicher T.n. Empirische T.n sind auf Grund ihrer logischen Struktur prognostisch und technologisch verwendbar. Sie zeigen der Praxis alternative Handlungsmöglichkeiten auf. Die technologische Nutzung theoretischer Erkenntnisse gehört in der Sicht der Erfahrungswissenschaftler zum Verwendungszusammenhang von T.n, nicht zu ihrem Begründungszusammenhang. Für die praktische Anwendung von

T.n sind Gesichtspunkte der sozialen Verantwortung des Wissenschaftlers und der Institution Wissenschaft maßgeblich, nicht wissenschaftsimmanente Standards.

Eine solche Trennung zwischen der ‹reinen T.› und ihrer praktischen Anwendung halten Verfechter einer *normativ-pragmatischen* Politikwissenschaft weder für möglich noch für erstrebenswert. Sie betrachten wissenschaftliche Forschung als einen Bestandteil gesellschaftlicher Praxis. In der Tradition der aristotelischen Wissenschaftslehre unterscheidet man ausdrücklich zwischen theoretischen (Logik, Mathematik) und praktischen Wissenschaften. Zu letzteren gehört neben der Ethik und der Ökonomik auch die Politik. Theoretische und praktische Wissenschaften unterscheiden sich durch die ihnen angemessenen Erkenntnisweisen. Anhänger der traditionellen Politikwissenschaft in den Vereinigten Staaten grenzen die geisteswissenschaftliche ‹political philosophy› von der szientistischen ‹political science› ab. Sie verstehen die Politikwissenschaft als ethisch fundierte Lehre von den Staatszwecken, der die Aufgabe obliegt, Prinzipien einer dem Wesen des Menschen angemessenen Form des Zusammenlebens in der politischen Gemeinschaft zu entwerfen (‹ontologisch-normative› Politikwissenschaft).

Auch *marxistische* Sozialwissenschaftler bestreiten die Möglichkeit einer ‹rein theoretischen› Beschäftigung mit der Politik. T. ist für sie Praxis in anderer Form. Insbesondere im Spätkapitalismus entwickle sich die Wissenschaft zur gesellschaftlichen Produktivkraft ersten Ranges. Die anspruchsvollste Auseinandersetzung mit dem Verhältnis zwischen T. und Praxis lieferte Habermas mit seiner Konzeption der erkenntnisleitenden →Interessen. Ihre emanzipatorische Funktion erfüllt eine kritische, selbstreflexive *T. der Gesellschaft*, indem sie sich begreift «als ein notwendiges katalysatorisches Moment desselben gesellschaftlichen Lebenszusammenhanges, den sie analysiert; und zwar analysiert sie ihn als einen integralen Zwangszusammenhang unter dem Gesichtspunkt seiner möglichen Aufhebung» (Habermas). Die Gesichtspunkte für eine rationale Organisation der menschlichen Lebenspraxis gewinnt die kritische *(dialektisch-historische)* T. aus einer Rekonstruktion der Gesetzmäßigkeiten geschichtlich-gesellschaftlicher Entwicklungsprozesse.

Umstritten ist schließlich die Anwendbarkeit des Kausalitätsprinzips in der politischen Analyse. Die empirischen Sozialwissenschaften orientieren sich am naturwissenschaftlichen Erkenntnisideal der *kausalen Erklärung* singulärer Ereignisse mittels universeller Gesetze. Sie bedienen sich dabei teils *deduktiv-nomologischer* (Popper), teils *induktiv-probabilistischer* Aussagensysteme. Geisteswissenschaftliche Fachvertreter setzen dem die Alternative des ‹Sinnverstehens› gegenüber. Soziale Tatbestände seien nicht als deterministische Ursache-Wirkungszusammenhänge zu analysieren, sondern in ihrer Einmaligkeit und Unwiederholbarkeit durch intuitives Verstehen zu rekonstruieren. Für Hennis liegt der Schlüssel zum Verständnis politischer Gegebenheiten nicht in ihren ‹causae›, sondern in ihrem ‹telos›, den Zielen und Zwecken *(teleologische T.n)*. Habermas schlägt vor, die kausalwissenschaftliche Analyse durch hermeneutische und dialektische Methoden zu ergänzen. Im erfahrungswissenschaftlichen Lager wurde die *funktionale Analyse* als methodische Alternative zur kausalen Erklärung entwickelt (Merton, Luhmann). In Anbetracht des divergierenden wissenschaftlichen Standards kann man von einer einheitlichen Disziplin ‹Politikwissenschaft› kaum sprechen, sondern eher von einem Fach, dessen Zusammenhalt eher von institutionellen Zufälligkeiten als von einem einheitlichen theoretisch-methodischen Selbstverständnis geprägt ist.

Begriffspräzisierung
Bei der Auseinandersetzung mit inhaltlichen politikwissenschaftlichen Problemen verstärkt sich der Eindruck theoretischer Fragmentierung. Dies gilt selbst bei einer Beschränkung der Bestandsaufnahme auf neuere Entwicklungen der erfahrungswissenschaftlichen politischen T.

Ihre stärksten theoretisch-methodischen Impulse erhielt die empirische Politikwissenschaft durch die ‹Verhaltenstheoretische Revolution›. Sie verfolgte das Ziel, die bis dahin dominierende Institutionenlehre und Ideengeschichte durch neue Gegenstände, Fragestellungen und Methoden zu ersetzen oder doch zumindest zu ergänzen. Zur Grundeinheit der politikwissenschaftlichen Analyse wurde das politische Verhalten von Individuen erhoben. David Easton faßte das wissenschaftstheoretische Programm des Behavioralismus in einem Acht-Punkte-Katalog zusammen. Er plädierte dabei für eine *empirisch prüfbare* T., die Aussagen über *Gesetzmäßigkeiten* des individuellen und kollektiven politischen Verhaltens enthalten sollte. Die Politikwissenschaft habe sich kontrollierter, standardisierter und *intersubjektiv nachvollziehbarer, quantitativer Forschungsmethoden* zu bedienen. Zwischen Tatsachen und Werturteilen sei strikt zu unterscheiden, wobei eine Beschränkung auf erstere geboten sei. Easton empfahl weiter eine *systematische Verknüpfung von T. und empirischer Analyse* sowie eine Ausrichtung am Ideal kumulativer Forschung. Beim gegenwärtigen Entwicklungsstand des Faches sei der *Grundlagenforschung* Priorität einzuräumen. In theoretischer wie in methodischer Hinsicht solle die Verhaltensforschung *interdisziplinär* angelegt sein (vgl. Easton, in Charlesworth 1967).

Forschungsstand
Zuerst nahm man die Realisierung dieses Programms in der Wahlforschung in Angriff. Diese entwickelte sich während der vergangenen 40 Jahre zum theoretisch und methodisch am weitesten fortgeschrittenen

Zweig der Sozialwissenschaft. Die Teilnahme an →Wahlen und die Entscheidung für eine bestimmte →Partei wurden als Effekte bestimmter Umwelt- und Persönlichkeitsfaktoren des Wählers angesehen (Campbell et al.; Lazarsfeld et al.). Die einschlägigen Erklärungsvariablen faßte man in mehr oder minder komplexen Modellen des Wählerverhaltens zusammen. Seit der Mitte der 60er Jahre gibt es verstärkte Anstrengungen, die empirische Wahlverhaltensforschung in eine allgemeine Theorie rationalen politischen Verhaltens zu integrieren. Darüber hinaus übte die Wahlforschung eine starke Ausstrahlung auf weitere Forschungsgebiete, wie die empirische →Partizipations-, Einstellungs- und Kommunikationsforschung aus, die ihren systematischen Ausgang von wahlsoziologischen Hypothesen nahmen.

Die Analyse des Wählerverhaltens stellt ein Musterbeispiel für die von den Behavioralisten anvisierten ‹T.n mittlerer Reichweite› dar. Man gelangte durch die Verallgemeinerung von Einzelbefunden zu Aussagen über regelmäßig auftretende Verhaltensmuster und betrachtete diese als Bausteine für eine auf längere Sicht anzustrebende allgemeine T. politischen Verhaltens. Dieselbe Strategie verfolgten weitere Strömungen innerhalb des Behavioralismus. Die *empirische Modernisierungs- und Demokratietheorie* suchte – auf der Makro-Ebene – nach den sozioökonomischen und soziokulturellen Bedingungen für das Entstehen und den Fortbestand demokratischer Regime (Lipset; Dahl; Cnudde; Neubauer). Auf diesem Gebiet blieb eine breite Rezeption der ersten Forschungsimpulse jedoch aus. Entsprechend sind bis zur Gegenwart nur bescheidene theoretisch-methodische Fortschritte zu verzeichnen. Erst in neueren Arbeiten, u. a. von Lijphart und Powell, deutet sich das wiederauflebende Interesse an empirischer Demokratietheorie an.

Soweit die expandierende *Policy-Forschung* theoretische Ambitionen verfolgt und nicht lediglich auf dem Niveau deskriptiver Fallstudien verbleibt, gehört sie gleichfalls zu den makropolitischen T.n mittlerer Reichweite (Dye; Sharkansky). Sie erklärt die Inhalte politischer Entscheidungen, ‹policies› (Gesetze, Ausgaben) durch institutionelle (polity) und prozessuale Merkmale des politischen Systems (politics) sowie durch die Konstellation sozio-ökonomischer Rahmenbedingungen. Diese Erklärungen kommen allerdings häufig ex post zustande und basieren nicht immer auf expliziten und nachvollziehbaren theoretischen Überlegungen.

Bereits zu einem frühen Zeitpunkt bildete sich neben der empirischen eine primär theoretisch interessierte Richtung der Verhaltensschule aus. In diesen Zusammenhang gehört Eastons Entwurf einer T. des politischen →Systems auf behavioralistischer Grundlage. Sie knüpfte an Vorarbeiten aus der interdisziplinären Allgemeinen Systemtheorie sowie an die von Parsons entwickelte strukturfunktionale T. sozialer Handlungssysteme an. Zum politischen System rechnet Easton diejenigen Interaktionen, durch welche die autoritative Verteilung gesellschaftlicher Werte erfolgt. Politische Systeme stehen als offene, dynamische und zielgerichtete Einheiten in einem ständigen Austauschprozeß mit ihren Umwelten.

Zwar fand die Systemtheorie zunächst eine beträchtliche Resonanz in der Politikwissenschaft; doch blieb ihr Ertrag für die politische T. und die empirische Forschung gering. Arbeiten auf dem Gebiete der Vergleichenden Politikwissenschaft, der empirischen Demokratietheorie und der Policy-Analyse verwenden gelegentlich den Begriffsapparat der Systemtheorie. Substantielle Fortschritte wurden auf dem Wege zu einer *empirisch erklärungskräftigen* allgemeinen T. des politischen Systems bislang nicht erzielt.

Wesentlich erfolgreicher waren in dieser Hinsicht Bemühungen um eine ökonomische T. des politischen Verhaltens (Public Choice-Theorien, Neue Politische Ökonomie). Sie basieren auf dem Axiom der Zweck-Mittel-Rationalität, dem zufolge ein Akteur in der Lage ist, die ihm bekannten Handlungsalternativen unter Kosten- oder Nutzengesichtspunkten in eine Rangordnung zu bringen und aus den verfügbaren Möglichkeiten diejenige auszuwählen, die seinen Nutzen maximiert oder seine Kosten minimiert. Die untersuchten Entscheidungssituationen variieren im Hinblick auf die Zahl der Akteure, die diesen verfügbaren Informationen, die zugelassenen Kommunikationsbeziehungen, die Kooperationsbereitschaft der Beteiligten, die Teilbarkeit des Nutzens usw. In den ersten Arbeiten (Parteien- und Wählerverhalten: Downs; inneradministrative Entscheidungsprozesse: March, Simon, Lindblom) erfolgten keine systematischen empirischen Tests der einschlägigen Hypothesen. Man begnügte sich statt dessen mit empirischen Illustrationen der T. Mittlerweile wurde das Anwendungsgebiet beträchtlich erweitert, etwa im Rahmen der Spieltheorie in der ökonomischen Verfassungstheorie und der T. kollektiver Güter (Buchanan; Tullock; Olson). Besonders vielversprechend lassen sich Versuche an, die Annahmen der ökonomischen Verhaltenstheorie zu präzisieren, zu operationalisieren und sie empirisch zu testen. In der T. des Wählerverhaltens gibt es hierzu mittlerweile zahlreiche Arbeiten (z.B. Riker; Ordeshook; Fiorina; Ferejohn). In der Analyse politischen Protestverhaltens spielen die utilitaristischen Verhaltenstheorien gleichfalls eine wichtige Rolle (Muller; Opp).

Forschungsperspektive

Wie der ausschnitthafte Überblick über die Entwicklung einiger neuerer Ansätze zeigt, ist die Politikwissenschaft von einer allgemein akzeptierten ‹T. der Politik› noch weit entfernt. Dem Ideal einer deduktiv-nomologischen, empirisch bewährten Verhaltens- oder Systemtheorie entspricht keines der in diesem Beitrag vorgestellten Konzepte. Den größten empirischen Gehalt weisen die verschiedenen middle-range-Theorien auf, ihnen fehlt jedoch die (gemeinsame) axiomatische Grundlage. Eine solche ist zwar bei der ökonomischen T. der Politik im Rationalitätsaxiom vorhanden. Dies liefert allerdings ein extrem vereinfachtes Modell politischer Realität, dessen empirischer Gehalt selbst von seinen Befürwortern eher zurückhaltend eingeschätzt wird.

Beyme, K. v.: Die politischen Theorien der Gegenwart. München [5]1984.
Blalock, H. M. jr.: Theory Construction. From Verbal to Mathematical Formulations. Englewood Cliffs (N. J.) 1969.
Charlesworth, J. C. (Hg.): Contemporary Political Analysis. New York 1967.
Easton, D. (Hg.): Varieties of Political Theory. Englewood Cliffs (N. J.) 1967.
Falter, J. W./Göhler, G.: Politische Theorie. Entwicklung und gegenwärtiges Erscheinungsbild. In: Beyme, K. v. (Hg.): Politikwissenschaft in der Bundesrepublik Deutschland. Entwicklungsprobleme einer Disziplin. Opladen, 1986 (PVS-Sonderheft 17/1986), S. 118–141.
Finifter, A. W. (Hg.): Political Science. The State of the Discipline. Washington 1983.
Gabriel, O. W. (Hg.): Grundkurs Politische Theorie. Köln/Wien 1978.
Görlitz, A.: Politikwissenschaftliche Theorien. Stuttgart u. a. 1980.
Nohlen, D./Schultze, R.-O. (Hg.): Politikwissenschaft. Theorien – Methoden – Begriffe. Pipers Wörterbuch zur Politik, Bd. 1. München 1985.

Oscar W. Gabriel

Totalitarismus

Begriffsverwendungen

Der Begriff T. bildet eine zentrale Kategorie der vergleichenden Analyse politischer Herrschaftssysteme (→Herrschaft). Die totalitäre Herrschaftsordnung wird als ein Gegentypus zu einem liberal-demokratisch geprägten politischen Regime begriffen. Die Vertreter eines totalitarismustheoretischen Ansatzes qualifizieren das faschistische und nationalsozialistische Regime in Italien und Deutschland (→Faschismus) ebenso wie die kommunistischen Systeme in der Sowjetunion (→Kommunismus), in den nach dem 2. Weltkrieg in den sowjetischen Machtbereich gelangten Staaten Mittel- und Südosteuropas (DDR, Polen, Ungarn u. a.) sowie in China nicht als verschiedene Ausprägungen einer überkommenen autokratischen oder diktatorischen Regierungsform. Sie entwickeln vielmehr die These, daß, weil die Organisationsformen und Herrschaftstechniken faschistisch/nationalsozialistischer und kommunistischer Regime fast identische Merkmale aufweisen, zumindest aber sehr ähnlich sind, es sich hier um einen neuen, strukturell eigenständigen und weitgehend einheitlichen Herrschaftstypus handelt.

Der spezifische Unterschied eines totalitären Herrschaftssystems auch gegenüber allen älteren Formen der Autokratie – der orientalischen Despotie, der Tyrannis der griechischen Stadtstaaten, der bonapartistischen Militärdiktatur (→Diktatur) – findet in der Tatsache ihren Ausdruck, daß in faschistisch/nationalsozialistischen und kommunistischen Systemen der modernen →Technologie ein herausragender Stellenwert zukommt, und zwar in doppelter Weise: einmal als Voraussetzung für die Errichtung, zum andern als Instrument für die Sicherung totalitärer Herrschaft. So ist es denn auch nicht verwunderlich, daß mehrere der für totalitäre Regime als konstitutiv angesehenen Merkmale technologisch bedingt sind. C. J. Friedrich, neben F. L. Neumann, S. Neumann und H. Arendt einer der profiliertesten Repräsentanten einer totalitarismustheoretischen Konzeption, macht die totalitäre Herrschaft – er selbst spricht von «totalitärer Diktatur» – an sechs Merkmalsgruppen fest: (1) einer offiziellen →Ideologie; (2) einer einzigen →Partei; (3) einer terroristischen Geheimpolizei; (4) einem Nachrichtenmonopol; (5) einem Waffenmonopol und (6) einer zentral gelenkten →Wirtschaft. Eine detaillierte Beschreibung ist aus Raumgründen nicht möglich; einige wenige Anmerkungen müssen genügen.

Die totalitäre Ideologie besteht aus einem in sich geschlossenen →System von «Ideen oder Doktrinen, die sich auf alle wichtigen Bereiche des menschlichen Lebens» (Friedrich) erstrecken und die jeder Bürger in dieser Gesellschaft zumindest passiv zu akzeptieren hat. Sie zielt ferner auf eine Absage an die bestehende und die Herstellung einer neuen Gesellschaftsordnung, eines vollkommen gesellschaftlichen Endzustandes (chiliastischer Anspruch).

Träger der politischen →Macht ist die eine Massenpartei mit einer hierarchischen und oligarchischen Organisationsstruktur. Geleitet wird die Partei von dem Parteiführer und einer ideologisch gefestigten Kerntruppe der Einheitspartei. Das Verhältnis der Partei zum →Staat ist entweder durch eine enge organisatorische Verflechtung mit der Regierungs- und Verwaltungsbürokratie oder durch eine Überordnung über die bürokratischen →Institutionen bestimmt.

Partei und Geheimpolizei organisieren und kontrollieren ein physisches und psychisches Terrorsystem. Dieses System fungiert als ein zentrales Herrschaftsmittel der Parteiführung und der →Regierung; zugleich aber kommt dem Terror der Geheimpolizei eine Überwachungsfunktion gegenüber der totalitären Herrschaftselite in Partei und Staat zu. Adressaten des Terrorsystems sind nicht nur die tatsächlichen Feinde des Regimes, sondern ebenso «mehr oder weniger willkürlich ausgewählte Gruppen der Bevölkerung». Erkenntnisse der modernen Wissenschaft, insbesondere der wissenschaftlichen Psychologie, werden für den Terror der Geheimpolizei systematisch genutzt. Der Beeinflussung und vor allem der Manipulation der Bevölkerung dient das in den Händen von Partei und Regierung liegende Monopol der Kontrolle aller wirksamen Massenmedien wie Presse, Funk, Fernsehen und Film. Das zur Disposition der herrschenden Machteliten stehende Waffenmonopol ermöglicht eine effiziente →Gewaltausübung und läßt bewaffneten Widerstand nahezu aussichtslos erscheinen.

Eine zentrale Lenkung und Kontrolle bestimmen die Struktur des Wirtschaftssystems in der ‹totalitären Diktatur›. Ein totalitäres Regime zeichnet sich also durch die Existenz dieser sechs Strukturmerkmale aus. Sie bilden eine Einheit, genauer: erst in der engen Verflechtung der einzelnen Grundeigenschaften wird das Wesen totalitärer Herrschaft sichtbar.

Verwendungszusammenhänge

Der totalitarismustheoretische Ansatz Friedrichscher Prägung mit seiner Identifikation nationalsozialistisch/faschistischer und kommunistischer Systeme aufgrund gewisser gemeinsamer Strukturmerkmale muß in seiner Fähigkeit, politische und gesellschaftliche Realität hinreichend erklären zu können, stark relativiert werden. Eine sozialwissenschaftliche Analyse der Ziele, Strukturen und Herrschaftsmethoden nationalsozialistisch/faschistischer wie kommunistischer Systeme läßt die nur sehr eingeschränkte wissenschaftliche Tauglichkeit dieses Ansatzes sichtbar werden. Mit M. Greiffenhagen lassen sich erhebliche Einwände formulieren: Das NS-Regime kann nicht als ein totalitäres Herrschaftssystem qualifiziert werden, wenn man das ‹Primärphänomen› des T. im Sinne von M. Draht versteht. Danach besteht der wesentliche Unterschied zwischen einem ‹autoritären› und einem ‹totalitären› System darin, daß letzteres «gegenüber den in der Gesellschäft herrschenden Wertungen ein ganz anderes Wertungssystem durchsetzen will...» Diese Zielsetzung aber spielte im Kampf der Nationalsozialisten um die politische Macht am Ausgang der Weimarer Republik keine entscheidende Rolle, ganz abgesehen davon, daß völkisches Denken und Antisemitismus als Elemente der NS-Weltanschauung schon eine gewisse Tradition in der deutschen →politischen Kultur besaßen. Auch wäre es verfehlt, im Blick auf das NS-Regime – im Unterschied zur Sowjetunion – einen sozialen Wandel konstatieren zu wollen. Die privatkapitalistische Wirtschaftsordnung erfuhr im «Dritten Reich» keine substantielle Änderung – eine Tatsache, die selbst von C. J. Friedrich nicht bestritten wird. Mit der in der Sowjetunion existierenden, auf staatlichem Eigentum an Produktionsmitteln basierenden zentral geplanten und gelenkten Wirtschaft kann die staatlich reglementierte NS-Volkswirtschaft mit ihrer bürgerlichen Besitzordnung schwerlich identifiziert werden; auch unter den Aspekten der →Ideologie und des Terrors sind die Unterschiede in den Zielen und Methoden zwischen nationalsozialistisch/faschistischen und kommunistischen Systemen nicht zu übersehen. Wurde der Terror im NS-Regime um seiner selbst willen legitimiert, so setzten die Machteliten in kommunistischen Systemen Gewaltmittel, auch Terror, zweckrational, d. h. um eines «politischen Zukunftszieles» (M. Greiffenhagen) ein.

Begriffspräzisierung

Der totalitarismustheoretische Ansatz C. J. Friedrichs steht nicht am Anfang der wissenschaftlichen Diskussion, sondern bezeichnet einen Höhepunkt der wissenschaftlichen Auseinandersetzungen in den 50er Jahren. Ob der Begriff des T. zuerst von den politischen und geistigen Repräsentanten des italienischen Faschismus gebraucht wurde (wie M. Jänicke und W. Schlangen annehmen) oder von «der liberalen und sozialistischen Opposition in Italien» (G. Glaeßner), soll hier nicht weiter diskutiert werden. Tatsache ist, daß die faschistische und nationalsozialistische Bewegung sowie ihre geistigen Wegbereiter und Vertreter (G. Gentile; C. Schmitt; E. Forsthoff u. a.) mit ihrem Kampf gegen den pluralistisch organisierten, liberal-demokratischen Staat zugleich ein Bekenntnis zum ‹stato totalitario›, zum ‹totalen Staat›, zum autoritären Macht- und Führerstaat ablegten. Die Kritik an der demokratie- und freiheitsfeindlichen Orientierung des italienischen Faschismus bei Liberalen und Sozialisten setzt bereits in den 20er Jahren ein und weitet sich aus zu einer Kritik am bolschewistischen Rußland sowie dem NS-Regime in Deutschland in den 30er und 40er Jahren. Dabei wird zunächst vereinzelt und dann immer breiter im Schrifttum (z. B. in den Arbeiten von F. L. Neumann und S. Neumann) auf die Ähnlichkeit bzw. Gleichheit in den Herrschaftszielen und -methoden nationalsozialistisch/faschistischer und kommunistischer Systeme hingewiesen.

Von herausragender Bedeutung für die Nachkriegsdiskussion um den T.-Begriff ist neben den Arbeiten Friedrichs das Werk Hannah Arendts. Auch sie sieht im T. ein ganz neues und modernes politisches Phänomen; als das Wesen des T. bestimmt sie stärker als andere Autoren die Ideologie und den Terror. Um der Durchsetzung bestimmter ideologischer Ziele oder, anders formuliert, um der Durchsetzung vorgegebener ‹Bewegungsgesetze› der Geschichte (wie in kommunistischen Staaten) bzw. der Natur (wie im biologistischen Rassismus des NS-Weltanschauungsstaates) willen sehen sich die Herrschaftseliten in beiden Systemen legitimiert, das Mittel des Terrors einzusetzen.

Abweichend von der mehrheitlich vertretenen These, wonach ein totalitäres System einen völlig neuartigen Herrschaftstyp darstellt, finden sich im wissenschaftlichen Schrifttum vereinzelt auch modifizierte Positionen. So werden von W. Hennis, E. Faul, J. L. Talmon u. a. die spezifisch modernen, technologisch bedingten Organisationsformen und Herrschaftstechniken totalitärer Systeme nicht bestritten; aber sie glauben, bestimmte Denkmuster auch schon in der langen europäischen Kultur- und Geistesgeschichte (so bei Plato, Machiavelli, Rousseau) entdecken zu können.

Forschungsstand

In den 60er Jahren setzt in der Bundesrepublik eine kritische Diskussion in den Sozialwissenschaften um den T.-Begriff ein. In Untersuchungen zum NS-Staat wie auch auf dem Felde der Kommunismus-, insbesondere der DDR-Forschung wird die wissenschaftliche Tauglichkeit des T.-Konzepts zunehmend in Frage gestellt. Am Beispiel des gesellschaftlichen Systems der DDR diskutiert P. C. Ludz die mangelnde Aussage- und Erklärungskraft des totalitarismustheoretischen Ansatzes. Dieses Konzept ist nicht in der Lage, eine vorurteilsfreie Analyse des Wandels ideologischer Positionen und sozialer Strukturen, kurz der sozialen Dynamik in den realsozialistischen Gesellschaftsordnungen zu leisten; somit ist eine möglichst genaue Beschreibung von Realität gefragt. Diesem Postulat sucht Ludz gerecht zu werden, wenn er beispielsweise einen Sektor des Herrschaftsapparates der DDR, die SED, auf dem Wege eines soziologisch-industriegesellschaftlichen Ansatzes untersucht. Allerdings vermag auch Ludz sich noch nicht völlig vom T.-Konzept zu lösen, wenn er zwar einerseits eine Einschätzung des Gesamtsystems DDR als totalitär ablehnt und konstatiert, dieser Staat habe sich zu einem System des «konsultativen Autoritarismus» entwickelt, auf der anderen Seite aber die SED als eine «totalitäre Partei» einstuft, da sie nach wie vor den Anspruch «nach bis ins letzte gehender Gestaltung sozialer Tatbestände» erhebt.

Forschungsperspektive

Endgültig verabschiedet wird die T.-Theorie in den Arbeiten von G. Meyer und H. Zimmermann. Meyer bezeichnet sie mit Recht als einen politisch diskreditierten «ideologischen Kampfbegriff aus der Zeit des Kalten Krieges» und hält sie auch für einen theoretisch überalterten Ansatz. Zimmermann verweist darauf, daß die T.-Theoretiker, eben weil sie einer prinzipiell statischen Betrachtungsweise verpflichtet sind, Wandlungsprozesse in den sozialen Strukturen sozialistischer oder «bolschewistischer Gesellschaftssysteme» nicht mehr erklären können. Die soziale Dynamik, aber auch gesellschaftliche Widersprüche und Friktionen in diesen Systemen resultieren aus der «neuen Form der Organisation menschlichen Zusammenlebens»; sie erfordern auch eine neue Betrachtungsweise, «deutendes Verstehen dieser Systeme von innen heraus» (Zimmermann).

Die gegenwärtige Kommunismusforschung orientiert sich aber nicht nur in die eine Richtung, den totalitarismustheoretischen Ansatz daraufhin zu überprüfen, inwieweit er überhaupt noch wissenschaftlich weiterzuführen in der Lage ist. Nach Auffassung einer anderen Gruppierung innerhalb der Sozialwissenschaften macht es durchaus Sinn, an einem entscheidungstheoretisch orientierten T.-Begriff für den Bereich der vergleichenden Regierungslehre festzuhalten. Dabei stellen sich für den Hauptvertreter dieses Neototalitarismuskonzepts, P. Graf Kielmansegg, drei zentrale Fragen, und zwar (1) die «nach der Verteilung der Chancen der Einflußnahme auf die Entscheidungsprozesse», (2) die «nach der Reichweite der Entscheidungen» und (3) die «nach dem Sanktionsinstrumentarium, mit dessen Hilfe die Geltung der Entscheidungen gesichert wird». Totalitäre Herrschaft ist nach Kielmansegg dann gegeben, wenn eine «monopolistische Konzentration» des politischen Entscheidungsprozesses zu erkennen ist, die Entscheidungen eine «prinzipiell unbegrenzte Reichweite» haben und schließlich eine «prinzipiell unbeschränkte Freiheit» zur Verhängung von Sanktionen in diesem System besteht.

Draht, M.: Totalitarismus in der Volksdemokratie. Einleitung zu Ernst Richert: Macht ohne Mandat. Der Staatsapparat in der Sowjetischen Besatzungszone Deutschlands. Köln/Opladen [2]1963, S. XI.

Weiterführende Literatur

Bracher, K. D.: Zeitgeschichtliche Kontroversen um Faschismus, Totalitarismus, Demokratie. München 1976.

Greiffenhagen, M.: Der Totalitarismusbegriff in der Regimenlehre. In: Totalitarismus. Zur Problematik eines politischen Begriffs. Hg. von M. Greiffenhagen/R. Kühnl/J. B. Müller. München 1972, S. 23.

Jänicke, M.: Totalitäre Herrschaft. Anatomie eines politischen Begriffes. Berlin 1971.

Kielmansegg, P. Graf: Krise der Totalitarismustheorie? In: ZfP. Köln/Berlin 1974, S. 311.

Ludz, P. C.: Entwurf einer soziologischen Theorie totalitär verfaßter Gesellschaft. In: Studien und Materialien zur Soziologie der DDR. Sonderheft 8 der Kölner Zeitschrift für Soziologie und Sozialpsychologie. Köln/Opladen 1964, S. 11.

Müller, J. B.: Kommunismus und Nationalsozialismus. Ein sozioökonomischer Vergleich. In: Totalitarismus, a. a. O., S. 61.

Schlangen, W.: Die Totalitarismus-Theorie. Entwicklung und Probleme. Stuttgart 1976.

Totalitarismus. Ein Studien-Reader zur Herrschaftsanalyse moderner Diktaturen. Hg. von M. Funke. Düsseldorf 1978.

Zimmermann, H.: Probleme der Analyse bolschewistischer Gesellschaftssysteme. Ein Diskussionsbeitrag zur Frage der Anwendbarkeit des Totalitarismusbegriffs. In: Gewerkschaftliche Monatshefte. Köln 1961, S. 193.

Horst Dähn

Typologie

Begriffsverwendungen

Typen gehören zu den ältesten und am meisten verwendeten Konzepten der Sozialwissenschaften. Gleichzeitig trifft aber auf sie die bekannte Klage zu, daß selbst unsere verbreitetsten Konzepte nicht in eindeutiger und übereinstimmender Weise verwendet werden. Allgemein dienen Typen der Beschreibung und Ordnung einer Vielzahl von Elementen, z. B. beobachteter Erscheinungen. Sie ordnen einer Anzahl von Objekten Merkmale oder Eigenschaften zu. Eine T. ist daher dazu da, die gemeinsamen Charakteristika bestimmter Fälle zu definieren, um auf diese Weise die Vielfalt der empirischen Wirklichkeit nach möglichst sinnvollen Kriterien zu ordnen. Eine T. «creates order out of the potential chaos of discrete, discontinuous, and heterogeneous observations» (Tiryakian 1968, S. 178). Dabei sollen T.n aber nicht nur deskriptive Ordnungsschemata sein, sondern gleichzeitig die Bildung von Hypothesen ermöglichen.

Gewöhnlich werden drei Arten von Typen unterschieden, und zwar klassifikatorische, komparative und Ideal-Typen (vgl. Hempel 1972; Friedrichs 1981). *Klassifikatorische Typen* sind nichts anderes als ‹Klassen› einer normalen Klassifikation, d. h. einer Ordnung von Objekten, bei der jedes Objekt nur und genau einer einander nicht überschneidender Klassen zugewiesen werden kann (Eindeutigkeit, Ausschließlichkeit und Vollständigkeit). Beispiele wären die Unterteilung der Parteiensysteme nach Anzahl der Parteien (Ein-, Zwei-, Mehrparteiensysteme u. ä.) oder die der Frauen nach dem Kriterium schwanger/nicht schwanger, d. h., für jeden Fall muß klar sein, ob er das unterscheidende Merkmal (fundamentum divisionis) erfüllt oder nicht. (Ein spezieller Fall ist die hierarchische Klassifikation, in der Klassen jeweils Unterfälle von übergreifenden Klassen sind und jeder Fall nach dem Prinzip ‹per genus proximum et differentia specificam› eingeordnet werden kann, z. B. in der Biologie die Ordnung der Lebewesen in Ordnungen, Rassen, Familien usw.)

In den Sozialwissenschaften ist eine eindeutige Zuweisung in genau voneinander abgegrenzte Klassen selten möglich, selbst die Unterteilung männlich/weiblich ist ja manchmal problematisch. (Aus diesem Grund ist auch die vereinfachende Dichotomisierung wie ‹teilweise neutral gibt es sowenig wie ein bißchen schwanger› meistens irreführend, tatsächlich ist nur in den wenigsten Fällen eine eindeutige Zuordnung möglich.)

Statt dessen sind *komparative T.n* verbreiteter, bei denen es nicht darauf ankommt, ob eine Eigenschaft erfüllt ist oder nicht (ja oder nein), sondern in welchem Grad sie erfüllt ist (mehr oder weniger). In diesem Fall sind Extremtypen oder ‹reine› Typen denkbar, die in der Realität selten oder nie auftreten, weil die extreme Ausprägung oder Mischung von Merkmalen nicht vorkommt, die aber als Bezugspunkte oder ‹Pole› dienen, zwischen denen alle in der Wirklichkeit auftretenden Phänomene eingeordnet werden können. Wenn präzise Abgrenzungen nicht möglich sind, weil es sich um kontinuierliche Eigenschaften handelt (mehr oder weniger autoritäre Einstellungen), können Abstufungen eingeführt werden.

Gleichzeitig können mehrere Dimensionen von Merkmalen definiert werden. Typen sind dann jeweils durch ein Bündel von zusammen auftretenden Eigenschaften definiert (z. B. ein Parteityp durch Mitgliederzahl, Organisationsform, ideologische Ausrichtung). Hierbei handelt es sich nicht um Klassen; denn individuelle Fälle können nicht als Einzelexemplare eingeordnet werden, sondern nur durch den Grad der Annäherung an den Extremtyp. Wenn allerdings explizite Kriterien für das ‹mehr oder weniger› des Vergleichs aufgestellt werden, ist es manchmal möglich, von komparativen zu quantitativen Kriterien zu kommen, die Dimensionen werden dann gemessen (ordinale, Intervall- oder rationale Skalen) und können u. U. wieder zu Klassen zusammengefaßt werden (z. B. Einkommens- oder Altersklassen).

In der deutschen Diskussion gibt es mit dem Konzept des *Idealtypus* eine weitere «den meisten anderen Völkern nahezu unverständliche Problematik» (von Beyme 1966, S. 82), die hier nur kurz angedeutet werden kann. Ein Idealtypus ist nach Max Weber «... ein Gedankenbild, welches nicht die historische Wirklichkeit oder gar die ‹eigentliche› Wirklichkeit *ist*, welches noch viel weniger dazu da ist, als ein Schema zu dienen, in welches die Wirklichkeit als *Exemplar* eingeordnet werden sollte, sondern welches die Bedeutung eines rein idealen *Grenzbegriffs* hat, an welchem die Wirklichkeit zur Verdeutlichung bestimmter bedeutsamer Bestandteile ihres empirischen Gehalts *gemessen*, mit dem sie *verglichen* wird» (Weber 1985, S. 194).

Ein Idealtypus soll mehr sein als ein Extrem- oder ‹reiner› Typ; denn er konstruiert einen ‹reinen› Zusammenhang, soll damit der Erklärung dienen und enthält also nomologische Hypothesen. Gleichzeitig wird er unabhängig von der Wahrscheinlichkeit des empirischen Auftretens gebildet, er enthält selbst keine empirisch zu überprüfenden Hypothesen, soll aber durch Konfrontierung mit der Wirklichkeit zur Generierung von Hypothesen beitragen. Weber selbst nennt eine Reihe von Beispielen für

Idealtypen, u. a. Stadtwirtschaft, Handwerk, Sekte, Christentum oder auch →Kapitalismus. Daraus wird deutlich, daß es sich um historisch einmalige Typen handeln kann, die nicht in einem direkten Zusammenhang zu anderen Typen stehen. Er fügt als «weitaus wichtigsten Fall idealtypischer Konstruktionen» an, «daß natürlich alle spezifisch-marxistischen ‹Gesetze› und Entwicklungskonstruktionen – soweit sie *theoretisch* fehlerfrei sind – idealtypischen Charakter haben. Die eminente, ja einzigartige *heuristische* Bedeutung dieser Idealtypen, wenn man sie zur *Vergleichung* der Wirklichkeit mit ihnen benutzt, und ebenso ihre Gefährlichkeit, sobald sie als empirisch geltend oder gar als *reale* (d. h. in Wahrheit: metaphysische) ‹wirkende *Kräfte*›, ‹Tendenzen› usw. vorgestellt werden, kennt jeder, der je mit marxistischen Begriffen gearbeitet hat» (Weber 1985, S. 205).

Weber hat den Idealtypus mit der «verstehenden →Methode» in Zusammenhang gebracht, aber diese Verbindung wird von modernen Wissenschaftstheoretikern als nicht notwendig angesehen. Für sie handelt es sich bei Idealtypen um nicht ganz durchkonstruierte Vorformen einer →Theorie (Albert 1973, S. 84), wenn sie nicht generell «das ganze Gerede um Idealtypen, das niemals ausstirbt und doch zu nichts führt» (Lazarsfeld 1972, S. 41) ablehnen.

Verwendungszusammenhänge

In der →Politikwissenschaft werden Typen insbesondere in zwei Diskussionszusammenhängen verwendet, im Rahmen der vergleichenden Regierungslehre und im Bereich der ‹Mikropolitik›, d. h. der Persönlichkeitstypen. In beiden Bereichen kann die Verwendung von Typen auf eine lange Tradition zurückblicken; trotzdem hat dies nicht dazu geführt, daß über grundlegende Typen unbedingt Einigkeit bestünde. Eher werden im Gegenteil Typen oft wenig präzise eingeführt, «jede wissenschaftliche Arbeit schafft sich ihre eigenen Typen oder deutet bereits vorhandene Typenreihen für ihre eigenen Zwecke um» (von Beyme 1966, S. 83).

Der Bereich der *vergleichenden Analyse* von Herrschaftsformen oder Regierungssystemen kann sich, wie so oft, schon auf Aristoteles berufen, der Staatsformen nach der Zahl der ‹Herrscher› (einer, wenige, viele) und nach der Ausrichtung (Gemeinwohl oder Eigennutz) trennte und auf diese Weise Monarchie, Aristokratie, Politie sowie Tyrannis, Oligarchie und →Demokratie (wohlgemerkt: →Herrschaft der vielen beruhend auf Eigennutz) unterschied. Seitdem sind die Versuche, Herrschaftsformen anhand einiger weniger Dimensionen zu charakterisieren, nicht mehr abgerissen (Übersicht: von Beyme 1966, der auf die vorherrschende Kraft von Trinitätsvorstellungen hinweist, wobei Typen, die als historische Abfolge konzipiert waren, zu analytischen Typen umgeformt werden und umgekehrt; vgl. in letzter Zeit vor allem den Typus des totalitären Systems oder als immer noch aktuelles Beispiel die Unterscheidung zwischen parlamentarischem und präsidentiellem →Regierungssystem, →Parlamentarismus). Vielleicht noch ausufernder sind die Typenbildungen im Bereich der →Parteien (u. a. Mitglieder- und Massenparteien, Patronage-, Klassen- und Weltanschauungsparteien, Allerweltspartei usw.). Schließlich gibt es im Bereich der vergleichenden Forschung nicht nur (strukturelle) Typen von Institutionen, Regierungsformen usw., sondern auch (prozessuale) Verlaufstypen, z. B. von →Revolutionen.

Die Typenbildung im Bereich der *Persönlichkeitstypen* kann sich sogar auf Platon berufen, der in der «Republik» den Demokraten, Timokraten und Tyrannen unterschied. Persönlichkeitstypen und/oder Typen von psychischen Krankheiten sind aus der Psychologie wohlbekannt und wurden im Bereich der Politik vor allem in den USA während und nach dem 2. Weltkrieg entwickelt. Besonders der Typ der ‹autoritären Persönlichkeit› hat die Diskussion beeinflußt; aber es gab daneben auch Versuche, Typen nach ihrer ‹dogmatischen› oder ‹machiavellistischen› Einstellung zu unterscheiden oder Typen zu entwickeln, die nicht aufgrund von Einstellungen, sondern aufgrund von beobachtbarem Verhalten gebildet werden (Übersicht: Greenstein 1975). In Verbindung mit dem Aufkommen der ‹Wertwandel›-Diskussion werden in letzter Zeit auch in der Bundesrepublik wieder empirisch-quantifizierende Persönlichkeitstypen verwendet, die nach der o. a. Nomenklatur aus Klassen bestehen, die u. a. durch die Dichotomisierung von kontinuierlichen Daten gebildet werden.

Praktisch kein Bereich der Politikwissenschaft kommt ohne Typen aus. Abschließend sei als weiteres Beispiel nur noch der in den letzten Jahren verstärkt diskutierte Bereich der Policy-Forschung erwähnt, der seine theoretische Inspiration durch eine von Lowi eingeführte und vieldiskutierte Unterscheidung von regulativen, distributiven, redistributiven und konstitutionellen *Policy-Typen* erhalten hat (Übersicht: Jann 1985).

Begriffspräzisierung

Trotz oder vielleicht wegen der weiten Verbreitung von Typen in der →Politikwissenschaft ist nicht zu verkennen, daß das Konzept oft unreflektiert oder zumindest unbedacht, manchmal wohl sogar unbewußt eingesetzt wird, wie aus der großen Anzahl von Ad-hoc-Typen hervorgeht. Es besteht die Gefahr, daß immer dann von Typen geredet wird, wenn es sich um vage umschriebene, eher intuitive Generalisierungen handelt.

Besonders problematisch ist die oft fast synonyme oder zumindest ungeklärte gleichzeitige Verwendung von Begriffen wie Typ, Konzept, Klasse, Modell oder System. Manchmal wird von einem Typ gesprochen (z. B. der Typ des parlamentarischen Regierungssystems), wenn es sich eigentlich nur um ein *Konzept* oder eine Definition handelt, die es uns erlaubt, dieses System von anderen zu unterscheiden ‹Abhängigkeit der →Regierung vom Parlament›, vgl. zum Begriff des Konzepts Sartori 1984). Gelegentlich werden *Klassen* gebildet (Personen, die bestimmte Einstellungen haben), die dann als Typen ausgegeben werden (‹Werttypen›). Manchmal wird wiederum von *Modellen* gesprochen (z. B. Modelle der Politikberatung), die sich bei genauerem Hinschauen als Typen entpuppen, da sie zwar Elemente aus der Wirklichkeit abstrahieren, aber nicht explizite und möglichst formalisierte Annahmen über die Beziehungen zwischen diesen Elementen machen. Schließlich wird oft von →*Systemen* gesprochen (z. B. Regierungssysteme), obwohl unklar bleibt, worin sich diese von Typen unterscheiden. Von Beyme geht davon aus, daß Systeme immer einen komplexen Funktionszusammenhang einschließen. Die verschiedenen Systematisierungen von Regierungssystemen sind aber oft auf einer formalen Oberfläche verblieben, haben sich von der ‹Ästhetik der Formen› gefangennehmen lassen und dabei genetische und formale Aspekte überbetont, ohne die entscheidenden funktionalen Unterschiede und vor allem Äquivalenzen wahrzunehmen.

Offensichtlich sind diese Übergänge zwischen Typ, Konzept, Klasse, Modell und System fließend. Trotzdem ist es sinnvoll, zumindest zu versuchen abzuklären, was denn in dieser Vielfalt Typen von den übrigen Begriffen unterscheiden soll. T.n versuchen, die Wirklichkeit zu ordnen und überschaubarer zu machen, sie gehören daher zu dem Bereich der sozialwissenschaftlichen →Theorie, der sich mit der Entwicklung und Definition von deskriptiven Kategorien, der sog. *Taxonomie*, beschäftigt. Zetterberg nennt dies *dimensionale Analyse* und weist darauf hin, daß große theoretische Leistungen in diesen Bereich fallen, z. B. die von Talcott Parsons. Es geht also darum, bestimmte Dimensionen zu finden, nach denen sich die Wirklichkeit sinnvoll ordnen läßt.

In diesem Zusammenhang ist das Konzept des *Merkmalsraums* (property space) hilfreich. Hempel/Oppermann haben schon 1936 gezeigt, daß bei der Beschreibung von Phänomenen notwendigerweise nur eine begrenzte Anzahl von Eigenschaften verwendet werden kann, die allerdings sehr groß sein kann (z. B. in einer Fallstudie) und die auch nicht unbedingt explizit gemacht werden muß. Die verschiedenen Eigenschaften bilden einen Eigenschafts- oder Merkmalsraum, technisch ein kartesianisches Produkt sämtlicher verwendeter beschreibender Eigenschaften. Die einfachste Form besteht aus zwei Eigenschaften mit jeweils zwei Ausprägungen und ergibt die beliebte ‹Zweier-Matrix›, wie sie z. B. in der Policy-Forschung gern verwendet wird. (Diese einfache dichotome dimensionale Analyse ist offensichtlich der Grund für die in letzter Zeit vorherrschende Ordnungszahl 4.) Es ist aber durchaus möglich, ja oft sogar notwendig, daß mehr als zwei Dimensionen und mehr als zwei Ausprägungen auf jeder Dimension verwendet werden. In diesem Fall kann der Merkmalsraum sehr groß und unübersichtlich werden, und es kann daher sinnvoll sein, bestimmte Sektoren dieses Merkmalraumes als Typen zu definieren (vgl. Lazarsfeld 1972, S. 38, Friedrichs 1981, S. 91ff.). Umgekehrt lassen sich vorhandene T.n auf die in ihnen relevanten Merkmale prüfen, z. B. wenn ein Typ durch nicht-gleichbleibende oder nicht-ausgefüllte Dimensionen definiert ist.

Typen sind also mehr als Konzepte, die nur, sozusagen auf einer Dimension, ein Phänomen von anderen unterscheiden. Eine Klassifikation ist ein Spezialfall einer T., bei dem jeder Fall eindeutig, ausschließlich und vollständig zugeordnet werden kann, während bei einem Typus oft nur Annäherungs- oder Wahrscheinlichkeitswerte möglich sind. Wichtig ist, daß eine T. zur dimensionalen Analyse verwendet wird, daß sie also, abgesehen vom Idealtyp, nicht Erklärungen oder Hypothesen über Zusammenhänge enthält. Dies unterscheidet sie von Modellen, in denen diese Zusammenhänge explizit angegeben werden, und Systemen, in denen darüber hinaus mit Funktionen und dysfunktionalen Elementen argumentiert wird.

Diese Unterscheidung ist wichtig, denn Typen dürfen nicht ohne weiteres zur Erklärung herangezogen werden. U. a. besteht die Gefahr tautologischer Schlüsse (eine Eigenschaft, die als Dimension den Typ definiert, wird als Folge betrachtet; überspitzt: A reagiert autoritär, weil er ein autoritärer Typ ist), aber auch andere Fehlschlüsse sind denkbar. Möglich sind allenfalls Wahrscheinlichkeitsaussagen über mit bestimmten Typen korrelierende Eigenschaften oder Merkmale.

Forschungsstand und -perspektive

Über T.n in der Politikwissenschaft wird nicht geforscht, aber mit ihnen. Obwohl das Image von T.n oder allgemeiner Taxonomien nicht gerade sehr gut ist, da es sich ja nicht um ‹richtige› Theorien handelt, sind sie eine wichtige und unverzichtbare Vorstufe sowohl der Theoriebildung wie der Quantifizierung. Zetterberg argumentiert sogar, daß die Sozialwissenschaften, ähnlich wie Geographie oder Geologie, auch deskriptive Wissenschaften sind, die die Gesellschaft darstellen. Aus diesem Grund brauchen sie auch einige Freiheiten in der Verwendung deskriptiver Kategorien, die in keiner Beziehung zu heute bekannten Thesen stehen. Allerdings darf die Theoriebildung dabei nicht stehenbleiben oder T.n mit Theorien verwechseln.

Definitorische Systeme wie Klassifikationen und T.n sind für die Beschreibung und Ordnung von Tatsachen unverzichtbar. Ein gutes Beispiel ist das Kontensystem der volkswirtschaftlichen Gesamtrechnung, das zwar als Kreislauftheorie bezeichnet wird, aber im Prinzip nichts erklärt (Albert 1973, S. 83). Trotzdem ist es extrem nützlich. T.n haben einen großen heuristischen Wert; denn sie können Erkenntnisse und Forschungsprobleme stimulieren und damit die explizite Theoriebildung anregen.

Sie sind allerdings nur so nützlich, wie bei ihrer Konstruktion analytisch zweckmäßige, trennscharfe und empirisch gehaltvolle Kriterien herangezogen werden, d. h. die verwendeten Abgrenzungskriterien sollten möglichst ‹theoretisch relevant› sein. Es besteht immer die Gefahr, daß T.n Wirklichkeitsnähe und Relevanz von Aussagen verhindern (z. B. weil sie bestimmte empirische Phänomene, die nicht in die T. passen, ignorieren) oder sogar die Theoriebildung torpedieren (weil aufgrund der T. bestimmte kausale Beziehungen, die nicht der Wirklichkeit entsprechen, implizit angenommen werden). T.n können mindestens so viele Probleme schaffen, wie sie lösen. In diesem Zusammenhang ist auf die alte Biologie hingewiesen worden, die aufgrund falscher Typologisierungen nicht in der Lage war, die Vererbungsgesetze zu entdecken. T.n können Erkenntnisfortschritt durchaus auch verhindern, gerade der Erfolg einer T. kann einen lähmenden Effekt haben, weil Erklärungen in bestimmte Bahnen gelenkt und eingefroren werden (Tiryakian 1968, S. 179).

Trotzdem soll hier die Meinung vertreten werden, daß eine moderne, empirisch ausgerichtete Politikwissenschaft eher mehr als weniger präzise T.n gebrauchen könnte. Die in den letzten Jahren besonders aktiven und produktiven Forschungsbereiche wie Wert- und Kultur-, Policy- sowie insgesamt die vergleichende Forschung zeichnen sich durch eine Renaissance von T.n aus. Gerade wenn verglichen wird – und welche empirische Aussage ist nicht in der einen oder anderen Form vergleichend? –, können explizite und präzise T.n sehr hilfreich sein. Es ist daher zu hoffen, daß in Zukunft wieder mehr Aufmerksamkeit auf diesen Bereich der politikwissenschaftlichen Ordnung und Strukturierung der gesellschaftlichen Wirklichkeit gerichtet wird.

Albert, H.: Probleme der Wissenschaftslehre in der Sozialforschung. In: R. König (Hg.): Handbuch der empirischen Sozialforschung, Bd. 1. Stuttgart [3]1973.

Beyme, K. v.: Möglichkeiten und Grenzen der vergleichenden Regierungslehre. In: PVS 1966, S. 63ff.

Friedrichs, J.: Methoden empirischer Sozialforschung. Opladen [9]1981.

Greenstein, F. I.: Personality and Politics. In: ders. / N. Polsby (eds.): Handbook of Political Science, Vol. 2. Reading (Mass.) 1975.

Hempel, C. G.: Typologische Methoden in den Sozialwissenschaften. In: E. Topitsch (Hg.): Logik der Sozialwissenschaften. Köln 1972 (zuerst 1952).

Jann, W.: Kategorien der Policy-Forschung. Speyerer Arbeitshefte 37, [2]1985.

Lazarsfeld, P. F.: Wissenschaftslogik und empirische Sozialforschung. In: E. Topitsch (Hg.): Logik der Sozialwissenschaften. Köln 1972 (zuerst 1962).

Sartori, G.: Guidelines for Concept Analysis. In: ders. (Hg.): Social Science Concepts: A Systematic Analysis. Beverly Hills etc. 1984.

Tiryakian, E. A.: Typologies. In: Encyclopedia of the Social Sciences, Vol. 16. London/Glencoe 1968.

Weber, M.: Die ‹Objektivität› sozialwissenschaftlicher und sozialpolitischer Erkenntnis. In: Gesammelte Aufsätze zur Wissenschaftslehre. Hg. von J. Winckelmann. Tübingen [6]1985 (zuerst 1904).
Zetterberg, H. L.: Theorie, Forschung und Praxis in der Soziologie. In: R. König (Hg.): Handbuch der empirischen Sozialforschung, Bd. 1. Stuttgart [3]1973.

Werner Jann

Umweltpolitik

Begriffsverwendungen

U. hat sich in den Industrienationen erst seit den 60er Jahren allmählich als ein eigenständiges Politikfeld etablieren können. Der Institutionalisierungsprozeß selbst ist noch nicht abgeschlossen. Interessen- und Einflußstrukturen sowie Handlungsinstrumente unterliegen vielmehr nach wie vor deutlichen Veränderungen. Ebenso jung und vorwiegend deskriptiv-analytisch an beobachtbaren umweltpolitischen Entscheidungsstrukturen und -prozessen bei Programmentwicklung und →Implementation interessiert ist die politikwissenschaftliche Behandlung von U. Der politikwissenschaftlichen Diskussion fehlen bisher weitgehend eine umfassendere Auseinandersetzung mit den normativen Prämissen der derzeit betriebenen U. sowie Versuche, eigene normative Modelle für die adäquate Behandlung von Umweltproblemen sowohl im Rahmen der nationalen als auch der weltweiten Politik zu entwerfen.

Vielmehr bewegt sich die politikwissenschaftliche Analyse von U. bisher vorwiegend in jenen Prämissen und Kategoriensystemen, die vor allem die utilitaristische Philosophie und die politische Ökonomie entwikkelt haben und die in starkem Maße auch den normativen Hintergrund der derzeitigen umweltpolitischen Problemlösungspraxis in den Industrienationen bilden. Sowohl die marktwirtschaftliche als auch die marxistische ökonomische Theorie haben den Stellenwert der Umwelt auf eine Residualkategorie reduziert, der bislang bei der Behandlung ökonomischer Probleme nur am Rande Aufmerksamkeit gewidmet wird.

Maßgebliche Gründe hierfür waren vor allem

- die Arbeitswertlehre, der zufolge die Arbeit – und nicht etwa die natürlichen Produktionsgrundlagen – die zentrale Wertschöpfungsquelle darstellt;
- der Übergang von der Arbeitswertlehre zu abstrakten Werttheorien und damit verbunden die vorwiegende Befassung mit Kapitalströmen als abstrakter Größe bei gleichzeitiger Vernachlässigung zugrundeliegender physischer Ressourcen- und Güterströme;

- die Betonung des Individualeigentums als Wertverteilungsmaßstab in der marktwirtschaftlichen Verteilungs- und Gesellschaftstheorie bzw. die fundamentale Kritik dieses Maßstabs als Kernthema der marxistischen Theorie (→Verteilung);
- in der utilitaristisch-marktwirtschaftlichen Variante die Modellvorstellung, daß individuelle Nutzenmaximierung ausschließliche Motivation für rationales Handeln von Produzenten und Konsumenten als Wirtschaftssubjekten sei (→Wirtschaft).

Verwendungszusammenhänge
Aufgrund dieser Prämissen dominierte in der Marktwirtschaftstheorie wie in der Wirtschaftspolitik der westlichen Industrienationen bisher eindeutig die Vorstellung, daß die Umwelt in unerschöpflichem Umfang natürliche Ressourcen bereitstelle. Diese müßten zur individuellen Nutzenmaximierung individuell angeeignet werden (Boden, Rohstoffe). Wo individuelle Aneignung aufgrund fehlender Teilbarkeit nicht möglich sei (Luft, Wasser), stehe die Umwelt als ‹freies Gut› dem Produktionsprozeß kostenlos zur Verfügung.

Gegenüber diesem auf Ausbeutung der natürlichen Ressourcen im technischen Produktionsprozeß angelegten Modell der Industrialisierung hat die ökonomische Naturwertlehre keine Bedeutung erlangt, die von den ‹Physiokraten› auf dem Hintergrund einer Agrarkrise des 18. Jahrhunderts entwickelt wurde und die Erschöpflichkeit der natürlichen Ressourcen – speziell der landwirtschaftlichen Böden – sowie die Kategorie der Reproduktion in den Mittelpunkt stellte. Die physiokratische Lehre machte deutlich, daß zur Erhaltung der Reproduktionsfähigkeit stetige Investitionen in die Pflege der natürlichen Lebensgrundlagen erforderlich seien.

Soweit demgegenüber in der Marktwirtschaftstheorie – vor allem in ihrer ‹wohlfahrtsökonomischen› Variante – Umweltprobleme behandelt wurden, sollten vorwiegend spezifische Lösungen für die Integration von ‹Sonderfällen› in das marktwirtschaftliche Allokations- und Verteilungssystem entwickelt werden, die offensichtliche Abweichungen vom Modell der unerschöpflichen freien Güter bildeten. Die Wohlfahrtsökonomie entwickelte zur Behandlung von Umweltbelastungen das Konzept der ‹negativen externen Effekte›. Diese werden von Produzenten und Konsumenten als Nebenwirkungen ihres wirtschaftlichen Handelns erzeugt und wirken sich nachteilig auf die Dispositionen anderer Wirtschaftssubjekte aus (z. B. Verschmutzung des für die Nahrungsmittelproduktion benötigten Grundwassers als Folge der Abfallablagerung an anderer Stelle), während sie in der Wirtschaftsrechnung ihres Verursachers unberücksichtigt bleiben.

Zur Lösung des Externalitätenproblems hält die Wohlfahrtsökonomie staatliche Eingriffe in den Marktprozeß für erforderlich. Diese können einerseits z. B. durch Gebote und Verbote (→Regulation) Rahmenvorschriften für ein umweltbewußteres Handeln der Wirtschaftssubjekte setzen. Andererseits hält die ökonomische Theorie die Einführung eines Systems von ‹Schattenpreisen› in den Markt für die zumeist effizientere Lösung. Diese sollen als ‹marktwirtschaftliche Instrumente› – z. B. als Abgaben auf umweltbelastende Aktivitäten oder als ‹Umweltnutzungslizenzen›, welche die Belastung der Umwelt mit einem Lizenzpreis belegen – für die ‹freien Güter› der Umwelt Knappheitsbedingungen simulieren und die Wirtschaftssubjekte zu Grenzkostenentscheidungen veranlassen, welche der Theorie zufolge im Idealfall zu volkswirtschaftlich optimalen Faktorallokationen führen. Spätestens seit der ‹Ölkrise› von 1973/74 sowie der Vorlage des Berichts des «Club of Rome» über die «Grenzen des Wachstums» (Meadows et al. 1972) gewinnen die schon wesentlich älteren wohlfahrtsökonomischen Lösungsvorschläge zunehmend praktische wirtschaftspolitische Bedeutung.

Hiermit ist allerdings keine grundlegende Revision der weiterhin dominierenden ökonomischen Zielperspektive der Erschließung und Ausbeutung natürlicher Ressourcen, sondern lediglich der Versuch einer besseren Integration dysfunktionaler Ausbeutungsfolgen in den marktwirtschaftlichen Prozeß verbunden. Staatliche Auflagenlösungen oder Schattenpreise verteuern lediglich die Belastung der Umwelt. Sie heben jedoch den an Sozialproduktsteigerungen gekoppelten fortschreitenden Verbrauch natürlicher Ressourcen nicht auf. Eine weitergehende Problemlösung erhofft die ökonomische Theorie hier jedoch vom technischen Fortschritt. Wie sich z. B. für die Energieeinsparung zeigen läßt, bilden erhöhte relative Faktorpreise einen Innovationsanreiz für faktorsparende →Technologien. Hiermit verknüpft sich generell die Hoffnung, daß es auf mittlere Sicht ohne grundlegende Korrekturen am Wirtschaftssystem gelingen könnte, durch Innovationen bei ressourcenschonenden und ‹umweltfreundlichen› Produkten und Verfahren die ‹Grenzen des Wachstums› entscheidend hinauszuschieben oder völlig zu überwinden.

Ein plausibler Beleg für diese Hoffnung steht jedoch aus. Es wird nämlich vor allem übersehen, daß sich umweltpolitische Problemlösungen vornehmlich im nationalen Rahmen bewegen. Demgegenüber vollzieht sich die Ressourcenausbeutung zunehmend supranational, insbesondere zu Lasten der Entwicklungsländer (→Dritte Welt) und der Weltmeere. Ebenso zeigen sich zunehmend supranationale Auswirkungen der Umweltbelastung wie Waldschäden durch ‹sauren Regen› oder Klimaveränderungen als Folge der Verbrennung fossiler Energieträger.

Insbesondere aus der Position marxistischer Theorien ist im Verlauf der 70er Jahre zum einen versucht worden, Umweltbelastungen als eine spezifische Folge des kapitalistischen Wirtschaftssystems darzustellen und zunehmende staatliche Umweltschutzinterventionen als notwendige Folge sich zuspitzender Akkumulationskrisen in den kapitalistischen Industrienationen zu interpretieren (→Krise). Weiterhin wurde argumentiert, daß Zentralverwaltungswirtschaften aufgrund ihres Systems der Ressourcenplanung eher in der Lage sein müßten, Umweltprobleme zu bewältigen. Diese Thesen haben sich angesichts des Ausmaßes der Umweltschäden gerade in den Ländern des realen Sozialismus inzwischen als obsolet erwiesen.

Begriffspräzisierung
Vielmehr zeigt sich, daß eine politikwissenschaftliche Behandlung des Umweltschutzes gleichermaßen sowohl die Probleme des ‹Marktversagens› (externe Effekte, Motivation der Wirtschaftssubjekte sowie wirtschaftliche Einflußnahme auf politische Entscheidungen) als auch des ‹Staatsversagens› (Entwicklung, Vollzug und Wirkung umweltpolitischer Handlungsinstrumente) umfassen sollte. Auch erscheint es angesichts der weltweiten Verflechtungen von Umweltproblemen nicht aureichend, umweltpolitische Problemlösungen allein auf der lokalen, regionalen und nationalen Ebene zu untersuchen, wie dies derzeit in der politikwissenschaftlichen Umweltforschung eindeutig im Vordergrund steht. Schließlich sollte die →Politikwissenschaft auch verstärkt die bisher weitgehend verdrängte normative Dimension der Umweltdiskussion aufgreifen, indem sie der Frage nachgeht, ob sich Umweltprobleme tatsächlich im Rahmen der bestehenden →Institutionen und Wertemuster hinreichend lösen lassen oder ob u. U. die Begrenztheit der natürlichen Ressourcen des ‹Raumschiffs Erde› grundlegende Veränderungen bei Werten, Institutionen und Verhaltensweisen fordert.

Forschungsstand
Untersuchungen zur nationalen U. in den westlichen Industrienationen analysieren zum einen die Entwicklung der U. zum eigenständigen Politikbereich. Hier zeigen sich bei zeitlichen Unterschieden zwischen den einzelnen Nationen relativ homogene Tendenzen. U. konnte sich – meist ausgelöst durch mehr oder minder spektakuläre Umweltskandale – vor allem durch den Druck der →Öffentlichkeit und von Bürgerinitiativen sowie z. T. auch der →Kommunen allmählich verstärkt gegen den hinhaltenden Widerstand etablierter Wirtschaftsinteressen durchsetzen. Nach wie vor stellen nationale Umweltgesetze in der Regel einen Kompromiß zwischen den konkurrierenden Zielsetzungen dar. Ein eindeutiger Vorrang des Umweltschutzes zeichnet sich dabei nicht ab. Umweltschutzmaßnahmen erhalten vielmehr den Charakter einer zusätzlichen Restriktion wirtschaftspolitischen Handelns, der in dem Umfang nachzukommen ist, wie dies durch Wachstumsüberschüsse finanziert werden kann.

Verhältnismäßig gut ist auch die →Implementation nationaler U.en untersucht. Hierbei stellt sich heraus, daß Gesetze und umweltpolitische Programme häufig durch ‹informelle› Kompromisse auf der lokalen Umsetzungsebene verwässert werden (‹Vollzugsdefizite beim Umweltschutz›).

Zur internationalen U. – sei es auf kontinentaler (EG-Bereich, europäische Ost-West-Gespräche zum Umweltschutz) oder weltweiter Ebene (Verhältnis der Industrienationen zu den Entwicklungsländern, UN-Umweltpolitik) (→Internationale Handlungssysteme) – liegen dagegen bisher nur wenige Untersuchungen vor. Diese zeigen erstens, daß die etablierten supranationalen Abstimmungsmechanismen nicht ausreichen, um Umweltprobleme nachhaltig zu lösen, die über die nationale Regelungsebene hinauswirken. Zweitens ist zu erkennen, daß die Abstimmungen oft sehr stark von einer ‹nationalen Externalisierungsmentalität› gekennzeichnet sind, bei denen es den nationalen Regierungen vorrangig darum geht, Nachteile für das eigene Hoheitsgebiet zu mindern, ohne dafür gleichzeitig Zugeständnisse machen zu müssen, die in nationale – insbesondere wirtschaftliche – Eigeninteressen eingreifen. Drittens wird deutlich, daß gerade die Industrienationen nationale Umweltprobleme offensichtlich nach wie vor zu Lasten der Entwicklungsländer ‹lösen›, indem z. B. Produkte oder Produktionen, die wegen verschärfter Umweltgesetze im Inland nicht mehr zulässig sind, in die Entwicklungsländer verlagert werden oder indem ungleiche ‹terms of trade› zusammen mit oligarchischen Eigentums- und Herrschaftsstrukturen (→Eliten) in den Entwicklungsländern diese weiterhin zum Raubbau an ihren natürlichen Ressourcen veranlassen.

Die normative Dimension der U. ist allenfalls für die Ebenen individueller Einstellungen und Verhaltensweisen zum Umweltschutz sowie für Kleingruppen der ‹Alternativszene› oder ‹Gegenkultur› etwas genauer untersucht. Dabei herrscht häufig die Tendenz vor, Einzelfälle funktionierender ‹postmaterialistischer› Wertvorstellungen und Kleingruppenorganisationsformen als Vorreiter eines bevorstehenden gesamtgesellschaftlichen Wertewandels auszugeben. Diese Perspektive übersieht jedoch, daß sich individuelle und kollektive Lebensstile in Bezug auf umweltschonenderes Verhalten vielfach nur in Sondersituationen verwirklichen lassen, die eine bewußte Abkoppelung vom dominierenden Lebensstil der Mehrheitsgesellschaft voraussetzen. Wichtig erscheint es deshalb, sowohl die normativen Inhalte als auch die strukturellen Voraussetzungen einer veränderten Bewertung der natürlichen Umweltbedingungen nicht nur auf der ‹Mikroebene› des Individual- und Kleingruppenverhaltens, sondern auch auf der Mesoebene gesellschaftlicher →Organisationen (→Verbände, →Parteien, öffentliche →Verwaltungen) sowie auf der Makroebene der Gesamtgesellschaft im Auge zu behalten.

Forschungsperspektive

Insgesamt ergibt sich für die politikwissenschaftliche Analyse der U. somit eine Forschungsperspektive, welche die vorherrschenden empirisch-analytischen Untersuchungen zu Entwicklung und Vollzug der nationalen U. um entsprechende Studien zur internationalen U. sowie um eine Auseinandersetzung mit den normativen Prämissen ergänzen sollte, unter denen Umweltschutz derzeit in den verschiedenen Nationen betrieben wird.

Council on Environmental Quality, Global 2000. Der Bericht an den Präsidenten. Dt. Frankfurt/M. 1980.
Downing, P. B./Hanf, K. (eds.): International Comparisons in Implementing Pollution Laws. Boston 1983.
Hartkopf, G./Bohne, E.: Umweltpolitik, Bd. 1. Opladen 1983.
Immler, H.: Natur in der ökonomischen Theorie. Opladen 1985.
Jänicke, M. (Hg.): Umweltpolitik. Opladen 1978.
–: Wie das Industriesystem von seinen Mißständen profitiert. Opladen 1980.
Lutz, R. (Hg.): Sanfte Alternativen, Bd. 1. Weinheim/Basel 1981, Bd. 2 Weinheim/Basel 1983.
Meadows, D. et al.: Die Grenzen des Wachstums. München 1972.
Müller, E.: Innenwelt der Umweltpolitik. Opladen 1986.
Siebert, H. (Hg.): Umwelt und wirtschaftliche Entwicklung. Darmstadt 1979.

Jochen Hucke

Utopie

Begriffsverwendungen

Seit Thomas Morus' «De optimo rei publicae statu sive de nova insula Utopia» (1516) gebräuchliche Bezeichnung eines literarisch beschriebenen und als ideal bewerteten Gesellschaftszustandes. Die zuerst von Robert von Mohl und dann häufig synonym verwendete Bezeichnung «Staatsroman» schränkt demgegenüber den möglichen Gegenstand utopischer Entwürfe problematisch auf die bloß politische U. ein und umfaßt nicht das ganze Spektrum von Gegenbildern zur Wirklichkeit, wie sie sich seit dem Altertum in den Legenden vom ‹Goldenen Zeitalter› (Hesiod), Paradiesvorstellungen christlich-jüdischer Provenienz, dem Genre des ‹fiktiven Reiseberichts› (Iambulos über die ‹glücklichen Inseln›) und der satirischen Alltagsutopie (die ‹Weibervolksversammlung› des Aristophanes) finden. Auch das Mittelalter brachte, entgegen weitverbreiteten Vorurteilen in der Literatur, reichhaltiges utopisches Material in die Geschichte der U. ein, wovon etwa Joachim Fiores Vorstellung von einem Übergangsstadium zum «dritten Äon» «nach dem Vorbild des himmlischen Jerusalem» nachhaltiges Zeugnis ablegt, die im Detail sowohl Morus' «Utopia» wie auch Campanellas «Civitas Solis» (1623) hundert Jahre später beeinflußt hat. Die Konzentration des utopischen Potentials auf den Staat («Staatsroman») zwischen dem 16. und 19. Jahrhundert – und danach in den ‹negativen U.n› (Dystopien) des späten 19. und 20. Jahrhunderts wie bei Samjatin, Huxley, Orwell und im gewissen Sinne auch Kafka – ist zutreffend als «Reflex auf die Entwicklung des Staatsbegriffs der frühen Neuzeit» (Seibt 1985, S. 271) erkannt worden. Demgegenüber stellen die nachrevolutionären anarchistischen U.n seit dem frühen 19. Jahrhundert – wozu auch die Marxsche Idee vom «Absterben des Staates» zugunsten der «freien Assoziation» gehört – bereits eine Kritik der in den frühen U.n noch enthaltenen politischen Theorie des ‹Vernunftstaates› dar. In dieser Kritik wird die etatistische Entartung der freien Republik zunächst im Terror des Directoirs und dann im napoleonischen Despotismus verarbeitet. «Der Vernunftstaat war vollständig in die Brüche gegangen.» (F. Engels 1972, S. 192).

Verwendungszusammenhänge

Die wissenschaftliche Beschäftigung mit U. setzt im 19. Jahrhundert mit Marx' und Engels' Kritik der U. aus der Perspektive des ‹wissenschaftlichen Sozialismus› ein und ist seitdem durch eine funktionale Perspektive der Analyse und Erklärung von U. bestimmt. Aus der Sicht des ‹wissenschaftlichen Sozialismus› sind utopische Zukunftsentwürfe vor allem durch ihren ‹Idealismus› charakterisiert: Die U. ist bloßes Gedankenbild ohne realen Zusammenhang mit den materiellen Entwicklungsbedingungen der gegebenen Gesellschaft und den sich aus ihr ergebenden →Konflikten. Die «neuen sozialen Systeme» eines Cabet, Fourier, Owen oder Saint-Simon waren nach Engels darum «von vorne herein zu U. verdammt... heute nur noch erheiternde Phantastereien» (1972, S. 194). Der abwertende Charakter des U.-Begriffs wird darin schon ebenso offenkundig wie der auch heute noch geltend gemachte Gegensatz von U. und Wissenschaft.

K. Mannheim kritisiert in «Ideologie und U.» (1929) den bloß «partiellen» Ideologiebegriff des →Marxismus aus der Perspektive eines allgemeinen Ideologieverdachts und bestimmt «wissenssoziologisch» Ideologie und U. als zwei verwandte, aber verschiedene Formeln wirklichkeitsinadäquaten Bewußtseins. Während Ideologie interessen- oder standortbegründetes falsches Bewußtsein zur Rechtfertigung eines gesellschaftlichen Status quo darstellt, erscheint U. als ‹seins-transzendierendes›, insofern prinzipiell kritisches Bewußtsein, das die Wirklichkeit im Sinne seiner Intentionen ändern will. Die Unterscheidung von Ideologie und U. wird damit aber eigentlich erst im nachhinein möglich. Schließlich hat A. Neusüss (1968, S. 31 ff.) in seiner einflußreichen theoretischen Reflexion der «Bewertung von Utopie» darauf insistiert, daß «aus der Fülle der historisch aufgetretenen Bilder von der besseren Zukunft (sich) eine Präzisierung des Begriffs der utopischen Intention kaum gewinnen lasse», und rückt die utopische Intention ins Bedeutungszentrum: «nicht in der positiven Bestimmung dessen, was sie will, sondern in der Negation dessen, was sie nicht will, konkretisiert sich die utopische Intention am genauesten.» Damit kommt es aber zu einer problematischen Bedeutungsgleichheit von utopischer und fundamentalkritischer Intention, während das Moment des Gegenentwurfs oder Ideals als Ausdruck transzendierenden Wünschens in der U. zurücktritt.

Begriffspräzisierung

Während alle diese Ansätze U. als spezifische Bewußtseins- oder Wissensform insofern erkenntniskritisch erfassen, um sich sodann mit der Funktion solchen Bewußtseins zu beschäftigen, versucht einzig E. Bloch in «Das Prinzip Hoffnung» (1959) eine materialistische Erweiterung des U.-Begriffs hin zu einer «Ontologie des Seins des Noch-Nicht-Seienden» (Bd. 1, S. 274). Die «konkrete» U. ist bei ihm im Unterschied zur bloß «abstrakten» als «Tendenz-Latenz» der realen Wirklichkeit der Materie immanent, das «objektiv-real Mögliche» «im Wirklichen selber eine zukunftstragende Bestimmtheit» (ebd., S. 271). Freilich ist die Zukunft trotz dieser «Bestimmtheit» nicht determiniert. «Mögliches ist partiell Bedingtes» (ebd., S. 260). Hinzu muß nach Bloch «die Kraft eines Ich und Wir ... ein Wille» kommen, der sagt: «es soll so sein, es muß so werden» (ebd., S. 167), und der kann ebenso fehlen, wie seine Kräfte nicht ausreichen mögen. Bloch beerbt christlich-jüdische Eschatologie um den Preis eines «spekulativen Materiebegriffs» (Ueding 1985), die Materie ist nach ihm selbst «höchst utopisch geladen», die U. des «Kombinat Docta spes» «eine Transzendierende ohne Transzendenz» (ebd., S. 166).

Forschungsstand und -perspektive

Untersuchungen von U. unterscheiden diese nach verschiedenen Typen, z. B. Raum- oder Zeitutopien, und reflektieren den Zusammenhang bzw. die Verschiedenheit mit anderen Formen wirklichkeitstranszendierenden Bewußtseins, etwa dem religiösen oder künstlerischen, aber auch Traum und Mythos (Voßkamp 1985; Winter 1978). Als Gemeinsamkeit dieser Formen wird die kritische Negation der Gegenwart im Namen einer glücklicheren Zukunft und manchmal, wie im Falle des ‹Goldenen Zeitalters› oder des ‹Paradieses›, auch Vergangenheit betont. Die historische Forschung entdeckt diese Formen des Bewußtseins in allen Stadien der Geschichte. Im Zusammenhang mit der Entstehung des westeuropäisch-neuzeitlichen Denkens, insbesondere im Humanismus und Naturrechtsdenken der Aufklärung, bekommt utopisches Bewußtsein allerdings eine neue Qualität (Horkheimer 1930). Während die frühen Utopisten wie Morus, Campanella oder auch Hamilton noch ganz im Banne des christlich-jüdischen Gedankens der «Erbsünde» verharren, ihre U. deshalb prinzipiell unverwirklichbares Wunsch- und Gegenbild zur unvollkommenen «sündhaften» Welt bleibt und dieser nur als kritische Idee und idealer «Spiegel» entgegengehalten ist, verändert sich mit dem Fortschreiten der Religionskritik der Charakter der U. in Richtung einer Betonung des «hypothetisch-möglichen» geschichtlicher Entwicklung (Voßkamp 1985, S. 6). Diesem Übergang entspricht auch die Historisierung von U. von der statischen Raumutopie des 17. zu den dynamischen Zeitutopien des 18. und späterer Jahrhunderte. Indem die U.n nicht mehr, wie frühere Formen des transzendierenden Denkens, von den ‹letzten Dingen› und der ‹Erwartung des Heils› handeln, sondern alles dem rational-bewußten Prozeß menschlicher Gestaltung unterwerfen, kommt es auch zu ihrer endgültigen Trennung vom religiösen (Chiliasmus) bzw. eschatologischen Denken. Im konsequenten Rationalismus der U. des späten 18. Jahrhunderts verwirklicht sich der Anthropozentrismus der Aufklärung und kommt die Religionskritik bereits zu ihrem ersten Abschluß.

Im Zuge einer texttheoretischen Analyse der Gemeimsamkeiten von U. stellen sich vor allem zwei Probleme, deren stereotype Lösung Implikationen für die Politiktheorie besitzt. U.n stellen inszenierte Diskontinuität zur Realzeit und -geschichte des Verfassers und zeitgenössischen Lesers dar; die literarisch gestaltete Diskontinuität (räumlich: Insel; zeitlich: ‹Sprung über ein Jahrtausend›) ermöglicht, das Unmögliche ‹hier und jetzt› (Realzeit) innerutopisch wenigstens als Möglichkeit plausibel zu machen.

U.n sind darüber hinaus nur in Grenzen als fiktionale Darstellungen des Unmöglichen konstruierbar; das Unmögliche muß für Verfasser wie Leser zumindest denkbar, als Ausgedachtes existieren. Das reduziert die Kontingenz von vornherein, und die Phantasien über das Unmögliche sind zumeist vielfältig an das gedankliche Material der Gegenwart gebunden.

Eine zusätzliche Brechung der Kontinuitäts- und Kontingenzdimension erfährt der Leser historischer U.n, die sich dann als Beiträge «Zur Geschichte der Zukunft» (Schwendter 1982/84) lesen lassen. Alle drei Probleme stehen in einem unmittelbaren Verhältnis zur historisch-praktischen →Revolution menschlicher Gesellschaften. Deren Probleme einer planvoll-bewußten Diskontinuität und Schaffung einer jeweils neuen, für besser gehaltenen Gesellschaft sind seit Beginn der Neuzeit zumindest implizit Gegenstand utopischen Denkens.

In diesem konstruktiven Zwang rationalistischer U.-Entwürfe zur Geschlossenheit und Planung findet der →Totalitarismusvorwurf konservativer U.-Kritik Anlaß und Nahrung. Nach der heideggerianischen Perspektive H. Kestings verwandelt U. «die Erde in einen menschlichen Planungsraum, in die Werkstatt des Arbeiters... und ist nur möglich auf dem Hintergrund einer universalen Seinsvergessenheit» (1952, S. 103). Dazu im Ganzen zutreffend Neusüss (ebd., S. 50): «Gemeint ist dabei realiter stets ‹der →Kommunismus› und seine sozialistischen Spielarten», deren schlechte Wirklichkeit in den sogenannten sozialistischen Ländern freilich nur vordergründig gegen die in allen U.n enthaltene Antizipation einer besseren Welt, in der die Würde der Menschen in →Freiheit und →Gleichheit sowie bei sozial-gerechter Verteilung des materiellen Wohlstands in einem dauerhaften Frieden gewährleistet wäre, gesetzt werden könnte. Die «Pfade der U.-Denunziation» (Neusüss), die in der Vision gesellschaftlicher Harmonie nur immer das Schreckbild einer totalitären Welt entlarven wollen, enden zumeist – nicht immer gegen den Willen ihrer Vertreter – bei einer Apologie des jeweiligen Status quo. In der kritischen Funktion jeglichen utopischen Denkens liegt denn auch die Herausforderung der U. für die sozialwissenschaftliche Theoriebildung.

Bloch, E.: Das Prinzip Hoffnung. 3 Bde., Frankfurt/M. 1959.
Engels, F.: Die Entwicklung des Sozialismus von der Utopie zur Wissenschaft (Marx-Engels-Werke, Bd. 19). Berlin (DDR) 1972.
Horkheimer, M.: Anfänge der bürgerlichen Geschichtsphilosophie. Stuttgart 1930.
Kesting, H.: Utopie und Eschatologie. (Diss.) Heidelberg 1952.
Mannheim, K.: Ideologie und Utopie. Frankfurt/M. ^{5}1969 (zuerst 1929).
Neusüss, A.: Schwierigkeiten einer Soziologie des utopischen Denkens. In: ders. (Hg.): Utopie, Begriff und Phänomen des Utopischen. Neuwied/Berlin 1968.
Schwendter, R.: Zur Geschichte der Zukunft (Bd. 1)/Zur Zeitgeschichte der Zukunft (Bd. 2). Frankfurt/M. 1982/84.
Seibt, F.: Utopie als Funktion abendländischen Denkens. In: W. Voßkamp (Hg.) 1985, a. a. O.
Ueding, G.: Ernst Blochs Philosophie der Utopie. In: W. Voßkamp (Hg.) 1985, a. a. O.
Voßkamp, W. (Hg.): Utopieforschung. 3 Bde. Frankfurt/M. 1985.
Winter, M.: Compendium Utopiarum. Typologie und Bibliographie literarischer Utopien. 1. Teilband: Von der Antike bis zur Frühaufklärung. Stuttgart 1978.

Michael Th. Greven

Verbände

Begriffsverwendungen

Der Begriff des Verbandes wurde im 19. Jahrhundert für gesellschaftliche Vereinigungen gebräuchlich, die sich aus gemeinsamen →Interessen zusammenfanden und dabei nicht wie ‹Stände› oder ‹Zünfte› umfassende Orientierung boten. Die Entstehung von V. ist eng an die Ausbildung gesellschaftlicher Sonderinteressen im wirtschaftlichen Bereich geknüpft. Die politikwissenschaftliche V.-Forschung beschäftigt sich vornehmlich mit dem Einfluß organisierter Gruppen der Gesellschaft auf die politische Willensbildung. Vor allem die amerikanische →Politikwissenschaft war durch die vorherrschende ‹group-school› bis in die 70er Jahre stark auf die V.-Forschung ausgerichtet. Politik wurde aus dem Druck verschiedener Interessengruppen auf →Parlament, →Regierung und →Verwaltung erklärt. In jüngerer Zeit setzen sich vor allem auch die Wirtschaftswissenschaften mit der ordnungspolitischen Rolle von Interessenverbänden auseinander.

Als Mittler zwischen dem einzelnen und dem →Staat zählen die V. wie die →Parteien zu den →Institutionen der politischen Interessenvermittlung. Ihr hervorstechendstes Merkmal liegt darin, daß sie auf bestimmten Gebieten über spezielle Informationen und Aktionsformen verfügen, die sie für die Politikentwicklung in entwickelten Industriestaaten unentbehrlich machen.

Verwendungszusammenhänge

Während in der Soziologie ein weiter V.-Begriff vorherrscht, der, etwa bei W. Sombart, eine Fülle von Vergemeinschaftungsformen (familiäre, religiöse) einschließt, hat sich die Politikwissenschaft auf den Verband als organisierte Interessengruppe festgelegt. Die innere Struktur von V., zwischenverbandliche Beziehungen, Verbandsziele und Aktionsformen werden vornehmlich hinsichtlich ihres Stellenwertes für das politische →System untersucht. In der deutschen Staatsrechtslehre wurden V. im Sinne der amerikanischen ‹group-school› lange Zeit mit illegitimer Interessendurchsetzung gleichgesetzt. Der Begriff blieb hier auf Zusammenschlüsse mit hoheitlichen Aufgaben, Kammern, Gemeinden, schließlich den Staat zentriert. Entscheidendes Kriterium ist hier nicht das Interesse und seine Durchsetzung, sondern der gemeinsame Zweck und die formale, hierarchische →Organisation, also innere Strukturmerkmale. Von der politikwissenschaftlichen Begriffsverwendung unterscheiden sich auch betriebs- und organisationswissenschaftliche Ansätze. Sie behandeln V. als politische Dienstleistungsunternehmen, die mit den Methoden der Betriebswirtschaft und Verbandsökonomik untersucht werden können (vgl. Blümle/Wittmann 1976). Die Ausweitung dieses Ansatzes durch die →Neue Politische Ökonomie hat, beeinflußt von den Arbeiten von Mancur Olson (1968), auch den heutigen politikwissenschaftlichen V.-Begriff geprägt: Ihre Fähigkeit zum kollektiven Handeln und zur Bereitstellung öffentlicher Güter, also ihre ordnungspolitische Qualität treten so ins Zentrum der V.-Forschung.

Damit verbindet sich eine →Differenzierung des V.-Begriffs in (1) Dienstleistungsverbände. und (2) V. zur Interessenvertretung. «Die Dienstleistungsverbände haben unmittelbar die Bedürfnisbefriedigung ihrer Mitglieder zum Entscheidungsgegenstand: In ihnen wird nach bestimmten Regeln über die Finanzierung und Bereitstellung eines Gutes entschieden, das bestimmte Bedürfnisse der Verbandsmitglieder befriedigen soll... Die Interessenvertretungsverbände hingegen haben nur mittelbar die Befriedigung der Mitgliederinteressen zum Entscheidungsobjekt, insofern es hier lediglich darum geht, diese Interessen an dem Ort zu vertreten, wo über die Befriedigung der Mitgliederinteressen entschieden wird. Dieser außerhalb des Verbandes gelegene soziale Ort kann der Staat sein, er kann aber auch die Konfrontationsstelle sein, an der ein Verband auf einen anderen Verband in einer Bargaining-Situation trifft» (Kirsch 1976, 26). Meist bieten V. beides: Interessenvertretung nach außen und mitgliederspezifische Dienstleistungen nach innen.

Begriffspräzisierung

Die von der →Pluralismustheorie ausgehende Orientierung des V.-Begriffs an politischer Einflußtätigkeit und einseitiger Interessenverfolgung hat zur Vorstellung einer politischen Kräftemechanik geführt, in der das Gleichgewicht widerstreitender organisierter Interessen gänzlich die Politik bestimmt. Diese Auffassung wurde bereits von der Pluralismuskritik der 60er Jahre nachhaltig erschüttert. Weder ist jedes Interesse gleichermaßen organisierbar, noch bieten sich gleiche Durchsetzungschancen. Vor allem aber üben V. nicht nur Druck auf Parlament (Lobbyismus), Regierung und Verwaltung aus. Sie dienen ebenso als «Vermittler und Interpreten staatlicher Maßnahmen und Anordnungen gegenüber den jeweils betroffenen Bürgern» (Weber 1977, S. 18). V. erfüllen damit eine für das politische System bestandswichtige Legitimationsfunktion und tragen zur praxisnahen Umsetzung staatlicher Politik bei (→Korporatismus). Durch die Aggregation von Interessen wirken vor allem die gesellschaftlichen Großverbände als Filterinstitutionen, die Parlament, Regierung und Verwaltung vor dem Ansturm einer Fülle konfligierender Gruppenforderungen schützen.

Neben ihrer auf die Mitglieder beschränkten Dienstleistungsfunktion, der inneren Struktur und der Interessenrepräsentation nach außen, können gesellschaftliche V. also auch unmittelbar unter system- und ordnungspolitischen Aspekten untersucht werden. Diese letztere Perspektive zeigt sich gleichsam von selbst, wenn es um die Delegation hoheitlicher Aufgaben an V. oder um die subsidiäre Selbstverwaltung von Politikbereichen geht. Beide Möglichkeiten sind in Deutschland durch das Kammerwesen in der Wirtschaftspolitik und durch die Tätigkeit der freien Wohlfahrtsverbände in der Sozialpolitik weitreichend ausgeschöpft.

Von einer empirisch gehaltvollen V.-Theorie ist die Wissenschaft – auch heute noch – weit entfernt (Blümle/Schwarz 1985, S. 6). Daß die V.-Forschung nicht zu einer überzeugenden V.-Theorie geführt hat, liegt nicht zuletzt daran, daß es schwerfällt, den Gegenstandsbereich eindeutig abzugrenzen, V. von ‹Nicht-Verbänden› zu unterscheiden. Geht man von Dienstleistungs-, Repräsentations- und gesamtgesellschaftlichen Ordnungsfunktionen aus und gliedert V. zudem nach charakteristischen Organisationsmerkmalen, so erhält man indes ein für die empirische Forschung brauchbares Raster. Damit entgeht man der Gefahr, mit unzureichenden Definitionsversuchen an der Wirklichkeit aufzulaufen oder nur Teilaspekte des V.-Systems und seiner politischen Funktionen zu erfassen.

Forschungsstand

Der Ertrag der empirischen V.-Forschung besteht vor allem aus Fallstudien zu Gesetzgebungsprozessen (etwa Stammer 1965) und Einzelverbänden (etwa Ackermann 1970). Dabei wurde meist versucht, anhand politischer Entscheidungsprozesse die →‹Macht› von V. festzustellen. Im sogenannten ‹positionellen Ansatz› wird die Vernetzung von Führungsgruppen in Staat und V. analysiert, der ‹reputative› Ansatz basiert auf der Befragung von Einflußzuweisungen bei Mitgliedern und Verbandsfunktionären. Als verbandsinterne Machtfaktoren haben sich in diesen Untersuchungen herausgestellt (vgl. Ackermann 1970, S. 57ff.; Weber 1977, S. 187ff.): die zahlenmäßige Stärke eines Verbandes, der Organisationsgrad, die Homogenität oder Gruppenidentifikation und damit zusammenhängend die Mobilisierbarkeit der Mitgliedschaft sowie finanzielle Ressourcen. Hinzu kommen außerhalb des Verbandes liegende Machtfaktoren: der Zugang zu den Medien, die Position konkurrierender oder verbündeter Organisationen, der Zugang zu politischen Parteien und parlamentarischen Gremien sowie zu Regierung und Verwaltung (Repräsentation in Beiräten, Ausschüssen etc.).

Die genannten ‹Machtfaktoren› sind ihrerseits mit einer Vielzahl weiterer Variablen verknüpft. So haben Studien über Ärzteverbände und den Bauernverband gezeigt, daß die Mobilisierbarkeit von Mitgliedern dann ansteigt, wenn sie ihren Status bedroht sehen.

Neben der empirischen Forschung trugen theoretische Überlegungen der Pluralismuskritik und der Verbandsökonomik zu einem neuen Verständnis von V.-Politik bei. Vor allem die «Logik des kollektiven Handelns» von Mancur Olson (deutsch 1968) hat einige Grundannahmen der Pluralismustheorie widerlegt. Olson konnte zeigen, daß die Organisierbarkeit gesellschaftlicher Gruppen entscheidend von der Gruppengröße abhängt: Kleine Gruppen bieten höhere Organisationsanreize, da ihr Verbandserfolg jedem Einzelmitglied zugerechnet werden kann, während Großgruppen mit einem ‹Trittbrettfahrer-Verhalten› rechnen müssen. Der Großverband handelt aus der Sicht des einzelnen auch ohne seinen Beitrag, bei der kleinen Gruppe werden dagegen Kosten und Nutzen einer Mitgliedschaft auch für einen einzelnen offensichtlich, insofern als Eintritt oder Austritt darüber entscheiden können, ob und in welcher Höhe ein Kollektivgut vom Verband geliefert wird. Hieran liegt es nach Olson, daß große latente Gruppen der Bevölkerung, zum Beispiel Konsumenten oder Steuerzahler, trotz gemeinsamer Interessen nur unzureichend in V. organisiert sind. Nur wenn sie teilbare, d. h auf die Mitglieder begrenzte Güter anböten, könnten auch Großverbände hohe Organisationsgrade erreichen.

Damit ließe sich zwar der Trend zu Serviceleistungen ‹Nur für Mitglieder› in Großverbänden wie Gewerkschaften oder Automobilklubs erklären, nicht aber die Mitgliederentwicklung. Beispielsweise schwankt sie bei den Gewerkschaften mit politischen und ökonomischen Konjunkturen. Hier spielt vermutlich die Konfliktfähigkeit eines Verbandes eine Rolle. Kann er seine Forderungen durch entsprechende Verhaltensandrohungen (z. B. Streik) nicht untermauern, so sinkt mit den Erfolgsaussichten auch der Anreiz zur Mitgliedschaft. Indes, weder selektive Anreize noch die Konfliktfähigkeit können die im europäischen Vergleich erheblich variierenden gewerkschaftlichen Organisationsgrade erklären. Offenbar verfügen Großverbände über eine komplexere Anreizstruktur, als Olson annimmt, zumal wenn ihre Aktionsbasis aus kleinen Einheiten besteht (z. B. Betriebe), innerhalb deren auch der Beitrag des einzelnen zum Erfolg kollektiven Handelns wieder offenkundig wird.

Neben der Auseinandersetzung mit den von der Verbandsökonomik und – in einem weiteren Sinne – der ‹ökonomischen Theorie der Politik› ausgehenden Überlegungen steht gegenwärtig die Einbindung von Interessenverbänden in die staatliche Politikentwicklung im Mittelpunkt politikwissenschaftlichen Interesses. Meist unter dem Begriff Korporatismus wird vor allem der Politikverbund aus Staat, Gewerkschaften und Unternehmerverbänden untersucht. Die V.-Forschung trifft hier auf neuere staatstheoretische Überlegungen, wie sie im individualistischen Ansatz von Olson gänzlich ausgeblendet bleiben. Vor allem in den Sammelbänden von Ronge (1980) und Glagow (1984) wird die Fähigkeit von V. zur Selbststeuerung gesellschaftlicher Bereiche bzw. die Delegation oder Überlassung öffentlicher Aufgaben an die V. betont. Eine fiskalische, legitimatorische und informationelle Problemüberlastung des Staates führt demnach zu alternativen Steuerungsformen durch V. – sie leisten billiger, problemadäquater, weil informierter und weniger konfliktgeladen, was auf bürokratischem Wege nur äußerst unvollkommen erbracht werden kann.

Forschungsperspektiven
Die politikwissenschaftliche V.-Forschung überwindet allmählich die Divergenz von Theorie und Deskription. Nachdem zentrale Annahmen der gruppenpluralistischen Schule durch Fallstudien und international vergleichende Untersuchungen im Zusammenhang mit dem Korporatismustheorem und durch die Erkenntnisse der Verbandsökonomik erschüttert wurden, kündigt sich eine Ära empirisch gestützter Theoriebildung an. Ein internationales Forschungsprojekt am Wissenschaftszentrum Berlin und dem Europäischen Hochschulinstitut in Florenz untersuchte mit den Mitteln der Organisationssoziologie Struktur und Politik von Unternehmerverbänden in westlichen Industriestaaten. Die Ergebnisse legen nahe, die Selbststeuerungsfähigkeit von Interessenverbänden sehr hoch einzuschätzen. Eigenkomplexität und Funktionsumfang sogenannter «Interessenregierungen» (Streeck/Schmitter 1985) lassen sogar den Schluß zu, V. – neben Gemeinschaft, Markt und Staat – ein eigenes soziologisches Strukturmuster mit spezifischer Funktionslogik zuzusprechen.

Ideelle Bindungen, Anreizstrukturen und Kontrollhierarchien sind für V.-Verhalten gleichermaßen prägend. Demnach wären V. das politische Urgestein, das sich, durch verfassungsrechtliche Normierung kaum abgeschliffen, behauptet. Dies kann allerdings nicht heißen, daß ihre Autonomie sich quasi naturwüchsig gegen und neben staatlicher Politik etablieren konnte. Interessenverbände sind, wie eingangs dargestellt, mit dem modernen Staat entstanden und haben sich in ständigem Bezug zu ihm entwickelt. Diesen Bezug empirisch zu erfassen und theoretisch zu verorten, ohne in eine simple ‹politische Kräftemechanik› zurückzufallen, bleibt eine Aufgabe der V.-Forschung.

Ackermann, P.: Der deutsche Bauernverband im politischen Kräftespiel der Bundesrepublik. Tübingen 1970.
Blümle, E.-B./Schwarz, P. (Hg.): Wirtschaftsverbände und ihre Funktionen. Darmstadt 1985.
Glagow, M. (Hg.): Gesellschaftssteuerung zwischen Korporatismus und Subsidiarität. Bielefeld 1984.
Kirsch, G.: Verbände als Produzenten von Kollektivgütern. In: Blümle/Wittmann (Hg.): Verbände. Stuttgart 1976.
Olson, M.: Die Logik des kollektiven Handelns. Tübingen 1968.
Ronge, V. (Hg.): Am Staat vorbei. Frankfurt/New York 1980.
Stammer, O. u. a.: Verbände und Gesetzgebung. Köln/Opladen 1965.

Streeck, W. / Schmitter, Ph.: Gemeinschaft, Markt und Staat – und die Verbände? Der mögliche Beitrag von Interessenregierungen zur sozialen Ordnung. In: Journal für Sozialforschung 25 (1985), S. 133–157.
Varain, H. J. (Hg.): Interessenverbände in Deutschland. Köln 1973.
Weber, J.: Die Interessengruppen im politischen System der Bundesrepublik Deutschland. Stuttgart 1977.

Roland Czada

Verfassung

Begriffsverwendungen

Für die V. des politischen Systems hat der wissenschaftliche Sprachgebrauch bisher keine einheitliche Begriffsbestimmung gefunden. Von den gebräuchlichen Verwendungsweisen sind die folgenden Begriffspaare für den Versuch einer Definition aufschlußreich. Mit dem ersten Begriffspaar wird ein allgemeiner einem konkreten V.-Begriff gegenübergestellt: Der *allgemeine* V.-Begriff bezieht sich auf jede Form der Herrschaftsorganisation; er umfaßt die V. der griechischen Polis wie die der mittelalterlichen Stadt, die bürgerliche ebenso wie die sozialistische V. Demgegenüber betrifft der *konkrete* V.-Begriff die einzelne (meist geschriebene) V. in ihren jeweiligen Besonderheiten. Das zweite Begriffspaar kontrastiert einen *normativen* und einen *empirischen* V.-Begriff: Der auf ein Sollen gerichteten Rechtsverfassung wird die empirische Verfaßtheit im Sinne der tatsächlichen Machtverhältnisse gegenübergestellt. Der Zweiteilung des Gegenstandes entspricht die der wissenschaftlichen Disziplinen: Die Rechtswissenschaft wird als rein normative, die Politikwissenschaft (politische Soziologie) als strikt empirische Wissenschaft verstanden. Das dritte Begriffspaar schließlich unterscheidet einen engeren, nur die staatlichen Institutionen betreffenden Begriff der *Staatsverfassung* von einem weiteren, Staat und Gesellschaft umgreifenden Begriff der *Gesamtverfassung*.

Diese unterschiedlichen Verwendungen des V.-Begriffs reflektieren grundlegende Differenzen des V.-Verständnisses, die nur in einem weiteren geschichtlichen und theoretischen Kontext aufgeschlüsselt werden können.

Verwendungszusammenhänge

Der Verfassungsbegriff des bürgerlichen Rechtsstaats

V. ist mit Staat und Gesellschaft ein politisch-rechtlicher Schlüsselbegriff der Moderne. Sein – ursprünglich revolutionär gegen die transzendent legitimierte herrschaftsständische Feudalordnung und gegen den Machtmonismus des Absolutismus gerichteter – *Sinn* liegt in der Konstituierung einer auf Vernunft und Humanität gegründeten, nach den Prinzipien von →Freiheit, →Gleichheit und Brüderlichkeit eingerichteten Friedensordnung. Seiner *Funktion* nach ist er bezogen auf eine sich selbst regulierende bürgerliche Eigentümer-Marktgesellschaft: auf die soziale →Differenzierung in den autonom vorgestellten bürgerlichen Wirtschafts- und Kulturverkehr einerseits, ein gesellschaftsvertraglich begründetes, treuhänderisch verstandenes, auf Sicherungs- und Infrastrukturleistungen beschränktes staatliches Government andererseits.

Der zugleich konstitutiven und limitierenden V.-Funktion entspricht die rechtsstaatliche *V.-Struktur*. Die *Grundrechte* sichern als Abwehrrechte und als politische Beteiligungsrechte die Autonomie des als Rechtsperson institutionalisierten bürgerlichen Subjekts: das Recht auf Leben, körperliche Unversehrtheit und Freiheit der Person die existentiellen Voraussetzungen seines menschenwürdigen Daseins; Eigentums-, Vertrags- und Gewerbefreiheit seine Besitzstände und seine Chancen am Markt; die Kommunikationsrechte der Meinungs- und Pressefreiheit, Versammlungs- und Vereinigungsfreiheit, die Möglichkeiten seiner politischen Beteiligung und seiner kulturellen und wirtschaftlichen Entfaltung; Glaubensfreiheit, Unverletzlichkeit der Wohnung und Briefgeheimnis seinen privaten Bereich. – *Gewaltenteilung* sorgt für eine funktionsgerechte, machthemmende Binnenstruktur des Staatsapparats; ihr Grundgedanke ist die anvertraute und verantwortliche →Regierung und die Verantwortungsrealisierung durch wechselseitige Kontrolle (Locke, Federalist), ein Grundgedanke, der von Montesquieu im Sinne einer eher mechanistischen Balancierung realpolitischer Mächte (Krone, Adel, Bürgertum) einflußreich ausformuliert wurde. Innerhalb des gewaltenteiligen V.-Staates ist das *Gesetz* die zentrale →Institution: Als parlamentarisches Gesetz sichert es dem durch Repräsentation zum Gemeinwillen vergüteten politischen Willen des Bürgertums Einfluß auf →Verwaltung und Rechtsprechung (Vorrang des Gesetzes), die Konsonanz der notwendigen gesellschaftlichen Regulierungen mit dem bürgerlichen Gesamtinteresse (Vorbehalt des Gesetzes) und die Abstimmung der steuerlichen Abschöpfung mit der wirtschaftlichen Entwicklung (Budgetrecht); als allgemeines Gesetz ist es Ausdruck der im öffentlichen Bürgerdiskurs aufscheinenden Vernunft, Maßstab der Rechtsgleichheit und Garant der Rechtssicherheit. Legalität ist die rechtsstaatliche Form der →Legitimität.

Dieser frühbürgerliche V.-Begriff ist ein *praktisch-geschichtlicher*, der die spätere Aufspaltung in eine abstrakte Allgemeinheit und eine konkretistische Besonderheit noch nicht kennt: Er ist *konkret*, insofern er auf die spezifische gesellschaftliche Wirklichkeit der bürgerlichen Gesellschaft bezogen ist; er ist *allgemein*, insofern er im Rahmen der V.-Idee unterschiedlichen Ausgestaltungen Raum läßt (exemplarisch: V. von Virginia 1776; Bundesverfassung der USA 1787; Französische V. 1789/1791). Der frühbürgerliche V.-Begriff liegt vor der dichotomischen Teilung der Normativität in Sein und Sollen: Er ist *normativ*, insofern er als verbindlicher Entwurf seine Verwirklichung beansprucht; er ist *empirisch*, insofern in ihn Annahmen über die tatsächlichen gesellschaftlichen Machtverhältnisse eingehen. Der frühbürgerliche V.-Begriff beruht zwar auf der Unterscheidung, nicht aber auf einer dualistischen Entgegensetzung von →Staat und Gesellschaft: die rechtsstaatliche V. ist *Staatsverfassung*, da sie primär staatliches Handeln rechtlich ordnet; indem sie dieses staatliche Handeln funktional und konsensual an die Gesellschaft rückbindet, deren Autonomie sie grundrechtlich garantiert, ist sie zugleich *Gesamtverfassung* eines Staat und Gesellschaft umfassenden politischen Gemeinwesens. Die frühbürgerliche V.-Theorie ist (noch) *ganzheitliche Theorie*: politische Philosophie, Gesellschafts-, Wirtschafts- und Staatstheorie in einem.

Der bürgerliche Verfassungsbegriff als Ideologie und Utopie
Der V.-Begriff des bürgerlichen Rechtsstaats ist *ideologisch*: Er legt den normativen Schein allgemeiner Freiheit und Gleichheit über die Wirklichkeit eines Klassenstaates, in dem die Freiheitsrechte den Status quo von ‹Besitz und Bildung› gewährleisten (Harrington: government follows property), die formale Gleichheit vor dem Gesetz die materielle Ungleichheit der Gesetzesfolgen kaschiert (wichtigstes Beispiel: die ‹gleiche› Garantie der Vertragsfreiheit für Kapital und Arbeit) und in dem die nichtbesitzenden Schichten rigoros von politischer Beteiligung ferngehalten werden (Beispiel: Klassenwahlrecht). Die Brüderlichkeit schließlich bleibt vollends auf der Strecke im Konkurrenzkampf der Individuen und Nationen, in der erbarmungslosen Ausbeutung der Kolonien und in der rücksichtslosen Zerstörung der Natur. Der Bürger duckt sich in die Rolle des egoistisch kalkulierenden Bourgeois.

Der V.-Begriff des bürgerlichen →Rechtsstaats enthält zugleich eine über seine Klassenschranken hinausweisende *konkrete →Utopie*: indem er politische Einheit und die →Legitimität politischer →Herrschaft nicht auf autoritäre Dezision (Hobbes), sondern auf einen freien und öffentlichen Prozeß der Verständigung und auf die freie Zustimmung der Bürger (Locke) gründet, enthält er die Grundelemente einer auf Autonomie und Pluralität basierenden politischen Ordnung, deren Verwirklichung dem demokratischen V.-Staat aufgegeben ist (→Pluralismus); mit dem Grundprinzip der Humanität weist der bürgerliche V.-Begriff über sich hinaus.

Der Verfassungsbegriff der deutschen konstitutionellen Monarchie
Die durch die historische Priorität des absoluten Staates und die wirtschaftliche und politische Schwäche des Bürgertums gekennzeichnete spezifisch deutsche V.-Entwicklung erfordert eine Reihe restriktiver Retuschen am liberal-rechtsstaatlichen V.-Begriff. *Funktion* der (paktierten bzw. oktroyierten) V. ist hier primär die Sicherung der Einflußgrenzen zwischen dem über die bürokratischen Apparate von Heer und →Verwaltung verfügenden Monarchen einerseits und einem keineswegs autonomen, vielmehr auf aktive staatliche Innovationsleistungen angewiesenen (Bildungs-)Bürgertum andererseits. Der Kompromißfunktion der V. entspricht die *V.-Struktur* der konstitutionellen Monarchie: die Vereinseitigung der Grundrechte zu bloßen Abwehrrechten, die vornehmlich dem Schutz einer entpolitisierten Privatsphäre dienen; das Übergewicht der monarchischen →Gewalt, gesichert durch die Ausklammerung großer Teile des staatlichen Gewaltpotentials aus dem bürgerlich mitbestimmten Legalitätsbereich in den ‹besonderen Gewaltverhältnissen› und im selbständigen Verordnungsrecht der Krone. Der in substantiellen Einheitskategorien gefaßte Obrigkeitsstaat auf der einen, die unpolitische Privatgesellschaft auf der anderen Seite – diese *dualistische Grundstruktur* prägt die deutsche politische →Theorie (‹Staatslehre›) weit über die Epoche der konstitutionellen Monarchie hinaus. Der V.-Begriff wird auf den Begriff der *Staatsverfassung* reduziert und auf den formalen Begriff des erschwert änderbaren Organisationsstatuts eines als Einheit vorausgesetzten Staates verkürzt. Dieser V.-Begriff muß in die Krise geraten, sobald es nicht mehr um die Beschränkung der monarchischen, sondern auf der Grundlage der Volkssouveränität um die Konstituierung einer demokratischen Staatsgewalt geht.

Das Verfassungsproblem in der spätkapitalistischen Industriegesellschaft
Mit der industriellen Revolution werden die Wirklichkeitsvoraussetzungen des liberalen Modells ad absurdum geführt. Die Gleichgewichtsannahmen, die die soziale Gerechtigkeit des wirtschaftlichen und die Richtigkeit des politischen Prozesses garantieren und so die gesellschaftliche Selbstregulierung legitimieren sollten, sind empirisch widerlegt: Die kapitalistische Gesellschaft ist eine vermachtete Gesellschaft (strukturelle Überlegenheit des mit Investitionsmacht ausgestatteten Kapitals; oligopolistische und monopolistische Organisationsstrukturen; Unterlegenheit schwer organisierbarer →Interessen); mit dem gesellschaftlichen Reichtum produziert sie zugleich systembedrohende Externalitäten (soziale Frage, Ökologieproblem), die den Staat zu systemstabilisierenden Aktivitäten zwingen. Von Einzelmaßnahmen repressiver Mißbrauchsabwehr über reaktive Kriseninterventionen hat sich staatliche Sozial-, Wirtschafts- und Gesellschaftspolitik zu einer umfassenden präventiven Ver-

antwortung für die wirtschaftliche, soziale und kulturelle Entwicklung ausgedehnt. Was bedeuten diese fundamentalen Änderungen der gesellschaftlichen Ambiance für Funktion und Struktur der V.?

Verfassungstheoretische Grundpositionen

Die verfassungstheoretische Grundsatzdiskussion der Weimarer Zeit bemühte sich vor allem um einen *demokratie-adäquaten* V.-Begriff. Gegen das Einheitsdenken des staatsrechtlichen Positivismus, das im Normlogismus Kelsens (V. als formale Grundnorm) und im Dezisionismus C. Schmitts (V. als existentielle politische Entscheidung im Gegensatz zum V.-Gesetz) auf zwei grundsätzliche Spitzen getrieben wurde, betonen Smend und Heller die Bedeutung der Rechtsverfassung für den Prozeß der politischen Einheitsbildung, wobei Smend die Akzente stärker auf die geistigen Integrationsfaktoren setzt, Heller stärker die Notwendigkeit bewußten, planmäßigen und organisierten Zusammenwirkens betont. Hier konnte nach 1945 die vor allem von E. Fraenkel geförderte produktive Aneignung ‹westlicher› Pluralismustheorien ansetzen; sie aktivierte die Einsicht, daß eine demokratisch-pluralistische Verständigungsordnung gerade um der freien Austragung gesellschaftlicher →Konflikte willen eines ‹nicht-kontroversen Sektors› bedarf, in dem die zentralen ‹Spielregeln› (Mehrheitsprinzip; allgemeines, gleiches, direktes und geheimes Wahlrecht) und ein Minimum an regulativen Ideen generellen Charakters außer Streit gestellt sind. – An Heller konnte auch eine zweite, die *sozialstaatliche* Linie der bundesrepublikanischen V.-Theorie anknüpfen. Gegen den Versuch Forsthoffs, das Sozialstaatsgebot des Grundgesetzes von der Ebene des V.-Rechts auf die Ebene der Verwaltungswirklichkeit zurückzustufen, haben Abendroth und Ridder die verfassungsstrukturelle Bedeutung der Sozialstaatlichkeit betont: die gesamtgesellschaftliche Relevanz der normativen V.

Begriffspräzisierung

Verfassungsfunktion

Für eine zeitgemäße V.-Theorie geht es darum, den *Sinn* von V.-Staatlichkeit unter den Wirklichkeitsbedingungen der spätkapitalistischen Industriegesellschaft, unter Bedingungen also, in denen weder gesellschaftliche Freiheit noch politische Einheit noch soziale Gerechtigkeit vorgegeben sind, möglichst unverkürzt zur Geltung zu bringen. Als rechtsstaatliche und demokratische hat die V. die Aufgabe der Beschränkung und Rationalisierung der Macht und der Gewährleistung eines freien politischen Lebensprozesses (H. Ehmke), als sozialstaatliche ist sie auf reale Chancengleichheit und soziale Gerechtigkeit hin angelegt. Die *Funktion* der V. des demokratischen und sozialen Rechtsstaates ist es, die rechtliche Rahmenordnung für die politische Organisation der Gesellschaft festzulegen. «Die V. ist die rechtliche Ordnung des Gemeinwesens. Sie bestimmt die Leitprinzipien, nach denen politische Einheit sich bilden und staatliche Aufgaben wahrgenommen werden sollen. Sie regelt Verfahren der Bewältigung von Konflikten innerhalb des Gemeinwesens. Sie ordnet die Organisation und das Verfahren politischer Einheitsbildung staatlichen Wirkens. Sie schafft Grundlagen und normiert Grundzüge rechtlicher Gesamtordnung» (Hesse 1985, S. 10).

Verfassungsstruktur
Der Funktionswandel der V. bewirkt einen tiefgreifenden Wandel der V.-Struktur.

- *Grundrechte:* Die abwehrende Schutzdimension der Grundrechte ist wegen der quantitativen und qualitativen Ausdehnung der Staatstätigkeit und angesichts ganz neuer technologischer Freiheitsgefährdungen wichtiger denn je. Bei der fortschreitenden Einbindung des modernen Menschen in eine Vielzahl staatlicher und öffentlicher Leistungs- und Überwachungssysteme kann dem einzelnen ein unabdingbarer Eigenbereich nur dann gewährleistet werden, wenn eine humane Rationalität die totale Effektivität einer technisch-bürokratischen Superstruktur verhindert. Die Grundrechte garantieren dem Bürger aber nicht nur eine Eigensphäre, sie normieren zugleich seinen politischen Beruf als Citoyen; sie sind *politische Mitwirkungsrechte*. In ihrer Ausformung als Kommunikations-, Partizipations- und Wahlrechte sind sie für ein demokratisches Gemeinwesen schlechthin konstituierend. Von weitreichender Bedeutung ist es, wenn die Grundrechte als *objektive Prinzipien* der gesamten Rechtsordnung und damit als verbindliche Richtlinien auch für den demokratischen Gesetzgeber verstanden werden (so nachdrücklich das Bundesverfassungsgericht, ablehnend der Österreichische Verfassungsgerichtshof). Es ist dieser Zugewinn an objektivrechtlicher Geltungsqualität, der es nahelegt, die Grundrechte auch als *soziale Rechte* zu positivieren (vgl. die neuen V.-Entwürfe der Schweiz und der Niederlande), und der es ermöglicht, Grundrechtsschutz auch gegen Freiheitsbedrohungen durch *gesellschaftliche Macht* zu aktivieren. In den komplexen Zusammenhängen des staatlichen und gesellschaftlichen Lebens ist schließlich die Sicherung der Grundrechtsverwirklichung durch grundrechtskonforme Gestaltung von *Organisation und Verfahren* von zunehmender Bedeutung.
- *Gewaltenteilung:* Das Gewaltenteilungsprinzip entfaltet seine strukturierende Wirkung in einem engeren und in einem weiteren Zusammenhang. Im engeren staatlichen Bereich ist die Trias von Gesetzgebung, Regierung/Verwaltung und Rechtsprechung das Grundmuster einer funktionellrechtlichen Ordnung, in der durch die Abstimmung von Funktion,

Kompetenz und Organstruktur eine effektive Wahrnehmung der komplexen Staatsaufgaben in realisierbarer Verantwortung gewährleistet ist; die Notwendigkeit machthemmender Binnendifferenzierung als Reaktion auf die monistische Tendenz neuer →Technologien wird durch das Stichwort der ‹informationellen Gewaltenteilung› signalisiert. Der alle öffentlichen Institutionen durchdringende Einfluß der Parteien und Verbände gibt Veranlassung, von Gewaltenteilung auch in einem weiteren Sinne zu sprechen und die Vielzahl der gewaltenbalancierenden Elemente des V.-Prozesses diesem Begriff zu subsumieren: Dualismus von Regierung und →Opposition, Parteienkonkurrenz und Verbandspluralismus, Minderheitenschutz und Oppositionsrechte, Bundesstaatlichkeit und Selbstverwaltung – das sind nur einige Hinweise auf ein differenziertes Instrumentarium.

• *Gesetz:* Exemplarisch für die sozialstaatliche Transformation der V.-Institutionen ist der Funktionswandel des Gesetzes: Unter den Anforderungen des gestaltenden und leistenden Sozialstaats und unter den Entstehungsbedingungen eines parteien- und verbändepluralistischen parlamentarischen Gesetzgebungsverfahrens konkurrieren mit dem ‹klassischen›, auf Dauer angelegten Gesetz immer mehr Maßnahme- und Planungsgesetze. Die den letzteren angemessene offen-finale Programmierung verstärkt die dem Sozialstaat ohnehin eigene Machtstellung der Exekutive.

Verfassungstheorie

Der hier skizzierte V.-Begriff des demokratischen und sozialen Rechtsstaates ist seines normativen und empirischen Kontextbezuges wegen ein *allgemein-konkreter:* Er sucht den geschichtlich überkommenen Sinn von V.-Staatlichkeit mit der je spezifischen Gestalt der geltenden V. in den konkreten gesellschaftlichen Verhältnissen zusammenzusehen; in dieser integrierten Sichtweise ist er in einem unverkürzten Sinne *normativ*. Als rechtsstaatlicher ist dieser V.-Begriff *formal* im Sinne strenger Bindung der Konstituierung und Ausübung politischer Herrschaft an die rechtsförmige V. (Vorrang und Vorbehalt der V.). Als sozialstaatlicher ist er *material*: Die V. gibt dem politischen Prozeß nicht nur Institutionen und Verfahren vor, sondern sie enthält in den V.-Grundsätzen und Grundrechtsgarantien auch inhaltliche Leitprinzipien für eine menschenwürdige (‹gerechte›) Gesamtordnung; sie ist nicht nur ein System rechtstechnischer Kunstgriffe zur Gewährleistung gesetzlicher Freiheit (Forsthoff) und mehr als eine technische Verfahrensordnung (C. Schmitt) oder ein schlichtes «instrument of government» (Hennis); die sozialstaatliche V. ist nicht mehr nur *Staats-Verfassung*, in ihrer Materialität ist sie vielmehr *Gesamt-Verfassung* des politischen Gemeinwesens, ohne jedoch die soziale Differenzierung in politisches und soziales System einzuebnen. Der

V.-Begriff des demokratischen Sozialstaats ist als demokratischer zugleich notwendig ein *offener*: Auch (ja gerade) als materiale kann die V. ihren Geltungsvorrang nur als lernendes System sichern, in dem der politische Prozeß für soziale Entwicklungen und Bewegungen und für flexible Innovationsleistungen des demokratischen Gesetzgebers offenbleibt. Der V.-Begriff ist deshalb *prozedural*: Nur im öffentlichen V.-Prozeß kann die Spannung zwischen Materialität und Offenheit der V. zum Ausgleich gebracht werden. Eine diesen V.-Begriff bedenkende V.-Theorie kann den auf Arbeitsteilung beruhenden wissenschaftlichen Differenzierungsprozeß nicht rückgängig machen, sie muß aber auf der Kooperation der spezialisierten normativen und empirischen Wissenschaftsdisziplinen beruhen.

Forschungsstand und Forschungsperspektive
Hier sind mit wenigen Stichworten einige Problemzonen einer zeitgemäßen, auf praktische Relevanz bedachten V.-Theorie zu markieren.

- *Aktualität:* Der V.-Staat ist die optimistische Alternative zur pessimistischen Prognose des Thomas Hobbes, gegenüber den inneren und äußeren Bedrohungen könne die Existenz eines Volkes nur durch bedingungslose Unterwerfung unter die überlegene Zwangsgewalt des absoluten Leviathans gesichert werden. Angesichts der heutigen Existenzbedrohungen (Anhäufung eines unermeßlichen Vernichtungspotentials; fortgeschrittene Zerstörung der natürlichen Umwelt; gentechnologische Manipulierbarkeit der menschlichen ‹Natur›) steht die optimistische Einschätzung, unter vernünftigen Bürgern sei über alle Konkurrenzverhältnisse hinweg eine auf ‹konsentiertem Gehorsam› beruhende friedliche Problemlösung möglich, vor ihrer entscheidenden Bewährungsprobe. Da der Nationalstaat wegen des globalen Ausmaßes dieser Probleme überfordert ist, geht es hier in erster Linie um die ‹positive Aufhebung› des V.-Gedankens in eine internationale Friedens- und Umweltordnung.
- *Solidarität:* Der V.-Staat ist mit dem Freiheitsprinzip dem technischen und wirtschaftlichen Fortschritt verbunden, dessen ‹brüderliche› Nutzung vielen ein menschenwürdiges Dasein ermöglichen könnte, dessen Verselbständigung nun aber die Existenz der Menschheit gefährdet. Das vernachlässigte V.-Prinzip der Solidarität muß deshalb über den Bereich der sozialstaatlichen Verteilungsgerechtigkeit hinaus zu einem umfassenden ‹Prinzip Verantwortung› (H. Jonas; P. Saladin) verallgemeinert und in seiner zeitlichen und räumlichen Dimension entfaltet werden: Es geht um die Verantwortung für die Erhaltung einer menschenwürdigen Umwelt für zukünftige Generationen und um die Verantwortung für menschenwürdige Lebensbedingungen in der →Dritten Welt.
- *Legalität:* Die Legalität des V.-Staats ist der Versuch, bürgerliche Freiheit und bürgerlichen Gehorsam, Selbstbestimmung und Fremdbestim-

mung also, miteinander kompatibel zu machen. Bedingung der Möglichkeit eines Zusammenstimmens von Freiheit und Gehorsam ist die Ausklammerung aller Wahrheits- und Gewissensfragen aus dem Bereich der politischen Mehrheitsentscheidungen. Mit den politischen →Entscheidungen insbesondere für Hochrüstung und atomare Energiegewinnung, deren Folgenpotentiale alle Dimensionen einer realisierbaren Verantwortlichkeit sprengen, ist diese Normalität des Legalitätsmodus offenbar gestört. Hier wirft der Staat selbst die Frage nach der Wahrheitsfähigkeit seiner Politik auf (U.-K. Preuß). Massenhafter Bürgerprotest und ziviler Ungehorsam sind warnende Indizien. Für die V.-Theorie muß dies Anlaß sein, über die Filterwirkung des repräsentativen Systems kritisch, über den Einbau direktdemokratischer Elemente vorurteilslos und über neue Formen des politischen Grundsatzdialogs, der Entscheidungsvertagung und der Nicht-Entscheidung phantasievoll nachzudenken.

• *Legitimität:* Wird der moderne V.-Staat nicht nur prozedural durch Legalität legitimiert, sondern auch material durch die Verantwortung für die ökologische, wirtschaftliche, soziale und kulturelle Entwicklung, dann steht er damit zugleich unter dem neuen Legitimationsmodus der Effizienz: Sozialstaatliche Politik muß nicht nur legal, sie muß vor allen Dingen erfolgreich sein. Dieser neue Legitimitätsmodus ist so prekär, weil der Sozialstaat nur sehr begrenzt über seine Voraussetzungen verfügt: Als Steuerstaat ist er auf eine konjunkturempfindliche Beteiligung an der privat-kapitalistischen Wertschöpfung angewiesen und von eben den gesellschaftlichen und wirtschaftlichen Verhältnissen abhängig, für deren Gedeihen er verantwortlich sein soll. Es ist dieser Legitimationszirkel, der z. B. eine strukturelle Arbeitslosigkeit auf hohem Niveau zu einem V.-Problem macht.

• *Materialität:* Die Materialität der V. birgt die Gefahr ihrer Überforderung. So sehr ein Minimalkonsens zu den Voraussetzungen einer freien Konfliktaustragung gehört, so sehr droht eine verfassungsethische Überfrachtung oder gar eine autoritäre Festlegung auf verfassungstranszendente ‹Grundwerte›, die plurale Vielfalt des gesellschaftlichen Lebens einzuebnen und so die Funktionsbedingungen des öffentlichen V.-Prozesses zu zerstören. Die damit angesprochene Gefahr für die Offenheit der V. ist besonders aktuell, wenn eine kompetenzenreiche V.-Gerichtsbarkeit – etwa unter Berufung auf ein geschlossenes Wertsystem – grundlegende politische Fragen mit der Unumstößlichkeit des Richterspruchs entscheidet und sie damit der zukunftsoffenen politischen Auseinandersetzung und der revidierbaren Entscheidung des Gesetzgebers entzieht. Auch unter einer materialen V. ist Politik kein V.-Vollzug, sondern risikoreiche und zu verantwortende Gegenwarts- und Zukunftsgestaltung.

• *Autonomie und Pluralität:* Der V.-Staat beruht auf der selbstbestimmten Entscheidungsfähigkeit seiner Bürger und auf den durch Verbandspluralismus und Parteienkonkurrenz (wie unvollkommen auch immer) gesicherten Pluralität gesellschaftlicher Interessen und politischer Optionen. Diese Funktionsbedingungen des V.-Staats erscheinen gefährdet. Folgt man der Technokratiethese (Gehlen; Schelsky) – angesichts der neuen Informations- und Kommunikationstechnologien ist sie von bedrängender Aktualität –, dann sind die mit den Begriffen Selbstbestimmung, Politik, Kontrolle angezeigten Fragestellungen von den Realitäten der modernen Industriegesellschaft weitgehend um ihren Sinn gebracht: Wo nicht Menschen, sondern ‹Sachzwänge› herrschen, ist für Autonomie kein Raum. Aber selbst wenn man dieses radikale Gegenbild zu einem pluralistisch-demokratischen Politikprozeß für (noch?) nicht realistisch hält, bleibt die Gefahr einer neokorporatistischen Restriktion der Pluralität. In zunehmendem Maße wird der Versuch gemacht, die wachsende Diskrepanz zwischen den dem Staat obliegenden Regelungsnotwendigkeiten und der ihm verfügbaren Steuerungskapazität durch die Verlagerung der Entscheidungsprozesse auf kooperative Verhandlungssysteme abzubauen, an denen neben dem Staat nur wenige korporatistische Großverbände beteiligt sind. Fraglich ist hier schon, wer bei diesem neuen ‹Gesellschaftsvertrag› zwischen Staat und Großverbänden eigentlich an Einfluß gewinnt und ob nicht ein etwaiger Steuerungsgewinn des politischen Systems durch eine äußerst prekäre Labilität erkauft sein könnte, da nun die gesellschaftsstrukturellen Konflikte unmittelbar in den Staatsapparat hineingetragen werden und dort neue Legitimationsprobleme schaffen können. Zentral ist in diesem Zusammenhang: Die V. bindet politische Herrschaft in sanktionierbare Legitimations- und Verantwortungszusammenhänge ein; mit den korporatistischen Großverbänden werden jedoch Machtträger an der Ausübung politischer Herrschaft beteiligt, die außerhalb dieser Zusammenhänge stehen. Hier droht ein Geltungsverlust der normativen V.

Hesse, K.: Grundzüge des Verfassungsrechts der Bundesrepublik Deutschland. Heidelberg ^{15}1985.

Weiterführende Literatur

Arnim, H. H. v.: Staatslehre der Bundesrepublik Deutschland. München 1984.
Benda, E. / Maihofer, W. / Vogel, H.-J. (Hg.): Handbuch des Verfassungsrechts der Bundesrepublik Deutschland. Berlin 1983.
Bryde, B.-O.: Verfassungsentwicklung. Baden-Baden 1982.
Forsthoff, E. (Hg.): Rechtsstaatlichkeit und Sozialstaatlichkeit. Darmstadt 1968.
Friedrich, M. (Hg.): Verfassung, Beiträge zur Verfassungstheorie. Darmstadt 1978.
Häberle, P.: Verfassung als öffentlicher Prozeß. Materialien zu einer Verfassungstheorie der offenen Gesellschaft. Berlin 1978.

Heller, H.: Staatslehre. Hg. von G. Niemeyer. Leiden 1934.
Krüger, H.: Allgemeine Staatslehre. Stuttgart 1964.
Preuß, U.-K.: Politische Verantwortung und Bürgerloyalität. Von den Grenzen der Verfassung und des Gehorsams in der Demokratie. Frankfurt/M. 1984.
Rausch, H. (Hg.): Zur heutigen Problematik der Gewaltentrennung. Darmstadt 1969.
Ridder, H.: Die soziale Ordnung des Grundgesetzes. Opladen 1975.
Rinken, A.: Das Öffentliche als verfassungstheoretisches Problem. Berlin 1971.
Saladin, P.: Verantwortung als Staatsprinzip. Bern/Stuttgart 1984.
Schmitt, C.: Verfassungslehre. Berlin [3]1957.
Smend, R.: Staatsrechtliche Abhandlungen. Berlin [2]1968.
Vorländer, H.: Verfassung und Konsens. Berlin 1981.
Zimmer, G.: Funktion, Kompetenz, Legitimation. Gewaltenteilung in der Ordnung des Grundgesetzes. Berlin 1979.

Alfred Rinken

Verstädterung

Begriffsverwendungen

V., gleichbedeutend (anders: Boustedt 1967, S. 219) mit Urbanisierung, ist eine relativ neue Erscheinung in der Entwicklung von Sozialstrukturen.

In ihrem einfachsten, dem demographischen, Sinne ist V. ein Prozeß, bei dem ein immer höherer Anteil der Bevölkerung in Städten lebt. In der Regel wird das durch Land-Stadt-Wanderung bewirkt, also durch geographische Mobilität. Es ist jedoch nicht ausgeschlossen, wenn auch unwahrscheinlich, daß derselbe Effekt durch generative Unterschiede erreicht wird. Beim internationalen Vergleich von Statistiken über V.-Grade ist zu beachten, daß es kulturspezifische Unterschiede bei der Grenzziehung zwischen städtischen und nichtstädtischen Siedlungen gibt. So werden nach den amtlichen Zählungsgrundsätzen im Senegal alle Siedlungen mit mehr als 10000 Einwohnern als städtisch gezählt, in Schweden dagegen bebaute Gebiete mit mindestens 200 Einwohnern und durchschnittlich nicht mehr als 200 Metern Entfernung zwischen den einzelnen Häusern; in Spanien wurde die V.-Grenze 1981 von 2000 auf 10000 Einwohner angehoben, und in Grönland und anderen Staaten wird durch Gesetz oder Verwaltungsakt im Einzelfall eine Siedlung zur urbanen erklärt (United Nations, ed.: Demographic Yearbook 1983. New York 1985, S. 183–185; vgl. auch Schäfers 1977, S. 243–245; Hamm 1982, S. 40–43; Schirmer/Teismann 1968, S. 2–4; Schöller, in Teuteberg 1983, S. 594–596). Die Sinnlosigkeit eines demographischen V.-Begriffs erwies sich in letzter Zeit durch die kommunalen Gebietsreformen: Sie machten über Nacht Millionen Menschen statistisch zu Städtern, ohne daß sich an ihren Lebensweisen das geringste änderte (Endruweit 1982, S. 29).

Sozialwissenschaftliche V.-Begriffe haben gemeinsam, daß sie – mit oder ohne die quantitativen Aspekte des demographischen Konzepts – einen Prozeß meinen, in dem die Sozialstruktur zunehmend von stadttypischen Lebensformen und -bedingungen bestimmt wird.

Im Gegensatz zur V. als Prozeß beschreiben Begriffe wie Agglomeration, conurbation, urbanized area, Ballung, Verdichtungsraum, Metropole, Standard Metropolitan Statistical Area, Stadtregion, agglomération urbaine u. ä. in erster Linie den Zustand eines Siedlungsgebietes, in dem vom Erscheinungsbild städtische Merkmale sich über die städtische Zentralgemeinde hinaus auf die Nachbarorte ausgedehnt haben (Boustedt 1975, S. 313–378). Dabei wird in der Regel bei den Nachbargemeinden eine V. im sozialwissenschaftlichen Sinne auch dann unterstellt, wenn diese Gemeinden keine Städte im öffentlich-rechtlichen Sinne oder relativ unbedeutende Satellitenstädte der Zentralstadt sind. In diesen Begriffen kristallisiert sich bereits der politikwissenschaftlich interessante Aspekt der V.: die Spannung zwischen der V. im sozialwissenschaftlichen Sinn einerseits und der rechtlichen Gemeindestruktur andererseits. Während man bis vor wenigen Jahrzehnten dem sozialen Prozeß durch Eingemeindungen auch in politisch-administrativer Hinsicht gerecht werden konnte, sind jetzt viele Städte an die Grenzen einer ‹optimalen Betriebsgröße› (dazu Grauhan/Linder 1974, S. 32–35) gestoßen, so daß V. immer mehr aus der Gemeindepolitik in die Staatspolitik verlagert wurde.

Verwendungszusammenhänge

Selbstverständlich ist es ebenfalls kulturspezifisch, was unter stadt- bzw. landtypischen Verhaltens- und Denkmustern, Organisationsformen und Lebensweisen verstanden wird. Die schon quantitativ fast erdrückende Übermacht US-amerikanischer gemeindesoziologischer Forschung hat zu viel Ethnozentrismus bei der Diskussion von V.-Problemen geführt, nicht zuletzt deswegen, weil ausländische Rezipienten häufig verkannten, daß es manchem amerikanischem Stadtforscher nur um die Erklärung von Phänomenen in seiner eigenen Gesellschaft ging. Die folgenden Darstellungen bringen daher Erklärungsansätze, die im konkreten Kulturzusammenhang erst auf ihre Anwendbarkeit geprüft werden müssen. So gelten insbesondere für die V. in Entwicklungsländern andere Kriterien als in den Industriegesellschaften. In der →Dritten Welt reichen schon die internen Geburtenüberschüsse für weiteres Städtewachstum, die räumlichen Muster der Bevölkerungsverteilung zeigen oft das Vorherrschen von Primärstädten, das Arbeitsangebot der Stadt hat als Zugfaktor der Migration oft weniger Bedeutung als die Lebensweise, und auch die Verhaltensmuster unterscheiden sich oft weniger vom Idealtypus des Landes (vgl. auch Hamm 1982, S. 50; Schirmer/Teismann 1968, S. 10–12, 19; Schöller, in Teuteberg 1983, S. 591–600).

Zudem sind die Verwendungsansätze vielfältig. Sie führen von einfachen →Typologien über kultur- und politikspezifische Ansätze bis zu allgemeinen Theorien.

• *Das Stadt-Land-Kontinuum:* Wenn V. als Veränderung der Sozialstruktur von ländlichen zu städtischen Formen verstanden wird, dann wird dieser Gegensatz kaum mehr als antinomischer, quasi nominalskalierbarer Gegensatz gesehen, sondern als ein Bündel von Kontinua (Wirth 1938, S. 2f.; Boustedt 1975, S. 46), auf denen die Unterschiede jeweils auf ordinalem oder gar Intervallniveau abgetragen werden können.

Als derartige Kennzeichen der Stadt im Gegensatz zum Land sind u. a. zu nennen: hohe Bevölkerungsdichte; große horizontale und vertikale Mobilität bzw. vielfältige Möglichkeiten dazu; mehr sekundäre, weniger primäre Sozialbeziehungen; hoher Grad von Arbeitsteilung und damit hoher Grad von Organisationsabhängigkeit; Entfremdung von natürlichen Lebensbedingungen; Versachlichung der Sozialkontakte; fast durchgängige Trennung von Wohnung und Arbeitsplatz und damit regelmäßiger, häufiger Milieuwechsel; starke Ausweitung, aber auch Mediatisierung von Kommunikation und Information; weitgehende Substituierung von Familienfunktionen durch öffentliche oder kommerzielle Organisationen; mehr Anregung; mehr Streß; mehr Wahlmöglichkeiten für alle Lebensbereiche; mehr zwischenmenschliche Gleichgültigkeit; mehr Toleranz; Konzentration von Bewohnern im Erwerbsalter; Attraktion für Aufstiegsmotivierte; Entwicklung von Produkten und Dienstleistungen, die viele Nachfrager und viele Produzenten voraussetzen; höherer Innovationsgrad; größeres Unruhepotential; zunehmende Entfernung zwischen Wohnung und Arbeitsplatz (vgl. auch Bahrdt 1969, S. 35–57; Friedrichs 1977, S. 329–343; Schäfers 1977, S. 245).

Die Wirkungen dieser Merkmale hängen aber wieder von näheren Umständen ab. So führt die Mobilität in westeuropäischen Städten in der Regel zu landsmannschaftlicher Heterogenität der Einwohnerschaft, jedenfalls in Neubauvierteln. In Japan dagegen gibt es häufig Stadtviertel, in die über viele Jahrzehnte hinweg auch die Zuwanderer aus denselben Landgemeinden kommen, so daß sich vorstädtische Sozialstrukturen länger erhalten.

• *Verstädterung als sozialer Wandel:* Bereits durch schlichte Kombination der o. g. Stadtmerkmale lassen sich theoretische Ansätze finden, die V. als Auslöser von sozialem Wandel erklären. Wenn Organisationen der Familie Sozialisationsleistungen abnehmen, werden die Städter familienunabhängiger. Dadurch haben sie Chancen besserer Eigenentwicklung und leisten damit potentiell höhere Beiträge zum Sozialprodukt.

Wenn Städte Kristallisationspunkte für Handel, Arbeit, Kommunikation, Kultur usw. sind, werden sie auch neue Machtfaktoren, da sie zu allgemeinen Mittelpunkten ihres Einzugsbereichs werden. V., sofern sie nicht ausnahmsweise monozentral (Beispiel: Kopenhagen) ist, ist damit auch zumeist ein Zug zu Polyzentralität, →Pluralismus, →Föderalismus und damit Dekonzentration von →Macht. Das gilt aber nur bei Betrachtung auf staatlicher Ebene. Vom Individuum aus gesehen ist es eher umgekehrt. Bis vor kurzem gab es in der Bundesrepublik noch kleine Gemeinden, in denen die Entscheidungen von der Gemeindeversammlung, also der Gesamtheit aller wahlberechtigten Einwohner, gefällt wurden, während in den Großstädten ein stimmberechtigter Stadtrat rechnerisch mehr als 10000 Bürger vertreten mußte. Die Kommunalreformen der letzten zwei Jahrzehnte haben hier viel administrative und politische V. gebracht, bei der es vom Einzelfall abhängt, ob sie ein Nachholen oder ein Vorwegnehmen der sozialen Entwicklung war oder gar ein Verfehlen. Charakteristische Begleiterscheinung von V. ist jedenfalls, daß immer mehr Interessen nur noch im Kollektiv verwirklicht oder auch nur vernehmbar gemacht werden können. Damit können auch Chancen der Interessenverwirklichung von der Neigung oder Fähigkeit zur Organisierung abhängen, so daß ganz andere Kriterien der Erfolgsdifferenzierung entstehen als in nichtstädtischem Milieu.

• *Verstädterung als gesamtgesellschaftliche Modernisierung:* Der V.-Grad gilt als ein wesentlicher Maßstab für den Entwicklungsstand einer Gesellschaft (Grauhan/Linder 1974, S. 9). Hohe V. wird dabei mit →Modernisierung gleichgesetzt: «The beginning of what is distinctively modern in our civilization is best signalized by the growth of great cities» (Wirth 1938, S. 1). So sehen viele Theorien gesamtgesellschaftlichen Wandels, z. B. die Modernisierungstheorie von Daniel Lerner, die V. als notwendigen Bestandteil in der Entwicklung zu einer modernen Gesellschaft an, oder sie nehmen den V.-Grad als einen der Faktoren bei der Konstruktion von Modernisierungsmaßstäben. Dabei wird diese Entwicklung zumeist als Fortschritt gewertet. Aber auch Kulturpessimisten billigen der V. eine historisch entscheidende Funktion zu; so ist nach Oswald Spengler «die Zivilisation der Sieg der Stadt, mit dem sie sich vom Boden befreit und an dem sie selbst zugrundegeht» (Der Untergang des Abendlandes, München 1922, 2. Bd., II. Kap.).

In wertfreier Betrachtung zeigt sich die soziale Ambivalenz der V. Sie fördert die berufliche Selbständigkeit; allerdings bietet sie seltener krisensichere Existenzgrundlagen (Wirth 1938, S. 21/22). Städter haben eher als Dörfler die Möglichkeit, sich jeweils nur in einzelnen Rollen zu bewegen, sind dafür aber auch nur im Privatbereich voll sozialintegriert (Pieper 1979, S. 73). Die verstädterte Gesellschaft braucht ‹mediatisierende Organisationen› (Greer/Orleans, in Greer u. a. 1968, S. 202), um den individuellen Bedürfnissen die notwendige öffentliche Aufmerksamkeit zu verschaffen; ohne solche Organisationen wäre wiederum der Einfluß des Staates und anderer Zwangsorganisationen auf den einzelnen oft übermächtig. Alles das gilt besonders, wenn eine Gesellschaft total verstädtert ist. Dann wird ‹V.› in einem dritten Sinne benutzt, im Sinne von ‹Verstädtertheit›, also als Beschreibung eines Zustandes, in dem die Wirkungen der V. als sozialer Prozeß über den Bereich der Städte hinausreichen und die Mitglieder, Organisationen und Institutionen der ganzen Gesellschaft umfassen (Wirth 1938, S. 5; Pfeil 1972, S. 113).

• *Verstädterung als politisches Problem:* Die eben erörterten zwei soziologischen Aspekte der V., die Wirkungen des Stadtlebens auf den einzelnen Menschen einerseits, die von den Städten auf die Gesamtgesellschaft ausgehenden Einflüsse andererseits, umreißen auch die politische Problematik der V.

Einerseits wird angenommen, daß der Bürger unter den Bedingungen der V. zunehmend von öffentlichen Dienstleistungen abhängig wird (Grauhan/Linder 1974, S. 80). Bereits die räumliche Trennung von Wohnung und Arbeitsplatz stellt Ansprüche an öffentliche Infrastruktureinrichtungen, die bei ländlicher Lebensweise unbekannt sind. Die durch V. ermöglichte berufliche Spezialisierung macht den Verlust des Arbeitsplatzes in einer verstädterten Gesellschaft eher zu einem politischen Problem als in einer ländlichen Gesellschaft. V. ist ein Grund zur Professionalisierung der Politik selbst: Je größer ein Ort ist, desto mehr Einfluß auf die Lokalpolitik haben politische Führer; je kleiner ein Ort ist, desto größer ist der Einfluß von Führern nichtpolitischer Vereinigungen (Gilbert, in Greer u. a. 1968, S. 228). Damit stellt sich für die politischen Konsequenzen der individuellen Situation in der V. die Frage: Wenn →Demokratie am Ende auf den →Ideologien des →Liberalismus und der Aufklärung aufbaut (so Moskos/Bell, in Greer u. a. 1968, S. 89–100), setzt sie dann nicht auch den Bürger nach diesen Ideologien voraus, nämlich die relativ autonome und wohl auch autarke Person, und nicht eine, die immer mehr von eben der öffentlichen Hand abhängig ist, die sie eigentlich kontrollieren soll?

Andererseits ist die Stadt nach vielen Ansichten nicht nur ein Produkt der neuen politischen Gesellschaftsverfassungen, sondern auch deren Bedingung. Bereits historisch ist sie «der Ort und die Organisationsform des politisch sich emanzipierenden Bürgertums» (Pieper 1979, S. 73; vgl. weiter zur Geschichte der Verstädterung Schäfers 1977, S. 247–266; Pfeil 1972, S. 114–131; Hamm 1982, S. 39–47). Danach war nicht nur das Entstehen der Arbeiterschaft, sondern auch ihre Anerkennung als integraler Bestandteil der Gesellschaft, wenn nicht gar als deren entscheidende Gruppierung, ohne V. kaum denkbar. Wenn in neuester Zeit immer mehr die Angestellten zu Leitbildern und Trägern der Politik werden, dann ist das wiederum auf Entwicklungen in den Städten – und da wiederum in den am meisten verstädterten – zurückzuführen. Ebenso ist die Stadt als Treibhaus für sekundäre Assoziationen (Wirth 1938, S. 22) zugleich eine Ursache für das, was man mit ‹Verbändedemokratie› als mindere Form von Demokratie zu bezeichnen pflegt, und auch das Schlagwort von der ‹Massendemokratie› nimmt konnotativ Bezug auf die V. Auf Ortsebene ist dagegen die vermutete ‹Unregierbarkeit der Städte› eine abhängige Variable des Einwohnerwachstums.

Für eine politische Lösung der V.-Probleme auf Gemeindeebene gibt es viele Vorschläge (z. B. Boustedt 1967, S. 229–236). Insgesamt sind Einzellösungen kaum noch möglich. Denn der Strukturwandel der Stadt, der sich insbesondere in der Intensivierung, Reziprozität und Verstetigung der Stadt-Umland-Beziehungen zeigt, macht eine stadtgrenzenüberschreitende Strukturpolitik unumgänglich (vgl. auch Pieper 1979, S. 68). Inwieweit die →Kommunen das, etwa durch verbandsmäßige Inter- oder Superstrukturen, selbst schaffen oder inwieweit staatliche →Planung zunehmen muß, wird eine der wichtigsten Fragen für die Innenpolitik der meisten verstädterten Gesellschaften werden. Für die BRD ist die wohl deutlichste rechtliche Vorgabe der V.-Politik in § 2 I Nr. 3 des Bundesraumordnungsgesetzes vom 8. 4. 1965 zu sehen. Er schreibt die Förderung des zentralörtlichen Systems vor und macht damit die V. zum staatlichen Entwicklungsziel, allerdings mit der klaren Randbedingung, Extrempolarisierungen durch abgestufte V. zu vermeiden.

Begriffspräzisierung
Da sich ein statistisch-demographischer V.-Begriff als wenig brauchbar erwiesen hat, kann man als sozialwissenschaftliche Definition angeben: V. ist ein Prozeß (nach mancher Meinung auch: ein Zustand), in dem die Sozialstruktur zunehmend (nach der zweiten Meinung: entscheidend) von nach der jeweiligen Kultur stadttypischen Lebensformen und -bedingungen bestimmt wird (vgl. auch Pfeil 1972, S. 113 f.; Hamm 1982, S. 43; Schöller, in Teuteberg 1983, S. 592).

Forschungsstand
Im Gegensatz zu vielen anderen Bereichen hat die Sozialforschung viele Erkenntnisse über die Wirkungen der V. zusammengetragen (zahlreiche Beispiele insbes. bei Friedrichs 1977; zur Geschichte der Stadtforschung insbes. Teuteberg 1983, S. 2–34). Die folgenden Mitteilungen können daher nur eine recht willkürliche Auswahl von gegenständlich und methodologisch heterogenen Ergebnissen sein.

Als recht gesichert kann die schon alte Erkenntnis gelten, daß die Stadt die traditionellen, manchmal noch standesähnlichen Sozialstrukturen der präurbanen Gesellschaften durch deutlichere und vielfältiger differenzierte, oft entscheidend auf der Einkommenshöhe basierende Sozialgruppierungen ablöst (Wirth 1938, S. 21). Auch dadurch und nicht nur durch räumliche Entfernung werden in Großstädten Primärbeziehungen (in Familie, Verwandtschaft oder Nachbarschaft) im Verhältnis zu Sekundärbeziehungen (zu Kollegen, Kunden, Vereinskameraden) seltener; sie werden aber entgegen einem verbreiteten Vorurteil weniger abgelöst als ergänzt (Bell, in Greer u. a. 1968, S. 142/143).

Für die sozioökonomische Entwicklung ist wichtig, daß in allen Entwicklungsphasen der Wirtschaftsdifferenzierung in der Neuzeit die Betriebe, ja Sektoren mit der höchsten Produktivität bzw. Wertschöpfung eher in der Stadt als auf dem Lande konzentriert werden. Daher stieg die politische Bedeutung der Städte ständig an, obwohl sie für ihr Überleben sowohl auf die Nahrungsmittel wie auf den Zustrom an Bevölkerung aus dem Lande angewiesen waren – aber das waren stets billige Güter. So bestehen denn auch, z. T. faktorenanalytisch ermittelte, enge Zusammenhänge zwischen dem Urbanisierungs- und Arbeitsteilungsgrad und dem Technologieniveau eines Landes oder – innerhalb einer Stadt – zwischen der ungleichen Verteilung der Bevölkerungsgruppen und der Bauqualität oder der Erwerbstätigkeit, was noch naheliegend ist, aber auch zwischen Bevölkerungsheterogenität und Fruchtbarkeit oder Migration (Friedrichs, S. 124, 185f.).

Wenn sozialpsychologische Vermutungen die V. als Ursache für Vereinzelung und Vermassung als parallele Phänomene ansehen (Bahrdt 1969, S. 56f.), dann zeigen hypothetisch verallgemeinerte Untersuchungen aus amerikanischen Großstädten, daß dafür durchaus individuelle Lösungen gefunden werden, wenn sich z. B. der Umzug vom Zentrum in den Vorort als zumindest für diese Lebensphase geltende Entscheidung für familistische Leitwerte erweist (Bell, in Greer u. a. 1968, S. 156/157).

Im übrigen zeigen sich auch bei der V. mehrebenenanalytische Probleme. Innerhalb der Grenzen einer Stadt ist eher ihre Spezialisierung als die schiere Größe eine Ursache für den Grad der Arbeitsteilung; gesamtgesellschaftlich kann man dagegen sehr wohl vom Grad der V. auf das Ausmaß der Arbeitsteilung und die Höhe der Technologieentwicklung schließen (Friedrichs 1977, S. 124).

Forschungsperspektive

Trotz der relativ großen Zahl empirischer Einzelforschungen, denen allerdings noch theoretische Integration fehlt (Friedrichs 1977, S. 11), ist der Forschungsbedarf noch unendlich. Das liegt insbesondere daran, daß V. kein linearer Vorgang ist, der seiner Vollendung zustrebt, sondern daß sie – wie alle sozialen Prozesse sie haben können – ihre Mängel hat (z. B. Bahrdt 1969, S. 96f., für das Verhältnis zwischen Öffentlichkeit und Privatheit, das mit der Zunahme des Pendelns noch problematischer werden könnte). V. ist ein Entwicklungsprozeß, der zum Zustand von Unter-, Optimal- oder Überentwicklung (vgl. auch Schirmer/Teismann 1968, S. 12–14) führen und damit Fortschritt oder Rückschritt sein kann.

Damit ergibt sich schon aus soziotechnischen Gründen stetiger Forschungsbedarf. Dabei wären einige Grundhypothesen sogar mit ex-post-facto-experimentellen Ansätzen zu überprüfen. Die Gründung einer neuen Stadt als Hauptstadt (USA, Brasilien, Australien, Pakistan, Nigeria) oder die entwicklungspolitisch gezielte Verlegung der Hauptstadt (von Istanbul nach Ankara, von Petrograd nach Moskau) sind Beispiele dafür, daß V. auch in der politischen Praxis als gesamtgesellschaftlicher Entwicklungsfaktor angesehen wird. An diesen Beispielen wäre die Annahme näher zu überprüfen.

Ein Beispiel für den soziotechnischen Nutzen weiterer Forschung für die Gemeindeebene könnte die Untersuchung der Frage sein, ob die bisher herrschende Meinung, die Zentren großer Agglomerationen seien die idealen, wenn nicht gar notwendigen Standorte für die Leitungen größerer Betriebe des tertiären Sektors (Boustedt 1967, S. 222), wirklich noch haltbar ist. Es könnte angesichts der modernen Kommunikationstechnologien durchaus sein, daß es für publikumsextensive Dienstleistungsunternehmen wie Statistische Landesämter und Versicherungsgeneraldirektionen außer den Standortideologien ihres Managements keinen Grund gäbe, nicht auch in Passau oder Marburg zu residieren. Sollte das empirisch nachweisbar sein, würde die Umsetzung solcher Erkenntnis in die Baugenehmigungspraxis wesentliche Veränderungen in der Stadtstruktur und damit bei den V.-Wirkungen hervorrufen.

Neben anwendungsorientierter Forschung können auch sozialwissenschaftliche Grundfragen durch Stadtforschung näher geklärt werden. So wäre etwa zu untersuchen, ob die Differenzierungen durch V. die Schichtenmodelle nicht noch fragwürdiger gemacht haben, als sie ohnehin schon waren: Gibt es z. B. wirklich noch eindeutig ‹schichtenspezifisches Wohnen›, oder stehen die Wohnpräferenzen in nicht mehr schichtenweise, sondern individuell oder subgruppenspezifisch entschiedener Konkurrenz zu anderen Werten?

Die Praxis betreibt eine manchmal katastrophale V.-Politik wie auch Versuche zur Austarierung des Stadt-Land-Gegensatzes, etwa in Kuba (Gugler 1980, S. 355–357), bis hin zur genozidartigen Entstädterungspolitik des Pol-Pot-Regimes in Kambodscha. Könnte sich Praxis auf mehr wissenschaftliche Ergebnisse stützen, dann könnte die Forschung einen Beitrag zur Humanisierung des Alltagslebens leisten.

Bahrdt, H. P.: Die moderne Großstadt. Hamburg 1969.
Boustedt, O.: Gedanken über den künftigen Verstädterungsprozeß und die Rolle der Städte. In: Salin, E./Bruhn, N./Marti, M. (Hg.): Polis und Regio. Basel/Tübingen 1967, S. 217ff.
–: Grundriß der empirischen Regionalforschung, Teil III: Siedlungsstrukturen. Hannover 1975.
Endruweit, G.: Verwaltungswissenschaftliche und regionalplanerische Aspekte der Kommunalreform. Hannover 1982.
Friedrichs, J.: Stadtanalyse. Reinbek bei Hamburg 1977.
Grauhan, R.-R./Linder, W.: Politik der Verstädterung. Frankfurt/M. 1974.
Greer, S./McElrath, D./Minar, D. W./Orleans, P. (eds.): The New Urbanization. New York 1968.
Gugler, J.: Minimale Verstädterung – Maximale Verländlichung. In: Die Dritte Welt (1980), S. 353–369.
Hamm, B.: Einführung in die Siedlungssoziologie. München 1982.
Pfeil, E.: Großstadtforschung. Hannover ²1972.
Pieper, R.: Soziologie im Städtebau. Stuttgart 1979.
Schäfers, B.: Phasen der Stadtbildung und Verstädterung. In: Zeitschrift für Stadtgeschichte, Stadtsoziologie und Denkmalpflege 4 (1977), S. 243–268.
Schirmer, P./Teismann, R.: Aspekte des Verstädterungsprozesses in Entwicklungsländern. Göttingen 1968.
Teuteberg, H. J. (Hg.): Urbanisierung im 19. und 20. Jahrhundert. Köln/Wien 1983.
Wirth, L.: Urbanism as a Way of Life. In: American Journal of Sociology XLIV (1938), S. 1–24.

Günter Endruweit

Verteilung

Begriffsverwendungen

Der V.-Begriff wird in den Sozialwissenschaften und besonders in der Ökonomie hauptsächlich mit Einkommens- und Vermögensverteilung in Verbindung gebracht. Dieser enge ökonomische Bezugsrahmen kann jedoch durch einen soziologischen, der V. von Lebenschancen, erweitert werden. Diese Komponente hat im Rahmen der Sozialisation eines Menschen und in der sozialen Schichtung einer Gesellschaft ihren konkreten Bezug. Ferner ist sozialwissenschaftlich die V. sozialer →Macht von großer Bedeutung. Der Katalog von V.-Kriterien könnte noch erweitert werden. Die genannten Beispiele zeigen schon die Vielfalt, wobei eine ausgeprägte Interdependenz zwischen den V.-Kriterien besteht: Die soziale und ökonomische Lebenslage eines Menschen wird von allen Kriterien beeinflußt. In einem entwickelten kapitalistischen Wirtschaftssystem kommt den ökonomischen V.-Kriterien Einkommen und Vermögen eine besondere Bedeutung zu. Die weiteren Ausführungen beschränken sich daher auf diese beiden V.-Kriterien.

Verwendungszusammenhänge

Alle Länder weisen unabhängig von ihrem sozialen und ökonomischen Entwicklungsstand und von ihrem Wirtschaftssystem eine ungleichmäßige Einkommens- und Vermögensverteilung auf. Eine weitere Tatsache ist, daß keine reale V.-Situation von allen oder auch nur der Mehrzahl der Bürger eines Landes als gerecht oder befriedigend empfunden wird. Daher wird zumindest in jedem demokratischen Wirtschaftssystem die V.-Politik ein immanenter Bestandteil der Politik sein.

Die V.-Politik wird wegen ihrer überwiegend ökomomischen Ausrichtung der Volkswirtschaftslehre zugeordnet. Hier wird sie hauptsächlich im Rahmen der Sozialpolitik behandelt. Während ihre wirtschaftspolitische Relevanz kaum umstritten ist, wird sie nur selten als spezieller Politikbereich in die allgemeine Wirtschaftspolitik eingeordnet.

Begriffspräzisierung

Der Kernpunkt aller verteilungspolitischen Auseinandersetzungen ist die Unzufriedenheit mit der bestehenden V. Daraus ergibt sich stets die ‹zeitlose› Frage nach der gerechten bzw. gerechteren V. Die wissenschaftliche Analyse kommt hier sehr schnell an ihre Grenze: Es gibt keine wissenschaftliche Begründung für eine gerechte oder ungerechte V. Hierbei geht es immer um Wertungen, die in politischen Entscheidungsprozessen umgesetzt werden können.

Die sozialwissenschaftliche Auseinandersetzung mit dem Gerechtigkeitsbegriff führte zu interessanten Ansätzen bzw. Kontroversen. Dennoch bereitet eine inhaltliche Konkretisierung von Gerechtigkeit große Schwierigkeiten. Eine Möglichkeit besteht darin, die Zielinhalte durch operationale V.-Grundsätze bzw. -Prinzipien zu explizieren. Hierbei handelt es sich um idealtypische Leitbilder. In der Praxis treten diese Prinzipien kaum in reiner Form auf. Dennoch eignen sie sich dafür, alternative Gerechtigkeitsmaximen zu verdeutlichen. Die folgenden V.-Prinzipien werden hauptsächlich im Zusammenhang mit der Einkommensverteilung diskutiert. Sie sind aber auch für die Beschäftigung mit der Vermögensverteilung hilfreich. Während die Reihenfolge keine Rangfolge darstellt, ist das Gleichheitspostulat den Prinzipien vorgeordnet:

Das *Gleichheitspostulat* ist in den Menschenrechtskonventionen verankert. Danach dürfen weder Rasse, Geschlecht, Religion oder politische Überzeugung eine V.-Ungleichheit begründen. Dieser Grundsatz wurde in viele Länderverfassungen aufgenommen und wird oft mit Stolz als einer der menschlichen Grundwerte herausgestellt. Dennoch gibt es auch in hochindustrialisierten Ländern eine Reihe von Beispielen, wo das Gleichheitspostulat bewußt umgangen oder mißachtet wurde. So wird oft bestimmten Arbeitnehmern der Zugang zu höheren Leistungsgruppen verwehrt oder erheblich erschwert.

Das *Egalitätsprinzip* geht ebenfalls von der Forderung nach Gleichheit aus. Gemeint ist aber die absolute Gleichverteilung: Erhält jede Person in einem Land für ihre Leistung das gleiche Einkommen, ist das Prinzip erfüllt. Dieses V.-Ziel läßt sich jedoch nur in kleinen Kommunen (z. B. in einem israelischen Kibbuz oder in einer Klostergemeinschaft) verwirklichen. Daher ist die politische Bedeutung dieses V.-Ziels gering, zumal es auch nicht im →Sozialismus oder →Kommunismus gefordert wird. In kapitalistischen Systemen hat es schon gar keinen Platz. Es eignet sich aber dafür, die Grenzen der V.-Politik deutlich zu machen.

Das *Recht auf Mindesteinkommen* in Höhe des Existenzminimums zielt darauf ab, jedem Bürger in einem Land ein menschenwürdiges Dasein zu ermöglichen. Auch dieser V.-Grundsatz ist eine Forderung der Menschenrechtscharta. Kaum eine andere Forderung wurde bisher jedoch so wenig erfüllt. In den meisten entwickelten Industrieländern wird das Recht auf ein Mindesteinkommen durch staatliche Leistungen (z. B. Sozialhilfe) verwirklicht. Aber auch hier ist hervorzuheben, daß die konkrete Ausgestaltung dieses Rechts einer politischen →Entscheidung bedarf und nur individuell zu regeln ist. Die Ausgangssituationen der potentiellen Anspruchsberechtigten sind so unterschiedlich, daß die zu gewährenden Leistungen individuell festzulegen sind.

Das *Bedarfsprinzip* geht von der Erkenntnis aus, daß jeder Mensch für seine physische und kulturelle Existenz bzw. für sein Wohlbefinden eine ausreichende und entsprechend zusammengesetzte Menge an Gütern und Dienstleistungen braucht. Die Bedarfsstruktur ist in westlichen Industriegesellschaften im Gegensatz zur mittelalterlichen Ständegesellschaft keine Konstante. Es ändern sich die Bedingungen und Wertvorstellungen in Industrieländern, weshalb eine ständige Anpassung der Bedarfsstrukturen notwendig ist.

Ferner sind Industrienationen sehr differenzierte Gesellschaften: Es gibt unterschiedliche Schichten bzw. Bevölkerungsgruppen, die keine einheitliche Bedarfsstruktur haben. Ein Familienvater hat z. B. bei gleicher wirtschaftlicher Lage gegenüber dem Ledigen einen Mehrbedarf. Daher ist auch das Bedarfsprinzip bei der politischen Ausgestaltung differenziert zu strukturieren.

Das *Leistungsprinzip* gilt in hochentwickelten Wirtschaftssystemen als das tragende Prinzip. Es geht auf den →Liberalismus zurück. Danach soll jeder nach dem Wert seines Leistungsbeitrags im Arbeitsleben entlohnt werden. In der Regel ist damit der Beitrag zum Sozialprodukt gemeint. Das Leistungsprinzip besticht im ersten Augenblick durch seine Logik. Problematisch ist jedoch die objektive Messung der Leistung. Hierzu gibt es wohl Ansätze wie die Beurteilung der Leistung nach dem Schwierigkeitsgrad bzw. der Qualifikation der Arbeitskraft und Methoden wie die analytische Arbeitsplatzbewertung. Sie basieren jedoch alle auf bestimmten Wertvorstellungen und berücksichtigen nicht die Tatsache, daß die Menschen hinsichtlich ihrer Leistungsfähigkeit sehr unterschiedlich sind.

Es ist unschwer zu erkennen, daß sich in der Realität nicht ein Prinzip explizit verwirklichen läßt. Vielmehr kommt es zu Kombinationen, wobei die Gewichtung eine politische ist. Allerdings ist die Beziehung einiger Prinzipien konfliktär. Offensichtlich wird das zwischen dem Leistungs- und dem Bedarfsprinzip: Eine starke Gewichtung des Bedarfsprinzips wirkt sich negativ auf die Leistungsbereitschaft aus, während das Leistungsprinzip nicht berücksichtigt, daß objektiv die Leistungsfähigkeit der Menschen ungleich ist.

Forschungsstand

Die Beschäftigung mit der ökonomischen V. hat zwei Interessenschwerpunkte. Einmal geht es um die V.-Situation von Einkommen und Vermögen. Zum anderen geht es um Möglichkeiten bzw. das Instrumentarium der Umverteilung. Entsprechend werden diese beiden Problembereiche nun behandelt, wobei aus Gründen einer besseren Systematisierung Einkommens- und Vermögensverteilung getrennt erläutert werden.

Die *Einkommensverteilung* kann nach zwei verschiedenen Möglichkeiten vorgenommen werden. Ein Ansatzpunkt ist die V. der Einkommen auf die Produktionsfaktoren Arbeit, Kapital und Boden. Sie wird als funktionelle V. bezeichnet, bei der im Mittelpunkt die Markteinkommen aus Arbeit und Kapital stehen. Dabei ist vor allem von Interesse, wie sich das Verhältnis der Einkommen aus unselbständiger Arbeit zu jenem aus Unternehmertätigkeit und Vermögen entwickelt. Das läßt sich mit der Lohnquote bzw. Bruttolohnquote ermitteln: Sie ist die Relation des Einkommens aus unselbständiger Arbeit zum Volkseinkommen. Betrachtet man die Lohnquote über einen längeren Zeitraum, so ist zu erkennen, ob sich die Einkommen der Arbeitnehmer oder der Unternehmer im Verhältnis besser entwickelt haben. Die Frage ist, ob es zu Umverteilungseffekten zugunsten einer Gruppe gekommen ist. Legt man die beschäftigungsstrukturbereinigte Lohnquote zugrunde, so hat sich, abgesehen von einigen Schwankungen, die Lohnquote in der Bundesrepublik langfristig konstant entwickelt. Ein wesentlicher Grund liegt in dem Mechanismus der Lohn-Preis-Spirale: Lohnerhöhungen werden von den Unternehmern als zusätzliche Kosten an die Preise weitergegeben.

Die Lohnquote ist jedoch nur bedingt aussagefähig. Es wird weder berücksichtigt, daß Arbeitnehmer teilweise auch Einkommen aus Vermögen und Mieten haben und daß der Gruppe der Arbeitnehmer z. B. auch Generaldirektoren zugerechnet werden, während bei der Gruppe der Unternehmer auch alle Klein- und Kleinstunternehmer berücksichtigt werden. Daher sagt die funktionelle V. nur beschränkt etwas über die Entwicklung bzw. gegenwärtige Einkommensverteilung aus.

Eine andere Betrachtungsweise ist die personelle V. Bei ihr geht es um die V. des Einkommens auf Personen bzw. Personengruppen, unabhängig welche Funktionen sie in Produktionsprozessen ausüben. Eine mögliche Gruppendifferenzierung ist jene nach Selbständigen, Beamten, Angestellten und Arbeitern. Differenziert man diese Gruppen weiter nach Männern und Frauen, wird die V.-Ungleichheit noch viel ausgeprägter, als sie sich in der Vier-Gruppen-Klassifikation darstellt.

Die weiteren Möglichkeiten, die personelle V. noch zu untergliedern, sollen nur kurz genannt werden. Von Interesse ist z. B. die Betrachtung von Lebenseinkommen (intertemporale V.). Sie ist sowohl für den Zusammenhang ‹Ausbildung – Einkommen› als auch für die Beziehung ‹aktives Erwerbsleben – Altersphase› wichtig. Im Zusammenhang mit dem letzten Punkt wird auch häufig die V. zwischen den Generationen (intergenerationale V.) betrachtet. Schließlich ist durch die Verschärfung des Nord-Süd-Konflikts die internationale V. verstärkt in die Diskussion geraten.

Während bisher hauptsächlich V.-Kriterien (Distribution), d. h. die primäre V., betrachtet wurde, geht es nun um Möglichkeiten der Umverteilung (Redistribution) von Einkommen. Entsprechend dem Schema der drei Haupttypen von →Politik: Distribution, Regulierung und Redistribution, kommt dem →Staat heute die zentrale redistributive Funktion zu. Er greift gezielt in die primäre V. ein. Die wichtigsten staatlichen Instrumentengruppen sind die Steuerprogression und das Transferleistungssystem (z. B. Kindergeld, Leistungen nach dem BAföG, Mietbeihilfen und Sozialhilfe). Die Instrumente haben prinzipiell alle einkommensnivellierende Effekte. Ergänzend sei erwähnt, daß neben der Regierung z. B. auch die Sozialversicherungen mit einkommensabhängig gestaffelten Beitragssätzen umverteilungspolitische Effekte erzielen.

Die Analyse der *Vermögensverteilung* setzt eine Konkretisierung des Vermögensbegriffs voraus. Vermögen kann in drei Kategorien unterteilt werden: Humanvermögen, Sachvermögen – wozu Konsumtiv- und Produktivvermögen zählt – und Geldvermögen. Im Mittelpunkt der vermögenspolitischen Diskussion steht die V. von Produktiv- und Geldvermögen. Die zentrale gesellschaftspolitische Bedeutung dieser Vermögensarten wird dadurch deutlich, daß sie eine wichtige Machtgrundlage darstellen. Somit wird die ökonomische und soziale Machtverteilung wesentlich durch die Vermögensverteilung determiniert.

Es ist unbestritten, daß die Vermögensverteilung in der Bundesrepublik noch wesentlich ungleicher ist als die Einkommensverteilung. Die Meinungen über eine gerechtere Vermögensverteilung und entsprechend über die richtigen vermögenspolitischen Maßnahmen gehen jedoch weit auseinander. Der gemeinsame Nenner vieler vermögenspolitischer Forderungen ist, die Arbeitnehmer am Zuwachs des Produktivvermögens zu beteiligen. Die quantitative Messung der Vermögensverteilung beinhaltet u. a. deshalb Schwierigkeiten, da es bisher keine umfassende und fortlaufende Erfassung vermögensrelevanter Daten gibt. Allgemein lassen sich jedoch zwei gegenläufige Tendenzen beobachten. Während in der Bundesrepublik bei dem Geldvermögen in den letzten 20 Jahren ein Dekonzentrationsprozeß zu beobachten ist, nahm die Konzentration bei dem Produktivvermögen weiter zu; so entfallen etwa 75 Prozent des Produktivvermögens auf 1,7 Prozent der Haushalte. Aus den genannten machtpolitischen Gründen ist hier auch keine Änderung zu erwarten.

Die vermögenspolitischen Instrumente lassen sich in drei Gruppen unterteilen: Förderung der privaten Spartätigkeit, Beeinflussung der Vererbung von Vermögen und laufende Vermögenssteuern sowie Umverteilung des Produktivvermögens(-zuwachses). Während das erste und zweite Instrument dem Staat zuzuordnen ist, wird das dritte Instrument auf freiwilliger Basis von einigen Unternehmern eingesetzt. So erhalten z. B. in einigen Unternehmen die Mitarbeiter Unternehmensaktien. Das sagt einiges über die besondere Bedeutung des Produktivvermögens aus. Ferner ist gerade auch hier auf den Zusammenhang von Einkommens- und Vermögensverteilung hinzuweisen: Das Produktivvermögen erzielt eine Rendite, die nur einer kleinen Minderheit zufließt. Aber auch bei den anderen Vermögensarten führt die ausgeprägte Ungleichverteilung nur für Minderheiten zu zusätzlichen Einkommen. Die geringen staatlichen vermögenspolitischen Umverteilungsmaßnahmen werden diese Situation auch kaum verändern.

Forschungsperspektive

Distribution und Redistribution von Einkommen und Vermögen sind traditionelle Aufgabenbereiche der Sozialpolitik. Dies wird auch in der entsprechenden sozialpolitischen Literatur offensichtlich. Während die staatliche V.-Politik im Bereich von Einkommen einen sehr klaren Rahmen hat, ist dieser im Bereich Vermögen weit weniger ausgeprägt: Weitreichende politische Aktivitäten sind unerwünscht und würden Gegenmacht herausfordern.

Die wissenschaftliche Diskussion zur V.-Politik bringt seit einiger Zeit wenig neue Impulse bzw. Ansätze. Während das verteilungspolitische Instrumentarium meist nur rezipiert und selten kritisch analysiert wird, werden die faktischen verteilungspolitischen Effekte einer theoretischen oder empirischen Analyse kaum unterzogen. Eine wichtige Frage wäre z. B.: Wie wirkt sich die Progression der Einkommenssteuer unter Berücksichtigung der vielfältigen Abschreibungsmöglichkeiten auf die Einkommensverteilung effektiv aus. Daraus wird deutlich, daß zumindest die Auswirkungen der staatlichen V.-Politik bisher weitgehend tabuisiert wurden.

Ahrns, H.-J. / Feser, H.-D.: Wirtschaftspolitik. München 1982.
Gress, K.: Transfer zur Förderung der Vermögensbildung aus verteilungs- und sozialpolitischer Sicht. Frankfurt / M. 1983.
Külp, B.: Verteilungspolitik. In: Werner, J. / Külp, B.: Wachstumspolitik – Verteilungspolitik. Stuttgart 1971.
Lampert, H.: Lehrbuch der Sozialpolitik. Berlin u. a. 1985.
Lowi, Th. J.: Ein neuer Bezugsrahmen für die Analyse von Machtstrukturen. In: Narr, W.-D. / Offe, C. (Hg.): Wohlfahrtsstaat und Massenloyalität. Köln 1975.
Pintz, P.: Die Vermögensverteilung in der Bundesrepublik und die gleichmäßigere Verteilung des Vermögens als Forderung einer gerechten Wirtschaftsordnung. In: Bohling, W. (Hg.): Wirtschaftsordnung und Grundgesetz. Stuttgart 1981.
Stolz, I.: Einkommensumverteilung in der Bundesrepublik Deutschland. Eine theoretische und empirische Untersuchung. Frankfurt / M. 1983.
Werner, J.: Verteilungspolitik. Stuttgart 1979.

Michael v. Hauff

Verwaltung

Begriffsverwendungen

Der Begriff V. bezieht sich heute zum einen auf die V. als öffentliche V., d. h. der V. des →Staates (Bund, Länder, Gemeinden, Gemeindeverbände, sonstige Körperschaften, Anstalten, Stiftungen des öffentlichen Rechts), zum anderen auf die V. als privatwirtschaftliche Tätigkeit. Die folgenden Ausführungen sind auf die öffentliche V. beschränkt.

Die in der Literatur zu findenden Definitionsansätze zum Begriff ‹öffentliche V.› sind vorwiegend rechtswissenschaftlich geprägt. Ausgehend vom System der Gewaltenteilung wird öffentliche V. materiell als der organisatorische Bereich staatlichen Wirkens definiert, der weder Gesetzgebung noch Rechtsprechung ist. Jedoch bezeichnet diese Subtraktionsdefinition den Gesamtbereich der sog. Exekutive, womit →Regierung und V. faktisch eine Einheit bilden. Die an der Gewaltenteilungslehre orientierte negative Begriffsbestimmung wirft deshalb das Problem auf, V. und Regierung (als der staatsleitenden politischen Tätigkeit) hinreichend voneinander abzugrenzen.

Aus diesem Grund sind in der Staatsrechtslehre immer wieder Versuche unternommen worden, die öffentliche V. im materiellen Sinne positiv zu definieren, etwa als «Verwirklichung der Staatszwecke für den Einzelfall» (Hans Peters) oder als «Sozialgestaltung im Rahmen der Gesetze und auf dem Boden des Rechts» (Ernst Forsthoff). Aufgrund ihres hohen Abstraktionsgrades sind aber auch diese Definitionsansätze weitgehend unbefriedigend.

Im organisatorischen Sinne umfaßt V. die Gesamtheit derjenigen Einrichtungen, die als V.-Behörden zur Ausübung von verwaltenden Tätigkeiten bestellt sind, im Unterschied zu den Parlamenten, der Regierung und den Gerichten.

Im formellen Sinne bedeutet V. jede von einer V.-Behörde ausgeübte Tätigkeit, auch wenn diese rechtsetzenden, regierenden oder rechtsprechenden Charakter hat. Nur eine streng durchgeführte Gewaltenteilung würde einer völligen Übereinstimmung von V. als →Organisation und V. im formell und materiell definierten Sinne entsprechen.

Für die →Politik- und V.-Wissenschaften ist die rechtliche Abgrenzung der V. von untergeordneter Bedeutung. So verzichtet Ellwein ganz auf eine Definition der V.: Die Besonderheit der V. liegt darin, «daß man sie zwar beschreiben, aber nicht definieren kann. Was fehlt, ist der Umgriff, aus dem sich neben Aufgaben, Verfahren und Organisation auch die Funktionen der V. ihre Bedeutung für die jeweilige Herrschaft wie für das soziale Gefüge ergeben» (1981, S. 40). Aus diesem Grund kommt es vor allem auf eine Charakterisierung der V. an, wobei Ellwein (1983) von folgender →Differenzierung hinsichtlich ihrer Funktionen ausgeht: Die Ordnungsverwaltung vollzieht Gesetze und kontrolliert deren Einhaltung durch die Betroffenen. Die Dienstleistungsverwaltung erbringt technische oder personale Dienstleistungen auf der Basis von Gesetzen und politischen Weisungen. Die Wirtschaftsverwaltung ist im Haushaltsbereich (Einnahmen, Verteilung von Ausgaben, Vermögensverwaltung) tätig. Die Ordnungsverwaltung beschäftigt sich vor allem mit Personaleinstellung, Fortbildung, Besoldung etc. Die politische V. letztendlich umfaßt den Bereich der politischen →Planung sowie die Zuarbeit an die politische Führung von V.-Einheiten. Sie ist durch die größte Nähe zur →Politik gekennzeichnet. Diese Aufgliederung besitzt im Unterschied zu den Systematisierungsversuchen der V.-Rechtswissenschaften den Vorzug, daß mit ihr das Verhältnis von Politik und V. genauer differenziert werden kann. Dabei ist die politische V. fast ununterscheidbar mit der Politik verbunden, wohingegen die Ordnungsfunktion am weitesten von ihr entfernt ist. Zwischen diesen beiden Polen liegen dann die Dienstleistungsverwaltung, die wirtschaftende V. und die Organisationsverwaltung.

Verwendungszusammenhänge

Ausgangspunkt der juristischen Betrachtungsweise der V. sind Verfassungsrecht und Verfassungstheorie (Gewaltenteilung). Danach bildet die V. idealtypisch den nachgeordneten Teil der politischen Führung. Sie ist gegenüber der Regierung weisungsgebunden, arbeitet ihr zu und wird indirekt durch das Parlament kontrolliert, wobei ihr Tätigwerden an Gesetz und Recht gebunden ist. Dementsprechend werden im V.-Recht die besonderen auf die V. bezogenen Rechtsnormen und die durch sie gegebenen Rechtsverhältnisse thematisiert. V.-Recht ist damit eine Wissenschaft, die diejenigen Rechtsvorschriften untersucht, interpretiert und systematisiert, nach denen die V. geführt wird.

Auch der V.-Lehre liegt der materielle V.-Begriff (Subtraktionsdefinition) zugrunde. In Ergänzung zu dieser negativen Definition wird V. als ein Bereich gekennzeichnet, der durch die soziologische Verbundenheit der in ihr tätigen Person gekennzeichnet ist (Thieme 1984). Die V. als Organisation ist damit schwerpunktmäßig der Untersuchungsgegenstand der V.-Lehre. Ausgehend von der Tatsache, daß sowohl die Organisation der V. als auch Form und Inhalt des V.-Handelns zu einem wesentlichen Teil durch das V.-Recht bestimmt sind, stellen Rechtsnormen die zentrale Untersuchungskategorie der V.-Rechtslehre dar.

Die sozialwissenschaftlich orientierte V.-Forschung entwickelte sich erst stärker im Laufe der 60er Jahre mit der sich durchsetzenden Erkenntnis, daß das ideale (normative) Modell der Gewaltenteilung kaum mit der Verfassungswirklichkeit übereinstimmte und somit ein wesentlicher Teil des V.-Handelns nicht erfaßt wurde. Zum einen ist die öffentliche V. am Prozeß der politischen Willensbildung beteiligt, in dem Gesetze von der V. vorbereitet werden. Ihre Rolle beschränkt sich dabei nicht darauf, den sachlich wünschenswerten Gesetzestext als politische Entscheidungsgrundlage zu formulieren; sie muß vielmehr bereits während der Gesetzgebung politische Überlegungen anstellen, die Mehrheitsverhältnisse einbeziehen, die Gruppenwünsche berücksichtigen, mit den →Verbänden verhandeln u. a. m. Aus diesem Blickwinkel ist die V. zwar nicht selbst Gesetzgeber, jedoch essentiell an der Gesetzgebung beteiligt. Die damit verbundene Vorbereitungsherrschaft der V. geht bis zur Vorauswahl von Lösungsvorschlägen und zur Sortierung von Problemen und wird durch Verrechtlichungstendenzen noch erweitert.

Im Zuge der sich durchsetzenden Erkenntnis und Akzeptanz der politischen Funktion der V. im gesellschaftlichen System stellt sich gleichermaßen die Frage nach ihrer Steuerungs- und Planungskapazität. Die Problemverarbeitungsfähigkeit der V. bezüglich der sich in Lebensbereichen oder Regionen stellenden Probleme bei Bürgern, Wirtschaft, Kultur und sonstigen gesellschaftlichen Teilbereichen wurde damit zum weiteren wichtigen Gegenstand der sozialwissenschaftlichen V.-Forschung.

Begriffspräzisierung

Die bisherigen Ausführungen dürften verdeutlicht haben, daß den rechtspositivistischen Definitionsversuchen nur eine formale Kennzeichnung des Begriffs V. gelingt. Gleichwohl hat die mit dem Stichwort ‹Gewaltenteilung› vorgenommene →Differenzierung des staatlichen →Institutionengefüges analytischen Wert, sofern damit nicht eine Herauslösung der V. aus ihrem größeren Zusammenhang der staatlichen Organisation verbunden ist und ihre Beziehungen zu den anderen Elementen der politischen Ordnung angemessen betrachtet werden. Daraus ergibt sich auch, daß keine der beteiligten Wissenschaften die V. in ihrer Ganzheit erforschen und betrachten kann, sondern daß sich der Erklärungs- und Erkenntnisbeitrag zum Untersuchungsgegenstand öffentlicher V. jeweils auf bestimmte Aspekte und Bereiche der V. richtet.

Forschungsstand

Während der Erklärungsbeitrag der Rechtswissenschaften zum Gegenstand V. aufgrund der zugrunde gelegten rechtspositivistischen Definition, des Zugangs und der Methode relativ einheitlich und damit leicht erfaßbar ist, bedarf der Ertrag der sozialwissenschaftlichen V.-Forschung näherer Ausführungen.

Die im 19. Jahrhundert entstehende Sozialwissenschaft beschäftigte sich nur am Rande mit dem Thema ‹öffentliche V.›. Eine Ausnahme bildete dabei die von Lorenz von Stein (1815–1819) entwickelte V.-Lehre, die vom Begriff des Staates ausging. Unter den Begriff V. subsumierte von Stein nicht mehr einen festen Bestand von Staatsaufgaben und Staatszwekken mit dem zugeordneten Apparat öffentlicher Machtmittel als vielmehr den Prozeß der Vermittlung zwischen den staatlich repräsentierten und legitimierten ‹Ideen› und den jeweils besonderen situierten Interessen-, Bedarfs- und Problemlagen der Gesellschaft (Pankoke 1978).

Von den soziologischen Forschern befaßte sich erst Max Weber ausführlich mit den Fragen der öffentlichen V. Sein Interesse galt einerseits der →Bürokratie als einem Prinzip der V.-Organisation, als reinsten Typus rationalen und legalen Handelns, dem er generell höchste Zweckmäßigkeit für die Durchführung vorgegebener politischer Ziele zuschrieb. Gleichzeitig betrachtete Weber die Bürokratie in einem herrschaftssoziologischen Zusammenhang, wobei für ihn das zentrale Problem war, inwieweit eine komplexe, differenzierte und spezialisierte Bürokratie noch als neutrales Vollzugsinstrument zu betrachten sei oder sich zu einem eigenen Machtzentrum entwickele.

Neue sozial- und politikwissenschaftliche Impulse für die Erforschung der öffentlichen V. zeigten sich erst wieder in den 60er Jahren. Dazu trugen die Hinwendung der Politikwissenschaft und der Soziologie zur empirischen Forschung, aber auch der verstärkt auftretende politische Handlungs-, Gestaltungs und Planungsbedarf bei, der die Anforderungen an die öffentliche V. erhebliche erhöhte.

Angestoßen durch die Mitte der 60er Jahre einsetzende politische Reformphase wurden Untersuchungen zu Planungs- und Entscheidungsprozessen auf staatlicher und kommunaler Ebene erstellt, die sich auf die Analyse von Struktur- und Funktionsdefiziten der planenden V. konzentrierten. Als einschlägiges Beispiel ist hier die Arbeit der Projektgruppe Regierungs- und V.-Reform beim Bundesminister des Innern zu nennen.

Mit dem weitgehenden Scheitern dieser Reformbemühungen kam es innerhalb der verwaltungswissenschaftlichen Forschung zu einer sektoralen Differenzierung bzw. zur Differenzierung nach Politik- und Problembereichen. Einen gewichtigen Schwerpunkt nahm dabei die Analyse von Durchführungsbedingungen und -problemen (→Implementationsforschung) in den einzelnen Politikbereichen wie Stadtpolitik, Raumordnungspolitik, Arbeitsmarkt- und Umweltpolitik usw. ein. Hinzu kamen Untersuchungen zur Erfolgskontrolle politisch-administrativen Handelns (Wirkungsanalyse).

Neben den primär auf die politisch-administrative Praxis zielenden Forschungsbeiträgen sind schließlich Ansätze zur Entwicklung oder Fortführung einer Staats- und V.-Theorie zu nennen. Einen grundlegenden Beitrag lieferte hierzu Niklas Luhmann mit seiner funktional-strukturellen Systemtheorie, innerhalb deren zwischen dem politischen und dem V.-System unterschieden wird. Die Funktionen der V. liegen hier in der Reduktion von Umweltkomplexität durch die Herstellung bindender Entscheidungen, wonach die Entscheidungsprozesse selbst und die Entscheidungsinhalte in der V. liegen.

Im Unterschied und auch im Gegensatz dazu gehen die polit-ökonomischen Arbeiten davon aus, daß der Staat und damit auch die V. integraler Bestandteil der kapitalistischen Produktionsweise sind, deren langfristige Kapitalverwertungs- und Systemstabilisierungsinteressen das wesentliche Handlungsimperativ der politischen V. bilden.

Forschungsperspektive

Es ist davon auszugehen, daß die V.-Forschung auch in Zukunft von der Praxis abhängig bleiben und bestimmt werden wird. Als zentraler Forschungsgegenstand dürfte sich die Weiterführung der bürokratietheoretischen Diskussion erweisen. Die damit verbundene Kontinuität hinsichtlich der Genese der Disziplin könnte die Chance zu einer Weiterentwicklung der Staats- und V.-Theorie eröffnen. An Bedeutung gewinnen könnten dabei institutionsorientierte Forschungsansätze, die die Lernfähigkeit von Institutionen, ihr Informationsverhalten und ihre Innovationsfähigkeit bei veränderten Umweltbedingungen eingehender als bisher analysieren. Der Ertrag dieses Forschungsbereiches und -ansatzes wird wesentlich davon abhängig sein, ob zwischen den mit V. befaßten wissenschaftlichen Disziplinen eine produktive Auseinandersetzung und Ergänzung realisiert werden kann.

Ellwein, T.: Geschichte der öffentlichen Verwaltung. In: König, K./Oertzen, H.-J. v./Wagener, F. (Hg.): Öffentliche Verwaltung in der Bundesrepublik Deutschland. Baden-Baden 1981.

–: Das Regierungssystem der Bundesrepublik Deutschland. Opladen [6]1983.

Weiterführende Literatur
Benda, E./Maihofer, W./Vogel, H.-J. (Hg.): Handbuch des Verfassungsrechts. Berlin/New York 1983.
Ellwein, T.: Regieren und Verwalten. Eine kritische Einführung. Opladen 1976.
Hartwich, H.-H. (Hg.): Policy-Forschung in der Bundesrepublik Deutschland. Opladen 1985.
Hesse, J. J. (Hg.): Politikwissenschaft und Verwaltungswissenschaft. Opladen. PVS-Sonderheft 13 (1982).
Luhmann, N.: Theorie der Verwaltungswissenschaft. Bestandsaufnahme und Entwurf. Köln/Berlin.
Mayntz, R.: Soziologie der öffentlichen Verwaltung. Heidelberg/Karlsruhe 1978.
Pankoke, E.: Soziale Politik als Problem öffentlicher Verwaltung. Zu Lorenz von Steins gesellschaftswissenschaftlicher Programmierung des «arbeitenden Staates». In: Schnur, R. (Hg.): Staat und Gesellschaft. Studien über Lorenz von Stein. Berlin 1978.
Scharpf, F. W.: Planung als politischer Prozeß. Frankfurt/M. 1983.
Thieme, W.: Verwaltungslehre. Köln u. a. ^{4}1984.
Weber, M.: Wirtschaft und Gesellschaft. Studienausgabe. 2 Bde. Köln/Berlin 1964.

Sigrid Schenk-Dornbusch

Wahlen

Begriffsverwendungen

Politische W. – also die nach den heute bestimmenden Wahlrechtsgrundsätzen als allgemein, gleich, geheim und direkt bezeichnete Stimmabgabe für eines aus verschiedenen, miteinander konkurrierenden Parteiangeboten – sind das umfassendste politische Beteiligungselement, mit dem in demokratischen →Systemen die Herrschaftszuweisung auf Zeit erfolgt, und damit der zentrale Legitimationsmechanismus dieser politischen Ordnungsform.

Aus demokratietheoretischer Sicht sollen W. im wesentlichen fünf *Funktionen* erfüllen:

1. Artikulation politischer →Interessen des Wählers; dem geht die Aktivierung der politischen Kommunikation zwischen Wahlberechtigten und politischen →Eliten unter Beteiligung gesellschaftlicher Gruppen (z. B. ökonomischen Interessengruppen), Einrichtungen (z. B. Massenmedien) und privaten Interaktionsgruppen voraus, die der politischen Information und Orientierung des Wählers dient.

2. Friedlicher Konfliktaustrag und politische Integration; über die Bestimmung konsens- und nicht konsensfähiger Interessen erfolgt eine Zu-

sammenfassung der Vielfalt individueller Meinungen zu Handlungszielen der →Politik im Rahmen pluralistischer und konkurrenzdemokratischer →Parteiensysteme.

3. Herrschaftszuweisung auf Zeit; als Ergebnis des vorangegangenen Meinungsbildungsprozesses erfolgt die Rekrutierung einer politischen Elite bzw. die Bildung parlamentarischer Mehrheiten durch die Umsetzung der am Wahltag ermittelten Wählerpräferenzen in Regierungsinstitutionen.

4. Herrschaftskontrolle; durch die regelmäßige Wiederholung von W. sind →Regierung und →Opposition einer ständigen Leistungsbewertung und Leistungserwartungen ausgesetzt, die Veränderungen von Mehrheitsverhältnissen und damit wechselnde Regierungsbildungen zur Folge haben können.

5. Innovation; aus dem Wettbewerb der →Parteien um die Stimmen der Wähler ergibt sich die Chance zur personellen, programmatischen und langfristig institutionellen bzw. strukturellen Erneuerung.

Verwendungszusammenhänge

Die konkrete Ausgestaltung sowie die Erfüllung der Funktionen von W. variiert mit ihren Rahmenbedingungen, und zwar insbesondere mit der historisch gewachsenen Sozial- und Konfliktstruktur einer Gesellschaft sowie mit den gegebenen Regeln des Machterwerbs (insbesondere: Wahlrecht) und mit dem rechtlichen und institutionellen Gefüge des Regierungssystems, die sich gegenseitig beeinflussen.

Die *Sozialstruktur* der Gesellschaft ist von erheblicher Bedeutung für die Größe der Anhängerschaft ihrer Parteien, die sich im europäischen Kontext vor allem entlang vier *Konfliktdimensionen* herausgebildet haben, nämlich den Konflikten zwischen:

1. Zentrum und Peripherie – d. h. zwischen bislang autonomen, regionalen politischen Entscheidungsinstanzen und neu entstandenen nationalen politischen Entscheidungszentren;

2. Kirche und Staat – der Kulturkonflikt;

3. Land und Stadt – d. h. zwischen den Interessen des primären und des sekundären Wirtschaftssektors;

4. Arbeitnehmern und Arbeitgebern – der Industriekonflikt; ihnen kann für das 19. Jahrhundert der Verfassungskonflikt um die Durchsetzung demokratischer Ordnungen hinzugefügt werden (vgl. Lipset/Rokkan 1967).

Systemübergreifende, institutionelle Faktoren, die die Parteienlandschaft und die Funktionen von W. beeinflussen, sind vor allem:

1. die Schwelle der Legitimation – d. h. der sanktionsfreien Artikulation politischer Interessen (z. B. der Regierungsform, aber auch gesetzlicher Einzelregelungen wie Art. 9 und 21 des Grundgesetzes in der Bun-

desrepublik zum Verbot verfassungswidriger Parteien und Organisationen);

2. die Schwelle des Einbezugs in das politische →System – die sich durch das Ausmaß potentieller Unterstützung der Konfliktgruppen in der Konkurrenz um die politische →Herrschaft bestimmt (z. B. Sozialstrukturen und Wahlrecht);

3. die Schwelle der Repräsentation – durch die das zur Beteiligung an den Organen politischer Willensbildung erforderliche Minimum an Wählerstimmenanteil festgelegt wird (z. B. Fünf-Prozent-Klausel);

4. die Schwelle der Mehrheitsmacht – die durch Sozialstruktur, Anzahl und Intensität der →Konflikte sowie durch das Wahlrecht beeinflußt wird.

Die über 250 verschiedenen Wahlverfahren lassen sich in die Grundtypen der Mehrheits- und der Verhältniswahlsysteme klassifizieren. Die Einführung der *Mehrheitswahl* erfolgte aufgrund verwaltungstechnischer Einfachheit (z. B. im Großbritannien des 13. Jh.) und zielt auf eine eindeutige Mehrheitsbildung, indem Stimmen überproportional in Mandate umgesetzt werden. Die *Verhältniswahl* wurde dagegen theoretisch entwickelt, nachdem sich durch die Industrialisierung in Europa eine Reihe von unterschiedlichen Konfliktlinien gebildet hatte und in den Wahlkreisen häufig mehr als zwei Kandidaten konkurrierten, aber der Kandidat mit relativer Mehrheit das Mandat erhielt, so daß sich der überwiegende Teil der Wählerschaft nicht repräsentiert fühlte. Ziel der Verhältniswahl ist die anteilsgemäße Repräsentation der Parteien. Die beiden Grundformen der Wahlsysteme sind heute relativ selten; vielmehr dominieren Mischformen, die entweder als relative Mehrheitswahl (z. B. Großbritannien, USA) oder als Formen der Verhältniswahl (z. B. in der BRD sowie ferner in Ländern des segmentierten →Pluralismus wie Belgien und Schweiz, aber auch in sozial homogenen Gesellschaften wie Schweden) bezeichnet werden können.

Eine kausale Verbindung zwischen Wahlsystem und Parteienlandschaft kann allerdings nur unter bestimmten Voraussetzungen hergestellt werden: So ist in Gesellschaften mit relativ schwach ausgeprägten sozialen und politischen Konflikten die Einführung von Verfahren der Mehrheitswahl und die Herausbildung von Zweiparteiensystemen wahrscheinlich, während in Gesellschaften mit relativ intensiven Konflikten die Einführung der Verhältniswahl und die Entstehung von Vielparteiensystemen häufiger ist. Bei gesellschaftlicher Fragmentierung ist jedoch nicht davon auszugehen, daß die relative Mehrheitswahl zu einer Reduktion auf ein Zweiparteiensystem führt (vgl. Nohlen 1978; Lijphart/Grofman 1984).

Aus demokratietheoretischer Sicht wird sowohl ein möglichst symmetrisches Parteiensystem (ein etwa gleich großes Wählerpotential der regierenden und der oppositionellen Partei/en) als Voraussetzung für reale

Chancen des Regierungswechsels angesehen als auch eine angemessene Repräsentation aller Wähler, so daß die Entscheidung über das Wahlverfahren als normative Frage Partizipationschancen und →Legitimität der politischen Ordnung mitbeeinflußt.

Begriffspräzisierung

Innerhalb der *Wahlforschung* lassen sich nach Gegenstandsbereich, Erkenntnisinteresse und →Methoden mehrere Richtungen unterscheiden. So untersucht die *Wahlsystematik* als Teilgebiet der vergleichenden Analyse politischer Systeme Aufbau, Struktur, Funktionsweise und Auswirkungen von Wahlsystemen. Die *Wahlrechtsforschung* befaßt sich unter rechtspolitischer und verfassungsrechtlicher Perspektive mit Fragen der Gestaltung des aktiven und passiven Wahlrechts, der Durchführung des Wahlprozesses und der Chancengleichheit der Parteien im Vorfeld der W. (für historische, rechtsvergleichende Untersuchungen vgl. Meyer 1901 und Braunias 1932/33, für aktuelle Studien z. B. Sternberger/Vogel 1969). In der *historischen Wahlforschung* werden Fragestellungen und Ansätze der anderen Disziplinen der Wahlforschung aufgegriffen, mit geschichtswissenschaftlichen Methoden kombiniert und auf die historische Perspektive ausgedehnt. Diese Erweiterung der Fragestellung hat ihrerseits Rückwirkungen auf die anderen, eher ahistorisch betriebenen Forschungszweige (dazu vgl. Büsch/Steinbach 1983). Die *Wahlsoziologie* befaßt sich mit den Bestimmungsgründen des Wahlverhaltens, insbesondere mit ihren gesellschaftlichen, politischen und psychologischen Voraussetzungen, Bedingungen und Konsequenzen. Sie zielt auf Beschreibung, Erklärung und Voraussage von Wahlbeteiligung, Entstehung und Veränderung individueller Wahlentscheidungen, Verteilung von Issue-, Kandidaten- und Parteipräferenzen in der gesamten Wählerschaft sowie in Subeinheiten. Dabei werden wohl strukturelle Faktoren als auch situative Einflüsse berücksichtigt. Innerhalb der Wahlsoziologie lassen sich die historisch-qualitative und die dominante, behavioristische, auf sozialwissenschaftliche Gesetzmäßigkeiten zielende Richtung unterscheiden sowie nach Analyseebene Konzepte der Makro- und der Mikroebene. Gemeinsam ist ihnen das Dilemma zwischen dem Forschungsziel der *Analyse individuellen Verhaltens* und der Datenlage auf *Aggregatebene* bzw. Daten zu *Einstellungen* auf individueller Ebene, worauf im folgenden näher eingegangen wird.

Forschungsstand

Zur Überwindung dieses Problems wurden im wesentlichen vier Forschungsstrategien entwickelt:

1. Die von Siegfried (1913) begründete und von z. B. Goguel (1952) weiterentwickelte *Wahlgeographie*, in der die natürliche Beschaffenheit

einer Region als Voraussetzung soziologischer und ökonomischer Umweltbedingungen und diese wiederum als prägend für das politische Verhalten angesehen werden. Bei der Verwendung des Verfahrens der Wahlkartographie (Vergleich von Karten mit Wahlergebnissen der Parteien und Karten mit Häufungen geologischer, geographischer, ökonomischer, kultureller, historischer und/oder sozialstruktureller Merkmale) besteht durch die enge regionale Begrenzung, die umfangreiches Wissen über die Entwicklungen der Regionen voraussetzt, durch die Zusammenfassung auf Parteirichtungen und die primäre Verwendung nicht-sozialer Faktoren die Gefahr einer Überbetonung statischer Elemente, sofern dieser Ansatz nicht mit anderen kombiniert wird.

2. In dem von Heberle (1978) vertretenen Ansatz der *Wahlökologie* ist neben der Deskription die Erklärung des Wahlverhaltens im Wechselverhältnis von Politik und historischen, sozialen, ökonomischen und kulturellen Strukturen in den Mittelpunkt gerückt. Dieses Vorgehen mittels statistischer Verfahren der Aggregatdatenanalyse brachte sowohl eine stärkere Konzentration auf politisch-historische als auch auf systematische Zusammenhänge, litt jedoch längere Zeit unter der isolierten Betrachtung einzelner Einflußfaktoren auf das Wahlverhalten. Durch die Kombination verschiedener Methoden und Ansätze wird inzwischen versucht, multidimensionale Beziehungen zwischen den verschiedenen Einflußfaktoren zu bestimmen.

3. In dem von Lazarsfeld et al. (1944) entwickelten *soziologischen Ansatz* werden sozialstrukturelle Zugehörigkeiten (insbesondere sozioökonomischer Status, Konfession, Beruf, Stadt-Land) sowie soziale bzw. kulturelle Milieus und Gruppenbindungen als Determinanten des Wahlverhaltens betrachtet. Dies fußt auf der Theorie Simmels (1890), nach der Individuen, die sich in einem «System konzentrischer Kreise» befinden, eher als Individuen, die einem «System sich kreuzender sozialer Kreise» ausgesetzt sind, zur Ausbildung ähnlicher politischer Orientierungen neigen und damit auch eher zu einer langfristig stabilen Parteiorientierung tendieren. Durch die Einbindung der Individuen in gesellschaftliche Gruppen und Organisationen wird darüber hinaus eine Verbindung dieses mikrosoziologischen Ansatzes zu den Konfliktlinien der Makroebene hergestellt. Methodisch wurde von Lazarsfeld et al. erstmals mittels der Individualdatenanalyse sowie Panel-Befragungen (auf Gemeindeebene) gearbeitet. Die Konzentration auf die Erklärung von konstantem politischem Verhalten und Systemstabilität sowie die Betonung ‹objektiver› sozialer Merkmale erschien jedoch angesichts zunehmenden Wechselwahlverhaltens und des politischen Charakters von W. als nicht ausreichend.

4. Dies führte zur Entwicklung des *sozialpsychologisch orientierten Konzepts* der Michigan-Schule (Campbell, Converse u. a. 1960), bei dem

erstmals in der akademischen Wahlforschung Umfragen mit einer repräsentativen Auswahl der gesamten nationalen Wählerschaft durchgeführt wurden, die primär ‹subjektive› Merkmale erhoben. Dieser Ansatz, der die spätere empirische Wahlsoziologie stark geprägt hat, sieht den Wähler in einer Entscheidungssituation zwischen seiner dauerhaften Bindung an eine Partei und seiner Beurteilung der aktuellen Politik, der Parteien und ihrer Kandidaten. Dem Konzept der Parteiidentifikation – als im jugendlichen Sozialisationsprozeß erworbene, langfristig stabile, affektive Bindung des Individuums an eine Partei, die ihm zur Informationsstrukturierung und Orientierung im politischen Prozeß dient – kommt insbesondere für die Erklärung und Ermittlung von Stammwählerschaften eine wichtige Bedeutung zu. Für die Erklärung von Wechselwahlverhalten haben sich die Orientierung an Parteien und Kandidaten (z. B. Sympathie) sowie die Beurteilung ihrer Haltung und Kompetenz bezüglich aktueller politischer Themen und Probleme (insbesondere innen- und wirtschaftspolitischer Issues) als zentral erwiesen, daneben aber auch kurz vor der Wahl eintretende Ereignisse – sofern diese von einschneidender Bedeutung für einen großen Teil der Wählerschaft sind (z. B. Bau der Berliner Mauer 1961; Watergate-Enthüllung 1972).

Allerdings konnte dabei zumeist eine gegenseitige Beeinflussung von Parteiidentifikation und Politikbeurteilung beobachtet werden, die – so die Annahme – über Prozesse der selektiven Wahrnehmung und kognitiven Dissonanzreduktion entsteht. Auf der Basis dieser Erkenntnisse wurde das Konzept der Normalwahl (Übereinstimmung der Parteiidentifikation und der tatsächlichen Stimmabgabe im gesamten Elektorat) entwickelt, das eine Verbindung zwischen Mikro- und Makroebene der Analyse herstellt (Stabilität der individuellen Wählerbindungen an die Parteien als Voraussetzung von Systemstabilität) und in langfristiger Perspektive – über mehrere W. hinweg – eine differenziertere Analyse von Konstanz und Wechsel im Wahlverhalten erlaubt. Der makropolitischen Frage nach der Stabilität politischer Systeme wird durch die Bestimmung des Verhältnisses von Langzeitfaktoren wie soziale Gruppenmitgliedschaften und Parteiidentifikation und kurzfristigen Einflüssen auf die Wahlentscheidung, wie im *Konzept der kritischen W.* (critical elections), das auf den Annahmen des Normalwahlkonzepts fußt, nachgegangen. Über die Unterscheidung von einerseits Kontinuität oder Wechsel der Parteiidentifikation und andererseits Kontinuität oder Wechsel der regierenden Partei werden vier Typen von W. klassifiziert: Maintaining Elections (Beibehaltung des Verteilungsmusters der Parteiidentifikation und Wahlsieg der bisherigen darauf basierten Mehrheitspartei/en), Deviating Elections (Beibehaltung der Parteiidentifikation, aber aufgrund kurzfristiger Einflüsse Wahlniederlage der darauf basierten Mehrheitspartei/en), Converting Elections (Veränderung der Parteiidentifikation im Sinn eines langfristigen Austauschs der Parteiidentifikation–Anhängerschaften und Wahlsieg der bisherigen Mehrheitspartei/en) und Realigning Elections (Veränderung der Parteiidentifikation zugunsten der bisherigen darauf basierten Minderheitspartei/en, die nun zu/r darauf basierten Mehrheitspartei/en wird/werden; s. dazu Campbell 1966). Sowohl das Konzept der Parteiidentifikation als auch der Normalwahl und der kritischen W. sind bislang äußerst umstritten, vor allem was die Übertragbarkeit auf andere als das US-amerikanische System betrifft.

Daneben kann noch auf das in der Tradition der elitären Demokratietheorie Schumpeters zu verortende deduktive *Modell des rationalen Wählers* von Downs (1968) verwiesen werden. Es nimmt – entsprechend der ökonomischen Theorie der Politik – für die Parteien als ‹Anbieter› ein Stimmenmaximierungsverhalten und für die Wähler als ‹Nachfrager› ein rationales Vor-/Nachteilskalkül der individuellen Nutzenmaximierung an. Für die Erklärung der Wahlbeteiligung selbst – die auf individueller Ebene i. a. keinen hohen Nutzeneffekt aufweist – muß dieser Ansatz allerdings auf nicht-rationale Gründe wie Pflichtgefühl oder affektive Systembindung zurückgreifen. Darüber hinaus entsprechen insbesondere die Gleichgewichtsannahmen des Modells den strukturellen Gegebenheiten des politischen Kontextes nicht. Während zwar durch die aufgrund sozialer →Differenzierung erfolgte Auflösung sozial homogener Umwelten sozialstrukturelle Bestimmungsgründe der Wahlentscheidung hinter Einflüsse kurzfristiger politischer Faktoren zurückgedrängt werden mögen, bestehen nach wie vor unterschiedliche Auffassungen darüber, ob dies gleichzeitig eine Zunahme politisch rationalen, issue-orientierten Wechselwahlverhaltens zur Folge hat.

Forschungsperspektive

Trotz der in der letzten Zeit festzustellenden Ausweitung der Perspektive der Wahlforschung von der Deskription und Analyse einzelner W. bzw. des individuellen Wahlverhaltens auf ihre Betrachtung im historisch-politischen Prozeß, dem Bemühen um engere Verschränkung von Theorie und Empirie und der Verfeinerung der Methoden ist es bisher nicht gelungen, zu einer Theorie langfristiger Entwicklungstrends zu gelangen; Wahlsoziologen selbst äußern Zweifel an der Innovationsträchtigkeit der Wahlsoziologie (z. B. Kaase 1973). Zur Überwindung dieser Stagnation werden im allgemeinen vorgeschlagen:

(1) eine stärkere Orientierung am gesellschaftlichen Wandel sowohl in historischer Perspektive als auch hinsichtlich künftiger Entwicklungen; (2) eine Einbettung der Theorie und Empirie zu W. in Fragen der politischen Partizipation und →Legitimität; (3) eine Verknüpfung mehrerer Systemebenen (z. B. Analyse der Beziehung zwischen politischen Eliten und Bevölkerung durch Einbezug der Massenmedien und anderer inter-

mediärer Instanzen) und ihrer wechselseitigen Einflußbeziehungen; (4) eine Erweiterung und kombinierte Anwendung der Erhebungs- und Analysemethoden wie verstärkter Einsatz qualitativer Methoden, Verknüpfung von Aggregat- und Individualdatenanalyse durch Mehrebenen- oder Kontextanalysen.

So gut fundiert die genannte Kritik im einzelnen auch ist: Im Vergleich zu anderen Gebieten der systematisch-empirischen, politikwissenschaftlichen Forschung erweist sich die Wahlsoziologie konzeptionell wie auch hinsichtlich ihrer international vergleichenden Datengrundlagen als eines der am weitesten entwickelten Forschungsgebiete der politischen Wissenschaft (als drei neuere Beispiele siehe Kaase/Klingemann 1983; Dalton/Flanigan/Beck 1984; Crewe/Denver 1985).

Braunias, K.: Das parlamentarische Wahlrecht. Berlin/Leipzig 1932/33.
Büsch, O./Steinbach, P. (Hg.): Vergleichende europäische Wahlgeschichte. Berlin 1983.
Campbell, A./Converse, P./Miller, W./Stokes, /D.: The American Voter. New York 1960.
Campbell, A. et al.: Elections and the Political Order. New York 1966.
Crewe, I./Denver, D. (Hg.): Electoral Change in Western Democracies. London/Sydney 1985.
Dalton, R. J./Flanigan, S. C./Beck, P. A. (Hg.): Electoral Change in Advanced Industrial Democracies. Realignment or Dealignment? Princeton 1984.
Downs, A.: Ökonomische Theorie der Demokratie. Tübingen 1968.
Goguel, F.: Géographie des élections françaises de 1870–1951. Paris 1952.
Heberle, R.: Die Wahlökologie. In: König, R. (Hg.): Handbuch der empirischen Sozialforschung, Bd. 12. Stuttgart 1978, S. 73–101.
Kaase, M.: Die Bundestagswahl 1972: Probleme und Analysen. In: PVS 14 (1973), S. 145–190.
–/Klingemann, H. D. (Hg.): Wahlen und politisches System. Opladen 1983.
Lazarsfeld, P. F./Berelson, B. R./Gaudet, H.: The People's Choice. New York 1944.
Lijphart, A./Grofman, B. (Hg.): Choosing an Electoral System: Issues and Alternatives. New York 1984.
Lipset, S. M./Rokkan, S.: Cleavage Structures, Party Systems and Voter Alignments. An Introduction. In: dies. (Hg.): Party Systems and Voter Alignments. New York 1967, S. 1–64.
Meyer, G.: Das parlamentarische Wahlrecht. Berlin 1901.
Nohlen, D.: Wahlsysteme der Welt. München 1978.
Siegfried, A.: Tableau politique de la France de l'Ouest sous la Troisième Republique. Paris 1913.
Sternberger, D./Vogel, B.: Die Wahl der Parlamente und anderer Staatsorgane: Europa. Bd. 1. Berlin 1969.

Bettina Westle

Wirtschaft

Begriffsverwendungen

Die Gesamtheit menschlicher Aktivitäten einschließlich der zugehörigen institutionellen Strukturierungen, welche auf Gewinnung (Produktion i. e. S.), die zeitliche und räumliche Bereitstellung (Distribution im Sinne von Transport, Verkehr, Kommunikation, Informationswesen) und die anteilmäßige →Verteilung des jeweils verfügbaren Gesamtprodukts auf die Gesellschaftsmitglieder und auf verschiedene Zwecke gerichtet sind, wird als W. bezeichnet.

Die Produktionsfähigkeit (Produktionspotential) einer Gesellschaft hängt von der Quantität und Qualität der originären Produktionsfaktoren (Arbeit, Natur bzw. Boden), dem technischen und organisatorischen Entwicklungszustand sowie dem verfügbaren Realkapital (produzierte Produktionsmittel) ab. Unter dem Einfluß des produktivitätswirksamen technischen Fortschritts (Rationalisierung) verbessert sich die Effizienz der Produktion (Meßgröße ist die Produktivität = Produktionsertrag/ Faktoreinsatz). Die Realisierung des technischen Fortschritts setzt in der Regel Investitionen (Akkumulation) voraus.

Die am Gewinninteresse orientierte kapitalistische W.-Weise (→Kapitalismus) führte zu einer historisch einmaligen Beschleunigung der Akkumulation. Der Akkumulationsprozeß wurde zur Grundbewegung der (industriellen) Gesellschaft. Der empirische Verlauf der Akkumulation zeigt zyklische Schwankungen (Konjunkturen, →Krisen), über deren Ursachen und eventuelle Vermeidbarkeit sich prinzipiell widersprechende Theoreme vorliegen. Im Hinblick auf die wirtschaftspolitischen Folgerungen aus den konfligierenden theoretischen Deutungen des Kapitalismus lassen sich grob drei Positionen unterscheiden, die sowohl im ökonomischen Lenkungsansatz als auch in der normativ begründeten verteilungspolitischen Zielsetzung differieren:

(1) Die wirtschaftsliberalistisch fundierte Betonung des freien Wettbewerbs und des Privateigentums an Produktionsmitteln orientiert sich an dem Theorem der optimalen Selbststeuerung der Konkurrenzwirtschaft (klassische Harmoniethese: neoklassische Gleichgewichtstheorie); (2) der krisentheoretisch begründete Interventionismus, der zwar marktwirtschaftliche Prozesse im Prinzip beibehält, aber weitgehende wirtschaftspolitische Beeinflussung des Akkumulationsprozesses (J. M. Keynes: Sozialisierung der Investitionstätigkeit) sowie eine nivellierende Umverteilungspolitik (Sozialstaatskonzept) verfolgt; (3) auf der Grundlage einer prinzipiellen Kritik marktwirtschaftlicher Mechanismen, die entweder als chaotisch und in ihren Ergebnissen als sozial inakzeptabel charakterisiert werden oder zumindest unter bestimmten Umständen (Kriegs-, Entwicklungswirtschaft) als unzulänglich gelten, wird ein ge-

samtwirtschaftliches Planungssystem (realsozialistische Volkswirtschaften) postuliert.

Verwendungszusammenhänge

● *Knappheit:* Die Befriedigung eines großen, wenn auch variablen Teils der menschlichen Bedürfnisse ist von der Verfügbarkeit von Gütern (Sachgüter, Dienstleistungen) abhängig. Güter, deren Beschaffung bzw. Produktion Aufwand verursacht, heißen knappe Güter (Gegensatz: freie Güter). Das sogenannte Knappheitsproblem bildet den Anstoß wirtschaftlicher Tätigkeit. W. kann in diesem Sinn als das Bemühen charakterisiert werden, Knappheit zu reduzieren. Eine geläufige Beschreibung dieses Sachverhalts sieht den Zweck der W. darin, Bedarf und Bedarfsdeckung optimal aufeinander abzustimmen. Bedarf meint die aus Bedürfnissen (z. B. Hunger) abgeleiteten, auf konkrete Güter (z. B. Brot) gerichteten Wünsche. Vom Bedarf zu unterscheiden ist die effektive Nachfrage. Sie stellt die Artikulation des Bedarfs im Rahmen der von einem W.-System dafür vorgesehenen Spielregeln dar. In einer Marktwirtschaft wird Bedarf zur Nachfrage nur in dem Umfang, in dem Bedarfsträgern Kaufkraft zur Verfügung steht.

Abgesehen von der tautologischen Bestimmung des Bedarfs durch die jeweilige Nachfrage, was eine begriffliche Unterscheidung von Bedarf und Nachfrage überflüssig macht, sind Bedarf und Nachfrage verschiedene Kategorien und müßten je gesondert erfaßt werden, um sie miteinander vergleichen zu können. Die zwischen Bedarf und Nachfrage tretende Kaufkraftverteilung (soziales Verteilungsproblem) stellt sozusagen die Zuweisung der Chancen dar, Bedarf als Nachfrage ausdrücken zu können. Die Kaufkraftverteilung bestimmt, ob und in welchem Maße die effektive Nachfragestruktur die Dringlichkeit der Bedarfe abbildet.

● *Bedürfnisse und Knappheit:* Die Verknüpfung von Bedarf und zugrunde liegenden Bedürfnissen ist nur unter Berücksichtigung der jeweiligen historischen Randbedingungen eindeutig. Denn die Bedürfnisse selbst bilden sich zu einem erheblichen Teil in Abhängigkeit von historisch variablen Einflüssen, wie auch die Transformation von Bedürfnissen in Bedarf als das auf bestimmte Güter gerichtete Begehren historisch modifiziert wird. Allenfalls im Bereich der existentiellen Grundbedürfnisse bestehen eindeutige und invariante Relationen zwischen Bedürfnissen und Bedarf, während andere Bedürfnisse (häufig wird auf die Bedürfnishierarchie Maslows verwiesen: physiologische Grundbedürfnisse, Sicherheit, Liebe, soziale Anerkennung, Selbstverwirklichung) in unterschiedlichen Ausprägungen auftreten können, und diese Plastizität greift auf den jeweils zuordenbaren Bedarf über. Beispielsweise wird soziale Anerkennung auf sehr verschiedene Weise zuteil, und nur unter spezifischen sozialökonomischen Verhältnissen führt das Bedürfnis nach sozialer Anerkennung auch zu Güterbedarf und – Kaufkraft beim Bedarfsträger unterstellt – zu effektiver Konsumnachfrage (Prestige- und Demonstrationskonsum).

Jenseits des existentiellen Grundbedarfs wird Mangel durch die Modifizierbarkeit der Bedürfnisse relativiert. Der Philosophie, die sich mit dem menschlichen Glück befaßt, ist dies seit alters her geläufig. Die vorstehenden Überlegungen verdeutlichen, daß Knappheit nicht nur auf dem Weg der Bedarfsdeckung, d. h. vor allem durch Gütervermehrung (Produktion), sondern auch durch entsprechende Einwirkung auf die Bedürfnis- und Bedarfsseite reduziert werden kann. Das vorherrschende Verständnis von W. als gesellschaftlichem Bemühen, Mangel zu vermindern, ist jedoch einseitig auf die Seite der Bedarfsdeckung und damit Produktionssteigerung (Wachstum) gerichtet. Diese einseitige Wachstumsorientierung korrespondiert mit den sozialökonomischen Mechanismen der kapitalistischen Konkurrenzwirtschaft, die die konsumorientierte Bedürfnisstimulierung absatzpolitisch (Marketing) forciert, so daß Mangelempfindungen von den bedürfnisbildenden Einflüssen her eher verstärkt denn reduziert werden.

● *Verhaltensprinzip:* Als Leitmaxime der W. gilt das Wirtschaftlichkeitsprinzip: Ein bestimmter Ertrag soll mit geringstmöglichem Aufwand bzw. mit gegebenem Aufwand soll ein höchstmöglicher Ertrag erreicht werden. In diesem Sinn beschreibt die konkurrenzwirtschaftliche Theorie das Verhalten von Haushalten als nutzenmaximierend, das von gewinnwirtschaftlich operierenden Unternehmen als gewinnmaximierend. Maximierung erfolgt jeweils unter der durch Knappheit umrissenen Nebenbedingung, so daß es um eine Optimierungsaufgabe geht. Das ökonomische Kalkül wird von der →Neuen Politischen Ökonomie im Sinn einer Stimmenmaximierung auch auf politische Prozesse in Demokratien (Schumpeter; Downs; Olson) angewendet. Die interpretative Ausweitung des konkurrenzwirtschaftlichen Maximierungsmodells auf nichtwirtschaftliche Bereiche führt unter dem Einfluß der neoklassischen W.-Theorie zu Versuchen, alles soziale Verhalten als nutzentheoretisch deutbare Optimierungsstrategie darzustellen und damit alle menschlichen Lebensbereiche entscheidungstheoretisch zu erfassen. Familienstrukturen, kollektives Verhalten in Verbänden und informellen Gruppen etc. werden als tauschwirtschaftliche Beziehungen betrachtet. Dieser Totalisierung der heuristischen Figur des homo oeconomicus als universell auf Sozialbeziehungen applizierbares Interpretationsmuster wächst Plausibilität durch die Alltagserfahrung fortschreitender Kommerzialisierung der Lebensbezüge zu.

Begriffspräzisierung

• *Staat und W.:* Die säkulare Industrialisierung führte zu steigender sozialer Abhängigkeit des Individuums und zur fortschreitenden Koordinationsbedürftigkeit der Teilbereiche der W. im Rahmen des nationalen und mehr und mehr internationalen Gesamtsystems (→Internationale Wirtschaftsbeziehungen). Dieser als Vergesellschaftung der W. (Arbeitsteilung) interpretierbare Prozeß gab dem →Staat wachsende Bedeutung für die gesamtwirtschaftliche Reproduktion. Die wachsende Ausdehnung der Staatstätigkeit (Wagnersches Gesetz) betrifft sowohl die Menge der staatlichen Eingriffe in den W.-Ablauf als auch die Inanspruchnahme des Sozialprodukts durch den Staat (Staatsquote); sei es, daß der Staat verteilungspolitisch handelt (Transformation der im Marktprozeß entstehenden Primärverteilung in die Sekundärverteilung), sei es, daß vom Staat unmittelbar Reproduktionsaufgaben (materielle und soziale Infrastruktur) übernommen werden.

Die staatliche W.-Tätigkeit und das wirtschaftspolitische Handeln verliefen bis in die ersten Jahrzehnte des 20. Jahrhunderts nicht theoriegeleitet, sondern folgten ausschließlich realgeschichtlichen Zwängen. Die vorherrschende W.-Doktrin des 19. Jahrhunderts, der W.-Liberalismus (→Liberalismus), stellte kein theoretisch fundiertes Konzept für staatliche Eingriffe bereit, sondern agitierte für eine weitgehend staatsfreie W. Erst im Verlauf der Großen Depression (nach 1929) erhält die staatliche W.-Politik eine theoretische Grundlage, die das partielle dirigistische Eingreifen der W.-Politik durch einen kreislauftheoretisch fundierten Interventionismus ablöst (Keynesianismus).

Die Interpretation der im 20. Jahrhundert eintretenden qualitativen Veränderung der staatlichen W.-Politik als Folge eines Paradigmawandels der W.-Theorie (von der klassischen Selbststeuerungsthese zum Keynesianismus) überschätzt allerdings die Wirksamkeit theoretischer Erkenntnisse. Die realgeschichtlich wesentlichen Veränderungen, die jener theoretischen Neuorientierung der W.-Politik die Chance der politischen Durchsetzung gaben, waren der Wechsel von der bürgerlichen Honoratiorendemokratie des 19. Jahrhunderts (Klassenwahlrecht) zur Massendemokratie (allgemeines und gleiches Wahlrecht), die neu auftretenden Krisenfaktoren in den entwickelten kapitalistischen Ländern (nachfragebedingte Grenzen der Kapitalverwertung) und die aus der →sozialen Bewegung des 19. Jahrhunderts erwachsenen Forderungen der Arbeiterschaft nach Ausweitung der →Demokratie auf die W.

Die faktische Vergesellschaftung der W. (Arbeitsteilung) provozierte in Verbindung mit den gegenüber vorindustriellen Gesellschaften fundamental veränderten sozialökonomisch bedingten Lebensrisiken, denen die Menschen im industriekapitalistischen System ausgesetzt sind, den politischen Kampf um den →Sozialstaat und die Demokratisierung der

W. Die Diskrepanz zwischen faktisch gesellschaftlicher Produktion und Ausschluß der Produzenten von der Kontrolle der Produktion wird als Widerspruch zum demokratischen Grundprinzip, der Selbstbestimmung der Gesellschaft, wahrgenommen. Der Kampf um die Demokratisierung der W. ist die politische Konsequenz dieses Bewußtseins. Erhebliche Unterschiede bestehen in den konzeptionellen Ansätzen zur Demokratisierung der W. und in der Durchsetzungsstrategie (W.-Demokratie im Sinne Fritz Naphtalis; vollständige oder auch nur auf die Schlüsselindustrien begrenzte Sozialisierung des Produktionsmitteleigentums; Mitbestimmung; Vermögensbildung zugunsten der Arbeitnehmer u. a.). Gemeinsam ist diesen Orientierungen jedoch die von der sozialistischen Theorie (→Sozialismus) formulierte Ausgangshypothese, daß die Selbstbestimmung des Menschen gegen die →Interessen des Privatkapitals und einer staatskapitalistischen →Bürokratie durchgesetzt werden muß.

• *Krisenproblem:* Die Entwicklung der W. seit der Industriellen Revolution (17./18. Jh.) erschließt sich aus dem Wechselspiel von →Kapitalismus und technischem Fortschritt (→Technologie). Die Beschleunigung der wirtschaftlichen und sozialen Veränderungen (W.- und Bevölkerungswachstum, Agglomeration, Internationalisierung, Konzentration, strukturelle Verschiebung zwischen Landwirtschaft, Industrie und Dienstleistungssektor) wurde vom Konkurrenzmechanismus nicht in eine kontinuierliche Bewegung überführt, sondern der industrielle Wachstumsprozeß verlief über zyklisch auftretende Krisen. Die Überproduktionskrisen des 19. Jahrhunderts waren Unterbrechungen des langfristigen Akkumulationsprozesses, die – welche Detailerklärungen auch maßgeblich sein mögen – weder durch externe Wachstumsgrenzen (Umwelt, Ressourcenerschöpfung) noch durch säkulare Sättigungstendenzen bedingt wurden.

Forschungsstand

Die Situation ändert sich im 20. Jahrhundert grundlegend. Die Produktionsfähigkeit der entwickelten Industrieländer erreicht ein Niveau, das die Kapitalverwertung von der Nachfrageseite her in zunehmende Schwierigkeiten bringt. Das alte Menschheitsproblem der Knappheit aufgrund niedriger Produktivität ist in den entwickelten kapitalistischen Ländern im Prinzip lösbar. Das Produktionsproblem wird vom Absatzproblem verdrängt. Die alten, bereits im 19. Jahrhundert maßgeblichen Krisenfaktoren bleiben zwar wirksam, aber von der Absatzseite tritt nun ein qualitativ neuer Krisenfaktor hinzu. Die W.-Krisen des 20. Jahrhunderts überschreiten, gemessen an der Arbeitslosigkeit, an der Differenz zwischen Produktionsmöglichkeit und faktischer Produktion, am Gegensatz von potentiellem Massenwohlstand und realer sozialer Armut sowie in ihrer zeitlichen und geographischen Ausdehnung, die Dimension der

Krisen des vergangenen Jahrhunderts. Zugleich erreicht die unproduktive Absorption ökonomischer Werte durch Rüstung, Kriegs-, Verschleiß- und Verschwendungskonsum historisch einmalige Ausmaße.

Die Betonung der Nachfrageseite in der Stagnationserklärung greift in der Regel auf das von Keynes formulierte fundamentale psychologische Gesetz zurück. Es geht um die Neigung der Menschen, von einem relativ hohen Einkommensniveau an, in progressiv steigendem Umfang Ersparnis zu bilden (Anstieg der Sparquote). Empirisch läßt sich dieses Phänomen sehr deutlich in den Jahrzehnten nach dem 2. Weltkrieg in den entwickelten Industrieländern beobachten. Die Haushaltsersparnisse werden vorwiegend in der Form von Geldvermögen (Wertpapiere, Sparguthaben) angelegt. Soweit diese Geldkapitalbildung durch Realinvestitionen absorbiert wird, trägt die Ersparnis zur Akkumulation und zum Wachstum bei. Mit wachsender relativer Sättigung, die sich gerade in jener Ersparnisbildung der Haushalte ausdrückt, ergeben sich jedoch negative Rückwirkungen auf die Investitionstätigkeit, so daß Produktion und Beschäftigung unter das Vollbeschäftigungsniveau fallen.

Auf der mikroökonomischen Ebene kann die makroökonomische Stagnationsthese durch das von der Grenznutzentheorie formulierte Sättigungsgesetz (= Erstes Gossensches Gesetz bzw. Gesetz vom sinkenden Grenznutzen) fundiert werden. Das Sättigungsgesetz beschreibt die Tatsache, daß – konstante Bevölkerung vorausgesetzt – mit steigendem Einkommen mehr und mehr Märkte an die Sättigungsgrenze stoßen. Dies impliziert auch eine gesamtwirtschaftliche Sättigung, sofern keine konsumstimulierenden neuen Güter (Produktinnovationen) angeboten werden. Umstritten ist, ob der Strom neuer Konsumgüter heute und in Zukunft umfangreich und vor allem attraktiv genug ist, um jene sättigungsbedingte Stagnation zu überwinden. Expansionshoffnungen gründen sich auf mögliches Wachstum des Dienstleistungsbereichs (tertiärer Sektor), nachdem sich in der industriellen Produktion (sekundärer Sektor) ähnliche Sättigungsphänomene zeigen, wie sie bereits vor längerer Zeit im Agrarsektor (primärer Sektor) eintraten. Unter dem Gesichtspunkt des gesellschaftlichen Bedarfs und der Zukunftsvorsorge müßte jedoch der Umweltschutz höchste Priorität erhalten und Wachstumspolitik auf Umweltregeneration gerichtet sein.

Forschungsperspektive

Trotz tiefgehender Meinungsverschiedenheiten über die Ursachen der Stagnation im letzten Viertel des 20. Jahrhunderts besteht inzwischen gewisse Übereinstimmung über den langfristigen Charakter der →Krise. Konsens besteht auch über die unter den Stichworten Umwelt und Arme Länder bekannten Probleme der Weltwirtschaft. Es ist fraglich, ob wachstumsorientierte Politik und die forcierten Förderungen der sogenannten

Neuen Technologien einen wesentlichen Beiträg zur Lösung der Probleme leisten, sofern die strukturellen und institutionellen Rahmenbedingungen nicht weitgehend verändert werden. Technischer Fortschritt und Wachstum haben in der Vergangenheit einen Teil der Probleme hervorgerufen, die sie künftig lösen sollen. Für die gegenwärtige Weltwirtschaft stellen Umweltbelastung und Arbeitslosigkeit, die die wesentliche Ursache für den Anstieg der sozialen Armut und für die Finanzierungsprobleme der öffentlichen Haushalte bildet, die drängendsten Aufgaben dar. Im Hinblick auf die extrem hohe und weiter steigende Produktionsfähigkeit der kapitalistischen Industrieländer ist die Annahme, die Überwindung der Schwierigkeiten sei ein Produktionsproblem, wenig plausibel. Realistischer erscheinen jene Analysen, die eine Veränderung der Verteilungsstrukturen und der wirtschaftspolitischen Lenkungsmechanismen, speziell in bezug auf den Akkumulationsprozeß (gesamtwirtschaftliche Planung und Investitionslenkung), postulieren.

Bell, D./Kristol, I. (Hg.): Die Krise der Wirtschaftstheorie. Berlin u. a. 1984.
Holleis, W.: Das Ungleichgewicht der Gleichgewichtstheorie. Zur Diskussion um die neoklassische Wirtschaftstheorie. Frankfurt/New York 1985.
Mattfeldt, H. (Hg.): Keynes. Kommentierte Werkauswahl. Hamburg 1985.
Polanyi, K.: The Great Transformation. Politische und ökonomische Ursprünge von Gesellschafts- und Wirtschaftssystemen (1944). Wien 1977.
Röhrich, W. (Hg.): Politik und Ökonomie der Weltgesellschaft. Das internationale System. Opladen 1983.
Schumpeter, J. A.: Theorie der wirtschaftlichen Entwicklung. Eine Untersuchung über Unternehmergewinn, Kapital, Kredit, Zins und den Konjunkturzyklus (1911). Berlin [6]1964.
–: Kapitalismus, Sozialismus und Demokratie (1942). Bern [2]1950.
Zimmerman, L. J.: Geschichte der theoretischen Volkswirtschaftslehre. Köln [2]1961.
Zinn, K. G.: Die Selbstzerstörung der Wachstumsgesellschaft. Politisches Handeln im ökonomischen System. Reinbek bei Hamburg 1980.
–: Arbeit, Konsum, Akkumulation. Hamburg 1986.

Karl Georg Zinn

Wohlfahrtsstaat

Begriffsverwendungen

Der Begriff W. entstammt dem angelsächsischen Raum. Während die wörtliche Übersetzung von ‹welfare state› sich sehr unkompliziert gestaltete, bereitet die inhaltliche Konkretisierung erhebliche Schwierigkeiten. Das hat verschiedene Gründe. In der angelsächsischen Literatur finden sich sehr unterschiedliche Bedeutungsinhalte für den Begriff W., die noch dazu sehr oft mit unterschiedlichen Graden emotionaler Zustimmung oder Ablehnung behaftet sind. Im deutschen Sprachraum kommt erschwerend hinzu, daß eine Reihe von konkurrierenden Begriffen existiert, die selten gegeneinander abgegrenzt werden. Aus der Begriffsvielfalt sollen nur jene des Sozialstaates und W. herausgegriffen werden. Wie in dem Beitrag →Sozialstaat erläutert, hat dieser sowohl begrifflich als auch konzeptionell eine spezifische Tradition und dominiert daher im deutschen Sprachraum. Der Begriff des W. erfreut sich jedoch zunehmender Beliebtheit, ohne häufig inhaltlich konkretisiert zu werden. Daher kommt es in der Literatur oft zu einer unklaren Begriffsverwendung.

Das zentrale Merkmal des W. ist die gezielte staatliche Intervention mit den Zielen des Ausgleichs und einer hinreichenden und gleichmäßigeren Versorgung der Bevölkerung in wesentlichen Lebensbereichen. Staatliche Interventionsfunktion wurde erstmals von den Kathedersozialisten Ende des letzten Jahrhunderts gefordert. In der Keynesschen Theorie fand sie dann eine umfassende Begründung. In diesem zeitlichen Kontext ist auch der New Deal als Entstehungsphase des modernen W. einzuordnen. Der Ursprung des W. reicht natürlich viel weiter zurück. Er wird zum Teil auf den Aufstieg der europäischen Nationalstaaten, teilweise erst auf die ersten staatlichen sozialpolitischen Eingriffe in England bzw. Deutschland zurückgeführt. So besteht auch über die Entstehung des ersten W. kein Konsens. Historisch kommt jedoch der Entwicklung des W. in den 30er Jahren in den USA durch Präsident Roosevelt besondere Beachtung zu, was durchaus seine Berechtigung hat. Während zu Beginn der 30er Jahre noch Sozialgesetze zum Zwecke öffentlicher Fürsorge als Reaktion auf die wirtschaftliche Depression im Mittelpunkt standen, wurden später auch umfassende Subventionen für bildende Kunst, Malerei und Wissenschaft im Rahmen des Wohlfahrtsprogrammes gewährt: Gesellschaftliche Wohlfahrt beschränkte sich nicht mehr auf sozialpolitische Maßnahmen.

Verwendungszusammenhänge

Dieser kurze historische Exkurs deutet die Problematik der Abgrenzung der staatlichen Interventions- bzw. Kompensationsfunktion schon an: Einerseits wird sie auf sozialpolitische Aufgaben beschränkt, von anderer Seite wird eine umfassende gesellschaftspolitische Wohlfahrtspolitik gefordert. Die verschiedenen Positionen lassen jedoch alle eine hinreichende theoretische Fundierung vermissen, es gibt bisher keine umfassende Theorie des W.

Ein weiterer Schritt der Konkretisierung ist die Bestimmung bzw. Erfassung der wohlfahrtsrelevanten Staatsfunktionen. Diese Analyse führt jedoch zu der Erkenntnis, daß die Mehrzahl der staatlichen Aktivitäten –

in einem weiteren Sinne – die Wohlfahrt der Bevölkerung beeinflussen: Wirtschaftspolitische Maßnahmen wie Subventionsgewährung als auch arbeitsmarktpolitische Eingriffe implizieren positive Wohlfahrtseffekte für bestimmte Bevölkerungsgruppen. Diese Abgrenzung ist jedoch unbefriedigend, da die indirekten wohlfahrtsstaatlichen Aktivitäten von den direkten nicht abgegrenzt werden. Mit Wohlfahrtspolitik des →Staates ist somit nicht die Förderung des privatwirtschaftlichen Produktionsprozesses oder die Stabilisierung des gesamtwirtschaftlichen Wirtschaftsprozesses gemeint. Erst durch die – umfassende – Versorgung der Bürger mit öffentlichen und meritorischen (gesellschaftspolitisch erwünschten) Gütern durch den Staat leistet dieser im eigentlichen Sinne einen Beitrag zur Wohlfahrt der Bürger.

Die sozialwissenschaftliche Diskussion zeigt hinsichtlich der Qualität und Quantität wohlfahrtspolitischer Versorgung durch den Staat einen ausgeprägten Dissens. Im Rahmen der Ökonomie werden bei einer groben Klassifizierung zwei konträre W.-Modelle vertreten: Es handelt sich einmal um das Modell der Neoklassik, zum anderen um jenes der Postkeynesianer. Nach einer allgemeineren Unterscheidung kann auch von Konservativen und Progressiv-Radikalen gesprochen werden.

Die Neoklassiker beschränken die wohlfahrtsstaatliche Funktion auf eine Minimalposition. Sie vertreten die Auffassung, daß gesamtwirtschaftliche Stabilität und ein stetiges Wirtschaftswachstum die grundlegende Voraussetzung für die Wohlfahrt der Bürger sei. Darüber hinaus fordern sie nur eng begrenzte wohlfahrtsstaatliche Aktivitäten des Staates im Rahmen der sozialen Sicherheit und des sozialen Ausgleichs. Diese Minimalposition wird damit gerechtfertigt, daß eine weitergehende Wohlfahrtskonzeption zu einer unaufhaltsamen Anspruchsmentalität führe, die den Staat zum Versorgungsstaat degradiert und jedes marktwirtschaftliche System zerstört. Nach der oben vorgenommenen Abgrenzung ist in diesem Kontext der Terminus W. nicht angebracht.

Postkeynesianer oder Vertreter einer progressiv-radikalen Position stellen ganz andere Forderungen an ein W.-Modell. Ohne die verschiedenen Positionen dieses Lagers abzugrenzen, geht es um eine bedürfnisgerechte Versorgung der Bürger. Hinzu kommt das Ziel des sozialökonomischen Ausgleichs zwischen den Bevölkerungsgruppen, wobei es unterschiedliche Auffassungen über den quantitativen und qualitativen Rahmen dieses Wohlfahrtsmodells gibt.

Begriffspräzisierung

Geht man von dem zuletzt genannten Modell eines W. aus, stellt sich die Frage, was Wohlfahrt erzeugt und ob es dafür Bewertungskriterien gibt. In der Ökonomie wird diese Frage schon lange, jedoch mit relativ geringem Erfolg, diskutiert. Es entspricht der neoklassischen Position, daß als

Wohlfahrtsindikator das Bruttosozialprodukt im Mittelpunkt steht. Dieser Indikator hat den Vorteil, daß er international vergleichbar, jedoch im Sinne des hier zugrunde gelegten W.-Modells völlig unzureichend ist. Zwei wesentliche Mängel sind, daß öffentliche Leistungen bei dem Indikator ‹Bruttosozialprodukt› unterbewertet und Verteilungsunterschiede nicht berücksichtigt werden.

Diese Unzulänglichkeiten führten dazu, daß alternative Konzepte entwickelt wurden. Besondere Aufmerksamkeit erfuhren das von Nordhaus und Tobin entwickelte «Measure of Economic Welfare (MEW)» und die von der OECD entwickelte «List of Social Concerns». Schließlich ist noch der Sozialindikatorenansatz als mehrdimensionales Konzept zu nennen. Es geht darum, das eindimensionale Wohlfahrtsmaß ‹Geld› durch ein Wohlfahrtskonzept, das durch ein System sozialer Indikatoren dargestellt wird, abzulösen. Es konnte jedoch hinreichend belegt werden, daß der Sozialindikatorenansatz den Erwartungen bisher nicht gerecht werden konnte. Mangelnde theoretische Fundierung, die enorme Komplexität wie auch ungeklärte Detailprobleme konnten bisher nicht bewältigt werden. So besteht weiterhin ein großes Defizit hinsichtlich der Konkretisierung und Bewertung von Wohlfahrt bzw. eines W.

Forschungsstand

Vertreter aller sozialwissenschaftlichen Disziplinen beschäftigen sich heute vor allem mit der Krise des W. Im Rahmen der Thematik ist es bezeichnend, daß viel mehr Beiträge der Krise des W. als der Entwicklung einer Theorie gewidmet werden. Im Mittelpunkt der Krisendiskussion steht das Problem der Finanzierung. Als Resümee wird häufig der W. zur Disposition gestellt. Die Besorgnis bzw. Kritik kann in aller Kürze wie folgt formuliert werden: Der W. neigt aus immanenten Gründen zu einer ständigen Expansion, die zu Finanzierungsproblemen und schließlich zur Selbstzerstörung führt. Da diese Kritik seit der Entstehung von W.en geäußert wurde, erscheint es sinnvoll, sich mit den potentiellen Ursachen der Krise zu beschäftigen.

Es wurde empirisch hinreichend belegt, daß eine tendenzielle Neigung zur Expansion des W. besteht. Die Ursachen sind vielfältig, wobei es aus Gründen der Systematik hilfreich ist, mit der Nachfrage nach wohlfahrtsstaatlichen Leistungen zu beginnen. Es geht hier um Bürgerwünsche bzw. -präferenzen, die im Rahmen von →Wahlen eine besondere Beachtung erfahren. Die Nachfrage wird durch eine Reihe von Determinanten wie durchschnittliches Realeinkommen pro Kopf und seine Entwicklung, Wohlstandsniveau, Bevölkerungsgröße und -struktur, Zustand der Natur und den Wertvorstellungen der Bevölkerung geprägt. Es sind jedoch nicht nur die Bürger oder bestimmte Gruppen von Bürgern, die unmittelbar als Nachfrager auftreten, sondern eine Reihe von mehr oder weniger mächtigen Interessenorganisationen (→Interessen). Sie sind ständig bestrebt, das Wohlfahrtsniveau für die Bevölkerungsgruppe zu verbessern, die sie vertreten.

Die nachfrageorientierte Dynamik wird somit durch das steigende Anspruchsniveau der Bürger in hochentwickelten Industriegesellschaften und durch die Interessenverbände aufrechterhalten. Da wohlfahrtsstaatliche Leistungen als öffentliche bzw. meritorische Güter bereitgestellt werden, kommt es hier zu den allgemeinen Problemen öffentlicher Güter, sie werden unentgeltlich zur Verfügung gestellt, wodurch die Nachfrage prinzipiell gegen unendlich strebt. Es ist für den einzelnen durchaus rational, seinen Leistungsbeitrag zu minimieren und vom Leistungsangebot soviel wie möglich nachzufragen, wenn die Leistungen durch das Nichtausschlußprinzip determiniert sind. Man spricht hier auch von dem Free-Rider-Prinzip. Diese Haltung wird dadurch noch verstärkt, daß die Leistungen keinen Preis haben, wodurch die Kosten der wohlfahrtsstaatlichen Leistungen den Bürgern als Nachfrager nicht hinreichend bewußt werden.

Steigende Ansprüche reichen jedoch für die Erklärung der Expansion des W. nicht aus. Vielfach handelt es sich um Leistungen, die zur Beseitigung negativer Folgen moderner Industriestaaten notwendig sind, wie Umweltzerstörung, körperliche Verschleißerscheinungen der Arbeitskraft, seelische Vereinsamung und die steigende Komplexität bzw. Intransparenz der Lebensbedingungen. Hierbei geht es eigentlich um wohlfahrtsstaatliche Reparationsleistungen bzw. -kosten, die von den Nachfragern oft nicht unmittelbar verursacht wurden.

Auch hier werden die unterschiedlichen Positionen wieder deutlich: Einerseits verursache der W. aus immanenten Gründen eine Anspruchsinflation, die ihn langfristig unbezahlbar mache. Dabei wird teilweise von der Rationalitätenfalle bzw. vom Widerspruch des W. gesprochen. Andererseits würde der W. durch die Widersprüchlichkeit kapitalistischer Produktionsweise zerstört. Es sollte jedoch deutlich geworden sein, daß es sich nicht um Alternativen handelt, sondern beide Komponenten die Nachfrage erhöhen.

Es stellt sich nun die Frage, welche Determinanten – neben der Nachfrage – für die Produktion und Bereitstellung wohlfahrtsstaatlicher Leistungen von Bedeutung sind. Die wohlfahrtsstaatliche Ausgleichs- bzw. Kompensationsfunktion fällt prinzipiell in den Kompetenzbereich politischer Entscheidungsprozesse; es gibt in keinem westlichen Industrieland einen eindeutigen verfassungsrechtlichen Rahmen für ein bestimmtes wohlfahrtsstaatliches Konzept. Eine typische Eigenart ist ferner, daß besonders in föderalistischen Systemen die Zahl politischer Akteure und politischer →Institutionen, die am wohlfahrtsstaatlichen Entscheidungsprozeß beteiligt sind, enorm zugenommen hat. Dies gilt auch für die wohlfahrtsstaatliche Verwaltungsbürokratie.

Sowohl Vertreter der Organisationssoziologie als auch der Politischen Ökonomie haben verschiedentlich aufgezeigt, daß solche strukturellen Bedingungen zwangsläufig zu Fehlallokationen führen müssen. Einige Gründe seien kurz genannt:

Typische Bürokratieerscheinungen der wohlfahrtsstaatlichen Legislative und Exekutive führen zur Intransparenz von Entscheidungs- und Handlungsprozessen. Dies ermöglicht zunehmend die Wahrnehmung von Eigeninteressen. Die Beurteilung der Wohlfahrtspolitik eines Staates durch die Bevölkerung wird durch diese Intransparenz erheblich erschwert.

Das Angebot von wohlfahrtsstaatlichen Leistungen verliert zunehmend an Konsistenz. Es kommt zu Überlagerungen und Widersprüchen hinsichtlich der Leistungen, wodurch sich prinzipiell die Kosten-Nutzen-Relation ständig verschlechtert.

Wohlfahrtsstaatliche Leistungen werden oft unter wahltaktischen Gesichtspunkten zur Verfügung gestellt. Bisher gewährte Leistungen, deren Notwendigkeit zumindest im Verhältnis zu anderen Leistungen geringer wird, werden häufig aus dem gleichen Grunde weiterhin bereitgestellt.

Die staatliche Wohlfahrtspolitik wird wesentlich durch die realen Machtverhältnisse bestimmt. Starke Lobbyisten haben einen großen Einfluß auf das Leistungsangebot, während die wohlfahrtsstaatlichen Präferenzen der Bevölkerungsgruppen ohne Lobby (z. B. Kinder, alte Menschen und Behinderte) häufig deutlich geringere Beachtung erfahren.

Schon diese kurze und unvollständige Analyse vermochte typische wohlfahrtsstaatliche Strukturen aufzuzeigen, die effektiv kritisch zu beurteilen sind: Sie stellen langfristig die Effizienz und sogar die Existenz des W. in Frage. Ferner wurde deutlich, daß keine Solidarität der verschiedenen Gruppen und →Organisationen (Bürger, Interessenorganisationen, Politiker, Verwaltungsbeamte etc.) zu erwarten ist, dem W. wieder zu einer lebensfähigen Position zu verhelfen. Daher stellt sich abschließend die Frage nach Möglichkeiten einer Neugestaltung des W. bzw. potentiellen Alternativen.

Forschungsperspektive

In der Literatur gibt es eine Reihe von Alternativen zu dem hier vertretenen Modell eines W. Sie setzen meist an den Kosten an. Beispielhaft sei die Umschichtung von weniger effizienten zu effizienteren wohlfahrtsstaatlichen Aufgaben. Nach dem wohlfahrtsstaatlichen Inklusionsprinzip besteht ferner die Möglichkeit, die Anspruchskriterien für bestimmte wohlfahrtsstaatliche Leistungen herabzusetzen. Schließlich sei noch die teilweise Privatisierung von wohlfahrtsstaatlichen Leistungsbereichen wie Gesundheit, Bildung oder Kultur genannt.

Alle Beispiele lassen jedoch erwarten, daß das Wohlfahrtsniveau zumindest für bestimmte Bevölkerungsgruppen sinkt und die zuvor aufgezeigten Strukturmängel erhalten bleiben. Auch die Forderung nach einer Revolutionierung des sozialen Denkens zeigt keine effektiv wirksamen Ansatzpunkte. Erfolgversprechender ist – zumal wenn man an dem hier präferierten W.-Modell festhält –, sich unterschiedlichsten sozialwissenschaftlichen Ansätzen zuzuwenden, die sich mit einzelnen Problembereichen auseinandersetzen.

Es gibt nicht nur kritische Auseinandersetzungen mit dem hemmenden Phänomen des Bürokratismus im W., sondern auch differenzierte Ansätze zur Dezentralisation und bürgernahen Verwaltung. In diesem Kontext sind die Partizipationsmodelle zu nennen, deren Anliegen eine stärkere Bürgerbeteiligung sowohl in politischen Entscheidungsprozessen als auch in entsprechenden Verwaltungsorganen ist, um die eigentlichen Bedürfnisse der relevanten Gruppen wieder in den Mittelpunkt zu stellen. Zweifellos sind die bestehenden Machtstrukturen eine große Barriere hinsichtlich einer Umsetzung dieser Ansätze, es geht um Positionen bzw. Privilegien mächtiger Gruppen, Institutionen und einzelner Akteure, die es aus der Sicht der Betroffenen aus Gründen des Eigenschutzes zu erhalten gilt.

Die angedeuteten Möglichkeiten struktureller Veränderungen im W. sollen abschließend durch einen ganz anderen Ansatz ergänzt werden. Es geht um die Diskussion der kleinen sozialen Netze und um neue Formen der Selbsthilfe. Bemerkenswert hierbei ist, daß es sich um nichtstaatliche Wohlfahrtsorganisationen oder -gruppen handelt; sie werden eigenständig aktiv und setzen sich bewußt von wohlfahrtsstaatlicher Dienstleistungserstellung aus unterschiedlichen Gründen ab. Hierbei handelt es sich um eine relativ neue und recht bedeutende wohlfahrtspolitische Erscheinung bzw. Bewegung.

Es gibt eine Reihe von Möglichkeiten der Um- bzw. Neugestaltung des W. Dies konnte ansatzweise gezeigt werden. Das schon genannte Defizit einer Theorie des W. erschwert jedoch eine systematische Zuwendung, die zu einer umfassenden Neukonzipierung führen müßte. Dabei würde sich mit Sicherheit die Frage stellen, ob der Terminus W. noch adäquat oder z. B. durch jenen, schon 1960 von Myrdal vorgeschlagenen der Wohlfahrtskultur zu ersetzen ist.

Bernholz, P.: Expanding Welfare State, Democracy and Free Market Economy: Are They Compatible? In: Zeitschrift für die gesamte Staatswissenschaft 138 (1982).

Conkin, P.: Der New Deal – Die Entstehung des Wohlfahrtsstaates. In: Narr, W.-D. / Offe, C. (Hg.): Wohlfahrtsstaat und Massenloyalität. Köln 1975.

Flora, P. / Alber, J. / Kohl, J.: Zur Entwicklung der westeuropäischen Wohlfahrtsstaaten. In: Politische Vierteljahresschriften 4 (1977).

Gäfgen, G.: Entstehung und Expansion des Wohlfahrtsstaates. In: Hamburger Jahrbuch für Wirtschafts- und Gesellschaftspolitik, 29. Jg. Tübingen 1984.
Luhmann, N.: Politische Theorie im Wohlfahrtsstaat. München/Wien 1981.
Matzner, E.: Der Wohlfahrtsstaat von morgen. Frankfurt/New York 1982.
Myrdal, G.: Beyond the Welfare State – Economic Planning and Its Implications. New Haven 1960.
Rothschild, K. W.: Observations on the Economics, Politics and Ethics of the Welfare State. In: Zeitschrift für die gesamte Staatswissenschaft 138 (1982).
Schmid, G.: Krise des Wohlfahrtsstaates: Alternativen zur staatlichen Finanzierung und Bereitstellung kollektiver Güter. In: Politische Vierteljahresschriften 4 (1984).

Michael v. Hauff

Zentralisation / Dezentralisation

Begriffsverwendungen

Zentralisation (Z.) und Dezentralisation (D.) werden beide in einer *dynamischen* und einer *statischen* Begriffsfassung verwendet. Dynamisch bedeutet Z. beispielsweise die Überformung von Lokalgewalten durch eine zentrale, vereinheitlichende Staatlichkeit – etwa bei der Herausbildung der absolutistischen Territorialstaaten. Statisch wird z. B. der Begriff D. gebraucht, wenn früher die relative D. des deutschen Verwaltungssystems im Vergleich zum französischen herausgestrichen wurde. Diese Doppeldeutigkeit kann nicht dadurch beseitigt werden, daß zusätzliche Begriffe in Umlauf kommen. Der statische Begriff Z. kann z. B. nicht gegen ‹Zentralität› ausgetauscht werden, da dieser Begriff auch die Eigenschaften eines Ortes im Verhältnis zu seinem Umfeld beschreibt. Auch der Begriff ‹Zentralismus› empfiehlt sich nicht, da hiermit auch auf →Ideologien angespielt wird – man denke etwa an den ‹demokratischen Zentralismus› Leninscher Prägung (→Marxismus).

Verwendungszusammenhänge

In der Tradition der deutschen Staatslehre sind Z. und D. der ‹Geographie der Organisation› zugeordnet, erschöpfen sich aber nicht auf diese Perspektive. Das bedeutet: Zentrale und dezentrale politische Einheiten unterscheiden sich einerseits dadurch, daß diese für Teilgebiete, jene aber für das staatliche Gesamtgebiet zuständig sind, andererseits darin, daß die Zentrale in der hierarchischen Dimension übergeordnet ist. Demgemäß kann weder die Aufteilung des politischen Gemeinwesens in verkleinerten, aber horizontal gleichgeordneten Territorialeinheiten als D. gelten noch die hierarchische Kompetenzdelegation nach unten innerhalb einer Instanz mit identischem, räumlichem Zuständigkeitsbereich.

Lorenz von Stein (1869, S. 152f.) verengt diese Betrachtung auf ein Problem unterschiedlicher Normsetzungsqualität bzw. unterschiedlicher Normenkonkretion. Die Autonomie dezentraler Selbstverwaltungskörperschaften ist eindeutig dem Verwaltungs*vollzug* zugeordnet, den Gemeinden wird z. B. kein selbstbezogenes Organisationsrecht zugebilligt; nur wo staatliche Gesetzgebung fehlt, dürfen sie ersetzend in diese Lücke stoßen (S. 335). Diese Auffassung ist schon früh kritisiert worden, so wegen ihrer zu formalistisch-äußerlichen Betrachtung durch Kämpfe (im Staatslexikon der Görres-Gesellschaft, 1899, Sp. 1302), der darauf abhob, daß die Grenzen zwischen ausführender Rechtsanwendung und eigener Rechtssetzung fließend seien. Hier ist bereits das Verständnis *gradueller* Abstufungen zwischen Z. und D. angedeutet, das später bestimmend wurde. Wesentlich am Steinschen Ansatz bleiben gleichwohl zwei Aspekte: erstens die Verbindung mit dem verwaltungswissenschaftlichen Problem der Konkretion des Staatshandelns, zweitens die politiktheoretische Dimension von →Gleichheit und →Freiheit. Freiheit erscheint in diesem Denken als eingeräumtes, bürgerschaftliches Recht, das die Ausgestaltung der unmittelbar erfahrbaren Lebensumstände unter dem Vorbehalt des Gesetzes, also staatlich *ausgegrenzt*, garantiere. Gleichheit hingegen verwirkliche sich in der Allgemeinheit der parlamentarisch erlassenen Gesetze, zumal in der →Demokratie, deren Essenz später konservative Staatsrechtslehrer auf diesen Gleichheitssatz (und nicht auf die Volkssouveränität) festlegten.

Das dezentrale Moment im demokratischen →Rechtsstaat auf die konkretisierende Gesetzesauslegung zu beschränken (so H. Kelsen), erschien aber auch Rechtswissenschaftlern zu formalistisch-restriktiv. In der Folge von Hans Peters (1928) wurde der Begriff ‹D.› auf solche Verhältnisse angewandt, unter denen eine räumlich abgegrenzte und hierarchisch untergeordnete Einheit in zugewiesenen Feldern eine eigene Rechtsetzungskompetenz garantiert ausüben kann. Im Allgemeinen Verwaltungsrecht wurde damit das Satzungsrecht zum Instrument der D., wohingegen das Verordnungswesen der ‹Dekonzentration› zugeordnet wurde. Diese tritt z. B. ein, wenn aus einer allgemeinen Normsetzungskompetenz das Recht von konkretisierenden Regelungen an einzelne Exekutivbehörden abgetreten wird – der Delegationsvorgang verbleibt dann innerhalb der zentralstaatlichen Ebene (‹horizontale Dekonzentration›). Bei ‹vertikaler Dekonzentration› wird ein Verordnungsrecht weisungsabhängigen, lokalen Instanzen zudelegiert – im Gegensatz dazu können bei ‹echter› D. diese Instanzen selbst über die Übernahme von Aufgaben und die Verfahren der Bearbeitung (innerhalb vorgegebener Zuordnung) verbindlich entscheiden. Der Gegensatz zur Dekonzentration wird im deutschen Schrifttum häufig auch mit dem Begriffspaar ‹politische› und ‹administrative D.› erörtert. ‹Politische Z.› bedeutet dann das

Fehlen derartiger Entscheidungsfreiräume oder aber deren Zurücknahme seitens der Zentralregierung.

Diese juristische Betrachtung kann durch einige Modifikationen in eine politologische bzw. verwaltungswissenschaftliche Perspektive überführt werden. Elemente der ‹politischen› und ‹administrativen› D. überlagern einander in den tatsächlichen Beziehungen zwischen den Ebenen des politischen Systems; bei formell statuierter Eigenständigkeit kann z. B. die Dichte der einwirkenden Verordnungen einer lokalen Instanz die Chancen einer autonomen Aufgabendefinition entziehen. Das Problem wird in der Verwaltungswissenschaft am Beispiel der auf Kommunalebene zu exekutierenden Bundesgesetze diskutiert: Die Tatsache, daß im Zuge der ‹vertikalen Dekonzentration› mit der Gesetzesanwendung den Gemeinden auch gewisse Auslegungs- und Konkretisierungsspielräume übertragen werden, besagt noch nicht, daß damit im Gesamteffekt tatsächlich D. bewirkt ist. Im Gegenteil, die aufgetragene Gesetzesanwendung kann soviel personelle und organisatorische Kapazität binden, daß diese dann bei der Bewältigung der ‹eigentlichen› Selbstverwaltungsaufgaben fehlt. Die Verlagerung von administrativen Ausführungsentscheidungen auf lokale Instanzen stünde so dann im Gegensatz zur politischen D.: Ist jene nämlich untrennbar verbunden mit eigenständig (räumlich begrenzt) legitimierten Vertretungsgremien, so kann doch auch die zugehörige Entscheidungs*materie* nicht außer Betracht bleiben.

In dieser Bewertung können auch finanzwissenschaftliche und verwaltungssoziologische Perspektiven übereinkommen; ähnlich wie der gesetzlich zugewiesene Aufgabenbestand sagen auch die Etatvolumen lokaler Einheiten (und die von ihnen ausgehenden Transferströme) für sich noch nichts über den D.-Grad eines Finanzsystems aus. Erst das Maß der Autonomie, das diesen Einheiten sowohl bei der Finanzierung (z. B. Steuersätze) wie bei der Ausgabenlenkung zukommt, läßt derartige Rückschlüsse zu. Damit ist aber zugleich die *Verteilungsfrage* angeschnitten. Nach verbreiteter wohlfahrtsökonomischer Lehrmeinung ermöglichen zentralisierte Finanzverfassungen leichter eine Umverteilungspolitik nach ausgleichenden Gerechtigkeitskriterien als dezentralisierte.

Reiche Städte werden argwöhnisch darauf achten, daß ihr Steueraufkommen dazu dient, den Abstand zu den Ärmeren zu wahren; sie werden darum auch nach innen kaum Umverteilung favorisieren, sondern eine ‹produktive› Akkumulation bei den wichtigsten Steuerzahlern begünstigen. Nur auf zentralstaatlicher Ebene werden Mehrheitsentscheidungen so abstrakt und aggregiert herbeigeführt, daß auch der belastende Aspekt von Umverteilungsmaßnahmen relativ leicht legitimierbar ist, weil die Kostenverteilung breit gestreut wird und weil Belasteten in geringerem Maße die Druckmittel von Boykott und Abwanderung zu Gebote stehen.

D. und Z. unterliegen darum auch divergierenden Bewertungen, je nachdem, welche demokratietheoretischen Vorstellungen als Maßstab dienen. Eine Konzeption, die Gewaltenteilung und Minderheitenschutz in den Mittelpunkt stellt, wird weit mehr mit D. sympathisieren als eine Option, die zuvörderst der legitimatorischen Kraft von Mehrheitsentscheidungen vertraut. Nicht zufällig sind neuere Polemiken um die ‹Grenzen der Mehrheitsdemokratie› entlang entsprechender Konfliktfronten entstanden. Der ökologische Widerstand gegen zentral beschlossene Großprojekte wurde bisweilen als dezentrale Hemmschwelle gerechtfertigt, die sich aus dem Überlebensrecht der lokalen Minderheit begründe. Häufig werden dabei die Weiterungen dieser Positon nicht mitbedacht: Die erwünschten ‹kleinen› und ‹umkehrbaren› Entscheidungsschritte von den dezentralen Systemebenen aus können auch zu einem Immobilismus führen, der gerade bereits verfestigte Interessen schützt. Das verfochtene Prinzip der ‹Reversibilität› steht dann gar nicht zur Debatte, weil keine es herausfordernden Innovationen stattfinden.

Außerdem können – wie oben angedeutet – dezentrale Strukturen zugleich die Grenzen der Ungleichheit befestigen. Schon Tocquevilles Analyse der neuenglischen Gemeindedemokratie zeigte in aller Drastik, daß die dort waltende Gleichheit und Partizipation nur funktionierte, weil sie auf abgeschotteter, religiöser Homogenität fußte. Was sich der egalitären Gemeinschaftlichkeit nicht einfügte, wurde aggressiv ausgegrenzt.

Zentralisierte Entscheidungsgänge üben wegen ihrer größeren Anonymität und Abstraktheit einen geringeren Homogenitätsdruck aus – natürlich nur in der Demokratie! Die Verfechter der D. können dagegen aber das Argument der Lernfähigkeit einwenden. Entscheidungen im großen Maßstab neigen zu ‹großen› Fehlern, Maßstabverkleinerung gewährt demgemäß eher die Chance, aus ‹kleinen› Fehlern schrittweise und selbstkorrigierend zu lernen (vgl. van Gunsteren 1976).

Die voranstehenden, politik- und verwaltungswissenschaftlichen Betrachtungen wurden bewußt darin scharf akzentuiert, daß der Einbezug der territorialen Komponente bei D. besonders hervorgehoben wurde. Hierin besteht ein deutlicher Unterschied zu vielen Konzepten der D. und Z. im Bereich der allg. →Organisationstheorie.

Diese Begriffsverwendung schließt auch die Kompetenzdelegation auf Untereinheiten ohne territorialen Zuschnitt ein, so etwa bei der relativen Verselbständigung der Abteilungen eines Unternehmens mit nur einem Stammsitz und nur einem Wirtschaftsraum, die bis zu der Ausbildung von inneren Märkten und Konkurrenzmechanismen führen kann. Die jeweilige D. wird dann graduell eingestuft und als Variable der Organisationsgestaltung mit anderen Ausprägungen (wie Innovation, Motivation, Standardisierung u. a.) und besonders dem Unternehmenserfolg prüfend in Beziehung gesetzt (als Einführung: Gebert 1978). Ein solches Verfahren, das mehr auf die *funktionelle* als auf die territoriale D. abstellt, ist bedingt auch in der Politikanalyse verwendbar – wenngleich die Erfolgskriterien und manche andere Variablen hier schwerer zu quantifizieren sind. Es kann sinnvoll sein, z. B. in einer großen Ministerialbürokratie die internen Abstimmungsvorgänge bei Planungen und der Gesetzesvorbereitung im Raster der D. und Z. zu erfassen und dabei der allgemeinen Organisationsforschung entnommene Effizienzkriterien anzulegen. Doch schon bei einer →Partei oder einer →Gewerkschaft sind die nachgeordneten Hierarchieebenen zugleich territorial eingegrenzte Untereinheiten, sie unterliegen damit den lokal obwaltenden Loyalitäten (vgl. Prätorius 1984, S. 66ff.) und spezifischen →Legitimationsnotwendigkeiten. Es empfiehlt sich daher, im politologischen Sprachgebrauch die territoriale Auffassung von D. und Z. als den Normalfall, die funktionelle Bestimmung allenfalls als die begründungsbedürftige Ausnahme einzustufen.

Begriffspräzisierung
D. bezeichnet somit im politikwissenschaftlichen Kontext die relative Verlagerung von Entscheidungskompetenzen aus dem legislatorischen Zentrum heraus zugunsten territorialer Untereinheiten. Ebenso wie die Gegenausprägung Z. ist dies die nur graduelle Bezeichnung eines Zustandes wie auch des Vorgangs der Delegation bzw. der Rücknahme derselben.

Forschungsstand und Forschungsperspektive
Insbesondere Z. war über lange Zeit ein bevorzugter Gegenstand der historischen Politik- und Verwaltungsforschung. Die Fragestellungen wurden vorgeprägt durch Tocquevilles Analyse des alten Staates und der Revolution, in der die schleichende Z. der Verwaltungsstrukturen im absolutistischen Frankreich als Vorbote des revolutionären Wandels bestimmt wurde. Der Zusammenhang von Modernisierung, Industrialisierung, Demokratisierung, →Verstädterung und Z. ist seitdem sowohl bei ‹westlichen› wie auch bei ‹östlichen› Staatswesen gründlich erörtert worden – die Annahme irgendeines Automatismus konnte dabei nicht durchgehalten werden. Die neue Bewertung zugunsten dezentraler Modelle der Staatsgestaltung ist nicht nur eine ideologische Mode, sondern sie reagiert zugleich auf Sackgassen, in die Großstrukturen z. B. im urbanen Rahmen, in der bürokratischen Politikverflechtung, aber auch bei der industriellen Entwicklung geraten sind. Der *Maßstab* politischer Entscheidungen ist somit zu einem interessanten empirischen Forschungsgegenstand geworden, wenngleich auch deutlich normative Akzente mitschwingen: Wie sollen die erstrebte Reichweite politischen Regelungsbedarfs und die dafür notwendigen Kompetenzstrukturen harmonisch aufeinander abgestimmt werden? Die Effizienzvermutung einer ‹Optimie-

rung nach oben›, die noch die Maßstabsvergrößerung in der westdeutschen Gebietsreform anleitete, dürfte sich inzwischen verbraucht haben. Seit selbst in Frankreich, dem zentralistischen Land schlechthin, traditionsreiche D.-Versprechen tatsächlich praktische Frucht trugen, hat sich vor allem die Vergleichende Politikforschung des Themas angenommen. Gesteigertes Forschungsinteresse verdient dabei vor allem die →Dritte Welt, die lange darunter zu leiden hatte, daß die unreflektierte Übertragung westlicher Industrialisierung und Modernisierung meist mit dem Import bürokratischer Z. einherging; behutsamere Konzepte der Entwicklung haben demgemäß eine entsprechende Affinität zur politischen D. (vgl. Illy/Schimitzek 1986).

Gebert, D.: Organisation und Umwelt. Probleme der Gestaltung innovationsfähiger Organisationen. Stuttgart usw. 1978.

Gunsteren, H. R. van: The Quest for Control. A critique of the rational-central-rule approach in public affairs. London usw. 1976.

Illy, H. F./Schimitzek, K. (Hg.): Entwicklung durch Dezentralisierung? Studien zur Kommunal- und Regionalverwaltung in der Dritten Welt. München 1986.

Kochen, M./Deutsch, K. W.: Decentralization. Sketches Toward a Rational Theory. Cambridge/Königstein 1980.

Lundquist, L.: Means und Goals of Political Decentralization. Lund 1972.

Peters, H.: Zentralisation und Dezentralisation. Zugleich ein Beitrag zur Kommunalpolitik im Rahmen der Staats- und Verwaltungslehre. Berlin 1928.

Prätorius, R.: Soziologie politischer Organisationen. Eine Einführung. Darmstadt 1984.

Schäfer, P.: Zentralisation und Dezentralisation. Berlin 1982.

Smith, B. C.: Decentralization. The Territorial Dimension of the State. London 1985.

Stein, L. von: Die Verwaltungslehre. Erster Theil. Zweite Abtheilung. Stuttgart 1869.

Rainer Prätorius

Zwang

Begriffsverwendungen

In einem engeren Sinne bezeichnet Z. das Auftauchen physischen Drucks in einer sozialen Beziehung; eine Seite lenkt die andere mit körperbezogenen Mitteln auf ein vorgegebenes Ziel hin. Aus der Zweckbindung wird der Anspruch hergeleitet, das imperative Vorgehen sei legitim. Der diktierende Teil betont daher seinen Rückhalt in Normen, und seinen Bedürfnissen hat der Unterworfene zu folgen. Z. zielt auf die körperliche

Befindlichkeit des Adressaten; auch die bloße Drohung nötigt. Eltern gegenüber Kindern, Männer gegenüber Frauen, Behörden gegenüber folgeunwilligen Bürgern, totale →Institutionen gegenüber Insassen, Mehrheiten gegenüber mißliebigen Randgruppen, herrschende Klassen und Rassen gegenüber Abhängigen, Großmächte gegenüber Kleinstaaten sind die wichtigsten Schauplätze oktroyierter →Interessen.

Eine andere Verwendung des Begriffs verzichtet auf die Merkmale der Zweckbindung und des →Legitimitätsanspruches; dann fällt Z. mit →Gewalt zusammen. Der Sprachgebrauch zieht hier keine scharfe Grenze; auch die Sozial- und Politikwissenschaft verwendet beide Begriffe ineinander übergehend, manchmal sogar austauschbar. Doch steht der Gewaltbegriff auf allgemeinerer Stufe; denn er erfaßt mehr Phänomene (z. B. auch die sich von unten her entladenden Kräfte) und wird oft in übertragenem Sinne benutzt (z. B. in ‹strukturelle Gewalt›). Somit läßt sich unterscheiden: Gewalt bezeichnet das in der Gesellschaft insgesamt vorhandene Potential an Willensdurchsetzung, ungeachtet deren Legitimität; auch der Terrorismus und Widerstandsformen wie eine Sitzblokkade können darunterfallen. Soweit Gewalt sich institutionalisiert, d. h. in Normen, Rollen und Instanzen eingeht, wird sie zum Z., wie er etwa als Reaktion auf den Terrorismus oder in Auflösung einer Sitzblockade ausgeübt wird.

Eine dritte Verwendung dehnt den Begriff noch weiter aus und bezieht auch die nicht gewaltsamen Mittel ein. Sämtliche soziokulturellen Kräfte, die das Verhalten der Menschen steuern, sind dann Z. oder auch vielleicht nur: *sozialer Druck*. Da alle materiellen und regulativen Umstände unser Handeln kanalisieren, wird hier – wohl schon in übertragenem Sinne – vom ‹Z. der Verhältnisse› oder ‹Z. der Not› gesprochen.

Selbst wenn man sich an die eingangs gegebene enge Definition halten will, werden immer wieder fließende Übergänge zu den weiteren Bedeutungen auftreten. Gleichwohl gewinnt der Z.-Begriff seine Fruchtbarkeit aus der idealtypischen Verknüpfung von körperkonzentriertem Einfluß, institutioneller Einbettung und politischer Zielorientierung. Denn Z. bezieht seinen Sinn aus den komplexen Wirkungsabläufen, in denen sich Ordnung konstituiert (→Herrschaft), →Macht durchsetzt und →soziale Kontrolle stattfindet – ohne aber damit zusammenzufallen, da es ja alternative Steuerungsmechanismen gibt.

Verwendungszusammenhänge

In der gegenwärtigen Sozialwissenschaft bildet Z. nicht gerade das Hauptthema, scheint er doch als archaisch und durch die politische Entwicklung weitgehend überholt zu sein. Stimmt das? Wohl allenfalls teilweise. Die Geschichte der Staaten und die Vielfalt der Formen menschlichen Zusammenlebens kann nach einem Mehr-oder-weniger von Z.

beschrieben werden. Für die Gegenwart hat in Politik und Gesellschaft physischer Druck an Präsenz eingebüßt: er wird weniger benutzt, weniger sichtbar gemacht – verschwindet aber nie völlig. Wir kennen wohl keine Beziehung, in der Z. nicht als mögliches Handlungsmittel am Horizont stünde. Zwischen Z. und →Freiheit erstreckt sich ein Kontinuum, das viele Mischformen kennt, dessen Extreme aber nur gedacht werden: Kein gesellschaftliches Verhältnis funktioniert ausschließlich durch den Oktroy von oben, und keines lebt in völliger Freiheit von obrigkeitlichem Diktat.

Begriffspräzisierung

Im politikwissenschaftlichen Denken interessiert zunächst, wie sich Z. aus der Staatsgewalt herleitet und wie er im Routinehandeln von Behörden zutage tritt. Neben dieser hoheitlichen Form ist Repression in allen Bereichen der Arbeit und des Alltags auszumachen. Obwohl diese Vielfalt der Erscheinungen nicht eben einfach in eine einzige Theorie zu pakken ist, versuchen sich alle möglichen Schulen daran, wobei ihnen das assoziationenreiche Wort Z. und die weiche Begriffsfassung den Zugriff erleichtern. Am ehesten gelingt es mit einem Gesellschaftsbild, worin das Zusammenleben der Menschen von der Auseinandersetzung divergierender Interessen, von Herrschaft, Elitenablösung und Wandel bestimmt ist. Weit schwerer tut sich demgegenüber eine ‹systemische› Gesellschaftstheorie, welche auf Konsens, Einheit, Zweckbeziehung und Evolution abstellt. Derartige Polaritäten beschäftigen die sozialwissenschaftliche Diskussion bekanntlich seit je: K. Marx vs. M. Weber, C. W. Mills vs. T. Parsons, J. Habermas vs. N. Luhmann.

An Z. knüpft eine der beiden Grundantworten an, die auf die politisch-soziologische Ausgangsfrage gefunden worden sind, wie wohl *Ordnung* zustande komme. Nicht freie Übereinkunft, sondern eine starke Hand fügt die Aktionen so vieler Einzelner zu einem Gesellschaftsganzen zusammen. Dieses Z.-Modell stammt von T. Hobbes, jenes Konsensmodell von J. Locke und J.-J. Rousseau. In Variationen durchzieht der Gegensatz bis heute die Analyse von →Macht und →Herrschaft. Gelegentlicher Übereifer setzt Z. mit Macht gleich; das überzeugt indessen nur bei einem weitgefaßten, jeden sozialen Druck einbeziehenden Begriff. Ansonsten ist Z. nur eines unter mehreren Mitteln des Machthandelns, neben materieller, normativer und symbolischer Steuerung, weder grundlegender noch entbehrlicher als jene. In gut integrierten und offenen Gesellschaften – die Bundesrepublik darf sich dazu zählen – wird Gewalt jedoch vornehmlich nur dann angewendet, wenn die anderen Machtarten nicht zum Erfolg führen (A. Etzioni). Exekutionen gegen den Körper erregen Anstoß; die Machtspitzen überlassen solch schmutzige Arbeit untergeordneten Dependancen.

Die sich hierin andeutende *Ambivalenz* durchzieht die politische Bedeutung von Z. Mit ihm sind Staatsbildung und Staatstätigkeit allenthalben verknüpft. Sie erstarken in dem Maße, wie sie den Individuen und Gruppen die körperlichen Druckmittel entwinden und bei sich allmählich zum sogenannten Gewaltmonopol konzentrieren. Dabei handelt es sich allerdings vornehmlich um einen Anspruch, dessen Realität nicht überschätzt werden sollte. Wo es dem Staat nicht gelingt, vorhandene →Konflikte zu regulieren, verbleiben die Kräfte zur Überwältigung in der Gesellschaft (etwa im Bereich illegitimer Berufe wie Prostitution und Drogenhandel). Manche Felder läßt der Monopolanspruch auch aus, vor allem in der Privatsphäre.

Baut sich ein *Staat* stärker auf Z. auf als nach historisch-politischer Entwicklungsstufe notwendig, so trifft er auf eine sich ständig verringernde Folgebereitschaft und entartet zum Terrorregime. Wo ein Diktat sein Ziel – Ruhe und Ordnung – nicht erreicht, wird weiterer Druck nachgeschoben. Es resultieren Furcht bei den Herrschenden, Haß bei den Beherrschten und eine unüberbrückbare Kluft zwischen ihnen. Nur der Abbau der tyrannischen Elemente kann diese Spirale des Schreckens unterbrechen. In aller Regel verlangt das eine grundlegende Transformation. Insoweit es sich dabei um eine von innen kommende demokratische →Revolution handelte, setzte sie ein gehöriges Maß an physischen Ressourcen voraus, die nicht verstaatlicht waren, sondern sich in den Händen der Bevölkerung befanden.

In einem ebenfalls ambivalenten Verhältnis steht Z. zum sozialen →Frieden, den er herstellen und bewahren soll, obgleich selber denkbar unfriedlich. Der Widerspruch wird durch das →*Recht* überbrückt. M. Weber formuliert den Bezug mit geradezu beschwörender Deutlichkeit, wenn er eine Rechtsordnung überall dort sieht, wo die Anwendung irgendwelcher, physischer oder psychischer, Z.-Mittel in Aussicht steht, die von einem Z.-Apparat ausgeübt werden (1964, S. 238). Typischerweise genießen Rechtsnormen eine Z.-Garantie, also die Chance, daß sie auch bei Unwilligen durchgesetzt werden. Nur in Grenzfällen steht solcher Nachdruck nicht zur Verfügung; etwa das Völker- oder das Eherecht kann oft nicht peinlich vollstreckt werden. Freilich verwirklicht sich Recht ohnehin nur überaus selten durch Ersatzvornahme der Verwaltung oder durch Gerichtsvollzieher.

Als ‹letzte Instanz›, also wenn normative und materielle Sanktionen nicht ziehen, wird Z. nicht angemessen begriffen. Beruht alle Macht auf Z.? Ist Recht bloß eine ‹Z.-Ordnung›? Das mutet wie ein *physischer Reduktionismus* an, der die autonome Wirkung der Steuerungsmechanismen Geld, Wissen, Prestige u. a. verkennt. Wenn jemand ökonomische oder moralische Sanktionen ignoriert, folgt ja keineswegs immer die Erzwingung; vielmehr wird auf die längerfristigen und kumulierenden Wirkungen jener zunächst ‹erfolglosen› Sanktionen gebaut. Wer sich abweichend verhält, wird immer am stärksten getroffen, indem man ihn mehr und mehr ausschließt – von geschäftlichen Beziehungen, vom geselligen Umgang bis hin zur Vogelfreiheit. Respektabilität zu verlieren ist für den Betroffenen grausamer, als zu einem bestimmten konformen Verhalten genötigt zu werden. Soziale Kontrolle in modernen Gesellschaften bevorzugt die sanfter erscheinenden Mittel; sie sehen humaner aus und sind auch billiger, weil sich weite Kreise an ihnen beteiligen. Z. ist daher weder die effektivste noch die effizienteste Ressource von Recht, Kontrolle und Macht.

Der Staat hat seine Befugnisse zum unmittelbar körperlichen Zugriff in einer überschaubaren Zahl von *Instanzen* konzentriert. Aus diesem Z.-Stab oder -Apparat ragen Polizei, Gefängnis und →Militär hervor; sie beschäftigen vor allem die Aufmerksamkeit von Bevölkerung, Politik und Wissenschaft. Ungerechtfertigt vernachlässigt werden die anderen Instanzen – Irrenhaus, geschlossene Entziehungsanstalt, Erziehungsheim, Gerichtsvollzieher, Grenzschutz und Zoll –, worunter die drei zuerst genannten eine mindestens ebenso weitreichende gesellschaftliche Bedeutung besitzen wie die Polizei usf., auch wenn sie auf kleinere Bevölkerungsteile scheinbar spezialisiert sind. Einige Instanzen organisieren sich als sogenannte *totale Institution*; sie unterwerfen die Insassen einem alle Lebensvollzüge erfassenden Reglement, um sie in bestimmter Richtung ändern zu können. Dieser Z. versucht, Körper und Person lückenlos zu erfassen.

Nicht nur in totalen Institutionen, sondern auch sonst – beispielsweise das Militär im Krieg, die Polizei im Inneren – verfügt das Z.-Handeln über ein erstaunlich geringes Maß an eigener →*Legitimität*. Besonders trifft es auf einen generalisierten Zweifel, ob der Staat denn so vorgehen müsse. Obrigkeitliche Steuerung wird gewünscht und bejaht, die Demonstration von Stärke wird als politisches Versagen beargwöhnt und weckt auch Sympathie mit den Unterlegenen. Das politische Produkt Ordnung wird begrüßt, dagegen jedes Z.-Verfahren als Schönheitsfehler, ja Schwächezeichen abgewertet. So macht denn das tatsächliche Eingreifen auch nur einen Bruchteil dessen aus, was Militär, Polizei und einige andere realiter tun, die doch in der Hauptsache bereitstehen, wachen, zurüsten, verwalten und vorführen. Auch versucht Z. sich, soweit möglich, zu kaschieren. Extreme Maßnahmen wie das Einliefern ins Irrenhaus heißen dann beschönigend ‹Unterbringung›, der entsetzlichste Raum des Gefängnisses ‹Beruhigungszelle›.

Wie sich Z. auf die *Individuen* auswirkt, beschäftigt zunehmend das sozialwissenschaftliche Denken. Gefragt wird, welche Art von Fügsamkeit durch Druck erzeugt wird, unter welchen Bedingungen eine aufoktroyierte Folgsamkeit auch die inneren Einstellungen ändert, auf welcher Stufe der moralischen Entwicklung beim Menschen eine Normakzeptanz steht, die mit Strafen durchgesetzt wurde usf. Diese für die politische Psychologie relevanten Themen erweisen den Z. als ein Mittel der Persönlichkeitsbeeinflussung, das bei geschickter Taktik zu gewissen Erfolgen zu führen vermag.

Die Dynamik gesellschaftlicher Verwendung von Z. beeinflußt, jenseits des Führungskalküls der →Eliten, die Beschaffenheit der *Persönlichkeit* und ihres politischen Verhaltens. Im Laufe der neuzeitlichen Entwicklung verwandeln sich Fremdzwänge in ‹Selbstzwänge›: Die Rationalisierung aller Lebensvollzüge verlegt die Kontrolle in die Selbststeuerung der Individuen durch Vernunft und Gewissen, macht den harten Druck von außen entbehrlich. Dieser als ‹Prozeß der Zivilisation› (N. Elias) bekannte Vorgang gewöhnt den Menschen von klein auf an ein beständiges und genau geregeltes An-sich-Halten. Indem die Z.-Apparate die Zuständigkeit für brachiale Steuerungsmittel an sich ziehen, entstehen Handlungsräume, die von körperlicher Auseinandersetzung weitgehend frei sind. Im Umgang der Menschen tritt der ungebändigte Ausdruck von Leidenschaft, von Lust und Haß zurück. Die Z.-Apparatur befriedet den Lebensraum der einzelnen und mäßigt ihr Gebaren in alltäglichen, politischen und wirtschaftlichen Angelegenheiten. Weil allerdings private Gewaltsamkeit verpönt ist und immer erst das Eingreifen der öffentlichen Z.-Instanzen abgewartet werden muß – sofern es überhaupt zu mobilisieren ist –, wird der Affekthaushalt mancher Menschen belastet. Diese reagieren mit Unruhe, Langeweile und Depressionen, weil unmittelbares Ausleben aggressiver Anwandlungen verwehrt ist. Die zur Entlastung vom Zaune gebrochenen Konflikte – vom Vandalismus bis zum Suizid – rufen die Z.-Instanzen auf den Plan.

Auch hat sich in den letzten drei Jahrhunderten der Z. entkörperlicht. Die großen Schauspiele der Folterung, Marter und Hinrichtung verschwanden nach und nach. Körperstrafen wurden abgeschafft, das Prügeln der Kinder und Lohnabhängigen in weiten Kreisen allmählich disqualifiziert. Nach dem Ende von Sklaverei und Leibeigenschaft entwickelten sich neue Formen des Zugriffs, die weder auf dem Besitz des Körpers beruhen, noch ein umfassendes Dienstverhältnis als Vasall oder Domestik eines Herren voraussetzen.

M. Foucault nennt das eine *Politik der Zwänge*, die am Körper arbeiten, seine Elemente, seine Gesten, seine Verhaltensweisen kalkulieren und manipulieren. Die Disziplin fabriziert unterworfene und geübte Körper, folgsam und gelehrig. Die Disziplin steigert die Kräfte des Körpers und erhöht damit die ökonomische Nützlichkeit; zugleich schwächt sie diese Kräfte und macht sie damit politisch fügsam (1976, S. 176–181). Diese Herrschaftstheorie dämonisiert fast schon den Stellenwert von Zügelung und Anpassung; auch läßt sie das Wer-wen offen.

Forschungsstand

Bemerkenswert ist die Tendenz, körperbezogenen Druck als Mittel der Politik zurückzudrängen. Zu beobachten ist dies an der Rechtsprechung zu Art. 2 GG (Persönlichkeitsschutz) und zu anderen Grundrechten sowie zu §§ 223 ff. des Strafgesetzbuches (Körperverletzung). Verschiedentlich wird bereits auf die geschlossene Heimerziehung Jugendlicher verzichtet; ein Gewohnheitsrecht zur Züchtigung von Kindern wird verneint, und die Kritik an allen Maßnahmen der Einsperrung nimmt zu. Eine gemeinsame Botschaft der Friedensbewegung und der Verfechter postmaterialistischer Werte lautet, daß Z. im Verkehr zwischen Menschen zu ächten sei. Z. auszuüben gilt als Ultima ratio, als allerletztes Mittel einer jeden Politik.

Wo Staat und Gesellschaft den Z. reduzieren und Autonomie der einzelnen und Gruppen erhöhen, bedarf es einer gewissen *strukturellen Harmonie* zwischen Politik, Kultur und Ökonomie: Obrigkeitlicher Druck wird abgebaut; Grundrechte der Meinung, Bildung, Berufswahl, Vereinsbildung usf. werden eingeräumt. Allerdings bislang ungelöst bleibt die Frage, welche Wirtschaftsform damit korrespondieren könnte. Zentral gelenkte Planwirtschaften gehen zu oft mit Totalitarisierung und politischem Z. einher, während Marktwirtschaften den gesellschaftlichen Reichtum tendenziell bei wenigen konzentrieren und Z. schlicht durch Geld substituieren.

Neue Formen von Z. kommen auf leisen Sohlen daher und geben sich so subtil-entkörperlicht, daß sie den bislang brauchbaren Z.-Begriff in Frage stellen. Sie heißen Pädagogisierung, Therapeutisierung und Technik; sie werden als Neue →soziale Kontrolle diskutiert. Wenn Patienten der Landeskrankenhäuser oder aufmüpfige Strafgefangene mit Medikamenten stillgestellt werden, bleibt die physische Beeinflussung klar. Wenn sich ein Aufgefallener allerlei Maßnahmen der Therapie, Aufsicht u. ä. unterzieht, weil ihm dann Einkerkerung erspart bleibt, sieht der Zügel schon beinahe wie freiwillig angelegt aus.

Repressive Eingriffe werden in dem Maße selten angewendet und verfallen der Ablehnung, wie eine Gesellschaft sich *friedlich* entwickelt. Jeder Krieg nach außen, jeder regionale Aufstand, Bürgerkrieg und Staatsstreich, jede gewalttätige soziale Bewegung und Revolution läßt den Ruf nach innerer Aufrüstung und gnadenlosem Durchgreifen erschallen. Kriminalitätsfurcht und allerlei andere Ängste lassen den Wunsch nach den Ketten aufkommen, mit denen die ‹gefährlichen Gruppen› niedergehalten werden. Und dieser Ruf wird erhört, schon weil die Z.-Instanzen um ihres professionellen Prestiges willen das empfehlen und fordern werden, weil jede politische Partei sich als Ordnungsmacht darstellen möchte und weil erhebliche Verdienste und Meriten mit dem Ausbau einer Z.-Apparatur verbunden sind.

Die Bundesrepublik erlebt seit 1970 einen Ausbau des Z.-Apparats, womit kurzfristig auf die terroristischen Aktivitäten und deren öffentliche Dramatisierung reagiert wurde, der aber bereits in den 60er Jahren durch eine Mängelanalyse der polizeilichen Fahndungstechniken vorbereitet worden war und als auf Dauer eingerichtete Organisation langen Bestand haben wird. Historisch entspricht dies der Ära der Reaktion zwischen 1849 und 1859 in Deutschland, als der bürokratische Obrigkeits- und Ordnungsstaat wieder fest etabliert und gegen liberal-demokratische Tendenzen gesichert wurde. Die aktuellen Themen der ‹inneren Sicherheit› und allerlei innere ‹Feinde› schaffen erneut das politische Klima der Eskalation von Z. Die historische Ironie liegt darin, daß die Z.-Mechanik in einer Epoche ausgebaut wird, in der erstmals eine Generation unter demokratischen Verhältnissen und mit Zustimmung dazu aufgewachsen ist, innere Stabilität also weit verläßlicher garantiert werden kann als durch Oktroy.

Forschungsperspektive

Die Eskalation von Z. ist keineswegs die einzig denkbare und erfolgversprechende Reaktion, wenn an überschaubaren Plätzen gesellschaftliche Unruhe aufkommt. Eine ihrer selbst sichere →*politische Kultur* würde den Konflikt begrenzen, symbolische Ausschreitungen ertragen und in Verhandlungen eintreten. Das Beispiel dafür bieten die Niederlande, welche die Konflikte der 70er Jahre anders bearbeiten konnten, weil ihre Gesellschaftsstruktur den innerstaatlichen Z. entdramatisiert und einer beinahe kollektiven Abneigung anheimgibt. Die niederländische Sozialstruktur kennzeichnet sich u. a. durch: schwachen Nationalismus; schwache militärische Tradition; hohe Dezentralisation und vielfältige Aufteilung der Verfügung über Z.- und Steuermittel; hohe Integration von relativ kleinen Sozialverbänden (Zwaan 1984). Auch wenn solche politischen Verhältnisse nicht ohne weiteres zu bekommen sind, so läßt sich doch aus ihnen lernen, wenn wir das Ausmaß von Z. vermindern wollen.

Elias, N.: Über den Prozeß der Zivilisation. Bern 1969.
Etzioni, A.: Die aktive Gesellschaft. Opladen 1975.
Foucault, M.: Überwachen und Strafen. Frankfurt/M. 1976.
Sack, F./Steinert, H.: Protest und Reaktion. Opladen 1984.
Weber, M.: Wirtschaft und Gesellschaft. Köln 1964.
Zwaan, T.: Öffentliche Gewaltanwendung, gesellschaftliche Struktur und bürgerliche Zivilisation. Macht und Zivilisation. Hg. von P. Gleichmann u. a. Frankfurt/M. 1984, S. 193–216.

Rüdiger Lautmann

Über die Verfasser

Ackermann, Paul, Dr., Prof. für wiss. Politik an der Pädagogischen Hochschule Ludwigsburg (Politische Bildung, Politische Sozialisation)

Bald, Detlef, Dr., Wiss. Direktor am Sozialwiss. Institut der Bundeswehr, München (Militär, Militärpakte)

Behrens, Henning, Dr., Forschungsdirektor des Global Communication Research Center, Luino (Lago Maggiore)/München (Entscheidung, Interesse)

Benz, Arthur, Dr., Forschungsreferent am Forschungsinstitut für öff. Verwaltung bei der Hochschule für Verwaltungswiss. Speyer (Regierung)

Berg-Schlosser, Dirk, Dr. Dr., Prof. für Politikwiss., Philipps-Univ. Marburg (Diktatur, Dritte Welt, Klientelismus)

Böhme, Sabine, Dipl. oec., Wiss. Mitarbeiterin am Lehrstuhl für Soziologie, Institut für Sozialwiss. der Univ. Hohenheim (Macht)

Böhret, Carl, Dr., Prof. für Politikwiss. an der Hochschule für Verwaltungswiss., Speyer; Geschäftsführender Direktor des Forschungsinstituts für öffentliche Verwaltung, Speyer (Reform, Technologie)

Brauch, Hans Günter, Dr., Wiss. Mitarbeiter und Lehrbeauftragter für Internationale Politik am Institut für Politikwiss. der Univ. Stuttgart (bis Dez. 1987) und Heidelberg (ab Jan. 1988) (Frieden, Krieg, Rüstungspolitik)

Bredow, Wilfried Freiherr v., Dr., Prof. für Politikwiss. an der Philipps-Univ. Marburg (Nation, Nationalismus, Systemkonkurrenz)

Czada, Roland, Dr., Hochschulass., FG Politik-/Verwaltungswissenschaft der Univ. Konstanz (Korporatismus, Verbände)

Dähn, Horst, Dr., Privatdozent Univ. Mannheim und Stuttgart (Anarchismus, Kommunismus, Totalitarismus)

Derlien, Hans-Ulrich, Dr., Prof. für Verwaltungswiss. an der Univ. Bamberg (Bürokratie)

Druwe, Ulrich, Dr., Wiss. Angestellter an der Univ. Stuttgart (Faschismus, Politik)

Endruweit, Günter, Dr., Prof. für Soziologie am Institut für Sozialforschung der Univ. Stuttgart (Arbeitsbeziehungen, Modernisierung, Verstädterung)

Fach, Wolfgang, Dr., Prof. für Politische Wiss./Verwaltungswiss. an der Univ. Konstanz (Freiheit, Gleichheit)

Feick, Jürgen, Dr., Wiss. Mitarbeiter am Max-Planck-Institut für Gesellschaftsforschung, Köln (Regulation)

Fenner, Christian, Dr., Privatdozent, Vertretung einer Prof. am FB Politische Wiss. der FU Berlin (Eliten, Partei)

Gabriel, Oscar W., Dr., Privatdozent, Akad. Oberrat am Institut für Politikwiss. der Univ. Mainz (Methoden, Theorie)

Gerdes, Dirk, Dr., Privatdozent am Institut für Politikwiss. der Univ. Heidelberg (Regionalismus)

Gessenharter, Wolfgang, Dr., Prof. für Politikwiss., insbes. Politische Theorie, an der Univ. der Bundeswehr, Hamburg (Autoritarismus, Extremismus)

Görlitz, Axel, Dr., Prof. für Politikwiss. an der Univ. Stuttgart (Politikwissenschaft, Recht, Steuerung)

Greiffenhagen, Martin, Dr., Prof. für Politikwiss. an der Univ. Stuttgart (Konservatismus, Politische Kultur)

Greven, Michael Th., Dr., Prof. für Politische Wiss. und Soziologie an der Philipps-Univ. Marburg (Marxismus, Utopie)

Hartmann, Jürgen, Dr., Prof. für Politische Wiss. an der Univ. Hamburg (Regierungssystem, Systemvergleich)

Hauff, Michael v., Dr., Privatdozent am Betriebswirtschaftlichen Institut der Univ. Stuttgart (Gewerkschaften, Sozialstaat, Verteilung, Wohlfahrtsstaat)

Hesse, Joachim Jens, Dr., Prof. für Innenpolitik und Verwaltungswiss. an der Hochschule für Verwaltungswiss., Speyer (Planung)

Hucke, Jochen, Dr., Geschäftsführer des Instituts für Stadtforschung und Strukturpolitik GmbH, Berlin (Infrastruktur, Umweltpolitik)

Iburg, Holger, Dipl. pol., Wiss. Mitarbeiter an der Univ. Hamburg (Internationale Handlungssysteme, Internationale Intervention, Internationale Konflikte)

Jann, Werner, Dr., Hochschulass. an der Hochschule für Verwaltungswiss., Speyer (Parlamentarismus, Typologie)

Kutsch, Thomas, Prof. Dr., Leiter des Instituts für Ernährungsökonomie und -soziologie der Bundesforschungsanstalt für Ernährung, Stuttgart-Hohenheim (Herrschaft, Soziale Kontrolle)

Lautmann, Rüdiger, Dr., Prof. für Allgemeine Soziologie und Rechtssoziologie an der Univ. Bremen, Fachbereich Soziologie (Justiz, Zwang)

Lehner, Franz, Dr., Prof. für Politikwiss. und Vergleichende Regierungslehre, Ruhr-Univ. Bochum (Föderalismus, Neue Politische Ökonomie)

Merten, Klaus, Dr., Prof. für empirische Kommunikationsforschung an der Univ. Münster (Öffentliche Meinung, Öffentlichkeit)

Meyns, Peter, Dr., Prof. für Internationale Beziehungen und Entwicklungspolitik an der Univ.-GH Duisburg (Imperialismus)

Müller-Rommel, Ferdinand, Dr., Akad. Rat am Fachbereich Wirtschafts- und Sozialwiss. der Hochschule Lüneburg (Partizipation)

Nuscheler, Franz, Dr., Prof. für Internationale Politik an der Univ. Duisburg (Internationale Wirtschaftsbeziehungen)

Prätorius, Rainer, Dr., Akad. Rat am Institut für Politikwiss. der Univ. Stuttgart (Ideologie, Konflikt, Organisation, Zentralisation)

Reuter, Lutz-Rainer, Dr., Prof. für Politikwiss. an der Univ. der Bundeswehr, Hamburg (Bildung)

Rinken, Alfred, Dr., Prof. für Öffentliches Recht und Rechtsphilosophie an der Univ. Bremen, Richter am Oberverwaltungsgericht Bremen (Verfassung)

Rucht, Dieter, Dr., Wiss. Mitarbeiter im Sonderforschungsbereich 333 der Univ. München (Soziale Bewegung)

Schenk-Dornbusch, Sigrid, Diplom-Verwaltungswiss., Referentin im Bundesministerium für wirtschaftliche Zusammenarbeit, Bonn (Verwaltung)

Schiller, Theo, Dr., Prof. für Politikwiss. an der Philipps-Univ. Marburg (Opposition, Pluralismus)

Schmidt, Manfred G., Dr., Prof. für Politikwiss. an der Univ. Heidelberg (Staatsausgaben, Steuern)

Schüttemeyer, Suzanne S., Dr., Akad. Rätin am Fachbereich Wirtschafts- und Sozialwiss. der Hochschule Lüneburg, Redakteurin der Zeitschrift für Parlamentsfragen (Parteiensystem)

Shell, Kurt L., Dr., Prof. für Politische Wiss. (emer.) am Fachbereich Gesellschaftswiss., J. W. Goethe-Univ. Frankfurt/M. (Demokratie, Liberalismus)

Voigt, Rüdiger, Dr., Prof. für Politikwiss. an der Univ. Siegen (Kommune, Rechtsstaat, Staat)
Westle, Bettina, Wiss. Angestellte am Sonderforschungsbereich 3 der Univ. Mannheim (Legitimität, Loyalität, Wahlen)
Willke, Helmut, Dr., Prof. für Soziologie an der Univ. Bielefeld (Differenzierung, Institution, System)
Windhoff-Héritier, Adrienne, Dr,., Prof. für Politik- und Verwaltungswiss. an der Univ. Konstanz (Implementation)
Wiswede, Günter, Dr., Prof. für Wirtschafts- und Sozialpsychologie an der Univ. Köln (Soziale Ungleichheit)
Zimmermann, Ekkart, Dr., Prof. für Soziologie an der Univ. der Bundeswehr, München (Gewalt, Krise, Revolution)
Zinn, Karl Georg, Dr., Prof. für Volkswirtschaftslehre an der TH Aachen (Kapitalismus, Sozialismus, Wirtschaft)

Sachregister

rowohlts enzyklopädie

Walter Hess
Dokumente zum Verständnis der modernen Malerei (410)

Peter R. Hofstätter
Gruppendynamik
Kritik der Massenpsychologie (430)

Richard Huelsenbeck (Hg.)
Dada
Eine literarische Dokumentation (402)

Johan Huizinga
Homo Ludens
Vom Ursprung der Kultur im Spiel (435)

Andreas Huyssen/Klaus R. Scherpe (Hg.)
Postmoderne
Zeichen eines kulturellen Wandels (427)

Joachim Israel
Der Begriff Entfremdung
Zur Verdinglichung des Menschen in der bürokratischen Gesellschaft (412)

Toshihiko Jzutsu
Philosophie des Zen-Buddhismus (428)

Harald Kerber/Arnold Schmieder (Hg.)
Handbuch Soziologie
Zur Theorie und Praxis sozialer Beziehungen (407)

Geoffrey Stephen Kirk
Griechische Mythen
Ihre Bedeutung und Funktion (444)

Volker Klotz
Bürgerliches Lachtheater
Komödie – Posse – Schwank – Operette (451)

Dieter Lenzen
Mythologie der Kindheit
Die Verewigung des Kindlichen in der Erwachsenenkultur. Versteckte Bilder und vergessene Geschichten (421)

Ekkehard Martens/Herbert Schnädelbach (Hg.)
Philosophie
Ein Grundkurs (408)

ro
ro
ro

C 2166/10 a

rowohlts enzyklopädie

Peter Cornelius Mayer-Tasch
Die Bürgerinitiativbewegung
Der aktive Bürger als rechts-
und politikwissenschaftliches Problem (422)

Maurice Nadeau
Geschichte des Surrealismus (437)

José Ortega y Gasset
Der Aufstand der Massen (409)

Erwin Piscator
Zeittheater
Das «Politische Theater» und weitere Schriften
von 1915 bis 1966 (429)

Robert von Ranke-Graves
Die Weiße Göttin
Sprache des Mythos (416)
Griechische Mythologie
Quellen und Deutung (404)

Robert von Ranke-Graves/Raphael Patai
Hebräische Mythologie
Über die Schöpfungsgeschichte und andere Mythen aus dem Alten
Testament (411)

Günter Rexilius/Siegfried Grubitzsch (Hg.)
Psychologie
Theorien – Methoden – Arbeitsfelder
Ein Grundkurs (419)

Günther Schiwy
Der französische Strukturalismus
Mode – Methode – Ideologie (405)
Poststrukturalismus und «Neue Philosophen» (413)

Leo Trepp
Die Juden
Volk, Geschichte, Religion (452)

Benjamin Lee Whorf
Sprache – Denken – Wirklichkeit
Beiträge zur Metalinguistik und Sprachphilosophie (403)

ro
ro
ro

C 2166/10 b